예술법

예술법

문화 융합 시대에 예술계 종사자를 위한 가이드

캐슬린 김 지음

학고재

개정판 서문

"법은 세상보다 사흘 먼저 늙는다."
— 에스토니아 격언

2018년 10월, 뉴욕의 경매 회사 크리스티에 〈에드먼드 벨러미의 초상 Portrait of Edmond Belamy〉이라는 렘브란트 시대의 초상화풍 작품이 출품됐다. 위탁자는 프랑스 시각예술가 그룹 컬렉티브 오비어스Collective Obvious. 최종적으로 추정가의 네 배나 되는 높은 가격에 낙찰됐다. 예술가에 대한 궁금증이 일었다. 창작자는 인간이 아니었다. 인공지능AI이었다. 최초의 AI 창작품 경매로 예술사에 남게 됐다. 마르셀 뒤샹은 누구나 예술 창작자가 될 수 있고 무엇이든 예술이 될 수 있다고 선언했다. 벌써 100년이 흘렀다. 하지만 오늘날 예술과 예술법계의 흐름은 여전히 전복적인 사고를 요구한다. 기존 시공간, 기존 법 체계, 기존 상상력으로는 동시대 예술을 이해할 수도, 해석할 수도 없다. 인간의 사고와 관점에 혁명이 필요하다.

온라인 공간에서는 암호 화폐인 대체 불가능 토큰NFT으로 예술품을 거래한다. 2021년 1월 현재 한 사이트에서만 총 6만여 점이 거래됐다. 가상, 초월을 뜻하는 meta와 우주를 뜻하는 universe의 합성어로 현실을 초월한 확장 가상 세계라는 뜻의 메타버스는 더 이상 개발자나 게임 유저들만의 세상이 아니다. 공연이나 전시는 이미 중력과 시공간 법칙을 벗어났다. AI, 블록체인, 빅 데이터, 가상 현실·증강 현실·혼합 현실 등 획기적인 기술 혁신, '아트 테크art-tech'라 통칭하는 기술 기반과 디지털 매체 예술의 급격한 성장, 탈장르와 탈장소, 탈시간, 탈물질적 예술 시대가 만들어내는 경계 해체는 법의 세계에도 대전환을 요구한다.

17세기 이래 과학 기술의 진보는 사회과학으로 하여금 늘 자연과학의 꽁무니를 쫓게 만들었다. 유발 하라리가 얘기했듯 앞으로의 인류는 더 이상 인류학적 의미의 '호모 사피엔스'가 아니다. 하물며 예술이야 어떠하겠는가. 기존 관념과 시각, 기존 이성과 감성으로 이 시대의 예술을 이해하려는 것은 무의미해지고 말았다. 경계도 없지만 한계도 없다. 과학과 예술은 늘 최전선에서 우리를 이끈다. 개정판이 필요했다. 빛의 속도만큼이나 빠르게 변하는 예술 세계를 법이 어찌 따라가겠는가. 정보와 지식의 유통 속도를 어찌 활자가 추적하겠는가. 그럼에도 늘 그러하듯 안내이자 정전으로서의 책, 고전이자 표준으로서의 교과서는 필요한 법이다.

개정판을 내는 가장 큰 목적은 시대 흐름과 변화를 담는 일이었다. 세계적인 흐름을 포착하고 모국어로 정리해 안내하는 일이야말로 예술법 전문가의 의무라 생각했다. 전 세계 문화 예술 환경이 변하고 있다. 과학 기술 혁명은 언제나 예술계의 호기심을 자극하고, 역시 예술가들은 이를 목표나 수단 삼아 창조성을 발휘했다. 국가와 법률가들은 새로운 법제, 혹은 판례로 뒷받침하고 있다. 2020년 유럽연합은 저작권과 관련해 새로운 지침을 마련했다. 미국은 불법 디지털 송신(스트리밍) 서비스를 중범죄로 처벌키로 했다. 그사이 쏟아진 수많은 개별 법률과 판례야 일일이 거론조차 하기 힘들다. 한국도 저작권법 전면 개정을 앞두고 있다. 부족하지만 개정판은 예술법 기본서로서 이런 흐름과 기준을 담기 위해 노력했다.

"시간은 의심스러운 모든 법의 훌륭한 해석자다."
— 할라카르나소스의 디오니소스

예술이 시대와 함께하면서 법제가 변했고, 판례 또한 당연히 시대에 맞춰 변환해야 했다. 예술의 보편성만큼이나 예술법 판례 또한 보편적이다. 뉴욕의 예술법 판례가 한국 대법원에도 인용되거나 영향을 주고받는 시대다. 개정판에는 그간 있었던 대표적인 외국 판례를 충실히 반영했다. 한국 예술법계에도 조영남의 대작 사기 사건에 대한 대법원 무죄 판결, 수십 년간 논란이 된 천경자 〈미인도〉 위작 사건의 판결 등 의미 있는 판결이 여럿 있었다. 불과 얼마전까지도 우리는 한국 사회에 '예술법계'가 존재하는지를 물어야 했다. 하지만 시민들이 관심을 가질 법한 여러 판례가(저작권 판례가 아닌) 형사 사건을 통해 최종 결론이 나고 축적됨으로써 예술법의 세계가 넓어지고 있음을 부인할 수 없게 됐다. 2년 남짓 『월간미술』 지면에 예술법 칼럼을 연재하면서 마감을 채찍질 삼아 흥미로운 판례와 사건들을 정리할 수 있었다.

"손과 머리와 마음이 함께 일할 때 예술은 아름답다."
— 존 러스킨

이 책의 초판이 2013년 11월 출간됐으니 7여 년 세월이 흘렀다. 따지고 보면 척박한 학술 서적 출판의 세계에서 2쇄를 찍고 이렇게 개정판까지 출판하게 된 것은 한편은 기쁨이요, 한편은 부담이다. 돌이켜보면 개인으로서는 예술과 예술법의 세계만큼이나 경험과 단련을 쌓는 시간이었다. 개정판에서는 그간의 연구와 경험을 정리하고 보충했다. 법 또한 러스킨의 말과 같다. 손과 발과 머

리와 마음이 함께할 때 예술법의 세계 또한 높아지고 넓어지고 깊어지고 두터워
질 것이다. 개정판 또한 그러했다.

　　2015년부터 홍익대학교 문화예술경영대학원 겸임교수로 예술법, 엔터테인
먼트법, 문화 예술과 지식 재산 등을 매학기 강의하고 있다. 가르치는 일은 곧
배우는 일이다. 2020년부터는 런던의 대표적 현대 공공 예술 기관인 서펜타인
갤러리 리걸 랩에서 세계 유수의 예술법 전문 변호사, 큐레이터, 리걸 디자이너,
창작자 등과 함께하는 연구 모임에 공식 패널로 참여하며 흐름을 따라갈 수 있
게 됐다.

　　특별한 경험도 있었다. 2019~2020년 세계적 뮤지션인 BTS와 함께 세
계 5개국의 시각예술가와 대중 예술을 연결하는 공공 예술 프로젝트 'Connect,
BTS'에 법률 책임자로 참여했다. 1년 남짓 이 일을 하면서 한스 울리히 오브리
스트, 앤서니 곰리, 토마스 사라세노 등 동시대 예술을 주도하는 아트 디렉터,
시각예술가, 큐레이터, 각국의 변호사, 계약 관계자와 협업하는 놀라운 경험을
했다. 고맙게도 2020년 12월 해외 예술 전문 잡지 『아트 고저스Art Gorgeous』는
'예술법 분야를 개척하는 세계 여성 변호사 10인'으로 소개해주었다. 국내 미술
전문 잡지 『아트 인 컬처』가 10년마다 선정하는 '예술계 영 파워 100'에도 소개
되었는데, 변호사로는 유일했다. 문화 예술계에 예술법은 더 이상 생소한 분야
가 아니라는 방증인 셈이다.

　　여러 연구 프로젝트도 함께했다. 문화체육관광부의 '시각예술 분야 표준
계약서 개발 연구(2015)', '미술인 보수 지급 제도 도입 방안 연구(2015)', '만화
OSMU 표준 계약서 제정을 위한 연구(2016)', '5개국 미술 정책 및 감정 제도 연
구(2020)', '국립중앙박물관 전시 제도 연구(2020)', 공정거래위원회의 '영화 산업
에 대한 시장 분석'(2017)', 서울시립미술관 특화 장르 수집 및 소장에 대한 연구

(2020)', 한국콘텐츠진흥원의 '애니메이션 표준 계약서 개발 연구(2018~2020)', 미술품 담보 대출 및 보증 체계 연구(2019) 등에 공동 연구자로 참여했고, 대중 문화 예술 산업 중장기 발전 전략 법 제도 분과 연구 간사(2017~2018)로 참여했다. 그 밖에 예술경영지원센터, 한국예술인복지재단, 한국콘텐츠진흥원, 서울시 등과 함께 예술인 및 문화 예술계 종사자를 위한 법률 교육 프로그램 제작에도 참여했다.

> "유토피아가 없는 세계 지도는 쳐다볼 가치조차 없다.
> 인류가 늘 착륙하고자 하는 바로 그 나라가 없기 때문이다.
> 그리고 인류는 일단 그곳에 착륙하면 주위를 둘러보고,
> 더 나은 나라를 발견하면 그곳을 향해 다시 출발할 것이다."
> ― 오스카 와일드

개정판에 즈음하여 감회가 교차한다. 운 좋게 예술 세계, 예술법의 세계에 뛰어들어 만나온 창작자들, 국·공립 미술관 관계자들, 행정부 관계자들, 아트 마켓 종사자들, 비엔날레와 아트 페어, 큐레이터, 기획자, 법학자들과 법률가들, 함께 토론하고 연구한 학생들에게 감사드린다. 일일이 거론하지 못해 참으로 미안하다. 이분들 모두가 내게는 선생님이었다는 사실만큼은 분명히 기록해 두고 싶다.

7년 전 이 책을 처음 펴냈을 때만 해도 한국에서는 시각예술을 중심으로 문화 예술 콘텐츠 전반을 포괄하는 '예술법'이라는 용어가 대단히 낯선 개념이었다. 그런데 지금 어떻게 되었는가. 예술법이라는 용어도, 영역도 확고하게 자리 잡았다. 이제는 법률가들도 예술법 변호사라고 기재한다. 한국 사회에 이 용어를 본격적으로 도입하고 알려나간 법률가로서, 연구자로서 이보다 더 보람 있는 일이 어디 있겠는가. 그만큼 책임감이 크고 부담으로 작용한다는 점 또한

부인하기 어렵다. 그런 동력이 개정의 힘이 됐다. 덧붙여 이 책이 한국 예술법계에서 하나의 출발점이자 모델로 작동하고 있는 데 대해서도 감사드린다. 특히 이 책을 통해 예술법, 예술 경영을 전공하거나 예술법 전문가가 되겠다며 연락하는 후배들이 종종 있다. 한 걸음 앞서 걸은 사람으로써 제법 안내자 노릇을 할 수 있다는 것 또한 큰 기쁨이다. 다시 한 번 개정판을 펴낼 수 있도록 도와주신 모든 분께 감사드린다. 나는 빈센트 반 고흐가 그랬던 것처럼 별을 좇아 새롭게 출발한다.

2021년 3월, 새봄을 기다리며

캐슬린 김

서문

예술Art과 법Law이 만날 수 있을까? 보티첼리의 천사와 한손엔 저울, 다른 한손에 칼을 든 채 눈 가린 법의 여신이 서로 만날 수 있을까? 과연 만날 필요성이 있을까? 만일 만나야 한다면 그 만남은 누구를 위한, 어떤 모습이어야 할까?

나는 예술법Art Law에 대한 열망으로 예술법 관련 저서, 논문, 판례를 찾아 쉬지 않고 읽었다. 틈만 나면 미술관과 박물관, 갤러리를 순례했고, 예술의 도시 뉴욕에 있는 크리스티 대학원Christie's Education in New York에 진학했다. 세계적 경매 회사 크리스티가 운영하는 교육기관에서 '예술사와 예술 시장: 근대와 현대History of Art and the Art Market: Modern and Contemporary' 과정을 마치는 동안 출신 국가만큼이나 다양한 직업의 사람들과 함께 공부할 기회를 갖게 되었다. 변호사, 홍보 전문가, 수집가, 작가, 영화 제작자, 금융인, 대기업 상속인……. 그들과의 만남은 살아 있는 예술법과 예술 비즈니스 과정이 되었다. 이 과정에 등록하면 미국 내 대부분의 미술관과 박물관을 무료로 이용할 수 있는 혜택이 있는데, 메트로폴리탄과 뉴욕현대미술관MoMA, 휘트니, 구겐하임 미술관 등이 실습장이 되었다. 진리는 늘 길에 있었다.

맨해튼의 미술관과 갤러리에서 거의 살다시피 했다. 수업의 하나로 잭슨 폴록 같은 유명 예술가의 생전 작업실을 방문하기도 했고, 현재 활동 중인 작가들의 작업실을 찾아가 토론을 벌였다. 이름만으로도 놀라운 세계적인 수집가들의 집에 초대받아 방대한 작품들을 구경했고, 크리스티 경매 전 과정을 경험했다. 회화 작품의 프레임을 만드는 사람들을 비롯해 예술 창작 및 유통 관련 예술계 관계자들과 매주 두세 시간씩 함께하는 수업도 있었는데, 이 또한 유익했다. 아트 바젤, 아머리 쇼 등 세계적인 아트 페어에도 참관했다. 뉴욕주변호사협회NYSBA와 미국감정인협회, 경매 회사 등 예술계가 함께 주최하는 각종 예술법 세미나와 컨퍼런스에 참가하는 것도 훌륭한 경험이 되었다.

20세기 이전까지 예술가는 자신을 후원하는 교회나 왕족, 귀족이 주문하는 그림을 그리거나 음악을 만들고 연주하면 그걸로 끝이었다. 법적 분쟁이 발생할 여지가 거의 없었다. 현대에 이르러 상황이 바뀌었다. 먼저 예술이 비즈니스 영역으로 들어왔다. 작가는 일종의 자영업자가 됐다. 창작의 영역은 확대되었지만, 동시에 표현의 자유, 계약, 지적재산권 등의 문제와 맞닥뜨렸다. 오늘날 어떤 예술가는 소프트웨어 프로그램을 구입해 인터넷에 떠도는 이미지들을 차용해 컴퓨터로 작품을 제작한 뒤, 자신의 홈페이지에서 직접 전시하고 판매한다. 혹은 갤러리에서 아트 딜러와 큐레이터와의 계약을 통해 전시하고 판매도 하고, 국제 경매 시장이나 아트 페어에 자신의 작품을 내놓기도 한다. 작품은 관세를 물어가며 국제적으로 거래된다.

이 과정에서 생겨날 수 있는 연속적인 법적 문제들을 생각해보자. 지적재산권에서 계약법은 물론 국제 거래법 등에 이르기까지 법을 외면한 예술의 세계, 법으로부터 자유로운 예술가는 더 이상 존재하기 어렵다. 30년 전만 하더라도 예술법은 미국에서조차 낯선 분야였다. 시각예술 영역에만 좁게 한정되어 있는 듯했다. 하지만 예술과 문화는 인간의 존엄에 대한 외부적 표현 그 자체다.

이로써 예술법은 팽창될 수밖에 없었고, 예술법은 다시 엔터테인먼트법, 패션법 등으로 분화하며 확대 재생산되고 있다. 이 책은 지금 막 형성기에 접어든 한국 문화 예술법계가 그런 흐름과 동떨어지지 않기를 바라는 마음에서 쓴 것이다. 예술법의 세계적이고 현대적인 흐름을 쫓아 가능한 한 모든 영역을 포괄하고, 미국과 유럽의 선구적 연구 성과와 최신 판례들을 최대한 싣고자 했다.

앞서 나는 '누구를 위한 예술법인가'라는 질문을 던졌다. 예술법은 예술가(예술 창작자), 중개자, 구매자, 투자자, 후원자, 평론가, 감정인, 경매 회사, 갤러리, 미술관이나 박물관, 보험사, 예술사가뿐만 아니라 일반 역사학자와 고고학자 등이 법적 주체이며, 이들 사이의 법률관계에 다름 아니다. 그렇다면 예술의 영역은 어디까지일까? 음악, 시각예술, 영화, 연극, 건축, 패션, 문학, 출판 등 예술 창작과 예술 산업, 이들의 융합이 예술법의 객체다. 그래서 예술법을 주체와 객체라는 기준에서 예술법과 예술가법으로 분류하는 이도 있다. 헌법, 민법, 형법 등 이른바 기본 3법으로 구획해 교육해온 한국 법조의 현실에서 익숙하지 않겠지만 예술'법'의 스펙트럼은 예술 영역만큼이나 폭넓다. 헌법상 예술 창작 및 표현의 자유, 계약법, 상속법, 형법의 위·변조 및 절도 등 법익 보호 조항, 지적재산권법, 상법, 세법, 문화재보호법·박물관법 등 각종 행정 법규, 국제 협약과 조약 등 국제법규, 국제 거래법 등등. 한국 법학계에서 헌법과 세법 사이의 거리는? 한국 예술계에서 음악과 미술 사이의 거리는? 한국 학계에서 예술과 법학 사이의 거리는? 충분히 짐작이 갈 것이다. 이 모든 것들을 융합하고 조정하며 재창조하면서 예술법의 형상과 질료를 창조하는 작업은 간단한 일이 아니었지만, 주저할 일도 아니었다.

걱정은 있다. 예술과 법 사이의 미묘한 긴장은 예술법 영역에서도 유지되어야 한다. 무릇 예술은 경계를 허물고, 관습에 도전하며 기존 질서와 사회 통념을 깨부수고 나아가는 것을 본성으로 삼는다. 현재를 넘어선 낯설음이 예술의 본질이다. 이와 반대로 법은 기존의 관습과 사회 상규, 법적 질서 내에서 작동한다. 이 지점에서 예술과 법은 길항 관계를 형성한다. 키스 해링의 뉴욕 지하철 그라피티는 예술의 관점에서는 창작이지만, 법의 관점에서는 최소한 경범죄 처벌법 위반이다. 이런 식이다. 하지만 법과 예술, 예술과 법이 등 돌리고 살 수만은 없다. 인간 존엄에 따른 예술 창작과 표현의 자유를 최대한 존중하며 법적 질서를 조화롭게 이끌어내는 일은 예술법 학자의 가장 주요한 임무 중 하나가 되었다. 이 책은 이런 관점에서 조화와 균형을 유지하기 위해 노력했다.

이 책의 구성과 내용을 간단히 살펴보자. 먼저 장별로는 제1장 예술과 법부터 제7장 예술품의 도난과 국제 거래, 위조와 감정까지 총 일곱 개의 장으로 구성돼 있다. 주제별로는 크게 예술가의 권리, 예술의 자유, 예술품의 거래와 예술 형사법들, 문화유산에 대한 국제적 보호 등으로 구분된다.

제1장에서는 예술을 법적 관점에서 어떻게 정의해야 할지 살펴본다. 그동안 수많은 예술가와 문학가, 비평가, 인류학자들이 예술을 정의하고자 시도해왔다. 그렇지만 예술의 정의를 단정하기란 쉽지 않다. 통상적이고 포괄적인 예술의 의미와 예술의 법적 의미는 차이가 있을 수밖에 없다. 법적 의미에서 예술을 정의하는 일이 예술법의 출발이 될 수밖에 없다. 다음으로 예술가란 누구이며, 이들의 법적 지위는 어떠하며, 요즘 시대적 화두가 되고 있는 예술 복지에 대해서도 살펴보았다.

제2장과 제3장에서는 예술가의 권리들에 대해 살펴본다. 먼저 제2장에서는 예술가의 명예와 인격적 이익을 보호하는 저작인격권을 살펴보고, 추급권과 상표권, 디자인보호법, 특허를 포함해 저작권 외에 어떤 법규에 따라 예술가들이 추가적으로 보호를 받거나 받을 수 없는지 검토한다. 제3장에서는 예술가 법적 권리의 핵심이라고 할 수 있는 저작재산권을 정리한다. 예술가 권리로서 저작재산권의 기본 원칙과 개념, 역사와 법규들을 국내외 판례들과 함께 설명한

다. 제4장에서는 현대 예술과 저작재산권의 관계를 검토한다. 현대 예술, 즉 동시대 예술과 저작권, 새로운 기술 및 뉴미디어와 저작권의 관계에 대해 살펴보고, 음악, 패션 등의 개별 주제도 다룬다. 미국 법학계는 최근 들어 패션법fashion law에 관심이 집중되고 있으며, 이에 관한 좋은 저작들이 나오고 있다.

제5장은 예술가의 가장 기본적 권리인 '예술의 자유'를 다룬다. 예술 창작의 자유, 예술 표현의 자유, 예술 활동을 위한 집회와 결사의 자유에 대해 알아본다. 다음으로 예술이 정치, 국가, 사회, 그리고 개인들과 어떻게 관계를 맺게 되는지, 예술 표현을 제한할 수 있는 기준은 무엇인지, 어떤 표현이 보호받을 수 없는지, 다른 기본권과 충돌할 때에는 어떻게 법익형량을 하는지가 5장의 주요한 쟁점이다. 제6장은 예술계와 예술품 시장, 예술품의 거래 등을 다룬다. 예술품의 취득과 처분이 이루어지는 예술품 유통 과정에서 상법, 계약법, 세법 등이 어떻게 개입하고 적용되는지, 그리고 예술품 거래의 당사자들인 갤러리와 경매 회사의 의무와 책임에 대해서도 살펴볼 것이다.

제7장은 예술품의 위조와 도난, 진품성 등 주로 형사법적 문제를 다룬다. 또한 예술품의 진품성과 시장가치를 판단하는 감정 방법과 예술품을 감정하는 사람들의 역할과 의무, 책임에 대해서도 다룬다. 현재 한국 사회는 예술품의 유통과 감정의 책임 문제가 취약하다. 한편, 언론은 위험에 빠진 문화재와 예술품, 문화 사물들에 대해 자주 보도한다. 세계 곳곳에서 전쟁이나 개발 등의 이유로 문화 예술품들이 파괴되고 훼손된다. 문화 예술품은 인류 역사의 가장 강력한 증거물이며, 인류의 창의적인 잠재력을 보여준다. 그렇지만 다른 상품들과 달리 유일하다는 특징이 있는데, 이는 한번 파괴되면 원상 복구가 사실상 불가능하다는 것을 의미한다. 제7장에서는 예술품의 국제 거래 시 발생하는 국제법적 쟁점들과 더불어 각국의 문화유산 보호 노력에 대해서도 알아본다.

내게는 설렘과 두려움이 공존한다. 마치 예술과 법의 형용모순처럼. 나는 일단 한국 법 전문가가 아니다. 미국 로스쿨에서 처음 법을 공부했고, 미국 뉴욕 주에서 변호사를 취득했으며, 변호사 실습도 미국에서 했다. 하지만 이 책은 한국 예술법 책이다. 그래서 한국 법에 대한 이해 부족이 드러날지도 모르겠다. 대신 겸허한 마음으로 한국 문화와 예술 관련 법 이론과 판례에 대해 그간 한국에서 연구를 진행해온 분들의 업적에 의지했다. 이 분들의 선구적인 업적이 이 책과 한국 예술법 학계의 역사성이다. 반면에 예술과 예술법의 보편성, 국제성, 그리고 현재 예술법에서 미국 학계와 실무계가 차지하는 위상에 대한 언급은 이 책의 장점이 될 것이다. 미국에서 공부하고 배운 최신 이론들, 끊임없이 쏟아지는 최신 판례들, 그리고 실제 예술법 거래 관행들을 한국 학계와 예술계에 우리말로 소개할 수 있게 되어 기쁘다.

마지막으로 본질적 불안감에 대해서도 말해야겠다. 예술가의 입장에서 볼 때, 예술과 예술 창작에 대한 법률가인 나의 이해는 얼마나 턱없이 부족해 보일 것인가. 다른 한편 한국 법조계의 입장에서 볼 때, 한국 법에 대한 나의 이해는 얼마나 미숙해 보일 것인가. 물론 변명거리는 있다. 대부분의 예술가는 법률에 어둡다. 대부분의 법률가는 예술에 어둡다. 그 둘의 한계가 미약하나마 이 책과 나의 장점이 될 수 있을 것이다. 또한 이 둘 간에 이해의 폭을 넓히고, 융합과 통섭을 통해 법과 예술의 학제 간 연구를 재촉해내는 것이 나의 작은 의무라는 생각도 있다.

이 책도 저절로 탄생했을 리가 없다. 장인적 지도와 연찬의 산물이다. 먼저 법률가로 길러준 로스쿨 교수들께 감사드린다. 예술가의 강력한 항변인 저작권법상 공정이용의 문제를 다룬 졸업 이수 논문을 지도해준 샤론 하르젠스키Sharon S. Harzenski 교수, 3년 내내 나의 멘토를 자임한 앤드리아 먼로Andrea Monroe 교수, 헌법의 버턴 케인Burton Caine 교수와 지적재산권법의 도널드 해리스Donald P. Harris 교수께 특별한 인사를 드리고 싶다. 다음으로 법률가를 예술의 세계로 안내해준 크리스티 대학원 교수들, 특히 지도 교수인 매튜 니콜스Matthew Nichols 교수, 예술사의 베로니크 샤농-버크Véronique Chagnon-Burke 교수, 줄리 라이스Julie Reiss 교수에게도 아름다운 인사를 드린다. 내가 속한 뉴욕주변호사협회 엔터테인먼트·예술·스포츠법위원회와 뉴욕카운티변호사협회 NYCLA 예술법위원회 동료 변호사들의 도움도 빼놓을 수 없다. 늘 최신 판례와 자료들을 얻을 수 있었고, 이들과의 토론이 이 책의 부족함을 메우는 데 많은 도움이 됐다. 출판계 형편이 그 어느 때보다도 어려운 요즘, 이 책의 출간을 결정한 학고재 출판사에도 감사드린다. 항상 사랑과 믿음으로 지켜봐주시는 부모님께 이 책을 바친다.

2013년 가을
캐슬린 김

차례

제3장 예술가의 저작재산권Artist's Copyrights

제4장 현대 예술의 도전The Challenge of Contemporary Arts

제5장 예술의 자유Artistic Freedom

제7장 예술품의 도난과 국제 거래, 위조와 감정
Theft, International Trade, Forgery, Authentification

제1장
예술과 법

Art and Law

1 예술이란 무엇인가

예술의 정의

예술이란 무엇인가. 예술을 정의한다는 것은 법률가뿐 아니라 예술가나 미학자와 미술사가들에게도 근본적인 문제이자 동시에 혼란스러운 일이다. 오늘날 통용되는 예술이라는 술어를 최초로 제기한 샤를 바퇴Charles Batteux는 1747년 그의 저서 『동일한 원리로 환원된 순수예술Les beaux arts reduits à un même principe』에서 여러 기술arts mécaniques에 대비해 '쾌truly and lastly pleases'를 추구하는 기술을 아름다운 기술, 즉 예술beaux arts이라고 불렀다. 기술을 의미하는 arts라는 명사에 '아름다운'을 뜻하는 형용사 beaux를 붙여 기술과 예술을 구별하고, 예술이라는 새로운 영역, 즉 음악, 시, 회화, 무용으로 이루어진 영역을 만들어낸 것이다.[1] 예술에는 순수예술도 있고, 대중 예술과 민속예술도 있다. 브리태니커 사전에 따르면, 예술은 "음악이나 미술처럼 다른 사람들과 공유할 수 있는 심미적 대상, 환경, 경험을 창조하는 과정에서 기술과 상상력을 동원하고 발휘하는 인간 활동과 그 성과"다.

---

[1] 오타베 다네히사, 김일림 옮김, 『예술의 역설』, 돌베개, 2011, 19쪽.

그렇지만 예술의 정의는 광의 혹은 협의로 정의를 내리느냐, 정의를 내리는 사람의 의도가 무엇이냐, 그리고 시대와 장소의 맥락에 따라서 달라질 수 있다. 사회학자 하워드 베커는 예술은 맥락이 가장 중요한 측면이며 사회적으로 정의된다고 했다. 당대 사람들이 어떤 작품을 예술이라고 부르면 예술이 된다는 것이다. 예술의 동기에 대해서도 발터 베냐민은 단순히 존재하기 위해 만들어지는 것과 남에게 감상될 목적으로 만들어지는 두 가지 경우가 있다고 했다. 이에 비해 베커는 예술이 완성된 산물이라기보다는 하나의 과정 또는 행위라면서 만들어지고 감상되는 작품이라고 예술을 정의했다.[2] 단 한 명이라도 작품을 향유할 수용자가 없다면 예술이 아니라고 본 것이다.

통상적으로 예술이라고 하면 조형예술 또는 시각예술로 구분되는 미술을 떠올리기 십상이다. 유럽에서는 대개 예술과 미술, 두 용어를 구별해 사용하지 않는다. 하지만 예술과 미술을 분리해 미술은 시간적, 공간적 미를 표현하는 조형예술인 회화·조각·건축·공예 등의 총칭으로 쓰거나 회화나 조각 같은 재현 예술에만 한정해서 쓰는 경우도 있다. 예술의 범주도 회화, 조각, 사진 등의 시각예술부터 산업디자인, 의상 디자인 같은 산업 예술, 문학, 음악, 무용, 건축, 공예, 드라마, 라디오, 음반, 연주, 공연, 전시, 퍼포먼스, 패러디까지 무한대로 확장될 수 있다. 특히 동시대 예술에 이르러서는 증강 현실AR, 가상 현실VR, 혼합 현실MR, 인공 지능, 빅 데이터, 블록체인, 3D 프린팅에 이르기까지 다양한 기술이 예술과 결합하고, 탈장소, 탈시간의 비물질 예술 창작으로까지 예술은 무한 확장되고 있다. 사회학자 빅토리아 D. 알렉산더는 예술의 정의 대신 예술의 형식을 특징짓는 몇 가지 요소를 들었는데, ①만지고, 보고, 들을 수 있는 예술적 생산물이다. ②공적, 사적 환경에서 관객이 보고, 듣고, 만지거나 경험할 수 있는 커뮤니케이션이다. ③즐기기 위한 경험이다. ④표현 형식이다. ⑤예술은

---

2 빅토리아 D. 알렉산더, 김은하 외 옮김, 『예술사회학』, 살림, 2010, 149쪽.

물리적이고 사회적인 맥락에서 정의된다 등이다.[3]

레프 톨스토이는 『예술이란 무엇인가?』에서 예술은 형이상학자들이 말하듯, 신이나 아름다움에 대한 신비스러운 생각이 아니다. 미적 생리학자들이 말하듯, 과잉된 저장 에너지를 분출하는 게임도 아니다. 외부 신호에 대한 인간 감성의 표출도 아니다. 즐거움을 주는 사물을 생산하는 활동도 아니다. 무엇보다 예술은 즐거움이 아니다. 예술이란 인간 사이의 연합이며, 인간들을 같은 감정으로 묶어주는 것이며, 개인들과 인류 전체의 안녕을 향한 진보와 삶에 없어서는 안 될 무엇이라고 했다. 건축가 프랭크 로이드 라이트는 예술이란 인간이 사용하기에 적합한 아름다운 형태로 자연의 기본 법칙들을 발견하고 발전시키는 것이라 했고, 오스카 와일드는 예술이란 세상에 알려진 가장 강렬한 개인주의라고 했다.

예술을 정의 내린다는 것은 종종 어떤 작품이 '좋은 작품'인가 하는 질문과 혼동되기도 한다. 대중이 생각하는 예술, 혹은 좋은 예술품과 예술 전문가들이 생각하는 것과는 차이가 있을 수 있다. 그렇다면 이를 구분하는 객관적인 규칙이 만들어져야 할까, 아니면 개개인의 선호에 따라 다른 주관적 판단에 맡겨야 할까. 중요한 사실은 어떤 것이 예술이고, 또 좋은 예술인가는 시간에 따라 변한다는 것이다. 과거에 훌륭하기는커녕 예술조차 아니라는 혹평을 받던 작품들이 후대에는 대작으로 평가되기도 하고, 지금은 최고라 여겨져도, 후대에 어떤 평가를 받을지 알 수 없는 일이다. 미술사가 H.W. 잰슨은 예술 작품에 대한 평가는, 심지어 위대한 고전 작품도 끊임없이 변한다고 말했다. 그는 취향의 역사는 끊임없이 기존의 가치를 버리고, 버려졌던 가치들을 재발견하는 과정이라고 했다.[4]

예술의 정의는 끊임없이 도전받는다. 길거리 낙서는 예술인가. 패션은 예

---

3 위의 책, 33쪽.
4 H. W. Janson, *History of Art*, Prentice Hall, 1969.

1. 예술이란 무엇인가 ● 29

술인가. 푸드스타일리스트는 예술가인가. 장미셸 바스키아나 키스 해링부터 최근의 뱅크시까지 공공장소나 벽의 낙서도 예술로 인정받기 시작한 지는 오래다. 프랑스에서는 패션이나 음식의 표현이 예술적인 경지에 오른 것을 일컬어 오트 쿠튀르haute couture와 오트 퀴진haute cuisine이라고 하며 일종의 예술로 인정하고 있다. 메트로폴리탄이나 구겐하임 같은 대형 미술관들은 종종 알렉산더 매퀸이나 조르조 아르마니, 살바토레 페라가모 같은 패션 디자이너의 이름을 내건 기획 전시를 하기도 한다. 1996년 마우리치오 카텔란Maurizio Cattelan은 전시회에 출품할 작품을 구상하다 근처의 한 갤러리에 전시된 모든 작품과 팩스와 테이블을 훔친 뒤, 〈또 다른 빌어먹을 레디메이드Another Fucking Readymade〉라는 제목을 붙였다. 다음 날 도단당한 갤러리 측의 신고로 전시는 시작되기 전에 끝나버렸다. 그를 초청했던 갤러리는 이 행위는 절도가 아니라 역발상의 레디메이드 논리를 실행한 퍼포먼스라고 옹호했다.[5] 공산품의 예술화도 부족해 훔친 작품도 예술품이라고 주장한 것이다. 예술의 범위, 예술적 소재의 허용 범주는 점차 확대되거나 모호해지고 있다.

예술과 미를 동일시하는 것도 오랜 편견이다. 모든 아름다운 것은 예술이고, 모든 예술은 아름다우며, 그래서 아름답지 않은 것은 예술이 아니고, 추한 것은 예술의 부정이라고 가정하곤 한다.[6] 18세기 중반 서유럽에서는 아름다운 예술이라는 의미의 '순수예술(fine art 또는 beaux arts)'이라는 개념을 만들기도 했다. 그러나 예술은 반드시 미가 아니다. '좋은' 예술에 대한 평가가 시대나 장소에 따라 다르듯, 미에 대한 기준 또한 시대별로 제한된 의미를 지녔으며 얼마든지 변할 수 있다.

2001년 런던 아이스톰 갤러리에 설치된 데이미언 허스트의 작품이 감쪽같이 사라진 일이 있었다. 꽉 찬 재떨이, 여기저기 널려 있는 빈 맥주캔들과 신문

---

5   심은록, 『세계에서 가장 비싼 작가 10』, 아트북스, 2013, 44쪽.
6   허버트 리드, 임산 옮김, 『예술의 의미』, 에코리브르, 2006, 19쪽.

지들을 청소부가 쓰레기로 오인해 쓰레기봉투에 담아 버린 것이다. 갤러리 직원들이 쓰레기통을 뒤져 작품을 되찾은 뒤 찍어둔 사진을 참고로 다시 설치할 수 있었다. 2011년 11월 독일 도르트문트의 오스트발 미술관에서 마르틴 키펜베르거Martin Kippenberger의 〈천장에서 물이 떨어지기 시작할 때〉라는 설치 작품을 청소부가 훼손하는 일이 있었다. 이 설치 작품은 나무로 세워진 탑형 구조물의 밑바닥에 고무판으로 된 물받이 통을 두었는데, 이 통에 빗방울이 떨어져 변색된 것처럼 보이기 위해 바닥을 갈색 페인트로 칠했다. 그런데 청소부가 이를 얼룩으로 생각해 아주 말끔하게 지워버린 것이다.[7] 이처럼 20세기 후반의 다양한 실험 예술 중에는 아름다움과는 거리가 먼, 오히려 추하거나 혐오스러운 내용을 주제로 삼는 경우가 많았다. 눈으로 보기에는 추하고 혐오스럽지만 강렬한 메시지를 담아내는 것이다. 이러한 예술 장르들을 우리는 예술이 아니라고 부정하지는 않는다.

예술을 정의하는 데 있어 또 한 가지 주의해야 할 것은 경제학적 의미에서 예술은 일반 사유재산과는 다르다는 점이다. 예술품에는 창작자의 자유를 나타내는 기능이 있다. 예술 작품은 전통적으로 예술가의 절대적인 소유물로, 또는 그의 본질적 자아의 대리물이나 실현으로 여겨진다. 따라서 근대적 주체가 무언가를 소유하고 교환할 권리가 있음을 드러내는 예가 되기도 하는데, 예술 작품은 자유 시장 내에서 전시되고 교환됨으로써 그 의미와 가치를 얻는다.[8] 경제학은 인간의 행동과 사고를 실용이라는 측면에서 계량화하고자 하며 재화나 서비스는 크게 공공재와 사유재로 나눈다. 공공재는 비경합성과 비배타성을 기본으로 하는데, 비경합성이란 소비에 참여하는 사람이 아무리 많아도 한 사람이 소비할 수 있는 양은 전혀 변하지 않는 재화와 서비스를 말한다. 즉 예술품처럼 한 사람이 보고 있을 때 다른 사람이 동시에 함께 보아도 그 가치가 전혀 손

7   심은록, 앞의 책, 54쪽.
8   메리 앤 스타니스제프스키, 박이소 옮김, 『이것은 미술이 아니다』, 현실문화연구, 2011, 104쪽.

상되지 않는 것을 말한다. 따라서 문화나 예술은 공공의 것이라는 성격을 띤다. 예를 들어 조선의 백자를 사립 미술관이 소장하고 있다 하더라도 우리는 이 백자를 대한민국의 것으로 인식한다. 석굴암이 불국사의 소유라고 해도 대한민국의 자산, 즉 문화재라고 생각한다. 예술품은 비록 개인이 소장하고 있을지라도 '우리'의 것으로 인식하는 것이다.

예술의 법적 정의

그렇다면 법률가들은 예술을 어떻게 정의할까. 누가 예술이라고 주장한다고 해서 곧바로 헌법적으로 자유가 보장되는 예술로 인정될 수 있을까. 아니면 동시대 공동체 사회의 미적 기준에 따라 정의되어야 할까. 예술은 반드시 미적이어야 할까. 예술을 정의하기가 까다로운 것은 예술에 대한 평가는 시대와 장소에 따라 차이가 있으며, 이러한 평가가 끊임없이 변하기 때문이다. 마르셀 뒤샹의 〈샘fountain〉 같은 작품이 고전적인 미학적 기준에 미치지 못한다고 해서 예술의 자유 보호에서 배제될 수는 없는 일이다. 따라서 예술 개념의 정의는 사실 굉장히 주관적이고 탄력적일 수밖에 없다. 하지만 공평하고 공정해야 할 예술 개념의 '법적' 정의마저 주관적이고 탄력적일 수는 없는 노릇이다. 예술 개념의 법적 정의는 일반적 정의와는 차이가 있을 수밖에 없고, 법조계는 예술의 법적 정의를 규정하기 위해 노력해왔다.

우선 예술을 이루는 기본적인 요건은 무엇일까. 첫째 예술은 인간이 창작한 것이어야 하며, 둘째 창의적인 표현이 구현되어야 한다.[9] 파블로 피카소가 자전거 안장과 손잡이를 결합해 만든 소머리 형상을 보자(그림 1). 안장과 손잡이는 미술이 아니다. 당연히 자전거 안장과 손잡이의 제조자는 미술 작품의 창

---

9   Janson, *History of Art*, p.10.

작자라고 주장할 수 없다. 피카소는 안장과 손잡이라는 사물을 보고 아이디어를 떠올렸고, 이 둘을 결합해 소의 형상을 띤 새로운 것을 구현했다. 자전거 안장과 손잡이라는 간단한 재료가 '상상의 도약'을 통해 독특한 방법으로 조합함으로써 독창성과 창의성을 지닌 하나의 예술 작품이 된 것을 부인할 수 없다는 게 잰슨의 설명이다.[10] 판매를 위해 슈퍼마켓에 나란히 쌓여 있는 계란은 예술일까? 물론 아니다. 그렇다면 계란이라는 일상적 소재를 선택한 뒤 이를 극도로 단순화, 추상화시킨 원형으로 구성해 기하학적 배열 구도에 따라 반복적으로 나열하거나, 프라이팬 바닥에 프라이된 달걀을 그려 넣는 방식으로 표현된 것도 예술이라고 할 수 있을까. 한국 법원은 그렇다고 인정했다.[11]

예술의 법적 정의를 내리거나 범주를 정하는 것은 간단치 않다. 작품을 창작하는 사람과 작품을 표현하는 사람의 구분이 있는 음악과, 원본의 가치가 큰 미술의 차이도 구분해야 한다. 그래야만 저작재산권과 저작인접권의 차이, 작품 가치의 차이, 관세나 세금의 차이, 정책의 차이가 구별된다. 법정에 들어온 예술품에 대해 판사는 그 재산적, 예술적, 사회적 가치를 판단해야 한다. 입법자는 어떤 사물이 예술적으로나 문화적으로 가치가 있는지 판단을 내려야 한다. 예술품의 정의를 입법자들에 맡겨 두어야 할까, 아니면 판사들이 판단을 해야 할까. 입법가나 판사의 개인적인 취향은 어떤 역할을 하게 될까.

관세법상 예술의 법적 정의

다음은 예술품의 정의를 놓고 공방을 벌인 1928년 미국 관세법원의 한 장면이다.[12]

10   Ibid. p.10.
11   서울지방법원 1998.6.19.선고, 97가합19248, 97가합66589 판결.
12   Brancusi v. United States, 54 Treas. Dec. 428 (Cust. Ct. 1928).

판사 이걸 뭐라 부르죠?

스타이컨 '새'라고 부릅니다.

판사 왜 새라고 부르죠. 이게 새처럼 보입니까?

스타이컨 새처럼 보이지는 않지만 새라고 느낍니다. 작가가 새로 캐릭터화

했죠.

판사 작가가 새라고 한다 해서 당신에게도 새가 되는 겁니까?

스타이컨 예.

판사 길에서 같은 걸 봐도 새라고 생각했겠습니까?

스타이컨 (침묵).

1926년 10월 마르셀 뒤샹은 전시회에 소개될 조각품들을 프랑스에서 출발한 '파리'호에 싣고 일주일간의 항해 끝에 뉴욕 항에 도착했다. 미 세관원은 작품들을 검사했고, 모두 비관세로 통과시킨 가운데 단 한 점에 대해서만 판매가의 40퍼센트 관세를 매겼다. 노란 빛이 나는 콘스탄틴 브란쿠시Constantin Brâncusi의 〈공간의 새Bird in Space〉라는 조각상이었다(그림 2).

뒤샹도, 루마니아 출신 조각가 브란쿠시도, 작품을 구매해 전시 후 소유권을 갖게 된 사진작가 에드워드 스타이컨Edward Steichen도 당시 240달러라는 관세를 감당하기엔 가난한 예술가들이었다. 『아트 뉴스ARTnews』를 비롯한 미술 잡지와 신문 등에 이 사건의 기사가 오르내리고 미술계에서도 논란이 일자, 미 세관은 조각상에 대한 관세 부과를 재고하기로 했다. 전시회도 성공적이었다. 그러나 전시가 끝난 후, 세관은 브란쿠시의 조각이 관세 품목임을 다시 한 번 확인했다. 결국 브란쿠시는 미 법원에 소송을 건다.

판사 왜 이것이 예술품이 아니라고 생각합니까?

증인 우선 아름답지가 않습니다.

판사 다시 말해, 미적 감흥을 일으키지 못했단 말이죠?

증인 예, 전혀요.

당시만 해도 미국 관세법은 관세 혜택을 받는 예술품을 순수 미술로 한정하고 장식미술과 응용미술은 배제시켰다. 또한 예술 작품은 구상적이어야 한다고 보고, 추상적인 작품들 역시 배제했다. 미국 관세법원은 브란쿠시의 작품을 부엌에서 쓰는 가정용품이라고 판정하면서 관세를 내라고 명령했다. 그러자 유명 미술 후원자인 해리 페인 휘트니Harry Payne Whitney가 미술관 관계자, 조각가, 미술 평론가 등 전문가들을 동원해 브란쿠시의 작품이 예술 작품임을 입증함으로써 결국 관세 면제 판정을 받았다. 추상미술과 아방가르드를 인정하면서 법원은 브란쿠시의 작품은 비관세로 수입될 수 있는 조각, 즉 미술저작물이라고 판시했다. 판결 요지는 다음과 같다.[13]

> 현행 미국 관세법은 원작인 회화 및 데생, 콜라주와 이와 유사한 장식판, 원작 판화 인쇄화 및 석판화, 원작인 조각과 조상, 우표, 수집품, 골동품을 미술품으로 규정한다. 미술품으로 인정받기 위해서는 기능공artisan이 아닌 예술가artist가 제작한 것이어야 하고 기계가 아닌 손으로 제작한 것이어야 하며, 실용품이어서는 안 되고, 상업적 목적을 가져서도 안 된다. 일반적으로 대량생산되는 제품은 면세되지 않는다.

따라서 순수 예술품이 아닌 산업적인 저작물은 아무리 아름답고 예술적이어도 면세를 받는 법적 예술품에 해당하지 않는다. 예를 들어, 교회에서 사용되는 성인 등의 초상을 형상화한 스테인드글라스 창문은 순수 예술품과는 달리 관세 면제를 받을 수 없다고 봤다.[14] 그러나 예술가의 수채화 작품에서 보이

---

13 U.S. v. Perry, 146 U.S. 71(1892).
14 Ibid.

는 부채꼴 모양의 실크와 뼈는 단순한 공예품이 아니라면서 관세 면제 대상 회화라 판단하기도 했다.[15]

지적재산권법상 법적 정의

관세 목적의 예술이라는 개념 정의는 미적 여부와는 별개로 정치적이고 경제적인 관점을 반영한다. 이에 비해 저작권법은 좀 더 미적 관점에서 예술을 정의한다. 대부분의 국가에서는 미적 측면과 기능적 측면이 분리될 수 있어야만 저작권법의 보호 대상으로 인정한다.

전등 받침은 실용품이므로 저작물이 아니다. 조각물은 예술품이므로 저작물이다. 그렇다면 전등 받침에 있는 조각은 예술품일까 실용품일까. 반유리도자기semivitreous china로 만든 남녀가 함께 춤추는 모양의 작은 조각상을 떠올려보자. 이 조각상은 분명히 저작권 보호를 받는 예술품에 해당한다. 그렇다면 판매를 목적으로 이 조각상을 대량생산할 경우에도 미술저작물성은 유효할까. 이 조각상은 전등 받침이나 조각상 그 자체로도 판매되었다. 만일 이 조각상이 예술품이라면 또 다른 전등 제조 및 판매업자가 허락 없이 이 조각상을 복제해 전등에 붙여 판매할 경우 저작권 침해가 될 것이다. 문제는 이 조각상의 용도다. 전등 제조 판매업자가 조각상을 전등 받침 형태로 만들어 판매하도록 고안했고, 이 목적대로 사용할 경우에도 저작권으로 보호될 수 있을까. 산업 용도로 사용되는 조각상은 오직 특허로만 보호된다. 산업용 대량생산과 감상용 예술품의 차이는 무엇일까. 그렇다면 특허로 보호될 수 있다는 '기능성'은 미술저작물로서 저작권 보호를 배제하게 되는 것일까.

미 연방대법원은 이 쟁점을 다룬 메이저 대 스타인Mazer v. Stein 판결[16]에

---

15 Tiffany v. United States, 66 F. 736 (C.C.S.D.N.Y. 1985).
16 Mazer v. Stein, 347 U.S. 201 (1954).

서 다른 사람들이 사람 모양의 조각상을 탁자 전등으로 사용하는 것을 금지할 수 없으며, 다만 조각상 그 자체 혹은 그 조각상이 다른 물질에 통합되어 사용하는 것만을 금지할 수 있다고 했다. 단지 실용성이 있다고 해서 미술저작물로서 저작권 보호가 배제되지는 않는다는 것이다. 특허와 달리 저작권은 공개된 예술에 대한 배타적인 권리를 부여하지 않으며 아이디어가 아닌 아이디어의 '표현'만을 보호한다. 저작권은 새로운 발명보다는 '독창성'을 보호한다. 그러므로 미술 보호의 이분법은 아름다움과 실용성이 아니라 저작권은 예술, 디자인 특허는 독창적이고 장식적인 디자인 발명으로 나뉘게 된다. 저작권 보호를 받는 순수 미술과 응용미술, 특허법의 보호를 받는 실용적 목적의 산업용품이냐에 따라 창작자의 법적 권리가 달라진다. 잰슨이 제시한 예술품의 특징들 중에는 법적으로도 의미 있는 것들이 있다. 이를테면 예술품이 '유형의 물체'에 표현되었는가, 단순히 아이디어인가, 아이디어를 '표현'한 것인가, 응용미술, 실용품, 건축과의 차이점 등이다.[17]

만일 예술적 목적이 아니라 상업적인 목적으로 벽화를 제작했다면, 이 작품을 의뢰한 회사는 벽화를 마음대로 제거할 수 있을까. 앞으로 다루게 될 저작인격권은 예술가의 승낙 없이 함부로 예술품을 훼손하거나 철거할 수 없도록 하는 힘이다. 역시 상업 예술도 예술인가 하는 법적 정의의 문제에 부딪치게 된다. 예술가들이 정유회사 셸Shell과 계약을 체결하고 주유소 벽에 히스패닉 문화를 주제로 〈고대의 에너지를 채우세요Filling Up on Ancient Energies〉라는 제목의 벽화를 그렸다. 이 벽화에는 각 예술가들의 이름과 주소가 쓰여 있었다. 8년 후, 셸사는 벽화를 부수고 주차장을 지으려 했다. 참여했던 예술가들은 이 벽화가 '캘리포니아예술보호법CAPA: The California Art Preservation Act'에 의해 보호된다고 주장했다. CAPA는 순수 미술을 원본 회화, 조각, 드로잉, 인정받을 만한 질적 수준의 유리 작품이라고 규정했는데, 상업적인 이용을 목적으로 구입자와의 계

---

17   Janson, *History of Art*, p.16.

약에 의해 제작된 것은 제외했다. 그렇지만 캘리포니아 법원은 이 벽화를 CAPA
의 보호를 받는 미술저작물이라고 판시했다.[18]

현대미술과 예술법

현대미술로 갈수록 예술품의 정의는 더욱 모호해진다. 예술품은 보는 관
점에 따라 유동적인 개념이다. 마틴 크리드Martin Creed의 작품 중 〈작품 번호
88: 구겨서 공이 된 A4 종이 한 장Work No.88: A Sheet of A4 Paper Crumpled into a
Ball〉을 보자. 딱 보기에는 그냥 A4 종이 한 장을 마구잡이로 구겨놓은 듯하다.
그렇다면 누구나 종이 한 장을 구겨서 던져놓고 예술 작품이라고 주장한다면
법적 보호를 받을 수 있을까. 실제로 크리드가 2001년 〈작품 번호 227: 전구의
점멸Work No.227: The lights going on and off〉라는 작품으로 영국의 터너상을 수상
했을 때 영국 시민들은 방이나 차안에서 실내등을 껐다 켰다 하면서 이것도 예
술이라고 조롱하기도 했다.

1961년 이탈리아 작가 피에로 만초니Piero Manzoni는 자신의 대변을 90개
의 깡통 속에 밀봉해 〈예술가의 똥Merda d'artista〉이라고 이름 붙인 후, '정량 30그
램, 원상태로 보존됨, 1961년 5월에 생산 포장됨'이라고 라벨을 붙였다. 90개의
캔에 각각 차례대로 번호가 매겨졌다. 예술품을 공산품처럼 쉽게 사고파는 현
실을 비판하기 위한 것이었다. 이 작품은 8월 알비솔라 마리나의 페셰토 갤러리
에 처음 선보였다. 2년 후, 만초니는 갑작스레 사망하게 됐는데, 그때부터 만초
니와 그의 작품이 유명해지기 시작했고 작품 가격도 빠르게 치솟았다. 런던의
테이트 갤러리가 2002년 2만 2,300파운드(6만 1,000달러)를 주고 4번 캔을 구입
했다.[19] 2007년 밀라노 소더비 경매에서 18번 캔이 12만 4,000유로에 팔렸으며

18   Botello v. Shell Oil Co., 229 Cal. App. 3d 1130, 280 Cal. Rptr. 535 (1991).
19   Catherine Milner, "Tate's tinned art leaves bad smell," *The Telegraph*, Jul. 1, 2002.

밀라노와 런던에서는 각각 57번과 83번 캔이 8만 4,750유로와 9만 7,250파운드에 거래됐다.[20] 심지어는 위작까지 유통되고 있다.

이와 같은 개념 미술은 완성된 작품 자체보다 아이디어나 그 제작 과정을 예술이라고 생각한다. 어떤 단어의 사전적 정의를 벽에 붙여놓고 이를 미술이라고 한다면, 이는 미술품일까 아닐까. 실제로 개념 미술가 조지프 코수스Joseph Kosuth는 '정의definition'라는 단어의 뜻을 사전에서 그대로 옮겨 벽에 건 뒤 작품이라고 주장했다. 이 같은 시리즈를 계속 내면서 '개념 미술'이라고 명명했고, 그는 세계적인 개념 미술가가 되었다. 이런 경우 어떤 범위까지 예술이고 예술이 아닐까. 뒤샹은 "예술가가 만들면 예술이다"라고 예술을 정의하기도 했다. 만초니가 〈예술가의 똥〉에서 전달하고자 했던 것과 같은 맥락으로 보이는 이 주장은 예술계에서 환호를 받기도 했다. 그럼에도 여전히 문제는 남는다. 그렇다면 예술가인지 아닌지는 누가 판단해야 할까.

현행법들은 적극적인 정의를 내리는 대신 예시를 드는 방식을 취하고 있다. 우리 저작권법 제4조 제4호는 '회화·서예·조각·판화·공예·응용미술저작물과 그 밖의 미술저작물'을 저작물의 예로 든다. 이 중 응용미술저작물은 물품에 동일한 형상으로 복제될 수 있는 미술저작물로서 이용된 그 물품과 구분되어 독자성을 인정할 수 있으며, 디자인 등을 포함한다(저작권법 제2조 제15호). 박물관 및 미술관 진흥법 제2조 제2호는 '미술관'을 문화·예술 발전과 일반 공중의 문화 향유 증진에 이바지하기 위해 박물관 중에서 특히 서화·조각·공예·건축·사진 등 미술에 관한 자료를 수집·관리·보존·조사·연구·전시·교육하는 시설이라고 정의하고 있다.

일본의 한 법원은 공간이나 물의 형상, 모양, 색채의 전부 또는 일부를 창출하거나 이용함으로써 사람의 시각을 통해 예술적 가치를 표현하는 기술 혹은 활동이라고 예술을 정의하기도 했다. 앞서 브랑쿠시 사건에서 보듯 미국에서는

20 artnet.com

주로 미술품이 비관세 대상이라는 점을 둘러싸고 면세 대상으로서의 미술품에 대한 논의가 이루어졌다. 앞에 소개된 사례처럼 브란쿠시의 〈공간의 새〉나 앤디 워홀의 〈캠벨 스프〉 모두 관세 부과를 놓고 법정에서 미술품의 정의에 대해 공방을 벌인 경우다. 일반적인 기준은 다음과 같다. ①예술품은 기능공 또는 장인 artisan이 아니라 예술가artist가 만들어야 한다. ②예술품은 손으로 만든 것이어야 하며, 기계적으로 만든 것은 안 된다. ③실용품은 예술품이라고 할 수 없다. ④상업적 용도로 만든 것은 미술품이라고 할 수 없다.[21]

그러나 이 같은 정의는 개념 미술을 포함한 다양한 사조의 현대미술에 적용하기에는 여러 가지 면에서 맞지 않는다. 또한 상업적 광고를 응용미술로 보기도 한다는 점에서 역시 부족하다. 결국 예술품의 정의는 본래적 정의, 미학적 정의와 현행법상 법적 정의의 어딘가에 위치한다. 따라서 현행법상 나열된 예시나 판례를 통한 소극적 정의를 할 수밖에 없다.

법적 판단

예술품 매매가 증가함에 따라 예술품을 둘러싼 소송도 늘어나고 있다. 예술품과 관련한 소송에서 핵심 쟁점 중 하나는 예술품의 진품성과 시장가치에 대한 판단이다. 많은 예술품 전문가들이 증인으로 나와 증언을 하고 법정 밖에서도 논쟁을 벌이지만 결국 최종 판단은 판사의 몫이다. 예술 전문가가 아닌, 종종 예술에 거의 관심이 없거나 관련 지식이 없는 판사들에게 예술품에 대한 판단을 맡겨도 되는 것일까. 이는 오랜 논란거리이기도 하다. 베트남전쟁에 반대하는 '성조기 훼손' 사건 재판에서 법정에 참고인으로 섰던 힐턴 크레이머 Hilton Kramer는, 미적 의도와 예술적 실현에 관한 복잡한 문제가 갑자기 심각한 해답을 배제하는 생소한 법적 언어의 틀 안에 갇히게 됐다고 한 바 있다. 더군

---

21   Leonard D. DuBoff and Christy O. King, *Art Law in a Nutshell*, 3rd ed., West Group, 2000, p.3-6.

다나 특정 미술품이나 작가의 가치가 시대에 따라 변하듯 미술품에 대한 법적 정의도 변할 수밖에 없다. 이와 관련해 미 연방대법관 홈스Oliver Wendell Holmes Jr.는 매우 중요한 질문을 던진 바 있다.

> 법률가들이 가장 좁고 명백한 경계를 벗어난 그림의 가치를 최종 판단하
> 도록 하는 것은 위험한 일이 될 수 있다. 극단적으로 천재의 작품이 당대
> 에 평가받지 못하는 경우도 있고, 작품의 참신성은 작가의 의도를 이해하
> 기 전까지는 대중이 거부할 수도 있다. …… 반면에 판사보다 교육을 받지
> 못한 일반 대중의 관심을 끄는 작품에 대해 저작권이 거부될 수도 있다. 그
> 렇지만 대중의 관심을 끄는 작품은 미적이지 않거나 교육적 가치가 없다고
> 할 수는 있더라도, 상업적인 가치를 갖게 된다. 그리고 대중의 취향은 경멸
> 의 대상이 아니다.22

이 판결23은 1903년 미국 연방대법원이 예술 사건에서 '사법자제의 원칙'을 천명한 것으로 뒤에서 다룰 일명 '조영남 대작 사기 사건'에서 한국 대법원이 판결문에 인용하기도 했다. 예술계와 법조계가 작품을 평가하는 기준, 즉 증거의 무게를 판단하는 기준에서는 차이가 있다. 판사들은 대체로 객관적인 증거에 의미를 두는 반면, 예술 전문가들은 감정인의 안목에 더 무게를 둔다.24 판사들은 대체로 화가의 서명이나 소장 이력, 전문가의 증언, 과학적인 분석 결과

22   It would be a dangerous undertaking for persons trained only to the law to constitute themselves final judges of the worth of pictorial illustrations, outside of the narrowest and most obvious limits. At the one extreme, some works of genius would be sure to miss appreciation. Their very novelty would make them repulsive until the public had learned the new language in which their author spoke. (...) At the other end, copyright would be denied to pictures which appealed to a public less educated than the judge. Yet if they command the interest of any public, they have a commercial value–it would be bold to say that they have not an aesthetic and educational value–and the taste of any public is not to be treated with contempt.
23   Bleistein v. Donaldson Lithographing Co.
24   Patricia Cohen, "Ruling on Artistic Authenticity: the Market v. the Law," *The New York Times*, Aug. 5, 2012.

들을 고려해 판단한다.[25] 법정에서 독창성 또는 유일성uniqueness에 대해 판단할 때에도 예술가의 의도나 예술사가, 비평가 같은 전문가들의 의견은 결정을 내리는 데 참고하는 요소들에 불과하다.

판사들이 진품 판정을 포기하는 경우도 있다. 그 예가 20세기에 가장 센세이셔널한 예술 재판이라 불리는 레오나르도 다 빈치의 〈익명의 여인의 초상La Belle Ferronnière〉에 대한 1929년 위작 논란[26]이다(제6장 '3. 사회와 예술' 중에서 '작품 비방과 공정논평 한 대 듀빈Hahn v. Duveen 사건' 참조). 이 그림의 당시 소유자는 이 작품이 가짜라고 주장하는 아트 딜러인 조지프 듀빈Joseph Duveen을 고소했다. 전문가들은 서로 상반된 의견을 내놓았고, 배심원단도 평결을 내리는 데 실패하고 말았다. 결국 이 사건을 담당하던 뉴욕 법원 판사는 진품에 대한 판단은 예술적 영역이지 법이 대답해야 할 질문은 아니라면서 사건을 파기하고 항소심으로 돌려보냈다. 이후 이 작품은 2010년까지 팔리지 않았다. 경매 회사 소더비가 다 빈치의 추종자가 그린 것으로 여겼기 때문이다.

법원에서 진품이라고 판정한 작품이 예술품 시장에서 뒤집히는 경우도 있었다. 1993년 미국 연방법원은 알렉산더 콜더Alexander Calder의 모빌 작품 〈리오 네로Rio Nero〉가 진품이라고 판정했음에도 불구하고 20년이 지나도록 팔리지 않고 있다. 유명한 전문가 클라우스 펄스Klaus Perls가 가짜라고 단언했기 때문이다. 이 작품의 소장자는 2009년 콜더 재단으로부터 진품성을 증명받고자 했지만 이 또한 거절당했다. 이 작품은 콜더가 디자인한 것이 맞지만 살아생전에 완성하지 못한 것으로 추정되었기 때문이다. 이 사건 법원은 원고인 콜더 작품 소장자의 항소를 기각하면서 우리의 법체계는 원고가 추구하는 진품성에 대한 단정적인 결론을 내릴 만한 능력이 없다고 기각 사유를 설명했다. 사건 담당 판사는 법원이 진품인지 아닌지를 선언하는 것은 무의미하다면서 원고가 문제의 콜

---

25   Ibid.

26   John Brewer, "Art and Science: A Da Vinci Detective Story," *Engineering and Science*, Vol.68, No.1/2, 2005; John Brewer, *The American Leonardo: A Tale of Obsession, Art and Money*, Oxford University Press, 2009.

더 작품을 팔 수 있는지 여부는 시장의 기능에 달려 있다고 했다. 결국 예술품의 진품성이나 가치성은 법원의 증거 형량, 예술 전문가들의 안목, 시장의 반응 중 어느 한 가지만으로 확정할 수 없다.

2 예술가란 누구인가

예술가의 법적 지위

예술가란 예술 작품을 창작하거나 독창적으로 표현하고 혹은 이를 재창조
하는 사람, 자신의 예술적 창작을 자기 생활의 본질적인 부분으로 생각하
는 사람, 이러한 방법으로 예술과 문화 발전에 이바지하는 사람, 고용되어
있거나 어떤 협회에 관계하고 있는지의 여부와는 상관없이 예술가로 인정
받을 수 있거나 인정받기를 요청하는 모든 사람을 의미한다.

1980년 10월 27일, 유네스코는 제21차 유네스코 총회에서 '예술가의 지위
에 관한 권고Recommendation concerning the Status of Artist'[27]를 채택하고 예술가에
대해 이처럼 정의를 내렸다. 예술가를 정의하기란 예술을 정의하는 것만큼이나

27　유네스코 권고문은 전문과 정의, 적용 범위, 총칙, 예술가의 사명과 훈련, 사회적 지위, 예술가의 고용, 작업, 생
활 여건, 직업 및 노동조합 조직, 문화정책과 참여, 본 권고의 활용과 이행, 기존 이익, 부속 문서로 구성되어 있다. 이
권고문이 작성된 취지는 다음과 같다. 첫째, 예술가의 창조적 영감과 표현의 자유를 보존해야 한다. 둘째 예술가가
자신이 원할 경우에는 문화 활동에 적극적으로 종사할 수 있도록 예술가의 지위를 보장해야 한다. 권고문은 예술가
적 직업의 특수한 여건을 고려해 노동자 지위와 관계되는 일체의 법적, 사회적, 경제적 이익을 누릴 수 있는 권리를 확
인하고 있다. http://www. unesco.or.kr.

어려운 일이다. 뉴욕 주법은 회화나 조각 등의 순수 미술과 퍼포먼스, 무용과 영화제작, 음악 작곡 등 창의적인 예술에 종사하는 사람을 예술가로 정의한다. 한편으로 시장적 정의, 교육과 협회적 정의, 자신과 동료에 의한 정의 등 세 가지로 구분해 정의하기도 한다.[28]

먼저 '시장적 정의'의 예술가는 예술가로서 생계를 이어 나가고, 수입의 일부를 조달하며, 생활비를 벌고자 하는 사람을 말한다. '교육과 협회적 정의'는 예술가 조합에 속해 있으며 순수예술 분야에서 정규 교육을 받은 사람으로 규정한다. '자신과 동료에 의한 정의'는 스스로를 예술가로 여기고 예술을 창조하는 데 상당한 시간을 쓰며, 특별한 재능과 예술을 하려는 내적 동기가 있는 사람으로서 동료에 의해 예술가로 인정받은 사람을 말한다. 무엇보다 예술가라는 직업은 표준적이지 않은 경력이 있고, 표준화되지 않은 생산물을 생산하며, 일생에 걸쳐 작업이 진행되기 때문에 다른 직업처럼 이를 유형화하기란 힘든 일이다.

예술가의 지위는 어디쯤에 위치할까. 경제적 어려움과 배고픔을 이겨내며 자신과의 고독한 싸움 끝에 창작물을 생산해내는 특별한 사람이라는 독특한 이미지 때문에 예술가들이 하는 일은 보통 직업과는 다른 특별한 영역으로 여겨지기도 한다. 소득이 정기적이지 않고, 일하는 패턴이나 일상의 생활이 규칙적이지 않으며, 생산하는 방식도 다르다는 점에서 예술가라는 직업은 다른 직업군과는 구별되는 특징이 있다. 그래서 간과하기 쉬운 것이 예술가 역시 그들이 속한 사회와 고용관계를 통해 일을 해서 번 소득으로 생활을 해결하는 엄연한 직업인이라는 사실이다. 대부분의 예술 관련 종사자들은 비전형 근로계약을 맺는 근로자 내지 자유 직업인으로 분류되며 대체로 불안정한 생활을 하고 있다.

실제로 예술가들은 고용 불안, 장시간 근로, 임금 체불 등의 문제를 안고 있다. 미국 컬럼비아 대학교 문화예술리서치센터Research Center for Arts and Culture

---

28   Joan Jeffri, Robert Greenblatt, "Between Extremities: The Artist Described," *Journal of Arts Management and Law*, Vol.19, Issue 1, 1989, p.5-14.

에서 4,146명의 미술·문학·음악 분야의 예술가들을 대상으로 실시한 설문 조사[29]에 의하면 응답자 가운데 절반 이상이 1988년에 작품을 통해 3,000달러 이하의 돈을 번 것으로 밝혀졌다. 응답자 85퍼센트의 전체 수입(비예술 활동을 통한 수입을 합한)도 3만 달러 이하였으며, 8만 달러 이상은 4퍼센트에 불과했다. 응답자의 27퍼센트만이 예술가로서 수입이 있었으며, 77퍼센트는 다른 일을 병행하고 있었다. 그리고 자신의 작품을 통해 돈을 버는 83퍼센트 중 절반 정도만이 지출을 감당할 정도였다고 응답했다. 많은 시간이 흘렀음에도 상황은 별로 나아지지 않았다. 오히려 슈퍼스타급 작가와 일반 작가들 사이의 양극화만 커졌을 뿐이다.

한국도 사정은 다르지 않다. 문화체육관광부와 한국문화관광연구원이 3년마다 실시하는 문화예술인실태조사에 따르면 2018년 기준, 문화 예술인들의 창작 활동 관련 월 평균 수입액이 100만 원 이하인 경우가 72.2퍼센트에 달했고, 예술 활동 수입이 전무한 예술인도 28.8퍼센트로 비중이 가장 컸다. 2012년 기준, 문화 예술인들의 창작 활동 관련 월평균 수입액이 100만 원 이하인 경우가 66.5퍼센트에 달했고, 200만 원 초과는 16.7퍼센트에 불과했다. 또한 유명 예술가와 그렇지 않은 예술가들의 소득 격차도 어마어마해서 양극화 현상이 존재한다. 한편 출판, 음원 수입의 배분 비율이 창작자가 아니라 출판업자나 유통업자에게 유리하게 되어 있다는 주장도 점차 목소리를 높여가고 있다.

무엇보다 예술가라는 직업의 사회적 위치와 법적 지위가 모호해 이중고를 겪기도 한다. 2003년 자동차 사고로 불행한 죽음을 맞은 조각가 구본주는 보상 수준이 무직자 수준으로 책정돼 유족이 보험사와 법적 분쟁을 치러야 했다. 법원의 원심 판결이 예술 경력 5~9년, 정년 65세, 피해자 과실 25퍼센트 기준으로 배상금 지급을 명했음에도 불구하고, 교통사고 가해자 측 보험회사가 예술 경력 불인정, 정년 60세, 피해자 과실 70퍼센트라고 항소하면서 예술가의 법

29   Walter Robinson, "Art Careers Still Pay Poorly, Surveys Find," *Art in America*, Feb. 1990, p.35.

적 지위와 정년 등에 대한 논란을 촉발했다. 보험회사 측은 구본주의 작품이 육체적 노동을 요구하는 대형 상징물이기 때문에 육체적 노동을 주된 업무로 하는 직종의 정년을 적용해야 하며, 구본주의 경력을 인정할 수 없으므로 무직자의 임금 기준인 '도시일용노임'을 기준으로 보상해야 한다고 주장했다.

반면 유족과 미술계는 고인이 숨질 당시 37세의 나이로 국립현대미술관을 비롯해 20여 곳의 작품 소장처가 있으며, 메이저급 미술관 초대전 3회 등 활발한 작품 활동을 벌였던 전도유망한 작가라고 맞섰다.[30] 또한 예술가의 정년을 60세로 줄이고 도시일용노임에 준해 배상하겠다는 것은 조각가인 피해자의 예술 경력과 수입을 인정하지 않고 '무직자'로 처리하겠다는 논리라며 반발했다.[31] 결국 보험회사 측이 항소를 포기함으로써 이번 사건은 종결되었지만 예술가의 법적 지위는 여전히 모호한 회색 지대에 있어 언제든지 분쟁을 촉발할 위험을 안고 있다.

노동부가 발간한 「임금구조 기본통계 조사보고서」의 예술가 및 관련 예술가의 경력별 수입 자료는 다른 직업군과 마찬가지로 예술가에게 사고가 발생했을 때 이들의 일실이익(상실수익액)의 기준이 된다. 그렇지만 예술가라는 직업의 특성상 객관적인 자료로 예술가의 경력을 입증하기는 쉽지 않아 보인다. 다음 판례는 노동부 발간 「임금구조 기본통계 조사보고서」상의 경력이 10년인 예술가에 대해 창작 경력을 인정할 수 없다며 평균수입으로 일실수입을 산정한 사건으로 예술가의 경력을 입증하는 방법을 예시하고 있다.

> 원고는 자기가 동양화가로서 10년 이상 창작 활동을 했다고 주장하여 노
> 동부 발간의 「임금구조 기본통계 조사보고서」상의 경력 10년인 '조각가,
> 화가, 사진사 및 관련 창작 예술가'의 수입으로 일실수입 손해의 배상을
> 구하였음이 명백한데, 원심은 원고의 주장과 같은 창작 경력을 인정할 증

30 류창석, 「구본주 소송으로 예술가의 법적 지위 논란」, 『연합뉴스』, 2005.07.10.
31 위의 글.

거가 없다는 이유로 위 직종에 종사하는 모든 경력자의 평균 수입(전경력자의 수입)으로 원고의 일실수입을 산정했다.

그러나 원심이 배척하지 아니한 갑 제11호증의1(입선장)의 기재에 의하면 원고가 1986.11.3. 대한민국 미술대전의 한국화 부문에서 입선한 사실이 인정되고, 같은 갑 제11호증의2(추대장), 같은 갑 제11호증의3(상장)의 각 기재에 의하면 원고는 1990.5.26. 한국예술문화협회가 주최한 제8회 예술대전 작품 공모전에 추천 작가로 추대되었으며, 1991.2.2. 한국예술문화협회가 주최한 공모전에서 동상을 수상한 사실이 인정되고, 원심 증인 주○○은 원고가 계속하여 창작 활동을 하여 오면서 한국화연구실을 운영하고 있다고 증언하고 있으므로, 원고가 위 대한민국 미술대전에 입선한 이후 이 사건 사고를 당할 때까지 적어도 5년 이상 동양화가로서 지속적으로 창작 활동을 하여온 사실을 충분히 인정할 수 있다 할 것이다.

그렇다면 원심으로서는 원고가 적어도 5년 이상 동양화가로서 활동하여 온 경력을 인정하여 위 「임금구조 기본통계 조사보고서」상의 경력 5년 내지 9년인 '조각가, 화가, 사진사 및 관련 창작 예술가'의 수입으로 원고의 일실수입을 전경력 화가의 수입으로 산정하고 말았으니, 원심 판결에는 일실수입 산정에 관한 법리를 오해하였거나 채증법칙을 위반하여 판결에 영향을 미친 사실을 잘못 인정한 위법이 있다. 대법원 1997.3.11. 선고, 96다53642 판결.

한편 문화체육관광부 산하 한국예술인복지재단[32]은 예술인의 직업적 지위와 권리를 법적으로 보호하기 위해 예술인복지법에 의거, 예술을 업으로 삼고 활동하는지 여부를 확인하는 예술활동증명제도를 실시하고 그 기준을 제시하고 있는데, 11개 예술 분야 중 미술 분야를 예를 들면 그 작가의 경우 5회 이

---

[32] 한국예술인복지재단 https://www.kawfartist.kr/views/cms/hkor/cs/cs01/cs01001.jsp, 2021년 1월 9일 방문.

상 전시회 참여, 1회 이상 개인전 개최, 또는 5회 이상 관련 매체 등에 작품 발표 등을 들고 있다. 예술가는 창작 활동에서 자율성이 있고 대체로 교육 수준이 높다는 점에서 전문가로 분류되기도 하지만 의사나 변호사와 같이 진입 장벽이 있거나 자격증을 요하는 직업은 아니다. 세법상으로는 개인 사업자, 즉 자영업자로 보고 있다. 우리 소득세법 제19조 제1항 제17호는 예술, 스포츠 및 여가 관련 서비스업에서 발생하는 소득을 사업소득으로 정의하고 있다.

중세의 길드 체제는 예술가들의 훈련과 고용의 접근 기회를 통제하면서 예술가들 간의 경쟁을 통제해 상대적으로 안정적인 생활을 할 수 있도록 했으나 혁신을 막는 경향을 보였다. 이에 비해 현대 자본주의 사회에서 예술가는 노동시장에서 경쟁하며 자신의 재능을 판매한다. 따라서 경쟁에서 살아남기 위해서는 남보다 뛰어나야 하기 때문에 혁신과 창의성을 촉진하는 측면이 있다. 한편 현재 예술 노동시장은 구매자(소비자)보다 판매자(생산자)가 많은 공급 과잉 상태라고 보는 시각도 있다.[33] 공급 과잉 시장에서는 생산품의 가격이 낮아질 수밖에 없으며 공급자의 보수도 낮아질 수밖에 없다. 결국 예술가들의 작품 가격이 낮아지고, 비슷한 수준의 교육과 훈련을 받은 다른 직종에 비해 예술가들은 적은 돈을 받으며 단기간의 비정규 계약을 맺으며 더 많이 일하는 결과를 초래하게 된다. 따라서 대다수의 예술가들은 본업인 예술 창작 활동을 하면서 동시에 생계를 위해 다른 일을 겸해야 한다.

예술가들 사이의 양극화도 심각하다. 매우 성공적인 극소수의 슈퍼스타 예술가 그룹과 대부분의 평범한 예술가 그룹으로 나뉘어 승자 독식 형태를 구축하고 있다. 예술가들이 몰려 있는 뉴욕과 런던에는 약 8만 명의 작가가 있는데, 이 중 연간 100만 달러가 넘는 고소득을 올리는 슈퍼스타급 작가는 75명 정도에 불과하다.[34] 슈퍼스타는 아니어도 메이저 갤러리에서 전시회를 하고 작

---

33 Pierre-Michel Menger, "Artists as Workers: Theoretical and Methodological Challenges," *Poetics: Journals of Empirical Research on Culture, the Media and the Arts*, Vol.28, No.4, 2001.
34 도널드 톰슨, 김민주·송희령 옮김, 『은밀한 갤러리』, 리더스북, 2008, 79쪽.

품 판매 수입으로 연간 몇십 만 달러를 버는 성공 작가로 인정받는 클래스는 약 300명이다. 주요 갤러리 전속 작가가 약 5,000명 선인데, 이들 역시 강의, 저술, 개인 사업 등을 병행한다.

같은 예술 관련 직종에 종사하더라도 정규직 근로자냐, 비정규직 근로자 또는 자유 직업인이냐에 따라 법적 보호 범위의 차이가 크다. 전자의 경우에는 노동삼권을 향유할 수 있을 뿐 아니라 근로기준법, 최저임금법, 산업안전보건법, 산업재해보상보험법 등 타 직종의 전형적인 근로계약 관계에 따라 보호받을 수 있다. 그러나 대체로 예술가의 고용은 단기 계약이나 하청 계약 관계를 통해 이루어지는 비정규 노동시장에서 형성된다.[35] 오케스트라 단원처럼 일부는 장기 고용을 통해 봉급을 받으며 일하기도 하지만, 대다수의 문화 예술 종사자들은 어느 한 직장에 소속되기보다는 고정적이지 않은 비정규직 계약을 하거나 개인 사업자의 지위로 프리랜서 계약을 맺는 경우가 많다. 비정규직 근로자의 경우 제작 기간 동안에는 근로관계가 유지되어 근로관계법의 보호를 받을 수 있지만, 프리랜서, 즉 자유직업 종사자로 규정될 경우 원칙적으로 노동법의 보호 대상에 포함되지 않는다.

종속적 근로자군과 경제적으로 독립된 자영업자군 사이에는 인적으로 독립되어 있지만 경제적으로는 기업에 종속된 종사자군이 존재한다. 방송사에 종사하는 각종 협력자, 언론사의 자유 기자, 작가, 예술가 등이 이에 해당한다.[36] 독일 단체협약법 제12조 a에 의하면 '근로자에 유사한 자'의 특징은 인적으로 독립되어 종사하고 있지만, 타인의 지시에 복종하지 않고 사업장 조직에 편입되어 있지 않으며 자신의 인적 급부를 직접 시장에 제공하지 않고 특정 기업(사용자)에 제공[37]한다는 것이다. 독일 연방헌법재판소는 근로자에 유사한 자에게 노

---

35 Pierre-Michel Menger, "Artistic labor Markets and Careers," *Annual Review of Sociology*, Vol.25, No.1, 25, 1999, p.546: 알렉산더, 앞의 책, 272쪽.
36 Wlotzke, Neuerungen im gesetzlichen Arbeitsrecht, DB 1974, 2252, 2256: 김상호, 「학술·예술·정보 분야 종사자에 관한 노동법·저작권법적 고찰」, 『노동법학』 제10호, 2000, 171쪽에서 재인용.
37 Wiedemann/Stumpf, a.a.O., §12 a Rdnr. 1.

동력은 생존에 중요한 관건이며, 이런 점에서 근로자와 차이가 없다. 또한 인적 급부의 공급과 수요의 자유로운 거래에서 근로자에 유사한 자는 자신 있게 개별적 이익을 확보할 상황에 있지 못하다. 근로자에 유사한 자의 경제적 종속성으로 인해 개별 계약 협상은 적정한 이익 조정 수단이 되지 못하는 것이다. 여기서 입법자는 근로자에 유사한 자를 근로자의 사회적 보호 수준에 밑돌지 않도록 개입해야 마땅하다는 입장이다.[38]

예술가의 복지

2012년 8월, 음악, 미술, 영화, 연극, 사진, 만화 등 모든 유형의 예술 산업에 종사하는 한국의 예술가들이 노동조합을 만들기 위해 한자리에 모였다. 이 자리에서 이들은 예술인이 처한 문제는 개개인이 나선다고 결코 해결되지 않는다며 각 장르별 예술인들의 문제를 예술인 소셜유니온(노동조합)이 해결하기 위해 나설 것이라고 밝혔다.[39] 이들의 목적은 노동자로서 권리 보호와 사회 구성원으로서 보편적 복지의 확충이다. 한국의 문화 예술은 이미 산업화되었으며 현대사회의 노동은 이미 분화된 형태로 이루어지기 때문에 반드시 고용관계가 아니더라도 예술가 역시 노동자라 할 수 있다고 주장한다. 유럽에서는 이미 13세기부터 존재한 예술인 노동조합이 문화제나 축제 등을 앞두고 파업을 하기도 했다.

한국에서 예술인 복지의 필요성이 환기된 것은 2011년 한 젊은 여성 작가의 사망 사건 때문이었다. 이 같은 불행한 사건이 재발하지 않기 위해 정부는 예술인복지법을 만들어 생활고에 시달리는 창작 예술인들에게 3개월간 월 100만

---

38 김상호, 앞의 글, 176쪽.
39 이대희, 「예술인도 노동자, 예술인 노조 뜬다」, 『프레시안』, 2012.08.26.

원의 창작 준비금을 지원하기로 했다. 예술인복지법을 제정하고, 예술인복지재단을 설립했다. 예술인복지법은 예술인의 직업적 지위와 권리를 법으로 보호하고 복지를 지원하자는 취지다. 동법은 예술인을 예술 활동을 업으로 해 국가를 문화적, 사회적, 경제적, 정치적으로 풍요롭게 만드는 데 공헌하는 사람으로 문화 예술 분야에서 대통령령으로 정하는 바에 따라 창작, 실연, 기술 지원 등의 활동을 증명할 수 있는 사람을 말한다고 정의한 뒤, 예술인의 지위와 권리, 문화 예술 용역 관련 계약의 체결에 대한 기준, 불공정 행위 금지 등을 규정하고, 동법에 근거해 설립된 한국예술인복지재단을 통해 예술인의 사회보장 확대를 지원하고 법률 등을 지원하고 있다. 2020년 1월 10일부터 예술인 고용보험제도가 시행되어 문화 예술 용역 계약을 체결한 예술인에게도 고용보험을 지원하고 있다.

유네스코 '예술가의 지위에 관한 권고'에 의하면, 모든 예술가는 사회보장과 보험 규정을 통해 적절한 혜택을 받을 자격이 있다. 또한 예술가들은 그들의 공동 이익을 집단적으로 고려할 수 있어야 하고, 또 필요하다면 스스로를 방어할 수 있어야 하며, 따라서 직업적 부류의 하나로 인정받을 권리를 가져야 하고 노동조합이나 직업 단체를 구성할 권리를 가져야 한다고 천명한다. 예술가의 복지와 그 권리를 주장할 노동조합의 필요성을 명시한 것이다.

예술인 노동조합의 필요성과 더불어 정부가 예술가들의 삶을 개선하고 창작 활동을 뒷받침하기 위한 방법에는 여러 가지가 있다. 정부가 예술가들의 작품을 구매해 직접적으로 예술가의 창작 활동을 돕는 방식이 있고, 사회보장제도를 통해 간접적으로 돕는 방법이 있다.

네덜란드는 1949년부터 왕실과 아트 딜러들의 역할을 대신해 정부 차원에서 조각, 회화 등 예술가들의 작품을 사들였다. 제2차 세계대전 직후 어려운 시기에 당시 약 100명의 젊은 예술가들을 지원하기 위한 예술가 보호 사업의 일환이었다. 네덜란드 정부는 예술가들에게 매주 생활비를 지급하고 휴가 수당과 작품 대금을 주었다. 네덜란드 정부의 예술가 보호 계획의 근본 취지가 탁월한 예술품 창작에 있다기보다는 사회복지의 성격을 띠고 있기 때문에 이 같은 제도는 문화성이 아니라 사회복지성에서 나왔다.[40] 그러나 정부가 구입한 미술품들이 대부분 보관 창고에서 낮잠을 자자 이의 처분 문제와 함께, 예술가들이 정부 보조금 때문에 안이한 사고방식에 젖어 예술적 창의력을 상실하고 있다는 비판도 끊이지 않았다.

프랑스는 앙테르미탕Intermittent du spectacle이라는 예술인 복지 시스템을 통해 예술가들의 활동을 보장하고 있다. 비자발적 실업 상태에 놓인 비정규직 예술인과 예술 관련 기술직 종사자를 위한 실업보험제도로 2009년 통계로 총 10만 5,826명이 혜택을 받았다.[41] 독일은 사회보험의 의무 가입 대상에서 제외되어 있던 자영 예술가들의 사회적·경제적 상황을 개선시키기 위해 이들을 사회보험의 의무 가입 대상으로 편입시켰다.[42] 이에 대한 기본법으로 1981년에 제정된 '예술가사회(보장)보호법KSVG: Kunstlersozialversicherungsgesetz'을 들 수 있다. 동법 제48조를 근거로 독일은 예술가를 위한 '사회보장기금'을 창설하고 그 기금에서 의료보험 및 연금보험을 보조하고 있다. 1983년, 독일 북서부에 위치한 빌헬름스하펜 시에 설립된 예술가 사회금고는 자영 예술가 및 언론 출판인의 보험료를 징수해 이를 연금보험, 의료보험, 요양보험 기관에 전달하는 역할을 담당함으로써 예술가와 사회보험 사이를 조정한다. 또한 예술가 및 언론 출판인의 보험 가입 의무를 판단하고, 보험료 액수 산정 및 납부를 점검하는 업무를 진행한다.

예술가를 위한 사회보장보험의 가입 요건으로는 예술가 또는 문필가 등이어야 하고, 일시적인 무직 상태가 아니어야 하며, 주로 국내에서 활동하는 자여야 한다. 예술가 사회보험의 보험료 부담 체계는 예술가들도 근로자와 동일하

---

40 「가난한 화가들 작품 구입 화란의 예술 보호」, 『동아일보』, 1980.08.11.
41 김종목, 「예술인 복지, 어디까지 왔나. 예술인도 노동자다」, 『경향신문』, 2013.10.17.
42 서달주, 『저작권법: 2009개정법까지』, 박문각(제2판), 2009, 18-19쪽(이하); 예술경영지원센터, 『예술인복지증진을 위한 정책연구』, 2007. 참조.

게 보험료의 50퍼센트만을 부담하고, 나머지 50퍼센트는 국가가 20퍼센트, 저작권 사용자(예술가 및 언론 출판인의 작품을 사용하는 자로서 프리랜서 작가를 고용하는 출판사부터 화가를 고용하는 갤러리까지 모두 포괄한다)가 30퍼센트를 각각 납부한다. 자영 예술가 및 언론 출판인의 업무 계약 대가로 지급된 모든 보수에 대해 부여되는 예술가 사회보험료는 해당 보수의 4.4퍼센트 수준이다.[43]

사회보장제도는 일반적으로 국민 모두의 최저생활을 보장하고, 좀 더 높은 삶의 질을 영위할 수 있는 최적의 조건을 제공하기 위해 국가가 정책적으로 지원하는 제도적 장치라고 정의된다. 현재 전업 예술가는 근로기준법상의 근로자가 아니므로 근로자가 받는 혜택을 누리지 못한다. 그러나 전업 예술가에게도 다음과 같은 이유에서 근로자에 준해 사회보장 보험이나 단체를 통한 사회부조 제도를 실시할 필요가 있다.[44] 그 이유는 이렇다.[45] 첫째, 창작적 성과는 문화 산업의 뿌리이며 공중의 생활 및 사업체, 국가 경쟁력 등 공적으로 미치는 영향은 절대적이지만, 예술가들의 최저생활 안정 없이는 증진될 수 없다. 둘째, 예술은 성공하기 어렵고 성공해도 일시적이며, 또한 전업 작가들은 대부분 무직으로 고정 수입이 적고 생활이 불안정할 뿐만 아니라 설사 수입이 생겨도 생활 안정을 위해서는 턱없이 부족하며, 수입이 상당하더라도 일시에 탕진해버리는 일이 있기 때문에 다른 근로자들에 비해서 유독 어렵게 살아가는 예술가들이 많다. 셋째, 창작 성과의 증진, 저작자의 생활 안정은 저작자 개인의 문제가 아니라 공적 문제라는 것 등이다.

---

43 한국보건사회연구원, 독일노동사회부 방한 대표단 주최, 「독일 예술인 사회보험제도 검토와 우리나라에의 시사점 도출을 위한 세미나」, 2009.06.05.
44 서달주, 앞의 책, 21쪽.
45 위의 책.

제2장
예술가의 권리

Artist's Rights

1 예술가의 권리

　대한민국 헌법은 예술가의 권리를 법률로써 보호한다고 명시한다.[1] 예술가에게는 어떤 권리가 주어지며, 이들의 권리는 어떤 법적 근거에 의해 보호받을까. 대한민국 헌법은 모든 국민은 학문과 예술의 자유를 가지며, 저작자·발명가·과학기술자와 예술가의 권리는 법률로써 보호한다고 규정하고 있다. 저작권법은 "이 법은 저작자의 권리와 이에 인접하는 권리를 보호하고 저작물의 공정한 이용을 도모함으로써 문화 및 관련 산업의 향상 발전에 이바지함을 목적으로 한다(제1조)"고 명시한다. 자신이 창작한 저작물에 대해 권리를 부여하는 저작권은 예술가에게 핵심적인 법적 권리라고 할 수 있다. 저작권법은 예술가 개인의 저작권과 예술 작품의 사용과 접근에 대한 공공의 욕망 사이에 긴장 관계를 형성하며 발달해왔다.

　예술가가 저작자로서의 권리를 인식하기 시작한 것은 기원전 7세기경 그리스 예술가들이 조각과 회화에 자신들의 서명을 넣어 원작자임을 주장하면서부터다.[2] 그러나 본격적으로 저작자의 권리에 관심을 갖기 시작한 것은 예술이

1　헌법 제22조 2항.

2　John Henry Merryman, Albert E. Elsen and Stephen K. Urice, *Law, Ethics and the Visual Arts*, 5th ed., Kluwer Law International, 2007, p.419.

꽃핀 르네상스 시대라고 할 수 있다. 예술 문화 발달을 위해서는 당연히 예술가들의 원저작자성 또는 원작자의 권리authorship와 특정 예술가만의 인격 또는 개성individuality, 그리고 정체성identity을 보호할 필요가 있었다. 정체성이란 '주체subject'에 관련된 것으로 인간의 의식 내에 고정된 자기 인식이 있다는 전통적 믿음에 의문을 제기하는 최근의 이론(특히 라캉의 정신분석)에서 비롯됐다.[3] 그렇지만 르네상스 이후 예술가의 권리 신장은 상당히 더뎠다. 19세기 이전까지만 해도, 예술가들의 권리를 가장 중요시하고 실제로도 가장 많은 권리의 묶음을 명시적으로 천명하고 있는 예술의 본고장 프랑스에서조차 예술가들은 자신의 작품에 대한 실체적 보전physical integrity조차 보장받지 못했다. 저작자의 권리보다는 소유권자의 권리가 우선했기 때문에 일단 작품이 팔리고 나면 파괴하든 변형시키든 소유자 멋대로 사용할 수 있었다. 저작권이라는 개념이 사용된 것은 영국 앤 여왕 시대부터이지만 현대적 의미의 저작권은 20세기 들어서야 개념화되었다.

저작자로서 예술가의 권리는 지적재산권법Intellectual Property Law으로 집약된다. 지적재산권은 문화의 향상 및 발전을 도모할 목적의 저작권과 특허권, 실용신안권, 의장권, 상표권 등을 포괄하는 산업재산권을 합쳐서 일컫는다. 예술법적 측면에서 보면 지적재산권법은 저작자로서의 권리와 예술적 표현을 보호하고 문화 예술을 진흥하기 위한 법률의 묶음이라고 볼 수 있다. 예술가와 관련한 지적재산권법은 저작인격권moral right과 저작재산권copyright을 기본으로 한다. 경우에 따라 상표법trademark이나 디자인보호법, 특허법, 실용신안법 등으로 저작자의 권리가 추가적으로 보호받기도 한다. 저작권법은 문학·학술·예술의 범위에 속하는 인간의 사상 또는 감정을 표현한 창작물과 실연·음반·방송에 관한 저작인접권 등을 보호한다. 산업재산권에는 특허법, 실용신안법, 디자인보

---

3   스타니스제프스키, 앞의 책, 35쪽. 주체는 고정된 것이라기보다는 항상 유동적이며 완전한 '자기'는 끝내 얻을 수 없는 것이라는 입장이다. 둘째 의미는 '집단'의 정체성인데 성차별이나 인종, 계급, 동성애 문제와 관련된 피억압집단의 목소리를 회복하려는 입장에서 쓰이는, 어느 정도 저항적이면서도 '주체성'의 의미를 띠고 있다.

호법 등이 있다. 특허법은 자연법칙을 이용한 인간의 기술적 사상의 창작으로서 고도한 것을 보호하며, 실용신안법은 자연법칙을 이용한 인간의 기술적 사상의 창작을 보호한다. 디자인보호법은 물품의 형상·모양·색채 또는 이들을 결합한 것으로서 시각을 통해 미감을 일으키는 것(디자인)을 보호한다.

상표법은 상품을 생산·가공·증명 또는 판매하는 것을 업으로 영위하는 자가 자기의 업무에 관련된 상품을 타인의 상품과 식별되도록 하기 위해 사용하는 기호·문자·도형·입체적 형상·색채·홀로그램·동작 또는 이들을 결합한 것, 그 밖에 시각적으로 인식할 수 있는 것의 어느 하나에 해당하는 것(상표, 또는 표장)을 부록한 등록상표 등을 보호한다. 부정경쟁방지 및 영업비밀보호에 관한 법률(부정경쟁방지법)은 국내에 널리 알려진 상표나 상호, 영업 비밀을 보호한다. 그 밖에 민법이나 상법을 통해서도 예술 관련 대상물을 보호받을 수 있다. 유명인의 초상권 침해는 민법상 불법행위에 기한 손해배상청구권에 의한 보호를, 회사 상호 사용의 경우 주지성이 있을 때에는 상법 또는 부정경쟁방지법에 의한 보호를, 주지성이 없더라도 부정 목적 사용일 때에는 상법에 의한 보호를 받는다. 나라에 따라 로열티 지급 방식으로 저작자의 권리를 보호하는 추급권resale right을 인정하기도 한다. 따라서 저작권의 보호 대상에서는 벗어나 있더라도 이러한 법들을 통해 추가적으로 보호받을 수 있다.

그러나 이 같은 법률들이 상업 및 산업 환경에 따라 발달해왔다는 사실로 미루어볼 때, 애초의 목적과는 달리 예술가와 창작자들에게 오히려 불리한 결과를 가져다주기도 한다. 인간의 사상 또는 감정을 구체적으로 표현한 창작물에 대해 인정되는 배타적인 권리인 저작권을 지나치게 보호할 경우 일반의 다른 정당한 권익이나 표현의 자유를 침해할 수도 있기 때문이다. 창작자의 이익과 창작물 이용자인 공중의 이익을 어떻게 조화롭게 보호할 것인가도 중요한 문제다. 일각에서는 카피라이트 제도의 폐지 또는 전면적 수정을 주장하는 카피레프트copyleft 운동을 벌이기도 한다. 저작권법의 궁극적인 목적인 창작과 문화 및 관련 산업의 향상을 위해서는 저작자와 이용자 모두에 대한 고려가 필요하다. 따라서 저작권을 얼마만큼 사적인 권리로서 보호할 것이며, 저작물을 어느 정도까지 공공의 자산으로 하는 것이 적절할 것이냐에 대한 정책적 판단이 요구된다.

저작자가 저작물에 대해 갖는 인격적 이익을 보호하는 권리인 저작인격권과 저작물의 이용으로부터 생기는 경제적, 금전적 이익을 보호하는 저작재산권 또는 카피라이트는 별도의 개념이다. 저작물은 문학, 학술 또는 예술의 범위에 속하는 창작물인데, 이를 양도가 불가능한 인격적 측면(저작인격권)과 양도가 가능한 재산적 측면(저작재산권)으로 구분한 것이다. 저작인격권에는 영리성과는 거리가 먼 동일성유지권, 성명표시권, 공표권 등이 있다. 이에 비해 저작재산권은 저작물에 대한 저작자의 재산권적 권리로 복제권, 전시권, 공연권, 배포권, 공중송신권, 2차적 저작물 작성권 등을 포괄한다. 저작인격권은 창작자 고유의 권리, 저작자의 일신에 속하는 권리로 창작자만이 가질 수 있다. 한국의 경우 창작자가 사망하면 같이 소멸하는 것을 원칙으로 한다.[4] 이에 비해 저작재산권은 라이선스, 양도 및 업무상 저작물work for hire 등을 통해 창작자가 아닌 사람도 이용 또는 소유할 수 있다. 그렇지만 저작자가 계약을 통해 제삼자에게 저작재산권을 양도하더라도 저작인격권까지 양도되는 것은 아니다.

한국 저작권법은 저작권을 저작인격권과 저작재산권을 합친 개념으로 보고 저작인격권과 구별하기 위해 저작권 내에 저작재산권이라는 개념을 새로 만들고 있다.[5] 따라서 저작재산권을 양도했더라도 창작자는 저작인격권이 침해당할 경우 저작권법의 보호를 받는다. 저작재산권의 침해가 인정되더라도 그에 따른 손해배상이 적은 액수에 불과한 경우가 대부분이어서, 한국에서는 일반적으로 저작인격권 침해를 동시에 주장함으로써 정신적 손해배상을 함께 청구하며, 법원도 저작인격권의 침해를 폭넓게 인정하는 편이다.

---

4   저작권법 제14조(저작인격권의 일신전속성).
5   박경신, 『사진으로 보는 저작권, 초상권, 상표권 기타 등등』, 고려대학교 법학연구원, 2008, 70쪽.

대륙법 국가인 대부분의 유럽 국가들과 보통법 국가인 영미는 저작권을 대하는 방식에서 철학적, 이론적으로 차이를 보인다. 대륙법 국가들은 저작인격권과 저작재산권이 창의적인 노력의 생산물을 창작자가 갖는 "자연적이고 천부적인 권리"라고 믿는다. 반면 영미법 체계하에서 저작권은 공정성을 위해 "헌법과 법규에 의해 부여하는 권한"으로 본다. 전자는 작가 보호를 천부적인 권리라고 본다면 후자는 산업을 촉진하고 공익을 증진시키기 위한 수단이 되는 것이다. 대륙법 체계가 저작재산권을 재산에 대한 권리로 본다면 영미법 체계는 좀 더 사회주의적 관점을 갖는다. 바꿔 말하면, 유럽 국가들은 저작권의 수혜자를 작가로 본다면, 영미법 국가는 저작권의 궁극적 혜택이 사회에 돌아간다고 보는 것이다.

2 예술가의 저작인격권

러시아 출신 작곡가 드미트리 쇼스타코비치는 1948년 미국 영화 〈철의 장막Iron Curtain〉에서 제작사가 자신의 음악을 무단으로 사용했다며 상영 금지를 요구하는 소송을 냈다.[6] 러시아 스파이의 이야기를 다룬 이 영화는 쇼스타코비치를 포함한 러시아 출신 작곡가들의 음악을 배경음악으로 사용하고 오프닝 크레딧에 이들의 이름을 열거했다. 영화에 사용된 음악들은 이미 저작권 보호 기간이 만료된 공공 저작물public domain이었기 때문에 저작재산권 침해로 음악 사용을 막을 방법은 없었다. 이에 쇼스타코비치 측은 "반소련을 주제로 하는 영화에서 자신의 곡이 무단으로 사용되고, 자신의 이름이 크레딧에 올라가는 것은 고국 러시아를 배반하는 듯한 잘못된 인상을 심어주며 이는 자신의 뜻에 반한다"면서 저작자의 인격이 침해당했다고 주장했다.[7] 이에 대해 뉴욕 지방법원은 미국법이 저작인격권을 인정하지 않기 때문에 저작인격권 침해 부분에 대해서는 원고의 주장이 이유 없다고 판시했다.[8] 반면 프랑스 법원은 명백한 저

6　Shostakovich v. Twentieth Century-Fox Film Corp., 80 N.Y.S.2d 575 (N.Y. spec. term 1948), affid, 87 N.Y.S.2d 430 (1949).

7　Henry L. Self III, "Moral Rights and Musicians in the United States," *2003-2004 Entertainment, Publishing and the Arts Handbook 165*, 2003.

8　법원은 뉴욕 민권법과 출판물에 의한 명예훼손, 프라이버시권, 퍼블리시티권 등도 검토했으나 모두 혐의 없음으

작인격권 침해로 보고 영화 상영 금지처분을 내림으로써 쇼스타코비치 등 러시아 작곡가들의 손을 들어주었다.[9] 이 사건은 미국이 저작인격권에 관심을 갖기 전의 사건으로 저작인격권에 대한 유럽 국가들과 미국의 시각차를 보여준다.

저작인격권이란 무엇인가

예술가에게 부여하는 저작인격권의 역사는 프랑스에서 시작되었다.[10] 현재 독일, 이탈리아를 비롯한 대부분의 유럽연합 국가들과 일부 남미 국가 등 대륙법 체계 국가에서는 저작인격권에 대한 오랜 전통을 갖고 있다. 이들 국가는 예술가가 창작 과정에서 영혼을 작품에 깃들게 하기 때문에 작품을 작가의 인격체로 동일시한다.[11] 이런 전통이 프랑스 혁명과 함께 등장한 개인주의 철학에서 기인한다는 주장도 있고 천부적 인권, 즉 자연권이라는 주장도 있다.

저작인격권이 명시되어 있는 국제 협약에는 베른협약Berne Convention for the Protection of Literary and Artistic Works과 세계지적재산권기구 저작권 조약WIPO Copyright Treaty 등이 있으며, 1948년 세계인권선언Universal Declaration of Human Rights은 저작자의 정신적 이익 보호를 선언했다. 저작권에 대한 국제 협약인 베른협약에도 최초에는 저작인격권에 관한 규정이 없었다. 성명표시권과 동일성유지권과 같은 저작자의 인격에 대한 권리가 처음 규정된 것은 1928년 로마에서 열린 저작권 개정 회의에서다. 1928년 베른협약 로마협정에서 저작인격권을 처음으로 명문화했다(제1항). 베른협약 제2항에는 보호 기간에 대해 저작재산권

로 결론 내렸다.

9 Société Le Chant du Monde c. Société Fox Europe et Société Fox Américaine Twentieth Century, Paris, 13 janvier 1953. D.A. 1954. 16, 80.

10 저작인격권은 대륙법 국가인 프랑스에서 시작되었음에도 불구하고 입법의 산물이 아니라 사법, 즉 판례의 산물이다. 판사가 저작인격권을 인정한 후, 나중에 입법 제정되었다.

11 Judith Bresler and Ralph Lerner, *Art Law: the Guide for Collectors, Investors, Dealers, & Artists*, 3rd ed., Practicing Law Institute, 2005, p.1252.

이 소멸할 때까지가 원칙이나 베른협약 가입 또는 비준 시에 저작자의 사후 보호를 인정하지 않는 국가에서는 그렇게 할 수 있도록 규정하고 있다.

베른협약 제6조의 2[12]

(1) 저작자의 재산권과 독립하여, 그리고 그 권리의 양도 후에도 저작자는 저작물의 저작자라고 주장할 권리 및 그 저작물에 관련해 그의 명예나 명성을 해치는 왜곡·삭제·수정 또는 기타 훼손 행위에 대해 이의를 제기할 권리를 가진다.

(2) 전항에 따라 저작자에게 부여되는 권리는 그의 사망 후에 적어도 저작재산권의 만기까지 계속되고, 보호가 주장되는 국가의 입법에 의한 권한이 있는 사람이나 단체에 의해 행사될 수 있다. 다만 이 의정서를 비준하거나 또는 이에 가입할 당시에 저작자의 사망 후에 전항에 규정된 모든 권리의 보호를 입법으로 규정하지 않은 국가는 이러한 권리 중 일부를 저작자가 사망한 후에는 존속하지 않도록 할 수 있다.

(3) 이 조에 의해 부여되는 권리를 보전하기 위한 구제의 방법은 보호가 주장되는 국가의 입법 지배를 받는다.

1996년 12월 스위스 제네바에서 열린 세계지적재산권기구WIPO 회의에서는 '세계지적재산권기구 저작권 조약WCT'을 채택했다. 이 조약에 의하면 체약 당사국은 베른협약의 제1조 내지 제21조와 그 부속서를 준수해야 한다. 즉 WCT에서 저작권자의 인격 보호는 베른협약과 동일하다고 보기 때문에 WCT 가입국도 저작인격권의 의무를 지게 된다. WCT 제1조 제2항은 이 조약상의 어

---

12   Berne Convention for the Protection of Literary and Artistic Works of September 9, 1886, completed at PARIS on May 4, 1896, revised at BERLIN on November 13, 1908, completed at BERNE on March 20, 1914, revised at ROME on June 2, 1928, at BRUSSELS on June 26, 1948, at STOCKHOLM on July 14, 1967, and at PARIS on July 24, 1971, and amended on September 28, 1979.

떤 규정도 문학·예술 저작물의 보호를 위한 베른협약에 의해 체약 당사자가 상호간에 지는 기존 의무를 훼손하지 아니한다고 하고 있으며, 제1조 제4항 체약 당사자는 베른협약 제1조 내지 제21조 및 부속서를 준수해야 한다고 규정한다.

저작인격권의 탄생국이자 최대 수호국인 프랑스에서는 18세기부터 저작인격권을 자연법적 권리로 인식해왔다. 프랑스는 유럽에서도 가장 폭넓게 저작인격권을 보호하고 있다. 저작인격권은 창작자 스스로도 포기할 수 없는 권리로 본다. 1791년 1월 제정된 법령에 따르면 생존 작가의 작품은 법적 합의 없이 프랑스의 모든 공공 극장에서 임의로 상영할 수 없으며, 상속인이나 양수인은 작가 사망 후 5년간 작품의 소유권을 갖는다. 프랑스는 대륙법 국가이지만 저작인격권은 판례를 통해 최초로 인정되었다. 19세기 중반 프랑스 법원은 조각가 오귀스트 클레쟁제르Auguste Clésinger가 자신의 작품을 절단한 소장자에 대해 형사적 절차를 진행할 수 있는 권리가 있다고 판시했다.[13] 그렇지만 저작인격권을 구체적으로 명시하며 세계 최초로 인정한 판결은 1878년 생캥 대 르코크Cinquin c. Lecocq 판결[14]이다. 이 소송에서 프랑스 법학자 앙드레 모리오Andre Morillot는 프랑스 대법원에서 저작인격권이라는 구절을 사용함으로써 저작인격권의 존재를 최초로 확인했다.[15]

프랑스는 이처럼 판례에 따라 저작인격권을 인정해오다가 1957년에 '문학 및 미술 소유권에 관한 법률'이란 이름으로 개정된 저작권법에 저작인격권에 대한 규정을 신설했다. 1985년에 '저작권 및 인접권에 관한 법률'을 제정하고, 1992년에는 저작권법, 특허법, 상표법, 의장법 등 지적재산에 관한 법률을 하나로 통합한 지적재산권법을 제정했다. 프랑스의 법규는 저작자 인격권을 영구적인 것으로 규정한다. 따라서 예술가 사후의 공표권은 예술가의 유산 집행자, 유

---

13 Cheryl Swack, "Safeguarding Artistic Creation and The Cultural Heritage: A Comparison of Droit Moral between France and the United States," *Columbia Journal of Law & the Arts*, Vol.22, No.3, 1998, p.368.

14 Cass. Civ., 25 juin 1902, D.P.1903. I.5.

15 구본진, 『미술가의 저작인격권』, 경인문화사, 2010, 95쪽.

산 상속자, 법적 상속인, 가족 등이 행사할 수 있으며, 성명표시권과 동일성유
지권은 예술가가 유서에서 명시할 경우 상속자는 물론 제삼자도 행사할 수 있다.

프랑스의 저작인격권 관련 법규

제6조 저작자는 자신의 성명, 저작자의 권리, 자신의 작품에 대해 존중받
을 권리가 있다. 이 권리는 자연인에 귀속된다. 이 권리는 영구적이며, 양
도 불가능하며, 절대적이다. 저작인격권은 저작자의 유족에게 상속mortis
causa된다. 이 권리의 행사는 유언에 의해 제삼자에게 양도될 수 있다.
제19조 저작자는 자신의 작품을 공개할 권리가 있으며 공개 방법을 결정
할 수 있다.

최초로 저작인격권을 확인한 프랑스가 주로 판례를 통해서 이 권리를 인
정해왔다면 최초로 성문화한 것은 독일이다. 1901년 개정된 독일 저작권법에는
세계 최초로 저작자의 인격적 이익의 보호 규정을 두었다.[16] 독일 저작권법 제
11조에 의하면, 저작권은 작품에 대한 정신적, 인격적 관계 및 작품 이용에 대해
작가를 보호한다. 영국에서는 1956년에서야 저작인격권이 규정되었다. 이탈리
아 법규는 "시간적 제한 없이" 권리를 인정받는다고 규정하며, 독일은 저작재산
권과 동일한 기간 동안 인정한다. 베른 조약은 독일 방식을 '최소한으로' 인정
했다.

일찍이 저작인격권을 발달시켜온 유럽과 달리 미국은 대체로 판례를 통
해 저작인격권을 부인하는 입장을 취해왔다.[17] 재산권과 소유권을 중시하고, 계
약에 의한 해결을 선호하는 보통법의 법 문화에 따르면 일단 양도가 되면 예술
품 소유자의 권리가 더 중요하기 때문이다. 1937년, 벽화가인 알프레드 크리미

---

16   허희성, 「저작인격권의 이론과 효용에 관한 연구」, 국민대학교 박사학위논문, 1995, 32쪽.
17   Vargas v. Esquire, Inc., 164 F.2d 522, 526 (7th Cir. 1947); Seshardri v. Kasraian, 130 F.3d 798 (7th Cir. 1997).

Alfred D. Crimi는 뉴욕에 있는 한 교회의 내부 벽화를 그렸다. 그는 교회와 벽화는 영구적으로 벽에 부착될 것이며, 저작권을 포함한 모든 권리와 이익이 교회에 귀속된다는 계약서에 서명했다. 그렇지만 교회 측 인사 중 일부가 예수의 가슴이 지나치게 육체적으로 강조된 것을 탐탁지 않게 여겼다. 비난 여론이 커지자 8년 뒤 교회는 예배당을 새롭게 단장하는 과정에서 벽화를 포함한 벽 전체에 페인트칠을 해버렸다. 이에 분노한 크리미는 벽화를 복원하거나 벽화를 떼 자신에게 반환할 것을 요구하며 교회를 상대로 소송을 제기했다. 법원은 계약 당시 크리미가 모든 권리를 포기했기 때문에 손해배상 등에 대한 아무런 권리를 갖지 못한다고 판시했다.[18] 크리미가 변호인과 함께 교회 측과 계약서를 작성할 당시 권리가 이미 확정되었다는 게 법원의 논리였다. 계약서상 벽화 역시 재산에 속하며 재산은 소유권자 마음대로 처분할 수 있다는 것이다.

미국은 원칙적으로 저작인격권을 인정하지 않았기 때문에 저작재산권 또는 소유권을 갖고 있는 사람은 임의로 작품 형태나 길이 등을 수정하고 파괴하며 이전할 수 있는 권리가 있다. 대신 미국 법원들은 연방상표권법, 계약법상 묵시적 합의, 저작재산권법, 불공정경쟁방지법, 명예훼손, 불법행위법, 고의적 영업 방해, 사생활 침해 등 다른 법리를 통해 유럽의 저작인격권과 유사하게 예술가들을 보호해왔다. 미국에서 저작인격권이 인정되기 전에 벌어진 사례들을 살펴보자.

1975년 도쿄 트러스트 컴퍼니 은행은 유명 일본계 미국인 조각가인 이사무 노구치Isamu Noguchi에게 미국 월가에 위치한 본사에 세울 조각을 의뢰했다.[19] 이에 따라 이 공간을 위해 특별 제작된 천장부터 로비까지 이어지는 17피트 길이의 조각이 완성됐다. 그러나 5년 뒤, 은행은 작품을 로비에서 철거하기로 결정하고 작가에 통보도 하지 않은 채 작품을 해체해 결과적으로 작품을 훼

18   Crimi v. Rutgers Presbyterian Church, 194 Misc. 570, 89 N.Y.S.2d 813 (Sup. Ct. 1949).
19   Grace Glueck, "Bank Cuts Up a Noguchi Sculpture and Stores It," The New York Times, Apr. 19, 1980 at 1.

손했다. 화가 난 노구치는 이를 '반달리즘vandalism'으로 규정했다. 뉴욕 미술계도 분노했다. 그러나 당시만 해도 노구치가 법적 구제를 받을 길은 없었다. 계약 당시 은행에 모든 권한을 양도했기 때문이다. 당시 미국 판례는 저작인격권을 인정하지 않았으므로 저작권자의 권리가 배제된 채 계약법과 재산법을 적용해 소유권자의 권리만 인정한 것이다. 1980년에는 미니멀리스트 작가인 프랭크 스텔라Frank Stella가 화실 밖에 버려 비에 젖고 망가진 작품들을 누가 가져다가 갤러리에서 버젓이 판매한 일이 있었다.[20] 스텔라는 그 작품들이 미완성작인 데다가 도난당한 것이라며 갤러리 측에 반환을 요구했다. 그러나 갤러리 측은 "스텔라가 작품들을 버릴 의사가 분명했기 때문에 도난 물품이라고 주장할 수 없는 데다, 그가 실제로 작업한 작품이므로 사기죄도 성립하지 않는다"고 주장했다. 이런 일련의 사건들은 새롭게 부흥한 현대미술의 중심지 미국에서 활동하는 예술가들을 좌절시켰고, 미국 미술계와 법조계에 저작인격권 논쟁을 불러일으켰다.

이렇게 저작인격권의 중요성이 부각되면서 예술가들의 활동과 예술품 거래가 활발한 캘리포니아와 뉴욕, 매사추세츠 등은 주법을 통해 저작인격권을 부분적으로 도입했다. 캘리포니아 주는 1979년 미국 최초로 '캘리포니아예술보호법'을 제정해 저작인격권을 인정했다. 캘리포니아예술보호법은 예술품의 훼손, 절단, 변경, 파괴를 금지함으로써 예술가에게 저작인격권을 부여했다. 법규상 예술품은 원본 회화, 조각, 드로잉, 예술품 수준에 오른 유리 공예 등이 포함되지만, 상업 용도로 제작된 것은 포함하지 않는다. 캘리포니아 주법상 저작권 보호를 받는 예술이란 동료 예술가, 비평가, 예술품 수집가, 미술관 큐레이터, 예술품 창작이나 유통에 관여하는 사람들에게 일정 정도 수준에 오른art is recognized to have quality based것을 의미한다. 캘리포니아 주법은 예술가에 대한 보호라기보다는 어느 정도 수준에 이른 예술품을 보호하는 데 목적이 있다. 따라

---

20   Stella v. Mazoh, No.07585-82 (N.Y. Sup. Ct. Apr. 1, 1982).

서 동의할 만한 중요한 가치가 있는 예술품의 보존을 목적으로 한다.

이 법에 따르면 예술가는 보호 대상이 되는 예술 작품의 침해에 대해 중지 명령을 내릴 수 있으며, 손해배상, 징벌적 손해배상 등을 통해 변호사 및 전문가 증언 비용 같은 손해를 보전받을 수 있다. 이 권리는 예술가가 사망한 후 50년 동안 인정되며 상속자나 법적 대리인 등이 행사할 수 있다. 자신이 서명한 서면을 통해 예술가 스스로 저작인격권을 포기할 수도 있다. 작품 소장자는 작품을 제거하거나 변경하고자 할 때에는 먼저 작가에게 그 의사를 전달하고 작가에게 우선적으로 제거 또는 이전할 기회를 주어야 한다. 특히 건물에 고착된 예술품에 대해서는 두 가지 경우로 나눠 조항을 두었다. 우선 건물 소유주가 예술품에 대한 실질적인 손상 없이도 건물로부터 예술품을 분리할 수 있을 경우, 건물 소유주는 예술가에게 서면으로 분리 또는 철거 계획을 통보해야 한다. 예술가는 고지를 받은 후 90일 내에 자비를 들여 작품을 떼어갈 수 있는데, 이를 이행하지 않을 경우 건물 소유주가 변경·훼손·제거 등을 해도 무방하다. 한편 실질적 손상 없이는 분리 및 제거가 불가능한 경우, 예술가는 건물 소유주의 서명이 담긴 서면 예술품 보존 요청서를 작성해 해당 동산이 등록되어 있는 관계 기관에 등록해야 한다. 이외에 1982년에 제정된 '캘리포니아문화예술창작보존법California Cultural and Artistic Creations Preservation Act'은 특정 공공단체나 자선단체도 예술품이 일정 수준 이상 가치가 있거나 실질적 공익에 해당할 경우, 예술보존법에 따라 예술가에게 부여된 권한을 갖게 했다.

이후 1984년에는 뉴욕 주가 저작인격권 보호에 관한 법률을 제정했다. 뉴욕 주는 1984년 '뉴욕예술가창작권리법New York Artists' Authorship Rights Act'을 만들었는데 여기에는 작가의 의도를 정확히 반영하지 않는 작품에 대해 작가 이름을 사용하지 못하게 함으로써 성명표시권을 인정했다. 따라서 작품을 변경하거나 변형시켜서 전시하거나 다시 제작하는 경우에는 예술가가 자신의 이름을 빼달라고 요구할 수 있으며, 반대로 자신의 이름을 빼고 재생산하는 경우에 이름을 넣어달라고 요구할 수도 있다. 뉴욕 주법은 모든 재료의 시각예술과 그

래픽 예술을 보호 대상으로 했다. 하지만 광고용으로 제작한 사진이나 예술품
은 제외했다. 다만 연방 시각예술가권리법VARA: Visual Artists Rights Act에서는 제
외된 잡지, 서적과 여타 공익 용도를 위해 제작된 경우에는 보호 대상이 된다.
뉴욕 주법상 저작인격권 침해로 인정받기 위해서는 당해 작품이 침해가 발생하
기 전 일반에 공개된 것이어야 한다. 1992년 코네티컷 주의 '미술 보호와 미술
가권리법Art Preservation and Artists' Rights Statute', 1993년 펜실베이니아 주의 '순수
미술보호법Fine Arts Preservation Act', 1996년 '매사추세츠미술보호법Massachusetts
Art Preservation Act' 등이 뒤를 이었다. 저작인격권이 법적 보장을 받지 않더라도
성명표시권은 연방상표권법Lanham Act이나 계약법 등을 통해 보완되기도 한다.[21]

　　미국은 1988년에 국제 저작권 협약, 즉 베른협약에 77번째 체약국으로 가
입하고, 1989년에 베른협약 이행법을 제정했다. 그러나 미국이 베른협약에 가입
한 목적은 저작인격권보다는 해적판의 퇴치, 즉 저작재산권 침해를 막기 위한
것이었다. 따라서 미국은 자동 발효self-executing 협약[22]이 아닌 베른협약의 저작
인격권 조항을 채택하기보다는 기존 저작권법으로 충분히 보호가 가능하다는
입장을 취했다. 체약국으로서 베른협약을 준수하기 위해 저작인격권을 부여할
의무가 있는지의 논쟁도 계속됐다. 베른협약 이행법을 후속 입법하면서 베른협
약의 저작인격권 보호에 대한 규정을 수용하는 규정은 두지 않았다. 그로부터
2년 뒤인 1990년에는 연방 차원에서 저작인격권 보호를 다루는 시각예술가권
리법VARA[23]을 제정했다. 그러나 내용은 기존의 저작권법, 명예훼손, 불공정경쟁

21　어떤 상품이나 용역과 관련해 단어, 이름, 조건, 심벌, 장치 또는 그 결합, 출처에 대한 잘못된 지칭, 사실과 다
르거나 다른 묘사를 통해 스스로를 다른 사람과 결합, 연결, 연상시키거나 스스로의 상품, 용역 또는 제삼자의 상업
적 활동과 출처, 후원, 승인과 관련해 혼동을 일으키거나 잘못을 유도하거나 기만하는 자는 그러한 행위로 인해 피
해를 입었다고 믿는 자에 대해 민사적 책임을 져야 한다. 미국 상표권법 부정사용misappropriation에 관한 제43조 (a)
(1)(A). 이 조항에 따라 작가의 이름이 잘못된 경우 피해를 입은 당사자는 보상을 청구할 수 있다. 또한 상표법을 적
용할 경우에는 저작권법이 보호하지 않는 아이디어만을 도용한 경우에도 부정사용죄를 적용하는 것이 가능하다. 17
U.S.C. §102(b).
22　국제법상 자동 발효가 아닌 협약이나 조약은 각 나라에서 이행법을 제정해 별도로 국내법 발효를 해야 효력이
발생한다.
23　Visual Artists Rights Act of 1990, Pub.L. 101-650 title VI, 17 U.S.C. 106A.

법, 계약법, 그리고 일부 주의 저작인격법을 조합한 소극적인 의미에 불과했다.

적용 대상도 회화, 소묘, 판화, 조각, 사진 등 '시각예술저작물'로 한정했다. 즉 포스터, 지도, 지구본, 차트, 설계도, 다이어그램, 모형, 응용미술,[24] 영상물 등은 저작인격권의 보호를 받지 못한다.[25] 사진도 순수 전시 목적을 위해 제작된 것만 보호 대상이었다. 그렇지만 디지털 아트 등 새로운 시각적 표현은 포함할 수 있도록 여지를 남겨두었다. VARA의 적용 대상 여부는 저작물의 목적에 따라 결정되는데 광고, 선전, 기능성이 있는 저작물과 업무상 저작물은 미술적 가치, 사용된 매체, 창작자 또는 시장에 대한 가치 여부와 상관없이 VARA의 대상에서 제외된다.[26] 또한 시각예술저작물의 범위도 상당히 제한적이어서 저작물의 원본만 보호하고, 상업적 저작물은 보호 대상에서 제외했다. 판화, 조각, 사진은 200점 이하의 서명이 되어 있는 에디션만을 보호한다. VARA 이행법은 "특정 시각예술가의 평판과 그들이 창작한 작품을 보호한다. 예술가들에게는 성명표시권과 동일성유지권이 부여된다"고 규정한다.[27] 폭넓은 저작인격권을 인정하는 유럽 국가들과는 달리 성명표시권과 동일성유지권만을 보장하는 것이다.[28] 다만 공개하지 않을 권리는 사생활 보호라는 헌법적 권리에 의해 보호받는다.

VARA에 따르면, 시각예술 저작자는 인격권을 양도할 수 없으며 저작자가 살아 있는 동안에만 보호된다. 그러나 캘리포니아[29]와 뉴욕[30] 주법은 작가가 서면으로 자신의 권리를 포기할 수 있도록 하고 있다. 이는 계약의 자유와 시장성을 중시하는 미국 법체계의 철학과 맞닿아 있기 때문이다. VARA의 적용 범위는 발효일 또는 발효일 이후에 창작된 저작물과 발효일 이전에 창작된 저작

---

24 응용미술은 '실용품에 부착하는 2차원 또는 3차원 장식'을 뜻한다.

25 17 U.S.C. §101.

26 Pollara v. Seymour, 344 F.3d 265, 266-67(2d Cir. 2003).

27 Pub. L. No. 101-650 (tit. VI), 104 Stat. 5089, 5128-33 (1990).

28 17 U.S.C. 101 (2000) §106A.

29 §987[g][3].

30 §14.03[3][d].

물 중 저작자가 그 소유권을 양도하지 않은 경우에만 미친다. 시간의 경과나 재료의 본질적 특성으로 인해 달라진 부분을 고치는 경우와 중대한 과실 없이 조명이나 위치의 선정 등과 같이 저작물의 보존이나 공공 전시를 위해 작품을 변경하는 경우에는 VARA가 적용되지 않는다. 미술관이나 박물관에서 전시를 위해 위치나 조명을 변경하는 것은 허용한다. 또한 건물주는 자기 건물에 설치된 미술작품을 ①작가가 철거, 손상, 변경에 동의한 경우(VARA 시행일인 1991년 6월 1일 이전에 설치된 경우), ②작가가 저작인격권을 주장하지 않겠다는 계약을 건물주와 작가가 서면으로 체결한 경우(VARA 시행일인 1991년 6월 1일 이후에 설치된 경우)에는 VARA를 적용하지 않는다. 건물주가 작가에게 통보하지 않았더라도 건물주가 선의로 피해 없이 작품을 건물로부터 분리한 경우나, 작가에게 통보했으나 작가 스스로 건물로부터 분리시키거나 분리 비용을 지불하지 않는 경우에도 VARA는 적용되지 않는다.

역시 보통법 국가인 영국은 1988년 11월 저작권법을 개정해 저작인격권 보호를 명문화했다. 현재는 대부분의 국가들이 어떤 방식으로든 저작인격권을 보호하고 있다. 한국에서는 저작권법 제11조, 제12조, 제13조에서 공표권, 성명표시권 및 동일성유지권 등 저작인격권의 세 가지 권리를 규정하고 있다. 저작권법이 규정하는 저작물 중에서 저작인격권이 적용되는 대상은 미술저작물과 음악저작물이다. 한편 저작인격권은 일반적인 인격권의 범주로 보기도 하고, 분리해서 보기도 한다. 저작자의 저작물에 대한 관계를 보호하는 저작인격권은 권리 주체의 인격에 대한 관계를 중시한다는 점에서 일반 인격권과 차이가 있다. 그렇지만 한국 법원은 인격권과 저작인격권을 분리시키기보다는 저작인격권을 일반적 인격권의 범주 내에서 저작물에 대한 저작자의 관계를 규정하는 입장을 취하고 있다.[31]

31 "불법행위에 의해 인격권이 침해되는 경우, 현행법상으로는 금전배상의 원칙만이 인정될 뿐 원상회복청구권 내지 이른바 만족청구권은 명문으로 규정되고 있지 않지만, 인격권의 한 부분이라고 생각되는 명예가 훼손된 경우 현행 민법 제764조가 법원이 명예회복을 위한 적당한 처분을 명할 수 있다고 규정하고 있는 점, 저작권법 제95조가 고의

저작인격권에 대한 찬성과 반대 논리들

저작인격권을 합리화하는 근거로는 우선 예술 작품은 예술가 인격의 연장이며 내면의 표현이라는 주장이다. 따라서 작품을 함부로 다루는 것을 예술가의 프라이버시를 침해하는 것이자 인격을 모독하는 행위로 본다. 그다음으로는 저작인격권을 재산권적 입장에서 보는 것인데, 자신의 작품 파괴를 효과적으로 막기 위해서는 현재 소유자의 위치를 알아야 하고 훼손된 작품을 복원할 수 있어야 한다고 주장한다. 또한 작품을 파괴하는 것은 작가의 잠재적 추급권이나 2차 저작물 작성권을 빼앗는 결과를 낳을 수 있다고 본다. 끝으로, 저작자 인격권의 보호를 "문화유산을 있는 그대로 보존함으로써 얻게 되는 공공의 이익"으로 보는 입장이다.

1926년에 툴르즈 로트레크Toulouse-Lautrec의 작품 두 점을 소유한 사람이 열 개의 조각으로 이 작품들을 잘라 따로 판매한 일이 있었다.[32] 1986년에는 피카소의 1959년 작 〈세 명의 여인Trois Femmes〉을 1만 달러에 구매해 조각을 낸 뒤 장당 100달러에 판매하기도 했다.[33] 렘브란트의 〈폴란드 기수Polish Rider〉 소유자는 자신이 갖고 있던 액자 프레임에 크기를 맞추기 위해 작품에서 말의 다리를 잘라냈다. 심지어 대학 도서관이 마네와 들라크루아의 돋을새김 작품들을 제거해서 작품을 파괴할 뻔한 사건도 있었다.[34] 이처럼 저작인격권이 협소하게 나마 인정되기 전까지 벌어진 일련의 사건들을 보면 저작인격권 옹호자의 입장이 설득력을 얻는다. 추상 조각 작가인 데이비드 스미스David Smith는 자신의 작

또는 과실로 저작인격권을 침해한 자에 대하여는 손해배상에 갈음하거나 손해배상과 함께 명예회복을 위하여 필요한 조치를 청구할 수 있다고 규정하고 있는 점과 지배적인 학설이 일반적 인격권에 대하여 배타적 지배권으로서 대세적 효력을 인정하는 점에 비추어 보면 법원은 피해자가 바라는 경우 금전으로 손해배상을 명하는 이외에 원상의 회복을 위한 조치 또는 피해자에게 만족을 줄 수 있는 조치를 명할 수 있다고 보는 것이 발전하는 법질서의 요청에 부응할 수 있을 뿐 아니라 피해구제수단을 다양화하여 형평을 기하는 데 적합하다고 할 수 있다." 서울고등법원 1994.9.27. 선고, 92나35846 판결.

32 Patricia Failing, "Picking Up the Pieces: The Case of Dismembered Masterpieces," *ARTnews*, Sep. 1980.

33 Charles Ossola, "Law for Art's Sake," *The Recorder*, Jan. 8, 1991.

34 "It's Student vs. Hopkins in Dispute Over Disposal of Old Books and Manet Prints," *Baltimore Sun*, Mar. 9, 1980.

품이 철저히 변경된 것을 보고 미술 잡지 『아트뉴스*ARTnews*』에 기고문을 보내 '고의적인 반달리즘'이라고 규정하며 "작품에 손을 댄 순간, 그 작품은 작품이 아니라 고철 덩어리에 불과하다"고 비판하기도 했다.[35]

한편 저작인격권을 반대하는 입장은 주로 재산권 또는 소유권과의 충돌을 문제 삼는다. 물건을 사면 그 물건은 '나의 소유'라는 개념이 통용된다. 만일 내가 돈을 주고 작품을 샀는데 내 물건을 마음대로 할 수 없다면 그것이 과연 물건을 소유한 것인가 하는 의문이 생긴다. 1991년 VARA가 발표되자, 상원 기술법소위원회의 한 위원은 "이 법은 예술가들에게 자신이 이미 개인에게 판매한 작품의 사용과 유통에 대해 끊임없이 개입할 수 있는 권리를 부여한다"고 비판했다. 베른협약의 저작인격권은 미국의 전통과 맞지 않는다는 주장이 많았다. 조지 C. 스미스 공화당 의원은 저작인격권과 관련해 의회가 채택한 사적재산권 중 가장 특이한 것이라고 지적하기도 했다. 재산권의 일부가 그 작품을 구매한 사람으로부터 창작하고 판매한 사람으로 이동됨으로써 소유자를 물리적 관리인으로 전락시킨다는 것이다.[36]

반대자들은 저작인격권과 관련한 다툼은 계약을 통해 사전에 충분히 방지 또는 보완할 수 있다고 본다. 예술가들이 협상을 통해 변경, 훼손, 파괴, 제거 등에 대한 조항을 계약서에 넣어 거부권을 행사할 수 있다는 것이다. 그러나 이 같은 주장은 현실성이 떨어진다. 대부분의 예술가들은 서면계약서를 잘 작성하지 않는 편이다. 또한 자신의 작품이 변경, 훼손, 파괴, 또는 제거될 것이라고 예상하는 작가들이 많지 않을 것이며, 협상을 하는 동안 이런 문제들을 제기하기 어려운 위치에 있는 경우도 많다. 계약서로도 해결되지 않는 문제가 또 있다. 과연 이 계약서가 미치는 범위가 어디까지일까 하는 것이다. 예를 들어 작가 B가 A라는 사람으로부터 작품을 의뢰받아 제작했으나, 만일 A가 이 작품을 제

---

35 Bresler and Lerner, *Art Law: the Guide for Collectors, Investors, Dealers, & Artists*, p.439.

36 Christopher J. Robinson, "'The Recognized Stature' standard in Visual Artists Rights Act," *Fordham Law Review*, Vol.68, Issue 5, 2000, p.1975.

삼자인 C에게 판매한다면, 그리고 C는 다시 D에게 판매한다면 어떨까. 아마 책임 소재가 불분명해지고 계약서도 제 역할을 하지 못할 것이다.[37]

저작인격권이 예술품에 대한 경제적 투자를 위협함으로써 오히려 창작을 위축시킬 것이라는 주장도 있다. 이 같은 권리가 문화 보수주의를 조장하고, 편집의 자유를 제한할 위험성이 있다며 반대의 논리를 내세운다. 메트로폴리탄이나 휘트니 미술관 같은 뉴욕의 대형 미술관들은 보존과 복원 과정에서 저작자와 의견이 충돌할 수 있고, 소송이 남발될 가능성을 우려했다. 이를 반영해 뉴욕 주법은 "보존 목적에 의한 것은 변경에 해당하지 않는다"고 명시하고,[38] 캘리포니아 주법은 (작품) 변경 요건에 '고의성'을 삽입하기도 했다.[39]

공표권, 성명표시권, 동일성유지권

가장 대표적이고 보편적인 저작자 인격권에는 공표권, 성명표시권, 동일성유지권 등이 있다. 공표권은 창작자가 저작물을 세상에 공개하지 않을 권리다. 동일성유지권은 대체로 자신의 저작물이 자신에게 명예훼손이 될 정도로 변경되지 못하게 막을 수 있는 권리로 좁게 해석된다. 성명표시권은 일반적으로 저자의 이름이 계속 저작물에 표시되어 있어야 한다는 것과, 자신의 작품이 아닌 것에 자신의 이름이 사용되는 것을 금지할 권리를 포함한다. 이 밖에도 나라마다 조금씩 다른 저작인격권의 묶음이 있다. 특히 프랑스는 가장 폭넓게 저작인격권을 보호한다.

37 John Henry Merryman, "The Refrigerator of Bernard Buffet," *Hastings Law Journal* 27 (1976): 1023, 1043-44.
38 §14.03[3][c].
39 §987(c)(1).

공표권

미국 인상파의 선구자로 유명한 제임스 휘슬러James McNeil Whistler는 유럽에서 활동하던 시절 에덴 경으로부터 부인의 초상화를 제작해달라는 의뢰를 받았다.[40] 그런데 작품을 완성하고 보니 모델이 된 에덴 경 부인의 머리 부분이 영마음에 들지가 않았다. 휘슬러는 에덴 경 부인 대신 다른 사람의 머리를 그려넣은 후, 그림을 위탁한 에덴 경에게 완성된 초상화의 양도를 거부했다. 에덴경은 계약 위반이라며 작품을 양도받기 위해 소송을 제기했다. 프랑스 1심 법원은 계약이 유효하므로 그림을 원상 복구해서 양도해야 한다고 판시했다. 그러나 프랑스 항소법원은 계약대로 이행하지 않았으므로 계약 위반에 대한 위약금은 물되, 작가가 만족하지 않는 한 양도를 거절할 수 있으며 미공개 권리가 양도 계약에도 존재한다며 강제로 작품을 빼앗을 수는 없다고 판시했다. 계약 위반에 대한 책임은 있지만, 자신의 작품을 공개할지 여부에 대한 판단은 전적으로 예술가 본인에 달려 있다는 것이다. 이 같은 판례들을 바탕으로 프랑스는 1957년 저작물을 일반에 공개할 권리, 공표권을 명시적으로 법제화했다. 프랑스뿐 아니라 독일, 일본, 스페인 등도 공표권에 대해 같은 입장이다.

공개할 권리, 공표권right of disclosure은 저작물을 공표할지 여부를, 그리고 공표한다면 언제 어떤 방법으로 할 것인가를 결정하는 권리라고 정의할 수 있다.[41] 한국 저작권법은 "저작자는 공표권, 즉 저작물을 공표할 것인가 공표하지 아니할 것인가를 결정할 수 있는 권리를 가진다"고 규정한다(저작권법 제11조 제1항). '공표'라 함은, 공연이나 전시 또는 공중 송신의 방법을 통해 일반인에게 보여주는 것과 일반인의 수요에 맞추기 위해 저작물을 발행, 즉 복제하거나 배포하는 것을 말한다.[42] '발행'이라 함은 저작물을 일반 공중의 수요를 위

40 　Whistler c. Eden , Trib. Civ. Seine, 20 mars 1895.

41 　이러한 권리에 덧붙여 일부 유럽 국가에서는 원작철회권right of withdrawal, 비평에 답할 수 있는 권리right to reply to criticism 등을 보장한다.

42 　저작권법 제2조 제24항과 제25항.

해 복제하여 배포하는 것을 말한다(저작권법 제2조 제24호). 비록 자신이 창작한 저작물일지라도 자신의 의지에 반해 원치 않는 공표가 이루어질 경우에는 인격적 이익을 해치는 결과를 초래하기 때문이다.

공표권에 따라 저작자는 미공표의 저작물을 공표할 것인지 아닌지를 결정할 권리를 가지며, 공표 시기와 방법을 결정할 수 있다.[43] 1914년 프랑스 화가 샤를 카무앵Charles Camoin은 만족스럽지 못한 자신의 작품들을 파괴한 뒤 내다 버렸다. 그런데 지나가던 넝마주이가 카무앵이 버린 조각과 그림 몇 개를 주워 고쳐서 골동품점에 팔았다. 10년 후인 1925년 프랑시스 카르코Francis Carco는 골동품점에서 구입한 카무앵의 작품 네 점을 경매를 통해 팔고자 했다. 그러자 카무앵은 이 작품들이 오래전에 자신이 부쉈던 작품임을 알고 모두 위조된 것이라고 주장하며 경매소 측에 작품들을 없앨 것을 요구했다. 이에 대해 파리 항소법원은 예술가는 포기한 작품을 발견한 사람과 권리 분쟁이 있을지라도 필요하다면 작품의 복구를 반대하고 그 폐기를 주장할 수 있다고 판시했다.[44]

공표권을 행사하기 전 해당 작품이 완성품인지 여부는 창작자의 판단에 따른다. 1947년, 종교화가인 조르주 루오Georges Rouault의 경우에는 전속 아트 딜러의 상속인들 사이에서 법적 분쟁이 발생했다. 루오는 살아 있을 때 806점의 미완성 작품들을 자신의 전속 아트 딜러에게 넘기기로 약속했다. 그는 작품들을 갤러리에 있는 작업실에 두고, 열쇠를 갖고 다니며 종종 들러 작업을 했다. 아트 딜러가 사망하자 상속인들은 루오의 작품 806점의 소유권을 주장했다. 이 작품들은 루오의 것일까, 사망한 아트 딜러의 것일까. 법원은 공표권을 들며 루오의 손을 들어주었다. 저작인격권의 원칙에 따르면 예술가는 자신의 작품의 '전적인 주인'이다. 따라서 법원은 미완성 작품은 작가가 스스로 완성작이라고

---

43 프랑스 저작권법은 저작자만이 그의 저작물을 공표할 권리를 갖는다. 저작자는 공표의 방법을 결정하고 공표의 조건을 정한다(프랑스 저작권법 제121조의 2). 독일 저작권법에 따르면, 저작자는 저작물 공표의 가부 및 그 방법을 결정할 권리를 갖는다(독일 저작권법 제12조 제1항).

44 Carco c. Camoin, Paris, 6 mars 1931, D.P. 1931. II. 88.

인정하기 전까지는 양도하거나 매매할 수 없으며, 예술가 자신만이 완성작에 대한 유일한 판단자라고 했다. 따라서 모든 이전의 계약은 무효라고 판시했다.[45]

다만 공표권은 미공표 저작물에 대해서만 행사할 수 있다. 따라서 일단 공표가 된 다음에는 허락받지 않은 제삼자에 의해 무단으로 공표됐다 하더라도, 그 이후에 다시 이를 공표하는 자에 대해서는 공표권의 침해를 주장할 수 없다. 1999년 PC통신에 공표된 글을 저작자의 허락 없이 인터넷 당보에 공표함으로써 발생한 저작인격권 침해 소송에서 서울지방법원은 "이 사건에서 원고가 저작물들을 피고의 무단 게재 이전에 이미 PC통신 등을 통해 일반 공중에 공개함으로써 이를 공표하였음을 원고 스스로 자인하고 있으므로 비록 피고가 이를 무단으로 자신의 당보 등에 게재했다 하더라도 이것이 원고의 공표권을 침해한 것이라 볼 수 없다"고 판시했다.[46]

공표권과 관련해서는 세 가지 쟁점을 생각해볼 수 있다. 첫째, 유족이 저작자가 생전에 공표하지 않았던 저작물을 그가 사망한 후에 공표할 수 있을까. 이는 저작인격권 중 공표권이 금지하는 행위다. 베른협약 제6조의 2에 의하면, "저작인격권은 저작자 사후에도 적어도 저작재산권이 소멸하기까지 존속하고, 이 권리는 각국의 법률이 정하는 자격을 가진 사람이나 단체에 의해 행사되어야 한다". 따라서 그에 관한 권한을 가진 유족이나 유언 집행자는 원치 않는 공표에 관한 침해 등의 정지나 명예 회복을 위한 조치를 취할 수 있다. 하지만 유족이나 권한을 가진 단체가 인격권의 침해에 대해 동의를 해줄 권한이나 손해배상을 청구할 권리까지는 인정되지 않는 것으로 해석된다. 한국의 판례는 저작자의 명예를 해치지 않는다면 허용될 수도 있다고 보았다. '이휘소' 사건[47]에서

---

45 Rouault c. Vollard, Trib. Civ. Seine, 10 julliet 1946, 2 Gaz. Pal. 108.

46 서울지방법원 2000.1.21. 선고, 99가합52003 판결. 다만 제삼자가 저작자의 허락을 받지 않고 저작물을 공표했다면 저작재산권상 복제권, 공연권, 방송권, 전시권 등의 침해를 수반하게 된다. 따라서 법원은 "다만 피고가 원고의 위 저작물들을 무단으로 복제, 배포한 것이 원고의 저작재산권을 침해하였다고 볼 가능성은 있으나 원고는 저작재산권에 기한 주장을 철회하였으므로 이에 대해서는 판단하지 아니한다"고 덧붙임으로써 저작재산권 침해에 대해서는 별건임을 분명히 했다.

47 서울중앙지방법원 1995.6.23. 선고, 94카합9230 판결.

피고는 사망한 유명한 핵물리학자 이휘소를 모델로 『소설 이휘소』라는 책을 저술해 발간했는데, 이휘소가 그의 어머니에게 보낸 편지를 어머니의 허락을 받고 입수한 후 일부 내용을 변경해 위의 책에 게재했다. 이에 이휘소의 유족들은 피고가 편지의 상속인인 원고의 동의를 받지 않고 공표한 것에 대해 저작 인격권 침해라며 소송을 제기했다. 다음은 법원의 결정 내용이다.

> 편지의 수신인은 모두 이휘소의 어머니인데, 그 편지에 이휘소의 유학 생활 및 학문 연구 활동 등이 잘 드러나고 있고, 이휘소와 신청인들의 명예를 훼손할 만한 내용이 전혀 없기 때문에 어머니가 이휘소의 사후에 위 편지를 공개하고자 했을 경우 이휘소가 이를 반대하지 않았을 것으로 보이며, 미국에 거주하는 원고들이 위 편지에 별다른 이해관계가 없어 이를 입수하려고 노력한 흔적이 전혀 없으므로, 이휘소가 어머니에게 위 편지를 이용하거나 다른 사람들로 하여금 공표하는 것을 묵시적으로 승낙했다고 볼 수 있고, 어머니가 피고에게 위 편지를 공표하는 것도 묵시적으로 허락하였다고 할 것이며, 피고의 소설에서 편지를 일부 변경하였다고 하더라도 이는 이휘소의 사망 후에 행해진 것으로 그 행위의 성질 및 정도에 비추어 사회 통념상 그 저작자인 이휘소의 명예를 훼손하는 것이라고 인정되지 않는다. 서울중앙지방법원 1995.6.23. 선고, 94카합9230 판결.

둘째, 창작자와 저작재산권자가 다른 경우나 저작권자와 소유권자가 다를 경우에는 누가 공표권을 갖게 될까. 원칙적으로 저작자만이 미공표 저작물의 공표 여부를 결정할 수 있고, 따라서 저작자의 생존 중에는 누구라도 그의 허락 없이는 저작물을 공표할 수 없다. 그렇지만 저작자가 미공표 저작물의 저작재산권을 타인에게 양도했음에도 불구하고, 저작자가 양도한 저작물에 대해 공표를 금지한다면 저작재산권의 양수인은 저작물을 이용할 수 없게 될 뿐 아니라, 저작물의 정상적인 유통이 방해받는 불합리한 결과가 발생한다. 이에 한국 저작권법은 다음과 같은 원칙에 따라 저작자가 저작물의 공표를 동의한 것으로 추정한다.

(가) 저작자가 공표되지 아니한 저작물의 저작재산권을 제45조의 규정에 의한 양도 또는 제46조 규정에 의한 이용 허락, 제57조에 따른 배타적발행권의 설정 또는 제63조에 따른 출판권의 설정을 한 경우에는 그 상대방에게 저작물의 공표를 동의한 것으로 추정한다(저작권법 제11조 제2항).

(나) 저작자가 공표되지 아니한 미술저작물·건축저작물 또는 사진저작물(이하 '미술저작물 등'이라 한다)의 원본을 양도한 경우에는 그 상대방에게 저작물의 원본 전시 방식에 의한 공표를 동의한 것으로 추정한다(저작권법 제11조 제3항). 다만, 이 경우에 동의가 추정되는 공표의 방법이 '전시' 방식에만 한정되므로, 전시 이외의 방법으로 그림을 공표하는 것은 동의가 추정되지 않는다.

(다) 원저작자의 동의를 얻어 작성된 2차적 저작물 또는 편집 저작물이 공표된 경우에는 그 원저작물도 공표된 것으로 본다(저작권법 제11조 제4항). 2차적 저작물 또는 편집 저작물은 원저작물의 바탕 위에서 또는 원저작물을 소재로 작성되기 때문에 2차적 저작물이나 편집 저작물이 공표되면 당연히 그 기초가 되는 원저작물의 내용도 공표되는 것으로 간주한다.

세 번째 쟁점은 공표에 동의했더라도 그 저작물이 공표되기 전에 철회를 할 수 있는가다. 이와 관련해 한국 대법원은 철회가 가능하지 않다는 입장을 취한다. '건축설계도 사건'[48]에서는 건축가가 작성한 모든 설계도서 및 참고서류에 대한 소유권 및 모든 권리는 건축주에게 귀속한다는 규정을 담은 설계 계약서를 체결했다. 이 사건의 쟁점은 소유권 양도와는 별개로 일신전속권에 해당

---

48   대법원 2000.6.13. 자. 99마7466 결정.

하는 성명권은 양도가 불가능하므로 건축가가 건축주로 하여금 설계도서에 따른 시공을 금지할 수 있는가였다. 이에 대해 동 사건 대법원은 "저작자가 일단 저작물의 공표에 동의했거나, 저작자가 미공표 저작물의 저작재산권을 양도하거나, 저작물의 이용 허락을 하여 저작권법 제11조 제2항에 의해 그 상대방에게 저작물의 공표를 동의한 것으로 추정되는 이상 비록 그 저작물이 완전히 공표되지 않았다 하더라도 그 동의를 철회할 수는 없다"고 결정했다.

성명표시권

1967년, 기유Guille라는 프랑스 화가는 향후 10년간 모든 창작물을 위탁하기로 자신의 아트 딜러와 계약을 맺었다. 작품들은 작가의 서명이 없거나 익명으로 제작되었다. 나중에 화가와 아트 딜러 간에 분쟁이 발생하자 프랑스 법원은 아트 딜러가 화가의 성명표시권을 위반했다며 계약을 아예 무효화시켰다. 이에 비해 VARA가 제정되기 이전의 미국은 성명표시권을 포함한 저작인격권을 인정하지 않았으므로 예술가들은 소유권자와의 계약 내용에 따라 성명표시권을 포기해야 하곤 했다. 더군다나 예술가들이 계약서를 검토해줄 변호사의 도움을 받는 경우가 흔치 않았기 때문에 예술가들은 자신의 작품에 크레딧을 달지 못하는 상황이 빈발했다. VARA 이후에는 판례가 없지만, 이전의 판례에 따르면 계약서 내용에 따라 성명표시권을 포함한 저작인격권 일체를 양도할 수 있었다.

한 예로 페루 출신 화가인 알베르토 바르가스Alberto Vargas는 『에스콰이어 Esquire』지에 여성을 그린 드로잉 연작을 제공하기로 계약했다. 계약서에 따르면 모든 권리는 잡지사 측에 귀속되었다. 5년 여 동안 『에스콰이어』는 계약서에 명시된 사항은 아니지만 잡지에 일러스트 창작자로 바르가스의 이름을 달았다. 그러나 바르가스와 사이가 틀어지기 시작하자 잡지사 측은 바르가스의 이름을 생략하고 대신 '에스콰이어 걸Esquire Girls'이라는 이름을 달아 출간하기 시작했다. 이에 바르가스는 소를 제기했지만, 법원은 원고 바르가스가 계약을 통해 모든 권리를 『에스콰이어』지에 양도했기 때문에 저작자인 그에게는 성명표시권이 없다고 판시했다.[49] 5년 동안 유효하던 첫 번째 계약이 만료되자 양측은 새 계약을 체결했는데, 이 계약서에는 바르가스가 그린 드로잉의 이름과 디자인 관련 일체가 『에스콰이어』지에 독점적으로 영구 귀속된다는 불리한 내용이 담겨 있었던 것이다. 법원은 미국에서는 저작인격권을 인정하지 않으며, 따라서 계약서에 의거해 해석한다고 했다. 훗날 한 인터뷰에서 바르가스는 계약 체결 당시 자신에겐 변호사도 없었으며 계약서의 내용도 잘 알지 못한 반면, 잡지사 측은 세 명의 변호사가 참여해 억울하지만 질 수밖에 없는 싸움이었다고 말했다.

한국의 사례를 보자. 서울시는 지하철 공사를 하면서 작가의 동의나 승낙을 받지 않은 채 지하철역 장식을 위한 벽화를 만들었다. 그중 약수역과 한강진역에 설치된 벽화의 작가란에는 '작가미상'이라고 표시됐고 학동역에 설치된 벽화에는 아예 작가 표시란 자체가 없었다. 사건 법원은 "서울시 등은 작가가 작품에 자신의 실명 또는 이명을 표시할 수 있는 성명표시권을 침해했다"고 판시했다.[50]

예술가는 자신의 작품에 대해 창작자임을 주장하거나 정당하고 타당한 근거로 창작자가 아니라고 주장할 권리를 항상 갖는다. 성명표시권right of attribution은 저작권자가 자신이 그 저작물의 창작자임을 주장할 수 있는 권리, 즉 저작물의 원본이나 그 복제물에 또는 저작물의 공표 매체에 자신의 실명 또는 이명을 표시할 권리다.[51] 자신의 이름 등을 '쓴다'는 행위는 공공재산에 이름을 붙이고 이에 대한 권리를 주장하는 수단인 셈이다.[52]

성명표시권의 목적은 첫째 저작물의 내용에 대한 책임을 귀속시키고, 둘

49   164 F.2d 522.
50   서울중앙지방법원 2006.5.10. 선고, 2004가합67627 판결.
51   저작권법 제12조 1항.
52   스타니스제프스키, 앞의 책, 108쪽.

째 저작물에 대한 사회적 평가를 저작자에게 귀속시키기 위한 것이다. 저작물을 이용하는 자는 그 저작자의 특별한 의사표시가 없는 때에는 저작자가 그의 실명 또는 이명을 표시한 바에 따라 이를 표시해야 한다(저작권법 제12조 제2항). 성명표시권을 위해 반드시 이름을 밝힐 필요는 없다. 즉 익명이나 무명으로 할 권리도 포함된다. 따라서 부득이한 경우가 아니라면, 저작물을 이용하는 자는 저작자가 실명으로 했으면 실명으로, 익명으로 했으면 익명으로 표시해야 한다.[53] 따라서 창작자가 미술 작품에 이름을 밝히고 싶지 않다고 할 경우 그 작품에는 작가의 이름을 표시해서는 안 된다. 저작자는 그의 의사에 따르지 않는 성명이 표시된 경우에 성명 표시를 금지하거나 저작권자가 의도한 바대로 성명 표시를 요구할 수 있다. 물론 위작이나 모작에 진품 작가의 성명이나 서명을 표시하는 것 또한 성명표시권 침해에 해당한다. 성명이나 서명을 표시한 부분을 고의적으로 훼손해서도 안 된다.

성명표시권은 공표권과 달리 최초로 공표할 때뿐만 아니라 이미 공표된 저작물에 대해서도 계속해서 적용된다. 따라서 저작자가 실명으로 공표했는데 이용자가 그것을 익명이나 이명 또는 무명으로 공표한다거나, 이명으로 공표된 저작물에 임의로 실명을 표기한다거나, 저작자에 의해 표시된 저작자의 성명 또는 칭호를 훼손 또는 삭제한다거나, 무명 저작물에 저작자의 실명 또는 이명을 표시하는 것 등은 모두 성명표시권 침해에 해당한다.[54]

그렇지만 성명표시권의 행사에도 제한은 있다. 저작권법 제12조 제2항 단서 조항에 따르면 저작물의 성질이나 그 이용의 목적 및 형태 등에 비추어 부득이하다고 인정되는 경우에는 그러하지 않는다.[55] 예를 들어 호텔 로비나 백화점

---

53   저작권법 제12조 2항.

54   하용득, 『저작권법』, 사단법인 법령편찬보급회, 1988: 오승종, 『저작권법』(제2판), 박영사, 2012에서 재인용.

55   예외 규정이 입법화되기 전부터 저작물 이용의 목적 및 형태에 비추어 저작자의 명예나 권익을 해칠 염려가 없고 성명 표시의 생략이 공정한 일반의 관행에 합치하는 것이라면 또는 저작자가 신의칙에 반하여 거부할 수 없는 경우라면 저작자의 동의 없이도 저작자의 성명 표시를 생략하거나 변경할 수 있다고 해석하는 것이 통설이었다. 오승종·이해완 『저작권법』(제3판), 박영사, 2004.

매장에서 배경음악을 방송으로 내보내는 경우에 곡마다 일일이 작곡가의 성명을 방송하기는 어려울 것이다. 이때 작곡가의 성명을 알리지 않는다고 해서 의도적으로 작곡자명을 숨긴 것으로 볼 수는 없다. 이런 경우에는 저작자의 성명표시를 생략할 수 있다고 본다.[56] 방송 광고나 드라마에 삽입된 곡의 앞부분을 배경음악으로 사용하면서 작곡자의 성명 표시 없이 드라마 음반명만 화면 하단에 표시한 경우에도 법원은 성명표시권이 침해되었다고 보지 않은 판례가 있다.

> 광고는 방영 시간이 매우 짧고 그런 짧은 시간 동안 제품의 장점을 최대한 효율적으로 나타내어 광고의 목적인 제품 자체를 부각시키는 데 주목적이 있는 바, 광고의 구성 요소인 배경음악을 사용할 때 그 곡의 작사, 작곡자의 실명, 이명 등을 광고 화면에 표시하는 것은 이러한 광고의 성격상 기대하기 어렵고, 상업광고에 음악을 사용할 경우, 그 음악의 작사가나 작곡가, 가수 등을 모두 표시하지는 않는 것이 광고 제작의 일반적인 관례인 점을 고려할 때, 위 행위는 저작권법 제12조 제2항 단서의 부득이하다고 인정되는 경우에 해당하여 원고의 성명표시권이 침해되었다고 볼 수 없다. 서울중앙지방법원 2003.8.29. 선고, 2002가합76269 판결.

또한 성명표시권은 예술가가 가짜 작품에 자신의 이름이 멋대로 사용되는 것을 막을 수는 있지만, 성명 표시가 제대로 되어 있는 작품이 전시되는 것을 자의적으로 막을 수는 없다. 1977년 초현실주의 화가인 조르조 데 키리코 Giorgio de Chirico는 장식미술관Musée des Arts Décoratifs에 자신의 이름으로 전시되어 있는 〈유령the Ghost〉이 가짜라며 당해 작품을 파손할 것을 요구하는 소송을 냈다. 법원은 키리코에게 이 작품의 진품성을 감정하기 위해 전문 감정인 고용 비용을 내라고 요청했지만 키리코는 이를 거부했고, 작품이 가짜라는 사실도

---

56   송영식·이상정, 『저작권법 개설』(제5판), 세창출판사, 2009, 139-140쪽.

증명하지 못했다. 법원은 키리코의 소를 기각하고, 그림 소유자에게 5만 프랑을 배상하라고 명령했다.

그렇다면 유명한 화가의 서명을 상표로 등록한 경우에는 어떨까. 피카소의 유명한 서명과 동일한 상표를 무단으로 등록한 것에 대해 피카소 유족이 상표등록무효심판 청구를 제기했을 때, 우리 법원은 피카소 유족의 손을 들어주었다.[57] 이 사건 법원은 이런 상표등록 행위가 고인에 대한 유족의 추모·경애의 마음을 손상하는 행위에 해당하여 사회 일반의 도덕관념인 선량한 풍속에 반할 뿐만 아니라, 이러한 상표는 저명한 고인의 명성에 편승하여 수요자의 구매를 불공정하게 흡인하고자 하는 것으로서 공정하고 신용 있는 상품의 유통 질서를 침해할 염려가 있다고 판시했다.[58]

원칙적으로 화가가 그의 미술저작물에 표시한 '서명'은 그 저작물이 자신의 작품임을 표시하는 수단에 불과하며 특별한 사정이 없는 한 그 자체가 예술적 감정이나 사상의 표현을 위한 것이라고는 할 수 없어 저작권법상 독립된 저작물이라고 보기 어렵다. 그렇지만 미술저작물에 표시한 서명은 저작자인 화가가 저작권법 제12조 제1항 성명표시권에 의해 자기 저작물의 내용에 대한 책임의 귀속을 명백히 함과 동시에 저작물에 대한 사회적 평가를 저작자 자신에게 귀속시키려는 의도로 표시하는 것이다. 따라서 서명이 세계적으로 유명한 화가의 것으로 널리 알려진 경우라면 그 서명과 동일하거나 유사한 상표를 무단으로 출원 등록해 사용하는 행위는 저명한 화가의 명성을 떨어뜨려 명예를 훼손하는 것으로 볼 수 있다.

성명표시권과 크레딧 영화 상영이 끝난 후 영화 촬영에 기여한 사람들의 이름이 차례로 올라간다. 이를 크레딧이라고 한다. 성명표시권이 창작자에게 저작

57　대법원 2000.4.21. 선고, 97후860, 877, 884 판결.
58　이 경우 저작인격권의 성명표시권 위반이기도 하지만 상표법이나 불공정경쟁방지법 위반이나 명예훼손 등으로 볼 수도 있다.

물이 창작자의 것임을 주장할 수 있는 권리라면, 크레딧은 예술 활동에 기여한 작가의 공로를 인정하는 표시다. '크레딧을 거절할 권리'로서 자신이 창작 과정에 참여하지 않은 작품은 물론 자신이 창작했더라도 자기 의사와 관계없이 상당한 정도로 수정 또는 왜곡된 경우에도 자기 이름이 창작자로 표시되는 것을 거부할 수 있다. 미국의 한 방송사가 영국의 TV 프로그램인 〈몬티 파이톤Monty Python〉을 미국에 방영하면서 프로그램의 내용을 편집했다는 이유로 원저작자가 미국 프로그램에서 자기 이름을 저작자로 표시하지 말아달라고 요구한 사건에서 법원은 저작자의 '창작자 표시를 거부할 권리'를 인정했다.[59] 그러나 작품 제작을 위탁하거나 구매, 유통하는 사람들이 작가의 이름이 갖는 중요한 산업적 의미를 고려해볼 때, 창작자가 정당한 이유 없이 자신의 창작물에서 이름 표시를 거부할 수는 없다.

크레딧 오용을 막기 위해 미국에서는 영화사가 배우 이름을 영화 크레딧과 홍보물에서 삭제하고 대신 다른 사람의 이름을 주연배우로 표시하는 경우, 상표법상 역도용reverse passing-off 이론을 적용하고 있다. 상표법상 '역도용'이란 상품의 출처를 나타내는 표시를 상품에서 삭제해 소비자들이 상표 출처를 알지 못하게 하거나 상품에 제삼자를 가리키는 표시를 함으로써 소비자들에게 잘못된 정보를 주는 행위를 말한다. 또한 누구든지 다른 사람의 지적재산을 사용할 때에는 당사자 간에 합의된 계약서를 만들지 않더라도 사용자가 관행적이고 합리적인 방식으로 창작자에게 보상을 해줘야 한다는 계약이 묵시적으로 성립된다고 보는 계약법상 '묵시적 합의implied agreement' 이론을 적용하기도 한다.[60] 이에 따라 크레딧을 올바르게 표시하지 않는 것은 사용자와 창작자 사이의 묵시적 계약을 위반하는 것으로 보고 손해배상을 청구할 수 있다.

---

59 Gilliam v. American Broadcasting Cos., Inc., 538 F.2d 14, 18 (2d Cir. 1976).
60 Steven T. Lowe, "Preemptive Strike," *Los Angeles Lawyer*, May 2003, p.37.

동일성유지권

정부의 의뢰를 받아 길거리에 벽화를 제작했는데 몇 년 후에 정부가 이 작가에게 벽화를 지우겠다고 통보한다면,[61] 작가는 정부로부터 손해배상을 받을 수 있을까. 지하철 역사에 벽화를 제작하면서 저작자의 연작 작품 중 일부만을 벽화로 만들거나 원작자가 의도하지 않은 방식으로 제작하거나 작품의 위아래를 바꿔 설계, 시공하는 것은 어떨까.[62]

동일성유지권right of integrity이란 저작물의 변경·삭제·개변adaptation 등으로 파괴 또는 왜곡되는 것으로부터 보호받을 수 있는 권리를 말한다. 저작권자는 저작물의 내용이나 형식 또는 제호의 동일성을 유지할 권리를 가진다.[63] 저작물의 내용, 형식, 제호의 동일성을 해치면 동일성유지권의 침해를 구성하게 된다. 예술 작품은 저작자의 사상이나 감정을 표현한 것으로 저작물의 외부적 표현 형식의 변경은 저작자만의 권리다. 따라서 동일성유지권은 저작인격권 중에서도 가장 본질적인 권리라고 할 수 있다. 앞의 길거리 벽화의 예처럼 작가의 창작물을 그의 승낙 없이 훼손하거나 변경한다면 이는 작가의 동일성유지권을 침해한 것이다. 저작자의 작품 의도를 훼손하여 설치하거나 전시하는 것 역시 동일성유지권 침해로 본다. 설사 원래의 것보다 더 좋게 변경 또는 개변되었다 하더라도 마찬가지다.

동일성유지권 침해가 되려면 어느 정도의 개변이 가해져야 할까. 이는 국가마다 정도의 차이가 있다. 한국 저작권법상 동일성유지권의 침해로 인정되기 위해서는 두 가지 요건을 충족해야 한다. 첫째, 외부적으로 나타난 저작물의 내용이나 형식에 개변이 이뤄져야 한다. 다만 개변 결과로 동일성이 손상되어야 하므로 비록 세부적인 표현 형식이 개변되었다 하더라도 모두 동일성유지권 침

---

61   메리 핸러한이라는 벽화 전문 미술가가 구청을 상대로 소송한 리커 가 벽화 사건으로 법원은 5만 달러를 배상하라는 판결을 내렸다. Hanrahan v. Ramirez, 1988 WL 34369997, (C.D. Cal. 1998).

62   서울중앙지법 2006.5.10. 선고, 2004가합67627 판결.

63   저작권법 제13조 제1항.

해라고 보기는 어렵다. 둘째, 그 같은 개변에도 불구하고 개변 전 저작물의 표현 형식의 본질적 특징을 직접적으로 감득할 수 있어야 한다. 즉 개변 정도가 지나치게 커지면 원작과는 별개의 독립된 저작물이 되어 동일성유지권 침해가 성립되지 않는다. 한국이나 프랑스는 사소한 변형이라도 오자나 탈자의 수정 정도를 벗어나게 되면 동일성유지권의 침해로 보는 반면, 영국은 저작자의 명예나 평판에 확실한 침해가 있어야 비로소 동일성유지권이 침해된 것으로 본다.[64] 프랑스의 몇 가지 사례들을 살펴보자.

바르비종 학파의 거장 밀레의 아들은 밀레의 〈만종The Angelus〉의 복제권을 주장하는 두 출판업자 간의 소송에 개입해 "양쪽 모두 아버지의 작품을 왜곡하고 변경함으로써 아버지 밀레의 저작인격권을 침해했다"고 주장했다. 출판업자들이 당해 그림의 원작에서 한 사람의 머리에 모자를 씌우고 여자의 목에 스카프를 두르게 하고 저녁 풍경을 한낮의 태양으로 가득하게 하려 했다는 것이다. 이에 프랑스 법원은 저작인격권 침해를 인정하고, 양 출판사의 복제를 금지했다.[65] 법원은 미술이 일시적인 유행이나 사적 이익 등의 의도를 가진 행위에 의한 손해가 없도록 보호되어야 하고 천재의 우월함도 보호되어야 한다고 설시했다.

초현실주의와 모더니즘의 대부라 불리는 앙리 루소의 손녀는 파리의 한 백화점이 조부인 루소 작품의 이미지를 변경하고 다른 색상을 사용해 백화점의 창문 장식을 하려는 행위를 금지하는 소송을 제기했다. 프랑스 법원은 손녀의 주장을 받아들여 저작인격권, 즉 동일성유지권이 침해된 것이 맞다고 판시했다.[66] 또 다른 예로 19세기 프랑스 조각가 레이몽 쉬드르Raymond Sudre는 마을 공공장소의 분수 조각 장식을 맡았다. 그러나 분수에 장식된 조각들은 곧 새와 짓궂은 아이들에 의해 훼손되었고 관리되지 않은 채 방치되었다. 시 의회는 복

---

64 오승종, 『저작권법』, 박영사(제2판), 2012, 371쪽.
65 Millet, Trib. Civ. Seine, 20 mai, 1911, Amm. 1911.1.271.
66 Bernard-Rousseau c. Des Galeries Lafayette, Trib. gr. inst., Paris, 3e ch., 13 mars 1973 (unpublished).

원 노력 없이 조각을 제거하고 파괴하기로 결정했다. 조각가는 저작인격권 침해 소송을 했고, 법원은 동일성유지권이 침해되었다며 조각가의 손을 들어주었다.[67]

프랑스와 달리 미국은 재산상의 손실이 수반되지 않는 한 동일성유지권을 인정하지 않는 경향이다. 미국의 법원들은 동일성유지권이라는 인격권과 재산권 사이에서 저작권자보다는 재산권자의 손을 들어주는 경향을 보여왔다. 또한 미국은 '인정된 지위recognized stature'의 저작물 파괴를 금지할 권리, 그리고 저작물의 고의 또는 중대한 과실에 의한 파괴는 그 권리에 대한 침해가 된다고 규정함으로써 동일성유지권을 주장하기 위해서는 고의성 또는 중대한 과실 입증을 요구한다.[68] 다음의 미국 사례들을 살펴보자.

뉴욕에 거주하는 여섯 명의 예술가들은 뉴욕 시의 한 커뮤니티 정원에 예술 작품을 설치했는데, 작품은 5점의 벽화와 5점의 조각으로 구성되어 있었다. 이 예술가들은 개별 회화, 벽화, 조각들이 공원 전체를 구성하는 하나의 거대한 환경 조각이라고 정원을 설명했다. 뉴욕 시 측은 얼마 후 개발을 위해 이 조각 공원이 있는 땅을 매각했다. 예술가들은 자신들의 작품을 지키기 위해 소를 제기했지만 법원은 시의 손을 들어주었다. VARA가 인정하는 성명표시권과 동일성유지권에 대해 판단하면서, 법원은 작가들의 주장과 달리 정원의 작품들은 하나가 아니라 개별적이고 독립적인 작품들로 각각 분리가 가능하다고 판단한 것이다.[69] 작품의 설치가 매우 중요한 '환경 조각'에 대해서도 미국 법원은 보수적인 입장을 보였다. 데이비드 필립스David Philips라는 환경 조각가는 개발업자들이 자신의 작품을 옮기는 것을 막고자 했다. 보스턴의 한 공원에 설치된 그의 작품은 공원 전체의 레이아웃이나 구조와 깊숙이 연관되어 있었다. 보스턴의 한 개발업자가 공원의 배치를 새로 디자인하기 위해 필립스의 조각들을 옮기려고 하자 그는 VARA상 동일성유지권 침해를 주장했다. 그렇지만 법원은 VARA

---

67 Raymond Sudre c. Commune de Daixas, CE, 3 avril 1936, Dall.1936.III.56.
68 Annie Leibovitz v. Paramount Pictures Corp., 948 F. Supp. 1214 (S.D.N.Y. 1996).
69 English v. BFC & R East 11th Street LLC, 1997 WL 746444 (S.D.N.Y. 1997).

는 장소 특정형site-specific 작품은 보호하지 않는다고 판시했다.[70] 그러나 최근에
는 획기적인 판례도 있었다. 뉴욕 퀸스 롱아일랜드시티에 소재한 5포인츠5Pointz
라는 건물은 예술가들이 채운 그래피티 작업으로 관광 명소가 되었다. 1990년
대 초 건물 소유주가 예술가들에게 작업실로 대여하면서다. 벽화 등 작업에 참
여한 작가는 약 1,500여 명이다. 부동산 소유주는 2013년 건물을 철거하고 개
발을 위해 건물 벽을 흰색으로 칠해버렸다. 이에 그래피티 작가 21명은 VARA에
의한 동일성유지권 침해라며 소송을 제기했다. 1심 법원과 항소심 법원은 모두
VARA에 따른 동일성유지권 침해가 맞으며 철거 전에 작가들에게 고지하고 작
품을 이전하거나 복제 등의 방식으로 보존할 기회를 주었어야 한다며 예술가들
의 손을 들어주었다.[71]

   한국에서도 저작물의 내용이 변경되어도 그로 인한 저작자의 명예를 훼손
하지 않았다면 원상유지권의 침해가 아니라고 한 판결[72]이 있었지만, 이 판례
에 대해서는 저작권의 본질에 맞지 않는 결론이라는 비판을 받고 있다.[73] 동일
성유지권은 근본적으로 저작자의 인격적 이익을 보호하기 위한 것이다. 저작물
개변이 저작자의 인격적 이익을 전혀 해하지 않는 경우에도 엄격하게 동일성유
지권 침해를 인정하면 오히려 저작물 이용을 저해하게 될 것이다. 따라서 저작
물의 성질이나 이용 목적 및 형태 등에 비춰 부득이하다고 인정되는 범위 안에
서의 변경에 대해서는 동일성유지권이 제한된다. 저작자와 저작물 이용자 또는
소유자의 이익을 균형 있게 고려해 동일성유지권이 제한되는 '부득이한 변경'에
해당하는지 여부를 판단해야 할 것이다. 독일에서는 우리 저작권법과 같은 동
일성유지권 제한 규정은 없지만, 저작물의 사용수익권을 부여받은 자가 그 사
용 수익의 범위 내에서 신의 성실의 원칙에 따라 저작물을 변경한 것에 대해 저

---

70   Phillips v. Pembroke Real Estate, 459 F.3d 128 (2006).
71   Cohen v. G&M Realty L.P., 988 F. Supp. 2d 212(E.D.N.Y. 2013); Cohen v. G&M Realty L.P., No.1:13-
cv-05612, 2018 WL 851374(E.D.N.Y. Feb. 12, 2018)
72   대법원 1969.10.29. 선고, 69다1340 판결.
73   구본진, 앞의 책, 85쪽.

작자가 이의를 제기하는 것은 권리남용으로 본다.[74] 그렇지만 비극을 희극으로 바꾸거나, 해피엔드를 불행한 결말로 바꾸거나, 원작의 어떤 장면을 삭제하고 없던 장면을 추가하거나, 이야기의 주인공을 마음대로 죽이거나 살리는 것 등과 같이 저작물의 본질적인 내용을 변경하는 것은 설사 2차 저작물 작성 허락을 받았다 하더라도 이러한 변경까지 허락했다고 보기는 어렵다.[75]

세부적인 표현 형식에 개변이 이루어져도 침해로 봐야 할까. 경우에 따라 다르지만, 대체로 미술저작물이나 음악저작물 같은 경우는 세부적이고 단순한 일부 변경이라고 해도 동일성이 훼손됐다고 본다. 다음의 몇 가지 사례들을 보자.

조형물 중 일부를 변경한 경우 송파구청은 2001년 '올림픽로 및 석촌호수 관광명소화 사업'의 일환으로 잠실사거리, 잠실 주경기장 앞, 송파구청사거리에 '빛의 세계'라는 제목의 발광 광고 조형물을 제작, 설치했다. 그러나 구청은 조형물에 부착된 고정식 광고판으로는 구청 홍보에 한계가 있다고 판단해 이를 실시간 홍보 가능한 전광판으로 교체했다. 이에 대해 원고 작가는 동일성유지권이 침해되었다며 소를 제기했다. 이에 대해 법원은 "조형물에 전광판을 부착하면서 원반형의 스테인리스 구조물을 설치한 것은 원고에 의해 조형물에 반영된 사상과 감정을 훼손하고 조형물의 구성 및 표현 방법을 변경하는 것으로 동일성유지권 침해행위에 해당한다"고 판시했다.[76] 원고로부터 조형물에 관한 2차적 저작물 작성권을 포함한 일체의 권리를 양수했으므로 결국 피고의 조형물 변경 행위는 동일성유지권 침해에 해당하지 않는다는 주장에 대해서도 "가사 피고가 조형물에 대한 2차적 저작물 작성권을 양수했더라도, 조형물은 4개의 주요 부분으로 구성되어 각 부분이 독자적인 상징과 미적 요소를 지니고 있

74   김문환, 「동일성유지권의 침해 여부 '롯티' 사건 판례 평석」, 『한국저작권판례평석집 I』, 저작권심의조정위원회, 1998, 63쪽.
75   명호인, 『한국저작권법』, 육법사, 2012, 235쪽.
76   서울동부지방법원 2004.9.30. 선고, 2004가합4292 판결.

으므로, 피고가 조형물 중 공익광고물 부분을 철거한 후 전광판을 부착하면서 설치한 원반형의 스테인리스 구조물은 원 조형물의 다른 부분보다 월등히 클 뿐 아니라, 마치 조형물의 구성 부분을 이루는 것으로 보이는 등 조형물에 대한 원고의 창작 의도를 중대하게 훼손했다"고 판단했다.[77]

작품에 덧칠을 한 경우 집 주인이 벽장식을 의뢰했다. 벽장식이 완성된 후 한참 뒤, 집 주인이 다른 화가를 고용해 나체 여인에 색을 칠했다면? 저작권과 소유권은 분명히 구별되는 권리다. 대가를 주고 작품을 구매해 소유하고 있다 하더라도 작품을 마음대로 처분할 수 있다는 의미는 아니다. 독일의 '바위섬의 사이렌' 사건은 동일성침해권 문제뿐 아니라 저작권과 소유권의 구별을 분명히 했다.[78] 1912년 독일 베를린의 한 예술가가 집에 〈바위섬의 사이렌Felseneiland mit Sirenen〉이라는 제목의 프레스코화를 그려달라는 주문을 받아 완성했는데, 집의 여주인이 예술가의 동의를 구하지 않은 채 나체의 사이렌에 옷을 입히는 덧칠을 했다. 독일 법원은 "저작권과, 저작권이 있는 작품의 소유권과의 관계는 서로 독립적"이라면서 나체화의 소유자가 저작권자인 예술가의 저작물을 함부로 변경함으로써 동일성유지권을 침해했다고 판시했다. 이처럼 소유자가 원저작물에 변경을 가하는 것도 당연히 동일성유지권의 침해에 해당한다. 그러나 법원은 변경하는 경우와 달리 소유주가 벽장식을 지우는 것은 가능하다고 했다.[79]

작품을 분리하는 경우 하나의 작품을 여러 개로 분리하는 행위도 동일성유지권 침해에 해당한다. 베르나르 뷔페Bernard Buffet는 자선 행사에 참가해 소년 보호시설인 파리지엔 센터를 위해 냉장고 위에 〈정물과 과일Still Life and Fruits〉을

77   위의 판결.
78   독일 RGZ, 79, 397-Freskogemalde: 계승균, 「저작권과 소유권」, 『계간 저작권』 제65호(2004년 봄호), 한국저작권위원회, 2004, 2쪽 각주 2번 및 3쪽.
79   "Felseneiland mit Sirenen," 79 RGZ 397, 8 June 1912.

그렸다. 6개의 패널로 장식된 냉장고는 일반 냉장고 가격의 열 배로 판매됐다. 시간이 흐른 후, 구매자는 이 작품을 냉장고에서 분리해 판매하려고 했다. 뷔페는 냉장고에 그려진 작품은 하나의 완결된 작품이며, 그래서 사인도 6개의 패널 중 하나에만 했다면서 작품을 보호하기 위해 소송을 했다. 이에 대해 프랑스 법원은 작품을 분리하지 말고 보호할 것을 명령했다.

편집을 위해 일부를 삭제한 경우 대체로 편집에 편리한 크기로 맞추기 위해 일부 면 또는 모서리를 잘라내는 행위cropping 또는 인쇄상 특별한 제약 요건이 없음에도 불구하고 색을 임의로 변경하는 행위 등은 모두 동일성유지권의 침해를 구성한다고 본다. 한국 법원도 서예 작품에 아호와 낙관, 가로세로로 그어진 선을 삭제한 채 축소 인쇄하는 행위,[80] 상하를 뒤바꾸어 전시하거나 사진의 내용을 잘못 설명하거나 원래의 방향과 달리 전시하는 행위[81] 등을 동일성유지권 침해로 판결한 바 있다. 뉴욕 주법은 동일성유지권 침해의 경계를 명시하고 있는데, 예를 들어 회화 작품을 잡지에 게재할 때 불가피하게 원작과는 다르게 표현되는 일반적인 현상에 대해서는 침해로 보지 않는다. 회화를 사진으로 찍어 잡지에 게재할 때와 같이 재생산하는 과정에서 재료에 따라 작품이 달라 보일 수 있기 때문이다. 일반적으로 일어날 수 있는 이 현상에 대한 기준은 사례에 따라 타당성 있는 구체적인 판단을 한다. 또한, 원본을 잘라내는 행위에 대해서도 판단 기준은 유동적이다. 일반적으로 잘라내거나 변경할 경우 예술가 본인이 평판을 해칠 수도 있다고 느낀다면 침해로 인정한다. 따라서 행위에 앞서 미리 창작자에게 승낙을 얻는 것이 좋다. 미국에서 있었던 보이너로비치 대 미국 가족협회Wojnarowicz v. American Family Association 사건[82]을 살펴보자.

1990년, 데이비드 보이너로비치David Wojnarowicz는 대담하게 에이즈와 성

---

80 서울고등법원 1992. 3.11. 선고, 90나56665 판결.
81 서울고등법원 2000. 1.25. 선고, 99나7796 판결.
82 1745 F. Supp. 130 (S.D.N.Y. 1990).

문제를 다루며 논란을 촉발시킨 멀티미디어 예술가다. 그가 일리노이 대학에서 〈불꽃 혀Tongues of Flame〉란 기획 전시회를 열자 보수단체인 미국가족협회AFA가 그의 작품이 부도덕하다고 비난하는 『당신의 세금이 이런 미술 작품을 만드는 데 사용되고 있다Your Tax Dollars Helped Pay For These "Works of Art"』라는 책자를 발간해 배포했다. 국립예술기금위원회NEA가 이 전시와 카탈로그 제작 비용을 지원한 것을 비판한 것이다. 이 책자는 보이너로비치의 작품 중 대중에게 불쾌감을 줄 만한 자극적인 부분 14곳을 따다가 무단으로 사용했다. 보이너로비치는 뉴욕 주법인 예술저작권법New York Artists Authorship Rights Act상 동일성유지권 침해 등을 들어 제소했다. 법원은 AFA가 작가의 동일성유지권을 침해했음을 인정했다.

이 사건의 법적 쟁점을 살펴보자. 먼저 피고 측은 원작이 아니라 복제본의 이미지를 잘라 배포한 것은 원작의 변경, 훼손 등에 해당하지 않으므로 법규 위반이 아니라고 주장했다. 이에 대해 법원은 저작자의 '인격'과 '명성'을 보호한다는 입법 의도에 따르면 원작뿐 아니라 복제본에 대한 훼손도 같은 효력을 갖는다고 했다. 오히려 복제본 변경물을 대량 배포하는 것은 더 많은 사람들에게 노출되므로 피해는 그만큼 더 크다고 보았다. 둘째, 피고는 거대한 작품 중 일부만 복제해 사용했으므로 위반이 아니라고 주장했다. 법원은 복잡하고, 다면적인 콜라주 중에서 일부(성적 묘사 부분)만을 추출해 사용하는 것은 명백히 변경에 해당한다고 했다.

셋째, 피고 측은 원고 명성이 훼손됐다는 증거가 없다고 주장했다. 그러나 법원은 피고의 행위로 인해 원고 작품의 금전적 가치뿐만 아니라 전문가로서 또 자연인으로서 원고의 평판이 훼손됐다고 보았다. 법원은 이 사건을 로버트 메이플소프Robert Mapplethorpe나 안드레 세라노Andres Serrano 사건과 구별했다(제5장 예술의 자유 참고). 앞의 두 작가는 비슷한 논란의 한가운데에 있었지만, 자신들의 작품을 통째로 맥락적 사상 없이 사람들에게 보여주어 작가의 의도를 알릴 기회가 있었다. 반면, 이 사건 원고는 의도적으로 변경된 내용 때문에 작가의 의도를 제대로 전달할 기회를 상실한 것으로 보았다. 끝으로 피고 측은 자신들의 '표현'이 공공의 문제에 관련되어 있으며 작가는 공인에 해당하기 때문에 자신들의 표현은 수정헌법 제1조로 보장받으며, 이 같은 표현의 자유를 제한하기 위해서는 '악의성'을 입증해야 할 것이라고 주장했다. 그러나 법원은 예술 작품의 변경 또는 훼손은 '보호받는 표현'이 아니라고 판시했다.

    디지털 매체 예술의 경우[83] 2019년 2월 과천 국립현대미술관 로비를 지나 전시관으로 안내하는 램프코어 공간을 빛내던 〈다다익선〉 브라운관이 일제히 꺼졌다. 1988년 TV 브라운관 1,003개로 미디어 아트이자 설치물이자 조형물을 만들었으나 브라운관 등의 노후가 문제가 됐다. 2003년경 후원을 받아 한 차례 브라운관을 전면 교체했으나 16년이 지나 다시 브라운관의 수명이 다한 것이다. 이미 단종된 모니터이기 때문에 1,003개의 유사 제품으로 교체하려면 특별 생산이 필요하고 막대한 비용이 발생할 수 밖에 없다. 브라운관은 소모성 매체라 수명이 길어야 15년에 불과하다. 〈다다익선〉을 소멸시킬 것인가, 부활시킬 것인가. 〈다다익선〉은 현대예술의 탄생과 소멸에 대한 본질적인 질문을 던졌다. 소멸론자들은 미디어 아트를 포함한 디지털 매체 예술은 처음부터 수명이 정해진 매체를 기반으로 하기 때문에 다른 모니터를 바꾸는 것은 작품의 정체성을 훼손한다고 주장한다. 예술 작품은 사람과 같아서 시대성을 잃어버리면 원본성이 사라지므로 어떻게든 '원형' 그대로 보존해야 한다고도 한다. 법적으로는 동일성유지권 침해 여부가 쟁점이 될 수 있다. 〈다다익선〉의 브라운관을 LCD로 교체하는 것은 동일성유지권 침해에 해당할까. 아이디어와 개념이 중요하고 시간이나 장소 특정적이거나 다양한 매체(특히 수명이 제한되는 매체들)를 사용하는 현대예술은 동일성유지권 침해 판단이 까다로울 수밖에 없다. 결국 현대예술에서는 작품에 따라 작가에 따라 매체의 소멸과 함께 자연스럽게 작

---

83   캐슬린 김, 「재미없으면 예술이 아니고 역시 예술은 사기다!」, 『월간미술』 11월호, 2019년.

품도 '소멸'되는 것을 의도하는가, 아니면 보수, 복원을 통해 보존을 의도하는 가, 즉 '의도'에 따라 동일성유지권 침해 여부를 판단할 수 있을 것이다.

백남준의 의도는 무엇이었을까. 저작인격권은 일신전속적 권리이기 때문에 백남준의 작품 보존 처리 여부, 존치 여부에 대해 결정할 사람은 백남준이어야 한다. 작가가 생존한 경우라면 작품을 미래에 어떻게 보존할지, 아니면 소멸시킬지 그 의도나 방법 등을 물을 수 있을 것이다. 그러나 백남준처럼 사후라면 작가의 의도와 작품의 본질과 개념, 그리고 생존 당시 작품 수리나 보존에 대한 의도를 추정해 판단할 수밖에 없을 것이다. 플럭서스fluxus(라틴어로 '흐름'이란 뜻) 그룹 일원이던 백남준은 작품의 개념을 중시했지 매체의 방식은 중시하지 않았다. 그는 작품을 일종의 음악이라 보고 우연적 요소나 상황적 요소에 따라 작품이 변용되는 것을 허용했다. 모니터를 일종의 악기라고 볼 때 처음 실연할 때의 악기를 고집할 필요가 없는 것처럼, 모니터도 처음 사용한 모니터를 고집할 이유가 없는 것이다. 또 백남준은 '비디오 아트의 창시자'로 디지털 매체에 적극적인 태도를 가졌고, 그의 작품은 기술 발전과 긴밀하게 관련되었다. 원래의 작품을 신기술로 다시 제작하기도 했다. 2003년에도 모니터 전면 교체뿐만 아니라 화질 개선을 위한 비디오 컨트롤러 등을 신규 제작하고 LD 혹은 비디오 테이프로 된 소프트웨어를 모두 CD나 DVD 매체로 전환했다. 백남준은 작품의 원형을 고집하는 작가가 아니었다. 작품 수리나 복원도 그 시기에 활용할 수 있는 최신의 기술을 적극 적용하라고 했다. 수년 간의 논란 끝에 2019년 11월 마침내 국립현대미술관은 〈다다익선〉을 2022년 복원하겠다고 발표했다.

소유권자의 파괴할 권리

작품의 소유권자는 저작권자의 동일성유지권에 따라 동의 없이 함부로 작품을 변경할 수 없다. 그렇다면 작품을 완전히 파괴하는 것은 어떨까. 소유권자에게는 자신의 소유물에 대한 권리가 있다. 모자를 구입함으로써 소유권을 갖게 되면 이 모자를 불태워 없애버릴 권리도 생기는 것이다. 예술품은 어떨까? 저작권자의 인격권과 소유권자의 재산권 사이에 이익은 어떻게 조화해야 할까. 동일성유지권에는 작품의 파괴를 막을 권리도 포함되는 것일까.

우리 법원은 '도라산역 벽화' 사건에서 소유자가 저작물을 완전히 파괴하는 경우라면, 일반적으로 그 파괴 행위가 예술가의 동일성유지권을 침해하는 행위에 포섭되지 않는다. 작가 이반은 2007년에 정부 요청으로 경의선 도라산역 통일문화광장에 동 벽화를 설치했으나, 2010년에 철거됐다. 원고는 작가의 동의 없이 벽화를 벽에서 박리하는 행위와 그 과정에서 벽화를 손상시킨 행위는 저작권 관련 베른협약에도 어긋나며, 저작인격권 침해뿐만 아니라 헌법상 보장된 예술의 자유와 작가의 일반적 인격권을 침해한 위법행위라고 주장했다. 그렇지만 1심 법원은 실정법상 피고가 저작자인 원고에게 저작물 철거에 대한 사전 협의나 동의를 구해야 하는 의무를 부담하고 있지 않다면서 의무의 불이행을 두고 원고의 예술의 자유 내지 인격권이 침해됐다고 볼 수 없다고 판시했다. 소유권 행사로 인한 벽화의 철거, 훼손 및 소각을 포함하는 피고의 파괴 행위가 정당하다고 인정한 것이다.

항소법원은 정신적 고통에 대한 위자료를 지급해야 한다고 판시했지만, 헌법상 예술의 자유나 국가 미술품 보관 규정 등에 비추어 위법이라고 했을 뿐 정부의 벽화 철거와 소각 행위를 동일성유지권 침해로 인정한 것은 아니었다. 재판부는 "국가가 스스로 설치한 공공 예술 작품을 폐기할 때에는 신중해야 한다. 특정 예술 작품을 국가가 일방적 잣대로 평가하는 것은 예술에 대한 국가의 감독으로 이어져 예술의 자유를 정면으로 침해할 수 있다"고 했다. 대법원도 국가가 스스로 의뢰해 통일 염원을 상징하는 특별한 의미를 담아 설치했고, 사실상 재현이 불가능한 벽화를 불과 3년도 되지 않아 작가에게 아무런 통보 없이 적법한 절차를 거치지 않은 채 철거하기로 결정하고 원형을 크게 손상시키는 방법으로 철거한 뒤 소각한 행위는 저작인격권 침해일 뿐만 아니라 객관적 정

당성이 결여돼 위법하다고 판단했다.[84]

저작인격권은 저작자와 무체물인 저작물의 관계를 보호하는 것으로 저작물이 체화된 유형물과는 원칙적으로 무관하다. 그러나 저작물의 특성에 따라 유체물과 필연적으로 결합되어 있어 저작물의 발생, 변경, 소멸이 당해 유체물의 변경이나 폐기(소멸)에 필연적으로 영향을 받는 경우가 있는데 순수 미술 작품의 경우가 그렇다.[85] 이 경우는 매체의 파괴가 저작물의 파괴로 이어지고, 곧바로 저작자의 인격적 이익과 연결된다. 따라서 동일성유지권에 파괴를 방지할 권리가 포함되어야 한다고 보는 편이 타당하다. 스위스법은 아래와 같이 파괴 여부의 결정은 소유권자가 하되 일정한 절차를 거치도록 규정하고 있다.

> 원작품의 소유자는 그 작품의 별도 복제물이 존재하지 아니하고 또 저작자가 보존에 관해 정당한 이익을 가진다고 추정할 만한 상당한 사유가 있는 경우에는 먼저 저작자에게 반환 제의를 해야 하며, 이러한 제의를 하지 아니하고는 파괴하지 못한다. 소유자는 저작자가 반환을 요구할 경우, 당해 작품의 재료비 이상을 청구할 수 없다.[86]

미국에서는 모든 저작물에 대해 권리를 인정하는 것이 아니라 '인정된 지위'에 한해 인정함으로써 보호 대상을 제한한다. 미국 저작권법 제106조의 A는 '저작권의 성명표시권 및 동일성유지권' 조항에서 "저작자의 명예나 명성을 손상하는 인정된 지위를 가진 작품을 고의 또는 중과실로 파괴하는 것을 금지할 권리를 가진다"고 규정한다.[87] 인정된 지위의 기준이 처음 적용된 것은 카터 대 햄슬리-스피어사Carter v. Helmsley-Spear, Inc. 사건[88]이다. 뉴욕의 상업용 건물 세

---

84 대법원 2015. 8. 27 선고, 2012다204587 판결.

85 이상정, 「소유자의 작품 파괴와 저작인격권」, 『계간 저작권』 제97호(2012년 봄호), 한국저작권위원회, 2012.

86 위의 글에서 재인용.

87 1990.U.S.C.C.A.N. 6915, 6921 (1990).

88 861 F. Supp. 303 (S.D.N.Y. 1994), rev'd and vcated in part, aff'd in part, 71 F.3d 77 (2d Cir. 1995).

입자인 한 회사가 세 명의 예술가에게 건물 로비에 설치할 작품을 의뢰했다. 문제가 발생한 것은 나중에 이 세입자가 파산을 하면서다. 파산한 회사의 재산 관리를 인수한 피고 햄슬리-스피어사가 로비의 작품을 철거하겠다고 한 것이다.

법원은 VARA를 근거로 창작자들이 살아 있는 동안에는 건물에서 작품 철거를 금지하는 명령을 내렸다. 법원은 당해 작품이 인정된 지위에 속하는지와 작품 파괴가 예술가의 명예와 평판에 영향을 미치는지 등을 살폈다. 예술 작품 보호 목적은 공공 이익이며, 인정된 지위의 시각예술 작품 저작자는 파괴를 금지할 수 있다. 뉴욕 법원에 따르면, 미술 작품이 인정된 지위를 획득하기 위해서는 "작품이 가치 있는 위상이 있어야 하며 그러한 위상은 예술 전문가, 미술계, 사회의 대표적 단체로부터 인정받아야" 한다.[89]

이후 이와 유사한 사례인 마틴 대 인디애나폴리스 시Martin v. City of Indianapolis 사건[90]에서 법원은 다시 한 번 '인정된 지위' 여부를 판정했다. 인디애나폴리스 시는 조각가가 사유지에 거대한 스테인리스 조각을 설치하도록 허가했고, 이에 따라 조각가는 2년 반에 걸쳐 조각을 완성했다. 그러나 5년 후 시 당국은 조각이 설치된 땅을 취득할 필요가 발생함에 따라 이 조각물을 파괴하기로 했다. 조각가가 시 당국을 상대로 제기한 저작인격권 침해 소송에서 법원은 원고 조각가가 제출한 증거를 바탕으로 전문가들의 주목을 받았다는 것이 입증되었으므로 '인정된 지위'를 인정한다고 판시했다.

원고가 제안한 작품은 흥미 있고 미적으로 아이디어와 열정이 풍부한 형태와 구조로 구성되어 있다(인디애나 대학 미술대학의 미술관장이 원고 조각가를 고용한 회사에 보낸 편지).

반짝거리는 깨끗함과 추상성을 갖고 있고, …… 불규칙적이나 케이블로 단

---

89   Ibid.
90   192 F.3d 608 (7th Cir. 1999).

단히 고정되어 있고, …… 원고의 조각은 그것이 설치된 장소의 본래의미를 찾아주었다. 원고의 작품은 그 지역에 유대 관계, 상징물, 의미, 정체성, 자부심을 제공했다(『인디애나폴리스 스타 *The Indianapolis Star*』지의 시각예술 부문 편집장 칼럼).

유명 작가의 작품이라고 해서 그의 작품이 전부 명망 있는 작품으로 인정받는 것도 아니며, 비록 이전에 한 번도 일반에 공개되지 않았다고 해도 명망 있는 작품이 될 수 있다.[91]

카터 대 햄슬리-스피어사 사건의 또 다른 쟁점은 업무상 저작물(또는 고용 저작물)인지와 단일성 여부였다. VARA에 의하면 업무상 저작물과 응용미술이 시각예술저작물의 정의에서 배제되어 있었기 때문이다. 법원은 조각가들이 주급을 받았고 세금은 원천 징수되었으며 각종 복리 후생 혜택도 받았다는 점, 건물 임대 회사가 추가 작업을 맡길 수 있었다는 점 등을 들어 원고와 회사는 고용 관계라고 판단했다. 단일성 여부와 관련해서는 피고 측은 원고의 작품이 모두 상업용 빌딩의 로비 바닥, 벽, 천정 등 기능성 물체에 부착되어 있기 때문에 응용미술이라고 주장했다. 법원은 응용미술 개념을 "기능성 물체에 부착된 2차원 또는 3차원의 장식물"로 정의하고 이 사건 저작물은 "VARA의 보호 대상이 된다"고 판시했다. 그러나 제삼자에게 자신의 부동산 사용 권리를 준다는 점에서 VARA의 동일성유지권이 개인의 재산권 침해라는 반론도 있다.

작품 소장자가 아니라 건물 외벽의 그래피티에 대한 흥미로운 사건이 있었다. 2020년 뉴욕의 5포인츠 사건이다.[92] 퀸스 롱아일랜드시티에 있는 이 건물은 1982년 공장으로 건축되었다. 공장이 폐업하면서 1990년대 초부터 예술가들이 작업실로 사용하기 시작했고, 많게는 200여 명이 이곳에 터를 잡고 창

---

91   Scott v. Dixon, 309 F. Supp. 2d 395, 400 (E.D.N.Y. 2004).
92   Castillo v. G&M Realty L.P., No.18-498(2d Cir. 2020).

작 활동을 했다. 건물 외벽은 그래피티로 채워지기 시작했는데 모두 1,500여 명이 참여했다. 건물은 관광 명소가 되었다. 그러던 중 건물주는 2011년 호화 콘도 건설 계획을 세웠다. 예술가들이 반발하자 그는 어느 날 밤 벽을 하얗게 칠해버렸다. 순식간에 그래피티가 모두 사라진 것이다. 낙담한 예술가 21명은 예술가를 위한 변호사 VLA 모임 변호사들과 함께 소송을 제기했다. 근거는 저작인격권에 대한 내용을 담고 있는 시각예술가권리법VARA 위반이다. 예술가들의 승리였다. 예술가들은 670만 달러와 변호사 비용 200만 달러를 보상받았다. 상대적으로 뒤늦게 저작인격권 관련 법률이 제정되었고, 소유권을 중시하는 미국에서 예술가가 승리했다는 점에서 커다란 의미가 있었다. 건물주의 실수는 예술가들에게 동의를 구하고, 예술가 스스로 작품을 이전하거나 기록할 기회를 주지 않고 작품을 무단 철거함으로써 동일성유지권을 침해한 데 있었다.

그 외의 권리들

저작인격권을 보호하기 위한 보편적인 권리들인 공표권, 성명표시권, 동일성유지권 외에도 프랑스, 독일 같은 유럽 국가들은 좀 더 세분화하여 철회권, 접근권, 인격권, 파괴금지권, 귀속권 등을 별도로 인정하고 있다. 먼저 원저작자성 또는 저작자의 권리right of authorship란 작품에 익명과 가명을 포함한 작가 이름을 표시할 권한을 의미하는데, 예술가들에게 부여된 권리 중 가장 오래된 권리로 저작권의 시초라고 할 수 있다. 저작자의 권리에 따라 프랑스에서는 모든 원작품과 재제작된 작품에는 원저작자의 이름을 넣어야 한다.

공개를 철회할 권리 혹은 조정할 권리를 원작철회권right of withdrawal or retraction, droit de retrait ou de repentir이라고 하는데 저작자가 저작물 이용자에게 지적재산권을 이전하여 공표를 승낙한 후에라도 저작자의 정신적 이익을 침해하는 등의 사유가 발생한 경우 저작자가 공표를 철회할 권리를 말한다. 즉 작가의 명성이나 정체성을 보존하기 위해 필요하다면 이미 공표되어 유통되고 있는 작품을 시장에서 퇴출시키거나 수정할 수 있다. 프랑스 저작권법 제121조 4항은 이용권의 양도에도 불구하고 저작자는 저작물의 발행 후에도 양수인에 대해 취소권 또는 철회권을 가진다고 규정하고 있다. 독일, 이탈리아, 스페인, 브라질 등도 철회권이 법제화되어 있다. 다만, 작가는 소유자에게 정당한 보상을 해주어야 한다.

원작접근권은 저작자가 저작물의 원본 또는 복제본의 점유자로부터 점유자의 정당한 이익이 침해되지 않는 범위 내에서 복제본의 제작이나 저작물의 개작에 필요한 경우, 원본 혹은 복제본을 자신에게 접근시킬 것을 요구할 수 있는 권리다(독일 저작권법 제25조). 유형적 저작물의 점유자는 저작자의 복제에 필요한 경우에 한하여 저작자에 대해 저작물의 접촉을 허용하지 않으면 안 된다. 이 경우 저작자는 점유자의 이익을 고려해야 한다(오스트리아 저작권법 제22조). 미술저작물에 있어 저작자가 유형적 저작물(예컨대 회화 또는 건축물)의 소유권 또는 점유권을 타인에게 이전한 후에라도 그 저작물에 접촉하여 촬영, 스케치, 메모 작성 등을 할 수 있는 기회를 제공하여 줄 것을 현재의 점유자에게 요구할 수 있다.[93]

유해한 처리에 반대할 수 있는 권리right to object to derogatory treatment는 동일성유지권과 비슷한 개념으로 작가의 명성에 해가 되는 방식으로 작품이 다루어지는 것을 방지할 수 있는 권리다. 뉴질랜드 저작권법에 따르면 "문학 혹은 드라마 작품의 번역, 키나 음역을 제외한 음악 작품의 편곡이나 기타 옮김"에 해당되지 않는 모든 추가, 삭제, 변경 또는 적용을 말한다. 동일성유지권은 구체적으로 인격권과 파괴금지권으로 명명하기도 한다. 베른협약에도 규정되어 있는 인격권right to integrity은 작품의 소유권이 양도된 후에도 작품에 타인이 손을 대지 않도록 막을 수 있는 권리, 왜곡·절단·변경을 막을 권리, 의도적이거나 심각한 부주의로 작품이 파괴되는 것을 막을 권리다. 이와 유사하게 미국의

93 오승종, 앞의 책, 411쪽.

VARA에 파괴금지권right to destroy이 있는데 "시각예술저작물의 저작자가 인정받는 업적의 저작물 파괴를 금지할 권리를 가지며 저작물의 고의 또는 중대한 과실에 의한 파괴는 그 권리에 대한 침해가 된다"고 규정한다.[94] 귀속권right to attribution/paternity은 작품의 작가를 밝힐 권리와 작가의 이름이 자신이 작업하지 않은 작품에 사용되지 않을 권리, 작가의 명성이나 평판에 영향을 끼칠 경우 자신의 이름이 사용되지 않게 할 권리로 성명표시권과 유사하다.

저작인격권의 제한과 한계

저작인격권의 제한

저작인격권은 경우에 따라 제한될 수 있다. 미술관에서 그림을 카메라로 촬영해 복제를 하는 경우 기술적 제약으로 인해 원색대로 색이 나오지 않을 수 있다. 이런 경우도 동일성유지권 침해로 볼까. 저작권법은 동일성 유지를 위해서는 "본질적인 변경"을 해서는 안 된다고 전제한 후, 저작권법 제13조 제2항에서 동일성유지권이 적용되지 않는 경우를 나열하는데,[95] "학교 교육 목적상 부득이하다고 인정되는 범위 안에서 표현의 변경, 건축물의 증축·개축 그 밖의 변형, 저작물의 성질이나 이용 목적 및 형태에 비추어 부득이하다고 인정되는 범위 안에서의 변경" 등을 '부득이한 경우'로 동일성유지권 침해의 예외로 규정하고 있다. '부득이한 경우'란 어떤 경우가 있을까.

에드가르 드가의 1881년 작품인 〈14세의 어린 무용수La Petite Danseuse de

---

94 §106A(a)(3)(B).
95 저작권법 제13조 제2항, 1.학교 교육 목적상 부득이하다고 인정되는 범위 안에서의 표현의 변경, 2. 건축물의 증축·개축 그 밖의 변형, 3. 특정한 컴퓨터 외에는 이용할 수 없는 프로그램을 다른 컴퓨터에 이용할 수 있도록 하기 위해 필요한 범위에서의 변경, 4. 프로그램을 특정한 컴퓨터에 더욱 효과적으로 이용할 수 있도록 하기 위해 필요한 범위에서의 변경, 5. 그 밖에 저작물의 성질이나 그 이용의 목적 및 형태 등에 비추어 부득이하다고 인정되는 범위 안에서의 변경.

Quatorze Ans〉는 청동상이지만 청동 조각물 위에는 섬유 소재를 이용해 옷과 리본 장식을 했다(그림 3). 세월이 흐르면 청동을 제외한 헝겊 부분은 자연스레 낡고 닳게 될 것이다. 만일 이 작품을 소장하고 있는 메트로폴리탄 미술관이 드가가 입힌 옷과 리본을 새것으로 교체한다면 이는 저작자의 인격권을 침해한 것일까. 미국의 저작권법은 보존을 위한 변경을 명시적으로 허락한다. "조명 및 배치를 포함해 저작물의 보존이나 전시로 인한 시각예술저작물의 변경은 중대한 과실에 의하지 않는 한" 파괴, 왜곡, 훼절, 또는 기타 변경이 아니라고 규정한다.[96]

특히 현대미술에서는 데이미언 허스트처럼 식물이나 동물을 작품 재료로 사용하거나, 음식물과 같이 시간이 지나면 부패하고 대체할 수 없는 다양한 재료가 사용된다. 허스트의 〈살아 있는 자의 마음속에 존재하는 죽음의 물리적 불가능성the Physical Impossibility of Death in the Mind of Someone Living〉이라는 작품은 실제 뱀상어를 폼알데하이드가 채워진 수족관에 박제한 것이다. 1992년 런던 사치 갤러리에서 첫 선을 보인 이후 부패하기 시작해 상어의 피부는 쭈그러들고 색깔은 푸르스름하게 썩어갔으며 지느러미도 다 떨어져 나가고 없었다. 무섭고 용맹하게 생긴 뱀상어가 갤러리의 하얀 공간을 뚫고 저녁 식사거리를 찾기 위해 관객 쪽으로 모습을 드러내려던 의도와는 전혀 다른 모습이었다. 사치 갤러리의 큐레이터들은 상어의 피부를 복원하려고 했지만 원상 복구는 불가능했다. 상어를 새것으로 교체하면 어떻겠느냐는 논의가 있었지만 이때 많은 미술사학자들은 교체하거나 손을 본 새로운 상어 작품은 처음 만든 작품으로 인정할 수 없다고 주장했다.[97] 르누아르의 작품 위에 물감으로 다른 그림을 그려놓은 다음 르누아르의 작품이라고 주장할 수 없는 것과 마찬가지다.

그렇지만 허스트는 2005년 이 작품이 팔리고 난 후 완전히 썩어버린 상어를 새것으로 교체하는 데 합의했다. 그는 호주에 전화를 걸어 상어를 잡아준

---

96 §160A(c)(2).
97 톰슨, 앞의 책, 30쪽.

사람에게 이전 작품에 사용했던 것과 같은 뱀상어 세 마리와 백상어 한 마리를 잡아달라고 부탁했다. 상어를 교체할 때 농도가 훨씬 더 강한 폼알데하이드를 처음 사용량의 열 배 투입했다. 낡은 유리관만 빼고 모든 게 교체된 것이다. 원작일까 복제품일까. 이에 대해 허스트는 개념적인 작품이기 때문에 원작성이 훼손된 것은 아니라고 주장했다. 더군다나 교체된 상어 작품은 세계적인 수집가에게 650만 파운드라는 어마어마한 가격에 팔렸고, 교체 비용 10만 달러도 이 구매자가 지불함으로써 모든 논란을 무색케 했다. 미국의 설치미술가 댄 플래빈Dan Flavin도 유사한 사례다. 형광등으로 만든 플래빈의 조각 작품은 형광등 불빛과 색의 조화가 작품의 핵심이기 때문에 형광등이 나갈 경우 작품의 수명이 다한 것과 마찬가지다. 플래빈의 작품을 전시하는 미술관들은 형광등이 나갈 때마다 끊임없이 형광등을 새것으로 교체하고 있다.

아이디어와 개념이 중요하고 시간·장소 특정적이거나 다양한 소재를 사용하는 현대미술에 와서는 동일성유지권 범위를 판단하기가 한층 까다롭다. 2019년 2월 13일, 과천 국립현대미술관 램프코어 공간을 빛내던 백남준의 〈다다익선〉을 구성하는 브라운관 1,003개가 일제히 꺼졌다. 〈다다익선〉은 모니터 1,003개를 쌓아 만든 거대한 다채널 비디오 구조물로 영상 8개를 재생했다. 그런데 디지털 시대가 도래하면서 브라운관 모니터는 단종되었고, 이를 교체하려면 막대한 비용이 발생할 수밖에 없게 됐다. 작품에서 단종된 브라운관 모니터를 LCD로 교체해도 될까, 아니면 원본성을 상실하는 순간 〈다다익선〉도 자연 소멸된다고 보고 폐기해야 할까. 자연 소멸에 따른 폐기론자와 보존론자 들이 공방을 벌였다. 법적으로는 저작인격권 문제가 대두됐다. 저작인격권은 일신전속적 권리이기 때문에 이를 결정할 사람은 백남준 본인이다. 그러나 백남준이 세상을 떠난 지금은 작품에 대한 작가의 의도, 작품의 본질과 개념, 그리고 생존 당시 수리와 보존에 대해 밝힌 입장을 추정해 판단할 수밖에 없다. 우연적 요소나 상황적 요소에 의해 작품이 변용되는 것을 허용하는 플럭서스 일원이던 백남준에게는 작품의 개념이 중요할 뿐 매체 방식은 중요하지 않았다. 또 백남준은 상황에 맞게 작품을 변화시키는 융통성과 순발력, 유연성을 가진 예술가였다. 비디오 아트의 창시자로 원작에 새 기술을 접목해 재제작하기도 했을 정도로 디지털 매체에 적극적인 태도를 보였다. 2003년엔 스스로 〈다다익선〉의 모니터를 전면 교체하고, 신기술을 추가 활용하고, 영상물도 모두 새롭게 바꿨다. 작품을 제작할 때는 물론이고 보수나 복원을 맡길 때도 그 시점에 활용할 수 있는 최신 기술을 적극 적용하라고 주문하고, 컬렉터들에게도 기존 모니터를 새 모니터로 교체해도 작품의 본질은 변하지 않는다는 편지를 쓰기도 했다. 그러한 작가의 의도에 따르면 브라운관을 LCD로 교체하더라도 동일성유지권 침해라 보기 어려워 보인다.[98]

예술 작품이 건축물에 고착되어 있는 경우는 어떨까. 미술 작품이 건물에 고착되어 있어 건물의 일부를 훼손하지 않고는 작품을 철거할 수 없는 경우에는 작가가 작품에 대한 동일성유지권을 포기한 것으로 간주하기 때문에 건축주가 마음대로 작품을 철거하거나 훼손할 수 있다.[99] 프랑스에서는 '보니에르 원칙French Bonnier doctrine'에 따라 건축가는 저작인격권에도 불구하고 건물에 대한 일체의 변경을 막을 수는 없으며 그러한 변경이 건축물에 중대한 해를 끼치지 않는 이상 소유주는 새로운 필요에 따라 건축가의 동의 없이도 건물을 변경할 수 있다.[100]

캔버스와는 전혀 이질적인 재료나 잡지의 삽화, 기사 등을 오려 붙여 보는 사람들에게 이미지의 연쇄반응을 일으키게 하는 기법인 콜라주collage의 경우에는 재료로 작품이 이용되더라도 원작의 본질적인 특징을 감득할 수 없을 정도로 세분하여 절단해 이용하면 동일성유지권 침해의 요건을 결하는 것으로 아예 침해의 문제가 생기지 않는다.[101] 반대로 여러 개의 사진을 조합해 하나의 사진

98 캐슬린 김, 「재미없으면 예술이 아니고 역시 예술은 사기다!」, 『월간미술』 11월호, 2019년.
99 Cal. Civ. Code 987(e).
100 Cass. civ. 1re, 7 janvier 1992, RIDA., n. 152.
101 오승종, 앞의 책, 379쪽.

으로 합성하는 기법인 몽타주montage는 원래 사진의 본질적인 특징을 직접 감득할 수 있는 형태로 사용된 경우에는 동일성유지권의 침해로 본다.[102]

그렇다면 원곡의 일부만을 발췌해 제공하는 휴대폰 벨소리 서비스는 어떨까. 동일성유지권 제한 규정상 '부득이한' 경우에 해당할까. 사업자는 음악저작물을 디지털 압축 파일로 변환하여 서버에 저장한 다음, 인터넷 이용자에게 전체 듣기, 미리 듣기, 휴대폰 벨소리 서비스 등을 제공한다. '미리 듣기 서비스'는 원곡이 약 3분 내지 5분 정도 됨에도 불구하고 인터넷 이용자에게 약 1분 내지 1분 30초 정도로 원곡 저작물의 표현 형식을 절단해 전송하는 것을 말하고, '휴대폰 벨소리 서비스'는 원곡 일부를 부분적으로 발췌해 음악 파일로 변환, 저장한 다음 그와 같은 음악 파일을 전송하는 것을 말한다. 만일 작곡가가 자신의 곡이 이 같은 방식으로 서비스되는 것을 반대하고 있다면, 동일성유지권 침해를 주장할 수 있을까. 서울고등법원은 "(저작권법 개정으로) 저작물의 동일성을 해치는 변경이 저작자의 동의 없이 이루어진 이상 그와 같은 변경이 실제로 저작자의 명예와 성명을 해한 것인지 여부를 묻지 않고 저작물의 완전성에 관한 저작자의 인격적 이익이 침해된 것으로 간주하므로 이는 동일성유지권에 해당한다"고 판시했다.[103] 그렇지만 휴대폰 벨소리는 본질적으로 상대방이 전화를 받으면 중단되고 그 시간이 짧기 때문에 원곡 전체를 들려줄 수 없고 일부만 사용될 수밖에 없으므로 제한 규정상 '부득이한 경우'에 해당한다는 주장도 설득력을 얻고 있다.

소유권자의 허락을 받은 경우에 저작자는 저작인격권 침해 문제를 제기할 수 있을까. 예를 들어 예술 작품 소유권자의 허락은 받았으나, 저작자의 동의 없이 패션 화보나 광고 등에 사용했다면 저작자는 저작인격권의 침해를 받았다고 볼 수 있을까. 저작자는 충분히 저작인격권이 침해받았다고 느낄 수 있

102 위의 책.
103 서울고등법원 2008.9.23.선고, 2007나70720 판결.

다. 그렇지만 소송을 하더라도 법적 보상을 기대하기는 어렵다. 1975년 휘트니 미술관이 '200년 미국 조각200 Years of American Sculpture' 전시를 계획했을 때, 이 전시에 초대받은 조각가 칼 앤드리Carl Andre도 참여를 약속하고 자신의 작품 〈코너의 12개 구리 조각Twelfth Copper Corner〉을 전시할 공간을 물색한 후 미술관 측과 합의를 했다. 이 작품은 구리로 제작된 12개의 판형을 바닥에 늘어놓는 방식의 설치 작품이다. 그러나 미술관은 약속과 달리 비상구 표지가 있는 구석에 앤드리의 작품을 설치했다. 앤드리는 원래 약속된 공간에 전시를 하든가, 아니면 자신의 작품을 기획전에서 빼달라고 요구했다. 미술관 측은 이 작품을 치우고 대신 미술관이 소장하던 앤드리의 다른 소형 조각 〈29번째 구리 홍관조29th Copper Cardinal〉을 설치했다. 모욕감을 느낀 앤드리는 미술관 측에 자신의 작품을 되사겠다고 제안했으나 거절당했다. 개막전이 있던 날, 앤드리는 "〈코너의 12개 구리 조각〉을 휘트니 미술관의 '훼손'으로부터 구했다"고 선언했다.[104]

    이처럼 작가의 의도 혹은 요구 사항과 전반적인 전시를 기획하는 큐레이터 간의 의견 마찰은 종종 발생하는 일이다. 그렇지만 간혹 작가의 요구가 지나친 경우도 있다. 1950년 베네치아 비엔날레는 이탈리아 화가 조르조 데 키리코의 회고전을 준비했다. 그러자 키리코는 전시를 금지하는 소송을 했다. 이 회고전이 자신의 초기 작품을 지나치게 많이 포함하고, 최근 작품을 적게 넣어 자신의 작품 세계를 제대로 보여주지 못한다는 이유였다. 하급심은 이 예술가의 손을 들어주었지만, 베네치아 항소법원은 원심을 뒤집었다.[105] 저작인격권도 중요하지만 작가의 모든 요구 조건을 들어줄 수는 없다는 것이다. 한편, 공동저작물의 저작인격권은 저작자 전원 합의에 의하지 아니하고는 이를 행사할 수 없으며, 이 경우 각 저작자는 신의에 반하여 합의의 성립을 방해할 수 없다.[106]

---

104 Merryman, "The Refrigerator of Bernard Buffet," p.452.
105 9 Film und Recht 510 (1982); Merryman, "The Refrigerator of Bernard Buffet," p.429에서 재인용.
106 저작권법 제15조 제1항.

공동저작물의 저작자는 그들 중에서 저작인격권을 대표하여 행사할 수 있는 자를 선임할 수 있으며, 권리를 대표하여 행사하는 자의 대표권에 기한 제한이 있을 때에 그 제한은 선의의 제삼자에게 대항할 수 없다.[107]

공공 미술과 저작인격권

리처드 세라Richard Serra의 장소 특정형[108] 조각이었던 〈굴곡진 호Tilted Arc〉의 사례[109]는 예술가들이 호소할 수 있는 권리인 저작재산권, 저작인격권, 그리고 표현의 자유와, 공공질서 및 환경 미화가 충돌할 때 접점을 찾기가 힘들다는 것을 보여주는 사례다(그림 4). 세라는 연방 정부의 재산, 문서, 건설 등을 관리하는 총무청GSA으로부터 맨해튼에 있는 제이컵 재비츠 연방 빌딩에 세울 조각을 의뢰받았다. 계약서에 따르면 조각과 관련해 모든 디자인과 설계, 모형 등은 미국 정부의 재산이다. 1981년 높이 4미터 너비 30미터의 거대한 철제 조형물이 완성되어 빌딩 앞 광장에 설치됐을 때 총무청은 세라의 조각 작품이 통행에 지장을 준다며 철거를 촉구하는 무수한 항의에 시달려야 했다. 결국 총무청은 공청회를 거친 끝에 작품을 철거하기로 결정했다. 이에 세라는 소송을 통해 자신의 작품은 수정헌법 제1조에 의해 보호되어야 하는데 연방 정부의 일방적 철거 결정으로 자신의 권리가 침해될 위기에 있다고 주장했다.

장소 특정형 미술의 목표는 관람자의 관념적·개념적 경험을 작가가 조성한 주변 환경을 통해 재구성하는 것이다. 세라도 이 점을 강조했다. 그러나 이때는 미국 법원이 저작인격권의 개념을 인정하기 전으로 법원의 판결은 냉혹했

---

107 저작권법 제15조 제2항과 3항.

108 환경미술Environment Art과 유사하지만 환경미술 작품들이 외진 곳에 있는 커다란 조형물이라면 장소 특정형 미술은 도시 한복판 같은 공공 전시물로 분류하기도 한다. Fred S. Kleiner et al., *Gardner's Art Through the Ages*, 11th ed., Harcourt College Publishers, 2001 p.1103; Patricia Hills, *Modern Art in the USA: Issues and Controversies of the 20th Century*, Pearson, 2001, p. 444.

109 Serra v. United States General Services Administration, 847 F.2d 1045 (2d Cir. 1988), aff'g 667 F. Supp. 1042 (S.D.N.Y.1987).

다.[110] 법원의 논거는 이렇다. 첫째, 작품의 '내용'에 바탕을 둔content-based[111] 표현의 자유 침해가 아니며, 표현의 자유는 개인의 표현을 보호하는 것이 목적이지 정부가 자신의 표현을 결정하는 것과는 무관하다. 둘째 작가는 계약에 의해 작품의 소유권을 정부에 넘겼으므로 작품은 세라가 아닌 정부의 소유다. 또한 작품의 설치 및 철거 문제, 작품 전시 기간 등에 대해서는 계약 당시 사전에 충분히 협상할 수 있었다.

채프먼 켈리Chapman Kelley는 1994년 시카고 시의 의뢰로 그랜트 공원에 〈야생화 화단Wildflower Works〉이라는 타원형의 대형 꽃밭을 설치했다. 20년 후, 시카고 시는 공원 정비를 위해 '야생화 화단'을 조성하기로 했다. 켈리의 반대에도 불구하고 시는 화단 크기를 절반으로 줄이고 모양도 타원형에서 직선으로 바꾸었다. 켈리는 화단도 저작인격권의 보호를 받는 시각예술에 속한다며 시를 상대로 소송을 제기했다. 이에 대해 지방법원은 "화단도 회화나 조각과 같은 시각예술품"이며, "시카고 도심의 스카이라인에 맞추어 작품을 만들었으므로 장소 특정형 미술이 맞다"고 하면서도 장소 특정형 미술은 VARA의 보호를 받지 못한다고 판결했다.[112] 그러나 상급심의 설시 내용은 달랐다. 켈리의 '야생화 화단'을 변형한 것이 저작인격권 침해가 아니라는 하급심의 판결을 확정했지만 논거가 달랐다. 우선 VARA가 장소 특정형 미술을 전면적으로 보호하지 않는다는 해석에 대해 의문을 제기했다. 야생화 사건의 경우는 장소 특정형 미술이라서가 아니라 화단이나 정원 자체의 저작물성을 부인한 것이다. 화단의 식물은 끊임없이 스스로 변화하는데, 이는 자연의 섭리이지 인간의 저작물이라 보기 어렵다는 것이다.[113]

---

110 세라의 조각 작품이 분해되어 브루클린의 한 정부 소유 창고로 옮겨지기 보름 전인 1981년 3월 1일, 미국은 베른 조약에 가입하고 1990년 VARA의 저작인격권을 인정했다.

111 미국의 수정헌법 제1조는 '내용에 바탕을 둔content-based' 표현의 자유 침해는 극단적인 경우compelling interest를 제외하고는 엄격히 금지하고 있다. 내용에 바탕을 둔 표현을 제한하기 위해서는 정부가 급박한 이유를 입증해야 하는데 사실상 금지와 마찬가지다.

112 Kelley v. Chicago Park District, no. 04 C 07715, 2008 WL 4449886 (N.D.Ill. 2008).

113 Kelley v. Chicago Park District, 635 F.3d 290, 292 (7th Cir. 2011).

미국 법원이 장소 특정형 작품에 대해 저작인격권을 받아들이지 않는 이유는 정부나 부동산 소유자들의 우려를 반영한 것이다. 캘리포니아 주법은 "건물에 부착되어서 상당한 훼손, 훼절, 변경 또는 파괴 없이는 제거할 수 없는 경우에는 작품의 저작인격권을 보호하지 않는다"고 명시한다.[114] 만약 건물에 부착되거나 장식된 미술 작품에 대해 저작권을 인정하기 시작한다면 부동산 소유자들이 자신들의 건물을 사용하고 관리하는 데 심각한 제한을 받을 수 있다. 그렇다면 저작권과 재산권이 충돌할 때 재산권자의 권리가 우선한다는 것일까. '야생화 화단' 사건에서 법원은 대안으로 작가가 장소 특정형 작품을 보존, 보호하고 싶다면 부동산 소유권자와 협상을 통해 계약서에 필요한 조항을 넣는 것이 올바르다고 주장했다. 그러나 이 역시 현실적인 대안이 되기는 힘들다. 법률가의 도움을 받을 여력이 되거나 유명한 예술가들이 아니라면 계약서에 별도의 조항을 두자고 제안하기도 쉽지 않을 뿐 아니라, 불리한 조항이 있더라도 위탁자의 입장을 따를 수밖에 없기 때문이다. 또한 공공 예술 혹은 장소 특정형 예술은 대부분 정부가 작가에게 비용을 지급하고 의뢰한 고용 관계이며, 완성작은 업무상 저작물에 해당하므로 추후 작가가 작품에 대한 권리를 주장하기 힘든 측면이 있다.

프랑스의 판례와 비교해보자. 장 뒤뷔페Jean Dubuffet의 〈여름 살롱Salon D'été〉이라는 환경 조각 및 정원은 자동차 회사인 르노가 파리 외곽의 새 본사 건물을 위해 위탁한 것이었다. 르노 측은 뒤뷔페의 야심 찬 조각 공원 프로젝트의 구체적인 내용을 승인했다. 그런데 작업이 시작될 즈음, 새로 취임한 르노사 회장이 전임자의 조각 프로젝트를 탐탁지 않게 여겼고, 이내 작업을 중단시켰다. 화가 난 뒤뷔페는 회사를 상대로 프로젝트 중단 계획을 철회하고, 나머지 작업을 완성할 수 있도록 해달라면서 소송을 걸었다. 원심과 항소심은 계약금 지급을 명령했지만 당해 프로젝트에 대해서는 회사 측의 손을 들어주었다. 그

114 987[h][1].

러나 8년간의 법정 다툼 끝에 프랑스 대법원은 프로젝트를 완성해야 한다고 판시했다.[115]

3 예술가의 추급권

　　동시대 예술품들과는 달리 '올드 마스터old master'라 불리는 거장들의 작품 거래는 흔하지 않다. 새로운 작품들이 생산되지도 않을 뿐더러 대부분의 소장자들은 특별한 경우가 아니라면 작품을 매각하지 않기 때문이다. 따라서 뉴욕이나 런던의 주요 예술품 경매소에 올드 마스터의 작품이 나올 때마다 미술품 거래의 최고가를 얼마나 경신할지에 세상의 관심이 집중된다. 누구나 이름만 들어도 알 만한 밀레의 〈만종〉이 크리스티나 소더비 같은 미술품 경매 회사의 연례 이브닝 세일에 나온다면 얼마에 거래될까. 현재 파리 오르세 미술관이 소장하고 있는 이 작품이 경매에 나올 가능성도 희박하지만, 가격도 예측이 쉽지 않다. 다만 어마어마한 액수임에는 틀림없다. 그러나 이 작품이 처음 밀레의 손을 떠날 때는 단 돈 1,000프랑에 판매됐다. 밀레가 사망한 후 가장을 잃은 그의 유족들이 길거리에서 꽃을 팔며 생계를 유지하는 동안 이 작품은 100만 프랑에 거래되었다. 밀레의 수중에 들어온 돈은 푼돈이지만 거래를 거듭하면서 수십 수백 배로 뛴 것이다.

　　한 작품에 수억~수십억 원씩 거래되는 한국 작가 중 최고로 평가받는 박수근이나 이중섭, 김환기는 본인은 물론이고 유족도 곤궁한 생활을 했다. 많은 예술가들이 당대에 혹은 첫 판매에서 인정받는 경우가 드물어 결국 정당한 보상을 받지 못하는 경우가 많다.

이 같은 문제점을 보완하기 위해 도입된 것이 바로 추급권(추구권) 또는 재판매 로열티the resale right, droit de suite 제도다. 추급권 제도가 최초로 제안된 것은 1860년대였지만 처음 도입된 것은 1920년 프랑스가 베른협약에 따라 제1차 세계대전으로 사망한 예술가의 유족들을 돕기 위해서였다. 1957년에는 프랑스 저작권법으로 성문화했다. 추급권은 미술저작물의 원작품에 대해서 저작자가 그 원작품을 양도한 후에 발생하는 매매 이익에 관여할 수 있는 권리다. 최초 판매 후에 가치가 증대된 저작물의 원작품 재공매 수입으로부터 나온 이익을 저작자에게 분배하는 것이다. 아트 딜러, 갤러리, 경매사, 보험 회사 등은 예술품의 재판매로 얻는 이득을 취하면서 정작 예술품을 창작한 예술가들은 아무런 수익도 얻지 못한다는 것은 불합리하다는 생각에서 비롯되었다.

사실 추급권 개념을 처음 실행에 옮긴 것은 프랑스의 예술품 수집가인 앙드레 르벨André Level이었다.[116] 1904년 그는 12명의 회원을 모아 '곰의 가죽 La Peau de l'Ours'이라는 소규모 단체를 결성했다. 좋은 예술품은 시간이 지날수록 가격이 오른다는 점에 착안해 매년 1월에 250프랑씩 내서 작품을 구입하고 10년 후에 이 작품들을 되팔아 그 수익금을 배분하기로 했다. 최초의 미술품 투자 펀드인 셈이다. 특히 이 펀드가 내는 이익 중 경비를 제외하고 20퍼센트를 작가들에게 분배해주기로 약속했다. 10년 후인 1914년 3월, 르벨은 펀드에 투자한 100여 점의 작품들을 경매에 올려 총 투자 원금의 네 배가 넘는 11만 6,545프랑을 낙찰받았다. 어떤 작품은 원금의 10배를 넘을 정도로 대성공이었다. 약속대로 경매 이익의 20퍼센트를 피카소와 마티스 같은 작가들에게 나눠주었다.

작가들은 책이 팔릴 때마다 계약에 따라 인세를 지급받으며, 작곡가들은 음반이 팔릴 때마다 저작권료를 받는다. 책이나 음반처럼 판매될 때마다 일정 비율의 수익을 거두는 다른 창작자들과는 달리 미술가들은 미술 작품의 가치

---

116 James Surowiecki, "Cash for Canvas," *The New Yorker*, Oct. 17, 2005.

가 복제품이 아닌 원본에 있다는 특징과, 수요량의 제한 때문에 다른 저작물에 비해 상대적으로 적은 수익밖에 얻지 못한다. 추급권에 대한 생각은 밀레의 사례에서처럼 시간이 지나면서 작가가 명성을 얻고 작품의 가치가 올라갈 때 작품의 소유권자에게만 경제적 이득이 돌아가는 것이 불합리하다는 생각에서 출발했다. 인세나 음원 수입처럼 미술 작품의 가격이 올라가는 것은 작가가 노력한 결과이므로 작품의 가격이 올라갈 때마다 작가가 일부 수입을 받을 권리가 있다는 게 추급권의 논리다.[117] 따라서 추급권은 미술저작물이 재판매될 때 저작자가 매매 대금의 일정 부분을 배당받을 수 있는 권리라고 할 수 있다. 책이 판매될 때마다 저자에게 인세가, 음원이 판매될 때마다 작곡가에게 일정 비율의 금액이 배분되는 것과 비슷한 원리다. 다만 개인 간의 사적 매매나 개인이 공공 미술관에 판매하는 경우에는 적용되지 않는다. 추급권 비율은 판매가 전체에 부과하는 방식과 가치 증가에 부과하는 방식이 있다.

현재 프랑스, 독일, 영국, 미국 캘리포니아 주를 비롯해 50여 개 국가에서 추급권을 인정하고 있으나 한국은 아직 도입하지 않고 있다. 추급권은 1920년 프랑스에서 처음 성문화됐으며 처음에는 공공 경매소에만 적용됐다. 프랑스의 경매 시스템상 경매사들은 준공무원으로서 정확한 매매 기록을 작성하고 보관하므로 추급권을 적용하기에 용이했기 때문이다. 1957년 프랑스는 추급권 제도를 갤러리 같은 사적 거래에도 확대했으며, 현재 추급권을 도입한 국가들의 모델이 되고 있다. 1957년 프랑스 저작권법에는 작품의 판매 가격을 기초로 금액을 정하는데 일률적으로 3퍼센트의 요율을 적용하고, 추급권이 인정되는 최소 금액을 100프랑으로 설정했다. 2001년에는 추급권에 관한 유럽연합 지침을 반영하기 위해 법 개정을 했다. 최소 판매 금액은 750유로이며, 추급권료의 금액은 1만 2,500유로를 초과하지 못하도록 규정했다. 그리고 아트 딜러에 의한 재판매의 경우까지 인정하도록 했다. 추급권의 보호를 받기 위해서는 저작자의

117   Melville B. Nimmer and David Nimmer, *Nimmer On Copyright*, Matthew Bender, 2004, §8C.04[A][1].

이름, 주소, 서명을 등록해야 한다. 추급권 징수는 저작자가 직접 할 수도 있고 대리인을 통해서 할 수도 있는데 '그래픽과 조형미술의 확산을 위한 위원회 ADAGP: Association Pour La Diffusion Des Arts Graphique et Plastiques'[118]가 대부분의 추급권 징수를 담당한다.[119]

독일은 1965년에 전문 개정한 저작권법 제26조에서 처음으로 추급권 조항을 신설했다. 처음에는 최저 거래가액이 500마르크, 추급권 요율을 1퍼센트로 하다가 1972년 최저 거래가액을 100마르크로 줄이고, 요율을 5퍼센트로 올렸다. 2006년 저작권법을 개정해 최소 양도 금액은 400유로, 추급권료는 1만 2,500유로를 초과하지 못한다는 유럽연합 추급권 지침을 수용했다. 이에 따라 아트 딜러나 경매사가 취득자, 매도인 혹은 중개인으로 관여하게 되면 매도인은 저작자에게 매도가 중에서 일정 요율의 액수를 지급해야 한다. 또한 미술 저작권자의 정보 관리와 경매 회사의 매매를 모니터링하고 추급권의 시행을 돕고 있다. 1980년에는 독일의 예술품 경매 회사와 관리단체가 일괄 지급 계약을 체결함으로써 추급권의 권리 행사를 용이하게 했다. 이러한 계약으로 1982년부터 1992년 사이의 추급권료 지불이 50퍼센트 증가했다. 2002년에는 추급권료가 3,800만 유로까지 증가했다.[120]

추급권을 반대해오던 영국도 2006년 유럽연합 추급권 지침 이행을 위한 시행법인 '2006 예술가 추급권 규정the Artist's Resale Right Regulation 2006'을 제정했다. 이 규정에 의하면, 0유로부터 5만 유로의 작품까지는 판매가의 4퍼센트를 작가에게 로열티로 지급하고, 가격이 그 이상일 경우에는 비율을 점진적으로 낮추되 한 작품당 최고 12만 5,000유로까지만 징수하도록 하고 있다.[121] 영국은 예술가들과 그들의 법정 상속인으로 회원을 구성해 중앙 징수 시스템을 구축

---

118 예술가들의 저작인격권 보호와 추급권 징수를 위해 1953년에 파리에서 설립되었다. http://www.adagp.fr.
119 피카소 재단이나 마티스 재단은 직접 추급권료를 징수한다.
120 박은정, 「예술 저작품의 추급권에 대한 비교법적 고찰」, 숙명여자대학교 석사학위논문. 2009. 72쪽.
121 legislation.gov.uk.

했다. 닥스DACS: Design and Artists Copyright Society[122]라 불리는 이 비영리 기관은 추급권에 대한 인가 서비스를 제공하는데, 온라인을 통해 모든 판매상이나 경매 회사와 추급권 대상이 되는 미술저작물이나 미술 저작자에 대한 정보를 정기적으로 주고받고, 추급권과 관련한 정보 요구가 있으면 매주 또는 매월 사전 통지를 보내고 있다.[123]

유럽 국가 내에서도 추급권 도입 논란이 있었다. 영국도 처음에는 추급권을 반대했다. 네덜란드, 아일랜드, 오스트리아 역시 추급권 도입을 반대했다. 도입한 나라들 사이에서도 실효성에 대한 의문이 제기됐다. 그러나 2001년 유럽연합위원회가 '유럽연합 국가 간 통일 추급권ARR: Artist's Resale Rights'을 2006년부터 도입, 적용하기로 지침directive[124]을 선포하면서 추급권 도입과 관련한 전기가 마련되었다. 이에 따라 EU의 모든 회원국이 국내 입법을 했고, 현재 60여 개 국가에서 시행 중이다. 이 지침에 따르면 추급권은 아트 딜러와 경매사에게만 적용되며, 사적 거래에는 적용되지 않는다. 추급권은 3,000유로 이상 작품부터 적용되며, 5만 유로까지는 작품 가격의 4퍼센트부터 최대 5퍼센트까지 로열티가 배당된다. 다만 로열티는 작품 가격이 아무리 높아져도 1만 2,500유로까지만 거둘 수 있다. 현재 유럽연합에서는 추급권이 작가 평생은 물론 사후 70년까지 보장되어 있다. 유럽연합의 추급권 법률은 추급권이 보장되는 나라의 작품에만 적용된다. 한국은 아직 추급권을 도입하지 않았으므로 한국 작가의 작품은 유럽에서 매매되어도 추급권에 의한 로열티를 받을 수 없다.

1948년 베른협약도 로마 개정 회의에서 추급권을 신설했다(제14조의 3). 협약의 제1항에서는 "저작자 또는 그의 사망 후에 국내 입법으로 권한을 받은 자연인이나 단체는 원미술저작물 및 작사자와 작곡자의 원고에 관하여, 저작자

---

122   www.dacs.org.uk.
123   Akiko Ogawa, "The potential of adapting Droit de Suite in Japan-Based on the interviews and researches held in France, Finland, and U.K.," Waseda Institute for Corporation Law and Society, 2006, p.229: 박은정, 앞의 글, 80쪽에서 재인용.
124   Directive 2001/84/EC

가 저작물을 최초로 이전한 후에 그 저작물의 매매 이익에 대해 양도할 수 없는 권리를 향유한다"고 규정하고 있다. 보호에 대해서는 "전항에서 규정한 보호는 저작자가 속한 국가의 입법으로 그와 같이 허용한 경우에, 그리고 이 보호가 주장되는 국가가 허용하는 범위 내에서만 각 동맹국에서 주장될 수 있다"고 하고, 제3항은 "징수 절차와 금액은 국내 입법에 맡겨 결정한다"고 규정하고 있다. 그렇지만 베른협약은 구속력이 없어서 회원국들의 선택에 달려 있다. 2001년 유네스코는 "예술품 시장에서 재판매될, 그래픽 아트와 창작 사진을 포함한 모든 오리지널 순수 예술품들은 추급권법의 대상이 되어야 한다"고 강조하기도 했다.

미국 연방 정부도 저작자인격권과 VARA 차원에서 추급권 도입을 위한 조사를 실시한 적이 있는데 추급권이 실질적으로 예술가들에게 도움이 되는지에 대해서도 회의적이며 여러 가지 문제점 등을 안고 있다는 결론을 내리고 입법을 보류한 바 있다. 연방저작권법에는 추급권이 규정돼 있지 않지만 캘리포니아 주가 1976년 유일하게 주법인 '캘리포니아 추급권법The California Resale Royalty Act'을 제정해 추급권 제도를 실시하고 있다. 추급권료가 5퍼센트를 넘는 경우에는 서면에 의한 포기가 가능하고 개인이나 단체에 양도할 수 있다. 캘리포니아 주법은 중앙 징수 시스템을 채택하지 않고 판매자나 그 대리인이 소유한 금액을 주기 위해 미술가와 접촉할 것을 요구한다.

추급권 논쟁

추급권 도입에 대해서는 반대하는 목소리도 높다. 우선 반대자들은 추급권 조항을 각 이해 당사자들이 유불리를 따져 결정할 만한 근거 자료가 빈약하다고 주장한다. 프랑스는 제도적으로 성공했다고 볼 수 있지만, 그 외에는 통계 자료가 부족할 뿐 아니라 다른 나라에서는 어떤 효과를 낼지 불투명하다는 사실은 찬성론자들도 동의하는 부분이다.

추급권 도입이 전반적인 미술품 시장의 위축과 침체를 가져올 것이라는 우려도 있다. 추급권을 도입하게 되면 원활한 미술품 거래의 장애가 될 것이며, 개인의 소유권에 대한 침해가 될 것으로 보기 때문이다. 무엇보다 아트 딜러나 갤러리들이 추급권을 인정하지 않는 나라로 이전해 예술품을 거래할 가능성에 대해 우려한다. 일례로 캘리포니아 주의 갤러리들이 추급권에 따른 로열티를 지급하지 않기 위해 캘리포니아 주 밖에서 예술품 거래를 하기 때문에 다른 주와의 거래를 어렵게 하는 등 예술품 시장에 심각한 문제를 낳고 있다는 것이다. 2005년 추급권 제도 도입이 제안됐을 때 영국 미술계의 이익 단체인 영국미술시장연합The British Art Market Federation은 영국의 미술품들이 추급권 제도가 없는 나라로 빠져나갈 것이라며 반발했다.

또 추급권이 최초 판매의 원칙과도 충돌하며 예술가와 구매자 간의 자유로운 계약을 방해하거나 제한할 것이라고 주장한다.[125] 추급권을 인정하지 않았던 시기 영국이 이미 추급권을 도입한 프랑스, 독일의 회화 시장으로 거대한 이익을 창출했다[126]는 분석도 이러한 주장을 뒷받침하는 사례로 거론된다. 그러나 추급권 지지자들은 추급권이 가장 잘 효율적으로 관리되고 있는 프랑스 사례를 들어 예술 시장 위축론을 반박한다. 추급권을 최초로 도입한 1920년 이래 지속적으로 시행을 해왔지만 시장에 부정적인 영향을 끼쳤다는 증거가 없다는 것이다. 영국도 2009년, 추급권의 경제적 효과를 연구했는데, 추급권 도입이 시장 이동이나 가격 상승 등을 가져오지 않았다고 분석했다.[127]

추급권이 유명 미술가들만 보호한다는 비판도 있다. 작품이 잘 팔리는 슈퍼스타급 예술가들에게만 더 큰 수익이 돌아가 정작 추급권 제도의 취지와 달

125   Comments of the Association of the Bar of the City of New York, Committee on Art Law, On the Study on Resale Royalties for Works of Art, Mar. 6, 1992.

126   Liliane de Pierredon-Fawcett, *The Droit de Suite in Literary and Artistic Property: A Comparative Law Study*, Center for Law and Arts, Columbia University School of Law, 1991, p.91.

127   Kathryn Graddy and Chanont Banternghansa, "The Impact of the Droit de Suite in the UK: An Empirical Analysis," Brandeis University, Federal Reserve Bank of St. Louis, 2009, p.28: 박은정, 앞의 글에서 재인용.

리 부익부 빈익빈 현상만 생길 뿐이라는 것이다.

다른 직업군과의 형평성 문제를 제기하기도 한다. 미국 변호사 엘리엇 앨더먼Elliott C. Alderman은 프랑스식 추급권 제도의 메커니즘이 낭만적인 노스탤지어에 기반을 둔 것이라며 비판했다. 그의 주장에 따르면, 예술가들은 복권을 사는 사람들처럼 큰 수익을 기대하며 높은 위험 부담을 감수하는 직업이고, 다른 노동자에 비해 노동 강도도 적으며, 창작의 기쁨이라는 비경제적 보상을 통해 직업 만족도도 높다는 것이다.

한국에서도 추급권 도입과 관련한 논란은 계속되고 있다. 2007년 유럽연합과 한·EU FTA 협상을 하던 중 추급권 문제가 제기되었을 때 예술가들과 미술 협회 등에서는 적극 찬성한 반면, 갤러리와 경매 회사 등 예술품 유통업계는 대체로 반대했다. 2011년 7월 1일자로 잠정 발효된 한·EU FTA 협정문의 지적재산 부분은 미술 작품 추급권 또는 재판매권에 대해 협정 발효 후 2년 이내에 협의한다는 조항을 담고 있다. 한국 정부는 2018년 미술진흥중장기계획에 추급권을 도입하겠다는 정책 방향을 제시했지만 실현되지는 않고 있다.

반대 측은 추급권이 인정되면 오히려 화가들에게 피해가 갈 것이라고 주장했다. 비용을 내야 하는 아트 딜러나 갤러리들이 작가들에게 지급할 작품값을 그만큼 깎아서 지급할 것이며, 미술품 거래가 음성적으로 이루어져 미술 시장이 위축될 가능성이 있다는 주장이다. 또한 추급권이 도입되더라도 2차 시장에서 매매가 이루어지는 성공한 소수의 예술가들만 혜택을 보게 될 것이고, 이는 추급권 도입 취지로 볼 때 혜택이 가장 덜 필요한 예술가들에게만 혜택이 돌아가는 모순이 발생한다고 주장했다.

반면 찬성 측은 EU의 요청이 없어도 추급권이 도입되어야 예술가들에게 유리할 뿐 아니라 시장이 건전하게 발전한다는 입장이다. 추급권이 도입되면 (거품이 빠져서) 작품 가격이 내려가고, 예술가나 그 유족들이 추급권료를 받기 위해서라도 조사를 하기 때문에 갤러리들이 투명하게 거래할 것이라고 반박한다. 무엇보다 예술가의 수입이 안정되어 창작 활동에 전념할 수 있으며 위작 시비가 끊이지 않는 미술 시장에 투명성을 확보함으로써 미술 애호가와 투자자를 보호할 수 있다고 주장한다. 설문조사 결과 미술 작가 중 90퍼센트 이상이 찬성하는 것으로 드러난 반면, 경매 회사나 화랑은 반대하고 있다.[128]

추급권 논쟁에서 쟁점이 되는 것은 ①어떤 종류의 작품에 적용할 것인가 ②어떤 종류의 매매에 적용할 것인가 ③재판매 가격에 적용할 것인가 아니면 재판매 시 이윤에 적용할 것인가 ④로열티는 누구에게 지급할 것인가 ⑤추급권은 포기될 수 있는가 등이다.[129]

추급권에 대한 대안으로 계약권the contractual proceeds right을 제시하기도 한다. 계약을 통해 협상 과정에서 작품 판매 시 로열티를 결정하자는 것이다. 뉴욕의 변호사 로버트 프로잰스키Robert Projansky는 '양도 및 판매에 관한 예술가의 권리'라는 계약서 양식을 만들어 사용하자고 제안했다.[130] 계약서 양식에 미술품 재판매가의 15퍼센트를 예술가에게 지급하도록 명시하고 구매자가 다음 구매자에게도 이 조항을 강제하자는 것이다. 그러나 이 방식의 가장 큰 문제점은 예술가들이 계약의 당사자가 아닌 사람들, 그러니까 최초 구매자 외의 구매자들에게는 계약을 강제할 방법이 없다는 것이다.

프로잰스키의 계약권은 계약을 통해 저작인격권 및 추급권과 유사한 권리를 보장하는 것이다. 프로잰스키의 '계약권' 주장 논리는 이렇다. 첫째, 이미 팔린 예술품의 가치는 예술가의 후속 작품에 영향을 받는다. 둘째, 예술품의 가치는 상승하기 마련이다. 셋째, 예술가는 가치 상승분에 대한 권리가 있다. 넷째, 예술가에게 자신의 작품에 대한 일정 정도의 권한을 줌으로써 예술가의 창작 의도를 인정받을 수 있다. 프로잰스키가 만든 계약권 모델 계약서의 주요 조항은 다음과 같다.

---

128 이슬기, 「미술 시장에서 작품 거래 투명성이 확보되어야 한다」, 『월간미술』 4월호, 2012. 57쪽.
129 Merryman, "The Refrigerator of Bernard Buffet," p.609.
130 Robert Projansky, "The Artist's Reserved Rights Transfer and Sale Agreement".

• 각 작품마다 향후 소유권 이전이 동 계약서에 종속된다는 사실을 공지하는 표기를 한다(제11조).

• 예술가는 판매 이후에도 자신의 작품에 대한 상당한 통제권을 갖는다(제10조).

• 예술가는 재생산에 대한 권리를 유보한다(제10조).

• 구매자는 의도적인 파괴와 훼손, 그리고 변경을 하지 않는다는 데 동의한다(제8조).

• 상승분의 15퍼센트를 돌려받는 금전적 혜택에 관해서는 예술가와 반려자의 생애에 21년간을 보장한다(제21조).

프로잰스키 모델 계약서에 반대하는 측은 투자로서의 예술품은 특성상 매매가 간단하지가 않은데 재판매를 위해서는 프로잰스키 계약서의 의무를 지면서까지 구매하려는 사람이 많지 않을 것이라고 주장한다. 또한, 역으로 예술품 가격이 하락한다고 해서 예술가가 구매자들에게 하락분을 돌려주지 않는데 구매자들만 가격 상승에 대해 일정 부분을 돌려주어야 하는 것은 공정하지 못하다고 주장한다.

4 예술가의 상표, 디자인, 스타일에 대한 권리

상표권

전자 기기를 생산하는 애플사의 사과 로고를 보면 자연스럽게 애플이라는 기업을 연상하게 된다. 다른 기업이 애플의 아이폰과 유사한 스마트폰을 만들어 판다고 해도 애플사의 사과 로고를 사용할 수는 없다. 소비자 또한 사과 로고가 없다는 것을 알고 애플사의 제품이 아님을 확인할 수 있다. 상표권trademark을 보호하는 상표법은 원래 소비자가 제품의 제조업자를 혼동하지 않도록 하기 위해 만들어졌고 주로 상품 및 서비스에 사용되지만, 예술가들도 이름이나 서명 또는 창작품을 상표법으로 보호받을 수 있다.

상표 개념을 미술에 처음 도입한 사람은 15세기 독일 화가 알브레히트 뒤러Albrecht Dürer라고 볼 수 있다. 그는 자기 이름의 앞 글자인 A와 D를 따서 자신을 상징하는 트레이드마크를 만들어 사용했다(그림 5). 판화 기법을 미술에 도입하기도 한 뒤러는 판화마다 자신의 트레이드마크를 넣음으로써 작품의 진품성을 보장하고 스스로를 브랜드화했다.[131]

---

131   양정무, 『그림값의 비밀』, 매일경제신문사, 2013, 210쪽.

저작권법에 의해 보호되는 '창작물'이라 함은 문학·학술 또는 예술의 범위에 속한 것으로서 사상 또는 감정을 창작적으로 표현한 것이다. 이에 비해, '상표'는 단순한 상품의 표지 내지 명칭으로 저작자의 사상 또는 감정이 창작적으로 표현된 것이라고 볼 수는 없다. 따라서 상표는 저작물에 해당하지 않는다. 상표도 실용적인 면에 부수하여 미감을 불러일으킬 수 있는 측면이 있다. 그렇지만 그 미적 요소나 창작성이 상품 표지라는 상표 본래의 기능으로부터 분리되어 별도의 감상 대상이 될 정도로 독자적인 존재를 인정받기는 어렵다. 따라서 그 자체가 예술에 관한 사상 또는 감정의 창작 표현물이라고 볼 수 없으므로 저작물에 해당하지 않는다.[132]

'상표'라 함은 상품을 생산·가공·증명 또는 판매하는 것을 업으로 영위하는 자가 자기의 업무에 관련된 상품을 타인의 상품과 식별되도록 하기 위해 사용하는 기호·문자·도형·입체적 형상·색채·홀로그램·동작 또는 이들을 결합한 것, 그밖에 시각적으로 인식할 수 있는 것을 말한다. 뉴욕 대학의 니컬러스 이코노미데스Nicholas S. Economides 교수는 상표의 경제적인 역할은 소비자로 하여금 등록 상표 제품의 눈에 보이지 않는 특징을 인지하도록 하는 것이라고 설명한다.[133] 예를 들어, 나비스코Nabisco사의 크래커 제품인 휘트신Wheat Thins을 산 소비자는 제조업체가 누구인지 거의 신경 쓰지 않으며, 오히려 이 상표로 바삭한 정도, 단맛의 정도, 색깔과 같은 제품의 특징을 인식한다는 것이다.

상표법

상표법은 사기와 기망fraud and deceit으로부터 소비자를 보호하기 위한 영국의 관습법에서 출발했다. 영국과 미국의 법원들은 상표권을 통해 경쟁자들이

---

132 서울지방법원 1997.9.5.선고, 96가합36949, 97가합13608 판결.
133 폴 골드스타인, 오연희 옮김, 『보이지 않는 힘, 지식재산』, 비즈니스맵, 2009, 175쪽.

제품이나 서비스 출처에 관해 소비자를 기망하는 행위, 즉 '사칭통용passing off'
이라는 불법행위로부터 유명한 상호와 상표를 보호해왔다. 그렇지만 상표법의
발전 방향은 생산자 보호라는 부수적인 목적에서 벗어나 상표를 특허권이나 저
작권과 같이 완전한 재산권으로 성립시키기 위한 것이었으며, 이러한 개정은 소
비자 혼동과는 거의 연관성이 없거나 경우에 따라서는 전혀 무관하기도 했다.[134]

한국 상표법은 상품 출처의 오인·혼동을 방지함으로써 일반 소비자와 거
래자를 보호하기 위해 이미 출원 등록된 상표와 유사한 상표를 등록할 수 없
도록 하고 있다. 저명한 타인의 성명·명칭 또는 상호·초상·서명·또는 이들의
약칭을 포함하거나 그 식별력 또는 명성을 손상시킬 염려가 있는 상표도 그 타
인의 승낙 없이는 상표 등록을 받을 수 없다(상표법 제34조). 등록상표가 그 출
원 등록 전에 발생한 저작권과 저촉될 때에는 저작권자의 동의 없이 그 등록상
표를 사용할 수 없다(상표법 제92조). 따라서 저작권자와 관계없는 제삼자가 등
록상표를 무단으로 사용하는 경우에는 상표권자는 그 사용 금지를 청구할 수
있다.[135] 소비자들에게 해당 상품이 유사한 상표를 사용하는 다른 상품과 혼동
을 야기한다면 상표권 침해로 볼 수 있다.

미국 연방상표권법Lanham Act은 재생산, 위조, 복제, 또는 다양한 방식의
모사를 통해 판매, 유통, 광고 등에 상업적으로 사용함으로써 소비자를 속이거
나 실수를 유도할 경우 상표권 침해가 발생한다고 규정한다.[136] 미국 상표법의
경우, 출원된 상표가 비도덕적, 기만적, 수치스러운 것으로 구성된 경우, 생존인
또는 고인, 기관, 신념, 국가의 상징을 경멸하거나 이것들과 관련돼 있는 것처럼
기망하는 것 또는 그와 같은 것들을 불명예스럽게 하는 것으로 구성된 경우[137]

---

134 위의 책, 176쪽.

135 대법원 2006.9.11. 선고, 2006마232 판결.

136 15 U.S.C. §1114.

137 15 U.S.C. §1052. No trademark by which the goods of the applicant may be distinguished from the goods of others
shall be refused registration on the principal register on account of its nature unless it (a) Consists of or comprises immoral,
deceptive or scandalous matter; or matter which may disparage or falsely suggest a connection with persons, living or dead,
institutions, beliefs, or national symbols, or bring them into contempt, or disrepute;

에 등록을 거절할 수 있도록 규정하고 있다. 미국의 상표권은 트레이드마크 외에 상품 포장 디자인과 같은 트레이드 드레스trade dress, 서비스표service mark를 포괄하는 개념으로 단어, 이름, 상징, 기기, 또는 이들의 결합을 통해 특정 상품이나 서비스의 정체성을 나타내는 것들을 보호한다. 혼동을 일으킬 만큼 유사한 상표를 사용하는 데 혼동을 일으킬 의도가 필요한 것은 아니지만, 상품 출처를 의도적으로 오인 또는 혼동하게 할 경우에는 가중 처벌된다. 1995년 개정 연방상표권법은 저명한 상표의 희석화dilution가 발생한 경우 구제받을 수 있는 수단을 마련했다. 여기서 '희석화'란 ①저명 상표의 상표권자와 다른 당사자들 간의 경쟁 관계, 또는 ②혼동, 실수, 기망의 우려가 존재하는지 여부에 관계없이 상품이나 서비스를 구분할 수 있는 저명 상표의 식별력이 약화된 것으로 정의했다.

　　사용주의 원칙을 채택하고 있는 미국의 상표권은 상표로서 특정 명칭을 등록하기 위해서는 가까운 장래에 사용될 것이거나 현재 사용되고 있는 것을 보여야 하며, 반드시 등록을 하지 않아도 '사용'을 통해 얻을 수 있다. 즉 상표권은 상표를 사용하기만 하면 발생한다. 아이디어를 먼저 떠올렸다고 해도 상표권은 그 상표를 먼저 사용한 사람에게 돌아간다. 미국의 방송사 NBC는 14개월 동안 75만 달러를 들여 빨간색과 파란색이 들어간 'N'이란 글자체를 로고로 개발해 방송을 통해 내보내고, 문구류, 카메라, 승합차, 트레일러와 헬리콥터에도 표시했다. 그러나 네브래스카 교육방송ETV: Nebraska Educational TV이 6개월 전에 이미 이와 흡사한 로고를 개발해 사용하고 있었다. ETV는 NBC를 상대로 상표권 침해 소송을 했고, 법원은 가처분 금지명령을 내렸다. 아무리 많은 비용을 들였고, 도용 의도가 없었으며, 심지어 다른 회사에서 비슷한 로고를 사용하고 있다는 사실을 몰랐다고 하더라도 최초 사용자에게 상표권이 인정되는 것이다. 결국 NBC는 'N'로고를 사용하는 대가로 ETV에 50만 달러 상당의 텔레비전 장비와 로고 교체 비용 5만 5,000달러를 주고 합의해야 했다.

　　월트디즈니사도 유사한 일을 겪었다. 1999년 월트디즈니는 인터넷 포털 사이트 '고 네트워크Go Network'를 홍보하기 위해, 노란색 네모로 둘러싸인 초록색 원 안에 Go라고 표시된 신호등 모양의 로고를 제작했다. 월트디즈니는 고 네트워크가 웹상에서 가상으로 제공하는 모든 제품에 이 로고를 부착했다. 그러나 그보다 1년 전부터 고투닷컴GoTo.Com이란 검색엔진 서비스 업체가 초록색 원 안에 'Go'와 'To'라는 단어가 들어가 있는 로고를 사용하기 시작했고, 월트디즈니를 상대로 상표권 침해 소송을 제기했다. 법원은 월트디즈니가 고투닷컴의 로고를 모방하거나 도용할 의도가 전혀 없었기 때문에 완전히 결백하다고 하더라도 이는 혼동 가능성을 입증하는 데 전혀 필요 없기 때문에 아무것도 증명할 수 없다고 판시했다.[138]

타인뿐만 아니라 예술가 본인 자신의 명칭에 대해 직접 상표 등록 출원을 하는 경우에도 별도의 판단 기준을 통해 상표 등록 여부를 판단한다. 사용을 통해 상표권을 획득하듯이, 사용을 중단한 후 다시 사용하고자 하는 의도가 없으면 해당 상표는 포기한 것으로 간주된다. 연속되는 3년 동안 상표를 사용하지 않으면 포기한 것으로 추정한다. 다만 상표를 다시 사용하면 권리가 되살아나며, 포기한 상표를 가장 먼저 사용하는 자가 상표권을 취득하게 된다.

2020년 9월 유럽연합 지식재산권청EUIPO: European Union Intellectual Property Office은 '얼굴 없는 작가' 뱅크시Banksy가 작품 〈꽃을 던지는 시위자 Flame Thrower〉에 등록한 상표에 대해 취소 결정을 내렸다.[139] 그래피티를 소재로 카드를 만드는 영국의 카드 제작 업체Full Colour Black는 뱅크시가 신원을 공개하지 않는다는 점을 이용해 그의 작품을 무단 사용해왔다. 자기 작품이 상업적으로 이용되는 것을 막기 위해 2014년 뱅크시는 대리인격으로 작품을 관리하는 페스트 컨트롤Pest Control을 내세워 작품에 대한 상표 등록을 했다. 그리고 상표 사용을 증명하기 위해 2019년 10월 온라인 스토어 그로스 더메스틱 프로

---

138 Goto.com Inc. v. The Walt Disney Company, 2000 U.S. Dist. LEXIS 1608, 202 F.3d 1199 (9th Cir. 2000); 골드스타인, 앞의 책, 180쪽.

139 EU IPO CANCELLATION No.33 843 C(INVALIDITY), 14 September 2020.

덕트Gross Domestic Product를 열고 런던에 한시적 팝업 스토어도 열었다. 단 안으로 들어갈 수는 없고, 외부에서 쇼윈도를 통해 전시물을 관람하도록 했다. 상점이라기보다는 전시 공간에 가까웠다. 그러자 2019년 이 카드 제작 업체는 뱅크시가 상표 사용 의사가 없는 '부정직한 의도bad faith'로 등록한 것이라며 상표 등록 취소 청구 소송을 냈고, 유럽연합 지식재산권청이 이 주장을 인정한 것이다. 유럽연합 지식재산권청은 유럽연합 상표법EUTMR[140]상 '부정직한 의도'에 대해 판단할 때 상표권자의 행동, 그러한 행동 이후의 행위를 부정직한 의도로 볼 수 있는가에 대한 객관적 기준, 수용 가능한 윤리적 행위칙, 상업 활동 관행에서 벗어나는 행위 등을 종합적으로 고려해야 한다면서 뱅크시의 상표 등록이 상표권의 고유 목적을 벗어나 오로지 상표권을 상실하지 않기 위한 목적, 그리고 저작권법상 보호가 가능함에도 이를 우회하는 수단으로 등록했다고 판단했다. 상표의 목적은 소비자가 상품이나 서비스의 상업적 출처를 식별할 수 있도록 하는 것이며 단순히 타인의 상표 등록 또는 사용을 막기 위한 것은 아니라는 것이다. 유럽연합 지식재산권청은 저작권에 대해서도 뱅크시의 작품에 대해 타인의 사유지나 공유지에 그리는 그래피티는 위법 행위에 해당하며 이렇게 위법한 방식으로 만든 작품은 저작권법의 보호 대상이 아니며 공공장소에 설치된 만큼 누구나 자유롭게 감상하고 이용할 수 있다고 했다. 자신을 드러내지 않고 공공장소에서 작품 활동을 하며 저작권 반대를 외치던 터라 뱅크시가 저작권법상 보호를 받기는 힘든 상태였기 때문에 이를 우회하는 방법으로 상표권을 이용했다는 것이다. 상표 무효 소송을 제기한 카드 업체는 이 작품 외에도 여섯 건의 무효 소송을 제기한 상태라 뱅크시의 작품이 법적으로 보호받기 위해서는 스스로 신원을 공개할 수밖에 없는 상황에 처한 것이다.

상표권은 대개 지역 한정적이다. 뉴욕에서 사용해 상표권을 취득했으면 뉴욕에서만 상표권을 인정받는다. 별도로 상표권 등록을 하지 않은 다른 주에

---

140   EUTMR Article 59(1)(b); Article 59(1)(a); Articles 7(1)(b); 7(1)(c).

서는 그 상표권이 인정되지 않는다. 미국과 조약을 맺은 국가에서도 똑같은 효력이 발생한다. 또한 저작권이나 특허와는 달리 보호 기간이 정해져 있지 않으며, 사용을 중단하지 않는 한 영원히 상표권을 주장할 수 있다.[141]

EU와 독일, 중국 등의 상표법에서는 예술가 등의 명칭에 대해 성명권과의 저촉 문제를 근거로 삼는다.[142] 유럽공동체상표법 제53조 제2항은 공동체 상표가 유럽공동체법 또는 국내법에 따라 사용이 금지되는 경우 상표청에 대한 신청이나 침해 소송에 대한 반소로써 무효가 된다고 규정한다.[143]

한국 법원은 상표의 유사성을 판단할 때 두 개의 상표를 그 외관, 호칭, 관념 등을 객관적 또는 전체적으로 관찰해 일반 수요자나 거래자가 상표에 대해 느끼는 직관적 인식을 기준으로 하여 그 어느 한 가지라도 거래상 상품 출처에 관해 오인·혼동을 초래할 우려가 있는지의 여부를 판단한다. 따라서 비록 외관, 호칭, 관념 중 어느 하나가 유사하다 하더라도 다른 점들을 고려할 때 전체로서는 명확히 출처의 혼동을 피할 수 있는 경우에는 유사상표라고 할 수 없지만, 반대로 서로 다른 부분이 있어도 그 호칭이나 관념이 유사하여 일반 수요자가 오인·혼동하기 쉬운 경우에는 유사상표라고 본다.[144] 미국 법원은 유사상표인지 여부를 판단할 때 다음과 같은 요소들을 고려한다.[145] ①원상표의 힘,

---

141   15 U.S.C. §1127.

142   정태호, 「예술가의 명칭의 상표법상 보호 동향에 대한 고찰」, 『법학 연구』 통권 제36집, 전북대학교, 2012, 579쪽.

143   2. A Community trade mark shall also be declared invalid on application to the Office or on the basis of a counterclaim in infringement proceedings where the use of such trade mark may be prohibited pursuant to another earlier right under the Community legislation or national law governing its protection, and in particular: (a) a right to a name; (b) a right of personal portrayal; (c) a copyright; (d) an industrial property right. 3. A Community trade mark may not be declared invalid where the proprietor of a right referred to in paragraphs 1 or 2 consents expressly to the registration of the Community trade mark before submission of the application for a declaration of invalidity or the counterclaim.

144   대법원 2008.10.9.선고, 2008후1395 판결.

145   상표법, 시행 2020.10.20, 법률 제17531호, 2020.10.20, 일부 개정.
제34조(상표 등록을 받을 수 없는 상표) ① 제33조에도 불구하고 다음 각 호의 어느 하나에 해당하는 상표에 대해서는 상표 등록을 받을 수 없다.
11. 수요자들에게 현저하게 인식되어 있는 타인의 상품이나 영업과 혼동을 일으키게 하거나 그 식별력 또는 명성을 손상시킬 염려가 있는 상표
12. 상품의 품질을 오인하게 하거나 수요자를 기만할 염려가 있는 상표

②두 상표의 닮은 정도, ③두 상품의 닮은 정도, ④원상표권자가 두 번째 상품의 영역으로 진출할 가능성, ⑤실제의 혼동, ⑥후발 상표권자의 의도, ⑦후발 제품의 품질, ⑧구매자들의 수준.[146]

미국 상표법은 트레이드 드레스를 통해 비시각적인 요소들을 상표로 인정한다. 특히 디자이너들에게 영향을 미칠 트레이드 드레스는 물건의 포장, 색깔, 소리, 향기 등의 독특한 특징으로 그 물건을 다른 물건과 구별하게 만든다. 또한 단어, 이름, 상징, 기기 또는 이들의 결합을 통해 특정 상품이나 서비스의 정체성을 나타내는 것들을 보호한다.

한국도 상표권의 보호 대상을 '시각'으로 인식되는 것으로 한정하던 데 비해 범주를 확대하면서 시각, 냄새, 소리 등이 결합한 것 또한 상표로 인정하고 있다.[147]

미국의 상표권법은 정체성을 나타내고 상품과 서비스를 잘 식별할 수 있는 상상 가능한 모든 것에 적용이 가능하다. 이를테면, 병의 모양, 밴드 이름, 예술가 이름, 예능 캐릭터, 영화 스튜디오 이름, 상품 포장지의 색 배치, 독특한 사운드는 상표법을 적용받을 수 있다. 즉 모든 단어, 상징, 디자인, 로고와 정체성을 표시하는 모든 기호들이 그렇다. 명칭 등에 관한 표장도 예술가의 이름, 성, 가명, 별명 등에도 적용된다. NBC의 종소리, 미키마우스 같은 만화 캐릭터, GE의 '삶을 윤택하게We Bring Good Things to Life'와 같은 슬로건도 가능하다. 심지어 리바이스 청바지의 뒷주머니 위에 박음질된 직사각형 모양의 섬유 조각처

<hr>

13. 국내 또는 외국의 수요자들에게 특정인의 상품을 표시하는 것이라고 인식되어 있는 상표(지리적 표시는 제외한다)와 동일·유사한 상표로서 부당한 이익을 얻으려 하거나 그 특정인에게 손해를 입히려고 하는 등 부정한 목적으로 사용하는 상표
14. 국내 또는 외국의 수요자들에게 특정 지역의 상품을 표시하는 것이라고 인식되어 있는 지리적 표시와 동일·유사한 상표로서 부당한 이익을 얻으려 하거나 그 지리적 표시의 정당한 사용자에게 손해를 입히려고 하는 등 부정한 목적으로 사용하는 상표
146   Polaroid Corp. v. Polarad Electronics Corp., 287 F.2d 492 (2d Cir. 1961).
147   상표법 제34조 제1항 15호는 등록받을 수 없는 상표로 상품 또는 그 상품의 포장의 기능을 확보하는 데 꼭 필요한(서비스의 경우에는 그 이용과 목적에 꼭 필요한 경우를 말한다) 입체적 형상, 색채, 색채 조합, 소리 또는 냄새만으로 된 상표로 규정한다.

럼 상품에서의 일정 위치와 냄새까지도 상표로 등록할 수 있다. 다만, 해당 이름이 관련 분야와 상품 및 서비스업과 연관되어 일반적으로 잘 알려진 특정 생존 개인을 식별한다는 증거가 있어야 한다.[148] 시각으로 인식되는 것에 한정하던 한국도 미국의 트레이드 드레스 개념을 도입, 2012년 상표법을 개정해 비시각적 요소인 소리와 냄새, 촉감, 맛, 색채 등에 비전형상표까지 보호를 확대하고, 2021년 1월 1일자로 상표법 심사 기준을 개정해 비전형상표에 대한 기준을 마련했다.[149] 예술가가 본인의 명칭 사용을 스스로 통제하고 있다는 라이선스 계약 또는 서류상 증거 등을 요구하고 있다. 예술가가 직접 창작한 진품 예술품에 부착된 예술가의 명칭은 표장으로 등록이 가능하며, 출원인의 이름은 예술품상의 예술가 서명이 사용 견본으로 증명됐듯이 표장으로서 기능한다고 본다.[150]

상표와 예술가

예술가의 서명이나 특정 스타일도 상표권으로 보호받을 수 있을까. 스타급 예술가나 유명인들의 명칭이나 서명은 그 자체로 식별력과 고객 흡인력을 갖게 되므로 이를 상업적으로 이용하고자 하는 사람들이 많다. 결론부터 말하면 상표법은 예술가의 정체성, 이름이나 서명 등에도 적용 가능하다. 예술가의 명칭을 상표로 출원하는 것도 가능하다. 실비아 콜보스키Silvia Kolbowski는 '사진과 잡지 프로젝트(1985-86)'를 통해 현대 문화에서 서명이 갖는 미학적, 상업적 가치에 대한 비평으로서, 니키 드 생팔Niki de Saint-Phalle[151] 같은 향수 광고가 피카소의 서명이 갖는 천재성, 걸작, 재산 가치로서의 후광을 상표로 내세워

---

148 TMEP §1206.01.
149 상표법 제34조: 특허청 예규 제119호 상표심사기준 일부 개정령.
150 In re Wood, 217 USPQ 1345 (TTAB 1983).
151 프랑스의 누보레알리슴 조각가로 예술가의 이름을 딴 니키 드 생팔이라는 향수가 제작돼 큰 인기를 얻었다.

자신의 독창성과 진품성을 강조한 것을 비교한 작품을 만들기도 했다.[152] 다만 상표권은 저작권과는 달리 예술가의 명칭을 특허청에 출원하고, 상표법상 적법하다고 인정되어 상표등록이 이루어져야만 상표권이라는 배타적 독점권이 부여된다. 따라서 예술가가 본인이나 대리인이 아니라 정당한 권한이 없는 사람도 얼마든지 먼저 상표등록 출원을 통해 상표권을 확보할 수 있다는 맹점이 있다.

　　저명성과의 관련 한국 상표법은 국가·인종·민족·공공단체·종교 또는 저명한 고인과의 관계를 허위로 표시하거나 이들을 비방 또는 모욕하거나 이들에 대해 나쁜 평판을 받게 할 염려가 있는 상표는 상표등록을 받을 수 없다고 규정하고 있다(제7조 제1항의 2). 동 조항에서 저명한 고인은 사회 통념상 또는 거래 사회에서 일반적으로 인식할 수 있는 정도이면 족하다.[153] 미국 상표권에서 '저명성'은 여러 요인을 사법적으로 고려함으로써 결정되어야 한다고 규정되어 있었는데, 법원은 그 기준을 상당히 낮게 설정하고 있다. 가까운 지역을 벗어난 곳에서는 거의 알려져 있지 않은 상표도 저명하다고 보기도 했다. 이에 2006년 개정 상표법은, 저명 상표는 미국의 일반 소비 대중이 해당 상표를 소유한 기업의 제품이나 서비스 출처에 대한 표시로 널리 인식하고 있어야 한다고 규정함으로써 저명성에 관한 기준을 강화했다.[154]

　　허위 표시나 비방, 모욕, 나쁜 평판을 받게 할 염려에 대한 판단은 출원인의 이러한 목적 또는 의사의 유무를 불문한다.[155] 또한 상표의 구성 자체 또는 지정 상품과의 관계를 고려해 이러한 상표를 사용하는 것이 사회 통념상 현저히 부정적인 영향을 유발할 우려가 있다고 인정되는 것에 한해 이에 해당하는 것으로 본다.[156] 그러나 이 조항에 대한 심사는 엄격성을 요하므로 상품에

152　스타니스제프스키, 앞의 책, 107쪽.
153　상표심사기준 제16조 제2항.
154　골드스타인, 앞의 책, 208쪽.
155　상표심사기준 제16조 해석참고자료 3. 참조.
156　위의 자료 참조.

저명한 고인과의 관련성을 표시하지 않거나, 상품이 저명한 고인의 명성을 훼손할 염려 등이 없으면 상표법이 적용되지 않기 때문에 사망 유명 예술인의 명칭을 타인이 상표로 출원하더라도 동 규정이 실제 적용되는 경우는 많지 않다. 예를 들어, 저명한 고인에 해당하는 작곡가 모차르트의 영문 명칭을 도안화한 출원 상표에 대해 우리 법원은 고인과의 관계를 허위로 표시한 상표에 해당한다고 볼 수 없다고 판시했다. 검은색 바탕에 흰 오선을 긋고 그 위에 단순히 MOZART라는 고인의 성명 자체를 기재해 상표로 사용한 것일 뿐 고인과의 관련성에 관한 아무런 표시가 없기 때문이다.[157] 비슷한 사건으로, 영화배우 제임스 딘의 영문 성명 JAMES DEAN을 상표 출원한 것에 대해서도 단순히 고인의 성명 그 자체를 상표로 사용한 것일 뿐 동인과의 관련성에 관한 아무런 표시가 없어 고인과의 관계를 허위로 표시한 상표에 해당하지 않는다고 보았다.[158]

　　시각예술품을 판매할 때 '잭슨 폴록'이라는 상표를 사용했다고 치자. 잭슨 폴록은 유명한 예술가다. 따라서 소비자들은 '잭슨 폴록'이라는 상표를 보고 유명한 예술가 잭슨 폴록을 떠올릴 것이다. 그러나 '폴록'이라는 이름의 햄버거 체인이라면? 소비자들은 유명한 예술가 잭슨 폴록과 햄버거 가게를 쉽게 연관시키지 못할 것이다. 그렇다고 시각예술 작품을 제외한 모든 상품에 '폴록'이라는 상표를 쓸 수 있는 것은 아니다. 미술 용품에 폴록이라는 상표를 사용할 경우, 일부 소비자들은 그 상품이 어떤 식으로든 잭슨 폴록과 연계되어 있다고 생각할 수 있기 때문이다.

　　한국 상표법은 수요자들에게 현저하게 인식된 타인의 상품이나 영업과 혼동을 일으키거나 그 식별력 또는 명성을 손상시킬 염려가 있는 상표, 또는 상품의 품질을 오인하게 하거나 수요자를 기만할 염려가 있는 상표 등을 상표 등록받을 수 없는 상표로 규정함으로써(상표법 제34조 제11~12호) 상품 등이 특정 예

157　대법원 1998.2.13. 선고, 97후938 판결.
158　대법원 1997.7.11. 선고, 96후2173 판결.

술가와 관련 있는 것처럼 오인을 일으킬 우려가 있는 경우에 적용하고 있다. 동 조항은 당사자의 승낙을 얻었더라도 상품 출처에 관한 혼동의 우려가 있거나 품질 오인의 염려가 있는 경우에는 일반 수요자 보호 차원에서 적용된다.[159] 예를 들어, 서적 출판업자가 '헤밍웨이'를 상표로 한다면, 해당 상표가 소설가 헤밍웨이와 관련된 문학작품을 출판하는 것으로 일반 수요자들을 오인·혼동하게 할 염려가 있기 때문에 서비스 표 등록이 거절되었다.[160]

그렇다면 역으로 예술가가 상표를 작품에 이용할 때는 어떨까. 앤디 워홀이 캠벨 수프 연작을 제작할 때 캠벨 수프 통조림 제조 회사에 상표 사용 허가를 받아야 할까. 이용 허락을 받지 않은 캠벨 수프 연작은 상표권 침해가 될까. 작품이나 작가의 이름 또는 서명을 상표로 이용한 경우와 달리, 앤디 워홀 같은 작가가 유명 상표의 명성에 편승해 (작품) 수요자의 구매를 불공정하게 흡인함으로써 공정한 유통 질서나 상도덕 등 선량한 풍속을 문란하게 할 것으로 보이지는 않는다. 또한 예술 작품이 소비자로 하여금 상품의 상표와 오인 또는 혼동하게 할 것으로 보이지도 않는다. 오히려 캠벨 수프 제조 회사가 자사 작품을 모델로 한 앤디 워홀의 작품 〈캠벨 수프〉를 상표에 이용한다면 저작권 침해에 휘말릴 수도 있다(그림 6). 실제로 캠벨 수프 제조사는 앤디 워홀 재단 측에 사전 이용 허락을 받았다.

작가 이름을 다르게 지칭하거나 사실과 다르게 묘사하는 경우도 상표법 위반이 될 수 있다. 미국 상표법 부정사용misappropriation에 관한 연방상표권법 제43조 (a)(1)(A)에 따르면, "어떠한 상품이나 용역과 관련해······ 단어, 이름, 조건, 심벌, 장치 또는 그 결합, 잘못된 출처 지칭, 사실과 다르거나 다른 묘사를 통해 스스로를 다른 사람과 결합, 연결, 연상시키거나 스스로의 상품, 용역 또는 는 제삼자의 상업적 활동과 출처, 후원, 승인과 관련해 혼동을 일으키거나 잘못

159 상표심사기준, 시행 2020.1.1, 특허청예규 제112호, 2019.12.24, 일부 개정.
160 특허법원 2007.6.7. 선고, 2007허579 판결.

을 유도하거나 기만하는 자는 그러한 행위로 인해 피해를 입었다고 믿는 자에 대해 민사적 책임을 져야 한다." 이 조항에 따라 작가 이름이 잘못된 경우 피해를 입은 당사자는 보상을 청구할 수 있다.

공서양속을 해칠 만한 상표 엄격한 심사를 요하는 우리 상표법 제7조 제1항의 2에 비해 예술가들에게 실제적 적용이 유리한 것은 동조 제1항의 4다. 이 조항에 따르면, 상표 그 자체 또는 상표가 상품에 사용되는 경우 수요자에게 주는 의미와 내용 등이 일반인의 통상적인 도덕관념인 선량한 풍속에 어긋나거나 공공의 질서를 해칠 우려가 있는 상표는 등록을 받을 수 없다. 여기서 공공의 질서란 실정법상의 공법 질서, 국제 신뢰 또는 일반 사회질서는 물론 공정하고 신용 있는 거래 질서와 인간의 존엄과 가치, 평등권 보장 등 자유민주주의 기본 질서도 포함한다.[161] 선량한 풍속이란 전통적 가치 중 미풍양속 등 사회 통념 상 존중되고 있는 사회적 윤리 및 도덕 질서는 물론 자유 시민으로서 지켜야 할 공중도덕을 포함한다. 공서양속을 문란하게 할 염려가 있는 상표라 함은 상표의 구성 자체는 물론이고 상표의 구성 자체는 그러하지 않더라도 지정 상품에 사용함으로써 공서양속에 위반하는 경우를 말한다. 이 조항은 2007년 개정 상표법에서는 자의성을 줄이기 위해 "상표 그 자체 또는 상표가 상품에 사용되는 경우 수요자에게 주는 의미와 내용 등이 일반인의 통상적인 도덕관념인 선량한 풍속에 어긋나거나 공공의 질서를 해칠 우려가 있는 상표(상표법 제34조 제1항 제4호)"와 같이 구체화되었다.

2000년 피카소 서명을 유족의 동의 없이 상표로 출원 등록한 사건에 대해 우리 대법원은 상표법 제34조 제1항의 제4호에서 규정한 '공공의 질서 또는 선량한 풍속을 문란하게 할 염려가 있는 상표'라 함은 그 상표를 등록하여 사용하는 행위가 공정한 상품 유통 질서나 국제적 신의와 상도덕 등 선량한 풍속에

---

161 상표심사기준, 시행 2020.1.1, 특허청예규 제112호, 2019.12.24, 일부 개정.

위배되는 경우도 이에 포함된다고 전제하며 동 상표가 공정하고 신용 있는 상품의 유통 질서를 침해할 염려가 있다고 보고 등록할 수 없다고 판시한 바 있다.[162] 판결 내용은 다음과 같다.

> 화가가 그의 미술저작물에 표시한 서명은 저작자인 화가가 자기 저작물의 내용에 대한 책임의 귀속을 명백히 함과 동시에 저작물에 대하여 주어지는 사회적 평가를 저작자 자신에게 귀속시키려는 의도로 표시하는 것이므로, 그 서명이 세계적으로 주지·저명한 화가의 것으로 그의 미술저작물에 주로 사용해왔던 관계로 널리 알려진 경우라면, 그 서명과 동일·유사한 상표를 무단으로 출원 등록하여 사용하는 행위는 저명한 화가로서의 명성을 떨어뜨려 그 화가의 저작물들에 대한 평가는 물론 그 화가의 명예를 훼손하는 것으로서, 그 유족의 고인에 대한 추모경애의 마음을 손상하는 행위에 해당하여 사회 일반의 도덕관념인 선량한 풍속에 반할 뿐만 아니라, 이러한 상표는 저명한 고인의 명성에 편승하여 수요자의 구매를 불공정하게 흡인하고자 하는 것으로서 공정하고 신용 있는 상품의 유통 질서를 침해할 염려가 있다 할 것이므로 이러한 상표는 상표법 제7조 제1항 제4호에 해당한다고 봄이 상당하다.

마찬가지로 백남준의 이름을 딴 '백남준 미술관'에 대해서도 상표로 등록할 수 없다고 판시했다. 법원은 '백남준 미술관'이라는 이름의 사용은 저명한 작가의 명성에 편승하여 수요자의 구매를 불공정하게 흡인하고자 하는 것으로서 공정한 상품 유통 질서나 상도덕 등 선량한 풍속을 문란하게 할 염려가 있다면서 상표등록을 무효라고 판시했다.[163]

---

162 대법원 2000.4.21. 선고, 97후860, 877, 884 판결. 자세한 내용은 이 책의 제2장 '2. 예술가의 저작인격권' 참조.
163 대법원 2010.7.22. 선고, 2010후456 판결.

한국은 생존한 예술가의 명칭 등이 지정 상품과 관련이 없어도 상표법 제34조 제1항 제6호가 적용 가능, 즉 저명한 타인의 성명·명칭 또는 상호·초상·서명·인장 또는 이들의 약칭을 포함하는 상표로 그 타인의 승낙 없이 등록받을 수 없는 상표로 보고 있는데 비해, 미국은 타인인 예술가의 명칭 등을 동의 없이 사용해 출원한 상표에 대해 해당 예술가의 명칭이 지정 상품과의 관계에서 관련성이 있는 것으로서 널리 알려져 있을 것을 요하고 있다.[164] 개인이 공개적으로 해당 표장이 사용된 사업에 관계하고 있고 관련 상품 및 서비스업 분야에서 잘 알려져 있거나, 대중이 합리적으로 해당 연관을 추정할 수 있어야 한다.[165] 특정 예술가의 명칭 등이 상품과 관련된 인식 요건을 어느 정도 요구하고 있는 것이다.

트레이드 드레스

트레이드 드레스는 상품의 외관이나 형태 등을 의미한다. 애초에는 상품의 포장, 용기, 라벨 등과 같은 산업디자인의 일종으로 통용되었으나 점차 비기능적 특징인 상품의 구성, 외형적 느낌, 판매 기법 등 상품을 둘러싸고 있는 요소들의 전체적인 이미지로 확대되고 있다. 한국은 아직 법률로써 명시적으로 인정하고 있지 않은 대신 디자인보호법을 통해 보호 대상인 디자인을 물품의 형상·모양·색채 또는 이들을 상호 결합한 것으로 시각을 통해 미감을 일으키는 것이라고 정의하고 있다. 그렇지만 최근 삼성과 애플 간의 지적재산권 분쟁, 특히 트레이드 드레스 관련 쟁점에서 볼 수 있듯이 트레이드 드레스는 점차 중요한 지적재산권 분야로 부상하고 있다.

미국은 1989년 연방상표권법 개정을 통해 트레이드 드레스 관련 조항을

---

164 정태호, 앞의 글, 571쪽.
165 TMEP §1206; 정태호, 앞의 글, 571쪽에서 재인용.

명시적으로 두었다. 위스키 병이나 코카콜라 병의 상표등록 관행을 반영해 트럭의 독특한 디자인, 치어걸의 복장, 레스토랑의 메뉴와 외관 등을 지적재산권의 하나로 규정하기 시작한 것이다. 이후 판례들에서 상품의 크기·모양·색채 등 전체적인 이미지를 트레이드 드레스라 정의하며 폭넓게 보호하고 있다. 미 연방대법원은 투 페소 대 타코 카바나Two Pesos v. Taco Cabana 사건에서, 레스토랑의 외관, 간판, 주방의 평면도, 인테리어, 메뉴, 음식을 제공하기 위한 도구, 종업원의 유니폼 등 레스토랑의 전체적인 이미지를 반영하는 일체의 특성이 트레이드 드레스에 포함될 수 있다고 판시했다.

트레이드 드레스로 보호받기 위해서는 비기능성, 식별성, 혼동 가능성 등 세 가지 요건이 충족되어야 한다.[166] 트레이드 드레스가 성립하기 위해서는 모양이 기능적이지 않아야 한다. 실용적 기능을 한다면 트레이드 드레스로 보호받을 수 없다. 예를 들어, 도로 표지 등을 바람에 견딜 수 있게 세우는 이중 스프링 장치는 기능적이므로 트레이드 드레스로 보호받을 수 없다. 미국 연방대법원은 트래픽스 대 마케팅 디스플레이TrafFix v. Marketing Displays 사건[167]에서 만장일치 의견으로 "기능적 디자인은 상표권의 대상이 아니며, 디자인이 특허를 받았다면 기능적이라고 추정할 수 있다"고 판시했다. 기능성에 대한 판단은 전체적인 결합 상태에서 판단한다. 따라서 일부 기능적인 요소가 있더라도 전체가 트레이드 드레스로 보호받을 수 있다.

둘째, 식별력을 제공해야 한다. 식별력에 대한 판단은 상품의 트레이드 드레스가 독특해 본질적인 식별력이 있는 경우와, 독특하지는 않지만 해당 트레이드 드레스의 사용으로 기업 또는 브랜드에 식별력이 생기면서 2차적 의미를 획득한 경우 두 가지가 있다. 즉 일반적으로 사용되는 평범한 모양이나 장식이더

---

166 That the features of the trade dress are primarily non-functional: 2) That the trade dress has secondary meanings and 3) That the competing products' respective trade dresses are confusingly similar, thus giving rise to a likelihood of confusion among consumers as to their sources.

167 532 U.S. 23 (2001).

라도 일정 기간 사용함으로써 기업 또는 브랜드를 연상시키는 힘을 얻은 경우에는 2차적 의미secondary meaning를 획득해 트레이드 드레스의 보호를 받을 수 있다. 미 연방대법원은 '상품'과 '상품 포장'의 식별력을 구별하고 있다. 상품 포장의 형상은 때때로 본질적 식별력이 있지만, 상품 자체의 형상은 본질적 식별력이 없으므로 법으로 보호받기 위해서는 반드시 사용함으로써 2차적 의미를 획득해 식별력이 있어야 한다.[168] 끝으로 두 제품을 보고 소비자가 '혼동할 가능성likelihood of confusion'이 있어야 한다. 혼동 가능성은 트레이드 드레스의 강도, 두 상품 간의 유사성 정도, 상품 간의 근접성, 전 소유자가 격차를 메울 가능성, 실제 혼동, 상표를 사용한 피고의 선의, 피고 상품의 품질, 소비자의 분별 능력 등을 고려해 판단한다.[169]

트레이드 드레스는 특히 상품의 포장을 창작하는 디자이너들에게 영향을 미친다. 미국의 하트퍼드하우스Hartford House사는 블루 마운틴 아트Blue Mountain Arts라는 상표로 카드 제작 사업을 했다. 카드에 개인의 감정 표현을 집어넣으면서 크게 인기를 끌었는데, 이후 경쟁 업체인 홀마크Hallmark사가 블루 마운틴 아트 라인과 유사한 카드를 제작해 판매하기 시작했다. 하트퍼드하우스는 경쟁 업체를 트레이드 드레스 침해로 고소했다. 이에 대해 법원은 트레이드 드레스 침해 여부를 판가름하는 데 필요한 세 가지 요건, 비기능성, 2차적 의미, 소비자의 혼동을 제시했다.

우선, 비기능성은 카드 자체가 아니라 디자인에 적용되는데, 이에 대해 법원은 비기능적 특징은 그 주요 가치가 특정 상품이나 서비스 제공자를 구분하는 원천에 있는데 하트퍼드하우스사의 해당 카드들은 블루 마운틴 아트가 해당 카드의 상표로 인식할 만한 고유의 식별력이 있다고 보았다. 다음으로, 2차적 의미에 대해서 법원은 상품의 주요 특징이 상품 그 자체보다는 상품의 출처

---

168 Wal-Mart Stores, Inc. v. Samara Brothers, Inc., 529 U.S. 205 (2000), 165 F.3d 120, rev'd and remanded.
169 287 F.2d 492, 이를 '폴라로이드 팩터Polaroid factor'라고 부른다.

4. 예술가의 상표, 디자인, 스타일에 대한 권리 • 139

를 드러내는 것이라면서, 블루 마운틴 카드들이 2차적 의미를 지닐 만큼 충분히 분명하게 상품의 출처를 드러낸다고 보았다. 끝으로 소비자의 혼동 가능성에 대해서는 여러 요소들이 고려되었다. 상품의 유사성, 소매점과 구매자들의 정체성, 광고 미디어의 정체성, 트레이드 드레스의 강도, 피고의 의도, 디자인의 유사성, 실제 혼동 사례 제시, 혼동하지 않기 위해 기울여야 할 구매자의 주의 정도, 소비자들이 혼동한다는 다른 증거들 등이다. 이 요소들을 고려해볼 때, 소비자의 80퍼센트가 블루 마운틴과 홀마크 카드를 혼동한 것으로 드러났다.

저작권이 없는 앤디 워홀의 이미지로 달력을 제작해 유통한다면 이는 상표법 침해에 해당할까. 한 달력 제작자는 앤디 워홀의 12개 이미지를 이용해 달력을 제작하려고 했다. 앤디 워홀의 유족이나 앤디 워홀 재단은 해당 이미지들의 저작권을 갖고 있지 않았으므로 저작권 문제는 아니었다. 따라서 법원은 상표권 측면에서 사건을 바라보았다. 법원은 원고가 승소하기 위해서는 워홀이 해당 이미지들을 창작했다는 것을 증명할 것이 아니라 상품, 즉 달력의 출처가 워홀에 있음을 증명해야 한다고 했다.[170] 원고는 워홀의 이미지를 이용해 달력을 제작한 적이 없으므로 2차적 의미를 지닌 상품의 트레이드 드레스 권리 또한 당연히 존재하지 않는다는 것이다. 앞으로 원고 측이 유사한 달력을 제작할 가능성은 있지만, 그렇다 해도 당장 피고의 달력 유통에 따른 소비자 혼동은 발생하지 않았다. 법원은 앤디 워홀 측의 판매 금지 가처분 신청을 기각했다.

아직 한국은 트레이드 드레스 보호에 소극적이다. 명문화된 보호 규정도 없고, 판례도 마찬가지다. 2001년 발렌타인 제조사는 스카치블루 인터내셔널 12년산의 병이 발렌타인 17년산 병 모양을 모방했다며 스카치블루 측을 상대로 가처분 신청을 낸 적 있다. 서울지방법원은 발렌타인 17년산 병은 흔한 모양과 색깔을 가지고 있고, 발렌타인 12년산, 17년산, 21년산, 30년산 등 시리즈의 각 병 모양에 일관성이 없어 상품 표지성을 갖추지 않았으며, 소비자들의 혼동

---

170   Hughes v. Design Look, Inc., 693 F. Supp 1500 (S.D.N.Y. 1988).

가능성도 없다고 보고 가처분 신청을 기각했다.

디자인권

디자인은 물품의 형상·모양·색채 또는 이들을 결합한 것으로서 시각을 통해 미감을 일으키는 것을 말한다.[171] 또한 육안으로 식별이 가능해야 하며, 일정한 형태가 있어야 한다. 대량생산 및 운반이 가능해야 하고, 독립 거래의 대상이 되어야 한다. 즉 물품성이 존재해야 한다. EU 지침 및 관련 규정에 따르면,[172] '디자인'이란 특히 제품 자체 또는 장식의 선, 윤곽, 색상, 형상, 질감 또는 제품의 소재 그 자체로부터 유래하는 제품 전체 또는 일부의 외관을 의미한다. 여기서 '제품'은 특히 복잡한 제품(제품 분해 및 재조립이 가능하도록 교체할 수 있는 여러 구성 요소로 구성된 제품) 또는 수공예품을 말하며, 포장, 표장, 그래픽 기호 및 글자체를 포함한다. 글자체는 디자인 보호 대상이지만 컴퓨터 프로그램은 포함하지 않는다.

디자인보호법

디자인권The Right of Industrial Design이란 디자인권자가 업으로서 등록 디자인 또는 이와 유사한 디자인을 실시할 권리를 독점할 권리를 말하며, 한국 디자인보호법은 디자인권을 법률로 보호한다. 디자인보호법은 독점권을 부여하여 보호하는 법으로서 대다수 산업디자인에 적용된다. 미국 디자인보호법의 요건은 디자인이 새로운 것이어야 하고, 디자인 일반 기술을 가진 사람에게 명백

---

171 디자인보호법 제2조.
172 DIRECTIVE 98/71/EC OF THE EUROPEAN PARLIAMENT AND OF THE COUNCIL of 13 October 1998 on the legal protection of designs, Article 1.

하지 않은 것이어야 하며, 기능적 요소가 아닌 장식적 요소이어야 한다.[173] 우리 디자인보호법[174]은 국내 또는 국외에서 널리 알려진 형상·모양·색채 또는 이들의 결합에 대해 디자인등록출원 전에 국내 또는 국외에서 공지되었거나 공연히 실시된 디자인, 디자인등록출원 전에 국내 또는 국외에서 반포된 간행물에 게재되었거나 전기통신회선을 통해 공중이 이용할 수 있게 된 디자인 등에 대해 디자인 등록을 받을 수 있는 요건으로 정하고 있다. 디자인보호법상 디자인의 성립 요건은 물품성, 형태성, 시각성, 심미성이다.[175] 디자인보호법상 '물품'이란 독립성이 있는 구체적인 물품으로 유체동산을 원칙으로 한다. 디자인의 '형태성'은 디자인의 형상, 모양, 색채 또는 이들의 결합에 의한 것을 말한다. 형상이란 물품이 공간을 점하고 있는 윤곽을 말하며, 모양이란 물품을 장식하기 위하여 그 표면에 나타나는 선도, 색 구분 또는 색 흐림을 말한다. 색채란 물체에 반사되는 빛에 의해 인간의 망막을 자극하는 물체의 성질로, 투명색 및 금속색 등을 포함한다. 형상, 모양, 색채의 결합은 디자인의 특성상 형상, 형상과 모양의 결합, 형상과 색채의 결합, 형상·모양·색채의 결합만이 존재한다.

디자인보호법 제2조 제1호의 정의는 '시각을 통하여'라고 하여 인간의 육안으로 식별할 수 있고 외부에서 파악할 수 있는 디자인을 대상으로 하고 있음을 분명히 하고 있다. '시각을 통하여'는 육안으로 식별할 수 있는 것을 원칙으로 하되, 디자인에 관한 물품 거래에서 확대경 등으로 물품의 형상 등을 확대하여 관찰하는 것이 통상적인 경우에도 시각성이 있는 것으로 본다. 시각 이외의 감각을 통해 인식 가능한 것, 육안으로는 식별할 수 없는 것, 외부에서 볼 수 없는 것은 디자인 보호의 대상이 될 수 없다. 심미성이란 미감을 일으키는 것을 말한다. 형상, 모양, 색채 등을 통해 미적 처리가 되어 해당 물품으로부터 미를

---

173 1. the design must be novel 35 U.S.C.102(a)-(g) (1999), 2. the design must be non-obvious (at the time made) to a person of ordinary skill 35 U.S.C.103(1999), and 3. the design must be ornamental, rather than functional. 35 U.S.C.171 (1999).

174 디자인보호법(시행 2020.10.20, 법률 제17526호, 2020.10.20, 일부 개정) 제33조.

175 디자인 심사에 관한 디자인보호법 제2조.

느낄 수 있는 것을 말한다.

보호 기간의 경우, 한국의 디자인보호법은 설정 등록이 있는 날로부터 20년간, 미국의 디자인 특허는 특허 발생일로부터 14년간으로 저작권법에 비해 현저히 짧다. 또한 저작권법과는 달리 고용인이나 법인체 등이 실제 특허의 소유주일지라도 디자인 특허는 오로지 디자인 창작자에게만 적용된다. 미국의 경우, 디자인 특허는 미국특허청PTO: United States Patent and Trademark Office에 등록된 특허 전문 변호사들이 등록 절차를 진행하도록 되어 있다.

저작권과 디자인 특허

대체로 저작권법은 실용품useful article은 보호하지 않는다. 디자인은 실용적 기능으로부터 분리되지 않는 것을 말한다. 바우하우스 학파의 설명에 따르면 "형태가 기능을 뒤따르는 것"을 의미한다. 3차원 형상이 조각품으로 만들어진 것이라면 보호 대상이 되지만, 실용품으로 만들어졌다면 보호 대상이 되지 않는다.[176] 이를테면 실용적 기능이 없는 디자이너의 입체 조형물에서 영감을 얻어 자전거 거치대를 만들었다면 이 자전거 거치대는 저작권법의 보호 대상이 되지 않는다. 대신 바우하우스[177]의 의자나 펜처럼 실용적 기능을 기반으로 한 디자인에 대한 법적 보호에서는 디자인 특허가 어느 정도 보충적 역할을 한다.

실용품이란 "단순히 형체를 나타내거나 정보를 전달하는 수준이 아니라 본질적으로 실용적 기능을 하는 것"을 뜻한다.[178] 미국 저작권법에 따르면 시각, 그래픽, 조형물의 특징들이 실용적 측면에서 분리되거나 따로 존재할 경우

176　Brandir International Inc. v. Cascade Pacific. Lumber Co., 834 F.2d 1142, 1145, 5 U.S.P.Q. 2d 1089, 1093 (2d Cir 1987).

177　바우하우스Bauhaus는 독일어로 '집을 짓는다'는 뜻으로 1919년 건축가 발터 그로피우스Walter Gropius가 미술 학교와 공예 학교를 합쳐 설립한 학교다. 교육 이념은 건축을 주축으로 삼고 예술과 기술을 종합하는 것으로, 일상생활에 사용하는 물건들을 단순하고 편리하게 설계하는 방법은 바우하우스의 영향을 받았다.

178　U.S. Design Patent No. 392,317, titled "Writing Instrument".

에는 별도의 시각, 그래픽, 조형물로 간주된다.[179] 그러나 단순히 부수적으로 실용적 기능이 있다고 해서 미술품의 저작권이 상실되는 것은 아니다.[180] 미국 법원들은 실용성이 '주요한' 목적인 경우에만 해당된다고 본다.[181] 이를테면, 장난감 비행기는 갖고 놀면서 즐기기 위해 만들어졌지만 비행기를 그린 그림은 보면서 즐기기 위해 만들어졌다.[182] 따라서 후자만이 저작권법의 보호를 받는다.

디자인이 저작권법의 보호 대상이 되느냐 여부는 판단이 쉽지 않다. 일단 특정 물품의 유용성 여부를 판단한 후 디자인 요소들이 실용적 측면으로부터 분리 가능한지에 따라 보호 여부를 결정할 것을 제안하기도 한다.[183] 우리 법원은 '히딩크 넥타이' 사건[184]에서 넥타이 디자인의 저작물성을 인정하여 저작권 침해를 인정하면서, 도안이 이용된 물품과 구분되어 독자성을 인정할 수 있는 것이라면 저작권법의 보호 대상인 저작물에 해당하고 그렇지 않다면 저작물에 해당하지 않는다고 봤다.

디자인의 실용적 기능으로부터 분리 가능성에 따라 저작권 보호 대상이 되느냐가 결정된다면 '분리 가능성'은 어떤 기준으로 결정되는 것일까. 실용품으로부터 미적 요소들이 물리적으로 분리될 수 있어야 하는 것일까. 아니면 개념적 분리이면 충분한가. 이에 대한 의견은 양분되어 있다. 물리적 분리란 무엇일까. 시각, 그래픽, 조형물이 실용성을 해치지 않고도 물리적으로 분리되기만 하면 될까. 아니면 분리된 부분이 독립적인 미술품으로 존재해야 할까. 대체로 분리된 디자인이 실용품에 붙는 형식은 저작권의 보호를 받는 반면, 디자인이 기존의 물체에 결합하는 형식은 보호를 받지 못한다.[185] 개념적 분리는 물리

---

179   17 U.S.C. §101 (1999).

180   347 U.S. 201.

181   Paul Goldstein, *Copyright*, Aspen Law and Business, 1999, §2.5.3.1a.

182   Gay Toys, Inc. v. Buddy L Corp., 703 F.2d 970, 973, 218 U.S.P.Q. 13 (6th Cir. 1983).

183   Goldstein, supra note 6, 2.5.3.1a.

184   대법원 2004.7.22. 선고, 2003도7572 판결.

185   Roy S. Kaufman, *Art Law Handbook*, Wolters Kluwer, 2000, p.115; Ted Arnold Ltd. v. Silvercraft Co., 259 F. Supp. 733 (S.D.N.Y. 1966); Esquire, Inc. v. Ringer, 591 F.2d 796 (D.C. Cir. 1978). 두 판결은 각각 attaching a separate design과

적 분리보다 더 까다롭다. 대체로 시각, 그래픽, 조형물적 특징들이 독자적으로 봤을 때 전통적인 개념의 미술품으로 인정되거나, 디자인이 없이도 실용품의 기능에 지장이 없다면 개념적으로 분리된다고 본다.[186] 따라서 벨트 버클의 장식적 디자인의 분리처럼 물체의 아이디어와 디자인의 아이디어가 추상적으로 분리되어야 한다. 벨트 버클은 장식적 요소 없이도 벨트 버클의 기능을 하기 때문이다.

기능성 있는 디자인은 특허를 통해 보호받게 된다. 특허는 원칙적으로 '세계 최초의 발명'만을 보호한다. 이에 비해 디자인보호법은 독창성 있는 제품의 디자인을 보호하는데 그 제품에 적용된 디자인만을 보호하며 디자인은 관련 제품에 대해 등록이 되어야 한다. 디자인보호법은 해당 제품에 대한 디자인만을 보호할 뿐, 저작권법과 달리 제삼자가 2차적 저작물, 즉 영화나 캐릭터, 문구 등 다른 제품으로 만드는 것을 허용한다. 특허는 예술적 창작보다는 유용한 개발을 촉진하기 위한 것이지만 장식적 디자인도 디자인 특허의 보호를 받을 수 있다. 디자인 특허는 기능적 측면은 배제하고, 장식적인 측면에 대해서만 보호한다. 특허로 보호받을 수 있는 디자인은 표면 장식 혹은 물건의 형체이며, 둘 다 보호받을 수도 있다. 장식이 되기 위해서는 미적 즐거움을 줄 수 있어야 하며 기능적 고려에 의한 것은 안 된다.[187]

디자인을 저작권으로 보호하는 경우에는 '독창성'이 있으면 충분한 반면, 디자인 특허로 보호받기 위해서는 창작성 외에 신규성을 인정받아 등록을 해야 한다. 디자인 특허와 저작권법은 보호 대상에 있어서는 부분적으로 겹친다. 디자인 특허에서 특허는 "산업 용품의 장식 디자인ornamental design for an article of manufacture"이 대상이라면, 저작권법은 "유용한 물체의 디자인design of a useful

---

the merger of a design into the shape of an existing object를 구별했다.

186   Goldstein, supra note 6, 2.5.3.,109

187   Bonito Boats Inc. v. Thunder Craft Boats Inc., 489 U.S. 141, 9 U.S.P.Q. 2d 1847, 1851 (1989). "To qualify for protection, a design must present an aesthetically pleasing appearance that is not dictated by function alone, and must satisfy the other criteria of patentability."

object"이 대상이다. 물론 저작권법이 여러 면에서 이점이 있다. 저작권은 디자인 특허를 등록하는 것보다 비용이 저렴하며 등록 절차도 빠르다. 디자인 특허의 장점은 특허 물품을 다른 사람이 만들고, 사용하고, 팔고, 팔도록 제안하는 것을 막을 수 있다는 점이다. 바우하우스 의자처럼 예술적으로 디자인됐으나 저작권 보호를 받지 못하는 경우에는 창작자의 권리를 보호받을 수 있는 유일한 방법이다.

오늘날 많은 예술가나 디자이너들이 작품을 만들 때 컴퓨터 디자인 프로그램을 이용한다. 통상 컴퓨터로 만든 디자인은 저작권법으로 보호를 받는다. 그러나 컴퓨터 프로그램을 이용해 만든 글자체fonts는 저작권 대신 디자인 특허의 보호를 받는다. 또 서체 도안 자체도 디자인권으로 보호되기 시작했다. 디자인보호법상 '글자체'라 함은 기록이나 표시 또는 인쇄 등에 사용하기 위하여 공통적인 특징을 가진 형태로 만들어진 한 벌의 글자꼴(숫자, 문장부호 및 기호 등의 형태를 포함한다)을 말한다.

스타일 보호

저작재산권은 예술가의 '스타일'을 보호하지 않는다. 하지만 스타일도 다른 법규를 통해 보호받을 수 있는 길이 있다. 미국 만화가 버드 피셔Bud Fisher는 〈머트와 제프Mutt and Jeff〉라는 만화를 연재해 인기를 끌었다. 피셔는 샌프란시스코의 한 신문사에 만화를 판매한 후 뉴욕의 신문사에도 팔았다. 이후 피셔가 샌프란시스코 신문사와 독점 계약을 하자, 뉴욕의 신문사는 다른 만화가를 고용해 같은 만화를 그리게 했다. 이에 대해 뉴욕 법원은 다른 사람의 아이디어나 저작물을 자기 것으로 팔아 넘겨서는 안 된다고 판시했다.[188] 허위 광고, 상

---

188 Fisher v. Star Co., 231 N.Y. 414, cert. denied, 257 U.S. 654(1921).

표권 침해, 허위 진술 및 허위 비방 등과 같이 소비자로부터 오해나 오인을 유발할 수 있는 부정 경쟁 행위나 관행에 제동을 건 것이다. 이후 부정 경쟁 행위 등을 금지하는 근거 법률이 마련되었다. 한국은 2004년부터 부정경쟁방지 및 영업비밀보호에 관한 법률[189]을 통해 널리 알려진 타인의 상표·상호商號 등을 부정하게 사용하는 등의 부정 경쟁 행위와 타인의 영업 비밀을 침해하는 행위를 금지하고 있다.

부정경쟁방지 및 영업비밀보호에 관한 법률은 국내에 널리 인식된 타인의 성명, 상호, 상표, 상품의 용기·포장, 그 밖에 타인의 상품임을 표시한 표지와 동일하거나 유사한 것을 사용하거나 이러한 것을 사용한 상품을 판매·반포 또는 수입·수출하여 타인의 상품과 혼동하게 하는 행위를 부정 경쟁 행위로 보고 금지한다. 여기서 상품의 형태는 트레이드 드레스의 요소로 볼 수 있다. 상품 형태가 주지성을 획득했다면 이 조문을 통해 상품의 형태, 색깔 등도 법적 보호를 받을 수 있다.

부정경쟁방지법의 요건을 충족시키기 위해서는 국내에 널리 인식되어 있다는 주지성이 있거나 동종의 상품이 통상적으로 갖는 형태가 아니어야 한다. 작가의 이름, 서명이나 기타 특정 등의 표지가 동 법률에 의해 보호받기 위해 그러한 표지가 상표로 등록되어 있을 필요는 없다. 그러나 그러한 표지가 장기간에 걸쳐 특정 작가의 상징으로 계속적·배타적으로 사용되어 일반 수요자들이 보기에 작가와 강한 이미지 내지 독특한 특징으로 결합되어 해당 표지가 특정 작가의 상징으로 인식될 수 있을 정도의 식별력이 있어야 한다.[190]

---

189 시행 2019.7.9. 법률 제16204호, 2019.1.8. 일부 개정.
190 서울고등법원 2008.6.19. 선고, 2008노108 판결. 인기 가수를 모방해 공연을 한 사건에서 법원은 직업가수가 영리의 목적으로 나이트클럽 등에서 손님들에게 행하는 공연 활동을 '영업상의 활동'에 해당하고, 가수가 텔레비전 등 여러 매체를 통해 공연 활동을 하면서 사용하는 '가수의 성명'이 일반인들에게 장기간 계속적·독점적으로 사용되거나 지속적인 방송 출연 등에 의하여 그 가수의 속성이 갖는 차별적인 특징이 그 가수가 갖는 고객 흡입력 때문에 일반인들 대부분에게 해당 가수를 인식시킬 정도로 현저하게 개별화되고 우월적 지위를 취득한 경우, 이러한 가수의 성명은 부정경쟁방지 및 영업비밀보호에 관한 법률 제2조 제1호 (나)목의 국내에 널리 인식된 영업표지에 해당한다고 보아야 한다고 판결했다.

이 법을 통해 예술가는 자신의 창작품이 아닌 것에 이름이 사용되는 것을 금지할 수 있고, 자신의 작품이 왜곡된 상태에서 자신의 이름으로 공표되는 것을 금지할 수 있으며, 자신의 작품이 타인의 것으로 불리는 것을 금지할 수 있다. 또한 저작권법상 보호를 받지 못하더라도 이미 충분히 유명한 타이틀을 다른 사람이 사용하지 못하게 할 수 있다. 원작이 다른 작품과 혼동되는 것을 막기 위해서다. 또한 경쟁자들이 고객을 혼동케 함으로써 자신의 작품성이나 평판, 유명세 등을 이용해 불공정하게 이용하는 것을 금지할 수 있다.

제3장
예술가의 저작재산권

Artist's Copyrights

1 저작재산권 또는 카피라이트

2008년 미국 대통령 선거는 미국뿐 아니라 전 세계적으로 뜨거운 이슈였다. 미국 최초로 개혁적이고 진보적인 성향의 흑인 대통령이 선출되었기 때문이다. 오바마 열풍의 핵심은 그가 몰고 올 '변화'와 '희망'에 대한 기대였다. 그 열풍과 함께 떠올리는 이미지가 있다. 바로 오바마의 선거 캠페인 포스터다. 거리 예술가 셰퍼드 페어리Shepard Fairey가 오바마에 대한 자신의 지지를 나타내기 위해 제작한 프로파간다 스타일의 포스터다. 페어리는 군중의 열정을 이끌어내는 데 탁월한 감각이 있다. 오바마 지지 선언을 하며 자발적으로 제작해 인터넷에 올린 포스터에는 당시 미국인들이 필요로 하는 세 가지 '변화, 희망, 진보'라는 메시지를 담고 있다.

쿠바 혁명의 지도자 체 게바라의 유명한 포스터와 비슷한 붉은색과 푸른색의 이 초상화 이미지는 대중에 강렬한 인상을 주었고, 곧 오바마 캠프의 공식 포스터로까지 지정됐다. 이 포스터가 오바마 당선에 적지 않은 기여를 했다는 사실을 부인할 사람은 많지 않을 것이다. 거리 예술가 페어리는 세계적인 스타가 됐다. 그렇지만 이 유명세는 곧 저작재산권 소송으로 이어졌다. 뉴스 에이전시인 AP통신이 2009년 2월 페어리의 오바마 포스터가 자사의 사진저작권을 위반했다며 페어리를 상대로 저작권 소송을 제기한 것이다. 페어리의 포스터는 프리랜서 사진기자 매니 가르시아Mannie Garcia가 2006년 4월 워싱턴 내셔널프레스클럽에서 당시 오바마 상원의원을 촬영해 AP통신에 판매한 사진을 바탕으로 제작된 것이었다.

포스터에 사용된 사진의 저작권은 AP가 갖고 있는데도 불구하고 승낙 없이 무단 사용했으므로 저작권 침해에 해당한다.

저작권자, 엄밀히 말하면 저작권자인 사진기자로부터 사진을 구매해 저작권을 양도받은 AP 통신사의 주장이다.

사진기자가 빛과 구도를 계산해 촬영한 사진을 승낙 없이 차용해서 만들었으므로 저작권 침해에 해당한다. 페어리가 초상화에 적어도 AP라는 이름을 명시해야 했다.

여기에 저작권법 전문가인 컬럼비아 대학의 제인 긴스버그Jane Ginsburg 교수가 가세했다. 이에 대한 페어리 측의 반박 논리는 다음과 같다.

새로운 의미와 전혀 다른 메시지를 전달할 수 있도록 놀라울 정도로 추상화시키고 이상화시키는 변형 작업을 거쳤기 때문에 저작권 침해가 아니다. 설사 저작권 침해 여지가 있다 하더라도 돈을 벌 목적으로 제작한 것이 아니라 오바마를 지지하기 위한 목적으로 만들었으므로 공정이용fair use에 해당한다.

이 소송은 현대미술과 저작재산권의 관계에 대한 몇 가지 중요한 문제를 제기한다. 첫째, 원저작자의 권리와 2차 창작자의 권리가 충돌할 때 그 균형을 어떻게 맞추어야 하는가. 둘째, 같은 예술적 창작물이라도 예술적 용도와 상업적 용도에 따라 기준이 달라야 하는가, 이용 목적에 따라 저작권법의 적용 기준이 달라질 수 있다면 그 경계를 구분하는 기준은 무엇인가. 셋째, 저작재산권 침해의 예외에 해당하는 '공정이용'의 법리가 적용되는 범주는 어디까지이며 어떤 기준으로 어떻게 적용할 것인가.

결국 유명한 거리 예술가 페어리는 AP 사진에 바탕을 두고 포스터를 만들었다는 사실을 숨기기 위해 증거를 조작한 것이 밝혀져 2년간의 보호관찰과 300시간의 사회봉사, 2만 5,000달러의 벌금을 선고받았다. 이 사건이 시사하는 바는 크다. 대개의 거리 예술가나 유명하지 않은 독립 예술가들은 저작권을 위반한다는 사실을 모른 채 다른 사람의 창작물을 작업에 이용하기도 하고, 역으로 저작권 침해에 대한 두려움 때문에 위축되어 작업에 소극적이 되기도 한다. 이 장에서는 저작재산권, 즉 저작자의 재산적 권리를 중심으로 다룰 것이다. 먼저 저작재산권 또는 카피라이트란 무엇이며 저작자는 누구인가. 또 언제 법적으로 보호받는 저작물이 창작됐다고 보며, 저작권 침해의 예외로 규정된 공정이용은 무엇인가를 차례로 들여다볼 것이다. 그리고 현대미술에서 저작권이 갖는 의미는 무엇이며, 인터넷 등 새로운 기술의 등장에 부응해 저작권이 어떻게 해석되는지도 살펴볼 것이다.

저작재산권이란 무엇인가

저작재산권법의 발달

저작권법 중에서 저작재산권법은 독자적인 사상이나 감정이 표현된 것을 복제하거나 배포하는 기술이 발달함에 따라 이에 대응하기 위해 발전되어왔다. 최초의 저작권법은 1476년 영국에서 인쇄술의 도입에 대응하기 위해 만들어졌다.[1]

---

1   Paul Goldstein, R. Anthony Reese, *Copyright, Patent, Trademark and Related State Doctrines*, 6th ed., Foundation

영국 최초의 인쇄소는 1476년 런던 웨스트민스터에 생겼는데 인쇄술은 점차 국왕이나 대학 총장으로부터 특권을 부여받은 사람들만 사용할 수 있는 기술로 변해갔다. 민중을 통제하기 위해서는 미디어를 통제하지 않으면 안 되기 때문이었다. 종교적·정치적 반란을 부추기는 인쇄물의 배포를 두려워한 영국 왕은 인쇄업자와 책 판매업자로 구성된 회사인 스테이셔너사에 출판 독점권을 허가하고, 대신 인쇄물과 출판물에 대해 왕의 검열과 통제를 받게 했다. 예술가와 창작자들을 보호하기 위한 저작자의 권리가 애초에는 권력의 검열과 통제 목적으로 시작된 것이다. 17세기 후반 검열이 점차 줄어들게 되면서 출판 독점권을 계속 지키고 싶은 스테이셔너사는 의회에 도움을 요청했고, 그 결과 탄생한 것이 1710년 앤 여왕 법the Statute of Anne인데 "저작자의 권리를 인정하고 지식 확산 장려를 목적"으로 한 최초의 저작권법이다. 이때의 입법 취지가 현 저작권법의 취지와 합치하는 '공공복지의 증진'이다. 창작자에게 경제적 이익을 부여함으로써 문화 창달과 기술 개발에 이바지하고 공공복지를 증진시킨다는 것이다.

인쇄된 책의 저작자 또는 구입자에게 그것을 복제할 수 있는 권리를 정해진 기간에만 귀속시킴으로써 학문을 진흥하는 법률인[2] 통칭 앤여왕법은 11개의 조항으로 구성되었다.[3] 제1조는 "책의 저작자 및 저작자로부터 판[4]을 양도받은 자에게는 인쇄 독점권이 있다. 이미 출판된 책은 1710년 4월 10일부터 21년간, 앞으로 출판되는 책은 공표된 때부터 14년간 보호된다"고 독점권과 독점 기간을 명시한다. 제11조에 따르면 "14년간 보호 기간이 끝날 때까지 저자가 살아 있으면 인쇄 독점권은 일단 저자에게 돌아가고 다시 14년간 보호된다." 이 시점에서 저자의 의향에 따라 출판사를 바꾸거나 판을 수정할 수 있다. 저작권의

Press, 2008, p.648.

2   'An Act for the Encouragement of Learning, by Vesting the Copies of Printed Books in the Authors or Purchasers of Such Copies, During the Times Therein Mentioned' (1710).

3   야마다 쇼지, 송태욱 옮김, 『해적판 스캔들』, 사계절출판사, 2011, 78쪽.

4   앤여왕법이 보호하고 있는 것은 책의 '판'을 둘러싼 권리이기 때문에 앤여왕법을 최초의 '카피라이트법'이라고 하는 데는 문제가 있다는 의견도 있다. 야마다 쇼지, 앞의 책, 81쪽.

보호를 받기 위해서는 서점주 조합에 등기해야 한다(동법 제2조)고 함으로써 서점주 조합과 관계를 맺지 않고는 출판의 보호를 받을 수 없게 했다. 인쇄술의 발명으로 대량 복제가 가능해짐으로써 저작자나 출판업자의 허락을 얻지 않은 무단 복제가 횡행하게 된 것이 저작권법 제정의 결정적인 계기가 되었다. 그러나 앤여왕법은 보호 대상이 서적으로만 한정되어 있었다. 따라서 다른 저작물이나 예술 작품에 대한 보호를 위해 1734년 및 1767년에 판화저작권법Engraving Copyright Act, 1777년 인쇄저작물권리법Prints Copyright Act, 1814년 조각저작권법Sculpture Copyright Act을 각각 제정했다.[5]

같은 보통법 국가인 미국은 영국의 저작권법과 제도를 따랐다. 미국 연방헌법은 "저작자와 발명가에게 제한된 기간 동안 그들의 각 저술과 발명에 독점적 권리를 보장함으로써 과학과 실용 기술의 발전을 촉진하기 위해 연방 의회에 저작권법과 특허법을 제정할 권한을 부여"하며 저작자의 권리 보호를 선언했다.[6] 미국이 헌법에서 저작권을 명시하게 한 목적 또한 공공복지 증진이다. 지적재산권 관련 판결에서 연방대법원은 "의회에 특허권과 저작권을 허가할 수 있는 권한을 부여한 이 (헌법의 저작권 관련) 조항에는 사적 이득을 취할 수 있게 함으로써 개인의 노력을 장려하는 것이야말로 창작자나 개발자들을 통해 공공복지를 향상시킬 수 있는 최고의 방법이라는 신념이 깔려 있다"고 했다.[7] 이후 판례에서 헌법에 명시된 '저술writing'은 "창의적, 지적, 미적 노동의 실체적 결과물을 모두 포함한다"고 선언함으로써 저술 개념을 확장해서 정의했다.[8]

연방헌법에 따라 미 의회는 1790년에 저작권법을 최초로 제정,[9] 1909년 개정을 거쳐[10] 1976년에 개정된 현 저작권법으로 구체화시켰다. 의회는 저작권

---

5 송영식·이상정, 『저작권법개설』, 화산문화, 1997, 30쪽.
6 U.S. Const. Art. I, §8, cl. 8.
7 347 U.S. 201.
8 Goldstein v. California, 412 U.S. 546 (1983).
9 1790년 법은 지도, 도해, 책 등에 대해 최초 14년과 갱신 14년을 포함해 28년간 저작권으로 보호했다.
10 1909년 저작권법은 보호 기간을 최대 56년까지 보호했다.

보호 기간을 연장하거나 구체적인 권리들을 추가하면서 저작자의 권리를 확대 시켜나갔다. 1976년 저작권법Copyright Act of 1976은 권리를 확대하는 한편, 예 술가의 저작권 인정을 위한 선결 요건을 간소화했다. 작가 사후 70년 동안 권 리를 보장하고, 익명 혹은 가명으로 만든 작품, 그리고 고용주를 위해 만든 작 품의 경우는 작품이 일반에 처음 공개된 날부터 95년이나 처음 작품이 창작 된 후 120년 중 더 짧은 기간을 보호 기간으로 한다. 공동 작품일 경우에는 가 장 늦게 사망한 작가의 사망 시점부터 70년간이다. 1976년 저작권법 이후에 도 미국은 1996년 WIPO 협약에 따라 디지털 밀레니엄 저작권법DMCA: Digital Millennium Copyright Act 1988 등 디지털 시대 새로운 기술들에 맞춰 수차례 저작 권법을 개정했다.

저작물에 대한 한국의 법적 보호는 1908년 8월 12일 '한국에서의 발명· 의장·상표 및 저작권의 보호에 관한 일미조약'[11]에서 시작됐다. 이 조약에 따라 1908년 '한국저작권령'(칙령 제200호)이 공표됐다. 한국 최초의 저작권법은 1957 년 1월 28일 법률 제432호로 공포됐는데, 전 5장(제1장 총칙, 제2장 저작권, 제3장 출판권과 공연권, 제4장 저작권 침해, 제5장 벌칙), 본문 75개조 및 부칙으로 구성되 어 있다. 1957년 저작권법은 "학문적 또는 예술적 저작물의 저작자를 보호하여 민족문화의 향상 발전 도모"를 목적으로 제정됐다. 주요 내용은 무방식주의를 채택하고, 저작권의 존속 기간을 원칙적으로 저작자의 생존 기간 및 사후 30년 으로 하며, 저작권은 등록함으로써 제삼자에 양도할 수 있도록 하고, 외국인의 저작물은 조약에 특별한 규정이 있는 경우에만 보호하며, 조약이 없는 경우에 는 국내에서 처음으로 그 저작물을 발행한 자에 한하여 보호한다는 것이다.

이후 1986년 12월 31일 법률 제3916호로 저작권법 전면 개정이 이루어졌 고, 1994년 한미지적소유권협상, 우루과이라운드 협상의 진전 등에 따라, 1995

---

11 이 조약 제1조는 일본국 정부는 발명·의장·상표 및 저작권에 관하여 현재 일본국에서 행하는 것과 같은 법령 이 본 조약의 실시와 동시에 한국에서 시행되는 것으로 했다. 위 법령은 한국에서 미국 국민에 대하여도 일본국 국민 및 한국 국민에 대하는 것과 동일하게 적용되는 것으로 함이라고 규정했다.

년 WTO체제 출범에 따라 회원국으로서 의무 이행을 위해 WTO 협정의 내용을 반영하고 저작권 분야의 국제 규범인 베른협약(1996년 8월 21일) 가입에 대비하기 위해 각각 저작권법을 개정했다. 2000년과 2003년에는 디지털 기술의 발달로 저작권 침해가 심해지자 저작자의 권리 강화를 위해 저작권법을 개정했다. 2006년에는 1986년 이래 두 번째 전면 개정이 있었다. 기존 저작권법으로 포섭할 수 없는 신종 서비스에 대비하고, WIPO 실연 및 음반 조약Performances and Phonograms Treaty 등의 가입을 위해 실연자의 인격권을 신설하고, 실연자 및 음반 제작자의 대여권을 강화했다. 또한 온라인 서비스 제공자의 의무를 강화했다. 2009년에는 컴퓨터프로그램보호법을 저작권에 통합했고, 2011년 6월 30일 법률 제10807호로 개정됐다. 특히 이번 개정에는 '대한민국과 유럽연합 및 그 회원국 간의 자유무역협정 한·EU FTA' 이행을 위해 저작권 보호 기간을 70년으로 연장하고, 일정한 범위에 한해 방송사업자의 공연권을 인정하는 등의 내용을 담았다.

저작권법이 크게 개정된 2013년 일부 개정 저작권법(법률 제11903호[12])은 2010년 12월 최종 타결되고, 2011년 11월 22일 국회를 통과한 한미 FTA에는 저작권 분야에서 양 당사국이 부담해야 할 의무에 관해 광범위한 내용을 포함하고 있다.

2012년 3월 15일 발효된 한미 FTA 협정에 따라 개정된 저작권법은 ①저작권 보호 기간을 현행 저작자 사후 50년에서 70년으로 연장하고, ②컴퓨터의 랜덤 액세스 메모리RAM: Random Access Memory 등에서 이루어지는 일시적 저장에 대해 저작자의 복제권을 인정하며, ③공정이용의 면책 규정을 신설하고, ④ 저작권 침해에 대한 손해배상액을 법률안으로 규정해 침해자에게 '최소한의 법정손해배상액'을 부과하는 법정손해배상 제도 도입 등을 골자로 하고 있다.[13]

---

12 시행 2020.12.8, 법률 제17592호, 2020.12.8, 타법 개정.
13 『2009 저작권 보호 연차 보고서』, 한국저작권단체연합회 저작권보호센터, 2009, 88쪽.

FTA 협정 문안에 따르면, "'최소한의 법정손해배상액'이란 장래의 침해를 억제하고 침해로부터 야기된 피해를 권리자에게 완전히 보상하기에 충분한 액수"여야 한다. 또한 저작권법상 '배타적발행권'을 신설했다. 저작권법상 배타적발행권이란 저작권이라는 기본적 준물권에 기하여 저작물 이용자에게 저작물을 배타적으로 사용·수익할 수 있는 권리로 설정해준 '용익물권'과 유사한 권리라고 볼 수 있다. 배타적발행권을 갖게 되면 모든 제삼자에 대해 해당 저작물에 대한 배타적이고 독점적인 이용 권리를 주장할 수 있다. 따라서 저작권 침해가 있을 경우, 저작권자를 대위하지 않고 직접 민형사상 소송을 통해 구제받을 수 있게 됐다.

한국 저작권법은 저작물 이용이 아날로그에서 디지털로 이동하는 시대 상황을 반영해 2006년 전부 개정된 후 15차례 개정됐다. 2021년 현재 기술 발달로 저작물 창작 및 이용 환경, 콘텐츠 제공·공유하는 플랫폼이 변화함에 따라 전면 개정을 앞두고 있다. 저작권법 전부 개정안의 주요 내용을 살펴보면 이렇다.[14]

확대된 집중 관리 제도 신설 온라인 음악 서비스나 온라인 동영상 서비스 OTT의 방송 콘텐츠 제공 등 서비스 특성상 저작물을 신속하게 대량으로 이용해야 하지만 수많은 저작권 및 저작인접권을 확인하고 이용 허락을 용이하게 하기 위해 저작권 집중 관리 단체에 일정한 분야의 저작물 이용에 대해 그 단체가 신탁받지 않는 저작물에 대해서도 이용을 허락할 수 있는 권한을 부여(문체부 장관 지정)하는 제도 마련.

저작권 침해 형사 처벌 축소 및 민사 배상 강화 비영리 비상습적인 저작권 침해에 대해서는 형사 처벌 범위를 완화하고 한국저작권위원회의 조정 절차를 밟는

---

14   문화체육관광부, 2020 저작권법 전부개정안 신설 개정조문, 저작권법전부개정안 주요 내용 설명 자료, 2020.11.2.

경우 수사 진행을 정지하는 대신 민사적 배상 제도는 강화함으로써 저작권 침해 분쟁 시 형사 처벌보다 민사적 해결을 유도.

추가 보상 청구권 창작자가 저작권을 이용자에게 양도한 경우라 하더라도 창작자와 양수인 간의 수익이 크게 불균형한 상황이 된다면 창작자가 계약을 변경하거나 추가적인 보상을 청구할 수 있는 권리.

디지털 송신 정의 신설 공중이 동시에 수신하게 할 목적으로 공중 구성원의 요청에 의해 개시되는 디지털 방식의 음·영상 또는 음과 영상 등의 송신(전송을 제외한다)을 말한다.

퍼블리시티권 도입 연예인, 유명인 등의 성명, 초상, 목소리 등에 대한 재산적 권리인 퍼블리시티권(일명 인격표지재산권) 도입.

정보 분석용 사용에 대한 복제 허용 인공 지능 개발 등에 빅 데이터의 활용 및 정보 대량 분석 과정에서 저작물을 자유로이 이용할 수 있도록 하는 저작권 면책 규정 도입.

이후 한국 저작권법[15]은 수차례 일부 개정을 통해 저작권 보호를 강화해 왔으며 기술의 진보 및 디지털화 등 저작물 작성 및 유통 환경 등 새롭게 변화된 환경에 맞춰 2021년 현재 전면 개정을 앞두고 많은 논의가 이뤄지고 있다.

---

15   시행 2020.12.8, 법률 제17592호, 2020.12.8, 타법 개정.

저작재산권의 성격

"재스퍼 존스Jasper Johns의 작품이 수백만 달러에 팔리는 것은 그의 작품
이 복제되어 대량 판매되기 때문이 아니라 작품 원본의 유일성 때문이다."

지적재산권 전문가인 폴 골드스타인 스탠퍼드 대학 교수의 말이다. 저작
재산권은 창작 예술품을 포스터나 달력 같은 복제품을 무한정 만들 수 없게 함
으로써 원본의 희소성을 지켜주어 창작자에게 '경제적 이득'을 주게 된다.16 금
전적·경제적 권리를 보호한다는 점에서 저작인격권과 차이가 있다. 어떤 창작
물이 "저작권으로 보호된다"는 것은 저작권자가 그 창작물에 대해 독점권을 갖
는다는 의미다. 독점권을 갖는다는 것은 창작물을 복제할 수 있는 권리와 타인
들이 창작물을 복제하지 못하도록 금지할 수 있는 권리를 의미한다. 따라서 저
작권자가 아닌 사람이 저작권자의 승낙 없이 복제를 하게 되면 '저작권 침해'가
된다.

저작재산권법은 저작자의 경제적 이익을 위해 독점적인 복제권, 즉 카피라
이트를 인정한다. 사전적 의미의 복제권 외에도 배포권, 대여권, 공연권, 전시권,
공중송신권, 2차적 저작물 작성권 등을 폭넓게 '복제'라고 볼 수 있다.17 따라서
극장이나 미술관 같은 공공장소에서 여러 사람이 창작물을 동시에 감음하도록
하는 것 역시 저작권 침해에 해당한다.

앞서 언급한 페어리의 '오바마 포스터' 사건처럼 사진기자가 찍은 사진
을 바탕으로 제삼자가 컴퓨터 그래픽 작업을 해서 포스터를 만드는 것도 복제
에 해당할까. 원본 사진을 복사기에 넣고 복제하는 것부터 원본 사진을 이용해
2차적 저작물을 만드는 것까지 모두 복제에 해당한다. 악보를 보고 악보에 따

16 Paul Goldstein, *Goldstein On Copyright*, 3rd ed., Aspen Publishers, 2005, p.5.
17 저작권법 제16조~제22조.

라 연주를 하는 것도 복제다. 소설을 바탕으로 영화를 만드는 것도 복제다. 방송을 통해 공연 및 전시를 송출하는 것과 미술관 같은 공공장소에서 전시하는 것도 모두 넓은 의미의 복제에 해당한다. 다만 미술 작품의 경우 저작자가 아닌 소유자도 미술관에 전시할 수 있다. 그러나 그 외의 공공장소에서 전시를 할 때에는 저작권자로부터 허락을 받아야 한다.

대륙법계와 영미법계의 저작권 개념에는 차이가 있다. 프랑스나 독일 같은 대륙법계 국가에서는 저작권을 '원저작자성authorship'으로 보며, 저작자의 재산상 이익뿐 아니라 인격적 이익의 보호 역시 중요하게 생각한다. 반면 영국이나 미국 등 영미법계 국가에서는 저작권을 '카피라이트copyright', 즉 복제권을 보호하는 권리, 복제copy할 수 있는 독점적이고 배타적인 권리를 보호함으로써 저작자의 재산적 이익을 보호하는 것으로 한정한다. 따라서 재산상 이익 보호 개념으로 저작권을 볼 때, 저작권자라 함은 복제할 수 있는 독점권을 가진 자를 말한다. 창작물의 저자가 곧 저작권자가 된다. 그러나 반드시 창작자인 저작자가 저작권을 보유하는 것은 아니다. 대륙법계에서 저작자는 자연인으로 한정되는 반면, 영미법계는 법인까지 포함하기 때문이다. 한국은 대륙법계에 속하지만 법인을 저작자로 인정한다.[18] 많은 경우 원저작자는 작품의 출간을 위해 저작권을 출판사에 양도한다. 타인의 고용에 의한, 즉 법인 등의 사용자 기획하에 업무상 작성하는 저작물인 업무상 저작물(또는 고용저작물)의 경우에는 창작자의 사용자가 저작권자가 된다.[19] 따라서 저작권의 혜택을 받는 사람들은 창작자가 아니라 유통업자, 출판업자, 고용주들인 경우가 많다. 결과적으로 저작권은 작품 창작보다는 시장의 유통 과정에서 많이 이용된다.

저작재산권은 저작자의 정신적 창작 활동의 산물인 저작물에 대하여 성립

18　다만 2021년 현재 저작권법 전면 개정을 앞두고, 법인 등의 업무상 저작물일지라도 우선 창작자에게 권리가 발생하고 이를 법인 등에 양도하는 것으로 개정하는 방안이 논의 중이다.
19　앞서 '오바마 포스터' 사례의 사진작가 매니 가르시아와 AP통신사의 관계는 저작권을 양도한 계약관계로, 고용에 의한 업무상 창작과는 다르다.

하는 권리로서 물건 위에 성립하는 소유권과는 엄연히 구별되는 권리다. 골드스타인 교수는 "누군가 빵을 먹어버리면 다른 사람은 그 빵을 먹을 수 없지만, 지식 재산은 누군가 사용한다고 해서 다른 사람이 그 지식 재산을 사용하는 것이 제한되지 않는다"며 이것이 다른 재산과 지식 재산의 사업적 기회와 법률적 과제를 정의하는 특성이라고 그 차이를 구별하기도 했다.[20] 재산권을 마지못해 지지했던 토머스 제퍼슨은 '정보'의 이러한 본질적 특성을 "내 아이디어를 받는 사람은 내 아이디어를 축소시키지 않고 스스로 가르침을 얻는다. 내 촛불로 자신의 촛불을 밝힌 사람은 나를 어둡게 하지 않고 스스로 빛을 얻는다"고 한 바 있다.[21]

소유권은 물건을 사용·수익·처분할 수 있는 권리로서 물건에 대한 배타적 지배권이다.[22] 이에 비해 저작권은 저작권자가 저작물을 스스로 이용하거나 타인에게 이용을 허락함으로써 경제적 이익을 얻을 수 있는 물권과 유사한 배타적 지배권이다. 육체적 노동으로 유형물을 획득한 자가 그 물건에 대해 소유권을 보장받듯 정신적 노동으로 저작물을 작성한 저작권자가 그 저작물에 관해 소유권과 같은 권리를 부여받는 것이다. 소유권은 물건에 대해 매매나 증여 등의 처분 행위를 할 때 그에 대한 소유권이 매도인으로부터 매수인에게 이전된다. 이에 비해 저작권은 저작권자가 타인에 대해 저작물이 고정된 유체물을 처분하더라도, 별도의 약정이 없는 한 저작권은 여전히 저작권자에게 남아 있다.

보호 대상 저작권은 저작자를 보호하기 위한 것이지만 그 대상이 저작물이기 때문에 저작권 보호는 창작자로서의 저작자가 아닌 유형물로 표현한 저작물 보호를 의미한다. 저작재산권의 보호 대상이 되는 저작물이 되기 위해서는 보호할 만한 가치가 있어야 한다. 한국 저작권법은 "인간의 사상과 감정을 창작적

---

20 골드스타인, 앞의 책, 33쪽.
21 위의 책.
22 민법 제211조.

으로 표현한 저작물"을 대상으로 하고 있다.[23] 저작권법이 열거하는 '저작물'에는 소설·시·논문·강연·연설·각본, 그 밖의 어문저작물, 음악저작물, 연극 및 무용·무언극, 그 밖의 연극저작물, 회화·서예·조각·판화·공예·응용미술저작물, 그 밖의 미술저작물, 건축물·건축을 위한 모형 및 설계 도서, 그 밖의 건축저작물, 사진저작물, 영상저작물, 지도·도표·설계도·약도·모형, 그 밖의 도형저작물, 컴퓨터프로그램저작물 등이 있다.[24] 응용미술저작물은 "물품에 동일한 형상으로 복제될 수 있는 미술저작물로서 그 이용된 물품과 구분되어 독자성을 인정할 수 있는 것을 말하며, 디자인 등을 포함한다"고 규정한다.

미국 저작권법 제101조에 의하면, 저작재산권의 보호를 받을 수 있는 미술저작물은 '회화, 도면 및 조각 저작물'이며 평면적 및 입체적 저작물에 해당하는 미술, 시각예술, 응용미술, 사진, 인쇄 및 미술 복제물, 지도, 지구의, 도면, 도표, 모형 및 설계도를 수반하는 제도를 포함한다. 기계적 또는 실용적인 면이 관련되지 않은 형태의 공예저작물도 포함한다. 가장 폭넓게 저작물성을 인정하는 프랑스는 일정한 요건을 충족한다면 패션 상품도 저작물로 보고 있다. 영국은 '예술적 작품artistic work'이라고 규정함으로써 레디메이드readymade와 같이 어느 범주에도 속하기 어려운 현대적 예술 작품도 저작권 보호를 받을 수 있도록 했다. 독일은 "저작물이란 인간의 정신적 창작물을 말한다"고 포괄적으로 규정해 미술저작물의 범위를 유연하게 두었다.

양도와 이용 허락 저작재산권도 재산의 한 종류이므로 저작자는 자유롭게 저작권의 전부 또는 일부를 양도할 수 있다. 저작권 일체를 양도받은 자는 저작물을 자유롭게 이용할 수 있을 뿐 아니라 원저작자 및 제삼자의 저작권 이용을 허락하거나 금지할 수 있는 권한이 발생한다. 다만 저작자(또는 유족 등)만

---

23 저작권법 제2조의 1, 법률 제432호 신규 제정 1957.01.28, 법률 제8101호 전면 개정 2006. 12.28, 법률 제11110호 일부 개정 2011.12.02.
24 저작권법 제4조.

이 행사할 수 있는 일신전속적 권리인 저작인격권은 포함되지 않는다. 저작재산권은 서로 독립하여 존재하고 양도될 수 있는 권리라고 할 수 있다. 따라서 미술저작물의 유체적 소유권을 양도한다고 해서 미술저작물의 저작재산권 이용을 허락할 권한을 주었거나, 또는 묵시적으로 직접 제삼자의 저작재산권 이용을 허락했다고 볼 수는 없다. 저작권은 토지와 같은 부동산처럼 매매하거나 상속할 수 있고, 다른 사람에게 빌려줄 수도 있다. 만일 무단으로 타인의 저작물을 사용한다면 저작권자는 침해자를 상대로 민사상 손해배상을 청구할 수 있고, 형사상 처벌을 요구할 수도 있다.

저작재산권은 양도가 가능하기 때문에 저작권의 유효기간을 쪼개서 권리를 행사할 수 있다. 예를 들어 복제권과 2차 저작물 작성권을 각각 분리해 그 일부만을 양도하는 것이 가능하다. 계약을 통해 저작권자로부터 저작물을 사용할 수 있도록 허락받는 것을 이용 허락 또는 라이선스라고 하는데, 라이선스 계약에 따라 시간과 장소를 세분화해 특정 기간과 특정 지역에서만 복제를 허용할 수 있다. 예를 들면 한국에서 공연할 권리와 미국에서 공연할 권리를 분리해서 양도할 수 있으며, 양도 기간을 2021년 1월 1일부터 2년간 하는 식으로 한정할 수 있다. 다만, 장소나 시간을 세분화함으로써 권리의 지나친 세분화가 이루어질 경우 재산권으로서 저작재산권의 독립적인 가치나 저작재산권자의 확정성이 흔들릴 위험성이 제기되기도 한다.[25]

한국과 미국의 법제상으로는 저작재산권 양도를 자유롭게 할 수 있다. 저작재산권의 양도인과 양수인 사이에 저작재산권 양도에 관한 합의가 이루어지면 기한부 또는 조건부의 특약이 없는 한 그 양도 계약에 의해 저작재산권이 영구적으로 양수인에게 이전된다. 한국과 미국은 저작권 양도와 관련해 명시적으로 허용되지 않아 분쟁이 되는 경우, 권리를 저작자에게 유보한다. 예를 들어 저작자가 작품의 저작권을 제삼자에게 전부 양도했다고 치자. 그렇다면 저작권을

25　오승종, 앞의 책, 483쪽.

양도받은 사람이 작품의 원형을 바꿔 2차적 저작물을 만들어 팔아도 될까. 2차적 저작물 작성권 등의 작성권은 별도로 명시하지 않는 한 원저작자가 양도하지 않은 것으로 추정한다. 이처럼 저작자에 유리하게 해석하는 것을 '저작자를 위한 추정presumption for author'이라고 한다. 또한 계약서 내용 중 모호한 부분이 있을 때에는 계약서 문안을 작성한 사람에게 불리하게 추정하는 계약법상의 원칙을 따른다. 한편 철저하게 저작자 보호 위주인 독일 저작권법은 상속이나 유언 등을 제외한 저작재산권 양도를 아예 허용하지 않고 있다.[26] 또한 계약 당시 알려지지 않은 방법에 의한 이용 허락도 무효로 친다.[27] 이탈리아도 저작재산권 양도를 허용하는 근거 규정을 두고 있지 않다.

프랑스의 경우 저작권 양도 자체는 인정하지만 저작권 양도나 라이선스 체결과 관련해 여러 제한 규정을 둔다. 우선 원칙적으로 서면계약을 요구하고 있으며,[28] 이용 범위, 목적, 장소, 기간 등이 명확하게 규정되어야 한다.[29] 장래의 저작물 전체를 양도하는 계약은 무효로 친다.[30] 프랑스 저작권법은 우리 저작권법상 이용 허락과 실질적으로 유사하다. 양도 당사자 간의 합의에 따라 저작권의 전부 또는 일부가 양수인에게 이전되지만, 저작권의 양도 계약을 기한부·조건부로만 체결하도록 강제하고 있기 때문에 영구적인 저작재산권 양도는 불가능하고, 또한 양도 기간 동안에도 양도인은 일정 비율의 지분권을 행사하여 사용료 지급을 청구할 수 있다.[31]

복제 방식이나 내용도 계약을 통해 정한다. 라이선스 계약은 각 지적재산권이 보호하는 행위를 행사할 권리를 승낙하고, 승낙받은 것으로 무엇을 가지고 어떤 행위를 할 수 있는가를 정하는 것이다. 저작재산권자는 다른 사람에게

---

26 독일 저작권법 제29조 제1항.
27 독일 저작권법 제31조 제4항.
28 프랑스 저작권법 제131조의3 제1항.
29 위의 조항.
30 프랑스 저작권법 제131조의1.
31 명호인, 앞의 책, 360쪽.

그 저작물의 이용을 허락할 수 있다.[32] 이 규정에 의하여 허락받은 자는 허락받은 이용 방법 및 조건의 범위 안에서 그 저작물을 이용할 수 있다.[33] 이처럼 저작권자가 저작권 전체를 보유하면서 일부에 대한 행사권만을 주는 것을 비독점적 라이선스라고 한다. 비독점적 라이선스는 양도와 달리 저작재산권자가 자신의 저작재산권을 그대로 보유하면서 허락을 받은 타인이 그 저작물을 이용하도록 해주는 의사표시에 불과하다. 허락에 의해 저작물을 이용할 수 있는 권리는 저작재산권자의 동의 없이 제삼자에게 이를 양도할 수 없다.[34] 이용 허락을 받았더라도 이용 가능 범위나 기간 등을 위반하면 계약 위반 및 저작권 침해행위가 된다. 또한 이용 허락을 받았더라도 원저작자가 저작재산권을 제삼자에게 양도할 경우 양도받은 자에게 이용권을 주장할 수 없다.[35]

이에 비해 '양도'는 저작권자가 아니었던 사람이 양도되는 무언가를 받아서 저작권자가 되는 행위로 영미법상으로는 '독점적 라이선스exclusive license'라고 할 수 있다.[36] 독점적 라이선스의 경우 이용권자가 다른 제삼자의 이용 행위에 대해 금지 청구도 할 수 있어 사실상 저작재산권자와 유사한 지위를 갖게 된다. 그렇지만 한국의 저작권법상으로는 출판권 또는 프로그램배타적발행권과 같이 특별히 법에서 명문의 규정으로 배타적 권리임을 인정하고 있는 경우가 아닌 이상 영미법에서와 같은 일반적인 배타적 이용 허락, 즉 제삼자의 이용에 대한 금지 청구는 인정되지 않는다고 보아왔다.[37] 배타적발행권은 배타적 성질, 즉 모든 제삼자에 대하여 독점적 권리를 주장할 수 있다는 점에서 이용 허락을 준 상대방에 대해서만 독점적 권리를 주장할 수 있는 채권적 권리인 '독점적 이용 허락권'과 다르다. 한국 민법과 구저작권법 아래에서는 저작물에 관한 독점

32   한국 저작권법 제46조 제1항.
33   한국 저작권법 제46조 제2항.
34   한국 저작권법 제46조 제3항.
35   저작권법 제46조 (저작물의 이용 허락).
36   박경신, 앞의 책, 78쪽.
37   오승종·이해완, 『저작권법』(제4판), 박영사, 2005, 318쪽.

적 이용 허락을 받은 자는 민법상 독점적 채권자의 지위만을 가지게 된다. 이 때 독점적 채권자는 채무자(저작권자인 경우가 보통일 것이다)와의 관계에서는 자신의 이름으로 권리를 행사할 수 있지만 제삼자인 이용자나 침해자에 대해서는 원칙적으로 자신의 이름으로 권리를 행사할 수 없다.[38]

그렇지만 2012년 3월 발효된 한미 FTA 이행에 따른 저작권법 개정에 따라 배타적발행권을 신설함으로써 모든 제삼자에 대해 해당 저작물의 배타적이고 독점적인 이용 권리를 주장할 수 있게 되었으며, 해당 저작물에 대한 제삼자의 이용행위나 침해행위가 있을 경우 저작권자를 대위하지 않고도 직접 민사소송의 원고가 되거나 형사소송의 고소권을 행사하여 민형사상 구제를 받을 수 있다.[39]

저작물

저작물이란 "인간의 사상 또는 감정을 표현한 창작물"을 말한다. 저작권법 제4조 제1항은 저작물을 표현 형식에 따라 어문저작물, 음악저작물, 연극저작물, 미술저작물, 건축저작물, 사진저작물, 영상저작물, 도형저작물, 컴퓨터프로그램저작물 등 9가지 종류로 개괄적으로 분류해 예시하고 있다. 이는 예시에 불과하므로 저작권법에 열거되지 않았다고 해서 저작권법의 보호를 받을 수 없는 것은 아니다. '어문저작물'은 인간의 사상 또는 감정이 언어나 문자 등의 방법에 의해 표현된 저작물을 말한다. 언어적 방법에는 컴퓨터 언어, 수학 기호나 숫자, 동작 언어, 모스 부호 등도 포함한다. 저작권 보호는 창작적인 표현에 있는 것이지 학술적인 내용에 있는 것이 아니다.[40] 단순한 표어, 슬로건, 캐치프레

---

38 오승종, 앞의 책, 9-10쪽.
39 오승종, 앞의 책, 9쪽.
40 대법원 1999.11.26. 선고, 98다46259 판결.

이즈, 제호 등에 대해서는 일반적으로 저작물성이 부정되고 있다.[41] 개인의 편지나 일기, 이메일 같은 것도 어문저작물로 성립할 수는 있지만 단순히 용건만 간단히 전달하는 메모 형태의 편지나 이메일은 창작성의 결여로 저작물로 인정받지 못하는 경우가 많다. 편지 자체의 소유권은 수신인에게 있지만 편지의 저작권은 편지를 쓴 발신인에 남아 있다.[42] 유체물인 편지에 대한 소유권과 무체물인 편지 내용의 저작권이 분리되기 때문이다.

'음악저작물'은 음성이나 음향에 의해 표현된다. 박자, 멜로디, 하모니, 리듬, 화성, 음색 및 기타 음의 조합인 선율 등을 일정한 법칙과 형식으로 종합해서 인간의 사상이나 감정을 표현하는 창작물을 말한다.[43] 기악곡과 성악곡을 모두 포함하며 가사도 포함된다. 베른협약 제2조(1)은 음악저작물을 "가사를 수반하거나 수반하지 않은 악곡"으로 정의한다. 다른 저작물과 마찬가지로 음악저작물에는 가사를 포함하며 최소한의 독창성을 보여야 한다. 2차적 저작권의 일종인 편곡물musical arrangement도 편곡자가 독창적인 요건을 충족시키는 한 저작권으로 보호될 수 있다. 한국음악저작권협회의 음악저작물 사용료 징수 규정[44]은 '음악저작물'을 인간의 사상과 감정을 음으로 표현한 창작물로서 가사 및 악곡을 지칭한다고 정의하고 있다. 악보는 음악의 곡조를 일정한 기호를 써서 기록한 것, 즉 무형물로서의 악곡 또는 가사가 일정한 기호에 의해 외부로 표현되어 고정된 종이 등의 고정 매체(유체물)를 말한다. 한국의 저작권법은 고정을 요건으로 하지 않기 때문에 음악저작물이 반드시 악보 또는 음반에 고정되어 있지 않아도 된다. 악보는 무형물로서의 악곡 또는 가사가 일정한 기호로 표현되어 고정된 종이 등의 유체물을 말한다. 악보 없이 즉흥적

41   송영식·이상정, 앞의 책, 48쪽.
42   서울지방법원 1995.6.23. 선고, 94카합9230 판결('소설 이휘소' 사건). 단순한 문안 인사나 사실의 통지에 불과한 편지는 저작권의 보호 대상이 아니지만, 학자·예술가가 학문상의 의견이나 예술적 견해를 쓴 편지뿐만 아니라 자신의 생활을 서술하면서 자신의 사상이나 감정을 표현한 편지는 저작권의 보호 대상이 되고, 그 경우 편지 자체의 소유권은 수신인에게 있지만 편지의 저작권은 통상 편지를 쓴 발신인에게 남아 있게 된다.
43   정상조 편, 『저작권법 주해』, 박영사, 2007, 201쪽.
44   제정 1988년 2월 23일, 변경 2020년 12월 11일.

으로 연주하거나 노래하는 것도 음악저작물에 해당된다. 미국의 저작권법은 녹음물sound recording을 별도의 조항으로 두고 있는데, 녹음물이란 일련의 음악적, 구두의 또는 기타의 소리를 고정한 결과 생긴 저작물을 말한다.[45] 다만 영화나 기타 영상저작물에 수반되는 소리는 포함하지 않는다. 녹음물은 음악저작물, 어문 또는 연극저작물 등 공연을 녹음한 것이다. 따라서 녹음물은 그 안에 들어 있는 별도의 저작물과 구별된다. 녹음물은 몇몇 저작자가 함께 만든 2차적 저작물일 가능성이 많다. 별도의 약정 사항이 없다면 공연자와 음반 제작자가 독창성을 함께 발휘할 경우 녹음물에 대해서는 공동으로 저작권을 소유하게 된다.

'연극저작물'은 표정·동작·흉내 등 몸짓 또는 몸짓과 대사로 표현한 저작물을 말하는데, 연극, 무용, 무언극 등이 포함된다. 무용·연기 등 실연의 토대가 되는 동작의 형, 즉 연기의 형으로서 이미 구성되어 있는 안무를 보호 대상으로 한정한다. 안무가의 기본 재료에 속하는 왈츠나 고전 발레의 정형화된 스텝은 저작권 보호 대상이 아니다. 연극에 사용되는 각본은 어문저작물, 배경음악은 음악저작물로, 무대장치 중 미술적 요소를 가진 것은 미술저작물로, 그리고 배우들의 연기 자체는 실연으로서 저작인접권의 보호를 받는다. 저작인접권에 대해서는 다음 장에서 좀 더 다루겠다. 마찬가지로 오페라나 뮤지컬도 연극저작물에 속한다. 무용은 춤의 움직임과 형식을 조합하고 배열한 것으로 대개는 음악이 수반된다. 춤은 어떤 율동적인, 공간적인 관계에서 정적, 동적인 신체 움직임의 연속을 말한다. 무용저작물이 저작권으로 보호받기 위해 이야기가 수반될 필요는 없다.

'미술저작물'은 형상 또는 색채에 의한 시각적 또는 조형적 방법을 통해 미적으로 표현되어 있는 저작물로 회화·서예·조각·판화·공예·응용미술저작물 등이 포함된다. 만화와 삽화 등도 미술저작물에 포함된다. 미술저작물은 순

---

45   17 U.S.C. §101.

전히 미적 가치를 추구한다면 순수 미술저작물, 수공예품이나 공업 생산물처럼 실용품에 응용된 경우에는 응용미술저작물이라 한다. '사진저작물'은 제6호에서 따로 규정한다. 사진저작물은 사상 또는 감정을 사진 또는 그와 유사한 방법으로 표현한 저작물을 말한다. 사진저작물이 성립하기 위해서는 피사체의 선택, 구도의 설정, 조도, 카메라 앵글 설정 등의 개성과 창조성이 있어야 한다. 따라서 증명사진처럼 기계적으로 복제하는 것은 저작물성을 인정받기 어려운 반면, 증명사진만큼이나 단순하게 촬영하더라도 사진작가의 주관적인 개성과 창작성이 가미되었다면 저작물성을 인정받게 된다. 사진저작물은 사진을 어떤 유체물에 고정하지 않더라도 성립할 수 있기 때문에 영화나 생방송의 한 장면도 사진저작물로서 보호된다.[46]

'건축저작물'은 인간의 사상 또는 감정이 토지상의 건축물·건축을 위한 모형 및 설계도서 등으로 표현한 저작물을 말한다. 그렇다면 건축물에 부속된 조각은 건축저작물일까, 미술저작물일까. 한국 저작권법은 건축저작물을 응용미술저작물과는 독립한 저작물로 본다. 건축물은 본래 예술적 목적을 추구하는 기념비나 탑뿐만 아니라 역사적 건축물로서 건축예술로 평가되는 궁전, 성, 사원, 정자 등도 포함된다. 저작권법 제35조 제2항은 개방된 장소에 항시 전시되어 있는 미술저작물·건축저작물 또는 사진저작물은 어떠한 방법으로든지 이를 복제하여 이용할 수 있다고 규정한다. 건축설계 도면에 대해서는 미술저작물과 건축저작물 어느 쪽에든 속할 수 있으며 양쪽의 성질 모두를 갖고 있는 것으로 파악한다.

'영상저작물'은 연속적인 영상을 매개체로 사람의 사상 또는 감정을 표현한 저작물이다. 영상저작물이 되기 위해서는 일반적인 저작물의 성립 요건 외에, 영상이 연속적으로 구성되어야 하고, 연속적인 영상이 녹화테이프 등 일정한 매체에 수록되어 있어야 하며, 연속적인 영상을 기계 또는 전자장치로 재생

---

46 서달주, 앞의 책, 213쪽.

할 수 있어야 한다.[47] 카메라 앵글과 구도의 선택, 몽타주 또는 커트 등의 기법, 필름 편집 따위의 지적 활동이 행해지고 그러한 지적 활동에 창작성이 존재해야 한다. 예를 들어, 상연 중인 연극을 그대로 필름에 고정한 것은 연극의 녹화로 각본의 복제에 해당한다. 그러나 전문적인 기법을 사용해 연극에 창작적 요소를 가미할 경우 영상저작물로 인정받을 수 있다. '도형저작물'은 지도, 도표, 설계도, 약도, 모형 등에 의해 표현되는 저작물이고, 컴퓨터프로그램저작물은 특정한 결과를 얻기 위해 컴퓨터 등 정보처리 능력을 가진 장치 내에서 직접 또는 간접으로 사용되는 일련의 지시나 명령으로 표현되는 창작물을 말한다.

표현 형식에 따른 분류 외에 업무상 저작물, 공동저작물과 결합저작물, 집합저작물 등으로 분류하기도 한다.

업무상 저작물 업무 시간 중 업무의 일환으로 창작된 저작물이나 발명은 근로자와 사용자 중 누구에게 귀속되어야 할까. 저작권법에 의해 보호되는 저작물의 저작권은 그 저작물의 저작자에게 최초로 귀속된다. 원칙적으로 저작권자를 자연인으로만 한정하는 대륙법계와는 달리 영미법계 국가와 한국, 일본 등은 법인이나 단체도 저작권자로 인정한다. 따라서 지적재산은 직무의 결과물이므로 사용자에게 귀속된다는 것이 원칙이다. 그렇지만 프랑스 등 대륙법계 국가들도 업무상 저작물의 예외를 인정하고 있다.[48]

한국 저작권법 제9조는 "법인 등의 명의로 공표되는 업무상 저작물의 저작자는 계약 또는 근무 규칙 등에 다른 정함이 없는 때에는 그 법인 등이 된다"고 규정한다. 여기서 '업무상 저작물'이라 함은 법인이나 단체 그 밖의 사용자 기획하에 법인 등의 업무에 종사하는 자가 업무상 작성하는 저작물을 말한다.[49] 업무상 저작물이 되기 위해서는 ①법인이나 단체, 그 밖의 사용자가 저작물의

---

47   명호인, 앞의 책, 135쪽.
48   프랑스 지적재산권법 제L113-2조 및 제L113-5조.
49   저작권법 제1조.

작성을 기획하고, ②법인 등의 업무에 종사하는 사람에 의해 작성되며, ③업무
상 작성되어야 한다. 한편, 비정규직 창작자가 저작자가 되는 경우에는 직무상
저작물에 대한 사용자의 이용행위를 금할 수 없다. 근로관계로부터 사용자는
직무상 저작물의 제작을 통해 의도한 경영 목적이 실현될 수 있는 범위 내에서
독점적 이용권을 갖는다고 판단되기 때문이다.[50]

　　미국 저작권법상 업무상 저작물은 고용 범위 내에서 피고용인이 창작
한 것 또는 집합저작물에의 기여분, 녹음물로서 영화 기타 시청각저작물의 일
부, 번역, 보조적 저작물, 편집물, 교과서, 시험, 시험의 해답 자료 또는 지도로
서 사용되도록 특별히 지시나 의뢰를 받은 것으로서, 당사자들이 서명한 문서
에 의해 그 저작물을 업무상 저작물로 간주한다고 명시적으로 합의하는 저작물
로 규정한다.[51] 서면계약을 했더라도 제작을 맡은 측이 피고용인이 아니라 독
립 계약자라면 업무상 창작물로 보지 않는다. 미국의 경우 저작물이 저작권법
상 업무상 저작물인지 여부를 결정하기 위해서는 먼저 보통법상 대리인의 법리
principles of general common law of agency를 통해 저작물을 만든 사람이 '피고용인'
인지 '독립 계약자'인지를 판단해야 한다. 미 연방대법원은 창작 방법과 수단을
통제하는 고용주의 권한, 필요한 기술, 피고용인 보험 규정, 피고용인의 세금 처
리, 고용주가 피고용인에게 추가 업무를 부여할 권리를 가졌는지 여부 등 13가
지 요소를 고려한다.[52]

　　예술가들이 업무상 저작물 계약을 할 경우 각별히 유의해야 한다. 나중에
예술가에게 불리하게 사용될 가능성이 일반 저작물에 비해 높기 때문이다. 위탁
을 받아 작품을 창작하는 업무상 저작물의 경우, 이미 만들어진 작품을 판매하
고 저작권을 이전하는 경우와는 달리 저작권은 처음부터 위탁자에게 있다. 따
라서 저작권은 처음부터 작가를 고용한 사람에게 있기 때문에 나중에 작가가

50　김상호, 앞의 글, 169쪽.
51　17 U.S.C. §101.
52　Community for Creative Non-Violence v. Reid, 490 U.S. 730 (1989).

자신이 만든 작품의 일부 또는 전체를 복제한 경우, 자신이 만든 작품에 대한 저작권 침해를 형성하게 된다.

공동저작물과 결합저작물 공동저작물이란 2인 이상이 공동으로 창작한 저작물로서 각자의 기여분이 단일한 전체와 분리될 수 없거나 상호 의존적인 일부분으로 합체될 것이라는 의도를 가지고 작성한 저작물을 의미한다.[53] 공동저작물의 저작자는 그 저작물의 공동저작자가 된다.[54] 한국 저작권법은 공동저작물의 요건으로 ①공동의 창작과 ②이용 시 분리 가능성이 없음을 규정하고 있다. 우선 공동의 창작이라 함은 단순히 하나의 저작물을 함께 창작했다는 것뿐 아니라 저작물의 창작에 있어서 공동저작자 상호 간에 영향을 주고받았다는 것을 의미한다. 비록 각 공동저작물의 기여 부분이 구분될 수 있다고 하더라도 다른 공동저작자의 존재와 그 의견 등에 영향을 받아서 전체로서 하나의 저작물이 구성되었다면 역시 공동저작물이라고 할 수 있다.[55] 미국 저작권법은 공동의 창작 외에도 추가적으로 저작자들이 그것이 공동저작물이 될 것이라는 의사를 갖고 작성할 것을 요구하고 있다.[56] 그렇지만 공동저작자 모두가 반드시 창작을 할 때에 공동의 창작 의사를 가질 필요는 없다. 작사가가 작곡가의 존재를 모르는 상황에서 작사를 하는 경우에도 그것이 하나의 곡으로 만들어질 것이라는 의사가 있는 한 공동저작물로 인정될 수 있다.[57]

공동저작물은 결합저작물과는 다르다. 저작물의 창작에 복수의 사람이 관여했다 하더라도 각 사람의 창작 활동 성과를 분리해 이용할 수 있는 경우에는 공동저작물이 아니라 결합저작물에 불과하다. 이를테면 뮤지컬은 음악과 춤이 극의 구성 및 전개에 긴밀하게 짜 맞추어진 연극으로 각본, 악곡, 가사, 안

---

53 17 U.S.C. §101; 저작권법 제2조 제21호.

54 17 U.S.C. §201(a).

55 임원선, 『실무자를 위한 저작권법』(제3판), 한국저작권위원회, 2012, 78쪽.

56 17 U.S.C. §101.

57 Edward B. Marks Music Corp. v. Jerry Vogel Music Co., 140 F.2d 266, 267 (2d Cir. 1944).

무, 무대미술 등이 결합된 종합예술 분야에 속하고 복수의 저작자에 의해 외관상 하나의 저작물이 작성된 경우이지만, 그 창작에 관여한 복수의 저작자들 각자가 이바지한 부분이 분리되어 이용될 수도 있다는 점에서 결합저작물이라 본다.[58] 분리 가능성은 물리적 분리가 불가능하다는 것이 아니라 분리하여 사용하는 경우 저작물을 목적대로 이용할 수 없거나 그 저작물 본래의 가치가 현저히 저하되는 것을 말한다.[59] 예를 들어 가사와 악곡을 분리해 시나 악보처럼 이용하는 것은 가능하지만 그렇게 하면 일반적으로 음악저작물의 가치가 현저히 저하되는 것을 피하기 어렵다. 만화 스토리 작가가 스토리를 창작하여 시나리오 또는 콘티 형식으로 만화가에게 제공하고 만화가는 이에 기초해 다양한 모양과 형식으로 장면을 구분하여 배치하는 등 그림 작업을 해서 만화를 완성한다면 어떨까. 이는 스토리 작가와 만화가가 공동 창작의 의사를 가지고 각각 맡은 부분을 창작함으로써 주제, 스토리, 연출 방법, 그림 등의 유기적인 결합으로 완성되어 각 기여 부분을 분리할 수 없다.[60] 이익이 생기면 다른 공동저작자에게 분배할 의무는 지지만 각 공동저작자는 원하는 바에 따라 저작물을 이용하거나 이용 허락을 할 권리를 갖는다. 공동저작자는 전체 저작물에 대해 동등하고 분리되지 않는 이해를 갖는다.

집합저작물 미국이나 캐나다에는 집합저작물 또는 수집저작물collective work 이라는 개념이 있는데 신문이나 잡지 같은 정기 간행물, 백과사전처럼 각기 다른 여러 저작물을 한데 묶은 것으로 다수의 기여분이 전체로서 하나에 결합된 저작물을 말한다. 우리 저작권법상으로는 단체명의 저작물에 해당한다. 이때 집합저작물을 구성하는 각 저작물에 대한 저작권은 집합저작물의 저작권과 분리해서 판단한다. 기여 부분에 대한 기여자, 즉 창작자에게 저작권이 있다. 그러

58　대법원 2005.10.4. 자, 2004마639 결정(뮤지컬 〈사랑은 비를 타고〉 사건).

59　Paul Goldstein, *Copyright*, 2nd ed., Aspen Law & Business, 1998. at 4:7-4:13.

60　서울북부지방법원 2008.12.30. 선고, 2007가합5940 판결.

나 잡지의 경우는 매체의 특성상 일반적으로 다음과 같은 권리가 주어진다. ①
기여 부분을 집합저작물 해당 호에 실을 수 있는 비독점적 권리, ②집합저작물
의 개정 때 기여 부분을 사용할 권리, ③나중에 같은 시리즈의 기여 저작물에 해
당 기여 부분을 사용할 권리 등이다.[61] 예를 들어, 일러스트레이터가 잡지에 그
림을 기고한 경우, 작가의 동의 없이 잡지사는 해당 그림을 다른 호에도 게재할
수 있다. 그러나 같은 잡지사라 해도 다른 잡지에 싣는 것은 안 된다. 백과사전
의 경우 새로운 정보를 넣거나 빼면서 지속적으로 개정판을 낸다. 이때 작가 동
의를 구하지 않고 개정판에 해당 그림을 다시 사용할 수 있다. 다만 새로운 백
과사전에 넣는 것은 안 된다. 이런 경우 일러스트 작가와 잡지사 혹은 출판사
와는 독점 계약이 아니기 때문에 작가는 같은 그림을 다른 잡지나 백과사전에
기고해도 된다.

그렇다면 잡지에 기고한 기고문이나 그림을 잡지사가 CD-ROM 같은 전
자 데이터베이스에 복제해 배포하는 것은 어떨까. 미국 법원은 두 가지 경우를
분리해서 판단한다. 먼저 신문이나 잡지 기사를 그대로 CD-ROM으로 복제해
서 출간하는 것은 문제가 없다. 그러나 원본 신문이나 잡지에서 특정 사진이나
그림을 분리해서 따로 복제, 출간하는 것은 저자의 승낙 없이는 저작권 위반이
된다. 저작권 위반이 아니라고 판결한 그린버그 대 내셔널지오그래픽Greenberg v.
National Geographic Society 사건[62]에서 피고 내셔널지오그래픽은 디지털 아카이브
를 CD-ROM으로 제작하는 과정에서 사진작가의 사진을 기사에서 분리하지 않
았다. 종이 매체인 잡지를 CD-ROM이라는 전자 매체로 옮긴 것에 불과하다는
것이다. 그렇지만 원본과 다르게 로고, 커버, 사진, 음악 등을 분리해 편집한 부
분은 저작권을 침해한 것으로 봤다. 이에 반해 저작권 위반으로 판결된 뉴욕타
임스 대 타시니New York Times Co. v. Tasini 사건[63]에서 피고는 신문의 원문에서 다

---

61   Tad Crawford, *Legal Guide for the Visual Artist*, 5th ed., Allworth Press, 2010, p.9.
62   533 F.3d 1244 (11th Cir. 2008).
63   533 U.S. 483 (2001).

양한 방식으로 기사를 분리해 사용했다.

저작물의 보호 기간

1774년 2월 22일, 런던의 웨스트민스터 궁전에서는 저작권 보호 기간과 관련한 역사적 판결이 있었다.[64] 에든버러의 해적 출판업자와 런던의 독점적인 대형 서점주들이 영구 저작권을 놓고 벌인 법정 다툼이었다. 해적 출판업자인 알렉산더 도널드슨Alexander Donaldson과 대형 서점주 토머스 베킷Thomas Beckett 이 스코틀랜드 태생의 시인 제임스 톰슨James Thompson의 시집 『사계The seasons』 의 저작재산권을 놓고 공방을 벌인 도널드슨 대 베킷 재판이다. 도널드슨은 저작권 보호 기간이 소멸되었기 때문에 누가 출판하든 자유라고 했고, 베킷 측은 저작권은 영구적으로 자신들의 것이라고 주장했다. "책이란 고귀한 정신을 지닌 저자의 노력이 담겨 있는 것이므로 그 출판권을 영구적으로 인정하는 것이 곧 저자의 인권을 지켜주는 일이라는 것"이 독점 서점주들의 주장이었다. 반면 '해적출판업자'들은 "천부의 재능을 독점하는 것이야말로 인권 침해"라고 주장했다. 당시 최고재판소였던 상원은 카피라이트가 소멸된 책은 자유롭게 복제할 수 있다고 판결했다. 즉 책의 인쇄 및 출판권을 갖고 있던 서점을 의식하지 않고 누구나 값싼 책을 제작해 팔아도 된다는 권리를 인정한 것이다. 이 재판을 통해 저작권은 영구적이지 않고 기간이 정해진 권리라는, 오늘날 전 세계에 통용되는 원칙이 만들어졌다.

저작재산권의 보호 기간은 저작물에 대한 저작자 등 저작권자의 저작재산권이 배타적, 독점적으로 보호를 받을 수 있는 기간을 말한다. 저작권법이 보호 기간을 정하는 이유는 저작자의 권리와 이에 인접하는 권리를 보호하고 저작물의 공정한 이용을 도모함으로써 문화 및 관련 산업의 발전에 이바지하

---

64   야마다 쇼지, 앞의 책, 7쪽.

는 저작권법의 목적상 저작물은 일반 공중의 공공재적 성질도 갖고 있기 때문이다. 전혀 새로운 창조가 아닌 이상 저작물은 인류 공동의 문화유산을 바탕으로 창작된다. 지나친 독점과 권리 남용을 막아 경쟁과 창의를 바탕으로 문화 예술의 발달을 증진시키기 위해서는 저작물 보호 기간의 제한이 필요하다. 따라서 보호 기간이 경과된 저작재산권은 공유작물public domain이 되어 누구나 자유롭게 이용할 수 있다. 저작물은 창작성에 따라 보호 기간을 정한다. 데이터베이스의 보호 기간이 5년이라면, 방송, 실연, 녹음의 보호 기간은 50년이다. 일반 저작물은 저작자가 생존하는 동안과 사망한 후 70년간 존속한다. 공동 저작물의 저작재산권은 가장 마지막으로 사망한 저작자가 사망한 후, 업무상 저작물은 저작재산권을 공표한 때부터 각각 70년간 존속한다. 다만, 업무상 저작물이 창작된 때부터 50년 이내에 공표되지 않은 경우에는 창작한 때부터 70년간 존속한다.[65]

베른협약은 각 협약국이 외국의 저작물을 협약국의 국내 저작물인 것처럼 동등하게 대우하도록 요구하고 있다. 원칙적으로 저작권 보호 기간은 저작권 보호를 주장하는 국가의 입법 지배를 받는다. 따라서 외국 저작물의 국내 보호는 그 나라의 저작권법이 아니라 저작물을 사용하는 나라의 법을 따른다. 외국 저작물이 그 나라에서는 70년간 보호되더라도 한국에서는 50년(2011년 12월 개정 이전)만 보호하면 되었다. 그러나 그 국가의 입법으로 다르게 규정하지 않는 한, 그 기간은 저작물의 본국에서 정한 기간을 초과할 수 없다.[66] 각 국가는 외국의 저작물을 자국의 저작물과 동등하게 대우할 의무를 이행하기 위해 필요한 입법 조치를 취하도록 하고 있다.

65 저작권법 제39~44조.
66 베른협약 제7조 제8항.

국제조약과 국제 준거법

국제 지적재산권 분쟁에서 준거법을 정하는 것은 베른협약과 국제사법의 규정을 먼저 살펴보아야 한다. 국제사법 제32조[67]는 "불법행위는 그 행위가 행하여진 곳의 법에 의한다"고 규정한다. 다만, 불법행위가 행해진 당시 동일한 국가 안에 가해자와 피해자의 상거소가 있는 경우에는 제1항의 규정에도 불구하고 그 국가의 법에 의한다. 지적재산권의 침해는 일반 불법행위와는 다른 특수한 성격이 있음을 고려해 국제사법이 불법행위에 관한 준거법 규정 이외에 '지적재산권의 보호'에 관한 법 관계에 적용될 준거법 규정을 별도로 두었다. 국제사법 제24조(지식재산권의 보호)는 "지식재산권의 보호는 그 침해지법에 의한다"고 규정하고 있다. 그렇지만 국제사법 제24조는 지적재산권에 관한 국제조약에 준거법 규정이 없는 경우를 대비한 보충적 성격의 규정이다. 따라서 국제조약에 문제된 법 관계에 적용될 준거법 규정이 있는 경우에는 그에 따라 준거법을 결정해야 한다. 한국은 1979년과 1995년 세계지적재산권기구와 세계무역기구WTO에 각각 가입했다. 이에 따라 베른협약, 제네바 음반협약, 저작권조약 및 실연·음반조약 등과 무역 관련 지적재산권 협정에도 가입되어 있다. 로마협약에는 별도로 가입되어 있지 않지만 베른협약의 가맹국이 준수해야 하는 협약이므로 한국에서도 효력이 있다.

지적재산권과 관련한 가장 대표적인 국제조약은 베른협약이며 한국은 베른협약 가입국이다. 저작권 보호의 원칙으로 내국민 대우의 원칙, 무방식주의, 상호주의 원칙을 취한다. 내국민 대우의 원칙은 저작권 보호 수준의 국제적 조

---

67 국제사법 제32조(불법행위) ① 불법행위는 그 행위가 행하여진 곳의 법에 의한다. ② 불법행위가 행하여진 당시 동일한 국가 안에 가해자와 피해자의 상거소가 있는 경우에는 제1항의 규정에도 불구하고 그 국가의 법에 의한다. ③ 가해자와 피해자 간에 존재하는 법률관계가 불법행위에 의하여 침해되는 경우에는 제1항 및 제2항의 규정에도 불구하고 그 법률관계의 준거법에 의한다. ④ 제1항 내지 제3항의 규정에 의하여 외국법이 적용되는 경우에 불법행위로 인한 손해배상청구권은 그 성질이 명백히 피해자의 적절한 배상을 위한 것이 아니거나 또는 그 범위가 본질적으로 피해자의 적절한 배상을 위하여 필요한 정도를 넘는 때에는 이를 인정하지 아니한다. ACT ON PRIVATE INTERNATIONAL LAW, Article 32.

화를 꾀하기 위해 베른협약 가입국들이 다른 가입국(준가입국을 포함)의 저작물에 대해 자국의 저작물에 부여된 보호와 동등하거나 그 이상의 대우를 의미한다. 베른협약 제5조 제1항은 "저작자는 이 협약에 의해 보호되는 저작물에 관해 본국 이외의 체약국에서 각 법률이 현재 또는 장래에 자국민에게 부여하는 권리 및 이 협약이 특별히 부여하는 권리를 향유한다"고 규정하여 내국민 대우의 원칙을 천명한다. 따라서 해당 저작물의 저작자가 본국에서 어떤 보호를 받고 있는지와 관계없이 무엇을 저작물로서 보호할 것인지, 저작자에게 어떠한 보호가 부여되는지, 저작권의 내용으로서 지분권의 범위 등은 모두 보호를 요구한 국가의 저작권 보호와 동일한 수준의 보호가 부여된다.

다만 보호 기간에 관해서만 '상호주의'가 예외로 인정된다. 베른협약 제5조 제2항의 2는 "저작자 권리 보호의 범위와 이를 보호하기 위해 주어지는 구제 수단은 오로지 보호가 요구된 국가의 법에 의해"라고 하여 저작재산권 보호의 준거법에 관해 규정하고 있다. 베른협약 제5조 제2항[68]에 규정된 '보호가 요구된 국가the country where protection is claimed라 함은 '그 영토 내에서 보호가 요구되고 있는 국가', 즉 '보호국'을 의미한다. 특히 저작재산권의 침해 문제와 관련해서는 '그 영토 내 침해행위에 대해서 보호가 요구되고 있는 국가', 즉 '침해지국'을 의미한다. 다만 베른협약 제5조 제2항이 과연 준거법 규정인지 여부와 '보호가 요구되는 국가'가 과연 보호국을 의미하는지에 관해서는 이견이 있다. 베른협약 제5조 제2항이 준거법 규정이 아니라 단순히 외인법적 규정에 불과한 것으로 해석할 경우, 보충 규정인 국제사법 제24조에 의해 '침해지법'이 준거법이될 것이다.

한편, 베른협약 제5조 제2항은 "저작자가 가지는 권리의 향유와 행사는 어떠한 방식에 따를 것을 조건으로 하지 않는다"고 규정함으로써 무방식주의

---

68   Consequently, apart from the provisions of this Convention, the extent of protecion, as well as the means of redress afforded to the author to protect his rights, shall be governed exclusively by the laws of the country where protection is claimed.

원칙을 천명한다. 무방식주의란 저작권의 취득·발생에 관해 아무런 방식의 이행이나 절차를 요구하지 않는 제도로 대부분의 국가들이 채택하고 있다. 따라서 베른협약 가입국은 저작권이 발생하기 위해 공식 절차나 방식의 필요 없이 창작하자마자 요건을 갖춘 것으로 본다. 방식주의를 취하던 미국도 1989년 베른협약 가입에 따라 무방식주의를 채택하게 되었다. 조약의 해석과 관련해 분쟁이 생길 경우에는 국제사법재판소ICJ에서 결정한다.

베른협약 저작권을 보호하는 국제적으로 통용되는 가장 중요하고도 영향력 있는 협약은 베른협약이다. 정식 명칭은 '문학 및 예술적 저작물 보호에 관한 베른협약Berne Convention for the Protection of Literary and Artistic Works'이다.[69] 프랑스의 대문호 빅토르 위고가 명예회장으로 있던 국제문예협회에서 독일 서적업자조합의 발의에 따라 문학적·예술적 저작물의 보호를 위한 국제 조직 설립을 결의하고, 1886년 스위스의 수도 베른에서 당 조약이 체결됐다. 당시 유럽에서는 외국인의 저작물을 무단 출간하는 경우가 많았기 때문에 저작권의 국제적 보호를 위한 상호 조약의 필요성이 대두된 것이다. 그러나 독일과 프랑스를 중심으로 한 '원저작자의 권리right of authorship'와 영국을 중심으로 한 '복제권 또는 카피라이트copyright' 체계 사이의 심각한 차이점들로 인해 하나의 통일된 법리에 따른 협정 체결은 실패했고, 양 체계의 내용을 절충하는 방식을 취했다.[70]

이 조약은 약 20년마다 규정을 개정한다.[71] 현재 한국을 포함한 167개국이 이 협약에 가입하고 있다. 베른협약의 보호 대상이 되는 저작물은 '문학·예술저작물'로 그 표현 형태나 방식을 불문하고 서적·소책자·강의·강연·설교 등의 저작물, 연극 또는 악극저작물, 무용저작물과 무언극, 가사의 유무를 불문

---

69 WIPO 웹사이트 https://www.wipo.int/treaties/en/ip/berne/, 2021년 1월 11일 방문.

70 저작권을 '원저작자성authorship'으로 보는 대륙법계는 저작자의 재산적 이익뿐 아니라 인격적 이익의 보호 역시 중요하게 생각하는 반면, 저작권을 독점적 복제권copyright으로 보는 영미법계는 재산상 이익을 중시한다.

71 1908년에는 베를린, 1928년에는 로마, 1948년에는 브뤼셀, 1967년에는 스톡홀름, 1971년에는 파리에서 각각 개정 회의가 열렸다.

한 음악저작물, 영화와 유사한 방법으로 표현된 영상저작물, 소묘·회화·건축·조각·판화 및 석판화, 사진과 유사한 방법에 의해 표현된 사진저작물, 응용미술, 도해·지도·설계도·스케치 및 지리학·지형학·건축학 또는 과학에 관한 저작물과 같은 문학·학술 및 예술의 범위에 속하는 일체의 창작물을 포함한다(베른협약 제2조 제1항).

보호 기간은 사후 기간 주의를 채택했는데, 저작자의 생존 기간 및 사후 50년까지를 저작물의 원칙적인 보호 기간으로 규정한다. 1948년 브뤼셀 규정이 "사후 50년보다 짧아서는 안된다"고 함에 따라 체약국들은 보호 기간 규정에서 정하는 기간을 초과해 보호 기간을 부여할 수도 있다. 영화, 사진, 응용미술에 관해서는 25년 이상으로 각국의 자유 결정에 맡겨져 있다. 보호 기간에 관해서는 베른협약 제7조 제8항은 "어떠한 경우에도 그 기간은 보호가 주장되는 국가의 입법 지배를 받는다. 다만, 그 국가의 입법으로 다르게 규정하지 아니하는 한 그 기간은 저작물의 본국에서 정한 기간을 초과할 수 없다"고 규정함으로써 상호주의 입장을 취한다. 따라서 다른 나라에서 저작권을 주장한다고 하더라도, 저작권 보호 기간을 사후 50년까지 규정하고 나라를 '본국'으로 하는 저작물에 대해 저작권 보호 기간을 저작자 사후 70년까지로 규정하는 나라의 법에 따라 보호 기간을 인정해줄 필요는 없다.

체약국은 문학 및 미술저작물에 관한 저작권 보호를 위한 동맹을 형성하고(동협약 제1조), 동맹국이 준수해야 하는 최소한도의 저작권 보호 내용으로서 번역권, 복제권 등의 재산상 권리(동협약 제8~14조의 3) 및 저작자 인격권(동협약 제6조 2)을 정한다. 베른협약 제6조 2는 저작자의 인격적 이익을 보호하기 위해 저작자는 자신이 그 저작물의 창작자라는 사실을 주장할 수 있는 권리와 저작물의 개변이나 기타 행위에 의해 명예와 평판에 해를 입는 것을 방지할 수 있는 권리를 갖는 것으로 규정해 저작인격권의 보호를 천명했다. 또한 저작자 사후에도 적어도 재산권의 보호 기간이 만료되기 전까지는 인격적 이익을 보호한다. 보호 대상은 체약국 국민의 저작물과 비체약국 국민의 저작물이라 하더라도 체약국에서 최초 발행된 저작물을 포함한다. 영화저작물의 경우 영화제작자가 체약국에 주된 사무소 또는 주소를 두고 있는 경우에는 보호된다. 체약국에 소재하는 부동산과 일체로 되어 있는 미술저작물도 보호된다(동협약 제3조).

세계저작권협약 1952년 9월 6일 제네바에서는 세계저작권협약UCC: Universal Copyright Convention이 체결됐다.[72] 이 협약은 미국과 소련 등 강대국들이 베른협약에 가입하지 않고 UN 회원국 중에도 상당수가 가입하지 않아 국제 저작권 질서에 진전이 없자 유엔교육과학문화기구UNESCO가 기존 협약에 저촉되지 않으면서 모든 나라의 가입을 가능케 할 새로운 저작권 조약을 제정하기 위한 시도였다. 동 협약은 유네스코가 주도했다고 해서 유네스코 협약 또는 만국저작권협약이라고도 한다. 이 협약의 제1조는 "각 체약국은 어문저작물, 음악·연극·영화저작물, 회화·판화와 조각 등을 포함해 문학적, 학술적 및 예술적 저작물에 있어서 저작자 및 여타의 모든 저작재산권자의 권리에 대하여 충분하고 효과적인 보호를 부여한다"고 규정하고 있다. 하지만 기존 베른협약이 영향받는 것을 최소화하기 위해 베른협약 체약국 상호 간에 있어 베른협약을 우선적으로 적용하는 규정을 두고 있다(제17조).

이 협약은 내국민 대우의 원칙(제2조), 방식주의의 일부 인정, 번역권의 7년 강제 허락 제도(제5조), 불소급 원칙(제7조) 등을 내용으로 한다. 특히 동 협약은 표시 제도를 고안해 저작권 보호 요건으로 두고 있다. 표시는 © 기호와 저작권자의 이름 및 저작물이 최초로 발행된 연도 등 세가지 사항을 표시하는 것이다. 표시만으로 저작권 보호의 요건을 단순화시킴으로써 저작권 보호에 관해 방식주의, 무방식주의 채택과 상관없이 저작권 보호 요건을 충족시킬 수 있도록 했다. 보호 기간은 저작자의 생존 기간 및 사후 25년 이상으로 되어 있다. 사진이나 응용미술저작물에 대해서는 10년 이상이다. 보호되는 권리는 복제권, 공연

---

[72] 한국은 1987년 10월 1일 가입했다.

권, 방송권, 번역 및 번안에 관한 권리 등이다.

　　로마협약과 제네바 음반 협약 1961년 로마협약, 또는 '실연자, 음반 제작 및 방송 사업자의 보호를 위한 협약International Convention for the Protection of Performers, Producers of Phonograms and Broadcasting Organizations'은 실연자, 음반 제작자, 방송 사업자 등 저작인접권자의 보호를 위한 대표적인 국제 협약이다. 이 협약은 실연자의 동의를 받지 않은 실연의 방송 또는 공중 전달, 실연의 고정, 실연의 고정물 복제 등으로부터 실연자를 보호하기 위한 것이다(동협약 제7조). 실연자에게는 녹음·녹화권과 방송권, 2차 사용료 청구권, 공연권, 음반 제작자에게는 복제권, 배포권 및 2차 사용료 청구권, 방송 사업자에게는 녹음·녹화권, 동시 방송 중계권, 공중 전달권 등이 주어진다.

　　로마협약의 보호 대상인 '실연자'는 배우, 가수, 연기자, 무용가, 기타 문학·예술 저작물을 연기·가창·낭독·웅변 등으로 표현하거나 기타 실연하는 사람을 말한다. 이 협약에 의해 보호를 받는 '음반 제작자'란 실연의 음 또는 기타 음을 최초로 고정한 자연인이나 법인을 말한다. '방송'이란 공중이 수신하도록 무선 방법에 의해 음 또는 음과 영상을 송신하는 것을 말한다. 로마협약은 베른협약과 마찬가지로 자국 체류 외국인의 인접권에 대해서도 자국민의 인접권과 똑같이 대우하고 보호해야 한다는 '내국민 대우 원칙'을 따르고 있다. 따라서 각 체약국은 실연이 다른 체약국 내에서 행해지거나 이 협약 제5조에 따라 보호되는 음반에 수록되거나, 음반으로 고정되어 있지 않은 실연이 이 협약 제6조에 따라 보호되는 방송에 의해 전해지는 경우 내국민 대우를 부여한다(동협약 제4조). 저작인접권의 보호 기간은 실연이나 고정, 방송이 진행된 때로부터 최소 20년으로 한다(동협약 제14조).

　　로마협약이 체결된 뒤 10년 후인 1971년 체결된 제네바 음반 협약, 또는 '음반의 무단 복제로부터 음반 제작자를 보호하기 위한 협약Convention for the Protection of Producers of Phonograms against Unauthorized Duplication of Their

Phonograms'은 음반을 무단 복제 및 배포하지 못하도록 하며, 공중에게 배포할 목적으로 복제물을 작성하거나 수입할 때는 음반 제작자의 허락을 받도록 했다. 이 조약의 체약국은 음반 제작자의 동의 없이 행해지는 복제물의 작성, 그러한 복제물의 수입과 공중에 대한 배포로부터 다른 체약국 국민인 음반 제작자를 보호한다(동협약 제2조). 제네바 음반 보호 원칙 역시 보호 기간은 20년이다. 이 협약을 실시하기 위한 수단은 각 체약국의 국내법이 정하는 바에 따르며, 그 수단은 저작권과 기타 특정 권리의 부여를 통한 보호, 불공정 경쟁에 관련되는 법률에 의한 보호 또는 형벌에 의한 보호 중 하나 이상을 포함해야 한다(동협약 제3조).

무역 관련 지적재산권에 관한 협정 무역 관련 지적재산권에 관한 협정TRIPs: Agreement on Trade-Related Aspects of Intellectual Property Rights은 저작권, 특허권, 의장권, 상표권 등 지적재산권에 대한 최초의 다자간 규범이다. 1986년부터 시작된 우루과이라운드에서 지적재산권이 의제로 채택되면서 1994년 출범한 WTO의 부속 협정으로 채택되었다. TRIPs 규정은 WTO의 모든 회원국에 적용되므로 종전의 개별적인 협약보다 강한 구속력이 있고, 속지주의를 따르지 않는다. 또한 최혜국 대우를 원칙으로 하므로 내국민 대우와 병행하여 내·외국인을 불문하고 모두가 동등한 권리를 갖게 된다. 이 협정은 저작권과 저작인접권 등 지적재산권의 국제적인 보호를 강화하고 침해에 대한 구제 수단을 명시했다. 저작인접권의 보호 기간도 20년에서 50년으로 연장했고, 저작권 침해에 대한 범칙금을 대폭 늘렸다.

저작권 조약과 실연 및 음반 조약 유엔 산하 WIPO는 국제연합 경제사회이사회의 관할하에 특정 업무를 수행하는 16개 전문기구 중 하나다. WIPO의 목적은 국가 간의 협조를 통해 필요한 경우에는 기타 모든 국제기구와 공동으로 전세계의 지적재산권 보호를 촉진하고, 동맹 간의 행정적 협조를 확보하는 것이다. 1996년에는 160개국 이상 대표들로 구성된 외교관 회의에서 WIPO 저작권 조약WCT과 실연 및 음반 조약WPPT을 체결했다. 이 두 조약은 기존 조약에 미흡했던 부분을 보완했다. 베른협약은 개정 시 만장일치를 요구하기 때문에 그간 가입국의 증대로 인해 1971년 개정 이후 추가 개정이 어려웠다. 따라서 컴퓨터프로그램이나 데이터베이스 등의 기술 발전을 수용할 수 없었는데, 이 두 조약의 내용을 통해 베른협약 제20조에 의한 특별 협정으로 반영할 수 있게 된 것이다.

두 조약은 최근 디지털 기술의 발전과 이로 인한 변화를 반영했다. 기존의 베른협약이나 로마협약에서 예상하지 못했던 디지털 환경의 저작권 문제를 새로운 권리의 신설을 포함한 권리관계로 재정립하고 저작권 보호를 위한 기술 장치의 보호 및 권리 관리 정보의 보호 등을 포함해 디지털 기술 발전에 대응한 저작권 보호의 방향을 제시했다. WCT는 저작권에 관한 협약으로 작곡가, 작가, 문화 또는 정보 회사의 저작권 보호를 다루고 있으며, WPPT는 저작인접권에 관한 협약이다. 특히 WPPT는 저작인접권의 보호 수준을 저작권 수준으로 격상시켜 예술가들에게 자신의 작품을 음반을 통해 복제하는 행위와 배급 및 대여 등에 대해 배타적 권리를 행사하도록 규정했으며, 이를 보호하기 위해 암호를 사용할 수 있도록 했다.

2019 EU DSM 지침 2019년 3월 26일 EU 의회는 '디지털 단일 시장의 저작권에 대한 유럽 의회와 이사회의 지침Directive of the European Parliament and of the Council on copyright in the Digital Single Market'(DSM 지침)을 가결했다.[73] 유럽연합의 2001년 저작권법(정보사회지침)을 현대화해 기술 변화에 대응하고 저작권에 대한 새로운 예외와 제한을 도입해야 한다는 요구에 부응하기 위한 것이었다.[74]

---

[73] Directive(EU) 2019/790 of the European Parliament and of the Council of 17 April 2019 on copyright and related rights in the Digital Single Market and amending Directives 96/9/EC and 2001/29/EC.

[74] 지침은 총 5장 32조로 구성되어 있다. 제1장은 일반 규정, 제2장은 저작재산권 제한 규정 신설, 제3장은 절판 저

2021년까지 국내법 개정을 마쳐야 하는 EU 회원국뿐만 아니라 비EU 국가의 저작권법이나 관련 정책에 영향을 미치는 DSM 지침의 주요 내용은 다음과 같다.

첫째, 저작재산권 제한 규정을 신설했다. 새로운 예외 또는 제한 사유로 인정하는 것은 연구 목적인 텍스트와 데이터 마이닝, 교육 목적인 디지털 저작물 이용, 문화유산 보존, 절판 저작물 이용 등이다. 온라인상에서 표현의 자유를 보장하기 위해 인용, 비평 등에 대해서뿐만 아니라 캐리커처, 패러디, 혼성모방pastiche 등에 대해서도 예외 또는 제한 사유로 인정해야 한다는 규정도 있다. 둘째, 주문형 비디오 플랫폼에서 영상저작물을 이용할 목적으로 계약 체결을 원하는 당사자들이 중립 기구나 중재인의 지원을 받을 수 있도록 했다. 협상 절차를 제도화해 영상저작물이 넷플릭스 같은 플랫폼에서 이용될 수 있도록 하기 위한 것이다. 셋째, 시각예술 저작물의 보호 기간이 만료되면 이 저작물의 복제물에 대해서도 저작권 또는 저작인접권을 인정하지 않는 규정이다. 사진으로 복제함으로써 만료된 저작물의 권리가 지속적으로 연장되는 효과를 막기 위한 것으로 이때 새로운 저작물이 독창성이 부가된 2차적 저작물이라면 해당하지 않는다. 넷째, 언론 출판사는 언론 출판물의 온라인 상업적 이용에 대해 복제권과 전송권을 갖게 된다. 이른바 '링크세', '구글세'라 불리던 규정으로 자유로운 정보 이용이라는 가치를 훼손한다는 논란이 있었다. 다만 개별 이용자에게는 적용되지 않으며 짧은 발췌물 등은 포함하지 않는다. 다섯째, 저작자가 출판사에 저작권을 양도하거나 이에 대한 이용권을 부여한 경우 출판사는 그 저작권의 예외 또는 제한으로 받는 보상금에 대해 분배를 청구할 수 있게 되었다. 여섯째, 인터넷 이용자가 업로드한 저작물 등에 대해 공중의 접근을 가능하게 하는 서비스를 제공하는 온라인 콘텐츠 공유 서비스 제공자OCSSP: Online Content-Sharing Service Provider는 공중 전달 행위 또는 이용 제공(전송) 행위를 하는 것이

저작물, 시청각 저작물과 공유 자산인 시각적 예술 저작물의 이용 활성화, 제4장은 출판사와 창작자의 보호를 위한 새로운 권리와 책임 원리, 제5장은 종결 규정을 담고 있다.

라고 규정하고 있다. 플랫폼 사업자는 권리자로부터 이용 허락을 받아야 하며, 이용 허락을 받지 못한 콘텐츠는 이용할 수 없도록 최선의 노력을 해야만 저작권 침해의 책임을 면할 수 있다. 일곱째, 창작자의 보상청구권을 강화했다. 이용을 허락하거나 권리를 양도한 창작자와 실연자를 위해 계약 체결 시 정당보상청구권, 정보제공청구권의 일종인 투명성 의무, 이른바 '베스트셀러 조항'인 계약 수정 요구권, 대체적 분쟁 해결 절차 도입, 배타적 이용권 불행사로 인한 철회권 등을 규정하고 있다.

2 언제 저작물이 창작되는가?

　　대한민국 헌법은 "모든 국민들이 학문과 예술의 자유를 가지며 저작자의 권리는 법률로써 보호한다"고 규정하고 있다.[75] 해당 법률인 저작권법[76]은 저작권 보호의 목적과 대상, 방법, 한계, 벌칙 등을 명시한다. 저작권법에서 저작물성을 인정받기 위해서는 "인간의 사상 또는 감정을 '표현'한 '창작물'"이어야 한다. 즉, 저작물의 성립 요건은 '창작성'과 인간의 사상이나 감정을 '표현'한 것으로 요약될 수 있다. 한국 법원은 미술저작물 보호 대상에 대해 다음과 같이 설시한다.

> 예술의 범주에 속하는 '미술'이란 엄밀하게 정의하기 곤란하지만, 일단 공간 또는 물건의 형상, 모양 또는 색채를 창출하거나 이용함으로써 사람의 시각을 통해 미적인 가치를 추구하는 표현 기술 또는 활동이라고 할 수 있다. 따라서 어떤 작품이 미술저작물로서 보호받기 위해서는 사상 또는 감정을 창조적으로 표현한 것이고, 또한 공간이나 물건의 형상, 모양 또는 색

75　대한민국 헌법 제22조.
76　법률 제432호 신규 제정 1957.01.28, 법률 제8101호 전면 개정 2006.12.28, 법률 제11903호 일부 개정 2013.07. 16.

채를 창출하거나 이용함으로써 사람의 시각을 통한 미적인 가치를 추구하는 표현물에 해당해야 한다. 서울중앙지방법원 2007.5.17. 선고, 2006가합 104292, 판결.

요컨대, 저작권법의 보호를 받기 위한 예술적 저작물의 주요 요건은 다음과 같다.

①창작성, 즉 사상 또는 감정을 '창조적'으로 표현한 것이어야 한다. ②표현성, 사람의 감각을 통한 미적인 가치를 추구하는 '표현물'이어야 한다. 여기에 미국 등 일부 국가는 고정과 공지 같은 형식 요건을 요구하고 있다.

형식 요건

한국 저작권법에 따르면 저작권은 창작과 동시에 발생하며 어떠한 절차나 형식의 이행을 필요로 하지 않는다(저작권법 제10조 제2항). 따라서 한국저작권위원회에 등록할 필요도, 등록을 통해 새로 취득되는 권리도 없다. 다만 등록은 창작이 이루어졌다는 증거물이 된다. 즉, 등록되어 있는 저작권을 침해한 자는 그 침해행위에 과실이 있는 것으로 추정한다(저작권법 제125조 제4항). 따라서 손해배상 청구를 할 때 저작권 침해 당시 저작권이 이미 등록되어 있으면 침해자의 고의 및 과실을 별도로 증명할 필요가 없게 된다. 또한 저작권이 실명 등록이 되면 공표 후 70년(동법 제40조 제1항)이 아니라 사망 시 기산주의로 되어 저작자 사후 70년까지 보호됨으로써(동법 제40조 제2항의 2) 보호 기간을 연장하는 효과가 있다.

미국 등 일부 국가들에서는 저작권법상 저작물이 저작권의 보호를 받기 위해서는 형식 요건과 실질 요건을 둘 다 충족시켜야 한다. 형식 요건에는 '공지notice'와 '고정fixation'이 있다. 1976년 저작권법 개정으로 이러한 형식 요건은 완화되었다.[77] 미국은 1988년 베른협약에 가입하고 곧 이어 베른협약 이행법을 제정했다. 이에 따라 3월 1일 이후 제작된 작품의 경우 '공지'는 의무 조항이 아닌 허가 조항으로 완화되었다. 현재 저작권 등록은 저작권 피해 관련 소송을 제기할 경우에만 요구되고 있다. 즉 공지 요건은 더 이상 저작권 보호를 위한 선결 요건이 아닌 셈이다. 또한 저작권 등록도 저작권 보호를 위한 결정적 증거라기보다는 (반증이 없는 한 그것으로 충분한) 일단 채택된 증거prima facie evidence 역할만 하고 있다.

다음으로 한국은 채택하고 있지 않은, 저작권 보호를 위한 형식 요건인 '고정'에 대해 잠깐 살펴보겠다. 미국을 비롯한 일부 국가에서는 저작권으로 보호받기 위해 저작물의 표현이 유형적인 매체에 고정fixation되어 있을 것을 요건으로 한다.[78] 즉 저작물은 복제물이나 음반에 최초로 고정된 때에 창작된다고 보는 것이다.[79] 순간적으로 사라지는 것이 아니라 외부적으로 인식하고 이를 복제 또는 전달할 수 있을 정도의 상당한 기간 동안 표현 매체에 정착되어 있어야만 고정화가 이루어진 것으로 본다. 유형적인 표현 매체로는 문학작품, 음악, 연극, 팬토마임, 그림, 그래픽, 조각, 영화, 건축 등이 포함된다. 유형적인 고정 매체에서 '고정' 요건은 저작자의 승낙에 의해 저작물이 순간을 넘어서는 시간 동안 지각, 복제 또는 기타 전달될 수 있을 만큼 충분히 영속적이거나 안정적으로 복제물이나 음반에 수록되어 있는 경우를 말한다.[80] 따라서 즉흥시나 즉흥 강연, 즉흥곡이나 즉흥연주 등은 미국 저작권법에 의하면 저작물로 성립할 수

---

77   1978년 1월 이후 공표되는 작품들은 '1976년 연방저작권법'에 따라 간소화된 형식 요건이 적용된다. 1976년 저작권법은 작품이 고정되는 순간부터 적용받게 된다. 이전까지 주 별로 각기 다르게 적용해오던 것과 달리 1976년 연방저작권법이 발표되면서 미국 전역에 걸쳐 일괄 법 적용이 가능해졌다.
78   "저작물이 저작권 보호를 받기 위해서는 저작권 보호를 받을 만한 소재 혹은 내용subject matter이어야 하며, 독창성originality이 있어야 하고, 유형의 소재로 표현돼 고정된 것이어야 한다." 17 U.S.C. §102(a).
79   "저작물이 유형적인 표현 매체에 '고정'된 것이어야 한다." 17 U.S.C. §101.
80   "'고정'이란 저작자의 허락에 따라 저작물이 순간적인 시간을 넘는 기간 동안에 지각, 복제 또는 기타 전달될 수 있을 만큼 충분히 영속적이거나 안정적으로 복제물이나 음반에 수록돼 있는 것을 말한다. 저작물은 복제물이나 음반에 최초로 고정된 때에 '창작'된다." 17 U.S.C. §101.

없다.

이전의 베른협약에 따르면 저작권이 발생하려면 저작물이 고정되어 있을 것을 요구했으나 1967년 스톡홀름 개정 협약에서 '고정' 요건은 체약국의 국내법 규정에 일임하도록 했다. 이에 한국은 '고정'을 저작권 발생 요건에 포함하지 않는다. 다만 영상저작물은 "연속적인 영상이 수록된 창작물로서 그 영상을 기계 또는 전자장치에 의해 재상해 볼 수 있거나 보고 들을 수 있는 것"으로 정의함으로써 영상저작물은 일정한 매체에 고정될 것을 요구한다. 이처럼 한국 저작권법에는 '고정' 요건이 없기 때문에 미국과는 달리 즉흥연기나 즉흥무용도 저작물로 보호받는다. 다만 미국도 공연이나 연기가 녹화되거나 영상물로 만들어질 경우 고정 요건이 충족되었다고 본다. 또한 발레 등 무용에 동작을 표현하기 위해 사용되는 라바 기록법labanotation 등 특별한 형태로 기록이 되어 있다면 역시 '고정' 요건을 충족한 것으로 본다.[81]

창작성

창작성 또는 독창성이란 무엇인가. 독창성originality이란 개념이 오늘날과 같은 의미로 성립된 것은 18세기 중엽으로, 이는 미학 이념이자 근대적인 예술관의 근간이 되는 개념 중 하나다. 특히 예술과의 관계에서 오리지널original이라는 말은 복제copy나 번역에 대비해서 '원작'을 의미하며, 예술이 모방해야 할 대상(즉 원상-모상의 관계에서 '원상')을 의미했다.[82] 두 경우 모두 오리지널한 것은 예술가의 행위에 앞서 존재하며, 예술가의 행위에 대해 일종의 규범성을 지닌 것으로 간주되고 있다.[83] 예술가가 타자의 작품을 모방한다면, 그 작품은 그 예

---

81   Kaufman, *Art Law Handbook*, p.10.
82   오타베 다네히사, 앞의 책, 79쪽.
83   위의 책.

술가에게서 나온 것이 아니라고 본다. 작품은 예술가의 '자연 본성'에서 생긴 경우에 한해서, 즉 그 사람이 '자신의 힘으로 만들어낸 결과'에 한해서 오리지널이라고 간주된다. 예술가는 타자에게 빌린 것이 아니라 자기 자신이 태어나면서 갖추고 있는 자질에 바탕을 두고 창작해야 하는 것이다.[84]

저작권법상 창작성 혹은 독창성 요건과 관련해서는 국가마다 조금씩 입장 차이가 있다. 미국은 전통적으로 남의 것을 베끼지만 않았다면 창작성을 인정하는데 비해, 독일과 프랑스로 대표되는 대륙법계는 저작물로 성립하기 위한 창작성은 단순히 남의 것을 베끼지 않았을 뿐만 아니라 문화 발전을 유인할 수 있을 정도의 최소한의 가치, 즉 저작자의 '개성'이 발현되어야 한다는 입장이다. 다음 판례를 통해서는 한국 법원의 입장을 살펴보자.

저작권법에 의하여 보호되는 저작물이기 위해서는 문학·학술 또는 예술의 범위에 속하는 창작물이어야 하므로(개정 전 저작권법 제2조 제1호) 그 요건으로서 창작성이 요구되나 여기서 말하는 창작성이란 완전한 의미의 독창성을 말하는 것은 아니며 단지 어떠한 작품이 남의 것을 단순히 모방한 것이 아니고 작자 자신의 독자적인 사상 또는 감정의 표현을 담고 있음을 의미할 뿐이어서 이러한 요건을 충족하기 위해서는 단지 저작물에 그 저작자 나름대로 정신적 노력의 소산으로서 특성이 부여되어 있고 다른 저작자의 기존 작품과 구별할 수 있을 정도이면 충분하다고 할 것이다. 대법원 1995.11.14. 선고, 94도2238 판결.

저작물로서 보호를 받기 위해서 필요한 창작성이란 완전한 의미의 독창성을 말하는 것은 아니며 단지 어떠한 작품이 남의 것을 단순히 모방한 것이 아니고 작자 자신의 독자적인 사상 또는 감정의 표현을 담고 있음을 의미하므로, 누가 하더라도 같거나 비슷할 수밖에 없는 표현, 즉 저작물 작성자의 창조적 개성이 드러나지 않는 표현을 담고 있는 것은 창작성이 있는 저작물이라고 할 수 없다. 대법원 2005.1.27. 선고, 2002도965 판결.

두 판례를 종합해볼 때, 창작성은 기본적으로 "남의 것을 모방하지 아니하고 자신이 독자적으로 작성한 것"이라는 의미에서 '독자적 작성'을 요구하며, 이에 더해 "저작물 작성자의 창조적 개성"이 드러날 것을 요한다고 볼 수 있다.

사실이 아닌 허구 저작권 보호를 받기 위해서는 독자적으로 창작한 표현물이어야 한다. 기존의 사실을 그대로 재현한 것에 불과하다면 저작권법상 창작성 요건이 충족되지 않는다. 바꿔 말하면 저작권법은 진실 또는 사실은 보호하지 않는다. 사건·사고에 대한 뉴스 보도에 저작권이 인정되지 않는 것은 이 때문이다. 저작권 논란 없이 뉴스가 되는 인물의 이야기를 바탕으로 드라마나 영화를 제작할 수 있는 것도 '진실'은 저작물이 아니기 때문이다.[85] 저작권 보호는 저작자의 사실에 대한 표현에만 미치고 사실 그 자체에는 미치지 않는다. 사실은 그 사실을 묘사한 작가가 만든 것도 아니고, 사실을 발견한 사람이 창작한 것도 아니기 때문이다. 사실은 누구나 이용 가능한 공유 영역의 일부분이라고 본다.[86]

아이디어가 역사적 사실인 경우도 마찬가지다. 저작권자에게 부여된 보호는 사실의 기술이든, 가설의 설명이든 간에 역사적 사실에까지 확대되지 않는다. 역사는 공공재산으로 보기 때문이다. 따라서 역사와 관련된 글들은 저작권의 범위가 좁다. 이미 공유 영역에 있는 특정 사실과 이론에 대한 작가의 독창적인 표현에만 미치게 된다. 다른 사람의 표현을 모두 도용하지 않는 한 역사저

---

85 이런 경우에는 대신 프라이버시권이나 명예훼손, 초상권 등의 보호를 받을 수 있다.
86 Miller v. Universal City Studios, Inc., 650 F.2d 1365 (5th Cir. 1981).

작물은 저작권 침해가 거의 받아들여지지 않는다.[87] TV 드라마 〈태왕사신기〉가 만화 〈바람의 나라〉 저작권을 침해했다고 제기된 소송[88]에서 법원은 저작권 침해가 아니라고 판단했는데, "비슷한 부분들은 거의 모두 역사적 사실들로서 제 3의 문헌들에도 이미 나와 있는 내용"이기 때문이다.

> 〈태왕사신기〉와 〈바람의 나라〉 모두 고구려라는 역사적 배경, 사신, 부도, 신시라는 신화적 소재, 영토 확장이나 국가적 이상의 추구라는 주제 등 아이디어 영역에 속하는 요소를 공통으로 할 뿐, 그 등장인물이나 주변 인물과의 관계 설정, 사건 전개 등 저작권에 의해 보호받는 창작적인 표현 형식에 있어서는 만화와 드라마 시놉시스 사이에 내재하는 예술의 존재 양식 및 표현 기법 차이를 감안하더라도 실질적으로 유사하지 않다. 서울중앙지방법원 2007.7.13. 선고, 2006나16757 판결.

최소한의 창작성 다음으로 저작권의 보호를 받기 위한 두 번째 요건을 충족하기 위해서는 '최소한'의 창작성을 띠어야 한다. 두 명의 예술가가 동일하거나 상당히 유사한 작품을 동시에 만들었을 경우에도 각각 저작권 보호를 받을 수 있다. 최소한의 창작성만을 요하는 것은 기존에 존재하지 않던 것을 새로 창작해내야 하는 '신규성novel'을 요구하는 특허권과의 차이점이다. 또한 저작권법은 특허에서 요구하는 선행 기술에 어떤 기술적 '진보성non-obliviousness'도 요구하지 않는다. 저작권이 요구하는 창작성은 실질적으로 모방되지 않고 독자적으로 창작된 것을 의미한다. 예술가에게 요구하는 독창성 또는 창작성이란 '복제가 아닌 것', 즉 남의 것을 그대로 베낀 것이 아닌 것을 의미한다. 아무리 사소하더라도 최소한의 독창성만 있으면 인정된다. 최소한의 창작성 요건을 충족

---

87   Hoehling v. Universal City Studios, Inc., 618 F.2d 972 (2d Cir. 1980).
88   서울중앙지방법원 2007.7.13. 선고, 2006나16757 판결.

시키기 위해서 현저한 독창성이나 천재성, 새로움 등이 필요하거나 미적·예술적으로 뛰어날 필요는 없다. 단지 남의 것을 베낀 것이 아니며 저작자의 노력에 다른 개성이 나타나 있기만 하면 된다.

미국 법원은 저작물의 종류에 따라 창작성의 요건을 달리 적용한다. 특히 재현 작품이나 묘사적인 사진처럼 사실적 저작이나 기능적 작품 등 사실을 그대로 반영한 저작물에 대해서는 일정한 수준의 창작성을 요구한다. 그렇다면 광고용 그림도 최소한의 창작성을 충족시키면 저작권법의 보호를 받을 수 있을까. 1903년 미국의 서커스단 광고용 다색 석판화의 저작권 침해 소송 판결에서 미 연방대법원은 "형편없고 하찮은 그림도 저작권으로 보호될 만한 최소한의 창작성을 갖고 있다"[89]고 판시함으로써 서커스 광고용 판화물일지라도 디자인이나 사람들과 선, 색깔의 조합 등이 창작물이라면 저작권 보호를 받는다고 보았다. 그림들을 특별히 개작adaptation한 것은 저작권의 범위에 관한 문제일 뿐 저작권의 성립 자체를 방해하지는 않는다. 이 사건은 법률상 저작물성에 대한 개념을 크게 바꿔놓았다. 올리버 웬델 홈즈 대법관은 "대중이 좋아한다는 것은 상업적 가치가 생긴다는 의미이고, 상업적 가치가 있다고 해서 미학적 가치를 부정할 수는 없다. 덜 교육받거나 덜 '고급'스런 안목을 가진 대중들이 인정한 예술적 가치를 판사가 부정할 수는 없다"고 했다. '창작성'을 판단하는 데 있어 상업성이나 예술성 여부가 저작권 보호 대상이 되기 위한 '창작성' 판단의 기준이 되어서는 안 된다는 것이다. 이후 '창작성' 요건의 기준은 '최소한의 창작성'이라 하며 그 문턱이 낮아졌다.

그렇다면 얼마만큼 낮아도 되는 걸까. 이미 저작권 보호 기간이 만료되어 공유작물이 된 거장의 회화 작품을 동판화mezzotint로 복제한다면 어떨까. 앨프리드 벨사Alfred Bell & Co. 사건[90]에서 법원은 "재현 작품이라도 저작자 자신의

89   Bleistein v. Donaldson Lithographing Company, 188 U.S. 239(1903).
90   Alfred Bell & Co. v. Catalda Fine Arts, Inc., 191 F.2d 99 (2d Cir. 1951).

것이라고 볼 만한 무엇인가가 존재하고 있으면 창작성 요건을 충족한다"고 판시했다. 법원은 원작의 저작자가 유화를 그린 기법과 이 사건 원고가 동판인쇄를 제작한 기법이 서로 다르다는 점을 창작성으로 인정했다. 동판을 새기는 데 인쇄하는 사람의 개인적인 착상과 판단이 작용하게 되는 데다, 동판을 새길 때 깊이와 모양은 기존 작품에 대한 인쇄자의 느낌과 기술이 작용해 결정되므로 기존 작품과 완전히 동일한 작품이라고 할 수 없다는 것이다. 즉 작가가 원작에 아무리 보잘것없는 부가를 했더라도 스스로 한 것이라면 충분한 셈이다.

사진저작물에서 최소한의 독창성 기준은 어떨까. 같은 피사체를 놓고 여러 사람이 사진을 찍을 경우 대부분은 상당히 유사한 사진이 나올 것이다. 시간차를 두고 찍은 사진을 놓고 먼저 찍은 사람이 저작물성을 요구한다면 아마 나중에 찍은 사람들의 사진 촬영에는 한계가 있을 수밖에 없다. 따라서 저작물성을 인정받기 위해서는 사진저작물에도 독창성이 요구된다. 사진의 독창성은 포즈, 배열이나 구성, 조명, 사진가의 표현력 등에 의해 구현될 수 있다.[91] 원고가 촬영한 오스카 와일드의 사진을 한 석판화 제작업자가 승낙 없이 판화로 복제한 데 대해 저작권 침해 소송을 했을 때, 미국 연방대법원은 원고 사진에 대해 최소한의 창작성을 인정했다. "사진이 아무리 단순한 것일지라도 사진작가의 개인적인 영향력에 관계되는 것이어서 사진작가가 주관적으로 행하는 피사체의 선택, 사진 찍는 위치, 조도 및 촬영 속도, 각도, 필름과 카메라 등의 선택에 의해서 '독창성' 요건을 충족"한다는 게 미국 판례에서 거듭 확인되는 원칙이다.[92]

물론 사진 또는 다른 인쇄물을 촬영한 사진이 단순 복제 수준에 머문 경우는 독창성 결여로 보고 저작물성을 인정하지 않는다. 단순히 사진을 투명하게 하는 방식으로 특별한 기술이나 노력을 투입했다고 해서 독창적이라고 보지

91   Burrow-Giles Lithographic Co. v. Sarony, 111 U.S. 53 (1884).

92   The Bridgeman Art Library, Ltd. v. Corel Corp., 36 F. Supp. 2d 191 (S.D.N.Y. 1999); Time Inc. v. Bernard Geis Associates, 293 F. Supp. 130 (S.D.N.Y. 1968).

는 않는다.[93] 요컨대, 사진이나 기타 인쇄물의 단순 복제에 지나지 않는 것, 주민증이나 여권, 각종 증명사진 등 실용만을 목적으로 제작된 사진, 기계 부품 등의 카탈로그 사진은 저작물성이 인정되지 않는다.

역할을 나누어 협업을 통해 창작을 하는 경우나 피고용인으로 제작에 일정 부분만 참여하는 경우 저작권은 누가 갖게 될까. 만화나 동화를 제작하는 경우에는 스토리 구성, 데생, 채색 등 각기 역할을 나누어서 하는 경우가 많다. 만화 데생 사건[94]이 그로 인해 분쟁이 발생한 경우다. 사건의 개요는 이렇다. 만화가인 채권자 A는 B로부터 만화 집필을 의뢰받아 동화책의 그림을 그렸다. 동화책 그림의 제작 과정은 동화책 내용에 따른 연필 데생(연필로 등장인물과 배경을 스케치하는 작업), 셀트레스(연필 데생을 펜으로 그대로 셀로판지에 옮겨 그리는 작업), 셀칼라 지정과 채색(셀로판지에 옮겨진 그림의 뒷면에 색깔을 지정하여 채색을 하는 작업), 배경 채색(등장인물이 등장하는 배경을 따로 켄트지에 그려 채색하는 작업)으로 이루어진다. 채권자 A는 그중에서 동화 내용에 따른 연필 데생, 셀트레스, 셀칼라 지정 작업을 했고 나머지 셀로판지 채색 작업, 배경 채색 작업은 의뢰자 B의 다른 피용자가 했다. 채권자 A는 데생 작업을 할 때 세계 명작 동화의 경우에는 일본에서 출간된 동화책의 그림을 참조했으나 그대로 모사하지는 않았으며, 전래동화의 경우에는 참조 없이 작업했다. 채무자 C는, 이 사건 그림에 있어 채권자가 실제로 한 작업은 데생 등뿐이고 그에 부가하여 채색 작업 등이 이루어짐으로써 그림이 완성된 것이므로 채권자는 최종 완성품인 이 사건 그림에 대해 저작권을 주장할 수 없다고 주장했다.

이 사건의 쟁점은 두 가지다. 하나는 동화 내용에 따른 연필 데생, 셀트레스, 셀칼라 지정 작업에 대해 저작권을 주장할 수 있는가, 다른 하나는 창작성 요건이 충족되었는가다. 먼저 첫 번째 쟁점에 대해 법원의 판단은 다음과 같다.

93   36 F. Supp. 2d 191.
94   서울고등법원 1995.5.19. 선고, 95나8746 판결.

저작권법상 미술저작물이란 형상 또는 색채에 의해 미적으로 표현된 저작물을 말하며 밑그림이나 데생 또는 미완성 작품도 작가의 사상, 감정이 창작적으로 표현된 것이면 미술저작물이라 할 것인 바, 비록 동화책을 완성하기까지는 ①데생, ②셀트레스, ③셀칼라 지정, ④셀 채색, ⑤배경 채색 등에 이르는 여러 단계를 거치고 그 가운데 채권자가 한 작업은 ①과 ②, ③의 작업이고 나머지 ④와 ⑤ 작업은 B의 다른 피용자에 의해 수행됐다 하더라도, 완성된 이 사건 그림 중 창작성이 있는 작업은 등장인물과 배경의 데생 및 셀칼라 지정 작업에 있다고 할 것이고, 창작된 인물과 배경그림에 지정된 색깔을 칠하는 작업은 그림의 완성을 위한 기계적인 작업에 불과하다고 할 것이므로, 채권자가 데생한 후 채권자가 지정한 색깔로 채색된 이 사건 그림은 그 전체로서 채권자의 창작성이 담긴 채권자의 미술저작물이라 할 것(또한 완성된 그림 동화책의 이야기 작가와 그림 작가가 다르다면 각 작가는 각각 어문저작물과 미술저작물의 저작자라고 봄이 상당하다)이다.

창작성 요건에 대해서는 다음과 같이 설시했다.

저작물에 요구되는 창작성이란 완전한 의미의 독창성을 의미하는 것이 아니라 단지 어떠한 작품이 남의 것을 단순히 모방한 것이 아닌 작자 자신의 사상, 감정을 담고 있는 것을 의미하는 정도일 뿐이므로, 비록 채권자가 이 사건 그림 중 세계 명작 동화의 그림을 데생함에 있어서 일본 동화책을 참조했다 할지라도 그러한 사정만으로 이 사건 그림이 창작성이 결여되어 저작물이 아니라고 할 수는 없으며, 설사 세계 명작 동화에 대한 채권자의 데생이 일본 동화책 그림의 변형에 지나지 않는다 할지라도, 단순한 모사가 아닌 이상 그것이 일본 동화책 그림의 원저자에 대한 저작권 침해가 되는 것은 별론으로 하고 채권자의 데생 자체는 2차적 저작물로서 보호되어야 한다.

요즘에는 만화나 동화 등에 등장하는 캐릭터를 게임이나 애니메이션 등 다른 매체를 통해 구현하는 경우가 많다. 캐릭터는 대중매체를 통해 등장하는 가공적인 또는 실재하는 인물, 동물 등의 형상과 명칭을 뜻하며, 문학·학술 또는 예술의 범위에 속하는 창작물이라고 볼 수 있는 한 원칙적으로 저작권법상의 저작물로 보호된다. 캐릭터는 그 외모, 행동, 성격이나 대중매체에서 전개되는 이야기 내용 등에 의한 독창적 개성이나 이미지가 있기 때문에 상품이나 서비스, 영업에 수반해 고객 흡인력 또는 광고 효과라는 경제적 가치를 지닌다. 만일 2차원적 캐릭터를 플래시 애니메이션으로 만들 경우, 플래시 애니메이션의 캐릭터는 창작성 요건을 갖춘 새로운 저작물성을 인정받을 수 있을까. 이에 대해서는 마시마로 캐릭터 사건[95]에 잘 나와 있다. 이 사건의 원고는 봉제완구를 제조, 판매하는 업자이고, 피고는 플래시 애니메이션의 주인공인 '마시마로' 캐릭터를 미술저작물로 등록한 자다. 마시마로는 피고가 창작한 〈마시마로 숲 이야기〉라는 플래시 애니메이션에 등장하는 주인공으로, 머리를 몸통보다 크게 강조하고 눈, 코, 입이 아래쪽으로 몰려 있으며, 귀는 가늘고 작은 유선형으로, 눈은 양 옆으로 처진 직선의 형태로 표현되어 전체적으로 나약하고 귀여운 기존 토끼 이미지와는 달리 반항적인 모습으로 표현되어 있다. 피고가 제작한 플래시 애니메이션은 2000년 8월부터 7회 인터넷에 연재되었는데, 마시마로가 당근을 낚싯밥으로 삼아 물고기의 화를 돋우거나, 험상궂게 생긴 곰으로부터 피크닉 음식을 빼앗아 먹거나, 경찰로부터 도망치기 위해 엉덩이 부분에 개 얼굴을 그려 개로 변장하는 등 과격하고 엽기적인 내용으로 구성돼 있다. 피고는 마시마로가 '엽기 토끼'라는 별칭으로 인기를 얻자 캐릭터 상품화하게 됐고, 봉제 인형뿐만 아니라 모바일 게임과 영어 교재의 등장인물로 만들었다.

원고는 피고로부터 저작물의 이용 허락을 받은 자임을 이유로 피고 회사를 상대로 위 저작물에 대한 저작권이 피고에 존재하지 않는다는 확인을 구했

95 서울남부지방법원 2003.3.27. 선고, 2002가합84 판결.

다. 원고 측은 마시마로가 기존에 시중에서 흔히 판매되던 일부 봉제 토끼 인형의 형상을 모방해 만들어진 것이어서 창작성이 결여되어 있고, 마시마로는 그것이 등장하는 플래시 애니메이션의 구체적 표현으로부터 승화된 등장인물의 총체적인 아이덴티티로서 추상적 개념에 불과할 뿐 그 자체가 구체적 표현이라고 볼 수 없다며, 따라서 피고의 플래시 애니메이션에 저작물성이 인정된다 하더라도 그 등장인물이 애니메이션으로부터 분리되어 독자적인 저작물이 될 수는 없다고 주장했다. 이에 대해 피고 측은 마시마로가 플래시 애니메이션의 주인공으로 그 독특한 외모와 흥미 있는 구성 때문에 인기를 끈 것이므로 창작성이 들어간 저작물이라고 반박했다. 이에 대해 법원은 플래시 애니메이션에서 전개되는 독창적이고 엽기적인 내용과, 마시마로라는 등장인물의 반항적인 성격이 몸통보다 큰 머리, 가늘고 작은 귀, 일직선으로 닫힌 눈 등의 특징적인 표현으로 나타난 것으로서, 원고의 주장처럼 기존 토끼 인형을 모방한 것에 그치거나 피고의 독자적인 사상과 감정이 구체적으로 표현되지 않은 것으로 보기 어렵다고 보았다.

표현성

저작권의 보호를 받기 위한 다음 요건은 '표현성'이다. 저작권의 보호를 받는 저작물이 되기 위해서는 그것이 인간의 사상 또는 감정을 표현한 것이어야 한다. 아이디어가 아닌 그 아이디어의 독창적인 '표현'이어야 한다. 저작권은 "관념, 절차, 공정, 체제, 조작 방법, 개념, 원칙 또는 발견 등"은 보호하지 않는다.[96] 관념이나 개념과 같은 아이디어는 만인이 공유하는 영역에 속하기 때문에

---

96   "어떠한 경우에도 독창적인 저작물에 대한 저작권 보호는 당해 저작물에 기술, 설명, 예시 또는 수록되는 형태를 불문하고, 관념, 절차, 공정, 체제, 조작 방법, 개념, 원칙 또는 발견에는 미치지 아니한다." 17 U.S.C. §102(b).

독점권을 인정하지 않는다. 사과와 꽃을 담아 정물화를 그리는 화가가 독점권을 갖는 것은 사과와 꽃이 아니라 세잔이나 고흐처럼 사과와 꽃을 표현하는 방식이다.

화풍도 마찬가지다. 입체파 화가인 피카소가 그린 〈아비뇽의 아가씨Les Demoiselles d'Avignon〉은 당연히 미술저작물로 저작권의 보호 대상이 된다. 그러나 피카소의 입체파라는 화풍은 인간의 사상이나 감정을 형상이나 색채를 통해 표현하고자 하는 하나의 방법, 또는 아이디어 영역에 속할 뿐 표현에 해당하지 않는다. 따라서 화가가 자신만의 독창적인 화풍을 누군가 모방했다고 해서 저작권 침해를 주장할 수는 없다.

예를 들어, 한 영화사가 베스트셀러가 된 소설을 영화화하면서 영화 포스터를 소설책의 표지에서 사용한 것과 같은 것을 사용했다고 가정해보자. 그런데 이 베스트셀러 소설의 책 표지는 한 사진작가가 소설의 전체적 분위기와 이미지를 표현하기 위해 별도로 조각물을 만들어 촬영한 것이다. 만일 영화사가 책의 표지를 영화 포스터에 그대로 이용하거나, 책의 표지에 사용된 조각물 대신 이와 똑같은 조각물을 별도로 만들어 영화용 포스터를 제작한다면 이는 책 표지를 만든 사진 저작자의 권리를 침해한 것일까?

저작권법이 보호하는 대상이 '아이디어'가 아니라 '표현'이라는 점을 상기해보자. 저작권법은 아이디어나 과학적 발견, 역사적 사실 등의 이용을 금지하지 않는다. 누군가 새로운 미술 이론을 생각해낸다면 이는 아이디어의 영역에 속하기 때문에 저작권법의 보호 대상이 되지 않는다. 그러나 이 미술 이론에 대한 내용을 책으로 출간한다면 이 책은 표현의 영역에 속하게 되고 당연히 저작권법의 보호를 받게 된다.[97] 같은 장소에서 히말라야에서 해가 지는 풍광을 담는 것은 아이디어 영역에 속한다. 그러나 해가 지는 순간의 독특한 그림자를 묘사하거나, 세밀한 바위 모양이나 산등성이의 특징들을 담거나 전체적인 조감과

---

97   Melville B. Nimmer and David Nimmer, *Nimmer On Copyright,* Matthew Bender, 1997.

관점에 따른 원근감 등을 그대로 따라 그렸다면, 이는 '표현'을 복제한 것이고 저작권을 침해했다고 볼 수 있다. 이렇듯 저작권 침해 여부는 결과물을 보고 판단한다. 결과물이 원저작물과 같다면 저작권 침해에 해당한다.

위 영화사의 포스터 사례도 마찬가지다. 만약 영화의 포스터가 단지 책 표지 사진작가의 '아이디어'를 차용해 같은 조각상을 제작한 뒤 사진을 찍어 포스터를 만들었다면 저작권 침해라고 보기 어렵다. 그러나 결과물이 원저작물인 책 표지의 '표현'을 똑같이 모방했다면 저작권 침해가 성립된다. 실제로 법원은 "원고 사진작가의 아이디어가 아니었다면 피고 영화사가 공동묘지의 '새 소녀' 조각상을 영화 포스터 촬영에 이용할 생각을 하지 못했을 것이라는 점은 인정하지만, 저작권은 아이디어를 보호하지 않는다"고 판시했다.[98]

잡지에 나온 사진을 이용해 포스터를 만드는 경우는 어떨까? 뒤에 가서 자세히 다루겠지만, 전문 사진가가 촬영한 사진이 아니라 일반적인 스냅 사진이라도 새로운 저작물을 만드는 데 차용하는 경우 이 저작물 역시 독창성을 요한다. 잡지에 실린 사진을 바탕으로 제작한 포스터가 동 사진 위에 단순히 글자 등을 추가한 것에 불과하다면, 그래서 독창적인 표현이 새로 추가되지 않았다면 사진 촬영자의 승낙을 받지 않는 이상 저작권의 보호를 받을 수 없다.[99] 다만 습작의 경우에는 사적 이용을 위한 복제로 저작권 침해의 예외가 된다.[100]

아이디어와 표현을 구분하는 몇 가지 사례를 살펴보자. 다음은 모두 광고용 사진이다. 다음 중 저작권이 인정되는 사진은 무엇일까.

①광고용 책자에 게재된 광고 사진 중 음식점의 내부 공간을 촬영한 사진.
②목욕을 즐기면서 해운대 풍경을 바라볼 수 있는 특정 업소만의 특징이

---

98   Leigh v. Warner Bros., 10 F. Supp. 2d 1371, 1379 (S.D. Ga. 1998).
99   Simon v. Birraporetti's Restaurants, Inc., 720 F. Supp. 85 (S.D. Tex. 1989). 앞서 언급한 페어리의 오바마 포스터와는 정반대 경우다. 오바마 포스터는 저작권 있는 사진을 차용해 창작했다.
100   저작권법 제30조(사적 이용을 위한 복제). 공표된 저작물을 영리를 목적으로 하지 아니하고 개인적으로 이용하거나 가정 및 이에 준하는 한정된 범위 안에서 이용하는 경우에는 그 이용자는 이를 복제할 수 있다.

부각된 사진.

③햄 제품을 촬영한 사진.

④햄 제품을 다른 장식물과 조화롭게 배치해 촬영함으로써 제품의 이미지
를 부각시켜 광고 효과를 극대화한 이미지 사진.

①은 전단지나 광고용 책자, 신문, 잡지 등의 광고면에서 흔히 볼 수 있는
사진이다. 음식점 내부 모습은 누가 찍어도 비슷한 결과가 나올 수밖에 없다.
표현이 누가 찍어도 유사한데, 먼저 찍은 사람에게 저작권을 부여한다면 나중
에 찍은 사람은 사진 촬영이 극도로 제한적일 수밖에 없다. 따라서 원저작물과
거의 흡사한 사진일지라도 이를 저작권 침해로 보지는 않는다.[101] 그러나 ②의
경우는 어떤가. 특정 업소의 특징이 부각된 사진일지라도 그 특징이 누가 찍어
도 유사한 장면이 연출될 수밖에 없는 특징이라면 역시 저작권 침해라고 보기
어렵다. 그렇지만 원저작자가 창의성을 발휘해 업소 내 유리창을 통해 저녁 해
와 바다가 동시에 보이는 시간대와 각도를 선택해 촬영함으로써 바다를 조망하
며 휴식할 수 있는 공간이라는 이미지를 창조했다면 이는 누가 촬영해도 같거
나 비슷한 결과물이라고 할 수 없다.[102]

③은 전형적인 광고용 제품 사진이다. 실용적 목적으로 제품을 충실하게
표현한 광고물이라는 점과 누가 찍어도 같거나 유사할 것이라는 점에서 ①과 같
은 경우다. ④는 제품의 이미지를 부각시켜 광고 효과를 극대화한다는 점에서
②와 유사하다. 따라서 ③의 제품 사진은 저작물성이 인정되지 않는 반면 ④의
이미지 사진은 제품의 이미지를 창조하기 위해 작가의 노력이나 개성이 들어갔
으므로 저작물성이 인정된다.[103]

사진만큼 사실적으로 묘사한 그림은 어떨까. 대체로 어떤 대상을 마치 사

---

101 대법원 2006. 12. 8. 선고, 2005도3130 판결.
102 위의 판결.
103 대법원 2001. 5. 8. 선고, 98다43366 판결.

진처럼 있는 그대로 사실적으로 그린 경우, 다른 사람이 동일한 대상을 동일한 기법을 사용해 그리더라도 이에 대해 저작권 침해라고 볼 수는 없다. 기계적으로 촬영한 사진과 마찬가지로 사실적 그림에 대한 표현 방식은 한정되어 있기 때문이다. 한 화가가 꽃이 만발한 사과나무 가지에 암수 한 쌍의 홍관조가 아래위로 앉아 있는 옆모습을 그린 회화 두 점을 그린 뒤, 나중에 그림의 저작권을 양도했다. 피고는 자신이 양도받은 저작권을 침해당했다고 주장했다. 이에 대해 미국 법원은 "이 사건에서 원고의 그림은 보호받지 못하는 요소들만을 차용한 것이며, 피고가 저작권을 가지고 있는 선행 작품과 비교해 볼 때 색깔, 홍관조가 취하고 있는 포즈, 두 홍관조의 배치 그리고 선의 효과 등에 있어서 차이가 있다"며 피고의 주장을 받아들이지 않았다.[104]

일상적인 현실을 생생하고 완벽하게 그려내는 게 특징인 포토리얼리즘 photorealism 작품도 마찬가지다. 사진처럼 있는 그대로 사실적으로 그렸다고 해서 무조건 저작권 보호를 받을 수 없는 것은 아니다. '사진처럼 있는 그대로'라는 것은 누가 그려도 똑같은 그림이라는 의미다. 따라서 포즈, 배열, 조명, 모델의 선택 등 표현에 독창성이 들어간 사진 작품과는 다르다. 마찬가지로 포토리얼리즘의 경우도 누가 그려도 똑같은 그림에만 해당될 뿐, 여기에 독창성이 가미된 작품이라면 저작권의 보호를 받을 수 있다.

'아이디어와 표현 이분법'은 미국이 법원의 판례를 통해 발전시켜온 법리로서 한국을 포함한 많은 나라에서 저작권물의 보호 범위를 정하는 기본 원리로 사용되고 있다.[105] 이 법리는 하나의 저작물을 구성하는 요소를 아이디어와 표현으로 나누어, 그중 저작권 보호는 표현에만 미치고 소개가 되는 아이디어에는 미치지 않는다는 원칙이다. 모든 저작물은 많건 적건 아이디어와 표현을

---

104 Franklin Mint Corp., v. Nat'l Wildlife Art Exch., Inc., 575 F.2d 62, (3d Cir. 1978).
105 이 법리는 1976년 미국 저작권법 제102조(b)에서, "어떠한 경우에도 당해 저작물의 관념, 절차, 공정, 체계, 조작 방법, 개념, 원칙 또는 발견에 대하여는, 그것이 어떠한 형식에 의해 기술, 설명, 예시되거나 저작물에 포함되더라도, 저작권의 보호가 미치지 아니한다"는 내용으로 성문화됐다.

내포하고 있으며, 그 두 가지를 구분하는 것은 정도의 문제이지 절대적 기준은 아니다. 스탠퍼드 대학의 폴 골드스타인 교수는 보호를 받지 못하는 아이디어를 개념, 기능적 작품, 저작물 작성에 필요한 도구 등 세 가지 카테고리로 분류한다.

첫째, 개념은 보호받지 못한다. 각종 콘테스트나 퀴즈 대회, 게임 쇼 등의 진행 방식이나 할인쿠폰을 모아 놓은 책의 구성 등과 같이 소비자의 구매 의욕을 자극하기 위해 개발된 개념은 저작권법의 보호를 받지 않는다.[106] 둘째 예술성보다는 특별한 기능을 목적으로 하는 기능적 작품에 있어 문제 해결 방법, 작동 원리, 조작 방법 같은 것들은 저작권법의 보호를 받지 않는다. 예를 들어 새로운 부기 방식을 설명한 원고의 저작물에서 저작권 보호는 그 방식을 묘사한 언어적 표현에만 미치고 그 부기 방식 자체에까지 미치지는 않는다. 셋째 창작적 표현을 하기 위해 필요한 도구들에는 보호가 미치지 않는다. 즉, 작품의 주제, 플롯, 주인공의 표준적인 캐릭터, 배경, 몇 개의 단어 조합으로 이루어진 제목 등이 여기에 해당된다. 미술저작물의 경우에는 개개의 색상이나 형상이, 음악저작물에서는 개개의 리듬과 음조, 화성 등이 이에 해당한다.

미국 법원은 문학이나 연극 같은 장르에 '추상화 테스트the abstraction test'를 적용한다. 문학이나 연극에서 사건들을 점차 제거하다 보면 점차 일반적인 형식이 남고, 끝에는 가장 일반적인 말이나 제목만 남을 수 있다. 이러한 일련의 추상화 과정에서 더 이상 보호되지 않는 지점이 있다는 것이다. 희곡에서 등장인물의 개성이 덜 확연하고, 덜 개발될수록 저작권으로 보호될 가능성은 줄어든다. 러니드 핸드Learned Hand 판사는 니컬스 대 유니버설 픽처사Nichols v. Universal Pictures Corporation 사건[107]의 '추상화 테스트'에서 아이디어와 표현의 차이는 정도의 문제라고 설시했다. 이 사건의 원고는 희곡작가 앤 니컬스Anne

---

106 다만, 부정경쟁방지법 같은 다른 법의 보호 대상은 될 수 있다.
107 45 F.2d 119 (2d Cir. 1930).

Nichols의 희곡 〈애비의 아일랜드 장미Abie's Irish Rose〉는 젊은 유대 남성이 양가 부모의 반대에도 불구하고 아일랜드계 가톨릭 여성과 결혼하는 이야기다. 니컬스는 부모의 반대에도 불구하고 아일랜드 소년이 유대 소녀와 결혼하는 내용의 〈코언가와 켈리가the Cohens and Kellys〉라는 영화를 제작한 피고를 저작권 침해로 고소했다. 다음은 이 사건을 담당한 러니드 핸드 판사의 법정 의견이다.

> 문학에 대한 저작권 보호는 텍스트를 그대로 베끼는 것만으로 제한되지 않는다. 표절자는 사소한 변경을 통해 복제하는 방식을 취할 수도 있다. 문제는 원문에서 취한 부분이 '상당한substantial' 부분인가다. 표현물과 아이디어 사이에 분명한 경계선을 긋는 것은 불가능한 일이다. 저작권은 저작물 전체를 보호하는 것은 아니다. 줄거리는 '공유작물'의 영역에 들어간다. 동 사건의 원작에서 차용된 아이디어는 보편적인 콘셉트이며 나오는 인물들도 상투적인 고정 인물stock figure이다…… 다른 종교를 가진 사람과 자식을 결혼시키지 않으려는 종교적인 열정에 관한 것이 주된 주제이고, 민족의 차이는 주요한 주제인 종교에 부수적으로 따르는 것일 뿐이다. 따라서 문제의 두 작품에 공통적인 것은 유대인 아버지와 아일랜드 아버지의 다툼과 가족 간의 갈등, 자식들의 결혼, 손자의 출생 그리고 화해뿐이다.

예술성과 실용성

저작권은 기능성이 주목적이자 주요소인 디자인은 원칙적으로 보호하지 않는다. 응용미술은 저작권 보호의 대상이 될 수 있지만, 산업디자인은 보호하지 않는다. 기능성 있는 디자인을 저작권으로 보호하게 되면 '기능'에 대한 독점권을 갖게 되는데 그렇게 되면 까다로운 절차와 기준을 통과해야 하는 특허와 차이가 없기 때문이다. 특허는 세계적인 신규성과 유용성, 진보성 등이 인정되어야 한다. 따라서 일반적인 패션[108]이나 실용 디자인은 아무리 독창적인 표현이더라도 저작권의 보호를 받지 않는다. 다만 프랑스는 일반적인 디자인이라해도 최대한 저작권으로 인정하자는 입장이다. 프랑스 저작권법은 종류, 표현의형식, 특징이나 목적에 상관없이 모든 종류의 작품에 적용된다고 하고 있다.[109]이론상으로는 산업디자인인 소금통도 브란쿠시의 조각과 차이가 없는 셈이다.[110]

한국 저작권법은 응용미술저작물을 미술저작물의 하나로 규정한다.[111] 응용미술이란 순수 미술에 대립하는 개념으로 '산업에 응용된 미술적 저작물'을일컫는다. 미국의 '분리 가능성' 이론을 받아들여 기능성으로부터 분리되는 독자성이 있다면, 응용미술저작물은 물품에 동일한 형상으로 복제될 수 있는 미술저작물로서 그 이용된 물품과 구분되어 독자성을 인정할 수 있는 것을 말하며, 디자인 등을 포함한다.[112] 여기서 응용미술품이 보호받는다는 것은 전체가아니라 기능적인 요소로부터 분리될 수 있는 미적 요소만 저작권으로 보호받는다는 의미다.[113]

응용미술의 저작물성 인정 여부는 순수 미술에 비해 혼란이 많을 수밖에없다. 다음의 한국 판례를 비교해보자. 미국 법인인 코빙튼 직물 주식회사가 이탈리아 디자인 업체로 하여금 꽃무늬 등을 여러 가지 색채로 표현하고 이를 적당히 배치한 직물 디자인을 제작하게 한 후, 이를 양도받아 저작권 등록을 했는데 한국의 한 회사가 이 디자인이 인쇄된 직물을 제조했다. 미국 법인은 자사의직물 도안을 모방했다며 저작권법 위반으로 고소했다. 사건의 쟁점은 직물 도안의 저작물성을 인정할 수 있는가다. 1심 법원은 저작물성을 인정했다.

---

108 프랑스 저작권법은 일정 요건을 충족하면 패션도 저작물로 인정한다.
109 프랑스 저작권법 제112조의 1.
110 Paul Goldstein and Bernt Hugenholtz, *International Copyright-Principles, Law, and Practice*, 3rd ed., Oxford University Press, 2013, p.215.
111 저작권법 제4조 제4항.
112 저작권법 제2조 제15호.
113 저작권법 제2조 제15호.

꽃무늬 등을 여러 가지 색채로 표현하고 이를 적당하게 배열하여 만든 2차원적인 직물 디자인은, 그 미적인 요소가 실용적 기능과 분리되어 인식되고, 지적·문화적 창작으로서 예술의 범위에 속하며 저작자 스스로의 노력에 의하여 만들어져 창작성도 인정되므로 저작물성이 인정된다. 서울지방법원 1995.1.27. 선고, 93가합48477 판결.

대법원은 위의 판결을 파기했다.

산업상의 대량생산에의 이용을 목적으로 하여 창작되는 모든 응용미술 작품이 곧바로 저작권법상의 저작물로 보호된다고 할 수는 없고 그중에서도 그 자체가 하나의 독립적인 예술적 특성이나 가치를 가지고 있어 위에서 말하는 예술의 범위에 속하는 창작물에 해당하여야만 저작물로 보호된다. 대법원 1996.2.23. 선고, 94도3266 판결.

그렇지만 2004년 '히딩크 넥타이 사건'[114]에서 대법원은 이와는 배치되는 판결을 내놓았다.

위 도안이 우리 민족 전래의 태극 문양 및 팔괘 문양을 상하 좌우 연속 반복한 넥타이 도안으로서 응용미술 작품의 일종이라면 위 도안은 '물품에 동일한 형상으로 복제될 수 있는 미술저작물'에 해당한다고 할 것이며 또한 그 이용된 물품과 구분되어 독자성을 인정할 수 있는 것이라면 저작권법 제2조 2.호에서 정하는 응용미술저작물에 해당한다. 대법원 2004.7.22. 선고, 2003도7572 판결.

---

114 서울중앙지방법원 2003.11.19. 선고, 2003노7459 판결.

결과적으로 볼 때, 분리 가능성 요건만을 둔 현행 저작권법에 따르면 저작물로서 보호되는 응용미술 작품의 범위가 확대된 것으로 보인다. 미국에서는 실용품의 디자인에 대한 저작권의 보호 범위를 결정할 때에 세 가지 경제적인 고려를 한다.[115] 첫째, 가위나 클립 같은 실용품의 경우 모양은 기능에 의해 요구된다. 그런데 만일 특정 제조업자에게 그러한 실용품의 디자인에 저작권을 부여한다면 다른 사람들은 같은 물건을 전혀 만들지 못하게 될 수 있다. 둘째, 사람들은 단순히 일상 생활용품을 똑같은 방법으로 보기를 기대한다. 오븐이나 에어컨 같은 실용품처럼 소비자의 선호가 단일한 모양을 요구하는 경우, 그러한 모양에 대해 제작자에게 독점을 부여하는 것은 반경쟁적이다. 셋째, 원, 정사각형, 직사각형, 타원과 같이 제한된 수의 기본적인 모양만이 있는 경우인데, 그런 모양은 명백히 공공 영역에 있다. 따라서 그런 모양을 사용하는 것에 독점을 부여하는 것은 불공정하다.

실용성으로부터 분리되는 예술성의 보호

만일 독창적인 표현이 디자인의 실용적인 요소로부터 분리될 수 있다면 이 부분은 저작물로 보호될 수 있다. 의자는 실용품이다. 따라서 저작권의 영역이 아니다. 그 의자가 정교하고 아름답게 장식되어 있다면 어떨까? 의자의 장식 부분이 의자로부터 분리된다면, 즉 미적 가치가 의자의 실용성으로부터 분리된다면 저작권의 영역에 들어오게 된다. 사물의 기능적인 요소로부터 비기능적 요소를 분리하는 것이다. 실용성과 별도로 예술적 요소가 있다면 원래 기능과 별도로 이 요소들은 따로 떼어 저작권의 보호를 받게 된다.[116] 마찬가지로 벨트 버클에 장식 부분은 벨트의 원래 기능적 실용성과는 별개로 장식적 요소가 있

---

115 장주영, 『미국 저작권 판례』, 육법사, 2003, 95-96쪽.
116 Goldstein and Hugenholtz, *International Copyright-Principles, Law, and Practice*, p.216.

다면 저작권의 영역에 들어오게 된다. 벨트의 장식 부분을 따로 떼어내면 일종의 미학적·예술적 조각물이 될 수 있기 때문이다.[117]

응용미술과 산업디자인의 차이를 구별할 때는 '물리적 분리성physical separability'과 '개념적(관념적) 분리성conceptual separability' 테스트를 한다.[118] 물리적 분리성은 사물의 본래적 실용성이 사라지지 않은 채 분리하는 경우를 말하는데, 예를 들어 전등의 실용성과 전등 받침의 장식성을 물리적으로 분리해 따로 장식된 전등받침 부분만 저작권으로 보호하는 것이다.[119] 전등 받침으로 제작된 조그만 조상을 복제해 판매한 메이저 대 스타인 사건에서 연방대법원은 산업상 용도로 사용되는 조상은 오직 특허로만 보호될 수 있다는 상고인의 주장을 배척하면서 조상이 전등으로 적합하든 적합하지 않든 특허로 보호될 수 있다는 가능성이 미술저작물로서 저작권 보호를 배제하는 것은 아니라고 판단했다.

개념적 분리성은 그림, 그래픽, 조각적 요소들이 개념적으로 분리되더라도 실용성이 독립적으로 존재하는 것을 말한다. 이를테면 실물 크기 흉상이 의복을 전시하기 위한 용도였다면 개념적 분리가 불가능하다. 미적 가치와 실용적 가치가 복잡하게 얽혀 있기 때문이다.[120] 캐럴 반하트 대 이코노미 커버Carol Barnhart v. Economy Cover 사건에서 셔츠와 스웨터 전시 목적으로 만들어진 실물 크기 토르소 네 개에 대해 법원은 "위 토르소는 실용품으로서 그 형태로부터 물리적이든 관념적이든 분리하여 존재할 수 있는 미적인 특징이 없으므로 저작권으로 보호받을 수 없다"고 판시했다.[121] 항소법원도 "미술적인 또는 미적인 특징으로 주장되는 토르소의 특징(실물 크기의 가슴과 넓은 어깨 등)은 실용적인

---

117 Kieselstein-Cord v. Accessories by Pearl, Inc., 632 F.2d 989 (2d Cir. 1980)에서 항소 법원은 버클을 허리가 아닌 다른 신체 부위에 장식품으로 이용할 수 있듯, 벨트 버클에서 관념적으로 분리될 수 있는 조각인 요소를 발견할 수 있다고 판시했다. 미술적이고 미적인 특징들이 실용품에 추가된 것으로 인식할 수 있다고 본 것이다.

118 Merryman, "The Refrigerator of Bernard Buffet," p.518, comt.2.

119 347 U.S. 201. 저작권의 보호를 배제하는 것이 아니라고 판단했다.

120 Carol Barnhart Inc. v. Economy Cover Corp., 773 F.2d 411 (2d Cir. 1985).

121 위의 판결.

특징, 즉 옷의 전시와 불가피하게 얽혀 있다"면서 1심 법원의 판결을 계속 유지했다.

웹페이지 디자인이나 소프트웨어 유저인터페이스, 서체의 경우에도 디자인이 실용성으로부터 분리될 수 없기 때문에 저작권으로 보호받기 힘들다.[122] 2001년 경쟁 커뮤니티 서비스 업체인 프리챌이 싸이월드 '미니홈피'와 비슷한 '마이홈피'를 출시하자 싸이월드 측은 디자인에 대한 저작권 침해라며 법원에 가처분 신청을 냈지만, 법원은 이를 기각한 바 있다. 서체의 경우 단지 사용자 편의 외에도 미적 고려가 강하긴 하지만 그 예술성은 사람들이 글자를 명확하고 빠르게 인식하도록 하는 기능성의 범위 내에 한정되어 있다. 서체에 관해서는 나라마다 입장이 다르다.[123] 미국, 일본, 한국은 서체의 저작권을 인정하지 않는다. 반면 독일, 영국, 프랑스는 인정한다. 한국 대법원은 저작권법이 서체 도안의 저작물성이나 보호에 관해 명시적 규정을 두고 있지 않은 점과 인쇄용 서체 도안은 인쇄 기술을 통해 사상이나 정보 등을 전달한다는 실용적 기능을 주된 목적으로 만들어진 것이 분명하다는 점을 들어 저작물성을 부인했다.[124] 실용적인 기능을 주된 목적으로 해서 창작된 응용미술 작품은 거기에 미적인 요소가 가미되어 있다 하더라도 그 자체가 실용적인 기능과 별도로 하나의 독립적인 예술적 특성이나 가치가 있어서 예술의 범위에 속하는 창작물에 해당하는 경우에만 저작물로서 보호된다는 것이다.

합체 이론과 필수 장면

앞의 메이저 대 스타인 사건 판례에서 법원은 미적인 창작물인 조상과 기능성을 갖고 있는 전등을 분리해서 판단했다. 실용적 목적의 산업용품이냐 독

---

122 대법원 1996.8.23. 선고, 94누5632 판결.
123 박경신, 앞의 책, 31쪽.
124 대법원 1996.8.23. 선고, 94누5632 판결.

창적으로 표현된 예술품이냐에 따라 특허권이냐 저작권이냐 하는 법적 권리가
달라진다. 특허는 아이디어를 보호하고, 저작권은 표현만을 보호하기 때문이
다. 따라서 기능성이 주요소인 보드카 병, 가구, 건축물, 의료 등의 디자인은 원
칙적으로 저작권 보호를 받지 못한다. 광고사진 얘기로 다시 돌아가보자. 푸른
색 보드카 병은 저작물일까. 이 푸른색 보드카 병을 촬영한 사진에 대해 촬영자
는 저작권을 갖게 될까. 그렇다면 마케팅용으로 제작된 푸른색 보드카 병을 촬
영한 사진작가는 같은 보드카병을 다른 사진작가로 하여금 재촬영하게 한 보
드카 회사를 상대로 저작권 침해 소송을 할 수 있을까. 피사체인 푸른색 보드
카 병은 미적 요소 없이 기능성만 있는 산업디자인으로 저작권법의 보호 대상
이 아니다. 따라서 보드카 병을 촬영한 사진도 저작권을 주장할 수 없다.[125] 이
를 '합체 이론merger doctrine'이라고 한다. 합체 이론은 형태, 규칙, 컴퓨터 프로
그램처럼 기능적 작품에 적용된다.[126]

　　보드카 병을 촬영한 사진처럼 작품의 아이디어(보드카 병)와 표현(사진)이
결합될 경우, 표현에 창작성이 있더라도 이 작품의 표현은 보호를 받지 못한다.
저작권법의 보호를 받지 못하는 아이디어와 결합되어 있는 경우 표현을 보호하
게 되면 결과적으로 아이디어도 보호하게 되기 때문이다.[127] 독창적인 표현이더
라도 해당 저작물의 아이디어가 오직 그 표현 방법 외에는 달리 효과적으로 표
현할 방법이 없는 경우에는 그 표현에 대해서는 저작권으로 보호하지 않는다.
그러므로 아이디어 혹은 절차, 시스템, 조작 방법 등이 한두 가지 방법으로밖에
표현될 수 없는 경우에는 그 한두 가지 표현 방법에 대해 아무도 독점적 권리를
주장할 수 없다.[128] 예를 들어 다음과 같은 게임 규칙의 설명은 저작권으로 보
호받을 수 있을까.

125　Ets-Hokin v. Skyy Spirits, Inc., 323 F.3d 763 (9th Cir. 2003).

126　Goldstein and Hugenholtz, *International Copyright-Principles, Law, and Practice*, p.221.

127　Bresler and Lerner, *Art Law: the Guide for Collectors, Investors, Dealers, & Artists*, p.1040.

128　Ibid.

규칙 1: 경품 참가자는 상품 상자의 특정 부위에 자신의 이름·주소·사회보장번호를 기입해 이를 소지하고 입장해야 한다. 경품 게임의 규칙은 매장에서 배부하는 전단에 인쇄되어 있다. 사회보장번호가 없는 사람은 함께 거주하고 있는 가까운 친척의 이름과 그의 사회보장번호를 기입해도 상관이 없다. 이름을 기입한 사람만이 경품 참가자로 인정받으며 경품을 받을 자격이 주어진다.

원고 회사가 판촉용 경품 게임을 창안해 그 규칙을 설명한 팸플릿을 발간했다. 그런데 피고가 이와 유사한 내용의 경품 게임을 만들어 팸플릿을 만들고, 특히 위에 제시한 제1번 규칙이 아주 사소한 문구상의 차이를 제외하고는 실질적으로 그 내용이나 표현이 동일했다. 미국 법원은 "어떠한 아이디어를 표현하는 방법이 매우 제한되어 있을 경우에 그 표현은 저작권 보호를 받을 수 없다"고 했다.[129] 게임 규칙은 아이디어임으로 당연히 저작권 보호를 받을 수 없으며, 이 게임 규칙을 말이나 글로 표현하는 방식은 한정되어 있기 때문에 저작권의 대상이 아니라는 것이다. 그렇지만 텔레비전 예능 프로그램의 포맷이나 이와 유사한 프로그램물은 아이디어와 표현 사이의 모호한 지점에 위치하고 있다.[130] 따라서 저작물성에 대한 판단도 나라마다 다르다. 네덜란드 법원은 예능 프로그램의 포맷에서도 충분한 표현성이 발견된다고 보지만,[131] 독일 법원은 프랑스 텔레비전 쇼의 포맷에 대한 저작권 침해 소송에서 저작물성이 인정되지 않는다며 기각했다.[132]

뮤지컬이나 오페라는 연극저작물에 속하지만, 무대장치는 미술저작물로 인정받을 수 있다. 그렇지만 무대장치는 각본의 내용, 무대의 공간적·기술적

---

129 Morrissey v. Procter & Gamble Co., 379 F.2d 675 (1st Cir. 1967).

130 Goldstein and Hugenholtz, *International Copyright-Principles, Law, and Practice*, p.221.

131 Netherlands, Castaway v. Endemol, Supreme Court, April 14, 2004, Case C02/284HR, [2004] AMI 172: 위의 책, p.221.

132 Federal Supreme Court, June 26, 2003, Case I ZR 176/01(Germany, "Show Format"): 위의 책, p.221.

제약에 의해 어느 정도 유사하게 제작할 수밖에 없다. 오페라 〈라보엠〉은 프랑스 파리의 젊고 가난한 예술가들의 삶과 사랑에 관한 비극이다. 따라서 오페라 극장에 설치될 무대장치는 원작대로 프랑스 파리의 다락방이라든가 뒷골목 등을 묘사하게 되는데 협소한 극장 내에 시대와 장소 등을 표현할 수 있는 무대장치는 한정되어 있다. 하나의 무대장치에 대해 저작권 보호를 하게 된다면 다른 제삼자가 유사한 무대장치를 만드는 데 제약이 생긴다. 따라서 일반적으로 무대장치에는 '합체의 원칙'을 적용한다. 다만, 어문저작물이 기본적인 플롯이 아니라 세부적인 어법이나 대화가 저작권 보호를 받듯, 무대장치 중에서도 전체적인 배경이 아니라 창작성이 있는 세부 표현이나 소도구는 저작권 보호를 받을 수 있다. 건축저작물도 마찬가지다.

건축저작물은 기본적으로 기능적 저작물로서 이에 기초한 건축물의 편의성, 실용성 및 효율성 등의 기능적 가치에 중점을 둘 수밖에 없으며, 특히 아파트 설계도 같은 경우에는 그 기능을 구현하는 표현 방법의 다양성이 제한되어 있어 현실적으로 저작권이 인정되는 부분은 극히 제한될 수밖에 없다.[133]

합체 이론과 비슷한 것으로 주로 소설이나 희곡 같은 문예저작물이나 가공저작물에 적용되는 '필수 장면 원칙scènes à faire doctrine'이 있다. 주로 소설이나 드라마와 같은 픽션 장르에 적용하는데, 어떤 아이디어를 표현하는 데 있어 그 상황을 묘사하기 위해 필수불가결한 공통적인 사건과 플롯, 인물의 성격, 배경 등에 대한 표현은 저작권 보호 대상으로 보지 않는다.[134] 예를 들어 뱀이 우글거리는 동굴 안에 보물 상자가 숨겨져 있고, 그 뱀을 쫓아 버리기 위해 햇불을 휘두르는 장면, 새떼가 날아오르자 깜짝 놀라는 장면 등은 모험 영화에서 필연적으로 수반되는 장면 묘사로서 저작권 보호를 받을 수 없다.[135]

---

133 서울고등법원 2004.9.22. 선고, 2004라312 판결.

134 323 F.3d 763 at 765, 766.

135 Zambito v. Paramount Pictures Corp., 613 F. Supp. 1107, 1112, 227 U.S.P.Q. 649 (E.D.N.Y.), aff'd, 788 F.2d 2 (2d Cir. 1985). 모험 영화 〈레이더스-잃어버린 성궤를 찾아서〉에 관한 저작권 침해 소송.

3 독점적이고 배타적인 예술가의 권리들

영국의 한 판사는 "저작권법은 매우 명백한 토대를 갖고 있다. 누구든지 스스로의 재주와 노동으로 원작품을 만든 사람은 일정한 제한하에서 배타적인 권리를 향유해야만 한다. 어느 누구도 저작권자가 뿌린 씨앗을 수확할 수는 없다"고 했다.[136] 저작권자가 갖는 독점적이고 배타적인 권리에 대해 설시한 것이다. 저작재산권은 저작자에게 부여하는 독점적이고 배타적인 복제의 권리, 또는 카피라이트를 말한다. 독점적이고 배타적인 복제권은 복제권, 배포권, 공연권, 전시권, 공중송신권, 대여권, 2차적 저작물 작성권 등을 포괄하는 의미다. 저작재산권은 저작인격권과는 달리 양도가 가능하므로 다른 사람이 배타적으로 이용할 수 있도록 허락하고 그로부터 대가를 취득할 수 있다. 저작자는 저작물의 일부 또는 전부를 양도할 수 있다. 주지해야 할 것은, 저작권이 부여하는 권리들은 분할 소유가 가능하다는 것이다. 저작권을 양도했다고 해서 반드시 물리적 저작물을 양도한 것은 아니며, 역으로 저작물을 구입하고 점유했다고 반드시 다른 독점권을 모두 양도받은 것도 아니다.[137]

---

136 Designers Guild Ltd. v. Russell Williams Textiles Ltd. [2000] 1 WLR 2416.

137 Lisa Schilit, "A Look at the Copyright Revision Act through the Eyes of the Art Collector," *Art and the Law*, Vol.6, No.2, 1981.

저작권 또는 저작권을 구성하는 배타적 권리의 소유는 저작물이 수록된 유체물의 소유권과 구별된다. 이를테면 미술관이 유형의 작품을 취득했다고 해도, 서면계약서의 조항으로 특정하기 전에는 복제권, 전시권, 2차 저작물 작성권 등 예술가가 갖고 있는 독점적인 저작권을 모두 취득했다고 볼 수 없다. 따라서 예술품 수집가들이 작품에 대한 물리적 소유권 외에 저작권도 취득하고 싶다면 계약할 때 저작권자와 협상을 통해 서면으로 이를 분명히 해야 한다.[138] 다만 매매를 통한 작품의 물리적 양도와 함께 소유권자의 손에 들어가는 순간 저작권자의 배포권은 소멸된다. 또한 매매 이후에는 저작권자의 전시권도 제한받게 된다. 소유권자는 자신이 구입한 작품을 사적으로 전시할 권리가 있기 때문이다.

저작권이 보호하는 '복제' 또는 '카피라이트'의 의미와 방식은 다양하다. 인터넷과 미디어 발달을 통해 우리가 경험하듯 과학기술이 진보함에 따라 복제 방법 또한 고도화되고 다양해지고 있다. 이에 대한 대처 방법으로 법조문의 해석을 다양한 복제 방식에 적용하도록 확대해 나갈 수 있다는 주장도 있고, 추가적으로 정밀하게 법규를 제정해야 한다는 주장도 있다. 그렇지만 단순히 법조문에 열거되어 있지 않다고 해서 저작권으로 보호되지 않는다고 보기는 어렵다. 다음은 복제권, 공연권, 공중송신권, 전시권, 배포권, 대여권, 2차적 저작물 작성권 등 저작권자에게 부여되는 권리들이다.

복제권

복제는 인쇄·사진 촬영·복사·녹음·녹화 그 밖의 방법으로 일시적 또는 영구적으로 유형물에 고정하거나 다시 제작하는 것을 말하며, 건축물의 경

---

138 Ibid.

우에는 그 건축을 위한 모형 또는 설계도서에 따라 이를 시공하는 것을 포함한다.[139] 저작권자가 독점적으로 복제권[140]을 갖고 있지만, 개방된 공공장소에 공개되어 있는 작품은 사진이나 영상 촬영, 녹음, 녹화 등의 방법으로 복제하고 이용할 수 있다.

우리 저작권법 35조 2항은 가로·공원·건축물의 외벽 그 밖에 공중에게 개방된 장소에 항시 전시되는 미술저작물 등은 예외 규정에 해당하지 않는 한 저작권자의 동의 없이도 어떤 방법으로든지 이를 복제해 방송, 전송, 상영, 변형 등의 방법으로 이용할 수 있도록 허용하고 있다. 이는 미술저작물의 원작품이 불특정 다수인이 자유롭게 볼 수 있는 개방된 장소에 항상 설치되어 있는 경우, 만약 당해 저작물의 복제 이용에 대해 저작재산권에 기초한 권리 주장을 아무런 제한 없이 인정하게 되면 일반인의 행동의 자유를 지나치게 억제하게 되어 바람직하지 않을 뿐만 아니라 저작자의 경제적 이익을 크게 해치지도 않기 때문이다. 이러한 경우에는 일반인에게 자유로운 복제를 허용하는 것이 사회적 관행에 합치한다고 볼 수 있기 때문에 개방된 장소에 항상 설치되어 있는 미술저작물에 대해서는 일반인의 복제를 자유롭게 한 것이다.

그렇지만 건축물을 건축물로 복제하는 경우, 조각 또는 회화를 조각 또는 회화로 복제하는 경우, 개방된 장소 등에 항시 전시하기 위해 복제하는 경우, 판매 목적으로 복제하는 경우에는 그렇지 않다.[141] 건축물을 건축물로 복제하는 것은 모방 건축을 허용하는 셈이고, 조각 또는 회화를 같은 형태로 복제한다거나 원작품을 변형한 2차적 저작물로서 조각을 작성하는 것도 복제작을 허용하는 것이기 때문이다. 또 개방된 장소 등에 항시 전시하기 위한 복제, 또는 판매를 목적으로 복제하는 경우에는 저작권자의 경제적 이익이 크게 손상될 위험이 있기 때문이다. 판매 목적으로 달력, 포스터, 화집, 도록 등을 제작

---

139 저작권법 제2조 제22호.
140 저작권법 제16조(복제권).
141 저작권법 제35조 제2항.

하는 것은 허용되지 않는다. 다만 무료로 제작되는 기업의 홍보용 달력에 복제하거나 풍경 속 주된 장면이 아니라 종된 부수적 장면에 해당하는 경우는 복제 및 이용이 가능하다. 만약 개방된 장소에 있는 건축물에 부속된 조각을 건축물의 일부로 본다면 이를 조각 또는 회화로 재현하는 것은 허용될 수 있다. 미국 법원은 건축물 중 예술적으로 표현된 건물의 벽과 탑 부분은 건축물의 표현 양식 중 필수적인 요소라고 하면서 이 부분에 대한 사진, 기타 회화적인 복제물을 만드는 것이 허용된다고 보았다.[142] 그러나 건축물과 구분되는 별도의 조각저작물(미술저작물)로 본다면 이를 조각으로 재현하는 것은 허용되지 않는다.

'일반 공중에게 개방된 장소'란 도로나 공원, 기타 일반 공중이 자유롭게 출입할 수 있는 옥외의 장소와 건조물의 외벽, 기타 일반 공중이 보기 쉬운 옥외의 장소를 말한다. '옥내' 장소는 비록 일반 공중이 자유롭게 출입할 수 있다고 하더라도 일반 공중이 쉽게 볼 수 있는 곳이라고 할 수 없기 때문에 일반 공중에게 개방된 장소로 보지 않는다. 옥내 장소이더라도 일반 공중이 자유롭게 출입할 수 있으면 개방된 장소에 포함된다고 해석하면 미술저작물의 소유자가 일반 공중의 출입이 자유로운 건축물 내부의 장소에서 그 미술저작물을 전시하는 경우에도 항상 저작권자의 동의가 필요하다는 불합리한 결과가 초래될 것이다. 다음 중 복제권 침해에 해당되는 것은 무엇일까.

①요시토모 나라의 작품 〈불량소녀〉를 그림엽서, 수첩, 달력 등으로 만들어 판매하는 경우.
②시중에 판매되는 손가락 인형을 TV 어린이 프로그램에 사용하는 경우.
③청계천 광장에 전시돼 있는 클래스 올덴버그Claes Oldenburg의 작품을 촬영해 지인들에게 배포하는 경우.

142　Leicester v. Warner Bros., 232 F.3d 1212 (9th Cir. 2000).

④특정 건축물을 배경으로 광고물을 제작해 TV에서 방영하는 경우.

⑤광화문 광장을 배경으로 광고물을 제작해 TV에서 방영하는 경우.

⑥만화 캐릭터를 인형으로 만들어 판매하는 경우.

①의 경우처럼 요시토모 나라의 〈불량소녀〉를 원작자의 허락 없이 그림엽서나 달력으로 만들어 판매한다면 고민할 것 없이 명백한 복제권 침해에 해당한다. 요시토모 나라 같은 예술가의 작품이 아니더라도 시중에 판매되는 인형의 캐릭터를 승낙 없이 복제해 사용하는 것도 마찬가지다. 다만, 이후에 다룰 '공정이용'의 법리에 따라 복제권 침해의 예외가 있을 수는 있다. ②의 경우는 1965년 미국의 한 TV 방송국이 상점에서 사온 손가락 인형을 어린이 프로그램 제작에 사용했는데, 인형의 저작권자가 인형이 TV에 나오는 것을 보고 방송사를 상대로 저작권 침해 소송을 제기한 실제 사건이다.[143] 이 사건에서 미국 법원은 방송사가 사용한 손가락 인형은 복제가 아니라고 판시했다. 법원은 복제란 원작에 너무 가까워서 모든 사람들이 보자마자 원작이거나 원작을 그대로 따라했다고 알 수 있을 정도여야 하는데, 방송사가 TV 프로그램에 인형을 사용한 방식은 원저작물인 손가락 인형 디자인과는 전혀 다른 성질의 것이므로 복제에 해당하지 않는다고 했다.

사람이 손가락 인형을 손가락에 끼우고 성우가 이야기를 하면서 극화해 일시적으로 텔레비전 스크린을 통해 투사하는 방식은 손가락 인형 그 자체와는 다른 성질이라 할 수 있다. 원고가 손가락 인형을 판매할 때 사용 방법의 제한 규정을 두지 않았으므로, 방송사가 사용한 방식은 애초에 손가락 인형이 사용되도록 의도한 합리적인 방식인 셈이다. 이런 경우는 설사 텔레비전에 투사하는 것이 저작권 침해에 해당한다고 보더라도 공정이용의 원칙을 적용할 수 있다. 타인 저작물의 사용이 공정한가를 결정하는 데 가장 중요한 요소는 그 사용이

---

143   Mura v. Columbia Broadcasting System, Inc., *Nimmer On Copyright*, 245 F. Supp. 587 (S.D.N.Y. 1965).

원저작물의 판매, 즉 원저작물의 시장성에 악영향을 미치는가에 달려 있다.[144] 방송사의 손가락 인형 사용은 인형 판매를 촉진하면 촉진했지 판매를 방해하지는 않을 것이다. 또한 방송사의 사용이 인형 그 자체를 대체할 수는 없다. 게다가 인형은 텔레비전 쇼의 주요한 인기 요소라기보다는 부가적인 것이다.

산책을 하다가 청계천 광장에 있는 클래스 올덴버그의 소라 모양 작품 〈스프링Spring〉을 배경으로 사진을 찍을 때 우리는 아무도 저작권을 침해하고 있다고 생각하지 않는다. ③의 경우처럼 올덴버그의 작품을 사진으로 찍어 이메일이나 문자메시지를 통해 지인들에게 전송해도 마찬가지다. 이는 저작권 침해에서 제외되는 '사적 이용을 위한 복제',[145] 즉 판매를 목적으로 상업적으로 복제한 것이 아니고 개인적으로 기념하고 즐기는 용도로만 사용되었기 때문이다. 공공장소에 설치 및 전시된 조형물은 공공 미술에 해당한다. 따라서 개방된 장소에 항상 전시되어 있는 미술 작품은 선전이나 광고 등의 목적으로 복제하더라도 무료로 배포되는 것이라면 저작권자의 복제권을 침해했다고 볼 수 없다.

그렇다면 ④의 경우처럼 건축물을 배경으로 상업용 광고를 찍은 경우는 어떨까. 한 금융기관이 광고물을 제작하면서 저작권자인 건축가의 허락 없이 광고의 배경으로 건축물을 사용한 사건에서 한국 법원은 저작권 침해로 보았다. 이 사건에서 국민은행은 파주 헤이리의 '유브이하우스'란 건물을 배경으로 광고물을 제작했다. 이 건축물은 건축가 민규암이 저작권자다. 법원은 국민은행 측이 건축가에게 규정된 저작권료를 내지 않아 재산권에 손해를 끼치고, 저작물을 이용할 때 저작권자의 이름을 표시해야 하는 규정을 지키지 않아 저작인격권을 침해했다고 판시했다.[146] 건축저작권이 건축가의 재산권이자 건축물이 저작권 대상임을 법적으로 인정한 한국의 첫 판례다. 건축물 사진을 책에 쓸

144 Nimmer. §145.
145 저작권법 제30조.
146 서울중앙지방법원 2007.9.12. 선고, 2006가단208142 판결.

경우, 사진을 찍은 사진가는 물론 건물을 설계한 건축가에게도 저작권료를 지급해야 한다.

정확하게 그대로 베끼는 것뿐 아니라 다른 형태로 비슷하게 나타내는 것도 복제라고 볼 수 있다. ⑥의 경우처럼 디즈니 만화영화 캐릭터인 미키마우스를 저작자 허락 없이 인형이나 조각 등으로 만들어 판매하는 것도 복제권 침해에 해당한다. 인형이나 조각을 만화나 그림 형태로 만들어도 마찬가지다. 위에서 살펴본 ②의 TV프로그램 제작에 손가락 인형을 사용한 것과는 다른 경우다.

복제권과 소유권의 관계도 다시 한 번 짚어보자. 저작재산권은 저작인격권과 달리 양도나 이용 허락, 즉 라이선스 계약이 가능하다고 했다. 그럼 판매나 증여 등을 통해 그림의 소유권을 양도받은 사람은 복제권도 양도받은 것일까. 원저작자의 허락 없이 복제를 허락하거나 불허할 수 있을까. 소유권과 복제권은 별개의 권리다. 따라서 소유권자라 하더라도 복제권을 양도받지 않은 한 그림을 멋대로 복제할 수 없다. 갤러리에서 구매해 소장하고 있는 요시토모 나라의 그림을 달력으로 복제해 판매한다면 이는 저작권 침해에 해당한다. 또한 화가로부터 그림을 구매해 소유권을 취득해도 이 화가가 제삼자에게 그림을 이용해 달력을 만들도록 허락하면 이를 막을 방법은 없다. 저작자의 권리 중에서 가장 핵심이 되는 복제권 침해는 지적재산권 소송으로 종종 이어지지만 위작과 표절 문제로 형사사건이 되거나 국제적인 문제가 되기도 한다.

2차적 저작물 등의 작성

저작자는 그의 저작물을 원저작물로 하는 2차적 저작물을 작성해 이용할 권리를 가진다.[147] 다른 사람의 저작물에 근거해 저작물을 만든 경우에도 자신

147　저작권법 제22조.

이 독자적으로 창작한 부분에 대해서는 독자성이 인정되어 저작권 보호를 받는데 이를 2차적 저작물derivative works이라고 한다.[148] 우리 저작권법은 원저작물을 번역·편곡·변형·각색·영상 제작 그 밖의 방법으로 작성한 창작물을 '2차적 저작물'이라 규정한다.[149] 미국에서는 '파생 저작물derivative work'이라 표현하는데, 하나 이상의 원본 저작물을 토대로 해 번역, 음악 편곡, 극화, 소설화, 영화화, 사운드 레코딩, 예술의 재생산, 요약, 축약 또는 재구성하거나 변형하거나 개작한 것을 말한다.[150] 2차적 저작물은 독자적인 저작물로서 보호되며 보호는 그 원저작물의 저작권 보호 범위, 보호 기간 등 저작자의 권리에 영향을 미치지 않는다. 따라서 원저작자의 저작물을 기초로 2차적 저작물을 작성할 경우에는 원저작자의 허락을 받아야 한다. 공유저작물에 속하는 저작물에 대해서는 2차적 저작자가 추가한 창작적인 요소에 대해서만 2차적 저작권이 미치고 공유저작물인 원저작물에는 미치지 않는다.

2차적 저작물이 성립하기 위해서는 ①원저작물을 토대로 해야 하며, ②실질적인 개변이 있어야 한다. 2차적 저작물은 원저작물을 토대로 새로운 창작성을 가함으로써 만들어진 새로운 저작물이므로 단순히 우연의 일치 또는 공통의 소재를 이용한 데서 오는 유사성이라면 2차적 저작물이 아니라 별개의 저작물이 된다. 또한 2차적 저작물은 다른 저작물과 마찬가지로 '창작성'을 필요로 한다. 즉 원저작물에 대한 '실질적 개변'이 이루어져야 한다. 원저작자의 허락 없이 작성됐다 하더라도 2차적 저작물로 성립되는 데는 지장이 없다. 다만, 원저작자의 2차적 저작물 작성권을 침해한 것이 되므로 이에 대한 책임이 따른다는 것은 별개의 문제다.

그림을 바탕으로 조각품을 만든다면 어떨까. 같은 조각인데 조각의 재질을 달리한다면? 축소나 확대를 통해 미술 작품을 변경 복제한다면? 이런 경우

---

148 17 U.S.C. §101 "derivative work".
149 저작권법 제22조.
150 17 U.S.C. 101.

에도 복제품에 대해 2차적 저작물로서 저작권을 인정해야 할까. 이에 대한 미국 법원의 견해는 엇갈린다. 색깔을 선택하거나 만드는 과정에서 창작적인 노력이나 특별한 기술이 들어갔다면 2차적 저작권을 인정해야 한다는 견해가 있다. 반면 특별한 기술이나 노력이 들어갔다 하더라도 '실질적인 변화'를 가져오지 못하고 사소한 변화에 불과하다면 최소한의 창작성 기준을 충족시키지 못했다는 견해가 있는데, 후자가 우세하다.

　　2차적 저작물이 요구하는 창작성의 기준을 제시한 판례가 있다. 성조기와 함께 미국의 대표적 상징물이자 공유작물인 '엉클 샘Uncle Sam상'의 금속제 저금통을 바탕으로 재질을 플라스틱으로 바꾸고 모양을 약간 변형해 저금통을 만들었다면 이 저금통은 2차적 저작물이 될 수 있을까. 미국 법원은 사소한 변경이냐, 실질적 변경이냐를 구분하기 위해 두 제품을 비교했다. 전문가들의 의견을 청취한 후, 법원은 "사실상 똑같은 복제품"이라고 보고 2차적 저작물로 인정하지 않았다. 재질을 금속에서 플라스틱으로 바꾼 것에 불과하다는 것이다. 그 밖의 차이점들도 일반 관찰자들이 인식할 수 없을 만큼 사소한 것들이라고 보았다. 법원의 논리는 이렇다.

　　2차적 저작물이 저작권을 인정받기 위해서는 다른 매체로 옮기는 과정에서 일어날 수 있는 사소한 변경이 아닌 실질적 변경을 요구한다. 기계적인 복제를 금지하는 것이 '독창성'의 개념에 이미 내재되고 전제되어 있기 때문이다. 2차적 저작물로 인정받기 위해서는 어느 정도의 기술과 창작성이 요구되는 것은 사실이지만 '독창성' 요건이 단지 물리적 기술과 특별한 훈련을 입증함으로써 충족되는 것은 아니다. 즉 상당히 높은 정도의 기술과 예술적 솜씨가 요구된다. 대량생산을 위해 단순한 형태로 모양을 변형시키는 사소한 변화까지 저작권 보호를 확대하게 되면 공유작물이 나쁜 복제자에 의해 독점적으로 악용될 수 있다. 또한 원저작물과 복제품 사이에 진정한 차이가 없다면 저작권과 관련한 헌법 조항의 취지인 '예술 발전에 따른 공공이익의 증진'은 달성되기 힘들 것이다. L. Batlin & Son, Inc. v. Snyder.[151]

　　한 화가가 원저작물 저작권자의 승낙을 받고 영화 주인공의 그림을 그렸다고 치자. 그러자 또 다른 화가가 이 그림을 보고 유사한 그림을 그려서 판매했다. 첫 번째 화가가 그린 영화 주인공의 그림은 2차적 저작물로 저작권의 보호를 받을까. 영화 주인공의 사진을 보고 그린 그림은 저작권의 보호를 받을 만큼 충분히 독창적일까, 아니면 복제에 불과할까. 실제 그레이슨 대 브래드퍼드 익스체인지Gracen v. Bradford Exchange 사건[152]을 통해 2차적 저작물의 저작권성을 살펴보자.

　　영화 관계자 브래드퍼드는 영화 〈오즈의 마법사〉 중 주디 갈랜드가 맡은 주인공 도로시의 스틸 사진들을 화가에게 제공하고 가장 잘 그린 화가와 계약을 체결할 계획이었다. 물론 저작자인 MGM 영화사로부터 〈오즈의 마법사〉 등 장인물들과 영화 장면들의 이용에 관한 허락을 받았다. 그중 원고 그레이슨의 작품이 최고로 뽑혔지만, 요구 조건이 맞지 않아 결국 계약은 성사되지 않았다. 브래드퍼드는 다른 화가에게 원고 그레이슨이 그린 그림을 주면서 동일한 그림을 그리게 했다. 이에 원고는 자신이 그린 도로시 그림과 영화 속 다른 등장인물들을 그린 5개의 소묘에 대해 저작권을 등록하고, 브래드퍼드, MGM 등이 자신의 저작권을 침해했다며 소송을 제기했다. 이에 맞서 피고 브래드퍼드와 MGM 측은 원고 그레이슨이 그림과 소묘들을 공개함으로써 영화에 대한 저작권을 침해했다며 반소를 제기했다.

　　법원의 판결을 보자. 우선 법원은 원고의 그림에 대해 일단 영화의 스틸 사진에 나타난 도로시를 그린 그림이므로 2차적 저작물임을 인정했다.

　　원고 그레이슨이 영화에 대해 2차적 저작물을 만들 권한이 없다면, 즉 영화

151　536 F.2d 486 (2d Cir. 1976).
152　698 F.2d 300 (7th Cir. 1983).

저작권자의 승낙을 받지 않았다면, 그림과 소묘들에 대해 저작권을 주장할 수 없다. 그런데도 원고는 이 그림들을 공개적으로 전시함으로써 MGM의 저작권을 침해한 것임에 틀림없다. 이 사건에서 그레이슨이 영화 사진을 그림과 소묘로 그린 것은 이 사진들을 무단으로 사용한 것이 아니라 도리어 브래드포드의 요청에 의한 것이었으므로 그레이슨이 어떠한 권한을 갖고 있던 것은 분명하다. 따라서 문제는 그레이슨이 2차적 저작물을 제작할 권한을 부여받았는지 여부가 아니라 그림을 전시하고 저작권으로 등록할 권한을 부여받았는지 여부가 된다. 그레이슨이 그림을 그릴 권한을 부여받았다면 브래드포드와 합의가 이뤄지지 않을 경우에는 적어도 그것을 전시할 권한을 받았거나 그러한 권한이 있다고 합리적으로 믿었을 것이다.

법원은 이 같은 논리로 브래드퍼드와 MGM 측의 반소를 기각했다. 그러나 2차적 저작물을 전시할 권한이 곧 저작권을 보유하고 있다는 의미는 아니다. 그렇다면 그레이슨은 유효한 저작권을 갖고 있는 걸까. 법원은 브래드포드로부터 받은 미국 계약법상 묵시적 이용 허락implied license, 즉 영화 스틸 사진의 이용 가능한 범위를 먼저 살펴보았다. 그레이슨은 MGM사로부터 라이선스를 받은 것은 사실이지만, 이를 바탕으로 창작된 2차적 저작물에 대한 저작권 보유까지 허락받은 것은 아니다. 법원은 그레이슨의 그림과 소묘들이 저작권으로 보호될 만큼 충분히 독창적이지 않다고 보았다. 만일 그레이슨이 사진이 아닌 주디 갈랜드(도로시)의 실물을 보고 그렸다면 아무리 작품 수준이 떨어진다 하더라도 저작권을 보호받을 수 있을 것이다. 저작권의 보호를 받기 위해서는 최소한의 독창성만 있으면 되기 때문이다. 그러나 2차적 저작물은 전혀 다른 이야기다. 2차적 저작물이 저작권으로 보호받기 위해서는 원작과 '실질적으로 substantially' 달라야 한다.

그레이슨은 판사들이 예술적인 문제에 대해 언급하는 것이 적절하지 않을 수 있다며 자기 작품의 독창성이 충분치 않다는 주장에 반대했다. 그러나 예술적 의미의 독창성artistic originality은 저작권법에서 말하는 법적인 개념의 독창성과는 다르다. 특히 2차적 저작물에 적용될 때 독창성의 개념은 미적인 기능보다는 법률적인 기능이 강조된다. 독창성 요건은 2차적 저작권과 관련해 더욱 중요해진다. '독창성'을 너무 넓게 해석할 경우 원저작자에게 원저작물로부터 2차적 저작물을 창작하는 것을 방해하는 상당한 권한을 줌으로써 역설적이게도 창작을 장려하기보다는 오히려 금지하는 결과를 낳게 될 것이다.

미국 저작권법에 의하면 2차적 저작물이란 "①번역물, 편곡물, 극화물, 소설화물, 영화화물, 녹음물, 미술 복제물, 축약물, 요약물 또는 ②기타 어느 저작물을 개작, 변형, 각색한 형태와 같이 기존의 하나 이상 저작물을 기초로 하여 작성된 저작물"이다. 다음 두 사례를 통해 그 차이를 비교해보자. 미라지 에디션스사 대 앨버커키 에이알티사Mirage Editions, Inc. v. Albuquerque A.R.T. Co. 사건153에서 원고는 그래픽아트의 원저작자로부터 이용 허락을 받아 작품과 해설을 실은 책을 발행했다. 그런데 제삼자가 책에서 그림들을 오려낸 후 개별적으로 세라믹 타일에 붙여 이 타일들을 팔았다. 원고는 피고인 타일 제작자가 그림의 원저작자 작품과 2차적 저작물인 책의 저작권을 침해했다고 소송을 제기했다. 피고인 타일 제작자는 "타일은 미술품을 복제한 것이 아니라 책에 실린 사진을 이용했으므로 2차적 저작물이 아니며, 최초 판매 이론에 의해 저작권 침해가 인정되지 않는다"고 주장했다. 이에 대해 법원은 "책에서 개별적인 그림을 오려내 타일에 붙인 것은 복제에 해당된다고 할 수는 없지만, 타일 제작 과정에서 그림들을 이용함으로써 이 개별적인 그림들을 분명히 개작 또는 변형했다"고 판시했다.

한편 리 대 에이알티사Lee v. A.R.T. Co. 사건154에서 피고 A.R.T.사는 원고 리Lee가 창작한 그림이 들어 있는 노트카드와 작은 석판화를 구입한 후 그 그

---

153   856 F.2d 1341 (9th Cir. 1988).
154   125 F.3d 580 (7th Cir. 1997).

림을 세라믹 타일 위에 붙여 팔았다. 원고는 승낙 없이 2차적 저작물 작성했으므로 자신의 저작권을 침해했다고 주장했다. 이에 대해 법원은 다음과 같이 판시했다.

A.R.T.가 원저작자의 그림을 구입해 만든 타일은 미술 복제품이 아니며, '기타 어느 저작물을 개작, 변형 또는 각색한 형태'가 아니다. 미술 작품이 개작되거나 세라믹판에 붙이면서 변경되지 않았다. 만약 그림을 타일에 붙이는 일이 변형이라면 그림의 틀이나 사진틀을 바꾸는 것도 똑같이 2차적 저작물을 만드는 행위가 될 것이다. 원고의 주장대로라면 카드 위에 메모를 하거나, 음료 받침대로 이용하거나, 반으로 자르거나 하는 것과 같은 작품의 작은 변경도 작가의 허락을 받아야 할 것이다.

2차적 저작물의 창작성 기준은 모호할 때가 있다. 다음의 두 미국 사건을 비교해보자. 앨바 스튜디오 대 위닝어Alva Studios, Inc. v. Winninger 사건[155]에서 법원은 로댕의 유명한 조각인 〈신의 손Hand of God〉을 정교하게 그대로 축소시킨 작품을 독자적으로 보호받는 2차적 저작물이라고 판시했다. '엉클 샘 저금통' 사건[156]의 법원이 로댕의 조각품을 그대로 축소시키는 데 있어 상당한 기술과 창작성이 요구되지만, 엉클 샘 저금통의 재질을 바꾸며 대량생산을 위해 단순한 형태로 모양을 변형시키는 것은 아무런 창작성을 요하지 않는다고 판시한 것과 대비할 수 있다.

155 177 F. Supp. 265, 123 U.S.P.Q. 487 (S.D.N.Y. 1959).
156 536 F.2d 486 (2d Cir. 1976).

배포권과 최초 판매의 원칙

저작자는 저작물의 원본이나 그 복제물을 배포할 권리를 가진다.[157] 배포권은 저작물의 원본이나 그 복제물을 배포할 권리를 말한다. 배포는 원작품 또는 그 복제물을 여러 사람들에게 대가를 받지 않고 양도 또는 대여하는 것을 말한다.[158] 사람들에게 사본을 돌려보게 하는 행위도 대여에 해당한다. 따라서 직접 복제하지 않았더라도 누가 불법적으로 복제한 창작물을 대여하거나 배포하는 것도 저작권 침해에 해당한다. 음반의 경우에는 합법적으로 복제된 음반이더라도 여러 사람이 들을 수 있도록 돌리는 것도 저작권 침해가 된다. 그러나 배포권의 단서 조항에 따르면 저작물의 원본이나 그 복제물이 해당 저작재산권자의 허락을 받아 일단 판매 등의 방법으로 거래되면 저작권자는 그 작품에 대한 배포권을 잃게 된다.[159] 따라서 저작권자가 일단 타인에게 양도한 후에는 원본 또는 복제물을 취득한 사람이 마음대로 처분할 수 있게 된다. 적법한 복제본의 소유자는 저작권자의 독점적 배포권을 침해하지 않고 자신의 복제본을 자유로이 처분할 수 있다는 원칙으로 '최초 판매의 원칙first sale doctricne' 또는 '권리 소진의 원칙exhaustion doctrine'이라고 한다. 예컨대 도서를 구입한 사람은 원저작자의 독점적 배포권을 침해하지 않고도 이를 다른 사람에게 빌려주거나 증여할 수 있으며, 중고 책방에 판매할 수 있다. 그림 구매자도 마찬가지로 저작권자의 허락 없이 타인에게 재판매할 수 있다.

한편 최근 캐피털 레코드 대 리디지사Capitol Records v. ReDigi, Inc. 사건에서 뉴욕 법원은 디지털미디어에는 최초 판매의 원칙이 적용되지 않는다고 판결하면서 디지털 매체를 통해 자유롭게 파일 공유가 가능한 최초 판매의 원칙에서

---

157 저작권법 제20조.
158 저작권법 제2조 제23호.
159 저작권법 제20조 단서 조항. 다만, 저작물의 원본이나 그 복제물이 해당 저작재산권자의 허락을 받아 판매 등의 방법으로 거래에 제공된 경우에는 그러하지 아니하다. 17 U.S.C. §109 (b)(1)(A) (2000).

음반(음원)을 예외로 했다.[160] 이 사건의 피고인 리디지스 서비스ReDigi's service는 사용자들이 애플의 아이튠스 같은 온라인 소매업체에서 구입한 콘텐트를 업로드하고 재판매하는 서비스를 제공하고 있다. 사용자들이 구매한 음악을 확인하고 해당 트랙을 리디지의 클라우드에 업로드한 뒤, 사용자의 파일 접근을 종료함으로써 트랙을 구입한 새 사용자에게 양도하는 방식이다. 리디지는 중고 레코드점의 디지털 버전이라고 보면 된다. 그러나 캐피털 레코드 측은 이는 명백히 직접적인 저작권 침해에 해당한다며 소송을 제기했다. 법원은 사용자의 하드 드라이브로부터 피고의 클라우드 서버로 전송하는 불법적인 콘텐트 복제를 함으로써 저작권 침해를 했다고 판시했다. 다음은 법원의 논리다.

> 같은 물리적 사물material object이 인터넷상으로 전송될 수는 없다. 복제권은 저작물이 새로운 물리적 사물에 구현될 때 발생하고, 디지털 음악 파일은 인터넷을 통해 전송되면서 새로운 물리적 사물에 구현되기 때문이다. 법원은 새로운 하드디스크에 디지털 음악 파일을 구현하는 것은 저작권법상 복제에 해당한다고 본다. 간단히 말해, 이것은 '새로운' 물리적 사물의 창조이지 복제권에서 정의하는 '부가적' 물리적 사물이 아니다.

이 판결 이후 새롭게 등장한 디지털 컨텐트의 배포권과 권리 소진의 원칙과 해석에 대한 변화가 있었다.

160　Fuerst Ittleman David & Joseph, PL, "Capitol Recoreds v. ReDigi, Inc.: New York District Court Determines that First Sale Doctrine does NOT apply to Digital Media, Did They Get it Right?" *JD Supra Law News*, Apr. 12, 2013.

전시권, 공연권, 공중송신권, 저작인접권

전시권

저작자는 미술저작물 등의 원본이나 그 복제물을 전시할 권리를 가진다.[161] 전시권은 저작자가 미술저작물 등의 원본이나 그 복제물을 전시할 수 있는 권리다. 따라서 전시권은 시각예술 작품 등에만 인정되는 권리이며, 시각예술 작품을 매매해도 작가가 전시권을 계속 갖는다. 다만 작품의 소유자는 공공 전시가 아닌 사적인 전시를 할 수 있다. 앞서 복제권에서 살펴보았듯이 원작품 소유자는 자기가 갖고 있는 원작품을 전시할 수는 있지만 그 저작물의 복제물을 전시할 수 있는 권리는 없다. '원본'이란 저작자의 사상이나 감정이 표현되어 직접 제작된 유체물로, 복제물이 아닌 것을 말한다. 저작자가 직접 제작한 것은 모두 원본이다. 따라서 같은 조각, 같은 판화라도 저작자가 직접 제작했다면 여러 개가 원본이 될 수 있다. 판화와 같이 동일한 원본이 여러 개인 경우에는 자기가 소유하는 원본만을 전시할 수 있다. 아직 일반에 공표되지 않은 미술저작물, 건축저작물 또는 사진저작물의 원본을 양도한 경우에는 그 상대방에게 저작물의 원본 전시 방식에 의한 공표를 동의한 것으로 추정한다.[162]

한 작가의 연대기별 작품을 한번에 전시하는 특별 기획전이 종종 있다. 작가가 자신의 특별 기획 전시에 이미 판매한 작품을 포함하고 싶어 하지만, 현재 소유권자가 이런 요청을 거부한다면 작가가 갖는 전시권과 소유자의 소유권이 충돌할 것이다. 이 경우 누구의 권리가 우선이 될까. 자신의 작품을 일반 대중에게 전시할 수 있는 권리는 작가에게 매우 중요하다. 소유권자 역시 자신이 구매한 작품에 대해 분명한 소유권을 행사할 수 있다. 그렇지만 저작자가 저작물을 물리적으로 양도했다고 해서 복제권까지 양도했다고 볼 수는 없듯이 저작

---

161 저작권법 제19조.
162 저작권법 제11조 3항.

물의 양도로 전시권까지 양도했다고 보지 않는다. 따라서 소유권자는 전시권의 양도까지 원한다면 합의와 서면 계약을 통해 전시권에 대해 분명히 하는 것이 좋다.

영화나 드라마 촬영, 또는 광고물 촬영 등을 통해 저작자의 동의 없이 전시권이 행사되는 경우도 종종 발생한다. 공중에게 개방된 장소에 항시 전시하는 것이라면 저작재산권자의 허락을 별도로 구해야 한다. 저작권법 제35조는 "미술저작물 등의 원본의 소유자나 그의 동의를 얻는 자는 그 저작물을 원본에 의하여 전시할 수 있다"고 규정하면서 "다만, 가로·공원·건축물의 외벽 그 밖에 공중에게 개방된 장소에 항시 전시하는 경우에는 그러하지 아니하다"는 단서 조항을 두었다. 저작물을 공중에게 개방된 장소에 항시 전시하게 되면 저작재산권자의 이익을 심하게 해칠 우려가 있기 때문이다. 만일 호텔 라운지에 설치된 미술 작품이 작가의 승낙 없이 광고의 배경으로 나온 경우, 이는 단서 조항에서 명시한 '공중에게 개방된 장소'에 해당할까. 원칙적으로는 저작권자의 동의를 구하지 않았으므로 전시권 침해에 해당한다. 그렇다면 단서 조항에 명시한 '공중에게 개방된 장소'의 범주는 어디까지일까. 호텔 라운지도 공중에게 개방된 장소에 해당할까. 이에 대해 한국 법원은 "한국에서 호텔 1층 로비 라운지는 아무나 출입할 수는 있지만 호텔 내부 공간으로서 일반인에게 개방된 장소가 아니므로 호텔 라운지에 설치된 미술 작품이 작가의 동의 없이 광고의 배경으로 나왔다면 저작권 침해"라고 판시했다.[163]

공연권

공연권은 저작물을 공연할 수 있는 권리를 말한다. 저작권법 제2조에 따른 '공연'의 정의는 "저작물 또는 실연·음반·방송을 상연·연주·가창·구연·낭

---

163 서울중앙지방법원 2007.5.17. 선고, 2006가합104292 판결.

독·재생 그 밖의 방법으로 공중에게 공개하는 것"을 말하며, "동일인의 점유에 속하는 연결된 장소 안에서 이루어지는 송신(전송을 제외한다)"을 포함한다.[164] 녹음물의 경우에는 디지털 음의 송신으로 저작물을 공개적으로 실연할 수 있다. '실연'이란 직접적으로 또는 어떤 장치나 공정에 의해 그 저작물을 낭송, 표현, 연주하거나, 무용으로 표현하거나 상연하는 것을 말한다. 실연자는 저작물을 연기·무용·연주·가창·구연·낭독 그 밖의 예능적 방법으로 표현하거나 저작물이 아닌 것을 이와 유사한 방법으로 표현하는 자를 말하며, 실연을 지휘, 연출 또는 감독하는 자를 포함한다.[165]

영화나 다른 시청각저작물의 경우에는 연속적으로 그 영상을 보여주거나 그에 수반되는 음을 들을 수 있도록 한 것을 의미한다. 기계적 장치의 도움을 받아 극장이나 TV를 통해 상영 또는 방영하는 것도 공연에 해당한다. 또 DVD나 비디오와 같은 전기제품을 통해 갤러리나 미술관, 박물관, 음악 감상실 등에서 음향이나 영상을 기계적으로 재생해 고객들에게 영상을 보여주는 것도 공연권에 해당한다. 공개적으로 저작물을 실연하거나 전시한다는 것은 ①공중에 개방된 장소 또는 통상적인 가족 및 그 사회적 친지의 범위를 벗어난 상당수의 사람들이 모인 장소에서 그 저작물을 실연 또는 전시하거나, ②저작물의 실연이나 전시 행위를 접할 수 있는 공중의 구성원이 같은 장소나 다른 장소냐, 그리고 같은 시각에 혹은 다른 시각에 그 실연이나 전시 행위를 접하느냐에 관계없이 어떤 장치나 공정에 의해 ①에서 정한 장소에 또는 공중에게 그 실연이나 전시 행위를 전송하거나 달리 전달하는 것을 말한다.[166]

---

164 저작권법 제2조 3호.
165 저작권법 제2조 4호.
166 17 U.S.C. §101.

공중송신권

2012년 상반기 히트작인 영화 〈건축학 개론〉은 상영관에서 한창 관객몰이를 하던 중 메신저와 인터넷 파일 공유 사이트 등을 통해 퍼져나갔다. 배급사 측은 하루 30만 건의 불법 다운로드가 이루어졌으며, 관객 수익 30억 원, 판권 수입 30억 원, 해외 수출 15억 원 등 75억 원 상당의 피해를 입었다고 추산했다.[167] 이는 저작권 중에서 공중송신권 침해에 해당하는 사례다. 공중송신권은 저작물 등을 공중이 수신하거나 접근하게 할 목적으로 무선 또는 유선통신 방법으로 송신하거나 이용 제공을 하는 것이다. 〈건축학 개론〉의 인터넷 유포자는 저작권자인 영화제작사의 허락 없이 저작물을 인터넷에 올려 공중이 접근할 수 있게 제공함으로써 저작권자의 독점권을 침해했다. 공중송신권은 방송과 전송 및 디지털 송신을 포함하는 개념으로 지상파방송, 케이블방송, IPTV, 위성방송 등에서 영화를 제공할 수 있는 권리, 온라인 상영관 같은 인터넷을 통해 영화를 제공할 수 있는 권리 등이다.

경매 회사나 갤러리는 작품 판매를 위한 정보를 제공할 목적으로 도록이나 책자를 만들어 배포한다. 같은 목적으로 경매나 판매를 위해 작품의 이미지 파일을 회사나 갤러리의 인터넷 웹사이트에 띄워 놓기도 한다. 저작물의 해설이나 소개를 목적으로 하는 목록 형태의 것을 책자로 제작하는 경우와 같이 이를 홈페이지에 게시하는 것도 저작권법 제35조 제3항에 의해 허용된다. 미술저작물이 양도 등으로 저작권자와 소유권자가 달라진 경우, 소유자가 미술저작물을 판매하기 위한 홍보물 등을 제작하기 위해 저작권자의 동의를 필요로 한다면 소유권이 지나치게 제한되어 불합리하고 미술저작물의 유통성이나 상품 가치를 떨어뜨릴 수 있기 때문이다. 따라서 미술저작물의 원본 등 소유자 혹은 그로부터 그 판매를 위탁받은 자가 수요자들에게 그 저작물을 소개할 수 있도록 하기 위해 소유자 등에게 일정한 범위의 복제권을 허용하는 것이다.

---

167 장규석, 「너만 봐……영화 〈건축학개론〉 파일 건네줬다가 결국」, 노컷뉴스, 2012.05.31.

그렇다면 경매가 종료된 후에도 계속해서 화가의 승낙 없이 작품의 이미지를 인터넷 홈페이지에 게재하는 것은 어떨까. 우리 법원은 이것이 작가가 승낙한 범위를 넘어서는 행위이므로 공중송신권 침해라고 보고, 경매가 종료된 다음부터는 홈페이지에 게시하면 안 된다고 판시했다.

저작권법 제35조 제3항에는 소유자 등에게 일정 범위의 복제를 허용하고 있다. 공중송신권은 1986년 법 개정 당시에는 미처 고려하지 못했던 것으로 보이나, 조항의 의미 등을 종합할 때 위 조항은 미술저작물의 공중송신에 유추 적용할 수 있으므로 홈페이지에 게시하는 것도 저작권법 제35조 제3항으로 허용되는 것이다. 그러나 인터넷에 게시하는 전송 행위는 1회의 제작으로 종료되는 서적 형태의 도록에 비하여 상당히 지속적이고 전파가능성도 훨씬 크다. 그렇기 때문에 판매가 완료된 이후에도 계속 게시하는 것은, 저작물 판매를 위하여 그 저작물의 해설이나 소개를 목적으로 하는 경우에만 허용되는 위 규정에 비추어 허용될 수 없고, 또한 고도의 해상도나 크기를 갖는 파일을 제공하는 것은 원저작물에 관한 정보 제공이라는 목적을 넘어서는 결과에 이르는 것으로 허용될 수 없다. 서울중앙지방법원 2008.10.17. 선고, 2008가합21261 판결.

현행 저작권법에 의해 제한되는 저작권자의 공중송신권은 최소한이 되어야 한다는 것이다. 인터넷에 게시하는 전송 행위는 한 번의 제작으로 종료되는 도록 등의 제작에 비해 지속적이고 전파 가능성이 큰 것도 사실이다. 그렇기 때문에 작품 판매를 위해 그 작품의 해설이나 소개를 목적으로 하는 목록 형태의 책자에 이를 복제하여 배포할 수 있다고 규정한 저작권법 조항에 따르면 작품의 판매가 끝난 후에도 작품을 홈페이지에 계속 게시하는 것은 허용되지 않는다. 또한 제공되는 이미지의 해상도 및 파일 크기도 문제가 된다. 마치 복제화를 제공하는 것과 같은 고해상도의 대용량 파일을 제공하는 것은 원저작물에 관한 정보 제공이라는 본 조항의 목적을 넘어서는 것이다.

동법 제35조 3항은 판매 목적을 위해 복제하는 경우에 목록 형태의 책자에 이를 복제하여 배포할 수 있다고만 규정하고, 인터넷 경매를 포함한 인터넷 상 매매를 위해 작품의 사진을 올리는 행위는 따로 언급하고 있지 않다. 인터넷에서 예술품의 매매를 하기 위해서는 반드시 디지털 복제와 인터넷 전시가 필요하다는 점을 인식하고 이 부분에 대한 반영이 있어야 할 것이다.[168]

한편 작품 이미지를 따로 저장한 후 이를 홈페이지에 업로드 하는 것과 인터넷 링크를 걸어 놓는 것은 큰 차이가 있다. 대법원은 "인터넷 링크는 인터넷에서 링크하고자 하는 웹페이지나, 웹사이트 등의 서버에 저장된 개개의 저작물 등의 웹 위치 정보 내지 경로를 나타내는 것이므로 공중송신권을 침해하는 것이 아니"라고 판시했다. 따라서 링크를 통해 다른 사이트에 저장된 미술저작물의 웹 주소를 알려주는 것은 공중송신권 침해가 아니다.[169] 인터넷 링크와 관련한 저작권 문제는 뒤에서 좀 더 다룬다.

실연자의 권리 저작인접권

저작권법은 저작물을 작성한 자, 즉 창작자뿐만 아니라 저작물을 실연하는 자에게도 권리를 부여하는데 이를 저작인접권이라 한다. 실연자란 저작물을 연기·무용·연주 그 밖의 예능적 방법으로 표현하거나 저작물이 아닌 것을 이와 유사한 방법으로 표현하는 실연을 하는 자를 말하며, 실연을 지휘, 연출 또는 감독하는 자를 포함한다.[170] 저작권법에 따라 보호되는 실연·음반·관련해 실연자, 음반 제작자 또는 방송 사업자로서의 실명 또는 널리 알려진 이명이 일반적

---

168 허희성, 「경매를 위한 미술저작물의 홈페이지 게시와 공중송신권 침해」, 『저작권 문화』, 2009.01. 일본은 저작권법을 개정해 인터넷 경매 등의 사이트에서 저작물의 섬네일 이미지를 게시해 공중송신하는 것 등은 적법한 것으로 하고 있다.

169 대법원 2010.3.11. 선고, 2009다5643 판결.

170 저작권법 제2조 4호.

인 방법으로 표시된 자는 실연자, 음반 제작자 또는 방송 사업자로서 그 실연·음반·방송에 대해 각각 실연자의 권리, 음반 제작자의 권리 또는 방송 사업자의 권리를 가지는 것으로 추정한다.[171] 즉, 음악을 작곡한 사람을 저작자라 한다면 이 음악을 연주하거나 노래하는 사람을 실연자라고 하고, 전자에게는 저작권이 후자에게는 저작인접권이 부여된다.[172] 실연자의 권리로는 직접 실연하거나 실연한 것의 복제물에 실명 또는 이명을 표시할 권리인 성명표시권, 실연이 내용과 형식의 동일성을 유지할 동일성유지권 등 저작인격권상 권리와 함께 복제권, 배포권, 대여권, 공연권, 방송권, 전송권 등 저작재산권상 권리를 갖게 된다. 현대 예술의 경우 다양한 장르, 즉 시각예술과 음악, 무용 등이 결합되어 저작물과 저작인접물이 하나의 예술로 전시 또는 공연하는 경우가 많은데 이때 각 저작자의 권리와 실연자의 권리를 구별해야 한다.

---

171 저작권법 제64조의 2.
172 저작권법 제66조~제74조.

4 저작재산권의 침해

저작권 침해는 저작권자에게 부여된 독점적 권리를 침해하는 것을 말하는데, 저작자의 재산적 권리에 해당하는 저작재산권 침해와 저작자의 인격적 권리에 해당하는 저작인격권 침해를 포괄한다. 대체로 저작권자로부터 권리를 양도받거나 이용 허락을 받지 않은 채 저작물을 사용할 때 권리 침해가 발생한다. 그렇지만 저작권자의 허락을 받지 않고 기존 저작물을 이용한다고 해서 이를 무조건 저작권 침해라고 보지는 않는다. 저작자의 권리 보호와 저작물의 이용을 통한 문화 발전이라는 저작권법의 입법 목적을 감안해 다툼의 대상이 되는 저작물의 특성, 이용 분량, 내용, 새로운 저작물의 창작성 정도 등 여러 사정을 종합적으로 고려해 구체적 사안에 따라 저작권 침해 여부를 결정해야 한다.

예술의 역사는 곧 모방의 역사다. 예술가들은 서로의 작품을 모티브로 삼거나 작업에 참조한다. 다른 예술가의 이미지를 직간접적으로 차용하기도 한다. 이런 경우에도 저작권 침해로 봐야 할까. 특히 인터넷 시대에는 검색엔진 등을 통해 쉽게 구하거나 접할 수 있는 이미지들을 참조하거나 차용하는 경우가 흔하다. 더 나아가 다양한 디지털 기술을 통해 실물과 같은 직접적 복제나 차용이 용이해졌다. 어디까지가 저작권자의 동의를 구하지 않고 사용이 가능한 범위이며 어디서부터가 침해에 해당할까.

저작권 침해의 요건

일반적으로 저작권 침해가 성립되기 위해서는 첫째, 저작권 침해를 주장하는 사람의 저작물이 저작권법에 보호받을 만한 창작성이 있어야 하고(저작물성), 둘째, 상대방이 그 저작물에 의거해 이용해야 하며(의거성), 셋째, 저작권 침해를 주장하는 자의 저작물과 그 상대방의 저작물 사이에 실질적 유사성이 있어야 한다(실질적 유사성). 세 가지를 모두 충족해야 저작권 침해라 할 수 있는데, 대체로 두 저작물 사이에 유사성이 있을 때 문제가 되기 때문에 유사한 부분에 대해 저작물성이 있는지, 그리고 침해자가 피침해자의 저작물에 의거해 이용했는지, 그리고 유사 정도가 실질적으로 유사한 수준인지 정도를 판단하게 된다.

저작물성·의거성·실질적 유사성 저작권 침해를 인정하기 위해서는 우선 저작권 침해를 주장하는 피침해자(저작권자)가 해당 저작물에 대한 유효한 저작권을 자신이 갖고 있음을 증명해야 하고, 다음으로 침해자(이용자)가 승낙 없이 자신의 저작물을 복제 등의 방식으로 이용했음을 입증해야 한다. 즉 저작권 침해가 성립되기 위해서는 피고가 원고의 저작물을 모델로 하거나 참조하여 이를 복제했으며, 그러한 복제 행위가 위법한 이용이어야 한다. 끝으로, 저작권 침해를 인정하기 위해서는 침해자가 피침해자의 저작물을 부당하게 이용했어야 한다. 부당이용improper appropriation에 해당하는지 여부는 해당 분야 전문가가 아닌 일반인 관찰자 기준이다.[173] 부당하게 이용한다는 것은 악의 또는 고의에 의한 이용행위처럼 이용하는 행위인 '동작'이 부당한 경우를 말하는 것이 아니라, 이용에 의해 나타난 '결과'가 법이 허용하기 어려운 부당한 정도에 이르렀음을 말한다.[174] 부당이용을 입증하기 위해서는 먼저 피고가 원고의 저작물 중 '보호받는

173 Arnstein v. Porter, 154 F.2d 464 (2d Cir. 1946).
174 오승종, 앞의 책, 967쪽.

표현'을 이용했을 것과, 일반 청중이 원고의 저작물 중 보호받는 표현과 피고의 저작물 사이에 실질적 유사성이 있음을 인식할 것 두 가지 사실을 입증해야 한다.

첫 번째 요건은 자신이 창작자이자 저작권자임을 증명하면 된다. 다만, 저작권법 제53조에 따라 저작권위원회에 등록한 경우에는 저작권자로 추정하므로 별도의 입증이 필요 없다. 두 번째 요건, 의거성의 경우, 저작물의 복제 여부는 복제를 했다는 직접증거 또는 정황증거를 통해 증명할 수 있다. 직접증거는 피고의 자발적 시인이나 증언 등을 통해 입증한다. 그렇지만 현실적으로 복제를 했다는 직접증거를 제시하기는 힘들다. 따라서 저작권 침해 소송에서는 대체로 정황증거를 통해 입증하는데, 원고는 피고가 자신의 저작물에 대한 ①'접근성' 또는 '접근 가능성'이 있었음과 두 저작물 사이에 복제임을 추론케 하는 ② '실질적 유사성'이 있음을 증명하면 된다.[175]

먼저 접근성, 즉 원고가 접근 사실을 입증하기 위해서는 피고가 저작물을 보거나 복제할 합리적인 기회가 있었음을 입증해야 한다. 작품이 독특하고 복잡할수록 현저하게 유사한 경우에 접근, 즉 의거성이 추정될 수 있다.[176] 반면 작품이 흔하고 평범하거나 공유작물과 유사하다면 좀 더 구체적인 의거성에 대한 증거가 필요하다.[177] 접근성 또는 접근 가능성이라는 것은 피고가 원고의 작품을 볼 기회가 있었는지 여부를 의미하므로 원고와 피고 사이에 공통으로 아는 제삼자만 있어도 접근성이 입증되었다고 본다.[178] 원고의 저작물을 접했지만

---

175 Grubb v. KMS Patriots, L.P., 88 F.3d 1, 5 (1st Cir. 1996); Williams v. Crichton, 84 F.3d 581, 587 (2d Cir. 1996).

176 Repp v. Webber, 132 F.3d 882 (2d Cir. 1997) 사건에서 미 법원은 접근을 입증할 수 있는 증거는 거의 없는 반면에 두 곡이 현저하게 유사해 독립적인 창작의 가능성을 배제하고 직접적인 증거 없이도 접근의 추론을 허용하는 상당한 증거가 있다고 보았다.

177 Selle v. Gibb, 741 F.2d 896 (7th Cir. 1984) 사건에서 법원은 원고의 노래가 대중에게 널리 보급되지 않았으며 피고들이나 그 직원들이 원고가 두세 번 공개적으로 노래를 부를 때 그 지역에 있었다는 증거가 없다면서 '두드러진 유사성'의 증명이 접근 사실을 합리적으로 추론할 수 있기 위해서는 유사성이 베꼈다는 것 외에 달리 설명될 수 없는 종류의 것이라는 점을 원고가 입증해야 한다고 판시했다.

178 Kerr v. New Yorker Magazine, Inc., 63 F. Supp. 2d 320 (S.D.N.Y. 1999) 사건에서 법원은 '엽서'가 (1) 피고가 방문한 사무실에 원고에 의해 보내진 적이 있으며, (2) 가게나 카탈로그에 전시된 바 있고, (3) 공동의 친구에게 보내졌으며, (4) 원고가 피고의 전시 오프닝에 같은 이미지가 부착된 티셔츠를 입고 있었다는 점을 들어 '접근성' 요건이 충족됐다고 보았다. Lerner, n. 521 at 1210.

시간이 흘러 원고의 저작물을 기억하지 못하거나 잠재의식 속에서 선의로(모르고) 한 복제 행위 역시 저작재산권 침해의 요건을 충족한다.[179]

원고의 작품을 듣고 잊어버렸지만, 잠재의식 속에 남아 있던 원고의 작품에 의거해 작곡을 한 피고 음악 프로덕션 회사에 대해 미국 법원은 "선의라는 것만으로는 저작권 침해의 책임을 면할 수 없다"고 판시했다.[180] 동 법원은 원고의 작품이 미국의 빌보드 차트에서 5주간 1위를 차지하고 피고의 모국인 영국에서도 7주 동안 최고의 히트곡 중 하나였다는 사실은 비록 시간이 흘렀다 하더라도 원고의 작품에 대한 '접근'이 이루어졌음을 입증한다고 인정했다.

다음으로 실질적 유사성 또는 현저한 유사성의 판단이다. 복제 행위의 존재를 입증하기 위해서는 ①접근성과 유사성의 두 가지 간접사실을 입증하거나, ②실질적인 유사성을 넘어서는 현저한 유사성의 간접사실을 입증하면 된다. 대체로 구체적인 부분의 유사성과 전체적인 느낌의 유사성이 모두 중요하다. '실질적 유사성'에 대한 판단은 일반인 관찰자의 기준을 사용한다. 우리 대법원도 두 저작물의 실질적 유사 여부를 반드시 저작, 창작에 종사하는 전문가들의 감정에 의해서만 판단해야 하는 것은 아니라고 판시한 바 있다.[181] 일반인이 보기에 한 저작물이 다른 저작물에서 따왔다고 판단하면 실질적으로 유사하다고 본다. 예를 들어 일반인 관찰자들이 회화 작품을 비교해보고 복제한 것으로 판단하면 침해로 인정된다. 한눈에 복제라고 한다면 회화 작품의 크기가 커졌든 작아졌든, 디지털 복제를 했든 안했든 마찬가지다. 작품 제작에 사용한 재료를 바꾼다고 해도 마찬가지다.

실질적 유사성을 넘어서는 현저한 유사성이란 독립적인 창작의 가능성을 부정할 수 있을 정도의 현저한 유사성을 말한다. 미국 법원은 "현저한 유사성

---

179 Arthur R. Miller and Michael H. Davis, *Intellectual Property, Patent, Trademark and Copyright*, West Group, 2000, p.328.

180 ABKCO Music, Inc. v. Harrisongs Music, Ltd., 722 F.2d 988, 998, 221 U.S.P.Q. 490 (2d Cir. 1983).

181 대법원 1991.8.13. 선고, 91다1642 판결.

은 그 자체만으로 복제 행위의 추정을 가능하게 하지만, 이때의 추정은 모든 증거에 비추어 합리적으로 이루어져야 하며, 모든 증거를 전체적으로 판단했을 때 독립적인 창작의 합리적인 가능성을 배척할 수 있을 정도의 현저한 유사성이 존재하지 않는 한 섣불리 복제 행위를 추정해서는 안 된다"고 했다.[182] 실질적 유사성을 판단함에 있어 한국 법원은 "정확한 권리 보호의 범위를 판단함에 있어 저작권자의 권리를 보호함으로써 저작권자의 창작 의지를 고취시켜서 우리 사회가 얻을 수 있는 사회적 편익의 크기와, 저작권자의 권리로 보호됨으로 인해 더 이상 새로운 창작자들이 그 소재 및 내용을 사용하지 못하게 되어서 더 나은 창작물이 탄생하지 못하는 과정에서 우리 사회가 부담해야 하는 사회적 비용의 크기를 형량해서 내려야 한다"고 설시한 바 있다.[183]

실질적 유사성 판단에 명확한 기준이 있다기보다는 사례별로 분석한다. 시각적 저작물의 침해 여부를 판단할 때에는 법관이나 배심원들이 양 저작물을 서로 옆에 나란히 두고 동시에 비교·관찰하는 방법을 주로 사용하는데 원저작물과 침해가 의심되는 저작물 사이의 '전체적인 콘셉트와 느낌'의 유사성을 판단한다. 미 연방대법원 러니드 핸드 판사는 "평균적인 관찰자로 하여금 주의 깊게 차이점을 관찰해보라고 하지 말고 첫인상 그대로 판단해보라고 했을 때, 그 평균적 관찰자가 양 저작물의 미적인 느낌이 동일하다고 느낀다면 저작권 침해가 인정돼야 한다"고 했다.[184] 이때 실질적 유사성에 대한 비교는 저작물성이 인정되는 부분만을 대상으로 한다. 한국 법원은 시각적 저작물과 관련해 두 저작물 사이에 실질적 유사성이 있는지를 판단할 때에는 저작권 보호를 받지 못하는 부분은 제외하고 보호받는 부분만을 가지고 비교해야 하는 원칙을 천명한 바 있다.[185]

182 Gaste v. Kaiserman, 863 F.2d 1061, 9 U.S.P.Q. 2d 1300 (2d Cir. 1988).

183 서울중앙지방법원 2006.6.30. 선고, 2005가단197078 판결.

184 Peter Pan Fabrics, Inc. v. Martin Weiner Corp., 274 F.2d 487, 489, 124 U.S.P.Q. 154 (2d Cir. 1960).

185 대법원 1991.8.13. 선고, 91다1642 판결.

저작권법의 보호는 아이디어가 아닌 표현만을 대상으로 하기 때문에 일반적으로 색상, 원근법, 기본 구조, 창작 기법, 스타일, 재료, 미적인 관례에 따라 나타나는 형상의 표준적인 배열 등은 보호받지 못하는 아이디어로 본다. 또한, 어떤 유형은 그 대상을 표현할 수 있는 방법이 극히 제한되어 있는 경우가 있다. 전통적이거나 공중의 영역에 있는 형상, 즉 관례적이고 일반적인 요소들은 그 자체만으로 보호받을 수 없다. 한 사진작가가 이전에 찍은 사진과 같은 각도에서 같은 장면의 사진을 찍은 경우처럼 공공의 재료common source는 저작권 보호 대상에서 제외된다.[186]

'표현'으로서 보호받을 수 있는지 여부는 보호받지 못하는 아이디어에 해당하는 요소와 관계적이고 일반적인 요소들을 어떻게 창작적으로 조합하고 배열했는가에 달려 있다. 예를 들어, 칠면조를 유인하기 위해 제작된 칠면조 모양의 미끼는 비교 대상인 두 제품 모두 칠면조 형상을 하고 있을 수밖에 없다. 그렇지만 목과 꼬리 및 몸통 크기 등의 차이로 제품 구별은 가능하다.[187] 반대로 자연이나 공중의 영역에 존재하는 형상이더라도 예술적, 기술적으로 변형시켜 묘사한 것은 상당한 유사성이 발견된다면 저작권 침해가 인정될 수 있다.

2013년 한국의 자연 풍광을 아름답게 묘사한 사진으로 유명한 마이클 케나Michael Kenna가 자신의 작품을 무단 이용해 광고를 제작했다며 대한항공을 상대로 저작권 침해 소송을 했다. 케나 측은 항공사 측 광고 제작 기획사에서 월천리 솔섬(고유 지명은 '속섬')을 배경으로 촬영한 〈소나무들Pine Trees〉이라는 작품에 대해 광고로 이용한다는 요청이 있었으나 이를 거절하자 아마추어 사진작가 공모전을 통해 유사한 사진을 당선작으로 선정한 뒤 이를 '솔섬 삼척 편'이라는 제목으로 TV 광고를 제작했다고 주장했다. 이에 대해 법원은 동일한 피사체를 촬영하는 경우 이미 존재하는 자연물이나 풍경을 어느 계절의 어느 시

---

186 Bresler and Lerner, *Art Law: the Guide for Collectors, Investors, Dealers, & Artists*, p.1128.
187 Streeter v. Rolfe, 491 F. Supp. 416, 420-421, 209 U.S.P.Q. 918 (W.D. La. 1980).

간에, 어느 장소에서, 어떤 구도로 촬영하느냐의 선택은 일종의 아이디어로서 저작권 보호 대상이 아니라는 점, 사진이 모두 같은 지점에서 촬영되어 전체적으로 콘셉트나 느낌이 유사하다 하더라도 그 자체로는 저작권 보호 대상이라고 보기 어려운 점, 그 밖에 카메라 셔터 속도, 기타 촬영 방법, 현상 및 인화 등의 과정에 유사점을 인정할 만한 자료가 없는 점 등을 들어, 두 사진 간에 실질적 유사성이 없다고 판단했다.[188] 실질적 유사성을 판단할 때에 복제된 양의 많고 적음은 상관없다. 모든 디테일이 유사하지 않더라도, 상당 부분이 유사해 착각을 일으킨다면 복제로 볼 수 있다. 심지어 매우 작은 분량이더라도 전체적으로 볼 때 실질적으로 유사하다고 판단되면 저작권 침해로 볼 수 있다. 복제된 분량, 복제물의 성격, 복제의 목적 등을 형량한다. 물론 실질적 유사성이 입증되지 않으면 피고의 저작물에 대한 접근성은 의미가 없다. 하지만 두 작품이 아무리 유사하더라도 독립적 창작을 입증할 만큼 현저한 유사성이 아니라면 접근성이 입증되지 않아 침해로 인정되지 않는다.

표절과 저작권 침해 표절은 남의 저작물을 훔치는 것, 즉 남의 저작물을 자신의 저작물인 것처럼 속이는 것을 말한다. 다른 작가의 작품을 표절하는 행위는 대개 저작재산권 침해와 저작인격권 침해가 동시에 발생한다. 표절은 남의 저작물이 자신의 저작물인 것처럼 속이는 것이고, 저작권 침해는 남의 저작물을 허락 없이 사용하는 것이다. 저작권 허락을 받고 특정 저작물을 사용하더라도 저작자의 성명 표시를 하지 않으면 저작재산권 침해는 아니지만 저작인격권 침해라고 할 수 있다. 또 원저자 표시를 제대로 하더라도 남의 저작물을 허락 없이 사용하면 저작재산권 침해가 된다. 예술품에서 표절이 위작과 다른 점은 위작자의 경우 위작자의 서명을 도용하지만 표절자는 자신의 서명을 사용한다는 점이다. 표절은 원작과 같거나 실질적으로 유사한 표현을 무단으로 사용했다

---

188   서울중앙지방법원 2013가합527718, 2014.3.27 선고.

는 뜻이다. 다만 원저작자는 침해자가 원저작물에 접근할 수 있었다는 것을 입증해야 한다. 저작권 침해자가 원저작자의 작품을 보거나 들었는지 혹은 그럴 만한 합리적인 기회가 있었는지가 중요한 기준이다.[189] 저작권 침해자가 원저작물에 접근할 수 있었다는 것은 원저작물이 널리 배포되거나 공개되었다는 사실만 입증하면 되므로 비교적 입증하기 쉽다.

표절에는 작품 전체의 표절, 색채나 구성의 부분 표절, 표현 기법 및 아이디어나 이미지 표절, 그리고 원작에 근거했으나 변형하여 표현한 표절이 있다. 법적으로 문제가 되는 경우는 두 작품 사이에 '실질적 유사성'이 있는 경우다. 실질적으로 유사하다고 인정될 수 있는 경우는 ①저작물의 구체적인 특정 표현이나 세부적인 부분을 따라함으로써 두 저작물 사이에 유사성이 인정되는 경우는 물론, ②소설의 구체적인 줄거리와 같이 저작물의 근본적인 본질 또는 구조를 복제함으로써 전체로서 포괄적인 유사성이 인정되는 경우도 해당된다.[190] 그렇지만 비록 두 작가의 풍경화가 실질적으로 유사하더라도 두 작가가 거의 동시에 같은 장소나 같은 풍경을 보고 작품을 만든 경우에는 표절 또는 저작권 침해라고 볼 수 없다. 또한 그림들이 비슷한 이미지를 주고 있더라도 아이디어만 같을 뿐 구체적인 묘사가 다른 경우에는 표절 또는 저작권 침해로 보기 어렵다.

기여책임과 대상책임[191] 기여책임contributory liability과 대상책임vicarious liability은 제삼자의 행위에 대해 공동으로 저작권 침해를 책임지는 것을 말한다. 침해행위를 알면서도 그 행위에 실질적으로 기여한 자는 기여책임을 질 수 있다. 침해행위를 감독할 권한과 능력을 갖고 있고 그 침해행위에 대해 직접적인 금전적

---

189 Peel & Co., Inc. v. The Rug Market, 238 F.3d 391, 354 (5th Cir 2001).

190 서울중앙지방법원 2004.3.18. 고지, 2004카합344 결정.

191 온라인 플랫폼 발달로 기여책임과 대상책임의 법리를 적용한 판례가 많이 나오고 있다. 이는 뉴미디어와 저작권 부분에서 더 자세히 다룬다.

이해관계가 있을 때에는 대상책임이 인정될 수 있다.

　기여책임은 다른 사람의 침해행위에 직접적으로 기여한 사람도 책임이 있다는 개념이다. 침해행위를 알면서 다른 사람의 침해행위를 유도하고, 원인을 제공하고, 실질적으로 기여한 사람은 기여책임자로서 책임이 인정된다. 대상책임은 미국의 불법행위법상 사용자 책임이론vicarious liability of master에서 발달한 개념이다. 피사용자가 고용 범위 내에서 저지른 저작권 침해행위에 적용된다. 따라서 임대인-임차인 관계나 사용자-피사용자 관계냐에 따라 저작권 침해에 대한 대상책임 여부가 구분된다. 임차 부동산에서 저작권 침해행위를 저지른 임차인에게 고정된 임차료를 받고 임대한 경우, 그리고 저작권자의 허락 없이 음악을 연주함으로써 손님을 끌어오고 영업 이익을 올리는 악단을 고용하거나 그 악단에게 홀을 임대한 댄스홀이나 뮤직홀 소유자 또는 관리자의 경우를 비교해 보자. 전자의 경우 임대인이 임차인의 저작권 침해행위를 알지 못한 채 부동산을 빌려주고 임차인을 감독하지 않았으며 침해행위에 기여한 바 없고 정해진 임차료 외에 침해행위로부터 다른 이득을 얻지 않았다면 임대인은 임차인의 불법행위에 책임이 없다.

　이에 비해 악단이 저작권자 허락 없이 음악을 연주하는 저작권 침해행위에 대해 뮤직홀이나 댄스홀 소유권자에게는 책임을 물을 수 있다. 악단 지휘자가 직원이든 독립 계약자이든, 뮤직홀이나 댄스홀 소유자가 연주되는 음악의 선택에 관여를 하건 안하건 관계없다. 이에 따라 불법 복제 음반 판매에 대해 법원은 피고가 침해행위를 알지 못했어도 책임이 있다고 판시했다.[192] 더 나아가 사용자-피사용자 관계가 없더라도 침해행위를 감독할 권한과 능력을 갖고 있고 그 행위에 직접적인 금전적 이해관계가 있을 경우에도 대상책임을 인정한다.[193]

　사진작가가 잡지사와 출판인을 저작권 침해로 고소한 배런과 산타페 리

192　Shapiro, Bernstein & Co. v. H.L. Green Co., 316 F.2d 304 (2d Cir. 1964).
193　Gershwin Publishing Corp. v. Columbia Artists Management, Inc., 443 F.2d 1159 (2d Cir. 1971).

포터Varon v. Santa Fe Reporter, Inc. 사건[194]에서 법원은 잡지사뿐만 아니라 출판인에게도 책임이 있다고 판시한 바 있다. 사진작가는 조지아 오키프Gergia O'Keeffee와 그의 작품들을 촬영했다. 이 사진들은 작가의 동의하에 1977년 12월 미술 전문지인 『아트 뉴스』에 실렸다. 그러고는 3년 뒤인 1980년 7월 『산타페 리포터Santa Fe Reporter』지에 다시 한 번 사진들이 게재됐는데 이번에는 작가의 허락을 받지 않았다. 사진작가는 잡지사를 고소하면서 잡지사와 고용관계에 있는 출판인도 동시에 고소했다. 사진의 무단 사용 당시 출판인은 해외에 있었다. 그렇지만 법원은 사진 사용 가이드라인에 대한 명확한 정책을 세우지 않았고, 잡지사 편집자들에 대한 관리 감독 권한이 있다는 점을 들어 별도의 책임을 물었다.

침해에 대한 구제

저작권 침해로 피해를 본 저작권자는 민사적 구제와 형사적 제재, 그리고 행정적 구제를 구할 수 있다. 저작권법은 저작권 침해행위뿐만 아니라 일정한 의무 위반에 대해서도 벌칙 규정을 두고 있다. 민사상 구제로는 침해 정지 제도와 손해배상 제도가 있다. 침해 정지의 청구는 저작권 등이 침해된 경우뿐만 아니라 저작권 등이 침해될 우려가 있는 경우에도 인정된다. 또한 저작권법에서는 부당이득 반환청구권에 대해 규정하고 있지 않지만 민법상 부당이득 반환청구권에 관한 규정을 통해 행사할 수 있다.

저작권이 침해된 저작권자는 침해자를 상대로 침해행위 정지 소송을 제기할 수 있는데, 본안 소송을 제기하거나 제기하기 전후에 침해자의 재산을 보전하기 위한 보전처분으로서 가압류를 하거나, 신속한 침해행위의 예방·제거

194 218 U.S.P.Q. 716 (D.N.M. 1982).

를 위한 보전처분으로서 침해정지 가처분을 신청할 수 있다. 저작권 침해로 인한 손해배상 청구를 할 때에는 일반 불법행위의 성립 요건을 갖추어야 하며, 입증 책임은 청구자에 있다. 손해배상 청구를 위한 일반 불법행위의 성립 요건은 ①가해자의 고의 또는 과실 ②가해자의 책임 능력 ③가해 행위의 위법성, ④가해 행위에 의한 손해 발생, ⑤가해 행위와 손해 발생 사이의 상당한 인과관계의 존재다. 저작권자 등은 고의 또는 과실로 권리를 침해한 자에 대해 그 침해 행위에 의해 자기가 받은 손해의 배상을 청구하는 경우, 권리를 침해한 자가 그 침해 행위에 의해 부당한 이익을 받은 때는 그 이익액을 저작재산권자 등이 받은 손해액으로 추정한다. 또 그 권리 행사로 통상 받을 수 있는 금액에 상당하는 액을 저작재산권자 등이 받은 손해액으로 해 손해 배상을 청구할 수 있다. 다만 손해액을 산정하기 어려운 때는 법원이 변론 취지 및 증거 조사 결과를 참작해 상당한 손해액을 인정할 수 있다. 또 법정 손해배상 제도에 따라 저작재산권자 등은 고의 또는 과실로 권리를 침해한 자에 대해 사실심의 변론이 종결되기 전에는 실제 손해액이나 저작권법 관련 규정에 근거해 정해진 손해액을 갈음해 침해된 각 저작물 등마다 1,000만 원(영리 목적으로 고의로 권리를 침해한 경우에는 5,000만 원) 이하의 범위에서 상당한 금액의 배상을 청구할 수 있다. 영미법계에서는 징벌적 손해배상 제도punitive damage도 활용되고 있는데, 침해자의 행위가 악의적이고 반사회적일 경우 실제 손해액보다 훨씬 더 많은 손해배상을 하게 하는 제도다.

한국에서는 민사적 구제보다 형사적 제재가 활발하게 이용되는 경향이 있다. 민사적 구제를 통한 손해배상이 손해 상당액의 배상을 원칙으로 하고 있어서 비록 소송에서 이긴다고 하더라도 실효적인 권리 규제가 어렵고, 형사적 절차를 통해 증거를 수집하거나 합의를 유도하는 것이 효과적이어서 진행을 신속하게 할 수 있다는 이점이 있기 때문이다.[195] 저작권 등의 침해행위가 범죄로 성

195 임원선, 앞의 책, 461쪽.

립하기 위해서는 그 행위가 ①범죄 구성 요건에 해당해야 하고 ②위법해야 하며 ③그 침해행위에 대해 비난이 가능해야, 즉 책임 조각 사유가 없어야 한다.

저작재산권과 그 밖에 저작권법에 의해 보호되는 재산적 권리를 복제, 공연, 공중송신, 전시, 배포, 2차적 저작물 작성의 방법으로 침해한 사람은 5년 이하의 징역 또는 5,000만 원 이하의 벌금에 처하거나 이를 함께 부과할 수 있다.[196] 저작인격권 또는 실연자의 인격권을 침해하여 저작자 또는 실연자의 명예를 훼손한 경우에는 3년 이하의 징역 또는 3,000만 원 이하의 벌금에 처하거나 이를 아울러 매길 수 있다.[197]

형사소송법 절차에 따라 형사 고소할 수 있는 기한은 정해져 있다. 저작권자 등 고소권자는 특별한 경우를 제외하고는 해당 저작권의 침해를 안 날로부터 6개월 이내에 형사 고소를 해야 한다.[198] 현행법상 저작권 침해죄는 친고죄이므로 피해자, 즉 저작권자가 고소를 하는 것이 원칙이지만 침해자가 영리를 목적으로 타인의 저작권을 상습적으로 침해한 경우에는 피해자의 고소가 없어도 검찰이 기소할 수 있다.[199] 민사상 손해배상청구권은 손해나 가해자를 안 날로부터 3년 이내에 행사하거나 불법행위가 있었던 날로부터 10년 이내에 행사해야 한다.[200]

저작권 등의 권리 침해가 인터넷 등을 통해 집단적이고 대량적으로 진행될 경우에는 침해 사태를 신속하게 차단하는 게 중요하다. 저작권법은 문화체육관광부 장관에게 불법 복제물의 수거·폐기 및 삭제 등의 행정처분을 할 수 있는 권한을 부여하고 있다. 또한 정보통신망을 통해 저작권 등의 권리를 침해하는 복제물 또는 정보, 기술적 보호 조치를 무력하게 하는 프로그램 또는 정보가 전송되는 경우에는 위원회의 심의를 거쳐 대통령령으로 정하는 바에 따라 온

---

196 저작권법 제136조.
197 위의 법.
198 형사소송법 제230조.
199 저작권법 제140조.
200 민법 제766조.

라인 서비스 제공자에게 불법 복제물 등의 복제·전송자에 대한 경고, 불법 복제물 등의 삭제 또는 전송 중단 등을 명할 수 있다.[201]

201 저작권법시행령 제69~72조.

5 저작재산권의 제한

원칙적으로 타인의 저작물을 허락 없이 이용하면 저작권 침해가 된다. 그러나 저작권법은 창작자나 실연자뿐 아니라 저작물의 이용자 간 공정한 이용을 도모해 문화 및 관련 산업의 향상 발전에 이바지함을 목적으로 하는 만큼 창작자와 이용자 간의 비교 형량을 구체화해 저작재산권을 일부 제한하고 공정한 이용 기준을 제시하고 있다. 학교 교육 목적이나 시사 보도, 보도·비평·교육 등을 위한 정당한 범위 안에서 공정한 관행에 합치되게 공표된 저작물을 인용할 수 있으며, 소장자는 규정된 범위 내에서 소장품을 전시 또는 복제할 수 있으며, 저작물의 통상적인 이용 방법과 충돌하지 않고 저작자의 정당한 이익을 부당하게 해치지 않는 경우에는 저작물을 이용할 수 있다.

사적 이용과 사소한 사용

사적 이용

한국 저작권법은 저작물의 '사적 이용'을 허용한다. 사적 이용이란 공표된 저작물을 영리 목적이 아니라 개인적으로 이용하거나 가정 및 이에 준하는 한정된 범위 안에서 이용하는 것을 말한다. 다만, 공중의 사용에 제공하기 위해 설치된 복사기기, 스캐너, 사진기 등 복제기기에 의한 복제는 그렇지 않다.[202] 타인의 저작물을 개인적으로 한정된 범위 내에서 이용하는 것은 저작재산권자의 경제적 이익을 크게 손상할 우려도 없을 뿐더러, 사실상 개인적 이용에 대한 규제가 불가능하기 때문이다. 인적 범위로는 개인이 가정 등에서 혼자 또는 10명 이하 극히 소수의 사적 관계자들과 공유하는 것만 허용된다. 양적 범위로는 합리적으로 필요한 범위를 말하는데, 저작물의 일부만을 사용하면 될 경우에도 그 저작물 전부를 복제하거나, 한 부만 복제해도 되는데 여러 부를 복제하는 경우에는 사적 이용에 해당한다고 볼 수 없다.

웹 스토리지Web storage에 공중이 내려받을 수 있는 상태로 업로드되어 있는 영화나 드라마 파일을 다운로드하여 개인용 하드디스크 또는 비공개 웹 스토리지에 저장하는 행위는 영리 목적 없이 개인적으로 이용하기 위해 복제를 하는 경우에 해당한다. 그러나 업로드된 영화나 드라마의 파일이 명백히 저작권을 침해한 불법 파일인 경우라면 어떨까. 한국 학계에서는 의견이 엇갈리지만, 이런 경우에도 이를 원본으로 해서 사적 이용을 위한 복제가 허용된다고 하면 영구적으로 저작권 침해 상태가 지속되는 부당한 결과가 발생할 수 있다. 따라서 파일을 내려받는 입장에서 복제 대상이 되는 파일이 저작권을 침해한 불법 파일이라는 사실을 미필적으로나마 알고 있었다면 사적 이용을 위한 복제라고 볼 수 없다는 것이 타당하다. 이때 개인용 하드디스크에 저장된 영화 파일, 이를테면 합법적으로 구매한 DVD 타이틀을 파일로 변환해 개인적으로 이용할 목적으로 업로드 해서 '비공개' 상태로 웹 스토리지에 저장하는 행위는 사적 이용을 위한 복제에 해당하며 적법하다. 그러나 불법 파일인 경우라면 이를 비공개 상태로 저장하더라도 그것이 사적 이용을 위한 복제로서 적법하다고 하기 어렵다.[203]

202 저작권법 제30조.
203 서울중앙지방법원 2008.8.5. 자, 2008카합968 결정.

사소한 사용

영화나 드라마를 보면 주인공들이 극장에 영화를 보러 가는 장면이 나온다. 종종 극장 스크린, 즉 영화 속의 영화를 보여주기도 한다. 이 장면들은 저작자의 동의를 구하지 않을 경우 저작권 침해에 해당할까. 1999년 일본에서 개봉된 이와이 순지 감독의 영화 〈러브 레터〉의 저작권자는 2003년 한국 영화 〈해피에로 크리스마스〉에 〈러브 레터〉의 일부 내용을 무단으로 삽입해 상영하고, 비디오와 DVD로 제작해 판매함으로써 저작권을 침해했다고 소송을 제기했다. 해당 영화 장면들은 30초 정도 분량이었다. 한국 법원은 원본 영화의 상영 시간이 110여 분인데 비해 30초 정도의 "극히 일부"만을 인용했다는 점을 들어 저작권 침해가 일어나지 않았다고 보고 가처분 신청을 기각했다.[204] 한편 미국에서는 TV 프로그램에서 다른 영화의 필름을 87초 동안 보여준 사건에 대해서 저작권 침해라는 판결이 있었다.[205] 두 작품의 판결을 엇갈리게 한 기준은 무엇일까. 바로 사용 분량이다. 법원이 판단했을 때 사용한 분량이 미미한 수준에 불과할 경우 저작권 침해가 아니라고 판단하는데 이를 가리켜 '사소한 사용de minus'이라고 한다. 물론 사용 분량이 미미한지 여부를 판단하기는 쉽지 않으며 여러 가지 복합적인 요소를 종합해 판결한다. 〈러브 레터〉 판결에서 서울중앙지법의 판단 근거는 다음과 같다.

첫째 인용 부분의 표현 형식상 인용 저작물과 피인용 저작물이 명료하게 구분되어 그것들이 별개의 저작물임을 쉽게 알 수 있다. 둘째 피인용 영화는 국내에서만 110만여 명의 상영관 관객을 동원하는 등 상업적 흥행에 성공해 인용 영화의 잠재적 관객 중 피인용 영화, 그중에서도 특히 인용 부분을 알지 못하는 사람은 소수일 것으로 보인다. 셋째 인용 부분은 수정이나 개작을 거치지 않은 원작 그대로이므로 원작에 대한 훼손이 전혀 없어 피신청인들이 인용 영화

204 서울중앙지방법원 2004.3.18. 고지, 2004카합344 결정.
205 Video-Cinema Films, Inc. v. Lloyd E. Rigler-Lawrence E. Deutsch Found., 2005 U.S. Dist. LEXIS 26302 (S.D.N.Y. 2005).

에서 인용 부분이 신청인의 저작물이라는 점을 따로 밝히지 않더라도 누구라도 신청인의 저작물임을 쉽게 알 수 있다. 넷째 인용 부분은 110여 분에 달하는 인용 영화의 총 상영 시간 중 30초가량으로 극히 일부다. 다섯째 인용 부분은 피인용 영화의 가장 유명한 대사와 장면으로서 일반인들에게 널리 알려져 있어 이른바 공중의 영역에 근접해 있다고 보인다. 인용 부분은 단지 인용 영화의 등장인물 중 1인의 성격을 그럴 듯하게 묘사하기 위해 원작의 동일성을 전혀 해하지 않은 채 그대로 인용해, 인용 영화의 실질적 가치가 높아졌다고 보기 어렵다. 여섯째 피인용 영화와 인용 영화는 장르나 예술적인 완성도에 있어 차이가 있고, 더욱이 피인용 영화는 개봉된 지 상당한 기간이 경과해 인용 영화로 인해 피인용 영화의 현재 또는 잠재적 시장 가치가 감소한다거나 인용 영화가 피인용 영화의 수요를 대체하는 효과를 갖는다고 보기 어렵다. 일곱째 피인용 영화의 상업적 가치가 떨어진다거나 예술적 가치가 폄하될 것으로 보이지 않는다.

그렇다면 저작권이 있는 사진 크기를 줄이고 사진 주변에 설명을 달아 본문 내용을 설명하는 용도로 사용한다면 어떨까. 이와 유사한 사례에서 미국 연방항소법원은 사진들이 원래 크기보다 상당히 작아져서 전체 책 분량의 0.25퍼센트에 불과하며 원래 용도가 아니라 본문 중 내용을 설명하는 다른 용도로 사용되었다고 보고 '공정이용'에 해당한다고 판결했다.[206] 이처럼 저작물을 허락 없이 사용하더라도 원저작물을 크게 줄이거나 법적으로 의미 있는 분량이 아닌 경우 법원은 '사소한 사용'으로 판단하고 저작권 침해로 보지 않는다.

사용한 부분이 사소한 사용에 해당될 만큼 적은 분량인지의 여부는 전체 분량에서 사용된 분량이 차지하는 부분을 비교해서 판단한다. 다른 사람의 저작물 전체를 사용했다 하더라도 침해자가 창작한 작품 전체에서 차지하는 분량이 적을 경우에도 '사소한 사용'으로 본다.[207] 역으로 도용한 부분이 적더라

---

206 Bill Graham Archives v. Dorling-Kindersley Ltd., 448 F.3d 605 (2d Cir. 2006).
207 Sandoval v. New Line Cinema Corp., 147 F.3d 215 (2d Cir. 1998).

도 도용자 창작물의 핵심에 해당하는 분량이라면 저작권 침해라고 본다.[208] 분량이 절대적인 것은 아니다. 도용된 부분이 어떤 목적으로 어떻게 사용되었는지도 중요한 판단 기준이다. 예를 들어, 방안의 장식 목적으로 창작된 포스터를 정확히 방을 장식할 목적, 즉 같은 목적으로 사용한다면 아무리 사용 분량이 적어도 공정이용 원칙의 보호를 받지 못한다.[209] 퀼트 제작자가 퀼트를 포스터로 만들도록 허락했는데, 그 포스터가 퀼트 제작자의 동의 없이 TV 드라마 배경으로 27초가량 노출됐다면 사소한 사용일까 아니면 저작권 침해일까. 법원은 카메라의 초점이 퀼트에 맞춰져 있지 않은 상태로 방영됐으며 작품의 일부분만 실제 크기보다 작게 보였다는 사실 등을 근거로 "작가의 작품 중 별로 중요하지 않은 일부분만 사용된 경우 저작권 침해가 아니"라고 판시했다.[210]

지금은 일반화된 검색 사이트에 '섬네일 이미지' 형태로 게시하는 행위에 대해 법원은 어떻게 판단했는지 살펴보자.

> 피고가 섬네일 이미지를 제공한 주요한 목적은 좀 더 나은 검색 서비스 제공을 위해 검색어와 관련된 이미지를 축소된 형태로 목록화해서 검색 서비스를 이용하는 사람들에게 그 이미지의 위치 정보를 제공하는 데 있는 것이지 피고인들이 공소외인의 사진을 예술 작품으로서 전시하거나 판매하기 위해 이를 수집하여 자신의 사이트에 게시한 것이 아닌 만큼 그 상업적인 성격은 간접적이고 부차적인 것에 불과하다. 또한 압축된 크기의 이미지로 게시한 것이 작품 사진에 대한 수요를 대체한다거나 사진저작물에 대한 저작권 침해의 가능성을 높이는 것으로 보기는 어렵다. 이미지 검색을 이용하는 사용자들도 섬네일 이미지를 작품 사진으로 감상하기보다는 이미지와 관련된 사이트를 찾아가는 통로로 인식할 가능성이 높다. 대법원

---

208 Williams v. Broadus, 60 U.S.P.Q. 2d (BNA) 1051, 2001 WL 984714 (S.D.N.Y. 2001).
209 147 F.3d 215.
210 Warner Bros. v. American Broadcasting Cos., 720 F.2d 231, 242 (2d Cir. 1983); 147 F.3d 215 (2d Cir. 1998).

2006.2.9. 선고, 2005도7793 판결.

이처럼 부수적이고 종적인 이용과 관련해 2019년 신설된 조항은 그 이용된 저작물의 종류 및 용도, 이용 목적 및 성격 등에 비춰 저작재산권자의 이익을 부당하게 해치는 경우에 한해 사진 촬영, 녹음 또는 녹화 등을 하는 과정에서 보이거나 들리는 저작물이 촬영 등의 주된 대상에 부수적으로 포함되는 경우에는 이를 복제·배포·공연·전시 또는 공중 송신할 수 있다고 규정하고 있다.[211]

공정이용의 법리

저작권을 침해하지 않고 타인의 저작물을 어떤 형태로든 이용하려면 저작권을 양도받거나 사전에 라이선스 계약을 통해 이용 허락을 받아야 한다. 그러나 저작물을 이용해 새로운 창작물을 만들 때마다 매번 이용 허락을 받아야 한다고 생각해보자. 해당 저작자를 찾기 어려울 수도 있고, 상당한 시간이 걸릴수도 있으며 법적 절차에 익숙하지 않고, 대개 재정적으로 안정적이지 못한 예술가들이 매번 저작권료를 지불하고 번거로운 과정을 다 감당하면서까지 작품활동을 하기는 쉽지 않을 것이다. 또 영화를 소개하고 비평하는 TV 프로그램을 제작할 때 방송할 영화마다 라이선스 계약을 맺어야 한다고 가정해보자. 저작권법을 엄격하게 해석한다면 이와 같은 TV 프로그램 제작은 사실상 불가능하다. 또 미술대학에서 비평 수업을 진행할 때 저작권 보호 기간이 만료되지 않은 현대미술 작품의 슬라이드나 영상물을 교육 자료로 사용하기도 어려워질 것이다. 풍자, 패러디, 차용 미술 등의 창작 활동은 물론이고 비평이나 교육, 연구

211 저작권법 제35조의 3.

및 학술 활동도 크게 위축될 것이다. 자연히 문화 예술 창달이 목적이었던 저작권법의 취지와는 반대로 오히려 저작권법이 문화 예술 창달을 방해하는 결과를 낳게 될 것이다. 저작재산권의 행사는 공공복리에 적합하도록 해야 한다는 것이 우리 헌법의 정신이며(헌법 제23조 제2항), 저작권법 또한 저작자의 권리뿐 아니라 이용자의 공정한 이용을 도모하는 데 그 목적이 있다(저작권법 제1조).

미국의 조지프 스토리Joseph Story 연방대법관은 일찍이 "문학, 과학, 예술에 추상적 의미로 볼 때 완전히 새롭거나 독창적인 것은 거의 없다. 문학이나 과학, 예술에서 모든 책은 과거에 잘 알려진 것이나 사용된 것을 빌려서 사용할 수밖에 없다"고 한 바 있다.[212] 공정이용의 법리는 원래 장려하고자 하는 창작성 그 자체를 법이 억압할 경우 법원이 저작권법의 엄격한 적용을 피하는 것을 허용하는 것이다. 저작권법은 새로운 창작자들의 창작 활동으로 구현되는 공익을 보장하기 위해 기존 저작자에 부여하는 혜택과 이를 인용하거나 참조하거나 차용해 새로운 저작물을 작성하는 이들 사이에 균형을 유지해야 한다. 따라서 저작권법은 라이선스나 양도 없이도 타인의 저작물을 이용할 수 있는 길을 열어 두었다. 일정 부분 저작권 침해를 용인하는 것이다. 이를 공정이용의 원칙이라고 한다. 이 원칙은 저작권자 이외의 사람이 저작권자의 독점적인 권리가 존재함에도 불구하고 저작권자의 동의 없이 저작물을 합리적인 방식으로 사용하는 특권적 개념이다.

공정이용은 저작권 침해 소송에서 침해자가 자주 사용하는 적극적 항변Affirmative defense이다. 저작권 침해가 의심되는 이용을 한 사람이 적극적으로 그 이용이 공정이용에 해당하므로 저작권 침해가 성립하지 않음을 입증해야 한다. 공정이용은 주로 비평, 논평, 교육, 뉴스 보도, 연구, 학문 등의 목적으로 다른 이의 창작물을 이용할 때 발생한다. 공정이용의 원칙은 18세기 말부터 영국 판례에 의해 발전한 것으로 1839년 미국 법원에서 인정되고, 1976년 저작권법 개

---

212 Emerson v. Davies, 8 F. Cas. 615, 619 (No. 4,436) (CCD Mass. 1845).

정 때 성문화되어 저작권에 대한 포괄적 예외 규정으로 두고 있다.

미국 저작권법 107조[213]

비평, 논평, 보도, 교육, 학문 또는 연구 등과 같은 목적을 위해 저작물의 복제물이나 복제 음반을 이용하는 것을 포함한 저작물의 공정이용은 저작권 침해가 되지 않는다. 구체적인 경우에 저작물의 사용이 공정이용인지 여부를 결정함에 있어서 다음의 사항을 참작해야 하는데 아래의 여러 가지 요소는 제한적인 것은 아니며 법원은 그 외에 다른 요소들도 참작할 수 있다.

①상업적 성질의 것인지 또는 비영리적 교육 목적을 위한 것인지 여부를 포함한, 사용의 목적 및 성격.

②저작물의 성격.

③저작물 전체에서 사용된 부분이 차지하는 양과 실질.

④저작물의 사용이 잠재적 시장이나 가치에 미치는 영향.

이 모든 사항을 참작하여 내린 공정이용의 결정이라면, 저작물이 발행되지 않았다는 사실 자체만으로는 그러한 결정에 방해가 되지 않는다.

이에 비해, 유럽의 대륙법 국가들은 저작권법 내에 특수한 예외 규정을 일일이 나열하고 있다. 예를 들어 한국의 구저작권법은 제23조부터 제38조까지 재판 절차, 정치 연설, 학교교육 목적, 시사 보도, 기사 및 논설, 시험문제, 도서관 등에서의 복제, 번역 등에 의한 이용, 미술저작물 등의 전시 등을 열거한다.

그러나 저작권 강화가 핵심 쟁점 중 하나였던 한미 FTA[214] 발효에 발맞추

---

213 17 U.S.C. §107.
214 한미 FTA 협정은 공정이용 규정의 도입 여부에 대해 특별히 규정하고 있지는 않고, 저작권을 제한하는 제한 규정을 입법하는 경우에 당사국이 지켜야 할 기준으로서 ① 일정한 특별한 경우에, ② 저작물의 통상적인 이용과 저촉되지 않고, ③ 권리자의 정당한 이익을 해치지 않을 것을 저작권 제한의 기준으로 제시하는 베른협약의 '3단계 테스트'를 규정하고 있다. 베른협약은 제9조 제1항에서 이 협약이 보호하는 문학·예술적 저작물의 저작자는 어떠한 방법이나 방식으로 그 저작물의 복제를 허락할 배타적 권리를 가진다고 한 뒤, 같은 조 제2항에서 일정한 특별한 경우에 있어서 그러한 저작물의 복제를 허락하는 것은 동맹국의 입법에 맡기되 그러한 복제는 저작물의 통상적인 이용과 충

어 2011년 12월 2일에 개정한 저작권법은 구법에 열거된 예시 외에 제35조 '미술저작물 등의 전시 또는 복제' 항목에 미국의 공정이용 원칙과 유사한 포괄적 조항을 신설했다.[215] 저작재산권의 제한 사유로서 일반적·포괄적 조항인 공정 이용 규정을 도입하는 경우에는, 첫째 기술 발전으로 등장하는 새로운 저작물의 이용 문제를 신속하게 해결할 수 있다는 점, 둘째 성문 규정의 개념적 한계를 넘는 무리한 해석을 줄일 수 있다는 점, 셋째 저작권이 가지는 '시장 실패'를 보완할 수 있다는 점, 넷째 빈번한 법률 개정 작업에 따르는 노력과 비용을 줄일 수 있다는 점 등의 장점이 있는 것으로 평가되고 있다.[216] 신설된 조항은 다음과 같다.

제35조의 5(저작물의 공정한 이용)

① 제23조부터 제35조의 4까지, 제101조의 3부터 제101조의 5까지의 경우 외에 저작물의 통상적인 이용 방법과 충돌하지 않고 저작자의 정당한 이익을 부당하게 해치지 않는 경우에는 저작물을 이용할 수 있다.

② 저작물 이용 행위가 제1항에 해당하는지를 판단할 때에는 다음 각 호의 사항 등을 고려해야 한다.

1. 이용 목적 및 성격.

2. 저작물의 종류 및 용도.

3. 이용된 부분이 저작물 전체에서 차지하는 비중과 그 중요성.

4. 저작물의 이용이 그 저작물의 현재 시장 또는 가치나 잠재적인 시장 또는 가치에 미치는 영향.

먼저 미국 저작권법이 공정이용의 원칙을 어떻게 적용하는지 살펴보자. 미

돌하지 않아야 하며 권리자의 합법적인 이익을 불합리하게 해치지 않아야 한다고 규정하고 있다.
215 저작권법 제35조의 5(저작물의 공정한 이용), 본조 신설 2011.12.1. 2019.11.26 제35조의 3에서 이동.
216 문화체육관광부·한국저작권위원회, 「2011 저작권 백서」, 2012, 278-279쪽.

국 저작권법은 공정이용을 저작권자 이외의 다른 사람이 저작권자의 허락 없이 저작물을 합리적으로 사용할 수 있는 하나의 특권으로 본다. 미국 저작권법은 비평, 논평, 보도, 교육, 학문, 연구를 위해 타인의 저작물을 사용할 때 다음 요소들을 종합적으로 평가해서 합리적인 경우에만 허용한다.[217] ①저작물을 사용하는 목적과 성격이 무엇인가, ②저작물이 저작물로서 갖는 가치는 무엇인가, ③저작물 중 얼마만큼을 사용하는가, ④저작물의 시장성을 훼손하는가. 미국 법원이 공정이용에 해당하는지 판단하는 네 가지 기준을 차례로 살펴보면 다음과 같다.[218]

- 저작물 사용의 목적과 성격, 그리고 변용-transformative use: 상업성 여부를 포함해 (침해에 해당하는) 사용의 목적과 성격을 본다. 뒷작품이 원작을 단순히 모방한 것이 아니라 새로운 표현과 의미 혹은 메시지를 더해 원작과는 다른 새로운 작품을 만들었는가의 여부를 판단한다.
- 저작물의 성격과 가치: 원작이 창의적이고 표현적인지 아니면 단순히 사실을 묘사한 것인지, 그리고 공표된 것인지의 여부가 중요하다. 공표되지 않은 작품의 경우 공정이용을 주장할 여지는 상당히 적어진다.
- 변용에 필요한 만큼의 분량: 원작의 전체 분량에 비해 실제로 뒷작품에 사용된 비율을 고려해야 한다. 뒷작품이 원작을 사용한 이유와 필요한 만큼 사용했는가가 중요하다. 이때 분량도 중요하지만 사용된 부분의 질과 중요성도 고려된다.
- 시장에 미치는 영향: 원작을 사용한 작품이 원작과 원작을 이용한 파생 작품들의 잠재적 시장에 부정적인 영향을 상당히 미쳤는지의 여부를 판단한다.

217   17 U.S.C. §107.
218   17 U.S.C. §107.

미국 법원은 네 가지 요소들을 하나씩 독립적으로 형량하는 것이 아니라 네 가지 요소들을 유기적으로 한꺼번에 고려하여 판단하되 주어진 상황에 따라 중점을 두는 요소를 달리한다. 이용하는 저작물의 성질이 비상업적이어도 변용의 폭이 좁다면 공정이용으로 인정되지 않는다. 반대로 상업적 목적으로 이용했다는 이유로 다른 저작권자의 보호되는 표현을 이용하는 것이 공정이용에서 배제되지는 않는다. 이를테면 어떤 책을 요약할 때, 요약 내용이 합법적인 목적에 필요한 정도를 넘어 자세히 쓰고 있다면 충분히 변용하지 않았다고 본다.[219] 대체로 공정이용에 대한 판단 여부는 저작권 시비가 있는 원저작물에 비해 어느 정도의 창의성과 생산성이 가미됐느냐에 달려 있다.[220]

판례를 통해 공정이용 법리를 확립해온 미국 법원은 대체로 시장성과 영리성, 그리고 변용의 폭을 중점적으로 살핀다. 미국 법원은 원작의 시장성 훼손 여부를 판단할 때 저작물 사용의 유일한 동기가 금전적인 이득을 얻는 것인지 여부가 아니라 사용자가 관례적인 비용을 내지 않고 저작물을 도용함으로써 이익을 얻었는지 여부에 있다고 판시한다.[221] 영리성이나 상업성은 반드시 금전적일 필요는 없다. 따라서 인용 저작물이 금전적인 이득을 목표로 만들어졌는가는 중요하지 않다. 금전적 이익의 훼손뿐 아니라 금전적이지 않은 이익까지 포함하여 원작이 누렸을 사회적 지명도에 대한 대체 여부를 판단한다. 시장성과 관련해서도 저작물의 1차 시장뿐만 아니라, 2차적 저작물을 위한 현재 시장과 잠재적인 시장까지 고려해야 한다.

공정이용에 대한 조항이 신설되기 전에도 우리 대법원은 공정이용 판단에 대해 미국과 유사한 기준을 사용해왔다. 대법원은 "정당한 범위 안에서 공정한 관행에 합치되게 인용한 것인지 여부는 ①인용의 목적, ②저작물의 성질, ③인용된 내용과 분량, 피인용 저작물을 수록한 방법과 형태, 독자의 일반적 관념,

---

219 Twin Peaks Productions, Inc. v. Publications international, Ltd., 996 F.2d 1366 (2d Cir. 1993).

220 Bresler and Lerner, *Art Law: the Guide for Collectors, Investors, Dealers, & Artists*, p.129.

221 Harper & Row, Publishers, Inc. v. Nation Enterprises, 471 U.S. 539 (1985).

260 * 제3장 예술가의 저작재산권

④원저작물에 대한 수요를 대체하는지 여부 등을 종합적으로 고려해 판단해야 한다"고 했다.[222] 그러나 위와 같은 요소들을 종합적으로 고려해 판단하는 원칙만을 천명하고 있을 뿐, 각 요소들 사이의 관계와 중요성의 정도 그리고 최대 허용 범위는 어디까지인지는 명확하지가 않았다.

예술적 차용과 공정이용

공정이용의 법리는 저작권 침해 소송에서 주요한 적극적 항변이자, 기존의 것에서 끊임없이 창조적 파괴를 시도하는 예술가들에게 핵심적인 법적 방어 수단이다. 더군다나 차용 예술appropriation art이나 패러디, 풍자 등 기존 작품들을 이용해 새로운 작품을 탄생시키는 현대미술의 특징들을 볼 때, 공정이용 판단의 기준이나 그 한계를 명확히 해야 할 이유가 점점 커지고 있다. 대표적 차용 예술가로 저작권법 소송의 단골손님인 제프 쿤스Jeff Koons의 사례와 랩 그룹 패러디 사건을 차례로 살펴보자.

제프 쿤스 사건 1990년대 초반 미술계와 법조계를 관통하며 대중의 관심을 끌었던 저작권 침해 소송이 있었다. 예술가가 예술가들을 고소하는 사건은 종종 있었지만 대개는 법정 밖에서 합의로 끝내는 경우가 많았다. 이 사건은 양측이 서로 합의하지 않은 채 끝까지 소송을 진행해 판결을 얻어낸 첫 번째 사건이다. 사진작가 아트 로저스Art Rogers는 제프 쿤스가 조각 작품을 만드는 데 자신의 사진 작품을 무단으로 사용함으로써 저작재산권을 침해했다고 고소하고, 이에 대해 쿤스는 공정이용이라고 항변했다.

사건의 발단은 이렇다. 1987년, 제프 쿤스는 한 기념품 가게에서 흑백 사진엽서를 구매했다. 이 사진은 1980년에 유명 사진작가인 아트 로저스가 고객

222 대법원 1997.11.25. 선고. 97도2227 판결: 대법원 2006.2.9. 선고. 2005도7793 판결.

의 의뢰를 받아 강아지들을 안고 있는 부부를 찍은 것이다. 그 후 〈강아지들 puppies〉이라는 제목으로 캘리포니아 지역 신문에 실렸고, 샌프란시스코 현대 미술관에서 전시도 됐으며, 한 업체와 라이선스 계약을 맺고 엽서, 메모지 등으로 제작하기도 했다. 당연히 저작재산권은 로저스에 있었다. 쿤스는 1980년대 중반 다양한 재료를 사용한 조각 작품을 만들어 전시했는데 조각으로 제작할 만한 대상을 찾아 수집하던 중 로저스의 사진 〈강아지들〉을 바탕으로 만든 카드를 발견한 것이다. 쿤스는 로저스의 저작권이 표기된 부분을 제거하고, 이탈리아에 있는 공방으로 보내 다채색 목재를 이용해 사진과 똑같은 형태의 조각으로 제작해달라고 의뢰한다. 쿤스는 완성된 조각에 〈줄줄이 강아지들string of puppies〉라는 제목을 붙이고, 1988년 뉴욕에서 '일상의 전시Banality Show'라는 전시회를 열었다.

쿤스의 〈줄줄이 강아지들〉 조각은 세 점이 팔리고, 36만 7,000달러 상당의 수익을 거두었다. 이 사실을 알게 된 로저스는 즉각 자신의 사진을 저작권청에 등록하고 쿤스와 갤러리를 상대로 소송을 제기했다. 법정 소송에서 쿤스는 "저작권자의 승낙 없이도 특정 목적을 위해서 합리적인 방법으로 해당 저작물을 사용할 수 있게 하는" 공정이용 원칙을 들며, "자신은 원저작물인 로저스의 작품을 비평 또는 비판 등의 목적으로 사용했으므로 저작권 침해가 아니다"라고 주장했다. 그는 자신의 작품이 로저스의 작품을 바탕으로 한 것은 사실이지만 자신의 작품은 현대사회의 대량생산과 소비, 탐욕, 그리고 자기 중심성을 비판하는 것으로 가치와 목적성 등을 볼 때 공정이용에 해당한다고 주장했다. 이 전시를 통해 "예술가가 작품을 완성하면 원래 사물의 의미 대신 전적으로 새로운 의미가 자리하게 된다"는 점을 부각하고자 했다는 것이다. 법원의 판단은 달랐다. 결국 법원은 갤러리와 쿤스 측이 저작권 침해로 부당이득을 취했다고 보고 손해배상을 선고하고 해당 작품의 제작, 대여, 판매, 전시, 2차적 저작 등에 대한 영구 금지 명령을 내렸다.

로저스 대 쿤스Rogers v. Koons 판례[223]의 공정이용 원칙에 대한 쿤스의 주장과 법원의 논리를 비교해보자. 공정이용을 형량하는 데 필요한 요소들은 사용 목적과 성격, 저작물의 성격, 사용한 분량, 시장성 훼손 등이다.[224]

①사용 목적과 성격: 첫 번째 요소로 원저작물이 공익 목적의 선의로 복제되었는지, 침해자의 상업적 이득을 위해 복제되었는지를 판단한다.

쿤스 내 작품은 현대사회에 대한 비판이 목적이다. 내 조형물은 정당한 풍자 또는 패러디다. 대량생산과 미디어 이미지가 삶의 질을 저하시켰다고 생각한다. 이미지들을 차용하고 통합해 예술 작품으로 만듦으로서 이 같은 이미지들을 생산해내는 정치, 경제적 체제를 비판하는 것은 큐비즘과 다다이즘으로부터 비롯되는 예술사적 전통이다.

법원 로저스의 저작권 표시를 제거한 것은 로저스의 작품을 이용해 부당이득을 취하려는 불순한 의도가 있다고 보인다. 상업적 이득을 취하기 위한 목적으로 복제한 것은 불공정하다. 따라서 이 점을 감안하고 쿤스가 주장하는 저작물 이용의 주요 목적이 사회 비판이었다는 점을 살펴봐야 한다. 저작물에 대해 풍자나 패러디 등의 방식으로 비판을 하거나 발언을 하는 것은 정당한 사용에 해당한다. 따라서 쿤스의 작품이 로저스의 작품에 대한 적절한 비평이나 비판 기능을 하는지 판단해야 할 것이다. 패러디나 풍자는 예술가가 다른 예술가의 스타일을 코믹하게 흉내 내거나 원저작물의 스타일이나 표현을 우스꽝스럽게 바꿔 새로운 작품을 창작해내는 것을 말한다. 그러나 일상용품이나 이미지를 차용해 의미를 부여하는 방식이 예술사적 전통이라는 이유만으로 그 정당한 사용이 합리화되는 것은 아니다. 어떤 작품을 패러디하거나 풍자할 때는 대중이 무엇을 풍자하는지에 대한 인식이 필요하다. 다시 말해, 작가가 패러디하는 대상의 존재에 대한 인식

223 960 F.2d 301 (2d Cir. 1992).
224 17 U.S.C. §107.

이 있어야 한다. 따라서 쿤스의 작품은 원작의 패러디에 해당하지 않는다. 쿤스의 원저작물 사용에는 불순한 의도와 이득을 취하기 위한 동기가 있었으며, 원작에 대한 패러디에 해당하지도 않는다.

②저작물의 성격: 두 번째는 원저작물을 복제한 저작물의 성격이 무엇인가다. 원저작물이 허구일 때보다 사실일 때 공정이용의 폭이 넓어진다. 원작이 창의적인지, 상상의 산물인지, 금전적 이득을 기대하고 투자해서 만들어진 것인지 여부도 고려해야 한다.

쿤스 원저작물과는 전혀 다른 장르다. 전시회에 사용된 전체 작품으로 볼 때 사회 풍자라는 메시지를 갖고 있다.
법원 로저스의 원작은 사실보다는 허구, 즉 픽션에 해당한다. 로저스의 작품은 작자의 창의성과 상상력의 산물이며 로저스는 전문 사진작가로 사진을 찍을 때 금전적 이득을 기대하고 있었다. 그런데 쿤스의 조각은 로저스의 사진과 사실상 똑같으며, 원작에 대한 아무런 풍자적 요소도 들어 있지 않다.

③사용 분량: 세 번째로 복제한 양이 허용 가능한 수준을 넘었는지 여부를 봐야 한다. '실질적 유사성'을 보는 것이다. 그렇지만 절대적인 분량을 보는 것은 아니다. 때로는 전면적 복제도 공정이용으로 허용되지만 어떤 경우에는 매우 적은 부분만 사용했더라도 허용되지 않는다. 필요 이상으로 사용할 경우는 공정이용이 아니다. 원작의 핵심적 부분이 전체적으로 봤을 때 얼마만큼 사용됐는가가 관건이다.

쿤스 로저스의 사진을 바탕으로 제작한 사실은 인정하지만 원작을 패러디한 것으로 서로 다른 성질의 작품이다.

법원 로저스 사진의 핵심적인 부분은 사실상 똑같으며 필요 이상으로 가져 다 썼다. 이처럼 원작자의 허락 없이 원작자의 표현을 그대로 사용한다면 공정이용으로 보호받기 어렵다.

④시장성 훼손: 네 번째는 공정이용 여부를 형량하는 데 있어 가장 중요 한 기준으로 원저작물의 시장에 어떻게 영향을 끼치는가를 보는 것이다. 이를 위해서는 저작물 이용이 공정이용이 아닐 경우 저작권자가 얻는 이득과 공정하 게 사용되었을 때 공공이 얻는 이득의 균형을 맞추어야 한다. 따라서 쿤스와 갤 러리 측이 로저스 측에 정당한 사용 대가의 지불 없이 사진을 이용할 때 그 이 용이 본질적으로 상업적인 성격인지를 판단해야 한다. 원저작자는 무단 이용이 자신의 작품의 잠재적 시장을 훼손할 만큼 광범위하게 사용되었다는 점만 입 증하면 된다. 무단 이용으로 원저작물의 수요가 줄거나 2차적 저작물 작성권에 영향을 끼치게 된다면 시장성이 훼손됐다고 본다.

> **쿤스** 로저스의 작품과 서로 다른 장르의 작품이므로 내 작품이 판매되더라 도 원작의 판매에 어떤 악영향도 주지 않을 뿐 아니라 오히려 로저스의 작 품 판매에 도움이 될 것이다.
> **법원** 쿤스의 작품은 상업적 판매 목적임에도 불구하고 원저작자인 로저스 에 정당한 지불 없이 상당한 이득을 취했다. 이런 경우처럼 무단 사용이 만 연해진다면 원저작자의 잠재적 시장에 영향을 미칠 것이다. 또한 로저스의 작품을 토대로 2차적 저작물을 만들고자 하는 사람이 감소할 것이므로 2차 적 저작물 작성권에도 영향을 미쳐 로저스의 수입에 영향을 미칠 것이다.

이 같은 법원의 판단에 동의하는가? 아마도 많은 차용 예술가를 포함 한 동시대 예술가들은 의아해하거나 반론을 제기할 것이다. 제프 쿤스 이전에 도 유사한 사건이 있었다. 1976년, 샌프란시스코 사진작가인 모턴 비비Morton

Beebe가 로버트 라우션버그Robert Rauschenberg를 저작권 침해로 고소한 사건이다. 이때는 쿤스 사건과는 달리 양측이 법정 밖에서 합의를 함으로써 사건이 마무리됐지만 사건의 본질은 똑같다. 사진작가 비비의 작품 〈운전자Driver〉를 라우션버그가 자신의 유명한 차용 미술 연작 〈서리Hoarfrost〉 시리즈에 무단으로 이용한 것이다. 라우션버그는 당시 예술가의 권리 옹호를 위해 주도적으로 나서며 추급권 등을 주장하고 있었다. 비비가 항의하자 라우션버그는 "내 작품에 자신들의 이미지를 차용한 것을 기뻐하고 자랑스러워하는 예술가들의 편지는 받아봤지만 이런 반응은 처음이다"며 황당해했다. 결국 비비는 라우션버그와 갤러리를 상대로 저작권 침해 소송을 했다. 1980년, 원고 비비는 소송 액수보다 훨씬 적은 3,000달러와 향후 전시회 도록 등에 "이 이미지는 모턴 비비의 사진에서 차용한 것이다"라는 문구를 삽입할 것을 약속받고 합의했다.

라우션버그는 "1949년 이래로 콜라주 작업을 해왔지만 내가 누군가의 저작권을 침해하고 있다고 생각한 적은 한 번도 없었다"라고 항변했다. 라우션버그 측은 "콜라주 작업 자체가 이미 인쇄되거나 출판된 자료를 가지고 만드는 것으로 콜라주 작업 역시 표현의 자유 영역에 속한다"고 주장했다. 그럼에도 라우션버그는 소송으로 시간 낭비하고 싶지 않다며 비비와 합의했다. 라우션버그의 주장은 쿤스의 주장과 일치한다. 쿤스 역시 차용 예술가로서 다른 저작자의 권리를 침해한 게 아니라 정당하게 예술적 차용을 한 것이며, 미국 대중문화의 아이템들을 이용함으로써 동시대에 비판적 메시지를 전달하는 것이라고 주장했다. 로저스 대 쿤스 판결은 지금도 유효할까. 이후 사건에서 이 판례는 사실상 변경된 것으로 보인다. 동시대 예술, 특히 차용 예술과 저작권법에 대해서는 다음 장에서 자세히 다룰 것이다.

결국 쿤스의 패배로 돌아갔지만 로저스와 쿤스의 대결은 법조계와 미술계 양쪽에 논란을 남겼다. 쿤스의 조형물을 로저스 사진의 패러디로 볼 수는 없는 것일까. 비판이나 비평 형태의 패러디는 공정이용의 범주 안에 들어간다. 그렇다면 패러디와 그렇지 않은 것의 경계는 어디쯤에 설정해야 할까. 예술가들의 창작 활동에 있어 매우 중요한 사안인 패러디 문제가 좀 더 직접적으로 다루어진 것은 1994년에 와서다.

랩 그룹 패러디 사건 미국의 랩 그룹 투 라이브 크루2 Live Crew가 로이 오비슨Roy Orbison의 원곡 〈오 프리티 우먼Oh pretty Woman!〉를 흑인 문화에 맞게 익살스런 가사로 패러디해서 '프리티 우먼Pretty Woman!'이라는 제목으로 발표했다. 이 음반은 100만 장 이상 팔리는 상업적 성공을 거두었다. 그러자 원곡의 저작권자인 오비슨이 이 랩 그룹을 저작권 침해로 고소하면서 예술가 간의 공정이용 문제가 또 다시 법정에 오르게 됐다.[225]

법원은 공정이용 요건 중 사용 목적과 성격에 있어서 랩 그룹 투 라이브 크루의 곡이 원곡을 바탕으로 해서 원곡을 그저 조금 뛰어넘는 수준에 불과한가, 아니면 원곡과는 다른 목적이나 성격을 부여했는가를 주요한 기준으로 삼았다.[226] 즉 새 작품이 원래의 창작 목적물을 대체하는 것인지 아니면 원작을 새로운 표현과 의미 또는 메시지로 바꾸면서 추가 목적이나 다른 성격을 가진, 뭔가 새로운 것을 부가했는지 살펴보는 것이다. 다시 말해, 변용 작품이 원작을 단순히 모방한 것이 아니라 새로운 표현과 의미 혹은 메시지를 부가함으로써 원작과는 다른 새로운 작품을 만들었는지 여부를 판단하는 것이다. 법원은 "변용이 상업성 여부보다는 더욱 중요한 기준이며, 변용의 폭이 클수록 최종 저작물의 상업적 중요성이 줄어든다"고 했다.[227]

이 사건에서 법원은 저작물의 패러디로서 변용의 폭이 넓은 점을 강조하면서 "변용의 가치가 있다면 다른 메시지를 전달하거나 비평을 하는 것처럼 패러디도 공정이용이 될 수 있다"는 최초의 판결을 내림으로써 예술가들의 운신

---

225 Campbell v. Acuff-Rose Music, Inc., 510 U.S. 569 (1944).
226 Pierre N. Leval, "Toward A Fair Use Standard," *Harvard Law Review*, Vol.103, No.5, 1990.
227 510 U.S. 569 at 579.

폭을 넓혀주었다.[228] 공정이용의 네 가지 판단 요소에 대한 법원 판결의 골자는 다음과 같다.

첫째, 저작물의 성격이 영리적인 것은 맞지만 패러디의 상업적 성격에 결정적인 비중을 두어선 안 되며, 다른 사실들과 함께 평가되어야 한다. 두 번째 요소인 저작물의 성격과 관련해서는 패러디는 그 성격상 공개적으로 알려진, 표현적인 작품을 표절하는 것이 불가피하다. 셋째, 사용 분량과 관련해서는 패러디가 특정한 원작품을 목표로 했을 때 적어도 비평적인 위트의 의도를 인식할 수 있기에 충분할 만큼 원작을 떠올릴 수 있어야 하므로 원작의 핵심적 내용을 이용했다고 해서 공정이용이 아니라고 할 수 없다. 넷째, 패러디의 목적은 예술적으로나 상업적으로 원작품을 파괴함으로써 합법적으로 원작을 망가뜨리는 것이 목표다. 그렇다면 2차적 사용의 잠재적 시장은 일반적으로 원작품의 창작자가 발전시키거나 다른 사람으로 하여금 개발하도록 허락하는 것만 포함한 것이다. 창작자들이 자신의 작품을 비판적인 논평이나 풍자용으로 이용하도록 허락하지 않을 것이므로 그러한 사용에 대한 잠재적 시장 개념을 떠올릴 수 없다. 사람들은 비평을 요청하지만 오직 칭찬만을 원한다. 설사 2차적 시장에 영향을 미치더라도 패러디가 비판적인 논평의 결과로 2차적 사용을 위한 시장에 손해를 끼칠 것이라는 사실은 원래의 시장에 대한 비슷한 위협과 마찬가지로 저작권과는 관계가 없다.

이 판결을 내릴 때 법원은 예술과 문화의 창달이라는 저작권법 제정 취지를 강조했다. 다시 로저스 대 쿤스 판결로 돌아가보자. 만일 랩 그룹 투 라이브 크루와 원곡 저작자인 로비 오비슨 간에 벌어진 캠벨Campbell 판결이 로저스와 쿤스 소송 이전에 있었다면, 그래서 캠벨 소송의 공정이용 기준을 쿤스의 소송에 대입했다면 결과는 어땠을까. 캠벨 판결의 기준에 의하면, 쿤스의 조형물 〈줄줄이 강아지들〉은 로저스의 사진을 타깃으로 두고 메시지를 전달하기 위해

228 Ibid.

서였다고 변론하기만 하면 된다. 로저스의 사진을 바탕으로 한 패러디가 목적이고, 패러디를 통해 전혀 새로운 메시지를 담았으며, 비판이 목적이었다고 주장하면 그만이다. 변용에 있어서 중요한 것은 작품의 창작 목적이 원저작물이 추구한 목적과 다른 목적을 가지고 있는가에 있다. 이렇게 패러디라는 점만 입증하면 쿤스의 작품이 상업적으로 제작됐는지 고가에 팔리는지는 중요하지 않다.[229] 또한 로저스의 작품이 쿤스의 작품으로 수요가 대체될 가능성은 현저히 낮아 보이므로 로저스 작품의 시장성을 훼손한다고 보기도 어렵다. 평면 이미지의 초상 사진과 사진을 '일상의 전시'라는 연작, 즉 일상의 다양한 상품이나 사물을 키치Kitsch한 쿤스 스타일 조형물로 변형해 각각 시장, 즉 수요는 다를 것이다. 귀엽고 사랑스러운 〈강아지들〉이라는 작품을 사려던 사람이 쿤스의 키치한 조형물을 사서 로저스에게 경제적 타격을 입힐 가능성은 지극히 낮아 보인다. 그러나 패러디 여부, 즉 원작을 모방해 새로운 메시지를 전달하거나 비판을 하는지에 관해서는 주관적인 판단이 개입된다는 문제점이 여전히 남는다. 미국에서는 이와 유사한 사례들이 지속적으로 법정 다툼으로 이어졌고, 그 결과 공정이용에 대한 해석은 조금 더 구체화되었다.

공정이용 판례 동향

공정이용 판단에 필요한 네 가지 요소 중에서 특히 비중이 높은 두 가지가 있다. 첫 번째 요소에서 변형된 이용, 변용을 중심에 놓는 판단 유형을 변용 패러다임transformative use paradigm이라고 부르고, 네 번째 요소인 시장성을 중심에 두는 것을 시장 중심적 패러다임market-centered paradigm이라고 한다.[230] 저작권 침해자의 이용이 변형적인지 여부를 중심에 두는 '변용 패러다임'은 피

---

229 다만, 아예 상업적인 광고나 판매 홍보 목적으로 기존 작품을 이용하는 경우에는 기존 작품과 명백하게 다른 목적을 갖고 있더라도 변형적이라고 보지 않는다.
230 Neil Weinstock Netanel, "Making Sense of Fair Use," *Lewis & Clark Law Review*. Vol. 15, No.3, 2011, p.734.

어 러발Pierre Leval 판사가 정립한 것으로 1994년 캠벨 대 에이커프-로즈 뮤직 Campbell v. Acuff-Rose Music, Inc 판결에서 처음 수용되었는데, 이 패러다임은 창조적인 표현의 광범위한 확산을 촉진한다는 저작권의 궁극적인 목적으로서 공정이용을 바라본다.[231] 피에르 러발 판사는 "2차적 이용이 원작에 새로운 가치를 부가한다면, 인용된 작품이 소재로 사용되어 새로운 의미, 새로운 미학, 새로운 통찰을 창조하는 것으로 변형되었다면, 이 같은 이용이야말로 사회를 풍요롭게 하기 위한 공정이용이 도입된 목적에 부합하는 것이라고 했다.[232] 한편, 보스턴 대학 로스쿨의 웬디 고든 교수는 시장 중심적 패러다임의 핵심은 저작권 침해자가 높은 거래 비용으로 인해 저작권의 이용 허락을 받는 데 있어 감당하기 어려운 장애가 있다는 점과, 공정이용을 인정함에 따라 저작권자가 입을 손해에 비해 공중의 편익이 더 크다는 점을 입증한 경우에만 공정이용이 인정될 수 있다고 설명한다.[233]

공정이용을 판단하는 네 가지 요소 중에서 어느 것에 더 무게를 두는지, 그리고 각 요소가 어떻게 상호작용하는지에 관해서는 시대의 흐름에 따라 변화하는 양상을 보이고 있다. 뉴욕 대학 로스쿨의 바턴 비비 교수는 1978년부터 2005년까지 미국 법원에서 내려진 306개의 판결 이유를 분석한 뒤 다음과 같이 결론을 냈다.[234] 첫째, 공정이용 분석에서 첫째 요소와 넷째 요소가 압도적으로 가장 중요한 요소로 고려되고 있다. 둘째, 1994년 캠벨 판결에도 불구하고 하급심 법원의 판결에서 변형적 이용 이론의 영향력은 그다지 크지 않았다.

한편, UCLA 로스쿨의 닐 네터널 교수는 1995년 이후 2010년까지, 특히 2006년 이후 2010년까지의 공정이용 판결을 분석했는데, 비비 교수가 분석한

231 Pierre N. Leval, "Toward a Fair Use Standard".

232 Ibid.

233 Wendy J. Gordon, "Fair Use as Market Failure: A Structural and Economic Analysis of the Betamax Case and its Predecessors," *Columbia University Law Review*, Vol.82, No.8, 1982.

234 Barton Beebe, "An Empirical Study of U.S.Copyright Fair Use Opinions, 1978-2005," *University of Pennsylvania Law Review*, Vol.156, Issue 3, 2008.

그 이전 시기와 비교해 현저히 다른 경향을 보였다. 첫째, 30년간 공정이용 관련 판례는 시장 중심적 패러다임과 변용 패러다임이라는 2개의 축을 중심으로 전개되었다. 특히 2005년 이후에는 변용 패러다임이 압도적으로 우세한 분석 요소로 자리 잡았다. 둘째, 2006년 이후 2010년까지 공정이용 판결 중 전통적으로 변용 유형에 해당하는 패러디, 비평, 뉴스 보도, 전기 등과 관련한 사례는 그 숫자가 감소하거나 비슷한 경향을 보이고 있는 데 비해, 새로운 유형의 변용인 디지털 정보검색 도구 유형은 상당한 증가세를 보이고 있다. 셋째, 새로운 이용이 변형적인 것으로 판단된 경우 공정이용으로 판단될 가능성이 매우 높다. 넷째, 공정이용 판단 요소 중 첫째 요소가 중시되고 넷째 요소는 다소 경시되고 있다는 점이다.

변형적 이용으로 판단되면 이는 원저작물과는 다른 목적의 이용이고, 원작의 성질에 새로운 표현을 부가한 것이며, 이렇게 되면 변형적 이용의 결과물 시장은 원작이나 그 2차적 저작물과는 다른 시장으로 기능할 수 있다.[235] 따라서 어느 작품이 변형적이라고 판단되면 시장 대체 효과나 시장 침해 효과는 쉽게 인정되기 어려울 수 있다.[236]

2013년 4월 25일, 미 연방 제2항소법원에서는 차용 미술과 공정이용 요소인 변용성과 관련해 중요한 판결이 나왔다. 카리우 대 프린스Cariou v. Prince 사건이다.[237] 강인한 미국 남성을 상징하는 아이콘인 '말보로' 담배 광고를 그대로 패러디한 〈무제-카우보이Untitled-Cowboy〉 시리즈로 유명한 리처드 프린스 Richard Prince는 주위에 떠돌아다니는 각종 이미지들을 차용해 다시 촬영하는 재사진rephotographe이라는 창작 방식 때문에 작품을 내놓을 때마다 저작권 침해 논란에 휩싸이곤 했다. 프린스는 뉴욕 가고시안 갤러리, 리졸리 출판사와 함께

---

235 박성호, 「저작물의 '변형적 이용' 이론에 관한 미국 판례의 동향」, 한국정보법학회, 『인터넷, 그 길을 묻다』, 중앙북스, 2012, 544쪽.
236 William S. Coats, "More to Fair Use than Fairey: The Effect of Recent Decisions on the Evaluation of the Four Fair Use Factors," *Intellectual Property Law Institute*, Practicing Law Institute, 2010: 위의 글.
237 판결문은 http://cyberlaw.stanford.edu/files/publication/files/20130425-CariouPrince.pdf 참조.

2008년 12월에 사진작가 패트릭 카리우Patrick Cariou에 의해 저작권 침해 소송을 당했고, 1심 법원에서 저작권 침해라는 판결을 받았다. 프린스의 〈운하 지대 Canal〉 연작은 카리우가 2000년에 출간한 사진집 『예스 라스타Yes Rasta』에서 차용한 것이다. 프린스는 카리우의 사진집에서 총 41장의 사진을 차용했다는 사실을 인정했지만 원작을 변형한 공정이용이라고 항변했다. 그러나 1심 재판부는 저작물을 차용할 때에는 어떤 방식으로든 원작을 언급해야 하며, 원작의 취지와 분명히 달라야 한다면서 저작권 위반이라고 판시했다.

연방 항소법원은 이 판결을 뒤집고 공정이용으로 봤다. 기존의 이미지를 차용해 새로운 의미를 내포한 표현물을 창작하는 현대 예술의 전통을 확인한 것이라고 볼 수 있다. 재판부는 30점 중에서 25점의 이미지 차용은 공정이용이라고 하면서 공정이용이 되기 위해서 창작물이 반드시 원작에 대한 비판이나 논평이 아니어도 된다고 설시했다. 법원은 창작자가 원본 이미지에 대해 논평할 것이 없더라도 저작물인 이미지들을 새로운 예술 작품을 창조하기 위한 원재료 raw material로 이용할 수 있다고 봤으며, 예술가의 표현과 구성, 보여주는 방식, 규모, 색의 사용, 재료 등이 차용한 사진과 근본적으로 다르고 새로운 것이라면 변용이 이루어진 것이라고 했다. 판사는 카리우의 고요하고 의도적으로 구성된 초상과 풍광의 사진들은 래스터패리언들과 이들을 둘러싼 자연의 아름다움을 묘사한 데 비해, 거칠고 삐걱거리는 듯한 프린스의 작품은 빡빡하고 도발적이라면서 전혀 다른 아름다움이며 이는 차용한 이미지와는 다른 새로운 표현이라고 했다. 무엇보다 작품 사용 목적에 관한 예술가의 설명은 작품의 변용성을 판단하는 결정적 기준이 아니라고 보았다. 법원은 다음과 같은 법정 조언자 의견서amicus brief에서 제시된 분석에 동의했다.

중요한 것은 문제의 작품이 그저 예술가 특정 작품에 대해 무언가를 말하려고 하는지가 아니라, 합리적 관찰자reasonable observer에게 어떻게 보이는가다. 프린스의 작품은 카리우의 작품이나 문화에 대한 논평 없이도 변용이라고 할 수 있다. 변용성을 판단하기 위해서 프린스의 작품 설명에 대한 질문 속에 갇혀 있기보다는 작품이 어떻게 합리적으로 감득되는지를 살펴보아야 한다.

프린스의 손을 들어준 이 판결은 차용 미술에서 변용의 폭을 넓히긴 했지만 공정이용의 기준이 더욱 모호해졌다는 의견도 있어 예술계와 법조계 모두에 논쟁거리가 되고 있다. 한편 항소법원은 카리우에게 저작권을 침해한 프린스의 작품 중 아직 팔리지 않은 작품과 책, 슬라이드 등의 처분에 대한 선택권, 즉 파괴하거나 매각하는 등의 처분을 허락한 하급심의 영구적 금지 명령도 파기하면서 예술 작품을 파괴하는 행위는 "적절하지도 않고, 공익에도 반한다"는 점을 분명히 했다.

그러나 2주 뒤, 로스앤젤레스 법원은 뉴욕 법원과 배치되어 보이는 판결을 내놓았다. 로스앤젤레스 법원은 거리 예술가 뱅크시의 〈선물 가게를 지나야 출구Exit Through the Gift Shop〉라는 다큐멘터리 영화에 등장한 것으로도 유명한 차용 미술가이자 거리 예술가인 미스터 브레인워시Mr. Brainwash라 불리는 티에리 게타Thierry Guetta의 작품이 공정이용의 보호를 받지 못한다고 판시했다. 거리 예술가이긴 하지만 그의 작품들은 필립스 드 퓨리Phillips de Pury 같은 경매회사를 통해 고가에 판매되기도 했다. 문제가 된 게타의 작품 일곱 점은 사진작가 데니스 모리스Dennis Morris의 1977년 작품인 펑크록 그룹 섹스 피스톨스Sex Pistols의 리드싱어 고 시드 비셔스Sid Vicious의 아이코닉한 사진들을 차용한 것인데 게타는 유명인들의 이미지를 차용하는 것으로 유명하다.[238] 게타는 자신의 작품들은 원본 이미지를 변용한 것이며 원저작자인 사진작가의 작품과는 다른 새로운 의도를 가지고 제작되었다면서 공정이용이라고 항변했다. 그는 시드 비

---

238 게타는 2011년에도 글렌 프리드먼Glen Friedman이 1985년에 촬영한 랩 그룹 런 디엠시Run DMC의 사진을 무단으로 이용해 저작권 침해 소송에서 패한 적이 있으며, 현재 역시 같은 이유로 사진작가 짐 마셜Jim Marshall의 유족들에게 고소를 당해 저작권 침해 소송 중이다.

셔스의 실물보다 큰 크기로 벽화를 제작함으로써 그가 생전에 갖지 못했던 존중을 표현했으며 비셔스의 페르소나와 유명인들에 대한 논평을 하고자 했다고 주장했다. 그러나 판사의 생각은 달랐다.

> 피고의 작품들은 충분히 변용적이지 않다. 시드 비셔스의 사진은 두드러진 표정이 묘사되었는데, 피고의 작품 역시 같은 표정이 묘사되고 있다. 피고의 작품들은 대부분 새로운 요소를 부가하지만 전반적인 효과는 변용적이라고 볼 수 없다. 피고의 작품들은 시드 비셔스 사진들의 특징적인 요소들을 고스란히 담고 있다. 차용하는 작품은 원작에 대한 논평이 있어야 하며, 저작물의 사용을 예술적 표현을 창조하는 수단으로서 정당화할 수 있어야 한다. 차용 미술은 그 자체로 공정이용이 될 수 없다. 예술가가 작품을 창작한다는 이유만으로 한 예술가가 다른 예술가의 창조적이고 저작권이 있는 원작품을 마음대로 사용하도록 둔다면 이는 저작권법을 무용지물로 만들 것이다.

이번 판결은 공정이용으로 인정받기 위한 변용 요건을 충족하기 위해서는 새로운 작품에 '논평'이 있거나 원작 이미지 사용에 대한 정당화를 요하는 것으로서 카리우 대 프린스 판결과는 차이가 있다.

제4장
현대 예술의 도전

The Challenge of
Contemporary Arts

1 현대 예술과 법

1964년 앤디 워홀의 〈브릴로 상자Brillo Box〉를 미술 작품이라며 선보였을 때 예술계는 혼란스러웠다. 미술fine art이라는 개념이 등장한 르네상스 이후 특별한 미술적 성질을 지니고 있느냐에 따라 '미술'과 '미술 아닌 것'을 구분할 수 있으며, '미술가'는 '기술자'와 다르게 그 성질을 찾아내어 미술 작품으로 구현해야 한다고 했던 믿음이 깨진 것이다. 워홀은 합판 상자에 실크스크린 작업을 통해 공산품인 브릴로 상자를 재현했다. 이 작품은 당시 슈퍼마켓에서 흔히 볼 수 있던 세제 '브릴로'를 담은 상자와 구별하기가 어렵다.

과연 이것은 예술인가, 이것은 미술인가. 마침내 지각적인 성질만 가지고 미술과 미술 아닌 것을 구분하려는 것이 불가능하다는 것을 인식하게 되었고, 이때 '모든 것이 미술이다' 혹은 '누구나 미술가다'와 같은 슬로건이 나타나기 시작했다.[1] 미국의 철학자이자 비평가인 아서 단토Arthur C. Danto는 예술 작품은 어떠해야 한다는 특수한 방식이 더 이상 존재하지 않는다는 것을 인식하면서 '미술의 종말'에 종말을 고하고, 이러한 새로운 예술 개념을 동시대 예술

---

[1]   장민한, 『앤디 워홀의 위대한 세계』, 동아일보사, 2009, 16-17쪽.

Contemporary Art이라고 규정했다.[2] 이제 미술fine art이란 말은 과거 고급스럽고 미적이고 장식적인 미술, 전통적 미술을 뜻하는 의미가 되었다. 회화, 조각, 판화로 구분되던 근대 이전 예술과 달리 동시대 예술은 모든 장르, 모든 경계를 넘어서고 무너뜨리고 합치고 있다. 서구 예술계에서는 동시대 예술을 명명할 때 '미술fine art' 대신 '시각예술visual art'라는 좀 더 포괄적인 개념을 사용하기 시작했다. 이 장에서는 새로운 개념의 예술이 등장하기까지의 배경과 역사, 그리고 동시대 예술이 저작권법에 어떠한 변화를 주고 있는지 살펴보겠다.

현대 예술의 도전

신문을 들어라. 가위를 들어라. 당신이 시에 알맞겠다고 생각되는 분량의 기사를 이 신문에서 골라내라. 그 기사를 오려라. 그 기사를 형성하는 모든 낱말을 하나씩 조심스레 잘라서 자루 속에 넣어라. 조용히 흔들어라. 그 다음에 자른 조각을 하나씩 꺼내라. 자루에서 나온 순서대로 정성스레 베껴라. 그럼 시는 당신과 닮을 것이다. 그리하여 당신은 무한히 독창적이며 매혹적인 감수성을 지닌, 그러면서 무지한 대중에겐 이해되지 않는 작가가 될 것이다.[3]

트리스탕 자라는 1920년 파리에서 '연약한 사랑과 씁쓸한 사랑에 대한 다다 선언'이라는 글을 낭송하면서 시 쓰는 방법을 소개한다. 이것은 다다Dada가 사용하는 레디메이드와 우연, 익명성을 결합시키는 기법이다. 예술에 대한, 그리고 저작권에 대한 기존의 인식이 흔들린다. 다음으로 마르셀 뒤샹의

---

2   Arthur C. Danto, *After the end of art: contemporary art and the pale of history*, Princeton University Press, 1997.
3   트리스탕 자라·앙드레 브르통, 송재영 옮김, 『다다/쉬르레알리슴 선언』, 문학과지성사, 2000.

〈L.H.C.O.Q〉를 보자(그림 7). 이 작품은 레오나르도 다 빈치의 〈모나리자〉를 복제한 후 그 위에 연필로 콧수염을 그려 넣은 것이다. 저작권 보호를 받을 수 있을까. 그 이전에 이것을 예술 작품이라고 부를 수 있을까. 원작의 복제물에 낙서하듯 연필로 그려 넣은 콧수염은 저작권 보호를 받을 만큼 독창적일까. 앤디 워홀이 레오나르도 다 빈치의 〈모나리자〉를 복제한 후 자신의 시그니처 색을 입힌 실크스크린 작품은 어떨까, 2차적 저작물로 보호받을 수 있을까.

이런 경우는 어떤가. 앤디 워홀 재단은 워홀의 캠벨 수프 이미지(그림 6)를 캠벨사가 실제로 판매하는 수프 캔에 사용하는 것에 대해 이용 허락을 했다. 캠벨 수프 제조사 측이 이용 허락을 받은 것은 워홀의 팝아트 스타일일 것이다. 그렇다면 '스타일'은 라이선스가 가능한가. 여기서 차용 예술의 복잡한 법적 문제가 발생한다. 캠벨 수프 제조사는 애초에 앤디 워홀이 자신의 상품과 상표를 작품에 무단 이용한 것에 대해 소송을 제기했다가 취하했다고 한다. 그러나 이제는 역으로 캠벨 수프 제조사가 자사의 상품을 차용해 제작한 워홀을 차용할 경우 저작권 문제에 휘말릴 수 있게 된 것이다.

존 발데사리John Baldessari의 의뢰된 그림commissioned painting이나 마르틴 키펜베르거의 '주문 회화'는 또 어떤가. 발데사리는 〈의뢰된 그림〉 연작을 제작했는데, 자신의 손이 무엇인가를 가리키는 사진을 찍어 다른 화가들에게 보내 유화를 그리도록 했으며, 완성된 작품에는 작가의 이름을 넣어 '~의 작품'이라고 넣었다. 그러나 이는 저작자의 서명이라기보다는 작품의 구성 요소에 불과했다. 발데사리는 이 작품을 통해 그림은 작가들이 그렸지만 저작권은 아이디어를 제공한 자신에 있다는 개념 미술의 특징을 전달하고자 했다. 키펜베르거의 〈친애하는 화가여, 나에게 그림을 그려줘Dear painter paint for me〉 연작 12점은 베르너라는 영화 간판 전문가에 의뢰해 완성한 작품이다. 키펜베르거는 아이디어만을 제공하고, 자신이 선택한 사진을 모두 같은 크기의 그림으로 그려 달라고 요청했다. 그림은 베르너가 그렸지만 키펜베르거의 작품인 것이다. 작곡가나 건축가처럼 악보나 도안을 그린 뒤 연주나 건축은 다른 사람에게 맡기는 방식을 미술에 도입한 것이다. 미술저작물의 저작권은 아이디어가 아닌 표현에 있다고 했는데 그렇다면 키펜베르거의 주문 회화에 대한 저작권은 누구에게 있다고 봐야 할까.

데이미언 허스트의 '점 회화spot painting' 시리즈를 생각해보자. 이 작품은 일정한 간격으로 다양한 색깔의 동그란 점을 그려 넣은 것인데, 이 점들을 그린 것은 허스트가 아니라 조수인 레이첼 하워드였다. 발데사리나 키펜베르거처럼 예술 작품이 반드시 작가 자신의 손을 거칠 필요가 없다는 입장인 것이다. 다다, 개념 예술, 팝아트, 미니멀리즘, 차용 예술과 같은 현대적 미술 사조와 저작권의 관계는 어떠한가. 미술의 개념을 통째로 바꾸어버린 뒤샹의 '레디메이드readymade' 작품들을 떠올려보자. 뒤샹은 1913년 바퀴와 의자라는 대량생산된 두 오브제를 결합함으로써 무언가를 창작하는 것은 자신의 외부에 존재하는 것들을 인식하고 이해하는 방식에 달려 있다고 주장했다. 그는 뉴욕의 설비업체인 J. L.머트사에서 선택한 변기를 90도 회전시켜 좌대에 세우고 'R. Mutt'라고 서명한 뒤 〈샘〉이라는 제목을 붙여 예술 작품이라며 1917년 미국독립미술가협회Society of Independent Artists에 제출했다(그림 8). 그러나 참가비만 내면 누구나 출품할 수 있었던 이 협회마저 전시를 거부할 정도로 당시만 해도 뒤샹의 새로운 시도를 예술로 인정하지 않았다. 전시 거부를 당한 후 뒤샹은 가상의 대리인을 내세워 다음과 같이 항변한다.

> 머트 씨가 직접 그 〈샘〉을 제작했는지는 중요하지 않다. 그는 그것을 선택했다. 그는 평범한 일상 용품을 고른 후 새로운 이름을 부여하고 새로운 관점에서 조명함으로써 그 유용성이 사라지게 했다. 다시 말해 그는 사물에 관한 새로운 관념을 창조해냈다.[4]

4 할 포스터 외, 배수희 외 옮김, 『1900년 이후의 미술사』, 세미콜론, 2007, 136쪽.

물론 지금은 뒤샹의 〈샘〉 레플리카와 앨프리드 스티글리츠가 이를 촬영한 사진 작품이 전 세계 곳곳에 전시되어 있으며, 그의 작품이 예술이 아니라고 주장하는 사람은 드물다. 뒤샹은 레디메이드를 통해 작가와 작품의 개념을 흩트리기 위해 '우연'이라는 개념을 사용했으며, 선택된 사물을 예술의 위치에 올려놓았다.[5] 예술을 명명하는 일(주어진 이미지나 사물을 예술로 임명하는 일)을 예술을 제작하는 일과 동일시했다. 예술과 비예술, 예술가와 비예술가의 경계가 무너진 것이다. 다른 작가의 작품을 개작해 새로운 작품을 만들어내는 것은 어떤가. 키펜베르거는 게르하르트 리히터Gerhard Richter의 작품 〈회색 그림Grey Painting〉을 구입한 뒤 나무 액자에 넣고 네 개의 다리를 붙여 탁자로 만든 뒤 '모델 인테르콘티Modell Interconti'라고 제목을 붙였다. 키펜베르거는 미술 시장이 리히터의 그림 가격을 지나치게 비싸게 만들었다는 점과 작품의 난해한 추상성을 비판하고, 벽에 걸려 별다른 쓸모가 없던 오브제가 실용적인 탁자가 되었다는 점을 강조하기 위한 것이었다.[6]

이런 비전통적인 미술도 다른 예술품과 마찬가지로 저작권 보호의 대상이 될 수 있을까. 일각에서는 이런 비전통적 예술 사조는 저작권 보호 대상이 될 수 없다고 주장한다. 표현이 아닌 아이디어 또는 개념에 불과하거나 표현이 일상에서 따온 것이 아니므로 충분히 독창적이지 않다는 이유에서다. 창작한 미술 작품이 그저 푸른색의 화면을 띄워 놓은 것에 불과하다면, 이 푸른색을 저작자가 독점할 수 있을까. 로리 페트루젤리는 "저작권법의 범위를 이런 미술에까지 확대한다면 세상 모든 것에 대한 저작권법의 보호가 가능해질 것이며, 독창성의 기준은 무너질 것이다. 이는 저작권법의 사멸을 뜻한다"고 경고한다.[7] 한 아트 딜러의 말처럼 예술계에 저작권법이 엄격하게 적용된다면 지금 우리가

---

5   위의 책, 127-129쪽.
6   심은록, 앞의 책, 25쪽.
7   Lori Petruzzelli, "Copyright Problems in Post-Modern Art," *DePaul-LCA Journal of Art and Entertainment Law*, Vol.5, No.1, 1995.

알고 있는 현대 예술은 존재하지 않았을 것이다.[8] 사실 1960년대 이전에는 다른 작품을 가져다 사용하는 것이 법적으로 문제가 된 적이 거의 없었다.[9] 오히려 자기 작품에 관심을 가져준 것에 감사하다고 할 정도였다.[10] 먼저 미술사에서 차용이 갖는 의미와 위치에 대해 살펴본 후, 현대 차용 예술의 법적 논쟁들을 살펴보자.

법정에 선 예술가들

1960년대 이후 다다이즘과 팝아트, 개념 예술, 차용 예술 등이 발달하면서 현대 시각예술은 저작권과의 싸움이 빈번해졌다. 먼저 예술계에 저작권법이 언제부터 어떻게 개입하기 시작했는지 미술사를 잠시 들여다볼 필요가 있다.

1860년에 공개된 프랑스 화가 에두아르 마네의 유명한 인상주의 회화 〈풀밭 위의 점심Luncheon on the Grass〉은 정장을 갖춰 입은 두 신사가 나체의 여성과 숲에서 점심식사를 즐기는 장면을 묘사한다. 당시로는 파격적이어서 커다란 논란을 일으켰던 이 회화 작품은 사실 구도에 약했던 마네가 한 세기 전의 마르칸토니오 라이몬디Marcantonio Raimondi의 〈파리의 심판The Judgment of Paris〉(1515)을 모델로 한 것이다. 이 〈파리의 심판〉 역시 이탈리아 화가 조르조네Giorgione의 〈전원 음악회Pastoral Concert〉(1510)를 모티브로 한 것이며, 인물들 역시 새로 창작된 것이 아니라 고대 로마 예술에서 파생된 것이다.

이런 방식으로, 즉 한 이미지에서 또 다른 이미지, 그 이미지에서 또 다른 이미지로 파생되며 회화의 역사가 발달해온 셈이다. 다른 예를 살펴보자. 1851

---

8   Geraldine Norman, "The Power of Borrowed Images," *Art & Antiques*, Mar. 1996, p.125(quoting art dealer Jeffrey Deitch).

9   Kembrew McLeod, *Freedom of Expression? Overzealous Copyright Bozos and Other Enemies of Creativity*, Doubleday, 2005.

10   Gay Morris, "When Artists Use Photographs," *ARTNews*, Jan. 1981, at 103.

년 독일 태생 미국 화가 에마누엘 로이체Emanuel Leutze는 미국 역사를 소재로 〈델라웨어 강을 건너는 워싱턴Washington Crossing the Delaware〉이라는 그림을 그렸다(그림 9). 그로부터 100년 후 이 이미지는 래리 리버스Larry Rivers에 의해 다른 구성과 스타일의 작품으로 재탄생한다(그림 10). 미국 역사의 (사실 여부는 별도로) 매우 중요한 한 장면인, 워싱턴이 델라웨어 강을 건너는 이 이미지는 이후에도 무대장식과 팝아트를 통해 여러 곳에서 풍자되는 등 다양한 방식으로 끊임없이 차용되었다.

20세기 들어 이미지 차용이 본격적으로 활발해졌다. 문화의 중심이 상류층의 전유물에서 대중으로 옮겨가던 1900년 초반에는 대중문화가 꽃을 피우기 시작하면서 사진, 광고, 잡지, 만화 등을 통해 문화 예술이 확산되기 시작했다. 차용 미술은 종종 이미 알려진 작품의 전부 또는 일부를 빌려다 쓰기 때문에 원래 미술은 이미 있는 이미지나 친근한 작품을 바탕으로 창조되는 것이 보통이다. 이를테면 친구이자 경쟁자로 같은 예술적 실험을 하던 피카소와 조르주 브라크Gorges Braque는 신문기사나 벽지, 담뱃갑 등 다양한 이미지를 이용해 새로운 이미지를 창조했다.

대중문화의 성장과 함께 온 세상을 피폐하게 만든 제1차 세계대전의 여파로 다다이즘이라는 문화 운동이 출현하게 된다. 다다이즘은 파괴적 전쟁으로 모든 도덕적, 미적 가치가 무가치해졌음을 표방했다. 미술 사조에도 다다이즘이 융성했는데 미술이 이해되고 감상되는 전통적인 개념에 도전했다. 예술의 정치적 세속화를 꾀하던 독일의 다다이스트들은 '포토몽타주Photomontage'라는 기법을 사용했다. 이들은 사진을 재료로 사용해 상품과 광고 이미지를 분해하고 파괴함으로써 대중문화가 조장하는 신화를 해체하고, 현실을 초월한 영원한 작품이 아니라 순간순간 개입하여 현실을 균열시키는 새로운 예술이 되고자 했다.[11] 포토몽타주는 두 장 이상의 사진을 자르고 붙여서 비현실적인 주제를 구

---

11 할 포스터 외, 위의 책, 137쪽.

성하는 과정과 결과를 말한다. 이 같은 기법은 이미지 편집 소프트웨어를 통해 2차원적 이미지뿐만 아니라 3차원적 영상물로도 만들어진다. 포토몽타주 기법을 이용한 작품들은 당연히 유일물이 아니라 복제물이다. 게다가 원본 이미지를 오려 붙여 새로운 작품으로 만든 뒤 대량으로 배포하는 것이 가능하다.

뒤샹은 다다이즘을 1915년 미국으로 전파하면서 전통적인 의미의 미술 개념을 뒤흔들어 놓았다. 뒤샹은 레오나르도 다 빈치의 〈모나리자〉에 수염을 그리고 밑에 〈L.H.C.O.Q.〉라는 말장난을 새겼는데 알파벳을 붙어 발음으로 읽으면 "Elle a chaud au cul"이고, "그녀는 섹시한 엉덩이를 갖고 있다"라는 의미가 된다. 기존의 작품을 차용해 전혀 새로운 메시지를 전하고, 구시대의 모든 가치를 부정하는 작품을 만든 것이다. 전통적이고 보수적인 예술가와 예술 애호가들 입장에서는 아이들 장난 같은 뒤샹의 실험을 예술로 인정하기 어려웠을 것이다. 그러나 이제 레디메이드와 원본의 가치를 뛰어넘어 독자성을 확보한 '복제'가 된 시뮬라크르simulacre는 흔한 예술적 소재가 되었다.

다다이즘은 1950년대 영국에서 시작되어 1960년대 미국에서 성장한 팝아트의 자양분이 되었다.[12] 팝아티스트들은 풍자적이라기보다는 사물과 이미지를 통찰하고 묘사함으로써 현실 속의 사물과 이미지를 관객들이 독자적으로 인식하게 했다. 그렇다 보니 팝아트는 다다이즘보다 더욱 영화나 시각예술 같은 대중 매체나 주방기기, 가전제품 등 일상생활에 사용되는 사물들을 오브제로 삼았다. 만화책을 소재로 한 로이 릭턴스타인Roy Lichtenstein이나 공산품을 소재로 한 앤디 워홀의 작품들을 떠올려보자.

앤디 워홀은 캠벨 수프 통조림, 코카콜라 병 같은 대량생산품을 그리고, 당시의 대중스타들인 엘비스 프레슬리와 엘리자베스 테일러, 메릴린 먼로 같은 가수나 영화배우의 이미지를 소재로 삼아 노골적인 상업주의, 명성과 출세 지향

12   H.H. Arnason, *History of Modern Art: Painting, Sculpture, Architecture, Photography*, 3d ed., Harry N. Abrams, 1986, p.636.

을 비판하면서 동시에 독창성의 부정, 반복과 차용으로 미술의 전통적 가치에 도전했다. 워홀은 실크스크린 제작법을 활용해 작품 생산을 '공장화'하려 했으며, 스스로 '기계'가 되어 작가의 개성을 배제하고 이 시대의 삶과 이미지를 아무런 논평 없이 묘사하고자 했다.[13] 그는 자신의 작업실을 공장factory이라고 이름 붙이고, 타인의 작품이든 아이디어든 상관없이 차용했으며, 조수를 고용해 작품 제작 과정의 일부 혹은 전부를 맡겨 동일한 작품을 상품처럼 무수히 반복 생산했다.[14] 실크스크린 제작 방식은 작가의 흔적을 제거했고, 동일 형태의 작품을 복수로 제작함으로써 미술 작품의 유일성을 거부했는데, 이러한 생산방식은 지금까지 미술의 본질이라고 여겨왔던 작품의 독창성과 유일성이라는 가치를 근본적으로 훼손한다.[15]

　워홀의 '팩토리'처럼 시각예술가가 작품 제작 과정 조수를 고용하는 일은 흔하다. 데이미언 허스트도 제프 쿤스도 개념과 발상만 제시할 뿐 실제 작업은 모두 조수나 계약 관계에 있는 설치 업체에 맡긴다. 그렇다면 작가의 손이 닿지 않은 작품도 그 작가의 작품이라 할 수 있을까. 2016년 한국에서 이 사건을 정면으로 다루는 사건이 있었다. 이른바 '조영남 대작 사건'이다. 조영남은 어느 화가에게 자신의 기존 콜라주 작품을 회화로 그리게 하거나, 추상적 아이디어만 제공하고 이를 회화로 표현하게 하거나, 자기가 그린 기존 그림을 그대로 그려달라고 했다. 그렇게 그린 그림에 약간 덧칠을 한 뒤 서명한 다음 이런 방법으로 그림을 그렸다는 사실을 누구에게도 알리지 않고, 마치 직접 그린 것처럼 전시 판매했다. 2016년 검찰은 이를 형법상 사기죄로 보고 법원에 기소했다.

　1심 법원은 창작적 표현 작업이 주로 조수에 의해 이뤄졌다는 사실은 작품 거래에서 설명 가치 있는 정보에 해당하며, 작가는 이를 신의 성실의 원칙상 사전에 구매자들에게 고지할 의무가 있음에도 고지하지 않고 판매한 것은 구

13　스타니스제프스키, 앞의 책, 69쪽.
14　장민한, 앞의 책, 14-15쪽.
15　위의 책.

매자들을 부작위에 의해 기망한 것이라며 유죄 판결을 내렸다.[16] 그러나 2심 법원은 1심 판결을 뒤집었다. 조수는 작품 제작에 도움을 준 기술적 보조자에 불과하며 보조자를 사용한 제작 방식이 미술계에 존재하는 이상 적합 여부나 관행 여부 혹은 일반인이 이를 용인할 수 있는지 여부 등은 원칙적으로 예술계에서 논의되어야 할 성질의 것이고 법률적 판단의 범주에 속하지 않는다는 것이었다.[17] 2020년 대법원 역시 1903년 미국 연방대법원의 '사법자제의 원칙'을 인용하며 무죄를 확정했다.[18]

현대 예술에서 핵심은 개념이자 관념이자 발상이며 발상과 실행은 분리되었다. '대작'이 성립하려면 발상과 실행 모두 남이 대신하는 경우여야 한다. 물론 어떤 예술가는 여전히 직접 하나하나 그리고 실행하는 것을 본인의 예술로 삼는다. 그런데 이것이 예술이냐 아니냐, 대작이냐 아니냐, 주작가냐 보조 작가냐의 판단 기준이 될 수는 없다. 1950~1960년대 개념 예술가들은 실행을 남한테 맡기는 것 자체가 예술의 일부였기 때문에 이러한 사실을 공개적으로 떠벌렸다. 그러나 이제는 흔하디흔한 예술 방식이기 때문에 굳이 공개할 필요도, 자랑스레 떠벌릴 이유도 없어졌다.

개념 예술의 선구자인 조지프 코수스는 모든 시각예술은 본질적으로 개념적임을 선언했다. 그는 예술이 물질적 형태로 표현되지 않아도 되고, 언어가 미술의 기본 재료가 될 수 있으며, 예술 활동은 예술 그 자체의 성격 탐구로 귀결되어야 한다고 주장했다. 코수스는 〈제목(개념의 개념으로서의 미술)Titled(Art as Idea as Idea)〉(1967)에서 예술의 사전적 의미를 문자 그대로 보여주고 그것을 텍스트로서 환원, 확대시키고 있다.[19] 그는 예술art, 의미meaning, 무nothing 같은 단어의 사전적 정의를 검정색 바탕에 사전을 그대로 옮긴 것처럼 하얀색 글씨로

---

16 서울중앙지방법원 2017.10.18 선고 2016고단5112 판결.
17 서울중앙지방법원 2018.8.17 선고 2017노3965 판결.
18 대법원 2020.6.2.5 선고 2018도13696 판결.
19 스타니스제프스키, 앞의 책, 117쪽.

인쇄했다. 가장 유명한 작품인 〈하나 그리고 세 개의 의자One and three chairs〉는 물리적 의미의 실제 의자와, 사진으로 찍은 의자, 사전적 의미의 의자를 뜻하는 텍스트를 한 프레임 안에 넣어 의자의 개념을 묘사하고 있다(그림 11).

포스트모더니즘은 어떤가. 1980년대에 태동한 포스트모더니즘은 다다이즘과 팝아트에 뿌리를 두고 있다. 포스트모더니즘 사조는 더욱 과감하게 기존의 이미지들을 차용하기 시작했다. 여기서 '차용'이란 잘 알려진 문화적 자산이나 텍스트를 허락 없이 빌려와 모더니즘의 '독창' 숭배를 비웃으며 그 원래의 소유자 내용, 또는 그 지적소유권에 대항해 새로운 맥락으로 다시 사용하는 행위를 말한다. 대중매체나 대중예술 혹은 고급 예술품들의 이미지를 그대로 따다 붙이기도 하고, 사진, 비디오 등을 사용해 기존의 이미지를 재해석하는 데 이용하기도 했다. 기존의 것을 바탕으로 새로운 것을 창조하는 수준에서 더 나아가 적극적으로 차용 그 자체를 목적으로 하기 시작한 것이다.

1960년대 이후 팝아트와 네오다다Neo-dada, 1970년대의 포토리얼리즘 photorealism이나 1980년대의 포스트모더니즘postmodernism에 이르면서 서구 시각예술은 에드와르 마네나 래리 리버스처럼 공공연하고도 뚜렷한 의도를 가지고 차용하기보다는 점차 여러 군데에서 차용하며 그 의도도 매우 애매하고 방식도 다양해졌다. 이렇게 기존 이미지나 작품들을 과감하게 이용하기 시작하면서 탄생한 것이 바로 차용 미술이다. 일각에서는 차용 예술이 예술계가 상업화되고 돈이 과도하게 개입되는데 따른 자연스런 반응이라고 평한다. 하지만 승낙을 얻거나 합당한 대가를 지불하지 않고 다른 예술가의 작품을 마음대로 가져다 쓰는 것은 과연 정당한가, 차용 예술에 대한 법적·윤리적 논란은 끊이지 않는다. 마네나 리버스는 다른 작품을 가져다 쓰거나 다른 예술가들이 자신의 작품을 차용한다 해서 문제 삼지 않았으며 스스로도 이미지를 차용했다. 그렇지만 현대에 와서 예술가들에게 저작권은 매우 민감한 문제가 되었다. 분명한 것은 다른 예술가 작품의 저작권을 침해하는 것은 불법적이고 비윤리적인 행위라는 사실이다.

그렇다면 차용 예술은 표절인가, 아니면 새로운 예술 장르인가. 논란이 시작된 것은 1978년 미국 휘트니 미술관이 '예술에 대한 예술Art About Art'전을 열면서부터다. 이어 1980년대부터 바버라 크루거Barbara Kruger, 리처드 프린스, 셰리 러바인Sherrie Levine, 신디 셔먼Cindy Sherman, 루이즈 롤러Louise Lawler 등 본격적인 '차용 예술가'들이 동시대 예술의 기라성 같은 작가들로 이름을 떨치기 시작했다. 동시에 이들은 저작권 침해의 경계를 위험하게 때로는 노골적으로 넘나들었다. 이들은 자신의 작품이 기존 작품들을 전혀 새로운 각도에서 보도록 하기 때문에 표절이 아니라 새로운 작품이라고 주장했다. 차용 예술가들은 자발적으로 표절이나 저작권 침해를 허용하기도 한다.

차용 예술의 사전적 정의는 "예술의 개별적인 창의성이나 진정성의 개념에 도전하고 저명한 부분들을 새로운 관점으로 드러내 중요한 재평가를 위해 이미 존재하는 예술 작품의 이미지나 스타일을 재구성하는 방식 혹은 기교"다. 바버라 크루거는 신문이나 잡지에서 흑백사진을 오려내어 사진과 다소 무관해 보이는 페미니즘 맥락의 텍스트를 삽입한다. 셰리 러바인은 1981년 〈애프터 워커 에번스After Walker Evans〉라는 작품을 발표했는데, 이 작품은 유명한 사진작가인 워커 에번스의 작품을 재촬영한 것으로 완벽하게 복제한 것이다. 그러면서 러바인은 이 사진의 원작성은 자신에게 있다고 주장하며 비슷한 시리즈를 계속했다. 리처드 프린스는 1980년대부터 카우보이들 사진을 발표했는데, 말보로 담배 회사의 광고 사진들을 거의 수정하지 않고 다시 찍은 것들에 불과하다. 그럼에도 이 작품은 사진 작품 경매 사상 최초로 100만 달러를 넘기는 기록을 세웠다.

비로소 차용 예술이라는 장르가 본격화되고, '복제' 대신 '재사진rephotograph'이라는 이름이 사용되기 시작한 것이다. 그렇다고 해서 저작권 논란이 사라진 것은 아니다. 특히 리처드 프린스는 끝없는 예술적 차용의 시도와 도전으로 최근까지도 저작권 침해 관련 소송을 치르고 있다. 차용 예술은 풍자와 패러디, 혼성 모방pastiche을 포함한다. 혼성 모방은 풍자나 패러디와 달리 문학, 영화,

음악, 건축 등에서 비판하거나 풍자하려는 특별한 목적이나 의도 없이 원작을 그대로 무작위로 모방하는 행위를 말한다.[20] 차용 예술에서는 예술가들의 기법이나 기교보다는 다른 배경 또는 환경에 이미지를 붙여 넣어 의미를 변화시키는 개념적 능력이 더 중요하다. 뒤샹처럼 소변기, 자전거 바퀴 등 일상의 오브제나 공산품을 이용할 때에는 차용된 이미지일지라도 별다른 저작권 문제를 일으키지 않는다. 마찬가지로 다른 작가가 뒤샹의 자전거 바퀴를 이용해 새로운 의미를 창조해낸다고 해서 뒤샹이 저작권을 주장할 수는 없을 것이다. 그러나 차용하는 이미지가 저작권이 있을 경우 차용 예술은 원저작자의 저작권을 침해할 위험성이 크다. 리처드 프린스처럼 아무리 새로운 메시지를 부여했다 하더라도 기존의 사진 작품을 다시 찍은 것에 불과하다면 원저작자의 작품에 대한 저작권 침해의 위험성이 클 뿐 아니라, 제삼자가 자신의 사진 작품을 차용한다고 해도 저작권을 주장하기가 힘들 것이다.

법정에 선 차용 예술가들

앞서 저작권 보호의 예외적 규정이자 저작권 침해에 대한 적극 항변에 해당하는 공정이용의 경우에서 살펴봤듯, 제프 쿤스는 전문 사진작가의 사진을 무단으로 사용해 저작권 침해 판결을 받은 바 있다.[21] 비슷한 시기에 독일에서는 독일 패션 사진작가 헬무트 뉴튼Helmut Newton과 러시아 화가 게오르기 푸센코프George Pusenkoff 간에 유사한 공방이 있었다. 뉴튼은 '포르노-칙porno-chic'이라는 새로운 사진 장르를 창조했는데, 신인 작가인 푸센코프가 자신의 사진에서 여성 모델들의 일부를 차용해 〈청색의 힘Power of Blue〉이라는 제목의 회화 작품을 만든 것에 대해 저작권 침해 소송을 제기했다. 푸센코프는 뉴튼의 사진

---

20 원작자에 대한 존경의 표시로 타인의 작품을 사용하는 오마주homage도 구별된다.
21 960 F.2d 301.

작품 〈미스 리빙스턴 I Miss livingston I〉에서 이미지의 윤곽을 차용하고, 프랑스 작가 이브 클랭Yves Klein의 그림에서 사용한 밝은 청색을 배경으로 차용했다. 이미지 위에는 노란색 사각형들을 두껍게 덧입혔는데 이는 러시아 작가 카지미르 말레비치Kazimir Malevich의 작품에서 빌려온 것이었다. 특정 작가나 작품의 시그니처 색일지라도 청색 배경이나 노란색 사각형은 차용하는 데 별 문제가 없을 것이다. 그렇지만 타 작품의 이미지를 쓴 경우에는 침해 소지가 있을 수 있다.

푸셴코프는 자신의 작품이 여러 작품이 아니라 단 한 점뿐이고, 뉴튼의 사진 전체를 복제한 것이 아니라 사진의 아웃라인만 빌렸으며, 사진에 공유물인 클라인의 청색과 말레비치의 노란색을 덧입히고 소재를 바꾸어 변용한 것이라고 주장했다. 미술계에서도 당해 이미지가 다른 작가의 작품에서 따온 것이 분명히 드러나는 것은 사실이지만, 이것은 복제가 아니라 '인용'으로 존중받아야 할 포스트모더니즘적 사진 제작 방식으로 봐야 한다고 주장했다.[22] 1심 법원에서 판사는 나체가 작품의 주요한 모티브라는 점을 근거로 복제라고 판단했다. 그러나 독일 항소법원은 푸셴코프의 작품이 재작업reworking이라기보다는 개작 free adaptation, 즉 원작과 상당히 다른 2차적 저작물이므로 뉴튼의 저작권을 침해하지 않았다고 판결했다. 푸셴코프의 자유로운 개작은 원작을 대체하는 것이 아닌, 생산적이고 변용적인 사용에 해당한다고 본 것이다. 그렇지만 푸셴코프 작품이 유일한 예술 작품이 아니라 대량생산되는 포스터나 상업용이었다면 아마 결과는 달랐을 것이다.

쿤스 판결[23]과 달리, 미국 법원들은 쿤스 이후의 판결부터는 패러디와 풍자를 복제와 구별하면서 무단 차용에 대한 법적 허용의 길을 열었다.

패러디와 풍자 패러디는 널리 알려진 기성의 권위를 풍자 또는 조소하는 방

---

22   Geraldine Norman, "The Power of Borrowed Images," at 123.
23   제3장의 5(3) 공정이용 참조.

법으로 비평을 함으로써 의도하는 메시지를 효과적으로 전달할 수 있기 때문에 특히 신인 예술가들이 즐겨 사용하는 방식이다. 패러디는 원작이나 제3의 대상을 재미 또는 조롱하기 위한 목적으로 대중에게 널리 알려진 원작의 어구, 영상, 음악, 작품의 특징적인 표현 등을 흉내 내거나 고의로 과장, 왜곡하여 표현한 것으로, 그러한 풍자나 비평에 고유의 창작성이 인정되는 것을 말한다.[24] 다시 말해, 사회적으로 널리 알려지거나 인정된 저작물을 풍자하거나 조소하는 방법으로 비평함으로써 자신의 것을 표현하는 형식을 말한다. 기존 작품을 인용하기 위해서는 부분적으로라도 원저작자의 작품을 비평하는 새로운 작품을 만들기 위해 원저작자의 작품 일부 요소를 이용하는 것이다. 즉, 패러디는 메시지를 전달하기 위해 다른 창작물을 흉내 내거나 모방한다.[25] 패러디는 독자적 메시지 전달을 위해 원곡의 상당 부분 혹은 기억할 만한 부분을 이용해도 좋다.

패러디로 인정받으려면 다음 네 가지 요건을 충족해야 한다.[26] 첫째, 단순한 평가가 아니라, 풍자 또는 조소 등의 방법으로 비평해야 한다. 둘째, 널리 잘 알려진 저작물을 대상으로 해야 한다. 독자들이 패러디의 대상을 알고 있다는 전제하에 이를 풍자 또는 조소하는 것이므로 그 대상이 잘 알려져 있지 않다면 무엇을 패러디하려는 것인지 알 수 없을 것이고, 따라서 패러디라는 형식이 필요하지 않다. 셋째, 그 저작물을 떠올릴 수 있어야 한다. 잘 알려진 저작물이라 할지라도 지극히 일부분만을 이용하거나 주변적인 것만을 이용해서 결국 그 저작물을 떠올릴 수 없다면 패러디로서 성공할 수 없다. 결국 패러디의 대상이 되는 저작물의 특징적인 부분을 충분한 정도로 언급해야 한다. 넷째, 인용 대상이 되는 저작물을 직접 풍자하거나 조소해야 한다. 일반적으로 세태를 풍자하기 위해 그저 웃음의 소재로 잘 알려진 저작물을 사용하는 경우가 많지만 엄격한 의미에서 이것은 저작권법상의 패러디로 인정되기 어렵다. 왜냐하면 이런 경

24   510 U.S. 569.
25   위의 글.
26   510 U.S. 569 at 579; 임원선, 앞의 책, 248쪽.

우라면 저작물 이용 허락을 받을 가능성이 높으므로 패러디로서 특별히 저작권 보호의 예외를 인정할 필요가 없기 때문이다.

풍자는 보통 널리 알려진 원작품을 변형시키거나 왜곡시킴으로써 원작품 자체나 사회 전체를 풍자하거나 비평하는 창작 방법으로 원저작물과는 독립된 창작성을 갖게 된다.[27] 풍자는 저작권법이 인정하고 있는 저작권자의 동일성유 지권과 필연적으로 충돌하게 된다.[28] 보통 동일성유지권의 본질적인 부분을 침해하지 않는 범위 내에서 예외적으로 허용된다. 풍자가 새로운 저작물로 창작성이 인정되면 독자적인 작품으로 보호받을 수 있으며 원저작물의 변형은 공정이용에 해당된다. 그러나 풍자로서 성공하지 못하고 원작에 대한 단순한 변형에 그쳐서 원작과의 구별이 어려워진다거나, 아니면 대중으로 하여금 원저작물의 내용에 오해를 불러일으킬 정도라면 동일성유지권의 침해로 볼 수 있다. 풍자는 직접적 풍자와 매개적 풍자로 분류할 수 있다. 직접적 풍자란 원저작물 자체를 비판하는 풍자를 말하며, 매개적 풍자란 원저작물을 이용해 사회 현상을 비판하는 풍자를 말한다.

그러나 이후 법원의 판결들은 일관성이 결여되어 예술가들의 입장에서 보면 모순적 태도를 보이기도 했다. 슬랩스틱 코미디 영화인 〈총알 탄 사나이 3Naked Gun 33 1/3〉은 『베니티 페어Vanity Fair』지에 표지로 실린 영화배우 데미 무어가 임산부 시절 나체로 찍은 사진을 패러디해서 영화 포스터를 제작했다. 이와 관련한 저작권 침해 소송에서 법원은 "사진작가의 심각한 사진을 코믹하게 패러디한 것으로 사진 작품과 다른 메시지를 전달하며, 사진의 시장을 훼손하지도 않는다"며 저작권 침해가 아니라고 판시했다.[29] 반면, O.J. 심슨 사건을 비판한 〈더 캣 낫 인 더 햇The Cat NOT in the Hat!〉은 인기 동화 작가인 닥터 수스 Dr. Seuss의 책 『모자 속의 고양이The Cat in the Hat!』의 제목을 패러디한 것인데, 이

27   510 U.S. 569 at 581.
28   이훈종·이세경, 「패러디와 저작권에 대한 연구」, 『한양법학』 제20권 제3집, 2009, 475-49쪽.
29   984 F. Supp. 1214.

사건에서 법원은 "자신만의 스타일 없이 닥터 수스의 명성에 기댄 것으로 충분한 변용이 없"으며 "전작의 시장성을 훼손한다"면서 공정이용이 아니라고 판시했다. 이는 변용과 시장성 훼손에 대한 기준이 명확하지 않은 것이다. 그렇지만 이후 공정이용이나 차용 예술과 관련한 법원 판결의 추세를 보면 〈더 캣 낫 인 더 햇〉 사건의 판결은 쿤스의 〈줄줄이 강아지들〉 판결만큼이나 비판의 여지가 커 보인다.

차용 예술과 관련해 첫 저작권 침해 판결로 기록된 제프 쿤스는 그 이후로도 차용 예술 작업을 계속했으며 자주 법적 논란을 일으켰다. 오히려 차용 미술의 법적 경계에 도전하고 있는 듯이 보였다. 2006년 블랜치 대 쿤스Blanch v. Koons 사건30은 사진작가 앤드리아 블랜치Andrea Blanch가 패션 잡지 『얼루어』에 실린 자신의 사진 작품 〈구치의 실크 샌들들Gucci Silk Sandals〉의 일부를 쿤스가 〈나이아가라Niagara〉라는 작품에 무단으로 사용했다면서 소송을 제기한 사건이다. 두 작품은 샌들을 신은 여성의 발을 묘사했다. 블랜치의 사진이 한 남성의 무릎에 다리를 올려놓고 발이 위쪽을 향하게 묘사했다면, 쿤스의 작품은 이 사진을 오린 뒤 발을 아래로 향하게 하고 가운데를 축으로 붙인 뒤 양쪽에 다른 두 개의 발을 나란히 묘사하고 배경을 달리했다. 블랜치는 "사진을 촬영할 때 조명, 카메라, 필름의 위치, 구성 및 선택은 물론 촬영 대상의 구성에도 창의적인 노력을 기울였다"면서 사진에 대한 저작권을 주장하고, 쿤스가 자신의 저작권을 침해하고 상업적으로 이용했으므로 공정이용의 예외에도 해당되지 않는다고 주장했다.

이에 대해 쿤스는 이미지들을 창의적으로 재구성한 것이므로 공정이용에 해당한다며 〈줄줄이 강아지들〉이 문제가 되었던 로저스 대 쿤스 사건 때와 같은 주장을 되풀이했다. 그렇지만 이 사건 법원의 결론은 로저스 대 쿤스 사건 때와는 달랐다. 1심 법원은 쿤스의 작품이 블랜치의 사진을 변형해 이용했고,

30   467 F.3d 244 (2d Cir. 2006).

원작에서 창의적인 부분보다 일상적이고 흔한banal 부분을 차용했으며, 광고 용
도로 촬영된 사진과는 시장이 달라 시장성을 침해한다고 볼 수 없고, 작품의
목적이 서로 다르다며 쿤스의 손을 들어 주었다. 법원은 "블랜치가 순간의 성적
매력을 강조한 데 비해 쿤스는 관객들이 미디어의 대상이 되는 개인적 경험과
그러한 경험이 삶을 바꾸는 방법을 인식하게 하는 데 목적이 있다"고 했다. 항
소법원은 창의적인 부분보다 일상적이고 흔한 부분을 차용했다는 1심 법원의
주장에는 동의하지 않았지만, 쿤스가 사용한 실질적 분량이 원작과는 다른 예
술적 목적에 적당한 정도였고, 원작과 시장이 겹치지 않으며, 쿤스의 작품이 블
랜치의 사진 가치에 별다른 피해를 주지 않는다고 했다. 로저스 사건 때와는 달
리 쿤스의 블랜치 사진 이용을 공정이용으로 본 것이다.

　　예술가가 시중에 판매하는 상품을 이용해서 작품을 창작할 경우 제조회
사가 자사 상품의 이미지가 훼손되는 것을 염려해 저작권 침해 소송을 제기하
기도 한다. 1997년 사진작가 탐 포사이드Tom Forsythe는 〈식품업체 바비Food
Chain Barbie〉라는 제목의 78장짜리 연작 사진을 제작했다. 포사이드는 바비 인
형과 주방 용품을 이용해 작업했는데, 믹서 안에 나체의 바비 인형이 들어가 있
다거나, 후라이팬 위에 구이처럼 올려져 있다거나 하는 식이었다. 여성을 대상
화하는 문화를 비판할 목적이었다. 포사이드는 바비 인형을 택한 이유로 "완벽
한 미에 집착하는 현대 소비문화를 잘 표현할 수 있기 때문"이라면서 유머 있
게 표현했지만 심각한 메시지를 담고 있다고 주장했다. 바비 인형 제조사인 마
텔은 포사이드를 상대로 저작권 침해 소송을 했다. 그렇지만 미국 제9항소법원
은 이 작품들이 풍자로서 2차적 저작물의 범주를 뛰어넘는 상당한 정도의 개변
이 이루어졌다고 보았다.[31] 법원은 "마텔사는 성공적인 마케팅으로 이상적인 미
국 여성이자 미국 소녀상의 상징인 '바비'를 탄생시켰다. 작가는 이 인형이 상
징하는 모든 것을 사진으로 패러디했는데 이는 공정이용에 해당한다"고 판시했

31　Mattel, Inc. v. Tom Forsythe et.al., 353 F.3d 792 (9th Cir. 2003).

다. 작가의 사진이 마텔사에 끼친 경제적 손실보다는 바비와 같은 문화적 상징을 비판하는 예술적 행위가 사회에 주는 이익이 더 크다고 본 것이다.

차용 예술에 대한 법적 논쟁들

법은 차용 예술을 어떻게 보아야 할까. 예술가들은 차용 예술에 대한 법적 제한을 예술 창작의 자유에 대한 위협으로 받아들인다. 미국 작가 리치먼드 버턴은 다음과 같은 말을 한 적이 있다.

> 당신이 하는 모든 것은 과거에 벌어지거나 현재 벌어지고 있는 것들을 바탕으로 한다. 역사는 단편적이지 않다. 나는 내가 원하는 것을 가져다 변용할 자유가 있고, 여기에는 내 동시대로부터 차용된 것들도 포함된다. 내 작품이 자신들이 하는 것과 유사하다고 해서 불쾌하다면 그건 그들의 문제다. 그들이 내 작품을 차용한다면 난 기쁠 것이다. 나는 예술가와 사람들이 세워 놓은, 예술가를 둘러싼 이 인위적인 경계선을 존중하지 않는다.[32]

팝 아티스트인 로버트 라우션버그는 차용 예술의 법적 허용에 대해 새로운 문제를 제기했다. 1953년 그는 추상표현주의 대가 윌렘 드 쿠닝Willem de Kooning의 화실에 가서 행위 미술로 드 쿠닝의 작품을 지우고 싶다고 제안해 드 쿠닝으로부터 허락을 받았다. 그 후 라우션버그는 한 달에 걸쳐 드 쿠닝의 작품을 약간의 흔적만을 남긴 채 완전히 지웠다. 바로 〈드 쿠닝 드로잉 지우기 Erased de Kooning Drawing〉라는 '작품'이다. 이 같은 행위에 깔린 의도는 추상표현주의에 반발심이 있던 라우션버그가 추상표현주의와 다른 노선을 걷겠다는

---

32   Richard Rubenstein, "Abstraction in a Changing Environment," *Art in America*, Vol.82, No.10, 1994, p.103(quoting the artist Richmond Burton).

일종의 선언이기도 했고, 미술계로부터 자신을 차별화하기 위한 시도였다.

이 작품은 원작을 표절한 것일까, 아니면 원작을 이용해 전혀 새로운 작품을 만든 것일까. 이는 미술품의 훼손일까, 아니면 차용 예술일까. 저작인격권의 침해나 퍼블리시티권의 침해는 아닐까. 일단 원작자인 드 쿠닝의 사전 승낙을 받았다는 점에서 권리 침해 문제는 발생하지 않았지만, 두 예술가의 이러한 창작 실험은 저작권법과 예술 창작의 자유 간에 팽팽한 긴장감을 드러내며 해결해야 할 법적 논쟁거리를 던져주고 있다.

차용 예술은 동시적 문제점을 안고 있다. 하나는 차용 예술이 원저작물에 대한 저작권자의 권리를 침해하여 작가들의 경제적 기회를 빼앗고 창작 의지를 꺾는다는 것이다. 다른 한편으로는 이를 방지하기 위한 법적 규제가 지나칠 경우 창작자 스스로 문제가 될 만한 표현을 삼가는 위축 효과를 낳을 수 있다. 실제로도 저작권 침해 통보를 받게 되면 대부분의 예술가들은 해당 작품의 제작이나 전시, 또는 유통을 단념한다고 한다.[33] 작가들이 저작권에 대해 더 많이 알면 알수록 창작 활동에 더 많은 제약을 느끼게 된다는 연구 결과도 있다.[34] 따라서 원저작자가 공개된 작품의 사용을 통제할 권리를 아예 없애자는 주장도 나온다. 코진스키Kozinski 판사는 "저작권을 침해하는 2차적 저작물이 지적재산권 시장에 진입할 수 있도록 저작권법을 개정해야 한다"고 제안했다.[35] 시각예술가는 무에서 유를 창조하는 것이 아니다.[36] 그들의 출발점은 대개 회화나 사진 같은 앞서 창작된 이미지나 이전에 본 기억이 있는 기억 속의 이미지다. 이런 이미지들을 예술가 특유의 스타일과 개성, 그들만의 언어를 통해 새로운 이미지로 재창작한다. 이렇게 재창작된 이미지들은 또 다른 예술가들에 영감을 주거나 새로운 이미지 창작의 출발점이 된다.

33   Marjorie Heins and Tricia Beckles, "Will Fair Use Survive? Free Expression in the Age of Copyright Control," A Public Policy Report, 2005; http://www.fepproject.org/policyreports/ WillFairUseSurvive.pdf at 21.

34   Heins and Beckles, "Will Fair Use Survive? Free Expression in the Age of Copyright Control."

35   Dr. Seuss Enters., L.P. v. Penguin Books USA, Inc., 109 F.3d 1394 (9th Cir. 1997).

36   H. W. Janson, History of Art, Harry N. Abrams, 1995.

차용 예술에 대한 법적 논쟁은 아직 초기 단계에 불과하다. 대부분의 분쟁이 재판까지 진행되지 않고 법정 밖에서 합의하는 것으로 끝나기 때문에 충분한 판결이 존재하지 않는다. 대체로 법원들은 차용 예술가들에게 다른 사람의 작품을 사용하려면 원작자에게 비용을 지급하고 정식으로 라이선스를 받으라고 권한다. 그러나 원작자들이 차용 예술가들에게 큰 금액을 요구하거나, 작품에 영향을 미치려는 것 때문에 종종 창작이 좌절되거나, 그냥 법적 위험을 감수하기도 한다. 저작권 침해 소송에서 예술가들에게 중요한 방어 수단은 공정이용의 법리일 것이다. 그러나 공정이용의 요건이자 중요한 고려 사항인 변용, 즉 새로 더해진 가치의 정도와 그 가치가 만들어진 방법에 대한 판단 기준은 여전히 모호하다. 미술의 역사나 미학에 대해 전문성이 없는 판사들이 과연 예술적, 미적 가치에 대해 올바른 판단을 내릴 수 있는가 하는 문제도 제기된다.

예술 관련 사건에 대한 사법 심사는 대상이 되는 문제들에 대한 가치 판단이 다양하게 이뤄질 수 있고 해석 기준이 되는 법 규범에는 불확정성이 존재한다. 1903년 미국 연방대법원은 '법관은 개별 행위나 그 결과 그리고 선호도에 대한 실질적 평가에 있어 사법 자제를 해야 한다. 법률에만 숙련된 사람이 가장 좁고도 가장 명확한 경계를 벗어난, 예술의 가치에 대해 최종 판단을 내리는 것은 위험한 일'이라며 '사법자제의 원칙'을 천명한 바 있다. 사법자제의 원칙이란 '행정 입법부의 고도의 정치적 판단이나 외교적 해결이 필요한 사안, 혹은 전문 분야로서 전문가의 의견이 우선시되어야 할 사안을 사법부가 판결 대상으로 삼지 않는다는 것'이다. 이 판결[37]에서 올리버 웬델 홈즈 대법관은 '상업적' 표현이나 '저급한' 예술조차도 저작권 보호 대상이 될 수 있다고 선언하면서 표현이나 예술에 있어 법관 같은 엘리트들이 가치 판단을 하는 것에 대한 위험성을 경고했다. 홈즈 대법관의 판결문 내용을 요약하면 이렇다.

---

37   Bleistein v. Donaldson Lithographing Co. 188 U.S. 239(1903).

위작 여부나 저작권에 관한 다툼이 있는 등의 특별한 사정이 없는 한 법원은 예술의 가치 평가 등은 전문가의 의견을 존중하는 사법자제의 원칙을 지켜야 한다. 법률에만 숙련된 사람들이 회화의 가치를 최종적으로 판단하는 것은 위험한 일이 아닐 수 없고, 예술의 가치를 인정해 구매한 사람에게 법률가가 속았다고 말하는 것은 더욱 그러하다. 예술 창작자들의 새로운 시도는 그가 전달하고자 하는 새로운 '언어'를 대중이 이해하고 수용하기까지 반발과 조롱을 사기 마련이다. 다수의 수용 또는 인정 여부가 '예술'인지를 판가름한다면 극단적인 경우에는 시대를 앞서간 천재의 예술에 대한 가치가 부정되거나 잘못 평가될 수 있다. 대중이 좋아한다는 것은 상업적 가치가 생긴다는 의미이고, 상업적 가치가 있다고 해서 미학적 가치를 부정할 수는 없다. 덜 교육받거나 덜 '고급'스런 안목을 가진 대중들이 인정한 예술적 가치를 판사가 부정할 수는 없다.

2 뉴미디어와 예술

미디어는 세상을 바꾸고 사람 사이의 소통 구조를 바꾼다. 문명비평가 마셜 매클루언은 미디어는 메시지라고 했다. 미디어는 형식이고 그 안에 담는 내용은 따로 있는 것이 아니라 미디어가 바뀌면 내용으로서의 문화 역시 바뀌고, 심지어 인간 자체가 바뀐다는 사실을 지적한 것이다.[38] 예술가들이 생각이나 감정을 표현하는 방식도 변화한다. 뉴미디어의 출현은 소통하고 표현하는 방식에 변화를 주면서 동시대 예술에도 커다란 영향을 미친다. 당연히 예술과 관련된 법제에도 영향을 미치게 된다. 1790년 미국에서 처음 저작권법이 제정될 때만 해도 사진은 저작권법의 보호 대상이 아니었다. 레코드판, 라디오, 텔레비전, 컴퓨터도 마찬가지다. 특히 컴퓨터의 개발은 이미지 창작은 물론 이를 대중에 전달하는 방식도 변화시켰다. 2004년 구글이 현재까지 출간된 책 전체를 스캔해 구글 서버에 저장하고 3,000만 권에 달하는 책을 웹에 업로드함으로써, 전 세계 구글 사용자들이 이들 책을 모두 검색할 수 있는 '구글 라이브러리 프로젝트'를 개시하자 대형 출판사와 작가들이 구글을 상대로 저작권 소송을 제기했다. 구글 아트 앤드 컬처Google Arts&Culture 검색 서비스를 제공하는 구글은 전 세계

---

38 이주헌, 『미술로 보는 20세기』, 학고재, 1999, 117쪽.

미술관 및 기관 2,000여 곳과 제휴를 맺고 웹사이트[39]를 통해 미술관 소장품을 온라인에서 고해상도 이미지로 감상하고 가상 현실로 미술관이나 문화유산 현장을 방문한 것처럼 공간감을 제공한다. 가상 현실, 증강 현실, 머신 러닝 등 첨단 기술을 활용해 더욱 다양한 전시와 콘텐츠를 제공할 계획이다. 그런데 적절한 지식 재산 보호 정책이 마련되지 않았다는 우려도 제기되고 있다.

새로운 기술은 권리를 확장하라는 요구뿐 아니라 저작권에 의한 보호 대상 범위를 확장하라는 목소리도 높이는데, 이에 저작권법은 권리를 확장하고 새로운 시장을 창출하기 위한 기회로서 정기적으로 기술 발전을 수용한다.[40] 기술 발전이 법률의 진보에서 고유한 역할을 담당하는 것이다. 20세기 동안 저작권법에 규정된 음악과 영화에 대한 공연권의 범위는 라디오에서부터 텔레비전, 케이블방송 및 위성방송으로 점차 확대되었으며, 1960년대 초반에는 컴퓨터 소프트웨어가 저작권법의 보호 대상이 되었다. 이와 마찬가지로 복제권의 범위도 음성 녹음, 복제에서부터 구글처럼 컴퓨터 서버를 이용한 복제까지 확장되었다.[41] 이제는 아무도 레코드나 CD 같은 음반으로 음악을 듣지 않는다. 음원을 다운로드하는 것조차 드물다. 음악이든 영화든 드라마든 애플뮤직이나 넷플릭스 같은 콘텐츠 플랫폼의 스트리밍 서비스를 이용한다. 독자가 이 책을 읽을 즈음에는 이미 지금 방식의 플랫폼 서비스가 낡은 것일 수도 있을 것이다. 디지털 기술 발달, 새로운 플랫폼 등장은 기존 법제 안에서는 해석이 엇갈릴 만큼 모호하거나 규정되지 않은 것이 많아 법적 분쟁이 무수했다. 2020년 전후로는 세계적으로 새로운 시대에 적합한 저작권을 포함해 지식재산권 법제에 대대적인 변화를 맞게 되었다. 저작권법 등이 처음 제정되었을 때와는 전혀 다른 환경이 새롭게 조성되었기 때문이다. 한국도 2021년 저작권법 전면 개정을 앞두고 있다.

39 https://artsandculture.google.com
40 골드스타인, 앞의 책, 118쪽.
41 위의 책.

예술가들, 특히 상업 예술 활동을 하는 예술가들은 현대 기술들을 총동원해 이미지를 생산한다. 컴퓨터 프로그램은 디지털화된 이미지를 마음대로 조작할 수 있게 한다. 이렇게 만들어진 이미지들은 때론 전통적인 방식으로 만들어진 원작이나 원본보다도 더 진짜처럼 보이기도 한다. 이미지가 기술을 통해 변형되어 유통될 경우 저작권 분쟁에 휘말리게 된다.

뉴미디어는 대개 특정한 공통의 기술이나 기술적 특징을 담은 상품, 시스템, 디바이스를 통칭한다. 얼마전까지 뉴미디어는 인터넷, 고화질 TV, CD-Rom, DVD, 비디오 게임 등 다양한 멀티미디어 예술을 포함한 컴퓨터 네트워크를 의미했다면 최근에는 다양한 디지털 매체와 플랫폼은 물론이고 증강 현실AR, 가상 현실VR, 혼합 현실MR, 인공 지능, 빅 데이터 등 가능한 첨단 기술을 모두 동원한다. 예술 창작자들의 새로운 디지털 매체 예술 시도가 이어지고 있고, 뉴미디어의 의미가 끝없이 확장된다.[42] 미디어 아트나 컴퓨터 아트와 달리 뉴미디어는 현재 대중문화를 관통하는 기술 일체를 의미한다.[43] 모더니즘 작가들은 이러한 뉴미디어를 통해 실용적, 기술적 예술을 창조하기 위해 미술과 기술의 통합을 시도했다. 뉴미디어의 발달은 표현 양식과 수단에도 큰 영향을 미쳤다.

예술과 기술의 결합은 2020년대 전후 예술의 트렌드다. 아트 테크art-tech라는 표현이 뉴미디어를 대체한 듯하다. 예술가들은 과학자, 기술자, 연구자 등과 다양하게 협업을 시도한다. 분화되었던 예술과 기술과 철학이 다시 하나로 결합되고 있다. 그런데 이러한 시도를 55년 전에 이미 시도한 예술가가 있었다. 미디어 아트의 창시자인 백남준은 1965년 컴퓨터와 인터넷을 매체로 작품을 창작했는데, 이미지를 정보 차원으로 전환하면서 이미지의 합성과 편집 등을 통해 작품 전체의 탈물질화를 초래했다. 1966년에는 예술가와 기술자 사이의 협력을 촉진하기 위해 '예술과 기술의 실험들EAT: Experiments in Art and Technology'이

---

42   Kaufman, *Art Law Handbook*, p.253.
43   Ibid., at note 2.

라는 비영리 전문가 그룹을 결성하기도 했는데, 이 모임에는 앤디 워홀, 로버트 라우션버그, 존 케이지 등이 활동했다.[44] 이 그룹은 현대사회에서 예술가의 역할을 확장하고 기술 변화로부터 개인이 분리 또는 소외되지 않기 위한 프로젝트를 진행하기도 했다. 테크놀로지와 결합한 뉴미디어 아트는 저작권법과 관련해 어떤 함의를 지닐까. 이는 차용 예술과는 또 다른 법적 문제들을 제기한다. 다음의 경우들을 생각해보자.

- A가 공유작물이 된 B의 회화를 복제한다.
- A가 공유작물이 된 올드 마스터의 걸작들을 디지털 복제하고 B가 이를 CD-ROM에 담아 판매한다.
- 미술관이 저작권이 있는 작품이나 공유작물을 디지털화해서 컬렉션으로 제작한다. 이를 웹사이트에 올린다. 다른 개인들이 이 이미지를 다운로드한다. 각 개인들이 인터넷에 다시 배포한다.
- A가 B의 복제된 노트 카드를 구매해서 타일에 붙인 후, 장식물로 판매한다.

디지털 매체 예술

인터넷을 가리키는 전자초고속도로electronic superhighway는 정보기술IT 업계에서 흔히 사용하는 표현이자 현재 디지털 기술을 잘 설명하는 말이기도 하다. 그런데 흥미로운 점은 이 표현을 처음 사용한 곳은 과학기술계가 아니라 예술계였다. 바로 백남준이었다. 1993년, 베네치아 비엔날레에 참가하면서 백남준은 자신이 1974년 '전자초고속도로'안을 록펠러 재단에 제출해 1만 2,000달

---

44 Kristina Mucinskas, "Moral Rights and Digital Art: Revitalizing the Visual Artists' Rights Act?" *University of Illinois Journal of Law, Technology and Policy*, Vol.2005, No.2, 2005, p.293; 구본진, 앞의 책, 58쪽에서 재인용.

러를 지원받았는데, 나중에 빌 클린턴 대통령이 이 아이디어를 훔쳐갔다고 농담을 하기도 했다. 실제로 백남준은 커뮤니케이션의 미래에 대해 고민했고, 록펠러 재단의 지원을 받아 '후기 산업사회를 위한 미디어 계획'을 작성해 전자고속도로라는 지금의 인터넷을 의미하는 단어를 언급하면서 여러 사회문제들을 해결하기 위해 전자고속도로를 건설해야 한다고 제안했다. 1995년 작품인 〈전자초고속도로Electronic Superhighway: Continental U.S., Alaska, Hawaii〉 역시 같은 제목의 작품이다.

디지털 기술은 긍정적인 의미에서 창의적인 미디어 확산을 도울 수 있다. 다른 한편으로는 누구나 어디서든 쉽게 거의 공짜로 저작물을 복제할 수 있게 되면서 불법적 사용으로 음반이나 영화, 서적, 여타 예술 작품의 유통 체계 전반을 흔들어놓을 수도 있다. 디지털 기술로 인해 가장 먼저 직격탄을 맞은 분야는 음악이다. 인터넷상으로 음원을 쉽게 올리고 내려받을 수 있게 됨으로써 한때 음반 업계가 크게 위축되었고, 불법 음원 파일의 유통으로 저작자들도 위기를 겪기도 했다. 그러나 음악계는 불법 파일의 유통을 막기 위해 정부와 함께 노력하면서 동시에 유형화된 음반뿐만 아니라 음원 유통을 통해 수익을 창출하는 메커니즘을 마련했다.

이미지를 차용하고, 새로운 기술을 적극적으로 활용하는 예술계와 디자인계 역시 새로운 미디어에 적응하고 법적 장치를 마련하기 위해 노력하고 있다. 기술적으로 설명하면 디지털 기술은 비트bit라고 하는 '0'과 '1' 단 두 개의 '상징들'이나 '문장들'로 구성된 시퀀스들 사이로 정보를 교환하는 것이다. 모니터에 투사되는 이미지는 조그만 사각형의 그리드grid로 나누어지는 픽셀fixel들이다.[45] 점을 콕콕 찍어 전체적인 이미지를 완성하는 쇠라의 점묘법을 떠올리면 이해하기 쉬울 것이다. 디지털 형태의 이미지나 사운드는 본질적으로 코드의 시

---

45   Jeanne English Sullivan, "Copyright for Visual Art in the Digital Age: A Modern Adventure in Wonderland," *Cardozo Arts & Entertainment Law Journal*, Vol.14, Issue 3, 1996, p.570.

퀸스다. 즉 물리적 형태가 있는 것이 아니다. 따라서 그림의 크기나 구성을 자유롭게 바꿀 수 있다. 또한 모든 디지털 미디어는 품질의 저하 없이 정확히 그대로 무제한 전송, 복제될 수 있다. 따라서 디지털화된 작품은 복제나 수정을 통해 저작권을 해칠 위험에 노출된다.[46]

디지털 기술의 장점은 충실성, 편리성, 편재성ubiquity으로 요약된다.[47] 예술가와 예술 애호가들은 인터넷을 통해 전 세계 다양한 여러 형태의 리소스에 접근할 수가 있다. 예술가는 디지털 리소스를 이용해 작품을 만들고 월드와이드웹에 전시한다. 예술 애호가들은 갤러리나 미술관 웹사이트를 방문해 전시 중인 작품들을 만나볼 수 있고, 예술품 경매 현장을 실시간 들여다볼 수 있다. 예술품 판매나 유통도 가능하다. 아트 딜러와 경매 회사들은 웹사이트나 소셜 미디어SNS 등을 이용해 작품을 소개하고 판매를 촉진하는 데 활용한다. 경매 회사들은 대부분 홈페이지를 만들어 운영하며 온라인 경매를 하기도 한다. 미술관과 갤러리도 웹사이트를 통해 고객과 소통한다. 2010년 파리 프티 팔레 미술관에서는 '폭로-명화 디지털 오디세이Revelations-A Digital Odyssey in Painting' 전시회가 있었다. 반 고흐, 렘브란트, 고갱 등 서양 미술사의 혁신을 이끈 주요 회화들을 고성능 카메라로 촬영하고 이를 토대로 특수효과, 멀티스크린, 음향 등을 활용해 디지털화해서 소개했다. 미술관이 원작이 아닌 복제물을 전시한다는 점에서 논란이 있었지만 전시는 대성공을 거두었다. 네덜란드 반 고흐 미술관은 일반인들은 원작과 구분하기 힘들 정도로 구현된 3D 복제품을 판매한다. 2020년 초 전 세계를 멈추게 만든 코로나 바이러스 팬데믹으로 디지털 매체는 주변부에서 중심부로 이동했다.

인터넷은 예술품 매매 유통 구조에도 영향을 미치고 있다. 예술품의 판매나 유통이 한결 편해졌다는 점은 예술가들에게도 이점이다. 자신의 작품을 웹

46   Ibid., at 572.
47   Paul Goldstein, *Copyright's Highway*, Stanford Law and Politics, 2003, p.163.

사이트를 통해 전시할 수도 있고, 마케팅에 활용할 수도 있다. 이베이나 아마존 등에서 시작한 온라인 유통 시장은 이제 예술 시장에서 가장 큰 축을 형성하고 있다. 중개인 없이도 전 세계 어디서든 실시간으로 작품을 판매하고 구매할 수 있다. 예술가들은 소셜 미디어를 통해 전속 갤러리 없이도 스스로 작품을 홍보하고 판매한다. 밀레니얼 세대의 예술품 구매는 현장보다 온라인 플랫폼을 통한 구매가 앞서기 시작했다. 예술 시장에 블록체인 기술을 이용한 '아트 테크art-tech' 스타트업들도 가세했다. 2018년 6월, 스위스의 한 스타트업은 블록체인 기술을 이용해 앤디 워홀의 〈14개의 작은 전기 의자〉 소유권 지분을 수천 개로 쪼개 경매에 올렸다. 고유 디지털 서명을 개발해 디지털 인증서를 발급한 후 '스마트 계약' 시스템을 통해 암호 화폐로 매매하면 거래가 성사된다. 실물 화폐나 계약서 없이 한 작품의 공동 소유권자 수천 명이 생긴 것이다. 물론 투자자들은 작품 지분을 언제든지 제삼자에게 되팔 수 있다. 블록체인은 네트워크 시스템 안에서 거래 내역을 검증, 기록해 정해진 시간마다 블록화하는 일종의 '디지털 원장'으로 새로운 거래 정보가 발생할 때마다 블록block이 연쇄적chain으로 추가된다고 해 붙은 이름이다. 비트코인 같은 암호 화폐는 블록체인 기술을 이용한 디지털 화폐를 말한다. 지폐나 동전 같은 실물 없이 인터넷으로 파일을 교환해 거래한다. 블록체인을 통한 예술 거래는 새로운 정보가 추가될 뿐 삭제가 불가능하다는 점에서 '투명성', 블록화된 정보는 네트워크에 있는 모든 참여자에게 전송되어 해당 거래나 정보의 타당성 여부가 검증된다는 점에서 '개방성', 은행이나 금융 기관 같은 중앙 책임자나 보증인 없이 당사자간 직거래가 가능하다는 점에서 '효율성', 또 정보가 분산되어 조작이 극도로 어렵다는 점에서 '보안성'을 강점으로 한다.[48] 일각에선 신기술이 예술계와 예술 시장을 혁신적으로 바꿔놓을 것이라 낙관한다. 예술 거래에서 중개자를 빼고 직거래로 비용을 절감하고, 위작이나 도품 유통을 획기적으로 줄일 것이라고 믿는다.

---

48 캐슬린 김, 「블록체인과 아트 마켓」(1), 『월간미술』 2019년 3월호.

그러나 기술적 안정성을 확보해야 한다는 점, 그리고 현실 세계와 연동하기 어렵다는 과제 외에 스마트 계약이나 권리의 유효성 등 법 제도적 측면에서도 해결해야 할 과제가 많다. 현재 한국 정부는 암호 화폐를 공식적인 지급 결제 수단으로 인정하지 않는다. 거래의 비밀성이 보장되기 때문에 비자금을 조성하는 돈세탁에 악용될 수 있고, 탈세 수단이 될 수 있다는 점이 문제로 거론된다. 다만 2018년 5월 우리 대법원은 물리적 실체가 없어 재산으로 볼 수 없다는 하급심 판결을 뒤엎고 비트코인을 경제적 가치가 있는 재산으로 보는 판결을 내린 바 있다.[49]

디지털 기술은 예술 사조에도 영향을 미치고 있다. 장영혜 중공업의 웹아트webart(http://www.yhchang.com)나 요안 헤임스커르Joan Heemskerk와 디르크 파에스만스Dirk Paesmans가 공동으로 활동하는 요디Jodi의 〈http://wwwwwwwww.jodi.org〉 같은 작품들을 보자.[50] 전자는 빠르게 명멸하는 텍스트와 타악기의 빠른 사운드를 통해 역동적으로 메시지를 전달한다. 후자는 인터넷을 통해 수집한 이미지 데이터와 인터넷 언어인 HTML 스크립트로 웹사이트를 개설해 인터넷 사이트를 유희적인 기호와 시각 이미지로 가득 채웠다. 전 세계에서 발생한 크고 작은 지진에 관한 정보를 메인 서버로 전달해 웹 페이지의 지구 형상 위에 실시간으로 표시함으로써 숨 쉬는 지구를 표현한 〈센소리움Sensorium〉(http://www.sensorium.org/breathingearth/index-j.html) 같은 넷아트netart도 있다.

차용 예술에서도 디지털 기술은 유용하다. 디지털 기술을 이용해 생성된 이미지는 원작의 손상 없이 쉽게 뒤섞고, 조작하고, 무한대로 찍어낼 수 있다. 원본과 복제의 경계가 무너진다. 디지털 작품이 붓질로 표현한 회화 작품보다 복제하기 훨씬 용이한 것은 분명하다. 디지털 이미지가 조작이나 변형이 쉽다는 점 때문에 일각에서는 해당 이미지를 차용할 때마다 이 사실을 공개할 것을 요

49 캐슬린 김, 「블록체인과 아트 마켓」(2), 『월간미술』 2019년 4월호.
50 정동암, 『미디어 아트』, 커뮤니케이션북스, 2013.

구해야 한다고 주장하지만 이를 지키는 사람은 많지 않다. 따라서 디지털 이미지는 물리적 독창성 측면에서도 원작의 유일성 또는 진품성을 해칠 뿐 아니라, 컴퓨터의 메모리가 점점 더 많이 차용된 이미지들을 보유하게 됨에 따라 창작자 개인의 독창성마저 해치게 된다. 음악이나 영상저작물도 마찬가지다. 음반이나 비디오테이프를 무단으로 복제하는 것보다 컴퓨터를 이용한 복제는 훨씬 간단해졌다. 더욱이 이메일이나 메신저, 그리고 인터넷 웹사이트를 통해 복제된 음악이나 영상저작물이 순식간에 배포되고 무한대로 확산될 수 있다. 뉴미디어가 창작, 전시, 배포, 유통 등 여러 면에서 예술의 생태계를 바꿔놓은 것이다.

링크 인터넷상의 정보는 디지털 형태로 전송, 투사된다. 인터넷은 대부분의 멀티미디어 콘텐츠의 저수지인 월드와이드웹이나 이메일 등을 의미한다. 각 웹사이트는 도메인명으로 특정된다. 웹상의 일반적인 활동은 링크라는 개념에 기반을 둔다. '링크'의 개념에 대해 우리 법원은 특정한 개인(A)이 자신의 블로그상에, 또는 특정한 사이트 운영자(B)가 자신의 웹페이지상에 다른 사이트 운영자(C)가 운영·관리하는 웹사이트의 주소를 하이퍼텍스트의 형식으로 표시하고, A의 블로그 또는 B의 웹사이트에 접속한 제삼자가 위 하이퍼텍스트만을 클릭함으로써 곧바로 C의 웹사이트에 연결되거나, C의 서버에 저장된 음악 파일 등을 전송받을 수 있는 인터넷상의 연결 체계를 의미한다고 했다.[51] '하이퍼텍스트 링크hypertext link'는 웹사이트 방문자를 방문 사이트에서 다른 페이지로 이동시키거나 새로운 브라우저 창을 열게 한다. 인라인 링크in-line link는 현재 웹페이지에서 오디오, 비디오, 그래픽 콘텐츠를 불러온다.

링크는 연결 체계에 따라 단순 링크surface link, 딥 링크deep link, 프레이밍framing, 임베디드 링크embedded link로 구분한다. 단순 링크는 다른 웹사이트의 홈페이지로 연결시키는 일반적인 링크로 복제나 전송이 이루어지지 않으므로

---

51   서울고법 2008.9.23. 선고, 2007나70720 판결.

저작권 침해에 해당하지 않는다. 복제권과 전송권 등 저작권 침해 소지가 큰 것은 프레이밍과 딥 링크, 그리고 임베디드 링크 방식이다. '프레이밍'은 현재 웹페이지에서 하위 창을 열게 한다. 즉 해당 홈페이지의 일부를 자신의 홈페이지 속 프레임 내에 직접 구현하는 링크다. 포털 사이트가 다른 웹사이트의 콘텐츠를 링크하는 것도 프레이밍 링크에 해당한다. 프레이밍의 장점은 포털 사이트에 이득이 되는 정보나 광고를 담을 수 있다는 점이다. 미국의 토털 뉴스Total News사는 여러 뉴스 제공자들의 뉴스를 링크해 제공하는 포털 사이트인데, 그중 하나가 워싱턴포스트 신문사의 링크였다. 워싱턴포스트는 토털 뉴스의 프레이밍 방식은 저작권 침해에 해당한다고 소를 제기했고, 양사는 프레이밍 없이 링크만 제공하는 방식에 합의했다. 우리 법원은 프레이밍 링크와 관련해 지도 검색 서비스의 프레이밍 링크에 대해 저작권을 침해하는 행위와 마찬가지로 선량한 풍속 기타 사회질서에 반해서 타인의 정당한 이익을 침해하고 이로 인해 이익을 얻는 위법한 행위에 해당한다고 판시한 바 있다.[52]

'딥 링크'는 다른 웹사이트의 초기 화면으로 링크하는 것이 아니라 한 단계 또는 여러 단계 속에 존재하는 특정 페이지에 직접 링크하는 것을 말한다. 딥 링크와 관련해서 우리 법원은 피고가 자신의 웹사이트에 원고들이 작성한 기사 및 사진을 게시한 해당 웹페이지를 직접 연결deep link한 것만으로 피고가 원고들의 저작물을 복제, 전송, 전시했다거나 이와 동일하게 볼 수 있는 경우에 해당한다고 보기 어렵다[53]고 한 판례가 있지만, 딥 링크를 저작권 침해가 아니라고 단정하기는 아직 힘들다. 임베디드 링크는 멀티미디어 파일을 직접 재생할 수 있도록 플레이어를 직접 구현한다. 동영상이나 음악 등의 멀티미디어 파일을 해당 페이지에서 직접 재생할 수 있도록 플레이어를 직접 게시물에 구현하게 된다. 이는 해당 멀티미디어 파일만을 링크에서 직접 재생하므로 전송권 침해에

52 서울중앙지방법원 2001.12.7. 선고, 2000가합54067 판결.
53 서울중앙지방법원 2006.7.21. 선고, 2004가합76058 판결.

해당한다고 볼 수 있다.

섬네일 이미지 디지털화된 데이터베이스와 인터넷은 저작권이 있는 작품의 차용에 새로운 긴장관계를 만들어내고 있다. 예를 들어 구글이나 야후, 네이버, 다음 같은 인터넷 검색엔진을 통해 얼마든지 디지털화된 이미지들을 찾아낼 수 있다. 앤디 워홀의 작품을 검색하면 워홀의 무수한 작품들이 낮은 해상도의 작은 이미지 형태로 나열된다. 이를 '섬네일thumbnail' 샘플이라고 한다. 그렇다면 검색엔진들은 저작권자인 워홀의 허락 없이 마음대로 여러 곳의 이미지를 모아다가 다운사이징한 후 자사의 웹사이트를 통해 제공해도 되는 걸까.

사진작가인 레슬리 켈리Leslie Kelly는 아리바 소프트Arriba Soft사가 웹사이트 디토닷컴Ditto.com의 검색엔진을 통해 자신의 사진저작권을 침해했다고 주장했다. 켈리의 주장대로 아리바 소프트는 사용자의 검색 요청에 따라 다운사이징한, 즉 크기를 줄인 섬네일 사진들을 웹사이트를 통해 보이도록 했다. 법원은 아리바 소프트사의 이 같은 섬네일 사용은 공정이용에 해당한다고 판시했다. 검색엔진의 목적이 켈리의 사진을 전시해 전시권을 침해하거나 그에 대한 대가로 이득을 취할 목적이 아니었으며, 오히려 인터넷 사용자들이 이 검색엔진을 통해 온라인 콘텐츠를 찾고 이용하기 편리하도록 편의를 제공했을 뿐이라는 것이다.[54]

인터넷 검색엔진 구글 역시 같은 이유로 퍼펙트 텐Perfect 10이라는 성인 엔터테인먼트 회사에 의해 피소된 적이 있다.[55] 구글 역시 이미지 검색 기능을 통해 인터넷 사용자가 특정 키워드를 넣으면 다운사이징한 해당 작은 이미지들이 정렬되는데, 정렬된 이미지를 클릭하면 원본 이미지로 이동하게 된다. 퍼펙트 텐 측은 이것이 저작권 침해에 해당한다고 주장했다. 이 사건 법원은 퍼펙트

---

54   Kelly v. Arriba Soft, 336 F.3d 811 (9th Cir. 2003).
55   Perfect 10 v. Amazon.com, 487 F.3d 701 (9th Cir. 2007).

텐의 배포권을 위반한 측면이 있는 것은 사실이지만 구글의 이미지 정렬은 켈리 사건과 마찬가지로 공정이용에 해당한다고 판시했다. 법원은 "이미지를 다운사이즈하고 원본 이미지로 연결해주는 링크를 제공하는 과정에서 이미지를 전시하는 성격과 목적이 달라졌"고 보았다. 퍼펙트 텐의 목적이 원본 이미지를 통해 이윤을 추구하는 것이라면 구글의 압축된 섬네일 이미지들은 인터넷 사용자들이 용이하게 해당 이미지들을 찾도록 고안된 것이라는 것이다.

검색엔진의 이미지 정렬을 공정이용으로 보는 것은 자신의 작품을 효과적으로 널리 알리고자 하는 예술가들에게도 불리한 것만은 아니다. 특히 신인이나 잘 알려지지 않은 예술가들은 자신의 작품을 공개하고 전시하고 배포해서 널리 알릴 기회가 많지 않다. 인터넷이라는 도구를 통해 국제적으로 많은 청중들에게 자신의 작품들을 홍보하고 마케팅할 수 있다. 또한 인터넷 사용자 입장에서도 검색엔진을 통해 원하는 이미지들에 쉽게 접근할 수 있다. 이런 측면에서 섬네일을 공정이용으로 보는 일련의 판결들을 이해할 수 있다.

UCC 2010년 서울고등법원은 5세 여아가 한 유명 가수의 노래와 의자 춤을 흉내 낸 UCC를 인터넷 포털에 게시한 사건에 대해 공정이용에 해당한다고 판시했다.[56] 이 판결에 따라 원고는 피고 저작권자 측의 잘못된 중단 요구에 따라 UCC를 삭제한 포털 서비스 제공자와 저작권자를 공동 피고로 삼아 손해배상 청구 소송을 제기했다. 1심 법원은 포털 서비스 제공자에게는 과실이 없다고 판단했지만 저작권자에게는 손해배상책임을 인정했다. 법원은 지나치게 저작권 보호에만 치중해 저작권자가 기계적으로 온라인 서비스 제공자에게 서비스 중단을 통지해 이용물을 제거하는 것을 허용하지 않고 있다. 이 판례는 저작권자가 그런 통지의 대상이 이용자의 공정이용 행위의 결과일 뿐 실제로는 침해적 이용행위의 결과물이 아니었다면 저작권자가 오히려, 무리한 중단 요구에 따

---

56 서울고등법원 2010.10.13. 선고, 2010나35260 판결.

른 손해배상책임을 져야 하고 과도한 저작권 보호에 기인한 이용물 제거 통보는 해당 이용자에게 부당하다는 것을 확인한 것이다.[57]

사용자 제작 콘텐츠를 일컫는 UCC(User-Created Contents) 또는 UGC(User-Generated Contents)가 유튜브나 인터넷 포털 사이트 등을 통해 확산되면서 저작권자 보호뿐 아니라 이용자 보호도 확대되어야 한다는 주장이 있다. 앞의 사례처럼 UCC 확산에 따라 기존 저작권 제도로는 저작권자의 과도한 요구와 지나친 규제를 막기 어려워 이용자들의 표현의 자유가 위축될 수 있다는 것이다. 이들은 대안으로 CCL(Creative Commons license)을 들고 있다. CCL은 영미법계에서 기원한 것으로, 저작권자가 자신의 저작물 이용 방법 및 조건을 규격화해 몇 가지 표준 라이선스를 정하고 그중에서 필요한 라이선스 유형을 선택해 저작물에 표시하면, 이용자들은 저작물에 표시된 라이선스를 따라 저작물을 이용하는 제도다. 이를 통해 업로더는 자신이 업로드한 파일이 저작권자로부터 이용 허락을 받은 것임을 더욱 용이하게 증명할 수 있으며, 온라인 서비스 제공자도 업로드 또는 다운로드 요청된 파일이 저작권자로부터 이용 허락을 받은 것인지 여부를 좀 더 용이하게 확인할 수 있다. 그렇지만 CCL에 규정한 내용에 따른 저작자의 권리가 침해되더라도 CC(Creative Commons)로부터 어떠한 조력도 받지 못하기 때문에 실질적으로 CCL 조건의 위반이 있어도 저작권자는 구제받기 어렵다.[58]

기술 혁명과 예술 창작 환경의 변화

2010년대 후반부터 시작된 혁신적 과학 기술은 예술 창작 환경에 큰 변화

---

57   박준석, 「온라인 서비스 제공자의 책임」, 한국정보법학회, 『인터넷, 그 길을 묻다』, 중앙북스, 2012, 455쪽.
58   윤종수, 「UCC 저작권의 차별적 취급과 보상체제」, 『저스티스』 통권 제106호, 한국법학원, 2008, 424-425쪽.

를 가져왔다. 기술 혁신만 폭발적인 것이 아니라 창작의 다양성 측면에서도 폭발하고 있다. 뉴미디어 대신 디지털 매체 예술 또는 아트 테크art-tech라 명명되는 동시대 예술의 특성은 크게 세 가지로 요약된다.

첫째, 비물질성과 탈장소성, 탈시간성이다. 전통적 예술과 달리 디지털을 매체로 하는 동시대 예술은 창작은 물론 전시 및 향유 공간을 창작자의 작업실이나 미술관 등의 현장 전시 공간에서 가상 공간 또는 비물질 공간으로 확장시켰다. 디지털 기기와 인터넷 망이 있다면 특정 장소에 한정하지 않고 동시에 복수의 가상 또는 현실 공간에서, 경우에 따라 반복적으로 전시하고 공연하고 향유할 수 있다. '시간' 기반의 비물질 예술 영역과 새로운 형식의 예술이 가세하면서 기존 회화, 조각, 사진, 영상 등 원본성을 기준 삼아 물리적 기준에 따라 구분하던 분류 체계를 뒤흔들었다. 이러한 특성은 전통적 예술에서 다른 상품 등과 차별화하는 중요한 기준이자 핵심 가치였던 원본성과 희소성을 희석시켰다. 세상에 원본은 단 하나뿐이고, 그 외에 다른 것들은 원본과 유사함을 넘어 똑같다 해도 그저 복제품일 뿐이며, 이 원본성을 가진 예술은 오로지 한 장소에만 존재할 수밖에 없던 것과 다른 개념의 예술이 시도되는 것이다. 둘째, 상호 작용성이다. 동시대 디지털 매체 예술은 관람객 또는 향유자와 상호 작용을 중시하기도 하고, 때로는 관객이 그 예술의 일부 또는 때때로 주체가 되기도 한다. 향유자 또는 관람객은 창작자가 설계한 디지털 매체를 통해 상호 소통하거나 작품에 직접 개입함으로써 즉각적으로 예술 콘텐츠를 완성하게 됨으로써 전통적 예술에서 관조하던 객체로서의 관람객이 주체로 상호 작용하게 되는 것이다. 심지어 향유자가 직접 만지고 체험하고 참여함으로써 완성되는 예술 형태가 많아짐에 따라 엔터테인먼트 산업의 체험 콘텐츠나 상업용 광고와 순수 시각예술의 경계가 모호해 보이기도 한다. 셋째, 협업성이다. 디지털 매체 예술은 태생적으로 협력을 전제로 한다. 레오나르도 다빈치처럼 천재 한 사람이 기술, 과학, 의학, 철학, 인문학 등을 통섭하고 이를 예술적으로 표현하던 시대와 달리 동시대 뉴미디어 아트는 다양한 분야의 전문가가 협업하는 시스템이라 하겠다. 뉴욕 뉴뮤지엄은 '세븐 온 세븐Seven on Seven' 프로젝트를 통해 예술가 7명과 기술자 7명이 짝을 이뤄 협업해 새로운 것을 만드는 프로그램을 매년 진행하고 있다. 2015년에는 아이웨이웨이와 컴퓨터 보안 연구자이자 해커이자 토어 프로젝트 핵심 멤버인 제이콥 아펠바움이, 2016년에는 히토슈타이얼이 알고리즘 전문가와 협업했다. 이제 문화 예술 콘텐츠 생산에서 장르, 종, 학제 간 협업, 공동 협업 체제는 전혀 낯설지 않다. 넷째, 무한 복제성과 무한 재가공성, 무한 재배포성이다. 디지털 매체 예술은 디지털 기기와 인터넷만 연결되면 복제하고 재배포할 수 있으며 진보하는 기술을 기반으로 재가공이 가능하다. 3D 프린팅, 가상 현실VR, 증강 현실AR, 혼합 현실MR 등의 기술은 이미지 복제 차원을 넘어 2D와 3D를 넘나드는 실물 복제와 재가공이 가능하며, 얼마든지 재배포할 수 있게 했다. 전 세계 미술관과 공공기관이 소장품 이미지를 무료로 공개한다. 구글 아트 앤드 컬처Google Arts&Culture는 250개가 넘는 기관과 제휴해 예술가 6,000여 명의 작품 45,000점 이상의 고해상 이미지를 공개했으며, 예술가 이름, 작품, 예술 유형, 소장처, 국가, 도시, 컬렉션 별로 검색할 수 있도록 했다. 특수 고안한 '트롤리'로 전시관 내부를 360도 전방향으로 촬영해 둘러볼 수도 있다. 이렇게 공개된 고화질 이미지와 영상물의 정보를 알고리즘 삼아 인공 지능AI은 새로운 창작물을 생성하며, 다양한 온라인 플랫폼을 통한 예술 공유 및 이를 기반으로 한 재창작이 이뤄지고 있다.

디지털 기술을 이용하면 순식간에 그림, 사진, 음악, 텍스트가 이동한다. 인터넷을 통해 쉽게 자료를 확보하고 복제해 원저작자의 이름을 삭제하거나 바꿔치기할 수도 있다. 디지털 매체 예술은 그대로 복제가 가능하므로 위작을 양산할 수 있다. 이런 행위들은 미술 작품들의 디지털 공표나 복제에 해당하며 저작재산권이나 저작인격권의 침해로 이어지기도 한다. 어느 시대나 저작권의 침해는 있었고, 그 방식만 변화할 뿐이다. 이미지를 마음대로 만들어내고, 조작할 수 있는 소프트웨어가 발달한 디지털 시대의 도래를 혹자는 새 병에 오래된 와인을 담는 것과 마찬가지라 비유하기도 한다. 소프트웨어를 사용해 만들어내는 이미지들은 전통적인 방식으로도 얼마든지 가능하지만 단지 비용과 시간이 많이 들 뿐이라는 것이다. 인터넷 이전의 저작권 침해자들은 이미지를 원하는 대로 복제할 수 있는 스캐너가 없었을지 모르지만 그렇다고 복제하거나 창작물을 훔칠 방법이 없었던 것은 아니다.

그렇지만 뉴미디어는 전통 예술과는 차이가 있어 예술을 다루는 기존의 관련법들과 충돌하는 것도 사실이다. 저작권법의 목적은 제한된 기간 동안 자신의 창작물을 독점적으로 이용할 수 있게 함으로써 경제적 이득을 주고 창작자들이 창작 활동에 전념할 수 있게 하는 것이다. 저작권법상 허용 가능한 비본질적인 복제와 상당한 유사성을 가진 불법 복제를 구분하는 것은 매우 까다로운 일이다. 나날이 발전하는 디지털 기술은 이런 구분을 더욱 어렵게 하고 있다. 디지털 기술로 인해 발생하는 법적 쟁점은 어떤 것이 있으며, 이런 쟁점들을 해결하기 위해 어떠한 노력을 하고 있을까.

기술 혁명이 가져온 새로운 법적 쟁점들

디지털 기술로 인해 입법자와, 판사, 사업가들은 커다란 변화, 혹은 '패러다임 시프트'를 경험한다. 처음 저작권법이나 상표법을 제정할 때에는 오늘날 같은 기술이 주도하는 변화를 예상하지 못했을 것이다. 잠재적 법적 영향도 엄청날 것이다. 디지털 기술을 포함한 새로운 기술의 혁신과 관련해 예술법적 측면에서 논의되어온 몇 가지 쟁점들을 요약하자면 다음과 같다.

새로운 형태의 디지털 예체 매술을 저작권법제 내에서 어떻게 정의하고 해석하는가다. 저작권이라는 개념은 애초부터 인쇄술이라는 기술 혁명의 산물이다. 과학기술의 발전은 복제 방식에 변화를 가져오고 새로운 기술을 대하는 법적 태도도 달라질 수밖에 없다. 기술 기반의 새로운 디지털 매체 예술은 회화나 조각, 판화 등 전통적인 예술을 의미하는 미술 저작물을 넘어 연극저작물, 건축저작물, 사진저작물, 영상저작물 등 다양한 형태로 나타나며 이들이 혼합된 형태이기도 하다. 디지털 기술과 인터넷은 화면을 통해 얼마든지 이미지를 조작하고 변형시킬 수 있다. 예술가나 그들 작품의 정체성은 매우 중요한 문제다. 정체성은 작품의 진위 여부와도 관련 있으며, 스타일이나 방식과도 관련 있다. 비물질적 특성을 가지고 있는 디지털 매체 예술은 말 그대로 완벽하게 복제될 수 있으며, 변경될 수도 있다. 매우 간단하게 복제품과 위조품을 생산할 수 있다.

어떤 이미지를 복제할 때 의도적으로 저작권 침해를 피해갈 수 있을 만큼 충분히 기존 이미지를 변경시킬 수 있다. 저작권법상 복제권에는 복제 방법이나 수단에는 제한이 없으며, 기계적·전자적·화학적 방법 또는 손으로 베끼는 것을 모두 포함한다. 컴퓨터 파일 형태로 된 저작물을 컴퓨터 하드디스크나 클라우드 등 전자적 기록 매체에 저장하는 것도 복제에 해당하므로 가시적 형태뿐만 아니라 전자적 신호로 고정되는 불가시적 형태도 복제에 해당하며, 원본을 복제하는 직접 복제뿐만 아니라 복제물을 복제하는 간접 복제도 복제에 해당한다. 저작물이 무형적으로 재현되는 것을 다시 유형적으로 복제하는 것 또한 복제 범위에 해당한다. 또 기존 저작물과 완전히 동일한 것을 제작하는 것뿐만 아니라 실질적으로 동일한 것을 다시 제작하는 것, 기존 저작물의 일부를 수정, 변경했다 하더라도 사소한 정도에 불과할 경우 역시 복제에 해당한다. 따라서 '사소한 사용'이 아니라 어디서부터 저작권 침해에 이르는 수준의 유사성을 갖게 되는지 정의하는 것은 매우 중요하다. 예를 들어 멀티미디어 아트의 경우를 생각해보자. 저작권 보호를 받는 이미지를 사용해 다른 이미지로 변형metamorphosis시키기 위해 그 이미지를 아주 잠시 화면에 띄운다면 이론상으로는 저작권 침해가 맞다. 구성을 바꾸고 추가적 특징을 삽입하기 위해 이미지를 스캐닝한 후, 그래픽 프로그램을 이용해 추상화할 경우에도 저작권 침해라고 주장할 수 있다.[59] 또한 발췌, 개작, 수정 또는 기타 변형 등에 대해서도 2차적 저작물 작성권 침해라고 주장할 수도 있다.

---

59   Jeanne English Sullivan, "Copyright for Visual Art in the Digital Age: A Modern Adventure in Wonderland," p.586.

'일시적 저장'도 복제권으로 인정해야 하는가도 쟁점이었다. 소프트웨어 산업의 경우 완전한 복제를 수반하지 않고 소프트웨어를 램RAM에 일시적으로 저장해 사용하도록 하는 서비스가 일반적이다. 일시적 저장 또는 영구적 저작은 동시대 디지털 환경에서 일반화된 저작물 이용 행위다. 네트워크 게임이나 음악, 영화 등 콘텐츠 제공 서비스에서 필수다. 한국 저작권법은 컴퓨터에서 저작물을 이용하는 경우 원활하고 효율적인 정보 처리를 위해 필요하다고 인정되는 범위 안에서 저작물을 해당 컴퓨터에 일시적으로 복제할 수 있다고 규정하되, 그 저작물의 이용이 저작권을 침해하는 경우에는 그렇지 않다고 단서 조항을 두고 있다.[60]

공정이용은 저작권 침해에 대한 가장 주요한 방어 수단이다. 상업적, 혹은 이윤이 발생하는 사용이 아니라면 디지털 브라우징은 공정이용으로 본다.[61] 그러나 인터넷 공간에서 배포를 통해 저작권자의 잠재적 시장이 부정적인 영향을 받게 된다면 공정이용이 될 수 없다.[62] 무단 링크도 마찬가지다. 미 의회는 1997년 이윤 추구 목적이 아니더라도 저작물에 대한 일렉트로닉, 포토그래픽 복제 행위를 형사 처벌하는 법안[63]을 통과시켰다. 매사추세츠 대학의 한 학생이 상업용 소프트웨어를 인터넷에 올려 무료로 다운받게 한 사건이 계기가 됐다. 소프트웨어 등의 불법 배포를 막겠다는 게 주목적이지만 이윤 추구가 아닌 순전히 예술적 이유로 저작물을 사용하는 예술가에게도 영향을 미칠 수밖에 없다.

두 번째 쟁점은 디지털 매체 예술에서 과연 새로운 작품의 창작자는 누구인가다. 예를 들어 그림을 그리는 소프트웨어를 개발해 컴퓨터를 통해 작품을 생산하는 경우 창작자는 소프트웨어 개발자일까, 아니면 컴퓨터일까. 컴퓨터 소프트웨어가 작품일까, 소프트웨어가 생산해낸 그림이 작품일까. 아니면 컴

---

60   저작권법 제35조의 2.

61   Religious Tech. v. Netcom Online Communication Serv., Inc., 907 F. Supp. 1361, 1378 n. 25 (N.D. Cal. 1995).

62   Sega Enters. Ltd. v. Maphia, 857 F. Supp. 679, 687-88 (N.D. Cal. 1994).

63   No Electronic Theft Act (NET Act).

퓨터를 이용해 작품을 생산하는 과정 자체는 예술적 실연이며, 이를 행하는 사람은 실연자일까. 컴퓨터와 인간이 공동 창작자일까. 머신 러닝으로 알고리즘이 만들어낸 예술 AI 아트의 창작자는 AI일까, 프로그래머일까, 이 프로그램에 데이터를 넣은 이용자일까.

현행 저작권법상 자연인이 아닌 기계는 저작권자가 될 수 없다. 컴퓨터의 도움을 받은 작품과 컴퓨터 스스로 만든 작품 사이에는 큰 차이가 있다. '컴퓨터의 도움을 받은computer-aided' 경우에는 일반 저작물과 다를 바 없다. 그렇지만 '컴퓨터 스스로 생산한computer-generated' 것은 작가가 아닌 컴퓨터 프로그램에 의한 생산으로 본다. 영국 저작권은 '컴퓨터가 생산한computer-generated' 저작물을 인간 창작자 없이 컴퓨터가 생산한 저작물로 정의하며,[64] 이때 '작가 author'는 작품 창작에 필요한 배열을 하는 자로 정의한다.[65] 하지만 이러한 정의는 모호하다.[66] 창작 예술가와 프로그래머, 기술자 등 다양한 행위자가 참여하는 협업 형태로 단독 저작물을 넘어 여러 저작자가 참여하는 공동 저작물, 여러 저작자가 참여하나 법인 등에 권리가 귀속되는 업무상 저작물 등의 형태를 띨 수도 있으므로 개별 상황에 따라 저작자성에 대한 고민이 필요하다. 원본 예술을 활용해 제삼자가 새로운 창작물을 만들면서 새로운 권리자가 탄생하는데, 어디까지가 2차적 저작물(파생 저작물)이고 어디서부터 새로운 저작물로 봐야 할지에 대한 고민도 필요하다.

디지털 기술은 기존 작가와 관객의 관계도 완전히 바꿔놓았다. 2012년 뉴욕 휘트니 미술관에서는 한 예술가가 제 작업실 책상에 앉아 미술관 방문객과 화상 소통하며 공동으로 작품을 제작하는 프로젝트를 진행했다. 이제 수동적

---

64 CDPA 178, computer-generated † in relation to a work, means that the work is generated by computer in circumstances such that there is no human author of the work.

65 CDPA 9(3), In the case of a literary, dramatic, musical or artistic work which is computer-generated, the author shall be taken to be the person by whom the arrangements necessary for the creation of the work are undertaken.

66 Express Newspapers plc v. Liverpool Daily Post & Echo plc, [1985] 1 WLR 1089 판결에서 법원은 컴퓨터의 도움으로 생산된 글자의 작가는 관련 소프트웨어를 만든 프로그래머라고 했다.

감상이나 체험을 넘어 관객이 직접 예술 창작에 개입하는 예술 형태는 흔하다. 이때 관객도 예술을 완성시키는 데 창작적 기여를 한다면 공동 저작자로 보아야 할까.

세 번째 쟁점은 보존 문제다. 디지털 매체는 대상과 사건이 아닌 수와 상징들의 정보를 저장하기 때문에 예술 작품의 보존과 보호 문제에 있어서 아날로그 예술과는 완전히 다른 상황에 놓여 있다.[67] 디지털 매체 예술은 대체로 무형물 형태로 존재하고 파일 형태로 전달한다. 대체로 원본 파일은 창작자가 소장하며, 소장자나 미술관 등은 소장, 전시 또는 수집 및 보존 목적으로 복제된 파일을 받는다. 파일 저장 매체의 경우 영구성이 결여되므로 시간이 지나 파일이 소실되거나 삭제되기 전에 다른 저장 매체에 백업 등의 방법으로 보존하거나 클라우드 공간에 보존해야 한다. 이때 새로운 저장 매체로 옮기는 것은 새로운 복제 행위에 해당하므로 디지털 매체 예술의 보존이나 관리 등의 목적으로 파일을 복제할 수 있는 권한에 대해 문제가 발생할 수 있다. 파일 복제 등의 과정에서 복제 파일이 다른 채널 또는 유통망을 통해 재배포됨으로써 작품의 원본성 문제나 희소성의 가치를 훼손시킬 수 있다. 따라서 미술관을 포함한 소장자들은 파일이라는 비물질 형태로 존재하는 예술 작품을 어떻게 보관, 보존, 관리할 것인지 적절한 지침이나 정책이 필요하고, 이러한 과정에서 복제권 등 저작자와 저작권 범위에 대한 합의가 필요할 것이다.

네 번째 쟁점은 개인 정보 및 프라이버시권 보호다. 동시대 예술가들은 빅데이터나 인터넷상의 다양한 정보를 디지털 매체 예술에 활용한다. 무심코 가상 세계에 남긴 개인의 디지털 흔적digital footprint을 제삼자가 얼마든지 검색하고 재가공해 이용할 수 있다. 프라이버시권 침해 위험에 노출되는 것이다. 비식별 정보라 하더라도 기술 발전으로 데이터를 연결하고 가공하면 개인 식별이 가능할 수 있다. 더구나 정보는 한번 유출되는 경우 돌이킬 수 없다는 비가역성

<hr />

67   미학대계간행회 엮음, 『현대의 예술과 미학』, 서울대학교출판부, 2007.

이 있으며 피해 규모를 정확히 산정하기도 어렵기 때문에 사후 제재의 실효성도 한계가 있다. 현재로선 이용자의 자율 규제에 맡길 수밖에 없다. 시각예술가 레픽 아나돌Refik Anadol은 AI가 취합한 뉴욕 관련 이미지 데이터 수백만 개를 재시각화해 환영을 보는 듯한 〈기계 환각Machine Hallucination〉 영상을 제작했는데, 이때 개인의 사생활 보호를 위해 모든 이미지에서 사람을 지우도록 프로그램을 설계했다.

온라인 서비스 제공자의 책임[68]

온라인 플랫폼을 통한 문화 예술 콘텐츠 공유는 이제 일상이 되었다. 기술 발달과 구독 경제 확산으로 누구나 언제 어디서든 인터넷과 디지털 기기로 영상, 음악, 시각예술 등 다양한 콘텐츠를 즐길 수 있다. 직접적인 저작권 침해뿐만 아니라 2차적 혹은 간접적인 침해 문제도 확산되었다. 디지털 단일 시장의 저작권에 대한 유럽 의회와 이사회의 지침DSM 지침은 인터넷 이용자가 업로드한 저작물 등에 공중이 접근할 수 있는 서비스를 제공하는 온라인 콘텐츠 공유 서비스 제공자OCSSP: Online Content-Sharing Service Provider의 책임을 강화했다. 저작권자로부터 이용 허락을 받아야 하며, 이용 허락을 받지 못한 콘텐츠는 이용할 수 없도록 최대한 노력해야만 저작권 침해를 면책하도록 규정하고 있다.[69] 간접 침해란 직접 침해자에게 침해를 용이하게 할 수단을 제공하는 것을 말한다. 인터넷 등의 네트워크를 통한 경우 침해가 어디에서부터 시작되었는지, 불법적으로 복제되거나 수정 · 개작 · 변경된 내용물이 어떤 경로를 통해 누구에게 어느 정도로 배포되었는지 등을 알아내기란 거의 불가능하거나 극히 어렵

---

68   윤경, 『저작권법』, 육법사, 2005, 799-805쪽 참조.
69   Directives 96/9/EC and 2001/29/EC.

다. 따라서 저작권 침해에 대한 책임을 추궁할 자를 특정하기도 거의 불가능하다. 또한 직접 침해자를 특정했다 하더라도 대부분의 경우 그 직접 침해자는 이미 발생한 엄청난 피해를 손해배상할 자력이 없는 개인인 경우가 많다. 이에 따라 2차 혹은 간접 침해자인 온라인 서비스 제공자에게 책임을 묻는 방안이 제기되었다. 온라인 서비스 제공자는 사전에 비교적 용이하게 저작권 침해 여부를 감시하고 방지할 위치에 있고, 사후적인 책임 추궁 문제를 해결할 수 있는 자력을 가지고 있기 때문이다. 따라서 침해를 당한 당사자에게는 특정이 불가능한 직접 침해자 대신 다른 사람들로부터 저작권 침해를 가능케 하는 시스템이나 환경을 제공하는 문지기gatekeeper들을 상대로 소송할 수 있는 길이 열린 것이다. 문지기들은 대개 새롭고 대중적인 기술의 개발자들, 즉 온라인 서비스 제공자들에 해당한다. 그렇다면 대중들에게 혁신적인 기술을 통해 온라인 콘텐츠를 제공하는 서비스 제공자들의 책임은 어디까지일까.

온라인 서비스 제공자OSP: Online Service Provider란 이용자가 선택한 저작물 등을 그 내용의 수정 없이 이용자가 지정한 지점 사이에서 정보통신망을 통해 전달하기 위해 송신하거나 경로를 지정하거나 연결을 제공하는 자, 또는 이용자들이 정보통신망에 접속하거나 정보통신망을 통해 저작물 등을 복제·전송할 수 있도록 서비스를 제공하거나 그를 위한 설비를 제공 또는 운영하는 자를 말한다.[70] 한국 저작권법상 온라인 서비스 제공자의 책임은 침해 배제 책임(침해 행위를 예방·정지하거나 손해배상의 담보를 제공하거나 침해로 인한 결과의 제거에 필요한 조치를 이행할 책임)과 손해배상책임(공동 불법행위 책임, 사용자 책임 포함)으로 분류할 수 있다. 침해 배제 책임의 경우에 핵심 쟁점은 침해 상황의 지배 여부(권리 침해자 해당 여부의 판단과 관련해)이며, 손해배상책임의 경우에는 주의 의무 위반 여부(과실 및 위법성의 판단과 관련해)에 관한 것이다.

OSP의 각 책임이 성립하기 위한 요건으로는 ①온라인 서비스 제공자가

---

70   저작권법 제2조 30호.

침해 사실을 알았거나 알 수 있었을 것(침해 사실에 대한 주관적 인식이나 예견 가능성), ②침해행위가 온라인 서비스 제공자의 통제나 관리하에 이루어져 침해의 방지나 제거가 기술적, 경제적으로 기대 가능할 것(침해 배제의 객관적 기대 가능성이나 회피 가능성), ③침해에 대해 필요한 조치를 취하지 않았을 것(침해 배제 의무 불이행)이다. 이 세 가지 요건을 충족하는 경우에 온라인 서비스 제공자의 '침해 상황 지배성'과 '주의 의무 위반'이 충족된다. 그리고 실제 사건에서 가장 핵심적인 쟁점은 온라인 서비스 제공자에게 침해 사실을 알지 못한 데에 과실이 있는지 여부 및 침해 배제의 기대 가능성이다. 한편으로 온라인 서비스 제공자에게 부당이득 반환 책임이 성립할 수 있다.

인터넷 포털 사이트를 운영하는 온라인 서비스 제공자가 제공한 인터넷 게시 공간에 타인의 저작권을 침해하는 게시물이 게시된 경우에 대해 우리 대법원은 온라인 서비스 제공자의 책임과 의무에 대해 다음과 같이 판시했다.

> (온라인 서비스 제공자는) 서비스 제공자가 제공하는 인터넷 게시 공간에 게시된 저작권 침해 게시물의 불법성이 명백하고, 위 서비스 제공 게시물의 삭제 및 차단 요구를 받은 경우는 물론, 피해자로부터 직접적인 요구를 받지 않은 경우라 하더라도 그 게시물이 게시된 사정을 구체적으로 인식하고 있었거나 그 게시물의 존재를 인식할 수 있었음이 외관상 명백히 드러나며, 또한 기술적·경제적으로 그 게시물에 대한 관리 통제가 가능한 경우에는, 위 서비스 제공자에게 그 게시물을 삭제하고 향후 같은 인터넷 게시 공간에 유사한 내용의 게시물이 게시되지 않도록 차단하는 등의 적절한 조치를 취하여야 할 의무가 있다. 대법원 2010.3.11. 선고, 2009다80637 판결.

한국도 온라인 서비스 제공자에 대해 책임을 가중하고 있다. 저작권법 제104조는 P2P나 웹하드 등 저작권 침해가 상대적으로 빈발한 온라인 서비스 제공자들에 국한해 '권리자의 요청이 있는 경우' 해당 저작물 등의 불법적인 전송을 차단하는 기술적인 조치 등 필요한 조치를 이행할 의무를 부과하고 있다. 동법 제133조의 2는 3회 이상 반복적으로 침해행위를 범한 특정 이용자의 인터넷 계정을 재차 침해행위를 발견한 때에 정지시키고, 나아가 이런 침해행위가 빈발하도록 조장한 온라인 서비스 제공자의 해당 인터넷 게시판 역시 그 정도가 심대한 경우 6개월 이내의 기간 동안 정지시킬 권한을 문화체육관광부 장관에게 부여한 이른바 '삼진아웃제'다.[71] 이 두 조문은 끊임없이 위헌 논란이 제기되고 있지만, 2011년 헌법재판소는 저작권법 104조에 대하여 위임입법 금지 원칙에 위배되지 않고 직업의 자유를 침해하지 않는다고 판시함으로써 합헌임을 분명히 했다.[72] 국회는 2013년 1월 저작권 삼진아웃제와 인터넷 필터링 규제를 없애는 저작권법 개정안을 발의한 상태다. 한편, 유사한 법으로 위헌 논란을 빚었던 프랑스에서는 2009년 6월 프랑스 헌법위원회가 인터넷 접속 자체를 차단하는 '저작권 삼진아웃제'(아도피 법)에 대해 표현의 자유와 같은 기본권을 사법적인 판단 없이 행정기구가 제한할 수 있게 한다며 위헌 판결을 내렸고, 2013년 7월 프랑스 문화부는 삼진아웃제를 폐지했다.

한국은 미국의 입법을 상당 부분 수용해 저작권법 제102조 등을 개정했다. 미국의 경우 온라인 서비스 제공자에게 배상 책임을 지우는 형태는 직접책임direct infringement,[73] 기여책임, 대상책임이 있다. 직접책임을 입증하기 위해서는 유효한 저작권을 보유하고 있다는 것과 온라인 서비스 제공자가 원고의 저작권을 침해했다는 것만을 입증하면 된다. 피고가 선의 또는 무과실이라고 해도 책임을 면할 수 없다.

저작권을 직접 침해하지 않는 경우에도 저작권 침해에 대한 공범으로 민형사상 책임을 물을 수 있는데 이를 기여 침해contributory negligence 이론이라 한다. 민사의 공동 책임이나 형사의 공범 원리와 같다. 예를 들어 공연 기획사가

---

71 박준석, 앞의 글, 452쪽.
72 헌법재판소 2011.2.24. 선고, 2009헌바13 결정.
73 DMCA에 규정되어 있다.

공연자들이 타인에게 저작권이 있는 음악을 연주할 줄 알면서도 그 공연을 주선해준 경우에 공연 기획사가 공동 책임을 지도록 했다. 공연 기획사와 연주자의 관계와 같이 의식적인 공범 관계에서 시작한 것이다.[74] 기여책임은 침해행위에 대한 인식을 가지고 다른 사람의 침해행위를 유인, 야기하거나 또는 침해행위에 실질적으로 관여한 경우에 인정되는 책임을 말한다. 온라인 서비스 제공자에게도 기여 침해 법리가 적용되어 온라인 서비스 이용자의 저작권 침해를 공동으로 책임을 질 수 있다.

VTR: 소니 사례[75]

기여 침해를 신기술에 적용한 첫 판례는 1984년 소니사의 VTR 사건이었다. 소니사에서 VTR이라는 획기적인 신제품을 개발 판매해 미국 시장에서 큰 성공을 거두자 디즈니와 유니버설 등 영화사들이 소니사가 판매하는 VTR이 소비자들의 자사 영화에 대한 저작권 침해에 기여한다며 소니를 상대로 소송을 제기했다. 영화사 등 미디어 회사들은 텔레비전 시청자를 직접 고소하는 것이 불가능하다는 사실을 깨닫고, 대신 VTR의 제조사이자 배포사인 소니를 고소하기로 한 것이다. 기술 발전이 기존 저작권법의 질서를 흔들어놓은 이 사건은 결국 연방대법원까지 올라갔고, 법원은 소니의 손을 들어주었다. 신기술의 기여 침해 여부를 판단하는 데 연방대법원이 사용한 기준은 다음 세 가지다. ①신기술이 저작권법의 궁극적인 목표인 예술의 창달에 기여하는 합법적인 목표로 쓰이는 비중, ②기술자가 침해자의 침해행위를 고무하거나 방조하는 정도, ③기술자와 침해자 사이의 관계 지속성 및 상업성.

연방대법원은 우선 미국 저작권법 및 특허법의 취지를 설시했다. 저작권법

74 443 F.2d 1159.
75 464 U.S. 417.

및 특허법의 1차적 작용은 발명자나 창작자에게 발명이나 창작물에 대한 독점권을 부여함으로써 이들이 발명이나 창작을 할 경제적 동기를 부여하는 것이지만, 이와 같이 경제적 동기를 부여하는 이유는 발명이나 창작 활동을 독려하기 위한 것이다. 그리고 다음과 같은 논거를 제시했다. 첫째 VTR은 저작권 침해를 위해서도 사용되지만 침해하지 않는 용도로도 많이 이용된다. 예를 들어, 상당수의 영상물들은 제작자 스스로가 시청자들이 녹화를 해두었다가 보기를 원하여 만들어지는 것이고, 어떤 영상물은 아예 영상물을 복제해도 된다는 표시를 하고 있다. 실제로 법정 증인인 교육 방송국 대표의 증언에 따르면, 교육 방송국에서 생산된 프로그램의 60퍼센트는 7일 내 삭제를 조건으로 30퍼센트는 무조건 복제가 허용된다는 규정이 있다. VTR의 사용을 금지하면 이 같은 합법적인 복제를 하기 어려울 것이다. 둘째 제작자들이 복제를 허락하지 않은 저작물도 방송 시간에 볼 수 없기 때문에 나중에 자신이 보기 위해 복제하는 경우, 이것은 공정이용에 해당한다. 즉, 원래 방송 시간 외의 다른 시간에 프로그램을 보는 시간 변동time-shifting을 위해 방송 프로그램을 복제하는 행위는 공정이용에 해당하며 이는 '비침해적' 용도다. 합법적인 이용은 저작권법의 궁극적인 목표인 창작 활동 촉진에 도움이 되는 것이다. 셋째 일부 사용자들의 저작권 침해 행위로부터 소니사가 경제적 이익을 얻지 않는다.

　이 사건은 소니의 승리로 끝났지만, 영화사들도 패배자는 아니었다. VTR은 방송 프로그램을 무단 복제할 수 있는 도구이기도 하지만 소비자들이 저작권을 허락받은 비디오를 대여하거나 구입한 후 재생할 수 있는 도구이기도 한 것이다. 1977년에는 녹화 비디오가 정식으로 출시되고, 비디오 대여점이 문을 열었다. 이 같은 녹화 비디오 판매는 극장 영화 상영보다 높은 수익을 냈다.

P2P: 냅스터 · 그록스터 · 소리바다 사례[76]

냅스터 사건은 소니 사건의 연장선상에 있다. 소니 사건 법원이 온라인 서비스 제공자의 안전 규정 또는 책임 제한 조항safe harbor를 인정한 후 20여 년 후 발생한 냅스터 사건은 안전 규정 적용을 구체화했다. 1988년 동화상 전문가 그룹the Moving Picture Experts Group이라는 조직이 디지털 형태로 음악을 저장하는 MPEG-3라 불리는 표준 파일 형식을 만들었다. 디지털 MP3 파일은 리핑ripping이라는 과정을 통해 만들어진다. 컴퓨터 보유자는 리핑 소프트웨어를 통해 오디오 CD에 있는 음성 정보를 MP3 형식으로 압축함으로써 오디오 CD를 컴퓨터 하드드라이버에 복제할 수 있다. 압축된 MP3 형식으로 전자메일이나 다른 파일 전송 방법을 통해서 디지털 오디오 파일을 컴퓨터끼리 빠르게 전송할 수 있다.

냅스터는 1999년 숀 패닝이 개발한 인터넷 음악 공유 서비스인데, 검색엔진과 메신저 통신, 파일 공유, 디지털 압축과 같은 기존의 디지털 기술을 혼합하여 가입자가 쉽고 빠르게 인터넷에서 디지털 음악 파일을 공유할 수 있게 했다. 냅스터는 이용자들이 편리하게 MP3 파일을 전송하게 해주는 것으로 냅스터 가입자라면 누구나 인터넷에 접속해 컴퓨터에 있는 음악을 자유롭게 복제할 수 있었다. 보통 P2P(peer-to-peer) 파일 공유라고 불리는 절차를 통해 냅스터는 ①이용자의 컴퓨터 하드드라이브에 저장된 MP3 음악 파일을 다른 이용자들이 복사할 수 있는 상태로 만들어주고, ②다른 이용자의 컴퓨터에 저장된 MP3 음악 파일을 찾을 수 있게 하며, ③MP3 파일 내용의 정확한 복사본을 인터넷을 통해 다른 이용자에게 전달해준다. 이러한 기능들은 냅스터의 뮤직셰어MusicShare 소프트웨어에 의해 이루어지며, 이 소프트웨어는 냅스터의 인터넷 사이트나 네트워크 서버에서 공짜로 얻을 수 있다. 냅스터는 MP3 파일을 분류하고 찾는 데

---

76 A&M Records, Inc. v. Napster, Inc., 239 F.3d 1004 (9th Cir. 2001); MGM Studios v. Grokster Ltd., 545 U.S. 913 (2005); 장주영, 앞의 책, 354-364쪽 참조.

기술적인 지원을 해주며, 그 외에도 음악 토론 공간인 대화방과 음악가들이 자신들의 음악 정보를 제공하는 디렉터리directory에 기술적인 지원을 하고 있다.

2003년 가을 음반 회사들은 냅스터가 이용자들의 저작권 침해에 기여했고 그에 따른 대상책임이 있다고 주장하면서 저작권 침해 금지 소송을 제기했다. 냅스터 측은 자사의 파일 공유 프로그램은 소니 사례와 마찬가지로 상당한 '비침해' 요소들이 있다고 주장했으나 법원은 이 주장을 받아들이지 않았다. 법원은 소니와 냅스터 사례를 구별했는데, 소니는 VTR 구매자들이 집에서 하는 행위(TV 프로그램을 녹화하는 행위)를 통제할 수 없는 반면, 냅스터는 네트워크상 트래픽을 관찰하므로 저작권 침해를 쉽게 필터링할 수 있다는 차이를 들었다. 캘리포니아 북부 연방지방법원은 저작권 침해를 금지하는 판결을 내림으로써 냅스터가 제공하는 신기술이 음반 회사들의 저작권이 침해되는 데 기여하고 있다고 판단했다. 다음은 쟁점별 판결 요지다.[77]

직접 침해 원고 음반 회사들이 직접 침해를 입증하기 위해서는 ①침해된 물질에 대한 저작권 보유, ②침해자가 적어도 저작권법상 배타적인 권리 중 하나를 침해한 사실을 밝혀야 한다. 기록에 의하면 냅스터에서 이용할 수 있는 파일들 중 87퍼센트가량이 저작권으로 등록되었고 원고들이 70퍼센트 이상 파일들에 대해 저작권을 보유하고 있다. 냅스터 이용자들은 적어도 2개의 저작권, 곧 복제권과 배포권을 침해했다. 다른 사람이 복사할 수 있게끔 파일 이름을 검색목록에 올린 이용자는 배포권을 침해했고 저작 물질을 담고 있는 파일을 내려받은 이용자는 복제권을 침해했다.

공정이용 냅스터 측은 이용자들이 저작 물질을 공정하게 사용했기 때문에 저작권을 침해한 것은 아니라고 항변했다. 냅스터는 물건을 구입하기 전에 일시

77   239 F.3d 1004.

적으로 저작물을 복사하는 ①견본 사용·sampling, ②이용자들이 이미 오디오 CD로 가지고 있는 음악을 냅스터 시스템을 통해 접속하는 공간 이동·space-shifting, ③신인과 기성 음악가들에 의한 음반 배포 등 3가지를 특정해 공정이용에 해당한다고 주장했는데 법원은 동의하지 않았다. 이유는 다음과 같다.

첫째, 파일을 보내는 이용자가 익명의 요청자에게 그 파일을 보내는 것이 개인적인 이용이라고 볼 수 없고, 냅스터 이용자들은 원래는 사야 될 것을 공짜로 얻기 때문에 저작 물질을 영리적으로 이용하고 있다. 영리적인 이용을 입증하기 위해 직접적인 경제적 이득이 요구되는 것은 아니다. 그보다는 반복적이고 착취적인 저작물의 복사가 판매를 위한 것이 아니라 해도 영리적인 이용에 해당할 수 있다. 기록상 이용자들이 합법적인 제품을 구입하는 비용을 줄이기 위해 부당하게 되풀이하여 불법 복제했다는 사실을 밝힘으로써 영리적인 이용이 입증됐다. 둘째, 파일 전송은 저작물 전체의 복제를 필요로 한다. 전체 복제는 그 자체로 공정이용이 안 되는 것은 아니지만 전체 작품을 베끼는 것은 공정이용의 판단에 불리하게 작용한다. 셋째, 냅스터는 적어도 두 가지 면에서 시장에 피해를 끼쳤다. 대학생의 오디오 CD 판매량이 줄었고, 원고들의 디지털 음악 전송 시장 진입을 어렵게 했다. 나아가 기존 시장에 대한 피해가 부족하다는 이유로 저작권 보유자가 다른 시장을 개발할 권리를 빼앗기는 것은 아니다. 음반 회사인 원고들이 인터넷을 통해 디지털 음악을 판매하기 위해 이미 상당한 돈과 노력을 투여해왔다. 냅스터 시스템에서 디지털 음악을 공짜로 얻을 수 있게 한 것은 같은 방법으로 음악을 판매하려는 저작권 보유자들의 노력에 피해를 입힐 수밖에 없다.

넷째, 냅스터 측은 사용자들이 음반 구입 여부를 결정하기 위해 음악을 시험 삼아 들어보려고 MP3 파일을 내려받았다고 주장한다. 그러나 음반 회사들이 제공하는 무료 견본 사용은 30초 내지 60초짜리이거나 전곡이라 하더라도 내려받은 컴퓨터에서 짧은 기간 동안만 머물도록 만들어진다. 반면 냅스터 이용자들은 완전한, 무료의, 영구적인 음반 복사본을 받게 된다. 이용자들이 음악을 견본으로 많이 내려받을수록 오디오 CD를 구입할 가능성은 더 낮고, 설령 오디오 CD 시장이 피해를 입지 않았다 하더라도 냅스터는 디지털 음악 전송 시장에 부정적인 영향을 끼쳤다는 것을 보여주고 있다.

마지막으로, '공간 이동'으로서의 사용이므로 공정이용이라는 주장도 옳지 않다. 공간 이동은 냅스터 이용자가 이미 오디오 CD에 들어 있는 음악을 듣기 위해서 MP3 파일을 내려받을 때 일어난다. 소니 사건에서는 이동 방법이 저작 물질을 일반 공중에 배포하는 것을 포함하고 있지 않았다는 점에서 커다란 차이가 있다. 다이아몬드 사건에서 음악은 이용자의 컴퓨터 하드드라이버에서 MP3 플레이어로 옮겨졌다. 소니 사건에서도 대부분의 VTR 구입자들은 녹화한 TV 방송을 배포하지 않고 집에서만 보았다. 반면, 냅스터 시스템에 자기가 갖고 있는 음악의 목록을 올린 이상 그 음악은 단지 원래의 CD 소유자만이 아니라 수백만의 다른 사람들도 이용할 수 있게 된다.

기여책임 기여책임에서 2차적 침해자는 직접 침해행위를 알거나 알 만한 이유가 있어야 한다. 냅스터는 직접 침해행위를 실제로 인식하고 있었거나 인식할 만한 위치에 있었다. 소니 사건과 달리 냅스터는 시스템이 상업상 중요한 비침해행위에 이용될 수 있다는 점을 밝히지 못했다. 컴퓨터 시스템 운영자가 그의 시스템에 특정한 침해 물질이 있다는 것을 알면서 그 물질을 제거하지 않았다면 그는 직접 침해행위를 알고 있었고 이에 기여했다고 본다. 반면 침해행위를 확인하는 특정한 정보가 없는 경우에는 단지 시스템의 구조가 저작 물질을 상호 교환하게 한다는 이유만으로 컴퓨터 시스템 운영자가 기여책임을 질 수 없다. 냅스터는 특정한 침해 물질을 시스템을 통해 받을 수 있다는 점을 실제로 인식하고 있었고, 침해 물질을 제공한 사람들이 시스템에 접속하는 것을 차단할 수 있었음에도 침해 물질을 제거하지 않았다.

대상책임 첫째, 경제적인 이익은 침해 물질이 고객들을 끌어들이는 역할을 할 때 존재한다. 냅스터의 장래 수입은 이용자들의 증가에 직접적으로 달려 있다. 이용할 수 있는 음악의 양과 질이 증가하면서 더 많은 이용자들이 냅스터 시스템에 등록할 것이다. 냅스터는 저작 물질의 이용 가능성으로부터 경제적 이익을 얻었다. 둘째, 어떤 이유로든 침해자가 특정한 환경에 접속하는 것을 차단하는 것은 감독할 권리와 능력의 증거가 된다. 냅스터는 만약 이용자의 행위가 법에 위반된다면 어떤 이유로든 냅스터의 단독 재량에 의해 서비스를 거부하거나 계정을 중단할 권리를 명백히 보유하고 있다. 대상 책임에서 벗어나기 위해서는 유보된 감독 권한을 충분히 행사해야 한다. 그러나 냅스터는 시스템을 감독할 권리와 능력이 있었음에도 저작 물질의 교환을 방지할 권리를 행사하지 않았다.

냅스터의 법률적 약점은 자신의 서버에 음악 파일 목록을 보관한 것이었다. 냅스터 판결 이후, 후발 P2P 서비스 업체들은 기존 저작권법상 책임을 피하기 위해 자신들의 서비스를 서버에서 분리하고 가입자의 행위와도 전혀 연관이 없도록 만들었다. 중앙에서 침해 물질을 모니터하고 필터링할 수 없는 형태의 P2P 소프트웨어들을 개발해 사용했다. 이들은 곧 냅스터의 자리를 대체했는데, 그중 대표적인 것이 카자Kazaa와 그록스터Grokster다. 2001년 10월, 음반 회사와 영화제작사는 공동으로 카자와 그록스터를 고소했을 때, 이들은 자신들의 서비스 운영 방식은 중앙 통제가 된 것이 아니기 때문에 가입자의 침해행위를 조장한 책임이 없다고 항변했다. 지방법원과 항소법원은 이에 동의했다. 그러나 연방대법원은 그 사용이 저작권 침해를 조장하는 목적을 가진 장치를 배포하는 자는 장치의 합법적 사용에도 불구하고 이 장치를 이용함으로써 야기된 제삼자의 침해행위에 대해 책임이 있다고 판시하면서 판결을 뒤집었다.[78] 법원은 이번에도 소니 판례의 '세이프 하버'를 적용할 수 없다고 보았다. 소니사와는 달리 그록스터는 저작물을 침해하도록 적극적으로 장려하기 때문이다. 파일 공유 소

78   545 U.S. 913.

프트웨어는 사용자들이 불법 복제된 미디어 콘텐츠를 불법적으로 다운로드하도록 유도한다. 이 사건을 통해 소니사의 책임 제한 조항이 적용되는 범주가 다시 한 번 축소되었다.

한국에서도 냅스터·그록스터와 유사한 사건이 있었다. 소리바다 사건[79] 이다. 소리바다는 냅스터와 유사한 방식의 서비스를 제공했다. 소리바다는 2000년 5월 중순경 MP3 파일 공유를 위한 P2P 프로그램을 개발해 서버를 설치, 운영하면서 인터넷 웹사이트를 통해 소리바다 프로그램을 무료로 널리 제공했다. 그 서버에 이용자 아이디, 패스워드, 이메일 주소, 가입 회원의 성별과 나이, IP 주소 등 접속 정보를 5,000명 정도씩 묶어 제공함으로써 이용자가 용이하게 음악 MP3 파일을 검색할 수 있다. 나아가 최적의 다운로드 위치를 찾아 소리바다 이용자들이 MP3 음악 파일을 다운로드할 수 있게 하는 한편, 피고인들도 매일 한두 번 소리바다 서버에 직접 접속함으로써 운영 상태를 점검해왔다. 대법원은 피고 소리바다 측이 P2P 프로그램과 관련된 외국의 분쟁 사례 등을 통해 P2P 프로그램의 이용을 통한 음악 파일의 공유 행위가 대부분 정당한 허락 없는 음악 파일 복제라는 결과에 이르게 됨을 예견하면서도(원심 판결 이유에 의하면 실제로 이 사건 소리바다 이용자들이 교환한 음악 파일의 70퍼센트가 저작권법이 보호하는 복제권을 침해하는 것이었다) 복제권 침해를 방조했다고 판시했다.

저작권법이 보호하는 복제권 침해를 방조하는 행위란 정범의 복제권 침해를 용이하게 해주는 직간접의 모든 행위다. 정범의 복제권 침해행위 중에 이를 방조하는 경우는 물론, 복제권 침해행위에 착수하기 전에 장래의 복제권 침해행위를 예상하고 이를 용이하게 하는 경우도 포함한다.[80] 정범에 의해 실행되는 복제권 침해행위에 대한 미필적 고의가 있는 것으로 충분하고,[81] 정범의 복제권 실행 행위가 실행되는 일시, 장소, 객체 등을 구체적으로 인식할 필요가 없으며,

79   대법원 2007.12.14. 선고, 2005도872 판결.
80   대법원 2004.6.24. 선고, 2002도995 판결 참조.
81   대법원 2005.4.29. 선고, 2003도6056 판결 참조.

나아가 정범이 누구인지 확정적으로 인식할 필요도 없다.[82]

웹 스토리지의 경우

웹 스토리지란 컴퓨터 파일의 저장 공간인 스토리지를 확보해 이용자들로 하여금 인터넷 접속이 가능한 어느 곳에서나 인터넷을 통해 파일을 업로드, 열람·편집, 다운로드할 수 있도록 하고, 나아가 다른 사람들도 그 파일을 다운로드할 수 있도록 하여 파일 공유를 가능하게 하는 인터넷 파일 관리 시스템을 말한다. 수익 모델이 소유하는 웹 스토리지를 이용자들에게 일정 기간 동안 제공하고 그 대가를 받는 구조가 아니라, 이용자들이 웹 스토리지에 저장되어 있는 파일을 다운로드하는 경우에 그 다운로드의 양에 비례하여 또는 다운로드의 양과 상관없이 정액제로 이용료를 징수하는 구조라면 필연적으로 저작권자의 복제권·전송권이 침해되는 결과를 가져올 수밖에 없다. 수익이 극대화되기 위해서는 이용자들이 이용료를 지급하고 다운로드를 받을 만한 파일, 예컨대 대중에게 인기가 있는 음원이나 영화 파일 등이 가능한 한 많이 업로드되어야 하고, 또한 이용자들이 그러한 파일을 쉽게 찾아 다운로드할 수 있어야 하기 때문이다. 웹 스토리지를 제공하는 온라인 서비스 제공자에 대해 법원은 저작권을 침해한 불법 파일이 공유되지 않도록 노력하여야 할 의무가 있다고 봤다. 판결은 다음과 같다.

> 웹 스토리지 같은 온라인 서비스 제공자는 작위 또는 부작위에 의한 방조 행위에 대한 책임을 지게 된다. 이를테면, 저작권으로 보호되는 영화 파일의 업로드를 유인하고, 또한 이용자들이 이를 쉽게 찾아 다운로드할 수 있도록 하는 정책을 사용하는 경우는 작위에 의한 방조 행위다.[83] 부작위에

---

82 대법원 1977.9.28. 선고, 76도4133 판결 참조.
83 정보통신망 이용촉진 및 정보보호 등에 관한 법 제44조는 제1항에서 이용자는 사생활의 침해 또는 명예훼손 등

의한 방조 행위[84]는 저작권 침해행위가 발생하거나 계속되지 않도록 하여야 할 법적인 작위 의무를 지고 있는 자로서 그 의무를 이행함으로써 저작권 침해행위를 방지할 수 있었음에도 불구하고 그 결과의 발생을 의욕 또는 용인하고 방관한 채 의무를 제대로 이행하지 않아, 결국 이용자들의 각 영화에 관한 복제권·전송권 침해행위를 용이하게 하는 경우를 들 수 있다. 이때 고의로 이용자들의 저작권 침해행위를 방조하여 저작권 침해가 발생한 경우에는, 사후적으로 이를 중단하고 방지하기 위한 조치를 취했다거나 그러한 조치가 기술적으로 불가능하다는 이유만으로 온라인 서비스 제공자의 침해 정지 등 책임이 면제된다고 할 수 없다. 서울중앙지방법원 2008.8.5. 자, 2008카합968 결정.

따라서 법원은 현재의 기술 수준 및 사회 통념 등에 비추어 기대 가능한 수준에서, 저작권 침해행위가 되는 복제·전송을 선별해 방치하거나 중단할 수 있는 기술적 조치 등 필요한 조치를 취해야 한다고 판시했다.

유튜브의 경우

유튜브는 중앙 서버를 통해 사용자들이 파일을 올리도록 하고 그 동영상 파일의 재생이 중앙 서버를 통해 이루어지고 있기 때문에 불법 파일에 대한 책임이 냅스터, 그록스터, 소리바다와 같은 P2P 소프트웨어보다 크다고 할 수 있다. 그렇지만 냅스터와 달리 유튜브는 기여책임이나 대상책임을 피해갈 수단을

타인의 권리를 침해하는 정보를 정보통신망에 유통시켜서는 안 된다고 규정하고, 이어 제2항에서 정보통신 서비스 제공자는 자신이 운영 관리하는 정보통신망에 제1항의 규정에 따른 정보가 유통되지 아니하도록 노력해야 한다고 규정한다.
84   저작권법 제104조 제1항은 다른 사람들 상호 간에 컴퓨터 등을 이용하여 저작물 등을 전송하도록 하는 것을 주된 목적으로 하는 온라인 서비스 제공자(이하 '특수한 유형의 온라인 서비스 제공자'라 한다)는 권리자의 요청이 있는 경우 당해 저작물 등의 불법적인 전송을 차단하는 기술적인 조치 등 필요한 조치를 하여야 한다. 이 경우 권리자의 요청 및 필요한 조치에 관한 사항은 대통령령으로 정한다고 규정한다.

강구하고 있다. 우선, 유튜브에 올라오는 모든 콘텐츠는 사용자들이 올린 것이며 최대 10분을 넘지 않도록 되어 있다. 그 동영상을 보여주는 창도 매우 작다. 그렇기 때문에 '섬네일 이미지'와 마찬가지로 이 창을 통해 보이는 비디오들은 원작의 저작권을 침해하지 않는 공정이용일 가능성이 높다. 둘째, 유튜브에 올라오는 동영상들은 불법적인 콘텐츠도 포함할 수 있지만 타인의 저작물이 아닌 자신이 직접 만들어 올리는 UCC 동영상들이 훨씬 많이 올라온다는 점이다. 공정이용을 판단할 때는 원작에서 사용 분량의 비중, 성격, 원작의 시장 훼손 가능성만을 볼 것이 아니라 사용 목표와 원작의 창작적 가치 같은 요소들도 본다.

셋째, 유튜브는 미국 저작권법 제512조에 편입된 디지털 밀레니엄 저작권법의 특별 조항인 온라인 서비스 제공자의 안정 규정에 의해 보호받는다. 동법이 정한 요건을 충족하는 경우 서비스 제공자는 금전 배상과 금지처분에서 면제된다. 이 조항[85]은 원래 웹호스팅 서비스들을 자신의 고객 불법행위에 대한 책임으로부터 보호하기 위해 만들어졌는데, 유튜브 사용자들이 유튜브 중앙 서버에 콘텐츠를 저장하고 다른 사람들이 일종의 웹페이지를 통해 콘텐츠를 볼 수 있도록 하고 있기 때문에 유튜브에도 적용될 수 있다. 이 조항에 따라 사용자들이 저작권 침해 면책을 받기 위해서 웹호스팅 서비스는 다음 절차를 따라야 한다. 먼저, 저작권자가 침해 통지를 하면 이에 대해 대응해야 하며 실제로 침해물로 판단되면 그 콘텐츠를 삭제해야 한다. 상습적인 침해자의 계좌는 영구 삭제한다는 정책도 사용 약관 등에 포함시키고 실제로 실행해야 한다. 단, 웹호스트가 판단하기에 저작권 침해가 있을 것이 분명한 경우에는 위 보호 조항이 적용되지 않는다. 웹호스트가 저작권 침해행위로부터 경제적 이익을 얻으면 역시 적용되지 않는다.

---

85   17 U.S.C. 512(c).

온라인 서비스 제공자의 안전 규정

온라인 서비스 제공자의 안전 규정인 책임 제한 조항이란 이미 성립한 침해 책임을 일정한 조건하에 감면해주는 조항이다. 한국 저작권법은 제102조(온라인 서비스 제공자의 책임 제한)와 제103조(복제·전송의 중단)에서 온라인 서비스 제공자의 책임이 면제되는 행위 또는 사유(면책 범위)의 유형과 면책 요건을 규정[86]하고 있다. '통지 및 제거notice and take down' 절차의 골격과 기술 유형별로 네 가지로 나누어 각 온라인 서비스 제공자에게 다소 상이한 법적 규율을 가한다.

미국 저작권법은 서비스 제공자의 행위를 네 가지, 즉 일시적인 통신, 시스템 캐싱, 이용자의 지시에 의한 시스템이나 네트워크의 정보 저장, 정보 찾기 도구로 나누어 각기 다르게 규정하고 있다. 법이 정한 요건을 충족하는 경우 서비스 제공자는 금전 배상과 금지처분에서 면제된다. 저작권 책임이 제한되기 위해서는 서비스 제공자가 저작권 침해를 되풀이하는 이용자의 계정을 적절한 경우에 폐쇄하는 방침을 채택하고 합리적으로 이행해야 하고, 표준 기술 조치 standard technical measures를 수용해야 하며 이를 방해해서는 안 된다.[87] 표준 기술 조치란 저작권자가 저작물을 특정하고 보호하기 위해 사용하는 기술적인 방법으로 서비스 제공자에게 실질적인 비용이나 부담을 부과하지 않는 것을 말한다.[88] 일시적인 통신과 관련해서는 주고받는 물질의 내용을 수정하지 않고 이용자에 의해 특정된 위치 사이에서 이용자가 선택한 물질을 전송transmission하거나 라우팅routing하거나 디지털 형태로 온라인상에서 통신을 하기 위한 연결 방법을 제공하는 것으로 정의한다.[89] 나머지 세 가지 형태에서는 일시적인 통신과 관련한 서비스 제공자를 포함해 온라인 서비스와 네트워크 접근의 제공자 또는

---

86 명호인, 앞의 책, 552쪽. 한국은 2011년 6월 30일과 같은 해 12월 2일 각각 일부 개정된 저작권법에서 제102조를 확장 개편했는데, 실질적으로 미국의 저작권법 중 관련 내용인 디지털 밀레니엄 저작권법의 내용을 대부분 따른 것이다.
87 17 U.S.C. 512(i)(1).
88 17 U.S.C. 512(i)(2).
89 17 U.S.C. 512(k)(1)(A).

그것을 위한 설비 운영자로 좀 더 넓게 정의했다.[90]

온라인 서비스 제공자의 명예훼손 책임

미국에서는 서적·잡지·신문 등의 발행자는 출판자라고 하여 발행하는 내용에 대해 저자와 마찬가지의 책임을 진다. 서점·도서관·가판대 등을 통해 발간물을 배포하는 배포자는 자신이 배포하는 발간물에 명예를 훼손하는 표현이 있는 것을 알았거나 알아야 할 이유가 있었을 때에 한해서 책임을 진다. 다만, 배포자는 자신이 취급하는 출판물에 명예훼손적 표현이 있는지 여부를 상시 조사할 의무는 없다. 전화 회사와 같은 일반적 전달자는 제공하는 서비스와 관련해 명예훼손에 관한 어떤 책임도 지지 않는다. 온라인 서비스 제공자는 1996년 미국 통신품위법Communication Decency Act에 따라 '쌍방향 컴퓨터 서비스'를 제공 또는 사용하는 자로서 출판자로서의 엄한 책임을 지지 않는다고 규정되었다. 그 후 1997년에는 배포자로서의 책임도 지지 않는다는 판결이 나왔다.[91] 이에 비해 한국에서는 온라인 서비스 제공자가 게시판의 명예훼손적 표현에 대한 삭제 의무가 발생했음에도 이를 어기는 경우에는 법적 책임을 감수해야 한다. 피고인인 온라인 서비스 제공자 하이텔의 가입자가 공개 게시판에 인기 가수에 대한 비방 글을 올렸을 때 법원은 전자게시판을 설치·운영하는 전기통신 사업자는 그 이용자에 의해 타인의 명예를 훼손하는 글이 전자게시판에 오른 것을 알았거나 알 수 있었던 경우에 이를 삭제하는 등의 적절한 조치를 취해야 할 의무가 있고, 이를 이행하지 않은 경우 손해배상책임이 있다고 판시했다.[92]

90   17 U.S.C. 512(k)(1)(B).
91   Zeran v. America Online, Inc., 129 F.3D 327 (1997).
92   대법원 2001.9.7. 선고, 2001다36801 판결.

3 시각예술의 확장: 음악, 공연, 무용

로버트 라우션버그Robert Rauschenberg는 텅 빈 캔버스를 전시한 적이 있다. 전시장 조명이나 관람객의 그림자가 빈 캔버스를 그때그때 다르게 채웠다. 존 케이지John Cage는 '소리로 된 빈 캔버스'를 구상했다. 1952년 데이빗 튜더는 피아노 앞에 앉아 피아노 뚜껑을 열었다. 몇 분 뒤 그는 다시 피아노 뚜껑을 닫았다. 바로 존 케이지의 〈4분 33초〉의 초연이었다. 4분 33초 동안 아무 음악도 연주하지 않았지만 청중은 숨죽인 채 연주를 기다리고, 그 사이 우연히 나는 소리들로 작품을 채웠다. 〈4분 33초〉는 세 악장으로 되어 있고, 각 악장의 악보에는 음표나 쉼표 없이 TACET(연주하지 말고 쉬라)이라는 악상만 적혀 있다. 절대적 무음이 없다는 발견이다. 라우션버그의 '빈 캔버스'처럼 케이지의 작품도 '빈 악보'였다. 음악의 정의에 대한 도전이었다. 이 혁신적인 작품은 당시 음악계에서 외면당했고, 오히려 시각예술가들이 적극 수용하면서 탈경계적인 예술 양상의 시발점이 되었다. 오늘날 미술관에는 회화나 조형물만 전시되지 않는다. 연극적 요소, 청각적 요소들이 단독으로 혹은 시각적 요소와 결합해 퍼포먼스로 '전시'된다. 디지털 매체 예술이라는 비물질적 요소와 결합하기도 한다. 시각예술은 확장되어 행위 예술performance art, 소리 예술sound art, 다원 예술extended art이라 부르기도 한다. 결합 예술 또는 종합 예술적 성격을 띠게 된 것이다. 행위 예술은 정해진 줄거리나 대본 없이 음악, 연극이나 무용 같은 육체적 표현, 시각 예술, 더 나아가 관객까지 참여시킨다. 소리 예술 또는 사운드 아트라는 말을 최초로 사용한 사람은 미래주의의 루이지 루솔로Luigi Russolo다. 1913년 미래주의 선언문 「소음의 예술The Art of Noise」을 발표하면서 이를 계기로 처음 음악을 시각예술에 접목시켰고, 이후 설치 예술이나 비디오 아트, 미디어 아트와 접목했다. 사운드 아트가 아니더라도 음악은 미디어 아트나 디지털 매체 예술, 그리고 퍼포먼스와 결합한다. 경우에 따라서는 기존 음악을 차용하는 결합 저작물 형태일 수도, 다른 예술 행위와 함께 분리가 불가능한 공동 저작물 형태일 수도 있다. 이렇게 다양한 형태의 협업 예술이 등장하면서 행위자들의 권리 관계에 대한 이해가 중요해졌다.

창작자의 권리와 실연자의 권리

처음부터 여러 행위자가 모여 한 작품을 만들겠다는 공동 창작 의사를 가지고 각각 아이디어를 넘어 창작적 기여를 한다면, 그리고 그렇게 창작된 작품이 분리가 불가능하다면 이는 공동 저작물로 각 참여자들이 공동 저작자이자 공동 저작권자가 된다. 시각예술가가 기획하되 누군가는 안무를 짜고, 누군가는 음악을 작곡하고, 누군가는 무용을 하고, 누군가는 연주를 한다면, 그리고 음악과 무용을 분리해 사용할 수 있다면 이는 결합 저작물에 가깝고 권리는 분할된다. 작곡자와 안무자는 각각 음악저작권과 안무저작권을 가질 것이고, 무용하고 음악을 연주한 실연자는 저작인접권을 갖게 될 것이다. 또 이러한 음악이나 퍼포먼스를 영상물로 제작해 방송이나 인터넷 전송으로 공중에 송신한다면 이는 저작물에 대한 복제 또는 2차적 저작물 작성, 그리고 공중 송신에 해당하며 영상물 제작자는 영상물에 대한 새로운 권리가 생겨난다.

미술저작물과는 달리 음악저작물이나 공연저작물, 영상저작물 등에는 저작인격권과 저작재산권 외에 저작인접권이라는 별도의 권리가 발생한다. 그림은 화가가 그림을 그려서 전시를 하면 그만이고, 책은 써서 출간을 하면 그만이다. 그러나 무형의 소리 예술인 음악은 작곡이나 작사를 한다고 해서 곧바로 표현으로 이어지지 않는다. 따라서 음악 창작물을 향유하기 위해서는 창작자와는 별도로 이를 해석하고 전달하는 사람이 필요하다. 이를 위해서는 연주자나 가수 같은 실연자, 그리고 그 실연을 녹음해 음반에 담아내는 음반 제작자, 실연을 녹화방송하거나 생방송으로 중계하는 방송 사업자 등이 필요하다. 연극저작물이나 영상저작물도 마찬가지다. 대본이나 안무 같은 창작물을 실연하려면 연출이나 감독, 배우, 무용가 등 다양한 실연자가 참여해야 한다.

저작권이 창작자의 권리라면 저작인접권은 저작물을 일반 공중이 향유할 수 있도록 매개하는 자에게 부여하는 권리다. 실연자, 음반 제작자 및 방송 사업자는 저작물을 직접 창작하지는 않지만 일반 공중이 창작물을 누릴 수 있도록 매개하는 역할을 한다. 이렇게 저작물을 가지고 해석을 하거나 전달하는 사람들이 갖는 권리가 저작인접권이다.

저작권자와 마찬가지로 저작인접권자, 즉 실연자,[93] 음반 제작자,[94] 방송 사업자[95]에게도 각각의 권리가 생긴다. 배우, 가수, 연주자, 지휘자와 같은 실연자는 실연을 녹음·녹화·사진 촬영·방송할 수 있다. 음악에서 실연이라 함은 저작물을 연주와 노래로 표현하는 것을 말한다. 실연이 저작권으로 보호받기 위해서는 다음과 같은 요건을 충족해야 한다. 우선, 대한민국 국민(법인 포함)이 행하는 실연이어야 한다.[96] 둘째, 대한민국이 가입하거나 체결한 조약에 따라 보호되는 실연이어야 한다. 셋째, 저작인접권의 보호를 받는 음반에 고정된 실연이거나 저작인접권의 보호를 받는 방송에 의해 송신되는 실연이어야 한다.

93　저작권법 제66조~제77조.
94　제78조~제83조의 2.
95　제84조~85조의 2.
96　저작권법 제64조. 대한민국 법률에 의해 설립된 법인 및 대한민국 내에 주된 사무소가 있는 외국 법인을 포함한다.

음반은 역시 한국이 가입하거나 체결한 조약에 따라 보호되는 음반으로 체약국 내에서 최초로 고정된 음반, 가입 또는 체결한 조약에 따라 보호되는 음반이다. 체약국의 국민을 음반 제작자로 하는 음반을 포함한다.

실연자는 가수, 연주자, 실연을 지휘·연출·감독하는 사람까지 포함하기 때문에 지휘자, 연출자, 감독도 저작인접권의 보호를 받을 수 있다. 연출자와 감독의 경우에는 기여하는 정도에 따라 인접권자뿐만 아니라 저작자로도 인정될 수 있다. 실연자는 자신의 실연 또는 실연의 복제물에 실명 또는 이명을 표시할 권리를 가지며 실연의 내용과 형식의 동일성을 유지할 권리를 가진다. 또한 실연을 복제할 권리, 복제물을 배포할 권리, 녹음된 판매용 음반을 영리 목적으로 대여할 권리를 가진다. 고정되지 않은 실연을 공연할 권리를 가지며 실연을 방송하고 전송할 권리를 가진다. 방송 사업자가 실연이 녹음된 판매용 음반을 사용하는 경우에 그 실연자에게 그에 상당한 보상을 해야 한다. 다만 실연자가 허락을 받아 녹음·녹화된 실연에 대해서는 이미 출연료 등으로 보상받았기 때문에 실연자가 방송권을 갖지 못한다. 그러나 판매용 음반을 이용한 경우에는 방송 사업자가 실연자에게 보상금을 지급해야 한다. 여러 사람이 공동으로 참여하는 합창이나 합주의 경우에는 공동으로 실연하는 사람들이 선출하는 대표자가 실연권을 행사하도록 하고 있다. 저작권법은 실연자들이 방송에 대한 보상청구권을 신탁 기관에 위임하도록 하고 있으며, 현재 한국은 신탁 기관인 사단법인 한국예술실연자단체연합회가 방송 사업자로부터 보상금을 받아 각 실연자 단체와 개별 실연자들에게 분배하고 있다. 따라서 개별 실연자들은 방송 사업자에게 보상을 요구할 수 없다.

음반 제작자는 자신의 기획으로 자신의 기술과 자본을 제공해 제작한 음반을 복제하고, 배포하고, 대여하고, 전송할 권리를 가진다. 방송 사업자가 판매용 음반을 사용해 방송하는 경우에는 그 음반 제작자에게 상당한 보상을 해야 한다. 방송 사업자는 자신의 방송을 녹음·녹화·사진 촬영, 그 밖의 유사한 방법으로 복제하거나 동시 중계방송할 수 있으며, 공중의 접근이 가능한 장소에서 방송의 시청과 관련해 입장료를 받는 경우에 그 방송을 공연할 권리를 가진다.

저작인접권의 보호 기간은 권리가 발생한 시점을 기준으로 70년 동안 보호되는데, 권리가 발생한 해의 그다음 해부터 기산하여 70년간 존속한다.[97] 저작재산권은 저작물이 창작된 시점부터 권리가 발생하지만, 저작인접권은 실연에 있어서는 실연을 한 때부터, 음반에 있어서는 그 음을 맨 처음 그 음반에 고정한 때부터, 방송에 있어서는 그 방송을 한 때부터 발생한다.[98] 저작인접권의 보호가 저작권에 영향을 미치지는 않는다. 따라서 실연이나 음반 또는 방송물을 담아 공연하거나 방송할 때에는 실연자, 음반 제작자 또는 방송 사업자 등 저작인접권자의 허락뿐만 아니라 실연, 음반 또는 방송 대상이 되는 저작물의 저작재산권자 허락도 별도로 받아야 한다.

인터넷과 음악저작권

스트리밍과 다운로드

앞에서 살펴본 냅스터와 그록스터, 소리바다 같은 사례들은 컴퓨터와 인터넷의 발달이 음악저작물에 어떻게 영향을 미치는지 잘 보여준다. 연이은 소송 결과로 P2P 소프트웨어 형태의 음악 파일 공유는 불법으로 선언되었다. 그렇지만 인터넷상에는 여전히 불법 복제 파일들이 넘쳐나고 있다. 이렇게 음악 또는 영상 파일을 공짜로 혹은 아주 저렴한 가격에 쉽게 구할 수 있게 되면 음반 시장은 당연히 위축될 수밖에 없다. 자신의 저작물에 대해 정당한 보상을 받지 못

---

97 한미 FTA 이행을 위한 저작권법 일부 개정 법률안에 따라 방송을 제외한 저작인접권의 보호 기간도 50년에서 70년으로 늘어났다. 다만 1987년 7월 1일부터 1994년 6월 30일 사이에 발생한 저작인접권의 보호 기간을 발생한 때의 다음 해부터 기산하여 50년간 존속하는 것으로 연장한다.
98 동법 제86조.

하는 예술가들은 창작 의욕이 꺾일 수밖에 없으며, 결국 전반적인 음악 산업이 후퇴할 수밖에 없을 것이다. 정부와 음악저작권 관련 단체들은 불법 음악 및 영상 파일들이 인터넷상에서 오가는 것을 단속하기 위해 많은 노력을 하고 있다.

저작권자의 승낙 없이 음악 파일을 인터넷 사이트에 올리면 저작재산권 중 전송권 침해에 해당한다. 영리 목적이 아닌 개인의 홈페이지에 올리는 것도 마찬가지다. 음악저작물의 경우 인터넷에서는 사적인 목적이더라도 무단으로 사용할 경우 저작권 침해의 면책 규정인 사적 이용으로 보지 않는다. 저작권법 제30조는 공표된 저작물을 영리 목적이 아닌 개인적으로 이용하거나 가정 및 이에 준하는 한정된 범위 안에서 이용하는 경우에는 그 이용자가 이를 복제할 수 있다고 규정하고 있다. 이에 따라 이메일이나 메신저 등을 통해 일반 공중을 대상으로 하지 않고 사적으로 음악 파일을 주고받는 것은 사적 이용으로 면책될 수 있다. 그러나 단서 조항에서는 공중의 사용에 제공하기 위해 설치된 복사기기에 의한 복제는 그러하지 아니한다고 하고 있는데, '인터넷' 역시 일반 공중의 사용에 제공하기 위한 '복사기기'로 해석하고 있다. 따라서 개인 홈페이지일지라도 타인의 저작물을 디지털 파일로 변환하여 복제해서 올리면 불특정 다수가 볼 수 있게 되므로 면책이 되는 사적 이용을 위한 복제로 볼 수 없다. 단순한 하이퍼텍스트 링크와 소스를 복사해 홈페이지에 링크하는 행위와는 차이가 있다. 하이퍼텍스트 링크는 저작권 침해로 보지 않지만, 후자의 경우처럼 소스를 복사해 자신의 홈페이지에 옮겨 방문자가 바로 그곳에서 사용할 수 있게 하는 것은 전송권 침해, 즉 저작권 침해에 해당한다. 따라서 자신의 홈페이지에 음악 파일을 링크함으로써 홈페이지상의 파일처럼 보이게 하는 행위 또한 독자적으로 전송하는 것과 동일한 효과가 발생하기 때문에 전송권 침해에 해당한다.

인터넷에 무단으로 스트리밍 서비스를 제공하는 것 역시 저작권 침해에 해당한다. 저작권법에 시간적 제한 규정이 없기 때문에 단 5초를 사용하든 5분을 사용하든 간에 한 곡 전체를 사용하는 것으로 간주된다. 다만, 한국음악저작권협회 징수 규정에 따라 스트리밍 방식으로 총 재생 시간이 한 곡당 30초를 넘지 않으며 자신의 홈페이지 및 서버에서 음악 파일을 제공하는 조건으로 사전 신고할 경우에는 다음 대상에 대해 사용료를 면제하고 있다.[99] 첫째 인터넷으로 음악 파일 다운로딩 서비스를 하는 사람이나 음반 판매업자가 판매하는 음악 파일 등의 판매 촉진을 위해 판매하고자 하는 곡과 동일한 곡으로 서비스를 하는 경우, 둘째 한국저작권협회의 위탁자가 스스로 창작한 작품 또는 관리 저작물을 위탁자 자신의 홈페이지에 업로드하는 경우, 셋째 실연자, 음반 제작자 등 저작인접권자가 자신의 홈페이지에 자신의 실연, 음반에 관계되는 작품을 제공하는 경우 등이다.

2002년 음반 회사들과 한국음반산업협회는 주문형 음악 스트리밍 서비스를 제공하는 벅스 뮤직을 상대로 최신 1만여 곡의 서비스를 중단하라는 가처분 신청을 냈고 서울중앙지방법원은 이를 받아들였다. 2004년 7월에는 한국음악저작권협회가 벅스를 상대로 저작권 침해 금지 가처분을 신청했다. 서울중앙지방법원은 2005년 2월 벅스 운영자에 대해 징역 1년 6월에 집행유예 3년, 주식회사 벅스에는 벌금 2,000만 원을 선고했다. 벅스는 민사상뿐만 아니라 형사상으로도 유죄 선고를 받았다. '소리바다' 사건과는 달리 벅스 뮤직 운영자가 형사 처분을 받게 된 것은 개인과 개인 사이의 음악 파일을 중개함으로써 서버에 파일을 저장하지 않은 소리바다와는 달리, 음원에서 파일을 추출해 서버에 저장한 뒤 개인들에게 전송함으로써 복제권을 침해했기 때문이다. 재판부는 벅스 운영자가 음반 제작자의 허락 없이 .asf나 .wmv파일 형태로 스트리밍 방식 또는 일부 다운로드 방식으로 접속자에게 노래를 듣게 한 것은 음반 제작사들의 저작권 내지는 저작인접권을 침해했다고 보았다. 재판부는 이용자의 컴퓨터에 파일이 남았느냐, 남지 않았느냐를 떠나 운영자가 음원을 압축 저장해 등록한 행위 자체가 이미 복제권을 침해한 것으로 보았다.

---

99   한국음악저작권협회 사용료 징수 규정 제23조의 ③.

디지털 시대 '음반' 해석의 문제

구저작권법 제29조 제2항은 청중이나 관중에게 당해 공연에 대한 반대급부를 받지 아니하는 경우에는 판매용 음반 또는 판매용 영상저작물을 재생하여 공중에게 공연할 수 있다고 규정하고 있었다. 이 조문은 이후 '판매용 음반'에 대한 해석을 놓고 법적 분쟁이 연이어 발생하자 '판매용 음반' 대신 '상업용 음반' 또는 '상업적 목적으로 공표된 영상저작물'로 개정[100]했다. 유형물인 음반이 아닌 무형물인 디지털 음원도 동 규정에 해당할까.

문제는 음반이 아닌 디지털 음원의 경우다. 구저작권법이 제정될 당시만 해도 음원의 다운로드나 스트리밍 서비스 같은 온라인을 매개로한 음악 사용이 없었다. 구저작권법에서 말하는 판매용 음반은 대체로 CD와 같은 유형물에 고정한 것을 뜻했다. 저작권법이 제정될 때만 해도 MP3 다운로드나 스트리밍 서비스 같은 온라인 음악이 존재하지 않았다. 2010년대 디지털 음원의 사용이 확산되면서 '판매용 음반'에 대한 해석을 놓고 '판매용'과 '음반' 등의 정의에 대해 법적 분쟁이 잇따랐다. 음악저작권 단체들이 스타벅스 코리아, 현대백화점 등에 매장 음악 요금 징수 소송을 벌이는가 하면 일부는 자영업자들이 운영하는 소형 매장에까지 공연권 요금 징수에 나서면서 법 해석을 놓고 공방이 벌어지기도 했다.[101] 음악저작권 단체들은 공연의 예외 규정에서 뜻하는 '판매용 음반'은 CD 등 유형물만을 규정하는 것이며, 스트리밍과 다운로드 음악은 해당되지 않는다고 해석했다. 따라서 판매용 음반에 해당되지 않는 스트리밍과 다운로드 음악을 트는 소형 매장도 저작권료를 징수해야 한다는 주장이었다.

쟁점은 구저작권법 제29조 2항에서 말하는 '판매용 음반'이 시판용 CD는 물론 인터넷 음악 사이트에서 다운로드 받은 음악이나 스트리밍으로 서비스되

---

100 개정 2016.3.22. 청: 청중이나 관중으로부터 당해 공연에 대한 반대급부를 받지 아니하는 경우에는 상업용 음반 또는 상업적 목적으로 공표된 영상저작물을 재생해 공중에게 공연할 수 있다. 다만 대통령령이 정하는 경우에는 그러하지 아니하다.
101 임광복, 이보미, 「디지털 시대, 아날로그 음악저작권법 분쟁 키워」, 『파이낸셜뉴스』, 2013.03.24.

는 음악까지 포함하는 것으로 봐야 하는가다. 그렇다고 해석할 수 있는 근거는 크게 세 가지가 있다. 첫째, 저작권법에서 말하는 '음반'이라 함은 유형물이 아니라 유형물에 고정된 음 자체를 말하기 때문이다. 일례로 노래방 기기(가요반주기)의 컴퓨터 칩(메모리 칩)에 잠시 음이 저장되는 것도 음반이라고 본 판례가 있다.[102] 둘째, 저작권법 제36조 제1항은 반대급부 없는 음반의 공연은 음반을 번역, 편곡 또는 개작하여 이용할 수 있도록 하고 있다. 셋째 저작권 단체의 저작권료 징수 규정에도 커피 전문점이나 일반 음식점을 상대로 한 공연 사용료 항목은 없다. 다만 한국음악저작권협회의 징수 규정 중 레스토랑, 커피숍, 카페, 뷔페 등에 대한 공연 사용료는 징수가 가능한데, 이 역시 생음악 공연에 대해서만 징수가 가능하다. 생음악은 '판매용' 음반이 아니기 때문에 저작권법 제29조가 적용되지 않는다.

그렇다면 매장에 인터넷으로 전송돼 일시적으로 재생되는 스트리밍 방식으로 음악을 틀어도 연주자와 음반 제작자에게 저작권료를 내야 할까. 한국 저작권법은 디지털 음성 송신 사업자가 실연이 녹음된 음반을 사용해 송신하는 경우에는 상당한 보상금을 실연자에게 지급해야 하며,[103] 디지털 음성 송신 사업자가 음반을 사용해 송신하는 경우에는 상당한 보상금을 그 음반 제작자에게 지급해야 한다[104]고 규정하고 있다. 2013년 한국음악실연자협회와 한국음반산업협회 등이 현대백화점이 KT뮤직과 계약을 맺고 전송받은 디지털 음원을 매장에 튼 것은 '공연'에 해당하므로 판매용 음반 사용에 대한 공연 보상금을 지불해야 한다며 공연 보상금 청구 소송을 냈다. 1심은 "저작권법이 규정하는 판매용 음반은 '시중에서 판매하고 있는 음반'으로 해석해야 한다"며 원고 패소 판결했다. 하지만 2심은 "음원이 KT뮤직의 데이터베이스에 저장되므로 저작권법상 '음반'에 해당하고 스트리밍 과정에서 현대백화점 매장의 컴퓨터에 일시적

102　서울고등법원 1996. 6. 27. 선고, 95나30774 판결.
103　법 제76조 제1항.
104　법 제83조 제1항.

으로 고정되기 때문에 '판매용 음반'으로 봐야 한다"면서 "저작권법에서 '공연'
은 '저작물 또는 실연 음반 방송을 상연 재생 등의 방법으로 공중에게 공개하는
것'으로 정의하고 있어 디지털 음원을 스트리밍 방식으로 재생하는 것도 공연
으로 봐야 한다"며 1심 판결을 뒤집었다. 대법원도 저작권법 각 규정에서 말하
는 '판매용 음반'에는 불특정 다수인에게 판매할 목적으로 제작된 음반뿐만 아
니라 어떠한 형태든 판매를 통해 거래에 제공된 음반이 모두 포함되고, '사용'에
는 판매용 음반을 직접 재생하는 직접 사용뿐만 아니라 판매용 음반을 스트리
밍 등의 방식으로 재생하는 간접 사용도 포함된다며 원고의 손을 들어주었다.
관련 규정이 실연자와 음반 제작자에게 판매용 음반의 공연에 대한 보상청구권
을 인정하는 것은, 판매된 음반이 통상 예정하는 사용 범위를 초과해 공연에 사
용되는 경우 그로 인해 실연자의 실연 기회 및 음반 제작자의 음반 판매 기회가
부당하게 상실될 우려가 있으므로 그 부분을 보상하고자 하는 데에 목적이 있
다는 것이다.[105]

이에 앞서 '판매용 음반'에서 '판매용'에 대한 해석을 놓고도 다툼이 있었
다. 2008년 한국음악저작권협회는 스타벅스의 국내 지점 245곳이 저작권 이용
계약 없이 매장에서 곡을 틀어 공연권을 침해했다며 스타벅스 코리아를 상대로
소송을 제기했다. 스타벅스 코리아는 스타벅스 본사와의 계약에 따라 플레이네
트워크PN사로부터 배경 음악이 담긴 CD를 따로 제작하고 이를 구입해 매장에
서 재생시켜 공연했다. 이에 스타벅스 코리아 측은 CD를 튼 행위는 구저작권법
제29조 제2항에서 명시한 반대급부 없는 판매용 음반의 공연에 해당하기 때문
에 저작권 침해가 아니라고 반박했다.

1심 법원은 스타벅스의 주요 영업은 음악 감상이 아니라 커피 등을 판매
하는 것이라 매장 내 음악 재생으로 어떤 반대급부를 얻는다고 보기 어렵다면

105　대법원 2015.12.10 선고, 2013다219616 판결.

서 원고 패소 판결했다.[106] 그러나 2심 재판부는 스타벅스 본사와 음악 서비스 계약을 맺고 세계 각국 스타벅스 매장에 CD를 제작, 공급하는 플레이네트워크사가 〈마이 걸My Girl〉, 〈브링 잇 온 홈 투 미Bring it on home to me〉의 복제 및 배포 허락을 받았으나 매장 내에서 CD를 재생하는 것까지 허락받았다고 인정하기는 어렵다고 1심 판결을 뒤집었다. 대법원도 "CD가 암호화돼 PN사가 제공한 플레이어에서만 재생되고 계약에서 정해진 기간이 만료되면 더 이상 재생되지 않고 이를 폐기하거나 반환할 의무를 부담하는 등의 사실을 감안하면 이 CD는 PN사의 스타벅스 본사에 대한 배경 음악 서비스 제공의 일환으로 스타벅스 본사의 주문에 따라 세계 각국의 스타벅스 지사에만 공급하기 위해 제작됐고 시중에 판매할 목적으로 제작된 것이 아니므로 저작권법에서 정한 '판매용 음반'에 해당하지 않는다며 원고 일부 승소 판결을 했다.[107] 저작권법이 시행령에서 정한 예외 사유에 해당하지 않는 한 별다른 저작권료 등을 지불하지 않고도 판매용 음반을 대중에게 틀 수 있도록 허용한 취지에는 음반 재생에 의한 공연으로 그 음반이 시중에 널리 알려져 판매량이 증가하게 돼 저작권자 또한 간접적인 이익을 얻게 된다는 점도 고려됐을 것인데 '판매용 음반'은 시중에 판매할 목적으로 제작된 음반을 의미하는 것으로 제한해 해석해야 한다는 설명이었다.

디지털 음원을 둘러싼 혼란을 막기 위해 2013년 7월 문화체육관광부는 카페, 백화점 등 대형 매장에서 디지털 음원을 사용할 때에도 저작권자에게 공연 사용료를 내도록 저작권법을 개정했다. 디지털 음원이 유체물인 음반보다 많이 사용된다는 시대적 흐름을 반영하고 창작자 권리 보호를 위한 국제적 기준[108]에 맞춘 것이다. 현행 저작권법은 '판매용 음반'이나 '판매용 목적으로 공

---

106 서울중앙지방법원 2009.4.29. 선고, 2008가합44196 판결.
107 대법원 2012.5.10 선고, 2010다87474 판결.
108 공연 사용료는 한·EU FTA 협상에서도 문제가 되었다. 유럽연합이 음악과 관련된 지적재산권 보호의 일환으로 음식점이나 커피숍 같은 공공장소에서 음반을 틀 경우 작사가, 작곡가 등 저작권자뿐만 아니라 공연 가수, 음반 제작자에게도 보상을 해줄 것을 요구했기 때문이다. 만일 EU의 요구안을 그대로 받아들일 경우 식당이나 카페 등의 일반 매장에서도 음악을 재생할 경우 저작권료를 지불해야 한다.

표된 영상저작물'은 '상업용 음반' 또는 '상업용 목적으로 공표된 영상저작물'로 규정[109]하고 있으며, 스트리밍 형태로 제공받거나 컴퓨터 서버에 저장된 디지털 음원을 사용해 '공연'하는 경우 공연권료를 부과하게 된다.

한편 미국은 2020년 12월 상업적 또는 금전적 이득을 취할 목적으로 고의로 타인의 저작물을 인터넷상에서 복제 배포 공중 송신하는 행위를 중범죄로 처벌하는 법안을 통과시켰다. 이에 따라 저작권 침해물에 해당하는 문화 예술, 스포츠 등 온라인 콘텐츠를 온라인 스트리밍 서비스로 제공하는 경우 처벌을 강화해 최대 5년 이하의 징역형을 받을 수 있게 됐다.[110]

---

109 법 제29조.
110 18 U.S.C. 2319C, illlicit digital transmission service 관련 하원 제출 법안 참조. https://www.tillis.senate.gov/services/files/A30B0C08-FB97-4F90-BB60-43283EB7AF35 방문 2021년 2월 2일.

4 패션 · 디자인과 법

패션 산업에서 브랜드의 가치는 매우 중요하다. 패션업체들은 많은 비용을 들여 자사만의 독특한 브랜드 가치를 창출해 자신들의 생산품에 프리미엄을 더하기 위해 노력한다. 같거나 유사한 재질과 품질, 유사한 디자인의 티셔츠라 할지라도 브랜드 가치에 따라 크게 가격 차이가 난다. 길거리 상점에서 파는 하얀색 면 티셔츠의 가격이 1만 원이라고 치자. 유사한 디자인의 하얀색 면 티셔츠인데 여기에 유명 패션 브랜드인 프라다나 구치 같은 상표를 부착하게 되면 가격은 수배 내지 수십 배가 되기도 한다. 이런 것을 브랜드 가치라고 하는데 일종의 지적재산에 대가를 지불하는 셈이다. 즉, 소비자들은 기업이나 의류 디자이너가 오랜 기간 동안 비용과 노력과 실력을 들여 쌓아온 브랜드의 명성과 개성과 품질을 인정하는 것이다.

기업이나 의류 디자이너들은 당연히 자신이 창출한 브랜드 가치를 대표하는 상표와 디자인을 지키고 통제하고 관리하고 싶어 할 것이다. 패션업체나 디자이너들은 어떻게 자신들의 브랜드를 지킬까. 브랜드명과 로고(상표권), 디자인, 사진, 광고 문구(저작권), 기술적 발명(특허), 비밀 기술(영업 비밀) 등을 브랜드를 지키는 수단으로 활용할 수 있다. 브랜드를 보호하기 위한 노력만큼 이를 침해하지 않기 위한 노력도 중요하다. 새로운 패션 의류 라인을 생산하고자 할 때에는 다른 회사의 상표권과 충돌하지 않는지, 자신의 상표가 보호받을 수 있는지를 먼저 검토해야 한다. 지퍼나 단추, 신소재 섬유 등 실용적이고 기능적인 부분에 대해서는 특허권 침해 여부를 살펴보아야 한다.

패션 디자인과 예술

패션은 예술인가. 패션 디자인이란 디자이너 자신의 창의적인 노력의 결과로, 남성 의류, 여성 의류, 아동 의류를 포함한 속옷과 겉옷, 장갑, 신발, 헤드기어, 가방, 지갑, 벨트, 안경테 등을 그 범위로 하고 있다. 프랑스에서는 오트 쿠튀르Haute couture처럼 일정 기준만 충족하면 패션도 다른 예술과 마찬가지로 지적재산으로 인정해 폭넓은 보호를 인정하고 있다. 오트 쿠튀르란 기성복을 말하는 프레타 포르테prêt-à-porter와 차별화되는 하이패션으로 한두 사람만을 위해 제작되는 옷이다. 1868년부터 전임 디자이너가 계절에 앞서 고객을 위한 새로운 창작 의상을 발표하면 전 세계 유행의 방향을 결정하곤 했는데, 신작 유행 발표회를 파리 컬렉션이라 하며 1년에 2회가 열린다. 오트 쿠튀르는 1858년 나폴레옹 3세 비의 전속 드레스 메이커인 C. F. 워스Charles Frederick Worth에 의해 시작되었다.

프랑스 정부는 일정 기준을 충족한 오트 쿠튀르 의상을 법적으로 보호하고 있다. 오트 쿠튀르 의상을 제작하는 쿠튀르 하우스Couture house로 인정받고 오트 쿠튀르라는 명칭을 사용하기 위해서는 다음과 같은 기준을 따라야 한다.[111]

• 1~2명의 개인 고객만을 위해 제작된 디자인이어야 한다.

111　http://www.modeaparis.com/en/federation.

- 파리에 아틀리에를 두고, 15명 이상의 정규직 직원을 고용해야 한다.

- 아틀리에당 20명 이상의 정규직 기술 직원들이 있어야 한다.

- 매 시즌마다 파리 언론에 35벌 이상으로 구성된 컬렉션을 소개해야 한다.

미국도 패션 디자인을 예술로 인정하고 있다. 1965년 연구, 교육, 보존 및 공공 프로그램을 지원하기 위해 제정된 국가 예술·인문 지원법National Foundation on the Arts and the Humanities Act에는 '예술'의 범위에 의상과 패션 디자인을 포함하고 있다.[112] 제프 쿤스, 무라카미 다카시, 구사마 야요이처럼 아예 패션 업체와 협업을 하는 예술가들도 있다. 무라카미나 구사마는 루이뷔통 가방에 자신의 시그니처 캐릭터나 디자인을 넣었고, 쿤스는 화장품 회사인 키엘Kiehls과 협업을 통해 홀리데이 한정판의 포장과 광고 디자인을 함께 작업했다. 시각예술가와 기업 브랜드가 손을 잡고 협업하는 것이 유행처럼 확산되고 있다.

패션 디자인은 어떤 법적 보호를 받게 될까. 다른 예술 분야와 마찬가지로 디자인 특허, 상표권, 저작권 등이 있을 것이다. 그렇지만 의류는 다른 예술에 비해 폭넓은 법적 보호를 받지 못한다. 유럽과 달리 미국에서는 디자인 표절을 막기 위한 법안이 번번이 좌절되었다. 패션의 특성은 근본적으로 모방과 협업의 산물이며 기능성이 주요 목적이라는 이유에서다. 따라서 미국 기업들은 대체로 저작재산권보다는 상표권, 즉 트레이드마크와 트레이드 드레스에 의존하는 편이다. 상표권 또는 트레이드마크가 상품의 출처 또는 공급자를 알리는 상품의 이름, 로고, 이미지, 상징 등을 보호한다면, 트레이드 드레스는 상품의 외관이나 포장 같은 외형적 느낌을 보호한다. 나이키의 '스우시Swoosh'라든가 랄프 로렌의 말을 탄 폴로 선수, 라코스테의 '악어' 등은 유명한 상표들이다. 섬유의 직물

112　20 U.S.C. §952 (b) The term "the arts" includes, but is not limited to, music (instrumental and vocal), dance, drama, folk art, creative writing, architecture and allied fields, painting, sculpture, photography, graphic and craft arts, industrial design, costume and fashion design, motion pictures, television, radio, film, video, tape and sound recording, the arts related to the presentation, performance, execution, and exhibition of such major art forms, all those traditional arts practiced by the diverse peoples of this country and the study and application of the arts to the human environment.

이나 무늬, 보석이나 장신구의 디자인 등은 저작재산권의 보호 대상이다. 패션 광고에 사용된 사진과 드로잉도 마찬가지다. 특허는 실용특허utility patents와, 디자인 특허design patents 두 가지로 구분된다. 따라서 고어텍스Gore-Tex와 같은 신소재는 과학적 또는 기술적 발명으로 인정되어 실용특허를 획득할 수 있으며, 장식 디자인은 디자인 특허의 보호를 받을 수 있다.

현재 한국의 패션 및 디자인 관련 법률로는 문화산업진흥기본법, 콘텐츠산업진흥법, 산업디자인진흥법, 문화예술진흥법, 디자인보호법 등이 있다. 그렇지만 각 법률의 세부 내용을 보면 패션 디자인을 구체적으로 명시하는 법률적 기반은 전혀 없다. 국내의 관련 법률에 패션이 명시되어 있는 조항은 아예 없다. 패션을 포함하고 있을 것으로 유추되는 법률들 역시 지나치게 포괄적이다. 또한 각 법률에 나타난 정의 규정에서도 패션 디자인은 포함되어 있지 않다. 한국 패션 업계가 사회적·경제적 환경의 변화에 따른 패션 문화 산업의 다양화에 적절하게 대응하여 패션의 지적재산권 보호 시책을 마련해야 한다고 촉구하는 것도 이 때문이다.[113]

패션에 대한 법적 보호

패션 디자인이라 함은 특정 의류가 재단되고 조합되는 방식을 말한다. 대체로 유럽 국가들은 특정 기준을 갖추면 패션 디자인도 저작권으로 보호한다. 이에 비해 한국이나 미국에서는 패션 디자인 그 자체를 보호하지는 않는다. 따라서 의류를 모방해서 원디자인과 모방한 디자인이 서로 구별하기 힘들 정도로 유사하더라도 불법행위가 아니다. 대신 상표권(트레이드마크)이나 트레이드 드레스, 디자인 특허 등을 통해 보충적인 보호가 가능하다.

113 동덕여자대학교 산학협력단, 「패션 문화 산업 지원을 위한 법제화 방안 연구」, 문화체육관광부, 2011.

트레이드마크과 트레이드 드레스

패션에 관심 있는 사람이라면 누구나 루이뷔통Louis Vuitton 가방의 클래식 로고를 한눈에 알아볼 수 있다. 루이뷔통은 수년간 자사의 가방이나 액세서리 등에 '모노그램 캔버스monogram canvas'를 트레이드마크로 사용해왔다. 모노그램 캔버스는 루이뷔통의 이니셜인 LV와 네 잎 꽃무늬, 네 점 별무늬를 넣은 굴곡진 다이아몬드 등의 패턴으로 이루어져 있다. 2002년 루이뷔통사는 일본 출신 팝 아티스트인 무라카미 다카시와 협업을 통해 새로운 시그니처 시리즈를 출시함으로써 현대미술과 클래식 모노그램 캔버스를 접목시키는 프로젝트를 진행했다. 기존의 모노그램 캔버스를 변형시켜 흰색이나 검정색 바탕에 32가지의 밝은 색상을 이용해 트레이드마크에 변화를 준 것이다. 협업은 성공적이었다. 보수적이고 다소 고루해 보일 수 있는 이미지에 트렌디함을 가미해 젊은 소비자들의 관심을 끌었고, 이후 패션 브랜드와 현대미술가들과의 협업이 유행을 타기 시작했다.

몇 달 뒤, 루이뷔통만큼 유명 브랜드는 아니지만 미국 내에서는 중가 브랜드로 입지를 다지고 있던 경쟁 핸드백 제조업체인 두니앤버크Dooney & Bourke가 흰색 바탕에 밝은색 컬러를 이용해 자사의 이니셜 DB 모노그램을 넣은 시리즈를 출시했다. DB 시리즈가 LV 시리즈에서 영감을 얻었다는 사실은 분명해 보였으며 겉보기에 유사해 보이는 것도 사실이었다. 루이뷔통은 두니앤버크사를 상대로 법원에 판매 금지 가처분 신청을 했다. 두니앤버크의 DB 모노그램 시리즈는 루이뷔통의 LV 모노그램 캔버스를 복제함으로써 루이뷔통의 상표권을 침해했을까? 결론부터 말하자면, 법원은 상표권 침해에 해당하지 않는다고 보았다.[114]

법원은 우선 원고 루이뷔통의 트레이드마크는 검정색과 흰색 배경에 33가

---

114 Louis Vuitton Malletier v. Dooney & Bourke, Inc., 454 F.3d 108 (2d Cir. 2006); Louis Vuitton Malletier v. Dooney & Bourke, Inc., 561 F. Supp. 2d 368 (S.D.N.Y. 2008); Guillermo C. Jimenez and Barbara Kolsun, ed., *Fashion Law*, Fairchild Books, 2010, p.40-41.

지의 밝은 색상을 이용해 세 종류의 무늬 또는 로고를 뒤섞어 놓은 것으로 규정하고 양사의 디자인을 비교했다. 다음으로 시장에서 소비자들의 혼동 가능성에 대해 검토했다. 법원은 혼동 가능성을 검토할 때 양사의 핸드백을 나란히 놓고 비교하는 방식은 배제되어야 한다고 했다. 시장에서 소비자들이 핸드백을 구입할 때 비슷한 종류의 핸드백을 나란히 놓고 비교하면서 쇼핑을 하지는 않기 때문이다. 대신 두 상품을 차례로 볼 때 두 상표가 헷갈리지 않을 정도로 기억되는지 여부를 면밀히 검토해야 한다고 했다. 그 결과, 법원은 DB 모노그램 시리즈는 소비자들이 두 상표의 혼동을 야기한다고 주장할 만한 증거가 불충분하다고 판단했다. DB 모노그램 시리즈가 LV 모노그램을 떠올릴 수는 있지만, 불법적 혼동을 일으킬 정도는 아니라고 본 것이다. 트레이드마크가 동일하지 않을 때, 소비자들이 유명 상표와 이와 유사한 상표를 연상할 수 있다는 것만으로는 상표권을 침해할 만큼 충분하지 않다는 것이다.

그러나 한국에서는 개별 도형을 상표로 등록했더라도 이를 이용해 만든 전체 표장의 배열이나 구성이 루이뷔통 상표와 유사하다면 상표권 침해에 해당한다는 대법원 판결이 있다. 2013년 3월 대법원은 루이뷔통 상표를 모방한 가방과 지갑 등을 판매해 기소된 사건에서 "피고인이 사용한 표장을 구성하는 각 도형은 루이뷔통의 도형 상표를 구성하는 각 도형과 유사하며 전체적인 구성이나 배열 형태도 유사해 일반 수요자가 오인·혼동할 우려가 있다"고 판시했다.[115]

상표권trademark의 목적은 시장에서 다른 회사의 재화나 상품들을 혼동하지 않고 구별할 수 있도록 함으로써 소비자들을 보호하기 위한 것이다. 상표권에는 단어, 슬로건, 로고, 디자인 등이 포함되는데, 구치, 루이뷔통, 나이키 등을 상표라고 하며 트레이드마크의 약자인 TM이라고 표기함으로써 등록을 표시한다. 서비스표service mark는 미국 유명 백화점인 메이시스를 나타내는 Macy's나 아메리칸 익스프레스의 Don't Leave Home Without It(아메리칸 익스프레스 카드 없

115 박대한, 「대법, 무늬배열 루이뷔통과 비슷하면 상표권 침해」, 『연합뉴스』, 2013.03.18.

이 집을 나서지 마세요) 등을 들 수 있는데, 트레이드마크는 아니지만 소비자들이 특정 서비스 제공자를 다른 서비스 제공자와 구별 짓도록 하는 것을 말하며 서비스마크의 약자인 SM으로 등록을 표시한다.

색깔도 경우에 따라 상표권을 취득할 수 있다. 2012년 9월, 미국 항소법원은 프랑스 구두 제조업체 크리스티앙 루부탱Christian Louboutin SA이 하이힐 밑바닥에 빨간색을 사용하는 것에 대해 상표권을 인정했다. 크리스티앙 루부탱은 1992년부터 하이힐의 밑창을 '차이나 레드China Red'라는 빨간색으로 사용했다. 2011년 경쟁 업체인 이브 생로랑Yves Saint-Laurent이 같은 방식의 구두 라인 '모노크롬monochrome'을 발표하자 루부탱은 미국 법원에 상표권 침해 소송을 제기했다. 2011년 8월, 뉴욕의 1심 법원은 모토크롬 라인 출시 금지 가처분 신청을 기각했다. 그러나 항소법원은 다른 부분과 대비해 색깔을 사용하는 한 루부탱이 빨간색 밑창에 대한 상표권을 갖고 있다고 판시했다.116 밑창만을 특정 시그니처 색깔로 해서 나머지 구두의 색깔과 대비시키는 방식의 색깔 사용을 트레이드마크로 인정한 것이다. 물론 '차이나 레드' 색깔 자체를 트레이드마크 색상으로 인정한 것은 아니다.

도나 카란, 랄프 로렌, 캘빈 클라인 같은 유명 디자이너들은 자신의 이름을 딴 의류 라인을 만들기도 한다. 그렇다고 모든 이름이 다 상표권으로 등록되지는 않는다. 개인의 이름을 상표로 등록하기 위해서는 소비자 또는 대중이 디자이너의 이름을 상품의 공급자로 인식할 수 있어야 한다. 이 정도의 인지도는 꾸준한 광고와 홍보의 산물이다. 그렇다면 패션 디자이너가 특정 회사에 소속되어 동의하에 자신의 이름을 딴 라인을 생산하다가 회사를 그만 두고 자신만의 라인을 생산하고자 한다면 그 이름을 딴 브랜드의 소유권은 누구에게 귀속될까. 만일 유사한 상품에 같은 패션 디자이너의 이름을 딴 브랜드를 사용한다면 소비자들에게 당연히 혼란이 올 수밖에 없다. 법원은 대체로 자신의 이름

---

116   Christian Louboutin S.A. v. Yves Saint Laurent Am. Holding, Inc., No.11-3303(2d Cir. 2013).

을 상표로 등록하는 것 자체를 막지는 않지만, 시장 혼란을 막고자 할 것이다. 따라서 패션 디자이너들은 자신의 이름을 딴 브랜드를 출시할 때 늘 주의를 기울여야 한다. 기업에 소속되어 있는 동안 디자이너 이름을 딴 브랜드 출시와 관련한 계약을 할 때 기업과 디자이너 양측은 이름을 딴 상표에 대한 권리가 누구에게 귀속되는지, 또는 양도한다면 영구적인 양도인지 일정 기간 동안만의 양도인지, 양도 기간 동안 로열티를 지급할 것인지, 상표권 등록을 회사 이름으로 할 것인지 디자이너 이름으로 할 것인지, 만일 디자이너가 퇴사할 경우 상표권은 어느 쪽에 귀속될 것인지에 대해 미리 계약서를 작성하는 것이 좋다.

특정 시즌의 컬렉션에 이름을 붙이는 스타일 네임style name의 경우에도 소비자들이 경쟁 업체 또는 경쟁 디자이너의 상품과 혼동하지 않도록 해야 한다. 따라서 새로운 브랜드를 출시하기 전에는 상표권이 등록되어 있는지 사전에 철저히 조사하는 것이 좋다. 또한, 인터넷 웹사이트용 도메인명도 미리 등록을 해두는 것이 좋다. 당장 웹사이트를 운영할 계획이 없더라도 유명 브랜드나 디자이너 이름을 딴 도메인명을 선점한 뒤 나중에 고가에 되팔거나 유사 품목을 파는 등의 행위를 목적으로 하는 경우에 대비해야 한다.

2013년 미국 패션에서 디자인 차용에 관한 흥미로운 소송이 제기되었다. 시각예술가의 시그니처 활자체typeface를 차용해 디자인한 의류 회사가 이 디자인을 또 차용한 다른 의류 회사에 대해 상표권을 주장할 수 있을까. 미국의 스케이트보드 의류 브랜드인 수프림Supreme은 자사의 디자인 상표권을 침해했다며 디자이너 레아 맥스위니Leah McSweeney의 매리드 투 더 몹Married To The Mob(MOB)을 상대로 1,000만 달러 소송을 제기했다.[117]

1994년 뉴욕 맨해튼에 처음 문을 연 수프림은 뉴욕의 젊은 스케이터와 예술가들을 주요 고객으로 상대하며 힙합과 펑크, 그리고 팝 컬처를 이용, 크게 유행하면서 LA와 런던, 일본 등으로 확장해갔다. 수프림은 영화나 잡지 등

---

117 David Shapiro, Jr., "Supreme's New Look," *New York Magazine*, Apr. 28, 2013.

에서 이미지를 차용해 제품을 만드는 것으로 유명하다. 이미지를 차용할 때 일부는 이용 허락을 받기도 하고 일부는 그렇지 않은 것으로 알려져 있다. 이 회사의 전략은 한정 수량만을 생산해 빨리 팔아치우는 방식이다. 따라서 이미지를 차용당한 저작권자 측에서 판매 금지 가처분 신청을 내기도 전에 다 팔아버리거나 그렇지 않은 경우에는 나중에 이미지 사용료를 지불하는 방식을 유지해왔다. 수프림은 특히 개념 미술가인 바버라 크루거의 트레이드마크인 활자체를 차용해 브랜드 로고로 사용했으며, 예술가들과 협업을 하는 것으로 유명하다. 제프 쿤스나 조지 콘도George Condo가 이 회사의 스케이트 데크를 디자인하기도 했다.

그러던 중, 2004년 맥스위니라는 젊은 여성 디자이너가 여성용 스케이트 패션 라인인 매리드 투 더 몹을 출시하면서 일종의 오마주로서 수프림사의 로고 스타일, 즉 바바라 크루그 스타일의 활자체를 이용해 '수프림 비치Supreme Bitch'라는 티셔츠를 만들어 팔았다. 수프림사가 성공할수록 이 수프림 비치 티셔츠도 인기를 끌었다. 유명 가수 리애나Rihanna는 Supreme Bitch 마크가 새겨진 모자를 착용한 사진을 공개하기도 했고, 어반 아웃피터스Urban Outfitters나 카마룹Karmaloop 같은 유명 의류 소매업체에서도 수프림 비치 아이템을 팔았다. 분쟁의 발단은 맥스위니가 '수프림 비치'의 상표권 등록을 신청한 것이다. 이에 수프림 측이 맥스위니를 상대로 상표권 침해 소송을 제기했다. 수프림의 제임스 제비아James Jebbia 사장은 맥스위니가 단순히 로고 디자인을 차용한 것에 그치지 않고, 수프림의 인기에 편승해 자사의 브랜드를 팔아 영업적 이익을 얻고 있다고 주장했다. 그는 처음 Supreme bitch에 대한 이용 허락을 해주었을 때는 한시적으로 사용될 것이라고 보고 허락한 것인데, 이제는 모자부터 티셔츠, 타월, 머그컵, 마우스 패드까지 사용하고 있다고 했다.

이에 대해 맥스위니는 수프림 비치 디자인은 2004년 처음 MOB 컬렉션을 시작할 때부터 사용했으며, 티셔츠는 수프림의 설립자인 제임스 제비아가 운영하는 가게와 조합Union에서도 판매되었다고 주장했다. 또 당시에는 제비아가 디자인을 사용하도록 허락하더니 이제는 자신의 상표권이 침해되었다고 나를 고소하고 있다고 반박했다. 맥스위니는 "타사의 브랜드 로고를 도용하는 다른 회사와 달리 MOB 컬렉션은 나름의 정체성과 미적 특징이 있다. 수프림사는 나의 디자인에 패러디를 이용할 표현의 자유를 탄압해서는 안 된다고 생각한다. 패러디는 길거리 패션과 스케이터들에 만연해 있는 강력한 표현의 자유라고 생각한다"고 주장했다. 이 사건이 흥미로운 점은 맥스위니가 차용한 수프림 디자인 역시 바버라 크루거의 활자체를 차용했다는 점이다. 수프림과 MOB 간의 소송에 대해 크루거는 다음과 같이 표현했다.[118]

> 멍청이들의 우스꽝스런 집단 멍청이 짓이다. 내가 표현하고자 한 작품이
> 바로 몹시도 어리석은 이 같은 행태에 관한 것이다. 아무래도 저들 모두를
> 내 작품에 대한 저작권 침해로 고소해야겠다.[119]

트레이드 드레스는 소비자들이 특정 생산자/공급자의 것으로 인지하는 상품의 외관이나 형태를 보호하기 위한 지적재산권의 일종이라고 앞서 이야기한 바 있다. 패션에서 지적재산권 소송을 할 때에는 우선 저작재산권 침해 여부를 먼저 검토하고, 저작재산권으로 법적 구제를 받기 힘든 경우 보충적으로 트레이드 드레스 침해 여부를 살펴보는 것이 좋다. 트레이드 드레스는 계속 사용하기만 한다면 영구적인 보호를 받을 수 있다. 그렇지만 다른 지적재산권에 비해 트레이드 드레스로 인정받기도 어렵고, 트레이드 드레스 보호에 가장 적극적인 미국 법원들도 전통적인 지적재산권에 비해 덜 선호하며, 제한적으로 적용하는 편이다.

트레이드 드레스로 보호받기 위해서는 우선 해당 상품이 특정 생산자로

---

118 Pete Williams, "Artist Barbara Kruger Responds to the Supreme Lawsuit," *Highsnobiety*, May 2, 2013.

119 What a ridiculous clusterfuck of totally uncool jokers. I make my work about this kind of sadly foolish farce. I'm waiting for all of them to sue me for copyright infringement.

부터 나왔다는 사실을 일반 소비자들이 인지하고 있다는 사실을 입증해야 한다. 루이뷔통이나 에르메스 같이 이미 널리 알려진 유명 브랜드들은 이를 증명하는 것이 어렵지 않겠지만, 대부분 간단한 일이 아니다. 일반 소비자들이 해당 외관이나 형태 등을 특정 브랜드와 연결 지을 수 있으려면 최소 수년간 왕성한 판매, 광고, 홍보 활동 등이 필요하다. 예를 들어, 유명 주얼리 브랜드인 티파니 Tiffany's & Co.사의 박스와 리본을 이용한 포장은 색깔을 아예 '티파니 블루'라고 부를 정도로 인지도가 높다. 수십 년간 같은 외관의 포장을 이용해 판매하고 광고 및 홍보에도 적극 활용하면서 자사의 브랜드 자체를 상품화한 것이다. 따라서 트레이드 드레스는 저작재산권, 디자인 특허, 실용특허 등 다른 지적재산권 침해로 해결할 수 없는 경우, 그리고 인지도를 입증할 수 있는 경우에만 보충적 구제 수단으로 활용하는 것이 좋다.

아동복 제조 회사 니트웨이브스의 사례[120] 아동 니트웨어 제조사인 니트웨이브스Knitwaves는 1976년부터 규모는 작지만 디자인과 고품질을 중시하며 많은 투자를 하는 업체로서 의류 업계에서도 상당한 두각을 나타내고 있었다. 이 회사는 1990년 가을 느낌의 색상을 이용해 '에코'라는 주제로 다양한 스타일의 여아용 스웨터와 스커트, 팬츠 등을 포함한 스웨터 라인을 출시했다. 밝은 톤 일색인 아동복에 겨자색과 갈색 같은 가을 테마의 색감을 이용해 혁신적인 색의 배치와 디자인으로 인기를 얻으며 판매고를 올렸다. 특히 니트웨이브스사는 풍성한 나뭇잎 아플리케로 만든 다색 줄무늬 '나뭇잎 스웨터Leaf Sweater'와 다람쥐와 나뭇잎 아플리케로 만든 '다람쥐 카디건Squirrel Cardigan'에 대한 저작재산권을 각각 1990년과 1992년에 등록했다. 1992년 경쟁 업체인 아동복 제조회사 롤리토그스Lollytogs는 나뭇잎 스웨터 및 다람쥐 카디건과 유사한 제품을 출시했다. 1992년 롤리토그스의 디자인 책임자가 디자인 부서에 '나뭇잎 스웨터'와 '다람

---

120 Knitwaves Inc. v. Lollytogs Ltd., 71 F.3d 996 (2d Cir. 1995).

쥐 카디건'을 보여주며 같은 느낌으로 만들어보라고 지시한 것이다. 니트웨이브스사는 롤리토그스사를 상대로 저작권 침해 소송을 제기했다.

롤리토그스사 디자인 부서 담당자의 법정 증언에 따르면, 저작권 침해를 피하기 위해 스웨터의 줄무늬나 나뭇잎, 다람쥐 같은 요소들은 살리되, 독창성 있는 부분은 변경했다. 나뭇잎을 흩트리는 대신 한데 모으거나 배열을 바꾸거나 하는 식이었다. 롤리토그스 측은 자신들은 새로운 디자인을 창작한 것이라고 주장했다. 이에 대해 법원은 롤리토그스사가 니트웨이브스의 '나뭇잎 스웨터'와 '다람쥐 카디건'을 불법 복제함으로써 니트웨이브스사의 저작재산권을 침해했지만, 트레이드 드레스 침해는 아니라고 판시했다. 법원은 먼저 저작재산권 침해와 관련해서 불법 복제를 통한 두 제품 디자인의 실질적 유사성 여부를 판단하기 위해 평균적 일반인의 눈에 저작물과 이 저작물을 차용한 복제물이 구별되는가를 판단했다.[121] 법원은 스웨터는 불법적인 복제에 해당하며 롤리토그스가 계속 판매를 하면 지속적인 침해가 발생한다고 했다. 게다가 롤리토그스사의 저작권 침해가 의도적이라고 보았다.

다음으로 법원은 미 연방상표권법과 뉴욕 주의 불공정행위법unfair competition 위반에 해당한다고 판시했다. 니트웨이브스사는 "스웨터 디자인은 '본질적으로 구별 가능한inherently distinctive'한 디자인인데, 양사의 제품은 실질적으로 유사하여 소비자의 혼동을 야기할 가능성이 높다. 만일 양사의 제품을 같은 백화점 코너에 전시한다면 같은 회사의 제품으로 오인하기 쉽다"고 했다. 법원은 소비자들이 니트웨이브스사가 생산하는 스웨터 라인이 특정 업체의 것이라는 사실을 인지하고 있는지 살펴보았다. 트레이드 드레스와 관련해 법원은 니트웨이브스사의 스웨터 디자인의 주요 목적은 '미적인 것', 즉 패셔너블하고 예쁜 아동복으로 시장에서 판매되는 것이지 디자인이 제품의 '출처', 즉 생산자를 나타내기 위한 것은 아니라고 보았다. 따라서 스웨터들은 트레이드 드레스의 보호 대상

---

121   Malden Mills, Inc. v. Regency Mills, Inc., 626 F.2d 1112, 1113 (2d Cir. 1980)에서 제시한 '실질적 유사성' 판단 기준.

이 아니라고 판시했다.

패션과 저작재산권

저작재산권, 즉 카피라이트는 패션 디자인 그 자체를 보호하지는 않는다. 저작재산권은 기능적 요소가 아니라 미적 측면을 보호하는 것으로, 직물 디자인, 무늬, 보석, 일부 가구, 일부 포장, 웹사이트, 섬유, 퀼트, 구두 디자인, 핸드백, 기타 액세서리, 소프트웨어, 사진 등의 예술적 표현을 보호하기 위해 가장 널리 사용되는 방식이다. 저작재산권 보호를 받기 위해서는 예술적으로 최소한의 독창성이 있고 이를 표현해야 하지만, 저작재산권법이 요구하는 창의성의 수준은 매우 낮다. 저작재산권 등록을 한 뒤에는 'fashion company'와 같은 표시를 부착해 사실을 공지해야 한다.

패션에서 저작재산권을 인정받기 위해 중요한 것은 아이디어와 표현을 구별하는 것과, 기능적 요소와 미적 요소를 분리하는 것이다. 저작재산권이 보호하는 것은 '표현'뿐이다. 예를 들어, A가 고지도에서 영감을 얻어 핸드백 외피의 디자인을 고지도 무늬로 만들어 출시했다고 해보자. B는 이를 보고 아이디어를 얻어 역시 고지도를 이용하긴 했지만 A와는 다른 종류의 고지도 무늬를 만들어 핸드백 라인을 출시했다. B는 A의 저작재산권을 침해한 것일까? 저작재산권은 아이디어 또는 콘셉트는 보호하지 않고, 아이디어가 표현된 방식만을 보호한다. B는 고지도를 이용한 A 핸드백의 콘셉트, 즉 아이디어는 차용했지만 이를 표현하는 방식을 달리했으므로 저작재산권 침해라고 볼 수 없다.

기능적 요소와 미적 요소를 분리하는 것도 중요하다. 디자이너 배리 키젤스타인-코드Barry Kieselstein-Cord는 패션 디자이너이자 예술가로 가방이나 액세서리에 예술적 요소를 가미하는 디자인으로 유명하다. 키젤스타인-코드가 예술품의 조각적 요소를 넣어 디자인한 벨트의 버클 장식은 저작재산권 보호를 받을 수 있을까. 앞에서 살펴보았듯이 조각물이 예술품이라면 당연히 저작재산권의 보호를 받을 것이다. 그렇지만 기능적, 실용적 특징을 갖고 있는 벨트는 저작재산권의 보호 대상이 될 수 없다. 기능적, 실용적 요소는 특허권의 영역이다.

그렇다면 이렇게 예술적 요소와 기능적이고 실용적인 요소가 혼재되어 있을 때에는 어떨까. 원칙적으로 보자면 저작재산권으로 인정받기 위해서는 조각적, 즉 미적 요소가 기능적 요소로부터 분리 가능해야 한다. 창의적이고 미적인 부분이 실용적, 기능적 물품의 일부분으로 분리가 불가능하다면 저작재산권의 보호 대상으로 보지 않는다.

키젤스타인-코드의 벨트 버클에 대한 저작재산권 인정 여부에 대해 1심 법원은 벨트 버클은 실용품이며, 예술적 특징들이 버클로부터 독립적으로 존재한다고 볼 수 없다며 거부했다. 그러나 항소법원의 입장은 달랐다. 항소법원은 대지 미술가인 크리스토와 잔 클로드의 〈넘실대는 울타리running fence〉를 예로 들었다. 이 작품은 실제 울타리의 일부분이 예술 작품에 해당함에도 불구하고, 개념 미술이라고 부른다는 점을 들었다. 따라서 '분리 가능성'이란 벨트에서 버클의 장식 디자인 부분을 물리적으로 툭 떼는 것이라기보다는 개념적으로 분리 가능한 것으로 보아야 한다는 의미다. 이에 따라 법원은 키젤스타인-코드가 디자인한 벨트 버클의 장식은 개념적으로 분리 가능하다고 판단되므로 이 부분에 대한 저작재산권을 인정해야 한다고 판시했다.[122]

또 다른 사례를 살펴보자. 원고 조바니 패션Jovani Fashion은 자사가 디자인하고 판매하는 의류 사진을 찍어 카탈로그를 만든 뒤 저작권 등록을 마쳤다. 조바니는 경쟁 디자이너들에게 저작권 침해 소송을 했는데, 조바니의 카탈로그 자체와, 의상의 예술적·장식적 요소들을 베꼈다는 것이다. 피고 업체들 중 피에스타Fiesta사는 조바니 패션의 저작권 등록 내용은 의상 자체가 아니라 카탈로그의 이미지에 한정된다면서 소 각하를 신청했다. 법원은 카탈로그의 저작권

---

122   632 F.2d 989.

등록은 카탈로그에 나와 있는 2차원적 이미지라기보다는 2차원적 이미지를 통해 3차원적 저작물을 대상으로 하는 것이라며 기각했다. 대신 법원은 '기능적 요소useful article'에 해당하는 패션 디자인은 저작권 보호 대상이 아니라는 근거에 대해서는 기각 신청을 받아들였다.[123] 조바니 패션의 의상과 장식적 부분이 개념적으로 분리되지 않는다는 것이다.

2012년 9월 세계적인 의류 업체인 샤넬은 불법 복제 혐의에 대해 유죄판결을 받았다. 프랑스 항소법원은 샤넬이 자사의 뜨개질 샘플 디자인을 불법 복제했다며 월드트리코World Tricot라는 하청 업체가 제기한 소송에서 유죄판결을 내리고, 24만 유로를 배상하라고 명령했다. 하지만 2009년 하급 법원은 불법 복제에 대해서는 샤넬의 무혐의를 결정하고 오히려 '비방죄'로 월드트리코가 샤넬에게 배상할 것을 명령했었다. 샤넬에게는 계약 파기 혐의에 대해서만 인정, 월드트리코에 배상하라고 명령했다.[124] 항소법원이 이 판결을 뒤집은 것이다. 항소법원은 원본 샘플과 샤넬의 니트 디자인을 비교해볼 때 이는 "비열한 복제a slavish copy"에 속한다고 했다.[125] 2005년부터 8년에 걸친 소송은 디자인 하우스와 하청업체들의 관계에 대해서도 화두를 던졌다. 월드트리코의 카르멘 콜Carmen Colle 사장은 2004년 여름 도쿄에서 우연히 샤넬의 쇼윈도에 걸린 크로셰crocheted 카디건을 보았는데 놀랍게도 샤넬에 제안했다가 거절당한 샘플 모티브와 동일한 디자인이었다. 샤넬이 샘플과 똑같은 모티브의 크로셰 패턴을 다른 이탈리아 하청업체에 주문 생산한 것이었다.[126]

오트 쿠튀르와 같은 실험적이고 창조적인 컬렉션의 니트 디자인은 일반 의상 디자인과는 다르다. 옷감을 가지고 옷을 만들 경우 소재가 이미 있는 상태에서 만들기 때문에 디자이너 크로키를 통해 디자인 오더가 가능하지만, 뜨

123   Jovani Fashion v. Cinderella Divine Inc., 10 Civ. 7085, 2011 WL 2671584 (S.D.N.Y. 2011).

124   "Chanel condamné pour contrefaçon," L' Express, Sep. 14. 2012.

125   "Fashion Industry David slays Goliath Chanel in case," AFP, Sep. 14. 2012.

126   http://nymag.com/thecut/2009/12/paris_court_throws_out_smallto.html.

개질은 무에서 유를 창조하는 작업이기 때문에 만드는 사람의 손기술과 디자인 마인드가 결과물에 상당 부분 반영될 수밖에 없다.[127] 따라서 니트나 크로세 디자인의 경우 디자이너가 생산업체에 구체적인 디자인 오더를 하는 것이 거의 불가능하고 대체로 생산업체들이 먼저 샘플을 제안하면 디자이너들은 그에 어울리는 실루엣을 구상하는 순서를 거친다.

유럽에 비해 저작재산권 보호가 미흡하던 미국도 패션 산업의 중요성을 자각하면서 패션 디자인에 대한 법적 보호를 강화하기 위해 노력하고 있다. 미국 의회에서는 현재 '혁신적인 디자인 보호와 저작권 침해 방지에 관한 법률 IDPPP: The Innovative Design Protection and Piracy Prevention Act'의 통과를 앞두고 있다.[128] 패션 디자인에 대한 저작권 보호를 넓히고 디자이너가 더 넓은 영역을 활용해 창의력을 발휘할 수 있도록 제정되었다. 패션 디자인의 보호 기간은 3년으로 하고 별도로 등록을 요구하지 않는다. 이 법의 특징은 일반적인 저작권 침해는 유사성을 기준으로 원작의 저작권을 침해한 것으로 보는 반면, 이 법은 좀더 폭을 넓혀 상당히 동일한 것으로substantially identical 침해 기준을 제시했다는 점이다. 다만, 개인적, 비상업적 용도로 사용하기 위해 복제하는 것은 허용된다.

패션과 특허

특허에는 실용특허와 디자인 특허 두 종류가 있다. 디자인 특허는 상품이나 상품 구성 요소의 장식적 외관을 보호한다. 안경테, 식기, 향수병, 보석류 등이 디자인 특허의 보호 대상이 된다. 디자인 특허의 요건은 신규성, 진보성, 장식성 세 가지다. 첫째, 디자인은 새로운 것이어야 한다. 시장이나 기존 특허에

---

127 조현정, 「골리앗 샤넬 이긴 파워 여성 CEO 프랑스 니트 대모 카르멘 콜」, 『패션비즈』, 2013.01.21. http://www.fashionbiz.co.kr/WW/main.asp?cate=2&idx=130697.
128 Louis S. Ederer and Maxwell Preston, "The Innovative Design Protection and Piracy Prevention Act, *Arnold & Porter LLP*, Aug. 2010.

없는 디자인이어야 한다. 둘째, 진보성이란 발명 창작이 이루어지기까지의 곤란성을 말한다. 진보성은 특허 출원 전에 발명이 속하는 해당 기술 분야에서 통상의 지식을 가진 자가 특허법 제29조 1항 각호의 발명에 의해 용이하게 발명할 수 있는 것일 때에는 특허를 받을 수 없다.[129] 셋째, 장식적이어야 한다. 디자인 특허 출원은 패션 용품에 다양하게 적용되기 때문에 패션업계에서 널리 이용되는 디자인 보호 방식이긴 하지만, 디자인 특허의 보호를 받기 위해서는 디자인이 상당히 유사해야 한다. 따라서 패션계의 복제 방식이 그렇듯 크고 작은 변형을 통해 침해의 범주를 벗어나기 쉽다는 단점이 있다.

엘에이기어L.A. Gear는 1980~1990년대 유행하던 운동화 제조업체로 당시 '핫 숏츠Hot Shots'라는 운동화 라인을 출시하고, 자사의 디자인을 흉내 낸 멜빌Melville사를 디자인 특허 침해로 고소했다. 멜빌 측은 엘에이기어의 특허는 무효라고 주장했다. 근거는 이렇다. 첫째, 운동화를 구성하는 모든 요소들은 '기능적'이며 실용적 목적을 구성한다. 둘째, 당 운동화를 구성하는 요소들은 신발 디자이너들에게는 새로운 게 아니다. 그렇지만 법원은 이 두 가지 항변을 모두 받아들이지 않았다. 개별 구성 요소들이 각각 기능적이더라도 이 개별 요소들을 하나하나 볼 것이 아니라 운동화 전체 외관의 미적(장식적) 모양을 보고 판단해야 한다는 것이다. 또한, 엘에이기어의 운동화에서 보이는 것은 개별 기능적 구성 요소들이 이미 다른 신발 디자이너들이 알거나 알 만한 기술들이라 할지라도 이 기능적 요소들을 구성하고 조합하는 '선행 기술prior art'은 존재하지 않는다고 판시했다.[130] 즉, 운동화의 기능적인 부분을 전반적인 외관의 디자인과 분리해서 판단한 것이다. 실용특허는 상품의 기능적 또는 실용적 측면을 보호한다. 새로운 상품 그 자체를 보호하기도 하고 방식 또는 과정을 보호하기도 한다. 새로운 지퍼, 새로운 방식의 핸드백 잠금장치, 워싱 데님 진의 화학 처리

129   특허법 제29조 2항.
130   L.A. Gear, Inc. v. Thom McAn Shoe Co., 988 F.2d 1117 (Fed. Cir. 1993).

과정 등이 실용특허의 보호 대상이 될 수 있다. 실용특허는 기존의 기술을 뛰어넘는 발명이어야 한다. 실용특허는 상업상의 이용성, 신규성, 진보성을 갖추어야 한다. 산업상 이용할 수 있는 발명이 아니면 특허를 받을 수 없다.[131]

상표 위조와의 전쟁

패션 업계에서 상표권은 중요한 가치다. 소비자들은 브랜드의 상표를 보고 제품의 품질이나 평판에 대한 보장을 받는다. 업체는 상품을 제조한 뒤 상표를 부착함으로써 브랜드의 품질과 가치를 창출한다. 브랜드 이미지와 상표를 잘 관리해야 판매를 촉진할 수 있다. 저작재산권을 통해 패션 디자인을 보호하는 것은 제한적이기 때문에 패션 업체나 디자이너들은 브랜드의 상표가 도용당하지 않도록 사전에 예방하는 것이 매우 중요하다.

등록 상표를 부착해 상품을 완전히 똑같게, 혹은 실질적으로 구분이 불가능할 정도로 제조하고 판매하는 행위를 '상표 위조trademark counterfeiting'라고 한다.[132] 즉, 타인의 소유인 지적재산을 절도하는 행위다. 상표나 브랜드명을 복제 또는 흉내 내는 행위에는 등록상표를 실질적으로 위조하는 방법과 소비자들이 등록상표나 브랜드명으로 오인하도록 유사하게 만드는 방법이 있다.[133] 상표 위조는 일반적인 상표권의 침해와는 차이가 있다. 상표권 침해로 결정이 난 경우에는 상표 사용 금지명령과 함께 금전적 손해배상을 하게 되지만, 상표 위조의 경우에는 금지명령과 손해배상 외에 형사처분도 받게 된다.

상표권 소유자의 원본 패턴과 디자인을 베껴 합법적인 상품을 불법적으로

---

131 특허법 제29조 1항 1호, 2호.

132 "a spurious mark that is identical with or substantially indistinguishable from the original registered mark" 15 U.S.C. §1127, 15 U.S.C. §116(d)(1)(B)(i), 18 U.S.C. §2320(f)(1).

133 Montres Rolex, S.A. v. Snyder, 718 F.2d 524 (2d Cir. 1983).

복제하는 행위는 그 자체로도 범죄이지만, 부차적으로는 합법적인 원상품의 독점적 지위를 침해함으로써 시장가치를 떨어뜨리게 된다. 상표권 소유자는 브랜드 시장에서의 독점적 지위를 잃게 될 뿐만 아니라 자기 소유 상품 브랜드의 미래 가치도 하락하는 피해를 입게 되는 것이어서 브랜드 명성에도 해를 입게 된다. 소비자에게도 마찬가지로 피해를 준다. 소비자들은 진품이 아닌 위조품을 모르고 구입하는 경우도 있으며, 모조품인 줄 알고 구입하더라도 품질 관리가 안 되는 불투명한 제조 과정으로 인해 건강과 안전에 위협이 될 수도 있다. 불법 상표 위조 및 모조품 제조는 국제 공산품 제조 및 관리 기준의 통제를 받지 못하기 때문이다.

상표 침해를 네 가지 유형으로 분류하기도 한다.[134] 네 가지 유형에는 공개적 상표 침해, 가장적 상표 위조, 상표 모방, 대규모 상표 침해 등이 있다. 가장적 상표 위조 또는 사칭통용palming off fake은 원래 제품과 외관, 품질, 의미에 있어 유사한 상표 마크를 사용함으로써 유명 상표와 유사한 상징물이나 로고, 상표명 등을 사용해 위조품을 진품으로 인식케 하는 방식이다. 상표 모방imitation은 기존 상표를 단순히 모방하는 것을 말한다. 대규모 상표 침해 wholesale piracy는 외국 상표를 그대로 등록한 뒤 그 시장에 진출하고자 하는 국제기업에게 상표를 되파는 것으로 한때 모나코에서 성행했다.

상표 위조는 21세기형 범죄라고 불릴 만큼 최근에 기승을 부리고 있다. 기술이 발달함에 따라 상표 위조술도 발달한다. 패션 업체들은 상품이나 포장에 제품의 진품성을 보장하기 위한 일련번호나 독특한 인식표를 넣기도 하지만 역부족이다. 더군다나 국제 범죄 조직이나 자금처가 필요한 국제 테러조직들도 상표 위조 및 위조품 생산에 관여하고 있다.[135] 프랑스는 1954년 샤넬, 에르메스, 루이뷔통을 포함한 75개의 유명 상표 소유사들이 코미테 콜베르Comité

134 J. G. Kaikati and R. LaGarce, "Beware of international Brand Piracy," *Harvard Business Review*, Vol.58, No.2, 1980.
135 Maureen Walterbach, "International Illicit Convergence: The Growing Problem of Transnational Organized Crime Groups' Involvement in Intellectual Property Rights Violations," *Florida State University Law Review*, Vol.34, No.2, 2007.

Colbert[136]라는 협회를 창설해 상표 위조 공동 대응에 나섰다. 1978년 4월 미국과 유럽 등 25개국의 다국적 기업들은 국제반위조활동연합IACC: International Anti-Counterfeiting Coalition를 설립해 해외 위조 활동에 대항하고 있다. IACC는 미국 세관이 위조품을 몰수하도록 하는 법안을 통과시키기도 했다. IACC에 따르면, 상표 위조로 인해 전 세계적으로 한해 약 6,000억 달러의 손실이 발생하고 있다.[137] 특히 미국에서는 연간 2,000~2,500억 달러의 상표 위조 피해를 보고 있다고 추정한다. 그렇지만 이는 추정치에 불과할 뿐, 상표 위조 조직의 활동 내용은 정확하게 파악하기가 어렵다.

미국은 미국패션디자이너협회CFDA를 중심으로 '모조품 근절법The Stop Counterfeiting in Manufactured Goods Act'[138]을 제정했다. 이 법은 상품이나 서비스에, 또는 그와 관련해 위조 상표를 알면서 사용하고, 의도적으로 이와 같은 상품 또는 서비스를 국제적으로 운송하거나 운송을 시도하는 자는 200만 달러 이하의 벌금이나 10년 이하의 징역에 처한다고 규정[139]하고 있으며, 보호 대상에는 의상도 포함하고 있다.[140]

136 http://www.comitecolbert.com.

137 http://www.iacc.org.

138 18 U.S.C. §2320.

139 18 U.S.C. §2320 (a) Whoever intentionally traffics or attempts to traffic in goods or services and knowingly uses a counterfeit mark on or in connection with such goods or services shall, if an individual, be fined not more than $2,000,000 or imprisoned not more than 10 years, or both, and, if a person other than an individual, be fined not more than $5,000,000. In the case of an offense by a person under this section that occurs after that person is convicted of another offense under this section, the person convicted, if an individual, shall be fined not more than $5,000,000 or imprisoned not more than 20 years, or both, and if other than an individual, shall be fined not more than $15,000,000.

140 H.R. 32 §1 (a)(2)(D) counterfeit products have invaded numerous industries, including those producing auto parts, electrical appliances, medicines, tools, toys, office equipment, clothing, and many other products;

제5장
예술의 자유

Artistic Freedom

1 예술의 자유

　예술가들에게 가장 기본적인 권리는 무엇일까. 예술을 창작할 자유, 창작한 예술을 공개할 자유가 없다면 앞서 다루었던 저작인격권과 저작재산권, 상표권, 특허권, 추급권 등 여러 권리들은 아무런 의미가 없을 것이다. 따라서 예술법에서 가장 기본이 되는 주제 역시 '예술의 자유'다. 예술을 통해 표현하는 행위가 예술가의 권리라고 인식되기 시작한 것은 19세기부터다. 특히 예술적 '표현'의 자유와 예술가들이 스스로 예술 활동의 목표를 설정할 권리라는 측면에서 그 개념이 형성되기 시작한 지는 그리 오래되지 않았다. 예술사를 통시적으로 보자면 대부분의 기간 동안 예술가들은 통치자나 종교를 위해 복무해야 했고, 예술품들은 지배 계층을 위한 홍보 수단이나 상류층들만의 유희에 불과했다. 근대 이전의 예술은 국가나 정치적 관점에 종속되어 있었다고 볼 수 있다. 시민계급의 성장과 더불어 정치·사회적 구조가 다원화되면서 마침내 예술도 자율성을 확보하기 시작했다.

　예술의 자유란 무엇인가. 예술 그 자체가 지니는 특성 때문에 예술의 자유는 다른 표현의 자유 또는 학문의 자유와도 구별되는 특성을 갖는다. 예술은 조직화된 구조나 권력으로서의 국가가 정하는 것이 아니라, 자유로운 인간 인격의 창조적 발현으로서 형상화되는 것이다. 예술은 구속받지 않는 창의성, 기존의 것에 대한 부정을 통해 탄생되는 혁신성, 그리고 객관화·체계화되기 어려운 고도의 주관성을 특성으로 한다.[1] 예술 활동에는 다른 기본권보다 넓은 자율성의 영역이 필요하다. '예술의 자유'는 세부적으로 예술 창작의 자유, 예술적 표현의 자유, 예술적 집회·결사의 자유로 나눌 수 있다. 요컨대 예술가의 자유란 예술가가 창작과 표현을 할 자유, 정당한 창작과 표현의 자유를 위해 집회와 결사를 행사할 자유를 말한다. 예술 창작의 자유는 절대적인 기본권이지만 예술 표현의 자유나 집회 및 결사의 자유는 경우에 따라 제한이 가능하다.

기본권으로서 예술의 자유

진보에 대한 신념과 새 세대의 창조자 및 관객에 대한 믿음으로 우리는 모든 젊은이를 부르며, 젊은이로서 미래를 짊어지고 우리 자신을 위해 확립된 질서의 낡은 세력에 대항해 운동과 삶의 자유를 창조하기 원한다.
—독일 드레스덴 전시회 팸플릿에 실린 예술가 강령[2]

손가락마다 검댕이 묻은 즐거운 방화자들을 들이자! 여기 그들이 있다! 여기 그들이 있다! 어서 오라! 도서관 책장에 불을 질러라! 운하의 물길을 돌려 뮤지엄의 서고가 범람하게 하라! …… 오, 영예로운 오래된 그림들이 찢어지고, 탈색된 채 물 위에 떠다니는 것을 보는 즐거움이여! 곡괭이를 들어라, 손도끼와 망치를 들어 부숴라, 고색창연한 도시들을 부숴라, 무자비하게! 그들의 눈에서는 강하고도 온전한 부정의가 찬란하게 빛날 것이다. 예술이란 본디 폭력과 잔인성, 부정이다. 세계의 정상에 우뚝 서서 다시 한

---

1   E. Denninger, "Freiheit der Kunst," *Handbuch des Staatsrechts*, Bd. VI, s. 850f; 이명구, 「예술의 자유에 대한 헌법적 보장과 한계」, 『헌법학 연구』 제6권 제2호, 2000, 146쪽.
2   바실리 칸딘스키·프란츠 마르크 엮음, 배정희 옮김, 『청기사—20세기 예술혁명의 선언』, 열화당, 2007, 27쪽.

번 우리는 별들을 향해 당차게 도전장을 던진다.

-1909년 2월 F. T. 마리네티의 「미래주의 창립 선언」 중[3]

새로운 사조의 출현을 알리는 예술가들의 강령이나 선언문을 보면 예술 행위란 부단한 창조적 파괴와 부정, 그리고 혁신과 도전임을 알 수 있다. 자유, 혁신, 현상에의 도전은 예술의 속성이다. 예술가들은 당대 사회적 통념과 윤리, 질서를 비판하고 조롱하고, 이에 국가나 권력은 개입하고 검열하고 통제하고 싶어 한다. 역사적으로 지배 계층은 사회체제를 유지하기 위해, 예술가들이 통 념과 윤리로부터 일탈하는 것을 막기 위해 예술가들의 자유를 제한하고자 해왔 다. 예술의 자유 역사는 본질적으로 창작과 일탈의 성정을 지닌 예술가들과 체 제 유지를 위한 사회적 통념과의 투쟁사이기도 하다. 그 결과 예술과 예술가의 자유를 기본권으로 인정하고 보장하기 위한 헌법이 제정되기 시작됐다.

대부분의 나라에서 표현의 자유는 헌법이 보장하는 기본적인 권리로 인정 한다. 예술의 자유가 처음 헌법상 기본권의 하나로 보장된 것은 1919년 독일 바이마르 공화국의 헌법을 통해서다. 바이마르 헌법 제142조는 예술과 학문, 그리고 학문 전달은 자유롭다고 선언했다. 바이마르 헌법은 국가의 문화재 예 술품 보호 의무와 해외˙반출 금지에 관한 규정(제150조)과, 정신노동, 특허권, 발 명가, 예술가에 대한 보호와 후원의 국가 의무 규정(제158조)을 넣어 예술에 대 한 국가의 적극적인 보호 의무를 강조했다. 1948년 개헌 때에도 독일 의회는 예술의 자유를 독일 헌법Grundgesetz[4]에 수용했다. 특히 독일 헌법 제5조 제3 항 "예술과 학문 연구와 교수는 자유다"라는 조항은 나치 시대의 국가예술주의

3 　필리포 토마소 마리네티Filippo Tommaso Emilio Marinetti가 작성하고, 1909년 2월 20일 파리의 『르피가로』지의 1면에 실린 「미래주의 창립 선언The Founding and Manifesto of Futurism」은 유럽에 아방가르드 이념을 만들어낸 미래 주의Futurism 운동의 출범을 알리는 선언이다.

4 　1948년 5월 8일, 서독 지역 주 의회가 구성한 제헌의회에서 채택되었으며, 1949년 5월 23일 주 의회의 승인을 거 쳐 공식 선포되었다. 국가 질서의 근간으로 공화주의, 민주주의, 연방국가, 법치국가, 사회국가라는 5가지 원칙을 명 시한 독일 헌법(또는 기본법)은 독일 민주주의가 안정적으로 정착하는 기반이 되었다.

에 대한 반성에서 나왔다. 1971년 독일 연방헌법재판소의 메피스토-클라우스 만 판결[5]은 이런 독일 헌법의 취지를 잘 보여준다.

> 예술이라는 분야는 예술의 독특한 구조적 특징에 따라 판단되어야 한다. 예술 활동의 독특한 구조적 특징은 예술적 시도의 자유로운 창작 과정에 있다. 이 과정에서 예술가들은 인상, 견문, 체험 등을 즉각 지각할 수 있는 형태의 소통 수단을 통해 직접적으로 표현한다. 예술 활동에는 이성적으로 분리할 수 없는 의식과 무의식적인 과정 모두가 포함된다. 예술 창작 과정 에는 직관, 상상, 예술적 이해가 복합적으로 작용한다. 그것은 소통이라기 보다는 표현이며, 예술가의 개성에 대한 가장 직접적인 표현이다.[6]

이후 유럽 및 남미 국가에서 예술의 자유를 독자적인 기본권으로 규정하 기 시작했으며, 오늘날 대부분의 자유민주주의 국가에서는 예술의 자유를 보장 하고 있다. 세계인권선언[7]은 "모든 사람은 의견의 자유와 표현의 자유에 대한 권리를 가진다. 이러한 권리는 간섭 없이 의견을 가질 자유와 국경에 관계없이 어떠한 매체를 통해서도 정보와 사상을 추구하고 얻으며 전달하는 자유를 포 함한다"고 규정한다. 또한 1966년 12월 16일, 국제연합총회에서 채택된 '시민 적 및 정치적 권리에 관한 국제규약'[8] 제19조 표현·정보 입수의 자유는 "2. 모 든 사람은 표현의 자유에 대한 권리를 가진다. 이 권리는 구두, 서면, 또는 인 쇄, 예술의 형태 또는 스스로 선택하는 기타의 방법을 통해 국경에 관계없이 모

---

5 BVerfGE 30, 173, 1971. 2.24.
6 http://www.utexas.edu/law/academics/centers/transnational/work_new/german/case.php?id=1478.
7 1948년 12월 10일 국제연합 제3회 총회에서 채택된 선언으로 국제연합은 제2차 세계대전의 인권 유린, 인권 존 중과 평화의 깊은 관계에 비추어 기본적 인권의 존중을 그 목적의 하나로 이를 위해 국제연합 인권위원회를 설치하 고, 국제인권규약을 비롯한 인권 관계 여러 조약들의 모체가 됐다. 이 선언은 자연법에 따른 기본적 인권의 근본이념 을 주장하며, 권리 및 자유가 실현 가능한 질서로의 발전, 권리 및 그것에 따른 의무 제약 등에 대해 규정한다.
8 'International Covenant on Civil and Political Rights,' 1966년 제21회 국제연합총회에서 채택한 개인의 시민적, 정 치적 제권리의 국제적 보장을 정한 국제조직으로 한국은 1990년 7월 10일에 가입했다.

든 종류의 정보와 사상을 추구하고 접수하며 전달하는 자유를 포함한다"고 규
정한다.[9]

　영국에 존재하던 출판허가제와 문서선동제 처벌 같은 언론과 출판 탄압에
대한 대응으로 만들어진 미국 수정헌법 제1조[10]에는 연방의회는 종교의 자유를
금지하는 법률을 제정할 수 없으며 언론·출판의 자유를 제한하거나 국민들이
평화적으로 집회할 권리 등을 제한하는 법률을 제정할 수 없다고 명시한다. 미
국 헌법은 수정헌법 제1조에 명시된 표현의 자유를 최고의 헌법 가치로 천명한
다. 자유민주 국가의 가장 기초적 전제라고 보기 때문이다. 따라서 미국 법원은
공공 가치와 개인의 자유가 충돌할 때마다 대부분 개인의 표현의 자유 손을 들
어 주었다. 언론의 자유freedom of speech[11]가 근본적 권리로 보호되어야 하는 주
요 논거 중 하나는 그것이 개성과 자율, 그 인격적 발전을 위해 필수적이라는
점이다. 자율적으로 언론을 행하는 것은 자기 규정이나 표현에 관여하는 것이
다.[12] 미국 연방대법원의 서굿 마셜Thurgood Marshall 대법관은 수정헌법 제1조는
정치 공동체의 필요성에만 부응하는 것이 아니라 인간의 정신, 즉 자기 표현을
하려는 인간 정신의 필요성에도 기여하는 것이라고 했다.[13]

　대한민국 헌법도 이와 유사한 내용을 담고 있다. 예술의 자유와 관련된
헌법 조항에는 제10조, 제19조, 제21조와 제22조 등이 있다. 특히 헌법 제21조
의 ①항 "모든 국민은 언론·출판의 자유와 집회·결사의 자유를 가진다"와 ②항
"언론·출판에 대한 허가나 검열과 집회·결사에 대한 허가는 인정되지 아니한

9　물론 이 자유가 절대적인 것은 아니다. 동 규약은 예외 조항을 두어 3. 이 조 제2항에 규정된 권리의 행사에는
　특별한 의무와 책임이 따른다. 따라서 그러한 권리의 행사는 일정한 제한을 받을 수 있다고 규정하고 있다. 그 제한은
　법률에 의해 규정되고 또한 다음 사항을 위해 필요한 경우로 한정된다. ①타인의 권리 또는 신용의 존중 ②국가 안보
　또는 공공질서 또는 공중보건 또는 도덕의 보호라고 하여 두 가지 경우로 한정하고 있다.

10　U.S. Const. Amendment I.

11　speech는 구두에 의한 표현 행위를 의미한다. 일상적 의미의 '언론기관 혹은 언론매체'에서 사용하는 press와는
　구분된다.

12　C. Edwin Baker, "Scope of the First Amendment Freedom of Speech," *UCLA Law Review*, Vol.25, No.5, 1978, p.994.

13　Procunier v. Martinez, 416 U.S. 396, 427 (1974). 서굿 마셜 대법관의 보충 의견.

다"는 예술적 표현의 자유를 보장하는 조항으로 해석된다. 헌법 제22조에서는
"①모든 국민은 학문과 예술의 자유를 가진다 ②저작자·발명가·과학기술자와
예술가의 권리는 법률로써 보호한다"고 명시하고 있다.

예술 창작, 예술 표현, 예술 활동을 위한 집회·결사의 자유

헌법이 보장하는 예술의 자유는 예술 창작의 자유와 예술 표현의 자유, 예술적 활동을 위한 집회·결사의 자유를 포괄한다. 먼저 '예술 창작의 자유'는 예술의 자유 중에서 가장 기본으로 인간은 누구나 예술적 생활을 통해 인격의 창조적 발현을 실현할 권리가 있다. 예술 창작의 자유는 예술 창작 활동을 할 수 있는 자유로 예술가가 창작 소재, 창작 형태 및 창작 과정 등에 대한 임의의 결정권을 포함한 모든 예술 창작 활동의 자유를 그 내용으로 한다.[14] 예술 창작의 자유에는 소재, 형태의 선택과 창작 과정, 창작된 예술품의 보호가 포함된다. 우리 헌법재판소는 '음반 등록 시설 요건'[15] 사건에서 예술의 자유 조항이 보호하는 내용으로서 예술 창작의 자유, 예술 표현의 자유, 예술적 집회 및 결사의 자유를 제시하고, 예술 창작의 자유는 외부의 간섭 없이 창작 소재, 창작 형태 및 창작 과정 등을 자유로이 결정할 수 있는 권리라고 했다. 보호 대상은 작품의 수준이나 성패 여부와 상관없다. 작품이 뛰어나다고 해서 보호하고, 그렇지 못하다고 해서 보호하지 않는 것은 아니다. 보호 대상이 되는 창작자 역시 전업 예술가나 전문 예술가일 필요는 없다. 따라서 국가가 직업 예술가 계층을 한정하고 이를 허가 등의 방법으로 규제하는 것은 위헌이다.[16] 그렇지만 모든 자유가 그렇듯이 예술 창작의 자유에 대한 헌법적 보장도 절대적인 것은 아니다. 타인의 권리를 침해하거나 다른 법익과 충돌할 경우 제한될 수 있다.

---

14 헌법재판소 1993.5.13. 선고, 91헌바17 결정
15 위의 판결('음반에 관한 법률 제3조 등에 대한 헌법소원').
16 장영수, 『헌법학』, 홍문사, 2006, 722-724쪽.

두 번째 예술의 자유는 '예술 표현의 자유'로, 창작된 예술을 표현하고 전파하며 전달하는 방법과 과정을 보장하는 것이다. 창작된 예술 작품이 전시, 연주, 공연 등의 방법으로 전파되고 전달되는 것을 보호하는 것이 예술 표현의 자유다. 1971년 독일 연방헌법재판소는 예술 자유 조항을 개인에게 자유권을 인정해주는 가치 결단적인 근본규범이라고 규정하고, 예술의 본질을 창조적 형성에서 찾으며, 예술의 자유 조항의 보호 범위를 예술 창작 행위뿐만 아니라 예술 작품의 전시, 보급 및 대중 전달의 전 과정을 포함하는 것으로 이해하는 등 예술의 개방성을 적극 인정했다.[17] 일반적으로 헌법상 언론·출판의 자유는 말과 글을 통한 의사 표현·전파의 자유, 정보의 자유, 신문의 자유 및 방송·방영의 자유 등을 들고 있다. 의사 표현·전파의 자유에 있어서 의사 표현 또는 전파의 매개체는 어떠한 형태이건 가능하며 그 제한이 없다.[18] 즉 담화·연설·토론·연극·방송·음악·영화·가요 등과 문서·소설·시가·도화·사진·조각·서예 등 모든 형상의 의사 표현 또는 의사 전파의 매개체를 포함한다.

그렇다면 예술 표현의 자유는 창작자 본인에게만 주어지는 것일까. 아니면 예술가가 창작한 예술 작품을 출판하거나 제작하는 회사나 기관도 예술가와 똑같은 예술 표현의 자유를 보장받게 될까. 이에 대해서는 의견이 갈린다. 예술의 자유는 자연인만이 그 주체가 될 수 있는 기본권이므로 미술관이나 박물관 같은 단체나 공공기관은 예술 창작의 자유 주체가 되지 못한다. 그러나 창작된 예술품을 일반 대중에게 전시하고 공연하고 보급할 수 있는 예술 표현의 자유와 관련해서 예술품 보급을 목적으로 하는 예술 출판자나 음반 제작자 등도 이러한 의미에서 예술의 자유 보호를 받는다[19]고 보기도 하고, 예술 표현의 자유보다는 예술품을 직업적 차원에서 취급하는 경우에는 직업의 자유, 또

17   장재옥·이인호,「정보화와 예술의 자유: 예술 표현의 자유와 한계를 중심으로」,『중앙법학』제4권 2호, 2002, 124쪽.
18   헌법재판소 1993.5.13.선고, 91헌바17 결정. 이 사건 헌법재판소는 (따라서) 음반 및 비디오물도 의사 형성적 적용을 하는 한 의사의 표현 전파 형식의 하나로 인정되며, 이러한 작용을 하는 음반 및 비디오물의 제작은 언론·출판의 자유에 의해서도 보호된다고 했다.
19   위의 판결.

는 그 내용에 따라 언론·출판의 자유가 적용되어야 한다고 보기도 한다. 마찬가지로 예술품의 경제적 활용에 대해서는 재산권이 적용될 뿐 예술의 자유에 의한 특별한 보호를 받지는 못한다. 한편, 예술 작품에 대한 비판·비평은 그 자체가 예술은 아니기 때문에 예술의 자유에 의한 보호 대상으로 보기보다는 언론의 자유에 의해 보장된다고 보는 것이 일반적이다.[20]

끝으로 '예술 활동을 위한 집회·결사의 자유'가 있다. 예술 활동을 위해 요청되는 고도의 자율성은 예술 활동을 위한 집회나 결사까지 미치게 된다. 예술적 활동을 위한 집회·결사는 종교의 자유·학문의 자유와 마찬가지로 일반적인 집회·결사의 자유보다 더 강한 보호를 받는다.[21] 다만, 예술단체의 기본권 주체성에 대해서는 논란이 있다. 즉 극장, 박물관, 미술관, 예술 학교 또는 교향악단 등이 그 자체로서 예술의 자유 주체가 되는 것인지, 아니면 이를 구성 또는 이용하는 개개인(예컨대 교향악단을 구성하는 음악가 개개인)이 예술의 자유 주체이고 이들은 단지 예술의 자유를 집단적으로 함께 행사하고 있다고 볼 것인지에 대해서는 논란이 있다.[22]

예술의 자유 확대

표현의 방식은 말이나 글이 될 수도 있고 행위나 상징을 통해서도 가능하다. 대한민국 헌법은 언론·출판·집회·결사의 자유를 보장한다. 그중 언론의 자유란 언론기관이나 언론인에게 주어진 자유가 아니다. 언론이란 말로 논하는 것이라는 뜻으로 어떤 방식이든 생각을 표현하는 모든 행위를 말한다. 언론이란 구두에 의한 표현을 말하고 출판이란 문자 및 형상 등에 의한 표현을 말

20 권영성, 『헌법학원론』, 법문사, 2006, 539쪽; 허영, 『한국헌법론』, 박영사, 2006, 423쪽.
21 성낙인, 『헌법학』(제12판), 법문사, 2012, 365쪽.
22 장영수, 앞의 책, 722-724쪽.

하지만, 일반적으로 언론·출판의 자유에서 말하는 '언론·출판'이란 의사·지식·경험 등을 표현하는 모든 수단이 포함된다. 즉 연설, 담화, 토론, 방송, 연극, 음악 등과 도서, 문서, 서화, 사진, 조각 등이 여기에 포함된다.

　말이나 글을 통한 표현에 비해 간접적이지만 즉각적인 효과를 주고 덜 근본적인 행위나 상징을 통한 표현도 같은 수준의 법적 보호를 받아야 할까. 아니면 이보다는 낮은 단계의 보호를 받아야 할까. 예술적 표현 역시 자기 표현 방식 중의 하나다. 말과 글에 의한 언론 외에도 다른 방식의 표현, 즉 시각적, 상징적, 행위적 표현도 일반적인 표현의 자유와 같은 근거로 법적 보호를 받는다. 따라서 상징이나 시각, 행위를 통한 예술적 표현의 자유도 헌법이 보장하는 표현의 자유를 누린다. '상징적 표현'이라 함은 신념을 표현하기 위해 언어에 의하지 않고, 일정한 상징을 사용하거나 또는 상징적 행동에 의한 경우를 말한다.[23]

　역사적으로 순수예술은 종교나 정치사상, 그리고 사회적 메시지를 전달하고 권력 계층을 풍자하며 사건을 묘사하는 강력한 수단이었다. 그 옛날 동굴 벽에 그려진 동물들의 이미지에서부터 성경 속의 내러티브가 묘사된 초기 종교예술화, 그리고 이탈리아 시스티나 성당의 천장에 미켈란젤로가 그린 프레스코화까지 종교적 사상은 늘 미술과 함께해왔다. 정치사상도 마찬가지다. 프랑스 혁명 당시 한 정치 지도자의 죽음을 섬뜩할 정도로 사실적으로 묘사한 자크 루이 다비드Jacques-Louis David 의 〈마라의 죽음Death of Marat〉[24]을 떠올려보라. 프랑스의 풍자만화가로 신랄한 정치적 비판을 가하던 오노레 도미에Honoré Daumier부터 대량생산, 소비 만능 체제 속 인간의 모습을 풍자한 앤디 워홀까지 인간은 예술을 통해 정치·사회적 메시지들을 구현하고자 했다. 전쟁의 참상과 책임자들에 대한 비판적 메시지를 표현한 파블로 피카소의 대작 〈게르니카

23　정회철, 『기본 강의 헌법』(개정7판). 여산, 2012. 496쪽.
24　1793년 자코뱅당의 지도자 장 폴 마라는 목욕 중, 자기 집 욕실에서 샬롯 코데이라는 스물다섯 살의 지롱드당 지지자에게 척살당한다. 마라의 혁명 동지였던 다비는 사건이 일어난 지 3일 후 의회의 의뢰를 받아 3개월 만에 이 그림을 완성했다.

Guernica〉도 유명하다. 앤디 워홀의 〈인종 폭동Race Riot〉 연작은 힘과 권력을 상징하는 중년의 백인 경찰과 경찰에 구타당하는 흑인 시위자들의 사진을 함께 구성함으로써 이미지를 통해 사회 비판적인 메시지를 전달했다. 모두 직설적인 말이나 글이 아니라 상징이나 시각적 표현visual speech을 통한 방식이다.

상징이나 시각적 표현은 말과 글에 비해서는 덜 근본적인 소통 수단이면서도 관객에게 즉각적인 효과를 주기 때문에 표현의 자유에 대한 제한의 정도도 큰 편이었다. 행위에 의한 표현physical conduct은 표현의 자유 보호 단계에서 가장 후순위에 속한다. 1970년대 미국 매사추세츠 대학의 미술 강사이자 예술가인 척 클로스Chuck Close가 자신의 작품을 학생회관 복도에 전시했을 때 학교 측은 남녀의 나체가 그려진 작품 내용을 문제 삼아 예정된 것보다 전시 기간을 5일 단축했다. 학교 측은 특히 〈나는 이제 열두 살이지만 우리 엄마의 정부는 나를 원한다〉라든가 〈나는 우리 학교에서 유일한 처녀다〉 같은 몇몇 작품의 제목을 문제 삼았다. 클로스는 대학 당국이 남은 전시 기간을 다 채울 것을 강제하도록 법원에 요청했다. 그러나 법원은 원고 클로스의 작품이 정치·사회적 사상을 담고 있지 않으며, 하물며 표현 방식이 말이나 글인 경우에도 대상에 따라 보호의 정도가 다르다며 기각했다.[25]

그러나 최근에는 시각적 표현의 강력한 힘과 중요성이 부각되면서 법조계에서도 말과 글 같은 전통적 소통 수단 정도로 표현의 자유 보호를 보장하는 추세다. 표현의 자유를 보장하는 것은 자유로운 사상의 교환을 위해 반드시 필요한 것이며, 정부가 개인의 의견과 사상을 표현하는 것에 대해 멋대로 규제하는 것은 옳지 못하다는 것이 대체적인 미국 법조계의 기본 입장이다. 여기에 예술적 표현의 중요성이 부각되면서 미국에서는 수정헌법 제1조에 따라 예술적 표현도 말과 글을 통한 표현과 같은 수준으로 보호해야 한다는 판결들이 이어졌다.

25   Close v. Lederle, 424 F.2d 988 (1st Cir. 1970), cert. denied, 400 U.S. 903 (1970).

미국 연방대법원은 상징적 행동이 표현 행위로서 헌법상 보호받기 위한 기준으로 ①특정한 메시지를 전달하려는 의도, ②청중에 의한 메시지의 이해 가능성, ③그 행위의 상황 등 세 가지를 제시해 판단 기준으로 삼고 있다. 정부가 표현의 자유를 제한할 때의 조건도 제시하고 있다. 미국 법원들이 사용하는 확립된 기준은 '오브라이언 테스트O' Brien test'[26]인데, 정부가 시민의 표현의 자유를 규제하려면 그런 규제가 ①정부가 위임받은 권한에 속하는 것이어야 하고, ②중요하거나 상당한 정부 이익을 위한 것이어야 하며, ③정부 이익이 표현의 자유를 억압하려는 것과 무관해야 하며, ④꼭 필요한 이상으로 국민의 권리를 제약하는 것이 아니어야 한다. 이 판결은 1968년의 징집 명령서 소각 사건에서 비롯되었다. 미국 연방대법원은 징병에 반대하는 의사표시로서 징집 영장을 공개적으로 불태운 행위에 대해서는 '상징적' 표현 행위라고 하면서도, 그것은 징병 목적이라는 국가의 목적을 방해하는 행위이므로 그에 대한 처벌은 합법이라고 판시했다. 상징적 표현의 자유를 인정하면서도 징집이라는 중요한 정부 이익을 위한 것이지 표현의 자유를 억압할 목적이 아닌 데다가 필요한 이상의 권리를 제약하는 것이 아니라고 판단한 것이다.

뉴욕 주에는 시내 공공장소에서 책, 신문 같은 매체를 통해 (글을 통한) '표현'을 판매하는 상인들을 제외한 모든 상인들은 상행위를 하기 위해서는 별도의 면허를 취득해야 한다는 법[27]이 있었다. 1991년 그림, 사진, 조각 등을 제작해 판매하던 작가 베리와 동료 예술가들, 예술가 권리 옹호 단체는 뉴욕 시를 상대로 책, 신문 같은 매체만을 '표현'으로 한정하는 것은 수정헌법 제1조 위반이라며 소송을 제기했다. 베리 대 뉴욕 시Bery v. City of New York 사건[28]에서 뉴욕 항소법원은 문서를 통한 표현뿐만 아니라 시각예술도 수정헌법 제1조의 보호를 받으며, 수정헌법 제1조에 따라 보호를 받는 대상을 판매하는 것 또한 합헌

---

26   U.S. v. O'Brien, 391 U.S. 367 (1968).
27   New York City General Vendors Law.
28   97 F.3d 689 (2d Cir. 1996), rev'g 906 F. Supp. 163 (S.D.N.Y. 1995), cert. denied, 520 U.S. 1251 (1997).

이라고 판시했다. 이 판결을 통해 법원은 표현의 자유는 정치적 표현이나 말과 글에 따른 표현을 넘어 엔터테인먼트, 연극, 가사가 없는 음악 등에도 적용되어야 한다며 표현의 자유가 보장하는 범주를 확대했다.

법원은 수정헌법 제1조의 목적은 모든 종류의 평화로운 표현이 수많은 다양한 방식으로 표현되는 것을 보호하는 것이라며 회화, 사진, 판화, 조각은 아이디어나 개념을 전달하므로 언론의 자유와 마찬가지로 시각예술에 의한 표현도 수정헌법 제1조의 완벽한 보호를 받는다고 했다. 또한 법원은 예술가들이 자신들의 작품을 공공장소에서 판매하는 것은 공공 전시를 통한 또 다른 방식의 소통이며 생계유지의 수단이라고 했다. 다소 거리감이 있는 갤러리나 미술관 전시에 비해 길거리 전시는 대중들과 더욱 가깝게 소통할 수 있다는 것이다. 같은 논리로 2004년에는 독립 영화를 제작하는 감독이 정부가 발급하는 라이선스 없이 길거리에서 자신이 제작한 영화의 DVD를 판매한 행위에 대해 시각예술가들은 수정헌법 제1조의 보호를 받기 때문에 별도의 면허가 필요 없다고 판시했다.[29] 말과 글을 넘어 시각적 표현 같은 다른 표현 방식에도 같은 잣대를 적용해야 한다는 원칙이 확립된 것이다.

예술의 자유 제한

예술은 예술가의 생각과 사상을 담은 표현 수단이다. 예술가들이 생각이나 사상의 자유로운 표현을 통해 진실을 드러낼 수 있다면 당연히 예술적 표현도 보호되어야 마땅하다. 물론 말과 글을 통한 표현의 자유가 모든 표현을 보호해주는 것이 아니듯 시각적 표현이나 상징, 행위에 의한 예술적 표현 자유도 무제한의 자유가 아니다. 헌법에 의해 보호되지 않거나 덜 보호되는 유형들

---

29   People v. John Fucile, N.Y.L.J., May 13, 2004.

이 있다. 어떤 표현은 일단 표출되면 그 해악이 대립되는 사상의 자유경쟁에 의한다 하더라도 아예 처음부터 해소될 수 없는 성질의 것이거나 또는 다른 사상이나 표현을 기다려 해소되기에는 너무나 심대한 해악을 지닌 것이 있다. 이러한 논리를 근거로 표현에 대해 최소한의 국가 개입을 용인한다. 따라서 일정한 사유가 있는 경우에는 국내법에 의한 제한을 인정하고 있다. 표현의 자유와 그 자유의 행사는 개인적, 사회적, 국가적 이익과 충돌할 경우 국가적 통제를 받게 된다.

예술 창작의 제한

제한에 있어서도 예술 창작의 자유와 예술 표현의 자유는 구분된다. 예술 창작의 자유를 절대적 기본권, 예술 표현의 자유는 상대적 기본권으로 보는 견해가 있다.[30] 예술 창작의 자유는 극히 개인적인 자유이기 때문에 아주 예외적으로만 제한이 가능하다고 본다.[31] 뉴욕 출신 행위 예술가인 비토 아콘치Vito Acconci는 1970년 〈트레이드마크trademarks〉라는 작품을 발표했는데, 카메라 앞에 앉아 자신의 팔과 다리, 어깨를 물어뜯고 피부에 남은 이 자국에 잉크를 발라 다양한 표면 위에 도장 찍듯이 찍었다. 교환을 목적으로 상품에 브랜드 상표를 찍어내는 것에 빗대어 물질주의적 사회와 이에 종속되는 예술 관련 기관들을 비판하기 위한 것이었다. 관객 앞에서 직접 시연한 것은 아니지만 관객들은 가학의 공모자 같은 느낌을 받게 된다. 유사한 사례로 프랑스의 생오를랑Saint-Orlan은 1990년 〈생오를랑의 환생the Reincarnation of Saint-Orlan〉이라는 프로젝트를 시작했다. 일련의 성형 수술을 통해 유명한 그림이나 조각 속의 부위들을 자기 얼굴에 이식해 서서히 변신하는 모습을 영상에 담았다. 남성 예술가의 시각

---

30 BVerfGE 33, 52(71f.); BVerwGE 23, 194(199f.); 이명구, 앞의 글, 152쪽.
31 Maunz-Dürig-Herzog-Scholz, Grundgesetz, Kommentar, Rdnr.65 zu Art. 5/III; 이명구, 앞의 글, 152쪽.

에서 여성의 미에 대한 대상화와 이상화를 꼬집기 위한 것이었다. 이탈리아계 프랑스 예술가인 지나 페인Gina Pane도 면도칼로 자기 몸에 상처를 내면서 여성들의 삶은 이보다 가혹하다는 메시지를 전달했다. 그렇지만 이런 사례들처럼 예술가들이 자해를 통해 메시지를 전달하는 방법도 예술 표현의 자유로서 인정해야 하는 것인지, 인정한다면 어느 정도 수준까지 용인해야 하는지 논란이 있다.

살아 있는 동물을 창작에 이용하는 행위는 어떨까. 죽은 양을 통째로 방부액에 담근다거나 소를 토막 내 열두 개의 유리관에 따로 넣어 전시하는 등 죽은 동물을 이용한 작품 활동으로 논란이 되곤 하는 데미언 허스트는 파리, 나비 등 살아 있는 생명을 이용한 작품 전시를 하면서 논란이 되었다. 2012년, 그는 런던의 테이트 모던에서 〈사랑의 안과 밖In and Out of Love〉이라는 작품을 통해 나비의 삶과 죽음을 보여주었는데 이 전시가 23주간 계속되는 동안 9,000마리 이상의 나비가 죽었다고 한다. 벨기에의 빔 델보이어Wim Delvoye처럼 살아 있는 동물에 문신을 하는 창작물은 어떨까. 한국의 동물보호법[32]은 "동물이 본래의 습성과 신체의 원형을 유지하면서 정상적으로 살 수 있도록 할 것······. 동물이 고통 상해 및 질병으로부터 자유롭도록 할 것, 동물이 공포와 스트레스를 받지 않도록 할 것" 등을 동물 보호의 기본 원칙으로 하고 있다(제3조). 이에 따라 동물 학대의 금지, 노상 등 공개된 장소에서 죽이는 행위, 도구 약물을 사용해 상해를 입히는 행위, 살아 있는 상태에서 동물의 신체를 손상하는 행위, 그리고 이러한 행위를 촬영한 사진 또는 영상물을 판매·전시·전달·상영하거나 인터넷에 게재하는 행위 등을 금지하고 있다(제8조). 이와 같이 사람이나 동물에 가해를 하는 행위는 나라마다 차이가 있지만 현행법과 충돌하는 경우가 있다.

---

[32] 시행 2020.8.12. 법률 제16977호, 2020.2.11. 일부 개정.

예술 표현의 제한

예술 창작의 자유에 비해 예술 표현의 자유는 법익이 충돌할 경우 제한이 불가피하다고 본다. 제한을 할 때에는 구체적으로 어떠한 보호 가치 있는 법익이 해당 예술에 의해 침해될 수 있느냐의 문제로 접근해야 한다. 다른 법익과 충돌할 때, 예를 들어 공중도덕이나 국가 안보, 청소년 보호, 또는 명예나 프라이버시 같은 타인의 권리 보호가 필요할 때에는 법으로 제한할 수 있다. 독일 헌법 제2조 1항의 타인의 권리 불가침, 도덕률의 준수, 헌법 질서의 존중 등은 그에 대한 명문 규정이 없는 헌법상 기본권의 경우에도 국가적·사회적 공동 생활을 위해 필연적으로 내재하는 기본권의 한계적 요소로 본다. 대한민국 헌법 제37조 제2항은 국민의 모든 자유와 권리는 국가 안전 보장, 질서유지 또는 공공복리를 위해 필요한 경우에는 법률로써 제한할 수 있다고 명시함으로써 기본권 제한의 일반 원칙을 제시한다. 또, 헌법 제21조 제4항은 타인의 명예나 권리 또는 공중도덕이나 사회윤리를 침해해서는 안 된다고 하고 있다.

이에 비해 미국 헌법은 표현의 자유에 대해 법률로 제한하는 것을 원칙적으로 금지한다. 미국 수정헌법 제1조는 연방의회는 언론·출판의 자유나 국민이 평화로이 집회할 수 있는 권리 및 불만 사항의 구제를 위해 정부에게 청원할 수 있는 권리를 제한하는 법률을 제정할 수 없다고 규정한다. 대한민국 헌법이 법률로 제한할 수 있는 경우의 일반 원칙을 제시한다면 미국 헌법은 법률로 제한하거나 검열이나 허가 등을 요구하는 행위를 원칙적으로 금지하고 있다. 다만, 청소년 보호 등 특수한 경우에만 예외적으로 기본권 제한이 가능하다. 이 경우에도 명확성 이론, 과잉 금지의 원칙, 법익형량 이론, 명백하고 현존하는 위험의 원칙 등을 기준으로 언론을 통해 타인의 명예나 권리 또는 공중도덕이나 사회윤리를 침해했는지 엄격하게 따진다. 미국 연방대법원 역시 일정한 유형의 표현들은 보호받지 못하거나 덜 받고, 금지되거나 처벌될 수 있다고 선언한 바 있다.

제한의 원칙

표현의 자유 제한에는 원칙이 있다. 세계인권선언 제30조는 본 선언에 포함돼 있는 자유나 권리는 그 어느 규정을 막론하고 본 선언에 선포된 권리와 자유를 파괴하기 위한 활동에 종사하거나, 혹은 그러한 목적을 가진 행위를 할 수 있는 권리를 국가나 단체나 개인에 대해 부여한다는 의미로 해석해서는 아니된다고 규정한다. 시민적·정치적 권리에 관한 국제규약 제5조 1항은 본 규약의 어떠한 규정도 국가, 집단 또는 개인이 본 규약에서 인정된 권리 혹은 자유를 파괴하거나 혹은 본 규약에서 정한 한도 이상으로 제한할 것을 목적으로 하는 활동에 종사하는 권리 또는 그런 행위를 행할 권리를 갖는 것으로 해석할 수 없다고 규정한다. 우리 헌법 역시 국민의 기본권을 필요한 경우에 한해 제한할 수 있다고 규정한다. 여기서 '필요한 경우'란 헌법상 보호되는 법익을 보장·실현하기 위해 불가피하게 요구되는 경우를 말한다. 이처럼 필요한 경우에 한해 기본권을 제한할 수 있다는 것은 기본권 제한의 기본으로서 '비례성 원칙'을 요구하는 것으로 이해될 수 있다.[33] 필요한 경우로 인정되기 위해서는 우선 기본권의 제한이 보호하려는 법익을 실현하는 데 적합한 것이어야 한다(적합성). 그 제한은 필요한 최소한도에 그쳐야 한다(피해의 최소성). 나아가 그러한 제한에는 보호하려는 법익과 제한하는 기본권 사이에 적절한 비례 관계가 있어야 한다(균형성).[34] 헌법재판소는 표현의 자유를 제한할 때 목적의 정당성, 방법의 타당성, 피해의 최소성, 법익의 균형성 등을 고려한다. 이런 유형으로는 국가 기밀, 타인의 명예훼손, 사생활의 비밀과 자유의 침해, 음란, 공중도덕 또는 사회윤리 위배, 선동(범죄나 공공질서의 교란 또는 국가 질서 파괴의 선동) 등이 있다.[35]

예술의 자유는 무제한의 기본권이 아니다. 예술 표현의 자유는 타인의 권

---

33 장영수, 앞의 책, 519쪽.
34 위의 책.
35 권영성, 앞의 책, 477쪽; 성낙인, 앞의 책, 395쪽.

386 * 제5장 예술의 자유

리와 명예 또는 공중도덕이나 사회윤리를 침해하여서는 아니 된다. 그리고 국가 안전 보장, 질서유지 또는 공공복리를 위하여 필요한 경우에는 헌법 제37조 제2항에 의해 법률로써 제한할 수 있으나 이러한 필요에 따른 법률에 의한 제한도 그 목적이 헌법 및 법률의 체계상 그 정당성이 인정되어야 하고(목적의 정당성), 그 목적 달성을 위해 그 방법은 효과적이고 적절해야 하며(방법의 타당성), 그로 인한 피해가 최소한도에 그쳐야 하며(피해의 최소성), 보호하려는 공익과 침해하려는 사익을 비교 형량할 때 보호되는 공익이 더 커야 한다는(법익의 균형성) 과잉 금지의 원칙에 위반되어서는 안 된다. 헌법재판소 1993.5.13. 선고, 91헌바17 결정.

또한 우리 헌법은 제한하는 경우에도 자유와 권리의 본질적인 내용을 침해할 수 없다(제37조 2항)고 규정한다. 그러므로 원칙적으로 예술 그 자체에 대한 본질적인 내용을 침해해서는 안 되며 제한을 가하더라도 헌법적으로 그와 대등한 가치의 법익 보호가 전제되어야 한다. 따라서 질서유지나 공공복리의 개념은 아주 제한적으로 해석되어야 한다. 즉, 국가의 존속 및 자유민주주의에 위해를 주거나 타인의 기본권을 침해하는 경우로 한정되어야 한다.

예술 표현의 제한이 가능한 유형으로 미국의 경우 위법행위의 선동advocacy of imminent lawless behavior, 도발적 언사fighting words, 음란obscenity, 명예훼손 defamation, 기만적 부실 표시fraudulent misrepresentation 등이 포함되며 각 유형에 따라 사법 심사의 기준을 확립해 놓고 있다. 미국은 표현의 자유를 가장 폭넓게 보호하는 국가지만, 2021년 도널드 트럼프가 현직 대통령임에도 재선거 패배 이후 선거 결과에 불복하며 지지자들을 선동하자 '위법 행위 선동'으로 보고, 트위터·페이스북 등 소셜 미디어 회사들이 계정을 영구 정지시키고 적절한 제한 규정을 마련하지 않았다는 이유로 구글과 애플 등이 지지자 단체의 커뮤니티 어플리케이션을 삭제한 바 있다. 물론 이는 민간 기업의 조치이지 사법 심사가 있었던 것은 아니다. 한국은 국가 기밀, 범죄나 공공질서의 교란 또는 국가 질서 파괴의 선동, 공중도덕 또는 사회윤리의 위배 등을 포함해 제한의 범주가 더 넓은 편이다. 국가 및 정치와 예술, 사회와 예술, 개인과 예술, 그리고 음란 등의 장에서 각기 제한되는 표현에 대해 구체적으로 다룰 것이다.

2 국가·정치와 예술

표현의 자유 역사는 사전 제한과 사전 검열, 허가제 등의 수단으로 통제를 시도하는 국가 또는 권력과의 투쟁의 역사이기도 하다. 표현의 자유는 1649년 영국의 인민협약Agreement of the People에서 선언된 후, 1695년 검열법The Licensing Act의 폐지로 확립되었다. 미국은 1776년 버지니아 권리장전(제12조)과 1791년 수정헌법 제1조에서, 프랑스는 1789년 프랑스 인권선언(제11조) 등에서 규정되었다. 그렇지만 여전히 국가는 연행, 구금, 검열, 강제 철수 등의 방식을 동원해 예술 행위에 제한을 가하기도 하고, 한편으로는 체제를 유지하기 위해 선전·선동 등 정치 도구로 사용하기도 한다. 중국의 설치 미술가이자 개념 미술가인 아이 웨이웨이艾未未는 반체제 활동으로 중국 정부의 눈 밖에 나서 활동에 제약을 받기도 했다. 20세기 초반 러시아 혁명과 전시 공산주의 기간, 러시아 예술가들은 혁명과 공산주의에 대한 믿음을 진취적으로 형상화하기 위해 애썼으며, 스탈린 집권 이후에는 사회주의 리얼리즘이 공식 창작론으로 채택되면서 예술은 당성, 계급성, 인민성을 강조함으로써 당에 복무하는 하나의 선전 수단이 되었다. 동서 냉전 시대에 미국 CIA는 소비에트 공산주의보다 미국 문화가 우월하다는 것을 선전하기 위해 잭슨 폴록이나 마크 로스코Mark Rothko, 바넷 뉴먼 Barnett Newman 등을 통해 추상표현주의를 내세우기도 했다. 이렇게 국가는 예술을 이용하기도 하고 필요에 따라 통제하기도 한다. 그렇다면 국가는 언제, 어떤 방식으로 예술을 제한할 수 있을까.

예술가의 정치 참여와 탄압

장 토슈Jean Toche라는 예술가는 정치적 활동을 자신의 예술 목표이자 주제로 삼았다. 그는 또 다른 예술가 토니 샤프라지Tony Shafrazi가 1974년 MoMA에서 전시 중이던 파블로 피카소의 〈게르니카〉에 스프레이 페인트를 뿌려 뉴욕 경찰에 체포된 것에 대해 항의했다. 샤프라지는 피카소의 작품에 스프레이를 뿌린 이유에 대해 〈게르니카〉를 소유권의 족쇄에서 해방시켜 혁명적인 원래 상태로 돌려보내기 위해서였으며, 이는 행위 예술에 해당한다고 주장했다.[36] 토슈는 샤프라지를 구속한 것은 예술의 자유, 표현의 자유에 대한 탄압이므로 즉각 석방할 것을 요구했다. 결국 토슈도 체포되었고, 법원은 그에 대한 정신감정을 명령했다. 다음은 그의 주장을 담아 발표한 선언문이다.[37]

> 재산권은 예술에 반한다.
> 재산권이라는 이름으로 미술관은 인간이 필요로 하는 삶과 죽음에 대한
> 이슈들을 다루는 대신, 예술과 예술가들을 체포한다.
> 예술은 지배 계층이 멋대로 할 수 있는 독점권이 아니다.
> 미술관 이사회, 관장, 행정가, 큐레이터 등이 권력을 쥐고 자신들이 원하는
> 대로 조작하고, 모든 이들의 문화를 합법적으로 때론 불법적으로 훔치는
> 문화 범죄를 자행하고 있다.

---

36   Michael T. Kaufman, "'Guernica' Survives a Spray-Paint Attack by Vandal," *The New York Times*, Mar. 1, 1974.
37   Jean Toche, Handbill, Ad Hoc Artists' Movement for Freedom, Feb.23, 1974; Merryman, "The Refrigerator of Bernard Buffet," p.667.

    예술 행위는 일종의 표현 방식 중 하나이고, 정치적 의사 표현은 예술의 주된 목적이 될 수도 부가적 목적이 될 수도 있다. 예술 행위가 정치적 메시지와 연관되어 있지 않더라도 역사적·정치적 사건과 연계되어 있을 수도 있으며, 본인의 의도와는 달리 정치적으로 해석되기도 한다.

    1932년 피카소는 정치, 종교, 군사적 목적에 복무하는 예술을 절대 만들지 않겠다고 선언했다. 1945년 피카소는 공산당에 가입했지만, 예술과 자신의 정치 성향은 공통점이 없다고 주장했고, 역사상 최초의 민간인 공습으로 인한 스페인 바스크 지방 작은 마을의 전쟁 비극을 묘사한 〈게르니카〉(1937), 집단 수용소의 비극을 그린 〈시체 안치소Charnel House〉(1944-1945), 한국전쟁의 참상을 그린 〈한국에서의 학살〉(1951) 등을 제외하곤 특정 역사적 사건을 담은 작품은 만들지 않았다. 이를 두고 피카소가 인류의 운명에 대해 너무 무관심한 것이 아니냐고 비판하자 피카소는 이렇게 답했다.

    예술가가 무엇이라 생각하는가? 화가는 눈만 있고, 음악가는 귀만 있고,
    시인은 심장의 서정성만 갖고 있는 바보들이라고 생각하는가. 정반대다.
    예술가는 스스로의 이미지를 형성하며, 끔찍하고 열정적이고 즐거운 세상
    의 사건들을 끊임없이 알리는 정치적인 존재다. 회화는 아파트 장식을 위
    해 만들어지는 것이 아니다. 적에 대항하는 공격적이고 방어적인 무기다.[38]

    예술가는 직접적인 정치 활동에 참여하기도 하지만 자신의 작품 속에 사회적, 정치적, 이데올로기적 메시지를 담아 소통함으로써 넓은 의미의 정치에 참여하기도 한다. 오노레 도미에, 구스타브 쿠르베, 자크 루이 다비드, 프란시스코 고야 같은 화가들의 유명한 작품들을 보자. 이들은 날카로운 풍자, 정치적 사건에 대한 강렬한 묘사 등을 통해 자신의 정치적 입장을 드러내기도 하고, 정

38   Dore Ashton, *Picasso on Art*, Viking Press, 1972, p.148.

치적 사실들을 세상에 알리고자 했다. 나치 시대 독일에서는 조지 그로스George Grosz, 오토 딕스Otto Dix, 막스 베크만Max Beckmann 같은 예술가들이 작품 활동을 통해 바이마르 공화국을 풍자했다. 남미의 거장 디에고 리베라Diego Rivera, 호세 오로스코José Clemente Orozco는 벽화 운동을 통해 멕시코의 정치 혁명을 이끌었다. 동시에 예술을 위한 예술L'art pour l'art(Théophile Gautier)이라는 예술의 순수성을 강조하는 예술지상주의[39]도 존재했다. 예술 작품은 순수하게 미 그 자체만을 추구하고 표현해야 하며, 그 이외의 영역에 속하는 종교, 도덕, 역사, 사회적 진실 등의 가치와는 관계하지 않는 것이 옳다는 주장이다.

그렇지만 1960~70년대의 팝아트, 개념 미술, 미니멀리즘 등은 반모더니즘적 경향을 보였고, 1980년대의 민중미술은 사회적, 정치적, 역사적 현실을 철저히 반영해야 한다는 예술사회학적 입장이 힘을 얻었다. 예술사회학이란 예술을 고독한 천재의 창조적 산물로 보는 창작 중심의 예술관에서 벗어나 예술이 사회적 구성물임에 주목하며 예술의 생산, 분배, 소비 과정을 좀 더 넓은 사회적 맥락에서 살펴보는 것이다.[40] 팝아트는 몰인간적인 현대사회의 문제점들을 간파하고, 전쟁과 제3세계의 빈곤을 폭로했다. 이를테면 앤디 워홀은 20세기 대중문화를 가장 상징적으로 대표하는 메릴린 먼로를 실크스크린에 반복적으로 프린트함으로써 무수히 복제되어온, 그리고 앞으로도 무수히 복제될 대중문화 시대의 상징물로 표현하면서 미국의 대량생산과 소비 지상주의를 비판했다. 제임스 로젠퀴스트James Rosenquist는 소비 자본주의의 오류를 비판했으며, 동시에 베트남 전쟁을 반대하는 대형 벽화를 제작하기도 했다. 〈F-111〉라는 작품에서 그는 파이어스톤firestone 타이어와 케이크, 스파게티, 비치 파라솔 등을 그려 넣고 그 아래 원자폭탄이 터지는 장면을 그려 넣음으로써 전쟁이 인간의 소박한 삶을 파괴한다는 것을 상징했다.

<hr>

39   19세기 프랑스 철학자 쿠쟁Cousin에 의해 처음 주창되었는데, 자본주의 사회의 각종 모순으로부터 도피하려는 소시민적 입장을 표명한 것이다.
40   알렉산더, 앞의 책.

정치에 대한 비판의 목소리도 유행처럼 확산되었다. 바버라 크루거는 잡지 같은 대중매체에서 이미지와 경구, 슬로건 등의 텍스트를 오려내어 노골적으로 정치권을 비판하기도 했다. 예를 들어, 가족의 가치를 내세우던 당시 대통령 후보 댄 퀘일의 사진을 표지로 실은 1992년 6월 8일자 『뉴스위크』 표지에 자신의 시그니처 스타일로 '누구의 가치인가Whose values?'라는 큰 텍스트와 '누구의 정의인가? 누구의 도덕인가? 누구의 사회인가? 누구의 가족인가? 누구의 가치인가?Whose justice? Whose morality? Whose community? Whose family? Whose values?'라는 작은 텍스트를 집어넣어 정치인들이 말하는 획일화되고 전형적인 가족의 가치를 꼬집었다. 한스 하케Hans Haacke는 〈스무 개비의 권리장전20 Bill of Rights〉라는 작품을 통해 표현의 자유를 지지한다고 외치면서 뒤로는 표현의 자유를 억압하는 정치인[41]을 후원하는 담배회사 필립 모리스를 비판하기도 했다.

페미니즘은 20세기 후반의 화두였다. 페미니스트들은 여성에 대한 고정관념의 변화와 경제적 독립, 기회의 동등성, 정치 참여 확대 등을 구체적인 목표로 삼았다. 신디 셔먼은 신체를 통해 남성 문화, 남성 위주의 주류 문화에 항거하며 여성들에게 정체성을 자각하자는 메시지를 전달한다. 주디 시카고Judy Chicago는 〈정찬 파티dinner party〉라는 작품에서 버지니아 울프를 비롯한 대표적인 여성 39명을 선택해 이들을 상징하는 접시 39개를 만들어 그 안에 여성 성기를 연상시키는 이미지들을 담았다. 여성이 성의 욕망 대상이 아니라 그 주체임을 선언하는 것이다.

동성애와 에이즈 문제 역시 중요한 정치적 주제 중 하나였다. 1981년 처음 에이즈라는 질병이 발견되었을 때 동성애자들을 중심으로 퍼져나가면서 에이즈는 동성애 병이라는 편견이 싹텄다. 그러면서 동성애에 대한 종교적·정치적 반대와 에이즈에 대한 편견 등으로 고통받는 사람들이 점차 예술이라는 시각적 표현을 통해 자신들의 입장을 적극적으로 드러내기 시작했다. 유명한 동성

---

41   타깃이 된 정치인 제시 헬름스Jesse Helms는 메이플소프 전시회를 취소하도록 만들었다.

애자 커플이자 예술가인 길버트와 조지Gilbert and George는 〈굶주림hunger〉이라는 작품을 통해 다수와 다른 성적 욕망을 가지고 있다고 해서 핍박받아서는 안 된다며 동성애가 식욕과 마찬가지로 정당한 욕구임을 주장했다. 역시 동성애자인 로버트 메이플소프는 더 나아가 한 가지 성행위만을 인위적으로 고집하는 것이 오히려 변태라고 했다. 장미셸 바스키아나 펠릭스-곤살레스 토레스Felix-Gonzalez Torres 같은 예술가들 역시 동성애와 에이즈 문제를 정면으로 다루었고, 사회적 반향도 컸다.

　예술가들은 스튜디오 작품 활동이나 갤러리 전시와 같은 소극적인 활동을 넘어, 대중들이 있는 공공장소의 게시판이나 광고탑 등에 작품을 설치하고, 티셔츠나 가방 등으로 제작해 자신들의 정치·사회적 입장을 적극적으로 표현하기도 했다. 짐 코스탄초Jim Costanzo는 이라크와 아프가니스탄 전쟁의 이미지를 배경으로 정치적 텍스트를 인쇄해 빌보드(대형 광고판)에 설치했다. 현재 세계에서 가장 영향력 있는 미술가 1위로 꼽히는 동시에 중국에서는 반체제 예술가로 탄압받고 있는 예술가이자 인권 운동가인 아이 웨이웨이는 파리의 에펠탑, 중국의 톈안먼, 미국 백악관 등을 배경으로 '엿 먹어라'를 뜻하는 가운데 손가락을 들어 올리는 사진 연작을 만들어 서구 중심주의, 패권주의, 중국 정부의 비민주성 등을 비판했다.

　예술가들의 직접적인 참여보다는 작품을 통한 메시지 전달이 더 큰 효과를 발생시킨다는 사실이 지배 계층을 늘 긴장시켰고, 예술 행위에 대한 탄압으로까지 이어지곤 했다. 미켈란젤로가 그린 대작 시스티나 성당의 프레스코 벽화 〈최후의 심판the last judgment〉은 수차례에 걸쳐 가장 폭력적인 공격을 받았다. 성당에 걸린 나체화라는 점에서 파격적인 이 작품은 무수한 논쟁을 일으켰으며 실제로 수차례에 걸쳐 완전히 파괴될 위험에 처하기도 했다. 교황 바오로 4세는 프레스코화 전체를 파괴하겠다고 엄포를 놓다가 결국 나체 형상 위에 옷을 입히라고 명령했다. 그럼에도 못마땅한 교황 피우스 4세는 벽화에 추가로 옷을 입히고 색을 칠하면서 더욱 변형을 가했다. 이후로도 아예 미켈란젤로의 프레스코화를 제거하고 다른 벽화로 교체하자는 의견이 계속 나왔다. 후대에서 세기의 대작을 감상할 기회를 완전히 빼앗길 뻔했던 셈이다.

예술을 예술 자체로 받아들이기보다는 당대의 통념이나 윤리, 지배 계층 또는 종교적 입장에 반하는 예술을 '나쁜 예술'이라 폄훼하곤 했다. 심지어 러시아 대문호 톨스토이마저 나쁜 예술은 추방되어야 한다고 주장했다. 그는 알 수 없는 예술, 외설적인 예술, 오락으로서의 예술을 나쁜 예술이라 불렀다. 나치 독일에서는 아돌프 치글러가 히틀러의 명령을 받아 나치의 이상에 맞지 않는 예술을 '퇴폐 미술'로 규정하고 몰수와 파괴를 일삼았다. 나치는 공공 미술관과 박물관에서 모든 현대미술을 추방하고 개인 소장품조차도 몰수하고 파괴하여 이를 두고 '현대판 분서갱유'라고도 부른다. 나치의 최종 목표는 자신들의 조직 원리를 독일 국민 전체의 생활 속에 침투시키는 것이었다. 1927년 조직된 '독일 문화를 위한 국가사회주의협의회'를 통해 문화와 예술을 통제하기 시작했다.

나치에 따르면 퇴폐란 민족적, 도덕적, 성적 열등을 의미하며, 진정한 독일 예술을 타락시키고 독일 민족을 몰락으로 이끄는 것이었다. 나치는 몰수한 약 1만 6,000점의 작품 중 650점을 골라 작가들을 조롱할 목적으로 1937년 '퇴폐 미술전Entartete Kunst'이라는 제목으로 전시회를 열기도 했다. 맹목적인 군국주의와 국수주의에 저항하는 예술가들이 주 타깃이었는데 이들 예술가들에 대한 대중의 증오심과 혐오감을 유발하는 것이 목적이었다.[42] 20세기 초 유럽에서 꽃 피던 인상주의, 야수파, 입체파, 다다이즘, 표현주의, 초현실주의, 극사실주의, 추상주의 등이 모두 포함되었다.[43] 전시회 후에 이 작품들을 경매를 통해 매각

---

42 당시 책임자였던 프리츠 카이저Fritz Kaiser는 퇴폐 미술전의 개최 목적에 대해 독일 민족이 위대한 새 시대를 시작하는 데 있어 독일 문화의 순수성을 붕괴시키는 혐오스러운 예술에 대해 기록하려는 것이며, 무책임한 미술평론가들이 주장하는 퇴폐 미술에 대한 평가에 대해 정당한 평가를 하려는 것이고, 정치 무정부주의와 문화 무정부주의의 공통적인 근원을 밝히고 볼셰비즘의 전위인 퇴폐 미술의 정체를 밝힘으로써 독일이 지향하는 정치·인종·도적적인 목적과 견해를 밝히려는 것이며, 문화적 볼셰비즘에 참여하거나 추종했던 자들을 탄핵하려는 것이라고 밝혔다.

43 조지 그로스George Grosz는 정치적인 무정부주의를 배경으로 했다는 이유로, 에른스트 키르히너Ernst Ludwig Kirchner와 에리히 헤켈Erich Heckel은 종족 의식을 말살시킨다는 이유로, 오토 딕스Otto Dix와 존 하트필드John Heartfield는 군인 정신을 파괴한다는 이유로 선정됐다.

했으며, 팔리지 않은 작품들은 소각되거나 매장됐다. 퇴폐 미술전과 함께 나치 이데올로기 선전을 목적으로 오직 노동, 가정, 전쟁, 이상적 육체라는 주제의 작품만을 전시한 '위대한 독일 미술전'이 동시에 열렸다. 그러나 이 전시회에 작품을 전시한 화가 중 현재까지 이름이 전해지는 화가는 없으며 나치 부역자로만 기억될 뿐이다.

바우하우스의 교수로 활동하던 오스카어 슐레머Oskar Schlemmer는 괴벨스에 항의 서한을 보냈다가 고초를 겪기도 했다. 1938년 3월에는 두 번째 '퇴폐 미술전'이 열렸는데, 이 전시회에는 세잔, 고흐, 피카소, 브라크, 샤갈, 모딜리아니, 키리코 등 독일인 화가뿐만 아니라 독일에 작품이 소장된 외국인 화가들도 포함되었다. 이 작품들은 경매를 통해 외국에 팔아 치웠고, 남은 작품들은 소각되었다. 중국에서도 퇴폐 미술전과 유사한 전시회가 있었다. 1966~1976년 문화대혁명 시기 중국도 사회주의 리얼리즘적 그림과 선전용 미술을 제외하고는 어떤 형식의 미술도 인정하지 않았다. 1974년에는 부르주아적이고 반혁명적인 요소를 갖고 있다고 평가되는 작품들을 모아 '흑화전'이라는 전시를 개최함으로써 공개적으로 비판했다.

표현의 자유를 헌법적 최우선 가치로 여기는 미국도 사정은 다르지 않았다. 1946년부터 1956년 반공과 매카시즘 열풍이 미국 전역을 휩쓸던 시기는 현대 예술의 수난기이기도 했다. 정치가들은 전위예술이 공산주의적이라고 생각했으며, 공산당원이던 피카소를 비롯해, 뒤샹, 브라크, 미로, 달리 등 유럽 예술가들을 공산주의자들이라고 비난했다. 대표적인 인물이 미국 공화당 하원 의원 조지 도네로George A. Donero인데, 그는 "현대미술은 아름다운 미국 사회를 왜곡하고 추하게 보이게 하므로 공산주의적"이라는 주장을 폈다. 한국도 마찬가지다. 남북이 분단되고 휴전 상태에서 국가는 끊임없이 예술 활동에 제한을 가해왔고, 과거 독재와 권위주의 정부는 정치적인 표현에 검열과 통제를 거듭했다. 20세기 후반부터 예술적 표현을 통한 정치적, 사회적 발언에 대한 헌법적 보호가 점차 확대되어, 지금은 원칙적으로 표현의 자유는 인정하고 최대한 보호하되 제한이 필요한 경우에는 예외를 따로 두고 있다. 그러나 시각예술이나 행위 예술에 대한 보호 법리가 현재 계속 발전하는 단계라 경우에 따라 모호하고 일관되지 않아 보인다.

하케의 실험

독일에서 태어나 미국에서 활동한 좌파 예술가 한스 하케Hans Haacke는 작품을 통해 정치·사회적 발언을 하며 제도와 체제를 비판한 작가로 유명하다. 1970년 '정보information'라는 제목의 전시회에서 진행한 '뉴욕현대미술관 여론 조사' 프로젝트에서 하케는 미술관 관람자에게 정치적 신념에 대해 질문을 던지는데, 미술관 입구에서 방문객의 투표용지를 받아 전자 개표 장치가 장착된 플렉시 글라스 상자 중 하나에 넣도록 했다. '록펠러 주지사가 닉슨 대통령의 인도차이나 정책을 비난하지 않았다는 사실이 11월 선거에서 그를 뽑지 않을 이유가 되는가?'라는 질문에 '예 혹은 아니오'로 답하도록 했다. 당시 뉴욕 주지사이자 뉴욕현대미술관 이사회 회원인 넬슨 록펠러의 정치적 태도를 비판한 것이다. 전시가 끝날 때 관람객의 68.7퍼센트가 '예'에, 31.3퍼센트가 '아니오'에 투표했다. 이 같은 전시 프로젝트는 정치적 현안과 직접적으로 관련된 것임에 틀림없다. 이 전시회는 사회 시스템을 다뤄온 하케의 작업 중 하나였다. '투표' 또는 '관람객의 성향'이라 불린 이 작업에서 수동적인 관람객이 능동적인 참여자가 된다. 하케의 개념 미술은 미적 체험에 대한 접근과 사용을 결정하는 사회 경제적 조건과 새로운 비판적 관계를 들어 제도 비판을 하게 된다. 즉, 미적 자율성과 무심성을 수호하는 중립적 공간으로 보이는 미술관이 사실은 경제적, 정치적, 이데올로기적 이해관계와 겹쳐 있음을 관람객 스스로 깨닫게 된다.

하케는 1969년부터 정치적 미술의 가능성을 탐구하기 시작했다. 〈샤폴스키 등의 맨해튼 부동산 소유 실태, 1971년 5월 1일 당시의 체제Shapolsky et al. Manhattan Real Estate Holdings, A Real Time Social System, as of May 1, 1971〉라는 작품

전시를 놓고 구겐하임 미술관과 실랑이를 벌인 사건은 유명하다. 작품은 뉴욕의 특정 지역 건물 사진과 텍스트를 담은 142개의 패널로 구성되어 있다. 각 패널은 건물 정면의 사진과 주소, 건물주의 이름과 구입 날짜 등이 기록되었다. 이 작품은 샤폴스키 가족이 특정 지역의 부동산을 거의 독점하고 있음을 폭로한다. 구겐하임 미술관은 개막 전에 하케에게 특정 작품을 제외해줄 것을 요청했고, 이에 항의하자 전시회는 결국 취소됐다. 미술관 측은 하케가 작품에 포함시킨 정보들은 사적인 것이어서 사생활 침해나 명예훼손으로 미술관이 소송을 당할 수도 있다고 거부 의사를 밝혔다. 하케의 작품은 사진과 텍스트를 결합하는 개념 미술로 정치, 사회적 문제들을 저널리즘 방식으로 생산한 기법을 사용했다. 이로 인해 공공 미술관의 중립성 문제가 제기됐다. 폭로성 비판이 담긴 작품의 전시를 취소함으로써 미술관이 지배층의 권력과 이익을 대변하는 장소가 되었다는 비판이 일었다. 하케는 미술계에 영향을 미치는 사회적 힘은 바로 국가, 세계에 존재하는 다른 모든 것에 영향력을 행사하는 힘과 동일하다고 했다.

1974년에는 '마네 프로젝트 74Manet Project 74'를 시도하려다 실패하고 말았다. 마네의 〈아스파라거스 다발Bunch of Asparagus〉(1880)이라는 그림을 역대 소장자들의 이력이 상세히 기록된 자료와 함께 전시함으로써 다시 한 번 미술에 경제 원리나 정치가 개입하는 과정을 비판하고자 한 것이다. 그는 예술이 사회 이데올로기로부터 독립된 고상한 어떤 것이라는 환상을 깨고 예술이 예술 외적인 요소 때문에 왜곡되는 상황을 경고한다. 같은 해, 하케는 자신의 작품 전시를 철회했던 구겐하임 미술관 이사회 회원의 정보를 담은 작품을 내놓기도 했다. 가족 회원과 기업 후원 등의 정보도 공개했다. 특히 한 기업이 살바도르 아옌데 당시 칠레 대통령이 유엔 연설에서 언급한 한 내용을 인용하기도 했다.

하케의 작품들은 정치·사회적 메시지와 미적·예술적 측면을 섞음으로써 법적 문제들, 즉 사생활 침해나 명예훼손 등에 직면하게 된다. 하케의 사례처럼 현대 예술가들은 전통적인 표현 방식을 벗어나거나 기관이나 제도를 거부하기도 한다. 경우에 따라서는 '이것이 과연 예술일까?' 하는 중대한 문제를 제기하기도 한다. 미술과 비미술의 경계도 모호하다. 사용 가능한 표현의 재료나 방식에 대해서도 경계가 미묘하다. 하케처럼 개인의 부동산 정보를 작품을 통해 공개하는 행위는 법적으로 정당한가. 공개된 자료와 사적인 자료의 경계는 어디서 구분될까. 만일 이 과정에서 작가가 의도치 않게, 실수로 자료나 정보를 왜곡하게 된다면 어떨까. 사생활 침해 문제는 또 어떤가. 윤리적 문제는 없을까. 정보 공개에 있어 공인과 사인과의 기준은 어떻게 정해야 할까.

사전 제한과 검열

　　뉴욕에서 활동하며 반전 활동을 벌이던 예술가 연합인 미국 미술작가협회 AWC: the Art Workers' Coalition는 1970년 베트남 '미 라이My Lai 학살'을 다룬 〈질문: 그리고 아이들은?Q. And babies?〉이라는 포스터를 제작했고, 뉴욕현대미술관이 적극적으로 후원하고 보급하기로 되어 있었다.[44] 이 포스터는 베트남 전쟁 당시 미군의 무자비하고 처참한 양민 학살을 촬영한 종군 사진작가 로널드 헤벌Ronald Haeberle의 사진을 석판화로 찍은 뒤 그 위에 CBS 기자인 마이크 월리스Mike Wallace가 학살 현장에 있던 미군과 인터뷰한 내용 중에서 '문: 그리고 아기들은? 답: 아기들도(Q. And babies? A. And babies)' 라는 부분을 붉은 글자로 프린트한 것이다. 미국의 양심에 대한 예술인들의 고발장이자 일종의 '프로파간다 예술propaganda art'이었다. 그러나 큐레이터를 비롯한 미술관 측의 결정을 막판에 보수적인 이사회가 뒤집어버렸다. 전쟁의 참상이 너무 적나라하게 드러난 데 대한 거부감 때문이었다. 이에 미국 미술작가협회 회원들은 이사회의 결정에 항의하기 위해 당시 MoMA에 소장되어 있던 피카소의 작품이자 역시 전쟁의 참상

44　http://moussemagazine.it/articolo.mm?id=609.

을 다룬 〈게르니카〉 앞에서 포스터를 들고 시위를 벌였고, 포스터를 공중에 배포했다.

역사적으로 예술에 대한 검열은 합법적 권력자들이 예술 작품들을 변경하고, 압수하고, 파괴하고 예술가들로부터 표현의 자유를 빼앗고 예술 행위를 탄압하기 위한 도구로 이용되었다. 검열은 정부, 교회, 아카데미, 대학, 전문가 집단, 미술관 등에 의해 자행됐다. 그래픽 아트나, 정치 풍자만화는 검열과 탄압을 가장 빈번하게 당하는 영역이다. 정부 관료들은 자신들의 품위가 손상되거나 권위를 잃게 되는 것을 두려워한다. 이들은 유머 감각과 풍자로부터 명예훼손과 반역 사이의 경계선을 긋고자 끊임없이 시도해왔다. 그러나 대개 수용 가능한 선이 어디까지인지는 이미 '범죄'가 발생한 후에야 확인 가능하곤 했다.[45] 어떤 작품은 해서는 안 되고, 어떤 작품은 해도 되는지를 사상, 도덕, 미적 관점에서 끊임없이 규정하고자 했다. 검열하는 이들은 민중을 나쁜 책으로부터 보호해야 할 어린아이라고 믿었다. 결과적으로 검열은 예술가들로부터 청중이나 관객과의 소통을 차단했다.

통상적으로 말하는 '사전 검열'은 경쟁을 통해 전시회 참여작을 뽑는 선발 과정에서 예술적 가치에 대해 평가하는 예술 비평과는 대별된다. 대표적인 사례로 앙리 마티스는 자신이 심사 위원일 때 큐비즘 사조를 경멸해서 큐비즘 작품들은 배척했는데 이를 두고 사전 검열이라고 하지는 않는다. 그렇다면 프랑스처럼 국가가 모든 미술관들을 지원하고 관리할 경우에 국가가 특정 예술가나 예술 사조가 마음에 들지 않는다고 전시나 대관을 거부하는 경우는 어떨까.

오늘날 '검열'이란 예술가와 예술에 대한 정당화되지 않는 훼방으로 인식되며, 검열은 나쁜 것으로 통용된다. 검열은 예술가들의 창작 의지를 떨어뜨리고, 창의력을 무력화한다. 나치와 볼셰비키가 예술을 탄압할 때, 예술가들은 다

---

45   Elizabeth C. Childs, "Big Trouble: Daumier, Gargantua, and the Censorship of Political Caricature," *Art Journal*, Vol.51, No.1, 1992, p.26.

그림 1 파블로 피카소, 〈황소 머리Tête de Taureau〉, 1942, 파리 피카소 미술관, 본문 32쪽.

그림 2 콘스탄틴 브란쿠시, 〈공간의 새Bird in Space〉, 1928, 뉴욕 메트로폴리탄 미술관, 본문 34쪽.

그림 3 에드가르 드가, 〈14세의 어린 무용수La Petite Danseuse de Quatorze Ans〉, 1881,
뉴욕 메트로폴리탄 미술관. 본문 103쪽.

그림 4 리처드 세라, 〈굴곡진 호Tilted Arc〉, 1981,
뉴욕 맨해튼 페더럴 플라자 설치 후 철거. 본문 109쪽.

그림 5 알브레히트 뒤러, 뒤러 공방의 트레이드마크,
자화상의 일부, 1500, 뮌헨 알테피나코테크 미술관, 본문 131쪽.

그림 6 앤디 워홀, 〈캠벨 수프Campbell's Soup Cans〉, 1962, 뉴욕현대미술관, 본문 134쪽.

그림 7 마르셀 뒤샹, 〈L.H.O.O.Q〉, 1919, 개인 소장, 본문 279쪽.

그림 8 마르셀 뒤샹, 〈샘Fountain〉, 1917, 필라델피아 미술관, 본문 280쪽.

그림 9 에마누엘 로이체, 〈델라웨어 강을 건너는 워싱턴Washington Crossing The Delaware〉,
1851, 뉴욕 메트로폴리탄 미술관, 본문 283쪽.

그림 10 래리 리버스, 〈델라웨어 강을 건너는 워싱턴Washington Crossing The Delaware〉,

그림 11 조지프 코수스, 〈하나 그리고 세 개의 의자One and Three Chairs〉,
1965, 뉴욕현대미술관, 본문 287쪽.

그림 12 오노레 도미에, 〈가르강튀아Gargantua〉, 1831, 파리 국립도서관, 본문 401쪽.

그림 13 제임스 휘슬러, 〈검은색과 금색의 야상곡: 떨어지는 불꽃Nocturne in Black and Gold: the Falling Rocket〉, 1875, 디트로이트 아트 인스티튜트, 본문 452쪽.

그림 14 에곤 실레, 〈우정Freundschaft〉, 1913, 개인 소장, 본문 490쪽.

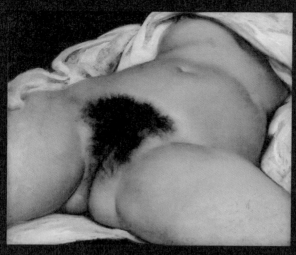

그림 15 구스타브 쿠르베, 〈세상의 기원L'Origine du monde〉, 1866, 파리 오르세 미술관, 본문 517쪽.

그림 16 구스타프 클림트, 〈아델 블로흐 바우어Portrait of Adele Bloch-Bauer I〉, 1907, 뉴욕 노이에 갤러리, 본문 729쪽.

른 나라로 도피했다. 정부가 직접 나서서 사전 검열과 탄압을 하는 경우는 특히 심각하다. 그러나 오히려 정부나 권력에 의한 탄압이 자유로운 영혼을 가지고 기존의 부조리를 비판하는 예술가들에게는 훈장처럼 여겨지기도 한다. 특히 독재나 권위주의 정부 체제하에서 예술가들은 민중의 영웅이 되기도 한다.

검열과 정치적 탄압

사전 검열과 표현의 자유에 대한 정부의 대표적인 탄압 사건은 1831년 파리에서 일어났다.[46] 프랑스 저널리스트이자 캐리커처 작가인 샤를 필리퐁Charles Philipon은 1830년 7월 혁명 이후로 풍자 주간지인 『라 캐리커처La Caricature』를 발행했다. 한 쪽 분량의 텍스트와 두 쪽 분량의 풍자적 내용을 석판화에 담은 이 주간지는 인민과 자유를 위한 투쟁 도구로서 신랄한 정치 카툰을 표방했다. 이 주간지는 4년간 27차례나 정부 당국으로부터 압수를 당했다. 1831년 11월 루이 필립 왕을 묘사하기 위해 개발한 심벌인 커다란 버건디 배poire를 그린 카툰 때문에 필리퐁은 법정에 서야 했다. 배는 바보, 멍청이, 얼간이를 뜻하는 속어였다. 법원은 그에게 모욕죄로 6개월의 실형을 선고했다. 다음 해인 1832년에는 오노레 도미에가 징역형을 선고받았으며 정부가 석판을 압수해 발행조차 할 수 없었다. 정치적 압박을 받은 최초의 반체제 화가이자 처음으로 작품 때문에 감옥살이를 한 화가로 기록된 도미에는, 1830년대 왕당파에 반대해 프랑수아 라블레François Rabelais[47]의 작품을 차용한 〈가르강튀아Gargantua〉를 비롯한 풍자화를 그렸다(그림 12). 그는 당시 왕인 루이 필립을 '노동자로부터 강탈한 돈을 먹고 부르주아를 기르는 거인'으로 묘사하는 삽화를 그려 6개월간 투옥됐다. 그는 이후에도 정치 풍자를 했다는 이유로 몇 차례나 정치범으로 구속되어

---

46   Elizabeth C. Childs, "Big Trouble: Daumier, Gargantua, and the Censorship of Political Caricature," p.26-37.

47   프랑스 르네상스의 선구자로 『가르강튀아』 대연대기를 썼다. 종교개혁 당시 가톨릭교회를 풍자했기 때문에 그의 작품들은 금서 목록에 올랐고, 프랑스에서는 출간되지 못했다.

야 했다. 도미에가 기고한 잡지 『르 샤리바리Le Charivari』[48]는 1년에 50회 이상 기소돼 편집장이 6개월 동안 구속되고 수입의 반을 소송 비용과 벌금으로 내기도 했다.

한 세기가 지나서도 정부나 권력이 예술에 개입해 검열하고 탄압하는 행위는 계속됐다. 플로베르가 〈보바리 부인〉을 『레뷔 드 파리Revue de Paris』에 처음 연재할 때는 이미 편집장에 의해 71곳을 삭제한 뒤였다. 연재가 끝나고 나서 소설을 책으로 출간하려 하자, 당국은 책이 외설적이라며 이를 막으려 했고, 플로베르를 기소했다. 플로베르는 무죄를 선고받았지만 작가들은 어느새 자기 검열을 하고 있었다. 그렇지만 대중문화와는 달리 고급문화는 상대적으로 검열에서 자유로웠다. 졸라, 공쿠르, 모파상 같은 명망 있는 작가들은 외설로 기소되어도 대부분 무죄판결을 받았다.[49] 1850년대 이탈리아 피에몬테에서 출판물과 관련해 기소된 사건 가운데 70퍼센트가 무죄판결로 끝난 것으로 추산된다.[50] 프랑스 혁명으로 책에 대한 검열은 사라졌지만, 집단성이 강한 연극에 대한 검열은 계속되었다. 특히 현 상황에 대한 비판으로 해석될 소지가 있는 것은 무조건 검열했다. 통일 이전 이탈리아나 1860-70년대 스페인에서도 극장 검열이 매우 가혹했다.

20세기 들어 서유럽 국가에서는 사정이 나아졌지만 이번엔 미국에서 예술이 정치적 영향을 받았다. 1950년대에서 1960년대 초 미국은 공산주의자들의 침략, 대중의 저항과 소요, 인종차별과 성차별에 대한 공포가 만연해 있었다. 블라디미르 나보코프의 『로리타』(1956), 헨리 밀러의 『북회귀선』과 『남회귀선』(1961)처럼 노골적인 성적 묘사나 동성애를 다룬 문학작품은 악명 높은 검열을 자주 받았다. 이 책들은 연방 정부와 주 정부의 반음란, 반포르노 법령에 저촉

<hr>

48 풍자화가 샤를 필리퐁이 1832년 간행한 풍자 신문으로 1835년 정치 풍자 금지를 당하자 사회적 풍자로 대신 맥을 이어오다 1848년 다시 부활했다. 도미에, 그랑빌Granville, 가바르니Gavarni 등이 풍자만화를 그렸다.

49 도널드 서순, 정영목 외 옮김, 『유럽문화사 2: 1830-1880』, 뿌리와이파리, 2012, 178쪽.

50 John A. Davis, *Italy in the Nineteenth Century:1796-1900*, Oxford University Press, 2001, p.104; 도널드 서순, 앞의 책, 178쪽.

됐다며 기소당했다. 냉전주의자들은 비위에 거슬리는 모욕적인 문화를 사회 부패와 병리의 전형이라고 주장했다. 자연과 신에 대적한다며 동성애에 대해서도 검열을 해 예술가들은 동성애 내용 때문에 공격을 받았다.[51] 1980년대에도 미술계는 정치적 희생양이 되었다. 점점 늘어 가는 경제문제와 사회불안에 직면해 극우파들은 진보적인 문화를 공격했다. 마침 미술계의 스콧 버턴Scott Burton, 키스 해링, 데이비드 보이너로비치를 포함한 많은 예술가들이 에이즈로 사망했는데 보수 우익 단체들은 에이즈의 원인을 비도덕적인 성행위나 약물중독 탓으로 돌렸다. 그들은 도덕적 다수의 표준을 모독하는 모든 미술을 '포르노적' 혹은 '외설적'이라고 간주했다.

헌법상 사전 검열 금지의 원칙

사전 제한은 여러 가지 면에서 사후 처벌보다 억제력이 강하다. 그것은 훨씬 더 많은 범위의 표현을 정부의 심사 아래 두게 된다. 사전 제한은 의사 표현이 이루어지기도 전에 이를 봉쇄한다. 펜을 사용하는 것의 억제는 형사 절차를 통해 이루어지는 억제보다 더 손쉽게 행해진다. 그 절차는 형사 절차에 있는 여러 보호 장치에도 신경 쓸 필요가 없다. 그 절차에는 일반 공중이 찬성하거나 반대할 기회가 더 적게 주어진다. 모든 검열 제도의 역사가 보여주듯, 그런 시스템은 과도한 규제로 흘러가기 마련이다.[52]

사전 제한의 해악에 대해 설파한 사상가 토머스 에머슨의 말이다. 사전 제한Prior restraint은 언론 행위를 미리 막는 행정 시스템 또는 사법적 명령을 뜻한

---

51   리사 필립스 외, 송미숙 옮김, 『THE AMERICAN CENTURY』, 지안, 2011, 53쪽.
52   Thomas Emerson, The System of Freedom of Expression, Random House, 1970, p.506.

다. 미국 연방대법원은 사전 제한이라는 용어는 어떤 의사소통이 이루어지는 시점보다 앞서서 발하는, 그러한 의사소통을 금지하는 행정적·사법적 명령을 내리기 위해 사용된다고 했다.[53] 실무상 대부분의 사전 제한은 표현 행위로 나아가기 전에 어떤 형태의 면허나 허가를 요구하는 행정 법규 등을 위반하면 법정모독죄로 처벌될 것이라는 부담을 주어 개인이 표현 행위로 나아가지 못하도록 하는 사법적 명령에 관한 것이다.[54] 사전 제한을 위해 사전 검열을 하게 된다. 사전 검열의 목적이 사전에 제한을 가하기 위한 것이기 때문이다. 미국 연방대법원은 언론에 대한 사전 제한을 수정헌법 제1조 권리에 대한 가장 심각하고 용납하기 힘든 침해로 보고,[55] 표현에 대한 사전 제한 시스템은 어느 것이나 위헌성에 대한 강한 추정을 하게 된다[56]고 설시해왔다. 또한 자유 사회는 법을 어기기도 전에 법을 어길 사람을 비롯한 다른 모든 사람들의 목을 옥죄는 것보다 법을 어기고 난 후에 비로소 언론의 권리를 남용한 그 몇몇을 처벌하는 것을 선호한다고 설시한다.[57]

1996년 10월, 우리 헌법재판소는 '사전 심의'는 위헌이라는 결정을 내렸다. 1989년과 1992년 각각 두 편의 영화가 사전 심의를 규정한 구영화법을 위반해 제작자가 형사처분을 받을 위기에 처했다. 〈오! 꿈의 나라〉(1989)는 광주민주화운동을 다룬 영화로, 영화의 내용상 당시에는 상영이 어렵게 되자 제작 신고와 심의 없이 상영함으로써 구영화법 위반으로 기소된 사건이다. 〈닫힌 교문을 열며〉(1991)는 전교조 가입 교사의 해직 문제를 다룬 영화로 교육부의 고교생 관람 금지 지시에도 불구하고 사전 심의를 신청하지 않은 채 학생들을 관람하게 해서 영화제작사가 기소된 사건이다. 구영화법은 영화 상영 전에 공연윤리위원회의 사전 심의를 받도록 하고, 위반 시에는 형사처분을 받도록 규정하고 있

53   Alexander v. United States, 509 U.S. 544, 550 (1993).
54   Rodney Smolla and Melville B. Nimmer, *Smolla and Nimmer on Freedom of Speech*, Matthew Bender, 1994.
55   Nebraska Press Ass'n. Co. v. Stuart, 427 U.S. 539, 559 (1976).
56   New York Times Co. v. United States, 403 U.S. 713, 714 (1971).
57   Southeastern Promotions, Ltd. v. Conrad, 420 U.S. 546, 559 (1975).

었다.

　사건 당사자들은 구영화법의 사전 심의 규정에 대해 각각 위헌법률심판 제청 신청과 헌법소원 신청을 했다. 6년간 계류돼온 〈오! 꿈의 나라〉를 둘러싼 '영화 사전 심의 위헌 제청'에서, 헌법재판소는 심의기관이 허가 절차를 통해 영화 상영 여부를 종국적으로 결정하는 것은 표현물에 대한 검열을 금지한 헌법에 위배된다며 영화법의 심의제는 사전 검열 제도에 해당하며, 공연윤리위원회는 검열기관으로 볼 수 있다고 했다. 그래서 예고편을 포함해 영화 상영 전에 영상물등급위원회의 심의를 받도록 하고(영화법 제12조 1항), 심의를 받지 않은 영화의 상영을 금지하며(동조 2항), 필요한 부분을 삭제하고 심의필을 결정할 수 있도록(제13조 1항)한 영화 심의 제도는 그 효력을 상실했다.[58] 이 사건 헌법재판소는 의사 표현의 자유는 헌법의 언론·출판의 자유에 속하고, 의사 수단의 매개체는 (영화를 포함) 어떤 형태이건 제한이 없다고 했다. 그리고 '검열'을 행정권이 주체가 되어 사상이나 의견 등이 발표되기 이전에 예방적 조치로 그 내용을 심사, 선별해 발표를 사전에 억제하는 제도로 규정하고, 검열제가 허용될 경우, 국민의 예술 활동 독창성과 창의성을 침해해 정신생활에 미치는 위험이 클 뿐만 아니라 행정 기관이 집권자에게 불리한 내용 표현을 사전에 억제함으로써 지배자에게 무해한 여론만이 허용되는 결과를 초래할 염려가 있기 때문에 헌법에 직접 그 금지를 규정하고 있는 것이라고 밝혔다.

　그러나 영화 심의 제도가 폐지됐다고 해서 통제가 사라진 것은 아니었다. 1년 뒤인 1997년 11월, 검찰은 국가보안법 위반 등으로 '이적표현물'이라는 혐의를 받은 〈레드 헌트〉를 상영했다는 이유로 인권 영화제 집행위원장인 서준

58　헌법재판소 1996.10.4. 선고, 93헌가13, 91헌바10 (병합) 결정 등. 이 사건의 위헌 결정이 내려진 후 영화진흥법이 개정되어 사전 심의 제도는 상영등급 부여 제도로 변경되어 전체, 12세, 15세, 18세 관람가를 두었으며, 등급 부여를 분류해 상영을 금지시키는 등급분류 보류 제도를 만들어 심의 주체를 한국공연예술진흥협회로 변경했다. 1999년 전문 개정을 통해 심의 주체를 다시 현재 영상물등급위원회로 변경했다. 그러나 이때까지도 등급분류 보류 제도는 등급을 받기 위해 제작자가 문제되는 부분을 자진 삭제해야 했다. 따라서 2001년 이 등급분류 보류 제도 역시 헌법재판소에 의해 위헌 판결을 받았다.

식을 구속했다. 2005년에는 고 박정희 대통령의 시해 사건을 다룬 영화 〈그때 그 사람들〉을 둘러싸고 법원이 일부 장면을 삭제하라고 명령했다. 그러나 원고가 삭제를 요구한 부분에 대해서는 그 작품이 가공의 창작인 점을 고려해 인정하지 않았다. 영화사 측은 사전 검열에 대해 법원에 이의를 제기하면서도 일부 장면을 삭제하고 영화를 개봉했다. 그러나 다시 명예훼손을 이유로 한 손해배상 소송이 제기됐고, 법원은 손해배상 소송 금액 5억 원 중 1억 원을 보상하라고 판결을 내렸다. 사전 검열은 헌법이 보장하는 표현의 자유를 침해하는 위헌이라는 헌법재판소의 1996년 결정에도 불구하고 그 뒤에도 국가보안법이나 형법의 음란죄 조항 등을 들어 표현을 제한하고 있다. 최근에는 국가보안법 위반 사례는 줄고 있으나 명예훼손 등과 관련된 새로운 쟁점들이 끝없이 생겨나고 있다.[59]

현재 대한민국 헌법은 분명히 사전 검열을 금지하고 있다. 헌법 제21조 제2항의 검열 금지 규정은 헌법에서 직접 기본권 제한의 한계를 명하고 있다. 동 조항의 '검열'이란 행정권이 주체가 되어 사상이나 의견이 발표되기 이전에 예방적 조치로서 그 내용을 심사·선별하여 발표를 사전에 억제하는, 즉 허가받지 않은 것의 발표를 금지하는 제도를 뜻한다. 사전 제한으로 나아가기 위해 사전 검열을 하는 행위를 금지하는 것은 언론·출판에 의해 이루어지는 과정 및 그 내용에 대한 국가의 감시와 통제를 배제함으로써 의사소통에 대한 국가의 간섭 내지 국가의 조종을 막고자 하는 것이다. 따라서 어떠한 목적을 위해서도, 즉 정당한 법익의 보호, 예컨대 타인의 명예 보호 등을 위해서도 허가나 검열은 허용되지 않는다.[60] 헌법의 동 조항이 검열 금지를 따로 규정한 것은 헌법 제37조 제2항이 국민의 자유와 권리를 필요한 경우에 한해 법률로써 제한할 수 있도록 하고 있지만, 언론·출판에 대하여는 검열을 수단으로 한 제한만은 법률로도 허

---

59   박홍규, 『예술, 법을 만나다』, 이다미디어, 2010, 132쪽.
60   장영수, 앞의 책, 671쪽.

용되지 않는다는 것을 밝힌 것이다. 따라서 국가 안전 보장, 질서유지 또는 공공복리를 위해 필요한 경우라도 검열이 허용될 수 있는 것은 아니다.

'헌법상 검열'에 해당하기 위해서는 첫째, 표현 '내용'에 대한 사전 검열이어야 한다. 검열은 표현 내용을 기준으로 그 발표 여부를 결정하는 경우를 의미한다. 따라서 표현 내용에 대한 심사가 아닌 경우, 즉 내용의 중립적인 규제는 그것이 비록 발표 이전에 행해지는 심사라고 하더라도 검열에 해당되지 않는다. 표현 내용에 대한 규제는 원칙적으로 중대한 공익의 실현을 위해 불가피한 경우에 한해 엄격한 요건하에서 허용되는 반면, 표현 내용과 무관하게 표현방법을 규제하는 것은 합리적인 공익상의 이유로 폭넓은 제한이 가능하다.[61] 둘째, 검열의 금지는 국가의 사전적 심사인 '사전' 검열만을 의미한다. 사전 검열은 표현 행위가 이루어지기 이전에 심사와 규제가 행해짐을 말한다. 셋째, 헌법상 사전 검열 금지 명령은 행정기관에 의한 것이다. 헌법재판소는 '정기간행물등 사건'에서 검열의 주체로 '국가기관'을 들었으나, '영화 사전 심의 사건'에서는 검열의 주체를 '행정기관'으로 제한했다. 따라서 행정기관이 아닌 사법권에 의한 사전 제한은 검열에서 제외된다. 법원은 정치적으로 중립적 기관이며 인권 보장의 보루로서 표현물이 사회에 미치는 해악의 위험성이 클 경우에는 법원의 공정한 절차를 통해 사전 억제가 필요하다고 본 것이다.

행정기관인지의 여부는 기관의 형식에 의하기보다는 그 실질에 따라 판단되어야 한다. 헌법재판소는 검열을 행정기관이 아닌 독립적인 위원회에서 행한다고 하더라도 행정권이 주체가 되어 검열 절차를 형성하고 검열 기관의 구성에 지속적인 영향을 미칠 수 있는 경우라면 실질적으로 검열 기관은 행정기관이라고 봐야 한다고 했다.[62] 또한, 검열 기관이 민간 자율 기구로서 그 지위의 독립성이 보장된다고 하더라도 검열 절차가 국가에 의해 입법의 형태로 계획되고 의

61　헌법재판소 2002.12.18. 선고, 2000헌마764 결정.
62　헌법재판소 1996.10.4. 선고, 93헌가13, 91헌바10 (병합) 결정.

도된 이상 사전 검열에 해당한다고 판시하고 있다.[63]

사후 검열

헌법상 검열 금지 원칙은 사전 검열만을 금지한 것으로 사후 검열의 길
은 열어두었다. 사전 제한이 아니라 사후 제한이며, 그 제한의 목적이 국가 안
전 보장, 질서유지 또는 공공복리를 위한 것이라면 필요 최소 한도의 제한이 가
능하다. 유통 단계에서 미리 등급을 심사하는 것은 사전 검열이 아니다. 헌법재
판소는 검열은 일반적으로 허가를 받기 위한 표현물의 제출 의무, 행정권이 주
체가 된 사전 심사 절차, 허가를 받지 아니한 의사 표현의 금지 및 심사 절차를
관철할 수 있는 강제 수단 등의 요건을 갖춘 경우에만 이에 해당하는 것이라고
판시했다.[64] 검열 금지 원칙은 허가를 유보한 금지 제도를 금지하는 데에 핵심
이 있다. 이에 반해 금지 가능성과 결부되지 않는 신고 의무 및 제출 의무는 검
열이 아니다. 따라서 출판물 신고를 의무화하거나 청소년 보호를 위한 영상물
등급 제도를 두는 것은 가능하다. 그러나 영상물 등급 제도에 대한 논란은 끊
이지 않는다. 동성애를 다룬 영화 〈친구사이?〉는 영상물등급위원회의 청소년관
람불가 판정을 받았다. 그러나 이 영화의 베드신은 이성애를 다룬 영화로서 15세
관람가 판정을 받은 〈불꽃처럼 나비처럼〉보다 약한데도 불구하고 다른 등급 판
정이 나온 것에 형평성 문제가 제기됐다. 이성애의 애정 장면보다 수위가 낮더
라도 동성애의 애정 장면을 이유로 청소년관람불가 판정을 내린 것은 음란물로
부터 청소년을 보호하겠다는 취지와는 거리가 먼 정치적 판정으로 볼 수도 있
기 때문이다.

한편, 영화 등급분류 보류 제도를 두고 있는 '영화 등급 심사 제도'에 대해

63   헌법재판소 2001.8.30. 선고, 2000헌가9 결정.
64   헌법재판소 1996.10.4. 선고, 93헌가13 결정 등.

서는 사전 검열로 보는데 그 근거는 다음과 같다. 첫째, 등급을 받기 위해 영상물등급위원회에 상영 이전에 제출해야 하기 때문에 '허가를 받기 위한 표현물의 제출 의무'에 해당한다. 둘째, 영상물등급위원회는 독립된 위원회이지만 실질적으로는 '행정기관'에 해당한다. 셋째, 형식적으로는 등급분류 보류라고 하더라도 실질적으로는 영상물등급위원회의 허가를 받지 않는 한 무한정 영화를 통한 의사 표현이 금지되기 때문에 실질적으로는 허가를 받지 않은 의사 표현의 금지에 해당한다. 넷째, 상영 등급을 분류받지 않은 채 상영할 경우 과태료가 부과되어, 등급분류 보류 판정을 받아 상영 금지된 영화를 상영할 경우에는 형벌까지 부과되므로 '심사 절차를 관철할 수 있는 강제 수단'을 갖고 있다고 본다.

이에 비해 '비디오물에 대한 영상물등급위원회의 등급분류제'에 대해서는 표현물의 사전 제출 의무, 행정기관성, 심사 절차를 관철할 수 있는 강제 수단의 요건은 갖추었지만, '허가를 받지 아니한 의사 표현의 금지' 요건을 갖추지 못하여 사전 검열에 해당한다고 볼 수 없다. 헌법재판소는 이 사건 비디오물 등급분류는 의사 표현물의 공개 내지 유통을 허가할 것인가 말 것인가를 사전에 결정하는 절차가 아니라 그 발표나 유통으로 인한 실정법 위반 사태를 미연에 방지하고, 비디오물 유통으로 인해 청소년이 받게 될 악영향을 미리 차단하고자 공개나 유통에 앞서 이용 연령을 분류하는 절차에 불과하다. 결론적으로 이 사건 비디오물 등급분류는 사전 검열에 해당한다고 볼 수 없다고 했다.[65]

비평과 검열 사이

비평·비판과 검열을 가르는 경계는 어디일까. 초상화가인 데이비드 실베트David Silvett는 미국 버지니아 주 정부에 자신의 작품을 기증하려고 했다. 버지니아 예술위원회 측은 이 작품을 기증받을지 여부를 논의하던 끝에 기증을 원

---

65 헌법재판소 2007.10.4. 선고, 2004헌바36 결정.

한다면 초상화를 변경할 것을 실베트에게 요청했다. 실베트는 예술적 표현의 자유를 불법적 검열을 통해 억압하고 있다며 위원회를 고소했다. 이에 대해 법원은 예술가는 자신이 선택한 대로 그림을 그릴 자유가 있지만, 이 자유가 주정부로 하여금 강제로 해당 작품을 기증받아 전시하도록 강요할 자유는 아니라고 한계를 그었다. 작품에 대한 예술적·문화적 가치를 사전에 평가하고 의견을 주는 것은 위원회의 의무 사항이며, 거부 이유를 발언하고 변경을 조언할 수 있다는 것이다.[66]

미국은 정치적 표현에 대해 완벽한 표현의 자유를 보장하지만 상업적인 표현에 대하여는 제한적으로 표현의 자유를 보장한다. 1984년 미국 대통령 선거 후보인 월터 먼데일Walter Mondale의 나체 포스터를 『펜트하우스』지에 게재한 것에 대해 법원은 "상업적 표현은 특정 상품이나 서비스에 대한 홍보에 한정되며, 대선 후보의 나체 포스터는 정치적 표현에 해당한다"고 판시했다.[67] 지하철 역에 당시 집권 세력인 레이건 정부에 대한 비판적인 내용을 담은 포스터를 게시하려다 지하철 당국으로부터 거절당한 사건에 대해서는 "교통국은 정부기관이며 정부기관이 공공장소에서 정치적 내용의 포스터 게시를 거부하는 것은 사전 검열이며 위헌"이라고 판시했다.[68]

버스에 게시한 광고물은 공공장소에 게시한 것과 같으므로 광고물의 내용에 따라 정부나 지자체가 광고 게재 의뢰를 거부하면 사전 검열에 속하므로 위헌이다. 루돌프 줄리아니 전 뉴욕 시장이 자신을 부정적으로 언급하는 뉴욕의 한 잡지 광고물을 버스에 싣는 것을 거부한 것에 대해 법원은 "사전 검열에 속하는 정부의 불법적 행위"라고 판시했다.[69]

66   Silvette v. Art Commission of the Commonwealth of Virginia, 413 F. Supp. 1342 (E.D. Va. 1976).

67   Penthouse International, Ltd. v. KOCH, New York City Transit Authority, 599 F. Supp. 1338 (1984).

68   Lebron v. Washington Metropolitan Area Transit Authority, 749 F.2d 893 (D.C. Cir. 1984).

69   New York Magazine v. Metro. Transit Authority, 987 F. Supp. 254 (1997).

표현에 대한 국가의 개입

사회성이나 정치성이 짙은 예술은 늘 논란이 된다. 국가는 체제를 반대하는 메시지를 담은 예술에 끊임없이 제동을 걸어왔다. 18세기 미국 의회는 반란금지법Alien and Seditions Acts를 제정해 집권당에 반대하는 사람들을 통제하고자했다. 이 법은 대통령, 의회, 정부의 명예를 훼손할 목적으로 거짓이나 루머를퍼트리거나 악의적 비판을 하는 사람들을 처벌했다. 두 차례의 세계대전 동안미국 정부는 이 법을 근거로 정부를 모독하는 사람들을 처벌했다.

그러나 1969년 연방대법원이 정치적 반대자의 발언, 심지어 전복적인 발언을 하는 자에 대한 처벌을 중단하는 판결[70]을 내리면서 국가 통제에 제동을 걸기 시작한다. 법원은 성역 없이, 건전하고 개방적인 정치적 논쟁은 민주주의에필수적이며 영국 왕을 보호하기 위해 제정된 '모욕죄'는 수정헌법 제1조와 충돌한다고 봤다. 법원은 당장 무법적 행위를 실행하도록 선동하거나 선동할 가능성이 있는 표현 외에는 이를 막아선 안 된다고 설시했다. 한국의 경우 형법에 공연히 사람을 모욕한 자는 1년 이하 징역이나 금고 또는 200만 원 이하 벌금에 처한다고 규정해, 공연히 사람을 모욕함으로써 성립하는 범죄로 모욕죄를처벌하고 있다.[71]

국기 모독

국기는 상징성이 강하다. 국기를 불태우거나 훼손하는 행위는 특정 정치적 사상이나 이념, 정책, 체제에 대한 반대나 분노를 표현할 수 있는 가장 극적인 방식이다. 미국에서 성조기the Stars and Stripes는 오랫동안 표현의 자유와의 전

---

70   Brandenburg v. Ohio, 395 U.S. 444 (1969).
71   형법 제311조.

쟁에서 주요한 소재로 사용되었다. 미국 연방대법원의 일관된 판결에 따르면, 수정헌법 제1조는 표현의 자유를 박탈하는 것을 금지한다고만 명시하고 있지만 그 보호 대상이 단지 말이나 글에만 국한되지 않으며 행위 또한 경우에 따라 보호 범위에 들어가기에 충분한 커뮤니케이션 요소를 담을 수 있다고 인정한다. 특히 국기 소각 같은 행위의 의사 표현적 성격과 관련해 상징주의symbolism는 사상 교류를 위한 원초적이고 효과적인 수단으로 본다. 또한 어떤 체제나 사상, 제도, 혹은 인격체를 상징하기 위해 휘장이나 깃발을 이용하는 것은 사람들의 마음과 마음을 잇는 가장 빠른 길이라고 본다.[72]

국기는 예술가들이 자주 사용해온 소재이기도 하다. 1966년 뉴욕 소재 갤러리의 소유주인 스티븐 래디치Stephen Radich는 성조기, 러시아 국기, 나치 상징물, 방독면 등으로 만들어진 마크 모렐Marc Morrel의 조각품을 전시했다. 한 작품은 탄약상자로 보이는 상자를 성조기로 싸고 있었고, 또 다른 작품은 머리 부분에 주교관이 달린 커다란 십자가 형태 안에 팔은 교회기로 둘러싸고 발기된 남근은 수직으로 돌출되어 성조기로 둘러싸고 있었다. 래디치는 국기 오손 행위로 기소되었고 7년여에 걸친 송사에 휘말리게 되었다. 뉴욕 항소법원은 미술적 표현이라는 주장을 배척하고 의도적인 국기 모독으로 보고 유죄를 인정했다. 대법원에서도 가부 동수가 되어 그대로 항소심 판결이 유지되었다. 그러나 이 사건은 구속적부심사에서 재심리되었고 원심이 번복되었다.

법원은 두 가지를 쟁점으로 삼았다. 첫째 피고 래디치의 행위, 즉 전시 행위가 수정헌법 제1조의 보호를 받기 위한 요소들을 갖고 있는지, 커뮤니케이션 요소를 갖고 있는지 여부를 살펴보는 것이다. 모렐의 작품 전시는 당연히 표현의 자유를 누릴 만한 것이다. 따라서 판결은 두 번째 쟁점에 달려 있는데, 래디치를 기소한 정부에게 개인의 이득(표현의 자유)을 넘어서는 저항할 수 없는 compelling 수준의 이득이 있는지를 살펴보는 것이다.

---

72 Texas v. Johnson, 491 U.S. 397 (1989).

법원은 평화를 수호하고 법 감정을 해치지 않으면서 국가의 상징으로서 국기를 보존하려는 주 정부의 이득은, 전시라는 표현 행위를 통해 자유롭게 정치적 저항의 메시지를 전달하는 예술가와 갤러리의 이득보다 크지 않다고 판단했다.[73] 연방지방법원은 구속적부심사를 하는 과정에서 1974년 '스펜스' 판결[74]을 인용해, 당해 작품이 전시된 상황에서는 수정헌법의 보호를 받을 수 있다고 판시했다. 덧붙여 정부 측이 급박한 불법적 행위가 있었다거나 공공질서를 교란할 가능성이 있다는 증거를 제시하지 못했다고 판시했다. 법원은 국기를 보호하기 위해 제정된 법이 오히려 자유를 해침으로써 자유의 상징인 성조기의 가치를 훼손시키는 결과를 초래했다고 설시했다.

미국 수정헌법 제1조에 따라 예술가들이 국기를 마음대로 창작 활동에 사용할 수 있게 되었으며, 특히 정치적 의사표시의 목적으로도 얼마든지 사용 가능하다. 특히 국기, 국가나 정부를 상징하는 인장, 엠블럼 등의 사용을 제한하는 법이 시민의 표현의 자유를 제한하는 반면, 정부가 그러한 제한을 강제할 만한 압도적인 이유를 증명하지 못할 경우에 그렇다. 미국의 캄보디아 침공을 계기로 야기된 반대 시위에서 대학생 네 명이 사망하자 당시 대학생이던 스펜스가 미국의 동남아 정책에 항의하고 주방위군이 대학 내에서 자행한 난폭한 행동에 항의하기 위해 1970년 5월, 성조기의 앞면과 뒷면에 평화의 상징으로서 검은 테이프를 사용해 삼지창을 원형으로 둘러싼 모양을 그려 넣고 이를 거꾸로 창문에 게양한 일이 있었다. 이 사건에서 법원은 스펜스 행위의 본질과 이 행위가 행해진 사실적 배경 및 상황을 고려했다. 미국 연방대법원은 평화의 상징이 덧붙여진 성조기의 게양은 항의의 메시지를 전달하려는 표현의 한 형태이며, 따라서 스펜스의 행위에 대한 유죄판결은 수정헌법 제1조 위반이라고 판시했다.[75]

국기와 관련해 미국에서 가장 논란이 된 판결은 텍사스 대 존슨Texas v.

73   U.S. ex rel Radich v. Criminal Court of City of New York, 385 F. Supp. 165 (S.D.N.Y. 1974).
74   Spence v. Washington, 418 U.S. 405 (1974).
75   418 U.S. 405.

Johnson 사건76이다. 1984년 텍사스 주 댈러스에서는 당시 대통령 로널드 레이건을 대통령 후보로 재신임하는 공화당 전당대회가 한창이었다. 공산주의자 그레고리 존슨은 동료들과 함께 댈러스 시청까지 항의 행진을 벌였는데 이때 성조기를 불태우는 세리머니를 펼쳤다. 당시 텍사스 주법에 따르면 국기를 포함한 국가 상징물에 대한 모독 행위를 금지하고 있었다. 존슨은 유죄판결을 받았지만, 항소심에서는 무죄판결을 받았다. 텍사스 주 검찰의 상고로 결국 1989년 연방대법원까지 올라갔다. 그 결과 국기 소각이 수정헌법 제1조가 보호하는 표현의 자유에 해당하는지, 따라서 텍사스 주법이 위헌인지에 대한 판결은 5대 4로 존슨의 승리로 끝났다.

이 사건에서 연방대법원은 "단지 사회적으로 어떤 사상이 불쾌하거나 무례하다고 판단된다는 이유로 정부가 그러한 사상의 표현을 금지할 수는 없으며, 국기와 관련된 경우라고 해도 이러한 원칙에 예외를 인정한 적이 없다. 나아가 정부가 오직 제한된 메시지만을 전달하기 위해 지정 상징물designated symbols을 허용하여 표현의 자유를 제한할 수 있다고 결론짓는 것은 이성적인 결론이 아니며 논리적 정당화 역시 어려운 일이다"라고 판시했다. 다음은 브레넌 대법관이 작성한 다수 의견의 판결문 일부다.

> 우리는 국기가 국가 공동체 내에서 차지하는 특별한 지위가 오늘의 판결로 약화되기보다는 오히려 강화되리라 믿는다. 우리의 결정은 성조기가 상징하는 자유와 포용의 원칙을, 그리고 비판 행위에 관한 관용이야말로 이 나라가 강건할 수 있는 원천임을 재확인하는 것이다. …… 다시 말하거니와 국기가 상징하는 미국의 힘은 경직성이 아니라 융통성에 있다. 국기 모독 행위를 처벌하는 것은 바로 그 소중한 휘장이 상징하는 자유를 희석시키는 행동이다.

76 491 U.S. 397.

미국의 상하 양원은 텍사스 대 존슨 판결이 나오자마자 판결에 대한 비난 결의를 채택하고, 초당적인 '국기보호법Flag Protection Act of 1989'을 제정했다. 이 법률에 의하면, 성조기를 알면서 공연히 절단하거나 훼손하거나 더럽히거나 태우거나 짓밟는 자에 대해 1년 이하의 징역이나 벌금에 처한다. 그러나 연방대법원은 다음 해에 의회는 수정헌법 제1조의 표현의 자유를 침해하는 법을 제정할 수 없다며 텍사스 대 존슨 사건과 같은 논리로 위헌 결정을 내렸다.[77]

그렇지만 한국은 태극기를 사용한 예술적 표현의 자유에 관대하지 않은 편이다. 화가 김명수는 태극기의 아름다움에 반해 태극기를 이용한 작품을 만들었지만 그의 노력은 번번이 좌절되었다. 1972년에는 "국기의 권위를 훼손했다"며 전시도 되기 전에 폐기되었다. 1988년에는 작가가 자리를 비운 사이 그가 만든 태극기 조형물이 누군가에 의해 철거되었다.[78] 현행 대한민국국기법은 깃 면에 구멍을 내고 절단하는 등 훼손하여 사용하거나 국민에게 혐오감을 주는 방법으로 활용하지 못하도록 하고 있다.[79] 형법 제105조는 "대한민국을 모욕할 목적으로 국기 또는 국장을 손상, 제거 또는 오욕한 자는 5년 이하의 징역이나 금고, 10년 이하의 자격정지 또는 700만 원 이하의 벌금에 처한다"고 규정하고 있다. 국기에 욕설을 퍼붓거나 국기 문양을 가진 쓰레기통이나 팬티 등을 제작·사용하는 것 등이 국기에 대한 비방에 해당한다. 비방이 예술 작품의 형식을 빌려서 행사되었을 때에는 예술의 자유에 관한 기본권 보장은 이 형법 규범과 충돌하는 한에서 제한한다고 한다.[80] 따라서 국기 외에도 국가를 상징하는 휘장이나 인장, 명칭 등을 사용해 작품 활동을 할 때에는 정부기관에 문의하거나 법률 조언을 받는 것이 좋다.

77   U.S. v. Eichman, 496 U.S. 310 (1990).
78   김민호, 『별난 법학자의 그림 이야기』, 예경, 2004, 147-148쪽.
79   대한민국국기법 제11조, 시행 2011.8.31, 법률 제10741호, 2011.5.30, 타법 개정.
80   김일수·서보학, 『형법각론』(제5판), 박영사, 2003, 944쪽.

국가보안법과 예술

"내가 빨간색을 많이 쓰긴 했지만요, 그러나 난 빨갱이가 아닙니다."

이중섭이 대구에서 지낼 때, 어느 날 불현듯 대구경찰서에 찾아가 경찰들을 붙들고 하소연하듯 했다는 말이다.[81] 한국전쟁 이후 예술가와 예술계 전반에 퍼져 있는 '레드 콤플렉스', 분단과 냉전 이데올로기의 파장을 잘 드러내는 에피소드다. 하지만 이런 생각이 피해 의식에서 나온 것만은 아니다. 국가보안법은 여전히 한국 내 예술가들의 자유로운 창작 및 표현 활동을 통제하고 있다.

분단과 휴전 중인 남북관계라는 특수한 상황을 반영한 국가보안법은 1948년 12월 1일에 제정됐다(법률 제10호). 국가보안법의 목적은 "국가의 안전을 위태롭게 하는 반국가활동을 규제함으로써 국가의 안전과 국민의 생존 및 자유를 확보"하는 데 있다. 미술과 관련해서는 특히 제7조 제5항의 '이적표현물 작성 등의 죄'가 문제된다.

> 국가보안법 제7조(찬양·고무 등)
>
> ①국가의 존립·안전이나 자유민주적 기본 질서를 위태롭게 한다는 점을 알면서 반국가단체나 그 구성원 또는 그 지령을 받은 자의 활동을 찬양·고무·선전 또는 이에 동조하거나 국가 변란을 선전·선동한 자는 7년 이하의 징역에 처한다.
>
> ⑤제1항·제3항 또는 제4항의 행위를 할 목적으로 문서·도화 기타의 표현물을 제작·수입·복사·소지·운반·반포·판매 또는 취득한 자는 그 각 항에 정한 형에 처한다.

---

81   이주헌, 앞의 책, 137쪽.

한국에서는 1980년대부터 민중미술운동이 싹트면서 국가보안법과 끊임없는 갈등을 빚었다. 1985년 경찰이 '1985년 한국 미술 20대 힘'전에 출품된 작품 36점을 철거하고 작가 중 다섯 명을 유언비어 유포죄로 즉심에 회부하기도 했다. 1987년에는 전모 작가와 이모 작가가 그린 걸개그림〈백두산의 산자락 아래, 밝아오는 통일의 새날이여〉가 전시 도중 압수되었다. 1989년에는 신학철이 그린〈모내기〉가 북한의 폭력혁명을 찬양·고무했다는 혐의를 받고 기소되어 작품이 몰수되었다. 이 작품에서 작가는 모내기하면서 외세를 상징하는 코카콜라, 양담배 등을 바다로 쓸어넣는 남측 농부들의 모습과, 풍년을 경축하며 행복한 얼굴을 하고 있는 북측 농부들의 모습을 대비했다. 이 그림은 1989년 국가보안법상 이적표현물로 당국에 압수되고, 작가는 3개월간 서울구치소에 수감됐다. 재판 절차는 10년간 지속되었고 1심과 2심에서는 무죄를 받았으나, 1999년 대법원에서 유죄 확정 판결을 받았다. 그러나 2004년 유엔인권위원회UNCHR는 한국 정부는 표현의 자유 침해 사실을 인정하고 구제 조치를 취하라고 결의했다. 무죄를 판단한 원심과 유죄를 판단한 대법원의 논리를 비교해보자.

서울형사지방법원 1994.11.16. 선고, 93노7620 판결
가. 제7조 제5항의 규정은 각 그 소정 행위가 국가의 존립·안전을 위태롭게 하거나 자유민주적 기본 질서에 위해를 줄 명백한 위험이 있는 경우에 한해서 적용되는 것이다. 첫째 그림이 표현하는 사상이나 이념이 구국가보안법(1991.5.31. 법률 제4373호로 개정되기 전의 법률) 제7조 제5항에 위반되는 이적성이 있는지 여부를 판단함에 있어서는 그 시대의 상황에 있어서 사회 일반인이 갖는 건전한 상식과 보편적인 정서에 기초하여 그림을 해석해야 할 것이고, 둘째 미술품이 실정법 위반인지 여부를 판단함에 있어서는 획일적·일의적으로 해석하지 않도록 매우 신중하고 섬세하여야 하며, 셋째 회화의 이적성 여부를 판단함에 있어서 어떤 특정 부분을 전체 그

림에서 분리하여 독립적으로 해석하여 그것이 이적성을 띠는 것인가 여부를 판단하여서는 아니되고 각개의 구성 부분은 주제의식을 드러내기 위해서 작품 전체의 구성과 관련하여 어떠한 역할을 하는가 하는 관점에서 해석되어야 하고, 넷째 헌법 제22조 제1항에서 예술의 자유를 보장하고 있으므로 국가 안전 보장, 질서유지, 공공복리 등을 위하여 이를 제한하는 경우에도 필요한 최소한의 규제에 그쳐야 할 것이어서 그 제한 법규는 가능한 한 한정적으로 엄격하게 축소 해석하여야 할 것이다.

나. 거시 증거에 의하여, 이 사건 모내기 그림의 하반부에 관하여는, 전체적으로 원작자가 표현하고자 하는 바대로 통일에 장애가 되는 요소로서의 외세와 저질 외래 문화를 배척하고 우리 사회를 민주화하여 자주적·평화적 통일로 나가야 한다는 조국통일에의 의지 및 염원을 나타낸 것이고, 하반부의 그림 중에 탱크, 미사일 등 무기를 써레질하는 모양은 비인간적이고 평화와는 상치되는 무기의 배제를 상징적으로 나타내어 평화통일을 이루어야 함을 표현하고자 하는 것이고, 위 모내기 그림의 상반부에 관하여는 통일이 주는 기쁨과 통일 후의 평화로운 모습을 이상향으로 묘사하고 있는 사실을 인정하고, 공소사실에 부합하는 증거를 배척하여 무죄를 선고한 제1심을 그대로 유지한다.

대법원 1998.3.13. 선고, 95도117 판결

가. 표현물의 내용이 구국가보안법의 보호법익인 국가의 존립·안전과 자유민주적 기본 질서를 위협하는 적극적이고 공격적인 표현이면 표현의 자유의 한계를 벗어난 것이고 표현물에 이와 같이 이적성이 있는지 여부는 표현물의 전체적인 내용뿐만 아니라 그 제작의 동기는 물론 표현 행위 자체의 태양 및 외부와의 관련 사항, 표현 행위 당시의 정황 등 제반 사정을 종합하여 결정하여야 할 것이다. (대법원 1992.3.31. 선고, 90도2033 전원합의체 판결, 1997.2.28. 선고, 96도1817 판결, 1997.6.13. 선고, 96도2606

판결 등 참조)

나. 민족미술협의회(민미협)는 민족미술운동 또는 민중미술운동을 추구하고 있는 바 민중미술운동에 대하여 민족 역량의 한 부분이며 민족이 처한 상황을 극복하는 힘이라고 자평하고 있으므로 민중미술은 순수 미술이 아니라 이른바 민족 과제에 복무하는 미술로서 민중들의 통일 의지를 심어주고 민중의 민족 해방 의지를 구체화하는 작품을 창작하는 데 그 목적을 두고 있는 사실, 위 그림의 제작 당시인 1986-1987년경에는 소위 운동권에서 주체사상이 널리 확산되면서 북한의 주장을 좇은 남한 혁명 이론으로서 민족해방민중민주주의혁명론NLPDR이 득세했는데 동 이론은 남한을 미 제국주의의 식민지로 보고 미국의 사주를 받은 군사독재 정권과 매판자본가들이 남한의 민중을 억압, 착취하고 있으므로 남한의 노동자, 농민, 애국적 청년, 학생, 지식인 등이 연합하여 미제를 축출하고 민중의 정권 이른바 민주정부를 수립하여야 한다는 이론이었고, 아울러 통일에 관하여도 남한에서 위와 같은 민주정부를 수립한 후 북한과의 연방제 통일을 주장하는 이론이 주장되기 시작하였던 사실을 인정할 수 있는 바,

다. 위 인정 사실에 비추어 보면 상반부는 북한을 그린 것으로서 통일에 저해되는 요소가 전혀 없이 전체적으로 평화롭고 풍요로운 광경으로 그림으로써 결과적으로 북한을 찬양하는 내용으로 되어 있고, 그림 하반부는 남한을 그린 것으로서 미·일 제국주의와 독재 권력, 매판자본 등 통일에 저해되는 세력들이 가득하며 농민으로 상징되는 민중 등 피지배계급이 이들을 강제로 써레질하듯이 몰아내면 38선을 삽으로 걷듯이 자연스럽게 통일이 된다는 내용을 그린 것이라 할 것이므로, 결국 이는 피지배계급이 파쇼독재 정권과 매판자본가 등 지배계급을 타도하는 민중민주주의혁명을 일으켜 연방제 통일을 실현한다는 북한 공산 집단의 주장과 궤를 같이하는 것으로 여겨질 뿐만 아니라, 위에서 본 제작 동기, 표현 행위 당시의 정황 등 제반 사정을 종합하여 보면, 위 그림은 반국가단체인 북한 공산 집단의

활동에 동조하는 적극적이고 공격적인 표현물로서의 구국가보안법 제7조
제5항 소정의 이적표현물에 해당한다고 봄이 상당하다고 할 것이다.

양 법원이 표현물의 이적성을 판단하는 기준과 기준의 적용 방식에 큰 차
이가 있다. 먼저 서울형사지방법원은 그림이 표현하는 사상이나 이념이 '이적
성'이 있는지 여부를 판단할 때 다음과 같은 기준을 제시했다. ①그 시대의 상
황에 있어 사회 일반인이 갖는 건전한 상식과 보편적인 정서에 기초해 그림을
해석해야 한다. ②미술품에 대한 실정법 위반 여부를 판단할 때에는 획일적·일
의적으로 해석하지 않도록 매우 신중하고 섬세해야 한다. ③회화에서 어떤 특
정 부분을 전체 그림에서 분리해 독립적으로 해석하기보다는 각개 구성이 주제
의식을 드러내기 위해 작품 전체의 구성과 관련해 어떠한 역할을 하는지의 관점
에서 해석돼야 한다. ④헌법이 예술의 자유를 보장하고 있으므로 국가 안전 보
장, 질서유지, 공공복리 등을 위해 이를 제한하는 경우에도 필요한 최소한의 규
제에 그쳐야 한다. 따라서 그 제한 법규는 가능한 한 한정적으로 엄격하게 축소
해석해야 한다. 이에 비해, 대법원은 표현물의 이적성 여부에 대한 판단은 표현
물의 전체적인 내용뿐만 아니라 그 제작 동기는 물론 표현 행위 자체의 태양 및
외부와의 관련 사항, 표현 행위 당시의 정황 등 제반 사정을 종합하여 결정해야
한다고 했다.[82]

"명백하고 현존하는 위험의 원칙"

제1차 세계대전 기간 동안과 그 직후의 시기에 미국 연방대법원은 명백하
고 현존하는 위험 기준clear and present danger test을 정립하고 이를 적용하기 시작

---

[82] 이후 대법원은 "해당 표현물의 어느 표현 하나만을 따로 떼어 놓고 볼 것이 아니라 문맥을 통해 그 전체적인 내
용을 객관적으로 분석하여 이적성 유무를 판단해야 한다"고 보충하고 있다. 대법원 2007.5.31. 선고, 2004도254 판결.

했다. 이는 1919년 솅크Schenck 사건에서 제시된 기준으로 심각하고 급박한 상황에서 해악이 발생할 경우 표현의 자유에 대한 제한이 가능하다는 원칙이다. 1950년대 매카시즘 시대에는 위법 행위의 발생 가능성에 비추어본 해악의 중대성에 따라 언론의 보호 여부를 결정하는 위험 가능성 공식으로 이 기준을 재정립하고, 1960년대 후반 이래로 '선동'을 좁게 정의해왔다. 이 접근 방법에 의하면 위법 행위의 옹호는 급박한 위법 행위의 가능성이 있고 그 언론이 급박한 위법을 초래하고자 한 경우에만 처벌할 수 있다.

인종 청소를 옹호하는 신나치주의자들의 집회에 대해 나치 마크를 앞세운 시위는 상징적 발언으로서 표현의 자유에 해당한다고 판시했다.[83] 인종주의 단체인 KKK단의 한 지도자가 오하이오 주의 투쟁적노동운동처벌법에 기하여 유죄판결을 선고받았다. 그의 선동에 대한 증거는 이 단체 대회 행사들을 찍은 필름이었는데 거기에는 인종차별적 연설과 반유대주의 연설이 포함돼 있었다. 다량의 무기를 포함해 그 필름에 나오는 몇몇 물품들도 증거로 제시되었다. 이 판결에서 연방대법원이 취한 선동 기준incitement test에 의하면, 합헌적 유죄판결을 내리기 위해서는 ①급박한 해악, ②위법행위를 일으킬 가능성, ③급박한 위법행위를 초래하려는 의도라는 세 가지 요건을 갖춰야 한다. 위협적 언론threatening speech일지라도 헌법적인 보호를 해야 한다는 것이다. 다만, 연방대법원은 '진정한' 위협에 대한 수정헌법 제1조의 보호는 존재하지 않는다고 선언했다. 그러나 어떤 경우에 언론을 '진정한' 위협으로 간주해야 하는가에 대해서는 연방 항소법원들 간에 의견이 나뉘고 있다. 어떤 연방 항소법원은 이것은 합리적 청중의 입증으로부터 결정되어야 한다고 했고, 어떤 법원은 합리적인 발언자의 입장에서 결정되어야 한다고 했다.

요컨대 '명백하고 현존하는 위험의 원칙'은 언론을 규제하기 위해서는 언론이 법률상 금지된 해악을 초래할 명백하고 현존하는 위험을 가지고 있음을

83   395 U.S. 444.

입증해야 한다는 이론이다. 여기서 '명백'이라 함은 표현과 해악 발생 사이에 명확한 인과관계가 존재할 것을 의미한다. '현존'이라 함은 해악의 발생이 시간적으로 근접한 경우를 말한다. 즉 인과관계가 명백히 존재한다고 하더라도 언론이 시간적으로 절박한 해악을 발생시키지 않을 때에는 언론에 대한 제약이 허용되지 않는다는 것이다. '위험'이라 함은 공공의 이익에 대한 실질적 해악의 발생 개연성을 말한다. '실질적'이라는 말은 단순히 사회적인 불편·불안·불쾌를 가져오는 것이라든가 공중을 다소 곤혹에 빠지게 하는 것만으로는 부족하고 해악이 극도로 중대할 것을 의미한다.

우리 헌법재판소는 반국가단체 활동을 찬양·고무하는 자에 대해 처벌하는 규정인 국가보안법 제7조 제1항, 제5항에 대해서 그 규정들이 국가의 존립과 안전을 위태롭게 하거나 자유민주적 기본 질서에 실질적 해악을 미칠 명백한 위험성이 있는 행위에 대해서만 적용한다고 선언하여 한정합헌 결정[84]을 내리면서 이 법리를 적용한 바 있다. 명백·현존 위험의 원칙은 헌법 제37조 제2항에 대한 가중적 요건이라고 할 수 있다. 따라서 언론·출판의 자유에 대한 제한이 가해지지 않고는 국가 안전 보장과 질서유지, 공공복리가 명백하고 현존하는 위험에 봉착하게 되는 경우(제한 사유)에만, '명확성의 원칙'을 충족시킬 수 있는 형식적 의미의 법률에 의해서(제한 방법), 과잉 금지의 원칙에 따라 '명백하고 현존하는 위험'을 피하기 위해서 필요 불가피한 최소한의 제한(제한 정도)만이 허용된다고 할 것이다.

정부의 지원과 간접 통제

국가는 재정적 지원을 통해, 또는 법과 규범을 통해 예술가와 그의 작품을

---

[84] 헌법재판소 1990.4.2. 선고. 89헌가113 결정.

통제하고 영향력을 행사하기도 한다. 정부는 예술가나 예술 관련 기관 및 단체에 직접적인 예산을 지원하기도 하는데 특정 예술가나 기관에 영향력을 미칠 수 있을 만큼 상당한 액수를 지원하기도 한다. 검열이나 사전 제한과는 다르지만 예술가를 자금 지원에서 배제하거나 중단하는 방식으로 사실상의 처벌을 가하거나 통제 기능을 수행해온 역사가 있다.

권력 또는 지배계급이 예술가들에게 후원 또는 지원을 해온 것은 오래된 일이다. 특히 르네상스 시대 이탈리아의 로마 가톨릭이나 귀족 등 개별적 후원자들은 예술 활동의 주된 후원자였다. 후원자들은 미켈란젤로, 레오나르도 다 빈치, 라파엘로 등 지금은 거장이 된 예술가들의 활동을 후원했다. 예술가들을 후원하는 행위는 부의 상징이기도 하고, 통치자에게는 매우 중요한 활동이었으며, 유럽의 군주들은 누가 당대 최고의 예술가들을 더 많이 후원할 수 있는가를 놓고 경쟁을 벌이기도 했다. 프랑스, 러시아, 영국의 왕들은 수세기 동안 이러한 관행을 이어가면서 문화 예술을 후원하고 예술품을 수집해 현재 유럽의 대형 미술관과 박물관의 기틀을 마련하기도 했다. 현대에 들어서도 정부는 공적 자금을 투입해 예술가들을 후원하고, 공공 미술을 장려하고 있으며 기업들이 홍보 차원에서 후원을 하기도 한다. 문제는 정부가 후원 대상자를 선정하는 과정에서 특정 예술을 배제하거나 장려하는 방식으로 예술가들의 활동에 개입할 여지가 있다는 것이다.

예술 표현에 대한 정부의 직접적인 통제와 보조금 지급 대상자 선정을 통한 간접적인 통제는 차이가 있을까. 일각에서는 정부는 예술 창작에 절대 개입해서는 안 되고, 예술가의 지원이나 후원 문제는 전적으로 민간에 맡기며, 민간의 지원을 받지 못한다면 도태되도록 놔두어야 한다고 주장하기도 한다.[85] 예술 활동에 대한 국가적 지원은 다양한 형식으로 이루어진다. 크게 세 가지 유형이 있는데, 첫째 국가가 직접적으로 지원 대상 선정이나 그 기준에 대해 관여하

---

85   Patty Gerstenblith, *Art, Cultural Heritage, and the Law*, Carolina Academic Press, 2004, p.79.

지 않고 단지 재정적 지원만을 하는 방식, 둘째 사회 내의 예술 전문인들이 국가와 협력하는 방식, 셋째 국가 내부 결정 과정을 통해 지원 대상과 정도 등을 확정 짓는 것이다.[86] 특정 대상을 선정해 개별적인 지원을 하는 대신 세제 혜택과 같은 포괄적인 지원을 하는 방법도 있다.

한국의 문화예술진흥법은 문화 예술의 진흥을 위한 사업과 활동을 지원함으로써 한국의 전통문화 예술을 계승하고 새로운 문화를 창조하여 민족문화의 창달에 이바지함을 그 목적으로 한다.[87] 미국은 1965년 국립예술진흥원NEA: The National Endowment for the Arts을 설립해 예술에 대한 직접적인 지원을 하고 있다.[88] NEA의 목적은 정부 차원에서 지원함으로써 사상의 자유, 상상의 자유, 탐구의 자유를 펼치도록 돕고 그러한 환경을 조성할 뿐 아니라 창의적 의도를 발산할 수 있도록 물질적 조건을 강화하며,[89] 이를 통해 국가 문화 예술 정책을 발전시키고 문화유산을 보호하는 기관을 도움으로써 예술 활동과 문화유산 보존을 장려하는 것이다.[90]

정부 차원에서 예술가 지원 정책을 펼치는 이유는 예술가들이 금전적 어려움을 덜 겪으면서 다양한 창작 활동을 할 수 있도록 하기 위해서다. 만일 정부 보조금을 받고 만든 작품들이 사회적으로 논란을 일으키거나 납세자인 대중의 심기를 불편하게 할 메시지를 담고 있다면 정부는 이에 대해 제한을 가해야 할까. 보조금 지급을 받기 위해서는 특정 내용이나 메시지를 담고 있어서는 안 된다고 명시적으로 규정하게 된다면 어떨까. 정부 보조금을 받는 예술가는 사전 검열이나 통제를 받아도 되는 걸까. 이 같은 문제는 실제 미국에서 위헌 논쟁을 일으켰다. NEA 지원금의 결정은 3단계에 걸쳐 검토되는데, 지원금 신청

---

86 이명구, 앞의 글, 151쪽.
87 문화예술진흥법 제1조.
88 20 U.S.C. §953(b). 미국의 예술가에 대한 지원 정책은 1930년대 노동정책에서 1960년대 이후의 예술 진흥 정책으로 변경되었다.
89 20 U.S.C. §951(7).
90 National Foundation on the Arts and the humanities Act of 1965, 20 U.S.C. §953.

을 하면 예술 전문가로 구성된 위원회 검토를 거쳐 그 보고서가 26명의 멤버로 구성된 전미예술평의회the National Council on the Arts에 제출된다. 위원장은 평의회의 권고를 받아 지원 여부를 최종적으로 판단하는데 부정적 권고를 받은 신청에 지원할 수는 없다.

1989년, 두 건의 도발적인 전시로 미국이 논란에 휩싸였다. 〈로버트 메이플소프: 완벽한 순간Robert Mapplethorpe: The Perfect Moment〉과 안드레 세라노의 〈오줌 예수Piss Chirst〉가 그것이다. 두 작가는 NEA로부터 각각 3만 달러와 1만 5,000달러를 지원받았다. 보수주의자들은 메이플소프의 작품은 음란물이며, 플라스틱 십자가를 작가의 소변이 담긴 유리 속에 넣은 세라노의 작품은 신성모독이라며 비난을 퍼부었다. 이들은 미술계가 급진적인 허무주의 정치학과 연관되어 있으며 급진적 이데올로기 풍조들의 영향을 강력하게 받고 있다고 주장했다. 그중에는 급진적 페미니즘, 동성애와 레즈비언의 자기 찬양, 흑인 인종주의가 포함된다.[91] 극우단체는 세라노의 작품이 기독교의 상징을 모독했으며 이 작품을 빨갱이 짓[92]이라고 비난했다. 이에 대해 NEA 측은 NEA법은 예술적 선택에 대해 개입하는 것을 명시적으로 금지하고 있다며 맞섰다.[93] 1989년 6월 메이플소프 전시를 하던 코코란 갤러리는 급기야 전시를 취소하기로 결정했고, 예술가들과 동성애자들은 갤러리 앞에서 연일 시위를 했다.

논란은 미 의회와 법원으로 옮겨갔다. 1989년 의회는 외설적 작품에 대한 지원을 금지하는 수정 조항을 만들었다. 제시 헬름스 상원 의원은 사도마조히즘, 동성애, 아동 성 착취 혹은 성행위에 참여한 개인의 묘사, 또한 전체적으로 볼 때 심각한 문화적, 예술적, 정치적 혹은 과학적 가치가 없는 것들을 포함하는 작품에 대해 공공 기금 지원을 금지하는 조항을 새로 집어넣었다. 이로 인

91 Irving Kristol, "It's Obscene But Is It Art?" *The Wall Street Journal*, Aug. 7, 1990, A8.

92 미국가족협회AFA 회장인 와일드먼Wildmon 목사는 이들을 싸잡아 '타락자degenerate'라고 불렀는데, 이 용어는 독일에서 진보 문화를 숙청할 때 나치가 사용한 말이다. 리사 필립스 외, 앞의 책, 288쪽.

93 Margaret Quigley, "The Mapplethorpe Censorship Controversy-chronology of events," *Political Research Associates*, May 1, 1991.

해 1990년 예술 진흥 기금을 지원받은 모든 사람들은 '반음란 선서'에 서명해야 했다. 예술 진흥 기금의 수장인 존 프론메이어는 너무 정치적이라는 이유로 동성애, 페미니스트 퍼포먼스 작가들에게 보조금 지급을 거부하기도 했다.[94]

그러나 법원은 정부는 보조금 지급에 제한 규정을 둘 수는 있지만, 수정된 규정이 너무 모호하며, 모호성은 예술가들의 자유로운 창작에 위축 효과를 줌으로써 표현의 자유를 방해할 것이라며 이 수정 조항이 위헌이라고 선언했다.[95] 미 의회는 당초의 구체적인 금지 내용을 삭제하는 대신 품위와 미국 시민의 다양한 신념과 문화를 존중[96]해야 한다는 일반 규정을 고려해 지원 여부를 결정하도록 조항을 변경했다.[97] 한국에서도 박근혜 정부 시절 시국 선언 등으로 정부에 반대 입장을 표명한 문화예술인에 대해 정부의 지원을 끊거나 검열 및 불이익을 줄 목적으로 비밀리에 문화예술계 블랙리스트를 작성했다. 특별 검사 조사로 문화체육부 장관과 청와대 비서실장 등이 블랙리스트 작성을 주도한 혐의, 권리행사방해죄(직권남용죄)로 기소되어 처벌받았다.[98]

94   리사 필립스 외, 앞의 책, 290쪽. 이 사건에서 소송을 제기한 작가들은 정부 보조금은 물론 사생활 피해에 대한 보상도 받았다.
95   Bella Lewitzky Dance Foundation v. Frohnmayer, 754 F. Supp. 774 at 781-785 (C.D. Cal. 1991).
96   20 U.S.C. §954(d)(1). artistic excellence and artistic merit are the criteria by which applications are judged, taking into consideration general standards of decency and respect for the diverse beliefs and values of the American public. w
97   이 규정에 대해서도 위헌 소송이 있었지만 미 연방대법원은 ('품위와 존중' 문구는) 이미 주관적인 (보조금 수혜자) 선정 절차에 다소 불명확한 고려 사항을 추가한 것뿐이라며 하급심을 뒤집었다.
98   판결 2018도2236 선고 2020.1.30. 다만 대법원은 직권남용죄 요건 중 '상급자의 직권 남용 행위'와 '하급자의 의무 없는 일 수행'은 별개의 구성 요건이므로, 단계별로 각각 따져 두 요건 모두 충족할 때 직권남용죄가 성립한다며 동 죄의 판단 기준을 제시하면서 원심을 파기 환송했다. 특히 하급자의 '의무 없는 일'에 대해 엄격한 판단 기준을 제시하며, '공무원이 상급자로부터 직권 남용 지시를 받았더라도 하급자의 업무가 관련 법령 등에 따라 문제가 없다면 직권남용죄에 해당하지 않는다'고 했다.

3 사회와 예술

사회적 논란을 일으키는 표현들

예술가들은 사회적 통념과 윤리를 벗어나거나 특정 인물에 대한 인격을 침해하거나 신성모독적이거나 저속한 표현 등을 사용함으로써 사회적 논란을 일으키기도 한다. 특히 유명인이나 공인에 대한 풍자 또는 패러디를 통해 메시지를 전달하는 것은 예술가들이 흔히 사용하는 창작 방식이다. 예술 작품을 통한 인격 침해가 가능한 유형으로는 소설, 연극, 영화 등과 같은 픽션 작품, 다큐멘터리, 그리고 언어와 그림으로 이루어진 풍자나 캐리커처 등을 들 수 있다. '모델 소설'과 같이 실제 인물을 소재로 한 예술 작품의 경우 원래의 모습과 허구의 모습이 혼재되어 있으며,[99] 다큐멘터리의 경우에는 작품을 통해 전달된 사실이 원칙적으로 진실에 부합되어야 하고 당사자의 동일성이 감춰지지 않

---

[99] '이휘소 사건'에서 소설 『무궁화 꽃이 피었습니다』와 관련해, 소설의 모델이 된 인물을 밝히는 것은 허용되지만 그 부분까지 소설의 구성 부분이 된다고는 볼 수 있고, 최소한 서문에서는 소설의 모델이 된 인물에 관해 기술하면서 실제와 달리 표현해서는 안 되는 바, 소설 『무궁화 꽃이 피었습니다』의 서문 작가의 말에서 이휘소가 우리나라의 핵개발에 관여한 것처럼 그의 삶을 실제와 현저하게 달리 묘사했다면, 이휘소에 대한 명예훼손 또는 인격권 침해가 된다고 결정했다. 서울중앙지방법원 1995.6.23. 선고, 94카합9230 판결.

는다.[100] 특히 현실에 대한 냉소적, 희화적 모습을 전달하는 풍자는 본질적으로 인격 침해적 요소를 갖고 있으며 허용 가능한 비판과 명예권 훼손 사이의 한계 설정이 어렵다.

풍자와 패러디 풍자를 통해 공적 문제나 공적 이익에 대해 의견을 표시해 온 역사는 동굴벽화 시대부터 시작됐다. 18세기 영국의 윌리엄 호가스William Hogarth나 19세기 프랑스의 오노레 도미에 등은 당대 정치·사회적 이슈들을 비판적, 풍자적 시각으로 묘사했다. 신문의 뉴스나 서평, 연재소설 등은 보수적이고 정치에 그다지 관심이 없는 대중을 겨냥했다면 삽화, 즉 풍자화는 매우 정치적이었다. 1730년대 영국에서 처음 등장한 풍자화는 왕가를 풍자하는 등 대담하고, 대중적이었다. 풍자가 반드시 지배 계층을 대상으로 하는 것은 아니다. 미국의 화가 그랜트 우드Grant Wood의 〈아메리칸 고딕American Gothic〉은 미국 문화를 상징하는, 미국 회화 중 가장 유명한 작품 중 하나다. 대공황으로 경제적 격변기였던 1930년 여름, 아이오와 주의 시골을 여행하던 그랜트 우드가 자신의 여동생과 치과 의사를 모델로 세우고 중서부 시골의 삶을 묘사한 그림인데, 시카고 미술관에 이 작품이 전시되었을 때 상당한 논란을 일으켰다. 중서부 시골 삶을 미국적 가치로 찬양한 작품이라는 평가와 중서부 시골 삶에 대한 강한 풍자가 드러난 그림이라는 주장이 맞서는 가운데 아이오와 주 사람들이 풍자적 평가를 못마땅하게 여긴 것이다. 작가는 정작 작품에 대해 적극적으로 설명하지 않았지만 그림을 들여다보면 풍자적 비틀기를 쉽게 엿볼 수 있다. 이를테면 심통난 여자의 표정이나, 근엄한 남자가 들고 있는 갈고리, 고딕 양식의 창문과 뾰족한 지붕 등이 그렇다. 그럼에도 이 작품은 미국 중부의 농촌 문화를 대변하는 대표적 미국 회화로 자리매김됐으며 광고, 포스터, 상품 포장지, 드라마 등에서 수없이 차용되고 패러디되고 있다.

---

100 장재옥·이인호, 앞의 글, 161-162쪽.

예술가들은 끊임없이 유명인이나 정치인 같은 공인들을 풍자하고 비판적 메시지를 전달해왔다. 이러한 풍자와 패러디 역시 대부분의 나라에서 헌법이 보장하는 표현의 자유 범주에 속한다. 다만 명예훼손과 같은 개인의 인격권 침해 문제와 충돌할 때 어떻게 이익형량을 해야 할 것인가의 문제가 남아 있다. 1968년 L.A. 시장 새뮤얼 요티Samuel Yorty는 『로스앤젤레스 타임스』지에 시사만화가 폴 콘래드Paul Conrad가 그린 만화에 대해 만화가와 신문사를 명예훼손으로 고소했다. 신문의 사설란에 실린 이 풍자만화에서 요티 시장은 하얀 옷을 입은 네 명의 병원 직원들에 둘러싸여 있었다. 닉슨 정부의 국방부 장관직을 노리고 있던 요티 시장은 풍자만화가 자신을 국방부 장관으로 부적격하고 정신질환이 있는 듯이 묘사함으로써 명예를 훼손하고 독자들을 호도했다고 주장했다. 그러나 법원은 동의하지 않았다.

> 악의적으로 명예를 훼손할 의도를 가지고 사실이 아닌 내용을 묘사했다면 풍자만화라도 명예훼손의 여지가 있다. 그러나 시사만화는 상상과 상징 형태의 비판적 의견이므로 명예훼손 사건의 경우 만평의 주제가 무엇인지, 그리고 그 주제가 명예훼손에 해당하는지를 규명해야 한다. 아무리 비판적일지라도 단순한 의견 표시는 명예훼손에 해당하지 않는다. 만평은 그 자체로 사실을 알리는 뉴스 보도와 달리 시장의 자격에 대한 논평적 성격을 갖는다. Yorty v. Chandler.[101]

유사한 사건에서 원고가 시의원에게 뇌물을 주고 매춘하는 장면을 묘사한 시사만평에 대한 미국 법원의 판결도 맥을 같이한다.

합리적인 독자들은 신랄한 만평의 내용이 사실일 것이라 결론짓지 않을 것

---

101   13 Cal. App. 3d 467, 91 Cal. Rptr. 709 at 711, 722 (1970).

이다. 미국 헌법은 어리석고 악의적인 것처럼 보이는 의견일지라도 언론의 자유를 보장한다. 왜냐하면 합리적이고 사리 분별 있는 일반인들은 사실과 사실이 아닌 것을 구분할 수 있는 능력이 있기 때문이다. Matalka v. Lagemann.[102]

한국에서도 비슷한 사건이 있었지만 결과는 정반대였다. 〈고바우 영감〉으로 유명한 김성환 화백은 1958년 1월 23일자 『동아일보』에 게재한 풍자만화로 즉결심판을 통해 벌금형을 선고받았다.

앗! 저기 온다. 귀하신 몸 행차하시나이까.
저 어른이 누구신가요? 쉬–
경무대서 똥을 치는 분이요.

이 사건은 '고바우 경무대 똥통 만화 사건'이라 부르는 한국 최초의 필화사건으로 시사만화 작가가 유죄판결을 받은 첫 사례다. 1958년 이승만 대통령과 자유당이 집권하던 시절 경무대(현 청와대)는 똥 치우는 사람도 권력이 있다는 내용으로 경무대의 위세를 풍자한 이 사건은 독자들에게는 통쾌함을 주었다. 그러나 자유당 정권은 김성환을 연행했고, 즉결심판을 통해 유죄를 선고했다. 예술적 표현에 의탁했다고 하더라도 이것은 국민으로서 자신의 신념을 표현한 것이므로 헌법 제21조 제4항이 규정한 제한, 즉 '언론·출판은 타인의 명예나 권리 또는 공중도덕이나 사회윤리를 침해해서는 안 된다'는 제한을 받는다는 것이다. 10년 뒤인 1968년, 박정희 군사정권 시절에는 아예 '고바우 경무대 똥통 만화 사건'을 들며 '만화 검열제'를 실시했다. 요컨대 정부를 비판하는 내용이나 성적이고 폭력적인 장면은 검열을 통해 금지했다.

---

102   21 Ohio App. 3d 134, 486 N.E.2d 1220 (1985).

사회적으로 존경받는 인물에 대한 풍자적 표현은 특히 논란의 대상이 될 수밖에 없다. 인종 등 소수자 문제가 개입된다면 더더욱 심각하게 받아들여진다. 그렇다고 해서 사회적 논란을 일으키는 예술 작품을 정부가 나서서 몰수하거나 파괴하는 일은 명백한 기본권 탄압 행위라고 할 수 있다. 1987년 시카고의 유명한 흑인 시장인 해럴드 워싱턴Harold Washington이 심장마비로 사망한 후, 시카고 미술학교에 재학 중이던 데이비드 넬슨David Nelson은 워싱턴 시장을 여성용 속옷과 가터벨트, 스타킹을 입은 모습으로 묘사한 작품을 만들어 학교 내에서 전시를 했다. 이에 분노한 흑인 시의원들이 시카고 경찰과 함께 학교에 가서 작품을 몰수함으로써 표현의 자유 문제와 인종 갈등의 충돌이 불거졌다. 작품을 몰수하는 과정에서는 13센티미터 가량의 흠집이 생겼다. 넬슨은 수정헌법 제1조의 기본권이 침해됐다면서 소송을 제기했다.[103] 시의원 측은 넬슨의 그림이 폭동을 야기할 위험성이 큰 상황이었으며, 이를 막기 위해 시의원으로서 할 수 있는 조치였다고 주장했다. 그러나 법원은 넬슨이 폭동을 유도했다는 증거가 없으며, 표현의 자유를 제한할 수 있는 '현존하는 명백한 위험성'을 발견할 수 없었다고 일축했다. 결국 공동으로 소송을 제기한 넬슨과 미국자유인권협회 ACLU는 시의원 측과 9만 5,000달러에 합의했다.

신성모독적이고 저속한 표현 풍자와 패러디 못지않게 사회적으로 논란이 되는 것이 신성모독적이거나 저속한 표현이다. 2008년 이탈리아의 볼차노에서는 개구리를 살리자는 시위가 벌어졌다. 8월 볼차노의 무세이온 미술관에서 전시 중이던 마르틴 키펜베르거의 조각 작품으로 예수를 개구리로 패러디한 〈발부터 먼저Feet First〉라는 작품을 지키기 위한 것이었다. 이 작품은 초록색 개구리가 나무 십자가에 못 박힌 채 한 손에는 달걀을, 다른 한 손에는 맥주잔을 들고 있는데 개구리가 손에 들고 있는 맥주와 달걀을 먹을 수 있도록 발부터 먼

103 Nelson v. Streeter, 16 F.3d 145 (7th Cir. 1994).

저 못을 박아 달라는 의미의 제목이었다. 당시 교황 베네딕토 16세는 이 작품이 사람들의 종교적 감수성을 훼손한다면서 공식적인 철거를 요구하는 등 종교인들의 반발이 있었지만, 미술관은 끝까지 전시를 강행했다. 가톨릭 국가인 이탈리아에서는 이 같은 논란이 자주 일어난다. 마우리치오 카텔란의 〈아홉 번째 계시La Nona ora〉는 넓은 전시실이 무대가 되고 조각 작품이 등장인물인 연극의 한 장면 같은 설치 작품이다. 교황 요한 바오로 2세의 조각물이 쓰러져 있고 전시실 지붕 창문이 깨져 바닥에 유리 파편이 널려 있는데, 우주에서 날아온 운석이 지붕을 뚫고 덮친 것이다. 카텔란이 이 작품을 영국 왕립아카데미예술원의 전시 '계시: 동시대 예술의 미와 공포Apocalypse: Beauty and Horror in Contemporary Art'에 출품했을 때, 교황청과 가톨릭계는 맹렬히 비난했다. 교황 요한 바오로 2세의 모국인 폴란드에서는 정치인들이 나서서 작품을 변경하도록 요구하기도 했다.

현대미술에 대한 검열 논쟁을 촉발한 대표적 사건은 1999년 뉴욕 브루클린 미술관에서 발생했다. 브루클린 미술관은 '센세이션: 젊은 영국 예술가들과 사치 콜렉션' 전시를[104] 열기로 했다. 이 기획전에는 지금은 현대미술의 대표 주자들이 된 데이미언 허스트Damian Hirst, 레이철 화이트리드Rachel Whiteread, 세라 루커스Sarah Lucas, 크리스 오필리Chris Ofili 등 영국 신진 작가 40여 명의 작품 90여 점을 선보일 계획이었다. 그러나 10월 2일 개막을 앞두고, 루돌프 줄리아니Rudolph Giuliani 뉴욕 시장이 제동을 걸었다. 국가적·종교적 상징이 신성 모독 당하는 데 세금을 쓸 수 없다면서 전시를 반대한 것이다. 특히 논란이 된 작품은 나이지리아계 영국 작가인 크리스 오필리의 〈성모 마리아The Holy Virgin Mary〉였다. 이 작품은 황금색 바탕에 성모 마리아가 한쪽 가슴을 내놓고 있는 데다 마리아를 검은 피부색과 넓은 코와 큰 입을 가진 흑인으로 표현했으며 곳

---

104 'Sensation: Young British Artists and the Saatchi Collection'. 영국 현대미술의 상징인 yBa(Young British Artists)는 1980년대 후반 데이미언 허스트가 기획한 '프리즈Freeze'전에 참가했던 영국 예술가 그룹이다. 영국의 광고 재벌이자 미술품 수집가인 찰스 사치Charles Saatchi는 파격적으로 당시 이들 젊은 신인 작가들의 가능성을 보고 작품들을 대량으로 구매했다. 사치의 yBa 컬렉션은 1997년 영국 왕립미술원에서 공개됐다. 1999년 영국과 미국 등에서 열린 '센세이션' 전은 전 세계 미술계에 큰 충격을 주었고 상업적으로도 성공했다.

곳에 코끼리의 똥을 붙여 넣었다. 가톨릭 신자인 줄리아니 시장은 "끔찍하고 역겨운 작품을 위한 표현의 자유는 없으며 타인의 종교를 폄하하는 데 정부 보조를 받을 권리는 없다"고 비난했다. 알 다마토 뉴욕 주 상원의원은 상원에서 작품의 복제품을 찢어버리기까지 했다. 줄리아니 시장은 전시를 취소하지 않으면 지원금을 중단하고 시 소유의 미술관 부지에서 쫓아내겠다고 협박했다.

그러나 줄리아니 시장은 실제로는 오필리의 작품에 묘한 아름다움이 있으며 성모 마리아를 악의적으로 혐오스럽게 표현한 것이 아님을 알 수 있었다. 게다가 오필리 역시 가톨릭 신자임이 밝혀지자 다른 공격거리를 찾았다. 미술관이 규정과는 달리 이 전시에 별도의 입장료를 내도록 함으로써 뉴욕 시와 맺은 임대차 계약을 위반했다는 것이다. 그러나 이 주장 역시 특별전의 경우 별도의 입장료가 관행화된 미술계 현실을 이해하지 못한 처사였다. 브루클린 미술관은 수정헌법 제1조와 제14조에 위배된다며 법원에 뉴욕 시의 전시 불허 결정에 대한 금지명령 구제 신청을 했다. 이에 맞서 뉴욕 시는 미술관을 상대로 계약 위반에 따른 강제 퇴거 명령을 신청했다. 뉴욕 법원은 미술관의 손을 들어주었다. 다음은 법원의 입장이다.

> 정부가 예술가들에게 혜택을 줄 의무는 없지만, 거부를 통해 예술가로 하여금 표현의 자유와 정부 지원 사이에서 선택을 하도록 해서는 안 된다. 다시 말해. (정부가 보기에) '위험한 생각'을 탄압할 목적으로 보조금을 가지고 창작자들을 차별해서는 안 된다.[105] 정부가 표현을 검열하고 정부 요구를 들어주지 않는다고 벌을 주기 위해 주요 미술 기관의 생사를 위협하는 것만큼 심각한 헌법적 쟁점은 없다. 뉴욕 시가 미술관에 특정 전시를 문제 삼아 공공 기금 조달을 중지시킨 것은 수정헌법 1조 권리를 위배한 것이다. The Brooklyn Institute of Arts and Sciences v. The City of New York and

---

105 Regan v. Taxation with Representation, 461 U.S. 540 at 548 (1983)에서 인용.

Rudolph W. Giuliani.[106]

뉴욕 시와 줄리아니 시장은 납세자의 세금이 미술관의 전시에 사용되는 것을 반대했을 뿐 표현의 자유를 침해한 것은 아니라고 맞섰다. 이에 대해 법원은 "납세자들은 반대할 만한 내용을 담은 각종 정부 간행물에 대해서도 세금을 내고, 동의하지 않거나 때로는 혐오하는 의견에 대해서도 세금을 낸다. 표현의 자유를 억압할 동기를 갖고 혜택이나 보조금 지급, 계약 체결 등을 거부하는 것 또한 표현의 자유에 대한 정부의 침해"라고 했다. 법원은 미술관이 표현의 자유를 행사하는 것에 대해 못마땅하다고 미술관에 대한 보조금 지급을 중단하고, 강제 퇴거 명령을 내리는 것은 시 당국이 의도적으로 미술관에 직접적인 손해를 끼치는 것이라면서 미술관의 예비적 금지명령preliminary injunction 신청을 받아들였다. 결국 전시는 예정대로 진행됐고, 기록적인 관람객을 유치하며 대성공을 거두었다.

역사상 최대의 예술 탄압은 살만 루슈디의 1988년 작품 『악마의 시The Satanic Verses』를 둘러싼 범세계적인 사태였다. 이슬람 국가들은 이슬람에 관해 다룬 이 책의 제목이 이슬람 성전인 『코란』을 지칭한다고 보고 이슬람교에 대한 신성모독이라고 여겼다. 터키를 제외한 모든 이슬람 국가는 이 책의 판매와 수입을 금지했다. 게다가 작가의 처형을 명하고 현상금을 내걸었으며, 책을 소지한 사람에게도 엄청난 형벌을 부과했다. 이 책이 영국과 미국에서 출간되자 격렬한 범세계적 반대 시위로 사상자가 발생했다. 책을 낸 미국 출판사는 폭파 위협과 함께 협박 편지를 받기도 했다. 같은 해 마틴 스코세이지 감독이 그리스 작가 니코스 카잔차키스Nikos Kazantzakis의 동명소설을 영화화 한 〈그리스도 최후의 유혹The Last Temptatation of Christ〉도 비슷한 논란에 휩싸였다. 십자가 위의 예수가 정신착란을 일으켜 사랑하고 결혼해서 아이까지 낳았다는 상상을 묘사

---

106   64 F. Supp. 2d 184 (E.D.N.Y. 1999).

했기 때문이다. 스코세이지 감독과 베니스 영화제 책임자는 로마에서 신성모독죄로 기소됐지만 무죄판결을 받았다. 미국과 한국을 포함한 여러 국가에서 영화 상영이 금지됐다.

원칙적으로 신성모독적이고 저속한 표현이더라도 일반적으로는 헌법의 보호를 받지만 예외가 존재한다. 그렇지만 신성모독적이고 저속한 언어라는 구실로 국가나 종교, 또는 권력이 표현의 자유를 억압할 수 있는 가능성을 늘 경계해야 한다. 미국의 코언 대 캘리포니아Cohen v. California 판결[107]에서 할란Harlan 대법관은 법정 의견을 통해 "우리는 사상을 억압하게 되는 실질적인 위험을 그 과정에서 수반하지 않고서도 특정한 말을 금지할 수 있다는 단편적인 가정을 용인할 수 없다. 사실 정부는 인기 없는 견해에 대한 표현의 금지를 특정 언어의 검열로 간편하게 위장할지도 모른다"고 했다. 어떻게 공격적인 말을 그렇지 않은 말과 구분할 수 있으며, 그 판단은 누구에게 맡겨야 할까 하는 의문이 제기되는 것이다.

신성모독적이고 저속한 언어라고 해도 최소한의 필요한 만큼만 제한을 해야 한다. 미국 연방대법원은 몇몇 판례를 통해 제한이 가능한 대표적인 사례를 제시했다. 우선, 공립학교 내에서는 신성모독적이고 저속한 언어를 정부가 금지하고 처벌할 수 있다고 보았다.[108] 공립학교 교육의 근본적 가치에 어긋난다면 처벌할 수 있다는 것이다. 뉴욕의 한 라디오 방송에서 코미디언이 프로그램의 일부로서 7개의 더러운 말seven dirty words[109]에 관한 독백을 내보낸 것을 다룬 사건에서 연방대법원은 텔레비전과 라디오에서 저속한 언어를 금지하고 처벌할 수 있는 연방통신위원회의 권한을 인정했다.[110] 텔레비전이나 라디오 같은 방송 매체는 각 가정에 대해 독보적으로 전파력이 강하고 침투적이기 때문에 그렇다

---

107 403 U.S. 15 (1971).
108 Bethel School District No. 403 v. Fraser, 478 U.S. 675 (1986).
109 미국의 코미디언 조지 칼린George Carlin이 붙인 것으로 방송에서 절대 사용할 수 없는 일곱 개의 단어, 즉 욕설을 뜻한다.
110 FCC v. Pacifica Foundation, 438 U.S. 726 (1978).

는 것이다. 연방대법원은 공중파를 타고 제공되는 노골적이고 공격적이며 저속한 방영물이 공적 영역에서뿐만 아니라, 침투자의 수정헌법 제1조의 권리보다도 혼자 조용히 있을 수 있는 개인의 권리가 훨씬 중요한 가정의 프라이버시 내에서까지 시민들을 접한다고 했다. 더군다나 방송은 읽을 줄 모르는 어린이에게까지 쉽게 접근이 가능한 유일한 매체라는 점을 규제의 근거로 들었다.

인터넷은 어떨까. 지금은 텔레비전과 라디오만큼이나, 특히 아동과 청소년들에게는 더 큰 영향을 미치는 매체다. 처음으로 인터넷에 대해 심사한 리노 대 미국시민자유연맹Reno v. American Civil Liberties Union 사건[111]에서 연방대법원은 '1996년 통신품위법'의 주요 규정에 대해 무효임을 선언했다. 통신품위법은 인터넷상에서 음란하거나 저속한 자료를 미성년자에게 접근 가능할 것 같은 방식으로 전송하는 것을 연방 범죄로 규정했다. 대법원은 이 법규의 불명확성을 강조했다. 스티븐스John P. Stevens 대법관은 각 법규의 용어 정의가 존재하지 않는다면, 이런 용어상의 차이는 어떻게 이 같은 두 기준이 서로에게 연관되는지, 그리고 그들이 의미하는 것이 정확히 무엇인지에 관해 발언자들 사이에서 불확실성을 일으킬 것이라고 했다. 광범성도 문제였다. 법규에서 사용하는 '저속한', '명백히 불쾌한' 같은 용어는 포르노가 아닌 자료, 즉 상당히 교육적이거나 다른 가치를 가진 자료들에도 적용될 수 있다. 또한 법원은 어린이들에게 성적 자료들이 노출되는 것을 방지하려는 정부의 필수 불가결한 이익은 인정하지만, 정부가 어린이를 보호하기 위해 성인이 이용할 수 있는 언론까지 제한할 수는 없다고 했다. 이후 미국 연방거래위원회FTC: Federal Trade Commission는 아동 온라인 사생활 보호법COPPA: The Children's Online Privacy Protection Act을 제정했다. 아동에게서 수집한 개인 정보 처리 관행을 설명하는 '명확하고 종합적인' 온라인 개인 정보 보호 정책을 게시할 것, 아동의 개인 정보를 수집하기 전 부모에게 직접 통지하고 검증 가능한 부모 동의를 획득할 것, 아동 정보 수집 및 내

---

111   521 U.S. 844 (1997).

부 사용에 대한 동의에 있어 부모의 선택권을 보장할 것, 서비스 제공자가 제삼자에게 정보 제공하는 것은 제한할 것, 부모에게 아동 개인 정보에 대한 접근을 허용하고 정보 삭제권을 보장할 것, 부모에게 아동 개인 정보의 추가적 수집에 대한 제한 기회를 제공할 것, 아동으로부터 수집한 정보의 기밀성·보안성·무결성을 유지할 것 등을 준수하도록 하고 있다. 이 규정은 13세 미만 아동의 개인 정보를 수집, 이용 또는 공개하며 아동을 대상으로 하는 상업적 웹사이트·온라인 서비스(앱 포함)의 운영자를 주요 대상으로 하고, 일반 이용자더라도 대상 웹사이트·온라인 서비스 운영자지만 13세 미만 아동의 개인 정보를 수집, 이용, 또는 공개하는 것에 대한 실질적 인식이 있는 경우에도 적용된다. 아동을 대상으로 하는 서비스가 아니라도 서비스 운영자가 아동으로부터 개인 정보를 수집한다는 '실질적 인식'이 있는 경우도 마찬가지다. 2019년 미국 연방거래위원회는 동영상 공유 앱 틱톡에서 미국 아동의 개인 정보를 불법으로 수집한 것에 대해 과징금 570만 달러를 부과했다. 아동들이 해당 서비스를 이용한다는 것을 인지하고 있었음에도 불구하고 13세 미만 아동의 이름, 이메일 주소 등 개인 정보 수집 시 부모의 사전 동의를 받지 않아 동법을 위반했다는 것이다. 그런 웹사이트는 신용카드 또는 성인 인증 서비스를 요구하는 등의 방법을 통해 어린이 사용을 차단하도록 요구하고 있다.

한편, 인터넷 공간에서의 표현의 자유에 대해 우리 헌법재판소는 질서 위주의 사고만으로 규제해서는 안 된다고 판시하고 있다. 인터넷 등 온라인 매체도 의사 표현 또는 의사 전파의 매개체이기 때문에 인터넷을 통한 의사 표현도 언론·출판의 자유에 의해 보호된다. 인터넷 등 온라인 매체의 경우에는 기존 매체보다 자율적 규제가 강화되어야 하고, 인터넷 내용등급제와 같은 기술적 규제 방식이 필요하다는 것이 일반적 추세다.

> 인터넷은 공중파 방송과 달리 '가장 참여적인 시장', '표현 촉진적인 매체'
> 다. 공중파 방송은 전파 자원의 희소성, 방송의 침투성, 정보수용자 측의

통제 능력 결여와 같은 특성을 가지고 있어서 그 공적 책임과 공익성이 강조되어, 인쇄 매체에서는 볼 수 없는 강한 규제 조치가 정당화되기도 한다. 그러나 인터넷은 위와 같은 방송의 특성이 없으며, 오히려 진입 장벽이 낮고, 표현의 쌍방향성이 보장되며, 그 이용에 적극적이고 계획적인 행동이 필요하다는 특성을 지닌다. 오늘날 가장 거대하고, 주요한 표현 매체의 하나로 자리를 굳힌 인터넷상의 표현에 대하여 질서 위주의 사고만으로 규제하려고 할 경우 표현의 자유의 발전에 큰 장애를 초래할 수 있다. 표현 매체에 관한 기술의 발달은 표현의 자유의 장을 넓히고 질적 변화를 야기하고 있으므로 계속 변화하는 이 분야에서 규제의 수단 또한 헌법의 틀 내에서 다채롭고 새롭게 강구되어야 할 것이다. 헌법재판소 2002.6.27. 선고, 99헌마480 결정.

명예훼손

명예권과 예술의 자유

인간의 존엄성을 보장하는 것은 헌법의 궁극적인 가치 이념 중의 하나다. 예술의 자유와 마찬가지로 인격권이나 명예권도 헌법적으로 보호되는 기본권이므로 명예권과 충돌하는 경우 두 법익 간의 조화를 이뤄내는 일이 중요하며, 명예권이 우선한다고 판단되는 경우 예술의 자유를 제한하는 것이 가능하다. 헌법재판소는 헌법 제10조 인간으로서의 존엄 및 가치와 제17조 사생활의 비밀과 자유를 근거로 인격권을 인정하고, 이 인격권으로써 개인의 명예 보호가 이루어진다는 점을 명시한다.[112] 인간의 신체, 건강, 자유, 성명, 초상, 명예, 프라이버시 등 인격적 속성을 대상으로 하고 그 자유로운 발전을 위해 제삼자에 의한

---

112 헌법재판소 1999.6.24. 선고, 97헌마265 결정.

침해로부터 보호되어야 할 모든 이익의 총체를 포괄적으로 인격권으로 본다.[113] 또 명예 보호는 인간의 존엄과 가치, 행복을 추구하는 기초적 권리라는 점을 인정한다. 언론의 자유와 명예 보호의 상반되는 헌법상 두 권리라는 표현을 통해 언론 자유와 명예권은 둘 다 헌법상 인정되는 권리인 점을 분명히 한다.

'명예권'은 인간이 존엄성을 유지하며 살 수 있는 기초적 조건을 이룬다는 점에서 헌법 제10조 인간으로서의 존엄과 가치, 행복추구권에 직결된다. 명예권은 인격권의 한 내용으로 인정된다고 본다.[114] 명예권에 의한 예술의 자유 제한은 개별적으로 판단한다. 독일 연방헌법재판소는 예술의 자유와 인격권(명예의 보호)의 충돌이 문제되는 사건에서 인격권의 사소한 현재적 침해 또는 인격권의 심각한 침해 가능성에 대해 예술의 자유가 우위에 있다는 결론을 내린 바 있다. 그러나 동 재판소는 저명한 정치인을 교미중인 돼지로 묘사한 풍자화는 인간의 존엄에 의해 보장되는 명예의 핵심적 부분에 대한 침해이며 일반적 인격권에 대한 중대한 침해이므로 더 이상 예술 활동의 자유에 의해 보호될 수 없다는 판결을 내렸다.[115]

인격권 또는 명예권과 표현의 자유가 충돌할 때 이익형량 판단에 있어 두 가지 쟁점이 제기될 수 있다. 이익교량의 문제와 이익형량 방법의 문제다. 첫째, 이익형량 판단에 있어 표현 행위로 인한 정보의 이익이 침해되는 인격적 이익보다 어느 정도 중하여야만 위법성이 조각될 수 있는가다.[116] 대법원은 이익교량은 일반적으로 우월한 가치가 다른 쪽보다 중하기만 하면 되는 것이지 현저히 중하여야만 하는 것은 아니고, 표현의 자유권 또한 피해자의 명예 못지않게 보호되어야 할 중요한 권리이기 때문에 전자가 후자보다 중하기만 하면 위법성

---

113   장재옥·이인호, 앞의 글, 157쪽.
114   김철수,『헌법학신론』, 박영사, 2001. '인격권'은 성명권, 초상권, 음성권, 명예권, 프라이버시권 등 개인의 인격과 밀접한 관련이 있는 권리를 포괄하는 개념으로 사용된다. 제10조에 의해 인정되는 기본권을 둘로 나눠 인간의 존엄과 가치와 행복추구권이 인정된다고 보고, 인간의 존엄과 가치는 명예권 등이 포함되는 일반적 인격권으로도 파악한다.
115   BVerfGE 75, 369; 장영수, 앞의 책, 727쪽, 주 53.
116   장재옥·이인호, 앞의 글, 157쪽.

조각 사유로서 정당성이 충족된다고 판시했다.[117] 둘째, 이익형량의 방법 문제
인데, 표현 행위의 위법성 조각을 판단하기 위한 이익형량의 방법에는 '상황에
따른 이익형량ad hoc balancing'과 '유형적 이익형량definitional balancing'이 있다.[118]
전자는 구체적인 사건의 상황에 비추어 충돌하는 양 법익 간의 우열을 가리는
것으로서 여기에는 침해되는 법익의 크기와 정도, 표현 행위의 동기와 목적, 표
현 기법, 정보의 이익 등 개별적 사건에 관계되는 총체적인 형량이 요구될 것이
다. 미국에서 채택하는 후자의 방식, 즉 유형적 이익형량은 명예권의 피해자가
공적 또는 사적 인물인지, 명예훼손적 사실이 공적 사항에 관한 것인지 여부에
따라 명확한 면책 기준 내지 위법성 조각 기준을 설정한다. 이는 독일에서 일반
화되어 있는 '인격 영역론'처럼 침해되는 인격적 이익의 여러 국면을 내밀 영역,
비밀 영역, 사적 영역, 사회적 영역, 공개적 영역 등으로 단계화하여 그 영역에
대한 침해가 이루어진 경우 법적 효과를 차별화하는 시도 등을 가리킨다.[119]

의견과 사실

미국은 1964년 뉴욕타임스 대 설리번New York Times v. Sullivan 사건[120]의 판
결 이후 헌법적 명예훼손 이론을 발전시켰다. 주요 내용으로는 '의견과 사실의
이분론', '실질적 악의론actual malice', 명예훼손 행위에 대한 형사적 제재의 배제
등이 있다. 뉴욕타임스 사건에서 대법원은 우선 '명예훼손적 표현'은 원래 헌법
적 보호를 받지 않는다는 지금까지의 판례가 시사해오던 입장을 배척했다. 오

117　대법원 1996.6.28. 선고, 96도977 결정.
118　장재옥·이인호, 앞의 글, 158쪽.
119　위의 글.
120　376 U.S. 254, 84 S. Ct. 710, 11 L. Ed. 2d 686 (1964). 뉴욕타임스가 흑인 학생운동과 그 지도자인 마틴 루서 킹
　　　목사에 대한 지지를 호소한 유료 광고문을 게재한 데서 시작된 사건이다. 광고문 중에는 앨라배마 주 몬거머리 카운
　　　티에서 인종차별에 항의하는 학생들에 대한 경찰의 지나친 행위, 킹 목사에 대한 폭행이나 괴롭힘을 기술한 부분이 있
　　　었다. 경찰 감독관 설리번이 광고문에 허위 사실이 있으며 자신의 명예가 훼손됐다고 뉴욕타임스와 광고문에 이름이
　　　나왔던 4명을 고소했다.

히려 공적 논점에 관한 논쟁은 제약되지 않으며 떠들썩하고 넓게 열린 것이어야 한다고 했다. 특히 정부 및 공직자에 대해서는 매섭고 통렬한, 때로는 불쾌하고 신랄한 공격을 포함해도 된다고 했다. 즉 자유로운 논쟁을 하다보면 잘못된 발언도 있을 수밖에 없기 때문에 표현의 자유를 수호하기 위해서는 잘못된 발언조차도 보호되어야 한다는 것이다. 특히 의견과 사실은 구분되어야 한다는 의견과 사실 이분론, 또는 의견 특권론은 사실이나 허위 사실을 적시하는 것이 아닌 의견 표명에 대해서는 표현의 자유를 보장해야 한다는 것이다.

의견과 사실을 구분한 다음 판례를 살펴보자. 뉴욕의 한 화가가 동료들의 미적 감각을 비판할 의도로 '뮤즈 강도the Mugging of the Muse'라는 제목으로 그림을 그렸다. 이에 화가 난 한 동료 화가 역시 그림으로 반격에 나섰다. 전시된 그림 내용은 도시에서 무장한 세 명의 남성이 한 여성을 암살하려는 것이다. 자신을 그림으로 비판한 화가를 무장 강도이자 암살자로 묘사한 것이다. 그림에 묘사된 화가 두 명이 법원에 명예훼손 소송을 제기했지만 법원은 이를 기각했다. 법원은 그림 속에서 두 예술가가 암살자로 묘사된 것은 사실이지만, 이는 허위 사실의 표현이라기보다는 의견의 표현에 해당한다고 본 것이다.

> 이 그림은 합리적인 사람의 관점에서 보았을 때, 원고가 실제로 암살에 가
> 담하려는 의도가 있었다고 보이지 않으며, '뮤즈'라는 단어의 사용과 사실
> 적 배경이 주는 맥락에서 볼 때 이 뮤즈라는 형상은 '예술'을 암시한다. 따
> 라서 그림은 원고의 예술적 소신과 활동이 예술을 파괴하고 있다는 의견을
> 표시하고 있다. 이 이상의 의미는 의도되지 않은 것으로 보인다. 매일 신문
> 이나 잡지를 통해 예술가나 예술품을 다루는 (문제의 그림보다) 훨씬 더
> 비판적이고 심한 의견이 쏟아지는 데 비해 당해 그림은 수사적 과장에 불
> 과하며, 이 역시 의견의 표명에 지나지 않는다. Silberman v. Georges.[121]

---

121   91 A.D.2d 520, 456 N.Y.S.2d 395 (App. Div. 1982).

한국 대법원도 미국 판례법상 형성된 의견과 사실 이분론에 입각해, 어떤 표현이 순수한 의견 표명에 해당하는 경우에는 형사상으로도 민사상으로도 명예훼손이 성립하지 않는다는 분명한 입장을 취한다. 어떤 표현 행위가 사실의 적시인가 아니면 단순히 의견을 표명하는 것인가, 그리고 의견을 표명하더라도 묵시적으로 그 전제가 되는 사실을 적시한 것인가로 나눌 수 있다. 사실의 적시가 의견이더라도 전제가 사실을 적시한 것이라면 유죄로 될 수 있으나, 단순한 의견 또는 논평의 경우에는 명예훼손죄에 해당하지 않는다. 즉 사실의 적시만이 명예훼손의 구성요건을 충족하며, 순수한 의견 표명은 제외된다.[122]

명예훼손

명예훼손은 말이나 글, 또는 그림 등으로 개인의 평판을 공격하며, 이것이 공표되는 경우에 발생한다. 표현의 자유를 최대한 보장하고자 하는 미국이나 유럽에서는 예술적 표현 때문에 명예훼손죄로 형사처분되는 경우는 지극히 드물다. 우리 대법원은 예술의 자유가 무제한적인 기본권은 아니기 때문에 타인의 권리와 명예를 침해해서는 안 된다[123]고 보며, 한국은 개인의 명예를 해하는 표현 행위에 대해 형법상 명예훼손죄로도 처벌하고 있다.[124] 형사처분을 받지 않더라도 민사상 명예훼손의 위법행위로 타인에게 정신적 피해를 입힐 경우에는 손해배상을 해야 한다. 영미법계는 명예훼손을 민법상의 불법행위로만 파악하는 반면, 한국에서는 형사상 제재를 가하고 이 규정이 모태가 되어 민사상 명예훼손으로 인한 불법행위 책임의 내용을 편성한다.

미국에서는 예술 작품이나 행위가 명예훼손의 도구로 쓰였다며 소송을 거는 경우는 많지만, 실제로 유죄판결을 받은 경우는 아직까지 없었다. 예술가들

---

122 대법원 2000.2.25. 선고, 98도2188 판결.
123 대법원 2010.7.15. 선고, 2007다3483 판결.
124 형법 제307조 – 제310조.

은 수정헌법 제1조에 따라 폭넓은 표현의 자유의 보호를 받는 데다 명예훼손죄의 구성요건을 충족시키기가 여간해서 쉽지 않기 때문이다. 더군다나 풍자나 패러디의 대상이 공인이거나 공적 내용이라면 특별한 경우를 제외하고는 사실상 전면적인 예술적 표현의 자유가 보장된다. 명예훼손 소송을 제기하기 위해서는 다음을 입증해야 한다. ①해당 표현이 명예를 훼손하고 있으며, ②해당 표현이 사실로 주장되고 있으나, ③거짓이며, ④해당 표현은 원고에 관한 것이며, ⑤표현이 피고에 의해 제삼자에 공개되었으며, ⑥악의적 고의 또는 과실이 있었음을 입증해야 한다.[125]

미국의 명예훼손죄는 대상이 공인이냐 사인이냐에 따라, 그 행위가 명예훼손죄를 구성하는 데 있어 실질적 악의 또는 고의가 있어야 하는지 아니면 단순 과실만으로도 충분한지가 결정된다. 일반인의 경우 단순 과실만으로도 명예훼손 소송의 대상이 될 수 있지만 공직자나 공인은 악의성을 입증해야 한다. 즉, 명예가 훼손됐다고 소송을 거는 사람이 공인이나 공직자인 경우에는 원고가 명백하고 설득력 있는 증거로 피고가 거짓임을 알거나 충분히 알 수 있었음에도 무시했음을 입증해야 한다. 이에 비해 원고가 일반인이라면 피고의 과실만 입증하면 된다.[126] 과실은 의무가 존재할 때 합리적인 수준의 주의를 기울이는 데 실패한 것에 근거한 책임 이론이다.

1983년 유명한 목사이자 사회 평론가인 제리 폴웰Jerry Falwell은 자신을 패러디한 주류 회사 광고에 대해 명예훼손 소송을 제기했다가 패소했다. 문제의 광고에는 제리가 첫 경험에 대해 이야기한다는 카피와 함께, 제리 폴웰 목사가 술에 취해 어머니와 근친상간하는 내용으로 그가 술에 취했을 때만 설교하는 위선자임을 암시했다. 하단에는 작은 글씨로 광고 패러디이니 심각하게 받아들이지 말라고 표기했다. 법원은 공인을 정신적 스트레스로부터 보호하기 위해

---

125 Robert C. Lind, "The Visual Artist and the Law of Defamation," *UCLA Entertainment Law Review*, Vol.2, No.1, 1995.
126 Lind, supra note 62 at 105 (1976).

표현의 자유를 부정하는 것은 합당하지 않다고 판시했다.[127] 미국의 확립된 법리에 따르면 공인 또는 공직자가 명예훼손 소송에서 승소하기 위해서는 일반인의 명예훼손 구성요건 외에 ①해당 내용이 거짓이며falsity와 ②실질적 악의actual malice가 있음을 추가적으로 입증해야 한다. 사인의 경우에는 과실만 입증하면 되는 것에 비해 훨씬 무거운 입증책임을 지는 것으로 사실상 입증이 어렵다고 볼 수 있다.

이 사건에서는 '공인'의 정의에 대해서도 법적 논쟁이 있었는데, 일단 유명인은 공인과는 구별된다. 커뮤니티에서 왕성하게 활동하며 칼럼도 쓰는 여성이 있었는데, 이 여성의 이혼 문제가 이슈화되고 언론에 보도되자 기자회견을 열어 자신의 이혼 절차에 대해 이야기하기도 했다. 법원은 이 여성이 사회에서 중요한 역할을 맡고 있는 것도 아닌 데다 결과에 영향을 미치기 위해 자발적으로 사회적 논란에 결부된 것이 아니라면서 공인으로 볼 수 없다고 판시했다.[128] 커뮤니티에서 왕성한 활동을 하고 언론에서 이슈가 되더라도 유명인일 뿐 공인은 아니라는 것이다. 미국 연방대법원은 공인이나 공직자에 대해 자신들을 명예가 훼손될 거짓 사실의 위험성에 자발적으로 스스로를 노출시킨 사람들이라는 추정이 있어야 한다고 보았다.[129] 예술가는 자신이나 자신의 작품을 스스로 공개하므로 공인으로 간주한다.[130]

형법상 명예훼손죄 미국이나 유럽 등에서는 표현에 대해 형사 처벌하는 경우가 드물다. 형법상 명예훼손죄가 없거나 사문화되었다. 그러나 한국의 경우 형법상 명예훼손죄가 있으며 허위 사실은 물론이고 진실인 사실에 대한 명예훼손죄, 심지어 '사자死者 명예훼손'이라는 특별한 범죄도 규정되어 있다. 한국 형법은 공연

---

127 Hustler Magazine v. Falwell, 485 U.S. 46 (1988).
128 Firestone v. Time, Inc., 424 U.S. 448 (1976).
129 Gertz v. Robert Welch, Inc., 418 U.S. 323 (1974).
130 Brown v. Kelly Broadcasting Co., 48 Cal. 3d 711, 732, 771 P.2d 406, 418, 257 Cal. Rptr. 708, 720 (1989).

한 사실[131]이나 공연히 허위의 사실[132]을 적시해 사람의 명예를 훼손할 경우 형사처분을 하도록 규정하고 있다. 형법상 명예훼손죄는 공연히 사실을 적시하여 사람의 명예를 훼손하거나 사람을 모욕함으로써 성립하는 범죄다. 형법 제307조 제1항 명예훼손죄의 구성요건은 ①공연히 ②사실을 적시하여 ③명예를 훼손하는 행위다. 제2항의 허위 사실 명예훼손죄와 형법 제309조의 출판물 등에 의한 명예훼손죄는 제1항의 기본적 구성요건에 대한 가중 구성 요건을 이룬다. 즉 허위 사실에 의한 명예훼손죄는 적시한 사실이 허위인 경우다. '사자 명예훼손죄(형법 제308조)'는 고인의 명예를 보호한다는 일종의 유가적 전통에서 규정된 법이다. 사자 명예훼손죄가 성립하기 위해서는 '공연히 허위 사실을 적시해 사자의 명예를 훼손'해야 한다. '허위 사실'은 죽은 사람의 사회적 평가를 저하하는 것이어야 한다. 출판물 등에 의한 명예훼손죄는 명예훼손 행위가 사람을 비방할 목적으로 이루어지고, 또 그 행위 수단이 신문, 잡지 또는 라디오 등 기타 출판물에 의해 이루어진 경우다. 이런 경우에는 가중 처벌하게 된다. 각 구성요건을 살펴보면 다음과 같다.

　　첫 번째 구성 요건인 '공연성'이란 불특정 또는 다수인이 인식할 수 있는 상태를 말한다. 불특정이란 사실 적시의 상대방이 한정된 범위에 속하는 사람이 아니라는 것을 의미한다. 다수인이란 특정 여부와 상관없이 단순한 복수 이상의 상당한 다수를 의미한다. 또한 판례가 발전시킨 '전파성 이론'이 있는데 특정된 한 사람에게 한 말도 그것이 결과적으로 불특정 또는 다수인에게 전파될 가능성이 있으면 공연성이 인정된다고 보는 것이다.[133] 그러나 전파성 이론은 공연성의 원리를 지나치게 확대하는 것으로 타당치 않다는 이론이 대세를 이루고 있다. 두 번째 구성요건은 '사실의 적시'이어야 한다는 것이다. 표현에 대한

131　헌법재판소 2021.2.25. 선고, 2017헌마1113. 형법 제307조 제1항은 공연한 사실을 적시하여 사람의 명예를 훼손한 자는 2년 이하의 징역이나 금고 또는 500만 원 이하의 벌금에 처한다.
132　형법 제307조 제2항 공연히 허위의 사실을 적시해 사람의 명예를 훼손한 자는 5년 이하의 징역, 10년 이하의 자격정지 또는 1,000만 원 이하의 벌금에 처한다.
133　대법원 2004.4.9. 선고, 2004도340 판결 등.

명예훼손죄가 성립하기 위해선 일단 개인적 의견이 아니라 진실한 사실을 적시해야 한다. 어떤 표현이 의견의 진술인지 사실의 적시인지를 판단하기 위해서는 그 표현과 함께 표현 전체의 취지와 발언의 맥락을 살펴야 한다. 또한, 사실의 표현이 어느 특정한 사람의 사회적 가치 내지 평가가 침해될 가능성이 있을 정도로 구체성을 띠어야 한다.[134] 허위 사실을 표현했더라도 그 허위 사실이 그 사람의 사회적 가치 내지 평가를 침해하는 내용이 아니라면 명예훼손죄가 성립하지 않는다. 형법상 명예훼손죄는 적시된 사실의 진위에 관계없이 성립한다. 다만 적시한 사실이 허위인 경우에는 형이 가중된다.

진실한 사실의 적시이더라도 명예훼손죄가 성립하기 위해서는 제한이 있다. 형법 총칙상 일반적 위법성 조각 사유로 법령에 의한 행위 또는 업무로 인한 행위, 기타 사회 상규에 위배되지 않는 정당 행위를 들 수 있다. 피해자가 자신의 명예훼손을 승낙한 경우에도 위법성이 조각된다. 또한 공연히 사실을 적시해 명예를 훼손하더라도, 행위가 진실한 사실이고 공공의 이익에 관한 경우에는 형사상 처벌을 하지 않는다.[135] 법원은 그 표현을 하는 행위가 공공의 이해에 관한 사항에 관계되고 그 목적이 오로지 공익을 도모하기 위한 것일 때에는, 표현된 사실이 진실한 것이라는 증명이 없거나 실제로 거짓이라 하더라도 표현 행위를 한 사람이 그 내용이 진실이라고 믿을 만한 상당한 이유가 있는 경우에는 위법성이 없다고 일관되게 판시해왔다.[136]

사실이 공공의 이익에 관한 것인지 여부는 그 표현된 사실의 구체적 내용과 사실의 공표가 이루어진 상대방의 범위, 표현 방법 등 그 표현 자체의 제반 사정을 고려해야 한다. 또한, 그 표현에 의해 훼손되거나 훼손될 수 있는 명예의 침해 정도 등을 참작해야 한다. 만약 그러한 행위를 한 주요한 목적이나 동

---

134 대법원 1994.6.28. 선고, 93도696 판결; 대법원 2003. 6.24. 선고, 2003도1868 판결.
135 형법 제310조, 제307조 제1항의 행위가 진실한 사실로서 오로지 공공의 이익에 관한 때에는 처벌하지 아니한다.
136 대법원 1993.6.22. 선고, 92도3160 판결; 대법원 1999.2.9. 선고, 98다31356 판결; 대법원 2008.1.24. 선고, 2005다
58823 판결 등.

기가 공공의 이익을 위한 것이라면 다른 개인적이고 사익적인 동기가 부수적으로 내포돼 있었다고 하더라도 행위자의 주요한 목적이나 동기가 공공의 이익을 위한 것으로 보아야 한다.[137]

공연히 사실을 적시하여 사람의 명예를 훼손한 행위가 처벌되지 않기 위해서는 적시된 사실이 객관적으로 볼 때 공공의 이익에 관한 것으로서 행위자도 공공의 이익을 위하여 그 사실을 적시한 것이어야 될 뿐만 아니라, 그 적시된 사실이 진실한 것이거나 적어도 행위자가 그 사실을 진실한 것으로 믿었고, 또 그렇게 믿을 만한 상당한 이유가 있어야 하는 것인 바, 여기에서 '진실한 사실'이란 그 내용 전체의 취지를 살펴볼 때 중요한 부분이 객관적 사실과 합치되는 사실이라는 의미로서, 세부에서 진실과 약간 차이가 나거나 다소 과장된 표현이 있더라도 무방한 것이고, 나아가 '공공의 이익'에는 널리 국가·사회 기타 일반 다수인의 이익에 관한 것뿐만 아니라 특정한 사회집단이나 그 구성원 전체의 관심과 이익에 관한 것도 포함하는 것으로서, 적시된 사실이 공공의 이익에 관한 것인지 여부는 당해 적시 사실의 내용과 성질, 당해 사실의 공표가 이루어진 상대방의 범위, 그 표현의 방법 등 그 표현 자체에 관한 제반 사정을 감안함과 동시에 그 표현에 의하여 훼손되거나 훼손될 수 있는 명예의 침해 정도 등을 비교·고려하여 결정하여야 하고, 행위자의 주요한 동기 내지 목적이 공공의 이익을 위한 것이라면 부수적으로 다른 사익의 목적이나 동기가 내포되어 있더라도 형법 제310조의 적용을 배제할 수 없는 것이다. 대법원 2003.11.13. 선고, 2003도3606 판결.

---

137 대법원 1993.6.22. 선고, 92도3160 판결; 대법원 1995.6.16. 선고, 94다35718 판결; 대법원 2008.1.24. 선고, 2005다58823 판결 등.

민사상 명예훼손 형법상 명예훼손죄는 고의범인데 반해 민사상으로는 고의 뿐 아니라 과실에 의한 행위에도 책임을 진다. 민법 제750조는 고의 또는 과실로 인한 위법행위로 타인에게 손해를 가한 자는 그 손해를 배상할 책임이 있다고 규정한다. 그래서 ①고의, 과실로 야기한 위법행위가 있고, ②타인에게 손해가 발생했으면, ③위법행위와 손해 사이에 법적 인과관계가 인정될 때 손해배상 책임을 지게 된다고 해석한다. 민사상 타인에 대한 명예훼손, 즉 사람의 품성, 덕행, 명성, 신용 등의 인격적 가치에 관해 사회로부터 받는 객관적인 평가를 저하시키는 것은 사실을 적시하는 표현 행위뿐만 아니라 의견 또는 논평을 표명하는 표현 행위에 의해서도 성립할 수 있다. 민법 제751조는 '재산 이외의 손해배상'의 제1항에서 타인의 신체, 자유 또는 명예를 해하거나 기타 정신상 고통을 가한 자는 재산 이외의 손해에 대하여도 배상할 책임이 있다'고 규정한다. 이때 명예훼손에 의한 불법행위가 성립하려면 피해자가 특정되어야 하지만, 그 특정을 위해 반드시 사람의 성명을 명시해야만 하는 것은 아니고, 성명을 명시하지 않은 경우라도 그 표현 내용을 주위 사정과 종합해볼 때, 그 표시가 누구를 지목하는가를 알아차릴 수 있을 정도면 된다.[138]

그러나 형법상 명예훼손과 마찬가지로, 그 행위가 공공의 이해에 관한 사항에 관계되고 그 목적이 공익을 도모하기 위한 것일 때에는 위법성이 조각될 수 있다. 이때 명예훼손이 되는 의견 또는 논평의 전제가 되는 사실이 중요한 부분에서 진실이라는 증명이 있거나, 진실이라는 증명이 없더라도 표현 행위를 한 사람이 진실이라고 믿을 상당한 이유가 있어야 한다.[139] 명예훼손을 이유로 민사소송을 제기하기 위해서는 원고에게 손해가 발생해야 한다. 민법 제764조는 명예훼손 경우의 특칙으로서 타인의 명예를 훼손한 자에 대해 법원은 피해자의 청구에 의해 손해배상에 갈음하거나 손해배상과 함께 명예 회복에 적당한 처

---

138 대법원 2002.5.10. 선고, 2000다68306 판결.
139 대법원 1999.2.9. 선고, 98다31356 판결.

분을 명할 수 있다고 규정한다. 명예훼손으로 인한 재산상 손해는 진품으로 작품을 팔고 있는 상인의 경우와 같이 특별한 경우에만 발생한다.

타인의 명예를 훼손하는 표현과 입증책임

'명예를 훼손하는 표현'이란 공동체 내에서 평가를 저하시키거나, 제삼자가 당사자와 교류하거나 거래하는 것을 꺼리게 만들어 그 사람의 평판에 해를 입히는 경향이 있는 것을 말한다.[140] 해당 진술을 듣는 사람이 진술을 사실로 믿을 필요는 없으며 명예훼손성 진술이라는 인식만 있으면 된다. 또한 명예훼손성 진술이 반드시 직설적일 필요는 없다. 캘리포니아 주 법원은 한 방송사가 텔레비전 프로그램에서 원고인 아트 딜러가 장물을 판매했다고 암시한 방송에 대해 명예훼손에 해당한다고 판시한 바 있다. 방송사는 뉴스 보도를 통해 원고인 아트 딜러가 미술관에 은제 캔들라브라(촛대장식)을 판매할 때, 장물이라는 사실을 알면서 판매하거나 가격을 부풀렸다고 암시함으로써 보험 사기에 연루된 중범죄자와 아트 딜러를 연계시켰다.[141]

그렇다면 명예훼손에 이르지 않는 예술적 표현과 그렇지 못한 표현을 구별하는 경계선은 어디쯤에서 그을 수 있을까. 예술가가 논란의 중심에 있거나 신흥 예술운동이거나 작품이 문화적 아이콘일 경우, 해당 예술이나 예술가의 작품을 타깃으로 한 유머러스한 비평은 대체로 명예를 훼손하는 표현으로 보지 않는다. 예를 들어, 어떤 기자가 파티장에서 원고인 손님이 집주인 소유의 다이아몬드 목걸이를 자신의 가방에 넣는 것을 목격했다고 하자. 이 기자는 이 사건에 대해 별도의 취재를 하지 않은 채 당시 상황을 묘사하며 자기 생각에 손님이 도둑인 것 같다는 기사를 써서 신문으로 발간했다면 이를 명예훼손이라고 볼

---

140 Restatement (Second) of Torts §559.
141 Weller v. American Broadcasting Cos., 232 Cal. App. 3d 991, 283 Cal. Rptr. 644 (1991).

수 있을까? 해당 기자와 언론사는 모두 원고인 손님의 명예훼손에 책임이 있다. 집주인이 손님에게 다이아몬드 목걸이를 빌려줬을 수도 그냥 줬을 수도 있다. 그런 경우라면 손님은 도둑이 아님을 입증할 수도 있을 것이다. 따라서 기사의 내용은 허위의 사실일 가능성을 내포하고 있다. 이런 경우 사실이 아닐 가능성에도 불구하고, 즉 객관적으로 사실이 아님을 입증할 가능성에도 불구하고 사실이라고 주장하는 것은 명예훼손죄의 구성요건을 충족한다.

　　1962년 조각가 A가 '시애틀 월드 페어'에 〈록 토템Rock Totem〉이라는 작품을 전시했다. 이후 또 다른 젊은 조각가 B는 한 은행의 의뢰를 받아 〈트랜센딩Transcending〉이라는 제목의 작품을 만들었다. 조각가 A는 조각가 B의 작품이 자신의 작품을 베낀 것이라며 은행에 찾아가 조각가 B를 도둑이라고 불렀다. 그러고는 창작하는 영혼을 도둑이 공개적으로 강탈한 것이며 젊은 예술가가 돈에 눈이 멀어 표절의 길을 선택했다고 비난하는 편지를 썼다. 법원은 복제가 발생하지 않았다며 조각가 A의 저작권 침해 소송을 기각했다. 이에 맞서 조각가 B는 명예훼손으로 반소를 했다. 법원은 누군가를 도둑이자 표절자라고 부르는 것은 비평도, 보호받는 형태의 의견도 아니고 공정논평을 벗어나는 인신공격에 불과하다며 조각가 B의 손을 들어주었다.[142] 뉴욕타임스 사건에서 미국 연방 대법원은 명예훼손적 허위 표현에 대해 일반 요건 외에 실질적 악의를 갖고 있었음을 피해자가 입증해야 한다고 판시했다. 이처럼 표현의 자유를 제한하려는 당사자에게 불리하도록 입증책임을 재분배시키는 것을 '입증책임의 전환 이론' 이라고 한다. 미국은 입증책임 전환 이론에 의해 민사 사건에서도 표현의 자유의 우월적 지위를 관철시켰다. 그렇지만 우리 대법원은 이와 반대로 언론 보도로 인해 공적 인물이 피해를 입은 경우라도 입증책임은 어디까지나 언론 매체에 있고 현실적인 악의에 기인한 것임을 피해자 측에서 입증해야 하는 것은 아니라고 판시했다.

142　Fitzgerald v. Hopkins, 70 Wash. 2d 924, 425 p. 2d 920 (1967).

방송 등 언론 매체가 사실을 적시하여 개인의 명예를 훼손하는 행위를 한 경우에도 그 목적이 오로지 공공의 이익을 위한 것일 때에는 적시된 사실이 진실이라는 증명이 있거나 그 증명이 없다 하더라도 행위자가 그것을 진실이라고 믿었고 또 그렇게 믿을 만한 상당한 이유가 있으면 위법성이 없다고 볼 수 있다. 그에 대한 입증책임은 어디까지나 명예훼손 행위를 한 방송 등 언론 매체에 있고 피해자가 공적인 인물이라 하여 방송 등 언론 매체의 명예훼손 행위가 현실적인 악의에 기한 것임을 그 피해자 측에서 입증하여야 하는 것은 아니다. 대법원 1998.5.8. 선고, 97다34563 판결.

표현이 사실이 아님을 입증할 때 입증책임을 누가 지게 될까. 공공의 이익에 관한 것인가 사익에 관한 것인가에 따라 다르다. 피고의 표현이 공익이나 공공의 문제에 관한 것이라면 원고가 사실이 아님을 증명해야 한다. 그러나 오로지 사적인 문제에 관한 표현인 경우에는 그 표현이 거짓이라고 추정하며, 피고가 사실임을 입증해야 한다. 예술 관련 주제는 공적일 수도 있고, 사적일 수도 있다. 표현이 미술 작품에 관한 것이라면 대체로 공공의 문제라고 보고 표현의 자유가 쟁점이 된다. 그러나 아트 딜러 간의 사업적 다툼이라면 사적인 것으로 본다.143

작품 비방과 공정논평

예술가는 작품을 공표하는 순간 작품에 대한 평가 무대에 오르게 된다. 미술평론가들은 물론이고 일반 대중들도 작품에 대해 비평을 하고, 때론 찬사를 때론 혹평을 쏟아낸다. 그 자리에서 시장가치가 매겨지기도 한다. 시간이 좀

---

143 Bresler and Lerner, *Art Law: the Guide for Collectors, Investors, Dealers, & Artists*, p.588.

흐른 후에는 예술품의 진품성이나 가치를 놓고 예술품 감정인들이 평가를 내린다. 예술가나 예술품 소장자들은 자신의 소장품에 대한 감정 평가가 항상 만족스러울 리 없다. 예술가로서의 명예가 훼손되었다고 느낄 수도 있고, 소장품의 진품성이나 가치가 왜곡되었다고 생각할 수 있다. 그렇다고 해서 비평가들이나 감정인들이 자신들의 평가나 감정 결과에 따라 매번 명예훼손 소송에 직면한다면 평론이나 감정을 하는 직업 자체가 존립하기 힘들 것이다.

예술적 표현에 대한 비평을 둘러싼 최초의 재판은 영국의 유명한 휘슬러 대 러스킨Whistler v. Ruskin 사건이다. 이 사건은 어두운 공원의 불꽃놀이를 묘사한 휘슬러의 그림 〈검정색과 금색의 야상곡: 떨어지는 불꽃Nocturne in Black and Gold: the Falling Rocket〉을 놓고 1877년 존 러스킨John Ruskin 교수가 잡지 『포스 클라비게라Fors Clavigera』를 통해 악평을 쏟아낸 데서 비롯되었다(그림 13). 문제가 된 부분은 다음과 같다.

구매자에 대한 보호뿐 아니라 휘슬러 자신을 위해서도 구트 린세이 경은 갤러리에 작품을 전시하지 않도록 해야 한다. 그곳에서는 교육받지 못한 화가의 독단이 거의 '계획적 사기'에 가까운 양상을 보인다. 나는 지금 많은 런던내기들의 건방진 행위를 보고 듣는다. 물감을 쏟아부어 놓았을 뿐인 캔버스에 200기니의 돈을 뿌릴 정도로 허영심 가득한 사람을 본 적이 없다.144

휘슬러는 러스킨 교수의 혹평으로 인해 자신의 명예가 실추됐다며 1877년 7월 28일, 1,000파운드의 배상을 요구하는 소송을 제기했다. 1878년 배심원 심

---

144 For Mr. Whistler's own sake, no less than for the protection of the purchaser, Sir Coutts Lindsay [founder of the Grosvenor Gallery] ought not to have admitted works into the gallery in which the ill-educated conceit of the artist so nearly approached the aspect of willful imposture. I have seen, and heard, much of Cockney impudence before now; but never expected to hear a cox comb ask two hundred guine as for flinging a pot of paint in the public's face.

리에서 재판장은 러스킨의 비평이 공정하고 선의에 의한 것인지 물었다. 논의를 거친 배심원들은 비평이 정직하다고 답했다. 그러나 재판장은 재차 그 비평이 공정하고 선의에 따른 것인가를 물었다. 논의 끝에 이번에는 배심원들이 원고 휘슬러 승소 평결을 내리고, 손해배상을 인정했다. 그러나 그 액수는 겨우 동전 한 닢에 불과했다. 소송비용도 각자 부담이었다.

이 사건에서 법원이 비평가들에게 주어지는 한정적 면책사유에 해당하는 '공정논평'에 해당하지 않는다고 판단한 이유는 '계획적인 사기willful imposture' 라는 표현 때문이었다. 해당 표현은 거짓 중상에 해당하며 원고인 휘슬러의 인격에 관련한 진술이지, 예술가로서 혹은 그의 작품에 관한 의견 표시가 아니라는 것이었다.[145] 예술가에 대한 일반적인 공격과 예술가의 인격 혹은 캐릭터에 대한 공격은 구분되어야 한다는 것이 휘슬러 사건을 다룬 법원의 입장이었다. 예술가 비평가를 명예훼손으로 고소한 동 사건에서 화가 휘슬러는 승소했지만 본인은 파산에 직면해야 했고, 러스킨 교수는 비평할 수 없는 비평가가 무슨 의미가 있느냐며 대학을 떠났다. 결과적으로 승자 없는 판결이 된 셈이다.

예술에 대해 비평하고 의견을 나누는 것은 예술의 발전이나 대중화에 매우 중요한 일이다. 전문 감정인이나 학자, 또는 여타 전문가들은 예술가의 작품들을 분석하고 평가하고 때로는 신랄한 비판을 쏟아내기도 한다. 작품 평가가 적대적이건 우호적이건 간에, 비평 그 자체가 명예를 훼손하는 표현이 되지는 않는다. 문제가 되는 것은 건전한 비판을 넘어 고의로 혹은 과실로 작가나 작품을 비방하고, 사실이 아닌 내용을 발설해 작품의 가치를 훼손하거나 작품과 무관한 작가의 인성을 공격하는 경우다. 특히 근거 없이 작품을 비방함으로써 작품의 가치를 떨어뜨려 예술가나 소유자의 경제적 손실을 발생시킬 경우가 문제다. 또한 작가가 인격적 침해를 당했다고 볼 수도 있다. 해당 작가는 침해자

---

145 Philip Wittenberg, *Dangerous Words, A Guide to the Law of libel*, Columbia University Press, 1947, p.113; Walker v. D'Alesandro, 212 Md. 163, 129 A.2d 148 (1957).

를 상대로 명예훼손으로 고소할 수 있다. 실제로 작가나 작품 소장자가 감정인이나 미술 전문가를 상대로 명예훼손 소송을 하는 경우도 흔하다. 대체로 민사 소송으로 해결하는 미국이나 유럽과 달리 한국의 경우는 형법상 명예훼손죄 또는 모욕죄로 기소당하는 경우도 적지 않다. 그렇지만 명예훼손죄와 모욕죄 소송이 빈번하다면 당연히 표현의 자유, 즉 예술품에 대해 논평하고 의견을 나눌 자유, 감정인이 정확하게 감정 결과를 공표할 자유가 크게 위축될 것이다.

예술가들은 비방disparagement과 비평criticism의 차이를 분명하게 인식하고 있어야 한다. 1920년대 미국에서는 미술계와 언론을 뒤흔든 사건이 있었다. 작품 소장자가 당대 최고의 아트 딜러이자 미술 전문가를 비방 혐의[146]로 고소한 대 듀빈Hahn v. Duveen 사건[147]이다. 1920년 6월 아트 딜러 피고 조지프 듀빈 경은 한 언론에 원고 안드레 한Hahn이 소장한 레오나르도 다 빈치의 〈익명의 여인의 초상〉은 흔한 다빈치 위작 중 하나이며 진품은 파리 루브르 박물관에 있다고 주장했다. 그는 프랑스 전문 감정인이 발급한 진품 인증서도 가치가 없다고 주장했다. 소장자인 원고는 미술 전문가인 피고가 『뉴욕 월드*New York World*』 신문에 자신이 소장한 작품을 악의적으로 비방하고 거짓 주장을 함으로써, 더 이상 작품을 팔 수 없고 재산상 손해를 입었다며 소송을 제기했다. 당시 캔자스시티 박물관과 매매 협상을 진행하던 중 이 소송으로 인해 협상이 결렬된 터였다. 피고인 아트 딜러는 판매를 위해 대중에 공개된 작품에 대해 자유롭게 의견을 표명할 수 없다면 수정헌법 제1조가 보장한 표현의 자유를 침해하는 것이라고 맞섰다. 선의를 가지고 한 공정한 논평fair comment은 보장되어야 한다는 것이다.

이 아트 딜러의 주장은 사실인가? 거짓인가? 발언에 악의적 의도가 있었는가? 이를 밝히기 위해 원고, 피고 양측은 전문가들의 증언에 의존했다. X레이

---

146 비방죄an action in disparagement는 일반 명예훼손action in defamation과는 차이가 있다. 명예훼손이 개인의 평판을 보호한다면 비방죄는 경제적 이익을 보호한다.
147 234 N.Y.S. 185 (N.Y. Sup. Ct. 1929).

투시, 원료 분석, 사료 등을 들어 소장자인 원고는 자신의 작품이 진품이고 루브르에 있는 것이 위작이라고 주장했다. 피고인 아트 딜러는 미국과 유럽의 전문가들을 동원했다. 루브르에서 작품을 공수해 버나드 베런슨Bernard Berenson과 전직 메트로폴리탄 미술관 큐레이터인 로저 프라이Roger Fry 등으로 구성된 패널 앞에서 직접 비교했다. 듀빈 측 전문가들은 한의 작품이 진짜가 아니라 다 빈치 추종자들이 그린 것이라고 평가했다.

듀빈 경이 일부러 거짓 주장을 했는지도 가려야 했다. 듀빈 경은 루브르 박물관에 있는 작품이 진품이라는 확고한 믿음이 있었으며, 이는 충분한 근거에 바탕을 둔 것이라고 주장했다. 원고 측은 듀빈이 루브르 박물관의 작품이 진품인지 의심스럽다고 한 내용이 담긴 서한을 증거로 제시했다. 상충되는 증언 속에 결국 불일치 배심hung jury 판정이 났다. 재판부는 사건을 파기하고 항소심으로 돌려보냈다. 이후 듀빈은 증거 불충분에 따른 기각 신청motion to dismiss을 했으나 거부되고 재재판 명령이 따랐다. 결국 듀빈이 6만 달러와 소송비용을 지불하는 것으로 합의하면서 사건은 종결됐다. 그러나 이후에도 당해 작품은 팔리지 않았다. 사건 발생 후 60여 년이 흐른 1993년 3월, 다 빈치 전문가인 영국의 마틴 켐프Martin Kemp 교수는 한이 소장하던 작품이 모조품이라고 주장했다.[148] 9년간 법정을 넘나들며 미술계를 뒤흔든 이 사건 이후 공정논평 법리에 대한 논의가 이루어졌다. 비방 혐의에 대한 공정논평 항변이란 해당 논평이 악의적이 아닌 선의의 것이라면, 공공의 이익과 관련한 문제에 대한 공정한 비평criticism 내지 논평comment은 법적 책임을 묻지 않는 것이다.

한국에서도 2005년 이중섭, 박수근 위작 사건 때 한국미술품감정협회에 소속된 감정 위원이 명예훼손으로 고소되는 일이 있었다. 고 이중섭, 박수근 작가의 미발표 작품을 소장하던 김용수가 자신의 소장 작품을 위작으로 평가한 감정협회 위원 등을 상대로 허위 사실을 유포함으로써 자신의 명예를 훼손했다

---

148 Bresler and Lerner, *Art Law: the Guide for Collectors, Investors, Dealers, & Artists*, p.574.

며 손해배상 청구 소송을 낸 것이다. 이에 대해 서울중앙지법은 원고 김용수 패소 판결을 내렸다. 판결의 근거는 이렇다.[149] 첫째, 한국 미술품을 감정하는 위원들이 작품을 판매하는 서울옥션으로부터 감정 의뢰를 받고 위작 판정을 한 것은 원고의 명예를 훼손할 만한 사실 적시가 아니다. 둘째, 위작이라는 의견을 표명한 인쇄물과 발표 내용은 진실 여부에 관한 사회적 논란을 해소코자 의견을 표명한 공익적 목적이 인정돼 위법성이 없다. 셋째, 감정 위원들이 위작이라고 적시한 사실은 제출된 증거와 진술에 따라 진실일 개연성이 높다. 설령 적시된 사실이 진실이 아니더라도 피고들이 진실이라고 생각할 정도의 합리적 자료와 근거가 인정된다.

　　2016년 4월 고 천경자 화백의 유족이 〈미인도〉가 가짜임에도 진품이라고 주장한다며 전·현직 국립현대미술관 관계자들을 형사 고소 고발했다. 검찰은 언론에 〈미인도〉가 진품이라는 취지로 글을 기고한 한 평론가를 사자 명예훼손죄로 벌금형을 구하며 약식 기소했다. 이 평론가는 불복해 정식 재판을 요청했고 1심 법원은 사자 명예훼손에 대한 고의성과 위법성이 없다며 무죄 판결을 내렸다. 사자 명예훼손죄가 성립하려면 '공연히 허위 사실을 적시해 사자의 명예를 훼손'해야 하며 '허위 사실'은 죽은 사람의 사회적 평가를 저하하는 것이어야 한다. 법원은 피고인(평론가)의 언론 기고문의 전체적인 취지는 〈미인도〉가 진품이라는 것이고, 피고인으로서는 이를 진실이라고 믿을 만한 타당한 사정이 있었으며 기고문 내용도 미술 평론으로서 합리성과 논리성을 갖추고 있다고 했다. 예술 평론과 관련해 법원은 미술품은 완성된 이후에는 이미 작가와는 별개로 존재하는 작품으로서, 작가에 대한 사회적 평가와 별개로 해당 작품에 대한 사회적 평가가 별도로 이뤄지므로 이를 작가의 인격체와 동일하다고 보기 어렵기 때문에 비록 피고인의 기고문이 객관적 사실과 반하더라도 〈미인도〉에 대한 사회적, 역사적 평가가 달라질 여지가 있을 뿐 미술품 진위 논란이 곧바로 망인

149　서울중앙지방법원 2007.7.19. 선고, 2005가합81835 판결.

의 사회적 평가 내지는 역사적 평가에 부적적인 영향이 발생한다고 단정하기 어렵다고 했다. 2019년 대법원이 검찰의 상고를 기각함으로써 무죄가 최종 확정되었다.[150]

공정논평의 법리[151]

저작물을 공표하고, 문예나 음악 등의 작품을 공개하며, 연극을 상연하는 등의 행위는 자신의 행위를 공중의 비판에 맡기는 것이다. 공표하는 순간 공정논평의 대상이 된다. 비평가들이 의견을 제시할 때마다 명예훼손 소송의 공포에 직면하지 않도록 공정한 비평에 대해서는 명예훼손죄로부터 면책시켜주는 것을 공정논평의 법리라고 한다. 명예훼손 소송에 대한 항변으로서 공정논평 특권이 성립되기 위해서는 ①공표한 것이 논평이어야 하며, ②개인 그 자체가 아니라 그의 '행위'에 관한 것이어야 하고, ③독자가 사실적 근거를 바탕으로 결론에 도달할 수 있도록 공정해야 한다. 즉 그것을 읽는 사람이 그 논평이 나오게 된 배경 사실을 알고 독자들이 스스로 판단을 내릴 수 있어야 한다. 또한 ④공표는 공익 또는 공공에 관련되어야 한다.[152] 공정논평 항변을 주장하기 위해서는 그 전제로 해당 논평에 미필적 고의에 의한 진실의 묵살reckless disregard of the truth을 포함한 '실질적 악의'가 없어야 한다.

'논평'이라 함은 사실을 기술, 지적한 위에 그러한 사실에 기초한 의견의 표명으로써 비난이 이루어지는 것을 말한다.[153] 다만 개인적 성격이나 도덕성에 대한 비판인 인신공격은 논평이 되지 않는다. 논평은 선의의 의견 표명이어야 한다. 선의란 공표의 내용이 진실하다고 믿고 또 나쁜 동기에 의한 것이 아닌

---

150 판결 2018도11988 선고 2019.7.4.
151 헌법에 바탕을 두고 명예훼손법을 다시 구성하는 '의견과 사실' 이분론이 등장하면서 공정논평의 항변이 독자적 의미를 거의 상실하게 됐다고 보는 견해도 있고, 양자가 병행한다는 의견도 있다.
152 Anne-Marie Rhodes, *Art Law & Transactions*, Carolina Academic Press, 2011, p.111.
153 Silkin v. Beaverbrook Newspapers Ltd, [1958] 2 All ER 516.

경우를 말한다. 어떤 논평이 전제로 한 사실이 진실에 반하거나 진실해도 논평을 뒷받침하는 사실이 아닌 때, 논평이 그 공표 속에 포함되거나 지적된 사실에 현실적으로 기반을 두고 있지 않을 때에 논평은 공정성을 결하게 된다. 또한 논평이 과도하거나 과장되어 비판으로서의 공정성을 잃거나 논평이 행위자의 의사를 성실히 표현하지 않은 때, 그리고 행위자가 논평을 함에 있어서 악의가 존재한 때에도 마찬가지다.[154]

일본은 이와 같은 영미법상 공정논평의 특권 이론을 수용해 공정한 논평의 법리를 형성했다. 이 이론은 명예훼손 소송이 제기된 경우 피고 측에서 ①공공의 이해에 관한 사실에 관련될 것, ②오로지 공익을 도모할 목적이었을 것, ③진실하거나 진실이라는 믿음에 상당한 근거가 있었을 것이라는 점을 증명하면 손해배상책임을 면하게 된다. 여기에 문제가 된 표현이 의견이나 논평인 경우에는 ④인신공격으로 나아가는 등 논평으로서의 영역을 벗어나지 않을 것이 덧붙는다.[155] 한국은 별도의 공정논평 논리를 형성하고 있지 않으나 미국 판례법상 형성된 의견과 사실 이분론에 입각하는 판례를 따른다. 다만 이분론을 따르기 전에 일본식의 공정논평 법리를 적용한 판례를 낸 바 있다.[156]

> 의견 또는 논평을 표명함으로써 타인의 명예를 훼손하는 경우에는 그 행위가 공공의 이해에 관한 사항에 관계되고, 그 목적이 공익을 도모하기 위한 것일 때에는 그와 같은 의견 또는 논평의 전제가 되는 사실이 중요한 부분에 있어서 진실이라는 증명이 있거나 그 전제가 되는 사실이 중요한 부분에 있어서 진실이라는 증명이 없더라도 표현 행위를 한 사람이 그 전제가 되는 사실이 중요한 부분에 있어서 진실이라고 믿을 만한 상당한 이유가

---

154 Clement Gatley and Philip Lewis, *Gatley on Libel and Slander*, 8th ed., Sweet & Maxwell, 1981; 신평, 『명예훼손법』, 청림출판, 2004, 156쪽.
155 신평, 앞의 책, 89쪽.
156 위의 책.

있는 경우에는 위법성이 없다. 대법원 1999.2.9. 선고, 98다31356 판결.

그렇다면 공정논평의 법리로 보호받지 못하고 비방죄가 성립될 수 있는 경우는 어떤 게 있을까. 우선 비방과 명예훼손은 거짓 진술에 의해 발생한 피해에 대한 책임이라는 점에서 같지만, 전자는 경제적·금전적 이득에, 후자는 개인의 평판과 명예를 보호하는 데 초점이 맞춰져 있다. 다음의 몇몇 예를 비교해보자.

한 모임에서 미술품 감정인이 벽에 걸려 있는 유명 생존 작가의 작품을 보고 있다. 이때 옆에 있던 손님이 감정인에게 집 주인이 이 작품을 딜러로부터 살지 말지 고민 중이라는 정보를 건넸다. 이 감정인은 주인에게 다가가 '거짓임을 알면서' 이 작품 가격이 하락하고 있으므로 좋은 투자가 못된다고 했다. 이 말을 듣고 주인은 작품을 구매하지 않았다. 이런 경우 미술품 감정인은 딜러에 대해 비방죄의 책임이 있다. 같은 상황인데 미술품 감정인이 확신까지는 아니지만 자신의 의견이 거짓일 가능성이 굉장히 높다는 사실을 알고 있다면 어떨까? 이 역시 비방죄의 책임이 있다. 거짓임을 알면서 고의로 하지 않더라도, 충분히 거짓임을 알 수 있는 위치에 있었음에도 확인 없이 발언하는 부주의, 인식 있는 과실reckless disregard이 인정되는 경우에는 거짓임을 알고 한 발언과 같은 책임을 지게 된다.

역시 같은 상황. 이번에는 주인이 미술품 감정인에게 다가가 방으로 그를 데려간 후 작품을 구매할지 조언을 구했다. 감정인은 자신의 의견을 정당화할 만한, 미술품 시장에 대한 충분한 지식이 있었으며, 자신의 의견이 진실이라고 믿고 주인에게 조언을 해주었다. 그러나 감정인의 발언은 사실이 아니었고, 성실히 알아본다면 거짓임을 밝혀낼 수 있을 만한 것이었다. 주인은 이 감정인의 말을 믿고 조언에 따라 작품을 사지 않았다. 이런 경우에도 미술품 감정인은 딜러에 대해 책임이 있을까. 그렇지 않다. 해당 발언은 구매자의 요청에 의한 것이고, 미술품 감정인은 제삼자의 이익을 보호할 조건적 특권이 있지만 그 발언이 거짓임을 알고 있거나 알 수 있는 위치에 있지 않았기 때문이다.

비방죄를 입증하기 위해서 원고는 다음을 증명해야 한다.[157]

①비평/논평에 의해 법적으로 보호받는 이익이 침해당했는가.

②비평/논평이 침해적 성격을 띠고 있는가.

③비평/논평이 거짓인가.

④비평/논평이 공개되었는가.

⑤제삼자가 비평/논평을 보고 신뢰할 것이라는 것이 합리적으로 예측 가능한가.

⑥제삼자가 비평/논평을 받아들이는 방식이 (원고) 이익을 침해하는가.

⑦제삼자의 이해가 원고의 이해관계에 적용 가능한가.

⑧비평/논평으로 인해 금전적 손해가 발생하는가.

⑨피고가 거짓임을 알고 있거나 진위 여부에 대해 무관심했는가. 즉 미필적 고의인가.

작품 비방에 의한 명예훼손죄가 성립하기 위해서는 금전상의 손해 입증이 중요하다. 1988년 원고 커비Roger Kirby는 19세기 프랑스 화가인 장 베로Jean Beraud의 〈평화의 거리La Rue de la Paix〉를 크리스티 경매 회사에 위탁했다.[158] 최저 경매가는 약 16만 달러였다. 계약 조건 중에는 이 작품을 크리스티의 주요 경매인 5월 이브닝 세일을 위해 발간하는 카탈로그 레조네(도록)에 포함시키는 것이 있었다. 크리스티는 카탈로그 레조네 제작을 위해 윌당스탱Wildenstein 재단에 동 작품에 대해 문의했다. 전문가들을 통해 면밀한 조사를 한 후, 재단은 당해 작품이 위작이거나 과도한 세척으로 인해 손상됐다는 결론을 냈다. 크리스티는 결국 1988년 5월 경매에서 이 작품을 빼기로 결정했다. 여전히 의심이

---

157 Bresler and Lerner, *Art Law: the Guide for Collectors, Investors, Dealers, & Artists*, p.575.
158 Kirby v. Wildenstein, 784 F. Supp. 1112 (S.D.N.Y. 1992).

남은 크리스티는 재단에 진위 여부에 대해 재차 문의했다. 재단은 위작일 가능성이 높다는 이전의 견해를 수정하고 곧 나오는 카탈로그 레조네에 진품으로 게재될 것이지만, 잘못된 복원과 세척으로 작품이 손상됐다는 점을 표기하겠다고 밝혔다. 이에 따라 크리스티는 동 작품을 다음 주요 경매인 같은 해 10월 이브닝 세일 경매에 내놓았다. 그렇지만 결국 그림은 팔리지 않았다. 이에 원고 커비는 크리스티를 상대로 손해배상 소송을 제기했다.

뉴욕 연방지방법원은 소를 기각했는데, 그 근거는 다음과 같다. 첫째 (작품 비방에 따른) 특별한 손해special damage에 대한 배상은 금전적 혹은 경제적 가치의 손실에 한정된다. 둘째 실질적 손해를 충분히 특정해야 하고 상세하고 정확하게 기술해야 하며, 셋째 해당 손해가 작품 비방에 따른 자연적이고 직접적인 결과여야 한다.[159] 즉 손해배상 청구 액수의 근거가 되는 손해를 특정하지 못하고, 작품 비방이 없었더라면 경매 신청에 참가했을 사람도 특정하지 못했다는 것이다.

공공 예술

공공 예술public art은 1930년대 미국에서 처음 도입된 개념으로 실직 미술가를 위한 일자리 창출이 주목적이었다. 1950년대에는 뉴딜 시대에 예술가를 위한 일자리 창출을 위해 연방 정부 건물을 장식할 벽화나 조각을 의뢰하는 사업을 추진했다. 미국 연방 정부 총무청은 1963년 건축비의 0.5퍼센트를 공공 미술에 할당하도록 하는 '건축 속의 미술Art in Architecture'이라는 프로그램을 만들었다.[160] 1960년대에 들어서면서는 '공공장소의 활성화'를 목표로 했다. 전미예

---

159   784 F. Supp. 1112 at 1116.
160   이하 양현미, 「예술에서 '퍼블릭public' 개념의 변화에 관한 고찰: 공공 미술을 중심으로」, 중앙대학교 문화·미디어·엔터테인먼트법연구소, 2008, 83-87쪽 참조.

술기금은 1967년 '공공장소 미술Art in Public Places'이라는 프로그램을 마련해 지방자치단체나 민간이 공원이나 광장 등의 공공장소에 예술을 도입하고자 할 경우 프로젝트 비용의 일부를 지원했다. 프랑스와 영국도 유사한 제도를 도입했으며, 현재 한국은 대부분의 지방자치단체가 예술을 위한 퍼센트법을 실시하고 있다.

1980년대에는 지방자치단체가 도시재개발이나 도시 활성화 정책의 일환으로 공공 미술을 도시계획 과정에 포함하기 시작했다. 아예 도시계획을 할 때 예술가를 참여시키고, 도시재개발에는 도시계획가, 건축가, 행정가, 예술가가 긴밀히 협력하는 관행이 자리 잡았다. 이렇게 공공 미술은 공공건물에서 공공장소로, 더 나아가 도시 전체로 확대되어 나갔으며 공공 미술 제작에 소요되는 재원 마련을 위해 건축비의 1퍼센트를 건축주가 직접 사용하는 제도상의 기금제가 도입되었다. 문화예술진흥법과 동법 시행령은 연면적이 1만 제곱미터 이상인 건축물을 건축할 때는 건축 비용의 일정 비율에 해당하는 금액을 미술 작품 설치에 사용하거나 건축 비용의 일정 비율에 해당하는 금액을 미술 작품 설치에 사용하는 대신 문화예술진흥기금에 출연해야 한다.[161] 여기서 미술 작품은 회화, 조각, 공예, 사진, 서예, 벽화, 미디어 아트 등 조형 예술물 분수대 등 미술 작품으로 인정할 만한 공공 조형물 등을 말한다.[162] 미술 이론가 수잰 레이시에 따르면, 1970년대 미국의 주민 벽화 운동과 1980년대 시카고의 공공 예술 프로젝트는 전통적 또는 비전통적 매체를 사용해 더욱 광범위하고 다양한 관객과 함께 그들의 삶과 직접 관련된 이슈들에 관해 의견을 나누고 상호작용하는 시각예술로서의 공공 미술이다. 주제는 대개 지역사회가 당면한 이슈에 따라 예술가와 주민이 공동으로 결정하며, 매체는 옥외 조각, 벽화, 퍼포먼스, 미디어 아트 등 다양하다. 제작은 예술가와 주민이 기획, 제작, 설치에 이르기까지 모든

---

161 문화예술진흥법 제9조. 문화예술진흥법 시행령 제12조.
162 문화예술진흥법 시행령 제12조.

과정에서 공동으로 작업한다.

　이 같은 공공 미술에 대한 권리는 누구에게 귀속되는 것일까. 공공장소에 놓을 미술품 제작을 의뢰한 정부에 있을까, 작품을 제작한 작가에 있을까. 1981년 미니멀리스트 작가이자 장소 특정형 예술 활동을 하던 리처드 세라의 대형 조형물 〈굴곡진 호〉는 이와 관련한 논쟁을 촉발했다. 작품을 둘러싼 결정을 하는 데 있어 소유자인 정부의 역할, 저작권자인 작가의 권리, 그리고 공공장소를 사용하는 일반 시민의 입장은 각각 어떻게 반영되어야 하는가.

> 보는 사람들은 광장을 지나가는 그 자신과 움직임을 알아차리게 된다. 그
> 가 움직일 때마다 조각은 변화한다. 보는 사람의 움직임에 따라 조각이 수
> 축하기도 하고 확장하기도 한다. 서서히 전체 환경이 변화하는 것을 인식
> 하게 된다.

미 총무청의 의뢰로 맨해튼의 제이컵 재비츠 연방 빌딩에 세워졌던 작품에 대한 세라 자신의 설명이다. 세라의 작품은 장소 특정형 조각으로 작품을 다른 장소로 이동하는 순간 작품의 의미가 상실된다는 주장이다.

> 장소에 맞도록 조각된 것이고, 옮기는 것은 작품을 파괴하는 것이다……
> 장소를 옮기면 조각에서 나의 이름을 제거하겠다.

　세라의 조각이 연방 빌딩 앞 광장의 개방된 공간을 방해한다는 이유로 조각을 다른 곳으로 옮기라는 일부 청사 직원들과 이웃 주민들의 비판에 세라는 옮기느니 파괴하겠다며 맞섰다. 결국 1985년 공청회가 개최되었다. 공청회 동안 122명이 철거에 반대하고, 58명이 찬성했다. 설치미술가, 미술관 큐레이터, 미술 비평가들은 위대한 작품이라고 증언한 반면, 반대자들은 광장 사용에 방해가 된다고 주장했다. 그 결과 배심원들은 4대 1로 철거에 찬성했다. 1989년 3월

결국 조각은 광장에서 철거되었다. 세라는 연방법원에 수정헌법 제1조 표현의 자유에 대한 침해와 수정헌법 제5조 적법절차 위반을 이유로 제소했으나 성공하지 못했다.

뉴욕 법원은 예술 작품이 개인이 아닌 정부에 귀속된 경우에는 예술적 표현의 자유 또한 제한적으로 적용된다고 보았다. 소유권이 작가 자신이 아닌 정부에 양도된 이상, 작품 이동에 대한 결정은 정부에 있다고 했다. 세라가 주장하는 장소 특정형 조각의 특성에 대한 고려보다는 소유권 이전 계약에 방점을 두고, 조각의 애초 의도를 살리고 싶었다면 정부와의 계약서에 조각 이전 불가 등을 명시했어야 한다는 것이다. 또한 법원은 수정헌법 제1조는 생각을 표현하는 것을 보장하나 영구적으로 발언을 계속하는 자유를 보장하는 것은 아니며, 따라서 오랜 기간 전시한 후 설치 장소를 재설정하는 것은 세라의 표현의 자유를 심각하게 침해하는 것이 아니라고 판시했다.

대지 미술가라 불리는 크리스토 야바셰프Christo Javacheff와 잔 클로드Jeanne-Claude는 대형 공공 미술 프로젝트로 유명하다. 호주 시드니의 일부를 천으로 덮는 작업에서부터 계곡이나 파리의 퐁네프 다리, 독일의 국회의사당을 천으로 포장하기도 했다. 이들의 공공 미술 프로젝트 중 하나인 〈게이트the Gate〉는 뉴욕 주정부의 반대로 자칫 빛을 보지 못할 뻔했다. 크리스토와 잔 클로드는 1979년부터 42킬로미터에 이르는 뉴욕 센트럴파크 공원 길에 높이 4.5미터짜리 1만 1,000개의 철문을 지상 2미터까지 내려와 나부끼는 오렌지색 천들과 함께 설치하는 계획을 세워 뉴욕 시에 제안했다. 모든 비용을 자비로 하겠다고 했고 계약서도 꼼꼼히 마련했다. 그러나 뉴욕 시 공원 및 레저부는 이 프로젝트가 적절한 시간, 적절한 장소, 적절한 스케일이 되지 못한다며 거절했다. 많은 대중이 이용하는 공원에 너무 방대한 스케일의 공공 미술은 적절치 못하며, 복구 비용도 많이 든다는 이유였다. 그러나 2003년 다시 제안했을 때 마이클 블룸버그Michael Bloomberg 시장은 프로젝트를 허가했고, 결국 2005년 2월에 2주간 센트럴파크는 오렌지색 물결로 가득했고, 엄청난 대중적 성공을 거두었다.

한국에서도 유사한 사건들이 있었다. 수백 개의 스테인리스 스틸 조각으로 제작한 9미터 입방체 크기의 〈아마벨Amabel〉은 서울 테헤란로의 포스코센터 사옥 앞에 세워진 거대한 철 조형물로, 1997년 프랭크 스텔라가 포스코의 의뢰를 받아 만든 작품이다. 세계적 거장이고 예술계의 반응도 나쁘지 않았지만 이 거리를 이용하는 시민들이 거부감을 표시했다. 한동안 논란 속에 주변에 나무를 심어 가려놓기도 했지만 지금은 오히려 포스코라는 회사 이미지와 테헤란로의 주변 경관과 조화를 이룬다는 평이 우세하다. 2006년 청계천 복원 사업의 일환으로 30억 원을 들여 서울시가 의뢰한, 클래스 올덴버그와 그의 부인 코셰 반 브루겐의 공동 작품인 〈스프링〉도 같은 처지다. 높이 20미터, 지름 6미터, 총 중량 9톤에 이르는 이 작품은 인도양에 서식하는 다슬기 모양을 상징적으로 표현한 것이다. 작가에 지불한 60만 달러를 포함해 총 340만 달러(당시 한화 34억 원)의 제작비가 들어갔다. 그러나 이 작품은 선정 초기부터 문화 예술가들로부터 거센 비난을 받았다. 청계천의 역사적, 공간적 맥락에 대한 고려가 없어 전체적인 환경과 조화를 이루지 못한다는 것이었다.

장소에 따른 규제: 공공장소와 비공공장소

'사로잡힌 청중captive audience' 이론[163]이 있다. 누구나 스스로를 표현할 자유가 있지만, 이보다 중요한 프라이버시권 즉 강제로 다른 이의 표현을 듣지 않을 권리가 있음을 설명하기 위한 것이다. 이 경우 사로잡힌 청중이나 원치 않는 예술 작품을 봐야 하는 시설물 이용자들의 프라이버시권은 작가의 권리보다 우위에 있다고 본다. 이를테면 대학은 회랑의 본래적 목적을 고려해 (법적 '음란'에는 미치지 않지만) 노골적으로 성을 묘사한 작품에 불편을 느끼는 사람들이 많다

---

163 Rowan v. U.S. Post Office Dept., 397 U.S. 728, 738 (1970).

고 판단한다면 해당 작품의 철거를 결정할 수 있다.[164] 시각예술은 다른 종류의 표현에 비해 훨씬 쉽게 대중에 노출된다. 사적인 독서에 비해 공공 전시는 원하든 원치 않든 볼 수밖에 없는 경우가 종종 있다. 따라서 일반의 '불편'이나 사로잡힌 청중 이론 문제를 해결하기 위한 대안으로 시간, 장소, 방식에 대한 제한적 통제가 필요하다.

1980년 미국의 프래리 주립 대학이 그 대학의 교수이자 미술가인 앨버트 파이어로스키Albert R. Piarowski의 작품 세 점을 철거하라고 지시해 법원까지 간 사건이 있었다. 당시 대학은 '미술대학 교수 전시회'를 열었다. 그러나 파이어로스키가 제작한 8개의 스테인드글라스 유리 작품 중 세 점은 갈색의 나체 여성이 자위행위를 하는 등의 성적인 묘사를 했고, 이는 일부 학생과 대학 직원, 그리고 흑인 목사의 불만을 사게 됐다. 결국 대학 측은 작품 세 점을 철거해 4층에 전시할 것을 제안했다. 파이어로스키는 자신의 작품은 흑인이나 여성을 비하할 정치적 의도가 전혀 없었다고 반발했다. 법원은 대학이 그의 작품 전시를 금지하는 것은 정당하지 않지만, 누구나 볼 수 있도록 노출되어 있는 1층 갤러리 대신 같은 건물의 다른 갤러리로 작품을 옮기는 것은 충분히 정당화할 만한 이유가 된다고 했다.[165] 법원은 뉴욕 메트로폴리탄 미술관이나 워싱턴 내셔널 갤러리 같은 공공 미술관과는 구분해야 한다고 덧붙였다. 소규모 커뮤니티인 대학 당국 및 교수와 작가, 정부, 미술관은 입장이 다르다는 것이다. 즉 자칫 예술가, 기부자, 관람객의 헌법적 권리를 부정하는 일이 될 수 있다는 점을 언급했다.

그러나 '사로잡힌 청중' 이론이 아무 때에나 적용되지는 않는다. 등판에 불편한 내용의 글귀가 적힌 재킷을 입었다고 해서 그 옷을 못 입게 강제할 수는 없는 일이다. 1968년 한 남자가 대중을 향해 자신의 입장을 전하기 위해

164   424 F. 2d 988.
165   Piarowski v. Prairie State College, 759 F.2d 625 (7th Cir. 1985).

'징집 엿 먹어라Fuck the draft'라는 반전 메시지를 담은 상의를 입었다는 이유로 캘리포니아 주 형법상 평온방해죄 위반으로 하급심의 유죄판결을 받았다. 이에 대해 연방대법원은 징집을 방해하고 명령 불복종을 선동하기 위한 의도가 아닌 한 징집이 비도덕적라고 비판했다고 해서 처벌받을 수는 없다며 하급심을 뒤집었다. 할란 대법관은 법정 의견에서 "우리는 사상을 억압하게 되는 실질적인 위험을 수반하지 않고서도 특정한 말을 금지할 수 있다는 단편적인 가정을 용인할 수 없다. 사실 정부는 인기 없는 견해에 대한 표현의 금지를 특정 언어의 검열로 간편하게 위장할지도 모른다"고 했다.166 할란 대법관은 '사로잡힌 청중' 이론에 대해서도 원치 않는 청중이나 관객이 존재한다는 가정만으로 공격적인 모든 언론을 금지하는 것이 자동적으로 정당화되는 것은 아니라고 했다.167

그렇다면 같은 내용의 글귀를 자신의 등이 아니라 크게 확대해서 정부 청사나 법원에 걸어 놓는다면 어떨까. 다음 사례와 비교해보자. 1992년 데이턴 클라우디오Dayton Claudio는 〈섹스, 법, 그리고 옷걸이Sex, Laws and Coat Hangers〉라는 작품을 미국 노스캐롤라이나 주정부 로비에 25일 간 전시하려고 신청했다가 거절당했다.168 주정부의 전시 관련 규정 중에는 외설스럽거나 공공장소에 전시하거나 정부 업무를 방해하거나 재판 과정에 영향을 끼치려는 의도일 경우, 또 정치적 의도를 갖고 있을 경우 전시를 불허하거나 취소한다는 조항이 있었기 때문이다. 클라우디오의 작품에는 나체의 여성들이 그려진 캔버스에 태아와 금속 소재 옷걸이가 입체적으로 연결돼 있고 피가 뚝뚝 떨어지는 듯 묘사되어 있었다. 정부는 작품을 보자마자 즉각 전시를 취소했다. 예술의 형태를 띠고 있지만 크게 논란이 되고 있는 낙태에 관한 정치적 표현에 가깝다는 게 정부의 입장이었다. 건물에 입주해 있는 법원들은 낙태 관련 재판을 하는 사법 체계의 일부

---

166   403 U.S. 15 at 26.
167   403 U.S. 15 at 21.
168   Claudio v. United States, 836 F. Supp. 1230 (E.D.N.C. 1993).

이기 때문에 그와 같은 작품 전시는 건물의 안전을 해치고 혼란을 야기함으로써 정부 재산에 피해를 입힐 수 있다는 주장이었다. 클라우디오는 노스캐롤라이나 법원에 소를 제기했다.

이에 대해 법원은 "헌법은 정부가 모든 종류의 정부 소유 부동산을 표현의 자유를 행사하고자 하는 모든 이들에게 개방하도록 요구하고 있지는 않지만, 관련된 장소의 성격에 따라 그 여부를 판단할 수 있다"고 판시했다.[169] 사로잡힌 청중 이론을 놓고 본다면 위의 코언 사건 판결과 어떤 일관성이 있을까. 법원은 코언 사건과 비교하면서 코언의 '징집 엿 먹어라'라는 메시지는 재킷을 입은 본인에 의해 메시지를 전달할 뿐 메시지 전달 장소인 법원과는 아무 관련이 없다. 반면 클라우디오 사례에서 불쾌한 표현은 주정부 건물 내 법원의 벽에 크게 걸려 있기 때문에 연방 빌딩에 들어서기만 하면 누구나 볼 수 있다고 구별했다.

같은 메시지라도 장소에 따라 표현의 자유에 대한 제한이 있을 수 있다. 전통적인 공공장소인 거리나 공원은 본래적으로 시민들의 사상 교류 장소이자 집회 장소다. 따라서 정부는 모든 종류의 표현의 자유를 방해해서는 안 된다. 또 일반에 공개된 지정 공공장소인지 비공공장소, 즉 사적인 장소인지에 따라서도 제한의 정도가 달라진다. 위 사건에서 작가 클라우디오는 주정부 청사의 정문 입구 로비는 '지정된 공공장소'라고 주장하는 반면, 정부는 비공공장소라 주장했다. '지정된 공공장소'냐 아니면 '사적 장소'냐를 판단할 때 고려해야 할 요소들은 건물 사용과 관련한 정부 정책이나 관행, 시설의 성격, 표현 활동과의 호환성, 허가받은 사용 기간 등이다. 법원은 네 가지 요소들을 고려한 후 정부 측 손을 들어주었다.

①정부는 공공장소의 문화. 교육. 여가 활동을 위한 간헐적 사용을 허가하

169 Bresler and Lerner, *Art Law: the Guide for Collectors, Investors, Dealers, & Artists*, p.890.

고 있다. ②관행상 해당 장소는 건물의 출입 목적으로 10명 내외의 통행을 위한 곳으로 미술품 전시로 사용된 전례가 없다. ③성격상 법원과 연방 판사들의 집무실, 연방 정부 기관들을 수용하고 있는 시설이다. ④로비와 표현 행위와의 관계는 매우 적다. 게다가 연방 사법, 행정, 집무실을 수용하고 있는 건물의 품위를 보존할 정부의 합법적 이득이 있다. 따라서 정부는 비공공장소에 대해 주제, 표현자의 신원 등에 기반을 두고 통제할 수 있다.

법원은 표현이 '내용 중립적content-neutral'이라고 할 수는 없지만, 정부가 원고의 작품에 대해 낙태를 찬성하는지 반대하는지 작가의 관점을 파악하지 못한 상태이므로 작가의 관점을 억압할 목적이 없었다고 판단했다.

거리 예술

최근 그라피티 아트graffiti art 또는 거리 예술street art에 대한 개념이 크게 변화했다. 뉴욕의 빈민가 뒷골목에서 시작된 낙서 예술은 20세기 초반부터 사이 트웜블리Cy Twombly나 잭슨 폴록 등에 의해 예술적 표현의 방식으로 인정받기 시작했으며, 이제는 아예 거리 예술 그 자체가 다른 순수예술과 마찬가지로 투자자들에게 인기 있는 환금성을 가진 예술품으로 인정받고 있다. 바스키아는 자신의 흔적을 남기고 싶어서 길거리 그라피티를 시작했지만 인종차별, 불평등과 같은 사회 비판적 메시지와 함께 독특하고 흥미로운 표현 방식으로 큰 인기를 끌게 되었다.

일단 거리 예술가가 인지도를 얻게 되면 그의 작품에 대한 가치도 올라간다. 뱅크시나 디페이스D*face, 폴 인섹트Paul Insect, 퓨어 이블Pure Evil 등이 대표적이다. 이들의 작품은 대부분 반자본주의적 색채를 띠고 있지만 작품이 전달하는 메시지와는 달리 이미 상업 예술로 흡수되었다. 지하철이나 길거리 벽에 창작된 이들 작품들은 소더비, 본햄Bonhams 같은 경매 회사에서 고가에 팔리고 있다.[170] 이처럼 거리 예술이 상업화되는 것을 뱅크시 효과Banksy Effect라고 한다. 뱅크시는 은둔자라는 별명이 따라다니는 영국의 거리 예술가이자 그라피티 아티스트다. 1990년대 초반부터 고향인 브리스틀을 비롯해 도시 곳곳에 그라피티를 남기고 사라지곤 했는데, 대부분 정부와 사회에 대한 풍자였다. 뱅크시는 MoMA와 브루클린 미술관, 메트로폴리탄 미술관, 영국의 테이트 브리튼 등에 변장을 하고 잠입해 자신의 그림을 슬쩍 걸어놓는 과감한 퍼포먼스를 하기도 했다. 그는 여전히 모습을 감춘 채 거리에서 창작 활동을 하고 있지만 그의 시그니처 스타일인 흑백 스텐실 작품들은 매번 판매될 때마다 기록을 경신하고 있다. 뱅크시의 〈우주 소녀와 새Space Girl and Bird〉는 2007년 영국 본햄 경매에서 28만 8,000파운드(57만 6,000달러)에 팔렸다.[171] 이는 추정가보다 스무 배나 높은 가격이었다.

그라피티 아트 혹은 거리 예술은 몇 가지 법적 쟁점을 야기한다. 거리 예술가들이 그려놓은 벽화들은 공공질서 방해나 기물 파손 등 불법행위인가, 다른 차원의 예술 행위인가. 뱅크시를 범죄자나 테러리스트 취급을 하던 영국 정부도 그의 낙서들이 세계적인 인기를 얻고, 영국의 명물 중 하나로 떠오르자 뱅크시를 자랑스러운 영국의 예술인으로 인정하고 있다. 그라피티는 힙합과 랩 문화의 시각적 구성 요소로 도시, 특히 흑인 등 소수민족의 청소년들에게 다양한 형태로 창조적 활동을 제공한다. 뉴욕 브루클린 그라피티 화가들을 연구한 리처드 라흐만에 따르면, 그라피티는 순수하게 네트워크에 기반한 민중예술 형식이었는데 ①빌딩과 지하철역 벽에 큰 그림을 그리는 '그라피티 화가'와 ②지하철이든 어디든 아무 데나 자신의 이니셜을 스프레이로 뿌려 스타일리시한 태그를 완성하는 '태거tagger'를 구분한다. 초보 그라피티 화가는 그가 속한 네트워크의 멘토로부터 어떻게 그라피티를 그리는지와 페인트 훔치는 법과 같은 기

170   Peter Aspden, "Street Art Aquires Value," *The Financial Times*, Feb. 22, 2013.
171   "Banksy Painting Fetches £288,000," *BBC News*, Apr. 25, 2007.

술들을 배운다. 처음에는 대부분 태그를 그리는 것으로 시작해, 많은 장소에 자신의 이니셜을 그려 넣으면서 동료들로부터 인정받게 된다.[172]

1970년대에는 이 같은 민중미술이 활발하게 퍼져나갔다. 그러나 경찰은 그라피티 화가들을 구속하고 작품 사진이 수록된 노트를 압수함으로써 화가 구역을 폐쇄시키려고 했다. 뉴욕 교통 당국은 열차에 그려진 벽화를 속속 지워 버렸다. 그라피티 화가들의 네트워크가 붕괴된 후, 스타일의 혁신을 원하는 고객, 예술 애호가들의 요구와 아트 딜러, 그리고 이미 대성한 앤디 워홀 같은 예술가의 노력 덕에 소수의 그라피티 화가들은 뉴욕 아방가르드 예술계에서 명성을 얻을 수 있었다. 특히 1980년대 그라피티 화가들은 자신들의 창조물을 길거리나 지하철역의 벽에서 캔버스로 옮기면서 예술계에서 크게 성공하기도 했다. 키스 해링, 장미셸 바스키아 같은 유명한 작가들도 거리 예술가 출신이다. 그러나 역설적으로 이 그라피티 미술가들이 명성을 누리게 된 1984년에 뉴욕 시 교통 당국은 이 낙서들을 제거하는 계획안을 만들었는데, 1992년 한 해 동안 뉴욕 시는 전철역과 차량에서 낙서를 제거하는 데 780만 달러를 썼다.

그라피티 미술은 엄밀히 말하면 아직도 불법이며, 뱅크시는 여전히 가명을 쓰고 활동한다. 미국 대다수 주에서 벽에 그리는 낙서 혹은 작품 활동은 경범죄로 처벌한다. 뉴욕 주는 그라피티를 반달리즘으로 보는데, 이 같은 행위는 도시 미관을 해치고, 낙서를 제거하고 수리하는 비용으로 납세자들에게 손실을 입히는 등 심각한 문제를 일으킨다고 생각한다. 한국에도 G20 정상회의 홍보 포스터에 쥐 그림을 그려넣어 패러디한 대학 강사를 공용물건손상죄로 기소해 벌금형을 선고한 사건이 있었다.[173] 서울중앙지방법원은 피고인들이 그들의 행위가 일종의 그라피티 아트에 해당하는 예술 행위이므로 예술 창작 및 표현의 자유로서 보호되어야 한다고 주장하는 데 대해 "그와 같은 예술 행위가 다른 법익

---

172   Richard Lachmann, "Graffiti as Career and Ideology," *American Journal of Sociology*, Vol.94, No.2, 1998.
173   서울중앙지방법원 2011.5.13. 선고, 2011고단313 판결.

을 침해하지 않으면 예술의 자유로서 보호되어야 하지만 공용물건을 훼손하여 범죄에 해당하는 이상 예술 또는 표현의 자유 한계를 벗어난다"고 했다. 이 판결은 많은 예술가들의 반발을 샀고, 법조계 내에서도 헌법이 보장하는 예술 표현의 자유와 관련한 사건인데 피해 법익과의 비교 형량 내지 가치 비교를 통해 굳이 처벌할 필요성과 의미를 발견하기 어려운 경우에는 유죄판결 선고를 자제하는 것이 낫다는 주장이 있었다.

다음으로 예술품 매매에 있어 중요한 소장 이력provenance 문제가 제기된다. 창작자가 분명한지, 어떤 경로를 거쳐 매매되어왔으며 소장자들은 누구였는지가 매우 중요하다. 훔친 예술품은 아닌지, 불법 반입된 것은 아닌지, 창작한 예술가로부터 딜러나 경매사 등을 통해 합법적이고 정당한 절차를 거쳤는지, 구매자 간의 소유권 이전에 불법성이 개입된 것은 아닌지 등에 대해 명확해야 한다. 거리 예술도 마찬가지다. 소더비 런던은 뱅크시의 작품을 판매할 때 뱅크시의 매니저 그룹인 페스트 컨트롤Pest Control의 인증서 없이는 경매를 하지 않는 것을 원칙으로 하고 있다. 다른 예술품과 마찬가지로 거리 예술도 소장 이력이 분명하지 않을 때에는 매매가 이루어지기 힘들다.

거리 예술의 소유권이 누구에게 있는가도 쟁점이다. 거리 예술이 상업화되는 것을 반대하는 사람들은 거리 예술에서 중요한 것은 그 맥락, 즉 컨텍스트인데 거리 예술이 거리에서 제거되는 순간 맥락이 거세되고 사회적 의미가 상실됨으로써 작품의 가치가 떨어진다고 생각한다. 최근 들어 거리 예술이 유행하면서 자연히 수요가 늘고 있다. 수요가 늘면 공급이 달릴 경우, 골동품 시장이 그렇듯 암시장이 성행하게 된다. 2012년 뱅크시의 〈노예 노동Slave Labour〉이 소유권 분쟁에 휘말렸다. 뱅크시가 런던 북쪽 우드그린의 한 상점 벽면에 그리고 사라진 이 작품이 감쪽같이 사라지더니, 어느 날 미국 마이애미 예술품 경매에 나온 것이다.[174] 이 작품은 공장에서 한 아이가 유니언 잭 배너를 만들고 있는 모습

---

[174] "'Stolen' Banksy Jubilee Mural Pulled from Florida Auction After Council Pressure," *The Telegraph*, Feb. 23, 2013.

을 묘사했다. 상점이나 건물주는 작품이 제거된 일과의 관련을 부인했고, 도난 신고도 없었다. 이 작품은 경매 도록에 추정가가 50만 달러에서 70만 달러로 올랐다.[175] 경매 회사 측은 언론과의 인터뷰에서 동 작품이 도품이라는 보고도 없었으며 사실도 아니라고 부인하면서, 누군가 판매를 위해 작품을 벽에서 떼어내기로 결심했다는 사실만으로 범죄라고 단정할 수는 없다고 주장했다. 경매 회사 측은 작품을 매매 위탁한 사람이 누구이고 직업은 무엇이며 불법성이 개입 됐는지 등에 대해 철저히 확인했다고 했다. 그렇지만 우드그린 주민들은 〈노예 노동〉은 뱅크시가 우리 마을에 기부한 작품이라며 우리는 작품을 지킬 의무가 있다고 주장하면서 벽화의 반환을 요구했다. 결국 경매 직전 이 작품의 경매는 취소됐다. 이 작품은 우드그린 마을에 소유권이 있는 것일까.

뱅크시는 이런 논란을 즐기는 듯하다. 2018년에는 런던 소더비 경매에서 〈풍선과 소녀Girl With Balloon〉가 140만 달러 낙찰되자마자 액자 뒤에 설치된 기계 장치로 작품이 잘게 찢어지는 사건이 있었다. 범인은 뱅크시 본인이었다. 스스로 '아트 테러리스트'라 칭하는 그는 파쇄기를 설치하는 장면을 촬영한 영상물을 공개하며 "파괴하고자 하는 욕구도 창조적인 것"이란 파블로 피카소의 발언을 인용하며 몇 년 전 이 작품이 혹시 경매에 나갈 경우를 대비해 비밀스럽게 파쇄기를 설치했다고 밝혔다.

175 ichard Luscombe, "Banksy Mural: I'm Being Scapegoated, says Miami Art Dealer," *The Guardian*, Feb. 22, 2013.

4 개인과 예술

트레이시 에민Tracy Emin은 1997년 영국 로열 아카데미에서 열린 '센세이션'전에서 〈내가 1963년부터 1995년까지 같이 잔 모든 사람들Everyone I have ever slept with 1963-1995〉이란 설치 작품을 발표했다. 작품은 간단하다. 야외용 텐트 안쪽에 가족과 동성, 이성 친구, 애인 등을 포함해 에민이 실제로 함께 잔 사람들의 이름을 적어 넣은 것이다. 이름이 공개된 사람들 중 일부는 자신의 프라이버시권이 침해됐다고 반발했다. 예술 작품이 명예훼손에는 미치지 않더라도 사생활의 공표에 해당하는 경우 프라이버시권의 침해가 될 수 있는데, 명예훼손과는 사회적 평가와 무관하게 성립할 수 있으며 진실 증명에 영향을 받지 않는다. 예술가의 작품이나 행위에 의해 개인의 사생활 또는 비밀의 자유가 침해되는 경우에는 표현의 자유와 개인의 자유 사이에 법익형량을 어떻게 해야 할까.

퍼블리시티권right of publicity이나 프라이버시권right of privacy, 초상권 등은 개인에 귀속되는 자유다. 이러한 종류의 개인 권리는 최근 미술계에서 점점 더 중요한 법적 이슈가 되고 있다. 예를 들어 그랜트 우트의 〈아메리칸 고딕〉의 복제본을 재인쇄할 때, 작품 속에 실제 모델로 등장하는 작가의 동생에 대한 퍼블리시티권이 문제가 될 수 있다. 미국은 시각예술가 및 갤러리 협회를 통해 퍼블

리시티권에 대해 문의하도록 하고 있다.[176]

전파성과 확산성이 강한 인터넷과 스마트폰이나 테블릿 PC 같은 휴대용 디지털 기기의 발달로 인해 이 같은 개인의 권리 침해 가능성이 점점 높아지고 있으며, 권리 보호의 중요성도 커지고 있다. 개인적으로 찍은 사진이 어느 날 자신도 모르게 광고물에 인쇄되어 있다면 무척 당황스러울 것이다. 개인의 이미지 컷이 담긴 사진을 사용할 때에는 대개 에이전시를 통한다. 에이전시는 사전에 당사자와 협의해 이미지 사용에 대한 법적 문제를 해결하고, 그렇지 못하고 무단으로 사용하는 경우에는 법적 책임을 져야 한다. 과거에는 법적 책임이 따르더라도 에이전시들이 지역에 한정되었고 그래픽 디자이너나 광고 업체와 서로 잘 아는 경우가 대부분이어서 큰 문제가 되지 않았다. 그러나 디지털화로 인해 상황이 크게 바뀌었다. 인터넷이나 임시 저장 디바이스 등을 통해 전 세계로 실시간 유통될 수 있기 때문이다. 한번 퍼지기 시작하면 피해를 막기가 어렵게 되는 것이다. 잠재적 피해가 커지면 당연히 책임도 커질 수밖에 없다. 1989년 미국에서 한 사진작가가 순전히 사적인 용도로 한 가족의 사진을 촬영했다. 그러나 포토디스크PhotoDisc라는 디지털 이미지 업체가 '볼륨2: 사람들과 라이프스타일 Volume 2: People and lifestyles'라는 이미지 CD를 제작해 배포하면서 이 사진은 광고업자들을 통해 다양한 사람에 의해 다양한 목적으로 사용되었다.[177] 결국 관련자들은 사생활 침해로 소송을 당해 100만 달러의 합의금을 물어주어야 했다.

프라이버시권

혼자 있을 권리right to be let alone에서 따온 프라이버시권right of privacy은 원

---

176   Kaufman, *Art Law Handbook*, p.214.
177   David Walker, "Royalty-Free Discs Create Model Release Meltdown," *PDN*, Jan. 1999.

치 않는, 불필요한 사생활의 공개나 방해로부터 자유롭게 살 권리를 말한다. 대중 앞에 왜곡된 모습으로 비춰져 개인의 감정이나 상태가 해를 입는 것으로부터 자유로울 권리이기도 하다. 1990년 케임브리지 영어 사전은 'privacy'를 '개인적인 일이나 관계를 비밀로 유지할 권리'[178]로 정의했다. 그러나 현재 구글 온라인 사전은 '다른 사람들에 의해 관찰되거나 방해되지 않는, 자유로운 상태'[179]라고 정의했다. 디지털 시대에 이르러 프라이버시에 대한 개념이 확대되고 명확해진 것이다. 프라이버시권은 1890년 보스턴의 유명한 변호사였던 새뮤얼 D. 워런과 나중에 연방 대법관이 된 루이스 브랜다이스가 하버드대 법학저널[180]을 통해 개인의 삶이 이웃, 언론, 공공에 의해 염탐당하지 않을 '공공의 영역'이 있으며 프라이버시 침해행위를 불법행위로 처벌해야 한다고 주장하면서 제기된 이론이다.[181] 이들은 신체적 위해뿐만 아니라 개인의 감정이 공공에 의해 침해당하는 것 역시 법으로 보호해야 한다고 주장했다. 프라이버시권은 거짓의 공표에 의한 침해뿐 아니라 사실일지라도 침해의 대상이 된다. 개인의 이름이나 사진을 허락 없이 광고에 사용하는 것도 마찬가지다. 프라이버시권은 개인의 사후에는 유지되지 않는다. 죽은 다음에는 품위나 평판으로 정신적 스트레스를 겪지 않기 때문이다. 프라이버시권을 체계화한 이는 1960년 윌리엄 프로서William L. Prosser 교수다.[182] 그는 사생활 침해를 네 가지 유형으로 분류했다.[183]

---

178 someone's right to keep their personal matters and relationships secret.

179 The state or condition of being free from being observed or disturbed by other people.

180 Samuel D. Warren and Louis Brandeis, "The Right to Privacy," *Harvard Law Review*, Vol.4, No.5, 1890.

181 Martin P. Hoffman, "The Right of Publicity and privacy," The Rights of Publicity and Privacy, Trademarks, Copyrights, and Unfair Competition for the General Practitioner and the Corporate Counsel, American Law Institute/American Bar Association annual IP Program, 1998.

182 William L. Prosser, "Privacy," *California Law Review*, Vol.48, No.3, 1960; J. Thomas McCarthy, *McCarthy on Trademarks and Unfair Competition*, Vol. 1, 4th ed., West, 2012.

183 ① Intrusion upon the Plaintiff's physical solitude; ② public disclosure of embarrassing private facts; ③ placing the plaintiff in a false light in the public eye; ④ appropriation for commercial benefit of the plaintiff's name or likeness.

① 원고의 신체적, 장소적 사적 영역에 대한 침입 또는 그 사적 사항의 공개.

② 알리고 싶지 않은 사적 사실들의 공표.

③ 공중에 잘못된 인상으로 공개된 경우.

④ 원고의 성명이나 초상 등을 이용해 상업적 이득을 취한 경우.

한국의 경우 이미 '인격권'[184]이라는 개념이 존재하는 데다 초상권, 음성권, 성명권이라는 별도의 개념이 있기 때문에 프라이버시권이라는 미국의 포괄적인 개념 대신 구체적 용어를 사용한다. 뒤에서 별도로 다룰 초상권은 자신의 용모가 공개되는 것에 관해 사람이 갖는 이익을 내용으로 하는 권리이며, 음성권은 음성에 관한 권리, 성명권은 사람이 자기 성명에 대해 갖는 이익을 내용으로 하는 권리다. 뉴욕 주는 광고나 상업용으로 개인의 서명, 초상, 사진 등을 동의 없이 사용하는 것을 금지하는 법을 제정해 공인이나 유명인이 아닌 개인의 사생활을 보호하고 있다. 그렇지만 이 법도 당사자가 서면으로 반대 의사를 밝히지 않는 한, 사진작가가 사인의 사진을 찍어 자신의 스튜디오place of business에서 전시하는 것은 예외로 하고 있다.

최근 뉴욕 법원에서는 프라이버시권보다 예술 표현의 자유의 손을 들어준 판결이 있었다. 안 스벤슨Arne Svenson이라는 사진작가는 뉴욕 첼시에 사는 주민들의 일상을 망원렌즈 등을 이용해 촬영해 '이웃들The Neighbors'이라는 제목으로 전시하고 작품을 판매했다. 이 작가는 첼시 주민들이 청소하는 모습, 낮잠자는 모습, 잠자는 아이를 침대로 안고 가는 모습 등을 당사자의 승낙 없이 촬영했는데 사진 작품들은 최고 7,500달러에 팔렸다. 사진 작품에는 얼굴이 드러나지는 않지만 주민들은 자신들의 승낙 없이 내밀한 일상이 촬영된 데 대해 프라이버시권이 침해당했다며 소를 제기했다. 뉴욕 프라이버시법은 광고나 거래

---

184 프라이버시라는 개념이 처음 발생했던 당시 미국에는 '인격권'에 대응하는 용어가 없었다. 김재형, 「언론의 사실 보도로 인한 인격권 침해」, 『법학』 제39권 제1호, 서울대학교, 1999, 195쪽.

를 목적으로 개인의 이미지를 무단 사용하는 것을 금지하고 있다. 재판부는 동의 없이 촬영한 사진들을 전시한 행위가 상업적 이용 또는 광고나 거래를 위한 목적이었는지 여부를 따졌는데, 스벤슨의 전시 행위는 단순히 광고나 거래 목적 이상, 즉 전시회라는 형태로 예술의 향유를 촉진하는 것이라고 판단했다.

> 예술은 자유로운 표현이며 따라서 수정헌법 제1조에 의해 보호된다. 따라서 예술가는 동의 없이 개인과 닮은 예술 작품을 창작하고 판매할 수 있다. 개인의 성명이나 외양을 예술적으로 표현하는 것은 광고나 거래 목적 용도 이상의 의미가 있으며, 표현의 자유에 의해 보호한다 함은 표현을 전파할 권리를 포함하며 예술 작품을 판매하는 것 또한 이 전파할 권리에 해당한다. Foster v. Svenson.[185]

물론 뉴스 가치가 있거나 합법적인 공익에 관한, 또는 대중이 지대한 관심을 갖는 것에 대한 사실적 설명 또는 묘사나 초상에 해당하는 사진의 경우에는 사생활 침해로 보지 않는다. 한 아프리카계 미국인의 사진이 뉴욕타임스 매거진 커버 사진으로 사용된 일이 있었다. 해당 기사는 중상층 흑인의 이중성을 주제로 하고 있었는데, 즉 중상층 흑인들이 중상층이 아닌 계급의 흑인들과 거리를 두고 있다는 비판적 내용을 담고 있었다. 이 아프리카계 미국인에 따르면, 자신은 금융 분석가로 중산층 흑인에 해당하는 게 사실이지만 길거리를 지나던 중 자신의 승낙 없이 사진이 찍혔으며, 기사의 내용에도 공감하지 않을 뿐더러 자신의 사진이 이 같은 기사에 이용된 데 대해 스스로 모욕당한 기분을 느꼈다. 그는 언론사와 자신을 촬영한 프리랜서 사진가를 상대로 프라이버시권 침해로 소송을 했다. 그러나 법원은 언론사의 편을 들었다. 해당 기사가 공익에 관련한 것이지 광고나 상업용으로 사용되지 않았으며, 이 흑인 남성의 사진은 흑인 중상

---

185 No. 651826 (N.Y. Sup. Ct. 2013).

층에 관한 기사와 연관되어 있다고 볼 수 있다는 것이었다.[186] 이런 경우에는 법익형량에서 개인의 프라이버시권보다는 언론의 자유가 우선시된다는 것이었다.

그렇지만 이 남성의 사진을 촬영해 『뉴욕 타임스』에 판매한 프리랜서 사진가는 유죄판결을 받았다. 정작 사진을 게재한 고용인인 언론사는 무죄판결을 받은 반면, 언론사의 피고용인에 불과한 사진작가는 책임이 있다고 판시한 것이다. 이 판결은 논란을 촉발했으며 결국 뉴욕 주는 사진작가가 자신의 에이전트를 통해 언론사나 출판사에 이미지를 넘기거나 판매할 때 고용인인 언론사 및 출판사가 수정헌법 제1조의 보호를 받는다면 피고용인인 사진작가나 에이전트도 보호 대상이 된다는 내용으로 법을 개정했다.

프라이버시권에 사인과 공인의 차이가 있을까. 표현의 자유를 최대한 옹호해야 한다는 입장인 미국 법원은 공인의 프라이버시권은 어느 정도 제한하는 경향이 있다. 재클린 오나시스의 파파라치 사진가였던 로널드 게일러Ronald Galella 사건은 유명하다. 게일러는 재클린의 자녀가 다니는 학교를 찾아가기도 하고, 오나시스가 수영이나 테니스를 할 때 훼방을 놓기도 했으며, 파티장을 쫓아다니고, 집이며 식당, 나이트클럽의 도어맨에게 뇌물을 주고 정보를 캐내 재클린이 다니는 곳마다 따라다녔다. 재클린은 집요한 파파라치에 의해 자신의 사생활이 방해받는 것을 원치 않았고, 1975년 프라이버시권 침해로 이 파파라치를 고소했다. 법원은 파파라치의 행위가 참을 수 없는 사생활 침해에 해당하지만 수정헌법 제1조의 표현의 자유를 염두에 두고, 단지 일정 거리 이상 가까이 접근하는 것을 금지하고 오나시스를 괴롭히거나 위험에 빠뜨리는 행위를 금지하는 수준의 명령을 내렸을 뿐이다. 그렇지만 이후 파파라치의 행위가 계속되자 1982년 오나시스는 법원 명령 위반으로 다시 게일러를 고소했다.[187] 결국 게일러는 징역과 엄청난 벌금을 물어야 할 입장에 처하게 됐다. 이 형법을 피하기

---

186 Arrington v. New York Times Co., 55 N.Y.2d 433 (1982) cert. denied, 459 U.S. 1146 (1983).
187 Galella v. Onassis, 533 F. Supp. 1076 (S.D.N.Y. 1982).

위해 그는 다시는 재클린과 그의 자녀들에 대한 사진을 찍지 않기로 합의하고 사건은 종결됐다.

영국의 황태자비 다이애나가 파리에서 교통사고로 사망하자 공인이나 유명인의 사생활을 쫓는 파파라치 문제가 쟁점으로 떠올랐다. 캘리포니아 주는 합리적인 사람에게 공격적이거나 불쾌한 취재 행위를 제한하는 이른바 '파파라치 금지법'을 통과시켰다. 이 법에 따르면 사적인 행위를 할 때 합리적인 사람 기준에서 불쾌하거나 공격적인 방식으로 사진을 촬영하거나 소리를 녹음하는 행위를 금지한다. 특히 이렇게 해서 촬영한 사진이나 녹음물을 금전적 이득을 얻기 위해 상업적 용도로 사용할 경우에는 추가적인 손해배상을 해야 한다. 하지만 캘리포니아 주의 '파파라치 금지법'은 정당한 뉴스 취재 행위를 방해하며 표현의 자유를 위축시킨다며 논쟁을 불러일으켰고, 결국 입법 후 폐기되었다.

디지털 시대, 디지털 매체 예술은 개인의 자유와 권리에서도 새로운 양상을 가져왔다. 빅 데이터 시대다. 방대한 데이터 수집과 분석, 활용이 가능한 시대가 됐다. 동시대 예술가들은 디지털 매체 예술에 빅 데이터와 디지털 정보를 적극 활용한다. 개인이 사생활 침해에 과거보다 훨씬 예민해진 시대인 동시에 개인 정보를 이용하기에는 훨씬 수월해졌다. 개인 정보를 이용한 비물질 형태의 예술은 온라인으로 빠르게 유통, 확산되며, 한번 확산된 이상 돌이킬 수 없는 비가역성을 띤다. 개인이 자발적으로 제공한 개인 정보나 소셜 네트워크 서비스에 올린 글과 사진, 인터넷 이용 기록, 카드 사용 내역, 위치 정보 등 '디지털 발자국'이 데이터베이스에 축적돼 사생활을 고스란히 드러내는 정보로 얼마든지 재가공 재유통될 수 있다. 최근 '프라이버시 패러독스privacy paradox'란 개념이 등장했다. 온라인 서비스 이용자는 온라인상에서 스스로 개인 정보를 올리고 적극적으로 활동하며 다양한 서비스를 원하는 반면, 그로 인해 발생하는 불편이나 문제에는 대단히 방어적이라는 것이다. 나아가 딥 러닝deep learning과 가짜fake의 합성어인 딥 페이크 기술은 특정 인물의 얼굴을 다른 이의 몸에 붙여 합성한 영상 또는 음성 편집물을 생산함으로써 심각한 사생활 침해를 넘어 퍼블리시티권, 인격권 침해 등을 야기할 수 있다. 또 비식별 정보일지라도 각각 따로 올린 정보를 취합하면 식별 가능한 정보로 둔갑할 수 있다. 이렇게 개인이 알게 모르게 남긴 디지털 발자국은 기업에 상업적으로 이용되거나 범죄 대상이 되기도 하며 '잊힐 권리'마저 박탈당할 위험성이 커진 것이다. 일각에서는 프라이버시의 종말을 이야기한다. 판옵티콘panopticon 시대가 도래했다는 것이다. 여기서 감시자는 빅 데이터를 활용할 수 있는 권력이든 기업이든 개인이든 모두를 포괄할 것이다. 앞서 트레이시 에민이 제기한 프라이버시권 침해와는 차원이 다른 전개다. 전 세계 국가들이 개인 정보보호법을 강화하고 기업에 책임을 강화하고 있는 이유다.

퍼블리시티권

2021년 고인이 된 김광석이나 프레디 머큐리 같은 가수의 목소리를 머신 러닝을 통해 마치 살아 있는 가수가 부르는 것처럼 새로운 곡을 노래하는 영상이 화제가 됐다. 머신 러닝이 딥 페이크 기술과 결합해 죽은 유명인들을 다시 현재로 소환할 수 있게 된 것이다. 여기서 법적 고민은 죽은 이들의 퍼블리시티권과 잊힐 권리를 포함한 인격권에서 시작된다. 생존해 있다면 동의 절차를 구하면 될 테지만 죽은 자는 말이 없다. 퍼블리시티권의 상속을 인정하는 나라도 있고, 아예 개념 자체를 인정하지 않는 나라도 있다. 한국 법원의 판례에 따르면, 퍼블리시티권이란 개인의 성명이나 음성, 말투, 초상 등 그 사람 자체를 가리키는 특징을 통제하고 상업적으로 사용할 수 있는 권리로서 인격권과 행복추구권으로부터 파생된 것으로 주로 재산권적 성격을 가지고 있다.[188] 퍼블리시티

---

188 서울서부지방법원 2010.4.21. 선고, 2010카합245 판결.

권은 일찍이 유명인들을 기용하는 광고 산업이 발달한 미국에서 판례와 각 주의 성문법에 의해 보호되기 시작했으며, 대부분의 국가에서 법령이나 판례 등을 통해 퍼블리시티권을 인정하고 있다. 한국에는 아직 명문 규정이 없지만 법원 판결을 통해, 유명인이 스스로의 노력으로 획득한 명성, 사회적 평가, 지명도 등으로부터 생기는 독립한 경제적 이익 또는 가치는 그 자체로 보호할 가치가 충분한 점 등에 비추어 해석상 독립적 권리로 인정되고 있다.189

초상, 음성, 성명 등의 상업적 이용에 관한 권리인 퍼블리시티권은 프라이버시권에서 파생됐다. 고유의 명성, 사회적 평가, 지명도 등을 획득한 배우나 가수, 운동선수 같은 유명인의 성명이나 초상 등을 상품에 부착하거나 서비스업에 이용한다면 상품이 홍보가 되어 판매가 촉진되고 영업 활동에도 큰 도움이 될 것이다. 따라서 유명인의 성명, 초상 등이 갖는 고객 흡인력은 그 자체가 경제적 이익 내지 가치로 취급되어 상업적으로 거래되고 있다. 이러한 권리들은 일신에 전속하는 인격권이나 종래의 저작권, 또는 부정경쟁방지법의 법리만으로는 충분히 보호하기 어렵다. 그래서 발달한 법리가 퍼블리시티권이다.

유명 인사들의 이름이나 정체성이 허락없이 광고에 사용된 경우가 대표적인 퍼블리시티권 침해에 해당한다. 연예인이나 스포츠 스타와 같이 대중에 자신들을 공개함으로써 이득을 취하는 이들은 일반인과는 달리 단지 원치 않는다는 이유만으로 정신적 손해배상을 주장할 수 없다는 게 프라이버시권 대신 퍼블리시티권을 적용하는 이유다.

퍼블리시티권은 1953년 미국의 제롬 프랭크Jerome Frank 판사가 공개 가치에 대한 권리right in the publicity value를 인정하는 판시를 하면서 도입된 개념이다. 한 야구 선수가 자신의 사진을 껌 판촉용 야구 카드에 독점적으로 사용하도록 계약을 맺었는데, 제조 회사는 껌 판매를 위한 다른 용도로도 사용하겠다고 주장했고, 야구선수는 계약 위반으로 소송을 했다. 이에 프랭크 판사는 사진의 가

---

189 서울동부지방법원 2006.12.21. 선고, 2006가합6780 판결.

치에 대한 퍼블리시티권, 즉 자신의 사진을 출판할 권리를 줄 수 있는 독점적 권리가 있다고 판시했다.[190]

프라이버시권이 '내버려둘 권리' 혹은 '대중에 공개되지 않을 권리'로 인격권을 보호한다면, 퍼블리시티권은 재산권, 즉 초상의 상업적 가치를 보호한다. 프라이버시권은 인간의 품위를 보호하고자 하는 개인적인 권리로서 그 침해는 정신적 스트레스와 관련된다. 이에 비해 퍼블리시티권 침해는 개인 정체성의 금전적 가치에 피해를 줄 때 발생한다. 퍼블리시티권을 재산권으로 봐야 하는지, 아니면 프라이버시권의 하위 개념으로 볼지에 대해서는 아직 의견이 분분하다. 그러나 퍼블리시티권이 자신의 정체성에 대한 상업적 이용을 스스로 통제할 능력을 보호한다는 데는 의견이 일치한다. 상업적 가치가 있는 운동선수나 연예인 등 유명인들의 이름, 별명, 유사성, 초상, 퍼포먼스, 생체적 사실, 상징적 표현 등을 허락 없이 이용해 부당이득을 취해선 안 된다.[191] 물론 뉴스 보도나 패러디와 풍자 등에 이용하는 것은 무방하다. 예술가의 창의적인 표현은 상당한 유사성을 갖고 있더라도, 또 부차적인 금전적 이득이 따르더라도 프라이버시권에 의해 제한되지 않는다는 게 미국 법원의 입장이다.[192]

사망한 유명인의 모습을 그대로 묘사한 티셔츠를 판매하는 것은 표현의 자유에 해당할까. 사망한 유명인의 유족들은 판매자에게 퍼블리시티권을 청구할 수 있을까. 유명인의 모습을 바탕으로 여기에 어느 정도 창작성을 부가했다면 어떨까. 헌법상 보장된 예술 표현의 자유와 퍼블리시티권의 법익이 충돌하는 경우 미국 법원은 표현의 자유가 우선한다고 본다. 그러나 사망한 유명인의 모습을 '그대로' 묘사한 티셔츠를 판매하는 것은 고인의 퍼블리시티권 침해에 해당한다는 판례가 있다.[193] 유명인의 원래 모습을 "충분히 변환하여" 새로운 가

---

190 Haelan Laboratories v. Topps Chewing Gum, 202 F.2d 866 (2d Cir. 1953).
191 Pamela Edwards, "What's the Score?: Does the Right of Publicity Protect Professional Sports Leagues," *Albany Law Review*, Vol.62, Issue 2, 1998, p.581.
192 Simeonov v. Tiegs, 602 N.Y.S.2d 1014 (N.Y.City Civ. Ct. 1993).
193 Comedy III Productions Inc. v. Gary Saderup Inc., 21 P.3d 797 (Cal. 2001).

치를 창조한 작품만이 퍼블리시티권에 앞서 표현의 자유를 누릴 수 있다는 논리다. 고인의 모습을 있는 그대로 묘사한 것이 아니라 창작성을 더하게 되면 퍼블리시티권에 우선하여 표현의 자유로 인정된다는 것이 다수 의견이다.

2002년까지만 해도 우리 법원은 퍼블리시티권을 실정법상 권리로 인정하지 않았다. 2002년 제임스 딘이라는 유명 미국 영화배우의 이름과 사진을 표장으로 의류, 신발, 화장품 등의 상품을 제조, 판매해온 한국 업체를 상대로 제임스 딘의 퍼블리시티권을 양수하여 보유하던 쪽에서 소송을 건 사건이 있었다. 원고는 제임스 딘으로부터 그의 성명이나 초상, 서명 등이 갖는 재산적 가치를 독점적, 배타적으로 지배하는 권리인 퍼블리시티권을 보유하고 있었다. 이때 서울고등법원은 성문법주의를 취하고 있는 우리나라에서 법률, 조약 등 실정법이나 확립된 관습법 등의 근거 없이 필요성이 있다는 사정만으로 물권과 유사한 독점, 배타적 재산권인 퍼블리시티권을 인정하기는 어렵다고 판시했다.[194]

다만 법원은 우리나라에서도 근래에 이르러 연예, 스포츠 산업 및 광고 산업의 급격한 발달로 유명인의 성명이나 초상 등을 광고에 이용하게 됨으로써 그에 따른 분쟁이 적지 않게 일어나고 있으므로, 이를 규율하기 위해 앞서 본 바와 같은 퍼블리시티권이라는 새로운 권리 개념을 인정할 필요성이 있다고 보았다. 2005년부터 퍼블리시티권 침해 관련 분쟁에서 이 권리를 인정하기 시작했다. 다음 판결문들을 살펴보자.

> 일반적으로 퍼블리시티권이란 사람이 자신의 성명이나 초상 등을 상업적으로 이용하고 통제할 수 있는 배타적 권리를 의미하는 것으로서, 이는 초상 등의 경제적 측면에 관한 권리라는 점에서 인격권으로서의 성격을 가지는 전통적 의미의 초상권과 구별된다고 할 것인 바, 유명 연예인이나 운동선수 등의 경우 자신의 승낙 없이 자신의 성명이나 초상 등이 상업적으로

---

[194] 서울고등법원 2002.4.16. 선고, 2000나42061 판결.

사용되는 경우 정당한 사용 계약을 체결했다면 얻을 수 있었던 경제적 이익의 박탈이라는 재산상 손해를 입게 된다는 점에서 이러한 퍼블리시티권을 별도의 권리로서 인정할 필요가 있다고 할 것이다. 서울중앙지방법원 2005.9.27. 선고, 2004가단235324 판결.

소위 퍼블리시티권이라 함은 사람이 그가 가진 성명, 초상이나 기타의 동일성을 상업적으로 이용하고 통제할 수 있는 배타적 권리를 말한다고 할 것이다. 이러한 권리에 관하여 우리 법에 명문의 규정은 없으나 대부분의 국가가 법령 또는 판례에 의해 이를 인정하고 있는 점, 이러한 동일성을 침해하는 것은 민법상의 불법행위에 해당하는 점, 사회의 발달에 따라 이러한 권리를 보호할 필요성이 점차 증대하고 있는 점, 유명인이 스스로의 노력에 의해 획득한 명성·사회적인 평가·지명도 등으로부터 생기는 독립한 경제적 이익 또는 가치는 그 자체로 보호할 가치가 충분한 점 등에 비추어 해석상 이를 독립적인 권리로 인정할 수 있다고 할 것이다. 서울동부지방법원 2006.12.21. 선고, 2006가합6780 판결.

초상권

한국에 있는 고유한 개념인 초상권a right of likeness은 자신의 용모가 공개되는 것에 관해 사람이 갖는 이익을 내용으로 하는 권리로 프라이버시권의 일종이다. 예술 활동의 일환으로 타인의 초상이 동의 없이 공개 또는 전시될 수 있는지가 문제가 될 수 있다. 초상권은 사람이 자신의 초상에 대해 갖는 인격적·재산적 이익이 침해당하지 않을 권리를 말한다. 요컨대, 사람이 자기의 얼굴 기타 사회 통념상 특정인임을 식별할 수 있는 신체적 특징을 함부로 촬영 또는 작성하지 아니하고, 촬영된 사진 또는 작성된 초상이 함부로 공표·복제되지 아

니하며, 초상이 함부로 영리 목적에 이용되지 않을 권리를 포함한다.[195]

사람의 형상과 유사하게 시각적으로 표현하는 행위로 사람의 얼굴, 용모, 여러 신체적 특징을 그리거나 촬영하거나 묘사하는 행위를 포함하며 사진, 영상, 소묘, 몽타주, 캐리커처, 캐릭터 디자인, 조각, 인형으로 표현된 것들은 모두 다 초상이라고 볼 수 있다.[196] 유명인의 초상을 상업적으로 이용하는 것은 '배타적 재산권'으로 양도가 가능한 권리인 영미법상 퍼블리시티권의 초상영리권과 유사한 개념이다. 초상권 침해 여부는 해당 신체 부위의 노출로 특정인임을 식별할 수 있었는지가 중요하다. 피촬영자 본인의 동의가 있으면 초상권 침해는 성립하지 않지만, 본인이 동의하고 또 예상한 것과 다른 방법으로 공표·복제·판매되는 등 동의의 범위를 초과하는 경우에는 초상권의 침해가 있다고 본다.[197] 초상권은 재산권보다는 인격권의 권리에 속하기 때문에 프라이버시권처럼 권리 주체에 전속되어 있어 분리 또는 양도될 수 없다. 그러나 언론중재법에 따라 인격권의 주체가 사망한 후 30년이 경과하기 전까지는 초상권이 보호된다.[198] 한편, 예술 활동에 의한 인격권 침해는 민법에 근거해 재산상, 비재산상의 손해배상 청구가 가능하다.

초상권에 대해 현행법상 별도의 명문 규정은 없다. 다만 언론에 의한 초상권을 확장해 다른 영역에서의 초상권 침해 시에도 근거 규정을 삼을 수는 있을 것이다. 언론중재법은 언론은 생명·자유·신체·건강·명예·사생활의 비밀과 자유·초상·성명·음성·대화·저작물 및 사적 문서·그 밖의 인격적 가치 등에 관한 권리(이하 인격권이라 한다)를 침해해서는 안 된다고 명시함으로써 초상권을 비롯한 개인의 인격권이 실정법상 권리임을 명확히 했다. 한국에서 최초로 초상권이 인정된 사건은 출판사 기린원에 대해 신청인의 동의 없이 그의 사

---

195 서울동부지방법원 2006.7.7. 선고, 2005가합14302 판결; 대법원 2006.10.13. 선고, 2004다16280 판결.
196 박용상, 『언론과 개인 법익』, 조선일보사, 1997, 87쪽.
197 서울지방법원 2000.7.4. 선고, 99나83698 판결.
198 언론중재법 제5조의 2는 "(사망자의 인격권 보호) 제5조 제1항의 타인에는 사망한 자를 포함한다. 다른 법률에서 특별히 정함이 없으면 사망 후 30년이 경과한 때에는 제2항에 따른 구제 절차를 수행할 수 없다"고 규정한다.

진을 게재하여 책을 발간한 것은 위법이므로 신청인의 사진을 삭제하기 전에는 발매해서는 안 된다고 판시한 것이다.[199]

헌법적 근거로는 인간의 존엄성과 기본 인권 보장에 관한 제10조[200]와 사생활의 비밀과 자유를 규정한 헌법 제17조[201] 등이다. 초상권에는 촬영·작성거절권, 촬영된 초상이 타인에 의해 공표되거나 이용되지 않을 권리인 공표거절권 등이 있다. 민법 제751조 제1항을 근거로 초상권이 재산상 이익을 의미하는 것이라는 판례도 있다.[202] 위탁 초상화 또는 위탁 초상 사진과 관련해서는 저작권법 규정을 초상권 보호의 근거 규정으로 원용한 판례도 있다.[203] 서울지방법원은 구저작권법(2000.1.12. 법률 제6134호로 개정되기 전의 것) 제32조 제4항은 촉탁에 의한 초상화 또는 이와 유사한 사진저작물의 경우에는 촉탁자의 동의가 없는 때에는 이를 전시하거나 복제할 수 없다고 규정해 촉탁 초상의 저작권자라도 그 전시·복제를 위해서는 초상 본인의 동의를 필요로 한다는 점을 명시하고 있다고 판시했다.[204] 이에 따르면, 위탁에 의해 작성된 초상화나 초상 사진의 저작권은 해당 저작물의 저작자인 미술가 혹은 사진작가에 귀속되지만 위탁자의 동의가 없는 때에는 저작자일지라도 이용할 수 없다.[205]

초상권은 공인이냐 사인이냐에 따라 기준이 다르다. 공인이나 연예인 또는 운동선수와 같은 유명인들의 경우에는 당사자의 '알려지지 않을 권리'보다는 일반의 '알 권리'가 우선한다. 초상권은 촬영 장소가 사적 공간이냐 공개된 장소냐에 따라서도 달라진다. 사적 공간은 프라이버시 침해에 해당하므로 함부

---

199 서울지방법원 1982.7.21 선고, 82가19264 판결.
200 제10조(인간의 존엄성과 기본 인권 보장) 모든 국민은 인간으로서의 존엄과 가치를 가지며, 행복을 추구할 권리를 가진다. 국가는 개인이 가지는 불가침의 기본적 인권을 확인하고 이를 보장할 의무를 진다.
201 제17조(사생활의 비밀과 자유) 모든 국민은 사생활의 비밀과 자유를 침해받지 아니한다.
202 제751조(재산 이외의 손해의 배상) 타인의 신체, 자유 또는 명예를 해하거나 기타 정신상 고통을 가한 자는 재산 이외의 손해에 대하여도 배상할 책임이 있다.
203 류종현·양재규, 『초상권 이야기』, 한국방송카메라기자협회, 2010, 87쪽.
204 서울지방법원 2000.7.4. 선고, 99나83698 판결.
205 류종현·양재규, 앞의 책, 87쪽.

로 촬영할 수 없지만, 공원이나 거리 같은 공공 지역에서는 초상권 보호를 주장하기 힘들다. 그렇지만 공공장소에서도 일상적인 모습이냐 아니냐에 따라 달라질 수 있다. 메릴린 먼로의 유명한 사진처럼 치마가 바람에 날려 속옷이 보이는 여성을 촬영한 사건에서 미국 법원은 공공장소에서의 일상적인 모습은 사진에 찍힐 수 있으나 보통 사람의 입장에서 당황스러운 상황으로 변화된 순간이라면 공공장소라는 이유만으로 초상권이 상실됐다고 인정할 수 없다고 판시했다.[206]

아무리 공공장소라도 일반인인 본인이 거부 의사를 밝혔음에도 불구하고 식별 가능한 초상을 방송에 내보낸다면 초상권 침해로 인정한다. 다음 예를 보자. 드라마에서 작곡 발표회 장면에 대한 촬영 요청을 하고 장소 사용료를 지불하는 조건으로 장소 사용을 허락받았는데, 발표회 당일 연주자들이 자신들의 연주 장면을 촬영하는 것은 곤란하다는 뜻을 전하자 드라마 제작사 측은 얼굴을 식별할 수 없도록 연주 장면을 촬영하기로 약속했다. 그러나 드라마에 연주 장면이 7초라는 짧은 시간이지만 얼굴이 식별 가능하게 방영됐다. 법원은 초상권 침해를 인정하고 손해배상을 명령했다.[207]

퍼블리시티권과 초상권 퍼블리시티권과 초상권은 어떻게 다를까. 전 세계에 퍼져나가는 K-콘텐츠 산업시대, 연예인과 스포츠 스타 등 유명인들의 성명이나 초상에 대한 재산권적 성격을 갖고 있는 퍼블리시티권에 대한 관심이 높아지고 있다. 그전에는 성명권, 초상권, 음성권 등의 인격권적 성격에 그쳤으나 2005년 이후부터 한국 법원이 퍼블리시티권을 독립적인 권리로 인정하기 시작했다. 퍼블리시티권은 '초상'과 관련돼 있다는 점에서 초상권과 유사하지만, 초상권은 인격권, 퍼블리시티권은 재산권에 가까운 권리다. 또 한국의 초상권은 퍼블리시티권보다는 구체적이다. 퍼블리시티권은 재산권이므로 독립적인 양도가 가능하

206 Daily Times Democrat v. Graham, 162 So.2d 474, 478 (Ala.1964).
207 서울중앙지방법원 2006.11.29. 선고, 2006가합36290 판결.

며 상속도 될 수 있다. 초상권에 대한 침해는 정신적 손해로 배상되는 반면, 퍼블리시티권에 대한 침해는 재산상 손해로 배상된다.

그렇다면 초상권과 마찬가지로 퍼블리시티권의 주체는 일반인도 포함되어야 할까. 유명인이 아니더라도 성명이나 초상이 상업적으로 이용되는 경우가 있다. 또한 유명인과 일반인을 구분할 뚜렷한 기준도 없다. 그러나 퍼블리시티권은 일반인에게 보편적으로 인정되는 초상권의 경우처럼 정신적 피해라기보다는 재산상 피해라는 점에서 퍼블리시티권의 주체를 일반인으로까지 넓힐 경우의 실익이 불분명하다. 유명인의 경우에는 성명이나 초상에 대한 재산적 가치가 높기 때문에 정신적 피해에 대한 위자료 차원 이상의 재산권을 보호할 필요성이 높은 반면, 일반인은 재산상 피해가 적기 때문에 초상이나 이름이 광고에 무단 사용돼 문제가 될 경우 초상권 내에서 위자료를 산정해도 충분하다고 보는 견해가 일반적이다. 퍼블리시티권 정의에 대한 합의가 없고 명문화된 규정이 없고 아직 대법원 판례가 없기 때문에, 하급 법원의 판례는 퍼블리시티권의 인정 여부 그리고 인정하더라도 그 인정 범위와 배상 금액 산정 등에 있어 엇갈리고 있다. 그러나 초상권 등의 재산적 권리인 퍼블리시티권의 중요성이 커지면서 2021년 개정 저작권법에는 관련 규정들이 추가될 것으로 보인다.

5 제한되는 표현

에곤 실레Egon Schiele는 평생을 음란성 논란에 시달린 예술가다(그림 14). 1912년 경찰은 실레의 작품 중 100여 점 이상을 외설이라고 판단하고 압수했다. 심지어 열네 살짜리 소녀의 아버지가 낸 진정으로 인해 미성년자 납치 및 유인 혐의로 구속까지 되었다. 재판에서 미성년자 유괴와 사주라는 죄명은 벗었지만 외설적 그림을 아이들이 볼 수 있는 장소에 둔 죄가 인정되어 작품 한 점을 공개적으로 태우고, 3일간의 징역형을 선고받았다. 실레는 "나는 처벌받기보다는 정화되고 있다고 느꼈다. 예술가를 구속하는 것은 죄악이다. 그것은 피어나는 생기를 짓밟는 행위다"라며 한탄했다.[208]

지금도 대부분의 나라에서 '음란Obscenity'은 보호되지 않는 표현으로 규정되고 있다. 그러나 실레의 그림들을 보고 음란물이라고 주장하는 사람은 거의 없을 것이다. 물론 그의 작품들은 법적으로도 음란물에 해당하지 않는다. 100년이 지난 지금도 여전히 많은 예술가들이 '음란물'을 전시하거나 배포한 혐의로 처벌받고 있으며 창작 활동에 제약을 받기도 한다. 미국의 연방대법관 포터 스튜어트Potter Stewart가 노골적인 도색영화hardcore pornography를 제외한 모든

---

208 박홍규, 앞의 책, 425쪽.

창작물에 표현의 자유를 보장한다고 하면서, "(무엇이 포르노인지는) 보면 안다I know it when I see it"고 했던 유명한 일화처럼 음란성 여부를 객관적으로 판단하기란 쉬운 일이 아니다.[209] 음란성을 판단하는 사람의 개인적 철학이나 취향에 따라 결과가 달라진다면 예술가들의 활동을 위축시킬 것이고 예술의 자유는 심각하게 훼손될 것이다. 따라서 무엇이 음란인지 개념 정의를 내리고 음란물 여부를 판단하는 명확한 기준을 세우는 것이 중요하다.

음란

형법은 음란물을 제조하거나 소지하면 형사처분을 한다.[210] 음란물을 반포, 판매, 임대, 전시해도 형사처분을 한다.[211] 공연히 음란한 행위를 한 경우에도 마찬가지다.[212] 이밖에도 출판문화산업진흥법,[213] 정보통신망 이용 촉진 및 정보 보호 등에 관한 법률,[214] 우편법[215] 등으로도 음란물을 취급하거나 유통하

---

209 1964년 프랑스 영화 〈연인들〉의 미국 내 상영 금지 가처분을 어기고 오하이오 주의 한 극장이 상영했다가 벌금형을 받고 항소해 연방대법원에까지 올라가 무죄판결을 받은 자코벨리스 대 오하이오 사건(Jacobellis v. Ohio, 378 U.S. 184)에서 한 말이다.
210 형법 제244조는 "제243조의 행위에 공할 목적으로 음란한 물건을 제조, 소지, 수입 또는 수출한 자는 1년 이하의 징역 또는 500만 원 이하의 벌금에 처한다".
211 형법 제243조 "음란한 문서, 도화, 필름 기타 물건을 반포, 판매 또는 임대하거나 공연히 전시 또는 상영한 자는 1년 이하의 징역 또는 500만 원 이하의 벌금에 처한다".
212 형법 제245조 "공연히 음란한 행위를 한 자는 1년 이하의 징역, 500만 원 이하의 벌금, 구류 또는 과료에 처한다".
213 출판문화산업진흥법 제19조의 한국간행물윤리위원회의 유해성 심의에는 "2.음란한 내용을 노골적으로 묘사하여 사회의 건전한 성도덕을 뚜렷이 해치는 것"이 포함되어 있다.
214 정보통신망 이용 촉진 및 정보 보호 등에 관한 법률 제44조의 7 제1항은 누구든지 정보통신망을 통하여 각 호의 어느 하나에 해당하는 정보를 유통하여서는 아니 된다고 하고, [시행 2020.12.10.] [법률 제17358호, 2020.6.9., 일부 개정]. "1. 음란한 부호·문언·음향·화상 또는 영상을 배포·판매·임대하거나 공공연하게 전시하는 내용의 정보"의 유통을 금지한다. 또 제74조는 이를 어긴 경우에는 "1년 이하의 징역 또는 1천만 원 이하의 벌금에 처한다"고 규정한다.
215 [시행 2020.6.11.] [법률 제16753호, 2019.12.10., 일부 개정]. 제17조 "미래창조과학부 장관은 건전한 사회질서를 해치거나 우편물의 안전한 송달을 해치는 물건(음란물, 폭발물, 총기도검, 마약류 및 독극물 등으로서 우편으로 취급

는 행위, 음란한 내용을 노골적으로 묘사하는 행위 등을 처벌한다. 또 성폭력
범죄의 처벌 및 피해자 보호 등에 관한 법률, 청소년보호법, 청소년의 성 보호에
관한 법률 등에도 음란물을 규제하는 규정들이 있다. 음란물을 제한하는 형법
의 취지는 "성 풍속에 대한 환경 파괴 초래를 막기 위한 것"이며 형법 조문에 있
어 행위의 객체는 '음란한 물건'이다.

　　대한민국 헌법 제21조 제4항에서는 "언론·출판은 …… 공중도덕이나 사
회윤리를 침해해서는 아니된다"고 규정하고 있다. 헌법재판소는 음란물 출판사
등록 취소 사건216에서 모든 표현이 헌법상 보호를 받는 것이 아님을 분명히 했
다. 헌법재판소는 "언론·출판의 자유는 민주주의 발전과 인격의 발현 수단으
로 중요한 가치를 지니고, 시민사회 내부에 사상의 경쟁 메커니즘이 존재하기
때문에 국가의 개입은 최소한에 그쳐야 한다. 언론·출판의 자유는 폭넓게 보호
되어야 하며, 언론·출판으로 인한 해악이 존재하더라도 1차적으로 시민사회에
서 스스로 해결되어야 하고 2차적으로 국가가 개입하는 것을 원칙으로 한다"
고 전제하면서도 언론·출판의 자유에 의해 보호받을 수 없는 경우로 "1. 출판
표현의 해악이 시민사회의 자기 교정 기능에 의해서도 처음부터 해소될 수 없
는 정도인 경우, 2. 다른 사상이 표현에 의해 해소되기를 기다리기엔 너무 심대
한 해악을 지녔을 경우"를 들었다. 음란 표현은 성도덕을 크게 해쳐 심대한 해
악을 지닌 표현이고, 사상의 경쟁 메커니즘에 의해서도 그 해악이 해소되기 어
렵기 때문에 이 같은 기준을 충족한다고 보았다.

　　표현의 자유를 최고의 가치라 여기며 최대한 보호해야 한다고 믿는 미국
역시 음란물은 제한 대상으로 본다. 미국 연방대법원은 수정헌법 제1조가 원칙
적으로 표현의 자유를 침해할 수 없다는 원칙을 천명하지만 '음란물'만큼은 수

하는 것이 부적절하다고 인정되는 물건을 말하며, 이하 '우편금지물품'이라 한다)을 정하여 고시하여야 한다"고 규정
하고, 제52조는 고시된 "우편금지물품을 우편물로서 발송한 자는 2년 이하의 징역 또는 500만 원 이하의 벌금에 처하
고 그 물건을 몰수한다".
216　헌법재판소 1998.4.30. 선고, 95헌가16 결정.

정헌법 제1조에 의해 보호되지 않는 예외적 범주라고 판단한다. 즉 음란물은 전혀 보상적 사회 가치가 없는 것이므로 헌법적으로 보호되는 언론이나 출판 영역 내에 있지 않다는 것이다. 수정헌법 제1조에 의해 보호되지 않는 음란이나 아동 포르노가 아닐 경우에도 정부는 성적 표현을 규제할 넓은 재량을 가진다. 예를 들어, 연방대법원은 성인 서점이나 영화관의 위치를 제한하는 지역구 설정 조례를 허용했다. 그러나 자동차 전용 극장에서 나체의 남녀가 나오는 영화가 상영되고, 이 영화가 공공장소에서 상영되는 것을 공적 생활 방해Public Nuisance 라고 규정한 조례에 대해서는 위헌이라고 선언했다. 엉덩이나 가슴이 노출됐다고 해서 그 맥락이나 파급 효과와 무관하게 모든 영화의 상영을 금지해서는 안 된다는 것이다.[217] 그렇지만 연방대법원은 낮은 가치를 지닌 성적 표현 범주에 대해 그 내용을 정의한 적은 없다. 독일의 경우에는 국가기관에 의한 검열 대신 국민의 부도덕성, 외설 등에 대한 고발권을 부여하고 있다. 1969년 독일연방재판소는 음란성의 기준으로 성행위 과정을 노골적인 방식으로 왜곡시키고, 비현실적으로 묘사하는 것, 탈선과 변태적인 것의 신성화, 외설적인 표현 방식 등을 들고 있다.[218]

음란의 법적 정의

형법의 취지를 살리되 헌법상 표현의 자유를 수호하기 위해서는 '음란'이란 무엇인지 명확하게 정의하는 것이 중요하다. 법적 의미로 음란이란 무엇이고, 어떤 경우에 예술적 표현이 음란의 범주에 속하게 되며, 어떤 경우에 음란에 미치지 않는 성적 표현으로 보호받을 수 있을까. 음란obscene의 어원은 '무대 밖에서 이루어지는 일'이라는 뜻이며, 음란성obscenity이란 무대를 상징하는 그리스

217　Erznoznik v. City of Jackson ville, 422 U.S. 205 (1975).
218　BGHSt, NJW 1970, S. 72f; 송광섭, 「예술의 자유와 문학작품의 음란성에 관한 새로운 이념적 논의」, 『비교형사법 연구』, 제3권 제2호(통권 제5호), 한국비교형사법학회, 2001, 333쪽.

어 scena의 변형으로 '무대를 떠나다', 즉 '음란하고 저속한 것'을 뜻한다. 법적 용어로서 음란은 형법상 개념이자 표현의 자유라는 기본권과 관련된 헌법상 개념이기도 하다. 무엇보다 음란은 이익형량 심사 등을 통해 똑같은 성적 표현에 대해서도 시대와 사회에 따라 그 평가가 달라질 수밖에 없는 가변적 개념이다. 성적 표현도 다양화되고 표현에 대한 욕구도 증가하면서 불과 10년 전과도 '음란'이란 의미가 다르게 받아들여질 수 있는 것이다. 1988년 『허슬러 매거진』이라는 포르노 잡지를 간행하던 중 송사에 휘말린 래리 플린트Larry Flynt는 재판과정에서 표현의 자유 제한과 관련해 다음과 같은 의문을 제기했다.

> 살인은 불법이다. 그러나 살인 장면을 찍은 사진을 『뉴스위크』지에 실으면 퓰리처상을 받는다. 섹스는 합법이다. 그러나 그걸 사진으로 찍어 잡지에 싣게 되면 감옥에 가야 한다. 어떤 것이 더 유해한가? 내 죄는 나쁜 취향을 지닌 것밖에 없다.[219]

이는 음란 표현 규제에 대한 근본적인 문제를 던진다. 음란한 표현은 나쁜가. 음란한 표현은 제한되어야 하는가. 영미권 국가에서 음란성의 정의에 대해 성에 관한 묘사 혹은 표현이 '현저히 노골적'인 것, 평균적인 사람에게 동시대의 공동체적 기준을 적용해 매체의 주요한 목적이 전반적으로 호색적 흥미에 호소하는 것, 그것을 읽거나 보고 듣는 자가 이에 대해 혐오감을 가질 것, 문학·예술적 가치 등과 같은 보상할 만한 사회적 가치가 전혀 없을 것 등의 요소를 포함한다는 것이 통설이다. 한국에서 음란성이란 보통인의 성적 수치심과 도의감을 현저히 침해하는 데 객관적으로 적합한 것을 말한다.[220] 음란성은 그 내용이 성욕을 자극 또는 흥분시키고 보통인의 정상적인 성적 수치심을 해

---

219 485 U.S. 46.
220 이재상, 『형법각론』(제8판), 박영사, 2012, 641쪽.

하고 선량한 성적 도의 관념에 반하는 것을 말한다는 게 통설이며,[221] 판례도 같은 취지로 판시하고 있다.[222] 성욕을 자극 또는 흥분케 한다는 행위자의 주관적 목적을 요하지 않으며, 표현의 객관적 경향이 문제될 따름이다.[223] 우리 헌법재판소는 "음란이란 인간 존엄 내지 인간성을 왜곡하는 노골적이고 적나라한 성 표현으로서 오로지 성적 흥미에만 호소할 뿐 전체적으로 보아 하등의 문학적, 예술적, 과학적 또는 정치적 가치를 지니지 않은 것으로서, 사회의 건전한 성도덕을 크게 해칠 뿐만 아니라 사상의 경쟁 메커니즘에 의해서도 그 해악이 해소되기 어려워 언론·출판의 자유에 의한 보장을 받지 않는 것"이라고 했다.[224]

　한국에서 음란 표현 규제를 가능하게 하는 규정은 헌법 제21조 4항으로, 언론·출판은 타인의 명예나 권리 또는 공중도덕이나 사회윤리를 침해해서는 안 된다고 명시한다. 그렇다면 공중도덕이나 사회윤리를 침해하는 표현, 즉 음란 표현은 애당초 헌법 제21조가 규정하는 언론·출판의 자유 보호 영역으로부터 배제되는 것일까, 아니면 표현의 자유 영역에는 속하되 단지 심사의 대상이라는 것일까. '공중도덕이나 사회윤리를 침해하는 표현'이란 무엇이며, 어떻게 판단해야 할까. 음란 표현은 헌법 제21조가 규정하는 언론·출판의 자유 보호 영역에 해당하지 아니한다는 취지로 판시한 1998년 헌법재판소의 의견을 변경한 2009년 헌법재판소의 판결을 살펴보자.

　　음란의 개념을 엄격하게 이해한다 하더라도 음란의 내용 자체는 헌법상
　　표현의 자유의 보호에 관한 법리와 관련하여 그 내포와 외연을 파악하여

221　김일수·서보학, 『형법각론』, 683쪽.
222　대법원 1982.2.9. 선고, 81도2281 판결; 대법원 1987.12.22. 선고, 87도2331 판결; 1995. 6. 16. 선고, 94도1758 판결; 1995. 6. 29. 선고, 94누2558 판결 등.
223　Horn/Wolters SK §184 Rn.4; 이재상, 앞의 책, 642쪽에서 재인용.
224　헌법재판소 1998.4.30. 선고, 95헌가16 결정. 이 결정 후 출판 및 인쇄진흥법 제19조 제2호는 "음란 또는 저속한 간행물이나 아동에 유해한 만화 등을 출판하여 공중도덕이나 사회윤리를 침해하였다고 인정되는 경우"에서 "음란한 내용을 노골적으로 묘사하여 사회의 건전한 성도덕을 뚜렷이 해치는 것"으로 변경되었다.

야 할 것이고, 이와 무관하게 음란 여부를 먼저 판단한 다음, 음란으로 판단되는 표현은 표현의 자유 보호 영역에서 애당초 배제시킨다는 것은 그와 관련한 합헌성 심사를 포기하는 결과가 될 것이다. 즉, 위와 같이 해석할 경우 음란 표현에 대하여는 언론·출판의 자유의 제한에 대한 헌법상의 기본 원칙, 예컨대 명확성의 원칙, 검열 금지의 원칙 등에 입각한 합헌성 심사를 하지 못하게 될 뿐만 아니라, 기본권 제한에 대한 헌법상의 기본 원칙, 예컨대 법률에 의한 제한, 본질적 내용의 침해 금지 원칙 등도 적용하기 어렵게 되는 결과, 모든 음란 표현에 대하여 사전 검열을 받도록 하고 이를 받지 않은 경우 형사처분을 하거나, 유통 목적이 없는 음란물의 단순 소지를 금지하거나, 법률에 의하지 아니하고 음란물 출판에 대한 불이익을 부과하는 행위 등에 대한 합헌성 심사도 하지 못하게 됨으로써, 결국 음란 표현에 대한 최소한의 헌법상 보호마저도 부인하게 될 위험성이 농후하게 된다는 점을 간과할 수 없다. 이 사건 법률 조항의 음란 표현은 헌법 제21조가 규정하는 언론·출판의 자유 보호 영역 내에 있다고 볼 것인 바, 종전에 이와 견해를 달리하여 음란 표현은 헌법 제21조가 규정하는 언론·출판의 자유 보호 영역에 해당하지 아니한다는 취지로 판시한 우리 재판소의 의견(헌재 1998.4.30. 95헌가16, 판례집 10-1, 327, 340-341)을 변경한다. 헌법재판소 2009.5.28. 선고, 2006헌바109 결정 등.

음란물 판단 기준

음란물도 일종의 표현이며 음란물을 규제하는 것도 표현의 자유를 규제하는 것이다. 그렇다면 음란성을 판단하는 기준은 무엇이며, 누가 판단해야 할까. 음란성과 예술성은 어떻게 판가름할까. 자칫 예술가들이 자신의 생각이나 사상을 시각적으로 표현한다 해서 처벌을 받을 위험에 처하는 것은 예술 표현의 자유를 침해하는 것은 아닌가. 그렇다고 어떤 것이 음란한 표현인가를 법조문에 일일이 열거할 수는 없는 일이다. 따라서 규제 대상이 될 음란 표현에 대한 최종 판단은 결국 법원의 몫이다. 영화 산업이 발달하면서 외설 시비가 잦았던 1960년대 말 미국의 연방대법관들은 일주일에 한 번씩 '영화 보는 날'을 정해 연방대법원 상영실에서 문제가 되는 영화들을 보며 음란성 여부를 놓고 논쟁을 벌이곤 했다.[225] 우리 대법원도 일반인의 눈을 판단 기준으로 삼되 음란이라는 개념을 정립하고, 구체적 표현물에 대해 판단하는 것도 법원, 즉 판사의 역할이라고 보고 있다.

> 음란이라는 개념은 사회와 시대적 변화에 따라 변동하는 상대적이고도 유동적인 것이고, 그 시대에 있어 사회의 풍속, 윤리, 종교 등과도 밀접한 관계를 가지는 추상적인 것이므로, 구체적인 판단에 있어서는 사회 통념상 일반 보통인의 정서를 그 판단의 기준으로 삼을 수밖에 없다고 할지라도, 이는 일정한 가치판단에 기초하여 정립할 수 있는 규범적인 개념으로 '음란'이라는 개념을 정립하는 것은 물론 구체적인 표현물의 음란성 여부도 종국적으로는 법원이 이를 판단하여야 한다. 대법원 2008.3.13. 선고, 2006도3558 판결.

음란물의 경계선상에 있는 작품이라면 공중에 어떤 방식으로 제공되는지도 음란성 판단의 기준이 될 것이다. 예술가들 입장에서는 특히 언제 어디에서 전시 또는 출간해야 음란 또는 외설이 되는지 그 기준을 명확하게 알기가 어렵다. 자신의 스튜디오에서 작업하고 보관한다면 포르노 영상을 소지했을 때와 마찬가지로 형법상 음란물 소지죄가 적용될까. 만일 법원이 법을 엄격하게 적용

---

225 Michael G. Trachtman, *The Supremes' Greatest Hits: The 37 Supreme Court Cases That Most Directly Affect Your Life*, Sterling, 2009, p.155-156.

한다면 가능할 것이다. 작품이 오로지 성적인 면만을 강조해도 음란물로 판단될 가능성은 높아진다. 미국에서는 법 집행기관이 음란물을 압수하기 전에 전시 주최자에게 사전에 공지하고, 심리hearing 기회를 주며, 청구 원인에 대한 공식적 심사를 하도록 하고 있다. 심리에서 전시자는 변호인의 조력을 받아 음란물이 아님을 입증할 수 있다. 이때 판사는 작품, 전시 또는 출판 방식, 일반인의 관점 등 관련 증거들을 면밀히 검토한다. 법 집행기관은 이런 심리 과정을 거친 후에야 전시를 금지하거나 음란물을 압수할 수 있다. 창작자들을 보호하기 위한 일종의 안전장치인 것이다. 따라서 심리를 받고 싶다면 경찰이 들이닥쳐 음란물을 압수한다고 할 때 이에 동의하면 안 된다.

미국 연방대법원이 음란성 문제를 본격적으로 다룬 것은 1975년 로스 대 미합중국Roth v. United States 사건[226]이다. 당시 연방음란법은 알면서 음란한, 추잡한, 음탕한, 불결한 혹은 그 외의 다른 외설적인 성격의 출판물을 우송하는 행위를 연방법으로 처벌했다.[227] 또한 캘리포니아 주 형법도 '음란하거나 외설적인' 물건을 판매나 광고를 목적으로 소지하는 것을 처벌하고 있었다. 뉴욕의 출판업자인 피고 로스는 연방음란법 위반으로 기소되어 유죄 선고를 받았다. 대법원은 많은 역사적 증거와 일반에 미치는 영향 등을 담은 자료들을 분석한 후 음란한 표현은 헌법적으로 보호되는 영역에 속해 있지 않다는 입장을 취했다. 브레넌Brennan 판사가 집필한 다수 의견은 이렇다.

수정헌법 제1조는 모든 표현을 보호하기 위한 것이 아니라 국민들이 갈망하는 정치적, 사회적 변화를 가져올 수 있는 자유로운 사상의 교환을 보장하기 위한 것이다. 수정헌법 제1조의 역사를 보더라도, 전혀 사회적 가치로서의 중요성으로 벌충될 수 없는 음란한 표현물의 거부는 당연히 암시된

---

226 354 U.S. 476 (1957). 이 사건은 음란하거나 외설적인 물건을 판매하기 위해 이를 소지한 자를 처벌한 캘리포니아 주 형법의 위헌성 여부를 묻는 1957년 앨버츠 대 캘리포니아Alberts v. California 사건과 병합 심리했다.
227 Alberts v. California, 354 U.S. 476.

것이다.

이어 음란에 대해서도 정의를 내렸다.

'성'과 '음란'은 동의어가 아니며 음란한 표현물이란 '호색적 흥미prurient
interest에 호소하는 방법으로 성을 다루는 것' 혹은 '음탕한 생각을 불러일
으키는 경향이 있는 표현물'을 의미한다. 당해 물건에 주요한 주제가 전체
적으로 동시대의 공동체 기준에 따라 평균인에게 호색적 흥미에 호소하는
것이다.

그러고는 음란을 판단하는 기준을 제시했는데, 동시대의 기준을 적용하여
공동체 사회의 평균인이 표현물의 주된 주제를 전체적으로 놓고 봤을 때 호색
적 흥미에 호소하는지 여부[228]가 그것이다. 그렇지만 법원이 제시한 호색적 흥
미에 호소하는 방법인지의 여부, 현재를 기준으로 한 공동체 사회에 속하는 평
균인의 양심 훼손 여부[229]를 심사하는 기준은 구체적 사실 관계에 적용하기에
는 어려움이 많았다. 이후로도 연방대법원은 음란의 정의를 내리기 위해 노력했
는데, 음란성 판단의 원칙적 기준은 1973년 밀러 대 캘리포니아Miller v. California
판결[230]에서 확립되었다. 이 판결에서 제시된 3단계 기준은 다음과 같다.

① 동시대 지역사회의 기준을 적용하며 평균인이 그 작품을 전체적으로 볼
때 '호색적 흥미에 호소'하는가, ② 표현물이 노골적이고 공격적인 방법으
로 해당 주법이 특별히 정의한 성적 행위를 묘사하거나 서술하는가, ③ 당

228 The test for obscenity is "whether to the average person, applying contemporary community standards, the dominant
theme of the material, taken as a whole, appeals to prurient interest."
229 이때 법원은 동시대 구성원의 기준에서 볼 때, 사용된 주요 테마가 호색적인 것에 호소한다면 음란물이라는 판
단 기준을 제시했지만, 나중에 밀러 사건에서 연방대법원이 제시한 새로운 기준으로 대체된다.
230   413 U.S. 15 (1973).

해 작품이 전체적으로 볼 때 그 표현물이 중대한 문학적, 예술적, 정치적
혹은 과학적 가치를 결여하는가.[231]

음란으로 규제하기 위해서는 이 세 가지 기준을 모두 만족시켜야 한다. 이
후 법원은 ①의 '지역사회 기준'과 ②의 '주법이 특별히 정의'한 기준에 대해서
는 '지역사회 기준community standard'이 적용되는 한편, ③에 대해서는 '합리적인
사람reasonable person' 기준이 사용된다고 명확히 했다.[232] 여기서 합리적인 사람
의 기준은 지역사회의 기준보다는 전국적 기준에 가까워서 좀 더 일반적이고 보
편적인 기준이라고 볼 수 있다. 세 가지 기준에서 사용하는 법적 용어의 함의가
무엇인지 차례로 살펴보자.

동시대 지역사회 기준 먼저 동시대 지역사회 기준이란 무엇일까. 프랑스의
대표적 누벨바그 영화감독인 루이 말의 1958년 작 〈연인들Les Amants〉은 동시대
의 지역사회 기준이 나라마다 지역마다 얼마나 크게 다를 수 있는지 드러낸다.
부유층 유부녀가 낯선 청년에 반해서 가정을 버린다는 당시로는 파격적인 내용
에 여배우의 과감한 노출과 성적 표현을 묘사한 영화로 프랑스에서는 흥행에도
성공했을 뿐만 아니라, 베니스 영화제에서는 심사위원특별상까지 수상해 예술
성을 인정받은 작품이다. 그러나 미국에서 이 영화를 상영하려고 할 때 오하이
오 주 클리블랜드 시는 음란물이라며 상영 금지처분을 내렸다. 한 극장이 영화
상영을 강행하자 벌금형을 선고받았는데, 극장이 항소하고 결국 연방대법원에
서 6대 3으로 무죄판결을 받았다.[233] 연방대법원은 음란죄를 적용해 영화에 대

---

231 1. Whether the average person, applying contemporary community standards, would find that the work, taken as a whole, appeals to the pruient interest; 2. Whether the work depicts or describes, in a patently offensive way, sexual conduct specifically defined by the applicable state law; and 3. Wheter the work, taken as a whole, lacks serious literary, artistic, political, or scientific value.

232 Pope v. Illinois, 481 U.S. 497 (1987).

233 378 U.S. 184.

한 상영을 금지하려면 보호받는 표현과 음란 표현 사이에 '모호하고 희미한 경계'를 분명히 알아야 한다[234]면서 이 영화가 미국 내 다른 대도시에서는 문제없이 상영되었으며, 영화 잡지를 통해서도 우호적인 평가를 받고 있다면서 음란성을 판단하는 '동시대 지역사회 기준'이 이처럼 같은 나라 안에서 지역사회마다 편차가 커서는 안 된다고 설시했다.

1971년, 잭 니컬슨과 앤 마그렛 주연의 영화 〈애정과 욕망Carnal Knowledge〉이 논란이 되었을 때, 법원은 동시대 지역사회 기준을 요하는 '밀러' 판결의 기준을 적용해 (음란이 아니라 보호받는 표현이 되기 위해 요구되는) 사회적 가치란 어떤 한 지역사회의 기준이 아닌 '전국적' 기준으로서 그 작품이 전국적으로 어떻게 평가될 것인지로 결정된다고 판시했다. 즉 동시대 지역사회 기준이란 한 작품의 가치는 공동체마다 다르지 않으며, 적합한 심사는 합리적인 인간이라면 그 작품의 가치를 인정할 것인지 여부가 검토 대상이라는 것이다. 그렇지만 소수 의견은 이러한 밀러 기준에 대해 우려를 표명하기도 한다. 브레넌 대법관은 반대 의견에서 이러한 접근법은 배포자들이 자신들의 물건이 돌아다닐 어떠한 작은 마을의 공동체 기준에도 대처하도록 만들며, 불가피하게 자기 검열을 할 수밖에 없다고 했다.[235]

전체적으로 볼 때 신시내티 현대미술센터 미술관장 데니스 배리Dennis Barrie 는 '로버트 메이플소프: 완벽한 순간'이라는 회고전을 기획했다. 그중에 미성년 남아와 여아의 성기가 노출된 사진들이 문제가 됐다. 주 검찰총장은 몇 장의 사진들을 들어 자신의 자녀가 아닌 미성년자의 나체 사진을 소지하거나 관람할 수 없다는 주 형법에 따라 전시를 막으려 했다. 미술관 측은 문제가 된 사진들은 음란하거나 시각적으로 성기에 포커스를 둔 사진들이 아닐 뿐더러, 나체 사

---

234 법원은 밴텀 출판사 대 설리번 사건Bantam Books, Inc. v. Sullivan, 372 U.S. 58을 인용했다.
235 Hamling v. United States, 418 U.S. 87, 144 (1974), 브레넌 대법관의 반대의견.

진은 청소년의 부모가 의뢰한 것이라고 주장했다. 신시내티 대 컨템퍼러리아트 센터Cincinnati v. Contemporary Arts Center 사건236의 쟁점은 예술성을 판단하기 위해 각 사진들을 떼놓고 따로 보아야 하는가, 아니면 전시회 전체를 하나로 놓고 봐야 하는가였다. 즉, 전체적으로 볼 때taken as a whole의 의미를 해석하는 것이다. 미술관 측은 전시회 전체를 놓고 볼 때는 음란물이 아니며, 문제가 된 사진들은 전체 전시회 중의 일부에 불과하므로, 음란물이라고 볼 수 없다고 주장했다. 그러나 법원은 각 사진들은 각각의 독립된 정체성이 있으며, 전시회 역시 각기 다른 소장자가 보유하던 사진들을 회고전을 위해 모은 것으로 '전체적으로 볼 때'라는 것은 전시회 전체가 아니라 각각의 사진을 전체적으로 놓고 본다는 의미라고 판단했다.237

노골적이고 공격적인 방법 영화 〈애정과 욕망〉 사건 판결에서 대법원은 변태적이건 그렇지 않던 간에 배우의 성기 노출이 없었으며 때때로 나체 장면이 있지만, 밀러 기준에 따르면 나체 자체만으로 음란을 구성하지는 않으므로 이 영화는 음란물이라고 할 수 없다고 함으로써 노골적으로 공격적인 방법에 대해서도 선을 그었다.238 법원은 해당 성적 표현물이 노골적으로 공격적인 방법으로 호색적 흥미에 호소한다 하더라도 배심원들이 '명백히 공격적'이라고 판단하는 전권이 주어진 것은 아니며, 성적 표현물은 명백히 공격적인 하드코어 성행위가 아니라면 판매나 노출만으로 처벌의 대상이 되어선 안 된다고 했다.239

진지한 사회적 가치 같은 나체를 묘사하더라도 상업적 포르노그래피는 규제 대상인 음란물이라면 고야의 〈나체의 마야The Nude Maja〉나 마네의 〈올랭피아〉

---

236   57 Ohio Misc. 2d 9, 566 N.E.2d 207 (1990).
237   위의 판결.
238   Jenkins v. Georgia, 418 U.S. 153 (1974).
239   위의 판결.

는 예술 영역에 속한다(물론 당대에는 외설 논란이 있었다). 포르노그래피와는 달리 이들은 작품 속에 진지한 사회적 가치가 있다고 보기 때문이다. 그러나 진지한 사회적 가치라는 기준은 점차 의미를 잃어간다. 남녀의 성기를 적나라하게 노출하는 제프 쿤스의 작품들을 보면 진지함이나 심각성을 찾아보기 힘들뿐더러 상업성도 띠고 있다. 그렇다고 쿤스의 작품을 음란물이라고 규제하지는 않는다. '밀러' 판결이 있던 당시는 예술사의 급진적인 전환기였음에 틀림없다. 그러나 밀러 판결 이후 포스트모더니즘과 같은 새로운 미술사조가 생겨났고, 진지한 예술적 가치라는 기준은 무의미해 보인다. 포스트모더니즘은 예술 작품의 진지함과 전통적인 가치를 정면으로 부정하기 때문이다.[240]

예술적 가치 앞서 언급한 신시내티 현대미술센터 사건에 등장하는 메이플소프는 사도마조히즘 사진들로 유명한 사진작가로, 사진에 국한된 고유의 범주를 벗어나 다른 아방가르드 미술가들과 동등하게 경쟁했다. 그는 에이즈와 동성애 등 당시에는 금기시되는 도발적 주제를 선택했다. 그러나 기법 면에서는 극도로 보수적인 성향을 취했는데 내용보다는 표현 방식을 더 중요하게 여겼다. 이를테면 남성 누드라는 주제에 고전적인 형식미를 추구하는 식이다. 다음의 미술관장과 검사 간의 법정 문답을 살펴보자.

> 검사 성행위를 묘사한 것이지요?
> 배리 인체 탐구라고 부르겠습니다.
> 검사 항문에 손가락을 넣는 이 사진에서 예술적 가치는 무엇이지요?
> 배리 조명과 구성면에서 볼 때 놀라운 사진입니다.

같은 사진을 놓고 서로 교차하는 시각을 드러내고 있다. 검사는 내용에

---

240   Amy M. Adler, "Post-Modern Art and the Death of Obscenity Law," *Yale Law Journal*, Vol.99, No.6, 1990.

초점을 맞추는 반면, 미술관장은 예술적 기교에 초점을 맞췄다. 이 작품에서 중
요한 것은 주제가 아니라 예술적 기법이라는 것이다. 사건은 결국 무죄판결을
받아 신시내티 미술관장의 승리로 돌아갔다. 이 판결은 동시대 지역사회 기준에
대한 의문도 제기했다. 굉장히 보수적인 동네인 신시내티에서 청소년과 동성애
등을 다룬 에로틱한 사진전에 대해 무죄판결을 내렸기 때문이다. 배리 미술관장
은 우리 문화 전반의 기준에 맞춰 사진을 골랐다고 했다. 여기서 '문화 전반'이
라는 의미는 미술관, 비평가, 큐레이터, 역사가, 갤러리를 의미한다. 예술의 자
유는 단지 도덕적 판단 강요로부터의 자유뿐만 아니라 취향 강요로부터의 자
유이기도 하다.[241]

　　미국 판례를 통해 살펴본 미국의 음란성 판단 기준을 염두에 두고 한국
법원들의 음란성 판단 기준을 비교해보자. 우리 대법원은 음란성은 규범적 개념
이므로 그 시대의 문화관에 따라 판단해야 한다고 보고 있다.[242] 첫째, 음란성
의 판단 기준은 보통인, 즉 통상의 성인이다.[243] 표현물 제작자의 주관적 의도
가 아니라 그 사회의 평균인의 입장에서 그 시대의 건전한 사회 통념에 따라 객
관적이고 규범적으로 평가해야 한다. 따라서 도덕적으로 타락하여 수치심이 없
거나 수치 감정이 지나치게 예민한 자를 기준으로 하여 이를 판단하는 것은 허
용되지 않는다.[244] 둘째, 음란성의 판단 대상은 문서 전체가 되어야 하며 어느
부분의 음란성이 아니다. 예술 작품에서 부분적으로 내용을 선별해 부분적 고
찰을 통해 음란성을 판단하기보다는 작품을 전체적으로 보아 문학적, 예술적
가치를 판단하는 것이다. 소설 『반노』 사건[245]의 판결에서 소설에 내포된 전체

241　Obscenity Prosecution: Artistic Value and the Concept of Immunity, 39 N.Y.U. L.Rev. 1063, 1084-85(1964);
Merryman, "The Refrigerator of Bernard Buffet," p.691.
242　대법원 2008.3.13. 선고, 2006도3558 판결.
243　대법원 1995.2.10. 선고, 94도2266 판결.
244　일본의 판례는 영문 서적의 음란성은 영어를 읽는 평균인을 기준으로 판단해야 한다고 판시한 바 있다.
245　1969년 4월 검찰은 염재만의 소설 『반노』의 내용 중 13장과 14장이 음란 문서에 해당한다며 기소했고, 1970년 1
심에서 벌금 3만 원의 유죄판결을 내렸다. 이후 항소심에서 무죄 및 검찰 상고, 1971년 8월 대법원 무죄 선고 및 파기
환송 후 1973년 11월 파기환송 항소심 무죄 선고 및 검찰 재상고를 거쳐 1975년 12월 대법원 무죄 선고로 일단락된

적 사상의 흐름이 음란할 것을 요한다고 하면서 전체적인 고찰 방법을 명백히 하고 있다.

> 『반노』의 13장 내지 14장 기재 부분이 음란하다는 공소 사실은 그 표현에
> 있어 과도하게 성욕을 자극시키거나 정상적인 정서를 크게 해칠 정도로 노
> 골적이고 구체적인 묘사라고 볼 수 없고 전체적인 내용의 흐름이 인간에
> 내재하는 향락적인 성욕에 반항하고 그로부터 새로운 자아를 발견하는 내
> 용이므로 이를 음란 작품이라고 단정할 수 없다. 대법원 1975.12.9. 선고,
> 74도976 판결.

음란성을 판단함에 있어서는 당해 문서 또는 도화의 성에 대한 노골적이고 상세한 묘사·서술의 정도와 그 수법, 묘사·서술이 문서 전체에서 차지하는 비중, 문서에 표현된 사상 등과 묘사·서술과의 관련성, 문서의 구성이나 전개 또는 예술성·사상성 등에 의한 성적 자극의 완화 정도, 이들 관점으로부터 당해 문서를 전체로 보았을 때 주로 독자의 호색적 흥미를 돋우는 것으로 인정되느냐의 여부 등을 검토해야 한다.[246] 즉 이러한 사정을 종합하여 그 시대의 건전한 사회 통념에 비추어 그것이 공연히 성욕을 흥분 또는 자극시키고 보통인의 정상적인 성적 수치심을 해하고, 선량한 성적 도의 관념에 반하는 것이라고 할 수 있는가 여부를 판단해야 한다.[247] 셋째, 음란물로 판정되기 위해서는 사회 통념에 비추어 전적으로 또는 지배적으로 성적 흥미에만 호소하고 하등의 문학적·예술적·사상적·과학적·의학적·교육적 가치를 지니지 않아야 한다.[248] 작품의 성적 자극과 선정적 측면 여부를 살피고, 작품에서 성적 묘사가

사건으로 성적 묘사의 한계가 완화된 사건으로 볼 수 있다.
246 대법원 1995.6.16. 선고, 94도2413 판결(소설 『즐거운 사라』 사건); 대법원 1995.6.16. 선고, 94도1758 판결(사진첩 〈산타페 등〉 사건); 대법원 1997.8.22. 선고, 97도937 판결; 대법원 2006.4.28. 선고, 2003도4128 판결.
247 이재상, 앞의 책, 643쪽.
248 대법원 2008.3.13. 선고, 2006도3558 판결.

차지하는 질적, 양적인 비중으로 음란성 여부를 판단하지만, 음란성은 작품을 종합하여 고찰해볼 때 음란물로부터 승화된 작품 전체의 예술성, 사상성에 의해 극복될 수 있다.

아동 포르노와 청소년 보호

미성년자들을 상대로 한 성적 표현물의 음란성 판단 기준은 일반적인 음란물과는 다르다. 미성년자의 육체적, 심리적 복리를 지키는 것이 정부로서는 명백히 필수불가결한 이해관계를 갖는다고 보기 때문이다. 미국은 아동 포르노를 철저히 차단하기 위해 1988년과 1990년 두 개의 법안을 통과시켰다. 하나는 성행위나 성적으로 노골적인 행위를 묘사하는 이미지를 생산할 때에는 모델의 이름을 기록해 보관해야 하며 책이나 영화의 인물이나 제목을 검색했을 때 확인이 가능하도록 해야 한다는 것이고, 다른 하나는 아동 포르노 제작을 범죄화한 것이다.

그렇지만 이 법안에 대해서는 위헌성 논란이 일었다. 예를 들어, 차용 예술가의 경우에는 다른 사람이 성적으로 묘사한 사진이나 영상물로 창작할 수 있는데 이 이미지와 다른 이미지를 섞어 전혀 새로운 작품을 만든다면, 원본 이미지를 만든 사람과 그가 사용한 모델이 누구인지 알기 힘들 것이다. 더군다나 아무리 차용한 이미지가 음란물에 해당되는 것이라 해도 차용 작품을 통해 전혀 다른 메시지, 즉 정치적 또는 페미니즘적 입장에서 비판적 메시지를 만들어낼 수 있기 때문이다. 따라서 법원은 이미지의 대상이 18세 이상의 성인임을 확인하기 위해 상당한 주의를 기울였다면 모델 이름 기록을 강제하지 않아도 된다고 판시했다.[249] 다만 모델이 미성년자라면 여전히 이름을 기록할 의무가 있다.

음란물로부터 아동·청소년을 보호하는 것은 두 가지 측면에서 접근한다.

---

[249] American Library Association v. Reno, 33 F.3d 78 (D.C. Cir. 1994), cert. denied, 115 S. Ct. 2610 (1995).

하나는 관객으로서의 미성년자이고, 다른 하나는 대상으로서의 미성년자다. 첫째 '독자 또는 관객으로서의 미성년자'에 대한 특별 보호는 음란물의 배포와 관련된다. 미 연방대법원은 미성년자에게 도덕적으로 유해한 작품이라 하더라도 오직 미성년자에게만 금지하도록 하는 최소한의 통제를 해야지 완전히 통제함으로써 성인의 접근까지 침해할 수 없다고 천명한다.[250] 대신 성인들에게 배포되었을 때 연방대법원의 음란물 판단 기준인 '밀러의 3단계 테스트'를 충족시키지 않음으로써 음란하지 않은 표현물로 판단될지라도 "성에 대해 노골적인 내용을 담고 있는 표현물"이기만 하면 미성년자에게는 음란물이 되어 미성년자에의 배포를 법으로 금할 수 있다.[251]

두 번째는 '성적 표현물의 등장자'로서의 미성년자 특별 보호다. 음란물이 아니더라도 '성행위에 가담하는 미성년자'를 보여주는 표현물은 음란물로 보아 배포를 금할 수 있도록 한 것이다.[252] 뉴욕 주법은 누구든 16세 이하 아동에 의한 성적 실연을 묘사하는 물건을 알면서 생산, 장려, 지시, 전시, 혹은 판매하는 것을 금지했다. '성적 실연'이란 실제적 또는 가상적 성교, 변태적 성교, 수간, 자위행위, 가학 피학성 학대 혹은 성기의 음탕한 노출로 정의했다. 아동 포르노를 성인 포르노와 구별하여 강력히 규제하는 연방대법원의 논리는 이렇다.

> 미성년자의 육체적, 심리적 복리를 지키는 것에 관한 한 정부의 이익이 강력하다는 것compelling interest[253]은 명백하다. 어린이를 포르노물의 대상으로 이용하는 것은 그 어린이의 생리적, 정서적 및 정신적 건강에 해롭다. 포르노에 개입됐다는 영구적인 기록으로 인해 해를 입게 되고 포르노를 제작함에 있어 착취되는 것이므로, 아동 포르노는 아동 학대와 긴밀히 관련

---

250 Butler v. Michigan, 352 U.S. 380 (1957); Sable Communications v. FCC, 492 U.S. 115 (1989).
251 Ginsberg v. New York, 390 U.S. 629 (1968); New York v. Ferber, 458 U.S. 747 (1982).
252 458 U.S. 747.
253 정부의 강력한 이익compelling interest은 미국의 세 가지 위헌성 심사 기준에서 가장 강력한 것으로 대체로 모든 경우 합헌 판결을 받는다.

된다. New York v. Ferber.

더 나아가 오코너Sandra Day O'Conner 대법관은 동 사건의 보충 의견에서 아동을 보호하고자 하는 정부의 목적은 너무나 강력해서, 비록 아동 포르노가 예술적, 문학적, 정치적 또는 과학적 가치를 지니고 있다고 해도 정부가 이를 금지하는 것이 정당화된다고 주장했다.[254] 컴퓨터로 생성된 이미지에 근거한 아동 포르노에 대해서도 명백한 성적 행위에 관련되는 미성년자처럼 보이거나 또는 그런 느낌을 전달하는 사실적 묘사를 금지하고 있다.[255] 이에 비해, 독일은 예술가에 대해 같은 수준의 통제가 이루어져서는 안 된다는 입장이다. 독일 연방행정재판소는 예술의 보호는 청소년 보호에 우선한다[256]고 판시했다. 그 이후에 모든 예술 작품이 이에 해당하는 것은 아니고 일정한 예술적 수준에 도달한 작품만이 이에 해당한다[257]고 했다가, 이후 해당 작품이 일정한 수준을 지니고 있는지 여부는 기준이 될 수 없다[258]고 번복했다.

한국 헌법은 국가가 노인과 청소년의 복지 향상을 위한 정책을 실시할 의무를 지며,[259] 연소자의 근로는 특별한 보호를 받는다[260]고 하고 있다. 이러한 헌법 규정을 근거로 청소년보호법과 아동·청소년성보호법이 제정되었다. 청소년보호법의 목적은 유해한 매체물이 청소년에게 유통되는 것을 규제하고, 청소년을 폭력과 학대 등 유해 환경으로부터 보호함으로써 청소년이 건전한 인격체로 성장할 수 있도록 하는 것이 목적이다. 청소년보호법의 보호 대상으로서의 청소년은 만19세 미만인 자를 말한다(제2조 제1호). 청소년보호법은 일정한 매체물에 대해 청소년 유해 여부를 심의해 청소년에게 유해하다고 인정되는 매체물

---

254 458 U.S. 747 at 774-775 (오코너 대법관의 보충 의견).
255 Ashcroft v. Free Speech Coalition, 121 S. Ct. 876 (2001).
256 BVerwGE 23, 104(110).
257 BVerwGE 39, 197(207ff).
258 BVerwGE 77, 75(80ff).
259 헌법 제34조 제4항.
260 헌법 제32조 제5항.

에 대해서는 청소년 유해 매체물로 결정해 접근을 금지하고 있다. 청소년보호위원회와 각 심의기관은 청소년 유해 매체물의 심의 및 결정 시에 청소년 유해 매체물로 심의 및 결정하지 않은 매체물에 대해서는 청소년 유해의 정도, 이용 청소년의 연령, 당해 매체물의 특성, 이용 시간과 장소 등을 감안해 필요한 경우에 당해 매체물의 등급을 구분할 수 있도록 하고 있다.

청소년 유해 매체물의 심의 기준[261]은 ①청소년에게 성적인 욕구를 자극하는 선정적인 것이거나 음란한 것, ②청소년에게 포악성이나 범죄의 충동을 일으킬 수 있는 것, ③성폭력을 포함한 각종 형태의 폭력 행사와 약물 남용을 자극하거나 미화하는 것, ④청소년의 건전한 인격과 시민의식의 형성을 저해하는 반사회적·비윤리적인 것, ⑤기타 청소년의 정신적·신체적 건강에 명백히 해를 끼칠 우려가 있는 것이다.

아동·청소년의 성 보호에 관한 법률[262]은 아동·청소년을 대상으로 하는 성범죄의 처벌과 절차에 관한 특례를 규정해 이들을 대상으로 하는 성범죄를 체계적으로 관리함으로써 성범죄로부터 보호한다는 취지로 제정되었다. 동법 제11조는 영리를 목적으로 아동·청소년을 이용하는 음란물을 제작, 배포, 소지 또는 운반, 전시 및 상영한 자, 그리고 아동·청소년 이용 음란물을 제작할 것이라는 정황을 알면서 아동·청소년을 아동·청소년 이용 음란물의 제작자에게 알선한 자를 형사처분한다.

현행 아동·청소년 성보호법에 따르면, 아동·청소년 또는 아동·청소년으로 인식될 수 있는 사람이나 표현물이 등장할 경우 아동·청소년 이용 음란물로 규정하고 있다. 그렇다면 성인 여성이 교복을 입고 출연한다면 어떨까. 성인 여성이 어려 보이는 얼굴이거나, 미성년자이지만 나이가 들어 보이는 얼굴이라면 교복을 입고 출연하는 여성이 미성년자인지 성인인지 구별하기가 어려울 것

---

261 청소년보호법 제9조. [시행 2021.1.1.] [법률 제17761호, 2020.12.29., 타법 개정].
262 [시행 2021.1.1.] [법률 제17689호, 2020.12.22., 타법 개정].

이다. 2012년 3월 6일 법원은 성인 여성이 교복을 입고 출연한 음란 동영상을 인터넷에 배포한 사람들에게 동법을 적용해 징역을 선고했다. 판사는 피고인들이 올린 동영상에 등장하는 인물이 실제 성인으로 알려져 있다 하더라도 학생으로 연출하고 성행위를 하는 장면을 담고 있어 아동·청소년 음란물로 봐야 한다고 했다. 이 같은 법은 모호하고 규제 범위가 넓어 위헌성 논란이 끊임없이 제기되었다. 이에 따라 국회는 아동·청소년 음란물은 실존하는 아동·청소년 또는 아동·청소년으로 명백하게 인식될 수 있는 사람이나 표현물로 법규를 개정했다. 그러나 개정된 법령 역시 추상적이고 모호한 데다 아동·청소년 이용 음란물을 다운로드 또는 소지만 하고 있어도 처벌받도록 해 피해자가 없는 범죄에 대한 비범죄화라는 세계적 추세에 역행하고 있다는 비난을 받고 있다.

예술인가 외설인가

국립현대미술관은 매년 그해 가장 주목하는 작가들을 소개하는 '올해의 작가상'을 제정, 선정된 4인의 작품을 전시한다. 2020년 선정 작가인 정윤석은 다큐멘터리 영화 〈내일〉을 통해 중국의 한 섹스돌 공장의 노동 현장의 풍경을 보여주고 일본에서 인형과 함께 살아가는 인물 센지, 그리고 인공지능 로봇을 정치적 대안으로 제시하는 인물 마쓰다의 이야기를 다뤘다. 인간과 닮은 인간의 대체물을 만들거나 소비, 혹은 이용하는 사람들을 통해 변화하는 시대 개인들이 선택하는 삶의 모습들을 보며 인간다움이란 무엇인가 질문을 던지고자 했다는 게 작가의 설명이다. 그런데 작품의 주제보다 소재가 논란이 되었다. 여성의 신체를 성적 도구화한 '리얼돌'(사람의 신체를 본뜬 성인용품)을 다뤘다는 점, 특히 제조 과정에서 신체 부분들이 거칠게 다뤄지는 장면, 이들 장면 일부를 정지시켜 포착한 사진들이 마치 인간의 신체를 절단해 놓고 폭력을 가한 것과 같다는 것이다. 일부 관람객들은 소셜미디어와 국립현대미술관 유튜브 채널 등에 이 작품이 여성혐오에 해당하며 공공기관이 '올해의 작가상' 후보로 선정하고 전시하는 것 자체가 문제라며 전시 철거는 물론이고 올해의 작가상 후보 박탈까지 주장했다. 2019년에 '리얼돌' 수입업자가 인천세관장을 상대로 낸 수입통관보류처분취소 청구 소송에서 원고 승소한 바 있다. 1심 법원은 성인 여성의 전신과 비슷한 형태와 크기로 사람의 피부와 비슷한 색깔의 실리콘 재질로 만들어지고, 팔다리 손가락 허리 등이 사람의 관절운동 범위에 가깝게 구부러질 수 있도록 만들어지는 등 그 전체적인 모습이 실제 사람의 형상과 흡사한 (중략) 전체적으로 관찰해 볼 때 사람의 존엄성과 가치를 심각하게 훼손·왜곡했다고 평가할 수 있을 정도로 노골적으로 사람의 특정한 성적 부위 등을 적나라하게 표현 또는 묘사한 것으로 봄이 타당하다고 했다.

그러나 항소심과 대법원의 판단은 달랐다. 항소심 법원은 이 사건 물품을 전체적으로 관찰해 볼 때 그 모습이 상당히 저속하고 문란한 느낌을 주지만 이를 넘어서서 사람의 존엄성과 가치를 심각하게 훼손·왜곡했다고 평가할 수 있을 정도로 노골적인 방법으로 성적 부위나 행위를 적나라하게 표현 또는 묘사한 것이라 볼 수 없다고 판단했고, 대법원 역시 성 기구는 매우 사적인 공간에서 이용된다며 은밀한 영역에서의 개인 활동에는 국가가 되도록 간섭하지 않는 것이 인간의 존엄성과 자유를 실현하는 길이라며 원심을 확정했다. 2021년에도 같은 사건이 재연됐다. 2021년 1월 서울행정법원은 2019년 판결과 같은 취지로 '리얼돌'의 수입통관보류처분을 취소하라는 판결을 내렸다. 그러나 관세청은 판결에 불복해 상소하겠다며 통관을 허용하지 않는다는 방침을 재확인했다.

앞에서 살펴보듯 외설의 법적 정의와 판단 기준에 대해서는 확립된 이론과 판례가 있지만, 예술가들에게는 그 기준이란 것이 여전히 모호하고 확신하기 어렵다. 모호하기 때문에 창작 활동을 하는 데 있어 자기 검열을 할 수도 있고, 스스로 전혀 예상하지 못한 채 외설이라는 법적 판결을 받을 수도 있다. 외설이냐 예술이냐 하는 논란의 역사는 오래되었다. 구스타프 클림트Gustav Klimt 역시 외설 논란에 시달려야 했다. '공공의 재산'으로서의 예술을 목표로 한 분리파인 클림트는 1894년 빈 대학교 강당에 천장화를 제작해 달라는 의뢰를 받았다. 천장화는 대학의 전통적인 4개 학문인 철학, 법학, 의학, 신학을 상징하는 직사각형 그림들과 기타 12개 학문을 상징하는 작은 삼각의 그림들로 구상됐다. 예술의 자유 보호에 필요한 제한의 범위 내에서 수주자의 의견에 따른다는 계약서 조항에 따라 클림트는 스케치를 먼저 교육부와 대학 당국에 제출해 허가를 받고 다시 완성화를 그렸다.

　빈 대학의 교수들은 클림트 그림의 철학을 이해하지 못하고 학문을 모독한 추악한 표현이라고 비난했다. 특히 문제가 된 것은 철학, 의학, 법학을 상징하는 그림이었다. 클림트는 나체의 임산부를 비롯해 벌거벗은 사람들, 혼돈 속에서 무기력하게 떠도는 사람들의 이미지를 통해 인간의 불안한 심리와 삶의 부조리를 표현했다. 주제에서 벗어나 지나치게 관능적이라는 비난이 계속되자 클림트는 계약을 해지하고 제작비를 반환한 뒤 그림을 돌려받았다.[263] 물론 여성의 나체화를 그린 것은 실레나 클림트가 처음이 아니다. 그렇지만 유독 이들의 작품이 외설 시비를 일으킨 것은 이들이 표현한 나체의 여성들이 '성녀'나 '애국 여걸' 또는 미의 현현인 비너스 같은 매혹적이고 고귀한 대상이 아니라 육체적 욕망과 관능 자체를 과시하는 인물이었기 때문이다.

　한국 최초의 음란물 소송은 18세기 고야의 〈나체의 마야〉와 관련한 사건인데, 동 작품은 최초로 여성의 음모를 묘사해 고야의 고국인 스페인에서도 외설 논란이 있었다. 이 작품은 고야가 남긴 유일한 나체화이자 반체제의 상징으로서 인간과 생명에 대한 예찬을 표현했는데, 정치적 이유로 음란 시비에 휘말려 완성한 지 15년이 지나 스페인 종교 법원에 소환되어 심문을 받았다. 그렇지만 재판에서 음란화라고 판결받은 것은 아니었다. 한국에서 벌어진 음란물 시비는 원작에 대한 것이 아니라 원작을 복제해 붙인 성냥갑의 유통에 관한 것이었다. 한국 법원은 명화 자체는 음란물이 아니지만, 이를 시중에 판매할 목적으

263　박홍규, 앞의 책, 425쪽.

로 복제해 사용할 경우 오히려 명화를 모독해 음란화했다고 봤다.

> 침대 위에 비스듬히 위를 보고 누워 있는 본건 천연색으로 된 여자의 나체
> 화 카드 사진이 비록 명화집에 실려 있는 그림이라 해도 이것을 예술, 문
> 학, 교육 등 공공의 이익을 위해서 이용하는 것이 아니고, 성냥갑 속에 넣
> 어서 판매할 목적으로 그 카드 사진을 복사 제조하거나 시중에 판매하였
> 다고 하면 이는 그 명화를 모독하였다 할 것이므로, 이러한 견지에서 이를
> 음화라고 본 원심 판단은 정당하고, 피고인들은 본건 그림의 음란성을 인
> 식하지 못하였다 하여도 그 음란성의 유무는 그 그림 자체로서 객관적으
> 로 판단해야 할 것이고, 그 제조자나 판매자의 주관적인 의사에 따라 좌
> 우되는 것은 아니라 할 것이며, 그 음화의 제조 내지 판매죄의 범의 성립에
> 있어서도 그러한 그림이 존재한다는 것과 이를 제조하거나 판매하고 있다
> 는 것을 인식하고 있으면 되고, 그 이상 더 나아가서 그 그림이 음란한 것
> 인가 아닌가를 인식할 필요는 없다 할 것이다. 대법원 1970.10.30. 선고,
> 70도1879 판결.

이를 '상대적 음란성'이라고 한다. 상대적 음란성이란, 문서의 음란성은 문
서 내용 이외에 작자나 출판자의 의도, 광고·선전·판매의 방법, 독자의 상황
등을 고려하여 상대적으로 판단하지 않으면 안 된다는 이론이다. 이에 따라 음
란성이 인정되지 않는 예술 작품이나 과학적 논문도 다른 방법으로 공개될 때
에는 음란 문서가 될 수 있다.[264] 상대적 음란 개념을 위법성 조각 사유의 하나
로 보는 견해도 있는데 음란한 작품이라도 반포·판매 또는 공연 전시의 방법
에 따라서는 위법성이 조각되는 경우가 있다는 것이다. 음란성의 판단이 시대에
따라 변할 수 있고 그 판단이 전체적 고찰을 통해 가능하다는 의미에서는 상대

---

264 이재상, 앞의 책, 643쪽.

적이라고 할 수 있다. 상대적 음란 개념을 인정하는 것은 문서 자체의 예술성과 같은 사회적 가치를 고려하지 않고 음란한 문서나 도화의 범위도 명백하지 않아 금지된 행위를 명시할 수 없다는 비난을 면할 수 없으며, 우리 다수설도 이를 부정하고 있다.[265]

유사한 사건에 대해 미국 법무부의 입장은 달랐다. 동명의 영화 〈나체의 마야〉를 홍보하기 위해 한 면엔 고야의 작품을 컬러 사진으로, 다른 한 면은 영화 홍보 문구를 담아 제작한 엽서에 대해 미 우편국이 광고용으로 사용하기엔 지나치게 음란하다면서 우편물로 취급할 수 없다고 했다. 청문회에서도 일반인에게 악영향이 없다는 청문 심리관의 주장에도 불구하고, 음란하다고 판단했다. 그러나 이어진 소송에서 미 법무부는 법정에서 사전 검열이라는 원고 측 항변과 같은 입장에 서면서 우편국의 명령을 번복시켰다.

문학가들 역시 형법 243조와 244조에 의해 음란물 시비에 휩싸이며 책이 회수되고, 구속되고, 기소되고, 유죄 선고를 받는 사례가 적지 않았다. 한국에서 문학작품의 외설성이 문제가 되어 작가가 형법상 음란물죄로 구속되고 사법처리된 최초 사례는 1969년에 출판된 건국대학교 박승훈 교수의 『영점하의 새끼들』이었다. 1973년에는 작가 염재만의 소설 『반노』가 문제가 되었다. 그렇지만 이 두 사건은 대법원에서 모두 무죄판결을 받았고, 오히려 작품이 유명세를 타고 날개 돋친 듯 팔려나갔다. 한국 사회에서 외설 논란이 대대적으로 재점화된 것은 1992년 연세대학교 마광수 교수가 소설 『즐거운 사라』로 서울지검 특수부에 긴급 구속되면서다. 『즐거운 사라』는 주인공인 미대 여학생 사라가 모르는 남성과 즉흥적으로 성적 관계를 맺거나 동성연애 또는 자위행위를 하는 등의 성행위를 묘사하는 성애 소설이다. 당시 한국간행물윤리위원회는 이 소설이 사회의 건전한 도덕성을 파괴하고 미풍양속을 저해할 뿐만 아니라 가치 판단, 건전한 비판력 등 확고한 자아 정체성을 갖추지 못한 청소년층에게 성적 충

---

265 위의 책, 644쪽.

동의 자극을 일으켜 성범죄 등을 유발할 우려가 있다면서 책의 출판을 중단시키고 시중에 배포된 책들도 회수했다. 마 교수의 보석 신청에 대해 법원은 국가적 사안이므로 국가정책을 약화시킬 우려가 있다며 기각했다. 1992년 12월 1심에서는 징역 8월에 집행유예 2년, 1994년 7월의 항소심에서는 항소기각, 1995년 6월의 상고심에서는 상고기각 판결을 받았다. 대법원은 작품이 도착적이고 퇴폐적인 성행위 장면을 노골적으로 묘사해 문학의 예술적 한계를 벗어났다고 판단했다.266 1995년에는 소설가 장정일이 『내게 거짓말을 해봐』로 구속되었고, 2000년 대법원에서 최종적으로 유죄판결을 받았다.

이렇게 1990년대 초중반은 예술가들이 구속까지 당하는 수난을 겪으면서 예술과 외설에 대한 사회적 논쟁이 격화되는 시기였다. 2003년에는 만화가 이현세가 〈천국의 신화〉로 무죄판결을 받았는데 제1심 법원은 음란성을 인정했지만, 제2심에서는 부정됐다. 제2심을 확정한 대법원 판결은 2002년 헌법재판소가 그 처벌의 근거였던 미성년자보호법상의 '음란성 또는 잔인성을 조장할 우려가 있거나 미성년자에게 범죄 충동을 일으킬 수 있게 하는 만화'라는 표현이 지나치게 모호해 죄형법정주의에 위반된다고 위헌 결정을 내린 것이다.267

미국이나 유럽은 나체화나 나체 연극과 영화, 오페라, 심지어 공공장소의 나체 퍼포먼스까지 나체 행위 예술에 상당히 관대한 편이다. 무용가 이사도라 덩컨은 "나체는 가장 훌륭한 예술 작품이다. 이 진리는 모든 사람이 알고 있으며 화가, 조각가, 시인들이 그 진리를 추종하고 있다. 무용수만이 그것을 잊고 있다. 인간의 몸이 예술의 도구이니, 무용수들은 그것을 잊지 말아야 한다"고 했다.268 스스로를 사진과 비디오로 설치 예술 작품을 만드는 현대미술가라고 소개하는 미국 작가 스펜서 튜닉Spencer Tunick은 1986년부터 길거리에서 나체

---

266 대법원 1995.6.16. 선고, 94도2413 판결.
267 박홍규, 앞의 책, 130쪽.
268 Cec Cinder, The Nudist Idea, Riverside, 1998; 필립 카곰, 정주연 옮김, 『나체의 역사』, 학고재, 2012, 230쪽에서 재인용.

를 촬영하기 시작해 1994년까지 미국과 세계 65여 개 장소에서 촬영했는데, 그는 "나는 행위 예술 작품을 창작할 뿐만 아니라 몸들을 조각처럼 표현하는 것을 목표로 한다"고 설명하며 자신의 작품을 '살아 있는 구조물living sculptures'이라고 불렀다.[269] 그가 뉴욕 맨해튼 다리와 거리에서 150명의 알몸 모델들을 줄지어 세우고 사진 작업을 하다가 시의 허가 없이 나체 사진 촬영을 했다는 이유로 체포된 적이 있었다. 튜닉은 맨해튼의 주택가에서 사진 촬영을 하기 위해 이번에는 사전에 시의 허가를 신청했다. 하지만 시는 옷을 입은 모델들에 대해서만 허가를 했다. 튜닉은 수정헌법 제1조의 위반이라며 뉴욕 시를 상대로 소송을 제기했다. 사진 촬영을 하는 동안 체포를 금지하는 예비적 명령을 내린 법원은 (나체의 모델로부터) 눈만 돌리면 회피할 수 있는 주택가에서 사생활이 침해받지 않을 권리는 예술적 표현의 자유를 넘어서는 권리가 아니라고 판시했다.[270]

공연장이나 갤러리가 아닌 주택가나 번화한 거리에서 나체의 모델들을 작가의 의도대로 줄 세워 놓는 것 역시 예술 작품의 전시 또는 공개에 해당한다고 보는 것이다. 이 사건과 같은 해인 2000년 한국에서는 연극 〈미란다〉의 여배우가 알몸 연기를 했다는 이유로 연출자가 구속되었으며, 많은 연극인들이 공연윤리위원회의 사전 심의, 공연 불가, 각본 수정 요구, 공연 중단, 극단 등록 취소, 공연장 폐쇄 조치 등을 받았다.

2001년 '김인규 교사 부부 알몸 사진' 사건[271] 역시 표현의 자유는 어디까지 보호되어야 하는가 하는 문제로 사회를 뜨겁게 달궜다. 김인규 교사 부부가 2000년 자신과 부인의 나체 흑백사진을 자신의 웹 사이트에 올린 데에서 비롯됐다. 사실 나체 사진이라고는 하지만 평범하고 소박한 중년 부부의 편안한 표정과 몸매를 담고 있어 선정성을 논하기 힘든 수준이었다. 이 문제로 그는 직

---

269 Spencer Tunick, "In the Studio: Spencer Tunick," *The Daily Telegraph*, May 16, 2006. In a personal communication with the author(23 July 2009): 필립 카곰, 앞의 책, 262쪽에서 재인용.

270 Tunick v. Safir, 209 F.3d 67 (2d Cir. 2000).

271 2011년 표현의 자유를 심의하는 검열자인 방송통신심의위원 박경신 교수 사건에서 김인규 사건이 판례로 인용되었다.

위 해제를 당하고 법정에까지 서게 되었다. 1심과 2심에서 무죄가 선고되었지만 2005년 대법원이 일부 유죄판결을 내리고 벌금형을 선고했다. 그렇지만 외설성이나 온라인 표현의 문제라기보다는 교사 신분으로서 교권의 품위를 손상시켰다는 측면이 문제가 되었다고 볼 수 있다.

사회의 미풍양속을 해치는 음란물을 가려내려는 검찰과 사법부에 맞서 문화 예술계와 표현의 자유를 옹호하는 이들은 성적 표현의 자유를 '예술 대 외설'이라는 프레임에 가두는 것 자체를 반대한다. 이런 프레임은 예술을 선한 것, 외설을 악한 것으로 암암리에 등식화하지만 모든 예술이 선한 것도 아니고 성욕을 촉진하는 외설물이 전적으로 악한 것도 아니라는 주장이다.[272] 또한 발표 당시에는 외설 논란으로 문제가 되었지만 훗날 걸작으로 인정받는 예도 수없이 많다. 성기를 두드러지게 묘사하는 실레의 작품들이나 고야의 〈나체의 마야〉, 쿠르베의 〈세상의 기원L'Origine du Monde〉같은 작품들을 떠올려 보자(그림 15). 당시 논란 끝에 음란물이라고 판결을 받았다면, 그래서 작품들이 소각되었다면 후대에서 이 대작들을 감상할 기회를 영원히 놓치고 말았을 것이다. 지나친 규제는 인류 역사를 진전시켜온 상상력과 창의력의 확장에도 족쇄가 되었을 것이다. 또한 개인에게도 당대 통념이나 윤리적 기준에 의해 사회적 비난을 받는 것은 파괴를 통해 새로운 것을 창조해내는 예술가들의 숙명이라지만, 구속되고 작품이 몰수·파괴되는 등의 수난을 당하는 것은 가혹한 일이다. 따라서 헌법이 보장하는 표현의 자유와 이를 사회적 무질서로 나아가지 않게 통제하는 형법 사이에 균형이 필요하다.

272 반이정, 「2001년, 진압된 19금 예술」, 『월간미술』 9월호, 2012, 183쪽.

제6장
예술품의 거래와 시장

The Art Worlds

사회학자 하워드 베커는 예술계Art Worlds를 예술 작품을 만들어내는 데 있어 전통적인 지식과 수단에 기반을 두고 그 예술계를 규정 짓는 예술 작품을 생산하기 위해 협력적으로 활동하는 조직된 사람들의 네트워크라고 정의하였다. 예술 작품은 '예술가'라는 사람들에 의해서만이 아니라 그것을 생산하는 전체 시스템에 의해 형성된다고 주장한다.[1] 베커처럼 예술사회학적 관점에서 보자면 예술계에서 활동하는 모든 사람들이 예술 작품을 완성시키는 주체가 되는 것이다. 향유자가 없다면 예술이 될 수 없다는 사회학적 맥락을 강조한 예술의 정의에 따르면 예술은 예술가뿐만 아니라 이를 유통시키고, 재생산하고, 전시하고, 보고, 구매하고, 관리하고, 소장하는 모든 사람들의 공동 작업인 셈이다.

한편, 예술을 경제학적 측면에서 본다면 예술품 시장에서는 예술품의 생산과 유통, 그리고 소비라는 세 단계의 행위가 이루어진다. 그 생산 단계에 예술가가 있는데, 예술의 생산은 예술적 비전을 어떤 형태(물질적 대상이나 공연)로 현실화시키는 데에 필요한 활동들을 포함한다.[2] 예술의 유통은 예술을 대중에

---

1   Howard Becker, *The Art Worlds*, University of California Press, 1982; 알렉산더, 앞의 책, 149쪽에서 재인용.
2   알렉산더, 앞의 책, 161쪽.

게 전달하는 것인데, 이 단계에서는 갤러리, 경매 회사, 개인 딜러, 아트 컨설턴트 등 아트 딜러가 개입한다. 최근에는 온라인 웹사이트나 디지털 플랫폼 형태의 거래 또한 늘고 있다. 기업이나 기관, 개인 등 예술품 전문 수집가와 일반 구매자들은 소비 단계에 해당한다. 예술 시장 유통 구조의 종착지에 소장, 전시, 보존, 연구 등을 주목적으로 하는 미술관이나 박물관이 있다. 이러한 유통 과정에는 아트 딜러 외에 전시 기획자와 큐레이터, 진위 감정과 가치 평가 전문가, 운송 및 보험, 법률, 세무 등 관련 제반 서비스를 제공하는 이들과 평론가, 연구자, 교육자, 보존 및 보수 전문가, 컬렉션 매니저 등이 활동한다.

　　예술품 시장에서 예술품들은 어떤 사람들에 의해 어떤 방식으로 거래되며, 예술품의 가격은 어떻게 매겨질까. 예술품 거래가 다른 상품과 같은 점은 무엇이며 다른 점은 무엇일까. 베커에 따르면 유통 체계는 관람객의 규모, 생산자와 예술가, 그리고 유통자 간의 권력 균형, 예술 작품의 특성과 같은 요소에 영향을 끼치는 일련의 제약과 가능성으로 작용한다.[3] 이 장에서는 생산에서 유통, 소비에 이르기까지 예술품 시장에 참여하는 사람들과 이들의 거래 및 관계에서 다양한 법적 쟁점들에 대해 살펴보고, 예술품 거래의 위험 부담을 줄이기 위해 필요한 보험과 예술품 거래에 부과되는 조세 등 현실적인 문제들을 짚어본다.

3　알렉산더, 앞의 책, 161쪽.

1 예술품의 거래와 계약 체결

예술적으로만 아니라 상업적으로도 크게 성공한 데이미언 허스트Damian Hirst는 예술은 평론가가 아니라 구매자가 지켜준다고 했다. 취미 활동이 아닌 이상 예술가들은 작품을 판매하고 생계를 유지하며 새로운 작품을 창작할 기반을 마련한다. 하지만 창작자들에게 예술을 전시하고 거래하고 계약을 체결하는 일이 쉽지만은 않다. 그래서 전속 갤러리 또는 경우에 따라 독립 에이전트나 매니저에게 업무를 위탁하기도 한다. 유명하거나 상업적으로 성공한 예술가들은 인기 연예인이나 스포츠 스타들처럼 개인 에이전트를 고용해 작품의 매매와 홍보 마케팅 등을 맡긴다. 조지아 오키프도 도리스 브라이Doris Bry라는 에이전트를 고용하고 있었다. 오키프는 자신의 작품뿐 아니라 고인이 된 사진작가인 남편 앨프리드 스티글리츠의 작품 일체를 브라이에게 위탁하고 판매를 맡겼다. 그러나 점차 두 사람간의 관계가 악화되었고, 결국 오키프는 브라이와 에이전트 계약관계를 끝내면서 맡겨두었던 자신의 모든 작품들과 작품 판매 대금을 돌려받기 위해 소송을 했다. 이에 에이전트인 브라이 측은 반발했다. 그는 오키프의 일생 동안 에이전트로서 독점적으로 홍보, 마케팅, 전속 큐레이터 등을 맡기로 상호 합의했다고 주장했다. 심지어 오키프 사후에도 그의 작품들을 처분하는 독점권을 갖고 있다고 주장했다. 그러나 뉴욕 법원은 구두 약속만 있을 뿐 이를 뒷받침할 계약서나 서류 등 증거자료가 부족하다며 오키프의 손을 들어 주었다. 에이전트의 주장이 사실이라면 결국 문서화된 계약서를 만들어 두지 않은 것이 치명적인 실수였던 것이다.[4]

다른 사례를 살펴보자. 브레이 배구미안 갤러리Vrej Baghoomian Gallery는 장미셸 바스키아가 살아 있을 때 그의 작품들을 판매했다. 갤러리 측은 바스키아가 죽기 두 달 전 앤디 워홀과 함께한 콜라보 작업을 포함해 작품 일체를 갤러리에 위탁했으며 작품 판매 금액의 절반을 수수료로 합의했다고 주장했다. 그러나 바스키아 사후 바스키아의 아버지는 배구미안 갤러리 대신 로버트 밀러 갤러리와 따로 계약을 체결했다. 배구미안 갤러리는 바스키아의 유족이자 상속인인 아버지가 계약을 위반했다며 소송을 제기했다. 그렇지만 뉴욕 법원은 갤러리 측의 소를 기각했다. 바스키아와 갤러리 간의 구두계약은 바스키아가 죽으면서 자동 종료됐다는 것이다.[5]

통상적으로 예술가들은 아트 딜러나 에이전트와 전화 통화를 하거나, 만나서 몇 마디 나눈 후 간단하게 악수하는 것으로 서면계약을 대체하는 경우가 많다. 사실 대부분의 예술가들이 이런 식으로 계약을 맺는다 해도 과언이 아니다. 위의 두 사례에서 언급된 오키프나 바스키아처럼 유명 예술가들의 경우는 그래도 법조인의 도움을 받을 수 있었으며 에이전트나 아트 딜러와 상대적으로 대등하거나 우월한 입장에 서 있기 때문에 별다른 어려움이 없었다. 이에 비해 대부분의 예술가들은 법률 및 협상, 계약서 작성에 익숙하지가 않고 적절한 법률 자문을 받지 못해 낭패를 보는 경우가 많다. 예술품이 시장에 나오는 순간, 이 또한 다른 상품 거래와 마찬가지로 매도인과 매수인, 그리고 중개인 간에 계약관계가 성립된다는 사실을 간과해선 안 된다. 따라서 이후에 생길 법적 문제들을 예방하거나 대응하기 위해 팔거나 사거나 판매를 대리하는 일에는 이를

4   O'Keeffe v. Bry, 456 F. Supp. 822 (S.D.N.Y. 1978).
5   Jean-Michel Basquiat, In re Estate of Jean-Michel Basquiat, N.Y. L.J., Sept. 3, 1991, at 25 (Sur. Ct. N.Y. County 1991).

입증할 증거, 즉 양자 간 합의가 이루어졌다는 계약의 증거가 필요하다.

예술계의 관행은 일반 상품 거래에 비해 덜 엄정한 편이어서 대부분은 예술가나 아트 딜러 그리고 구매자 간에 상호 신뢰를 바탕으로 이루어지는 경우가 많았다. 하지만 상황은 언제든 변하기 마련이다. 무명작가가 어느 날 갑자기 슈퍼스타급 작가로 성장하면서 계약 조건의 전제가 변하는 경우도 있고, 갤러리나 에이전트가 애초 약속한 사항을 고의적으로 어기거나 나중에 생각이 달라질 수도 있다. 또는 각자 선의로 계약을 체결했다 하더라도 계약 내용이나 용어에 대해 서로 다른 생각을 갖고 합의한 경우도 있을 수 있다.

최근 들어 투자로서의 예술품 거래가 증가하고, 예술품 거래를 놓고 세부적인 합의 사항이나 법률적 분쟁, 법정 공방도 잦아지는 추세다. 그만큼 예술품 거래에서 절차적, 실체적 계약 행위의 중요성이 증대하고 있다. 대안으로 블록체인 내 '스마트 계약'을 통한 거래가 언급된다. 예술품 거래는 다른 상품이나 서비스 거래와 마찬가지로 상법 및 계약법, 민법 등이 직접적으로 관련된다.

예술품 시장

순수예술주의자들은 예술을 인간 영혼과 결부된 순수한 창작 영역으로 보고 돈 문제가 개입되거나 예술품을 다른 공산품처럼 사고파는 것을 불편해한다. 일각에서는 금전적 가치에 따라 예술품의 등급을 매기거나 예술품을 투자 대상으로 보는 것이 예술의 가치를 훼손시킨다고 여긴다. 사실 현대적 개념의 갤러리와 아트 딜러들이 등장하기 전까지 예술이라고 하면 상거래를 통해 이윤을 창출하는 다른 직업과 달리, 예술가들이 직접 자신의 작품을 사고파는 대신 후원자들은 예술가들이 활동할 수 있도록 금전적인 도움을 주고, 예술가들은 그에 대한 대가로 작품이나 악곡을 창작해서 주는 형태였다. 예술을 순수하고 숭고한 인간 활동으로 바라보는 관점과 자본주의적 시각에서 바라보는 관점은 서로 상반된 입장에 있다.[6] 예술의 순수성과 미학적 우월성에만 헌신하는 가난한 예술가 상을 강조하는 순수예술적 관점은 예술품을 그 자체의 가치적 측면에서 보는 것이다. 즉 예술품을 상징적이고 상상력의 산물로 가득한, 따라서 그 가치를 함부로 재단할 수 없는 것으로 여긴다. 또한 상업성과 무관하게 모든 구성원이 동등하게 예술 생산과 보급에 참여하는 민중예술을 주장하는 이들도 예술의 이윤 추구에 비판적이다.[7]

이에 비해 자본주의적 관점은 인간의 활동을 상품화할 수 있다고 본다. 전자의 입장에 있는 사람들은 예술품을 시장에서 화폐로 교환하는 행위는 값어치를 따질 수 없는 유일품인 예술품의 가치를 수량화함으로써 예술품과 예술가에 해를 끼친다고 여긴다. 예술적 가치는 사상되고 공장에서 찍어낸 상품처럼 제조자의 이름, 즉 예술가의 이름과 서명만 남게 된다고 비판한다. 반면 예술품 시장도 다른 시장과 다를 게 없다고 보는 관점에서는 예술품 역시 경제적 상품이며, 예술품의 가치는 시장에 의해 매겨질 수 있고, 구매자와 판매자는 자신들이 갖고 있는 것만큼의 가치를 얻는 등가교환을 원한다.[8] 미적 가치 역시 다른 상품의 가치와 마찬가지로 수량화할 수 있으며 경제적 가치로 환산할 수 있다고 보는 것이다. 이런 관점에서 보면, 예술계는 시장을 통해 예술가의 재능과 같은 예술적 자원과 구매력이 있는 소비자, 즉 수집가나 투자자들을 효과적으로 연결시켜서 이득을 얻는다.

한편, 예술품 시장과 여기서 활동하는 아트 딜러들을 바라보는 시각은 자본주의 세계적 관점과, 문화기관적 관점이 있다. 하나는 이윤을 추구하는 다른 회사들과 마찬가지로 갤러리 역시 시장에 내놓을 만한, 그래서 잠재적 고객을 유인할 수 있는 아이템을 찾아 판매함으로써 갤러리를 유지하는 '자본주의

6   Olav Velthuis, *Talking Prices: Symbolic Meanings of Prices on the Market for Contemporary Art*, 4th ed., Princeton University Press, 2007, p.24-25.
7   알렉산더, 앞의 책, 218쪽.
8   William Grampp, *Pricing the Priceless*, Basic Book, 1989, p.8: Velthuis, *Talking Prices*, p.23에서 재인용.

세계capitalist world'적 관점이다.9 여기서 아트 딜러는 예술가와 수집가들의 거래 비용을 줄여주고, 매매 정보를 제공해주는 수요와 공급 사이의 중개인이다. 이 경우 아트 딜러들은 예술가와 계약 관련 문제들을 협의하고, 고객들과 예술품 가격을 협상해야 한다. 다른 하나는 예술계의 파수꾼 역할을 하는 '문화기관cultural institution'으로 보는 시각이다. 이런 관점에서 아트 딜러들은 예술가들을 발굴하고 새롭고 혁신적인 가치를 진흥하고 대중에게 알리는 역할을 한다.10 그렇지만 이 두 가지 상반된 시각이 어느 쪽도 절대적일 수는 없다. 존 피스크John Fiske는 우리 문화는 상품 문화이므로 문화와 이윤 추구가 상호 배타적이라는 논쟁은 무의미하다고 주장한다.11 현대 사회에서 기업은 다양한 종류의 예술품을 유통시키는 체계의 중심에 서서 고객이 예술품을 소비하도록 공을 들이고, 게이트 키핑을 통해 작품을 걸러내 성공할 만한 상품을 출시하거나 직접적으로 경력의 연쇄 과정을 통해 작품 자체를 변화시키기도 한다. 물론 산업의 본질적인 속성인 이윤 추구로 인해 예술성이 희생되는 경우도 발생한다.12 따라서 예술성과 이윤 추구라는 두 가지 목표 간에 균형을 유지하는 것이 중요하다.

취미로 하는 활동이 아니라면 예술가가 예술품을 창작하는 순간부터 판매를 염두에 두고 있으므로 이때부터 예술품 거래가 시작된다고 볼 수 있다. 예술가는 창작한 예술 작품을 직접 판매하거나, 아트 딜러나 갤러리 같은 대리인을 통해 판매한다. 예술품의 거래가 이루어지는 곳을 예술품 시장, 또는 아트 마켓이라고 한다. 예술품 시장은 고미술품, 골동품 등을 사고파는 가격 측면에서 불확실성이 낮은 고가 시장과 동시대의 작품을 거래하는 불확실한 저가 시장으로 구분하기도 하고, 최초로 시장에 공개되는가의 여부에 따라 1차 시장과

---

9   Velthuis, *Talking Prices*, p.23.
10   Ibid.
11   John Fiske, *Reading the Popular*, Routledge, 1989, p.4.
12   알렉산더, 앞의 책, 220쪽.

2차 시장으로 구분하기도 한다. 어떤 예술품의 거래가 처음으로 이루어지는 시장을 1차 시장 또는 프라이머리 마켓primary market이라고 한다. 1차 시장에서 이미 한 차례 거래가 이뤄졌던 작품에 대해 재판매가 이뤄지는 시장을 2차 시장 또는 세컨더리 마켓secondary market이라고 한다. 특정 갤러리가 특정 예술가를 독점적으로 대표하는 경우가 대부분이었기 때문에 대체로 시중의 갤러리들은 1차 시장으로 본다. 이에 비해 최초 거래가 되었던 예술품을 되팔고 되사는 크리스티나 소더비, 한국의 서울옥션이나 K옥션 같은 예술품 경매 회사는 대표적인 2차 시장이다. 그렇지만 작가 스스로 자신의 작업실에서 직접 판매하거나 아트 페어에 참가해 구매자와 직접 거래를 할 경우 작가의 작업실이나 아트 페어가 열리는 장소가 1차 시장이 되기도 한다. 프라이머리 마켓에서는 살아 있는 예술가들이 만들어내는 한정 작품들을 판매하는 데 비해, 세컨더리 마켓을 통해서는 대체로 이미 사망한 유명 예술가들의 고가 예술품들이 거래된다. 최근에는 이미 다른 갤러리를 통해 소개된 바 있는 작품의 재판매를 주업으로 하는 갤러리도 많아지고, 경매 회사에서 작가의 개인전 및 판매를 하는 등 1차 시장과 2차 시장의 경계가 옅어졌다. 2차 시장에서 거래되는 예술품은 1차 시장을 거치면서 작품의 예술적, 금전적 가치나 진위성 여부가 어느 정도 검증되었다고 볼 수 있기 때문이다.

현대적 개념의 예술품 시장이 자리 잡은 것은 1930년대 뉴딜 정책의 결과로 미국 예술품들이 실질적인 경제적 성장과 성공을 이루기 시작하면서라고 해도 무리가 아니다. 제2차 세계대전 후 유럽 미술은 점차 쇠퇴해가는 반면, 전후 복구로부터 자유로운 미국은 1940년대 이후 소비가 급격히 증가하면서 예술품 소비도 급격히 성장했다. 동시에 미국은 액션 페인팅의 창시자 잭슨 폴록이나 마크 로스코, 바넷 뉴먼 등의 추상표현주의 작가들을 비롯해 많은 스타 작가들을 배출하기 시작했고, 미국 현대 작가들의 작품 가격도 파격적으로 급등했다. 예를 들어 폴록의 작품은 1950년에 250~1,000달러 수준이었지만 1957년 그가 사망한 후, 메트로폴리탄 미술관은 〈가을 리듬Autumn Rhythm〉을 3만 달러에 구입했다.[13] 불과 6~7년 만에 30배가 넘는 가격이 상승한 것이다. 1961년에는 6만 달러 수준까지 가파르게 상승했다. 1950년에 비해 약 60배가 상승한 것이다. 2012년에는 〈Number 28〉이 2,304만 2,500달러에 거래되어 1961년 최초 판매가에 비해 300배가 증가했다.[14]

예술 시장 역시 세계 경제나 정치의 영향을 받는다. 최근에는 미국과 중국의 무역 분쟁, 홍콩의 정치적 불안, 영국의 브렉시트Brexit로 인한 유럽 경제 혼란, 팬데믹 등 세계적 경기 침체의 영향을 받기도 했다. 문화 예술 경제학자 클레어 맥앤드류Clare McAndrew는 세계 최대 아트 페어인 아트 바젤, 그리고 스위스 바젤 및 취리히에 본사를 둔 글로벌 금융 기업 UBS와 함께 매년 발표하는 글로벌 아트 마켓 보고서를 발간한다. 2020년 3월에 발간한 2020년도 아트 마켓 보고서에 따르면 2019년의 세계 예술품 거래 시장은 2018년 매출 81조 원 (674억 달러)보다 5퍼센트 줄어든 약 76조 원(641억 달러), 거래된 예술품의 수량은 4,550만 건으로 전년 대비 2퍼센트 증가해 10년 만에 최고 수치를 기록했다. 예술품 거래 매출 1위는 2019년 기준 미국(약 283억 달러), 영국은 약 127억 달러, 중국은 117억 달러로 3개국이 세계 예술 시장 매출의 약 78퍼센트, 판매 점유율 82퍼센트로 세계 예술 시장의 3대 축을 형성하고 있다. 갤러리 및 아트 딜러 부문의 매출은 2019년 368억 달러, 경매 부문은 242억 달러로 기록해 지난 10여 년간 시장 점유율을 가파르게 확대해오던 경매 부문이 다소 둔화되었다. 이는 경기 침체로 인해 공급 중심의 시장으로 변화하고 가격이 높은 작품들의 낙찰이 늘어난 반면 공개 경매보다 비공개 판매가 증가된 것으로 조사됐다. 경매와 함께 아트 페어 시대라고 할 만큼 급속도로 성장해온 아트 페어 부문도 2019년 166억 달러(19조 6,700억 원)로 추정됐다. 예술품 온라인 판매는 2014년 이후 지속적으로 증가해 세계 예술 시장 점유율의 9퍼센트를 차지하고 있다. 한 설문

13   Sidney Janis, Interviewed by Paul Cummings, March 21-September 9, 1972, Archive of American Art; Friedman, p.198-199.

14   Blouin art sales index (http://artsalesindex.artinfo.com/asi/security/landing-page.ai).

조사[15]에 따르면 '큰손HNW: High-Net-Worth' 컬렉터의 절반가량, 그중 1980~90년에 태어난 밀레니얼 세대는 특히 온라인 플랫폼을 자주 이용하는 것으로 조사됐다. 오히려 최근 가장 활발한 구매자들로 등장한 '큰손' 밀레니얼 컬렉터들은 전통적인 예술 시장인 오프라인을 통한 구매가 8퍼센트에 불과했다. 한편 문화체육관광부와 (재)예술경영지원센터의 국내 미술 시장 규모 및 운영 현황과 실적을 조사한 '2019 미술 시장 실태 조사(2018년 기준)'에 따르면 국내 예술 시장 규모는 2018년 기준 작품 거래 금액 4,482억 원(전년 대비 9.3퍼센트 감소), 작품 거래 수 39,368점(전년 대비 10.2퍼센트 증가)인 것으로 조사됐다. 갤러리 부문의 작품 판매 금액은 1,900억 원대, 경매 부문은 1,500억 원대로 기록했다. 또한 작품 가격대 1억 원 이상 작품 판매 비중이 경매 총 거래 금액의 56.9퍼센트를 차지, 가장 높은 수치로 조사됐다.[16]

예술품의 거래 방식: 일반 매매와 위탁매매

예술품 시장에서 예술품을 거래하는 방식에는 크게 일반 매매와 중개인을 통한 위탁매매 방식이 있다. 먼저 일반 매매란 예술가가 미술품의 제작을 의뢰받아 완성한 뒤 작품과 대금을 맞교환하거나, 이미 완성된 작품을 자신의 작업실이나 노점 또는 자신의 웹사이트나 SNS와 같은 플랫폼을 통해 직접 판매하는 경우를 말한다. 농부가 중간상인 없이 농작물을 장터에서 또는 인터넷 등을 이용해 소비자에게 직접 판매하는 것과 마찬가지로 생산자인 예술가가 아트 딜러나 에이전트, 갤러리 같은 중개인의 도움을 받지 않고 판매자가 되어 구매자와 직거래를 하는 경우다. 만일 예술가가 자신의 예술품을 금전적 보상 없이 누

---

15   UBS Investor Watch and Arts Economics.
16   2019년도 미술 시장 실태 조사.

군가에게 선물로 준다면 이는 매매가 아니라 민법상 증여 계약에 해당하며, 금전적 보상을 받고 판매를 한다면 민법상 매매계약에 해당한다. 후자처럼 대가를 받고 작품을 판매하는 매매계약의 경우에 예술가는 판매자로서 구매자에게 판매하기로 약속한 그림을 인도해야 하며, 구매자는 그림에 대한 대금을 지급해야 한다.[17] 이때 특별한 약정이나 관습이 없을 때에는 그림 인도와 대금 지급을 동시에 해야 한다.[18] 이 두 가지 혹은 쌍방의 절차가 문제없이 진행된다면 예술품 매매계약이 완결된 것이다. 둘 중 한쪽이 의무 이행을 하지 않을 경우 의무를 이행하지 않은 쪽에서 법적 책임을 지게 된다.

예술품 구매자, 즉 매수인이 예술품을 구매하기로 결정하면 아트 딜러나 에이전트 없이 직접적인 판매를 하는 예술가들은 간단하게나마 계약서를 준비하는 것이 좋다. 예술가의 성명, 구매자의 성명, 구매 일자, 작품의 제목, 매매 작품을 특정할 수 있는 작품에 대한 간단한 설명 또는 묘사, 그리고 매매 대금의 액수를 적어 두어야 하며, 만일 나눠서 지불할 경우 선금의 액수 등을 기록해 두어야 한다. 여기에 추가로 작품의 성격, 일시불인지 할부인지, 신용카드 또는 현금 등과 같은 대금 납부 방법, 저작재산권과 저작인격권 등 작품 판매 후에도 예술가가 갖게 될 권리 또는 소유권자가 갖게 될 권리 등에 대해서 꼼꼼히 명시해 놓는 것이 좋다. 또한, 구매자는 소장자의 권리로서 저작권법이 허용하는 전시나 판매 목적의 목록 형태의 책자 제작 외에 저작물의 이미지를 이용하고자 하는 경우 사전에 저작권 이용 범위와 조건 등을 협의해 문서화하는 것이 좋다. 예술가 입장에서는 추후 개인전, 기획전 등에서 전시나 다른 형태로 사용해야 할 때 구매자로부터 작품을 대여 받을 수 있는 권리 등을 미리 예정해 놓는 것이 좋다.

다음으로 위탁매매 방식이 있다. 거래에 서툴거나 작품 제작에만 집중하

---

17 민법 제568조 제1항.
18 민법 제568조 제2항.

고 싶어 하는 예술가나 상업적으로 성공한 스타급 예술가들은 직접 판매보다는 아트 딜러와 같은 전문적인 에이전트를 두고 예술품 거래를 하는 경우가 많다. 아트 딜러는 예술품 시장에서 상행위를 하는 사람, 즉 집에서 사고파는 개인에서부터 소규모 미술품을 취급하는 화상art merchant, 정기적인 전시를 하는 상업 갤러리와 기업형 갤러리, 그리고 넓게는 온·오프라인 경매 회사와 온라인 플랫폼까지 포괄하는 개념이다. 아트 딜러는 자기 자본을 투자하거나 경험과 지식, 인맥 등을 바탕으로 유통 전반에서 역할을 수행한다. 단순히 작품의 위탁만을 중개하는 브로커부터, 갤러리스트, 큐레이터, 경매사, 스페셜리스트,[19] 기획자, 아트 컨설턴트 등을 모두 예술을 다룬다는 의미에서 폭넓게 아트 딜러라고 하기도 한다. 아트 딜러로 활동하기 위한 면허 또는 정부 허가 절차나 등록 절차가 따로 있는 것은 아니다.

아트 딜러의 예술품 거래 방식에는 두 가지 유형이 있다. 첫째, 판매를 목적으로 작가로부터 작품을 직접 구입한 후 이를 되파는 것이다. 계약을 통해 작가의 권리를 유보해놓는 경우가 아니라면 이 경우 작가가 아트 딜러에게 작품을 판매하는 순간, 즉 예술품의 매매대금을 지급하고 예술가가 계약 대상인 예술품을 아트 딜러에 인도하는 순간 양자의 관계는 종료된다. 이 순간부터는 아트 딜러가 동 예술품을 다시 판매하는 데 있어 어떠한 계약상의 의무도 부담하지 않는다. 즉, 작가와 딜러의 관계는 통상적인 판매자와 구매자의 관계인 셈이다. 이 같은 유형은 유럽, 특히 프랑스에서 주로 사용하던 전통적인 방식이다. 아트 딜러들은 구매자를 찾을 때까지 작품들을 수장고에 보관하는데, 경우에 따라서는 수십 년간 빛을 못 보는 작품들도 있었다.

인상파가 자리 잡는 데 막대한 영향을 미친, 근대 개념의 아트 딜러의 시초라 할 수 있는 폴 뒤랑루엘Paul Durand-Ruel[20]과 앙브루아즈 볼라르Ambroise

---

19 스페셜리스트는 미술품 경매 회사에 근무하며 고도의 전문 지식과 경험을 바탕으로 경매 기획, 작품 선별, 도록 제작, 추정가 결정, 고객 상담, 마케팅 등을 담당하는 전문가를 말한다.
20 프랑스 딜러 가문에서 성장한 뒤랑루엘은 인상파의 후원자로 명성을 날리기 전에도 낭만파와 사실주의 학파,

Vollard는 오귀스트 르누아르, 클로드 모네, 에두아르 마네, 에드가르 드가, 폴 세잔 등 인상파 화가들의 작품이 대중으로부터 인기를 얻지 못했을 때부터 이들의 작품을 구매했다. 이들은 마네의 작업실에 있는 대부분의 작품을 사들이기도 했다. 인상파가 혹평을 받던 시기였던지라 이들 입장에서는 위험부담이 큰 투자였던 셈이다. 특히 뒤랑루엘은 새로운 방식을 도입했는데, 아트 딜러가 정기적으로 생활비를 지원하는 대신 작가가 제작하는 작품을 우선 매매할 수 있는 계약을 체결했다. 일종의 전속 작가 제도로 아트 딜러는 예술가의 작품을 판매할 수 있는 독점권을 갖게 된다. 파블로 피카소의 천재성을 제일 먼저 알아보고, 입체파가 자리 잡는 데에 큰 역할을 한 다니엘 헨리 칸바일러Daniel-Henry Kahnweiler는 피카소, 앙드레 드랭, 조르주 브라크, 모리스 드 블라맹크, 페르낭 레제 등의 작품을 상당수 사들여 전시회를 개최하기도 했다. 이처럼 전통적인 유럽 방식의 아트 딜러는 가난하고 이름 없는 예술가들을 후원하고 세상에 알리는 역할을 하는 후원자이고 매니저이자 홍보와 마케팅을 겸하는 대리인 역할을 했다.

그러나 이 같은 방식은 초기 자본이 많이 필요할 뿐만 아니라, 작품이 판매될지 안 될지, 판매된다면 얼마에 매각될지 모를 위험부담을 떠안아야 하기 때문에 최근에는 선호하지 않는 방식이다. 1940년대와 1950년대 뉴욕의 컨템퍼러리 아트 갤러리들이 속속 생겨날 때까지만 해도 아트 딜러들이 이런 전통적인 프랑스 방식을 도입하기도 했지만, 전쟁 후에는 자본금이 부족해 대부분의 아트 딜러들이 일반적인 위탁매매 방식으로 전환해야 했다. 이처럼 예술가가 판매자가 되고 아트 딜러가 구매자가 되어 직접 매매를 하는 경우에도 다른 상품 거래와 마찬가지로, 매매를 증명할 서류를 구비해야 한다. 아트 딜러는 작가에게 작품을 자신이 직접 창작했고 타인의 권리를 침해하지 않았음을 서면으로 보증하거나 소유권을 입증할 자료를 요청할 수 있다. 당사자 간에 합의된 경우에도, 소유권 이전, 저작권 이용 등에 관한 합의 내용은 서류상 증거로 남겨두는

바르비종파 화가들의 중요한 아트 딜러였다.

게 좋다. 판매 가격은 물론이고 정산 방식, 저작물 이용에 관한 사항 등에 관해 꼼꼼하게 기록한 서면계약서를 요구하는 것은 혹여 있을 분쟁을 방지하기 위해 매우 중요하다.

두 번째 방식은 최근 가장 보편적인 방식인 위탁매매consignment다. 아트 딜러나 갤러리를 통해 위탁판매를 하게 되면 작품 판매를 위한 노력을 아트 딜러나 갤러리에 일임하고 작가는 작품 창작에만 전념할 수 있다. 아트 딜러가 작품을 직접 구매한 후 되파는 경우를 제외한 통상적인 예술가와 아트 딜러의 법적 관계는 매도자와 매수자 혹은 위탁자와 수탁자consignor-consignee로 규정된다고 보면 된다. 각 나라마다 상법의 관련 규정으로 위탁매매업에 있어 예술가와 아트 딜러 또는 갤러리의 관계를 다룬다.

위탁은 작품 소유자가 판매에 관한 모든 권한을 합법적으로 이관하는 것을 의미한다. 위탁매매란 위탁자에게 위탁을 받아 위탁매매인이 거래의 당사자가 되어 목적물을 판매하고, 그 경제적인 손익은 위탁자에게 귀속시키는 것을 말한다. 이러한 위탁매매를 영업으로 하는 자, 즉 자기 명의로써 타인의 계산으로 물건 매매를 영업으로 하는 자를 위탁매매인이라 한다.[21] 위탁매매인은 위탁자를 위한 매매를 통해 상대방에 대해 직접 권리를 취득하고 의무를 부과한다.[22] 아트 딜러(위탁매매인)가 예술가(위탁자)에게 받은 예술품과 그 예술품의 위탁매매로 인해 취득한 채권은 예술가와 갤러리의 관계에서는 예술가의 소유 또는 채권으로 본다.[23] 예술가에게서 위탁받은 매매를 한 때에는 지체 없이 예술가에게 그 계약의 방식과 상대방의 주소, 성명의 통지를 발송해야 하며 계산서를 제출해야 한다.[24] 갤러리는 예술가를 위한 매매에 관해 예술품 구입자 측에

---

21 상법 제101조. 가장 대표적인 위탁매매업으로 증권회사를 들 수 있는데, 증권회사는 고객으로부터 주권의 매매 위탁을 받아 증권시장에서 대리인이 아닌, 스스로 매도인과 매수인으로서 다른 증권회사와 매매 행위를 한다. 고객은 자신이 직접 매매 당사자가 되지 않고도 직접 매매를 한 것과 같은 경제적 효과를 얻게 되며, 증권회사는 고객에게 수수료를 청구한다.

22 상법 제102조.

23 상법 제103조.

24 상법 제104조.

서 채무를 이행하지 않는 경우, 예술가에 대해 이를 이행할 책임이 있다. 그렇지만 다른 약정이나 관습이 있는 경우에는 거기에 따른다.[25]

아트 딜러나 갤러리는 예술가의 대리인으로서가 아니라 스스로 거래의 주체가 되어 구매자에게 위탁 예술품을 판매한다. 마찬가지로 구매자의 대리인이 아니라 스스로 거래의 주체가 되어 작가에게 대금을 지불한다. 예술가는 예술품을 아트 딜러 또는 갤러리에 인도하고 갤러리로부터 대금을 지급받는다. 구매자는 갤러리에 대금을 지불하고 예술품을 인도받는다. 갤러리를 운영하는 아트 딜러들은 예술 작품의 판매, 전시, 공개 등을 대리하며, 이 같은 목적을 위해 예술가는 자신의 작품들을 아트 딜러나 갤러리에 이전한다. 이 같은 방식은 갤러리나 아트 딜러 입장에서도 초기 자본이 많이 필요하지 않고 위험부담을 예술가와 분담하기 때문에 현대미술처럼 경제적 가치와 평가 및 전망이 불확실한 경우 선호된다. 제삼자에게 팔릴 때까지 작품의 소유권은 작가에게 있지만 작품이 팔릴 때까지 아트 딜러가 보관할 수 있다. 이 경우 미국에서는 양자간 대리인법Agency law[26]을 적용한다. 즉 계약이 체결되면 아트 딜러는 예술가의 대리인이 되는 것이며, 작품은 위탁 자산이 되고, 판매 수입은 신탁자금trust funds이 된다.[27]

우리 상법에는 지정가액준수의무(제106조)가 있는데 위탁자가 지정한 가액보다 염가로 매도하거나 고가로 매수한 경우에도 위탁매매인이 그 차액을 부담한 때에는 그 매매는 위탁자에 대해 효력이 있다. 또 위탁자가 지정한 가액보다 고가로 매도하거나 염가로 매수한 경우에는 그 차액은 다른 약정이 없으면 위탁자의 이익으로 한다. 아트 딜러가 예술품을 인도받은 후에 예술품의 훼손 또는 하자를 발견하거나 또는 가격 저락의 상황을 안 때에는 지체 없이 위탁자인 예술가나 소장자에게 그 통지를 발송해야 한다.[28] 위탁자의 지시를 받을 수 없

---

25 상법 제105조.
26 Restatement (Second) of Agency (1958).
27 Bresler and Lerner, *Art Law: the Guide for Collectors, Investors, Dealers, & Artists*, p.6.
28 상법 제108조.

거나 그 지시가 지연되는 때에는 위탁매매인이 위탁자의 이익을 위해 적당한 처분을 할 수 있다. 이와 같은 규정이나 그 외에 별도의 약정이 없을 때에는 예술가와 갤러리의 관계에 민법상 위임에 관한 규정을 적용한다.[29] 따라서 갤러리는 수임인으로서 예술가를 위해 선량한 관리자의 주의로써 예술품의 매매를 처리해야 할 일반적인 의무를 부담한다.[30] 아트 딜러의 의무와 책임에 대해서는 뒤에서 좀 더 자세히 다루겠다.

예술품 매매계약

우리의 일상은 계약의 연속이다. 계약이란 일정한 법률적 효과의 발생을 목적으로 두 사람 이상이 의사표시의 합의를 이룸으로써 이루어지는 법률행위를 말한다. 마찬가지로 예술가들도 수집가, 아트 딜러, 에이전트, 전시회 주최측, 출판업자, 광고업자, 임대업자 등과 끊임없이 계약관계를 맺곤 한다. 계약은 합의된 구체적인 내용과 조건에 대한 증거로서의 역할, 합의하고 약속하는 일을 지나치게 성급하게 하지 않도록 하는 역할, 사법을 효과적으로 활용하기 위한 문지기 역할을 한다.[31] 따라서 법률이나 계약 절차에 익숙하지 않은 예술가들이라도 협상 및 계약 절차에 필요한 몇 가지 사항을 항상 염두에 두고 있는 것이 좋다.

계약이란 두 개의 대립되는 의사표시, 즉 청약과 승낙의 합치에 의해 성립하는 법률행위를 말한다.[32] 두 사람 이상이 의사표시의 합치를 통해 법률적 효력을 발생시키는 계약은 청약, 승낙, 그리고 이 사이에 협상 과정이 포함된다.

---

29   상법 제112조.
30   민법 제681조.
31   Lon fuller, "Consideration and Form," *Columbia Law Review*, Vol.41, No.5, 1941.
32   이영준, 『민법총칙』(개정증보판), 박영사, 2007, 180쪽.

계약은 청약offer으로 시작된다. 청약을 받은 상대방이 이를 적절한 방식으로 승낙accept하면 계약이 체결된다. 승낙에는 청약을 받아들이겠다고 답하는 방식과 제안을 실제로 이행함으로써 응하는 방식이 있다. 청약은 계약을 체결하기 위해 상대방으로부터 승낙을 이끌어내기 위한 첫 번째 절차다.

예를 들어, 한 수집가가 예술가에게 당신의 작품 A를 500달러에 사겠다고 말한다면 청약이 이루어진 것이다. 그렇지만 그저 "이 작품은 우리 집에 걸어 놓으면 멋있겠군요."라고 하면 청약이라고 볼 수 없다. 명확한 의사표시가 없기 때문이다. "내 초상화를 그려 주십시오. 가격은 나중에 상의합시다"라든가 "내 초상화를 그려주면 적절한 가격을 주겠습니다"라고 한다면 어떨까? 역시 적절한 청약이 아니다. 가격이나 주요 조건들이 생략되어 있기 때문이다. "내 초상화를 그려주십시오. 만족할 만한 작품이 완성된다면 500달러를 주겠습니다"라고 한다면 어떨까? 이 경우에는 가격을 포함한 중요한 조건과 명확한 의사표시가 담겨 있으므로 적절한 청약이 이루어졌다고 볼 수 있다. 하지만 '만족할 만한 작품이 완성된다면'이라는 문장이 거슬린다. 이는 작품이 완성됐을 때 작품이 마음에 들지 않는다면 거절할 수도 있다는 의미다. 따라서 작품을 의뢰받을 때 예술가들은 이런 경우를 주의해야 한다. 청약이나 계약서 문구에 이런 조건이 들어 있는지 잘 살펴야 한다. 이런 문구의 삭제를 요구하거나 '조건의 충족satisfaction'에 대한 구체적 요건을 부기해야 한다. 이미 제안을 받아들인 경우라면, 완성품이 의뢰인의 요구에서 벗어나지 않도록 작품을 수시로 보여주고 승인을 받는 것이 좋다.

승낙은 청약에 대해 동의 의사를 밝히는 것이다. 수집가가 자신의 초상화를 그려준다면 500달러에 사겠다는 제안에, 예술가가 초상화를 그려서 500달러에 사겠다는 당신의 제안에 동의한다고 의사표시를 하면 승낙이 이루어진다. 간혹 구두로 승낙의 의사표시를 하는 대신, 행위로 동의의 의사표시를 하는 경우도 있다. 예를 들어 별도의 승낙 표시 없이 초상화를 그리기 시작한다면, 영미법상으로는 제안에 대한 묵시적 승낙implied acceptance이라고 볼 수 있다. 우리 민법도 승낙의 표시는 명시적, 묵시적으로 가능하기 때문에 위와 같은 경우, 묵시적 승낙이 있었던 것으로 평가할 수 있을 것이다. 그렇지만 완벽한 신뢰를 유지하는 관계가 아니라면 이런 방식의 승낙은 피하는 것이 좋다. 또 한 가지 주의해야할 것은 영미법과 달리 민법 제527조는 계약의 청약은 이를 철회하지 못한다고 명시하고 있다. 즉, 우리 민법은 청약의 구속력을 인정하고 있기 때문에 유효한 청약이 행해진 이후에 임의로 청약을 철회할 수 없어 그에 따른 승낙이 있으면 계약은 유효하게 성립되고, 채무를 이행하지 않는 경우에 계약상의 채무불이행 책임을 지게 된다. 이와 달리 청약의 자유로운 철회를 인정하는 영미법상 청약자는 상대방이 제안을 승낙하기 전까지는 얼마든지 청약을 철회할 수 있다. 따라서 명확하게 승낙 의사를 밝히기 전에 의뢰받은 작품 제작을 시작하거나 작품에 필요한 재료를 구입하지 않도록 주의해야 한다.

승낙의 기간을 정한 계약의 청약은 청약자가 그 기간 내에 승낙의 통지를 받지 못하게 되면 그 효력을 잃게 된다. 기간을 정하지 않은 경우에는 상당한 기간 내에 승낙의 통지를 받지 못한 경우에 효력을 잃게 된다.[33] 다만, 청약자의 의사표시나 관습에 의해 승낙의 통지가 필요하지 않은 경우에는 승낙의 의사표시로 인정되는 사실이 있는 때에 계약이 성립하게 된다. 이렇게 해서 청약과 승낙이 이루어져서 당사자 간 의사의 합치가 이루어지면, 양측은 계약관계에 들어갔다는 상호 이해가 이루어진 것으로 간주하게 된다. 승낙자가 청약에 대해 조건을 붙이거나 변경을 가해 승낙한 때에는 그 청약의 거절과 동시에 새로 청약한 것으로 본다.[34]

영미 보통법 국가와 계약을 체결할 때에 유의해야 할 점이 바로 '약인 consideration' 개념이다. 한국을 비롯한 대륙법계에서는 인간과 인간의 말, 즉 의사표시만으로 당사자 간의 계약이 유효하게 성립한다. 한 당사자에게 아무런

33　민법 제528조, 제529조.
34　민법 제534조.

대가가 없는 합의에 의해서도 계약이 성립된다. 이에 비해 보통법상 계약법은 계약은 대가를 주고받는 약속이라고 본다. 따라서 계약상의 의무는 당사가 간의 합의와 함께 약인이라는 영미법상 개념을 발생시킨다. 요컨대, 한 당사자가 상대방에게 어떠한 의무를 부담하는 의사를 표시하면 상대방도 이에 대해 최소한의 어떤 의무를 부담해야만 그 일방 당사자의 의사표시가 법적인 의무를 발생시키는 것이다. 즉 쌍방 합의에 의한 계약의 법적 구속력을 발생시키기 위해서는 일방의 약속과 그 대가로 약속자가 받는 권리, 이익, 편의 또는 약속을 받는 자가 부담하는 부작위, 불이익, 손실, 의무 또는 이러한 것들의 약속, 즉 대가의 교환성이 있어야 한다. 약인이 유효하기 위한 조건은 법률적 관점에서 볼 때 얼마간의 가치를 가져야 하며(반드시 약속에 대응하는 상당한 가치를 가질 필요는 없다), 약인은 그 내용이 일정하고, 가능한 것이며, 적법한 것이어야 한다. 또한 과거의 약인past consideration은 아니어야 하며, 단순한 동기 또는 도덕성의 의무에 의한 급부가 아니어야 한다.

다음으로 계약 해석의 원칙을 간단히 살펴보자면, 계약은 민법 관련 규정에 근거해 당사자가 기도한 목적, 사실인 관습, 임의 규정, 신의 성실의 원칙 등을 법률행위 해석의 표준으로 한다. 계약 등의 법률행위 해석은 일차적으로는 당사자 쌍방이 의도했던 바를 탐구해내는 것이다. 오표시 무해의 원칙은 바로 이러한 내심의 의사를 일차적인 탐구 대상으로 삼는 계약법의 태도를 보여준다. 이러한 자연적 해석으로 의사의 합치를 판단하기 어려울 때에 그다음으로는 당사자가 그 표시 행위에 부여한 객관적인 의미를 명백하게 확정해야 한다. 당사자의 내심의 의사가 어떤지에 관계없이 그 문언의 내용에 따라 당사자가 그 표시 행위에 부여한 객관적인 의미를 합리적으로 해석해야 한다. 그렇지만 만일 당사자가 표시한 문언에 의해서는 객관적인 의미가 명확하게 드러나지 않을 경우에는 "그 문언의 형식과 내용, 그 법률행위가 이루어진 동기 및 경위, 당사자가 그 법률행위에 의하여 달성하려는 목적과 진정한 의사, 거래의 관행 등을 종합적으로 고려하여 사회정의와 형평의 이념에 맞도록 논리와 경험의 법칙, 그리

고 사회 일반의 상식과 거래의 통념에 따라 합리적으로 해석"해야 한다.[35]

예술품과 관련된 계약에는 일반 매매 및 위탁매매 계약, 대여 계약, 도급계약, 전시 계약, 저작권 계약 등이 있다. 매매는 당사자 일방이 재산권을 상대방에게 이전할 것을 약정하고 상대방이 그 대금을 지급할 것을 약정함으로써 효력이 생긴다. 위탁매매란 중개상인이 고객의 의뢰를 받고 상품을 매매하는 것을 말한다.[36] 위탁매매를 하는 사람들은 생산자나 소매상으로부터 위탁을 받아 자신의 이름으로 위탁자를 위해 상품의 매매를 하고 일정한 수수료를 받는다. 화상들은 실제 매매를 자신의 이름으로 하기 때문에 거래상으로는 손익과 관계가 없더라도 매매 상대방에 대해 책임을 지게 된다. 따라서 위탁매매를 하는 화상들은 예술품 매매를 자신의 이름과 손익 부담을 전제로 하는 도매상이므로 위탁자의 이름으로 매매 알선만 하는 대리상과 다르다. 아트 딜러들은 위탁된 예술품을 매매하기 위해 자신의 신용과 지식, 관계망을 활용하며 자신의 권한으로 판매 가격, 판매 방법, 조건 등을 결정한다. 아트 딜러에게 거래를 맡긴다는 것은 아트 딜러의 명성과 신용을 이용하려는 것이기도 하다.

예술품의 소유자는 예술품을 위탁하거나 대여할 때 사전에 적절한 안전장치를 마련해 두어야 한다. 예술품을 위탁이나 대여의 목적으로 제삼자가 보관하는 동안에 화재, 부주의 등으로 인한 각종 사고 또는 자연재해와 같은 불가항력적 상황에 의해 멸실되거나 파괴되는 경우, 또는 도난당하거나 기후 및 환경 등의 변화로 훼손되는 경우 등을 대비해 미리 책임 소재를 분명히 해놓는 것이 좋다. 서면계약이 없는 상태라면 작품의 훼손, 멸실, 파괴, 도난 등에 대해 적절한 손해배상을 받지 못할 위험성이 크다. 역으로 서면계약이 없는 상태에서 위탁이 이루어지는 곳의 법적 관할권 법률에 따라 수탁자가 의도했던 것보다 과도한 수준의 책임을 져야 할 수도 있다. 예술품은 국제 거래가 많다는 점도

---

35   대법원 2001.3.23. 선고, 2000다40858 판결.
36   한국에서 '브로커' 업무는 주로 유가증권의 위탁매매로 구성되어 있으며, 많은 타인으로부터 위탁을 받아 자기 명의와 타인(위탁자)의 계산으로 유가증권을 매매하고 수수료를 받는다.

염두에 두어야 한다. 따라서 위탁매매 계약서에는 다음과 같은 조항들을 사전에 합의해 넣어두는 것이 좋다.[37]

- 자연재해의 발생으로 미술 작품이 파손되거나 훼손됐을 경우 작품의 소유권자나 수탁자 중 누구의 책임으로 하는가.
- 수탁자의 책임 정도를 '상당한 주의reasonable care' 수준으로 합의했을 때, 또는 우리 민법상 선량한 관리자의 주의 의무를 기울여야 한다고 했을 때, 상당한 주의 또는 선관의무 기준을 충족시키기 위해서는 구체적으로 어떤 의무를 이행해야 하는가.
- 손해가 발생했을 경우 손해배상 금액은 어떻게 산정하는가.
- 위탁매매 계약서에서 수탁자의 책임 정도와 기간.
- 수탁자가 외국 관할권에 있을 경우 국제 관할권의 합의 문제.
- 외국 관할권에서 보험계약, 신용장 및 기타 보증에 관한 것.
- 위탁매매 계약이 수탁인의 국가에서 유효한지 여부.

대여 계약

호텔이나 레스토랑, 또는 회사 건물 등에는 종종 회화나 조각 같은 예술품들이 실내장식 용도로 전시되어 있는 경우를 흔히 볼 수 있다. 예술품은 회사나 식당 등의 분위기나 이미지를 조성하는 데 도움이 될 뿐만 아니라 계절이나 목적에 따라 내부에 변화를 주는 데 활용할 수 있기 때문이다. 이처럼 소장용이나 투자용이 아니라 내부 장식 용도라면 매번 분위기를 바꿀 때마다 예술품들을 새로 구입하기는 힘들 것이다. 그렇다고 분위기나 환경에 맞게 그때그때 다른 예술품들을 전시하는 것이 목적인데, 항상 같은 그림만 걸어놓을 수도 없는

---

37 Kaufman, *Art Law Handbook*, p.461.

노릇이다. 이럴 때 이용하는 것이 예술품 대여다. 개인이나 법인 등이 실내외 장식 등을 목적으로 예술품을 대여하곤 한다. 각종 그림이나 조각, 판화, 아트 포스터 등을 개인에게 대여하는 미술품 렌탈 서비스 전문 업체들도 있다.

예술품 대여 계약이란 대여자가 차용인에 대해 자신이 소유 또는 소장하고 있는 예술품을 일정 기간 동안 임대할 것을 약정하고, 이에 대해 차용인은 예술품 임대에 따른 대여료를 차임에 준해 당해 대여자에게 지급할 것을 약정함으로써 성립하는 계약을 말한다. 이와 같은 임대차 계약의 경우에는 당사자 일방이 상대방에게 목적물을 사용, 수익하게 할 것을 약정하고 상대방이 이에 대해 차임을 지급할 것을 약정함으로써 그 효력이 생긴다.[38] 당사자 일방이 상대방에게 무상으로 사용·수익하게 하기 위한 사용대차 계약의 경우에는 목적물을 인도할 것을 약정하고 상대방은 이것을 사용·수익한 후 그 물건을 반환할 것을 약정함으로써 성립된다.[39]

예술품 대여 계약에는 임시 계약과 영구 대여 계약이 있다. 임시 계약은 전시, 발표, 교육 등 특정 목적을 위해 단기간 예술품을 대여하는 것이며, 계약 기간은 관례적으로 1년을 넘지 않는다. 영구 대여 계약은 대여 기간이 정해지지 않은 경우를 말하는데 한국에서는 흔치 않은 방식이다. 영국 법원은 영구 대여에서 영구적이라 함은 지속적everlasting이거나 영원하다perpetual는 의미가 아니라 일시적temporary이 아닌 경우를 총칭하는 말이라고 판시한 바 있다.[40] 실제로 대여 기간이 '영구적'이거나 장기간일 경우, 사실상 처분과 같은 결과를 가져오므로 일종의 '기증'으로 본다.[41] 영구 대여 계약은 ①당해 미술관이 자체 소장품에 대해 보험 가입을 하지 않은 경우의 영구 대여 미술품에 대한 보험 가입 여부, ②영구 대여 미술품의 분실이나 손상에 따른 소유자에 대한 손해배상책임 여부

---

38 민법 제618조.
39 민법 제609조.
40 Yorkshire Railway Wagon Co. v. Inland Revenue Commissioners, 94 L.J.K.B. 134, 137 (1924); 최정환, 「미술품 대여 계약」, 『지적재산권법연구』 제6집, 한국지적재산권학회, 2002, 90쪽에서 재인용.
41 최정환, 위의 글, 91쪽.

및 그 금액, ③영구 대여 미술품의 전대, ④영구 대여 미술품의 보존 비용 등이 문제될 수 있으므로 계약 당사자는 명시적 합의를 거쳐 이에 대한 사항을 계약서에 상술해둘 필요가 있다.[42]

예술품을 임대할 때에 대여자는 대여료 청구권을 갖는다. 국립중앙박물관, 국립현대미술관 등 국공립 박물관이나 미술관 등은 무상 임대를 원칙으로 하고 있다. 다만 대여에 따른 운반, 전시, 보관, 보험 등 전시에 드는 비용을 차용자가 모두 부담하는 것을 대여 계약 조건으로 하는 경우가 많다. 당사자 간 약정으로 대여료 청구권 이외에 전시 등에 따른 입장료, 찬조금, 광고, 도록 판매, 기념품 판매, 기타 수입 활동에 따른 이익 분배에 관해 계약서에 명시하기도 한다.[43] 대여 계약에서 대여자는 예술품을 인도할 의무, 대여 계약의 목적을 달성할 수 있도록 예술품 관련 자료를 제공하거나 자료 수집에 협조할 의무, 예술품의 보존 의무 등을 지게 된다. 또한, 민법상 임대차 관련 규정에 따라 예술품 대여 계약이 유상으로 체결된 경우에 대여자는 매도인과 같은 담보책임을 부담하게 되므로, 대여 예술품에 하자가 있거나 또는 그 권리에 하자가 있는 때에는 차용인은 이에 대해 손해배상을 청구할 수 있으며, 계약을 해제하거나 해지할 수 있다.

차용인은 예술품을 사용하고 수익할 권리가 있다. 다만 대여 목적이 공공 복리나 비영리인 국공립 미술관의 경우에는 차용인이 대여 예술품을 이용해 상업적 수익을 올리는 것이 금지되어 있다. 이를 위반할 때에는 계약 해지의 원인이 되어 대여자는 대여 예술품의 즉각적인 반환을 청구할 수 있다. 유상 대여의 경우, 차용인은 대여자에게 보증금 및 대여료를 지급해야 한다.[44] 차용인은 대여 예술품에 대한 관리 및 보관 의무가 있으며, 이때 선량한 관리자의 주의 의무를 다해야 한다. 차용인이 미술관인 경우에는 미술관은 전문 취급자에 속하므로 자체 소장하고 있는 유사 예술품의 관리와 동일한 정도의 주의 의무를 기

---

42 위의 글, 90쪽.
43 위의 글, 92쪽.
44 대여료는 고가 예술품인 경우 5~20 퍼센트 사이에서 정해지나 금액 제한은 없다.

울이면 된다.[45] 이 밖에 민법상 임차인의 통지 의무에 따라 예술품이 수리를 요하거나 예술품에 대해 권리를 주장하는 자가 있는 때에는 차용인은 지체 없이 대여자에게 이를 통지해야 한다.

도급계약

도급계약이란 당사자 일방이 어느 일을 완성할 것을 약정하고 상대방이 그 일의 결과에 대해 보수를 지급할 것을 약정함으로써 성립하는 계약이다.[46] 예술가가 누군가의 주문을 받아 예술품을 제작하는 경우, 즉 제작물 공급계약은 도급계약commission contract/work for hire으로 봐야 할까, 아니면 매매계약으로 봐야할까. 제작물 공급계약이란 주문 가구나 양복 제작처럼 당사자의 일방이 재료를 사용하여 제작한 물건을 공급할 것을 약정하고, 상대방이 이에 대해 보수를 지급할 것을 약정하는 계약이다. 예술가의 도급계약은 고객의 주문에 의해 예술품을 제작한다는 점에서 도급의 성질을 갖는 한편, 보수를 받고 제작한 예술품의 소유권을 이전한다는 점에서 매매의 성질을 갖는다. 이와 같이 도급과 매매의 혼합계약 성격을 매도도급이라고 부르기도 하는데 대체로 매매 규정을 적용한다. 다만 우리 대법원은 제작물 공급계약에서 제작물의 성질이 다른 물건으로 대체가 가능할 때에는 매매계약의 성질을 갖게 되며, 제작물의 성질이 다른 물건으로 대체할 수 없을 때에는 도급계약의 성질을 갖는다고 본다.

> 당사자의 일방이 상대방의 주문에 따라 자기 소유의 재료를 사용하여 만든 물건을 공급할 것을 약정하고 이에 대해 상대방이 대가를 지급하기로 약정하는 이른바 제작물 공급계약은 그 제작의 측면에서는 도급의 성질이 있고 공급의 측면에서는 매매의 성질이 있어 이러한 계약은 대체로 매매와

---

45   최정환, 앞의 글, 97쪽.
46   민법 제664조.

도급의 성질을 함께 가지고 있는 것으로서, 그 적용 법률은 계약에 의해 제작 공급하여야 할 물건이 대체물인 경우에는 매매로 보아서 매매에 관한 규정이 적용된다고 할 것이나, 물건이 특정의 주문자의 수요를 만족시키기 위한 부대체물인 경우에는 당해 물건의 공급과 함께 그 제작이 계약의 주목적이 되어 도급의 성질을 띠는 것이다. 대법원 1996.6.28. 선고, 94다42976 판결; 대법원 2006.10.13. 선고, 2004다21862 판결.

계약에 의해 제작·공급해야 할 물건이 특정 주문자의 수요를 만족시키기 위한 다른 물건으로 대체가 불가능한 부대체물인 때에는 공급자는 다른 물건으로 대용하지 못하고 주문자의 희망에 적합한 물건을 반드시 제작해야 하므로 이때는 도급계약으로 봐야 할 것이다. 그렇지만 제작물이 대체물일 때에는 이미 만들어놓은 물건이든 새로 제작한 물건이든 계약 내용대로의 성질을 갖기만 하면 되므로 매매로 볼 수 있다.[47]

예술가가 주문을 받아 예술품을 제작하는 경우 법적 문제가 발생한다면 우선 해당 예술품의 성격을 판단해보아야 한다. 다만 예술품이라고 한다면 대부분의 경우에는 약간이라도 작가의 창조적 개성이 포함되므로 대체가 불가능한 부대체물인 경우가 대부분이다. 이러한 경우 예술품에 어떠한 하자가 있으면 매매에 관한 민법 제580조[48]가 아니라 도급에 관한 민법 제667조 이하의 수급인의 담보책임에 관한 규정이 적용되어 구매자(도급인)는 예술가(수급인)에 대해 상당한 기간을 정해 하자 보수를 청구할 수 있다. 도급인이 작품의 하자를 알지 못한 것에 대해 과실이 있더라도 수급인에게 그 하자에 대한 책임을 물을 수 있다.[49] 다만, 하자가 중요하지 않은 경우에 그 보수에 과다한 비용이 들어가는

---

47 곽윤직, 『채권각론』, 박영사, 1998. 443-444쪽.
48 민법 제580조에 의하면, 매매의 목적물에 하자가 있는 때에는 제575조 제1항에 따라 매수인이 이를 알지 못한 때에는 이로 인해 계약의 목적을 달성할 수 없는 경우에 한해 매수인은 계약을 해제할 수 있으며 기타의 경우에는 손해배상을 청구할 수 있다. 그러나 매수인이 하자 있는 것을 알았거나 과실로 인해 이를 알지 못한 때에는 그렇지 않다.
49 대법원 1990.3.9. 선고, 88다카31866 판결.

경우는 예외로 한다.[50]

협상과 계약 체결 시 알아야 할 점

예술품은 일반적인 상품과 다른 특징들을 갖고 있다. 예술품은 희소성과 유일성을 특징으로 하며 대체가 불가능하다. 예술가의 평판과 명성에 따라, 시대나 시기에 따라, 그 밖의 외부적 요인에 따라 작품의 가치도 크게 변동할 수 있다. 더군다나 예술품은 무형자산으로서의 가치도 존재한다. 건물이나 임시 설치 같은 형태를 띠기도 한다. 크리스토와 잔 클로드의 〈게이트〉를 생각해보자. 2005년 2월, 7,503장의 오렌지색 나일론 천 조각으로 뉴욕 센트럴 파크를 뒤덮은 후 전시가 끝난 후 흔적도 없이 철거한 작품을 일반 상품과 같은 방식으로 취급할 수는 없는 일이다. 개념예술처럼 유형물 자체를 이전하는 것이 아니라 예술을 구현하는데 필요한 지침서를 담은 서류나 진품 증명서 등을 파일 형태로 이전하는 경우도 있다. 예술품 구매 시 구매 계약서를 받아 놓지 않거나, 전문 감정을 받지 않거나, 진위에 대한 조사 또는 소장 이력에 대한 조사를 하지 않아 구매 후에 낭패를 보는 경우가 종종 있다. 따라서 구매자는 계약에 앞서 신중하고 철저하게 사전 조사를 할 필요가 있다. 작품을 판매하는 예술가나 아트 딜러들도 마찬가지다.

매매계약의 체결에 이르기 위해서는 당사자들 간의 교섭 또는 협의의 과정이 필요하다. 협상의 목적은 상호 간의 이득을 극대화하고 필요를 충족하기 위한 것이다. 따라서 협상을 시작하기 전에 자신이 상대방과의 계약을 통해 추구하고자 하는 목적이 무엇인지 분명히 하는 것이 좋다. 이를테면 작품을 팔 때에는 작품의 가치에 적절하다고 생각하는 작품의 적정 가격과 최후에 받아들일 수 있는 최저가 등에 대해서 미리 생각하고 협상에 임해야 한다. 또

---

50   민법 제667조.

한, 작품을 판매할 때 작품의 물리적 소유권만 양도할 것인지, 저작재산권도 양도할 것인지, 저작재산권 중에서 특정 권리들만을 선택해 양도할 것인지를 잘 따져 보아야 한다. 성명표시권 같은 저작인격권 관련 사안들도 미리 분명히 해두는 것이 좋다. 작품을 구매하려는 상대방에 대한 정보를 미리 알아보는 것도 협상에 유리하게 작용할 수 있다. 작품을 구매하려는 사람이 어떤 사람인지, 구매 목적이 무엇인지, 표준 계약서에서 어떤 부분을 추가하거나 빼고 싶어 하는지와 대금의 지불 방법과 시기 등도 알아보는 것이 좋다. 또한 중간에서 거래를 돕는 아트 딜러나 갤러리들의 중개 수수료도 미리 알아보아야 한다.

앞서 오키프나 바스키아의 사례에서 보았듯, 계약 당사자의 서명이 담긴 서면계약서를 준비하는 것은 매우 중요하다. 서면계약서가 없을 경우의 혼란은 곧잘 법적 분쟁으로 이어지곤 한다. 더불어 협상 과정의 내용들도 서면으로 기록해 두는 것이 좋다. 계약서는 반드시 표준 계약서를 따르거나 특별한 형식을 따라야 하는 것은 아니다. 예술품은 특히 국제 거래가 많다. 따라서 계약서 작성 시 분쟁이 발생할 경우에 적용할 자신에게 유리한 법이나 법원을 미리 지정해 두는 것도 필요하다. 매수인은 예술 작품을 매매할 때 반환할 권리, 진품성 여부나 소유권에 문제가 생겼을 때 손해배상을 받을 권리 등을 명시해 두는 게 좋다. 매수인은 계약서 작성 시 다음 조항들을 명시해 두면 좋다.[51]

- 작품을 조사할 권리.
- 작품을 교환 또는 반환할 권리.
- 할부로 지불할 경우, 첫 번째 할부금 납부 시 소유권의 이전.
- 소유권의 보장.
- 진품성의 보장.

---

51 Kaufman, *Art Law Handbook*, p.452.

- 상태에 대한 보장.

- 담보책임 위반 시 계약을 취소할 권리.

- 담보책임 위반 시 손해배상을 받을 권리.

- 담보책임 위반 시 경제적 기회의 손실 청구권.

- 소송 시 적용 법이나 법원 관할의 결정권.

역으로 매도인은 작품에 대해 상환청구를 피하는 것이 좋다. 매수인 위험 부담 원칙caveat emptor[52]을 활용한다. 즉, 작품을 구매할 때 작품에 대한 정보를 취득하는 것은 매수인의 의무이고, 매도인은 해당 작품을 배달할 의무만 존재한다고 주장하는 것이다. 매도인의 입장에서 삽입하면 좋은 조항들은 다음과 같다.

- 현물상환지급COD: Cash On Delivery.[53]

- 진품성 등에 대한 보증 책임 면제.

- 작품 대금 완납 때까지 소유권 이전 없음(작품을 이전했더라도 소유권 이전은 아님).

- 매수인의 청구권에 대해 최대한 제한을 둘 것.

- 소송 시 적용 법이나 법원 관할의 결정권.

예술품 매매의 기본 원칙

예술품은 거래 대상의 가치가 산정되는 방법이 일반 물품과 다르다. 같은

---

52 매수인으로 하여금 주의하도록 하라Let the buyer beware라는 뜻의 라틴어.
53 물품을 받고 대금을 결제하는 방식.

예술품이더라도 가치평가사에 따라 다양한 시가가 형성될 수 있으며 설사 고평가를 받더라도 나중에 진품성이 의심되는 증거가 나온다면 가격이 하락할 수밖에 없다. 예술품 매매와 계약에 관련한 몇 가지 원칙을 살펴보자. 예술품 매매에는 다른 유형자산과 마찬가지로 상법(또는 계약법), 민법(또는 불법행위법), 형법, 미술품매매법과 같은 구체적인 관련법이 적용된다. 희소성, 원본성, 유일성 등 일반 물품과 달리 예술품만 갖는 특수성 때문에 예술 시장의 규모가 크고 거래가 활발한 미국에서는 예술품 거래에 있어 미국 통일상법전UCC 규정을 적극적으로 해석하고, 주별로 특별법을 제정해 매도인과 매수인 간 형평을 도모하고 있다. 전통적인 예술 시장이었던 유럽, 특히 프랑스에도 예술품의 보증 등에 있어 별도의 규정을 마련해 두고 있다. 다음은 예술품 매매와 관련한 몇 가지 기본 원칙들이다.

소유권의 귀속 소유자는 법률의 범위 내에서 그 소유물을 사용, 수익, 처분할 권리가 있다.[54] 소유자는 그 소유에 속한 물건을 점유한 자에 대해 반환을 청구할 수 있다. 다만 점유자가 그 물건을 점유할 권리가 있는 경우에는 반환을 거부할 수 있다.[55] 만일 부부가 함께 예술품을 구매해 공동으로 소유했지만 파경에 이르게 되면서 재산 분할을 할 때, 함께 구매한 작품은 누구에게 소유권이 귀속될까. 실제 사건에서 결혼 생활 동안 부인은 예술품 경매에 참여해 브란쿠시 조각 작품을 낙찰받았고, 낙찰된 작품 대금은 남편의 돈으로 지불했다. 그 후 두 사람은 별거에 들어갔고, 부인이 사망하자 그의 유언 집행인이 조각 작품을 구겐하임 재단에 기증했다. 이 조각 작품의 소유권은 누구에게 있을까. 계약의 주체인 부인에게 있을까, 작품 대금을 지급한 남편에게 있을까. 이런 경우에는 조각품을 사기 위해 경매 회사에 응찰을 하고, 낙찰 후 매매계약을 체

---

54   민법 제211조.
55   동법 제213조.

결한 당사자인 부인에게 소유권이 귀속된다.[56] 비록 비용은 남편이 냈지만, 남편은 계약 당사자가 아니기 때문이다. 이처럼 부부 중 한쪽이 경매에 성공하고, 다른 한쪽이 경매 대금을 납부한 경우 경매물의 소유권과 관련된 분쟁이 있을 수 있다. 경매 작품은 당시 계약의 당사자에게 귀속되며, 대금을 지급하기 위한 자금을 어디서 조달했는지는 별개의 문제다. 이런 경우는 부부 공동의 소유물로 물건이 지분에 의해 두 사람의 소유로 된 때에는 공유로 하며, 공유자의 지분은 균등한 것으로 추정하는 때와는 다른 경우로 본다.[57]

권원에 대한 보증 통상적인 의미의 보증이라 함은 매도인이 판매하는 물건에 대해 법적으로 하자 없는 소유권good title이 존재하며, 일정 수준의 품질을 약속한다는 것이다.[58] 예술품 역시 상법의 기본 원칙에 따른다. 권원이란 행위를 법률적으로 정당화하는 근거를 말하는데 특정한 물건을 점유하거나 사용, 수익하는 정당한 원인으로서의 권리, 즉 소유권, 질권 등을 뜻한다. 매수인의 경우 권원에 대한 보증warranty of title 기간을 최대한 늘리고 싶어 할 것이고 매도인은 그 반대일 것이다. 통상 6개월에서 1년이 가장 보편적이지만, 2년 이상 보장받는 경우도 있다.

민법 제246조에 의하면 10년간 소유의 의사로 평온, 공연하게 동산을 점유한 자는 그 소유권을 취득하며, 선의로 과실 없이 개시된 경우에는 5년을 경과함으로써 그 소유권을 취득할 수 있다. 선의취득은 평온, 공연하게 동산을 양수한 자가 선의로 과실 없이 그 동산을 점유한 경우에는 양도인이 정당한 소유자가 아닌 때에도 즉시 그 동산의 소유권을 취득한다는 법리다. 양수인이 도품 또는 유실물을 경매나 공개 시장에서 또는 동종의 물건을 판매하는 상인에게서

---

56   Lindt v. Henshel, 306 N.Y.S.2d 436, 254 N.E.2d 746 (N.Y. 1969).
57   민법 제262조.
58   "a promise or agreement by seller that an article sold has certain qualities or that seller thas good title thereto," *Black's Law Dictionary* 1423.

선의로 매수한 때에는 피해자 또는 유실자는 양수인이 지급한 대가를 변상하고 그 물건의 반환을 청구할 수 있다. 유실물은 법률에 정한 바에 의해 공고한 후 1년 내에 그 소유자가 권리를 주장하지 않으면 습득자가 그 소유권을 취득한다. 영국 법상으로는 작품을 점유하지 않은 자는 유효 권원을 판매할 수 없다. 유상 선의취득자이더라도 마찬가지다. 그럼에도 매수인은 시간이 경과하거나 진짜 소유자가 권리를 추구하지 않는 경우에는 유효 권원을 취득할 수 있다.[59] 프랑스 법에 의하면, 선의로 취득한 물건은 원소유자의 권리에 대한 증거가 없을 경우 선의취득자의 소유로 추정한다. 프랑스 법은 부주의한 원소유주보다는 선의로 구매한 매수인을 보호한다.[60] 프랑스에서는 도품에 대해 3년 내에 반환받을 수 있는 권리가 있는데 이 시효는 선의취득자에도 적용된다. 이때 선의취득자는 도품을 매도한 사람에게 반환 청구 소송을 할 수 있다. 그러나 선의취득이 아닌 경우에는 3년 시효가 적용되지 않는다.[61] 선의취득에 관해서는 선의취득을 인정하는 나라와 그렇지 않은 나라가 있어 유의해야 한다. 이에 대해서는 제7장에서 상세히 다루도록 하겠다.

예술품 또는 문화재를 구입한 사람이 갤러리나 경매 회사와 같은 예술품 전문 취급처에서 유효 권원 보증을 받았다면, 나중에 원소유자의 반환 청구에 따라 물건을 반환해야 하는 경우 이 판매자에게 손해배상을 청구할 수 있다. 이때 뉴욕 법원의 경우 손해의 범위는 구매 당시의 가격에 현재까지의 이자를 더한 것이 아니라, 해당 예술품의 현재 가치를 기준으로 손해배상 정도를 책정했는데, 갤러리 등 예술품 판매자의 보증 책임을 강화하기 위한 것이다. 원소유자, 도품이나 약탈품임을 모르고 구입한 선의의 구매자, 그리고 선의의 구매자로부터 재구매한 사람들 간에 복잡하게 소송이 얽히는 경우가 있다. 이때 작품

59   Ruth Redmond Cooper, "Limitation Periods in Art Disputes," *Title and Time in Art and Antiquity Claims*, Institute of Art and Law, Nov. 13, 1995; Kaufman, *Art Law Handbook*, p.454.

60   Civ. Code. Article 2276, "En Fait de meubles, la possession vaut titre"; Kaufman, *Art Law Handbook*, p.454.

61   Jacques Ghestin, "Le Droit Interne Français de la vente d'Objet d'Art et de Collection," *International Sales of Works of Art*, Geneva workshop, Apr. 11, 1985.

의 최종 소유권은 누가 갖게 되고, 손해배상 액수는 어떻게 산정해야 하며, 법적 책임은 누가 지게 될까. 원소유주의 등장으로 갤러리의 보증 의무와 보증에 의거 작품을 구매한 사람들 간에 발생한 멘첼 대 리스트Menzel v. List 사건[62]을 살펴보자.

1932년 원고 멘첼은 브뤼셀의 한 경매소에서 샤갈의 작품을 150달러에 샀다. 1940년 독일이 벨기에를 침공하자 멘첼 부부는 샤갈 작품을 집에 남겨둔 채 피난을 떠나야 했다. 6년 뒤 멘첼 부부가 집으로 돌아왔을 때 샤갈의 그림은 사라지고 영수증만 남아 있었다. 독일인들이 작품을 가져간 것이다. 한동안 작품의 행방이 알려지지 않았다. 1955년, 뉴욕에서 갤러리를 운영하는 펄스 부부는 동 작품의 출처와 이력을 알지 못한 채 파리의 한 갤러리로부터 2,800달러에 구매한 뒤, 리스트라는 제삼자에게 4,000달러를 주고 곧바로 되팔았다. 시간이 흘러 1962년, 멘첼 부인은 한 미술 서적에서 자신이 잃어버린 샤갈의 작품을 우연히 발견했고, 현재 리스트라는 사람의 소유임을 알게 됐다. 샤갈 작품의 원소유주인 멘첼은 현소유주인 리스트를 상대로 우리 민법상 소유권에 기한 반환 청구 소송에 해당하는 동산 점유 회복replevin 소송을 제기했다.[63] 배심원단은 리스트에게 원래 주인인 멘첼에게 작품을 돌려주거나 예술품의 현재 시가를 기준으로 배상하라고 했다.

갤러리에서 정당한 비용을 치르고 작품을 구매한 리스트 입장에서는 법원의 판결이 당연히 억울할 수밖에 없었다. 이에 선의의 구매자인 리스트는 자신에게 문제가 있는 작품을 판매한 펄스 갤러리 측에 권원 담보 책임을 물었다. 쟁점은 개인 소유물의 판매에 있어 묵시적 소유권 보증을 위반한 경우 손해 정도를 얼마로 잡아야 하는가다. 법원은 펄스 부부에게 당해 작품의 '시가'에 해당하는 2만 2,500달러와 소송비용을 배상하라고 판결했다.

---

62   49 Misc.2d 300, 267 N.Y.S.2d 804 (N.Y. Sup. Ct. 1966), rev'd, 298 N.Y.S.2d 979 (1969).
63   보통법common law 체계 국가에서 부당 압류된 동산의 반환과 부당 압류로 입은 손해의 보상을 위해 제기하는 소송의 한 형태.

손해 정도를 구매 가격에 금리를 합산한 것에 한정시키는 원칙은 구매자의 실질적 손해 범위를 제한하게 된다. 이는 손해를 본 구매자에 대한 기본적 구제책이지만 계약대로 이행되었다면 구매자가 얻었을 이익에 대한 손해에 대해서는 책임지지 않는다는 점에서 계약의 일반 원칙에 반한다 할 수 있다.[64]

법원은 아래와 같이 계약이 유효하게 이행되었을 때에 얻게 될 이익, 즉 이행이익으로 손해배상 범위를 판단했다.

리스트는 펄스 갤러리 측이 계약을 지켰다면 얻었을 유리한 위치에서 보상을 받아야 한다. 펄스가 약속한 소유권의 보증이 지켜졌더라면 리스트는 현재 2만 2,500달러의 가치를 가진 그림을 소유하고 있었을 것이다. 리스트가 구매 당시 가격에 금리를 합산한 금액만을 보상받는다면 그는 거래가 전혀 없었던 것과 같은 입장에 처하게 된다. 피해를 입은 구매자가 단지 예전 상태로만 회복된다면 보상을 받았다고 볼 수 없다. 이 회복은 그동안 그가 손해를 봤다는 사실을 부정하는 것이기 때문이다.

결과적으로 원고이자 작품의 원주인인 멘첼은 작품을 회복하고, 선의의 구매자인 리스트는 현재 시가를 기준으로 적정가를 배상받았으며, 펄스 부부는 자신들에게 당해 작품을 판매했던 파리의 아트 딜러로부터 상환받으면서 모든 것은 제자리로 돌아갔다.

우리 민법 역시 매수인이 경매나 공개 시장에서 또는 동일한 종류의 물건을 판매하는 상인에게서 도품이나 유실물인 예술품을 선의로 매수한 경우 피해자에 해당하는 원소유자는 선의 구매자가 지급한 대가를 변상하고 그 예술

---

64   11 Williston, Contracts, 3d ed., §1395A, p.484.

품의 반환을 청구할 수 있도록 하고 있다.[65] 만약 개인적인 거래를 통해 작품을 구입할 경우에는 반환을 청구하는 원소유자는 이 구매자에게 작품을 반환받으면서 구입 가격을 지급할 의무가 없다. 이 경우에 매수인은 매도인에 대해 민법 제570조상의 타인 권리 매매의 담보책임으로 법리를 구성할 수 있다. 대법원은 이때의 손해배상 범위를 이행이익으로 판단한다. 이행이익이란 계약이 유효하게 이행되었을 때에 얻게 되었을 이익을 말한다. 이때 손해의 산정은 상당인과 관계있는 손해로서, 예술품 가치의 등귀가 예상 가능할 경우 여기에 포함된다.

진품성에 대한 보증 대부분의 국가에서는 전문 아트 딜러가 카탈로그, 인보이스 등에 작가의 이름을 명시한 경우에 작가가 직접 만든 진품이라는 것을 보증하는 것과 같은 효과를 지닌다. 프랑스 법은 작가의 이름이 작품 다음에 기재된 경우, 예외의 경우를 제외하고는 해당 작가의 작품임을 보증하는 것이라고 명시한다.[66] 그러나 매도인이 아트 딜러가 아닌 일반인인 경우에는 명시적으로 보증하는 경우를 제외하고 위와 같은 묵시적 보증은 인정하지 않고 있다.[67] 다만, 선불금의 액수나 제반 상황 등을 고려해 진품임을 보증했는지 여부를 판단한다. 진품성 확인은 위조 서명이나 서류 등으로 속이거나 작품을 변경하거나 나중에 완성한 경우인 '가짜fake'와 아예 속일 생각으로 위조 복제품을 진품으로 둔갑시키는 경우인 '위조forgery', 그리고 해당 작가가 정말 제작한 작품인지 등을 모두 판단하는 것이다.[68]

작품을 사고파는 중개 역할을 하는 아트 딜러나 경매 회사들은 재판매를 목적으로 작품을 구매하기 전에 작품의 분명한 출처와 이력을 확인해야 할 위

---

65   민법 제251조.
66   Decree n. 81-255 of March 3, 1981, J. O. March 20, 1981, on the Control of Fraud in Transactions in Works of Art and Collection Items, art. 3.
67   묵시적 보증은 보통법 체계의 국가에서 동산 또는 부동산을 판매할 때 상인이 보증한 것으로 추정하는 일종의 계약법 용어로 뒤에 가서 다룬다.
68   자세한 내용은 제7장에서 다룬다.

치에 있다. 만일 출처가 의심스럽거나 확신하기 어려우면 작품을 판매할 때에 담보책임 또는 보증 포기disclaimers of warranties와 같은 특약을 통해 문구를 계약서에 명시함으로써 책임을 제한하고, 고객에게 이 사실을 분명히 알리는 것이 좋다.[69] 또는 진품성을 보증하는 대신, '의견'이라고만 명시하기도 한다. 진품 보증서를 발행했는가, 아니면 단지 자신이 믿고 있는 의견을 표시했는가에 따라 책임 유무가 결정되기 때문이다. 뉴욕주의 경우 화상art merchant이 명시적 보증을 거절해 면책하고자 하는 경우에는 거절 문구disclaimer를 눈에 띄게 구체적이고 분명하게 서면으로 표시하도록 하고 있다.[70] 진품이 아닌 줄 알거나 아닐 가능성이 높다는 사실을 알면서도 진품 보증서를 발행했다면 이는 사기죄에 해당한다. 그렇지만 매도인이 자신이 진실로 진품이라고 믿고 그러한 의견을 표시했다면 사기라고 보지 않는다.

통상적으로는 매수인 위험부담 원칙이 적용되기 때문에 구매자들은 예술품을 구매할 때 항상 주의를 기울여야 한다. 미국에서 벌어진 바이스 대 파크 버넷 갤러리Weisz v. Parke-Bernet Galleries, Inc 사건을 보자.[71] 뉴욕의 경매 회사 파크 버넷 갤러리는 응찰자들이 작품 목록과 가격, 조건 등을 볼 수 있게 도록을 제작했다. 그중에는 라울 뒤피Raoul Dufy의 작품들도 포함되었는데, 나중에 이 작품들이 가짜라는 사실이 밝혀졌다. 1962년과 1964년 각각 도록을 보고 작품을 산 구매자들은 경매 회사의 도록이 일종의 명시적 보증Express warranty에 해당한다며 경매 회사를 상대로 계약 위반으로 소송을 했다. 경매 회사 측은 도록에 판매하는 작품들의 진품성과 저작자성에 대한 책임을 지지 않는다는 '법적책임 거부 고지disclaimer of warranty' 문구를 명시했으며 작품은 "있는 그대로as-is" 판매된 것이라고 항변했다. 원심은 다음과 같은 이유로 이를 받아들이지 않았

69   한국의 경우에도 담보책임은 임의 규정이므로 특약을 통해 배제 가능하기 때문에 계약 시 특약을 할 수 있다.
70   NY ART&CULT AFF 13.04.)
71   67 Misc.2d 1077, 1971 N.Y. Misc. Lexis 1163 (N.Y.City Civ. Ct. 1971) (entering judgment for plaintiffs for breach of warranty), rev'd, 77 Misc.2d 80, 1974 N.Y. Misc. Lexis 1088 (N.Y. App. Div. 1974).

다. 첫째, 구매자들은 파크 버넷 갤러리 같은 경매 회사의 경험과 지식에 의존한다. 둘째, 법적책임 거부 고지는 경매를 진행하는 동안 언급되지 않았다. 셋째, 법적책임 거부 고지가 지나치게 형식적이었다. 넷째, 구매자들은 경매 카탈로그에서 법적책임 거부 고지를 찾아내기가 어려웠다. 또한, 경매 회사 카탈로그의 작품 설명은 진품성을 강조하기 위한 것이며 보증책임 포기 문구 외에도 작품에 대한 설명이 커다란 글씨로 적혀 있었다.

그렇지만 상급심은 이 판결을 뒤집었다. 구매자는 유명 예술가의 작품 출처 등을 스스로 쉽게 알아 볼 수 있는 점을 고려해볼 때, 피고 갤러리가 원고 구매자들을 속이기 위한 고의성이 없는 한, 구매자가 위작 위험성에 대해 책임을 져야 하며, 공공 경매에서 구매자가 진위에 대해 책임을 지는 것은 무리한 요구가 아니라고 했다. 공공 경매에서는 입찰자들이 예술품의 다양한 가치에 따라 가격 경쟁을 하게 되는데, 작품의 진품성에 대한 확실성 여부 역시 이러한 요소 중 하나라고 보았다. 예술품을 구매하는 행위는 본질적으로 위험부담을 안고 있는 것이며 따라서 '매수인 위험부담' 원칙은 유효하다는 것이 이 사건 법원의 입장이었다. 따라서 거짓 출처로 팔린 작품에 대해서는 경매 회사에 책임을 묻지 않았다. 다만 뉴욕 주법에 의하면, 경매 회사에서 입증된 위조품이나 문제가 있는 것으로 드러난 정보에 대해서는 책임을 져야 한다.[72] 현재 전 세계에서 가장 큰 규모의 예술 거래가 이루어지는 뉴욕주의 경우, 매도인과 매수인 간의 정보 격차를 보완하고 형평성을 강화하기 위해 특별법을 마련해 두고 있다. 따라서 화상이 예술품을 거래할 때 화상이 아닌 매수인에게 진품 증명서 또는 그와 유사한 문서를 제공하는 경우, 이 문서가 해당 거래의 기초를 이룬다고 추정하고, 해당 거래 날을 기점으로 그 문서에 언급한 중요 사실에 대해 화상이 명시적으로 보증한 것으로 본다.

경매 회사 크리스티의 경우 아예 "도록이나 상태 보고서, 또는 구두나 서

---

72 NY CLS Art & Cult Affir §13.01, 뉴욕 예술 및 문화 관계법ACA에 대해서는 다음 장에서 좀 더 다룬다.

면으로 경매에 올라온 작품에 대한 저작자성, 출처, 제작일, 작품의 나이, 크기, 소재, 작가 추정, 진품성, 소장 이력, 작품 상태, 추정 판매가 등은 단지 의견 진술에 불과하며 확정적인 사실의 진술에 의존하지 않는다"고 명시한다.[73] 진품이 아니라는 입증책임은 매수인에게 있다. 영미법계에서는 전문가와 감정인의 증언을 청취한 뒤, 판사가 각 전문가들의 의견에 대한 신뢰성을 판단한다. 이에 비해 프랑스에서는 진품성 입증을 사실관계에 관한 문제로 취급하기 때문에 법원이 임명한 전문가에게 결정을 맡긴다.[74]

진품성 담보 위반과 관련해 로가스 대 시번만Rogath v. Siebenmann 사건[75]을 보자. 1992년 브루스 젱킨스Bruce Jenkins는 지인인 시번만Siebenmann에게 작품 뒷면에 프랜시스 베이컨Francis Bacon의 서명이 있는 1972년 작 〈자화상Portrait〉의 구매를 권유했다. 젱킨스는 시번만에게 한 호주의 부호가 베이컨의 친구인 로버트 뷜러를 통해 작품을 취득했다고 전했다. 젱킨스는 이 부호의 이름을 밝히지 않았지만, 시번만은 젱킨스가 아트 딜러 앨런 소여의 고객을 위해 일하고 있다고 생각했다. 소여는 젱킨스에게 작품 소장자가 동 작품을 시번만에게 명의 이전하기 원한다고 말하고, 소유권 이전을 확인하는 서한과 함께 작품을 전달했다.

시번만은 동 계약과 관련해 작품이 팔릴 경우 판매자 수수료를 받기로 합의했다. 시번만은 동 작품을 런던에서 제네바로 옮겼다. 아트 딜러들은 작품의 출처에 대해 상이한 의견들을 제시했다. 특히 베이컨의 전직 비서가 갤러리 매니저로 근무하던 런던 소재 베이컨 전문 갤러리 말보로 아트 갤러리Marlborouogh Fine Art Gallery 측이 작품의 진품성을 의심했다. 갤러리는 진품성을 의심하는 몇 가지 근거를 댔다. 첫째, 베이컨의 전직 비서인 밸러리 베스턴은 동 작품을 전혀 본 적이 없다. 둘째, 베이컨의 친구라고 하는 뷜러가 베이컨으로부터 동 작품을

---

73   Christie's Condition of Business, art.14a: Statements by us in the catalogue or condition report, or made orally or in writing elsewhere, regarding the authorship, origin, date, age, size, medium, attribution, genuineness, provenance, condition or estimated selling price of any lot are merely statements of opinion, and are not to be relied on as statements of definite fact.

74   Kaufman, *Art Law Handbook*, p.458.

75   941 F. Supp. 416 (S.D.N.Y. 1996), vacated, remanded, 129 F.3d 261 (2d Cir. 1997).

취득했다는 사실을 믿기 어렵다. 셋째, 테이트 갤러리에 있는 베이컨 작품들은 건조한 검정색을 사용한 반면, 동 작품은 윤이 나는 검정색을 사용했다. 아무래도 베이컨 작품들의 구성 요소를 짜깁기한 것 같다.

이후 경매 회사 소더비와 일부 아트 딜러들이 동 작품을 외면하던 중, 데이비드 로가스David Rogath라는 아트 딜러가 이 작품을 57만 달러에 구매하기로 결정했다. 로가스는 판매자로부터 유효 권원과 작품의 진품성에 대해 알려진 의혹이 없다는 점을 보증받았다. 로가스는 뉴욕의 아쿠아벨라 갤러리Acquavella Gallery에 이 작품을 95만 달러에 되팔았다. 사건의 발단은 밸러리 베스턴이 이 갤러리에 동 작품이 순전히 가짜라고 알리면서다. 갤러리는 곧바로 로가스에게 계약 해제를 요청했다. 이에 로가스는 뉴욕 법원에 계약 위반과 사기, 담보 위반 등으로 시번만을 고소했다. 법원은 사기와 계약 위반 혐의에 대해서는 기각했지만 명시적 보증을 위반한 게 맞다며 약식 판결을 내리고, 시번만에게 95만 달러의 벌금형을 내렸다.[76] 근거는 이렇다.

첫째, 피고 시번만은 작품의 진품성에 대한 중대한 의심이 있었음에도 불구하고 원고 로가스에게 진품이라고 보증했다. 둘째, 피고 시번만은 사실이 아님에도 당해 작품이 자신의 소유라고 보증했다. 피고 시번만은 작품의 이전과 관련한 합의에 대한 약인consideration 즉, 상응하는 대가가 없었다. 따라서 작품의 판매 수익이 아닌 일정액만을 받을 수 있었다. 또한 그는 작품의 소유권 이전에 대해 원소유주가 동의했다는 증거를 제시하지 못했다. 셋째, 피고 시번만은 원소유주가 아니기 때문에 작품의 권원을 보증

---

76   자신은 로가스에게 작품의 진품성을 의심하는 의혹이 있다는 사실을 알렸다고 주장하며 시번만은 즉각 항소했다. 항소법원은 원심을 파기하고 돌려보냈으며, 작품의 진품성에 대해 의혹이 있다는 사실을 로가스가 구매 전에 알고 있었는지에 대한 사실심이 재개되었다. 만일 시번만이 로가스에게 작품의 진품성에 대한 의혹이 있다는 사실을 이야기한 것이 사실로 판명된다면, 로가스는 계약서에 판매자의 담보와 관련 해결되지 않은 문제가 있고, 동 계약을 이행하도록 강제하기 위해 소송할 권리를 포기하지 않았다고 명시되어 있으며, 서명이 있는 경우에만 소송을 진행할 수가 있게 된다. 그렇지만 동 사건 판결과 관련한 더 이상의 공식 기록은 없다.

할 수 없다. 넷째, 앨런 소여를 원래 소유자라고 주장하는 것은 추가적인 담보 위반에 해당한다. Rogath v. Siebenmann.

상태에 대한 보증 상태에 대한 보증이란 작품이 '있는 그대로', '보는 그대로', '매매계약서에 명시된 조건' 그대로의 상태임을 보증하는 것을 말한다. 매도인은 매수인에게 인도될 때까지 신임 의무, 또는 선량한 관리자의 주의 의무로 이를 보관해야 할 의무가 있다. 민법 제374조는 특정물의 인도가 채권의 목적인 때에는 채무자는 그 물건을 인도하기까지 선량한 관리자의 주의로 보존해야 한다고 규정하고 있다. 선량한 관리자의 주의 의무란 거래상 일반 평균인에게 요구되는 정도의 주의를 의미하며, 행위자가 종사하는 직업, 그가 속하는 사회적 지위 등에 따라서 보통 일반적으로 요구되는 정도의 주의다. 이와 유사한 개념으로 영미권의 경우 특정 행위를 위임 또는 위탁하는 사람과 이를 맡아 해당 범위 내에 행위를 하는 수임자(수탁자)의 관계에서 수임자는 신임 의무Fiduciary Duty를 부담한다. 신임 의무에는 충실 의무, 진실 의무, 이익과 상충하지 않을 의무 등이 포함된다.

명시적 보증과 묵시적 보증 영미 보통법상 매도인으로부터 보증을 받지 않은 경우, 일반적으로 매수인이 상품의 품질에 관한 모든 책임을 떠안게 된다. 무언가를 구매할 때 물품의 하자 유무는 구매자에게 확인할 책임이 있다는 매수자 위험부담 원칙 때문이다. 구매자들에게 불리한 이 원칙을 상쇄하기 위해 나온 것이 바로 품질보증이다. 품질보증은 명시적 보증express warranty과 판매자가 명시하지 않아도 인정되는 묵시적 보증이 있다.

미국 통일상법전UCC에 의하면, 명시적 보증이란 판매된 상품에 대한 핵심적인 설명, 즉 당사자 간 협상의 기초가 되는 설명 내용과 실제 상품이 일치함을 매도인이 보증하는 것이다. ①매도인이 거래의 기초가 되는 물품에 대한 설명은 물품이 설명에 합치한다고 보증을 했고, ②매수인이 매도인의 신실한 보증에 의존해 합리적으로 판단해서 물건을 구매했다면 명시적 보증이 성립한다.[77] 이를테면 갤러리나 경매 회사, 또는 아트 딜러가 구매자에게 예술품이 진품이라고 주장한다거나 작품의 소장 이력에 대해 설명하는 것이다. 명시적 보증은 아트 딜러의 실제 의사와는 무관하다. 즉 선의가 거짓 주장에 대한 항변이 될 수 없다. 명시적 보증이 반드시 계약서를 통해서만 발생하는 것은 아니다. 명시적 보증은 매도인의 의도와 무관하게 성립하므로 매도인의 선의는 정당한 항변이 되지 못하며, 매도인의 구두 진술에 표시된 확인이나 약속도 명시적 보증의 근거가 될 수 있다.[78] 따라서 구매자가 도록, 브로슈어, 광고 등을 보고 이를 사실로 믿고 작품을 구매했다면 역시 명시적 보증의 책임이 있다. 명시적 보증은 작품의 매매 전후, 매매하는 동안에도 이루어질 수 있다.

그러나 상법의 원칙을 예술품 매매에 그대로 적용하는 데에는 어려움이 따른다. 예술품은 그 특수성 때문에 다른 물품과 달리 등가교환이 불가능하다. 1990년 뉴욕의 한 갤러리 주인이 경매를 통해 스위스의 한 갤러리로부터 피카소의 〈미노토르minotaur〉 시리즈 중 한 작품을 140만 달러에 구매했다. 구매 후 진품성을 의심한 이 갤러리 주인은 피카소의 서명이 위조됐다고 생각했다. 그는 스위스 갤러리 측에 이를 알리고 환불을 요청했다. 그러나 스위스 갤러리는 계약 취소를 거부하는 대신 피카소 서명이 담긴 다른 작품으로 교환해 주겠다고 제안했다. 뉴욕 갤러리는 이 제안을 거절하고 명시적 보증에 대한 위반으로 소송을 걸었다. 스위스 갤러리 측은 뉴욕 주의 상법N.Y.U.C.C. 2-508(2)에 따라 피카소의 서명이 진짜가 아니더라도 진짜 피카소 서명이 담긴 다른 작품으로 교환했으므로, 즉 새 상품으로 교체하겠다고 제안했으므로 소는 기각되어야 한다고 주장했다. 이에 대해 뉴욕 법원은 같은 작가이고, 같은 인쇄판에서 나왔을지라도 두 작품은 맞바꿀 성질의 것이 아니라고 판시했다. 판결의 근거는 다음

---

77 UCC §2-313 cmt. 8.
78 UCC §2-202.

과 같다.

> 다른 상품들과 달리 예술품은 실용적인 목적을 갖고 있지 않다. 구매자가
> 미술 작품을 사는 것은 미적 감각을 만족시키기 위해서다. 따라서 작품이
> 같은 시리즈이거나 크게 비슷하든 다르든 상관없다. 고려되어야 할 중요한
> 사실은 구매자의 눈에 유독 아름답고 흥미롭게 보이기 때문에 구매했다는
> 점이다. David Tunick, Inc. v. Kornfeld.[79]

구매자가 작품에 대한 판매자의 묘사에 의존해 작품을 구매한 경우에도
보증이 성립된다. 작품의 진품성에 대해 설명하는 것도 작품 묘사에 따른 보증
에 해당한다. 즉 작가, 학파, 시기 등을 특정하거나 소장 이력에 대해 설명하는
것을 포함한다. 아트 딜러가 작품 매매 과정에서 구매자에게 진품 보증서를 주
기로 했으나 이를 이행하지 않았다면, 이는 명시적 보증의 위반에 해당한다. 일
례로 미국에서 야코프 판 라위스달Jacob Van Ruysdal 작품의 매매 과정에서 피고
아트 딜러는 원고 구매자에게 진품임을 보증하는 두 명의 라위스달 전문가 서
한을 건네기로 약속했다. 그러나 아트 딜러는 이 의무를 이행하지 않았다. 이후
원고 구매자가 경매 회사인 소더비에 이 작품의 진품성 확인을 의뢰하자 소장
이력이 불투명하다는 답변을 받았다. 또한 이 작품은 라위스달의 진품으로 '증
명된authenticated' 것이 아니라 라위스달의 작품으로 '추정되는attributed' 것으로
매매가 이루어진 전력이 있었다. '추정되는'은 '증명된'보다 낮은 단계로 당연히
판매 가격에도 차이가 있다.

이후 소더비 경매에 내놔도 작품이 팔리지 않자, 원고 구매자는 진품의 명
시적 보증 위반과 소장 이력에 대한 정확성 보증 위반으로 소를 제기했다. 이에
대해 법원은 진품 여부를 가리는 전문가 서한은 아직 논쟁 중에 있으므로 '진품

---

79 838 F. Supp. 848 (S.D.N.Y. 1993).

의 명시적 보증 위반' 혐의는 각하하고, 대신 '소장 이력 담보'에 관해서만 판시했다.

> 판매 영수증은 작품의 소장 이력을 보증하고 있다. 판매 영수증은 판매자가 작품을 서술한 대로 보장한다고 적고 있다. 그러나 원고는 계약 체결시 진품 확인서가 준비되지 않은 사실을 알고 있었고, 경매 직전 작품의 출처에 관한 문제점들도 알고 있었다. 그럼에도 불구하고 원고 구매자는 먼저 피고 판매자에게 구매 철회 의사를 밝히는 대신 작품을 경매에 붙였다. 따라서 원고는 작품 매매계약을 철회할 수 없다. Weber v. Peck[80]

매도인이 계약을 위반했다는 사실을 알면서도 먼저 계약 취소를 위한 노력을 하지 않은 채, 제삼자에게 재판매하려고 했다는 점은 나중에 재판매에 실패했다 하더라도 이미 계약 위반 사실까지 떠안고 매매를 종료했다는 의미다. 따라서 작품 구매는 계약 위반 혹은 미비 여부를 꼼꼼히 따져 본 후, 그러한 사실이 발견된 때에는 신속히 상대방에게 이 사실을 고지하고 계약 취소 요청을 하는 등의 후속 조치를 취해야 한다. 위 사례와 같이 제삼자에게 판매하려고 했다는 것은 계약 위반 혹은 미비에도 불구하고 계약을 받아들인 것으로 간주되기 때문이다. 여기서 한 가지 주의해야 할 점은 명시적 보증에서 작품에 대한 설명이나 사실 확인을 통한 보증과는 달리 판매자 자신이 작품에 대해 적은 '의견서'는 보증으로 간주하지 않는다는 것이다.

묵시적 보증implied warranty이라 함은 상인이 물건을 판매할 때, 동 물건이 팔 수 있는 상태의 것이며 동 물건이 판매되는 목적에 맞게 사용될 수 있다는 약속이다. 모든 물건이 매매될 때마다 매매계약이 성사되는 것이다. 구매자는 사고자 하는 물건에 값을 치르고, 판매자는 구매자의 이 청약을 받아들이는

---

80   1999 WL 493383, 1999 U.S. Dist. LEXIS 10391 (S.D.N.Y. July 8. 1999).

셈이다. 따라서 특정 물건이 특정 액수의 가격과 교환되는 것이다. 물건을 사고 파는 매매계약은 대체로 구두계약, 즉 계약서가 없는 경우가 많다. 그렇지만 상점에서 초콜릿을 구입할 때 구매자는 초콜릿이 먹을 수 있는 것이며, 먹어도 탈이 나지 않을 만큼 신선한 제품이라고 생각한다. 묵시적 보증은 초콜릿을 구입할 때 계약서에 명시하지 않더라도 초콜릿이 먹을 수 있는 것이며 신선한 것이라는 사실을 판매자가 보증하는 것을 말하며, 구매자를 보호하기 위해 고안된 것이다.

영미법상 묵시적 보증에는 상품성에 대한 묵시적 보증implied warranty of merchantability, 상품 적격성에 대한 묵시적 보증implied warranty of fitness 두 종류가 있다. 전자는 구두 또는 서면으로 알리지 않더라도, 판매 상품이 시중에서 유사하게 판매되는 다른 제품들의 평균적 등급, 질, 가치와 같거나 유사한 수준의 일반적인 주의 기준에 상응한다는 점, 즉 판매 상품이 동 상품의 일반적 사용 목적에 맞게 제작되었다는 점을 약속하는 것이다. 상품성에 대한 묵시적 보증은 ①판매자가 그러한 상품을 판매하는 상인이며, ②구매자가 그러한 상품의 일반적인 용도에 맞게 상품을 사용하는 경우일 때 적용된다. 따라서 구매자는 구매한 상품이 동 상품의 일반적 목적에 맞지 않는 제품일 경우 판매자를 묵시적 보증 위반으로 고소할 수 있다. 상품 적격성에 대한 묵시적 보증은 구매자가 상품을 통상적인 목적이 아닌 특수한 목적으로 사용하고자 할 때 적용된다. 상품성에 대한 묵시적 보증과 달리, 판매자가 동 상품을 판매하는 상인일 필요가 없으며, 구매자가 의존할 만한 지식과 전문성을 갖고 있기만 하면 된다.

화상Art merchant은 예술품을 거래하는 상인으로 상업 갤러리, 예술품 경매사, 독립 아트 딜러 등을 아우르는 표현이다. 판매자가 화상인 경우 역시 작품의 매매계약에는 묵시적 보증이 내재되어 있다고 본다. 구매자들은 갤러리스트, 경매사, 아트 딜러 같은 전문가들에 의존하여 구매 결정을 하게 된다. 따라서 일반적으로 판매자가 거짓으로 구매를 유도했음을 입증해야 하는 사기죄와는 달리, 화상은 상품성에 대한 묵시적 보증 원칙에 따라 판매한 작품에 결점이 존재하는지의 인지 여부와 상관없이 책임이 발생한다. 구매자는 판매자의 전문성과 능력에 의존해 작품을 구매하기 때문이다.

위험부담과 책임 소재

원칙적으로 예술품은 매수인에게 배송될 때까지 예술가나 아트 딜러 같은 매도인이 위험부담을 지게 된다. 만일 매수인이 매도인인 예술가의 작업실에서 예술품을 구매한 뒤, 즉 구매 계약이 성사된 뒤, 구매한 예술품을 나중에 가지러 오겠다고 하는 경우에는 어떨까. 구매 계약이 성사되고 구매한 예술품을 예술가가 임시로 보관만 하고 있는 경우, 도중에 예술품이 망실되거나 파손되거나 도난이 발생했다면 이에 대한 책임은 매수인이 지게 된다. 다만, 당일 또는 단시간 내에 가져가는 것이 합리적으로 불가능한 예술품의 경우에는 예외다.[81] 이 경우에는 과도하게 늦은 경우가 아니라면 그 기간 동안 여전히 매도인인 예술가 또는 갤러리 측이 망실, 훼손, 도난 등의 책임을 지게 된다.

구매한 작품에 하자가 있거나 착오로 인해 구매한 경우 양측 모두 성실하게 계약과 관련한 의무 이행을 했으나 작품에 하자가 있거나 착오로 인해 구매를 한 경우는 어떨까. 법률상 '하자'란 법률 또는 당사자가 예기한 상태나 성질이 결여되어 있는 일을 말하며 '착오'란 사람의 인식과 객관적 사실이 일치하지 않고 어긋나는 일을 말한다. 예를 들어, 구매자가 도자기를 고려청자로 알고 고가에 구매했는데 나중에 확인해 보니 고려청자가 아닌 것으로 밝혀졌다. 그런데 이 매매계약에서 문제의 도자기를 소유하고 있던 판매자는 구매자에게 동 도자기에 대해 약 20년 전에 행상으로부터 구입한 것이라고만 밝혔을 뿐 고려청자로

---

81   Deitch v. Shamash, 56 Misc.2d 875, 290 N.Y.S.2d 137 (N.Y.C. Civ. Ct. 1968).

주장한 적이 없다면, 그럼에도 구매자가 전문적인 감정인이 아님에도 불구하고 고려청자라고 오판해서 고가의 금액을 제시했다면 이 계약은 유효할까, 아니면 계약을 취소할 수 있을까.

원칙적으로 판매한 상품(예술품)에 대한 하자가 있을 때에는 판매자가 그 하자에 대한 책임을 져야 한다.[82] 따라서 구매자의 중대한 과실이 없는 경우에는 계약 취소가 가능하다. 민법 제580조에 의하면 매매의 목적물에 하자가 있는 때에는 동법 제575조 제1항에 따라 ①매수인이 이 하자를 알지 못했고, ②이로 인해 계약의 목적을 달성할 수 없는 경우에는 계약을 해제할 수 있으며, 기타의 경우에는 손해배상만을 청구할 수 있다. 그러나 매수인이 하자 있는 것을 알았거나 과실로 인해 이를 알지 못한 때에는 안 된다. 착오에 의한 계약 취소의 경우 법률행위 내용의 중요 부분에 착오가 있어야 하며, 그 착오는 표의자의 중대한 과실로 인한 것이 아니어야 한다.[83] 그렇다면 위의 사례에서처럼 매도인은 고려청자라고 한 적이 없지만 매수인이 고려청자로 오인해 구매한 경우는 어떨까. 진품이 아닌 예술품을 진품으로 잘못 알고 사는 경우, 또는 작품의 가치에 대해 구매자와 판매자 사이에 큰 차이가 발생했을 때에는 계약을 취소할 수 있을까. 실제 사건인 위 고려청자 사건[84]에서 '중대한 과실'에 대한 고등법원과 대법원의 판단을 각각 살펴보자.

> (구매자가) 이 사건 도자기를 매수함에 있어서는 그 소장자나 출처 등을 확인하고 감정인으로 하여금 감정을 하게 하거나 그렇지 아니하면 고려청자가 아님이 밝혀진 경우 매매계약을 해제한다는 등의 조건을 붙여 위 도자기가 고려청자가 아닐 경우를 대비하여야 할 것임에도, 그 필요한 조치를 취하지 아니한 채 이 사건 도자기를 희소하고 거래가 드문 고려청자로 쉽

---

82 민법 제596조 이하.
83 민법 제109조.
84 김민호, 앞의 책, 153-157쪽.

게 믿은 것은 골동품 도자기의 매수 시 보통 요구되는 주의를 현저히 결여한 중대한 과실로 인한 것이라고 할 것이다. '착오는 표의자의 중대한 과실로 인한 것이 아니어야 한다'는 요건을 갖추지 못한 것이다. 따라서 위 매매계약을 취소할 수 없다. 광주고등법원 1996.5.16. 선고, 96나8135 판결.

그러나 대법원은 원심을 파기했다.

이 사건 매매계약을 체결하면서 자신의 식별 능력과 매매를 소개한 원고를 과신한 나머지 이 사건 도자기가 고려청자 진품이라고 믿고 소장자를 만나 그 출처를 물어보지 아니하고 전문적 감정인의 감정을 거치지 아니한 채 이 사건 도자기를 고가로 매수하고 이 사건 도자기가 고려청자가 아닐 경우를 대비하여 필요한 조치를 강구하지 아니한 잘못이 있다고 하더라도 그와 같은 사정만으로는 위 (구매자)가 이 사건 매매계약 체결 시 요구되는 통상의 주의 의무를 현저하게 결여하였다고 보기는 힘들다. 대법원 1997.8.22. 선고, 96다26657 판결.

이처럼 진품이 아닌 예술품을 진품으로 잘못 알고 산 경우나 작품의 가치 판단에 대해 양 당사자 사이에 차이가 생긴 경우, 착오에 관한 요건을 갖출 때에만 매매계약을 취소할 수 있다. 이때 착오로 인해 의사표시를 한 자가 일반인이냐 전문가이냐에 따라 차이가 있다. 프랑스 민법에 따르면, 계약 무효의 원인이 되는 착오를 구성하기 위해서는 그 착오가 본질적, 결정적 특성이어야 하고, 그 특성에 대한 착오가 없었다면 계약에 이르지 않았어야 한다.[85] 본질적, 결정적 특성의 착오란 예술 작품의 경우 진본성이랄지 골동품의 경우 오래되었음 등이 될 수 있다. 착오로 구매한 매수인은 착오의 사실, 즉 진품이 아니라거나

---

85   Code civil, Article 1641, 1642.

매도인의 설명과 다르다는 사실을 입증해야 한다.[86] 따라서 매수인에게 통상적으로 유사한 연령, 직업, 경험을 가진 보통인을 기준으로 조사 의무, 주의 의무를 다했는지 판단한다. 다만 착오를 한 매수인이 아트 딜러처럼 전문 예술 거래자인 경우에는 보통의 전문가 기준이기 때문에 착오로 인한 무효를 인정받기 어렵다.

배달 과정에서 파손 또는 분실된 경우 사진작가 김중만이 TV 홈쇼핑을 통해 〈꽃the Blossom〉 시리즈 중 4점을 한 세트로 묶어 대량 판매해 히트를 친 적이 있다. 홈쇼핑의 다른 상품과 마찬가지로 구매자는 신용카드 등을 통해 대금을 결제하고, 택배를 통해 김중만 작가의 작품을 집으로 배달받게 된다. 이처럼 판매자와 구매자가 직접 만나 구매 상품과 구매 금액을 교환 거래하는 것이 아니라 인터넷 쇼핑이나 홈쇼핑을 통해 예술품을 구매할 경우에는 택배 회사를 비롯해 거래를 돕는 제삼자가 끼어들게 된다. 예술품 거래도 마찬가지다. 요즘엔 인터넷에 홈페이지를 개설하고 예술가가 직접 작품을 판매하거나 인터넷 경매 사이트 또는 TV 홈쇼핑 등을 통해 작품을 판매하는 경우가 많다. 만일 택배 회사가 작품을 배달하는 과정에서 작품이 손상되거나 분실되었다면 책임은 누구에게 있을까.

택배 계약이나 운송 계약은 물건을 배달하려는 예술가와 택배 사업자 또는 운송인 간에 이루어지는 계약이다. 따라서 물건(작품)의 구매자는 이 제삼자와의 계약과는 무관하다. 택배 사업자나 운송인은 예술가가 별도로 계약을 체결한 '이행 보조자'일 뿐이다. 민법 제391조에 의하면 채무자가 타인(이행보조자)을 사용하여 이행하는 경우에는 피용자의 고의나 과실은 채무자의 고의나 과실로 본다. 따라서 예술품 배달 과정에서 예술품이 파손되거나 분실된 경우에는 판매자(작가)가 구매자에게 판매한 물품(작품)을 넘겨주어야 하는 의무 이

---

86   Cass. civ. 1re, 26 Janv. 1972, Bull. civ., I, n 32.

행에 실패한 것이므로 이에 대한 책임을 지게 된다. 다만, 판매자(작가)는 미술품 택배나 운송 계약에 따라 택배 사업자 또는 운송인에게 파손에 대한 책임을 부담시킬 수 있다.

예술가나 갤러리는 손상이나 훼손, 도난, 분실 등에 대비해 예술품에 보험을 들어 두는 것이 좋다. 보험 목적물은 특정 예술품만을 대상으로 할 수도 있고, 작업실이나 갤러리 전체를 할 수도 있고, 운송 과정에서 발생하는 사고까지 포괄할 수도 있을 것이다. 이때 보험료와 보험금을 책정하기 위해 보험사는 예술품의 가치 평가appraisal를 의뢰할 것이다. 보험과 가치 평가 사무에 관해서는 뒤에 좀 더 다루기로 하겠다.

계약의 파기 또는 불이행, 그리고 구제 방법

계약을 일방적으로 파기당한 측에 대한 법적 구제 방법으로는 계약의 취소, 손해배상 청구 등의 방법이 있다. 계약의 한 당사자가 계약 이행을 거부하거나 실패할 경우 상대에게 이에 대한 손해배상 의무가 발생한다. 법적 구제를 받기 위해서는 계약의 파기로 인한 손해나 피해가 발생해야 한다. 대체로 합리적으로 예측 가능한 손실액을 손해배상으로 책정하는데, 여기에는 대개 계약 이행을 위해 지출된 비용과 상실 이익을 합한 금액을 포함한다. 이때 피해자 측은 손실 비용을 최소화하기 위해 노력해야 한다. 예술품 제작을 의뢰받았다가 계약이 파기되었는데 손해배상 액수를 늘리기 위해 계약 파기 후에 제작에 필요한 재료를 추가로 구입한다거나 해서는 안 된다.

계약서상 완벽한 이행을 명시하지 않았다면 작품의 완성품 또는 미완성품이 서로 합의했던 내용과 조금 다르더라도 계약 불이행으로 보지는 않는다. 예를 들어, 예술가가 스테인드글라스 창문을 제작해달라는 의뢰를 받았다. 작품은 상당 부분 완성이 되어 가고 있었다. 그렇지만 의뢰인이 애초 예상했던 것보다는 채광이 덜 되었다. 이럴 경우 계약 불이행으로 봐야 할까? 의뢰인이 승인한 디자인에 따라 작품을 제작할 때 세부적인 사항에 대한 판단과 선택은 작가에게 있다고 본다. 실제 사건에서 미국 법원은 예술가가 의뢰받은 작품을 상당 부분 제작한 상태이고 대부분 만족스러운 상태로 완성됐다면, 의뢰인이 생각했던 것과는 사소한 차이와 수준의 결함이 발생했다 해도 계약 불이행이라고 볼 수 없다고 판시한 바 있다.[87]

예술품 매매에서 계약의 취소는 판매 후 시장가격의 변동이 크다는 예술품의 특징 때문에 한쪽 당사자에게 불공정한 구제 방법이 될 수 있다. 작품의 매매계약이 성사된 후, 예술가의 귀책으로 계약을 취소했지만, 이후 갑자기 이 작가가 유망 작가로 부각된다면 작품 가격이 올라갈 것이다. 그렇다면 작품을 구매하기로 했다가 취소한 입장에서는 억울할 것이다. 역으로 판매자 입장에서는 경제적 상황 등으로 갑자기 작품 가치가 급락할 경우 손해 보는 입장에 놓일 수 있다. 손해를 본 당사자 입장에서는 손실을 보전받는 것이 합당한 구제 방법이 될 수 있다.

미술관이 예술품을 인도받기 전에 전시 기금이 충분하지 않거나 전시물이 충분하지 않다는 등의 내부 사정으로 전시를 취소하게 되는 경우가 있다. 이런 경우에는 예술품 소장자가 미술관을 상대로 대여 계약 위반으로 손해배상 청구를 할 수 있다. 따라서 대여 계약을 체결할 때, 미술관은 예술품을 인도받기 전에 여하한 이유로 전시가 취소되는 경우에 미술관은 대여 계약을 해지할 수 있으며, 그 계약 해지에 대한 손해배상책임을 지지 않는다는 조항을 넣는 것이 좋다.[88]

87   Wagner-Larshield Co. v. Fairview Mausoleum Co., 190 Wis.357, 208 N.W. 241.
88   최정환, 앞의 글, 105-106쪽.

2 예술품 시장의 플레이어들

예술품 소장자가 예술품을 처분하기로 결심한 다음엔 누구를 찾아가야 할지 결정해야 한다. 독립 아트 딜러나 갤러리에 맡길 것인가, 경매에 내놓을 것인가, 아니면 아트시Artsy나 아트넷Artnet 같은 온라인 플랫폼을 이용할 것인가. 예술품 시장에서 가장 중요한 역할을 하는 곳은 1차 시장을 담당하는 갤러리와 2차 시장을 담당하는 경매 회사다. 최근에는 새로운 기술을 적극 활용한 온라인 플랫폼을 통한 예술 거래가 활발하다. 예술품 소장가들은 예술품을 사적으로 은밀하게, 또는 빠르게 팔고 싶거나 매매에 직접 개입하고 싶을 때에는 친분이 있는 독립 아트 딜러를 찾거나 갤러리나 경매 회사 등의 사적 거래 서비스를 이용한다. 투명한 거래를 원하며, 전문성을 높게 사는 소장자들은 경매 회사를 찾는다. 이들은 경매를 통한 경쟁이 합리적인 가격을 도출할 것이라고 믿는다.

보통 아트 딜러와 경매사는 본질적으로 제삼자에게 예술품을 판매한다는 점에서는 같지만 법적으로는 차이가 있다. 경매사는 중개료나 보상을 받고 타인의 부동산, 혹은 동산을 공공 경매장에서 판매할 수 있도록 법적으로 허가를 받은 사람을 뜻한다.[89] 아트 딜러 혹은 화상은 자신이 보유하기 위해서가 아닌

---

89   Black's law dictionary, 119쪽.

판매를 목적으로 구매하는 사람을 뜻하며 별도로 법적 허가나 등록이 필요하지는 않다.[90] 경매사는 구매가 아닌 판매만을 할 수 있으며, 미국의 경우 별도의 대리인법을 두고 있는데, 한국은 민법의 대리행위 관련 규정[91]을 적용받는다. 최근에는 갤러리스트와 아트 딜러, 큐레이터를 따로 구분하는 추세다. 아트 딜러는 예술품 거래를 하는 사람을 통칭하는데 비해 갤러리스트는 전시·기획 등 갤러리에서 업무를 담당하는 사람을 말한다. 큐레이터는 작품을 대중에게 가장 효과적으로 보여주며, 예술품과 대중 사이의 소통을 위해 존재한다.

1998년부터 크리스티를 시작으로 경매 회사들이 살아 있는 동시대 작가들에게 관심을 갖고, 1년에 두 차례씩 주요 경매 행사인 '이브닝 세일'에 이들의 작품을 내놓기 시작하면서 갤러리와 경매 회사의 경쟁 관계는 더욱 치열해졌다. 갤러리와 아트 딜러들은 자신들은 예술가와 끈끈한 유대 관계를 유지하며 훌륭한 예술가로 성장할 수 있도록 지원하지만, 경매 회사들은 아무런 노력 없이 자신들이 키워 놓은 예술가들을 상품화해서 이득을 취할 뿐이라고 비판하기도 한다. 그럼에도 경매 회사는 수요와 공급 법칙에 따라 시장에서 공개적으로 예술품 가격을 결정함으로써 예술품 가격 결정의 바로미터 역할을 하고 있으며, 1차 시장에서 일부 갤러리와 아트 딜러들이 작품 가격을 왜곡하거나 지나친 비공개주의로 예술품 매매 관련 정보가 독점되는 것을 보완한다. 최근에는 아트시나 아트넷, 아트프라이스 같은 웹사이트에서 거래되는 작품들의 가격이 투명하게 공개되면서 예술 판매자 간, 그리고 예술 판매자와 구매자 간의 정보 격차도 현저히 줄어들었다.

---

90   Black's law dictionary, 359쪽.
91   민법 제114조~제136조.

아트 딜러와 갤러리

아트 딜러는 두 종류로 나눌 수 있다. 갤러리에서 작품을 전시하고 판매하는 소매형과 개인적으로 작품을 매매하는 형태가 있다. 후자의 형태로 활동하는 아트 딜러들은 개인의 뛰어난 역량을 바탕으로 가치 있는 작품을 찾아내 매입하고 되파는데, 이와 관련한 자신의 영업 기술을 비밀로 하는 경우가 많다. 갤러리를 운영하거나 거기에 소속된 아트 딜러들은 골동품·고화, 근현대 등 시기별로 전문화해서 활동하는 경우가 많다. 근현대와 그 이전 시기의 전문성과 활동 영역 및 방식은 차이가 크다. 대체로 현대 또는 동시대 예술품들을 취급하는 아트 딜러들은 아직 잘 알려지지 않은 뛰어난 예술가와 예술품들을 발굴하는 데 역점을 둔다. 이들이 언론과 평론가들의 반응에 민감하다면, 골동품이나 '올드 마스터'라 불리는 거장들의 작품을 다루는 아트 딜러들은 경매가 기록이나 시장가격에 더욱 관심을 갖는다.

근대 이전의 예술가들은 왕족과 귀족, 교회 등 후원자의 지원으로 생활을 했으며 그들의 간섭으로부터 자유롭지 못했다. 중세 길드 체제의 대안으로 1648년 파리에 설립된 회화 및 조각 아카데미Académie des Peinture et Sculpture는 젊은 예술가를 교육하고, 고급 예술에서 최고의 표준을 진흥하려는 목적을 가지고 있었다. '살롱salon'이라는 전시회는 1년에 한 번 개최되는데, 이곳은 많은 사람들이 모여 작품들을 감상하며 사교 활동을 하기도 하고, 작품을 구매하는 일종의 아트 페어이자 갤러리였다. 그러나 아카데미는 매우 제한된 소수에게만 보상과 후원 기회를 제공했으며, 보상 역시 점차 정치적으로 변질되었다. 게다가 프랑스 대혁명 이후 사회적 변화와 함께 예술가들도 좀 더 자유로운 창작 의지를 갈구하기 시작했다. 예술품의 전시 장소도 국가 주도에서 벗어나기 시작하면서 갤러리의 역사가 시작된다.

모더니즘 미술의 시초이자 사실주의 대표 화가인 구스타브 쿠르베는 새로운 전시 문화에 결정적인 역할을 했다. 쿠르베는 작품 크기가 너무 크고 경건하지 못하다는 이유로 1855년 파리에서 개최된 만국박람회에서 작품 전시를 거절 당했다. 그러자 자신의 후원자인 알프레드 브뤼야스Alfred Bruyas의 도움을 얻어 박람회장 건너편에 '리얼리즘관'이라는 임시 건물을 만들고 자신의 작품 40여 점을 따로 전시하는 개인전을 열었다. 그 이후로 인상파 화가들의 작품 전시는 점차 갤러리 위주로 이루어지기 시작했다. 19세기 이후 갤러리는 화상들이 영업 용으로 운영하는 미술품의 전시 및 판매장으로 확산됐다.

갤러리는 아트 뮤지엄art museum, 예술품을 판매하는 소매상점, 미술 전시 관 등의 의미가 있다.(영국의 내셔널 갤러리National gallery나 서펜타인 갤러리Serpentine gallery는 상업 갤러리가 아니라 공공 미술관art museum이다.) 갤러리는 현대 예술품 거래에서 크게 두 가지 역할을 한다. 하나는 예술품을 진열하고 전시함으로써 예술품에 대한 관심을 일으키고 소개하는 역할이다. 다른 하나는 예술품의 판 매를 돕는 것이다. 현대의 갤러리는 운영 목적에 따라 개인 갤러리와 공공 갤러 리, 미술품의 판매 가격에 갤러리의 이윤이 포함되는지 여부에 따라 크게 상업 갤러리, 대관 갤러리로 구분하기도 한다.[92] 통상 갤러리에서 예술품 거래가 이루 어진다고 하면 상업 갤러리를 의미한다. 공공 갤러리는 대안 공간, 문화예술재 단이 운영하는 전시장 등 비영리성을 띠는 공공적 성격의 전시 공간을 말한다.

상업 갤러리는 영리를 목적으로 작품을 거래하는 곳이다. 기획이나 초대전 형식의 전시를 개최하고, 상설 전시를 통해 작품을 판매하기도 한다. 특히 1990 년대 초반 이후 갤러리의 대형화 전략이 두드러졌는데 인터넷 사이트를 개설하 고 잡지를 지속적으로 발간하거나 언론사와 제휴하여 대형 전시를 개최하고, 외국 유명 작가들의 전시를 유치하거나 세계 아트 페어에 진출하기도 한다. 아 트 바젤, 프리즈 아트 페어, 아모리 쇼 같은 국제 아트 페어에서는 전 세계 주요 갤러리들이 한자리에 모여 각각의 부스를 개설하고 경쟁적인 거래를 한다. 건축 물과 미술 장식품, 공공 미술에 대한 에이전시 역할을 하기도 한다. 또한 대형

92   최병식, 『미술 시장과 경영』, 동문선, 2005, 49-53쪽.

갤러리는 전속 작가 제도를 두고 신진 작가를 지원하기도 하고, 한편으로 컨설턴트 회사를 단기 또는 장기로 운영하기도 한다. 이처럼 상업 갤러리들의 역할은 다양하다. 말 그대로 '상업' 갤러리는 미술품 판매에서 이윤을 취득하는 게 목적이다. 특히 20세기 말부터는 뉴욕, 파리, 런던, 홍콩, 베이징 등 미술품 거래가 활발한 주요 도시에 거점을 두고, 전 세계에 지점을 두면서 사업 영역을 확장하며 미술품 시장에서 중요한 플레이어 역할을 하고 있다.

대관 갤러리는 임대료를 받고 그림을 전시할 장소를 빌려주는 것으로 미술품 판매에는 개입하지 않는다. 이 경우 갤러리와 예술가의 관계는 민법상 임대차 관계에 불과하다.[93] 예술가의 갤러리 대관은 미리 정해 놓은 전시 기간 동안 대관료를 지급하고 전시회를 여는 것으로, 이때 대관료는 일반적으로 하루에 얼마 또는 한 주에 얼마 하는 식으로 일 단위 또는 주 단위로 책정된다.[94] 대관 갤러리는 통상적인 임대인의 임차인에 대한 보호 의무에 따라, 임대인인 갤러리는 임차인 작가에 대해 보호 의무를 지게 된다. 따라서 전시 중 보호 의무 불이행으로 미술품이 파손됐다면 손해배상책임을 지게 된다.

일반적인 관행으로서 갤러리의 수수료는 50퍼센트 정도를 책정하지만 신인 또는 중견 작가인지 여부, 작가나 작품의 인기, 갤러리의 위상, 그리고 각 당사자의 역할 등에 따라 달라질 수 있다.[95] 대관 전시는 갤러리를 작가에게 대관하는 것이기 때문에 작품을 판매할 때 갤러리가 개입할 조건이 성립되지 않는다. 물론 위와 같은 조건은 계약에 따라 상당한 차이를 둘 수 있으며, 외국 작가나 갤러리 전속 작가, 인기 작가, 신진 작가 등이나 화랑의 성격과 등급에 따라 차이를 보일 수 있다.[96]

93 임대차의 목적과 임차물의 종류, 구조, 설비, 차임의 액수 등 제반 요건을 가미해볼 때 당사자 사이에 임대차를 단기간에 한해 존속시킬 의사가 있었다고 판단되면 일시 사용을 위한 임대차로 본다. 곽윤직 엮음/민일영 집필, 『민법주해 제15권: 채권 8』, 박영사, 1997, 174쪽.
94 명순구·김기영, 『미술품의 거래법과 세금』, 고려대학교출판부, 2012, 37쪽.
95 최병식, 앞의 책, 2005, 48쪽.
96 위의 책, 49쪽.

예술가와 아트 딜러의 특수 관계

반 고흐는 살아생전 스스로의 힘으로는 단 한 점의 그림도 팔지 못했다. 잘 알려져 있다시피, 고흐는 동생 테오의 도움을 받아 생활을 했다. 생계뿐만 아니라 그림을 그리는 데 드는 모든 비용도 전적으로 동생의 도움을 받았다. 고흐는 늘 동생에 대한 미안함과 좌절감을 느껴야 했다. 어느 날 고흐는 이런 감정을 털어버릴 묘안을 생각해냈다. 지금부터 동생에게 자신의 작품을 보내주고, 동생으로부터 받는 금전적 도움을 '호의'가 아닌 자신의 작품에 대한 '대가'로 명명하기로 한 것이다. 이전에도 고흐는 동생에게 종종 작품을 보내곤 했기 때문에 상황은 달라진 것이 없지만 대신 작품을 금전적 가치와 '교환'하기로 한 것이다. 고흐는 예술가들이 맘 놓고 창작할 수 있도록 딜러가 작업실, 음식, 물감 등을 제공하고 대신 예술품으로 갚는 방식이 있었으면 좋겠다고 동생에게 보내는 편지에 쓰기도 했다.[97] 이처럼 현대적 의미의 갤러리나 아트 딜러가 탄생하기 전까지 대부분의 예술가들은 후원자나 가족, 친지, 친구와 같은 지인들의 도움을 받아 생활을 하고 그림을 팔곤 했다. 또한 예술가와 아트 딜러나 갤러리의 관계도 이러한 형태에서 크게 벗어나지 않았다. 상업적 관계라기보다는 사회적 관계 또는 친분 관계에 가까웠다.

고급 예술에 대한 중간 계층의 관심이 높아지고, 파리에서 활동하는 예술가의 수가 점점 늘어나면서 아카데미와 살롱만으로는 예술품을 유통시키기에 역부족이었다. 그렇게 해서 19세기 후반에는 아카데미를 거치지 않고 직접 예술품들을 대중에 판매하는 아트 딜러, 또는 화상들이 등장한다. 이 같은 근대적 의미의 아트 딜러들이 생겨났을 때, 그들은 스스로를 예술가들을 지원하고, 칭찬하고, 인정해주는 역할을 하는 후원자라고 생각했다. 아트 딜러들은 걸작임을 증명해줄 아카데미 전문가들이 수여하는 상에 의존할 수 없으므로 대신 잠

---

97   Olav Velthuis, *Talking Prices:Symbolic Meanings of Prices on the Market for Contemporary Art*, p.54.

재적인 구매자들이 예술품의 가치를 알아보도록 훈련시켰다.[98] 아트 딜러들은 아카데미 후원의 공백을 메우기 위해 예술가들이 생활을 유지하면서 작업을 하는데 필요한 재료를 구매할 수 있도록 경제적 지원을 했다. 아트 딜러들은 경쟁자들로부터 차별화를 위해 아카데미의 획일적인 스타일이 아닌 예술가 개인의 독특한 스타일을 반영한 작품들을 찾기 시작했다. 동시에 비평가들은 미학에 대한 사상을 발전시키고 그것을 책이나 신문 기사로 활자화하는 작업을 해나갔다.

근대적 의미의 아트 딜러는 시장에서 공급자와 수요자 사이를 중개하는 역할을 하는 현대적 의미의 아트 딜러들과 크게 역할이 다르지 않지만 개념적으로는 차이가 있다. 뉴욕 페이스 갤러리Pace Gallery의 설립자인 아널드 글림처 Arnold Glimcher는 뉴욕타임스와의 인터뷰에서 딜러는 예술 작품의 해설자이자 홍보자이고 가족, 친구, 은행가, 보모이기도 하다고 한 바 있다.[99] 이런 면에서 아트 딜러와 예술가의 관계를 '결혼'이라고 칭하기도 한다. 불확실성이 큰 동시대 예술을 취급하는 데는 '투기'적 성격도 있다. 신인 작가들을 찾아내 투자를 하는 데에는 그만큼 위험부담이 따른다. 대체로 장기적 관점에서 작품을 골라 작가나 작품의 진가가 인정될 때까지 판매하지 않고 보유하기도 한다. 근대적 의미의 아트 딜러들은 판매가의 일정 부분을 수수료로 책정하기도 하고 위험부담을 예술가와 나누기도 한다. 대신 성장 가능성이 있는 예술가들을 선별해 전시회를 개최하거나 수집가와 연결시키고, 언론을 통해 홍보하기도 한다.

많은 아트 딜러들은 예술가와 딜러 간의 관계에 돈 문제가 지나치게 개입되면 안 된다고 생각하며, 예술 세계를 지키는 수호자라고 자부한다. 아트 딜러들은 재능 있는 신진 예술가들을 발굴해 스타 작가로 키우기도 하고, 그 과정에서 물질적 편의를 제공하고 때로는 영감을 주고, 용기를 북돋아주기도 한다.

---

98 알렉산더, 앞의 책, 183쪽.
99 Grace Glueck, "In the Art World, As in Baseball, Free Agents Abound," *The New York Times*, Jan. 14, 1991; Velthuis, *Talking Prices*, p.55.

고흐와 테오의 관계처럼 수시로 연락을 주고받으며 안부를 확인하고 사적인 친분을 키우고 실질적인 조언을 주기도 하며 신뢰 관계를 유지한다. 예술가들은 자신의 작품을 직접 나서서 마케팅할 필요가 없이 창작 활동에만 전념할 수 있고, 아트 딜러들은 예술가를 통해 이윤을 남길 수 있다. 그렇지만 모든 예술가와 아트 딜러의 관계가 항상 원만한 것은 아니다. 후원자이자 홍보 및 마케팅 담당자이고 때로는 친구 또는 가족 같은 관계이기도 하지만 본질적으로 '사업' 파트너이기 때문이다. 피카소는 자신의 후원자이자 딜러였던 레옹스 로젠베르 Léonce Rosenberg와 사이가 나빠지자 그를 적이라고 선언하기도 했다. 예술 시장이 다른 시장과는 구별되듯 예술가와 아트 딜러의 관계 역시 사적, 사회적, 예술적 관계와 경제적 이해관계가 얽힌 특수 관계라고 볼 수 있다.

프랑스의 대표적 화상인 폴 뒤랑루엘은 예술가와의 신뢰 관계를 유지하기 위해 당장 작품이 팔리지 않더라도 매달 급료를 지급하면서 예술가의 미래에 투자했다. 이 같은 '후원자patron' 방식은 미국에도 도입되어 아트 딜러들이 예술가에게 정기적으로 일정액을 지급하고 둘 사이의 신뢰를 공고히 하는 수단으로도 사용된다. 예술가에게는 일종의 보증금 같은 개념, 아트 딜러 입장에서는 투자금의 개념인 것이다. 뉴욕의 유명한 화상 레오 카스텔리Leo Castelli는 훗날 팝아트의 거장으로 성장한 로버트 라우션버그와 재스퍼 존스를 발굴해 매달 500달러씩 지급함으로써 월세와 작품 활동에 들어가는 비용을 충당할 수 있게 해주었다.[100] 미니멀리스트 리처드 세라와 도널드 저드Donald Judd 역시 각각 3년과 14년 동안 매달 급료를 받았다.[101] 카스텔리 역시 뒤랑루엘처럼 대신 작품을 받았지만, 작품이 팔리지 않더라도 중단하지 않고 매달 월급을 주었다.

예술가가 아트 딜러를 대리인으로 두는 방식은 두 가지가 있다. 하나는 특정 작품만 매매를 위탁하는 방식으로 당 작품의 매매계약이 체결되면 두 사

100 Deidre Robson, "The Market for Abstract Expressionism: the Time Lag between Critical and Commercial Acceptance," *Archives of American Art Journal*, Vol.25, No.3, 1985; Velthuis, *Talking Prices*, p.65.
101 Velthuis, *Talking Prices*, p.65.

람의 관계는 끝난다. 다른 하나는 예술가의 작품 일체에 대한 매매를 대리하는 독점적인 관계다. 예술가와 아트 딜러가 위탁매매 계약을 할 경우 이를 서면으로 분명히 해두는 것이 좋다. 미국에서는 아트 딜러와 예술가 간의 위탁매매 계약에 별도의 대리인법[102] 규정을 적용한다. 위탁매매 계약이 성사되면 아트 딜러는 작가의 대리인이 되는 것인데, 연예인과 매니저 또는 운동선수와 스포츠 에이전트와 유사한 관계라고 보면 된다.[103] 대리인이란 다른 사람을 위해 행위할 권한이 주어진다는 의미의 법률용어다. 위탁계약을 체결할 때 아트 딜러나 갤러리에게 예술품의 소유권이 넘어가는 것이 아니다. 소유권은 매매계약이 체결된 후 매도인인 예술가로부터 작품을 구매한 매수인에게 직접 넘어간다.

대리인법에 의하면 대리관계, 즉 에이전트는 대리를 위탁하는 사람과 위탁받는 사람 간에 맺어지는 신임 관계fiduciary relationship의 성격을 갖는다. 대리관계는 대리의사를 밝히고 대리인이 이를 수락하면 이뤄지며, 대리인이 대리 위탁자 대신 업무를 수행하며 대리 위탁자의 지배를 받는다. 미국법상 대리인 관계가 된다는 것은 가장 높은 수준의 절대적인 신뢰와 성실하고 충실할 의무를 지게 됨을 의미한다. 따라서 대리인은 대리 위탁자와 이해 상충적인 행동을 해서는 안 되며, 이 관계를 이용해 사적 거래를 하거나 이득을 취하면 안 된다. 권한을 행사할 때 대리인은 대리권을 준 사람의 이익을 위해 행동해야 한다. 예술가는 갤러리에게 자신을 대리할 권한을 준 것이며, 갤러리는 양측이 합의한 조건에 따라 대리의 책임을 지기로 동의한 것이다. 대리인으로서 갤러리는 예술가의 이익을 위해 선의를 가지고 대리 활동을 해야 한다. 대리인인 갤러리는 위탁된 작품 외에 다른 작품에는 권한이 없다. 갤러리나 아트 딜러는 동시에 여러 예술가들을 대리해도 된다. 그렇지만 대리하는 예술가 간의 이익이 충돌하는 경우

---

102 Restatement (Second) of Agency (1958).
103 미국의 대리인법상 대리인 또는 에이전트 개념은 의뢰인을 대리하는 변호사부터 식당 주인과 종업원의 관계에 이르기까지 폭넓게 적용된다. 이를테면 주식회사의 사장은 주주와 투자자들의 대리인으로 회사법 등 관련 법 외에 대리인법의 적용을 받는다.

를 회피해야 한다.

수탁자인 아트 딜러 또는 갤러리는 위탁자에게 몇 가지 신임 의무를 지게 된다. 첫째, 아트 딜러는 위탁 예술품을 신중하게 관리해야 하며, 위탁자와의 관계에서 공정하고 정직해야 한다. 둘째, 예술품 처분과 관련해서는 주기적으로 대금 계산을 해야 한다. 셋째, 위탁자에게 위탁 예술품의 처분과 관련한 모든 정보를 공개해야 한다. 넷째, 대리인인 아트 딜러는 경쟁 관계에 있는 두 작가의 작품을 동시에 다루지 않도록 해야 한다. 만일 그럴 가능성이 있다면 아트 딜러는 예술가에게 이 사실을 미리 알려야 한다.

아트 딜러는 위탁자 외에 예술품 소장자나 구매자에게는 특별히 신임 의무fiduciary duty를 지지 않으며 사적으로 그 작품을 구매해도 무방하다. 하지만 위탁계약 상태에 있는 아트 딜러가 예술가의 작품을 직접 살 경우, 작품과 관련한 일련의 상황과 정보를 먼저 공개하고 동의를 구해야 한다(경매사 역시 위탁 대리인이지만 경매를 위탁한 예술품의 소장자를 대리해 판매할 뿐 본인 소유를 목적으로 구입해서는 안 된다). 작품의 가치가 상승해 시장에서 가격이 올라갈 것을 알고 저가에 구매해 제삼자에게 고가에 판매하는 식의 행위를 예방하기 위한 것이다.

신임 의무를 위반하게 되면, 그로 인해 위탁자인 예술가에게 발생하는 손해를 배상해야 한다.[104] 물론 사기 행위나 범의가 입증되면 부당이득, 횡령, 절도 등의 혐의로 형사상 책임도 지게 된다. 신임 관계를 이용해 원인 없이 타인의 재산 또는 노무로 이익을 얻고 이로 인해 타인에게 손해를 가한 경우에 그 이익을 부당이득unjust enrichment이라고 한다. 부당이득 제도는 누구도 정당한 이유 없이 타인의 손실로 이득을 얻어서는 안 된다는 공평 분배를 이론적 기초로 한다. 부당이득이 성립하기 위해서는 수익, 손해, 인과관계, 법률상 원인의 부존재와 같은 네 가지 요건이 필요하다. 즉, 타인의 재산 또는 노무로 인해 이익을 얻고, 그것에 의해 타인에게 손해를 주며, 이익과 손해 사이에 인과관계가 있

---

104 Restatement, §§399, 407.

고, 법률상 원인이 없어야 한다.[105] 수익의 방법은 법률행위 또는 사실행위나 자연적 사실에 의한 것도 관계가 없으며 손해는 적극적으로 재산이 감소하는 경우와 소극적으로 재산의 증가가 저지되는 경우를 포함한다. 부당이득이 인정되면 손실자인 위탁자는 이득자인 아트 딜러나 갤러리에 대해 부당이득 반환청구권을 갖게 된다. 부당이득이 인정되면 아트 딜러는 예술품을 반환하거나, 예술품을 반환할 수 없는 때에는 가액을 반환해야 한다.[106] 이익의 반환은 손실액과 이득액을 한도로 하는데, 이 경우에 선의의 수익자는 받은 이익이 현존하는 한도에서 반환해야 하며, 악의의 수익자는 받은 이익에 이자를 붙여서 반환하고 손해가 있으면 배상해야 한다.[107]

조각가 밀로 라자레비치Milo Lazarevich의 사례를 살펴보자. 그는 〈때때로 From time to time〉라는 작품을 판매하기 위해 동 작품을 신든 갤러리Sindin Gallery에 위탁했다. 그러나 갤러리 측은 작품을 판매하는 대신 라자레비치에게 알리거나 허가를 구하지도 않은 채 동 작품을 다른 전시장에 대여했으며 거둬들인 소득을 분배하지도 않았다. 게다가 한 호텔에서 전시되는 동안에는 작품이 훼손되기까지 했다. 라자레비치는 갤러리가 계약을 위반했으며, 신임 의무를 지지 않았다며 고소했다. 소장에는 부당이득 취득, 횡령, 사기적 부실표지fraudulent misrepresentation 등의 혐의도 포함되었는데 뉴욕 법원은 이를 인정했다. 조각가가 갤러리에 자신의 작품을 이전하는 순간 예술가와 딜러 간에 신임 관계가 형성되었으며 딜러가 이 의무를 위반했다는 것이다.[108]

뉴욕 형사법에 의하면, 예술가에게 작품이나 매매 대금 액수를 허위로 알릴 경우에는 절도죄를 적용할 수 있다.[109] 2009년 뉴욕 맨해튼에서 40년간 샐린더 오라일리 갤러리Salander-O'Reilly Gallery를 운영하며 유명 아트 딜러로 활동해

---

105 민법 제741조.
106 동법 제747조.
107 동법 제748조.
108 Lazarevic v. Sindin Galleries, Inc., N.Y.L.J., Oct. 27, 1997.
109 NY Penal Law §155.05.

온 로런즈 B. 샐린더Lawrence B. Salander가 절도, 문서위조, 사기 등으로 기소되면서 뉴욕 예술계에 큰 충격을 준 사건이 있었다.[110] 샐린더는 자신의 고객인 예술품 수집가와 투자자들을 상대로 오랫동안 사기를 쳐왔다. 예를 들어 테니스 스타인 어느 예술품 투자자는 갤러리에 16만 2,500달러를 주고 작품을 산 뒤 차익을 남기고 되팔기로 이 갤러리와 약속했다. 그러나 갤러리는 약속했던 금액인 32만 5,000달러를 이 투자자에게 돌려주지 못했다. 또 다른 투자자인 헤지펀드 매니저는 30억 5,550만 달러어치를 구매한 뒤 30억 7,250만 달러를 돌려받기로 했으나 이 역시 원금에도 못 미치는 돈을 돌려받았을 뿐이다. 검찰은 샐린더의 이 같은 행위를 폰지 사기 수법ponzi scheme으로 규정하고 그를 기소했다.

부동산 거래와 마찬가지로 아트 딜러는 (계약에 따라) 독점적인 대리인이거나 판매 독점권을 가질 수 있다. 위탁매매 계약관계에 있는 아트 딜러는 작가의 작품 판매 독점권을 갖는다.[111] 아트 딜러가 계약을 맺은 작가의 작품에 대해 독점적인 판매 권한을 갖더라도, 작가가 직접 작품을 팔아도 된다. 다만, 아트 딜러가 판매 독점권을 갖는 경우에는 아트 딜러 도움 없이 작가가 직접 작품을 팔았다 해도 아트 딜러에게 중개 수수료를 지급해야 한다.[112] 작가의 작품 판매 독점권이 있는 딜러는 작품 판매를 위해 최선을 다할 의무가 있으며 작가는 계약대로 최선을 다해 작품을 제공해야 한다. 하지만 이러한 의무는 계약에 의해 변경될 수 있다.

예술가-아트 딜러 계약

아무리 예술가와 딜러의 관계가 가족이나 친구와 같은 사적 요소가 있고,

110　James Barron, "Art Dealer is charged with stealing $88 Million," The New York Times, Mar. 26, 2009.

111　UCC §2-306.

112　Bresler and Lerner, Art Law: the Guide for Collectors, Investors, Dealers, & Artists, p.10.

신뢰 관계에 기반을 둔 것이더라도 두 사람 간의 관계는 법적 구속력 있는 계약 관계다. 계약을 맺게 되면 아트 딜러는 예술가의 법적 대리인이 된다. 모든 인간의 사적, 사회적, 경제적 관계와 마찬가지로 예술가와 딜러의 관계 역시 언제 어떻게 변할지 모른다. 고의든 과실이든 문제가 발생할 수 있고, 상황이 바뀔 수도 있다. 따라서 앞서 오키프나 바스키아와 아트 딜러들 간의 사례에서 보듯, 위탁매매를 할 경우 독점적 대리관계이든 일시적 판매 독점권을 갖는 관계이든 간에 계약 내용을 서명이 있는 문서로 남겨두는 것이 장래에 있을지 모를 법적 분쟁에 대비해 중요하다. 갤러리와 예술가의 위탁계약 목적은 크게 전시와 매매 두 가지이며, 대여, 미술관 대관, 재생산, 다른 목적으로 사용될 경우의 당사자 동의 등 구체적인 내용을 협의해 서면으로 명시해 두어야 한다.

피터 핼리Peter Halley와 뉴욕의 소나벤드 갤러리Sonnabend Gallery 간의 법적 분쟁은 아트 딜러와 예술가의 관계에서 비즈니스 파트너적 속성을 잘 드러내는 사건이다.[113] 네오지오Neo-geo,[114] 또는 시뮬레이션 아트Simulation Art의 대표 작가인 핼리는 무명이었을 때인 1986년부터 소나벤드 갤러리와 독점적 관계를 유지하며 매달 급료를 받았다. 핼리가 성공하자 월급도 1만 2,000달러에서 4만 달러로 늘었다. 그렇지만 둘 사이에는 정식 계약, 즉 서면계약이 존재하지 않았다. 대신 핼리가 2년에 한번 꼴로 소나벤드 갤러리에서 전시회를 하고, 작품 판매액을 양분하기로 구두 합의만 했을 뿐이다. 1992년 2월 핼리는 소나벤드 갤러리 측에 좀 더 역동적으로 활동하는 가고시안 갤러리로 옮기고 싶다는 내용의 편지를 보냈다. 카스텔리의 부인인 일리애나 소나벤드가 운영하는 소나벤드 갤러리는 전후 뉴욕 화랑가를 대표할 만한 갤러리였지만 주먹구구식 회계 같은 오래된 방식을 고수해 비즈니스적 감각을 갖춘 예술가들에게 점차 비판을 받

---

113 Sonnabend Gallery, Inc. v. Peter Halley, Gagosian Gallery, and Larry Gagosian, N.Y.L.J., Jul. 14, at.21, col.2 (Sup. Ct. N.Y.County 1992).
114 Neo-geometrical을 줄여서 부르는 용어로 현대 소비사회의 기조는 재생산에 있다고 보고, 현실을 이미 복사된 것으로 보며 그것의 독창성을 부정하는 미술의 한 경향이다.

고 있던 터였다. 가고시안 갤러리는 선제적으로 피터 핼리의 전시회 일정을 잡아 광고를 하기 시작했다. 이에 소나벤드 갤러리는 법원에 당 전시의 금지명령을 신청했지만, 법원은 이를 기각하고 대신 계약 파기 소송을 받아들였다.

소나벤드 갤러리가 핼리와 서면계약만큼 구속력 있는 구두계약을 체결했다는 사실을 입증하면 징벌적 손해배상을 받을 수 있었다. 소나벤드 갤러리 측은 가고시안 갤러리가 핼리에게 200만 달러의 보너스를 지급해 전속 갤러리를 옮기도록 유인한 것은 불법 영업 방해tortuous interference로 가고시안 갤러리가 소나벤드와 핼리 사이에 맺어진 구두계약을 불법적으로 방해했다고 주장했다. 또한 가고시안 갤러리가 핼리에게 돈을 주어서 핼리가 경제적 속박economic duress 상태에 놓이게 한 것은 가고시안과의 계약을 하도록 하기 위해 부당한 압력을 행사한 것이라고 주장했다. 따라서 핼리의 결정은 사실상 자발적인 것이 아니라는 것이다. 그렇지만 핼리와 가고시안 측은 돈을 주고받은 적이 없다며 소나벤드 갤러리 측의 주장을 부인했다. 대신 가고시안 갤러리는 소나벤드 갤러리보다 더 높은 월 급료를 주기로 했다는 사실은 인정했다. 결국 이 소송은 양측이 합의하고 구체적인 합의 내용은 공개하지 않는 것으로 했다.[115] 다만 핼리가 소나벤드에게 자신의 이적을 알리는 편지에서 채무 액수라고 인정했던 16만 2,500달러를 배상하는 것으로 합의했다는 추정이 있다.

핼리와 소나벤드 갤러리 간의 분쟁은 예술계에 다음과 같은 과제를 남겼다. 첫째, 예술가와 아트 딜러 간 관계의 속성은 무엇인가. 둘째, 두 당사자 간에 오고간 금전 거래의 속성은 무엇인가. 묵시적 고용계약에 따른 급료인가 후원자의 지원금인가, 아니면 위탁된 작품 판매에 대한 선금 지급인가. 셋째, 예술계와 예술 시장의 관계와 특성은 무엇인가. 예술 시장은 시장 자본주의 원칙과 규칙이 똑같이 적용되어야 할까, 아니면 예외적이어야 할까.

대체로 예술가와 갤러리들은 간단한 구두계약을 통해 위탁 관계를 맺곤

---

115 Carol Vogel, "The Art Market," *The New York Times*, Jun. 11, 1993.

한다. 그렇지만 미국의 일부 주들은 위탁매매 시 서면계약을 의무화함으로써 양측이 이해하고 있는 의무와 권리를 명확히 규정하도록 한다. 선의와 신뢰를 핵심으로 하되, 계약서에는 각 당사자의 의무와 책임을 구체적으로 명시하고, 분쟁 발생 시 이를 해결할 일종의 가이드라인을 제시한다. 계약서를 만들어 두면 문제가 발생하기 전에 충돌 가능성이 있거나 모호한 영역에 대해 사전에 협의할 수도 있다. 소통 부족으로 발생할지 모를 오해의 소지도 줄일 수 있다. 한편으로 예술가와 아트 딜러의 관계와 거래 내용을 기록으로 남긴다는 의미도 있다.

앞에서 살펴보았듯이 일반 매매계약과 위탁계약은 구별된다. 예술가-아트 딜러 계약서는 아트 딜러 또는 갤러리가 예술가를 대리하는 범주를 규정하는데 기간, 독점 여부, 급여, 갤러리의 임무, 저작권, 운송, 종료 시점 등 일체가 포함된다. 반면 위탁계약서는 한 장짜리 양식으로 예술가-화상 간의 계약 사실과, 위탁받은 업무를 특정하고, 합의한 판매 금액, 그리고 위탁 기간을 언급한다. 위탁계약서는 예술가가 아트 딜러에게 작품을 위탁할 때마다 새로 작성해야 하며 양측이 모두 서명해야 한다. 가장 간단한 형태의 위탁매매 계약서에는 갤러리 또는 아트 딜러가 위탁 예술품을 수령했다는 사실과 함께 작품의 제목, 재료, 크기, 판매가, 갤러리(아트 딜러)의 중개수수료(작품당 퍼센티지) 등을 명시해야 한다. 또한, 예술가가 작품 매매 대금을 받게 되는 시기와 예술품의 소유권 양도 시기, 그리고 예술가의 요청에 의해 작품을 반환할 의무 등을 명시하는 것이 좋다.

계약 시에는 판매할 작품의 종류, 갤러리의 권한, 계약 기간, 위탁계약이 효력을 발생하는 지역(서울, 아시아, 미국 전 지역 등으로 한정하는 것), 계약 종료 시 예술품 반환 비용 등에 관한 조항도 넣어야 한다. 장기 전속 계약 시 계약 종료 조건을 명시하지 않은 경우에는 계약 기간이 2년을 넘지 않는 것이 좋다. 독점 혹은 제한적 대리 권한인지 여부, 즉 그 갤러리만이 작품을 독점적으로 판매하는지 여부도 확인해야 한다. 운송, 보관, 보험, 액자 제작이나 설치, 홍보,

작품 관리 등은 누가 어떻게 할 것이며 비용은 어떻게 분담할 것인지도 합의해야 한다. 또한 복제권, 대여와 전시, 작가나 화상에 의한 보증, 가격 및 판매 조건과 대금 청구, 중재, 계약 종료일 등을 꼼꼼히 확인해야 한다.[116] 표준 계약서를 체결하지 않더라도 예술가가 갤러리에 위탁한 예술품 목록을 서면으로 정리하고 각 작품에 대한 서면 영수증을 예술가에게 주는 것은 중요한 일이다. 갤러리는 위탁된 모든 예술품과 관련한 거래를 정확하고 꼼꼼하게 기록해야 한다. 만일 위탁된 예술품 중 팔리지 않은 것이 있어 반환할 때에는 예술가로부터 예술품을 반환받았다는 확인서를 받아두는 것이 좋다.

계약서 작성 시 고려해야 할 사항들[117]

보증 문구 보증warranty이란 계약 시에 의존하게 되는 사실의 진술이다. 갤러리는 예술가의 보증을 통해 예술가가 당해 작품을 창작했고, 온전하게 소유하고 있으며, 예술품에 대한 설명이 정확하고 진실하다는 사실을 믿고 계약을 체결하게 되며, 이 같은 사실의 진술을 믿고 이를 근거로 대리인으로서 업무를 하게 된다. 만일 위탁받은 예술품이 예술가의 주장과는 달리 위작이거나 타인의 작품일 경우 갤러리는 소송의 위험에 직면하게 되며, 갤러리의 평판에도 심각한 위협이 될 것이다. 물론 이때 갤러리는 거짓 진술로 계약을 파기한 예술가를 상대로 소송을 할 수 있다.

위탁 기간 전속 계약이 아닌 경우, 위탁 기간은 6개월에서 1년 단위로 정하는 것이 일반적이다. 구체적인 날짜까지 상세하게 정하는 것이 좋다. 갤러리가 예정된 위탁 기간이 끝난 후 예술가와 갤러리는 상호 협의하에 위탁 기간을 연

---

116   Bresler and Lerner, *Art Law: the Guide for Collectors, Investors, Dealers, & Artists*, p.28.
117   Tad Crawford and Susan Mellon, *The Artist-Gallery Partnership*, Allworth Press, 1998, p.16-54.

장할 수 있다. 안정적인 대리관계를 지속시키기 위해서는 위탁 기간이 끝날 때마다 위탁계약 연장 여부를 서로 확인하고 기록을 남기는 것이 좋다. 이때 갤러리는 팔리지 않은 작품을 반환하고, 예술가는 새로 전시할 작품을 보내는 문제를 협의하고 역시 기록을 남겨야 한다. 계약서의 계약 종료 조항에 예술가의 요구에 의해 언제든지, 또는 명시된 특정한 조건이 충족하지 못할 경우 위탁을 종료할 수 있다는 규정을 넣을 수도 있다. 예술가가 갤러리에 전시 중인 위탁 예술품들의 철수를 요청할 때에는 그 요구의 이유가 정당해야 하며, 갤러리 측에 큰 부담을 안겨서는 안 된다.

포장 및 운송 대체로 갤러리로부터 미술관, 수집가, 구매자 등 다른 지점으로 운송하는 데 드는 비용은 갤러리가 부담하지만 위탁자인 예술가의 작업실로부터 갤러리로 운송하는 비용은 정해진 법칙이 있는 게 아니다. 따라서 포장 및 운송 비용과 보험료 등에 대해서도 한쪽이 맡을지 반분할지에 대해 사전에 합의해야 한다. 상업 갤러리들은 운송료 부담을 지는 경우가 많다. 운송에 대한 책임은 운송 도중 작품의 분실 또는 훼손 책임과도 연계되어 있으므로 신중해야 한다. 운송보험 계약을 체결할 때도 예술품의 성질이나 특징을 상세히 묘사하고, 책임 범위에 대해 숙지해야 한다.

분실, 도난, 파괴 작품이 도난당하거나 분실하거나 훼손됐을 때, 책임은 어떻게 질 것인지, 보험을 든다면 누가 보험료를 내며 어디까지 보험이 적용되는지 범위를 설정해야 한다.[118] 만일 위탁매매를 체결한 후 갤러리가 보관하고 있던 작품이 파손되거나 분실 또는 도난당했다면 누구에게 책임이 있을까. 위탁물, 즉 예술가가 위탁을 맡긴 예술품은 갤러리 측이 구입하거나 대금을 지급하지 않는 한 갤러리의 소유물이 아니다. 미국 상법이나 대부분의 주법에 따르면

---

118 자세한 내용은 Bresler and Lerner, *Art Law: the Guide for Collectors, Investors, Dealers, & Artists*, p.25-39 참조.

과실negligence 혹은 엄격 책임strict liability 이론에 따라 수탁자인 갤러리 또는 아트 딜러에게 책임이 있다. 미국의 경우 주에 따라 아예 엄격 책임을 묻기도 하지만, 갤러리의 과실이 입증되지 않는 한 예술가가 책임을 져야 하는 경우도 발생한다. 뉴욕 주에는 파손이나 도난에 대한 책임 소재와 관련한 별도의 규정이 없기 때문에 임치법law of bailment에 따라 대리인-아트 딜러의 중과실이 발견되지 않는 한 위험부담은 위탁자, 즉 예술가가 질 수도 있다. 따라서 갤러리의 책임소재와 범위를 계약서에 명확히 해두어야 한다.

갤러리 보관 중 작품의 훼손, 분실, 도난이 발생했을 경우 갤러리는 대개 작품의 시장가격을 배상한다. 갤러리 측에 작품에 대해 손해보험을 들 것을 요구할 수 있으며, 이때 보험금 수령자를 예술가의 명의로 하도록 하는 조항을 넣어야 한다. 작품이 손상되었을 때에는 복원 비용을 지급해야 하며, 예술가가 직접 또는 그의 통제하에서 복원해야 한다.

신임 관계 갤러리와 아트 딜러는 예술품의 수탁자일 뿐 소유권은 여전히 예술가에게 존재한다. 따라서 소유권은 매매계약 체결 후, 예술가로부터 매수인에게 직접 양도하게 된다. 갤러리가 예술품을 판매한 후, 예술가에게 작품료를 지급하지 않더라도 소유권은 선의의 매수인에게 넘어간다. 계약서는 갤러리와 예술가 간에 체결된 것이므로 제삼자인 선의의 매수인에게는 효력을 미치지 않기 때문이다. 작품의 판매 대금은 갤러리가 다른 용도로 사용해서는 안 되며, 갤러리의 다른 자금과 뒤섞어 사용해서도 안 된다.

계약의 종료 이 밖에 위탁을 한 아트 딜러가 사망한다거나 위탁한 갤러리 관계자가 바뀐다거나, 갤러리 소유주가 바뀐다거나, 갤러리의 주소지가 바뀐다거나 하는 등 계약 당시의 상황과 달라질 경우 계약관계를 종료할 수 있다는 조항을 넣어 두는 것이 좋다. 신임 관계로 맺어진 예술가와 아트 딜러의 관계 특성상 사소한 변경에도 신뢰를 상실할 수 있기 때문이다.

작품 가격 책정과 판매 대금 지급 작품을 얼마에 판매할 것이며 중개 수수료는 얼마로 정할 것인지는 예술가─딜러 간의 계약에서 가장 중요한 사항이다. 재료와 사용한 도구에 들어간 비용, 작업실 임대료와 제반 비용, 이윤, 갤러리 수수료, 각 예술품의 특징 등을 모두 고려해 판매 가격을 정해야 한다.[119] 가격 결정에 있어 가장 중요한 것은 예술가의 생각이지만 갤러리에게 재량권을 주는 예술가들도 많다. 그렇다고 갤러리가 멋대로 가격을 결정해서는 안 된다. 예술가들은 자신의 평판이나 작품의 가치에 영향을 주기 때문에 가급적 비싸게 판매하고 싶어 하는 반면, 실적을 올리는 것이 더 중요한 갤러리 입장에서는 가급적 싸게 판매하려고 할 것이다. 갤러리에게 일정 정도의 재량을 주되 사전에 적정 가격을 충분히 협의하는 것이 좋다.

가격이 결정되면 작품 목록 옆에 가격을 표시해야 하며, 매매 협상 시에는 예술가와 협의를 통해 갤러리가 가격 재량권을 갖는 것이 일반적이다. 갤러리나 아트 딜러들은 초기 판매 시보다 작품의 가치가 크게 또는 적게 변동할 수 있음을 인지하고 있어야 한다. 갤러리는 전속 작가들의 작품 가격이 시장에서 안정적으로 유지될 수 있도록 구매자에게 3~5년 기한을 두고 경매 등을 통한 재판매를 금지하기도 한다. 작품을 예상했던 것보다 지나치게 싸게 판매할 경우, 유사한 다른 작품 가격에도 영향을 미치게 되므로 판매 가격의 결정은 예술가에게 민감한 문제일 수밖에 없다. 따라서 목록에 기재한 가격과 다르거나 가격 폭이 큰 경우 전화 등을 통해 예술가에게 알려 승낙을 받고, 변경된 가격에 대한 기록을 정확히 남겨 두어야 한다. 추정 금액보다 높은 가격에 판매될 경우 수익 분배에 대해서도 미리 협의해 두면 혹시 있을지 모를 분쟁을 방지할 수 있다. 또한 미술관, 정부, 비영리기관 등 특수 고객이나 단골에게 주는 할인율도 미리 고려해 협의해야 한다. 전속 계약인 경우 작품 판매와 관련한 회계 장부를 주기적으로 확인하는 것도 조건으로 걸어야 한다. 작품을 해외에 판매하는 경

---

119 Crawford and Mellon, *The Artist-Gallery Partnership*, p.31.

우에는 원하는 화폐를 명시해야 하는데, 환율 등락 논란을 피하기 위해 환전 일자를 정해 놓는 것도 좋다. 갤러리는 판매된 작품의 목록, 구매자 이름, 판매 가격 등에 대한 정보를 예술가에게 정기적으로 공개해야 한다.

중개 수수료 갤러리나 아트 딜러가 대리인으로 작품을 판매한 데 대한 대가를 지급받는 방식은 두 가지다. 하나는 처음부터 작품이 판매될 경우 예술가에게 지급할 금액을 미리 확정해 놓는 것이다. 이를테면 예술가에게 그림을 판 대금으로 100만 원을 주겠다고 약속하고, 작품이 얼마에 거래되느냐에 상관없이 100만 원만 주는 방식이다. 따라서 그림 가치가 생각보다 높아서 1,000만 원에 팔렸다고 해도 예술가는 100만 원만 받게 된다. 그렇지만 실제로 널리 사용되는 방식은 작품을 판 뒤 아트 딜러나 갤러리가 일정 비율의 중개 수수료를 지급받는 것이다. 계약서에 미리 중개 수수료와 중개 수수료 계산법, 판매 대금 지급 방법 등에 대해 상세히 기술해 놓는 것이 좋다. 수수료율은 갤러리의 평판에 따라 다양하다. 25~60퍼센트에 걸쳐 있으나 평균적으로 보면 33~50퍼센트 정도다.[120] 또 작품의 판매 가격에 따라 판매 수수료 비율을 차등하는 슬라이딩 스케일sliding-scale 방식도 있다. 소매가가 높은 작품일수록 낮은 수수료를 책정한다. 100만 원에 팔리면 30퍼센트, 500만 원에 팔리면 20퍼센트 하는 식이다. 비영리 기관은 수수료가 없거나 상대적으로 낮은 편이다.

전시 및 홍보 위탁 예술품을 팔기 위해서는 갤러리에 예술품을 전시해야 한다. 어떤 작품을 언제 어떤 방식으로 어떤 장소에서 전시할지에 대해 갤러리는 예술가와 상세히 협의하는 것이 좋다. 작품 전시를 중단하거나 작품을 교체할 때에는 사전에 예술가에게 동의를 구해야 한다. 특히 아트 딜러가 운영하거나 소속된 갤러리가 작품 전시를 개최할 경우는 비용과 구체적인 전시 일정 등도

---

120 Bresler and Lerner, *Art Law: the Guide for Collectors, Investors, Dealers, & Artists*, p.30.

추가해야 한다. 전속 계약인 경우에는 매년 전시회를 개최할 것을 요구할 수도 있다. 또한 개막전, 홍보, 도록 제작, 프레임 제작, 작품의 보관 장소 및 보관 방법, 작품의 반환 등에 관해서도 구체적으로 협의할 수 있다. 전시 외에 홍보 활동 계획에 대해서도 예술가에게 상세히 알려주고, 필요하다면 예술가의 협조나 도움을 요청할 수 있다.

예술품의 복제 작품이 판매될 경우 소유권은 구매자에게 넘어가지만, 저작권은 여전히 예술가에게 남아 있다. 따라서 예술품을 복제하고 싶을 경우에는 별도 계약을 체결하거나 사전에 승낙을 구해야 한다. 예술품 복제를 지극히 사적인 용도로 하더라도 마찬가지다. 갤러리는 작품 목록을 기록하고 홍보 및 판매 용도로 사진을 촬영할 때 예술가의 승낙을 구해야 하는데, 예술가는 혹시 있을지 모를 저작권 침해를 대비해 사진에도 예술가의 저작권을 표기하도록 요구하는 것이 좋다.

예술품의 반환 갤러리는 위탁 기간이 종료되면 즉시 예술품을 반환해야 하며, 예술가는 반환이 순조롭게 이루어질 수 있도록 협조해야 한다. 주소지가 변경됐을 경우 이를 갤러리에 알려야 하며, 해외 체류나 일신상의 이유가 발생할 경우 갤러리 측에 이를 통보해야 한다. 위탁 기간이 종료되었음에도 예술가가 작품을 찾아가지 않는다면 갤러리 입장이 난처할 수밖에 없다. 갤러리가 작품 반환을 시도했지만 여러 가지 이유에서 반환을 실패했을 경우 갤러리가 작품을 임의로 처분할 수 있다는 조항을 넣는 것이 좋다. 또한 보관 기간이 늘어나 보관 비용이 발생할 경우 이를 예술가 측에 청구할 수 있다는 조항을 넣어두는 것도 좋다. 갤러리가 위탁 작품을 선의의 구매자에게 팔았지만 작가에게 대금 지급을 하지 않았다면, 위탁자인 작가는 그 구매자에게 직접 작품 반환 요구를 할 수 없다.

기타 조항 표준 계약서에 명시된 내용 이외에도 별도로 필요한 조항들을 삽입하는 것이 좋다. 예술가와 대리인인 갤러리 또는 아트 딜러 간의 관계에 대해서도 정확하게 명시하는 것이 좋다. 일시적 위탁 관계인지, 전속 관계인지, 독점적 전속 관계인지를 분명히 해야 한다. 이를테면 갤러리들은 신진 작가들을 발굴해 키우는 매니저 역할을 하기도 하는데, 이때 광고 홍보에 들어간 비용, 개인전 및 그룹전 설치 비용, 운송, 보험, 프레이밍 및 기타 갤러리 운영 비용 등이 상당할 것이다. 당연히 갤러리는 이러한 투자 비용을 보상받고 싶어 한다. 투자 비용 대비 어느 정도의 수익을 얻게 될지에 대한 관련 조항을 마련해 두어야 한다. 독점적 전속 계약의 경우에는 다른 아트 딜러나 갤러리가 동 예술가의 작품을 전시하거나 판매할 수 없도록 하는 경우도 있으며, 다른 갤러리에서 판매한 작품에 대해서도 수수료를 받는 경우가 있다. 이런 계약을 체결하더라도 예술가의 작업실에서 직접 판매한 작품에 대해서는 수수료를 챙길 수 없다. 특정 갤러리와 독점적인 계약을 맺을 때, 독점적 계약이 유효한 지역이나 기간을 명시해야 한다.

판화나 에디션의 경우 지금까지 찍어낸 수량과 각 판화나 에디션의 고유 번호, 그리고 각각의 진품성 보증을 분명히 하는 조항을 넣어 두는 것이 좋다. 혹시 있을지 모를 분쟁에 대비해 중재 방법이나 중재기관을 명시하는 조항을 삽입하는 것도 분쟁을 원만하게 해결하는 하나의 대안이다. 이 밖에 예술가의 저작재산권과 저작인격권을 보호하기 위해 예술품을 파괴하거나 해체하기 전에는 예술가에게 먼저 반환할 것을 의무화하는 규정, 판매 후에도 예술가가 복제할 권리를 갖는다는 조항 등을 판매 조건으로 내걸 수도 있을 것이다.

계약서는 갤러리와 예술가 또는 이들의 법적 대리인이 서명함으로써 체결된다. 양측은 계약서 사본을 한 부씩 나눠 갖으며, 작품 목록은 계약서의 일부가 된다.

뉴욕과 캘리포니아의 아티스트-딜러 법

예술품 위탁매매와 관련해 가장 중요한 법규는 뉴욕과 캘리포니아 주가 각각 1966년과 1975년 제정한 뉴욕 예술 및 문화 관계법[121]과 캘리포니아 민법 1738.5-1738.8[122]이다. 특히 뉴욕 법은 예술품 매매 및 위탁계약과 관련해 모델이 되는 법이다. 뉴욕 주와 캘리포니아 주법, 특히 위탁매매 시 예술가와 아트 딜러 관계에 신임 관계가 내재되어 있음을 명확히 하고, 위탁된 작품이나 매매 대금에 대한 부정 유용이나 횡령 시 아트 딜러의 민형사적 책임을 분명히 하고 있다. 또한 예술가들이 자발적으로 신임 관계를 포기하는 것을 금지하고 있다.

뉴욕과 캘리포니아 주법은 공통적으로 예술 작품이 직접 판매에 따라 곧바로 아트 딜러에게 배달되거나 작가가 작품 판매 대금을 수수하지 않으면 '위탁매매'로 규정한다. 위탁 작품이 배달된 후 아트 딜러는 예술가의 에이전트가 되며 배달된 작품은 '수탁 재산trust property'으로, 작품 판매 대금은 위탁한 작가의 '신탁된 자금trust fund'이 된다. 또한 이 규정은 미국 통일상법전UCC과 충돌할 경우 우선한다. UCC에 따르면 갤러리의 채권자들은 위탁한 작품이 갤러리 소유가 아니더라도 청구권 대상 물품이 될 수 있다. 이 경우 갤러리의 채권자들은 제삼자의 지위에 있기 때문에 예술가와 갤러리 간의 계약서가 효력을 미치지 않는다는 점을 유의해야 한다. 그렇지만 뉴욕 주법은 UCC에 우선하므로 위탁한 작품은 갤러리 측 채권자의 청구권 대상 물품이 되지 않는다.

캘리포니아 주법은 위탁 기간 동안 갤러리가 위탁 작품의 멸실 또는 손상에 대해 책임이 있다고 규정한다. 뉴욕 주법은 UCC의 일반 원칙에 따라 책임 소재를 규정한다. 2011년 뉴욕 주는 예술가들이 아트 딜러나 갤러리와 상업적

---

121 New York Arts and Cultural Affairs Law, § 12.01. 1966년 뉴욕주 상법 내에 예술품 거래에서 화상art merchant이 구매자에게 특정 작가의 작품이라고 소개했다면 이는 특정 작가를 명시적으로 보증하는 것이라는 강력한 추정 규정을 두고 있었다. 이 규정은 1983년 제정된 뉴욕 예술 및 문화 관계법ACA으로 대체되었다. 이 법률은 문화 예술 전반을 다루고 있는데 이 중 시각예술 분야를 다루는 조항은 Title C의 '예술가와 작품의 거래'로 정의 규정, 예술가와 화상의 관계, 명시적 보증, 예술품, 시각예술품과 복수품(멀티플)의 판매 등 총 6개조로 구성되어 있다.
122 California Civil Code, Sections 1738.5-1738.8.

거래를 할 때 예술가들의 보호를 강화하는 법[123]을 입안했다.[124] 기존 뉴욕 예술 및 문화 관련법 12.01을 보충하는 법안으로 아트 딜러들이 신탁 계좌에 판매 대금을 예치하도록 하는 기존의 법[125]을 준수하도록 강제하는 것이다. 이 새 법안은 기존 법안의 실효성을 증대하기 위한 것으로 피해를 입은 예술가들이 손해배상 소송을 할 수 있도록 명시화한 것이다.

예술가-아트 딜러 표준 계약서

다음은 미국에서 사용하는 표준 계약서의 내용이다. 꼭 이 표준 계약서를 따르지 않더라도 참고해 가급적 유사한 내용을 담는 것이 좋다.

1. 대리관계. 예술가는 갤러리를 이 계약서에서 위탁되는 예술품의 대리인으로 임명한다. 갤러리는 예술품을 예술가가 서면으로 동의한 목적 외에 다른 용도로 사용해서는 안 된다.

2. 위탁. 예술가는 갤러리에 위탁을 요청하며, 갤러리는 이에 동의한다. 별지에 나열된 위탁 예술품들은 합의된 내용들이며, 양측의 합의에 따라 여기에 목록이 추가될 수 있다. 모든 위탁 예술품 명세서에 양측이 서명한다.

3. 보증. 예술가는 위탁된 예술품들이 직접 창작한 것이고, 자신이 법적으로 문제가 없는 온전한 소유권자임을 보장하며, 예술품에 대한 설명은 사실이며 정확한 것임을 보장한다.

4. 위탁 기간. 예술가와 갤러리는 예술품의 위탁 기간을 ____로 정하며, 예술가는 이 기간이 종료되기 전에 위탁 예술품의 반환을 요구하지 않는다. 기간이 종료된 후에는 예술가가 예술품의 일부 또는 전부의 반환을 요청하거나 갤러리가 예술가에게 예술품의 일부 또는 전부를 찾아갈 것을 요청할 때까지 위

---

123 2011 NY Senate-Assembly Bill S4988, A7189.

124 Paul J. Mantell, "NY Bill to Strengthen Statute Protecting Artist-Consignors," *JDSupra*, Jul. 31, 2011.

125 New York Estates, Powers and Trusts Law §11-1.6 (a).

탁 관계는 지속된다.

5. 운송 책임. 포장과 운송 비용, 보험료, 예술품 취급에 들어가는 기타 비용, 예술가가 갤러리에 위탁 예술품을 배달하는 도중, 또는 갤러리가 예술가에게 반환할 때 발생할지 모르는 분실 또는 훼손에 대한 위험부담 등의 비용은 _____가 진다.

6. 분실 또는 훼손에 대한 책임과 보험 대상. 갤러리는 갤러리가 위탁 예술품을 보관하는 동안 모든 위탁 예술품의 안전에 책임을 진다. 갤러리는 분실 또는 훼손(예술품의 내재적인 결함에 의한 훼손은 제외)에 대해 엄격 책임strict liability을 지게 되며, 예술품이 팔렸을 경우 예술가가 받게 될 금액만큼 지급해야 한다. 갤러리는 예술품의 보험 보장 내용 및 관련 정보들을 예술가가 요청할 경우 제공해야 한다.

7. 신임 의무. 예술가가 판매 대금의 전액을 수령할 때까지 각 예술 작품의 소유권은 예술가에게 귀속된다. 그 이후의 예술품 소유권은 매수인에게 곧바로 넘어간다. 예술품 매매에 따른 모든 수익은 예술가를 위한 신탁trust이 된다. 갤러리는 갤러리 채권자의 청구 대상이 되기 전에 예술가에게 판매 수익을 전액 지급해야 한다.

8. 위탁 공표. 갤러리는 특정 작품을 위탁계약에 따라 판매한다는 위탁 사실을 명확하고 분명한 표지를 통해 대중에 공표해야 한다.

9. 갤러리는 예술가로부터 서면 승낙서를 받지 않고, 위탁 예술품을 시용 판매하거나 갤러리 전시장에서 빼서는 안 된다.

10. 가격, 갤러리 수수료, 대금 지급 조건. 갤러리는 예술품 명세서에 있는 소매가로만 판매한다. 갤러리와 예술가는 갤러리의 중개 수수료를 예술품 판매가의 _____퍼센트로 정한다. 소매가나 중개 수수료에 관한 내용 변경은 예술가와 갤러리가 사전에 합의해야 한다. 예술품의 판매액은 예술품이 판매된 날로부터 _____일 내에 예술가에게 지급되어야 한다. 갤러리는 예술품의 매수인이 판매액을 지불하지 않을 경우 이에 대한 모든 책임을 진다.

11. 홍보. 갤러리는 예술품의 판매 촉진을 위해 최선의 노력을 다해야 한다. 갤러리는 예술품을 적절한 방법으로 전시하며, 예술가를 대신해 기타 홍보 활동을 할 것을 동의한다. 활동 내용으로는 _____ 등이 있다. 갤러리와 예술가는 예술품 관리와 갤러리 전시, 기타 홍보 활동에 소요되는 비용의 금전적 책임에 대해서 사전에 협의해야 한다. 갤러리는 모든 위탁 예술품에 대해 예술가의 이름을 표시해야 하며, 각 예술품의 판매 청구서에 예술가의 이름을 기재해야 한다.

12. 복제. 예술가는 예술품 복제에 대한 모든 권한을 보유한다. 다만, 서면계약을 통해 이를 제한하거나 금지할 수 있다. 갤러리는 예술품의 홍보와 판매 촉진을 위해 양측이 합의한 방법으로 예술품의 사진을 촬영할 수 있다. 사진을 사용할 때마다 예술가는 예술품의 창작자이자 저작권자로 인정되어야 한다. 갤러리는 각 판매 청구서에 당 예술품의 복제에 관한 권리는 예술가에게 있다는 문구를 삽입해야 한다.

13. 회계. 갤러리는 정기적으로 예술가에게 모든 예술품 판매에 관한 회계 장부를 공개해야 한다. 회계 장부 공개는 다음과 같이 한다. (빈도와 방법에 대해 명시) _____. 예술가는 갤러리에 있는 위탁 예술품에 대한 권리를 가지며, 위탁 예술품과 관련한 모든 장부와 기록을 일람할 수 있다.

14. 특약.

15. 계약의 종료. 동 계약서의 다른 조항에도 불구하고, 동 계약은 갤러리나 예술가의 요청에 의해 언제든지 종료할 수 있다. 이때 종료를 요청하는 쪽은 상대편에 서면으로 종료를 통보해야 한다. 예술가의 사망 시, 예술가의 상속인이 계약 종료 권한을 갖는다. 계약 종료 통보 후 30일 이내에 모든 회계가 처리되어야 하며 판매되지 않은 예술품들은 반환되어야 한다.

16. 변경 절차. 계약서의 변경 또는 수정은 갤러리와 예술가 양측의 서명에 의하며 동 계약서에 첨부한다. 양측은 이 계약서에서 삭제되거나 추가되는 조항에 이름의 머리글자를 써넣어야 한다.

17. 기타. 이 계약은 예술가와 갤러리 간의 합의된 모든 내용을 서술한다. 계약 내용 중 불법이거나 어떤 이유에 의해 무효 또는 시행이 불가능한 내용이 있다면, 계약 내용의 다른 부분의 유효성과 실행성에 영향을 미치지 않는다. 이 계약의 특정 조항 위반에 대해서 포기할 권리는 다른 조항이나 다른 조항 위반에 대해 포기할 권리로 이어지지 않는다. 이 계약은 타인에게 양도할 수 없으며, 예술가의 서면 동의 없이 갤러리의 후임자에게 효력이 미치지 않는다.

예술품 경매 회사

2021년 1월 산드로 보티첼리의 희귀 초상화 〈원형 메달을 든 청년Young Man Holding a Roundel〉이 뉴욕 소더비에서 9,218만 달러(약 1,031억 원)에 낙찰됐다. 그러나 앞서 경쟁 경매 회사에서 세운 예술품 경매 역사상 최고가 기록은 깨지 못했다. 최고가 기록은 2017년 11월 뉴욕 크리스티 경매에서 4억 5,030만 달러(약 5,209억 원)에 낙찰된 레오나르도 다빈치의 〈살바토르 문디Salvator Mundi〉. 당분간은 깨지지 않을 것 같다. 2010년대 이후 뉴욕 크리스티와 소더비는 번갈아가며 신 고가를 기록, 예술품 경매 역사를 새로 쓰고 있다. 예술품 경매는 전 세계의 경기를 반영하는 지표이기도 하다. 2007년 리먼 브라더스 사태로 인해 전 세계 금융 위기가 왔을 때 크리스티와 소더비의 매출이 각각 52퍼센트와 67퍼센트 하락했다. 이후 경기가 회복되면서 뉴욕을 중심으로 한 예술품 경매 시장은 많은 작가들의 최고가를 경신하는 흥미로운 시간을 보냈다. 2020년 코로나 바이러스 팬데믹으로 인해 대면 거래가 어려워지면서 갤러리 못지않게 경매 회사들도 유튜브 채널이나 자사 웹사이트 등을 이용해 뉴욕, 런던, 파리, 홍콩 등의 지사에서 한꺼번에 동시에 경매를 하는 비대면 오픈 스튜디오 방식을 선보였다.

예술품 경매는 대표적인 2차 시장으로, 예술가의 작업실에서 처음 세상에 나와 갤러리 등 1차 시장에서 한 번 거래된 작품들에 대해 공개적인 거래를 하는 예술품 매매 방식이다. 경매는 판매자와 구매자가 흥정을 통해 가격을 정하는 방식이 아니라 구매자들 사이에 경쟁을 부추겨 최고가에 작품이 판매되도록 한다. 전 세계적으로 현대 예술품 판매액은 연간 180억 달러 수준으로 추정된다. 그중 크리스티와 소더비 같은 주요 경매 회사가 판매하는 현대미술 작품 총액은 2020년 기준 850억 달러로 추산된다.

경매는 많은 경쟁자들을 끌어들일 수 있고, 작품을 공개적으로 선보일 수 있지만 사적 매매에 비해 거래 비용이 많이 든다는 단점이 있다. 사적 매매와는 달리 경매를 통한 예술품 판매는 언론과 경매 회사 웹사이트, 온라인 플랫폼 등을 통해 공개된다. 최근에는 경매 회사 웹사이트나 유튜브를 통해 경매 현장이 실시간 공개된다. 특히 유명 작가의 작품이 최고가를 경신할 때마다 전 세계 언론의 헤드라인을 장식하곤 한다. 이처럼 경매를 통해 공개적으로 지속적인 거래를 하면 작품 가격의 기준이 설정된다. 작품의 대략적인 시장가 기준이 서면 세무 당국의 세금 부과나 금융기관의 담보, 보험 제도의 보험료 책정 등이 용이해진다.

경매를 통한 가격 결정

일부 사회과학자들은 예술품 경매를 가리켜 가격의 토너먼트 혹은 지위 콘테스트라고 부른다. 토너먼트나 콘테스트를 하는 것은 예술품 가격뿐이 아니라 예술가의 랭킹, 그리고 랭킹에 오른 작품을 살 만한 여력이 되는 예술품 소장자들의 명성과 지위에 대한 경쟁의 장이기도 하다.[126] 경제 이론가들은 예술품 매매는 경매 메커니즘을 통해 팔리는 것이 가장 효율적이며 예술품 가격은

---

126 Arjun Appadurai, Introduction: Commodities and the Politics of Value, Cambridge University Press, 1986, p.21; Jean Baudrillard, For a Critique of the Political Economy of the Sing, Telos Press, 1981, p.113, 115; Velthuis, Talking Prices, p.88에서 재인용.

2. 예술품 시장의 플레이어들 • 597

경매 시스템에 의해 결정될 것이라고 예측한다. 예술품은 가격 변동 폭이 심한 데다 무형적 가치를 평가 내리기가 쉽지 않다. 특정 예술품에 관심 있는 경쟁자들을 한자리에 모아 경쟁적인 입찰 방식을 통해 예술품 가격을 결정하는 것은 효율적이다. 특히 예술품을 판매하려는 사람이 판매하려는 작품들에 대한 독점권을 갖고 있는 경우라면 가격 정찰제보다는 경매 제도를 선호할 것이다. 판매자 입장에서는 응찰자들이 작품에 대해 어느 정도 가치를 부여하고 있는지 모르는 데다, 응찰자들은 작품에 응찰함으로써 값을 지불할 의사를 밝힌 상태이기 때문이다.

경매 제도는 널리 수용되는 표준적 가치 기준인데, 가격 기준이 없을 때와 고가품이거나 소장품이 소규모인 경우, 특히 예술품처럼 판매 목적물이 한정되어 있을 때 유용하다. 예술품의 가치는 불확실할 뿐 아니라, 투기적이고 비이성적이며 때로는 조작이 가능하다고 보는 시각이 존재한다. 예술품 가치의 불확실성을 해소하는 데에는 경매 방식이 효율적이다. 갤러리나 아트 딜러에 의해 조작되거나 과장된 작품들의 가격이 경매에 나와 제 가치를 찾을 수도 있다. 경매는 시장 가치의 중재자 역할을 한다고 볼 수 있다. 경매에서 결정된 가격은 상대적으로 신뢰할 만하고 수요 공급 원칙에 따른 표준적 가치다. 경매를 통해 당대의 취향이나 유행을 가늠해볼 수도 있다.

그렇지만 아트 딜러들은 경매 메커니즘의 불안정성과 우연성이 예술의 가치에 해롭다고 생각한다. 갤러리 등 아트 딜러들은 대체로 작품 가격을 공개하지 않는 편이다. 예술품의 상징적 가치를 보호하기 위해서다. 해당 작품에 관심을 가지는 수집가의 평가에 따라 가격을 달리하고자 하는 일종의 전략이기도 하다. 그렇지만 최근에는 정찰제가 자리를 잡아가는 추세다. 정찰제가 예술가의 성장에 따라 통시적으로 가격을 책정할 수 있는 데다 저자의 약력을 관리할 수 있는 장점이 있다고 보기 때문이다.[127] 경매가 예술품 가격을 책정하는 바로

127 Velthuis, *Talking Prices*, p.83-84.

미터가 되는 것은 사실이지만, 경매 가격 결정의 우연성은 가격을 예측하기 힘들게 만들며 때로는 예상을 뒤엎는 결과를 낳기도 한다. 일부 아트 딜러들은 경매 가격 결정이 1차 시장에서처럼 꾸준하고 반복적인 판매 추이의 결과라기보다는 하룻밤의 '흥분'에 의한 것이라 본다.[128] 경매가가 현실적이지 않고, 과도하게 부풀려질 때도 있다. 구매자들에게 예술품을 담보로 융자를 해줌으로써 예술품 구매를 유도함에 따라 가격이 부풀려지기도 하고, 매수자, 매도인, 딜러들이 합동 전략을 짜서 경매가를 교란시킬 수도 있다. 경매의 이런 측면은 가격 투명성 측면에서 문제가 된다.

예술품 경매 방식

예술품 경매 방식은 세 가지가 있다. 가격을 아래에서부터 올리는 영국 방식, 거꾸로 가격을 낮춰가는 네덜란드 방식, 그리고 이 둘을 동시에 진행하는 일본 방식이다.[129] 영국 방식은 경매사가 일단 응찰을 요청한 후, 반응이 없으면 첫 응찰가를 제안하고 경쟁을 통해 가격을 올린다. 더 이상 경쟁 호가가 없으면 최종가를 부른 사람이 예술품을 차지하게 되며 최종가가 작품의 가격이 된다. 네덜란드 방식은 경매사가 오프닝 가격을 제안하고 여기서 점차 가격을 낮춰가는 방식인데 영국 방식과 달리 마지막 응찰자가 아니라 최초 응찰자가 작품의 주인이 된다. 일본 방식은 앞의 두 방식과는 달리 경매 전에는 작품들이 공개되지 않는다. 경매장에서 판매자가 작품을 공개한 직후, 경쟁 입찰을 하게 되는데 미리 지정한 수치를 의미하는 수신호를 사용하거나 경매사에게 비공개 입찰가를 전달한다. 경매사는 다음 경매로 넘어가기 전에 누가 가장 최고가를 제안했는지 결정해 판매자에게 알리고 판매자는 최고가를 수락하거나 판매 의

---

128 Ibid., p.84.
129 DuBoff and King, *Art Law in a Nutshell*, p.48.

사를 철회하면 된다.

경쟁 입찰에서 제안 가격은 공개하는 방식, 비공개하는 방식, 혼합 방식이 있다.[130] 공개 입찰에서 잠재적 구매자들은 공개적으로 가격 경쟁을 벌인다. 가격을 부를 때에는 사전에 입찰 등록 시 경매 회사에서 나눠준 번호가 매겨진 카드나 패들을 손에 쥐고 높이 들면 된다. 비공개 입찰 방식은 경쟁자 간에 서로 가격을 모른 채 익명으로 서면이나 속삭임, 수신호 등을 통해 가격 경쟁을 한다. 이 둘을 혼합한 방식이 가장 많이 사용되는데 경매장에 나오지 않아도 미리 비공개 호가를 경매 회사에 전달하거나 대리인을 내세워 참여할 수 있다.

판매자로부터 중개 수수료를 받는 경매 회사는 판매자의 입장에 서야 할 의무가 있다. 위탁 협의 과정에서 최저 가격 또는 보장가, 추정가 등을 정한다. 경매는 최저 가격 이상의 호가가 있을 경우에만 성립된다. 이를 최저 경매가 또는 보장가 제도라고 한다. 보장가reserve price 제도는 경매 회사가 판매 위탁자에게 경매 전에 최저 판매 가격을 정해 이 금액 이하로는 판매하지 않기로 보장해 주는 것이다. 보장가는 위탁자와 경매 회사 간에 합의한 예술품 최저가로 위탁 매매 계약서에 이 사실을 명시해야 한다. 보장가는 경매 회사에서 판단해 내린 추정가와 관련되어 있다. 뉴욕에서는 보장가가 추정가보다 높아서는 안 된다고 규정하고 있다. 보장가는 작품 외의 요소들, 가령 위탁자의 경제적 필요나 전반적인 경제 상황 등을 고려하기도 한다.[131] 위탁한 예술품이 경매에서 보장한 가격에 도달하지 못할 경우 경매 회사는 위탁자에게 연락해 해당 작품을 사적으로 팔 수 있도록 해준다. 소더비나 크리스티 같은 영미법 국가의 경매 회사들은 위탁 물품이 경매에 나와 그 보장가 수준 아래에서 낙찰되더라도 경매 회사가 약속한 가격을 위탁자에게 모두 지불하기도 한다. 반대로 위탁 물품이 보장가를 상회하는 액수에 낙찰되면 경매 회사는 일종의 위험수당으로 낙찰가와 보장

---

130 Ibid., p.47.

131 Rhodes, *Art Law & Transactions*, p.332.

가 차액의 10~50퍼센트를 커미션으로 챙긴다.

대부분의 대륙법 국가들은 이런 보장가 제도를 인정하지 않고 있다. 그러나 프랑스는 보장가 제도(또는 예비 가격 제도)를 통해 경매 시작 전에 경매사와 판매자가 정한 가격 이하로는 매매하지 않으며 이 사실을 비밀에 부치도록 하고 있다. 한편, 프랑스에는 예술품 경매 시장에서 거래되는 작품에 대해 정부가 선매권을 행사하는 독특한 제도가 있다. 선매권이란 자국의 문화 자산 보호 차원에서 국가가 행사하는 특권으로 박물관, 고문서 보관소, 도서관 등이 선매권 적용에 참여하는데, 경매사들은 이 기관들이 참여하는 경매에 대한 정보를 이들에게 제공해야 한다. 또한 정부는 구매자로서 경매에 참가해 낙찰을 받거나 개인에게 낙찰되는 순간에 선매권을 사용해 15일간의 유예기간 동안 구매 여부를 결정할 수 있는 권한을 가진다. 국가 소장을 개인 소장보다 우선하는 것이다.

'추정가'는 얼마에 낙찰될 것 같다는 예상 가격으로 위탁자와 경매 회사의 합의로 정한다. 크리스티나 소더비 같은 경매 회사는 위탁자로부터 작품을 확보하기 위해 선금을 지급하기도 한다. 경매 최저 추정액의 40~50퍼센트에 해당하는 금액을 선불이나 대출 형태로 미리 제공하는 것이다. 경매 회사는 작품 위탁을 받으면 경매 전 단계에서 그 작품의 보관 및 운송, 진위 감정 및 자료 조사, 도록 제작, 사진 촬영 및 보여주기, 입찰 가능성이 있는 수집가들의 신용 조사 등의 서비스를 제공한다. 또한 낙찰 후에 돈을 받고 나면 작품 운송에 관한 모든 수속을 밟아준다. 이 밖에도 작품 조건의 점검, 전문가의 의견 확인, 전화 입찰, 리셉션, 특별 오찬, 세미나 등 다양한 서비스를 제공한다.

경매를 규율하는 법률

경매란 제한된 시간과 장소에서 다수의 경쟁자 중에서 가장 유리한 거래 조건을 제시하는 자와 계약을 체결하는 것을 말한다. 그러나 예술품 소장자가 경매 회사에 경매 물품인 작품의 매각을 의뢰하는 행위라는 점에서 그 본질은 갤러리 등 다른 아트 딜러와 마찬가지로 상법상 '위탁매매인'에 해당한다. 위탁매매인은 자기 명의로 타인의 계산으로 물건 또는 유가증권의 매매를 영업으로 하는 자[132]이며 위탁매매인은 위탁자를 위한 매매에 관해 상대방이 채무를 이행하지 아니하는 경우에는 위탁자에 대해 이를 이행할 책임이 있다.[133] 다만 다른 약정이나 관습이 있으면 그러하지 아니한다고 규정하고 있고, 실제로 경매 회사들은 '다른 약정' 즉 각 회사마다 별도의 '약관'을 두고 이에 동의한 고객만을 상대로 위탁매매 서비스를 제공한다. 갤러리 거래와는 달리 구매자 입장에서는 교섭의 권한이 없는 '약관' 형태의 계약이기 때문에 구매자를 보고하기 위해 경매 회사의 약관들을 '약관의 규제에 관한 법률'[134]의 지배를 받는다.

이 법은 사업자가 그 거래상의 지위를 남용해 불공정한 내용의 약관을 작성해 거래에 사용하는 것을 방지하고 불공정한 내용의 약관을 규제하기 위한 것을 목적으로 하고 약관을 해석하는 데 있어 신의 성실의 원칙에 따라 공정하게 해석되어야 하며,[135] 약관이 뜻이 명백하지 아니한 경우에는 고객에게 유리하게 해석[136]하도록 하고 있다. 약관의 공정성을 유지하기 위해 일반원칙으로 신의 성실의 원칙을 위반해 공정성을 잃은 약관 조항은 무효이며 약관의 내용 중 고객에게 부당하게 불리한 조항, 고객이 계약의 거래 형태 등 관련된 모든 사정에 비추어 예상하기 어려운 조항, 계약의 목적을 달성할 수 없을 정도로 계약에 따르는 본질적 권리를 제한하는 조항 등을 공정성을 잃은 조항으로 추정하도록 하고 있다.[137] 또한, 경매 회사 등이 약관을 통해 불공정한 내용 등에 대해 책임을 회피하는 것을 막기 위해 사업자, 이행 보조자 또는 피고용자의 고의 또는 중대한 과실로 인한 법률상의 책임을 배제하는 조항, 상당한 이유 없이 사

---

132   상법 제101조.
133   상법 제105조.
134   약관의 규제에 관한 법률 (약칭: 약관법)[시행 2018.12.13.] [법률 제15697호, 2018.6.12., 일부 개정].
135   약관법 제5조 제1항.
136   약관법 제5조 제2항.
137   약관법 제6조.

업자의 손해배상 범위를 제한하거나 사업자가 부담해야 할 위험을 고객에게 떠넘기는 조항, 상당한 이유 없이 사업자의 담보 책임을 배제 또는 제한하거나 그 담보 책임에 따르는 고객의 권리 행사의 요건을 가중하는 조항, 상당한 이유 없이 계약 목적물에 관해 견본이 제시되거나 품질·성능 등에 관한 표시가 있는 경우 그 보장된 내용에 대한 책임을 배제 또는 제한하는 조항 등 면책을 제한하고 있다.

전 세계 예술품 경매 시장에서 가장 큰 비중을 차지하며, 관련 분쟁이나 소송들도 가장 많이 발생하는 도시인 뉴욕에는 별도의 경매법Auction Law을 마련해 두고 있다. 뉴욕의 경매법은 우선 서면계약서를 작성하도록 강제하고 있다. 뉴욕 시 경매규제법New York City Auction Regulations은 경매사와 위탁자 또는 위탁자의 대리인 간에 서면계약 없이는 동산의 판매를 금지하고 있다. 위탁매매 계약서에는 반드시 들어가야 하는 조항들이 있다. 첫째, 위탁매매 계약서에는 가능한 한 모든 제반 비용과 요금, 수수료를 특정해 명시해야 한다.[138] 본 규정을 준수하기 위해 크리스티와 소더비가 사용하는 표준 위탁매매 계약서에는 판매 수수료와 위탁자에게 부과될 비용 등에 대한 상세한 조항들이 삽입되어 있다. 둘째, 위탁계약서에는 경매에 출품하는 예술품에 대한 완벽하고 합법적인 권리와 소유권이 있다는 위탁자의 보증이 명시되어 있어야 한다.[139] 또한 이는 경매의 최종 낙찰자에 대한 보증임을 표시해야 한다. 위탁자는 이 같은 보증이 사실이 아닌 것으로 드러날 경우, 경매사와 경매 회사, 그 밖의 관계된 직원들의 손해 배상에 동의해야 한다. 일반적인 상법상 원칙과는 달리, 경매사는 유효 권원에 대한 책임을 거부 또는 포기할 수 없도록 하고 있다.[140] 경매 후 낙찰자에게 소유권을 이전할 수 없는 예술품으로 판명된다면, 경매사는 낙찰 구매자에게 구매자의 프리미엄을 포함한 일체의 비용을 환불해야 한다.

138 the New York City Auction Regulations §2-122(b)(1).
139 §122(2).
140 §124(a).

두 번째 핵심 규정은, 경매 결과 및 관련 정보의 공개와 관련되어 있다. 경매 회사는 경매 결과를 공개해야 한다.[141] 경매사가 경매 물품에 대해 판매 커미션 외에, 직접적이든 간접적이든 어떤 이해관계가 있다면 경매 도록이나 인쇄물 등에 이 사실을 공개해야 한다. 이 조항은 특히 경매 회사가 경매에 출품된 예술품의 소유권을 가지고 있거나 경매 회사가 위탁자에게 실제 매각 대금과 상관없이 최저 보장가를 보장하는 경우에 적용된다. 다만, 이해관계의 성질이나 이해의 정도까지 공개할 필요는 없다.

주요 경매 회사들이 사용하는 위탁계약에 따르면 판매 위탁자는 응찰할 수 없다. 경매에 판매 위탁을 한 예술품 소유자가 직접 또는 제삼자를 고용해 참여하도록 한다면 경매 도중에 당해 예술품의 가격을 부풀릴 수 있기 때문이다. 1776년 벡스웰 대 크리스티Bexwell v. Christie 사건[142]에서 영국 법원은 "모든 거래는 정직성good faith이 담보되어야 한다"면서 "(판매 위탁자가 몰래 제삼자를 통해 경매에 참가하는 것은) 판매에 대한, 그리고 공중에 대한 사기 행위라고 판시한 바 있다. 이는 경매의 공공성에 따른 것으로, 법원은 소유자와 경매 회사가 보장가를 설정한 뒤 이 사실을 공개하거나 판매 조건에 '자신이 경매에 참여할 수도 있다'는 사실을 공개해야 한다고 했다. 미국 연방대법원도 1850년 비지 대 윌리엄스Veazie v. Williams 사건[143]에서 이 판결을 인용했다. 다만, 위탁자나 다른 관련 당사자가 위탁 물품에 대해 신탁자, 유산 집행자 등의 지위로 응찰하는 것은 가능하다. 이때 경매 회사는 이 사실을 공개해야 한다.[144] 경매 회사가 경매 전 위탁자에게 대출을 해주거나 선금을 지급하는 경우가 종종 있는데, 이러한 경우 위탁물은 담보 역할을 하게 된다. 만일 경매에 출품된 예술품을 담보로 대출하거나 선금을 지급한 경우, 경매 회사는 이 사실을 눈에 띄게 경매 도록이

---

141   §122(d).
142   98 Eng. Rep. 1150 (1776).
143   49 U.S. 134.
144   §122(e).

나 인쇄물에 공개해야 한다.[145]

1995년 미국 eBay에서 시작된 온라인 경매는 급속도로 확산되고 있고, 밀레니얼 세대들은 전통적 예술 시장보다 온라인 플랫폼을 통한 경매를 선호하다 보니 크리스티, 소더비, 서울옥션, K옥션 등 전통 경매 회사마저 온라인 경매를 강화하고 있는 추세다. 온라인 경매는 전통적 경매와 달리 경매사가 경매 과정에 깊이 관여하는 대신 경매업자가 제공하는 온라인상의 경매 중개 서비스를 이용해 거래가 이루어지고 그 기술적 장치를 통해 판매자와 구매자 간의 직접 거래가 이루어진다. 따라서 정보통신을 이용한 전자상거래라는 특성으로 일반 경매 관련 법규와 약관규제법뿐만 아니라 전자상거래법[146], 정보통신망법[147] 등의 지배를 받는다.

경매 회사들

세계 양대 미술품 경매 회사로 고가 예술품 시장의 80퍼센트를 점유하고 있는 곳은 소더비Sotheby's[148]와 크리스티Christie's[149]다. 현대미술의 경우 작품 가치를 최고로 증폭시키는 역할을 하는 것도 바로 이들 경매 회사다. 1년에 두 차

---

145 §122(h).

146 전자상거래 등에서의 소비자보호에 관한 법률 (약칭: 전자상거래법)[시행 2018.12.13.] [법률 제15698호, 2018.6.12., 일부 개정].

147 전자상거래 등에서의 소비자보호에 관한 법률 (약칭: 전자상거래법)[시행 2018.12.13.] [법률 제15698호, 2018.6.12., 일부 개정].

148 영국에 본사를 두고, 뉴욕과 홍콩 등에 지사를 두고 있는 소더비는 1744년 영국의 서적 판매업자였던 새뮤얼 베이커Samuel Baker가 개인 소장 도서들을 효과적으로 팔기 위한 방법을 모색하다 경매 기술을 사용하면서 시작됐다. 베이커는 경매에 나올 물품을 제시하는 도록에 가장 비싼 가격을 제시한 사람이 구매자가 되는 방식이라고 설명했다. 소더비라는 이름은 창업주인 베이커의 조카로 서적 경매 회사의 공동 소유권을 상속받은 존 소더비에서 유래한다. 22년 후, 서적뿐 아니라 경매 회사인 크리스티가 제임스 크리스티에 의해 설립된다. 1908년 몬터규 발로Montague Barlow가 소더비를 인수한 뒤부터는 경매사의 사회적 지위도 극적으로 향상됐다. 전 세계 100개가 넘는 사무실과 17개의 경매 센터를 운영하고 있다.

149 1776년 최초의 미술품 전문 경매 회사로 출발했다. 이후 소더비와 함께 세계 양대 경매 회사로 2000년 들어서는 소더비를 제치고 세계 최고 매출을 기록했다. 1776년 해군 장교 출신인 제임스 크리스티James Christie가 영국 런던에 설립했다.

례 실시되는 이 두 회사의 '이브닝 세일'의 결과는 다음 날 전 세계 신문에 대서 특필된다. 2006년에는 전 세계적으로 100만 달러가 넘는 예술품이 810점이나 됐는데, 그중 801점이 크리스티나 소더비에서 판매됐다.[150] 소더비의 2007년 단독 판매 금액은 53억 3,000만 달러에 달했다. 두 회사는 서로 예술품 역사상 최고 경매가 경신을 수시로 주고받으며 경쟁하고 있다. 여기에 LVMH가 2000년에 합병한 필립스 드 퓨리Philips de Pury가 글로벌 경매 시장에 합세했다. 필립스 드 퓨리는 현대미술과 사진, 디자인, 보석에 역점을 두고 크리스티, 소더비와의 경쟁에서 차별화를 시도하고 있다. 한국의 예술품 시장에서 경매가 자리 잡기 시작한 것은 1990년대 후반부터다.[151] 1998년 가나아트 갤러리가 독립적인 법인으로 지금의 서울옥션인 서울경매주식회사를 설립하고, 이후 2005년 K옥션과 마이아트옥션 등 10여 개에 달하는 크고 작은 경매 회사들이 예술품 경매 시장에 합류했다. 최근에는 온라인 경매 서비스가 확대되는 추세다. 이베이가 가장 큰 온라인 서비스 업체로 한 번에 1,000만 건이 넘는 상품들이 거래된다. 작가 수준과 작품 가격도 오프라인 경매소와 달리 천차만별이다.

한편 프랑스는 독특한 경매 제도를 가지고 있다. 오늘날의 경매사와 감정사 제도의 기원이라 할 수 있는 프랑스 경매 제도의 효시는 1254년 루이 9세 Louis IX의 명령에 의해서였다. 프랑스의 경매 제도는 2005년을 기점으로 크게 변화됐다. 그 이전에는 국가공무원인 사법경매사commissaires-priseurs judiciaries들만 경매를 할 수 있었으나, 2005년 '유럽연합 회원국 간 시민들의 자유로운 이동을 선언한 로마조약'의 취지에 따라 상법을 개정해 규제를 대폭 철폐하고, 자율적으로 규율할 수 있도록 함에 따라 누구든 자유롭게 경매업을 할 수 있게 되었다. 경매사는 경매에서 가격과 작품의 진위성을 판단하고, 경매의 진행 과정을 보증하며, 경매 물품의 가치 평가와 분류, 보험 계약 등을 동시에 진행한

---

150 톰슨, 앞의 책, 229쪽.

151 1977년 신세계가 처음 실시한 이후 8건 이상 장단기 경매가 있었지만, 1996년 한국 미술품 경매가 실시한 고미술 분야의 경매가 사실상 지속적인 경매의 효시라고 볼 수 있다. 최병식, 앞의 책, 2005, 58쪽.

다. 프랑스에서 경매사의 지위와 영향력은 매우 크다. 법학, 역사학, 미술사 등의 학사 학위를 취득한 사람만이 경매사로 지원할 수 있으며, 2년간 수업과 실습을 병행하는 견습 과정을 거친 후 필기시험과 구두시험을 통과해야 경매사 면허를 취득할 수 있다.[152]

경매 회사에서 관건은 중요한 컬렉션이 위탁 대상으로 등장할 때마다 그 위탁권을 따내는 것이다. 위탁권 경쟁에서 우위를 점위하기 위해 경매 회사는 작품 경매에 영향을 미칠 수 있는 다양한 테크닉을 구사한다. 경매사들은 스타일, 의상이나 목소리, 성격, 태도, 작품에 대한 언급, 경매 속도 등을 이용해 가격 결정에 영향을 미친다. 소더비의 토비아스 마이어Tobias Meyer와 올리버 바커Oliver Barker나 크리스티의 크리스토퍼 버지Christopher Burge, 주시 필카넨Jussi Pylkkanen 같은 스타 경매사들이 상당한 비중을 차지한다. 경매 회사는 이들 스타 경매사들에게 위탁을 맡겨 최종 낙찰가를 10퍼센트 올려주겠다고 마케팅을 하기도 한다.

경매 회사에서 실시하는 가치 평가appraisal는 경매가를 추산하는 시스템으로서 의뢰작의 판매 추정가를 산정하는 과정이다. 소더비와 크리스티는 재산세 및 재산 계획, 보험, 자선 기부, 담보 대출 등을 포함한 여러 요구에 적합한 평가를 서비스한다. 가치 평가 보고서는 보증서와 요약 페이지가 있는 제한된 문서들에 상세한 자산 명세서와 자산 항목별 가격을 포함한다. 이 같은 평가서는 국세청에서 세금을 징수할 때, 자산 계획 전문가나 보험 회사들이 폭넓게 참고하게 된다. 크리스티는 경매의 예상 가격 산정 서비스, 순수예술과 응용 예술을 위한 보험 산정 서비스를 제공하고, 소더비는 신탁, 작품 거래 지원, 기한부 대출 등의 서비스를 제공한다.

보통 아트 딜러나 경매 회사는 자신들에게 유리한 조건으로 예술가와 위탁자 간의 계약을 체결한다. 경매 위탁자는 일반적으로 판매가의 일정 비율을

152 최병식, 앞의 책.

경매 회사에 중개료commission로 지불하며 작품에 대한 보험 및 사진 비용 등을 부담한다.[153] 위탁 수수료는 저가 예술품의 경우 낙찰가의 8~15퍼센트부터 시작해 고가 예술품의 경우 2퍼센트까지 비율에 따라 달라진다.[154] 판매자가 내는 커미션은 협상이 가능하며 회사의 약관에 따라도 된다. 유찰될 경우에도 판매 위탁자는 경매 회사에 보장가에 기한 수수료를 내야 한다. 판매 위탁자가 경매 의사를 철회할 경우에 위탁자는 경매 회사에 보장가의 퍼센티지 또는 최저와 최고 추정치의 중간값을 계산해 지불해야 한다. 한편, 구매자에게 부과하는 수수료(구매 액수에 따라 일정 퍼센트를 부과)를 프리미엄premium이라고 한다.

한국의 경매 회사들은 15~18퍼센트 선의 구매 수수료를 적용하고 있다.[155] 커미션 외에 위탁매매와 관련한 제반 비용, 예를 들어, 운송비, 보험료, 도록 제작비, 리서치 비용, 홍보비, 경매 후 보관 비용, 프레이밍과 복원 비용 등은 판매자가 지는 경우가 대부분이다. 그러나 경매 회사들이 경매에 내놓고 싶어 하는 작품들은 고객 유치를 위해 무료로 서비스하는 경우도 있다.

불법과 합법 사이, 경매 기법들

경매 회사들이 전략적으로 이용하는 경매 기법은 합법과 불법의 경계를 넘나든다. 실제로는 입찰자가 없는데도 있는 것처럼 분위기를 조성하는 유령 입찰 기법을 사용하기도 한다. 작품 공개와 함께 가격이 제시되면 몇 명만 경매에 참여하다가 가격이 어느 정도 올라가는 순간, 갤러리 딜러들과 노련한 응찰자들이 끼어든다. 경매사는 유령 입찰을 실제 있는 것처럼 인정하거나 흥분한 현장의 입찰자를 유도해 스스로에게 불리한 가격을 부르게 한다. 이런 공공연한 관행은 형법상 공모죄에 해당한다. 실제 사건으로 로버트 라우션버그의 작품을

---

153 톰슨, 앞의 책, 62쪽.
154 Rhodes, *Art Law & Transactions*, p.333.
155 최병식, 앞의 책, 2005, 331쪽.

소장하고 있던 판매 위탁자가 경매 회사에 작품 다섯 점을 위탁하며 그중 한 점은 수용 하한가를 높게 잡아 유령 낙찰을 시켜달라고 부탁했다. 경매사는 유령 경매로 낙찰됐다고 공개했고 다음 날 모든 신문에 라우션버그의 작품이 최고 기록을 깼다는 뉴스가 나왔다. 그 결과 곧바로 갤러리에 걸린 라우션버그의 작품가가 일제히 상승했다. 위탁자는 5퍼센트의 중개료를 지불한 뒤, 그 그림을 되찾아 갔다. 그런 다음 가격이 오른 라우션버그 작품 중 하나를 다음 경매에 내놓고, 또 다른 것을 그 다음에 내놓는 식으로 고가에 판매한 것이다.[156]

온라인 경매의 대표적 사기 기법 중 하나인 실링shilling[157]은 판매자가 자신의 입찰 가격을 높게 하도록 유도하기 위해 허위로 입찰을 여러 번 해서 입찰 가격을 올리는 것이다. 허위로 입찰할 때 자신의 아이디가 아닌 다른 사람의 아이디를 사용하기 때문에 적발이 쉽지 않다. 2000년에는 온라인 경매 회사 이베이가 리처드 디벤콘Richard Diebenkorn 작품으로 추정되는 추상화를 이같은 방법으로 판매했다가 기소된 적이 있다.

판매자가 경매에 참가한다는 사실을 다른 입찰자들에게 알리지 않은 채 경매사가 판매자 대신 응찰을 하는 경우, 구매자는 낙찰이 되었더라도 구매를 회피하거나 마지막 선의 입찰 가격에 따라 구매할 수 있다.[158] 특정 예술가의 작품에 대한 대규모 컬렉션을 갖추고 있는 소장자는 같은 예술가의 다른 작품들이 고가에 팔리기를 바랄 것이다. 따라서 구매 의사가 없으면서 경매에 참여해 특정 작가의 작품 가격을 올리기도 한다. 또, 특정 작가의 작품에 대한 구매 의사가 있는 경우에는 작품 가격을 낮추기 위해 여러 가지 전략을 동원하기도 하는데, 다른 이들이 고가에 입찰하지 않도록 하기 위해 작품에 대해 폄하하는 발언을 하기도 한다. 일단의 사람들이 공모하여 단체 입찰을 하기도 한다. 가격을 낮추기 위해 경매 시 가격 경쟁을 하지 않는 것으로 미국에서는 반독점법 위

---

156 톰슨, 앞의 책, 325쪽.
157 영국에서는 '퍼핑puffing'이라고 부른다.
158 UCC §2-328: DuBoff and King, *Art Law in a Nutshell*, p.49.

반이며, 영국에서도 불법행위에 해당한다.[159] 한국도 독점규제 및 공정거래에 관한 법률 제19조를 통해 가격을 결정·유지 또는 변경하는 행위, 상품 또는 용역의 거래 조건이나, 그 대금 또는 대가의 지급 조건을 정하는 행위 등을 부당한 공동행위로 규정하고 금지하고 있다.[160] 경쟁을 회피하기 위해 사업자 간의 담합과 카르텔 등을 통해 공동으로 가격을 결정하거나 수수료를 인상하거나 하는 행위 등을 말한다.

소더비와 크리스티의 수수료 담합 사건은 유명하다.[161] 1980년대 후반 경기 침체로 미술 시장이 타격을 입고 판매 실적이 떨어지자, 소더비 대표 앨프리드 토브먼Alfred Taubman은 최대 라이벌 크리스티의 대표 앤서니 테넌트 Sir Anthony Tennant에게 담합을 제안했다. 이들은 1992년 한 주 정도 간격을 두고 구매자로부터 받는 수수료를 15퍼센트 인상하고, 1995년에는 6주 간격으로 경매 위탁자에게 받는 커미션을 올렸다. 당시 통상 판매 수수료는 경매 가격의 1~2퍼센트를 받았다. 1997년 경매 회사 담합에 대한 법무부의 조사가 시작되자 1999년 12월 크리스티의 당시 최고경영책임자인 크리스토퍼 대비지 Chirstopher Davidge는 소더비와의 담합 관련 기록들을 넘기고 사임했다. 반면 끝까지 범죄 사실을 시인하지 않던 소더비 대표는 징역 1년에 벌금 750만 달러를 선고받아 형사처분을 받았으며, 소더비사는 공모 건으로 4,500만 달러의 벌금형을 받았다. 한편 1993년부터 1999년까지 소더비와 크리스티를 이용한 경매 고객들도 집단소송을 했다. 2001년 뉴욕 지방법원은 양사가 독점금지법을 위반해 부당이득을 취득했다고 판결하고, 소더비와 크리스티는 각각 2억 5,500만 달러씩 총 5억 1,000만 달러에 달하는 액수를 해당 기간 경매를 통해 작품을 매매한 소비자에게 돌려주어야만 했다.

159   DuBoff and King, *Art Law in a Nutshell*, p.50.
160   약칭: 공정거래법 [시행 2020.8.12.] [법률 제16998호, 2020.2.11., 타법 개정].
161   In re Auction Houses Antitrust Litigation, 2001 WL 170792 (S.D.N.Y. 2001), aff'd, 2002 WL 1758897(2d Cir. 2002).

경매 회사의 의무와 책임

위탁매매 계약이 체결되면 경매 회사는 위탁판매자의 대리인 역할을 하게 된다. 경매 회사와 경매사들로 하여금 사기 기법으로부터 구매자들을 보호하고, 경매가 장물 처분에 이용되는 것을 막기 위해 경매사의 자격 요건을 엄격히 규율하기도 한다. 미국 대리인 법리상 경매 회사 역시 다른 아트 딜러들과 마찬가지로 위탁매매에 대한 수임인fiduciary으로 신임 관계fiduciary relationship에 있는 위탁자principal에 대해 이해에 상충하지 않고 해를 끼칠만한 이기적 행동을 하지 않을 충성 의무duty of loyalty, 합리적으로 주의를 기울이고 사려 분별 있게 책임을 수행해야 할 주의 의무duty of care, 책임을 성실히 이행해야 하는 신의 성실의 의무duty of good faith를 진다. 요컨대, 경매 회사는 위탁 예술품의 상태, 소유권 등 권리 관계에 대해 조사하고 확인해야 할 주의 의무를 부담하고, 거래의 당사자나 제3자 중개인 등에게 확인·설명 의무를 다해야 한다. 위탁매매라는 경매 특성상 대부분 위탁판매자의 신분은 드러나지 않는다. 이 경우 경매에 올라온 작품의 진본성에 대한 책임은 누가 지게 될까.

경매 회사는 경매 전에 진품성 판단에 신중을 기해야 한다. 1987년 마담 드 벌카니는 런던 크리스티 경매 회사를 통해 에곤 실레의 작품을 낙찰받았다. 그러나 진본성이 문제가 되었고, 드 벌카니는 크리스티를 상대로 소송을 제기했다. 드 벌카니 대 크리스티De Balkany v. Christie Manson and Woods, Ltd. 사건[162]의 소송 과정에서 경매 회사의 도록인 카탈로그 레조네catalogue raisonné를 만든 제작자는 이미 크리스티 측에 진품인지 의심스럽다고 밝힌 사실이 드러났다. 약관의 환불 규정에는 "크리스티가 해당 분야 전문가의 감정에 의존했다면 후에 위작이라고 판명되더라도 계약을 취소할 수 없다"고 되어 있었다.

이에 대해 영국 법원은 크리스티에 책임이 있다고 판시했다. 드 벌카니가 낙찰받은 작품은 약 94퍼센트 정도가 과도하게 덧칠되어 있었고, 그림 구석에

---

162 [1997]16 Tr. L.R. 163 (Q.B. 1995).

있는 작가의 이니셜도 덧칠의 일부였다는 것이 발견되었다. 단, 6퍼센트만이 실레가 직접 제작한 것이었다. 법원은 6퍼센트를 제외한 나머지는 크리스티 약관 '정의' 조항에 명시되어 있는 '위조'에 해당한다고 보았다. 덧칠한 사람은 작품에 실레의 이니셜을 넣음으로써 실레의 작품으로 속일 의도를 갖고 있었다. 따라서 능력 있는 아트 딜러나 전문가, 특히 크리스티 같은 대형 경매 회사라면 면밀한 감정을 통해 밝혀냈어야 했다는 것이다. 또한 크리스티가 일부 전문가의 감정에만 의존해 작품을 판매하고자 했다면 에곤 실레의 작품으로 '증명된authenticated to'이 아니라 '추정되는attributed to'이라고 표기했어야 한다. 법원은 크리스티 측에 작품 구매 가격과 이자를 합쳐 환불할 것을 명령했다.[163]

경매 회사들은 도품이나 유실품, 또는 위탁자의 사기 행위에 각별히 주의해야 한다. 또한 경매에 앞서 작품의 매도인이 소유권자가 맞는지를 철저하게 살펴야 한다. 미국의 경우 경매에 나온 예술품이 도품인 경우,[164] 경매사는 판매하는 작품이 도품이라는 사실을 실제로 알았거나 알았어야 할 위치에 있지 않더라도 횡령에 따른 불법 취득conversion의 책임을 지게 된다. 다만 경매사가 매도인의 사기로 인해 작품에 결함이 있다는 사실을 알지 못한 경우라면 횡령의 책임을 지지 않는다. 경매사의 권한 범위 밖에 있는 행위에 대해서는 책임을 면제하는 것이다. 한국의 민법에 의하면 도품이나 유실품의 경우, 낙찰자가 도품이라는 사실을 몰랐다고 하더라도 원소유자는 도난 또는 유실한 날로부터 2년 내에 그 물건의 반환을 청구할 수 있다.[165] 선의의 매수자인 경우에는 낙찰자가 지급한 경매 금액을 변상해야 하며, 경매 회사는 도품이나 유실품이라는 사실을 몰랐더라도 낙찰자의 추가적 손해에 대해 책임을 져야 한다. 경매사에 의한 사기나 부실 표시의 경우에는 구매자가 배상을 받을 수 있다. 패스터넥 대

---

163 16 Tr. L.R. 163 (Q.B. 1995).
164 미국 연방도품법은 도난 또는 위법하게 횡령하거나 취득한 물품에 적용되는데 동법상 '도품'이란 점유자의 의사에 반해 빼앗긴 물건을 말하며, 판례에 따르면 '도난'이란 주법의 절도죄와 상관없이 소유자로부터 소유에 대한 권리 및 혜택을 박탈할 의사를 갖고 행하는 모든 형태의 행위를 포함한다. 미국 연방도품법은 제7장에서 자세히 다룬다.
165 민법 제250조, 제251조.

에스케이 갤러리Pasternack v. Esskay Art Galleries 사건[166]에서 경매 회사는 구매자에게 경매에 나온 보석이 4만 6,000달러 상당의 가치가 있으니 이 보석을 구매해 다음 경매에 되판 뒤 이윤을 남겨 반분하자는 제안을 했다. 경매사의 말을 믿고 경매를 통해 보석을 구매했지만 실제 보석이 1만 1,000달러의 가치로 판명된 사건이 있었다. 이 사건 구매자는 계약을 취소하고 경매가를 돌려받았다.

경매사의 입찰 수락은 위탁판매자와의 계약관계상 의무를 발생시킨다. 경매 회사는 입찰자가 대금 납부를 하지 않을 경우 입찰자에게 책임을 물을 수 있다. 입찰 수락을 없던 일로 하거나, 경우에 따라 대금을 청구하거나, 작품을 되팔고 손해액을 청구를 할 수 있다.[167] 매도인 역시 경매 회사를 상대로 손해배상 청구를 할 수 있다. 경매 회사는 판매 위탁자의 대리인으로서 판매 위탁자의 이익에 부합해야 하며 정직하게 행동해야 한다.

예술품 위탁자가 위탁한 예술품의 경매 낙찰에 실패한 데 대해 경매 회사인 크리스티를 상대로 손해배상 청구 소송을 한 사건이 있었다. 크리스탈리나 대 크리스티Cristallina S.A. v. Christie, Manson & Woods Int'l 사건[168]에서 위탁자 측은 경매사가 경매에 올리기 위해 선택한 회화 작품들이 응찰자들의 이목을 끄는 데 실패했으며 경매사가 위탁자인 자신에게 작품들의 경매 가치에 대해 중요한 정보를 공개하지 않았다면서 경매 회사의 정책을 위반했다고 주장했다.

사건의 개요는 이렇다. 예술품 매매업을 하는 스위스계 회사인 크리스탈리나는 1981년 크리스티 경매에서 인상파 작품들을 판매하기로 계약했다. 1981년 2월 크리스탈리나의 디미트리 조디디오Dimitry Jodidio 회장은 데이비드 바서스트Bathurst 크리스티 회장을 만났다. 바서스트 회장은 11점의 작품을 살펴본 후 그중 8점을 위탁받아 경매에 내기로 결정했다. 바서스트 회장은 크리스탈리나 측에 1,200만~1,400만 달러 선의 추정가를 제시했다. 사실 바서스트는 크리스

---

166   90 F. Supp. 849 (1950).
167   UCC §2-703, 709, 706.
168   117 A.D.2d 284 (N.Y. App. Div. 1986).

티의 인상파 담당 부서장인 크리스토퍼 버지로부터 상당수 작품들이 팔기 어려운 데다 일부는 가격 추정이 불가능하다는 얘기를 들은 터였다. 버지는 심지어 경매에서 팔릴 만한 작품이 아니라고까지 했다. 크리스티 내부에서도 추정가가 500만 달러 미만일 것이라는 판단을 했음에도 불구하고 바서스트 회장은 크리스탈리 측에 작품의 추정가를 크게 올려 잡아 고지한 것이다. 경매 당일 크리스티는 보장가를 925만 달러로 결정했다. 그렇지만 경매 결과는 형편없었다. 8점 중 드가의 〈유진 마네의 초상Portrait of Eugene Manet〉 단 한 점만이 팔리고 모두 낙찰에 실패한 것이다. 그러나 바서스트 회장은 언론에 세잔과 반 고흐의 작품을 포함해 총 세 점이 낙찰되었다고 거짓으로 알렸다. 크리스탈리나는 계약 위반과 신의 성실 의무 위반 등으로 크리스티를 고소했다. 경매 회사가 시장 상황을 분석하는 데 부주의했으며, 정보를 거짓으로 전달했고, 보장가를 비현실적으로 높게 책정했다는 것이다.

이에 대해 1심 법원은 "작품 가격은 시장 상황에 따라 달라질 수 있으며 정확히 가격을 측정하는 것은 불가능하다"며 약식 판결을 내렸다. 그러나 항소 법원은 원심을 파기 환송했다. 판결의 골자는 다음과 같다.[169] 첫째, 경매 회사인 크리스티는 위탁인 크리스탈리나의 이익을 위해 최선을 다해야 하는 신의 성실의 의무가 있는데 이를 어겼다. 둘째, 경매사가 의도적으로 거짓된 추정가를 위탁자에게 제시했다면 이로 인해 손해를 입은 계약자는 경매 회사를 상대로 사기 및 과실 부실 표시negligent misrepresentation, 계약 위반 등을 근거로 소를 제기할 수 있으며, 더 나아가 실제 피해 액수에 더해 징벌적 손해배상punitive damage을 요구할 수 있다. 단순히 수탁자로서 경매 회사는 잘못된 의견을 제시하는 것은 책임을 면할 수 있지만 거짓임을 알았음에도 그런 의견을 수정하지 않은 것은 문제라는 것이다. 경매 회사의 보장가는 가장 높은 추정가를 넘을 수 없도록 되어 있다. 내부 전문가들이 작품들이 팔릴 가능성이 낮다고 보았으

169   117 A.D.2d 284.

며 작품의 추정치를 훨씬 낮게 잡고 있었다는 사실을 알고 있음에도 불구하고 바서스트가 추정에 대한 정보를 거짓으로 제공한 것이 사실인지 다시 심리해야 한다는 것이다. 셋째, 사기 혐의에 대해서도 법원은 바서스트가 크리스탈리나 사가 작품들을 크리스티에 위탁하도록 유도할 목적으로 불가능한 수치의 추정가를 책정해 알린 것은 사기에 해당한다고 보았다. 단순히 '의견'에 불과하다는 바서스트의 항변에 대해, 법원은 설사 의견에 불과하더라도 '진실하게' 의견을 말할 의무가 있다고 했다. 더 나아가 발생하지 않을 일이라는 것을 알면서도 거짓으로 가능한 것처럼 이야기하는 것은 사기에 해당한다고 했다.

결국 법원은 약식 판결로 결정될 사안이 아니라며 파기 환송했고, 양측은 법정 밖에서 비공개 합의를 통해 해결했다. 합의금은 공개되지 않았지만 크리스티는 합의금과 별도로 경매가와 판매가에 대해 거짓 정보를 공표한 데 대해 8만 달러의 벌금을 물었고, 관련 경매사들은 자격정지를 당했다. 이 사건 이후 뉴욕은 경매법을 개정해, 경매사가 망치를 두드릴 때 보장가에 원소유자가 되가져가는 '환매bought-in'[170] 사실을 공표하고, 추정가와 보장가에 대해서도 공개하고 설명하도록 했다.[171] 또한 동법은 보장가가 최저 추정가를 넘어선 안 된다고 규정하고 있다.[172]

아트 딜러와 달리 경매 회사는 경매에 내놓는 예술품을 소유하지 않는 것으로 보기 때문에 경매 회사는 유효 권원에 대한 묵시적 보증 책임implied warranty of title은 지지 않는다. 그러나 경매 회사에서 예술품을 구매한 사람은 판매자가 진품을 건네지 못할 경우 경매 회사를 상대로 배상을 요구할 수 있다. 경매 회사는 위탁판매자가 내놓은 작품에 대해 조사할 의무가 있을까. 메이저 경매 회사들은 위탁된 예술품들에 대해 광범위한 조사를 한다. 크리스티나

---

170 환매란 경매 또는 과세 내지 모기지 실행 절차에서 원래의 소유자 혹은 재산에 관한 권리를 가지는 자가 재산을 매입하는 것을 말한다.
171 6 RCNY 2-123.
172 6 RCNY 2-123(d).

소더비 같은 경우 FBI, 인터폴, 영국 도난예술품등록부ALR 등의 데이터베이스와 사료들을 참고한다. 또 위탁판매자에게 진품이며 소유권이 있고, 소유권을 이전하는 데 법적인 문제가 없음을 보증할 것을 요구한다.

예술품의 종착지 뮤지엄

뮤지엄museum은 유통 과정의 최종 종착지라는 점과 공공의 이익에 복무한다는 점뿐만 아니라 예술품 시장 전체를 키우고 활성화시킨다는 점에서 중요하다. 높은 수준의 미술관이나 박물관이 많아지면 갤러리, 경매 회사, 아트 페어와 같은 유통 시장이 활성화되고, 소비자인 수집가와 일반 대중에게도 영향을 끼친다. 우선 예술품 수집가들은 추후 미술관 기부를 염두에 두고 미술관이 기부를 수락할 만한 수준의 미술관급 미술품을 수집하고자 할 것이다. 뉴욕의 갤러리들은 상업성 있는 전시뿐만 아니라 당장의 수익에는 도움이 되지 않더라도 미술관에서 대여를 하면서까지 대형 기획 전시, 미술관급 전시를 하곤 한다. 그 이유는 수집가들이 나중에 미술관에 작품을 기부함으로써 높은 수준의 세금 공제 지원을 받기 위해 미술관에서 수락할 만한 수준 높은 작품을 수집하려 하기 때문이다. 예술품을 수집할 때 단순히 개인적 취향만을 반영하는 것이 아니라, 나중에 세제 혜택을 받으면서 사회적 명망도 얻는 미술관 기부가 일종의 관례처럼 되어 있는 셈이다.

이러한 수집가들이 많아지면 자연히 미술관의 수준 또한 높아질 것이다. 수집가의 수준이 높아지면 유통 시장, 즉 갤러리와 경매 회사, 아트 페어에서도 미술관급 작가를 발굴하고 지원하는 데 투자함으로써 훌륭한 예술가들을 키워낼 수 있다.[173] 미술관이 발전하면 교육과 연구 및 기록, 평론 및 집필, 감정 및

---

173 최정수, 앞의 글.

평가와 보관, 보존 및 복원과 같은 미술과 연계된 산업도 동반 성장하게 된다. 또한 미술교육 전문 기관의 질적, 양적 확대를 불러온다. 소장품의 수와 가치가 향상되고 다양성이 증가되어 예술 관련 연구와 학문의 지위 또한 격상한다. 예술품 감정평가의 수요도 확대되어 감정평가의 기준과 수준도 고도화되며, 예술품의 보관, 보존, 복원 기술과 관련 사업이 활성화된다.

뮤지엄의 종류와 기능

뮤지엄이라는 단어는 그리스어 mouseion에서 파생되었다. 예술과 과학을 관장하는 여신인 뮤즈에 헌정하는 성소 또는 사원이라는 뜻인데, 그리스인들은 종교적 성소, 철학적 학문, 과학적 연구의 의미로 사용했다. 뮤지엄, 즉 미술관 또는 박물관이라는 개념은 기원전 2000년 초반 학교에서 교육용으로 고대 비문 사본을 복제했던 메소포타미아 라사에 기원을 두고 있다. 중세 시대에 미술관이라는 개념은 희박했지만 수도원이나 교회에서 문화 예술적 사물들을 모으고 보존했다. 르네상스 시대에 와서야 갤러리 형태로 진귀하고 흔하지 않은 사물들을 전시하기 시작했다. 이탈리아 피렌체의 메디치가는 대표적인 수집가로 유명하다. 교황과 통치자들도 경쟁적으로 유명한 문화 예술적 사물들을 모으고 컬렉션으로 소장하기 시작했다. 하지만 이때까지만 해도 이러한 수집품은 일반에 공개되지 않았다.[174] 일반에 공개되는 개념의 미술관·박물관은 17세기 중반 계몽기에 나타났는데, 주로 공공의 교육 목적이었다. 이러한 개념의 뮤지엄은 1671년 스위스 바젤에서 개관한 대학 뮤지엄University Museum이 최초라고 할 수 있으며, 영국 옥스퍼드의 애슈몰린 뮤지엄Ashmolean Museum은 현재와 같은 형태의 주요한 공공 박물관의 효시라고 할 수 있다. 당시 박물관들은 개인 소장품

---

174   Oliver Impey and Arthur MacGregor, *The Origins of Museums: The Cabinet of Curiosities in Sixteenth-Seventeenth Century Europe*, 2nd ed., House of Stratus, 2001.

을 활용했다. 대부분 전 세계 각지에서 수집한 다양한 문화적, 예술적 사물들로 구성되었다. 계몽기 초기에는 의사이자 학자인 한스 슬론 경 같은 개인들이 문화재를 수집했으며, 이들의 소장품에 고취되어 1753년 런던에 대영박물관이 설립됐다. 1750년에는 바티칸에 몇 개의 뮤지엄이 개관했으며, 1793년에는 마침내 프랑스 파리에 루브르 박물관이 문을 열게 된다.

국제뮤지엄협회ICOM: International Council of museums의 뮤지엄 정의 규정에 따르면, "뮤지엄은 사회와 사회 발전에 이바지하고, 공중에게 개방되는 비영리의 항구적인 기관으로, 학습, 교육, 향유를 위해 인간과 인간의 환경에 대한 유형·무형의 증거를 수집, 보존, 연구, 교류, 전시한다"[175]고 정의하고 있다. 사회 및 사회 발전에 기여, 공중에의 개방, 비영리 기관임을 명시함으로써 박물관의 공공적 성격을 나타내고 있다. 최근에는 2007년에 채택된 이러한 정의가 예술 환경의 변화, 그리고 동시대 뮤지엄의 역할과 성격을 담아내기 미흡하다는 인식에 따라 정의를 새롭게 규정하자는 움직임이 있다.[176]

우리 '박물관 및 미술관 진흥법'[177]은 "미술관이라 함은 문화·예술의 발전과 일반 공중의 문화 향유 증진에 이바지하기 위해 박물관 중에서 특히 서화·조각·공예·건축·사진 등 미술에 관한 자료를 수집, 관리, 보존, 조사, 연구, 전시하는 시설을 말한다"(제2조)라고 정의한다. 미국뮤지엄협회AAM: The American Association of Museums는 교육 또는 미학적 목적으로 전문가들로 조직된 영구적 비영리 기관으로 (문화적) 사물들을 보유하고 보존하며 정기적 일정에 따라 일반에 공개하는 곳이라고 정의하고 있다.

뮤지엄에는 공공public museum과 사립private museum이 있다. 사립 미술관이나 박물관은 개인이 개인의 역량으로 설립한 것이지만, 그럼에도 불구하고 공익

---

175 A museum is a non-profit, permanent institution in the service of society and its development, open to the public, which acquires, conserves, researches, communicates and exhibits the tangible and intangible heritage of humanity and its environment for the purpose of education, study and enjoyment. ICOM Statutes, 2007.

176 현재 ICOM 웹사이트에는 별도의 항목을 두고 뮤지엄 정의에 대한 공모를 진행 중이다.

177 〔시행 2021.1.1.〕〔법률 제17007호, 2020.2.18., 타법 개정〕

을 목적으로 공공에 개방하는 기관이라는 점에서 공공성을 띠고 있다. 사립 미술관이더라도 정부 보조금을 받는 것도 이 때문이다. 프랑스를 비롯한 유럽의 미술관들은 대부분 정부가 소유하고 재정적으로 지원하며, 정부가 임명한 관료들에 의해 운영된다. 이에 비해 미국의 뮤지엄들은 대체로 독립적인 기관이다. 일부는 지방, 주, 연방 정부의 산하기관이지만 대부분은 사영, 비영리 기관의 형태로, 뮤지엄들은 공식적인 위계나 권위가 희박한 미국뮤지엄협회나 미국뮤지엄관장협회AAMD 같은 기관 회원으로 상호 연계하고 있다. 유럽의 뮤지엄들이 중앙집권적이라면 미국은 독립적인 주체라고 할 수 있다. 우리 박물관 및 미술관 진흥법에서는 미술관을 그 설립 및 운영 주체에 따라 국립, 공립, 사립, 대학 미술관 등으로 구분하고 있다(제3조).[178]

뮤지엄의 주요 기능과 목적은 문화재와 예술품을 전시하고, 젊은 세대를 교육하며, 문화 사물들을 보존하는 것이다. 학자에게는 학문적 연구의 보고가 되며, 각종 연구를 진행하고, 공동체 활동의 장이 되기도 한다. 미술관art museum[179]의 가장 중요한 역할은 대중에게 교육적, 미적 체험을 할 수 있게 하는 것이며, 대중이 과거와 현재를 이해하도록 돕는 것이다. 물론 작품의 전시는 미술관의 핵심이다. 미술관은 자체 소장품을 전시하거나, 이웃 미술관 또는 박물관, 단체 또는 개인의 소장품을 대여해 전시한다. 이러한 목적을 달성하기 위해 박물관·미술관은 공공성, 독립성, 전문성, 효율성, 접근성을 갖추어야 한다.[180]

뮤지엄은 본질적으로 공공적 성격을 띠고 있기 때문에 '비영리 기관'에 가깝다. 비영리법인이라 함은 수입(잉여금 혹은 이익금 포함)이 전적으로 기관과 기

---

178 현재 국립 미술관으로는 국립현대미술관이 유일하고, 서울 시립, 부산 시립, 광주광역 시립, 대전 시립 미술관 등 4개의 공립 미술관이 있다. 전국의 사립 미술관은 62개소다.

179 우리 '박물관 및 미술관 진흥법'은 박물관과 미술관을 구별해 미술관을 문화·예술의 발전과 일반 공중의 문화 향유 및 평생교육 증진에 이바지하기 위해 박물관 중에서 특히 서화·조각·공예·건축·사진 등 미술에 관한 자료를 수집·관리·보존·조사·연구·전시·교육하는 시설로 정의하고 있다.(법 제2조)

180 The Accreditation Commission's Expectations, AAM, 2004; 최병식, 『박물관 경영과 전략』, 동문선, 2010.

관 운영을 위해서만 사용되는, 합법적으로 설립된 법인 혹은 비법인 기관을 말한다. 국내법상으로는 비영리법인과 공익법인, 전문 예술 법인 등의 규정에 따른다. 민법 제32조는 비영리법인을 학술, 종교, 자선, 기예, 사교, 기타 영리 아닌 사업을 목적으로 하는 사단 또는 재단으로 정의한다. 공익법인은 민법의 규정을 보완하여 법인으로 하여금 그 공익성을 유지하며 건전한 활동을 할 수 있도록 재정의한 것으로 재단법인이나 사단법인으로서 사회 일반의 이익에 이바지하기 위해 학자금·장학금 또는 연구비의 보조나 지급, 학술, 자선에 관한 사업을 목적으로 하는 법인을 말한다(공익법인의 설립·운영에 관한 법률). 전문 예술 법인은 문화 예술 진흥을 위해 국가나 지방자치단체가 지정하는 비영리법인을 말한다(문화예술진흥법 제7조).

뮤지엄과 예술 시장

미술관은 일반 갤러리나 아트 페어와는 달리 상업성과 무관하게 대중에 전시하고, 학문적으로 연구하는 공간이다. 그렇지만 미술관에서 갖는 전시의 경제적 파급력은 크다. 미술관 전시를 통해 작가의 작품 가격이 급등하거나 특정 경향의 작품이나 미술 사조가 크게 유행을 타고 매매가 증가하기도 한다. 미술관에서는 거장의 회고전을 종종 여는데 영향력 있는 미술관에서 열리는 전시는 곧바로 그 작가에 대한 일시적인 붐을 조성하게 되며 갤러리나 경매에서 작품 가격대가 급상승하는 경우가 많다. 일례로 2011년 뉴욕 구겐하임 미술관에서 이우환 개인전을 개최하자 곧이어 서울의 갤러리와 각종 아트 페어에서 이우환 붐이 일고 가격 또한 크게 상승했다. 따라서 아트 딜러나 수집가가 전시를 적극적으로 후원하거나 추진하는 경우가 대부분이며 미술관 전시를 위한 경쟁과 물밑 로비도 치열하다. 1999년 10월 뉴욕 브루클린 미술관이 주관한 '센세이션' 전에서는 미술관의 상업화라는 이슈가 부각되었다. 브루클린 미술관은 전시 자금 마련을 위해 영국의 유명 수집가인 찰스 사치Charles Saatchi와 경매 회사 크리스티, 그리고 아트 딜러들을 끌어들임으로써 예술과 상업의 유착 관계를 형성했다는 공격을 받기도 했다.

런던의 유명한 현대미술 수집가이자 아트 딜러인 사치는 광고계의 거물이다. 브루클린 미술관이 사치라는 한 개인의 컬렉션만으로 전시회를 함으로써 사치 컬렉션의 가치를 높여주고 그 대가로 후원금 16만 달러를 기부받았다. 크리스티 경매 회사와 아트 딜러들에게도 후원금을 받았다. '센세이션' 전은 작품 내용에 대한 논란도 커서 뉴욕 시장 줄리아니와 법정 공방까지 치러야 했다.[181] 결국 전시는 강행되었고, 유례없는 성공을 거두었다. 그렇지만 공공 미술관인 브루클린 미술관이 개인 수집가의 컬렉션만 갖고 전시를 기획하고 상업적인 이윤과 직접적인 관련이 있는 사치, 크리스티 등의 개인들로부터 투자를 받은 것은 두고두고 논란이 되었다. 스탠퍼드 로스쿨 교수이자 예술법 전문가인 존 메리먼John Merryman은 이 전시를 두고 "돈에 매수된 타락이라며 브루클린 미술관이 사치와 크리스티의 대행사 역할을 한 것이나 마찬가지"라고 비난하기도 했다.

그러나 미술관 관장들의 입장은 달라 보였다. 휘트니 미술관 관장인 맥스웰 앤더슨은 미술관은 세상의 일부이며, 이 세상에서 공공의 혜택을 위해 가치의 교환이 일어나는 것은 당연하지 않느냐고 반문했다. 미술관들이 개인 컬렉션으로 전시를 하는 것은 컬렉션의 지명도와 가격이 상승할 기회를 얻게 되는 수집가뿐만 아니라 미술관 입장에서도 전시 비용과 후원금, 게다가 소장품 기부라는 관행으로 이어진다는 점을 감안할 때 서로 나쁠 것이 없다는 입장이다. 실제로 대형 미술관들의 경우 소장품 중 대다수는 개인 수집가들의 기부로 이루어져 있다. 또한 미술 애호가들 입장에서도 평상시에 관람할 기회가 없는 개인 소장품을 볼 수 있다는 점에서 득이 된다고 주장한다.

그렇지만 기업의 후원이나 기부금 또는 소장품 기증에 대한 대가로 후원

---

181 자세한 내용은 '제4장 예술의 자유' 참조.

기업의 제품을 전시 주제로 삼는 일은 상당히 조심해야 할 문제다. 2000년 구겐하임 미술관이 1,500만 달러를 기부받기로 약속하고 이탈리아 출신 패션 디자이너인 조르조 아르마니Georgio Armani의 회고전을 열었을 때에는 미술관이 패션 업체의 홍보자로 타락했다는 비난을 들어야 했다. 물론 패션도 예술의 한 장르이며, 보석이나 의상 같은 패션은 대형 미술관에서도 자주 기획하는 전시 주제다. 메트로폴리탄 미술관이나 로스앤젤레스 미술관 등에서는 프랑스 보석 회사인 카르티에의 후원을 받아 '카르티에 보석전'을 열기도 했고, 이탈리아 패션 업체인 페라가모나 크리스티앙 디오르 등의 후원을 받아 '페라가모' 전시와 '디오르' 전시를 열기도 했다. 쿠퍼-휴이트 내셔널 디자인 미술관에서는 미국 가구 디자이너 찰스와 레이 임스Charles & Ray Eames의 디자인을 바탕으로 가구를 생산하고 제작하는 허먼 밀러Herman Miller사의 후원을 받아 전시를 하기도 했다. 2011년 8월 메트로폴리탄에서 열린 알렉산더 매퀸 전시회는 의상뿐만 아니라 전시 기획 자체가 하나의 종합예술이라는 찬사를 받기도 했다. 따라서 기업과 미술관이 상생의 협력 관계를 유지하기 위해서는 선을 지키려는 노력이 필요하다. 이처럼 뮤지엄의 영향력이 큰 만큼 엄격한 법적, 윤리적 책임이 따른다. ICOM은 윤리강령을 마련하고, 소장품 정책에 대한 기준 공개, 소장품의 취득 과정에서의 소유권 취득, 출처 등에 대한 주의 의무, 소장품의 관리 및 처분, 소장품의 보존, 수복 등에 대한 기준을 제시하고 있다.[182]

182 ICOM Code of Ethics.

3 예술품의 유통

　예술품이 예술품 시장에 나오는 경우를 흔히 4D라고 한다. 4D란 죽음 death, 이혼divorce, 파산debt, 개인적 판단에 따른 처분discretion 등의 알파벳 머리 글자를 딴 것으로 예술품 소장자가 사망해서 유언에 따라 상속, 기부 등을 통해 처분하는 경우, 예술품의 공동 소유자가 이혼함에 따라 재산을 분할하면서 처분하는 경우, 파산으로 예술품을 더 이상 소유할 수 없어 자의 또는 타의로 처분하는 경우, 그리고 새로운 작품을 사기 위해서라든가 자산을 현금화하기 위해서라든가 하는 개인적인 이유로 소장품을 매각하는 경우 등이다. 사망이나 파산, 개인적 판단에 따른 처분인 경우, 위탁자는 가능한 빠른 시일 내에 경매가 열려 작품이 처분되길 바란다. 반면 이혼의 경우에는 주로 변호사를 통해 위탁이 이루어지는데 변호사는 시간이 걸리더라도 여러 경매 회사의 위탁 가능성을 논하며 좋은 조건을 이끌어내려 노력한다.[183]

　예술품은 이렇게 여러 가지 이유에서 이 소장자에서 다른 소장자로 끊임없이 이전되며, 그때마다 예술품의 금전적, 미적, 역사적 가치도 변화한다. 따라서 예술품의 가치와 진품성을 유지하기 위해서 예술품의 역사를 잘 기록해서

183　톰슨, 앞의 책, 263쪽.

보관하는 것이 매우 중요하다. 소장 이력은 예술품 소유의 역사를 가리키는 것으로 무엇보다 진위 여부를 가리는 데 매우 중요한 역할을 한다. 창작을 통해 생산되어 유통되는 예술품과 죽음, 이혼, 파산, 처분 등에 의해 시장에 다시 나온 예술품들의 가격은 어떻게 책정되고 어떤 식으로 매매될까.

예술품의 가격 결정

시장에서 예술품의 가격은 어떻게 매겨질까. 예술품 시장에서 가격 결정은 원칙적으로 다른 재화의 가격 결정에 작동하는 수요 공급의 법칙에 기반을 둔다. 예술적, 미적 가치 같은 내재적 가치와, 교환가치인 가격에 해당하는 외부적 가치 사이에 존재하기 때문에 예술품 시장의 가격 결정 메커니즘은 다른 재화와는 차이가 있다. 예술품은 일반 상품과는 두 가지 점에서 구별된다. 첫째, 예술품의 가치는 일반 상품에 비해 가치 변동률이 크다. 따라서 법정에서 판결이 난 시점의 시가로 보상을 받지 않는 한 손해가 치유되기 힘들다. 둘째, 예술품은 독창성을 갖고 있다. 따라서 동산보다는 부동산에 가깝다. 셋째, 예술품에 대한 가치 판단은 주관적 요인이 개입된다.

공급자는 창작자인 예술가와 그의 유족이나 상속인, 또는 작품의 소장자다. 수요자는 예술품 수집가나 미술관 등이다. 시장에서 가격이 결정되는 데에는 세 가지 메커니즘이 작동한다.[184] 우선, 가장 기본적인 방식은 수요자와 공급자가 가격을 포함한 거래의 내용을 사적인 협상을 통해 결정하는 것이다. 재화를 교환하고자 하는 상호 협상력을 가진 당사자들이 현장에서 교환하고자 하는 재화의 가격을 사적으로 직접 협의하게 된다. 그렇지만 이 방식은 상품 또는 예술품의 판매를 위해 광고 홍보를 하고 계약을 체결하는 데 대리인을 고용

---

184 Velthuis, *Talking Prices*, p.80-81.

할 경우 들어가는 비용이 적지 않다. 예술가의 작업실에서 구매 의사를 가진 사람이 방문해 가격을 협상할 수도 있다. 이때 예술가들은 손님을 맞기 전에 미리 작품 가격을 결정해두는 것이 좋다.

두 번째 방식은 경매장에서 가격을 결정하는 것으로 수요자와 공급자, 즉 구매자와 생산자가 특정 시간에 특정 장소에 모여서 경매사를 통해 가격을 결정하는 것이다. 경매사가 가격을 부를 때 자기가 살 수 있는 가격과 맞는 경우에 낙찰받는 것으로 수요와 공급의 교차 지점이 가격 결정 지점이 된다. 개인 협상과 마찬가지로 경매를 하는데도 상당한 비용이 들어간다. 그렇지만 경매는 예술품처럼 시장가의 변동이 심하고, 표준적 기준이 없는 무형적 가치를 평가해야 하는 경우에 효과적인 메커니즘이다. 따라서 현대 예술품 처분 및 거래의 약 절반가량이 경매 방식으로 이루어지고 있다.

마지막으로 근대 경제에서 가장 보편적인 방식은 가격 정찰제다. 판매가 이루어지기 전에 판매자가 가격을 결정하고, 상품에 가격표를 붙여 놓는 것으로 구매자가 고시된 가격을 받아들이느냐 거절하느냐를 결정하게 된다. 구매자가 물건을 사게 되면 판매자가 제시한 가격에 묵시적으로 동의를 하게 되는 것이다. 그렇지만 아트 딜러들은 갤러리가 보유하고 있는 작품에 미리 가격표를 붙여 놓는 대신, 그 자리에서 하는 가격 협상을 선호한다.

예술품의 가격은 다른 재화에 비해 편차가 큰 편이다. 경제학 이론에 따르면 가격은 재화가 가장 필요로 하는 곳을 알리는 지표이며 이러한 지표를 따르는 소비자들에게 인센티브를 제공한다.[185] 아트 딜러들도 동일 작가, 동일 작품이 갤러리마다 편차가 크지 않도록 내부적으로 가격을 높이거나 낮추는 방식으로 조정한다. 그렇지만 경매가는 예외적이다. 가격 결정에 우연적 요소가 개입되는 경매가는 그간 유지되던 작품 가격을 급등 또는 급락시킬 수 있다. 게다가 예술품은 다른 재화와는 다른 특징들을 갖고 있기 때문에 가격 편차에는 이

---

185 Milton Friedman, *Price Theory*, Aldine, 1962, p.10.

러한 요소들도 반영된다. 중개 수수료와 같은 거래 비용, 원하는 작품을 찾는 데 들어가는 전문 지식과 비용 등도 일반 재화의 구입보다 추가적으로 비용이 들어간다.

한국의 호당 가격제[186] 한국 미술 시장의 독특한 특징 중 하나가 '호당 가격제'와 조형물의 '중량 가격제'다. 호당 가격제는 그림 크기 기준으로 가격을 매기는 방식으로서 호수에 호당 가격을 곱해서 그림 가격을 책정하는 것이다. 예를 들어 작가의 호당 가격이 10만 원이라면 50호짜리는 500만 원이 되고, 100호짜리는 1,000만 원이 된다. 만일 이 작가의 호당 가격이 열 배 올라 100만 원이 되면, 이 작가의 나머지 모든 그림이 동시에 열 배가 오르게 된다. 그림이 커지면 더 많은 노동력이 투여된다는 기본 원칙으로 가격을 정한다는 것이 호당 가격제의 원리다. 결국 호당 가격제는 그림 가격을 화가 이름이라는 브랜드와 작품 크기로만 결정하는 셈이다. 호당 가격은 화가와 화랑이 주로 정하는데, 대체로 이제 갓 데뷔한 작가는 호당 가격이 4~5만 원 정도이며, 중견작가는 10만 원부터 시작한다. 이중섭과 박수근 같은 작가들은 호당 2억 원까지 거래된다고 한다. 현재 호당 가격제를 쓰는 나라는 한국과 일본 정도인데, 일본은 작가의 최고가를 호당 가격의 기준으로 삼기 때문에 호당 가격을 작품 가격의 최대치로 참고만 한다. 예술 창작 활동은 단순노동이나 여타 상품과는 대비되는 인간의 혼과 열정의 결과물이라는 인식이 생기면서 노동력이나 재료비 같은 원가 기준의 가격 산출 방식은 서양에서는 중세를 지나면서 폐기되었다. 한국 미술 시장에서 호당 가격제를 유지하고 있는 것은 예술품이 갖는 독특한 특징을 전혀 반영하지 않은 획일적인 방식으로 비판받고 있다.

---

186 양정무, 앞의 책, 187-191쪽.

예술품 가격 결정에 영향을 미치는 요인들

2010년 5월 크리스티 경매에서 피카소의 〈누드, 녹색 잎과 상반신〉이 1억 648만 달러에 낙찰되면서 세상에서 제일 비싼 그림으로 기록되었다. 개인 간 거래로는 2011년 4월 전 소유자 조지 엠비리코스가 카타르 왕족에게 2억 6,000만 달러에 판매한 세잔의 〈카드 플레이어Les Joueurs de cartes〉다. 물론 비공식적인 개인 간의 거래에서는 이보다 비싼 작품도 있을 것이다. 이 작품들이 세상에서 제일 비싸게 거래되었다고 해서 세상에서 가장 아름다운 작품이라고 볼 수는 없다. 그렇다면 이 작품들을 세상에서 가장 비싼 작품으로 만든 요인들은 무엇일까.

좋은 작품이라면 가격이 올라가는 것이 기본적인 원칙이겠지만 다른 상품과는 달리 예술품의 가격을 책정하는 데에는 여러 가지 요인이 있다. 예술품의 가치에 영향을 미치는 요소들에는 예술가의 이름 또는 명성, 작품성과 미적인 특징, 주제, 조건, 작품의 크기, 진품성과 소장 이력 등이 있다. 여기에 예술품을 중개하는 아트 딜러 또는 갤러리의 평판과 지위, 유사 작품의 존재 유무, 예술가의 작품 활동을 통해 전망하는 장래의 가치 평가, 유행하는 사조와 경제 상황 등을 종합적으로 고려해 가격을 결정하게 된다. 수요자, 즉 구매자의 기호도와 보존 상태, 크기, 재료, 제작 연대, 진위 등도 마찬가지다.

예술가의 이름 또는 명성은 작품 가치를 평가하는 데 가장 중요한 요소다. 특히 이미 널리 알려지고, 경매에 출품되어 경매가가 공개된 작품의 작가를 가리켜 'listed artist'라고 부른다. 경매에 나올 정도면 어느 정도 시장에서 인지도를 획득한 것이고, 시장에서 비교적 안정적인 가격 프레임이 결정됐다는 뜻이기 때문에, 특히 투자 목적의 수집가들에게는 중요한 포인트가 된다. 뉴욕대 경제학 교수 지안핑 메이Jianping Mei와 마이클 모지스Michael Moses가 지난 50~60년간의 경매 시장 패턴을 분석한 결과, 피카소 작품은 연평균 9퍼센트의 수익을 낸다고 한다. 이들은 미국 뉴욕 경매 시장에서 거래되고 재판매된 피카소 작품 총 111점의 거래가를 분석해, 평균 16년 정도를 소장한다면 9퍼센트 안팎의 수

익이 난다는 것이다.[187]

당연히 작품의 보존 상태도 중요하다. 아무리 뛰어난 작가의 훌륭한 작품이라도 손상되고 유실되는 등 작품 상태가 엉망이라면 가격이 떨어질 수밖에 없다. 경매에 올릴 때 경매 회사들은 이러한 보존 상태에 관한 보고서condition report를 첨부한다. 보존preservation과 복원restoration은 차이가 있다. 보존은 보관 장소나 실내 온도 등을 선택하고 조절하는 등 예방적 조처로 수동적 방식으로 작품 상태를 유지하는 것을 말한다면, 복원은 유실되고 손실된 것을 전문가를 통해 원래 상태로 돌려놓는 것이다.

여기에 구하기 힘든 희귀 예술품이거나 예술가가 사망했거나 하면 예술품의 가격이 올라갈 수 있다. 분명한 것은 일반 상품의 수요와 공급 원리에서 벗어나는 요인들이 존재한다는 점이다. 예를 들어 마르셀 뒤샹의 〈샘〉을 보자. 이 작품은 시장에서 얼마든지 저렴하게 구할 수 있는 남성용 소변기에 작가의 서명을 넣은 것뿐이다. 이 작품의 가격은 얼마로 책정되어야 할까. 재료비인 남성용 소변기와 펜의 가격이면 충분할까. 여기에 동의하는 사람은 아마 없을 것이다. 그렇다면 조지프 코수스 같은 개념 미술가의 작품은 어떨까. 코수스가 종이 위에 '예술'의 사전적 정의를 인쇄해 놓고 작품이라고 주장한다면 이 작품의 가격을 어떻게 매길 것인가? 이처럼 예술품에는 일반적인 수요 공급 곡선에 적용하는 요소들 외에 주관적, 감정적 요소들이 개입하게 된다. 다섯 명의 예술품 수집가가 각기 유일품이라고 믿으며 똑같은 작품을 소장하고 있다고 생각해보자. 똑같은 작품이 존재하며, 다른 사람이 소장하고 있다는 사실을 알게 되면 작품을 향유하는 기쁨이 줄어들게 될까? 똑같은 작품이지만 독점적으로 소장하고 즐길 수 있는 감정은 수집가에게는 매우 중요한 주관적 요소인 것이다.

2006년 6월 한국의 경매에 나온 〈장생도〉의 추정가는 3억~3억 5,000만 원이었지만 실제 경매에서는 5억 8,000만 원에 낙찰됐다. 보수적인 추정가, 뛰

187 양정무, 앞의 책, 40쪽.

어난 작품성 및 보존 상태, 희소성, 처녀성 등을 고루 갖췄기 때문이다.[188] 일제 강점기 일본에서 작품을 구입해 일본에 보관하며 한 번도 공개하지 않았던 것이다. 이에 비해 2007년 서울옥션에서 20억 원에 낙찰되었던 박수근의 〈농악〉은 2009년 6월 경매에서 유찰되는 수모를 겪었다. 침체된 미술 시장을 반영하지 않은 채 높은 추정가를 고수하고, 이미 불과 2년 전 경매에서 언론을 통해 떠들썩하게 공개된 터라 처녀성을 잃은 상태였기 때문이다.[189]

예술적 가치를 따르기보다 국가의 정치적, 경제적 위상이나 미래의 성장 잠재력이 작품 가격 결정에 영향을 미치기도 한다. 1980~90년대 일본과 마찬가지로 최근에는 중국의 경제적 위상이 높아지면서 중국 부호들이 중국 작품을 찾게 되고, 따라서 중국 작가들이 부상하는 동시에 중국 작가들의 작품 가격이 급등하고 있다. 또한 구매력이 있는 러시아와 남미의 예술품 수집가들이 전 세계 예술품 시장의 상당수를 지배하면서 러시아와 남미 출신 작가들의 작품 가격도 동반 상승했다. 또한 일단 유명한 스타 작가가 되면 안전한 투자 가치를 보고 이에 편승하는 갤러리, 딜러, 비평가, 경매사들이 가격을 더욱 상승시키기도 한다.

물론 국가나 세계의 경제적 흐름 또한 예술품의 가격을 결정하는 요인이 된다. 예술품을 투자 대상으로 보는 구매자들은 경기변동과 주요 유동자금의 흐름 등에 영향을 받는다. 일례로 1999년 크리스티 경매에 나온 박수근의 〈무직The Jobless〉(1961)이 12만~18만 달러의 추정가로 나왔으나 IMF 여파로 어려움을 겪던 당시 한국 사정과 맞아떨어지면서 13만 4,500달러의 비교적 낮은 가격에 팔린 경우다. 이 작품에 관심이 많은 한국 내 수집가들이 응찰을 포기했기 때문이다. 그렇지만 IMF 위기로부터 회복기에 들어서던 2010년 10월에 다시 경매에 나왔을 때에는 19만 3,000달러에 팔렸다. 한 연구에 따르면 주식시장 변동

---

188 김순응, 『미술 시장의 봄여름가을겨울』, 아트북스, 2010, 94쪽.
189 위의 책, 92쪽.

은 예술품 시장 변동보다 앞서가는 관계에 있는데, 주식 시세는 거의 1년 후에 예술품 시세에 영향을 미친다.[190] 메이와 모지스 교수는 1955년부터 2006년까지 50년간 미국 내 미술 경매에서 반복적으로 거래된 미술품의 가격 변동을 지수로 정리해 발표한 적이 있는데, 이들은 미술을 통한 수익을 메이-모지스 미술지수라고 명명하고 S&P 지수와 함께 미술 시장과 주식시장을 비교했는데, 이 둘은 꽤 근사한 상관관계를 보여주었다.[191]

다시 경기가 좋을 때 예술품 시장이 확대되는 것은 사실이지만 반드시 경기가 좋아야 예술품에 투자한다고 볼 수는 없다. 오히려 경기가 어려울 때 가장 안전한 투자처로 예술품을 꼽기도 하는데, 다만 이때는 동시대 작가의 작품들보다는 가격 안정성 면에서 유리한 근대 작품들이 더 잘 팔린다. 또한 예술품 시장이 반드시 경제 호황일 때만 상승하는 것은 아니다. 중세 이탈리아에서는 역사상 가장 참혹한 전염병인 흑사병이 창궐했는데 이 같은 위기 속에서 예술품 가격이 급상승하는 일이 있었다. 사무엘 콘이라는 연구자는 중세 이탈리아 중부 지역에서 판매된 예술품의 가격을 연구했는데, 1350년경 가격이 두세 배 정도 올랐다고 한다.[192]

희소성과 유일성 희소성은 시장 가격 형성에 매우 중요한 요소다. 희소성이란 시장에 제한적인 물량만이 공급되어 쉽게 구할 수 없는 물품성을 뜻한다. 희소성 중에서도 유일성, 즉 딱 한 점만 공급되는 경우에 가격은 더 올라갈 수밖에 없다. 올드 마스터의 회화나 천장화처럼 유일품인 경우가 그렇다. 판화나 조각물처럼 여러 개를 찍어낼 수 있는 경우에는 희소가치를 유지하기 위해 한정된 물량만을 제작해 각 작품에 1/3, 2/3, 3/3과 같이 제작한 작품 수와 당 작품의 고유 번호를 매긴다.

190 심상용, 『시장미술의 탄생』, 아트북스, 2010, 253-264쪽.
191 http://www.artasanasset.com; 양정무, 앞의 책, 40쪽.
192 양정무, 앞의 책, 42-43쪽.

그렇지만 희소성이나 유일성만으로 예술품의 가치를 평가하기는 곤란한 점이 있다. 예를 들어 앤디 워홀은 브릴로 상자나 캠벨 수프 깡통을 그대로 재현한다. 댄 플래빈은 시중에 판매하는 형광등을 나열해 작품을 만든다. 플래빈의 전시를 보고 똑같은 형광등을 사서 같은 순서로 나열하면 유일성은 물론이고 진품성 여부도 의심받을 수밖에 없다. 이에 플래빈은 예술 작품을 구성하는 형광등에 인증서를 사인해서 넣는다. 데니스 오펜하임Dennis Oppenheim의 〈취소된 경작Canceled Crop〉을 생각해보자. 경작지에 크게 엑스 자 표시를 한 후 부감으로 촬영한 사진이다. 이 사진은 얼마든지 무한대로 찍어낼 수 있을 것이다. 디지털 기술은 디지털 형태든 인쇄 형태든 작품 형태나 질의 손상 없이 무한대로 같은 이미지를 찍어낼 수 있다. 특히 닥치는 대로 원하는 만큼 다른 이미지들을 가져다가 새로운 예술을 창작해내는 차용 예술가들은 디지털 기술을 이용해 무제한으로 다른 예술가의 스타일을 복제하고 차용할 수 있다.[193] 디지털 기술을 이용한 작품은 어떻게 희소성이나 유일성을 담보해야 할까. 거래할 때 판매되는 이미지를 제외한 모든 이미지 파일들을 삭제하고, 다시는 찍지 않겠다는 약속을 계약의 조건으로 해야 할 것이다.

유일성은 작가의 의도에 따라 달라질 수 있다. 미니멀리스트이자 개념 미술가인 솔 르윗Sol LeWitt은 겉모양이 똑같지만 나무, 쇠, 왁스 등 다른 재질을 사용해 다른 작품들을 만들어낼 수 있다. 솔 르윗은 예술가는 형태는 같지만 재료를 달리하며 각기 다른 재질에 따라 다른 개념을 내포할 수 있다고 했다.[194] 그렇지만 조지프 코수스의 〈개념의 개념으로서의 미술〉이라는 작품을 보자. 이 작품은 예술의 사전적 의미를 그대로 옮겨 놓은 것이다. 이 작품의 핵심은 코수스가 전달하고자 하는 개념, 즉 내용에 있다. 솔 르윗의 재질에 따른 연작과 비교해볼 때 재료를 합판이나 왁스 등으로 바꾸는 것이 무슨 의미가 있을

---

193 Crawford, *Legal Guide for the Visual Artist*, p.133.
194 Sol LeWitt, "Sentences on Conceptual Art," First published in 0-9(New York), 1969, and Art-Language(England), May 1969: Crawford, *Legal Guide for the Visual Artist*, p.133에서 재인용.

까. 따라서 유일성을 담보받기 위해서 수집가나 구매자들은 작품에서 예술가의 의도를 정확히 파악하고 이해하는 것이 중요하다. 예술가도 나중의 혼란을 피하기 위해 설명의 의무를 다해야 한다.

유일성의 문제는 저작권 문제와도 얽히게 된다. 예술가가 작품을 판매할 때에, 저작권을 양도하기로 별도로 합의하지 않았다면, 예술품의 소유권은 작품을 구매한 사람에게 있지만 저작권은 여전히 예술가에게 남아 있다. 저작권을 갖고 있는 예술가가 나중에 똑같거나 유사한 작품을 만들어 판다면 판매한 작품의 유일성은 훼손될 것이다.[195] 프랭크 스텔라는 '마르키스 드 포르타고 Marquis de Portago'라는 같은 제목으로 세 가지 버전의 작품을 제작했는데, 알루미늄 페인트, 알루미크롬alumichrome, 아크릴 물감 리퀴텍스liquitex로 각각 만들었다. 스텔라는 알루미늄 페인트로 만든 작품은 다른 예술가에게 주고, 알루미크롬으로 만든 작품을 한 수집가에게 팔았다. 작품이 훼손되어 복원을 요청하자, 스텔라는 리퀴텍스로 만든 세 번째 버전의 작품으로 교체해 주었다. 수집가는 작품을 경매에 내놓으면서 다른 예술가에게 준 똑같은 작품의 다른 버전도 존재한다는 사실을 알게 되었다. 이로 인해 작품의 보장가는 3만 5,000달러에서 1만 7,000달러로 떨어졌다. 수집가는 첫 번째 버전의 작품이 있다는 사실을 공개하지 않았다며 스텔라를 고소했다.

법적 쟁점은 두 가지였다.[196] 판매 당시 첫 번째 버전의 존재를 밝히지 않은 것과, 판매했던 두 번째 버전이 훼손되었을 때 복원을 위해 원래 작품과 다른 재료를 사용해도 되는지에 관한 것이었다. 법원의 판결 내용은 다음과 같다. 첫 번째 쟁점에 대해서는 예술가는 구입한 작품의 가치와 시장성에 영향을 미칠, 복제한 작품이 존재하고 있다는 사실을 구매자에게 알릴 의무가 있다고 했다. 그렇지만 경매에 내놓은 작품이 다른 버전의 작품이 있다는 사실이 알려지

---

195 Crawford, *Legal Guide for the Visual Artist*, p.135.
196 Stella v. Factor, No. C58832, (Sup. Ct. L.A.County, 1978).

지 않았다면 더 비싼 가격에 팔렸을 것이라는 신뢰할 만한 증거는 없다고 했다. 두 번째 쟁점에 대해서는, 복원할 때 사용한 페인트는 원작과는 식별될 만한 차이를 보이는 것이었다고 판시했다.

르네상스 화가인 알브레히트 뒤러는 판화 기술을 미술에 적용함으로써 복제 예술이라는 새로운 장르를 열었다. 판화, 조각 등은 원본 틀만 있다면 무한대로 찍어낼 수 있다. 하지만 무제한으로 찍어서 유통한다면 희소성이나 유일성이 중요한 요소인 예술 작품으로서의 가치는 하락할 수밖에 없다. 캘리포니아 주는 멀티플 작품fine art multiple은 하나 이상을 만들 수 있는 판화, 사진, 조각 주조 틀, 콜라주 또는 유사한 예술물을 포함한다고 정의한 뒤, 아트 딜러가 멀티플을 판매할 때에 구매자에게 서면으로 멀티플에 대한 정보를 제공하는 것을 의무로 하고 있다.197 이 진품 증명서COA: Certificate of Authenticity에 제공해야 할 정보에는 예술가의 성명, 예술가의 서명이 있는지 여부, 멀티플 제작 과정에 대한 설명, 멀티플 제작 시 예술가의 생존 여부, 이미 제작된 멀티플이 있는지, 있다면 얼마나 있는지, 생산 일자, 한정판의 규모 등이다. 뉴욕 주 역시 100달러(프레임 가격 제외)를 초과하는 판화, 사진, 또는 유사한 예술물을 하나 이상 제작해 팔거나, 판매를 제안하거나, 판매를 위탁하는 사람에게 정보 제공 의무를 두고 있다.

197   Cal. Civ. Code 1740.

4 예술품의 보험과 조세

예술품 보험

2013년 8월, 경매 회사인 크리스티의 자회사로 예술품 보관 서비스를 제공하는 크리스티파인아트수장고CFASS: Christie's Fine Art Storage Service가 예술품 보관을 맡겼던 고객 측으로부터 거액의 소송을 당했다. 2012년 겨울 뉴욕을 강타한 허리케인 샌디로 인해 CFASS에 보관 중이던 일부 작품들이 훼손되었는데 이에 대한 책임을 물은 것이다. 고객의 대리인인 예술품 최대 보험회사 AXA가 제출한 소장에 따르면, 재난 예고가 있었음에도 불구하고 예술품을 건물 지하에 방치해 두는 등 적절한 조치를 취하지 않았고, 재난 발생 일주일 전 담당 직원을 해고함으로써 숙련되지 않은 직원이 관리하도록 했으며, 재난 직후에도 사후 처리를 제대로 하지 않아 작품들이 바닥에 완전히 노출된 상태로 있었다며 중과실, 계약 위반 등의 책임을 물었다.[198]

예술품은 보관, 전시, 운송 과정에서 파손의 위험이 항상 내재되어 있고 다른 상품과 달리 유일성, 희소성 등 그 특수성 때문에 경제적, 사회적, 문화적

---

[198] "Axa Art Insurance Corp.'s Subrogation Lawsuit Seeks $1.5M From Christie's," *Insurance Journal*, Aug. 20, 2013.

피해가 훨씬 크다. 예술품이 분실 또는 파손되는 경우 관리 주체가 책임을 면하기 위해서는 자신의 과실이 없음을 입증해야 한다. 그런데 과실이 없음을 입증하기 위해서는 해당 관리 주체가 예술품의 보관 및 관리에 선량한 관리자의 주의 의무를 다했음을 입증해야 한다. 따라서 예술품 소장자나 뮤지엄뿐만 아니라 대여 전시를 하는 경우에도 보험 가입은 필수적이다. 홍수나 지진 같은 자연재해와 화재나 도난 같은 인재로부터 예술품 컬렉션을 보호하기 위한 대비책으로 예술품 보험을 든다. 특히 예술품을 전문적으로 취급하는 갤러리와 미술관, 경매 회사들은 혹시 발생할지 모를 자연재해나 취급 부주의 등의 인재, 도난과 분실 등을 대비해 보험을 드는 것이 좋다. 대여중인 예술품이 분실되거나 파손되는 경우 책임을 면하기 어렵다. 예술품은 고가인 경우가 많고, 다른 상품과는 달리 경제 외적인 가치를 가지고 있기 때문에 사고가 발생하면 손실이 크다. 갤러리가 보험을 들었다 해도 예술가가 별도로 보험을 드는 것도 좋다.

그렇지만 예술품만의 특징 때문에 예술품 보험의 효용성에 의문이 제기되기도 한다. 우선 예술품은 다른 상품과는 달리 금전적 가치를 산정하는 것이 어려운 데다가 가격 변동 폭도 극단적이다. 둘째, 예술품은 전시를 위한 국제적 이동이 많다. 프랑스 오르세 미술관에 있는 작품들을 가져다 한국에서 전시를 하고, 한국 작가의 작품이 뉴욕의 갤러리에 전시되기도 한다. 한곳에 있는 것보다 이동이 빈번할수록 위험에 노출될 가능성도 높아질 수밖에 없다. 셋째, 보험 가액 산정을 위해 실시하는 진위 감정이나 가격 평가에 대한 신뢰성에 의문을 제기할 수도 있다. 보험 목적물인 예술품의 가액을 정해야 하는데 예술품의 경우에는 주관적인 감정적 가치까지 반영하기 때문에 보험 가입자와 보험회사 사이에 분쟁이 발생할 소지가 많다. 넷째, 예술품의 가치는 급격하게 변동하기 때문에 정기적으로 조사하고 감정하고 보험 범위를 재평가하는 것이 어려우며 비용도 많이 든다.[199] 다섯째, 현대예술로 갈수록 예술 작품의 재료나 성질, 환경

199 DuBoff and King, *Art Law in a Nutshell*, p.89.

의 영향 등에 따라 가치 산정이 어려운 경우가 많다.

예술품은 작가의 사망이나 갑작스런 유행 등으로 인해 특정 작가의 작품 가격이 급격히 상승하거나 하락하는 경우가 있다. 이런 경우 보험 목적물의 손해액이 보험가액을 훨씬 상회하는 경우가 발생할 수 있다. 따라서 계약서에 예술품의 훼손이나 손실에 대해 보험가액에 비례한 보상 청구만이 가능하다는 규정을 두는 것이 필요하다.

보험 계약 해석의 원칙

보험의 약관에는 '약관의 해석' 조항으로 "①회사는 신의 성실의 원칙에 따라 공정하게 약관을 해석하여야 하며 계약자에 따라 다르게 해석하지 아니한다. ②회사는 약관의 뜻이 명백하지 아니한 경우에는 계약자에게 유리하게 해석한다"라는 규정을 두고 있다. 보험 가입 역시 계약이기 때문에 계약의 일반 원칙이 적용된다. 다만, 사적으로 협상을 통해 합의를 도출한 뒤 계약을 체결하기보다는 보험회사가 마련한 몇 가지 계약서 중에서 가입자가 자신에게 유리한 계약서를 채택해 서명하게 된다. 보험약관을 해석할 때에는 다음과 같은 해석 규범canons of construction에 의존한다.[200]

첫째, 약관은 신의 성실의 원칙에 따라 공정하게 해석돼야 하며 가입자마다 다르게 해석되어서는 안 된다. 둘째, (계약서) 작성자 불이익의 원칙에 따라 약관의 뜻이 분명하지 않을 경우에는 가입자에게 유리하게 해석해야 한다. 셋째, 개별 약정 우선의 원칙에 따라 특별 조항은 일반 조항에 우선하며, 타이핑하거나 손으로 쓰거나 도장을 찍은 조항은 표준 약관 조항보다 우선한다. 넷째, 약관의 용어에 관해 양측이 의도하는 바가 다를 경우 일반인의 기준에서 통상적으로 사용되는 의미로 해석된다. 사용한 용어나 언어가 두 가지의 합리적

---

200 Ibid., p.90.

이고 다른 의미로 해석될 경우, 법원은 외부 정보, 즉 계약서 밖의 정보를 참고할 수 있다. 여기에는 거래 당시의 상황, 계약 당사자들의 상황, 보장받고자 했던 내용 등이 포함된다.

보험계약에서 제외되거나 계약상 제한되는 범위가 존재하는 경우에는 다양한 해석이 나올 수 있다.[201] 일반적으로 가구나 가재도구에 관한 보험에는 보험 가입자의 영업과 관련된 재산은 제외된다. 어떤 예술품 애호가가 취미 삼아 예술품을 수집하면서 동시에 소장품의 일부를 다른 수집가나 아트 딜러에게 판매한다면 영업과 관련된 재산으로 봐야 할까. 이런 경우에는 판매한 작품뿐 아니라 그가 수집한 다른 미술품들까지 영업에 관계된 것으로 해석돼 개인의 가구 보험으로 보장받지 못할 수도 있다. 실제로 보험 가입자가 자신이 운영하는 식당에 소장 예술품을 오랜 기간 동안 전시했다가 파손된 사례에 대해 미국의 한 법원은 영업 관련 재산으로 보고 개인의 가구 보험으로 보장받을 수 없다고 판시한 바 있다.[202] 그렇지만 실내장식가가 고객에게 자신이 제안하는 실내장식의 모델을 보여주기 위해 자신의 수집품 몇 점을 고객에게 대여하려고 운송하던 중에 그림을 도난당한 경우는 법원이 보험 가입자의 개인 재산으로 보고 개인 보험 보장 대상이라고 판시했다.[203]

대여 중인 미술품이 분실 또는 파손된 경우 미술관이 책임을 면하기 위해서는 과실이 없었음을 입증해야 하며, 이를 입증하기 위해서는 미술품의 보관에 선량한 관리자의 주의 의무를 다했음을 입증해야 한다.

---

201 Ibid., p.91.

202 Swanstrom v. Insurance Co. of North America, 100 F.Supp. 374 (S.D. Cal. 1951). 보험약관은 다음과 같이 영업용 재산은 보장하지 않는다고 명시하고 있었다.

"6. This policy does not insure***

(b) unscheduled property pertaining to a business, profession or occupation of the persons whose property is insured hereunder, excepting professional books, instruments and other professional equipment owned by the Assured while actually within the residence of the Assured:"

203 Singer v. National Fire Insurance Co. of Hartford, 110 N. J. Super. 59, 264 A.2d 270 (1970).

예술품 관련 보험의 종류와 보장 범위

예술품 관련 보험에는 모든 위험을 인수하는 포괄 보험all risk과 특수한 상황의 위험만을 인수하는 화재보험과 도난보험 등이 있다. 포괄 보험은 일반적으로 어떤 형태의 손실이나 피해를 담보할 수 있다. 그러나 포괄 보험에 가입할 경우에도 보장되지 않는 예외가 있으므로 반드시 예외 규정을 잘 살펴보아야 한다. 한국 상법 제678조는 보험 목적의 성질, 하자 또는 자연 소모로 인한 손해는 보험자가 이를 보상할 책임이 없다고 규정하고 있다. 일례로, 1969년 12월 미국 버지니아에 위치한 복합 쇼핑 공간에 있던 고대 이집트의 피닉스를 형상화한 대형 금속 조각물이 붕괴되는 사건이 있었다.204 쇼핑몰은 복구되었지만 붕괴된 금속 조각물은 원래 형태로 복원되지 못했고, 쇼핑몰 주인은 18만 7,770달러 상당의 손해를 입었다. 원고인 쇼핑몰 소유주는 포괄 보험을 든 상태였기 때문에 보험회사를 상대로 보험금을 청구했지만 결국 보상을 받지 못했다. 보험증권에는 모든 위험이 담보된다고 되어 있었지만 직접적으로 디자인이나 사양서speicification, 작업자나 재료의 하자, 생략 또는 흠결에서 기인한 손실은 제외한다는 예외 규정이 명시되어 있었기 때문이다. 쇼핑몰 소유주는 쇼핑몰을 세울 때에 당초 계획을 변경해 피닉스 형상의 금속 조각물을 설치하기로 결심하고 이행에 옮겼지만, 수정된 계획안과 사양서를 당국에 보고하지도, 관련 서류를 발급받지도 않았던 것이다.

배제 조항이 없더라도 법원이 내재적 하자 또는 흠결이라고 판단하고 포괄 보험임에도 불구하고 보험회사가 보험금을 지급할 필요가 없다고 판시한 경우도 있다. 보험계약은 보험물의 질이나 영속성까지 보장하는 것이 아니라 외부적 요인으로 인한 파손이나 분실에 대해 보장하는 것이라는 입장인 것이다.205 보험기간은 통상 해당 전시 기간을 기준으로 설정되고, 포장 및 운반에

204　Plaza Equities Corp. v. Aetna Casualty and Surety Co., 372 F. Supp. 1325 (S.D.N.Y. 1974).
205　Chute v. North River Insurance Co., 214 N.W. 473 (Minn. 1927).

따른 위험을 추가로 담보하기 위해 보험기간을 연장하는 경우도 있다. 보험 목적이 되는 예술품의 시장가격 책정은 아직까지 명확한 기준이 마련되어 있지는 못하다. 대체로 경매사나 전문 감정인의 평가를 기초로 산정한다. 보험료는 전시장, 수장고, 운송 설비, 안전도 등에 따라 차등 부과되고 있다.

포괄 보험 대신 화재나 도난 같은 특정 사항에 관해서만 보험을 들기도 한다. 화재보험은 화재로 생긴 손해를 보상하기 위한 손해보험이다. 화재[206]란 보통의 용법에 의하지 않고 독립적 연소력을 가진 연소 작용으로 인한 재해 또는 사회 통념상 화재라고 볼 수 있는 성질과 규모를 가진 화력의 연소 작용을 뜻한다.[207] 화재보험을 드는 이유는 전기 합선이나 관리 부주의, 방화 등과 같은 화재 사고로 전소 가능성이 있기 때문이다. 영미법 국가에서는 흔히 좋은 불 friendly fire과 나쁜 불hostile fire을 구분한다.[208] 난로나 전등에서 타고 있는 불은 좋은 불에 속하는데 관리 과실에 의해 이러한 불로부터 발생한 손해는 보험 범위 밖이다. 그렇지만 불이 번진 경우, 원래의 불 터를 벗어난 경우에는 좋은 불이 나쁜 불로 바뀔 수 있다. 좋은 불이 걷잡을 수 없게 된 경우에도 나쁜 불로 될 수 있다.[209]

도난보험은 외부에서 강제적으로 불법 침입한 자에 의하여 보험 목적이 도취, 훼손, 오손됨으로써 입은 손해를 보상하는 보험을 말한다. 작품이 불가사의하게 사라지거나 같이 일하던 종업원이 훔쳐간 경우에는 배상을 받지 못할 수도 있다. 도난보험 특별 약관에 피보험자의 가족, 친족, 피고용인, 동거인, 숙박인, 감수인 또는 당직자가 일으킨 행위 또는 이들이 가담하거나 묵인하에 생긴 도난 사고에 대해서는 보상의 책임을 지지 않는다고 규정하고 있는 경우가 그렇다. 일반적인 보험 목적물은 가재·일용품·집기·의류 등 주택 내의 물건,

---

206 독일에서는 일정한 불 터Herd없이 또는 그 불 터를 벗어나 생겨난 독자적인 연소력을 갖고 있는 불을 뜻한다.

207 양승규, 『(판례교재)보험법·해상법』, 법문사, 1982, 219쪽.

208 DuBoff and King, *Art Law in a Nutshell*, p.93.

209 Youse v. Employers Fire Insurance Co., 238 P.2d 472 (Kan. 1951).

회사·공장·영업소의 상품·원료·제품·집기 및 비품 등이 해당하기 때문에 귀금속·현금·골동품 등은 특약이 있어야 담보된다. 표준 도난보험에는 그림, 골동품, 조각물 및 이와 비슷한 것은 보험의 목적에 포함하지 않는다고 동산 담보 특별 약관에 잘 명시한다는 점을 유의해야 한다.

사고가 발생했을 때 피보험자는 도난당한 보험 목적물의 발견 및 그 회수에 대해 필요한 절차를 취하는 등 손해를 방지하고 경감에 힘써야 한다. 고의 또는 중대한 과실로 이를 게을리할 경우 방지하거나 경감할 수 있었을 것으로 밝혀진 값을 손해액에서 뺀다. 미국에서는 도난보험이 도둑맞은 재산을 찾도록 한 현상금에 대해서도 배상을 해야 한다는 판례가 있다.[210] 예술품 절도는 마약 다음으로 빈번히 발생하는 국제범죄에 해당하며, 도품이 회수될 확률도 10퍼센트에 불과하다. 따라서 유럽의 많은 미술관들은 도난에 대해서는 보험을 들지 않는 경우가 많다고 한다.

보험회사는 보험약관에서 보장하고 있는 사건과 거리가 먼 결과에 대해서는 책임을 지지 않는다. 즉 계약 조건이 명시하는 직접적이고 즉각적인 결과에 대해서만 책임을 진다. 개인 예술품 소장가와 아트 딜러 등을 대상으로 골동품과 미술품을 보관, 운송, 전시해주는 업체들은 수탁 운송인이 그림을 잘못 배달해 망실되거나 잃어버려 위탁자에게 손실을 끼친 경우[211]를 대비해 피보험자가 취급, 보관, 관리 중인 예술품이 망실, 훼손, 파손되었을 경우 피보험자에게 보험금을 지급한다는 규정이 명시되어 있는지 확인하는 것이 좋다.

예술품 보험 가입 시 고려해야 할 점[212] 예술품 보험은 일반 보험과는 다르게 취급하기 때문에 보험계약을 할 때 꼼꼼히 살펴보고 필요하다면 추가 조항을

---

210 Kraut v. Morgan & Brother Manhattan Storage Co., 38 N.Y.2d 445, 381 N.Y.S.2d 25, 343 N.E.2d 744 (1976); Merryman, "The Refrigerator of Bernard Buffet," p.1107.

211 AB Recur Finans v. Nordstern Insurance Co. of North America, 130 F. Supp. 2d 596 (S.D.N.Y. 2001).

212 Crawford and Mellon, *The Artist-Gallery Partnership*, p.26-27.

넣어야 한다. 첫째, 보험약관은 어떤 위험을 보장하는가. 예술품의 위험 요인에는 화재, 지진과 같은 자연재해로 인한 발생이 있고, 반달리즘, 사고, 취급 부주의 같은 인재가 있고, 갤러리 직원의 과실 또는 부정에 의한 것이 있으며, 도난과 원인 미상의 망실 등이 있을 수 있다. 도난이나 강도 등의 흔적이 없어 원인을 알 수 없는 망실에 대해서는 보장이 되지 않는 경우가 대부분이다. 따라서 중요한 예술품의 경우 이 부분을 포괄할 수 있는 보험 조항을 추가하거나 이를 포괄하는 보험을 찾아봐야 한다. 둘째, 위탁 예술품의 실제 가치에서 얼마까지 보장하며, 예술품에 사용된 재료와 종류에 상관없이 보장하는지를 살펴보아야 한다. 예술품에 대한 보장 액수를 책정할 때 보험회사 내부적으로 정해진 규정이 있는지, 규정이 있다면 보험을 들고자 하는 예술품의 얼마가 보장되는지를 확인한 후 보장 비용이 현실성 있는지 따져보아야 한다. 특히 예술품의 재료비 한도 내에서만 보장하는지, 예술품의 시장가만큼 보장하는지를 꼼꼼하게 살펴보는 것이 중요하다. 셋째, 보험기간은 언제부터 언제까지인가. 갤러리에 위탁 보관되는 기간 동안만 보장되는지, 아니면 위탁계약 기간 내내 보장되는지 살펴보아야 한다. 넷째, 운송 도중에 발생한 파손도 보장되는지, 운송 도중에 파손될 경우 운송 방법도 알아보아야 한다. 특정 업체나 특정 방식으로 운송할 경우만 보장되는지 아니면 직접 배달과 같은 여러 가지 운송 또는 배달 방법을 포괄하는지 확인한다.

배상과 구제

손실이 발생하면 배상액은 기본적으로 보험계약의 내용에 달려 있다. 상법 제670조에 따르면, 당사자 간에 보험가액을 정한 때에는 그 가액을 사고 발생시의 가액으로 정한 것으로 추정한다. 그러나 그 가액이 사고 발생시의 가액을 현저하게 초과할 때에는 사고 발생시의 가액을 보험가액으로 한다. 당사자 간에 보험가액을 정하지 않았을 때에는 사고 발생시의 가액을 보험가액으로 한다.[213] 현재의 보험 실무에서는 보험사고 시 ①손실 또는 손괴로 인한 가치 하락분을 포함해 손실 또는 손괴된 작품을 복원 또는 수리하는 데 소요되는 비용, ②손해 사고 발생 일자의 미술품 유통시장 평가액, ③손실 또는 손괴 이전의 보험자와 소유자 또는 소장자가 합의한 금액 등을 기준으로 그러한 금액 중 가장 낮은 금액으로 미술품을 평가하는 방식을 취하고 있다.[214]

기평가 보험이냐 미평가 보험이냐에 따라서도 배상 액수가 달라진다. 기평가 보험valued policy은 보험계약을 맺는 당사자 사이에 미리 보험가액에 대해 협정이 이루어진 보험을 말하며, 미평가 보험open or unvalued policy은 미리 보험가액을 정해 두지 않는 보험이다. 미평가 보험의 경우에는 보험 한도액까지 일실된 재산의 모든 현실적 가치를 배상해주어야 한다. 보험 목적물, 특히 예술품 컬렉션의 경우 현실적 가치를 산정함에 있어서 다툼이 많을 수밖에 없다.[215] 보험에 가입할 때 보험회사는 흔히 보험 목적물의 감정평가를 요구한다. 감정평가인이 내린 가액이 보험가액이 되는 것은 아니며, 일종의 가치에 대한 추정치이며, 피보험자가 제안하는 가액일 뿐이다. 보험회사는 그림이 훼손됐거나 파괴된 것은 아닌 경우와 같이 손실이 일부분에 그친 때에는 표준 공식을 적용한다. 여기서는 복원 비용이나 가치 감소를 보전하기 위해 감소된 재산의 비율에 따라 균일한 비율로 계산된 보상액이 제공된다. 그렇지만 동일한 분량의 훼손이라 해도 예술품에 따라 이후 가치에 미치는 영향은 차이가 있을 수 있기 때문에 이 같은 보상이 적절하지 않을 수도 있다.

갤러리들은 그림을 직접 배달하기도 하지만 운송 회사를 이용하기도 한다. 운송 회사를 이용할 때에는 배달 물품에 드는 보험료 책정에 주의해야 할 필요가 있다. 보험 목적물의 가격에 따라 보험료가 차등되는데 보험료를 적게 내기 위해 예술품의 실제 가격에 비례하지 않는 낮은 보험료를 내고 가입하는

---

213 상법 제671조.
214 최정환, 앞의 글, 104쪽, 각주 34번.
215 이하 DuBoff and King, *Art Law in a Nutshell*, p.97-98.

경우가 종종 있다. 미국의 한 갤러리가 패션일러스트 작가인 에르테Erte의 그림 여섯 점을 택배 회사인 UPS를 통해 배달시켰는데, 이 과정에서 그림들이 사라졌다. 갤러리 측은 그림들의 실제 가격인 2만 7,000달러의 배상을 요구했다. 그러나 법원은 UPS는 배달할 때 표시된 가격을 초과하는 범위에 대해서는 갤러리에게 배상할 필요가 없다고 판시했다. 갤러리는 운송료 외에 보험료를 추가로 지불했다. UPS 보험료 표에 따르면 100달러까지는 기본료이며, 100달러를 초과하는 경우 100달러당 추가 보험료가 25센트였다. 갤러리는 999.99달러에 해당하는 그림의 가치에만 보험료를 낸 셈이다. 따라서 아무리 2만 7,000달러의 가치가 있는 그림이라 해도 배달 시 표시한 가치만큼만 산정되는 것이다.

만일 보험 목적물인 예술품이 위조품인 것을 알았음에도 진품으로 기재해 보험가액을 부당하게 평가한 때에는 사기 보험으로서 그 보험계약을 무효로 돌릴 수 있다.[216] 보험 목적물인 예술품의 진정한 가치를 잘못 표시한 당사자는 전혀 배상을 받지 못하고 보험계약이 해지될 수 있다. 보험 목적물이 실제로 3,500달러임을 알고 있었음에도 보험을 가입할 때 9,950달러짜리라고 속인 사건에서, 미국 법원은 보험계약에서 당사자는 선의를 가지고 모든 실질적인 사실을 상대방에게 통지해야 하는 신의칙 위반을 이유로 보험증권이 무효라고 판시했다.[217] 위조품인지 모르고 보험에 들었으나 보험사고가 발생한 후에 밝혀진 경우에는 낮은 보상만을 받게 된다. 그렇지만 보험을 가입할 때 진품인 줄 알고 높은 보험료를 냈기 때문에 초과된 보험료는 되돌려 받을 수 있다.

도난보험에 가입한 후 작품이 도난당했을 경우에 보험사고 당시의 가격으로 보상받으며, 작품의 소유권은 보험자에게 이전된다. 상법 제682조는 손해가 제삼자의 행위로 인해 생긴 경우에 보험금액을 지급한 보험자는 그 지급한 금액의 한도에서 그 제삼자에 대한 보험계약자 또는 피보험자의 권리를 취득한다

216 상법 제669조 제4항.
217 Merchants Fire Assurance Corp. v. Latimore, 263 F.2d 232 (9th Cir. 1959); DuBoff and King, *Art Law in a Nutshell*, p.99.

고 규정한다. 따라서 도품이 회수되면 피보험자에게는 더 이상 권리가 없다. 도난보험 약관에는 회사가 손해를 보상한 후에 보험 목적물이 발견, 회수된 때에는 그 소유권을 회사에 귀속된 것으로 한다는 규정이 명시되어 있다. 대체로 보험회사는 회수된 도품을 타당한 가격에 매각하고, 대금이 보험의 목적에 대해 보상한 금액과 회수 또는 매각에 소요된 필요 비용을 합한 금액을 넘을 경우, 그 초과액을 피보험자에게 돌려준다. 다만, 대부분의 약관은 손해보상 후 1년 이내에, 보험의 목적물이 발견, 회수된 경우에는 1개월 이내에 피보험자는 보험의 목적에 대한 보상금액을 회사에 돌려주고 그 목적물을 찾아갈 수 있다고 규정한다. 따라서 1년이 지난 후에 발견, 회수된 경우에는 원칙대로 그 목적물의 소유권은 보험자의 것이 된다. 그러나 대작이거나 개인적으로 반드시 소장하고 싶어 하는 작품의 경우 피보험자인 원소유자는 그대로 되찾아 보관하길 바랄 것이다. 이런 경우에는 특약으로 1년이 지난 후에도 목적물을 되돌려 받을 수 있다고 합의할 수 있다. 다만 손해 보상금의 반환 시 그에 대한 합당한 이자도 되돌려주어야 한다.[218]

예술품의 조세

'죽음과 세금은 피할 수 없다'라는 미국 속담이 있다. 예술도 세금을 피할 수 없을까. 과세 대상이 되는 일반 재산과 달리 예술품은 자산적 성격과 공공재적 성격을 동시에 가지고 있다. 세법은 세법 고유의 존재 목적인 세수 확보 기능과 특정 부분에 대한 간접적 지원이라는 두 가지 기능을 가지고 있다. 따라서 사재 및 공공재적 성격 사이의 균형, 세수 확보 기능과 예술에 대한 간접적 지원이라는 두 가지 기능 사이의 균형을 고려해 과세해야 한다.

---

218 Bresler and Lerner, *Art Law: The Guide for Collectors, Investors, Dealers, & Artists*, p.1458-1459.

예술품의 이런 특성은 예술품 과세에 관해 몇 가지 쟁점들을 제기한다. 예술품을 취득할 때에는 지방세인 취득세가 부과되지 않는다. 재산으로서의 예술품에 대해서도 역시 지방세인 재산세가 부과되지 않는다.[219] 예술품과 관련된 세목은 국세인 소득세, 법인세, 상속세, 증여세, 부가가치세 등이다. 문화 예술의 장려 차원에서 많은 국가들이 관세와 부가가치세를 면제한다. 예술품은 일반적으로 동산이므로 인도에 의해 소유권이 이전되며 등기나 등록이 필요한 것은 아니다. 예술품도 동산이므로 양도에 따라 발생하는 소득에 대해 과세를 해야 할까. 예술품 구매도 소비로 보고 소비세의 일종인 부가가치세를 과세해야 할까. 또 예술품을 증여하거나 상속할 때 예술품의 가치 산정은 어떻게 해야 할까.

조세는 국가 정책과도 직결되기 때문에 각 국가별 문화 예술 정책도 상이하다. 홍콩, 상하이, 싱가포르, 스위스 같은 국가나 도시는 예술 거래를 장려하기 위해 예술 유통에 유리한 조세 제도를 갖고 있다. 한국도 관세, 부가가치세, 취득세 등의 면세, 미술품 양도소득에 대한 분리 과세 및 제한적 과세 등 예술 거래에 있어 비교적 괜찮은 조세 제도를 갖고 있다. 예술 거래는 글로벌 기반이기 때문에 특정 국가에서 거래나 사업을 하고자할 때는 각 국가별 세제에 대해서도 확인을 해야 한다. 여기서는 한국의 조세 제도를 중심으로 예술 관련 조세에 대해 서술한다.

소득세

소득이 있는 곳에 세금이 있다. 예술에는 어떤 소득이 있을까. 소득세 income tax는 개인의 소득을 과세물건으로 하여 소득의 크기에 따라 부과하는

---

219 취득세는 부동산, 차량, 기계장비, 입목, 항공기, 선박, 광업권, 어업권, 골프회원권, 승마회원권, 콘도미니엄회원권 또는 종합체육시설이용회원권 취득에 부과된다. 재산세는 토지, 건축물, 주택, 선박 및 항공기에 대해서 부과된다.

조세다. 자연인의 소득에 부과하는 것을 개인소득세, 법인의 소득에 대해 부과하는 것을 법인 소득세라 한다.[220] 예술가가 예술품을 제작하거나 양도, 즉 판매함으로써 받은 대가, 혹은 정기간행물 등에 게재함으로써 받은 대가, 그리고 예술품 매매와 관련해 구매자가 이를 전매하여 얻은 이익에 대해 과세하는 것을 포함한다. 과세 대상이 되는 예술품의 가치 평가를 위해서는 전문 가치평가사를 고용한다. 예술품의 시장가치는 시대, 장소, 상태에 따라 다르기 때문에 구매 가격과 과세 시점 가격이 차이가 있을 수 있다. 또한, 다른 공산품이 시간이 흐를수록 가치가 감소하는 것과 달리 예술품은 오히려 가치가 상승하는 경우가 많다. 소득세는 계속적이고 반복적으로 발생하는 소득을 구체적으로 열거하고 이에 대해 과세하는 것을 원칙으로 한다.[221] 일시적, 우발적, 은혜적 소득도 법률에 규정되어 있는 한 과세 대상에 포함된다. 그렇지만 소득이 반드시 일정한 원천에서 발생하는 반복적이고 계속적인 소득에 한정되는 것은 아니다. 각 개인의 소득은 일정 기간 합산해 종합과세하는 것을 원칙으로 하되 일부 소득에 대해서는 분리과세 또는 분류 과세한다. 종합과세란 소득에 상관없이 과세 기간별로 모든 소득을 합산해 과세하는 것이다.[222] 소득세법 제3조는 소득세는 거주자에 있어서는 양도소득 등 이 법에 규정하는 모든 소득에 대하여 과세하며, 비거주자에 있어서는 제119조에 규정하는 국내 원천 소득에 대하여만 과세한다고 규정한다.

예술품의 거래와 관련된 소득세는 사업소득과 기타소득이 있다. 예술품의 양도와 관련해 발생한 소득을 어떻게 과세할 것인가는 양도의 주체에 따라 세법에서 달리 정하고 있다. 예술품을 양도하는 주체는 창작자와 갤러리, 아트 딜러와 같은 유통업자 그리고 개인 또는 법인 소장자로 분류할 수 있다. 창작자,

---

220 한국은 개인소득세를 소득세, 법인 소득세를 법인세로 규정하며, 미국은 개인소득세Individual income tax와 법인 소득세Corporate income tax로 규정하여 과세한다.
221 소득세법 제16조 및 17조 참조.
222 이자소득, 배당소득, 사업소득, 근로소득, 연금소득, 기타소득을 합산해 종합과세한다.

즉 예술가의 경우 창작품을 판매할 때 얻는 소득을 사업소득으로 보고 종합소득으로 합산해 과세한다. 유통업자가 예술품 매매 시 얻는 수수료 역시 사업소득으로 본다. 개인 소장자가 소장품을 양도할 때에는 기타소득으로 과세하고, 법인 소장자인 경우 법인세로 과세한다.

자영 예술가의 경우 예술가는 세법상 개인 사업자, 즉 자영업자로 본다. 소득세법은 예술, 스포츠 및 여가 관련 서비스업에서 발생하는 소득을 사업소득으로 정의한다.[223] 예술가가 예술품을 판매하는 것이 '업'에 해당한다면 사업소득으로 과세한다. 사업소득이란 사업에서 발생하는 소득이다. 사업이란 영리를 목적으로 자기의 위험과 계산, 책임 아래 독립적이고, 계속적이며 반복적으로 행하는 활동으로 정의할 수 있다. 즉 예술가의 작품 매매에 대한 사업성이 인정되기 위해서는 자기 계산과 책임하에 행한다는 독립성, 반복성, 계속성을 주요 판단 요건으로 한다. 독립성은 자기 계산과 책임이라는 속성으로 인해 상대적으로 쉽게 판단이 가능하다. 이로 인해 사업에서 발생한 소득은 고용 관계에 기인하여 발생한 근로소득과 구분된다. 이에 비해 반복성과 계속성 요건은 판단이 모호하다. 판례에 따르면 사업 활동으로 볼 수 있을 정도의 계속성과 반복성이 있는지 등은 사회 통념에 따라 판단한다.[224]

이 같은 규정에 따라 예술품 매매 역시 사업으로 본다. 그러므로 예술품 판매로 인해 얻는 소득은 사업소득이다. 예술품의 판매나 양도를 통해 얻은 대가, 그리고 자영 예술가로서 예술 작품을 창작해 공급함으로써 얻은 대가는 모두 사업소득에 해당한다. 일반적으로 사업소득은 소득을 취득한 자가 총수입금액에서 필요경비를 공제해 산출한 사업소득 금액 전액을 종합소득에 합산해 신고하는 것이 원칙이다. 그러나 일부 사업소득은 예외적으로 원천징수의 대상이

---

223 소득세법 제19조 제1항 제17호.
224 명순구·김기영, 앞의 책, 68-69쪽.

되는데 '인적용역'에 해당하는 예술 작품을 창작해 공급함으로써 얻은 소득은 그 대가를 지급하는 자, 즉 갤러리나 아트 딜러 또는 구매자가 원천징수해야 한 다.[225] 창작 활동이 특정 회사에 용역을 제공하는 계약 형태인 경우도 역시 사업 소득에 해당한다. 고용 관계가 없는 경우에 그 대가는 근로소득이 아니라 원천 징수 대상 사업소득에 해당한다.[226]

　　일시적 창작품의 경우 직업 예술가 또는 자영 예술가가 아닌 어떤 사람이 취 미 삼아 그림을 그려서 지인에게 선물했다면 소득이 없으므로 과세와 무관하 다. 그렇다면 이 사람이 지인에게 이 그림을 10만 원에 판매했다면 어떨까. 개인 이 일시적인 창작 활동의 대가로서 수령하는 경우를 소득세법은 기타소득으로 규정하고 있다.[227] 이처럼 직업 예술가가 아니라 일시적인 창작 활동으로 공모 전 등에 참가해 얻은 소득이나 매매를 통해 얻은 소득은 기타소득에 해당한다. 기타소득이란 다른 소득에 속하지 않는 것으로 소득세법에서 열거한 것을 말하 며 일시적이고 우발적이라는 특징을 지닌다. 미술 또는 사진에 속하는 창작물 (정기간행물에 게재하는 삽화 및 만화를 포함)에 대해 원작자가 받는 대가 역시 기 타소득의 대상이다.[228]

　　기타소득에 대해서는 세법에서 원천징수를 하도록 규정하고 있다. 즉 국 내 거주자 또는 비거주자에게 기타소득을 지급하는 자는 기타소득 금액의 20퍼 센트를 원천징수하여 그 징수일에 속하는 달의 다음 달 10일까지 납부해야 한 다.[229] 예를 들어 화가가 정기간행물에 자신이 창작한 그림의 게재를 허락하고

225　국세청 질의회신 서일46011-10692(2003.05.29). 여기서는 자영 예술가인 화가가 미술품의 판매로 인해 얻는 소득 을 소득세법 제19조 제1항 제15호 사회 및 개인 서비스업에서 발생하는 소득으로 보고 있으나, 이후 해당 조문이 개 정되어 현행 세법하에서는 제17호 예술, 스포츠 및 여가 관련 서비스업에서 발생하는 소득에 해당한다고 보는 것이 타당할 것이다.
226　국심 2000서0784 (2000.8.25).
227　소득세법 제21조 제1항 제15호.
228　동법 제21조 제1항 제15호.
229　동법 제127조 및 128조.

그 대가를 받았다면 기타소득으로서 원천징수가 되며 그 징수일에 속하는 다음 달 10일까지 납부해야 한다. 기타소득 금액은 당해 연도의 총수입 금액에서 이에 소요된 필요경비를 공제한 금액으로 한다.[230] 그러나 기타소득은 그 경비를 기록하기 어려운 면이 있다. 이를 감안해 세법에서는 일부 기타소득에 대해 추정 필요경비를 인정하는데 문예 창작 소득이 이에 해당한다. 이때 추정 필요경비란 ①실 발생 필요경비와 ②총수입 금액의 80퍼센트 중에서 큰 금액을 필요경비로 인정하는 것이다. 따라서 필요경비는 원칙적으로 실제 입증되는 경비로 하되, 기타소득에 대해서는 받은 금액의 80퍼센트에 상당하는 금액을 필요경비로 한다.

요컨대, 예술품의 판매에 따른 소득은 사업성이 인정되는 경우에는 사업소득으로 과세하고, 사업성이 없는 경우에는 기타소득으로 과세한다. 개인의 소득이 사업소득에 해당하는지 아니면 일시적인 기타소득에 해당하는지 여부는 당사자 사이에 맺은 거래의 형식·명칭 및 외관에 구애되지 않으며 그 실질에 따라 평가한다. 해당 거래의 한쪽 당사자인 당해 납세자의 직업 활동 내용과 활동 기간, 횟수, 태양, 상대방 등에 비추어 그 활동이 수익을 목적으로 하고 있는지 여부를 검토한다. 또한 사업 활동으로 볼 수 있을 정도의 계속성과 반복성이 있는지 여부 등을 고려해 사회 통념에 따라 판단해야 한다.

이와 관련하여 조세심판원은 한 예술 창작자가 그동안 다른 업종에 종사한 사실이 없는 전업 작가이고, 4여 년간 제삼자를 통해 작품을 판매했으며, 135회에 걸쳐 금액을 송금 받은 것으로 볼 때 이는 기타소득이 아니라 사업소득에 해당한다고 판단한 바 있다.[231]

아트 딜러·갤러리의 경우 예술품을 매매하는 갤러리나 아트 딜러는 독립적,

---

230 동법 제21조 제2항.
231 조세심판원 2010.6.23. 2010서0813 결정.

반복적, 계속적으로 영리 활동을 행하고 있는 것이므로 사업에 해당하고, 이로 인해 발생하는 소득을 소득세법[232]에서 사업소득으로 규정하고 있으므로 소득세 과세 대상이 된다. 국세청은 예술품의 매매업을 영위하는 사업자(갤러리)가 예술품 판매로 얻은 소득도 사업소득에 해당한다고 본다.[233] 소득세법 제127조 제1항 3호에 의하면 대통령령이 정하는 사업소득에 대한 수입 금액은 해당 수입 금액을 지급하는 자가 소득세를 원천징수해야 한다. 이때 '대통령령이 정하는 사업소득'이란 부가가치세법 제26조 제1항 15호에서 규정하는 용역의 공급에서 발생하는 소득을 말한다. 따라서 저술가, 작곡가 등이 직업상 제공하는 인적 용역이 이에 포함된다. 아트 딜러나 갤러리 등의 중개상은 예술품을 매매함으로써 얻는 수수료를 사업소득으로 보고 역시 종합소득으로 합산해 과세한다. 따라서 갤러리를 운영하는 사업자가 판매 및 전시용 작품을 작가로부터 구입할 경우 그 대가를 지급할 때 수입 금액의 3퍼센트를 원천징수해야 한다.[234]

개인 소장자와 양도소득세

예술품에 대한 양도소득세법은 2013년 1월부터 시행되었다. 양도소득세법은 미술품을 구입한 이후 구입 가격과 양도하는 가격의 차액을 중과세하는 방법이다. 2013년 1월 1일부터 대통령령으로 정하는 서화·골동품의 양도로 발생하는 소득에 대해서는 양도차익의 20퍼센트를 기타소득으로 과세하는 것으로 규정했다.[235] 다만, 시행령에 따라 과세 대상은 제작 후 100년 이상 된 작품 중 양도가액이 6,000만 원 이상인 미술품이며, 국내 생존 작가의 작품은 제외한다.[236] 따라서 실질적 과세 대상은 작품 판매 가격이 고가인 해외 작가와 국

232 소득세법 제19조 1항 7호.
233 동법 제19조 제1항 제7호 또는 제15호. 국세청 소득 46011-827, 2000.10.13.
234 국세청 질의회신 서면인터넷방문상담1팀-469(2004.03.26); 명순구·김기영, 앞의 책, 76쪽에서 재인용.
235 소득세법 제21조 제1항 제25호.
236 시행령 제41조 제12항 법 제21조 제1항 제25호에서 대통령령으로 정하는 서화·골동품이란 다음 각 호의 어느

내 사망 작가에 국한될 것으로 보인다. 미술품 양도세액은 양도가액에서 필요 경비를 차감한 금액에 원천징수율 20퍼센트를 곱한 금액으로 한다. 취득가액이 불분명하거나 양도가의 80퍼센트에 미달하는 경우에는 필요경비를 양도가액의 80퍼센트로 본다. 단, 취득한 지 10년이 넘는 경우에는 필요경비를 90퍼센트로 본다. 양도소득은 종합소득에 합산 과세되지 않는다.

형평성을 위해 개인 소장자의 예술품 양도소득에 대해 과세해야 한다는 정부 주장과 미술 시장의 특수성을 들어 반대하는 미술계의 입장이 오랫동안 팽팽히 맞서면서 미술품 양도소득세법[237]은 1990년부터 제정, 유예, 폐기, 제정을 거듭해왔다.

미국, 프랑스, 영국 일본 등은 미술품 양도 거래 차익을 주식과 같은 자본이득으로 간주해 합산 과세 원칙을 준수하고 있다.[238] 반면 싱가포르, 스위스, 뉴질랜드, 홍콩 등은 미술품 거래에 무세 혜택을 부여한다.[239] 이에 대해 미술계는 미술 시장 역사가 오래된 유럽이나 미국은 시장 규모가 크고, 세금 공제 혜택도 많아 양도세를 적용해도 거래가 안정적인 반면, 한국 미술 시장은 역사도 짧고 규모도 작아 최근 몇 년 동안 성장하기 시작한 시장이 위축될 것이라 염려

하나에 해당하는 것으로서 개당·점당 또는 조(2개 이상이 함께 사용되는 물품으로서 통상 짝을 이루어 거래되는 것을 말한다)당 양도가액이 6,000만 원 이상인 것을 말한다. 다만, 양도일 현재 생존해 있는 국내 원작자의 작품은 제외한다. 〈신설 2009. 2.4〉

1. 서화·골동품 중 다음 각 목의 어느 하나에 해당하는 것.

가. 회화, 데생, 파스텔 [손으로 그린 것에 한정하며, 도안과 장식한 가공품은 제외한다] 및 콜라주와 이와 유사한 장식판

나. 오리지널 판화·인쇄화 및 석판화

다. 골동품 (제작 후 100년을 넘은 것에 한정한다.)

2. 제1호의 서화·골동품 외에 역사상·예술상 가치가 있는 서화골동품으로서 기획재정부장관이 문화체육관광부장관과 협의하여 기획재정부령으로 정하는 것.

237 소득세법 제20조의 2 (일시 재산소득)에 "①일시 재산소득은 당해 연도에 발생한 다음 각 호의 소득으로 한다. 1. 대통령령이 정하는 서화·골동품의 양도로 인하여 발생하는 소득"이라는 항목이 추가됐다(동 조항은 2006. 12. 30에 삭제되었다).

238 채수명, 「미술품 양도세에 관한 소고」, 『월간 미술세계』, 2012년 11월호.

239 위의 글.

했다.[240] 그러나 조세 공평 부담 원칙에 비춰 미술품 양도소득을 비과세하는 것은 국민 정서에도 맞지 않고 미술품이 음성적인 뇌물 거래와 부의 세습에 용이해서 조세 포탈이나 탈세 목적으로 이용될 가능성이 있다는 입장도 있다.

2008년 국내 대기업의 비자금 조성에 이용됐다는 의혹을 받았던 릭턴스타인의 〈행복한 눈물Happy Tears〉에 얽힌 사건처럼 몇십 억짜리 미술품이 국경을 넘나들어도 이를 파악하고 통제할 수 있는 수단이 없다는 문제점을 시정하기 위해서도 과세가 필요하다는 게 정부의 입장이다. 세금이 부과되면 구입 가격과 양도 가격이 공개되므로 거래가 투명해지면서 예술 시장이 더욱 활성화될 것이라는 것이다.

예술품 유통업자라면 예술품 거래를 통해 발생한 소득을 사업소득으로 과세한다. 그렇다면 개인 소장가가 장기간 여러 차례에 걸쳐 경매 회사 등을 통해 위탁판매해 예술품의 양도로 발생한 소득은 기타소득으로 봐야 할까 사업소득으로 봐야 할까. 다수의 소장 예술품을 2013년부터 2017년까지 경매 회사 등을 통해 수차례 위탁 판매해 얻은 양도소득과 관련해 2019년 기획재정부는 판매 사업으로 해석해 사업소득으로 볼 수 있으며 과세 관청에서 그 사실관계를 파악해 판단할 사항이라는 법리 해석을 한 바 있다.[241] 사업소득으로 종합과세할 경우 최고 세율 46.2퍼센트가 적용될 수도 있기 때문에 민감할 수밖에 없는 사안이었다. 이러한 혼란을 피하기 위해 2021년부터 시행되는 개정 세법은 개인 소장자의 예술품 양도소득은 사업성이 있는 경우에도 기타소득으로 분리 과세한다.(소득세법 제21조 제2항)

---

240 표미선 표 갤러리 대표.
241 국세청 서면법령해석소득 2019-2360, 2019.07.26.

법인 소장자와 법인세

기업체 같은 법인이 예술품을 취득하는 경우 세제 혜택이 있을까. 법인 소장자는 소득에 대해 법인세를 납부한다. 법인세란 법인을 납세의무자로 하고 법인의 소득을 과세 대상으로 하는 국세다. 법인세는 납세자와 담세자가 동일한 직접세이며, 2단계 초과 누진세율 구조로 되어 있는 누진세다. 법인세의 과세 대상 소득은 각 사업연도의 소득이다. 사업연도의 소득은 그 사업연도에 속하는 익금의 총액에서 그 사업연도에 속하는 손금의 총액을 공제한 금액으로 한다. 손금으로 인정받는다는 것은 그만큼 세금을 덜 내게 되므로 법은 업무와 관련 없는 비용의 손금불 산입을 규정한다.[242] 따라서 서화 및 골동품의 취득은 손금으로 인정하지 않는다. 법인이 예술품을 취득할 때 이는 비업무용 자산에 해당하므로 취득 금액을 손금에 산입할 수 없다. 법인세법 제27조 1호에 의하면 당해 법인의 업무와 직접 관련이 없다고 인정되는 자산으로서 대통령령이 정하는 자산을 취득·관리함으로써 생기는 비용 등 대통령령이 정하는 금액은 손금에 산입할 수 없다고 규정하고 있다. 이때 '대통령령이 정하는 자산'에는 서화 및 골동품 또는 이와 유사한 자산으로 법인의 업무에 직접 사용하지 않는 자산이 해당된다.[243] 다만, 법인세법시행령 제49조 1항 2호 (가)목 단서에 의하면 장식 환경 미화 등의 목적으로 사무실 복도 등 여러 사람이 볼 수 있는 공간에 상시 비치하는 것은 비업무용 자산에서 제외하고 있다. 이 경우 그 취득가액이 거래 단위별로 1,000만 원 이하인 것에 한한다.[244] 여객 및 화물터미널 사업을 영위하는 법인이 터미널 부속 토지 내에 이용객 및 일반 시민에게 휴식 공간을 제공할 목적으로 마련한 조각 공원 내에 설치한 조각품이 장식 환경 미화 등에 사용되는 것으로 사회 통념상 업무와 관련 있다고 인정되는 범위 내의 것인 경우에는 법인세법시행규칙 제18조 제1항 제1호 단서(현재: 법인세법시행령 제49조

---

242 인세법 제27조 제1호.
243 법인세법시행령 제49조.
244 법인세법시행령 제19조 제17호. 제49조 제1항 제2호 (가)목 단서.

제1항 제2호 '가'목) 규정에 해당되는 것이나, 이에 해당하는지 실질 내용에 따라 사실 판단한다.

법인이 소장하고 있던 예술품을 양도하는 경우 양도차익에 대해서는 법인세가 부과된다. 법인세법 제15조 1항에 의하면 해당 법인의 순자산을 증가시키는 거래로 인해 발생하는 수익을 익금으로 정의하고, 법인세법시행령 제11조에서 익금의 범위를 구체적으로 열거하면서 자산의 양도 금액을 그 하나로 규정하고 있다. 법인세법시행령 제11조에서 규정하고 있는 익금은 예시적인 열거 사항에 불과하며, 순자산을 증가시키는 거래로 인해 발생하는 수익 금액은 모두 익금에 해당한다. 이를 순자산 증가설의 입장에 있다고 말한다.

따라서 예술품을 양도한 경우 양도가액 전부가 익금에 산입된다. 하지만 이렇게 되면 예술품의 양도에 따른 양도차익만 과세되는 것이 아니라 양도가액 전부가 과세되므로, 법인세법시행령 제19조 2호에서 양도한 자산의 양도 당시 장부가액을 손금으로 산입함으로써 결과적으로 양도차익이 과세되는 과세 구조를 가지고 있다. 한편, 문화단체를 지원하는 세제 방법으로 고유 목적 사업 준비금의 손금 산입 제도가 있다. 이러한 조세특례법은 정부로부터 허가 또는 인가를 받은 문화 예술 단체(문화예술진흥법에 의해 지정을 받은 전문 예술 법인 및 전문 예술 단체 포함)가 그 법인의 고유 목적 사업 또는 지정 기부금에 지출하기 위해 고유 목적 사업 준비금을 계상한 경우 당해 사업연도 소득금액의 50퍼센트를 고유 목적 사업 준비금으로 손금 산입할 수 있도록 하는 것이다.[245]

또한 조세특례법에서 열거하고 있는 일부 기관에 대해서는 당해 사업연도 수익 사업에서 발생한 소득 전액을 고유 목적 사업 준비금으로 손금 산입할 수 있다.[246] 이에 해당하는 문화 관련 기관으로는 ①박물관 및 미술관진흥법에 의해 등록한 박물관 또는 미술관을 운영하는 법인 ②지방문화원진흥법에 의해 주

---

245 법인세법 제29조.
246 조세특례제한법 제74조 제1항.

무부 장관의 인가를 받아 설립된 지방문화원 ③문화예술진흥법 제23조의 2의
규정에 의한 예술의 전당 ④문화예술진흥법 제7조의 규정에 의해 지정된 전문
예술 법인 및 전문 예술 단체로서 재정경제부 장관이 문화관광부 장관과 협의
해 고시하는 법인 및 단체(2001년 3월 28일 신설)가 있다.[247]

부가가치세

부가가치세VAT: Value Added Tax란 재화나 용역의 생산·유통 과정에서 재화
나 용역에 부가하는 가치에 대해 부과하는 것으로 영리 목적의 유무에 상관없
이 사업상 독립적으로 재화 또는 용역을 공급하는 경우 납세의 의무를 지게 된
다.[248] 현재 부가가치 세율은 10퍼센트다(부가가치세법 제30조).

그렇다면 화가가 초상화를 그려주고 대가를 받는 경우는 어떨까. 독립적
인 조각가가 조각품 제작을 의뢰받아 조각품을 창작한다면 어떨. 예술품(재화)
의 공급과 저술가 작곡가 등이 직업상 제공하는 인적 용역, 영리를 목적으로 하
지 않는 문화 행사 등에는 부가가치세 납부를 면제하고 있다.[249] 부가가치세법
제26조 제1항 16호에 의하면 예술 창작품, 예술 행사, 문화 행사와 아마추어 운
동경기로서 대통령령으로 정하는 것은 부가가치세를 면제한다. 예술 창작품은
부가가치세법시행령 제43조 1항에서 구체적으로 정하고 있는데, 골동품을 제외
한 미술·음악 또는 사진에 속하는 창작품으로 하여, 예술 창작품을 면세 대상
으로 분류한다. 따라서 개인이 독립된 자격으로 초상화를 그려주고 대가를 받
는 경우나 조각가가 조각품을 창작하고 대가를 받는 경우는 부가가치세가 면
제되는 인적 용역에 해당한다.[250] 따라서 예술품을 판매하더라도 부가가치세는

247 손원익, 「문화예술 관련 조세 지원 제도」, 최태만 엮음 『한국 시각예술의 과제와 전망』, 다할미디어, 2009, 62쪽.
248 재화는 재산적 가치가 있는 모든 유체물과 무체물을 말하며, 용역은 재화 이외의 재산적 가치가 있는 모든 역무
및 기타 행위를 말한다.
249 부가가치세법 제26조 제11항.
250 시행령 제42조 제1호 (가)목의 규정.

과세되지 않는다. 다만, 해당 예술품이 창작품에 해당하는지의 여부는 창작자, 창작 과정, 창작 방법 등에 따라 사실 판단할 사항이다.[251] 가령, 사업자가 미술품 등의 창작품을 모방하여 대량으로 제작하는 작품은 예술 창작으로 보지 않는다.[252] 사업자가 원판을 이용해 복제한 판화를 공급하는 경우에도 예술 창작품으로 보지 않는다.[253]

미술품·골동품 등의 중개업을 영위하는 사업자가 미술품 등의 소장자로부터 의뢰받아 소비자에게 동 미술품·골동품 등의 매입을 중개해주고 받는 중개 수수료에 대해서는 부가가치세가 과세된다. 또한 부가가치세법 제16조에 규정된 세금계산서를 교부해야 한다.[254] 가령, 예술품을 경매할 때 예술품의 낙찰 금액에 대해서는 부가가치세가 면제되지만 경매 회사에 지급되는 수수료에는 부가가치세가 과세된다. 그러나 골동품은 부가가치세법시행령 제43조에 따라 제외된다.

자신의 창작품을 자신의 전시장에서 판매하는 경우에도 면세가 된다. 다만, 독립된 개인 자격이어야 하며, 사업자가 시장 판매를 목적으로 대량생산하는 경우에는 당연히 부가가치세 과세 대상이 된다. 마찬가지로 사업자인 화랑이나 경매 회사가 미술품을 위탁판매하고 받는 수수료에 대해서는 부가가치세가 과세되며, 따라서 위탁자와 구매자는 수수료 외에 수수료에 대한 10퍼센트의 부가가치세를 납부해야 한다.[255] 무관세인 미술품 품목 수입에 대해서도 부가가치세가 면제된다. 미술품을 판매하는 갤러리 오너가 판매 목적으로 사진 작품을 수입하는 경우 동 재화의 관세가 부과되지 않으면 부가가치세가 면제되고, 관세가 경감되는 경우에는 경감되는 분에 한해 부가가치세가 면제된다.[256]

251 국세청 질의회신 부가46015-558(1999.02.26.).
252 부가가치세법 기본통칙 12-35-6(모방 제작한 미술품 등).
253 국세청 질의회신 부가40615-3245(2000.09.19).
254 국세청 질의회신 부가40615-164(1997.01.23).
255 국세청 간세 1235-2711, 1977.8.24; 국세청 부가 46015-1004, 1994.5.20.
256 부가가치세법 제27조 제15호 및 부가가치세법시행규칙 제43조.

재화의 수입에 대해서는 원칙적으로 부가가치세가 과세되며[257] 세관장이 부가가치세를 징수하게 된다. 그런데 관세가 무세이거나 감면되는 재화로서 대통령령이 정하는 것은 부가가치세를 면제하며,[258] 예술품은 이러한 재화 중 하나로 규정되어 있다.[259] 다만, 경감의 경우에는 경감되는 분에 한한다. 박물관, 미술관 등의 관람객 입장은 부가가치세가 면제된다.[260] 그러나 사업자가 미술관을 대관해 예술품을 전시하고 입장료를 받는 경우에는 영리 목적 여부에 따라 달라진다. 영리 목적이 아닌 문화 예술 행사는 부가가치세가 면제된다.

예술품 창작자는 창작을 위해 사용될 재료 또는 기구를 구입하거나 작업 장소로 사용할 화실 등의 공간을 임차하고 그 대가의 10퍼센트에 해당하는 부가가치세를 부담하게 되는데, 이를 매입세액이라 한다. 부가가치세 매입세액을 환급받기 위해서는 사업자 등록이 되어 있어야 하며 예술품 거래가 부가가치세 과세 거래여야 한다. 그러나 작가 등은 일반적으로 사업자 등록을 하지 않은 경우가 많을 뿐더러, 예술품 거래는 부가가치세 면세 거래에 해당하기에 부가가치세 매입세액을 환급받을 방법은 현행 규정하에서는 없다.

상속 · 증여세[261]

상속세는 상속 · 유증 · 사인증여에 의해 재산을 취득한 경우에 상속인 기타의 자에 대해 취득한 재산 가격을 기준으로 과세되는 국세를 말한다. 증여세는 타인의 증여에 의해 취득한 재산을 과세물건으로 하여 부과하는 국세다. 상속세의 부과 대상이 되는 상속재산은 피상속인에 귀속되는 재산으로서 금전으로 환산할 수 있는 경제적 가치가 있는 모든 물건과 재산적 가치가 있는 법률

---

257 동법 제3조의 2.
258 동법 제27조.
259 부가가치세법시행규칙 제43조.
260 부가가치세법 제26조 제1항 17호.
261 상속세 및 증여세법 시행 2013.8.29. 법률 제11845호, 2013.5.28., 타법 개정.

상 또는 사실상의 모든 권리를 포함한다.[262] 상속·증여세법은 예술품 소장자가 예술품의 소유를 등기하거나 등록할 법적 의무가 없으며 정확한 시가를 감정하는 데 있어 차이가 발생하기 때문에 정확한 세법의 적용이 어려운 측면이 있다.

상속세나 증여세가 부과되는 재산 가액은 상속 개시일 또는 증여일 현재 시가에 따른다.[263] 이때 시가는 불특정 다수인 사이에 자유롭게 거래가 이루어지는 경우에 통상적으로 성립된다고 인정되는 가액으로 하고, 수용 가격·공매 가격 및 감정가격 등 시가로 인정되는 것을 포함한다.[264] 따라서 서화·골동품의 경우에도 시가에 의하되, 만일 시가를 산정하기 어려운 경우에는 상속세 및 증여세법 제62조 2항에서 규정한 바와 같이 당해 재산의 종류·규모·거래 상황 등을 감안해 대통령령이 정하는 방법으로 평가한 가액에 의한다. 여기서 대통령령이 정하는 방법이란 상속세 및 증여세법시행령 제52조 2항에서 정한 방법을 말하는 것으로, 판매용과 판매용이 아닌 것으로 나누어 규정되어 있다. 먼저 판매용인 서화·골동품 등은 처분할 때에 취득할 수 있다고 예상되는 가액(재취득가액)으로 하되, 그 가액이 확인되지 않은 경우에는 장부가액으로 해야 한다.[265]

다음의 감사원 심사청구 사례를 살펴보자. 장부가액이 약 17억 원에 해당하는 상품인 서화류에 대해 상속인은 전문 감정 기관에 의뢰하여 소급 감정을 통해 약 900만 원으로 평가한 금액을 기초로 상속세를 납부했다. 그러나 국세청은 장부가액으로 과세를 했고 이에 대해 상속인이 불복했다. 이 사건의 쟁

---

262 상속세 및 증여세법 제2조의 3.
"상속재산"이란 피상속인에게 귀속되는 모든 재산을 말하며, 다음 각 목의 물건과 권리를 포함한다. 다만, 피상속인의 일신一身에 전속專屬하는 것으로서 피상속인의 사망으로 인하여 소멸되는 것은 제외한다.
가. 금전으로 환산할 수 있는 경제적 가치가 있는 모든 물건.
나. 재산적 가치가 있는 법률상 또는 사실상의 모든 권리.
263 상속세 및 증여세법 제60조 1항.
264 동법 제60조 2항.
265 상속세 및 증여세법시행령 제52조 2항 1호.

점은 상속재산인 비상장 주식 평가 시 그 법인이 소유한 상품인 서화류에 대한 자산가액을 장부가액에 의할 것인지 전문 감정 기관의 소급 감정가액에 의할 것인지 여부다. 이에 대한 감사원 결정은 다음과 같다.

> 상속인들이 이 사건 상품의 감정가액은 900여 만 원에 불과하므로 이를 재취득가액으로 보아야 한다고 주장하고 있으나 이는 이 사건 심사청구를 위해 3년 7개월 전으로 소급하여 감정한 가액이라는 점, 그 감정가액 또한 청구인들이 상속세 신고 시 스스로 평가한 가액의 18분의 1에 불과하다는 점, 그 감정자가 청구인이 임의로 선정한 민간 감정 단체라는 점, 상속받은 날로부터 3년 7개월이 경과된 시점에서 위 감정자들이 감정한 서화가 바로 이 사건 상품이라는 확인이 어려운 점 등을 감안할 때 청구인들이 주장하는 감정가액을 이 사건 상품의 재취득가액으로 받아들이기는 어렵다. 따라서 상속세 및 증여세법상 자산 중 판매를 목적으로 하는 서화류는 재취득가액에 의하여 평가하는 것으로 되어 있으나 재취득가액을 확인하기 어려우므로 장부가액인 취득가액을 재취득가액으로 보아 주식가치를 평가하여 부과 처분한 것은 정당하다.[266]

한편, 판매용이 아닌 서화·골동품 등 예술적 가치가 있는 유형재산의 평가는 다음 각 목의 구분에 의한 전문 분야별로 2인 이상의 전문가가 감정한 가액의 평균액으로 하되, 다만 그 가액이 국세청장이 위촉한 3인 이상의 전문가로 구성된 감정평가심의회에서 감정한 감정가액에 미달하는 경우에는 그 감정가액에 의한다.[267] 금전 이외의 재산으로 조세 채무를 이행하는 것을 '물납'이라고 하는데 한국의 경우 부동산과 유가증권에 한정해 물납을 허용하고 있다. 예술

---

266 감사원 심사결정 감심-2003-0036 (2003.05.06).
267 상속세 및 증여세법 시행령 제52조 2항 2호.

품의 경우 단기간에 처분이 어렵기 때문에 예술가 사후 유족들이 상속세를 납부하는데 어려움을 겪곤 한다. 이러한 문제를 해결하기 위해 영국, 프랑스 등은 예술가의 유족이 금전 대신 예술 작품으로 물납을 하고 세금을 면제해주는 제도를 시행하고 있다. 1973년 파블로 피카소가 사망하자 막대한 상속세를 부담할 수 없던 유족들이 프랑스 정부에 물납을 건의했고, 이 때 물납한 작품들로 파리의 피카소 뮤지엄이 건립되었다. 한국도 최근 공공재로서 문화 예술 작품의 확보 및 대중 향유의 확대라는 측면에서 예술 작품에 대한 상속세 물납 제도를 시행하는 것에 대해 긍정적인 방향으로 논의가 진행되고 있다.

관세

예술품·수집품과 골동품은 관세율표에서 관세 면제 품목에 해당한다. 관세율표란 수입물품에 대해 개별적으로 부과한 관세율을 정한 표를 말하며, 한국의 관세율표는 조화제도HS: Harmonized System에 따라 21부 97류로 품목이 분류되어 있다. 쟁점은 어디까지를 예술품으로 인정해주느냐다. 관세 혜택을 받는 순수미술인지 아니면 관세가 부과되는 상업용 디자인인지 기타 상품인지, 관세 목적에 따른 예술품의 정의는 브란쿠시 사건[268]에서 보듯 단박에 판단하기 힘든 경우가 종종 있기 때문이다.

2021년 현재 대한민국 관세율표에 따르면 회화·데생, 파스텔 및 콜라주, 이와 유사한 장식판, 오리지널 판화·인쇄화 및 석판화, 재료의 종류와 상관없이 오리지널 조각과 조상, 제작 후 100년을 초과한 골동품 등을 무세인 예술품과 골동품으로 분류하고 있다.[269] 그렇지만 에디션 작업, 즉 한정판 복제가 가능한 주물 조각이나 판화와 달리 사진은 아직 관세법상 창작 예술로 인정받지

---

268 제1장 '예술의 정의' 참조.
269 9701호~9706호.

못하고 있다. 사진은 작가가 손으로 직접 제작한 것이 아니라 카메라라는 기계를 통해 찍고 무한대의 복제가 가능하기 때문에 관세법상 창작 예술로 인정할 수 없다는 것이다. 국내 관세법상 사진은 인쇄물로 분류되어 있으며, 부가가치세 10퍼센트에 관세 3퍼센트가 붙는다.

그렇다면 DVD로 제작된 영상물은 어떨까. 2004년 설치미술가 김수자의 〈바늘 여인Needle Woman〉이라는 6분 30초짜리 비디오 아트가 관세율표상 무관세인 '예술품·수집품과 골동품'에 해당하는 예술품이냐, 아니면 관세 및 부가가치세의 대상인 '음성 또는 기타 이와 유사한 현상이 기록된 레코드, 테이프와 기타 매체'에 해당하느냐 논란이 있었다. 이 작품은 도쿄, 상하이, 델리, 뉴욕 등 8개 도시에서 퍼포먼스를 벌이는 모습을 비디오카메라로 촬영해 DVD로 제작한 작품으로 10미터 정육면체 공간에서 상영하는 설치미술이다. 관세청은 후자, 즉 일반 레코드에 해당한다며 세금을 부과했고, 이에 수입자인 삼성문화재단은 관세청을 상대로 소송을 제기했다.[270] 서울행정법원은 판결문에서 〈바늘 여인〉이 관세율 분류 기준으로는 예술품으로 분류하기 어렵지만, 이 DVD는 비디오아트 분야의 예술품으로 인정할 수 있는 데다 설치미술의 소재로 쓰이는 만큼, 여러 소재를 현장에서 설치·조립해 완성하는 설치미술의 특성상 전시 공간을 환경화하는 방법으로 조형한다는 점에서 관세법에 따른 분류상 레코드라기보다 오히려 '조각'에 가깝다고 보았다. 재판부는 현대미술에서는 작품의 표현 방법과 매체가 다양화되고 있어 이와 관련한 세법도 탄력적으로 해석할 필요가 있다고 덧붙였다.

최근에는 예술 창작이 그 방법과 기법, 재료, 설치 방법 등에 있어 다양해지면서 관세 부과 여부에 대한 분쟁도 늘어나고 있다. 데이비드 호크니David Hockney의 아이패드 드로잉은 무관세 대상인 멀티플 예술품일까, 관세 대상인 인쇄물일까. 패브릭 작업을 카펫으로 분류하거나 형광등을 이용한 설치예술을

270 「바늘 여인 세관서 찬밥 신세」, 『연합뉴스』, 2004.02.01.

조명기구로 분류한 사례들도 있다. 멀티플의 경우 몇 개의 에디션까지를 순수 예술품으로 보고 어디서부터 상품으로 봐야 할까. 아트 상품과 순수 예술품의 경계는 어디서 나눠야 할까. 글로벌 거래가 크게 증가하는 만큼 이에 대한 명확한 기준을 만들어 갈 필요가 있다.

조세 지원 제도

각 국가는 조세 정책을 통해 문화 예술을 지원하기도 한다. 뉴욕 소재 휘트니 미술관은 유럽 미술의 영향에서 벗어나 동시대 미국 미술만을 다루며 미국 미술과 현대미술을 세계 수준으로 끌어올린 대표적 미술관이다. 거트루트 밴더빌트 휘트니Gertrude Vanderbilt Whitney는 철도 사업가이자 예술품 애호가인 아버지의 컬렉션과 개인 기증을 바탕으로 현대 미술관인 휘트니 미술관을 설립했다. 휘트니가 미술관을 설립하기로 마음먹은 데에는 흥미로운 일화가 있다. 휘트니는 미술관 설립 이전부터 휘트니 스튜디오를 통해 동시대 작가들의 작품을 전시, 구입하는 방식으로 작가들을 후원했다. 그는 1929년 에드워드 호퍼Edward Hopper, 스튜어트 데이비스Stuart Davis 등 지금은 거장이 된 동시대 미국 화가의 작품을 포함해 500여 점의 예술품을 메트로폴리탄 미술관에 기증하려고 했다. 그러나 메트로폴리탄 미술관은 소장 작품의 일관성 유지를 들어 휘트니의 기증을 거절했다. 이에 휘트니는 1931년 동시대 미술을 전시하고 소장하는 미술관을 설립하기로 결심하고, 맨해튼에 미술관을 설립한다. 1935년 350여 점의 개인 컬렉션과 10만 달러를 기증하고, 1937년 80만 달러의 주식을 기증했으며, 1942년 유증으로 250만 달러를 남겼다.[271] 휘트니가 사망한 후에는 '휘트니 미술관의 친구들the Friends of the Whitney Museum'을 조직해 기부 금액을 통해 작품

---

271 Kathleen D. McCarthy, *Women's Culture: American Philanthropy and Art, 1830-1930*, University of Chicago Press, 1991, 239-240쪽.

을 구입했다. 휘트니 미술관의 컬렉션은 1960년대 2,000점으로 늘었고, 현재 1만 9,000여 점에 이른다. 휘트니의 열정과 노력으로 미국 작가들의 작품 가격이 수십 배가 오르고 미국 미술이 동시대 미술 시장을 지배하게 된 것이다. 휘트니 미술관으로부터 촉발된 개인 기증·기부 방식은 이후 미국의 다양한 문화 예술 기관의 주요 재원이 되었다.

조세 지원 제도는 정부가 문화 예술을 지원하는 간접적인 방식이다. 한국 정부는 다양한 세제 정책을 통해 문화 예술 사업이나 단체, 뮤지엄, 예술품 소장자 등을 지원하고 있다. 우선 소득세법에는 기부자에 대한 조세 지원 제도가 있는데, 개인이나 법인이 문화·예술 등 공익 목적으로 지출하는 기부금으로서 지정 기부금에 해당하는 경우 당해 연도 개인소득의 10퍼센트, 법인소득의 5퍼센트 한도 내에서 손비로 인정한다.[272] 법인세법 제24조, 시행규칙 제18조에서는 '박물관 및 미술관 진흥법'에 의해 등록한 박물관 또는 미술관에 한 기부금은 손금 산입 한도액의 범위에서 이를 손금으로 인정함으로써 세제를 통해 간접적으로 미술관을 지원하기도 한다.

그러나 실제 미술관 기부 및 세제 지원에 관한 법제가 복잡하고, 진행 절차상의 문제 등으로 기부자는 실질적으로 기부 예술품의 정당한 가치에 부합하는 감면을 받지 못하고 있다.[273] 또한 법인세법이나 소득세법에서 말하는 '기부금'에는 금전이 아닌 자산을 기부하는 경우(현물 기부)의 자산 금액도 포함하고 있으나[274] 현행 실무에서 현금이 아닌 현물 기부에 대한 세제 혜택, 즉 관련 근거 규정이 모호하다고 하여 이에 대한 세제 혜택이 제대로 이루어지지 않고 있는 실정이다.[275] 미국은 개인 기증 미술품 평가액의 100퍼센트를 소득세 일정 한도 내에서 공제해주고, 영국은 개인과 기업이 미술관에 기부할 경우 한도 없

---

272 소득세법 제34조 제1항, 법인세법 제24조 제1항.
273 「미술문화산업 육성을 위한 조세지원의 방안과 재정효과 분석」, 한국미술산업발전협의회, 2012, 91-92쪽.
274 법인세법 시행령 제37조 제1항 참조.
275 「미술문화산업 육성을 위한 조세지원의 방안과 재정효과 분석」, 91-92쪽.

이 소득공제와 손금 산입이 가능하며, 프랑스는 기업이 미술품을 국가기관에 기증하거나 국공립 미술관의 미술품 구입 비용을 지원하면 해당 금액의 90퍼센트를 세액공제 받는다. 한국은 2019년부터 문화 예술 부문 접대비에 미술품을 포함시켜 100만 원 이하의 소액인 증정용 미술품 구입한 경우 비용을 손금에 산입해 세제 혜택을 주고 있다.[276] 또한 장식 환경 미화 등의 목적으로 사무실 복도 등 여러 사람이 볼 수 있는 공간에 항상 전시하는 미술품의 경우 거래 단위별로 1,000만 원 이하인 경우 그 취득가액을 그 취득일이 속하는 사업연도의 손금에 산입한 경우 손금 산입을 허용하고 있다.[277]

기부금의 종류를 공익성의 정도에 따라 법정기부금과 지정기부금으로 분류하고 있으며, 동일한 기부금이라도 기부자가 개인인지 법인인지에 따라 각각 소득공제, 필요경비 산입 한도 및 손금 산입 한도를 정해 세제 지원 수준에 차이를 두고 있다. 개인의 기부금 한도액을 계산하는 기초에 관해 법정기부금은 소득금액에서 이월결손금을 공제한 금액을, 지정기부금은 소득금액에서 이월결손금과 기부금 등의 합계액을 공제한 금액을 기초로 계산한다.[278] 법인세법에서 기부금이란 사업과 직접 관련 없이 특수 관계가 아닌 타인에게 무상으로 지출하는 비용을 말하는데,[279] 한국의 세법상 기부금은 대가를 바라지 않는 무상지출로 간주하고 있다. 예술 분야와 관련한 법정기부금은 국립현대미술관, 국립중앙박물관, 서울시립미술관 등 국공립 미술관에 출연하는 기부금을 의미한다. 법정기부금 단체에 대한 기부로 받을 수 있는 세제 혜택은 법인의 경우 소득금액에서 이월결손금을 공제한 금액의 50퍼센트를 한도로 손금 산입할 수 있으며,[280] 개인의 경우에는 소득금액의 100퍼센트를 한도로 소득공제가 가능하

---

276 조세특례법 시행령 제130조.
277 법인세법 제19조; 법인세법 시행령 제19조 제17호. 2019년 세법을 개정하면서 손금 산입 가능 미술품의 취득가액을 500만 원에서 1,000만 원으로 상향했다.
278 소득세법 제34조 제1항 및 제2항, 제52조 제6항 제1호, 소득세법 시행령 제81조 제4항 제3호, 법인세법 제24조 제1항 및 제2항.
279 법인세법 시행령 제35조.
280 법인세법 제24조 제2항.

다.[281] 다만, 사업소득이나 부동산 임대 소득이 있는 개인의 경우 종합소득 금액에서 기부금을 특별 공제받는 방법 외에 기부금을 필요경비로 산입할 수 있다.[282] 지정기부금은 사립 등록 미술관처럼 정부로부터 허가 또는 인가를 받은 문화 예술 단체 등에 출연하는 기부금을 의미한다. 이 경우 소득금액에서 법정 기부금 등의 기부금과 이월결손금을 공제한 금액의 10퍼센트를 한도로 손금 산입할 수 있으며,[283] 개인의 경우 소득금액에서 법정기부금 등의 기부금을 공제한 금액의 30퍼센트를 한도로 소득공제 가능하고,[284] 사업소득이나 부동산 임대 소득이 있는 경우 기부금을 필요경비로 산입할 수도 있다.[285]

---

281 소득세법 제52조 제6항 제1호.
282 동법 제34조 제2항.
283 법인세법 제24조 제1항.
284 소득세법 제52조 제6항 제2호.
285 소득세법 제34조 제1항.

제7장
예술품의 도난과 국제 거래, 위조와 감정

Theft, International Trade,
Forgery, Authentification

1 예술품의 도난

2019년 12월 이탈리아 북부 도시 피아첸차의 리치 오디 미술관 벽면의 담쟁이덩굴을 제거하던 중 정원사는 자그마한 금속 문을 발견했다. 그 안에서 검은 쓰레기봉투를 발견했는데 놀랍게도 그림 한 점이 담겨 있었다. 바로 구스타프 클림트의 초기작 〈여인의 초상Portrait of a Lady〉(약 6,000만~1억 유로 가치). 23년 전인 1997년 2월 22일 전시 준비 중에 감쪽같이 사라진 작품이었다. 이 작품은 최종적으로 진품으로 판명되었고, 얼마 후 자신들이 이 그림을 훔쳤다고 자백한 이들이 나타났다. 절도죄의 공소시효가 지난 후이기 때문에 수사당국의 정식 조사는 이루어지지 못했고, 절도의 동기도 파악되지 않았고, 심지어 이들이 진범인지도 분명하지 않다. 불행하게도 예술품 도난은 예술법에서 가장 중요하게 다뤄지는 주제 중 하나다. 그만큼 예술품 도난이 빈번하다는 얘기다.

예술품 도난 사건은 영화에서나 일어날 것처럼 과감하게 감행되기도 한다. 2004년 8월, 노르웨이 오슬로의 뭉크 박물관에서는 복면을 쓴 두 사람이 관람객이 뻔히 지켜보는 가운데 벽에서 그림 두 점을 뜯어내 훔친 차를 타고 달아났다. 바로 에드바르 뭉크의 작품 〈절규the Scream〉와 〈마돈나Madonna〉다. 두 점은 합쳐서 1억 2,200만 달러 상당이었다. 2년 뒤 두 작품은 노르웨이 경찰에 의해 무사히 회수됐다.

대작의 도난 사례는 일일이 열거할 수 없을 정도다. 한국에서도 문화재 도굴이나 불법 밀반입과 반출 또는 불법 거래뿐 아니라 동시대 작가의 미술품 도난 역시 빈번히 발생했다. 1967년에는 덕수궁 미술관에서 전시된 국보 제119호 〈연가7년명금동여래입상〉이 사라졌으며, 1978년 순회 전시 중이던 국전 입상 작품 중 유명 화가의 작품 58점을 면도칼로 도려내 절도한 사건도 있었다. 1993년에는 운보 김기창 화백 팔순 기념으로 충북 청원의 운향 미술관 전시회를 준비하던 중 〈전복도〉, 〈고양이와 나비〉를 포함해 작품 15점이 모두 사라졌다. 3년 후 화랑 관리인의 범행으로 밝혀지고 작품들도 되찾았지만, 이미 공소 시효가 지나 범인은 처벌받지 않았다. 이 장에서는 예술품 절도 범죄의 목적과 유형, 그리고 절도범에 대한 처벌 문제와 도품을 둘러싼 법적 쟁점에 대해 살펴보겠다.

예술품 절도 범죄

예술에는 음악, 문학, 그림, 무용, 연극 등 다양한 분야가 있지만 절도의 대상이 되는 것은 유형화가 가능한 미술품뿐이다. 도난품 정의에 차이가 있지만, 대략 연간 10억~50억 달러 상당의 미술품이 도난당한다고 추정한다.[1] 인터폴은 연간 40억~60억 달러로 추정하기도 한다. 전 세계적으로 연간 1만여 건 정도의 미술품 절도 범죄가 발생한다.[2] 이 중 도난 예술품을 되찾은 경우는 5~10퍼센트에 불과하다. 전 세계적으로 가장 많이 도난당한 작품의 작가는 파블로 피카소다. 영국의 도난예술품등록부ALR에는 피카소의 작품만 1만 147점

1   Sarah Lyall, "Art World Nightmare: Made-to-Order Theft: Stolen Works Like Oxford's Cezanne Can Vanish for Decades," *The New York Times*, Feb. 3, 2000, at E1.

2   Stephen L. Foutty, "Autocephalous Greek-Orthodox Church of Cyprus v. Goldberg & Feldman Fine Arts, Inc.: Entrenchment of the Due Diligence Requirement in Replevin Actions for Stolen Art," *Vanderbilt Law Review*, Vol.43, No.6, 1990, p.1840.

이 등재되어 세계 최다 기록을 세웠다. 도품의 유통을 막기 위해 피카소는 작품을 완성한 뒤에 곧바로 서명하지 않고 작품이 팔릴 때에만 서명했다고 한다. 이렇게 하면 도둑이 피카소의 작업실에 침입한다고 해도 피카소의 서명까지 들어간 작품은 훔칠 수 없게 된다. 앤디 워홀은 1960년부터 꾸렸던 거대한 작업실을 '공장factory'이라고 불렀다. 그곳은 워홀과 조수들뿐 아니라 수많은 방문자들이 자유롭게 오가던 곳이라, 제작 중인 작품이나 완성된 작품이 몇 점 사라지더라도 얼른 알아차리기가 어려웠다. 워홀 역시 자신의 작품이 판매될 때에만 서명을 해 피해를 최소화하기 위해 노력했다. 전 세계 도난, 약탈, 밀수 예술품의 무역량은 70억 달러 이상이다.[3] 예술품 도난 발생이 많은 미국의 FBI는 워싱턴 D.C.에 10만여 건이 넘는 도품 목록을 데이터베이스로 저장하는 특별 사무소를 두고 있다.

전문 절도와 정치적 목적의 절도

예술 작품은 훔치기도 어렵고, 훔친 장물을 재판매하기도 어렵다. 그럼에도 예술품을 절도하는 이유는 무엇일까. 예술품 절도는 크게 두 가지 목적하에 이루어진다. 하나는 커미션을 받고 활동하는 전문 절도범의 유형이 있고, 다른 하나는 정치적 목적에 의한 범행이 있다. 예술품 도난은 전 세계에서 가장 빠르게 성장하는 범죄 중 하나다. 마약과 무기 밀매 다음으로 범죄 조직이 눈독을 들이는 분야이기도 하다. 전문 절도범의 경우 대체로 지하경제에서 예술품을 화폐나 담보로 이용하며, 조직범죄와 연관되어 있다.[4] 공산주의의 몰락 이후 동유럽의 조직범죄가 증가하면서 이와 함께 도난 미술품이 마약 거래상과 테러리스

3   Alan Riding, "Art Theft Is Booming, Bringing an Effort to Respond," *The New York Times*, Nov. 20, 1995 at C-11; Deborah Ball, "A Stash of Stolen Art", *Wall Street Journal*, Aug. 24, 2004 at B-1; Maryclaire Dale, "New FBI Task Force to Focus on Art Theft," *Associated Press*, Jan. 15, 2005.

4   Rhodes, *Art Law & Transactions*, p.137.

트들의 불법 화폐나 담보물 혹은 돈세탁용으로 이용되어왔다.[5] 문제는 이런 목적으로 도난당한 예술품은 한참 동안 합법적인 예술품 시장에 나타나지 않는다는 것이다. 예술품 소유주나 피보험자를 상대로 예술품을 돌려주는 대가로 돈을 요구하는 이른바 '예술품 납치art-napping'가 목적인 경우도 있다.[6]

예술품은 다른 절도 물품과는 여러 면에서 다른 특징들을 가지고 있다. 우선 등가 교체가 불가능하다. 개별 작품이 갖는 독창성과 문화·역사적 특징들, 여기에 위탁자나 소장자의 권위나 명성, 그리고 각 예술품에 깃든 개인적인 감정과 추억까지 고려해 금전적인 가치를 산정하는 것이 쉽지 않다. 예술품을 도난당한 피해자도 대개는 금전적인 보상보다는 잃어버린 예술품을 되찾고 싶어 한다. 더군다나 예술품은 일반 상품에 비해 눈에 띌 수밖에 없다. 대작일수록 그러하다. 예를 들어, 다 빈치의 〈모나리자〉를 알아보지 못할 사람은 많지 않을 것이다. 1911년 루브르 박물관에서 도난당한 〈모나리자〉가 세상에 다시 나온 것은 2년 뒤, 절도범이 이탈리아 피렌체의 우피치 미술관Uffizi Gallery에 작품을 팔려다가 체포되었기 때문이다. 파리의 가장 유명한 미술관에서 훔쳐 피렌체의 가장 유명한 미술관에 팔려고 했던 매우 대담한 행각이었다.

하지만 이런 경우는 드물고 대개 불법 유통을 목적으로 하는 전문 절도범의 범행일 경우 예술품이 다시 세상에 나오기까지 수십 년이 걸린다. 대체로 이런 예술품들은 한동안 지하 세계를 전전하다 도난당한 지 꽤 시간이 흐른 후에 도난당한 장소에서 비교적 먼 곳에서 다시 세상에 나오곤 한다. 물론 이때는 대부분 도품인지 전혀 알지 못한 채 구매한 선의취득자가 소유자일 것이다. 훔친 미술품의 거래는 합법적인 미술품 거래와 마찬가지로 국제적으로 이루어진다. 이렇게 나라를 넘나들며 거래가 이루어지는 동안에 스위스처럼 선의취득자에게

5   18 IFAR Reports5 (Mar. 1997); 11 IFAR Reports3 (Apr. 1990); Jennifer Sultan, "Combating the Illicit Art Trade in the European Union: Europol's Role in Recovering Stolen Artwork," *Northwestern Journal of International Law&Business*, Vol.18, No.2, 1998, p.760.
6   Ibid.

우호적인 국가에서 권원 등이 '세탁'되거나 아예 소장 이력이 위조되기도 한다. 이런 과정을 거쳐 시간이 흐른 후 도품들이 다시 합법적인 예술품 시장으로 나오게 되는 것이다. 설사 거래한 예술품이 도품임이 드러나도 절도범은 이미 종적을 감추고 물증이 사라지거나 시효가 지난 경우가 많다.

2012년 10월 16일, 루마니아 갱단이 네덜란드 로테르담의 쿤스탈 미술관 Kunsthal Museum에서 피카소, 모네, 마티스, 고갱 등의 작품 7점을 훔쳤다가 체포된 일이 있었는데, 이때 용의자 중 한 명의 어머니가 증거를 없애기 위해 작품들을 전부 불태웠다고 해서 세계를 놀라게 했다.[7] 과학 수사팀에 따르면, 용의자의 집에서 발견된 재를 분석한 결과 루치안 프로이트Lucian Freud의 〈눈을 감은 여인Woman WIth Eyes Closed〉 등 세 점이 불탄 것으로 추정된다.[8]

도품이 공개적으로 경매에 오른 경우도 있었다. 1780년대 만들어진 선암사의 불화 〈팔상도〉는 조성 시기, 배경, 시주자 등의 기록이 남아 있어 불교회화사 연구에 귀중한 자료로 국보급 회화다. 1980년대 중반, 전남 순천시 선암사에서 〈팔상도〉 두 점을 도난당했다. 한동안 자취를 감췄던 〈팔상도〉가 다시 나타난 것은 2006년 4월에 서울옥션이 경매에 올리면서다. 경매를 위한 출품도록에 〈팔상도〉가 올라왔다는 제보를 받은 문화재청은 즉각 이 불화를 회수했다. 미국에 거주 중이던 소유자는 작품을 순순히 반환했고, 관련자들은 구속됐다. 〈팔상도〉는 부처의 일대기를 여덟 장면으로 나누어 그린 것으로 1999년 조계종에서 펴낸 『도난문화재백서』에도 실려 있던 작품이다.[9] 따라서 사전에 이를 철저히 조사하지 않은 경매 회사 책임도 크다고 할 수 있다.

다음으로 정치적 목적의 절도가 있다. 예술품 절도는 단순히 돈을 노리는 절도가 아닌 정치적 목적 때문인 경우가 많다. 노르웨이 릴리함메르에서 개최한 동계올림픽 개막일인 1994년 2월 12일, 오슬로 국립 미술관에 걸려 있던 뭉

7 "Stolen Picasso and Monet art 'burned' in Romanian oven," *BBC News*, Jul. 17, 2013.

8 Andrew Higgins, "Lawyers Hint at Possible Recovery of Stolen Art," *The New York Times*, Aug. 13, 2013.

9 「순천 선암사 도난 佛畵 '팔상도' 서울 경매 시장서 찾았다」, 『쿠키뉴스』, 2006.04.13.

크의 〈절규〉가 사라졌다. 2006년 8월 31일, 노르웨이 경찰은 도난당한 작품을 무사히 회수했지만 회수 경위는 비밀에 부쳐졌다. 노르웨이 언론에 따르면 은행 강도죄로 수감된 조폭 두목이 사건에 연루되었으며 절도범들은 작품의 행방과 복귀 협상을 주선하는 대가로 조폭 두목에 대한 사면 혹은 감형을 요구했다는 것이다. 당시 경찰은 그림의 대가를 지불하지 않았다고 주장했지만, 작품을 훔친 범인들은 4~8년 형의 비교적 가벼운 형량을 선고받았다. 이른바 '예술 테러리즘' 사건이다. 정치적 목적을 달성하기 위해 예술품을 절도하거나 훼손하는 경우다. 1914년 미국에서는 여성들에게 투표권을 달라는 여성 참정권론자가 참정권 운동의 일환으로 내셔널 갤러리에 전시된 17세기 그림을 미리 준비한 식칼로 갈기갈기 찢은 사건이 있었다.[10] 1999년에는 독실한 가톨릭 신자가 미술관에 전시된 그림이 성모 마리아를 모욕했다고 분개하여 작품에 흰색 페인트를 뿌리기도 했다. 예술 테러리즘 또는 반달리즘은 문화·예술 및 공공시설을 파괴하는 행위 또는 그러한 경향을 말하는데, 주인 허락 없는 낙서와 훼손 행위를 포함한다. 반달리즘은 5세기 초 유럽의 민족 대이동 때 아프리카에 왕국을 세운 반달족이 지중해 연안에서 로마에 이르는 지역까지 약탈과 파괴를 거듭한 민족이라고 잘못 알려진 데에서 유래된 프랑스 말이다. 예술 테러리즘은 예술 작품의 훼손이나 손실이 사회적으로 매우 큰 손실이라는 인식이 널리 퍼져 있을 때 일어나는 범죄다.

17세기 네덜란드 화가 요하네스 페르메이르Johannes Vermeer의 작품들은 자주 예술 테러리즘의 대상이 되곤 했다. 페르메이르는 작품이 32점밖에 되지 않고, 너무나 잘 알려져 있기 때문에 사실상 유통이 불가능하다. 따라서 페르메이르의 작품이 도난당하는 경우는 대부분 정치적인 목적을 가진 개인이나 테러리스트 집단에 의한 경우라고 할 수 있다. 그림을 훔친 범인들은 페르메이르의 작

10   John E. Conklin, *Art Crime*, Praeger, 1994, p.244-48, 250-53; Dario Gamboni, *The Destruction of Art: Iconoclasm and Vandalism Since the French Revolution*, Yale University Press, 1997, p.17-20.

품을 인질 삼아 난민 문제와 식량문제 해결, 국제 기아 구호 캠페인 전개 등을 주장하며 수감 중인 조직원과 예술 작품의 교환을 요구했다. 예술품은 훼손되어서는 안 된다는 전 세계적 공감대를 악용한 것이다. 앞서 언급했던 1911년 루브르 박물관에서 레오나르도 다빈치의 〈모나리자〉가 도난당한 것도 정치적인 이유에서였다. 범인으로 밝혀진 이탈리아 출신 전직 루브르 박물관 직원은 이탈리아에 조국의 작품을 돌려주고자 했다. 애국심의 발로였다. 그는 나폴레옹이 이탈리아 예술품들을 약탈해간 것을 복수하기 위한 것이라고 주장했다. 이절도범은 조국에서는 영웅이 되었고, 〈모나리자〉는 무사히 루브르로 돌아왔다.

예술품과 관련한 사기 행위로 보험금을 노리고 허위로 도난 신고를 하는 경우도 있다. 파산한 의사가 보험금을 노리고 작품을 도난당했다고 허위 신고한 경우도 있다. 이 의사는 1991년 자신이 소장하던 모네와 피카소 작품의 보험에 가입한 후 1년 후 도난당했다고 신고한 뒤 보험사를 상대로 보험금을 청구했다. 그러나 6년 뒤인 1997년 FBI는 오하이오 주 클리블랜드의 한 저장소에서 두 작품을 발견했다. 수사 결과, 두 작품은 의사의 친구가 그곳에 옮긴 것이었다. 결국 그 의사는 사기, 공모, 불법 자금 거래, 허위 진술 등 16개 혐의로 기소되었다.[11]

도난 예술품의 관리

'도난 예술품'의 정의를 넓혀 약탈, 골동품 또는 고미술품의 불법 반출과 불법적 거래를 포함하면 그 수치는 크게 증가할 것이다. 영국의 ALR은 전 세계적으로 도난을 당했거나 소재를 두고 논란이 이는 작품의 데이터베이스를 구축하고 있는데, 전 세계에서 도난당하거나 잃어버린 예술품과 골동품, 수집품을 즉시 등록하도록 함으로써 선의의 피해자를 막기 위해 노력하고 있다. 현재 약

11   U.S. v. Cooperman, 177 F.3d 981 (11th Cir. 1999).

30만 건이 ALR에 등록되어 있으며 연간 1만 건씩 증가하고 있다. 도난당한 후 등록하는 데 드는 비용은 무료이며, 대신 예술품을 되찾을 경우에 15~20퍼센트의 수수료를 낸다. 등록된 예술품은 비공개여서 공개 검색은 불가능하다. 현재 ALR은 분실 전 등록pre-loss 서비스도 제공하고 있다. 따라서 예술품을 매매할 때 구매자나 예술품 소장자는 ALR 서비스를 이용해 도품, 유실품 여부를 확인하는 것이 좋다.

국제형사경찰기구인 인터폴Interpol[12]의 미술 전담반 등도 도난 미술품 관련 데이터베이스를 구축하고 있다. 인터폴은 국제 상거래에 도품이나 위조품에 관한 정보를 제공하고 주요 도난 예술품들을 공개하고 있다. 인터폴은 국제조약에 의한 것이 아닌 임의 조직이기 때문에 강제수사권이나 체포권은 없지만 정보와 자료 교환, 수사 협력 등을 주된 임무로 한다. 미국 FBI 역시 도난 신고된 예술품들의 목록을 보유하고 있다. 미국에서는 2010년부터 국내 도품 파일 NSAF이라는 무료 인터넷 사이트를 개설해 국내외 도품 관련 정보를 제공하고 있다. 미국의 국제예술연구재단IFAR: the International Foundation for Art Research도 7만여 점 이상의 도난 미술품 데이터를 보유하고 있으며 도난 미술품 경고 서비스를 제공한다. 미국 내 160여 개 화랑들을 회원으로 하고 있는 아트딜러연합ADAA 역시 ALR을 능가하는 데이터베이스를 자랑한다. 뉴욕의 게티 연구소는 주로 16~20세기 초 거래된 개별 미술 작품들에 대한 정보를 제공하고 있으며 총 27만 개의 기록들을 갖고 있다. 최근에는 국제 예술 시장과 문화 예술 기관을 상대로 도품 및 약탈품에 대한 조사하고 데이터베이스화하는 서비스를 제공하는 회사도 생겨났다. 2013년 설립된 이탈리아의 Art Recovery International은 조사뿐 아니라 분쟁 해결과 반환 서비스를 제공하고, 2016년 설립된 ARTIVE라는 미국 비영리 회사는 이미지 인식 기술 등을 통해 과학적 조사를 바탕으로 데

---

12 프랑스 리용에 본부가 있는 국제적인 형사경찰의 협력 기관으로 국제범죄의 신속한 해결과 각국 경찰기관의 발전을 도모하기 위한 기술 협력을 목적으로 한다. 한국은 1964년에 가입했다.

이터베이스를 구축했다.

예술품 절도와 형사처분

예술품 절도와 관련된 자들은 형법상 절도죄, 장물죄와 은닉죄 등이 적용될 수 있다. 예술품을 훔치는 것은 절도 행위이므로 형법에 따라 형사처분을 받게 된다. 절도죄는 타인의 재물을 절취하는 것을 내용으로 하는 범죄다. 형법 제329조에 의하면 타인의 재물을 절취한 자는 6년 이하의 징역 또는 1,000만 원 이하의 벌금에 처한다. 절도죄의 기본적 구성요건인 형법 제329조에 의한 단순절도죄에 대해 세 가지 가중적 구성요건이 있다. 만일 야간에 사람의 주거, 간수하는 저택, 건조물이나 선박 또는 점유하는 방실에 침입하여 절도 행위를 한 경우에는 야간주거침입절도죄가 되어 10년 이하의 징역에 처한다.[13] 밤에 건물을 손괴하고 침입해 미술품 절도 행위를 저지르거나 흉기를 소지하거나 2명 이상이 함께 행위를 하게 되면 특수절도죄가 적용되어 10년 이하의 징역에 처하게 된다.[14] 야간주거침입절도죄와 특수절도죄가 불법이 가중되는 가중적 구성요건임에 비해, 상습절도죄(제332조)는 책임이 가중되는 경우다. 절도죄에 대해서는 이외에도 미수범을 처벌하며(제342조), 자격정지를 병과할 수 있고(제345조), 친족상도례가 적용된다(제344조).

절도죄의 보호법익은 소유권이다. 절도죄는 재물에 대한 실질적 경제적 가치를 보호하는 것이 아니라 그 재물에 대한 형식적 소유권을 보호법익으로 한다. 절도죄는 점유의 침해에 의해 소유권을 침해하는 범죄이지 소유권과 별도로 점유를 보호법익으로 하는 죄는 아니다. 절도죄의 보호법익은 소유권이므로 점유의 침해가 있어도 소유권을 침해하지 않으면 절도죄는 성립하지 않고, 절도

---

13 형법 제330조.
14 형법 제331조.

죄가 성립하기 위한 주관적 구성요건으로 고의 이외에 소유권을 영득하는 의사인 불법영득의 의사를 필요로 한다.[15] 형법에서 말하는 '재물'이란 일반적으로 민법상의 '물건'과 같은 의미로 이해된다. 형법상 '점유'란 사실상의 재물 지배를 의미하며 재물에 대한 물리적, 현실적 작용에 의해 인정되는 사실상의 순수한 지배 관계를 말하며, 순수한 사실상의 개념이라는 점에서 민법상의 점유와 구별된다.[16] 새로운 점유의 취득은 행위자가 재물에 대해 방해받지 않는 사실상의 지배를 갖는 것을 말한다. 피해자의 점유 배제로 행위자 측에 새로운 점유가 취득되어야 한다. 또한 새로운 점유는 반드시 행위자가 직접 취득할 것을 요하지 않으며 제삼자가 취득해도 좋다.[17]

장물죄는 장물을 취득·양도·운반·보관하거나 또는 이들 행위 알선을 내용으로 하는 범죄다. '취득'이란 장물을 유상 또는 무상으로 취득하는 것이며, '양도'는 장물을 취득한 자가 이것을 제삼자에게 유상·무상으로 수여하는 것이다. '운반'이란 장물의 소재를 유상 또는 무상으로 이전하는 것이며, '보관'이란 장물인 점을 알고서 위임을 받아 그것을 은닉하는 행위다. '알선'이란 장물의 매매와 같은 법률적 처분행위 또는 운반·보관처럼 사실상 처분을 매개 또는 주선하는 것을 말한다. 장물죄는 재산죄 가운데 재물만을 객체로 하는 재물죄다. 장물이라 함은 재산 범죄에 의해 불법하게 영득한, 즉 취득하여 제 것으로 만든 재물을 말한다.[18] 즉 재산죄 중의 영득죄(절도, 강도, 사기, 공갈, 횡령죄)에 의해 불법으로 영득한 재물을 말한다.[19] 절도한 예술품을 매수하게 되면 장물취득죄로 처벌받게 된다. 형법 제362조는 장물을 취득, 양도, 운반 또는 보관하거나 이를 알선한 자는 7년 이하의 징역 또는 1,500만 원 이하의 벌금에 처한

---

15   대법원 1977.6.7. 선고, 77도1069 판결.
16   형법상의 점유에 있어서는 간접점유(민법 제194조)나 상속으로 인한 점유의 이전(민법 제193조)이 인정되지 않고, 법인은 점유의 주체가 될 수 없지만, 민법상 점유를 가지지 않는 점유보조자(민법 제195조)도 형법상의 점유자가 된다는 점에서 민법상의 점유와 의미를 달리한다. 이재상, 앞의 책, 259쪽.
17   위의 책, 268쪽.
18   형법은 장물의 개념을 규정하지 않고 있다.
19   대법원 2004.12.9. 선고, 2004도5904 판결.

다고 규정하고 있다. 장물취득죄는 고의범으로 잘못의 정에 대한 인식이 있어야 한다. 작품이 장물이라는 확신이 없어도 장물일지도 모른다는 의심을 가지는 정도의 미필적 인식으로 충분하다. 다만 선의로 취득했다가 뒤늦게 그것이 장물임을 알았다면 장물죄가 성립되지 않는다.[20]

2003년 7월부터 발효된 문화재보호법에 따라 예술품이 장물이며 또 문화재인줄 알면서도 소장한 사람은 '은닉죄'로 처벌된다. 문화재보호법 제92조는 국가 지정문화재(중요무형문화재는 제외한다)를 손상, 절취 또는 은닉하거나 그 밖의 방법으로 그 효용을 해한 자는 3년 이상의 유기징역에 처한다고 규정한다. 국가 지정문화재 외의 지정문화재 또는 가지정문화재, 일반 동산 문화재를 손상, 절취 또는 은닉하거나 그 밖의 방법으로 효용을 해한 경우에는 2년 이상의 징역에 처한다.

장물은 영미법에서는 '도품', 독일 형법은 '타인이 절취하거나 타인의 재산에 대한 위법한 행위로 취득한 물건'이라고 규정하고 있다. 미국 연방도품법 NSPA: National Stolen Property Act of 1934은 장물이나 사기로 취득한 것을 알면서도 주 사이 또는 국제간 거래에서 5,000달러 이상의 물건, 도기, 상품, 증권 또는 통화를 운송하거나 이전하거나 보내는 자는 벌금 또는 10년 이하의 징역에 처한다고 규정한다.[21] 또한 5,000달러 이상의 가치를 가진 장물을 장물인지 알면서도 수령하거나 소지하거나 숨기거나 저장하거나 교환하거나 판매하는 자도 10년 이하의 징역 또는 벌금에 처할 수 있도록 되어 있다.[22] 연방도품법은 도난 또는 위법하게 횡령하거나 취득한 물품에 적용된다. 연방도품법상 '도품'이란 점유자의 의사에 반해 점유를 빼앗긴 물건을 말하며, '도난'의 개념은 굉장히 광범위하다. 미국 연방대법원은 도난이란 용어는 절도가 주 판례법상 절도죄에 해당하는지 여부에 상관없이 소유자로부터 소유에 대한 권리 및 혜택

20   대법원 1995.1.20. 선고, 94도1968 판결.
21   18 U.S.C. 2314 (2006).
22   18 U.S.C. 2315.

을 박탈할 의사를 갖고 행하는 모든 형태의 흉악한 취득 행위를 포함한다고 판시한 바 있다.[23] 또한, 사람 또는 단체에 속하는 물품을 그 사람이나 단체의 허락 없이 취득하는 경우의 그 물품은 '도난'된 물품에 해당한다고 본다.[24] 따라서 연방도품법상 재산 박탈의 유형에는 강제 취득과 허위표시에 의한 불법 취득, 사기에 의한 불법 취득, 사취에 의한 불법 취득, 적법하게 점유하는 자에 의한 횡령에 의한 불법 취득 등이 모두 해당한다.[25] 이때 피고가 자신이 적법한 소유자가 아니라는 사실을 알았다는 것이 증명되면, 검찰이 지는 입증 의무인 '합리적인 의심을 넘어선beyond reasonable doubt' 입증은 필요 없다.[26]

도품의 국제 거래

문화적 사물cultural objects에 대한 소유와 공급은 동시에 급속도로 증가하고 있다. 예술품이나 문화재에 대한 대중의 관심이 높아지고, 수집가들이 증가하면서 예술품·골동품과 같은 문화적 사물에 대한 수요도 증가하고 있으며 더불어 국제적 거래도 활발해지고 있다. 예술품의 도품 거래나 밀반출 문제는 국제적인 문제이자 국제법적 쟁점이다. 따라서 종종 예술품 절도에 대한 실체나 절차가 복잡하게 얽히게 된다. 도품에 대한 법은 비교적 명확하다. 모든 국가는 절도를 금지하고 처벌한다. 법원은 도난당한 문화적 사물의 소유권이 자국에 있든 외국에 있든 원소유주에게 돌려줄 것을 명령한다. 그러나 불법 반출 문제는 좀 복잡하다.

불법적인 국제 예술품 거래는 단순 도난, 불법 수출, 국가적 도난 등 세

---

23   U.S. v. Turley, 352 U.S. 407, 77 S. Ct. 397, 56 A.L.R.2d 1300 (1957).

24   U.S. v. Schultz, 333 F.3d 393, 399 (2d Cir. 2003).

25   U.S. v. McClintic, 570 F.2d 685, 689, 2 Fed. R. Evid. Serv. 903 (8th Cir. 1978); U.S. v. Portrait of Wally, a Painting By Egon Schiele, 2002 WL 553532 (S.D.N.Y. 2002).

26   U.S. v. Crawford, 239 F.3d 1086, 56 Fed. R Evd. Serv. 388 (9th Cir. 2001).

가지 유형으로 구분할 수 있다. 독일의 한 미술관이 소유하던 중요한 회화 작품을 도난당했는데 후에 동 작품이 영국의 한 개인 소장자에게서 발견됐다면 이는 '단순 절도' 사례다. 프랑스 법은 중요 예술품을 수출할 경우 정부에 공식 허가를 받을 것을 요구하고 있다. 예를 들어, 미국의 클리블랜드 미술관이 한 프랑스 수집가로부터 푸생poussin의 회화 작품을 취득했는데 이 작품이 프랑스 정부에 수출허가서를 요청하지 않은 채 미국으로 반출됐다면 이는 '불법 수출'로 간주된다. 과테말라 법은 콜럼버스 이전 시대 골동품은 국가 재산으로 보고 새로 발견되었을 경우 정부에 신고하고 골동품 부서에 넘겨야 한다고 명시하고 있다. 과테말라의 한 딜러가 도로 공사중 인부가 발견한 초기 과테말라 유물을 미국 캘리포니아의 개인 수집가에게 팔았다면 이는 '국가적 절도' 사례로 규정된다.[27] 예술품의 국제 거래로 인해 발생한 몇 가지 사례들을 보자.

바이마르 미술관 대 엘리코폰[28]

이 사건은 알브레히트 뒤러가 1499년 완성한 두 점의 초상화 〈한스 투허와 그의 아내 펠리치타스 투허의 초상Portraints of Hans Tucher and Felicitas Tucher〉에 대한 독일 정부와 미국인 사이의 소유권 분쟁이다. 이 작품들은 원래 튀링겐주 바이마르 미술관Kunstsammlungen zu Weimar이 소장하고 있었으나 연합군의 공습을 피해 한 고성으로 옮긴 것인데 종전 후인 1945년에 미군이 철수하면서 도난당한 것이다. 이 사건의 피고인 엘리코폰은 이 작품의 취득자다. 원고가 이 작품의 소재를 알게 된 것은 1966년 뉴스 보도를 통해서다. 이와 관련한 반환 문제를 다룬 바이마르 미술관 대 엘리코폰Kunstsammlungen zu Weimar v. Elicofon 사건은 소유권이 누구에게 있는가를 판단하는 것이 핵심 쟁점이었으며, 결론적

---

27 Merryman, "The Refrigerator of Bernard Buffet," p.142.
28 Kunstsammlungen zu Weimar v. Elicofon, 536 F. Supp. 813 (E.D.N.Y. 1978), 678 F.2d 1150 (2d Cir. 1982).

으로 미국 법원은 바이마르 미술관의 소유권을 인정했다. 이 소송은 19세기 독일 왕조법, 현대 독일 재산법, 독일군 점령기의 동맹군법, 뉴욕 주법, 그리고 국제법상 주권과 승계취득의 개념 등이 복잡하게 얽혀 있었다. 사건의 쟁점은 크게 세 가지였다. 첫째, 동독 정부는 소송 자격이 있는가. 둘째, 뒤러의 그림이 도난당한 1945년 당시 그림의 소유주는 누구인가. (나중에 개인 소유권을 주장하며 소송에 참여한) 작센-바이마르 공작 부인인가, 바이마르 미술관인가. 셋째, 소송이 제기된 시점에 뒤러 작품의 소유권은 누구에게 있는가. 엘리코폰은 원소유주의 손해를 바탕으로 적법하게 소유권을 취득했는가. 그렇다면 그 시점은 구입 당시인가, 아니면 1946년부터 1966년까지 20년 동안 연속적 점유를 한 후인가.

먼저 이 작품의 소장 이력과 정치적 배경을 간략히 살펴볼 필요가 있다. 문제의 뒤러 작품들은 작센-바이마르-아이제나흐 대공의 개인 소장품이었다. 그러나 1927년 부인인 작센-바이마르 공작부인은 대공이 사망한 후 소장품들을 튀링겐 주, 즉 국가에 귀속시키기로 합의했다. 이후 튀링겐 주는 바이마르의 영토를 승계했다. 1933년, 히틀러는 권력을 이양받았고, 1943년까지 뒤러의 작품은 국립 바이마르 미술관에 전시되어 있었다. 그러던 중 독일 정부는 연합군 폭격으로부터 작품을 보호하기 위해 슈바르츠부르크 성으로 옮겼다. 1945년, 히틀러 정권이 무너지고 연합군이 독일을 분할 통치했는데, 튀링겐 주는 소비에트 영역으로 편입되었다. 그 즈음 슈바르츠부르크 성에 소재하던 뒤러의 두 작품이 도난당한 것이다. 독일 정부는 연합군 소속 군인의 소행으로 추정하고 있었다. 1946년 이 사건의 피고인 에드워드 엘리코폰Edward I. Elicofon은 도품이라는 사실, 심지어 뒤러의 작품이라는 사실을 알지 못한 채 독일에서 돌아온 한 군인으로부터 450달러에 이 작품들을 구입했다. 이 군인은 작품을 독일에서 구입했다고만 했으며, 작품에는 뒤러의 사인도 없었다.

1949년 프랑스, 영국, 미국 주둔 지역에는 독일연방공화국(서독)이, 소비에트 주둔 지역에는 독일민주공화국(동독)이 각각 들어섰다. 그 후 시간이 흘렀다. 1966년에서야 엘리코폰은 분실 예술품 관련 책을 보던 지인을 통해 자신이 구입한 것이 뒤러의 작품이라는 사실을 알게 되었고, 이는 뉴스에 크게 보도되었다. 같은 해 서독 정부, 작센-바이마르 공작 부인, 바이마르 미술관은 엘리코폰에게 작품의 반환을 요구했으나 거절당했다. 그러자 1969년 1월, 서독 정부는 뉴욕 법원에 엘리코폰을 상대로 반환 소송을 제기했다.

당시 동독 정부의 국가기관이었던 바이마르 미술관은 엘리코폰이 점유하고 있는 뒤러의 작품은 1945년에 바이마르 미술관이 도난당한 것으로 절도범으로부터 구입한 도품에 대해서는 소유권을 주장할 수 없으므로 소유권이 자신들에게 있다고 주장했다. 작센-바이마르 공작 부인의 주장에 대해서는 뒤러의 작품들은 합의에 의해 공공 미술품이 되었으므로 소유권은 동독 정부, 즉 바이마르 미술관에 있다고 주장했다. 한편, 엘리코폰은 선의로 구입했으며 20년 동안 연속적으로 점유하고 있었으므로 소유권은 자신에게 있다고 주장했다. 결론적으로, 1981년 뉴욕동부지방법원은 뒤러 작품이 1945년 7월에 도난당한 것임을 확인하고 바이마르 미술관의 소유권을 인정, 엘리코폰에게 작품을 반환하라고 명령했다. 1982년 항소법원도 바이마르 미술관이 작품에 대한 소유권을 가지며, 엘리코폰은 바이마르 미술관에 작품을 반환할 것을 확인했다.

쟁점 1 바이마르 미술관, 즉 동독 정부는 소송 자격이 있는가.

바이마르 미술관을 국가 산하에 두고 있는 동독 정부의 소송 자격이 쟁점이었다. 서독 측은 작품이 국립 바이마르 미술관의 소유였으며, 1945년에 바이마르 주둔 지역의 미군이 철수할 때 절취한 것이라고 주장했다. 또한, 1950년 9월 연합국의 합동 선언에 의하면 서독은 독일 국민을 대표하는 유일한 정부이므로 서독이 작품의 관리 및 소유권을 갖고 있다고 주장했다. 1972년 뉴욕동부지방법원 판사는 바이마르 미술관은 동독의 대리인인데, 당시 동독은 미국으로부터 국가로 승인되지 않았기 때문에 원고 부적격을 이유로 소를 기각했다. 그러나 2년 뒤인 1974년 9월 4일 동독이 미국으로부터 독립국가로 승인받자, 1975년 동 법원은 1972년 결정을 철회하고 서독의 소송 취하를 승인하며 바이마르 미술관의 소송을 재개했다. 1981년 뉴욕동부지방법원은 바이마르 미술관은 동독 정부를 대표해 소를 제기할 수 있는 법적 자격을 갖춘 법인임을 재확인하고, 동독 정부에게 튀링겐 지방과 제3제국의 소유권 계승 자격이 있음을 인정했다.

　　쟁점 2 도난 당시 당해 작품의 소유주는 누구인가. 공작 부인인가, 바이마르 미술관인가.

　　회화의 소유권을 주장하는 원고는 둘이었다. 하나는 작센-바이마르 공작 부인과 바이마르 미술관이었다. 1969년 1월 27일 서독은 미국인 엘리코폰을 상대로 작품 반환 소송을 뉴욕 법원에 제기했다. 서독 정부는 작품이 국립 바이마르 미술관의 소유로 되어 있었으나 1945년 바이마르 주둔 지역의 미군이 철수할 때 슈바츠부르크 성에서 미군에 의해 절취되었기 때문에 도난당한 국가 소유 공공 미술품의 반환을 주장했다. 또한, 1950년 9월 19일 연합국의 합동 선언에 의하면 서독은 독일 국민을 대표하는 유일한 국가이므로 서독이 작품의 관리권과 소유권을 보유한다고 주장했다. 그런데 작센-바이마르 공작 부인이 나서 동 작품이 남편으로부터 상속받은 자신의 것이라며 개인 소유권을 주장한 것이다.

　　우선, 19세기와 20세기 초 독일왕조법에 따르면 국가원수인 왕족(대공, 공주 등을 포함)이 자신들의 권위 내에서 소유한 재산은 사적으로 소유한 재산과 구분된다. 국가원수로서 또는 왕족으로서 소유한 재산은 다른 개인 재산과 달리 의회의 명시적 승인 없이는 처분할 수 없다. 원고인 서독 정부는 문제의 두 초상화를 포함한 왕조의 재산은 개인 재산이 아니라 왕족의 재산이었으며, 따라서 서독 정부에 귀속되었다고 주장한다. 한편, 동독 정부를 대변하는 바이마르 미술관 측에 의하면 '1921년 합의'와 '1927년 합의'에 의해 대공은 자신이 사적으로 소유하던 예술 소장품들에 대한 권리를 공공 기관과 미술관 등에 양도하고 대신 자신과 후손들은 이에 대한 보상을 받기로 했기 때문에 동독 정부에 귀속되었다고 주장했다.

이 쟁점에 대해 1978년 뉴욕동부지방법원은 작센-바이마르 공작 부인에게 소유권이 없다며 소를 각하했다. 1921년 작센-바이마르-아이제나흐 대공과 바이마르 영지 사이에 맺은 합의와 1927년 바이마르 영지를 계승한 튀링겐 영지와의 합의 시점부터는 국가 소유물로 인정한 것이다. 법원은 이 분쟁을 도난당하기 직전 동 작품의 마지막 소유권을 갖고 있던 바이마르 미술관과 현재 소유권을 갖고 있는 뉴욕 거주 미국인 엘리코폰 간의 다툼으로 규정했다.

쟁점 3 피고 엘리코폰은 적법하게 작품을 구매했는가. 엘리코폰에 소유권이 있다면 소유권의 취득 시점은 구입 당시인가, 1946년부터 1966년까지 20년 동안 연속적으로 점유를 한 뒤인가.

바이마르 미술관은 엘리코폰은 1945년 절취된 뒤러 작품들의 절도범이나 장물 중개인으로부터 구매한 것이므로 작품에 대한 권리가 없으며, 따라서 바이마르 미술관이 동 작품에 대한 즉각적인 소유를 갖는다고 주장했다. 이에 대해 엘리코폰은 1946년 독일에서 사온 그림이라며 구매를 제의한 한 전직 미군으로부터 450달러에 선의로 구입한 후, 제2차 세계대전 동안 도난당한 작품이라는 사실을 알게 된 1966년까지 계속해서 점유해왔다는 사실을 근거로 소유권을 주장했다. 강탈된 물품이라도 10년간 소유권 분쟁 없이 점유하고 있으면 선의의 구매자가 소유권을 취득할 수 있다는 독일의 취득시효 원칙을 근거로 한 것이다. 그러나 법원은 뉴욕의 경계 안에서 사유재산의 이전을 규제하는 원칙(30년간)이 동독 정부가 국경 밖의 매매에 대해서 취득시효 원칙을 적용하는 것보다 중요하다고 보았다. 뉴욕 주법에 따르면 구매자는 절도범으로부터 유효한 권원을 취득할 수 없다. 또한 뉴욕의 시효를 규정하는 '요구와 거절 원칙 demand and refusal rule'에 따라 도품의 선의취득자는 원소유주의 반환 요구를 거절한 순간부터 시효가 시작된다.

결론적으로 이 사건은 뉴욕 재산법에 따라 바이마르 미술관에 소유권이 넘어갔다. 판례법 국가의 재산법 기본 원칙은 A가 소유한 물품을 B가 훔치고, C는 이 사실을 모른 채 구매한 경우, A는 C로부터 도품을 반환받을 수 있으며, C는 B를 상대로 손해배상 청구 소송을 할 수 있다. 선의취득자에게 불리하다고 볼 수 있다. 반면, 유럽과 남미, 아시아, 아프리카 등을 비롯한 대륙법 국가들은 원소유주보다 선의취득자에게 우호적인 편이다. 엘리코폰의 두 번째 주장은 절도죄에 대한 3년의 공소시효(N.Y.C.P.L.R. §214)가 지났다는 것이었다. 이에 대해 법원은 뉴욕 법에 의거, 바이마르 미술관이 소를 제기할 수 있는 자격은 도난당한 사실과 도품의 소재를 파악한 1966년부터 시작된다고 보았다. 설사 엘리코폰의 주장대로 시효가 1946년부터 시작된다고 보더라도 뉴욕의 법적 '비인정'의 대가에 따라, 즉 미국이 1974년까지는 동독 정부를 인정하지 않았기 때문에 시효가 연장된다고 법원은 설시했다. 뉴욕 법원은 최종적으로 동독 측, 즉 바이마르 미술관의 손을 들어 주었다. 법원은 뒤러 작품이 1945년 7월 12일과 19일 사이에 도난당한 사실을 인정하고, 엘리코폰에게 작품 반환을 명령했다. 항소심도 원심을 확정했다.

이탈리아 국왕 대 메디치 사건

한 국가는 원칙적으로 다른 국가에서 주권을 행사할 수 없다.[29] 그러나 개인의 재산을 강제 몰수한 것이 아니라면, 국가 재산이나 유산에 대해서는 주권을 행사할 수 있다.[30] 이탈리아 정부와 이탈리아 국왕이 공동 원고인 이탈리아 국왕 대 메디치King of Italy v. De Medici 사건에서, 원고는 메디치 가문의 아카이브로 알려진 원고, 서찰, 기록, 서적과 기타 사료들에 대해 제삼자를 통한 매각이나 처분을 포함해 피고가 매각이나 처분을 할 수 없도록 하는 금지명령을 영

---

29 Government of India v. Taylor, [1955] AC 491.
30 King of Italy v. De Medici, 34 T.I.R. 623 (CH. 1918).

국 법원에 요청했다. 원고 측은 이 사료들이 역사적 고고학적 가치가 있는 중요한 문서이며 국가의 재산이라고 주장했다. 이탈리아 법에 따르면 허가 없이 당해 문서들을 해외로 반출하는 것은 불법이며, 허가를 하더라도 막대한 수출 관세를 물어야 한다. 또한 국가는 이런 사료들에 대한 선매권을 갖고 있다. 이를 반박하는 피고 측 논리는 "한 나라에서의 잘못이 다른 나라에서의 잘못으로 되지는 않는다"는 것이었다. 즉 이탈리아에서 죄가 된다고 해서 다른 나라에서도 죄가 되는 것은 아니라는 것이다. 또한 정부의 선매권도 영국 법상으로는 존재하지 않으며 영국 내에서는 적용되지 않는다고 반박했다. 이에 대해 영국 법원은 그 밖의 역사적인 가치가 있는 사료들을 제외하고 국가 소유의 문서들에 대해서만 금지명령을 내렸다.

이 판례의 원칙은 분명해 보인다. 국제법상 '독립성과 평등성의 원칙'에 따라 한 국가의 법원은 다른 국가의 수출 통제를 집행할 의무가 없다는 것이다.[31] 미국 법원은 엘리코폰 사례에서처럼 도품의 경우 선의 구매자는 아무런 보상 없이 원소유주에게 예술품을 반환하도록 했다. 그러나 불법 수출의 경우는 다른 입장을 취한다. 즉 "예술품이 불법으로 수출됐다는 사실 자체만으로 미국으로의 합법적인 수입을 금지하는 것은 아니다. 불법 수출 자체만으로 미국 법원이 수입자에게 책임을 물을 수는 없다. 예술품의 소유는 단지 다른 나라로부터 불법적으로 수출됐다는 이유만으로 미국 내에서 합법적으로 소유하는 것이 불가능하지 않다"는 것이다.[32]

---

31   Merryman, "The Refrigerator of Bernard Buffet," comt. 3.
32   Paul M. Bator, "An Essay on the International Trade in Art," *Standford Law Review*, Vol.34, No.2, 1982.

도품의 선의취득과 시효취득

선의취득

현 소유자가 절도범이거나 구매 당시 장물임을 알았다면 작품의 소유권은 당연히 원소유자에게 돌아갈 것이다. 그러나 예술품 도난 사건의 경우 절도범들은 대개 제삼자에게 매도하기 때문에 법적 관계가 복잡해진다. 따라서 법원은 이론상으로는 모두 선의의 당사자인 원소유자와 장물인지 알지 못한 채 선의로 취득한 현 소유자 가운데 한쪽 손을 들어 주어야 한다. 예를 들어보자. 예술품을 훔친 도둑이 이 도난 예술품을 장물임을 아는 중개인에게 팔았다. 이 중개인은 장물 또는 도품이라는 사실을 숨기고 제3의 구매자에게 팔았다. 나중에 이 예술품의 원소유권자가 자신의 예술품이 이 제3의 구매자에게 있다는 사실을 알고, 제3의 구매자에게 예술품의 반환을 요청한다면 이 예술품의 소유권은 최종적으로 누구에게 귀속될까.

대부분의 유럽 국가를 포함한 성문법 국가들은 선의취득 제도를 인정하고 있다. 국가에 따라 일정 시간이 흐른 후에 선의취득이 인정되는 경우가 있고, 즉각 인정받는 경우도 있다. 한국과 달리 일본은 도품, 유실물 및 점유 이탈물에 대해서는 선의취득을 인정하지 않는다. 미국도 마찬가지로 도품에 대해서는 선의취득을 인정하지 않는다. 한국은 원칙적으로 도품에 대해서도 선의취득을 인정하고 있다. 어떤 동산을 점유하는 자를 권리자로 믿고 평온·공연하게 선의·무과실로 그 동산을 취득한 경우에 양도인이 정당한 권리자가 아니더라도 양수인은 그 동산에 관한 권리를 취득할 수 있다.[33] 이 때 양도인은 점유자이지만 무권리자여야 한다. 이처럼 양도인의 점유라는 공시 방법을 신뢰한 양수인을 보호하는 것이 선의취득 제도다.

선의취득 제도는 동산을 점유하는 자의 권리외관을 중시하여 이를 신뢰한

---

[33] 민법 제249조.

자의 소유권 취득을 인정하고 진정한 소유자의 추급을 방지함으로써 거래의 안전을 확보하기 위해 법이 마련한 제도다.[34] 선의취득 요건이 갖추어지면 소유권은 양수인에게 귀속된다.[35] 따라서 위의 예시처럼 제3의 구매자가 선의와 무과실로 예술품을 취득해 선의취득의 요건을 갖추었다면 소유권은 제3의 구매자에게 귀속된다.

멘첼 대 리스트Menzel v. List 사례 특히 그림의 소유자가 제3의 선의취득자인 경우에는 문제가 복잡해진다. 예술품이 약탈품이라고 해도 개인이 이 사실을 모른 채 취득했기 때문에 선의취득 규정[36]에 따라 정당한 소유권을 갖기 때문이다. 정당한 소유권을 갖고 있는 사람에게 뒤늦게 약탈품이기 때문에 자신의 소유권이 합법적으로 종료되지 않았으니 돌려달라고 하는 경우 법원은 어떤 판단을 내릴까. 법원은 약탈이나 압수의 정당성을 살펴봐야 할 것이다. 대표적인 사건은 샤갈의 작품 〈농부와 사다리Le Paysan à L'echelle〉를 놓고 벌어진 원소유자 멘첼과 현 소유자 리스트[37] 간의 분쟁이다. 이 사건의 원고인 에르나 멘첼Erna Menzel은 남편과 함께 벨기에의 한 경매장에서 샤갈의 회화 작품 〈농부와 사다리〉를 구입했다. 1941년 독일군이 침입하자 멘첼 부부는 그림을 아파트에 둔 채 미국으로 도피했다. 이후 전리품을 수집하던 나치의 로젠베르크 특수부대 ERR: Einsatzstab Reichsleiter Rosenberg는 이 그림을 몰수했다. 1955년 뉴욕의 펄스 갤러리는 파리의 모던 아트 갤러리Galerie Art Moderne에서 이 그림을 구입한 뒤, 현 소유주인 앨버트 리스트Albert List에게 매도했다. 이 사건의 피고인 리스트는 자신이 그림을 구입한 뉴욕의 펄스 갤러리 소유주인 펄스 부부를 제3피고인으

<hr>

34   대법원 1998.6.12. 선고, 98다6800 판결.
35   대법원 1991.3.22. 선고, 91다770 판결.
36   민법 제249조는 평온·공연하게 동산을 양수한 자가 선의이며 과실 없이 그 동산을 점유한 경우에는 양도인이 정당한 소유자가 아닌 때에도 즉시 그 동산의 소유권을 취득한다고 선의취득을 규정한다. 다만 문화재인 경우에는 선의취득이 인정되지 않는다(문화재보호법 제87조 제4항).
37   49 Misc. 2d 300, 267 N.Y.S.2d 804 (N.Y. Sup. Ct. 1966).

로 참여시켰다. 먼저 각 소송 당사자의 입장과 배심원 평결은 다음과 같다.

원고(멘첼)의 주장:

1932년 브뤼셀의 조르주 기루 갤러리를 통해 발터 슈바르젠베르크의 소장
품이었던 그림을 150달러에 구매한 이래로 샤갈의 작품 〈농부와 사다리〉
를 소유해왔으며, 1941년 3월 31일경 나치의 로젠베르크 특수부대가 그림
을 불법적으로 절취해갔다. 1962년 11월, 그림을 발견한 후 반환 요청과
거절이 있었다. 압류 동산 회복 소송 형식에 입각해 피고 리스트는 그림을
반환하거나 그림의 가치에 해당하는 금액을 지불해야 한다.

피고(리스트)의 주장:

1955년 10월 14일, 뉴욕의 펄스 갤러리에서 4,000달러를 주고 구입했으며
그림의 이름은 〈농부와 사다리〉가 아니라 〈야곱의 사다리〉였고, 펄스 갤러
리는 그림의 소유권이 적법하고 이를 팔 수 있는 권한이 있음을 보증했다.

제3피고인(펄스)의 주장:

1955년 7월, 파리의 현대미술 갤러리에서 2,800프랑을 주고 구입했다. 구
입 당시 그림의 행적에 대해서는 알지 못했다. 현대미술 갤러리는 파리에서
명성이 높은 갤러리로, 그림을 매매할 때 갤러리 간의 거래 관습에 의거, 묵
시적으로 소유권을 보증한다.

배심원의 평결:

소유권은 멘첼 부인에 있으며, 리스트는 그림을 반환하거나 배심원이 정한
액수인 2만 2,500달러의 보상금을 주어야 한다. 한편, 리스트는 그림을 반
환하되 펄스 갤러리에서 2만 2,500달러를 배상받아야 한다.

법원:

배심원단은 원고가 그림의 유일하고 정당한 소유주임을 확인했다. 법정에서 확인된 바 원고 멘첼은 그림을 포기한 적이 없으며 단지 나치에게 약탈당했을 뿐이었다. 법은 악의 선행에 맞서 정당한 소유자들의 노동의 과실을 보고하는 성채 역할을 하고 있다. 평결을 물리치려 한 시도는 모든 지점에서 기각된다. 선고는 그대로 시행될 것이다.

법정에서 다뤄진 쟁점은 크게 다섯 가지였다. 첫째 미국 뉴욕 주와 벨기에의 시효가 지났는가, 둘째 벨기에로 피난을 갈 때 원고는 자택의 재산을 모두 포기했는가, 셋째 그림이 점령국의 손에 넘어갔을 때, 소유권도 전쟁을 일으킨 국가에 넘어가는가, 넷째 그림은 전쟁 당사국인 독일의 합법적인 징발인가, 끝으로 피고는 그림의 선의취득자인가다.

먼저 첫 번째 쟁점에 대해 법원은 시효에 관한 요구와 거절 원칙에 따라 "멘첼 부인의 반환 청구권 시효는 선의취득자가 원소유자의 반환 요구를 거절한 시점, 즉 리스트가 멘첼의 반환 요구를 거절한 시점부터 시작된다"고 판시했다. 시효는 요구와 거절 원칙에 따라 현소유자의 취득일이나 작품이 도난당한 날이 아니라 현 소유자가 원소유자의 반환 요구를 거절한 시점에 시작된다는 것이다.

두 번째 쟁점인 "원고가 벨기에를 떠날 때 아파트의 모든 것을 두고 갔다는 것은 포기한 것으로 보아야 하는가"에 대해서 법원은 '포기'란 되찾으려는 의도가 없이 자발적으로 알려진 권리를 단념하는 것이라는 정의[38]를 인용했다. 이 사건에서 멘첼 부부가 샤갈의 작품을 포함해 자신의 사유물을 포기했던 이유는 생명을 지키려고 도망치기 위해서였다. 법원은 "따라서 불법적으로 강탈

---

38   Collac c. Etat Serbe-Croate-Slovene, IX Recueil des Decisions des Tribunaux Arbitraux Mixtes, 195(Tribunal Arbitral Mixte Hungaro-Serbe-Croate-Slovene, 15 Mai 1929).

당한 물건을 포기하는 것과 마찬가지로 자발적인 것이 아니었고, 그림을 찾고
자 지속적으로 노력했던 점으로 보아 포기 행위라 볼 수 없다……. 원고는 그
림을 버린 적이 없으며 피난 동안 나치가 약탈한 것이며, 따라서 한 번도 소유
권이 정당하게 이전되지 않았다……. 그 그림을 처음 취득한 나치는 도둑이며,
도둑은 진정한 소유자의 이익에 반하는 어떤 권리도 양도할 수 없다"고 판시했
다(나머지 셋째와 넷째, 다섯 번째의 쟁점은 뒤에서 다룰 국제법상 '국가 행위론'과 관련
되어 있다).

시효취득

도품이라도 시효가 완료되면 취득할 수 있다. 한국 민법에서 시효로서 소
유권을 취득하기 위해서는 ①소유의 의사로써 점유하고 있을 것, ②그 점유가
평온·공연하게 행해졌을 것, ③일정한 기간 계속할 것 등을 요건으로 한다. 시
효기간은 예술품과 같은 동산일 때에는 점유가 선의·무과실일 경우에는 5년,
그러하지 않을 경우에는 10년이다.[39] 동산 소유권의 시효취득은 동산 소유권의
선의취득과 비슷하다. 그러나 시효취득은 기간의 경과를 요소로 하는 데 대하
여, 선의취득은 기간을 요소로 하지 않는다. 또한 시효취득은 점유 취득의 원인
을 가리지 않으나 선의취득은 거래 행위로 목적물을 승계 취득한 경우에 한해
인정된다는 점이 다르다.

다음의 시효취득 사례를 살펴보자. 1978년 전남 순천의 선암사가 도난당
한, 부처의 33제자를 그린 열한 폭 〈삼십삼조사도〉 중 세 폭이 2006년 2월 '서울
옥션 100회 기념 경매'에 출품되면서 28년 만에 세상에 나왔다. 경찰은 1987년
골동품상으로부터 구입해 당시까지 이 유물을 소장하고 있던 제약회사 대표에
게 당해 문화재가 장물임을 통보했다. 그러나 이 소유주가 자진 반납을 하지

---

39 민법 제246조.

않자 경찰은 강제 회수에 나섰다. 이 작품들은 시가 15억~45억 원에 달하던 것으로 지정문화재로 등록돼 있지는 않지만 문화재적 가치가 높은 작품이다. 도난 문화재를 알고도 신고하지 않으면 문화재보호법 제84조에 의해 은닉죄로 처벌받을 수 있다. 그렇지만 다음 해 재판에서 이 제약회사 대표 A는 무혐의 처분을 받고, 불교계와의 소유권 소송에서도 승소했다. A는 〈삼십삼조사도〉 세 폭을 1987년 서울 답십리의 한 골동품점에서 4,500만 원을 주고 구입했다고 한다. 법원은 "피고가 1989년 〈삼십삼조사도〉의 표구를 완료하고, 2006년 경찰이 압수할 때까지 사무실에 보관해왔기 때문에 소유의 의사로 평온·공연하게 점유해온 것으로 추정된다. 특별한 사정이 없는 한 A씨는 10년이 지난 1999년 이 그림을 시효취득했다고 할 수 있다"고 판시했다.[40]

그렇다면 소멸시효는 언제 시작될까. 물건이 도난당했을 때 시작될까, 원소유자가 도품의 소재를 파악하게 되었을 때일까, 아니면 원소유자가 점유자에게 물건의 반환을 요청했다가 거절당했을 때일까. 언제 소멸시효가 시작되는지를 결정하기 위해 다양한 접근법들이 적용되어왔다. 특히 미국에서는 원소유자에게 공정한 기회를 주기 위해 소멸시효의 시작을 지연시키는 특별한 원칙들이 발달되었다. 뉴욕이나 캘리포니아 주처럼 예술품의 거래가 많은 지역에서는 '발견 원칙'이나 '요구와 거절 원칙'을 적용한다.[41]

발견 원칙constructive discovery rule은 원소유자나 사법 당국이 작품의 소재를 파악했거나 혹은 파악했어야 하는 순간부터 시효가 시작된다. 1976년 배리 스나이더는 프린스턴 갤러리에서 조지아 오키프의 작품 몇 점을 전시했다. 그러자 오키프 측은 스나이더가 전시한 작품들이 오키프의 남편이자 사진작가인 앨프리드 스티글리츠가 운영하던 뉴욕 갤러리에서 도난당한 작품들이라고 주장했다. 스나이더는 울리치 프랭크Ulrich Frank로부터 동 작품들을 구입했는데, 프

---

40   서울서부지방법원 2007.6.22. 선고, 2006가합4724 판결.

41   Bresler and Lerner, *Art Law: the Guide for Collectors, Investors, Dealers, & Artists*, p.269.

랭크는 스티글리츠가 치료의 대가로 자신의 의사 아버지에게 준 것이라고 주장했다. 스나이더는 결국 도난당했다는 오키프 측의 주장은 인정했지만 점유 취득시효adverse possession를 통해 유효한 소유권을 갖게 됐으며, 민사소송의 시효도 지났다고 주장했다. 점유 취득시효란 무권리자가 일정 기간의 점유를 통해 재산을 취득하게 되는 미국 민법상 제도다. 이에 대해 1심 법원은 시효는 작품이 도난당한 시점부터 시작되므로 시효가 지났다고 판결했다. 그러나 항소법원은 점유 취득시효는 (부동산이 아닌) 개인 재산에는 적용할 수 없다며 대신 발견 시의 기준discovery rule, 즉 자산을 회복코자 하는 당사자가 해당 재산이 소재하는 곳을 발견할 때 시작된다고 판시했다.[42] 당사자가 도난당한 물건을 찾기 위해 적절한 노력을 하고 있는 한 시효는 중단된다는 것이다. 그렇지만 실질적으로 발견의 원칙을 적용하기 위해서는 원소유자도 작품을 찾기 위한 상당한 노력을 해야 한다.

전 세계 예술품 시장의 중심지이자 예술품 도난 사건이 빈번하게 발생하는 뉴욕 주의 경우, 원소유자가 반환을 요구했으나 현 소유자가 거절할 경우에 시효가 시작된다. 이것을 요구와 거절 원칙이라고 한다. 반환을 요구하는 원소유자는 예술품을 찾기 위해 적절한 노력을 했는지 여부를 입증할 필요가 없다. 요구와 거절 원칙이 처음 제시된 것은 앞에서 다뤘던 샤갈 작품 반환 소송인 멘첼 대 리스트 사건에서다. 1962년 원고이자 원소유주인 멘첼 부인은 잃어버린 그림의 행방을 알게 되었을 때, 리스트에게 소유권을 주장하며 작품 반환을 요구했다.

피고이자 현 소유자인 리스트는 자신은 그 작품을 선의로 구매했으며 이전의 소장 이력에 대해서는 알지 못했다며 요구를 거절했다. 이에 멘첼 부인은 리스트를 상대로 동산 점유 회복 소송을 제기했다. 리스트는 원고의 청구에 대해 이미 시효가 소멸됐다고 항변했다. 원고의 반환 청구에 대한 시효는 나치가

---

[42] O' Keeffe v. Snyder, 405 A.2d 840 (N.J. Super. Ct. App. Div. 1979), rev'd, 416 A.2d 862 (N.J. 1980). Settled in 1980.

작품을 몰수할 때부터, 혹은 1955년 펄스 부부가 파리에서 선의로 작품을 구입할 당시 시작됐으므로 이미 시효가 소멸되었다는 주장이다. 그러나 법원은 리스트의 항변을 배척하고, 멘첼 부인의 반환 청구권 시효는 선의취득자가 원소유자의 반환 요구를 거절한 시점부터 시작된다고 판시했다.[43] 동산 점유 회복 소송에서 적법하게 동산을 취득한 사람에 대한 소송의 사유는 훔치거나 빼앗는 것이 아니라 동산 반환이나 요청을 거부한 것에 대해 제기된다는 논리다.[44]

이후 또 한 점의 샤갈 작품이 이 요구와 거절 원칙을 구체화하는 데 일조했다. 뉴욕의 구겐하임 미술관을 운영하는 솔로몬 R.구겐하임 재단은 20년 전 도난당한 샤갈의 구아슈 습작 한 점을 되찾기 위해 소송을 제기했다. 피고 측인 소장자 러벨Lubell은 그 작품이 도품이라는 사실을 모른 채 구매했다. 당시 러벨은 작품의 출처 조사는 하지 않았지만 진위 여부를 확인하기 위한 여러 가지 노력을 했다. 하급법원은 시효 만료를 인정해 러벨의 약식 기각 명령 신청motion for summary judgment을 받아들였다. 구겐하임 재단 측이 당해 작품을 도난당했을 당시 신고를 하지 않았으며 작품을 찾기 위한 적절한 노력을 취하지도 않았다는 이유였다. 상급심도 작품의 소재 파악을 위한 미술관의 노력 여부는 공소시효가 아니라 권리 행사 시 해태, 지체와 관련한 사실관계라면서, 공소시효는 작품의 소재가 파악된 후 원 소유자가 반환을 요구했으나 현 소유자가 거절한 경우에 시작된다고 요구와 거절 원칙에 따라 항소심의 결정을 확정했다.[45] 해태는 원고가 자신의 권리를 주장하는 데 있어 피고를 불리하게 할 만한 편견을 줄 비합리적인 지체의 책임 여부를 묻는 것이다. 이 같은 원칙들은 두 명의 선의의 피해자 사이에서 벌어지는 예술품 반환 소송에서 선의취득자의 이익과 잃어버린 예술품을 되찾기 위한 원소유자의 이익 균형을 맞추기 위한 것이다.

43   22 A.D.2d 647, 253 N.Y.S.2d 43 (1st Dep't 1964), on remand, 49 Misc.2d 300, 267 N.Y.S.2d 804 (Sup. Ct. 1966).
44   Cohen v. Keizer, Inc., 246 App. Div. 277 (1st Dept., 1936) 판결을 인용했다.
45   Guggenheim Found. v. Lubell, 153 A.D.2d 143 (N.Y. App. Div. 1990), aff'd, 77 N.Y.2d 311 (1991).

소송 주체와 준거법 선택의 문제

국립 박물관 또는 미술관은 소송의 주체가 될 수 있다. 따라서 지방자치 단체가 설립한 공립 박물관 또는 미술관도 직접 소송 주체가 될 수 있다. 그렇지만 아직 국가 승인을 받지 못한 지역의 단체나 기관이 제기한 소송에 대해서는 당사자 능력을 인정할 수 없어서 각하될 것이다. 다만, 바이마르 미술관과 엘리코폰과의 소송 사례에서 살펴보았듯, 소송 중에 그러한 지역이 국가로 승인받게 되면 소송 주체에 대한 하자가 치유되어 적법한 소제기로 인정될 수 있다.

예술품처럼 국제 거래가 많은 경우에는 어떤 준거법을 선택하느냐 하는 문제가 발생한다. 특히 국적이 다른 선의취득자와 원소유자가 소유권을 서로 주장하는 경우에는 어느 나라의 법에 따라야 할까. 국경을 넘나드는 거래에서 발생하는 문제는 어떤 국가의 법을 적용해야 하는지가 매우 중요하다. 국가에 따라, 지역에 따라, 법에 따라, 보통법이냐 대륙법이냐에 따라 소송 결과가 크게 달라질 수도 있다. 그렇다면 소송이 발생할 때 예술품의 소재지와 동 예술품의 거래가 이루어진 곳이 다르다면 어떤 곳의 법을 적용해야 할까. 예술품은 특히 국경을 넘나드는 거래가 활발한 데다 장물의 거래와 밀반출·입도 빈번하므로, 현재 예술품이 있는 국가와 예술품의 거래가 이루어진 국가, 소유자의 국적 등이 모두 다를 수 있다. 미국 같은 연방 국가는 뉴욕에서 거래가 이루어졌더라도, 뉴욕과 다른 법 제도를 가진 주에서 소송이 발생할 수도 있다.

다음의 영국 사례를 살펴보자. 윙크워스 대 크리스티Winkworth v. Christie Manson and Woods Ltd. 사건[46]에서 원고가 도난당한 일본의 예술품이 이탈리아로 반출되었다. 이탈리아에서 선의 구매자인 수집가에게 이 예술품이 팔렸고, 이 수집가는 작품을 경매에 내놓기 위해 영국 런던의 크리스티에 위탁했다. 영국에서 도난당했던 작품이 다시 영국으로 돌아왔을 때, 마침내 원고는 도난당한 예술품의 소재를 알게 되었고, 영국법상 절도범은 선의 구매자에게 유효한

---

[46]   [1980] ALL ER 1121.

소유권을 이전할 수 없다고 주장하며 예술품의 소유권자인 자신에게 반환할 것을 요청했다. 이 예술품의 소유권은 누구에게 있을까. 문제는 영국법과 달리 이탈리아법으로는 절도범으로부터도 즉각적인 선의취득이 가능하다는 것이다. 이 사건을 맡게 된 영국 법원은 상반된 두 국가의 법 중에서 어떤 법을 적용해야 할지를 우선 판단해야 했다. 거래가 발생할 때 문제의 예술품이 실제로 소재하던 이탈리아의 법을 적용해야 할까, 아니면 소송이 제기된, 현재 예술품이 소재하고 있는 영국 법을 적용해야 할까.

영국 법원은 영국 법상으로는 선의취득자가 원소유주를 상대로 소유권의 우위에 있지 않지만, 이탈리아 법에 따라 이탈리아 수집가의 손을 들어주었다. 동 법원은 국제사법의 원칙을 적용해 동산 이전이 유효성과 권한이 있다고 주장하는 소유권의 효력은 '거래가 발생하던 순간 동산이 소재한 곳의 법the lex situs'을 적용해야 한다고 설시했다. 이에 따라 법원은 이탈리아 법을 적용했고, 이탈리아 법상으로는 선의취득 제도가 인정되므로 원소유권자는 소유권을 상실하게 된다고 판시했다.[47] 다만, 영국 법원은 다음의 다섯 가지 예외를 인정했다.[48] 첫째, 동산(예술품)이 이송 중이며 그 소재가 파악되지 않은 경우라면, 적절한 법에 따라 유효하고 효력이 있는 이동은 영국에서도 유효하고 효력이 있다고 본다. 둘째, 소유권을 취득했다고 주장하는 구매자가 선의bona fide의 구매자가 아닌 경우다. 셋째, 영국의 공공정책과 상충됨에 따라, 영국 법원이 관련 국가의 특정한 법을 인정하지 않는 경우다. 넷째, 재판이 벌어지는 나라에서 시행중인 법규가 법원으로 하여금 동 국가의 법을 적용하도록 의무화하고 있는 경우다. 다섯째 파산이나 상속에 따른 동산의 통상적인 배정 효력과 관계된 법을 결정하기 위한 특별법에 따르는 경우다.

비슷한 예로, 프랑스 미술관에서 도난당한 두 점의 태피스트리가 이탈리

---

47   Winkworth v. Christie Manson and Woods Ltd., [1980] ALL ER 1121.
48   위의 판결.

아로 반출돼 한 선의 구매자에게 팔렸을 때, 프랑스 정부는 선의 구매자를 상대로 반환 소송을 했다. 법원은 앞의 판례에서와 같이 이탈리아 법이 적용되며 선의 구매자가 소유권을 갖는다고 판결했다.[49] 선의취득자이기만 한다면 매수인에게 소유권이 정당하게 넘어가는 것이다. 자연히 선의취득자에게 유리한 법을 가진 국가로 반출이 용이해질 수밖에 없다. 따라서 예술품 도난을 억지하기 위해 대륙법 국가들도 현 소유주보다는 도난당한 원소유주에 우호적인 미국 법체계를 도입해야 한다는 주장도 있었다. 한편, 1991년 스위스 바젤에서 열린 국제법 회의에서는 예술품의 국제 거래는 문화유산 보호의 관점에서 봐야 한다는 내용의 결의안[50]을 채택하고, "국가의 기원과 관련한 문화유산에 해당하는 미술품의 소유권 이전은 해당 국가의 법에 따라야 한다"는 내용을 선포했다.[51]

그렇지만 일관성이 결여된 판결도 있었다. 1998년 예술품의 반환 청구가 독일 법상 금지되는 경우인 사건에서, 영국 법원은 절도범이나 악의bad faith를 가지고 거래를 한 사람이 현 소유주이더라도 선의취득을 인정하는 독일 법을 적용하는 것은 영국 공공 정책에 반하는 것이라고 판시했다.[52] 영국의 공공 정책에 반한다는 이유로 타국의 선의취득 제도를 인정하지 않은 것이다. 법의 선택과 재판관할권 문제의 복잡성을 드러낸 것이다.

미국의 준거법 선택과 관련한 판례를 살펴보자. 1974년 터키군의 침공을 받은 이래로 터키 지배하에 있던 북키프로스 그리스정교회는 다량의 6세기 비잔틴 모자이크들을 약탈당했다. 키프로스 공화국과 그리스정교회는 1979년에야 이 사실을 알게 되었고, 약탈당한 모자이크를 되찾기 위해 국제적인 노력을 했다. 국제기관과 외국 정부, 미술관들, 비잔틴 예술 전문가들에게 도난 사실을

---

49 Stato francese c. Ministero per I beni culturali ed ambientali e De Contessini, LXI Diritto di autore, 2263 (April-June 1990).

50 The Institute of International Law at the Basel session of 1991. Article 2 reads: "The transfer of ownership of works of art belonging to the cultural heritage of the country of origin shall be governed by the law of that country."

51 Article 2.

52 City of Gotha v. Sotheby's, [1998] 1 WLR 114 (Q.B. 1998).

알리고 도움을 요청했다. 한동안 모자이크의 행방은 묘연했다. 1988년 미국 인디애나 주의 아트 딜러인 페그 골드버그Peg Goldberg는 스위스 제네바에서 독일에 사는 터키 아트 딜러로부터 100만 달러를 주고 네 점의 모자이크를 구매했다. 키프로스 당국은 폴 게티 미술관의 큐레이터로부터 미국 아트 딜러가 모자이크 작품 판매를 제안했다는 사실을 듣고서야 동 모자이크의 소재를 파악했다. 1989년 키프로스 공화국과 그리스정교회는 모자이크의 반환을 요청했지만 골드버그는 이를 거절했다. 키프로스 정부와 정교회는 모자이크를 되찾기 위해 인디애나 주 법원에 골드버그를 상대로 동산 점유 회복 소송replevin[53]을 제기했다.

이 사건[54] 법원은 인디애나 주의 '가장 중요한 관련성 2단계 테스트the two-step most significant contacts test'와 스위스 관련 법을 검토한 후, 준거법 선택의 원칙에 따라 스위스 법이 아닌 인디애나 주 법을 적용한다고 결정했다. 즉 법원은 ①권리(법익)침해 발생한 장소, ②당사자들의 주거지 또는 사업장, ③관계의 중심이 되는 장소 등을 고려했다.[55] 우선 문제(범죄) 발생 장소, 즉 매매가 이루어진 곳인 스위스와 소송 발생 장소인 인디애나 주의 관련성(또는 접촉도)을 검토했다. 이 사건에서 문제 발생 장소는 골드버그가 모자이크의 소지 및 통제권을 갖게 된 스위스 제네바 공항이다. 그렇지만 이 사건 당사자 어느 누구도 스위스 시민이 아니며, 스위스 시민들은 이 사건에 아무런 이해관계가 없다. 모자이크가 스위스 영토에 머문 것은 단 나흘 동안이며 스위스 세관을 통과한 적도 없다. 따라서 법원은 스위스의 준거법을 적용하기에는 이 사건과의 관련성이 적다고 보았다. 따라서 법원은 인디애나 실체법을 준거법으로 적용했다. 인디애나 주 법의 시효에 관한 법률에 따르면 특정 기간이 흐른 후에는 청구 소송을 금지

---

[53] 불법으로 동산의 점유를 빼앗긴 사람이 그 물건 자체의 반환을 청구할 경우에 하는 보통법상의 소송 형식.

[54] Autocephalous Greek-Orthodox Church of Cyprus v. Goldberg and Feldman Fine Arts, Inc., 917 F.2d 278 (7th Cir. 1990).

[55] Restatement (Second) of Conflicts of Laws §145(2)(1971).

하고 있으며, 특히 사건이 발생하거나 사건이 발생한 사실이 발견된 시점으로부터 시효를 정하고 있다.[56]

한국에서도 준거법이 쟁점이 된 사건이 있었다. 조선 인조의 계비 장렬왕후의 어보(왕실 의례를 위해 제작된 도장)를 미국의 한 경매 사이트를 통해 구입해 국립고궁박물관에 인도한 문화재 수집가에게 국가가 보상금을 지급할 필요가 없다는 판결이 나왔는데, 그 근거가 선의취득을 인정하지 않는 미국 연방도품법과 미국 버지니아주 법을 준거법으로 삼았기 때문이다. 법원은 어보를 구입한 경매 회사의 소재지인 미국 버지니아주의 법률은 도난품을 취득한 경우 소유권을 인정하지 않는다. 우리 민법에 따르면 도난품이라도 선의로 매수한 경우 원래 소유자가 대가를 변상하고 물건을 반환하도록 청구할 수 있도록 규정하고 있지만, 어보 취득 과정에 버지니아주 법이 적용되는 이상 이 소장자에게 다른 재산권이 인정될 여지가 없다고 판시했다.[57]

반환청구권

도품의 소유권을 빼앗긴 원소유자가 취할 수 있는 조치는 무엇이 있을까. 도품의 진정한 소유자는 반환 청구 소송 또는 보통법상 동산 점유 회복 소송에서 선의 매수인이 그 도품을 소유하고 있더라도 그 도품을 회복할 권리를 가진다. 한국 민법 제250조의 반환청구권은 점유의 회복과 함께 선의취득자의 권리를 소멸시키고 도난 당시의 법률관계를 부활시키는 법정의 특별한 권리다. 그러나 만일 원소유자가 작품의 행방을 알게 되어 언제든지 반환청구권을 행사할 수 있도록 하면 선의취득 제도의 취지가 무의미해질 것이다. 따라서 일정한 시간이 지나면 원소유자가 작품의 행방을 알게 돼도 현재 소유자로부터 작품을

---

56 결국 모자이크는 1991년 키프로스 공화국에 반환되었다.
57 서울중앙지방법원 2017.8.25. 선고 2017가합518187 판결.

되찾을 수 없다. 반환청구권을 행사할 수 있는 시효는 도난 또는 유실한 날부터 2년이다.

예술품 반환 소송에 시효를 두는 목적은 첫째 원소유자가 지체 없이 신속하게 자신의 소유권을 주장하고 반환 소송을 제기하도록 하기 위해서이고, 둘째 상당한 시간이 흐른 뒤에도 소송 위협에 시달리지 않도록 현 소유자의 권리를 보호하기 위해서이며, 마지막으로 선의의 매매자들이 정해진 시간이 지난 후에는 자유롭게 예술품 거래를 할 수 있게 하기 위해서다.[58] 민법 제250조에 의하면 원소유자가 작품을 도난당한 지 2년이 지나지 않았다면 현소유자에게 아무런 보상을 하지 않고도 해당 작품의 반환을 요구할 수 있지만 2년이 지났다면 반환을 요구할 수 없다.[59] 현 소유자가 경매나 공개 시장에서 상인으로부터 정당한 대가를 지불하고 선의로 구입한 경우에 원소유자는 현 소유자에게 작품을 구매하기 위해 실제 지불했던 금액을 보상해주고 작품을 돌려받을 수 있다.[60] 선의취득자로서 반환의 의무가 없다고 주장하기 위해서는 우선 도품이나 장물이라는 인식이 없었으며, 정당한 가격을 주고 구매했으며, 구매 전에 소장이력이나 소유권 등에 대한 적절한 조사를 했음을 입증해야 한다.

대륙법 국가들은 대체로 원소유자보다는 현 소유자의 권리를 중요시한다. 독일과 프랑스 등 대부분의 유럽 국가들은 도난 발생 후 시효가 지나면 더 이상 원소유자의 권리는 존재하지 않는다고 본다.[61] 프랑스에서는 현 소유자가 선의취득자라면 원소유자는 도난 사건이 일어난 후 3년 이내에 반환 소송을 제

---

58   Bresler and Lerner, *Art Law: the Guide for Collectors, Investors, Dealers, & Artists*, p.267.

59   (도품, 유실물에 대한 특례) 전조의 경우에 그 동산이 도품이나 유실물인 때에는 피해자 또는 유실자는 도난 또는 유실한 날로부터 2년 내에 그 물건의 반환을 청구할 수 있다. 그러나 도품이나 유실물이 금전인 때에는 그렇지 아니하다.

60   민법 제251조 (도품, 유실물에 대한 특례) 양수인 도품 또는 유실물을 경매나 공개 시장에서 또는 동종의 물건을 판매하는 상인에게서 선의로 매수한 때에는 피해자 또는 유실자는 양수인이 지급한 대가를 변상하고 그 물건의 반환을 청구할 수 있다.

61   Alexander Kaplan, "The Need for Statutory Protection from Seizure for Art Exhibitions: The Egon Schiele Seizures and the Implications for Major Museum Exhibitions," *Journal of Law and Policy*, Vol.7, Issue 2, 1999, p.728.

기해야 한다.[62] 설사 현 소유자가 선의취득자가 아니더라도 도난 사건이 일어
난 후 30년이 경과하면 원소유자는 반환받을 수 없다. 다만 원소유자가 프랑스
정부라면 프랑스 정부는 예외적으로 시효에 관계없이 누구에게든지 장물의 반
환을 요구할 수 있다.[63] 이에 비해 영미법 국가들의 예술품 관련 공소시효는 상
대적으로 탄력적이다. 대체로 미국에서는 원소유자가 작품의 행방을 알게 되면
그로부터 3년에서 6년 안에 현 소유자에게 반환을 요구해야 한다.[64] 원칙적으
로 대다수의 주들은 도품 반환 소송이나 손해배상 현 소유자가, 선의이든 장물
인지 알았든 간에 도난품을 취득한 시점부터 시효가 시작된다. 판례에 따르면
통상 원소유자가 도품을 되찾기 위한 성실하고 합리적인 노력을 하고, 현 소유
자가 의심스런 상황에서 적절한 조사 없이 작품을 구매한 경우에는 원소유자의
손을 들어주는 경향이 있다.

전시 약탈품에 대한 소유권 분쟁

뉘른베르크 재판 이후 나치가 약탈한 예술품을 원소유주들에게 반환하
기 위한 노력이 시작되었다. 특히 나치 독일 점령하의 유럽에서 주로 유대인들
이 빼앗긴 예술품들을 '홀로코스트 예술품holocaust art'이라 불렀다. 1988년, 유
대인 학살 기간 동안 빼앗긴 예술품 문제의 해결을 위한 정의롭고 공정한 해결
을 기반으로 하는 '워싱턴 원칙'[65]이 제시됐다. 그 후 미국은 1998년 '홀로코스
트재산위원회법'[66]을 제정해 사라진 홀로코스트 예술품의 행방을 찾기 시작했
다. 민간 차원의 노력도 활발히 전개되었다. 미술관들은 출처나 소장 이력이 불

---

62 Code civil [C. civ.] art. 2279(Fr.), translated in the French Civil Code 418 (John H. Crabb trans., rev. ed. 1995).
63 Law on Historic Monuments of Dec. 31, 1913, art. 20 d.p.iv 1915, 153, 157.
64 오하이오 주나 일리노이 주를 비롯한 많은 지역에서는 4년, 뉴저지 주는 6년이다.
65 Washington Conference Commission Principles.
66 U.S. Holocaust Assets Commission Act of 1998, 22 U.S.C. §1621.

분명한 제2차 세계대전 기간이나 그 이전의 작품들에 대한 정보를 공개했다. 특히 영국의 ALR[67]은 홀로코스트 희생자들에게 약탈품 목록을 무료로 제공했다. 미국 홀로코스트 미술관은 홀로코스트 재산과 관련한 국제적인 정보의 링크들을 모아 공개하기도 했다.[68]

원소유주들이 현 소유주들을 상대로 한 작품 반환 소송도 잇따랐다. 그러나 제2차 세계대전이 끝나고 너무 오랜 시간이 지났기 때문에 반환 소송에는 어려움이 많았다. 일단 원소유자가 목적물에 대해 법적 권리가 있었는지 입증하기도 어려운 데다 선의취득자인 현 소유자의 권리 문제와 각국의 시효 원칙까지 문제가 복잡하게 얽혀 있었다. 약탈 예술품 반환 소송에서 승소하기 위해서는 도난국이나 원소유주는 일단 소유권을 입증해야 하고, 피고가 자신의 동의 없이 해당 예술품을 가져갔음을 증명해야 한다.[69] 또한 예술품은 조약이나 국제 협약에 가입되지 않는 한 소를 제기하는 국가에서 자국 법을 위반해 수출했다는 이유만으로 다른 나라에서도 자동적으로 불법 수입으로 간주되지 않는다. 원소유자와 선의취득자 간의 분쟁 사례들을 통해 전시 약탈품 소유권 문제가 어떤 메커니즘을 통해 해결되어왔으며, 어떤 국제법적인 쟁점들이 있는지 알아보자.

원소유자와 선의취득자 간의 분쟁

"선의의 구매자라도 나치의 압류품에 대한 반환을 거부하는 이를 보호하는 법안은 무시해야 한다."[70]

---

67 http://www.artloss.com/en.

68 Michael J. Bazyler, "Nuremberg in America; Litigating the Holocaust in United States Courts," *University of Richmond Law Review*, Vol.34, No.1, 2000.

69 William D. Rogers, "The Legal Response to the Illicit Movement of Cultural Property," *Law and Policy in International Business* 5 (1973): 932.

70 Law no. 59, U.S. Military Government for Germany, 10 Nov. 1947; Military Government Gazette, Amtsblatt der Militärregierung Deutschland, Amerikanisches Kontrolgebiet, pt.I. art.1, par. 2.Cf. Re. Developments in Sovereign Immunity,

원칙적으로는 도난 또는 불법 반출된 문화재나 예술품을 현재의 점유자가 공개적인 시장에서 도품 또는 장물인지 알지 못한 채 선의로 구매한 경우에도 원소유자는 현 점유자를 상대로 문화재 또는 예술품의 반환을 청구할 수 있다. 그러나 반환 청구 소송에서 승소하기 위해서는 문제의 문화재 또는 예술품이 도난당했거나 또는 불법 반출된 것이고, 소를 청구하는 원고가 원래의 소유자였다는 사실이 증명되어야 한다. 원소유자가 현재 점유자에게 곧바로 반환 소송을 제기할 경우에는 시효에 주의해야 한다. 선의 매수인이 취득한 예술품에 대한 원소유자의 반환 소송과 관련한 몇 가지 사례들을 살펴보자.

소유권이 이전됐다고 볼 수 없는 경우 원소유자의 의사와 관계없이 강제로 매각하거나 경매에 올린 경우는 합법한 소유권 이전으로 볼 수 없다. 독일 뒤셀도르프에서 갤러리를 운영하던 한 유대인은 나치 정부의 강요로 갤러리와 소장하던 미술품들을 매각해야 했다. 그중에는 프란츠 빈터할터Franz Xaver Winterhalter의 작품 〈사비너 산에서 온 소녀Girl from the Sabine Mountains〉도 포함되어 있었는데, 1937년 경매를 통해 시가보다 훨씬 낮은 가격으로 강제 매각해야 했다. 원소유자는 전쟁이 끝난 후 강제로 매각된 작품들을 찾기 시작했다.

2005년 1월 원소유자의 유족은 빈터할터 작품의 소재를 알게 되었고, 뉴욕 홀로코스트 청구절차사무소HCPO와 함께 작품을 반환받기 위해 소송을 제기했다. 나치의 고위직에 있던 의붓아버지에게서 유산으로 상속받은 현 소유자는 당시 자신의 의붓아버지가 경매에서 정당한 대가를 주고 구입했으므로 반환할 이유가 없다고 주장했다. 그러나 이 사건을 다룬 법원은 작품을 원소유자에게 반환하라고 판시했다.[71] 법원은 원소유자가 작품의 정당한 소유자라는 사실이 입증되었으며, 빈터할터 작품은 나치에 의해 강제로 매각된 것이므로 사실상

I N. Y. L. F. 160, 201 (1955).

71   Vineberg v. Bissonnette, 548 F.3d 50, 58(1st Cir. 2008).

의 몰수라고 할 수 있으며, 이는 불법적인 탈취에 해당한다. 따라서 현 소유주는 처음부터 당해 작품의 소유자가 아니라고 했다.

그렇지만 설사 의사에 반한 강제 매각이었더라도 원소유주나 그 유족이 작품을 되찾기 위한 노력을 하지 않았다면 법원은 소유권을 포기한 것으로 간주한다. 다음 사건을 보자. 오스트리아 화가 오스카어 코코슈카Oskar Kokoschka가 자신과 작곡가 구스타프 말러의 미망인이기도 했던 알마 말러를 연인으로 묘사한 〈두 명의 누드 연인Two Nudes-Lovers〉(1913)의 원소유자는 오스트리아에 거주하던 유대인이었다. 그는 오스트리아가 독일에 합병된 후 경제적 어려움으로 1939년 이 작품을 한 화상에 맡겼다. 원소유자 측은 2008년 이 작품을 소장하고 있는 보스턴 미술관을 상대로 반환 소송을 했다. 원고 측은 화상에게 작품 판매를 의뢰한 것은 맞지만 나치의 탄압 때문에 어쩔 수 없이 작품을 팔아야 했으므로 자신의 의사가 아닌 나치에 의한 사실상의 몰수에 해당한다고 주장했다. 미국 계약법상 항거할 수 없는 물리적인 힘이나 절대적 폭력에 의해 전혀 의사 결정의 자유가 없는 상태에서 예술품의 양도 행위가 있었다면 그러한 양도 행위는 무효가 된다는 법리를 든 것이다. 이런 경우에는 의사표시 자체가 없었다고 본다.[72] 그러나 법원은 원소유자의 유가족이 작품의 소재를 알면서도 반환 요구를 하지 않고 오랫동안 '지체'했다는 이유로 보스턴 미술관이 적법한 소유자라고 판시했다.

법원의 판단 근거는 다음과 같다.[73] 첫째, 원소유자 측은 제2차 세계대전 이후 당해 작품을 반환받기 위한 노력을 하지 않았다. 1939년의 강제 매각과 관련해 10여 년 전에 충분히 문제 제기를 할 수 있었음에도 불구하고 실행하지 않았으므로 이미 시효가 완료되었다고 보는 것이 타당하다. 둘째, 원소유자 측

---

72 우리 법의 관련 규정을 보자. 민법 제110조 (사기, 강박에 의한 의사표시) ①사기나 강박에 의한 의사표시는 취소할 수 있다. ②상대방 있는 의사표시에 관하여 제삼자가 사기나 강박을 행한 경우에는 상대방이 그 사실을 알았거나 알 수 있었을 경우에 한해 그 의사표시를 취소할 수 있다. ③전2항의 의사표시 취소는 선의의 제삼자에게 대항하지 못한다.

73 http://www.commartrecovery.org/sites/default/files/MFAvSegerThomschitzmay282009judgment.pdf.

은 나치에 의해 도취된 다른 작품과 재산에 대해서는 배상 청구를 했지만, 매각된 코코슈카의 작품에 대해서는 그러하지 않았다. 셋째, 현 소유주는 정당한 소유권을 주장하기 위해 법이 정한 3년의 시효가 지나기를 기다렸다. 넷째, 당시 작품 매매와 관련해 증언할 증인들이 사망함으로써 원소유주의 소송 지체는 현 소유주에게 불리하게 작용했다.

중개인이 보증을 한 경우 갤러리나 아트 딜러가 구매자에게 매매 작품에 대한 보증을 선다는 것은 나중에 작품에 문제가 생겼을 때 책임을 지겠다는 의미다. 앙리 마티스의 〈오달리스크L'Odalisque〉의 원소유주인 프랑스의 화상 폴 로젠버그 역시 제2차 세계대전 중 나치에 의해 동 작품을 몰수당했다. 그 후 1941년 독일의 약탈품 거래상인 구스타프 로츠리츠에게 넘어간 후 1954년까지 이 작품은 소재가 파악되지 않았다. 다시 수면에 떠오른 것은 1954년 뉴욕의 갤러리 뇌들러 – 모다코Knoedler-Modarco, Inc.가 한 부부에게 이 작품을 매각하면서다. 작품을 매각할 때 이 갤러리는 전쟁 이전인 1937년에도 자신들이 동 작품을 소유하고 있었다며 작품의 출처를 보증했다. 부부가 사망한 후인 1996년 이 작품은 시애틀 미술관에 기증되었다. 작품의 행방을 알게 된 로젠버그의 유족들은 시애틀 미술관을 상대로 반환 소송을 했다. 법원은 시애틀 미술관 측에 원소유주인 로젠버그 유족에게 동 작품을 반환하라고 판결했다. 이에 시애틀 미술관은 그림 판매를 중개한 갤러리를 상대로 사기 및 중과실, 묵시적 보증 위반 등을 들어 손해배상 청구 소송을 제기했다. 갤러리는 현재 점유자인 미술관이 아니라 이 작품을 기증한 부부에게 판매한 것이므로 미술관에는 책임이 없다고 주장했다. 법원은 이런 갤러리의 주장을 받아들였다. 그러자 미술관은 기증자 부부의 상속인으로부터 소송에 대한 권리를 위임받아 다시 소를 제기했다. 결국 미술관은 그림의 시가 금액을 보상받게 되었다.[74]

---

74   Shirley Foster, "Prudent Provenance Looking Your Gift Horse in the Mouth," *UCLA Entertainment Law Review*, Vol.8

이처럼 중간에 제삼자, 즉 갤러리나 미술관 등이 개입되는 경우가 많다. 이런 경우에 갤러리나 미술관은 선의취득자든 불법적 취득자든 간에 예술품을 기증받거나 대여할 때 기증자 또는 대여자 계약관계를 맺게 된다. 따라서 원소유자는 이들을 상대로 반환 소송을 해서 미술품을 되찾기는 힘들다. 1997년 MoMA는 오스트리아 표현주의 작가인 에곤 실레 특별전을 열었다. 전시에는 빈의 레오폴드 재단으로부터 대여한 〈왈리의 초상Portrait of Wally〉도 포함되어 있었다. 전시가 시작되기 5일 전 MoMA는 해당 작품의 원소유자라고 주장하는 사람으로부터 한 통의 편지를 받았는데 소유권이 가려질 때까지 레오폴드 재단에 반환하지 말아달라는 요청이었다. 유대인 화상 레아 본디 자레이Lea Bondi Jaray는 1939년 빈의 자택에서 도망쳐 나올 때 나치에 약탈당했다고 주장했다. 그렇지만 미술관 측은 대여자와의 계약관계 때문에 반환의 의무가 있다고 답변했다.[75]

증거가 부족한 경우 세월이 많이 흘러 양측의 주장을 입증할 만한 증거가 부족한 것도 원소유자와 현 소유자 간의 분쟁을 해결하기 어렵게 만든다. 1939년 드가가 그린 〈연기가 있는 풍경Landscape with Smokestacks〉의 원소유자인 거트만Gutmann은 파리의 한 화랑에 이 작품을 보관하고 피신했다. 1994년에서야 거트만의 유족은 시카고의 재벌 대니얼 설Daniel Searle이 이 작품을 소유하고 있다는 사실을 알게 됐다. 설은 거트만이 경제적 이유로 그림을 팔았고 매매는 적법했다고 주장했다. 그러나 양측 모두 이를 입증하거나 반박할 명확한 증거를 제시하지 못했다. 결국 양측이 공동으로 소유하기로 합의했다.[76]

Issue 2, 2001, p.153.

75   105 F. Supp, 2d 288.

76   Goodman v. Searle Complaint (N.D. III. July 17, 1996) (No. 96-6459). 이 작품은 설이 자신의 지분을 기증하고, 거트만의 지분을 판매함으로써 현재 시카고 미술관에 있다.

2 예술품 거래와 국제법적 쟁점

국경을 자유롭게 넘나드는 자유무역이 확대되면서 문화 예술품, 특히 국가나 민족적 특수성을 띠는 문화재나 골동품의 국제 거래에 대해서는 다른 재화와 다른 특별한 입장을 취해야 할까. 문화 예술품은 다른 재화와는 분명히 다른 특징이 있다. 나라마다 차이가 있지만 각국 정부 역시 자국의 문화와 역사 정신이 깃들어 있거나 이를 상징한다고 보는 문화 예술품에 대해서는 다른 재화의 거래 및 이전과는 분명히 다른 특별한 입장을 취하고 있다. 문화재나 유적, 그리고 대가의 작품들은 국가가 보존하고 연구해야 할 대상이며 해당 국가의 시민들에게는 자국 문화와 역사에 대한 긍지를 갖게 하는 대상이다. 따라서 각국은 자신들의 문화유산을 보호하기 위한 노력의 일환으로 문화재나 특정 미술품의 수출을 제한하거나 통제하는 정책을 쓰기도 한다. 이러한 정책은 국제적 논란이 되기도 하는데 이에 대한 국제사회의 입장은 문화 민족주의, 문화 국제주의, 객관적·맥락적 입장 등으로 나뉜다.

첫째, 문화 민족주의 또는 문화 국가주의적 관점이다.[77] 문화 예술품과 국가 역사의 관계를 강조하며 법은 국가의 문화유산을 보호해야 한다고 주장한

---

[77] Rosemary J. Coombe, "The Properties of Culture and the Politics of Possessing Identity: Native Claims in the Cultural Appropriation Controversy," *Canadian Journal of Law and Jurisprudence*, Vol.6, No.2 1993, p.259-265 참조.

다. 각국이 자국 영역 내에 그러한 문화재를 유보하는 것을 정당한 가치로 인정한다. 따라서 이들은 문화 예술품은 해당 영토에 속하는 것이고 해당 영토를 떠날 경우 반환되어야 하며 다른 나라들은 문화유산을 지키려는 국가의 노력을 존중해야 한다는 주장을 편다.

두 번째 입장은 1954년 헤이그 협약과 유네스코 협약의 기본 정신과 일치하는 것으로 문화 예술품의 국제 거래를 옹호하는 문화 국제주의적 입장이다.[78] 문화 국제주의자들은 친시장적 관점이라고 볼 수 있다. 이들은 문화적 사물들이 국제적으로 이동하는 데는 여러 메커니즘이 작동하겠지만, 그중에서 시장에 의한 이동이 문화 예술품을 위해서도 최선이라고 생각한다.[79] 돈이 있는 예술품 수집가나 미술관에 있을 때 가장 잘 보호받을 수 있다고 보는 것이다. 문화 민족주의 대신 문화 국제주의를 취하는 이 입장은 문화 예술품을 '인류 공동의 문화유산'이라고 보고 문화유산에 관한 이익은 모든 국가와 국민에 공통적으로 존재한다고 본다. 따라서 문화 예술품은 전 인류의 문화적 삶을 풍부하게 할 "과학적, 문화적, 교육적 목적"을 위해서 이동이 자유로워야 하며 개별 국가의 요구는 인류 공통의 이해에 우선되어서는 안 된다고 주장한다.

세 번째는 객관적·맥락적 입장을 취하는 것이다. 유적지와 문화유산을 보존하는 것을 중요시하고 정보는 현장 연구를 통해 취득해야 한다는 입장이다. 이들은 이러한 가치를 손상시키는 행위를 비난하며 고미술품의 불법 취득을 제한하는 국제적, 국내적 법적 조치를 취할 것을 강조한다. 이들은 밀거래와 암시장의 활성화를 부추기는 수집가, 미술관, 고미술 중개상들을 비난한다. 이 세 가지 관점은 때때로 충돌하기도 하고 서로의 입장을 보완하기도 한다.

78   John Henry Merryman, "The Free International Movement of Cultural Property," *New York University Journal of International Law and Politics*, Vol.31, No.1, 1998; John Henry Merryman, "Two Ways of Thinking About Cultural Property," *American Journal of International Law*, Vol.40, No.4, 1986 참조.

79   Gerstenblith, *Art, Cultural Heritage, and the Law*, p.537.

문화유산 보호를 위한 국제사회의 노력

문화유산 보호를 위한 국제법 체제는 국제공법 체제 내에서의 문화유산 보호와 문화유산 보호를 위한 전문적인 국제사법의 마련이라는 두 가지 영역으로 나뉜다. 근대 및 19세기 무력 충돌에 관한 법을 성문화하려는 노력을 하면서 문화유산cultural heritage에 대한 특별 규정도 마련되었고 약탈의 합법성 여부에 대한 논의도 활발해졌다. 1758년 근대 국제법과 정치철학의 초석을 다진 스위스의 철학자이자 법률가이며 외교관인 에머리히 데 파텔Emmerich de Vattel은 『국제공법The Law of Nations』에서 "우리는 인간 사회에 경의를 표하는 건축물들을 보존해야 하며, 사원과 묘지, 공공건물, 그리고 뛰어나게 아름다운 예술품들이 적의 힘을 증가시키는 데 기여하도록 해서는 안 된다. 이 같은 행위는 스스로를 인류의 적으로 선언하는 것이며 예술 기념물을 타당한 이유 없이 빼앗는 것"이라고 했다. 문화유산에 대한 이 같은 감정은 나폴레옹의 패배 후 1815년 파리 의회에서 더욱 강화되었다. 워털루 전쟁에서 나폴레옹을 패배시키고 돌아온 웰링턴 공작은 유럽 문화유산에 대한 나폴레옹의 조직적 약탈은 정의의 원칙과 근대 전쟁의 규칙에 반하는 것이라고 했다.

국제법은 아니지만 전시 점령지의 문화재나 문화 유적, 예술품의 보호 등을 다루는 구체적인 법이 처음 제정된 것은 미국에서다. 뉴욕 컬럼비아 대학의 프랜시스 리버Francis Lieber 교수가 남북전쟁 당시 전장에서의 매뉴얼을 제시한 1863년 '리버법Lieber Code', 즉 전장의 미국군 사령부에 대한 지령이 그것이다. 이 법은 고전 예술과 도서관, 과학적 수집품들은 가능한 한 피해를 입지 않도록 안전하게 보관돼야 하며, 점령지에서 문화재와 유적들을 인정하고 보호할 적극적 의무가 있다는 내용을 담고 있다.[80] 이 법은 유럽으로 퍼져나갔고, 문화재 및 미술품 관련 국제법의 토대가 되었다. 리버법의 관련 조항을 보자.

---

80 Rhodes, *Art Law & Transactions*, p.126; Gerstenblith, *Art, Cultural Heritage, and the Law*, p.474.

고전 예술 작품, 도서관, 과학 수집품, 천체 망원경과 같은 귀중한 도구, 병원 등은 모든 피해로부터 보호되어야 한다. 심지어 함락 또는 폭격을 당한 지역에서도 마찬가지다(Art. 35).

적대국이나 적대 정부에 속해 있는 예술품과 도서관, 수집품, 도구들을 훼손 없이 가져올 수 있다면, 정복한 주나 국가의 지배자는 당사국의 이익을 위해 동 물품들을 확보, 압류할 수 있다. 궁극적 소유권에 대해서는 평화협정에 의해 합의한다(Art. 36).

이 같은 리버법의 원칙들을 전쟁 관련 국제법에 통합하려는 시도가 뒤따랐는데, 그 결과물이 1875년 러시아가 주도한 '브뤼셀 선언Declaration of Brussels'[81]이다. 이 선언은 예술품의 약탈이나 파괴 행위를 처벌하도록 규정했다. 브뤼셀 선언 제8조는 형사처분의 절차에 대해 언급하고 있다.

지자체의 재산, 그리고 종교, 자선, 교육, 미술, 과학과 관련된 기관의 재산은 국가의 소유일지라도 개인 재산으로 간주한다. 이 같은 성격의 기관, 역사적 기념물, 과학 및 예술품에 대한 몰수, 파괴, 악의적 훼손을 하는 행위는 법적 처분의 대상이 된다(Art. 8).[82]

영국의 반대로 구속력 있는 국제법으로 발전하지는 않았지만, 브뤼셀 선언을 계기로 승전국이 패전국의 예술품을 약탈하는 문제, 전쟁 기간 동안 파괴되고 훼손되는 문제, 그리고 전후 예술품의 처리에 대한 국제법상 논의가 진전

---

81 Project of an International Declaration concerning the Laws and Customs of War. Brussels, 27 August 1874.

82 The property of municipalities, that of institutions dedicated to religion, charity and education, the arts and sciences even when State property, shall be treated as private property. All seizure or destruction of, or wilful damage to, institutions of this character, historic monuments, works of art and science should be made the subject of legal proceedings by the competent authorities.

되었다. 이는 1899년과 1907년 '헤이그 협약The Hague Conventions'에서 제안한 전시 예술·문화유산의 처리에 대한 국제 협약으로 이어졌다. 1899년 헤이그에서는 러시아 주도로 26개국이 모여 제1차 헤이그 협약인 '국제분쟁의 평화적 해결에 관한 조약Hague I: Convention for the Pacific Settlement of International Disputes'[83]을 체결했다. 1907년 제2차 헤이그 회의는 러시아와 함께 미국의 시어도어 루스벨트 대통령이 주도했으며 44개국이 참여했다. 이 회의에서는 제2차 헤이그 협약인 '육지전의 법과 관습에 관한 협약Hague II: Convention on Laws and Customs of War on Land'을 체결했다. 이후 제2차 헤이그 협약은 60개 조항으로 구성된 '육지전의 법 및 관습에 관한 규칙Hague II Regulations: Regulations Respecting the Laws and Customs of War on Land'으로 병합되었다.

1899년 제1차 헤이그 협약에서 전시 약탈과 전후 문화재 처리와 관련된 조항은 제56조로 문화·예술 관련 재산에 대한 몰수와 파괴 및 훼손을 금지하고 있다.

> 공동의 재산과 종교, 자선단체, 교육기관의 재산과 이러한 건축물에 속한 예술품 및 과학 관련 재산은, 비록 국가 소유물일지라도 개인 재산으로 간주되어야 한다. 이러한 건축물 및 역사적 기념물, 과학 및 예술품에 대한 몰수와 파괴, 국제적인 훼손은 금지되며prohibited, (이를 위반할 경우) 절차에 따라the subject of proceedings 처분의 대상이 된다(Art. 56).

이 조항은 1907년 제2차 헤이그 협약에서 다음과 같이 한층 강화된다.

> 지자체의 재산과 종교, 자선단체, 교육과 관련한 기관의 재산, 그리고 이에

---

83   제1차 헤이그 회의는 1899년 5월 18일부터 7월 29일까지 네덜란드 헤이그에서 개최됐으며 26개국이 참석했다. 전쟁법과 전쟁범죄를 다루는 첫 번째 공식 조약인 헤이그 협약의 주목적은 군비축소 실현이었지만 실패로 돌아가고 '국제분쟁의 평화적 해결에 관한 조약'이 채택되었으며, 이를 근거로 상설 중재재판소가 설치되었다.

속한 과학 및 예술품들은, 국가 소유일지라도 개인 재산으로 간주되어야 한다. 이런 특성을 가진 기관이나 역사적 기념물, 예술품과 과학 관련 재산에 대한 파괴적 몰수나 악의적 훼손은 금지되며forbidden, 법적 소송 절차에 따른the subject of legal proceedings 처분의 대상이 된다(Art. 56).

여기에 "종교 건물, 뮤지엄, 기념비, 병원들을 보호하기 위해 모든 가능한 조치를 취해야 한다(제27조)"는 규정도 추가되었다. 그러나 1, 2차 헤이그 협약도 격화되는 세계대전 기간에 자행된 야만 행위를 중단시키지는 못했고, 전쟁으로 파괴되는 인류의 문화유산을 보호해야 한다는 자성의 목소리는 점차 커졌다. 1935년에는 아메리카 대륙 21개국과 미국이 '로리치 협정Roerich Pact'을 체결했다. 이 협정은 전쟁 당사국들은 "역사적, 예술적, 과학적, 교육적 장소들을 존중하고 보호할 의무를 진다"고 천명했다.[84]

1939년부터 1945년까지 전개된 제2차 세계대전으로 인해 예술·문화 재산에 대한 약탈과 파괴의 규모는 더욱 커졌다. 특히 나치 독일은 히틀러와 괴링의 지휘하에 전쟁 기간 동안 독일 제국을 건설할 목적으로 조직적이고 체계적인 방법으로 공공물 및 사유물을 약탈했다. 나치 독일은 유럽의 점령국으로부터 천연자원이나 공산품뿐만 아니라 예술품, 가구, 섬유 등 가능한 모든 것을 강탈했다. 아예 예술품과 문화재를 전문적으로 약탈하는 부대까지 있었다. 나치 고위 장교였던 알프레트 로젠베르크는 히틀러의 명령에 따라 예술품 및 문화재 약탈을 전담하는, 독일군과는 별도의 부대인 로젠베르크 특수부대를 세우고, 1941년 3월부터 1944년 7월까지 29대의 대형 선박을 통해 4,174상자 분량의 미술품들을 약탈했다. 로젠베르크는 약탈품 목록을 카탈로그로 만들었는데, 장장 2,500장의 사진이 담긴 39권 분량이 생산됐다. 이 자체로도 어마어마하지

---

84   Protection of Artistic and Scientific Institutions and Historic Monuments art. 1. Apr. 15. 1935, 49 Stat. 3267, 167 L.N.T.S. 289), Roerich Pact and Banner of Peace.

만 약탈품 전체를 카탈로그로 만들었다면 약 300권에 달할 것으로 추정된다. 히틀러는 독일 린츠에 총통미술관Fuhrermuseum을 짓고 유럽 각지에서 마구 약탈한 2만 점 이상의 예술품을 수집했다.[85] 나치가 약탈하고 수집한 예술품은 약 25만 점[86]이라는 주장부터 60만 점 이상[87]이라는 주장까지 나온다.

나중에 전쟁범죄 처리를 위한 뉘른베르크 재판에서 미국 측의 추축국 범죄 기소 수석 변호단이 작성한 '국제 군사재판, 나치의 침략 모의'(미국정부인쇄소, 1947)에 기술된 로젠베르크 특수부대의 주요한 행위는 다음과 같다.

> 로젠베르크는 1940년 1월 29일 히틀러에 의해 국가사회주의 이데올로기 교육연구소장에 임명되었으며, 뒤이어 '로젠베르크 특수부대'라고 알려진 조직이 광범위하게 작전을 수행했다. 애초에는 연구 도서관을 세우기 위한 조직이었으나 점차 문화재와 예술품을 입수하기 위한 프로젝트로 변했다. 1942년 3월 1일, 히틀러는 로젠베르크에게 도서관, 금고, 기관 등을 수색해 유대인이 소유한 문화재 등 자료를 압류할 수 있도록 권한을 부여하는 칙령을 발표했다. 소유권이 명확하게 성립되지 않은 곳에 대해서도 비슷한 명령이 내려졌다. 칙령은 독일군 고위 사령부의 협조를 당부했고, 로젠베르크가 서부전선에서는 제국 지도자로서, 동부전선에서는 제국 장관으로서 활동할 수 있도록 하는 것이었다. 이후 로젠베르크의 활동 반경은 점령 국가들에까지 확대되었다.

회화 담당 특수부대 지휘관이었던 로베르트 숄츠Robert Scholz의 증언에 따

85 Joshua E. Kastenberg, "The Legal Regime for Protecting Cultural Property During Armed Conflict," *Air Force Law Review*, Vol.42, 1997, p.288.

86 Kelly Ann Falconer, "When Honor Will Not Suffice: the Need for a Legally Binding International Agreement Regarding Ownership of Nazi-Looted Art," *University of Pennsylvania Journal of International Economic Law*, Vol.21, No.2, 2000, p.384.

87 Ralph Blumenthal, "New efforts to recover Nazi plunder; but pessimism grows for recoveries," *The New York Times*, Feb. 27, 2003, at E1.

르면 회화 담당 특수부대는 1941년 3월부터 1944년 7월까지 독일 제국으로 스물아홉 차례의 수송을 했는데, 여기에는 137개 화차 분량의 예술품 4,174점이 들어 있었다. 숄츠의 보고서는 서부전선에서 입수한 가장 가치 있는 소장 예술품에 대한 25개의 그림 목록에 대해 언급하고 있는데, 이 목록들은 총통에게 보고되었다. 특수부대가 준비한 39권의 보고서는 그림, 직물, 가구, 촛대 등 수많은 예술품의 사진을 포함하고 있었고, 쌓아 올린 소장 목록의 가치와 중요도에 대해 설명하고 있었다. 점령국 다수에서 사유재산이 강탈당했고, 도서관은 약탈당했다.

점령당한 소련 영토 내의 미술관, 궁전, 도서관들은 체계적으로 약탈당했다. 로젠베르크의 특수부대, 리벤트로프의 특수 대대, 군 사령부를 대표하는 제국 판무관 등은 소련 사람들이 갖고 있던 문화재와 서적을 압수해 독일로 보냈다. 우크라이나 주재 제국 판무관은 키예프와 하리코프에서 그림과 미술품들을 빼앗아 동부 프러시아로 보냈다. 페테르호프, 차르스코예 셀로, 파블롭스크의 궁전에 있던 귀중품들 또한 독일로 수송됐다. 제국 판무관 쿠베는 1941년 10월 3일 로젠베르크에게 보낸 편지에서, 벨라루스에서 가져온 예술품의 가치는 수백만 루블에 이른다고 언급하기도 했다. 독일군의 약탈 규모는, 로젠베르크의 부대가 폰 밀데-슈레덴von Milde-Schreden에게 보낸 편지에서 1943년 10월 한 달 동안만 문화재를 실은 40개의 화차가 독일 제국으로 갔다고 언급하는 데서도 짐작할 수 있다.

제2차 세계대전 당시 소련군도 로젠베르크 특수부대와 유사한 약탈 업무를 담당하는 특수부대를 창설해 약탈 활동을 벌였다. 소련군은 베를린을 함락한 후 1945년 본격적인 약탈 임무를 담당하는 '트로피 여단USSR Trophy Brigade'이라는 특수부대를 세우고, 동부 유럽과 독일 본토 등에서 광범위한 미술품 약탈을 자행했다.[88] 이러한 사실이 확인된 것은 1995년, 모스크바 푸시킨 미술

88   Konstantin Akinsha and Grigorii Kozlov, *Beautiful Loot: The Soviet Plunder of Europe's Art Treasures*, Random House,

관과 상트페테르부르크의 예르미타시 미술관이 공동으로 '두 번 구하다Twice Saved'전과 '숨은 보물 공개되다Hidden Treasures Revealed'전을 각각 개최하면서다. 이 전시에는 제2차 세계대전 중 파괴됐거나 소실된 것으로 추정되던 드가의 회화 작품 〈콩코드 광장Place de la concorde〉이 포함되어 세상을 깜짝 놀라게 했다. 전쟁 중에 사라진 많은 예술 작품들이 이 미술관들에 소장되어 있었음이 드러난 것이다. 모스크바 푸시킨 미술관은 유럽의 소련군이 보낸 500상자 분량의 예술품으로 가득 채워졌다. 공간이 부족하자 상트페테르부르크의 예르미타시 미술관에도 보냈다. 제2차 세계대전 동안 소련군이 약탈한 미술품은 250만 점 이상에 달한다는 주장도 있다.[89]

제2차 세계대전 동안 유럽에서 자행된 나치의 약탈 행위에 대한 해결을 위해 연합국들은 1943년 런던선언[90]을 선포하고, 추축국들의 약탈을 원상회복시키고자 한다고 공식 경고했다. 추축국에 점령되었던 영토 주민에게 속해 있던 모든 종류의 소유물, 권리 및 이권의 이전 또는 거래를 무효화할 수 있는 권리를 밝힌 것이다. 약탈이나 표면상 합법적인 거래로 이루어진 경우, 심지어는 자발적으로 이루어진 경우에도 무효화할 수 있었다. 런던선언과 중립국의 이행 선례는 이후 국제법 제정에도 영향을 미쳤다. 1954년에는 '무력충돌 시 문화재 보호에 관한 헤이그 협약Hague Convention for the Protection of Cultural Property in the Event of Armed Conflict'이 체결되었으며, 1970년에는 '문화재 불법 반출입 및 소유권 이전 금지와 예방 수단에 관한 협약Convention on the Means of Prohibiting and Preventing the Illicit import, Export and Transfer of Ownership of Cultural Property' 등이 런던선언의 영향을 받아 체결되었다.

1995, p.68-88.

89   Wilfried Fiedler, "Legal Issues Bearing on the Restitution of German Cultural Property in Russia," *The Spoils of War: World War II and its Aftermath: The Loss, Reappearance and Recovery of Cultural Property*, ed. Elisabeth Simpson, Harry N. Abrams, 1997, p.176.

90   린들 프롯, 「유네스코 문화재 반환 촉진 정부간위원회 기원, 발달, 성과 및 과제」, 『문화재 반환: 과거, 현재와 미래』, 문화재청, 2008, 참고.

1970년대에는 유엔 차원의 움직임이 있었다. 1973년 유엔총회는 '약탈 희생국 예술품 복구Resolution of Works of Art to Countries Victims of Expropriation'라는 제목의 결의안 3187호(XXVII)을 발표했다. 이 결의안은 주로 식민 또는 외국 점령 결과 한 국가에서 다른 국가로 예술품이 사실상 아무런 대가도 없이 대량으로 사라진다고 개탄했다. 또한 "이러한 예술품을 복구해서 약탈로 해당 국가가 입은 심각한 손상을 복구할 수 있다"고 천명했다. 이 결의안 3187호에 대해 1974년 유네스코 제18차 총회는 총재에게 문화재 복구 노력을 촉구하는 결의안을 통과시켰다.

> 장기 차관 기반의 교환 등 가장 적절한 방법을 일반적으로 정의하고, 이를
> 위한 양자 조치를 촉진한다(결의안 3428호).

이 권고에서는 특정 거래의 무효를 선언할 수 있는 권리에 대해 런던선언을 이용했다. 1975년 유엔총회 결의안 3391호[91]는 예술품 복구를 조사할 전문가 위원회를 유네스코에서 조직해 1976년 소집할 것을 제의했다. 이탈리아 베네치아에서 개최된 이 위원회는 최종 보고서에서 문화재의 '배상 또는 반환 restitution or return'을 언급하며, 1970년 협약 채택 전 외국 또는 식민 점령의 결과 또는 불법 매매로 상실된 물품으로 그 대상을 정의했다. 또한 역사의 문화적, 민족적인 증거를 약탈당한 일부 국가에서 그 때문에 더 이상 존재하지 않게 된 문화를 보여줄 소규모 컬렉션을 구성할 필요도 지적했다. 문화재 복구 또는 반환 주장을 다룰 특별 조직의 창설도 제안했다. 총회는 정부 간 조직 형태를 채택했다.[92] 이렇게 해서 '정부간위원회'가 탄생했으며 1980년 5월 파리에서 첫 번째 회의가 개최된 후 매 2년마다 정부간위원회를 열어 정부 간 문화재 배상

---

91   Report UNESCO Doc. SHC-76/CONF.615/3.
92   ICOM, 31 Museum 62 1979.

및 반환 문제를 논의해왔다.

대표적인 전쟁 약탈국이었던 독일과 소련도 약탈당한 문화 예술품의 반환을 위한 노력에 가세했다. 양국은 1990년 '선린 파트너십 협력Treaty on Good Neighborliness, Partnership and Cooperation' 협정을 체결했다. 이 협정 제16조는 "분실됐거나 불법적으로 반출된 예술품들이 반환"되도록 규정하고 있다.[93] 그러나 실제로 반환된 예술품의 수는 매우 적으며 독일 정부는 지금도 지속적으로 약탈된 문화 재산의 반환을 요구하고 있다.

현재 국제법은 구입 경로가 확실치 않은 작품들은 모두 불법적 약탈품으로 추정하는 경향이다. 따라서 다른 나라의 예술품을 갖고 있는 소장자는 소장이력을 입증할 책임이 있다. 입증이 부족하거나 실패할 때에는 작품을 불법적으로 취득한 것으로 간주한다.

국제법상 새로운 규범의 등장

전쟁이 끝난 후 연합국은 전후 처리와 재건을 위한 여러 가지 활동을 했다. 전범들을 법정에 세워 책임을 물었다. 문화 예술 부문에서는 전쟁 중에 나치가 약탈한 예술품을 모아 유럽의 원소유주 국가들에 반환하기 위해 지속적인 노력을 했다.[94] 1998년부터 약 2,000여 점의 문화재와 예술품이 원래 주인을 찾아 반환되었다. 그러나 나치가 약탈한 미술품 중 약 10만 점을 포함해 상당수의 문화 유물과 예술품들은 여전히 소재조차 파악하지 못하고 있다.[95] 그럼에

---

93   Treaty on Good Neighborliness, Partnership and Cooperation, Nov. 9, 1990, 1990 F.R.G.- U.S.S.R., 30 I.L.M. 504.

94   Review of the Repatriation of Holocaust Art Assets in the United States: Hearing Before the subcommittee On Domestic and International Monetary Policy, Trade and Technology of the committee on Financial Services, 109th Cong. 113 (2006) at 146.

95   Barbara J. Tyler, "The Stolen Museum: Have United States Art Museums Become Inadvertent Fences for Stolen Art Works Looted by the Nazis In World War II?" *Rutgers Law Journal*, Vol.30, No.2, 1999, p.449.

도 불구하고 뉘른베르크 전범 재판을 시발점으로 약탈 문화재 반환과 문화재 파괴 및 훼손 방지를 위한 국제사회의 노력은 어느 정도 성과를 거두었으며 같은 과오를 되풀이 하지 않기 위한 예방 대책을 구체화하고 국제법적 준거도 마련해나갔다.

1945년 독일 뉘른베르크에서는 나치 독일 전범들과 유대인 학살 관련자들에 대해 열린 연합국의 국제군사재판[96]이 열렸다. 뉘른베르크 국제군사재판은 국제공법 발전의 전기가 되는 재판이었다. 이전까지는 오직 국가만이 국제법 재판에 회부됐다. 따라서 개인에 대한 민형사상 책임은 해당 국가의 국내법으로 처리했다. 그러나 뉘른베르크 재판은 전쟁법laws of war[97] 위반과 관련한 특정 행위들에 대해서는 개인에 대한 처벌도 가능하다는 원칙의 선례를 만들었다. 이에 따라 히틀러의 충복으로 특수부대를 이끌며 서유럽 문화 예술품 약탈의 앞잡이로 활약하던 로젠베르크는 국제군사재판소법 제27조에 따라 전범으로 유죄판결을 받고, 교수형을 선고받았다.[98] 뉘른베르크 재판에서 로젠베르크에 대한 기소와 판결은 문화 유물 약탈을 전쟁범죄로 규정한 최초의 사건이다.

공소장에 따르면 이들은 "범죄적 약탈 계획을 달성하기 위해, 피고는 독일과의 경쟁 가능성이 있는 산업 도시, 유적지, 과학 기구, 점령지에 있는 모든 종류의 재산을 파괴했다……. 이런 행위들은 국제 협약, 특히 1907년 헤이그 협정 제46조~50조에 대한 위반이며, 전쟁법과 모든 문명국가 형법의 기본 원칙에도 위배된다"고 했다.[99] 이에 대해 법원은 전쟁범죄에 대한 증거물은 압도적으로

---

[96] 1차 재판은 1945년 10월 1일부터 1년간 1급 전범 24명을 기소해 구금 중 사망한 2명을 제외한 헤르만 괴링 등 22명에 대해 사형, 종신형, 징역형 등의 판결을 내렸다. 재판장은 영국의 제프리 로런스 경, 수석 검사는 미국의 로버트 잭슨 대법관이 맡았다. 2차 재판은 유대인 학살에 대한 재판으로 1946년 12월부터 1949년 3월까지 의사, 관료, 법률관 등 185명이 기소됐다.

[97] 전쟁법 또는 전시국제법은 국가 간의 개전 선언 및 전시 행위와 관련해 적용되는 국제공법의 일부다. 전쟁 선포, 항복 수락, 포로 대우, 군사적 필요, 분별 및 비례, 사용 가능한 전쟁 무기의 제약 등에 대한 규정으로 구성되어 있다.

[98] Judgment in the Nuremberg Trials, 22 Trial of the Major War Criminals Before the international Military Tribunal 469-470, 484-86, 539-41, 588 (Nuremberg, 1948).

[99] Indictment in the Nuremberg Trials, 1 Trials of the Major War Criminals Before the International Military Tribunal 29, 55-56, 58-60 (Nuremberg, 1948).

충분하다면서 "독일을 위해 나머지 유럽 국가들을 희생시키기 위해 공공 및 개인 재산이 체계적이고 조직적으로 약탈됐다……. 로젠베르크는 조직적 약탈의 책임자로 유죄"라고 선고했다. 이 판결은 '문화 재산'을 다른 사유재산과 구별하며, 승전국의 전리품이라고 여기던 이전의 개념을 깨고, 전시 상황에도 보호해야 할 대상이자 인류 공동의 재산이라는 개념으로 발전시켰다.

유네스코와 문화유산법

문화유산법은 문화유산 보호 문제를 다루는 일반적인 국제공법 원칙과 함께 국제법 및 국내법상 자체적 개념과 원칙이 있는 하나의 독립된 분야로 떠오르고 있다. 오늘날 문화재 복원이나 반환을 위한 국제적 조치는 3개의 국제 조약에 기반을 둔다. 전시 문화재 보호 규범으로는 1954년 헤이그에서 체결된 '무력 충돌 시 문화재 보호에 관한 협약'[100]이 있다. 평시 문화재 보호 규범으로는 1970년 파리에서 체결된 '문화재 불법 반출입 및 소유권 이전 금지와 예방 수단에 관한 협약'[101]과 1972년 파리에서 열린 제17차 유네스코 총회에서 체결된 '세계 문화유산 및 자연유산 보호에 관한 협약Convention Concerning the Protection of the World Cultural and Natural Heritage'[102]이 있다. 또한 1995년 로마에서 체결된 '도난 및 불법 반출 문화 사물에 관한 사법통일국제연구소 협약 UNIDROIT Convention on the International Return of Stolen or Illegally Exported Cultural Objects'[103]도 평시 문화재 보호와 반환 문제를 다룬다. 이 협약에서 특히 주목할 점은 문화재를 '문화 재산cultural property' 대신 '문화 사물cultural objects'로 표기하고 기념물, 건조물, 유적 등에 해서도 '문화유산cultural heritage'이라는 개념

---

100 한국은 가입국이 아니다.
101 Convention on the Means of Prohibiting and Preventing the Illicit Import, Export and Transfer of Ownership of Cultural Property.
102 한국은 1988년 9월 14일 가입.
103 http://www.unidroit.org/english/conventions/1995culturalproperty/main.htm.

을 사용하면서 문화재를 단순히 국가의 재산에서 인류 전체의 유산으로 개념을 확대하고, 각국이 특별히 지정하지 않은 것들도 협약의 대상으로 삼았다는 것이다.

1954년 헤이그 협약

1954년 유네스코는 전시 문화재 보호 규범인 '무력 충돌 시 문화재 보호에 관한 협약'[104]을 주도했다. 이 협약은 무력 충돌 시 불법적으로 유출된 문화재의 반환을 주된 내용으로, 1899년과 1907년 제1, 2차 헤이그 협약의 한계를 보완하기 위한 것이다. 이 협약은 문화 재산을 "출처와 소유권 여부에 관계없이 모든 사람의 문화적 유산에 매우 중요한 동산 및 부동산"이라고 정의하고, 문화 재산은 어느 한 나라의 것이 아니라 세계 모든 국가의 재산이라고 선언했다. 이 협약은 반환 요청국이 다른 가입국의 법원에서 문화재법을 집행하도록 허용함으로써 외국에서 환수를 요청할 수 있도록 하고 있다. 그러나 협약은 문화유산의 파괴 및 훼손 방지에 초점을 맞추었기 때문에 불법 반출된 문화 재산의 반환에 대해서는 다루고 있지 않다.[105]

이 1954년 헤이그 협약의 전문[106]에 따르면 체약국들은 ①군사적으로 필요한 경우[107]가 아니면 문화 재산을 파괴하지 못한다, ②병력이나 군용품을 문화 재산에 배치하지 않는다, ③보복을 할 때도 문화 재산을 파괴하지 않는다, ④문화 재산이 보존되도록 "합당한" 기관을 전쟁터에 배치한다, ⑤문화 재산을 나타내기 위해 청백색의 깃발을 사용하도록 한다, ⑥점령 지역의 문화 재산을

---

104 1956년 8월 7일 발효.

105 Stanislaw E. Nahlik, "International Law and the Protection of Cultural Property in Armed Conflicts," *Hastings Law Journal*, Vol.27, No.5, 1976, p.1082.

106 Convention for the Protection of Cultural Property in the Event of Armed Conflict, May 14. 1954, 3511 U.N.T.S. 240, preamble.

107 '군사적 필요'에 대한 명확한 규정이 없어서 언제 적용되는지가 불분명하다.

훔치지 않는다. 또한, 각 체약국들이 문화유산의 절도, 약탈, 착복을 금지하고 방지하며 또 필요하다면 중지시킬 의무가 있다고 명시했다.

그러나 이 협약은 문화 유물 기원국의 문화 민족주의보다는 강대국의 문화 국제주의 입장을 반영했다는 비판을 받았다. 또한 절차를 관리하고 회원국들을 관리할 강제력 있는 감시 기구나 단체가 없어서 실효성에 대해서도 의문이 제기되어왔다.

1970년 파리 협약과 문화유산 황폐화 방지 원칙

문화유산을 국제적으로 보호하고 문화재 이동을 규제하기 위해서는 법의 역할이 중요하다는 점을 인식하면서 예술품 시장을 갖고 있는 국가들은 1970년 파리에서 열린 제16차 유네스코 총회에서 유네스코 협정을 채택했다. '문화재 불법 반출입 및 소유권 이전 금지와 예방 수단에 관한 협약'이 그것이다.[108] 이 협약은 평시 문화재의 불법 거래에 대항하는 가장 포괄적이고 기본적인 국제 협약이다.

이 협약은 "과학적, 문화적, 교육적 목적을 위한 문화재의 국가 간 교류가 인류 문명에 관한 지식을 증진하고 모든 국민의 문화생활을 풍요롭게 하며, 국가 간의 상호 존중과 이해를 고취시키는 점을 고려한다. 문화재는 문명과 국민 문화의 기본 요소를 이루며, 그 참된 가치는 그 기원, 역사 및 전통적 배경에 관한 가능한 모든 정보와 관련해서만 평가될 수 있음을 고려한다"고 전문에서 밝히고 있다. 동시에 자국의 영역 내에 존재하는 문화재를 도난, 도굴 및 불법 반출의 위험으로부터 보호하는 것은 모든 국가에 부과된 책임이라고 선언했다.

이 협약의 목적은 문화 재산의 국제 거래 시 발생하는 문제 해결을 위한

---

108 한국은 1983년 2월 1일 가입, 북한은 1983년 5월 13일 가입. http://portal.unesco.org/ en/ev.php-URL_ID=13039&URL_DO=DO_TOPIC&URL_SECTION=201.html.

공동의 대응 체계를 마련하기 위한 것이다. 이는 점차 국제 예술 시장에서 수요가 증가함에 따라 각국의 문화유산, 특히 고고학적, 민족적 문화 재산에 대한 약탈과 밀수가 증가하면서 이에 대응하기 위해 마련된 것이다. 이 협약에서 정의하는 '문화 재산'은 종교적이건 세속이건 간에 각 국가의 고고학적, 선사적, 역사적, 문학적, 예술적 혹은 과학적으로 중요한 재산을 의미한다.[109]

1970년 협약은 체약국들이 각국의 국내법과 충돌하지 않는 한 다른 체약국이 불법 수출로 규정한 문화 재산에 대해서는 본질적으로 수출이 불가능한 품목으로 규정하고, 반환을 촉구하며, 해외문화유산법과 해외수출법 등 관련 법을 제정할 것을 촉구한다.[110] 따라서 체약국들은 다른 체약국의 박물관 등으로부터 도취된 문화재(소장품 목록에 속하는 것이 증명된 것에 한한다)의 수입을 금지해야 한다. 한편으로는 기원국인 체약국의 요청에 따라 도취된 문화재의 회수 및 반환에 대해서 적절한 조치를 취해야 한다. 다만 선의의 구매자에 대해서 적정한 보상금을 지급하는 것을 조건으로 하고 있다. 자국 문화재 수출은 허가를 받는 것을 의무로 하며, 수출 허가서가 없는 것은 수출을 금지한다. 또한 정부간위원회를 창립해 유네스코 협정 이행과 관련, 당사국 간 분쟁이 발생할 경우 유네스코는 해결을 촉진하기 위해 중재자 역할을 할 수 있도록 규정하고 있다.[111] 유네스코 집행이사회 산하 협정 및 권고안 위원회가 협정의 이행을 감독하는 역할을 담당하고 있다.[112]

이에 따라 창설된 정부간위원회는 회원국의 정기 이행 보고서 및 유네스코 역량 내에 속한 인권 관련 사례 및 문제에 대한 보고서를 검토할 수 있는 권한을 갖는다. 이 이행 보고서는 "위반으로 인한 희생자가 되는 것으로 합리적으로 추정할 수 있는 개인이나 단체" 또는 "위반 사항에 대해 신뢰할 만한 지식을

---

109 1970년 협약 Art. 1.
110 Art.13.
111 1970년 협약 Art. 17(5).
112 2007년 11월, 제178차 회의에서 집행이사회는 협정 및 권고안 위원회를 설립했다.

갖고 있는 개인, 단체, 비정부기구"가 제출할 수 있다. 집행위원회 결의문은 "유네스코는 사법 기구 역할을 해서는 안 되며 상호 존중, 신뢰, 기밀 유지 조건하에서 협의를 주도함으로써 인권과 관련된 특정 문제에 대한 해결책을 찾기 위해 노력해야 한다"고 명시하고 있다.[113] 냉전 종식 후에는 양자 협상 촉진을 넘어 화해와 조정까지 그 권한을 확대했다.

기원국의 '문화유산 황폐화 방지' 원칙은 1970년 협정[114] 제2조에 명시되어 있다. '기원국States of Origin'이란 개념은 다양하게 해석될 수 있다. 문화 예술품의 제작 국가를 의미한다고 보는 입장도 있고, 제작자의 국적을 의미한다고 볼 수도 있다. 또한 반출되기 전 그 유물을 마지막으로 보유하고 있던 나라, 또는 그것이 발견된 나라를 의미한다고 볼 수도 있다. 그 유물과 관련이 있는 전통문화를 갖고 있는 국가라는 유네스코 정부간위원회의 정의는 불명확하다. 따라서 각 사례별로 누가 누구를 위해 그것을 만들었고, 어떤 목적으로 어디에서 만들어졌으며, 만약 획득한 것이라면 어떻게 획득하게 됐는지를 그 시비에 따라 개별적으로 조사해야 한다.[115] 황폐화 방지 원칙은 다음과 같다.

> 본 협정 당사국은 문화재의 불법 반출입과 소유권 양도가 문화재 기원국의 문화유산을 황폐화시키는 주요 원인이며 국제 협력이 문화유산 황폐화로 인한 모든 문제로부터 각국 문화재를 보호하는 가장 효율적인 수단이라는 점을 인정한다.
>
> 이를 위해 당사국은, 특히 원인을 제거하고 현재의 관행에 제동을 걸며 필요한 배상이 이루어질 수 있도록 지원하는 등 가능한 모든 수단을 동원해 문화유산 황폐화를 막고자 한다.

---

113 Decision 104 EX/3.3.
114 '문화재의 불법 반출입 및 소유권 이전 금지와 예방 수단에 관한 협약'.
115 이보아, 「한국, 북한, 일본 사이의 호혜적 대화를 통한 북관대첩비 반환」, 『문화재 반환 과거, 현재와 미래』, 2008.

황폐화 방지 원칙은 기원국의 정치, 군사, 경제적 취약성을 악용해 문화재를 이동시키려고 할 경우 더욱 강력한 역할을 할 수 있다. 이와 유사한 문화재 취득을 위한 '타국의 취약점 악용 방지 원칙'과 함께 활용할 경우 더욱 큰 효과를 발휘할 수 있다. 2003년 5월 22일 유엔 안전보장이사회가 채택한 결의안 1483호가 대표적인 예다. 당시 유엔 안전보장이사회는 다음과 같은 결정을 내렸다.

> 모든 유엔 회원국은 1990년 8월 6일 결의안 661호 채택 이후 이라크 국립박물관, 국립도서관 또는 기타 장소에서 사라진 이라크의 문화유산 및 고고학, 역사, 문화, 과학, 및 종교적 측면에서 희귀하고 중요한 문화재나 물품이 불법적으로 이동되었다는 합리적인 의심이 존재하는 경우 이를 안전하게 이라크로 반환하기 위해 관련 문화재나 물품의 거래나 이동 금지 등 적절한 모든 조치를 취해야 하며, 적절한 경우 본문에 언급된 조치의 집행을 지원해줄 것을 유네스코, 인터폴, 기타 국제기관들에게 촉구하는 바이다(7번째 단락).

하지만 이러한 국제 협약들에 대해서는 여전히 실효성에 대한 의문이 제기된다. 무엇보다 1954년 헤이그 협약이나 1970년 파리 협약에는 가장 큰 예술품 시장인 미국이 참여하지 않았거나 소극적이다. 미국은 1972년 유네스코 협약을 비준하긴 했지만 해외 수출 및 문화유산 관련 법을 제정, 발효를 촉구하는 광범위한 합의문에 대해서는 서명을 거부했다. 대신 미 의회는 1983년 문화유산 이행법CPIA[116]을 제정했다. 그러나 CPIA는 문화 재산의 국제 운송에 대한 기본 개념에서 차이가 있으며, 헤이그 협약과 마찬가지로 도난 문화재의 반환과 그에 대한 보상 원칙을 선언하고는 있지만 구체적인 절차나 요건을 명확히 하고

116　Convention on Cultural Property Implementation Act, 19 U.S.C. §§2601-2613.

있지 않다.

사법통일국제연구소

앞에서 살펴보았듯 문화재 불법 이동의 경우 황폐화 방지 원칙이 적용된다. 항상 같은 방향으로 이루어지는 문화재 불법 이동은 어떤 국가에서는 비도덕적인 미술품 거래상과 중개업자에 의해 조장되고 어떤 국가에서는 개인이나 조직범죄 활동을 부추기기도 한다. 이는 피폐해진 국가의 문화유산뿐 아니라 인류의 공동 유산에도 악영향을 준다. 사법통일국제연구소 또는 유니드로와 UNIDROIT 협약[117]은 다음과 같이 천명한다.

> 당사국들은 문화재 불법 거래 및 이로 인해 번번이 발생하는 해당 문화재
> 자체 및 각 국가, 부족, 원주민, 기타 지역사회의 문화유산과 인류 유산의
> 돌이킬 수 없는 훼손, 특히 유적지 약탈 및 그로 인한 고고학, 역사, 과학,
> 정보의 돌이킬 수 없는 손실에 깊이 우려하고 있다.

1995년 사법통일국제연구소 협약은 문화유산에 대한 배상과 반환에 대한 국제법적 규범과 절차를 규정함으로써 1970년 유네스코 협약을 보충하고, 법적 적용을 할 수 있도록 했다. 1970년 유네스코 협약과 1995년 사법통일국제연구소 협약은 상호 보완적이고 보충적이다. 이 협약은 체약국 영토로부터 수출되는 도난 및 불법 수출 문화 재산에만 적용된다. 이 협약이 정의하고 있는 '문화사물'은 종교적이든 세속적이든 간에 고고학, 선사, 역사, 문화, 예술, 과학, 또는 협정문 부속서에 언급된 범주에 속하는 모든 것을 일컫는다.[118]

117 1998년 1월 7일 발효됐다.
118 1954년 헤이그 협약에 따르면 '문화 재산'이 종교적이건 세속이건 간에, 각 국가의 고고학적, 선사적, 역사적, 문학적, 예술적 혹은 과학적으로 중요한 재산으로 정의된 것에 비해 '문화적 사물'은 그 범주가 확대된 것이라고 볼 수

이 협약은 도난·불법 반출된 모든 문화재의 절대적 반환 원칙을 세우고, 선의의 구매자를 위한 보상 규정과 절차를 마련했다. 국제 예술품 시장에서 선의로 구매한 경우에도, 도품이거나 기원국으로부터 불법 수출된 문화 유물이라면 절차에 따라 소유권을 주장할 수 있다. 다만 현 소유자가 도품임을 몰랐고, 해당 물품을 취득할 때 소장 이력이나 출처 조사 등 유효 권원을 확인하기 위해 성실히 노력했다면, 정당하고 합리적인 보상을 해주어야 한다. 도난·불법 반출 문화재의 반환 청구 시효는 원소유주가 현 소유자와 해당 물품의 소재를 알게 된 후 3년이며, 도난·불법 반출일로부터 50년 이내여야 한다.[119] 특별한 유형의 문화재에 대해서는 시효를 없애기도 한다. 또, 미술관이나 박물관이 기원국으로부터 문화유산이 불법적으로 수출됐음을 믿을 만한 이유가 있다면 국제박물관협의회ICOM의 윤리 규정에 따라 구매를 해서는 안 된다.[120]

윤리 규정과 2003년 유네스코 선언

이 대표적 세 가지 협약 외에도 국제사회는 문화재 보호와 반환을 위한 노력을 확대하고 있다. 1999년 1월 유네스코 위원회는 '거래상 윤리 규정Code of Ethics for Dealers'을 채택해, 같은 해 제30차 유네스코 총회의 승인을 받았다. 개인 수집가에서부터 대도시의 대형 박물관, 문화재 애호가인 수집가와 향후 매매 차익을 얻을 목적으로 문화재를 수집하는 수집가 등 수집가의 형태는 매우 다양하다. 이에 따라 국제사회는 '수집가의 윤리 규정'을 별도로 마련하기 위한 노력도 하고 있다. 2003년 10월에는 '문화유산의 고의적 파괴에 관한 유네스코

있다.

119 article 3(3). 일본은 아직 동 협약에 가입하지 않고 있는데, 협약 대상이 되는 문화재의 범위가 모호하다는 점과 문화재 원보유국의 반환 청구권 행사 기간이 도난당한 때로부터 50년으로 선의취득자의 법적 지위가 장기간 불안정하다는 이유를 들고 있다.

120 http://www.unidroit.org/english/conventions/1995culturalproperty/1995culturalproperty-overview -e.pdf.

선언UNESCO Declaration concerning the Intentional Destruction of Cultural Heritage'[121]이
채택됐다. 이 선언의 제5조는 점령을 포함, 무력 충돌의 발생 시, 국제법과 각종
국제 협약 및 합의의 목표와 원칙, 무력 충돌 시 문화유산 보호에 관한 유네스
코 권고 등에 따라 문화유산을 보호하기 위한 가능한 모든 조치를 취해야 한다
고 명시한다. 제6조와 제7조는 각각 국가의 책임과 개인의 책임에 대한 형사적
처벌을 규정한다.

> 파괴된다면 직접적인 영향을 받는 공동체에게 특별한 가치가 있는 문화유
> 산을 포함해 인류 전체에게 매우 중요한 유산을 일부러 파괴하거나 또는
> 이를 예방하고, 금지하고, 중지하고, 처벌하는 등의 필요한 조치를 일부러
> 게을리하는 나라는 그런 파괴에 대해 책임을 져야 한다. 이럴 경우 기술적으
> 로 가능하다면 복구하고, 아니면 보상하는 방식으로 배상해야 한다(제6조).

> 유네스코나 다른 국제기구에 의한 관리 목록에 포함되어 있든 아니든 간에
> 문화유산을 포함해 인류 전체에게 매우 중요한 유산을 일부러 파괴하거나
> 파괴를 명령하는 자에 대해서는 국제법에 따라 국가는 모든 적절한 사법적
> 조치를 취하고 형사적 처벌을 부과해야 한다(제7조).

국제분쟁의 해결 방식

국제사회에서 문화재를 둘러싼 분쟁 해결 방식으로는 소송lawsuit, 중재
arbitration, 조정mediation 등 세 가지 방식이 있다. 소송, 중재, 조정은 항상 서로
다른 배타적인 분쟁 해결 절차는 아니며, 동시에 또는 순차적으로 활용되기도

---

121 http://portal.unesco.org/en/ev.php-URL_ID=17718&URL_DO=DO_TOPIC&URL_SECTION =201.html.

한다. 따라서 하나의 절차에서 얻은 정보를 추후 다른 절차에 사용할 수 있는 지를 결정하는 과정에서 문제가 발생하기도 한다. 이를테면 구스타프 클림트의 〈아델 블로흐-바우어Adele Bloch- Bauer〉 그림을 두고 오스트리아 정부와 블로흐가의 유족인 마리아 알트만Maria Altmann과의 분쟁에서는 소송과 조정이 동시에 사용되었다(이 사건의 개요는 아래 참조).

다음은 문화 예술 재산과 관련한 국제사회의 분쟁 해결 방식과 근거 규정이다.

- 국제 협정에서 중재: 도난 또는 불법 반출 문화재에 관한 유니드로 협약 8.2항(1995년 6월 24일).
- 국가 간 조정 및 화해: 유네스코 정부간위원회 규정 4.1항 및 화해 및 조정에 관한 절차 초안 규정(2007년 5월 31일 현재).
- 박물관 소장 문화재 소유권에 대한 분쟁 해결을 위해 국제박물관협의회가 제안한 국제 조정 과정.122
- 협상: 국가 간 협상, 특히 외교 채널을 통한 국가 간 협상. 1970년 유네스코 협정 7b(ii)항.

중재와 조정은 모두 재판에 의하지 않고 합의에 의해 당사자 사이의 분쟁을 해결하는 제도로 분쟁 이전이나 이후에 합의가 이루어질 수 있다. 분쟁 당사자 사이에 제삼자가 개입해 화해를 붙인다는 점에서 일상적으로는 중재와 조정에 큰 차이가 없지만 법률적으로는 명확하게 구분된다. 중재는 제삼자의 판단이 곧바로 법적 구속력을 가지는데 비해 조정에서는 분쟁의 당사자가 제삼자의 조정안을 승낙함으로써 당사자를 구속한다. 또한 중재는 중재자가 판사와 비슷한 방식으로 절차를 진행해야 하는 공식적인 절차인데 비해 조정은 이보다는

---

122 http://icom.museum/programmes/art-and-cultural-heritage-mediation.

비공식적인 절차로 당사자들이 합의한 경우 조정자는 각 당사자와 별도로 대화할 수 있다. 중재는 일반적으로 법에 의거해 당사자들의 권한에 대해 판결을 내릴 수 없다. 그렇지만 조정자는 무엇인가를 결정할 수 있는 권한을 부여받지 않기 때문에 법률적 원칙에 구애받지 않는다.

조정의 목적은 판결을 내리는 것이 아니라 당사자들이 스스로 합의에 도달하고 이견을 조정하고 공통분모를 찾을 수 있도록 당사자들을 독려하는 것이다. 따라서 중재가 과거의 잘못을 바로잡기 위한 수단이라면 조정은 미래의 관계를 구축하기 위한 수단이라고 할 수 있다. 중재에는 수용 여부나 당사자와 상관없이 분쟁에 대한 판결을 내리는 재정자adjudicator가 관여한다. 중재에 합의하면 당사자들은 좋든 싫든 그 결과에 따라야 한다. 이에 비해 조정은 결과가 외부인이 내린 판결이 아니라 당사자들이 도달한 합의이기 때문에 각 당사자가 동의하지 않는 한 어떤 결과를 수용하거나 결과에 따를 필요가 없다. 중재는 국가 간 분쟁이 발생했을 때 중재 판결을 집행할 수 있는 효과적인 국제 절차가 있는데, 1958년 뉴욕협정New York Convention은 해외 중재판정의 승인 및 집행에 관한 유엔협약이 그것이다. 반면 조정은 이러한 국제적인 집행 절차가 없다.

조정의 장점[123]은 우선 기밀 유지가 가능하다는 점이다. 둘째, 경제적이다. 문화 관련 분쟁 해결에 사용할 수 있는 자원이 많으며, 재원을 모두 소모한 한 당사자에게 불평등한 해결책을 강요할 가능성이 줄어든다. 또한 당사자가 비용을 회수하지 못할 위험이 없으며 동시에 여러 구제책에 재원을 사용할 수 있다. 셋째, 유연성을 들 수 있는데, '승자 독식' 이외의 해결책에 대한 가능성을 제공한다. 예를 들어 한 개 이상의 문화재가 문제가 되는 경우 공동 분쟁 기반의 해결책을 마련할 수 있다. 또한 조정은 법에 의거한 해결 방안에서는 가능하지 않은 구제책을 마련할 수 있다. 넷째, 공유 및 협력성을 들 수 있는데, 협력적 방

---

[123] Sir. Anthony Mason, "Mediation and Art Disputes," *Art Antiquity and Law*, Vol.3 No.1, 1998.

안 창출에 더 효과적으로 대응할 수 있다. 당사자들을 더욱 직접적이고 긴밀하게 분쟁 해결 절차에 개입시킬 수 있다. 따라서 우호적 결과를 얻을 가능성과 분쟁 해결 이후 좀 더 항구적인 관계를 구축할 가능성이 높아진다. 마지막으로 투명성도 장점이다. 당사자들이 각자의 입장과 사건을 더 주관적으로 생각하게 될 수도 있다. 하지만 특히 문화재 전문가가 제시한 증거가 있는 경우 조정은 유용하다. 실력 있는 조정자는 판단의 영향을 파악해 이를 줄여준다.

국제법적 쟁점들

소유권의 정당성 문제 - 국가 행위 원칙

앞에서 다루었던 멘첼 대 리스트 사건은 복잡한 국제법적 쟁점과도 얽혀 있다. 하나는 사유물인 예술품의 탈취가 국제법상 합법적인 약탈과 노략 행위의 결과인가, 즉 예술품도 노획물이 될 수 있는가. 그리고 갤러리 측이 '국가 행위 원칙the Act of State Doctrine'에 의거해 정당한 소유권을 취득했는가다.

쟁점 1 점령군은 합법적으로 그림을 획득했으며, 따라서 소유권은 전쟁을 지휘하던 국가에 넘어갔는가.

'노획물'이란 전쟁 수행에 필요한 식품, 통신수단, 교통수단 등으로 정의되며 노획물의 획득은 합법적으로 본다.[124] 1907년 헤이그 협약에서는 노획물에 대해 "점령군은 오로지 현금, 금고, 국가 소유의 물건, 보급창, 수송 수단, 가게와 재고, 그리고 군사작전에 쓰일 수 있는 국가 소유의 동산만을 획득할 수 있다"고 했다.[125] 여기에 예술품은 포함되지 않았다. 약탈 또는 노략이란 전쟁의

---

124 Planters' Bank v. Union Bank, 16 Wall., 83 U.S. 483 (1872).
125 36 U.S. Stat. 2259 (art. 53).

수행에 즉각적으로 필요하지 않은 개인 소유의 물건을 징발하는 것을 말하며 이는 불법적인 것이다. 약탈이 발생하면 원소유주의 소유권은 소멸하지 않는다.[126] 따라서 이 사건 법원은 "점령지에 없는 시민의 재산을 무주물 또는 노획물로 간주해야 한다는 주장은 받아들여질 수 없다"고 판시했다. 징발이나 압류 대상이 되지 않은 사유재산의 경우에는 회복 또는 보상이 이루어져야 한다. 본 사건에 관련된 물품의 경우 군대의 필요에 쓰일 수 없어 징발이나 압류 대상이 된 적이 없는 사유재산이므로 약탈 행위로 간주될 수 있다고 했다. 샤갈 그림의 탈취를 국제법과 군사법에 정의된 약탈과 노략 행위로 본 것이다.

나치의 로젠베르크 특수부대가 저지른 약탈 행위에 대해서는 미국 대 괴링 U.S. v. Goering 판결문[127]에서 공공 및 사유재산 약탈로 기술된 바 있다. 1944년 7월 프랑스 해변에 연합군이 수복 작전을 개시하기 전, 독일의 자산이 노획물이 될 수 있는지 의문을 갖고 있던 21군 집단에게 전시 원칙에 준해 내려진 첫 명령은 "독일인들은…… 강탈, 약탈, 노략에 의해 빼앗아간…… 사유 동산에 대한 권한을 갖고 있지 않다"는 것이었다.

쟁점 2 당해 그림은 독일 당국에 의해 점령 세력의 법 행사와 국민 재산 몰수라는 방법을 통해 합법적으로 징발됐는가.

다시 말해 나치의 행위를 '국가 행위 원칙'에 의거에서 볼 수 있는가다. 국가 행위 원칙은 국제법상 동등 및 독립성의 원칙에 기반을 둔 것으로 법원이 재판이 발생한 국가의 법으로는 타당하지 않더라도 외국 주권국의 행위를 강제할 수 있다.[128] 이 원칙은 외국 정부에 의해 재산이 수용될 때 적용되는데 외국 정부는 재판 당시 미국이 승인하는 외국 국가여야 하며, 재산 수용은 해당국의 영

---

126 Mazzoni c. Finanze dello Stasto, LII II Foro Italiano 960 (Tribunale di Venezia, 1927); Etat Serbe-Croate-Slovene [Yugoslaivia], IX Recueil des Decisions des Tribunaux Arbitraux Mixtes 195.

127 6 F.R.D. 69, 120 (1946).

128 In effect, the Act of State Doctrine requires the court to enforce the act of a foreigns sovereign, even when that act might not be valid under the laws of the forum state.

토 내에서 발생해야 한다. 이 사건의 피고 측은 국가 행위 원칙상 미국 법원이 독일 정부의 압수에 대한 유효성을 판단해서는 안 된다고 주장했다. 이와 관련해 미국 연방대법원은 "지배적인 법 원칙에 대한 조약 또는 분명한 협약 없이는 상대국의 행위가 관습적인 국제법을 침해한다는 불평불만이 있다 하더라도, 사법부는 소송 시점에 존재가 인정되는 타 주권국가가 고유 영토 안에서 자산을 취득하는 행위의 타당성에 대해 조사하지 않는다"고 결정한 바 있다.[129] 이 같은 결정이 나온 쿠바 국립은행 대 사바티노Banco Nacional de Cuba v. Sabbatino 사건에서 연방대법원은 미국 거주민이 소유한 쿠바 회사의 설탕을 쿠바의 카스트로 정부가 징발하기로 한 칙령의 타당성에 대해 미국 지방법원이 조사할 권한이 없으며, 지방법원은 쿠바의 칙령을 액면가 그대로 받아들여야 한다고 보았다.

국가 행위의 원칙이 발동되기 위해서는 다음 네 가지 요소의 합일이 이루어져야 한다.[130]

①취득은 외국(타 주권국) 정부에 의해 이루어져야 한다.
②그 취득은 당해 정부의 힘이 미치는 영토주권 범위 내에서 행해져야 한다.
③그 외국 정부는 소송 시점에 실체가 인정되어야 하며 미국 정부의 승인을 받고 있어야 한다.
④취득은 조약상의 의무 규정에 위반되지 않아야 한다.

이 네 가지 요소를 동 사건에 적용해보자. 첫 번째 요건은 취득이 타 주권국 정부에 의해 이루어져야 한다는 것이다. 이 사건에서 멘첼의 작품을 탈취해간 ERR은 독일 정부라고 볼 수 있을까. ERR의 활동과 관련해서는 추축국 범죄 기소 미국 수석 변호단이 발간한 「국제 군사재판, 나치의 침략 모의」에 잘 정리

---

129 Banco Nacional de Cuba v. Sabbatino, 376 U.S. 398 (1964).
130 Merryman, John Henry, Elsen, Albert E. and Urice, Stephen K., *Law, Ethics and the Visual Arts*, p.51.

되어 있다. 이에 따르면 로젠베르크는 1942년 6월 18일 괴링에게 보낸 편지에서 "재산이 압수당한 개인 및 세력과의 싸움에서 피해를 본 국가사회주의당에 몰수 예술품들이 귀속되어야 한다"는 견해를 피력했으며, 국가사회주의당은 ERR의 운영자금을 댔다. 이 같은 정황을 볼 때 주권국가가 아닌 '나치당'의 기관인 '국가사회주의 이데올로기 교육연구소'가 그림들을 압수했다고 볼 수 있다. 미국 정부는 나치당을 승인하지 않았고, 그 취득은 1907년 헤이그 조약 규정도 위반한 것이다. 따라서 갤러리가 정당한 소유권을 취득할 수 없었다.

두 번째 요건인 취득은 그 정부의 힘이 미치는 영토 내에서 이루어져야 한다는 것이다. 첫 번째 요건에서 보듯 취득 행위가 타 주권국가에 의해 이루어진 것이 아니므로 재산의 위치가 그 관할권 내에 있었는가 하는 것은 고려할 이유가 없다. 설사 독일 정부가 취득한 것이라고 하더라도 그림이 징발당한 것은 벨기에의 영토인 브뤼셀이었으며, 1941년 3월 당시 벨기에 왕국의 망명 정부가 벨기에 정부로 인정되고 있었다. 따라서 독일 고유 영토 내에서 이루어진 일이 아니기 때문에 무효하다. 타국 정부는 소송 시점에 실체가 인정되어야 한다는 세 번째 요건도 충족되지 않는다. 제3제국은 1945년 항복 선언과 함께 패망했다. 따라서 재판 당시 현존하지 않았고 미국 정부가 인정하는 국가도 아니었다.

끝으로 취득은 조약의 강제 사항을 위반하지 않아야 한다는 요건을 보자. 우선 미국 헌법은 "헌법이나 미국 법에 만들어지는 것, 미국 정부의 권한 아래 새로 맺어지는 모든 조약, 상위 국법, 모든 주의 판결은 반대되는 것이더라도 헌법 혹은 주법에 따라야 한다"고 규정한다.[131] 그런데 벨기에, 독일, 미국이 모두 당사자로 가입해 있는 헤이그 협약에서는 "무력에 호소하기 이전에 …… 선한 관청에 의지해야 하고 우호적인 우방에 조정을 신청해야 한다"고 규정하고 있다.[132] 1907년 헤이그 협약의 1번 조항은 "협정을 맺은 당사국들은 협정 국

<hr>

131   U.S. Const. Article VI.
132   1899 Convention, Title II, Art. II; 32 U.S. Stat. 1779, 1785.

가 간에는 그럴듯한 선전포고이든 조건부 선전포고에 대한 최후통첩이든 이전에 명백한 경고 행위 없이는 개전 행위를 시작해서는 안 된다는 점을 확인한다.[133]" '육지전의 법 및 관습에 관한 협약' 제56항은 "지방 당국 및 종교, 자선, 교육, 예술, 과학 단체의 자산은 국가에 속하더라도 사유재산과 같은 지위를 인정받는다. 이와 같은 기관, 사적, 예술품 및 과학적 성과물에 대한 계획된 압류, 파괴, 손상 등은 금지된다"고 규정하고 있다.[134] 그리고 동 협약 제46항은 "가족의 명예와 권리, 인간의 생명, 사유재산 등은 종교적 신념 및 그 실천 행위와 마찬가지로 존중받아야 한다. 사유재산은 몰수될 수 없다"[135]고 되어 있으며 제47항은 "약탈은 공식적으로 금지된다"[136]고 규정한다. 벨기에 침입은 이 엄격한 조약 의무를 어긴 것이다.[137] 나치 점령 당시 만연했던 약탈은 1907년 헤이그 협약 제56항을 위반한 것이다.[138] 따라서 어떤 경우에 비춰 보더라도 국가 행위론은 적용되지 않는다.

국가 행위 원칙의 요건이 충족되어 정당한 소유권을 인정받은 사례도 있다. 러시아 대공 미망인이 러시아 혁명 당시 러시아에 두고 나온 그림의 소유권을 그 그림의 구매자를 상대로 주장한 사건이었다. 소비에트 정부는 그림을 압수했고, 러시아를 떠난 자들의 모든 재산은 국유화한다고 선언했다. 이에 대해 영국 법원은 "러시아의 명령은 주권 행위이고 영국 법원에서 그 유효성 여부를 논할 수 없다"고 판시했다.[139] 이에 따라 소련 정부는 이 구매자에게 유효한 소유권을 양도할 수 있었다.

133   36 U.S. Stat. 2271.
134   36 U.S. Stat. 2309; 6. F. R. D. 69. 120.
135   36 U.S. Stat. 2306-2307.
136   36 U.S. Stat. 2307.
137   6 F.R.D. 69, 120 at 102, 108.
138   Ibid. at 120-123.
139   Princess Paley Olga v. Weisz [1929] 1 KB 718; DuBoff and King, *Art Law in a Nutshell*, p.30 (King's Bench Reports).

재판관할권의 문제 - 외국주권면책법

재판관할권이 쟁점으로 된 대표적인 사건은 알트만 대 오스트리아 정부 Altmann v. Republic of Austria재판[140]이다. 사건의 개요는 다음과 같다. 오스트리아 빈에 있는 벨베데레 국립 미술관은 구스타프 클림트의 그림을 가장 많이 소장하고 있는 곳으로 유명하다. 2006년 1월 15일 오스트리아 중재 법원의 판정에 따라 벨베데레 미술관에 전시되어 있던 클림트의 다섯 작품이 미국에 살고 있는 마리아 알트만에게 돌아가게 되었다. 사건은 이렇다.

〈아델 블로흐 바우어〉의 초상화를 포함한 클림트의 작품 여섯 점은 원래 클림트의 후원자로 오스트리아의 유대인 부호인 블로흐 바우어Bloch-Bauer 가족이 소유하던 것이다(그림 16). 페르디난트 블로흐 바우어와 그의 부인 아델 블로흐 바우어는 고가의 미술품들을 소장하고 있었다. 부인 아델은 1925년 사망 전, 남편에게 클림트의 작품을 자신의 사후 오스트리아 갤러리에 기증할 것을 요청하는 유서를 남겼다. 그러나 그림의 소유주인 블로흐 바우어는 오스트리아 갤러리 측에 아내의 요청을 따를 법적 의무가 없다고 통보하고, 대신 조카들에게 그림을 물려주었다. 조카 중 한명인 마리아 알트만은 1945년 미국 시민권을 취득하고 캘리포니아에 거주하고 있었다. 1938년 나치 독일이 오스트리아를 병합하기 직전 블로흐 바우어는 망명을 떠나야 했다. 그의 공장은 물론이고 예술품들도 나치에 의해 압수당했다. 나치 변호사는 여섯 점의 클림트 그림을 자신의 소유로 하고 나머지 두 점은 오스트리아에 있는 갤러리에 팔아치웠다. 독일이 패하고, 1946년 오스트리아는 나치에 의한 거래를 무효화하는 법을 입안했다. 동 법률 제1조에 의하면 "독일 점령기에 독일 제국의 정치적 또는 경제적인 추구로 1938년 3월 13일부로 자연인 또는 법인에게서 재산권을 몰취하기 위해서 행해진 법률 행위와 기타의 법적 행위는 유상이든, 무상이든 모두 무효다". 같은 해 오스트리아 정부는 국가 소유의 문화재나 예술품은 국가의 승인 없이

---

140   317 F.3d 954 (9th Cir. 2002).

반출할 수 없도록 하는 법을 제정했다. 1998년 문화재환수법Kunstrückgabegesetz 의 시행에 따라 오스트리아 정부는 블로흐-바우어 컬렉션에 속해 있던 클림트 의 그림 17점과 19편의 자기류를 마리아 블로흐 바우어가의 마지막 생존자인 마리아 알트만에게 반환했다. 그러나 이 사건에서 문제가 된 여섯 점의 클림트 작품들은 1923년 아델의 유언에 따라 오스트리아 정부가 적법하게 소장하는 것이라는 이유로 반환을 거부했다. 2000년 알트만은 클림트 작품들에 대한 소 유권을 주장하며 미국 캘리포니아 법원에 오스트리아 정부를 상대로 소송을 제 기했다.[141] 원고 알트만의 주장은 다음과 같다.

①나치는 원고(마리아 알트만)의 유대인 삼촌으로부터 클림트의 작품을 강 제 몰수했으며 이는 국제법에 위배된다.

②전쟁 시 오스트리아 정부는 이러한 강제 수용에 공모했다.

③유족이 그림의 소유권을 알게 되었을 때 현 정부는 그림의 몰수 배경에 대해 알면서도 유족을 기만했다.

④현 정부와 갤러리는 그림에 대한 잘못된 소유권을 주장하고 있다.

2004년 미국 연방대법원은 알트만이 오스트리아 정부를 상대로 한 반환 청구 소송에 대해 미국 법원에 재판관할권이 있다고 판결했다. 재판관할권과 관련해서 쟁점은 '외국주권면책법FSIA: Foreign Sovereign Immunities Act'의 적용 대 상인가 하는 것이었다. 이 법은 외국의 주권을 존중해 미국 법원에서 외국 정부 가 면책이 되는 범위를 규율한 것으로, 외국 정부는 원칙적으로 미국 내에서 소 송 대상이 되지 못하더라도 외국 정부가 상행위commercial activity로 한 행위에

---

141 1998년 뉴욕 시는 나치당에 의해 도난당한 작품이라며 오스트리아 정부가 뉴욕현대미술관에 대여한 두 점의 에 곤 실레 작품을 압수했다. 동시에 오스트리아 갤러리가 약탈품들을 보유하고 있다는 의혹이 일자 오스트리아 정부 는 소장 미술품 아카이브를 통해 출처 및 이력에 대한 조사를 허락하고 위원회를 구성했다. 이때 클림트 작품의 법적 소유권에 대한 의문을 제기하는 아델의 유서가 발견됐고, 유족인 알트만은 오스트리아 정부와 갤러리를 상대로 반환 소송을 벌이게 된 것이다.

대해서는 소송의 상대방이 될 수 있다.[142] 예컨대 외국 정부가 전기·가스·통신 등을 공급하면서 일정한 수익을 올리고 있다면 이는 상행위에 해당하기 때문에 미국 법원은 자국민이 그러한 국가를 상대로 한 소송에 관할을 인정할 수 있다는 것이다.

미국 법원이 이 사건에 대해 재판관할권을 갖기 위해서는 벨베데레 미술관의 전시 행위를 '상행위'로 볼 수 있는가와, 그렇다 하더라도 FSIA가 제정되기 이전에 발생한 사건에 대해서도 FSIA를 소급 적용할 수 있는가 하는 문제가 발생한다. 미국 법원은 오스트리아 미술관이 영어를 구사하는 박물관 인솔자를 제공하고, 미술관의 컬렉션을 미국에 선전하며, 또한 관할법원의 지역에 거주하는 주민들을 포함한 미국 관람객들을 받아들였다는 사실을 들며 벨베데레 미술관의 전시 행위를 상행위로 볼 수 있다고 판단했다. FSIA는 1976년에 제정되어 1977년부터 시행됐다. 그러나 클림트 그림 전시는 그 이전부터 계속되어왔다. 따라서 법률의 소급효를 인정해야만 FSIA를 근거로 미국 법원이 재판을 할 수가 있다. 이에 대해 미국연방법원은 FSIA의 소급효를 인정했다.[143]

결국 미국 법원이 재판 관할을 인정하는 판결을 내리고, 오스트리아 정부에 대한 비난 여론도 거세지자 2005년 5월 18일 오스트리아 정부와 알트만은 미국 내 재판을 종결하고 오스트리아 중재 법원의 결과에 따르기로 합의했다. 중재 과정에서 대부분의 전문가들은 마리아 알트만에게 소유권이 있다는 의견서를 보내왔다. 오스트리아 중재 법원은 "당해 클림트의 그림이 문화재환수법 제1조의 반환 의무 규정에 근거해 '1945년 5월 8일 역사적, 예술적, 문화적 의미를 가진 물건의 수출을 금지하는 연방 법률의 시행 이후에 금전적 보상 없이 연방의 소유로 귀속되거나 연방의 소유로 인정되어왔던 반환 대상 예술품'에 속한다"고 판단함으로써 알트만의 손을 들어주었다.[144]

---

142 §1605(a)(2).

143 Republic of Austria et al. v. Altmann, 541 U.S. 677 (2004).

144 Altmann et. al. v. Austria, 335 F. Supp. 2d 1066 (C.D Cal. 2004). 클림트의 유명한 초상화 〈아델 블로흐 바우어I〉는

문화재 보호

새로운 국제법상 규범이 등장하면 과거의 규범에 따라 전승국이 쟁취한 미술품이나 문화재들은 새 국제법에 따라 반환해야 할까. 1969년 조약법에 관한 유엔 국제회의United Nations Conference on the Law of Treaties에서 채택된 '조약법에 관한 빈 협약Vienna Convention on the Law of Treaties'의 규정대로라면 반드시 반환할 필요는 없어 보인다. 새로운 국제법 규범이 생길 경우 새 규범과 충돌하는 기존의 조약은 무효이며 종료된다(동 협약 제64조). 그러나 종료 전 당해 당사국들 간 조약의 집행을 통해 생긴 법적 상황에 대해서는 영향을 미치지 않는다(동 협약 제71조 제2항). 그렇다면 각국의 국내법상으로는 어떨까. 많은 국가들이 통상 절도에 해당하지 않더라도 문화재나 골동품을 외국으로 반출하는 행위에 대해서는 별도로 해당 물품의 압류와 지역을 포함한 민형사상 제재를 받을 수 있는 법제를 마련하고 있다. 또한, 문화재가 사유재산이라도 국가적 통제를 받도록 하는 법을 제정하고 있다.

매장문화재법

전통적 의미의 도난 예술품에 관한 청구는 횡령conversion, 동산 점유 회복 replevin, 그리고 선의의 매수인도 적법한 소유자에 대항해 재산에 대한 권원을 취득할 수 없다고 판시한 판례법상 원칙과 관련이 있다. 그러나 이러한 전통적 의미의 도난은 예술품 불법 거래의 약 10퍼센트에 불과하고 문화재 도난의 상당수는 외국의 매장문화재법에 반하여 직접 도굴된 문화재에 해당된다.[145] '매

2007년 6월 화장품 회사로 유명한 에스티 로더의 상속자인 로널드 로더가 1억 3,500만 달러에 구입했고, 현재 자신이 직접 운영하는 노이에 갤러리Neue Galerie에 기증, 전시되고 있다.

145 Jennifer Sultan, "Combating the Illicit Art Trade in the European Union: Europol's Role in Recovering Stolen Artwork", p.765

장문화재법Found-in-the-ground Laws'은 특정 국가에 소재하는 모든 문화재가 허락 없이 다른 국가로 이동했을 때 그 국가로 반환되어 그 국가에 소재해야 한다고 규정한다.[146] 매장문화재법은 대체로 그리스, 이탈리아, 터키 등 고고학적 가치가 있는 문화재가 풍부한 국가들이 채택하는데 이 법을 통해 개인이 문화재를 취득, 소유 및 거래하는 것을 제한한다. 일반적으로 특정 국가로부터 문화재의 무단 이전을 금지하는 '반출 제한'과 그 영토 내에 소재하는 모든 문화재에 대한 소유권을 국가에 귀속시키는 '국유 선언'이라는 두 가지 요소로 이루어진다.[147]

한국은 민법 제255조를 통해 학술, 기계 또는 고고의 중요한 재료가 되는 물건에 대해 국유로 한다고 규정하고 있다. 다만, 습득자나 발견자 또는 매장물이 발견된 토지나 기타 물건의 소유자는 국가에 적당한 보상을 청구할 수 있다.

제254조(매장물의 소유권 취득)

매장물은 법률에 정한 바에 의하여 공고한 후 1년 내에 그 소유자가 권리를 주장하지 아니하면 발견자가 그 소유권을 취득한다. 그러나 타인의 토지, 기타 물건으로부터 발견한 매장물은 그 토지, 기타 물건의 소유자와 발견자가 절반하여 취득한다.

제255조(문화재의 국유)

①학술, 기예 또는 고고의 중요한 재료가 되는 물건에 대하여는 제252조 제1항 및 전2조의 규정에 의하지 아니하고 국유로 한다. ②전항의 경우에 습득자, 발견자 및 매장물이 발견된 토지 기타 물건의 소유자는 국가에 대

---

146 William G. Pearlstein, "Claims for the Repartriation of Cultural Property: Prospects for a Managed Antiquities Market," *Law & Policy in International Business*, Vol.28, No.1, 1996, p.128.
147 엘살바도르, 그리스, 이탈리아, 및 터키는 반출 제한 및 국유 선언 양자를 모두 채택하고 있다. Alexi Shannon Baker, Selling the Past: United States v. Frederick Schultz, Archaeology, Apr. 22, 2002, http://archive.archaeology.org/online/features/schultz.

하여 적당한 보상을 청구할 수 있다.

그러나 특정 국가의 법원이 다른 국가의 형사법에 기초한 청구를 집행할
수 없다는 국제법의 특성상, 매장문화재법은 자국 내의 문화재는 보호할 수 있
지만 국제법상으로는 큰 효과를 발휘하지 못한다. 이를테면 다른 국가가 형벌
적 법률을 통해 문화재 반출 행위에 대해 제재를 가했다 하더라도 미국은 이 같
은 문화재의 미국 내 반입과 소유를 형사적으로 제재하지는 않는다.[148] 따라서
'일단 채택된 증거Prima facie case', 즉 상대방이 반증을 들고 나오지 않는 한 승
소가 될 것 같은 소송 사건이 아닌 경우에는 횡령이나 동산 점유 회복 청구 소
송에서 승소하기가 어렵다.

도품이나 약탈품 거래가 많은 미국은 판결을 통해 매클레인McClain 법리
를 수립, 외국의 매장문화재법을 인정해왔다. 매클레인 법리는 멕시코에서 문화
유물을 발굴한 뒤 허가 없이 미국으로 반입했다가 연방도품법NSPA에 따라 기
소된 미국인들에 대한 재판 결과로, 미국 문화재법에서 중요한 법리를 구성한
다. 멕시코 법은 매장 유물에 대해 국가 소유권을 규정하고 있었다. 매클레인 I
판결[149]에서 '고고학적·예술적·역사적 기념물에 관한 멕시코 연방법'은 동산
및 부동산에 해당하는 고고학적 기념물은 양도가 불가능하고 취득시효로도 취
득할 수 없는 국가 재산이라고 규정하고 있다고 확인했다. 매클레인 II 판결[150]
에 따르면, 원칙적으로 외국의 매장문화재법을 위반하여 문화재의 점유를 취득
하는 것은 NSPA에 따라 형사처분을 받을 수 있다. 매클레인 법리는 매장 유물
에 대해 국가 소유권을 부여하는 외국의 법에 관해 원칙을 수립한 매우 중요한
판례다. 앞의 미합중국 대 슐츠United States v. Schultz 판결[151]에서 법원은 같은 법

---

148 John Henry Merryman, The Retention of Cultural Property, 21 U.C. Davis L. Rev. 477 (1988).
149 McClain I, 545 F.2d 998 at 1000; 333 F.3d 393 at 396.
150 593 F.2d 658 (5th Cir. 1979).
151 333 F.3d 393.

리에 따라 이집트 법률 제117호는 1983년 이후 이집트에서 발견된 모든 고대 유물이 이집트 정부의 재산이라고 규정하고 있다고 판시했다. 매클레인 법리는 다음 요건을 충족시켜야 한다.

첫째, 고의성이 입증되어야 한다. 즉 외국이 그 문화재를 국유화한 사실을 피고인이 알고 있어야 한다. 따라서 외국의 매장문화재법은 미국의 시민에게도 같은 행위를 금지하고 있다는 사실을 충분히 명확하게 고지하고 있어야 한다. 둘째, 단순히 문화재 반출 제한 법률을 위반한 행위만으로 불법 반출한 재산의 점유를 연방도품법 위반 행위로 보는 것은 아니다. 외국 매장문화재법이 문화재의 국유화를 규정하지 않는 한 미국 내에서는 집행이 불가능하다. 셋째, 문화재의 국유를 규정한 외국의 매장문화재법은 그 법적 효력에 대해 적절히 공지하기에 충분한 체계를 갖추어야 한다. 넷째, 당해 문화재는 국가 소유권을 주장하는 국가의 영토에서 나온 것이어야 한다. 다섯째, 골동품이나 유물은 근대적 국경 내에 위치해야 한다. 마지막으로, 외국의 관련 매장문화재법 시행일 이후에 발생한 절도에만 해당된다.

문화재보호법과 문화재 반출입의 제한

대체로 국가는 생존 작가의 예술품에 대한 수출은 장려하지만 문화재로 지정된 작품에 대해서는 수출을 통제한다. 수출을 제한하는 국가들은 검사 절차를 통해 선택적 제재를 하거나, 원칙적으로 반출을 완전히 금지시키기도 한다. 1970년 유네스코의 '문화재 불법 반출입 및 소유권 이전 금지와 예방 수단에 관한 협약'은 문화 재산의 불법 반출입에 관한 근간을 마련한 협약이다. 미국은 1983년 동 협약의 이행법CPIA[152]을 마련했다. CPIA는 두 가지 반입 제한 규정을 두고 있다. 하나는 동법의 발효 이후 타 당사국의 미술관이나 공공 기

---

152 19 U.S.C. §§2601-2613.

념물, 또는 유사 기관의 목록에 등재되어 있는 문화 재산의 수입을 금지하는 것이다.[153]

다른 하나는 다른 국가의 요청에 의해서만 발동하는 반입 제한 조치인데, 미국 정부에 이 같은 조치를 요청하기 위해서는 다음 네 가지의 사실을 입증해야 한다. ①반환 요청국의 문화재가 약탈로 인해 위험에 처해 있어야 한다. ②반환 요청국이 이 위험으로부터 문화재를 보호하기 위해 조치를 취해야 한다. ③반입 제한이 약탈을 막는 데 실질적인 도움이 되며, 이 같이 덜 극단적인 방법은 현재 로선 존재하지 않아야 한다. ④반입 제한 조치는 국제사회의 상호 문화적 이해, 즉 보편적 이익에 부합해야 한다.[154] 11명으로 구성된 문화 재산 자문위원회가 요청에 대해 검토하고, 대통령에게 권고하는 형식을 취한다. 동 법에 따르면 미국 대통령은 양자 간 또는 다자간 합의를 체결하게 되고, 최대 5년간 유효하며, 연장이 가능하다. 그러나 이 이행법은 형사법이 아닌 데다, 연방법을 포함 다른 법률에 대해 우선 적용하지 않기 때문에 실효성에 의심이 제기된다. 중국 역시 1989년에 1970년 협약의 체약국이 되었다. 2004년에는 미국과 동 협약에 대한 양해각서를 교환했다.[155] 양해각서라는 형식은 원칙적으로 법적 구속력이 없으나 중국과 미국의 양 당사국은 법적 구속력에 대한 의지를 표시했다. 양해각서에는 4개 조항이 있는데, 중국의 구석기 시대부터 당나라 시대까지의 중요한 고대 유물, 조각물, 벽화 등 중국이 목록화한 것에 대해 수입을 제한하며, 이 같은 의무는 미국의 법과 제도의 대상이 된다는 내용이 포함되어 있다.

한국은 문화재에 대한 수출이나 반출을 엄격히 통제한다. 지정문화재와 중요 민속자료, 비지정문화재, 즉 일반 동산 문화재는 수출이나 반출이 금지된다. 문화재보호법 제39조는 "국가가 지정한 국보, 보물, 천연기념물 또는 중요 민속문화재는 국외로 수출하거나 반출할 수 없다"고 명시한다. 즉 문화재를 국

---

153 §308은 1970년 협약 Art. 7(b)(i)의 거울 조항이다.
154 19 U.S.C. §2602(a)(1)(A)-(D) (2000).
155 Rhodes, *Art Law & Transactions*, p.230.

외로 반출하는 것 자체가 원칙적으로 불가능하며, 이를 위반할 경우 형사처분을 받게 된다. 다만, 문화재의 국외 전시 등 국제적인 문화 교류 목적의 반출인 경우, 그 반출한 날부터 2년 이내에 다시 반입할 것을 조건으로 문화재청장의 허가를 받아야 한다. 여기서 부득이한 사유가 인정될 경우에는 2년의 범위 내에서 반출 기간을 연장할 수 있다.

지정문화재란 국가 지정문화재, 시·도 지정문화재, 문화재 자료를 말한다. 이 가운데 국가 지정문화재는 보물 및 국보, 중요무형문화재, 사적, 명승, 천연기념물, 중요 민속자료, 보호물 또는 보호구역이 있다. 일반 동산 문화재 역시 반출 금지를 전제하며 반출할 경우에는 '박물관 및 미술관 진흥법'에 따라 설립된 박물관 등이 외국의 박물관 등에 일반 동산 문화재를 반출한 날로부터 10년 이내에 다시 반입할 것을 조건으로 반출할 수 있다. 이 경우 문화재 청장의 확인을 받아야 한다.[156] 또한 일반 동산 문화재로 오인될 우려가 있는 동산을 반출하려 할 경우에도 문화재청장의 확인을 받아야 한다. 일반 동산 문화재의 범위는 회화, 조각, 석조물, 공예, 전적, 고문서, 서간, 서각, 근대 매체, 고고 자료, 자연사 자료, 과학기술 용구 및 민속자료, 외국 문화재를 말한다.[157] 국가 지정문화재를 국외로 무허가 반출하거나 반출한 문화재를 기한 내에 다시 반입하지 않으면 5년 이상의 유기징역에 처하며 그 문화재를 몰수한다.[158] 일반 동산 문화재의 경우는 3년 이상의 유기징역에 처하며 그 문화재를 몰수한다.[159] 국가 지정문화재를 손상, 절취 또는 은닉하거나 그 밖의 방법으로 효용을 해하게 할 경우에는 3년 이상의 유기징역에 처한다.[160]

우리 헌법재판소는 지정문화재가 아니더라도 국외 수출이나 반출을 금지하는 것이 과잉 금지의 원칙에 위반되지 않는다고 보고 있다. 따라서 이를 위반

---

156 문화재보호법 제60조.
157 시행령 제36조.
158 문화재보호법 제90조.
159 위의 법.
160 문화재보호법 제92조.

하는 행위에 형사처분을 과하는 것은 금지 규정의 실효성을 보장하는 차원에서 합리성을 인정하고 있다. 다만 국외 전시 등의 예외적인 경우에는 일시적인 반출을 허용한다.

> 문화재는 그 사회의 문화적 풍토와 역사적 전통을 배경으로 하여 형성되는 것이어서 원래의 장소에 있을 때에 역사적·문화적·예술적 가치가 더 높게 평가되는 것이고, 그 장소를 떠나서는 의미와 가치가 반감되는 것이다. 그런데 문화재가 국외로 수출 또는 반출되면 국가의 주권이 미치지 아니하여 이를 보존·활용할 수 없게 되고 일단 수출 또는 반출된 것은 사실상 반입이 어려운 것이므로, 대부분의 국가들도 그 보호의 대상 및 정도에서 차이가 있으나 문화재의 국외 반출을 엄격히 제한하는 것이 현실이다. 따라서 '비지정 동산 유형문화재'의 무허가 국외 수출 또는 반출을 금지하는 것은 문화재를 보존·활용하기 위한 적정한 방법으로서, 이를 위반하는 행위에 형사처분을 과하는 것은 금지 규정의 실효성을 보장하는 차원에서 보면 합리성이 인정되는 것이다. 헌법재판소 전원재판부 2000.6.29. 선고, 98헌바67 결정.

외국에 있는 문화재에 대해서는 "국가는 국외 소재 문화재의 보호·환수 및 활용 등을 위해 노력해야 하며, 이에 필요한 조직과 예산을 확보하여야 한다"고 규정해 국외 소재 문화재의 반환 의무에 대해서 명시하고 있다.[161] 또한 국외 문화재 환수 및 활용 자문위원회를 두고, 국외 소재 문화재의 현황 및 반출 경위 등에 대한 조사와 연구, 환수 및 활용을 위한 각종 전략 정책 연구 등을 수행하기 위해 국회 문화 재단 법인을 설립하도록 하고 있다.

---

161 문화재보호법 제67조(국외 문화재의 보호) 국가는 국외 소재 문화재의 보호 환수 및 활용 등을 위하여 노력하여야 하며, 이에 필요한 조직과 예산을 확보하여야 한다.

문화재의 매매 및 매매업에도 정부가 관여한다. 문화재를 매매하기 위해서는 대통령령이 정하는 바에 따라 특별자치 도지사, 시장·군수 또는 구청장으로부터 문화재 매매업 허가를 받아야 한다.[162] 문화재 매매업을 하기 위해서는 국가, 지방자치단체, 박물관 또는 미술관에서 2년 이상 문화재를 취급하거나 문화재 매매업자에게 고용되어 3년 이상 문화재를 취급한 경험이 있어야 자격이 주어진다.[163] 한편, 다른 예술품과는 달리 문화재에 관한 한 선의취득 제도도 적용되지 않는다. 문화재보호법은 지정문화재의 매매 등 거래 행위에 대해서는 민법 제249조의 '선의취득에 관한 규정'을 적용하지 않는다.[164] 다만, 민법과 같이 양수인이 경매나 문화재 매매업자 등으로부터 선의로 이를 매수한 경우에는 피해자 또는 유실자는 양수인이 지급한 대가를 변상하고 반환을 청구할 수 있다.[165]

미국에 소재하고 있는 외국 문화재와 관련된 법은 앞서의 연방문화재협약 이행법과 연방도품법 등이 있다. 연방도품법[166]은 주나 지방 집행공무원의 관할을 피하기 위해 주 경계를 넘어 도품을 반출하는 행위를 막기 위한 것이었다. 미국 내에 소재하는 외국 문화재는 도품이나 불법 반입 재산과 관련된 연방법에 따라 형사소송의 대상이 된다. 일차적으로 미국 연방 정부가 고소인이 되고, 미국 내 소재 외국 문화재를 압류·몰수한 다음, 외교적 경로를 통해 그 문화재의 기원국으로 이전하는 형태로 이루어진다.[167] 이 법에 따라 고대동양원시예술 전미중개인연맹National Association of Dealers in Ancient, Oriental, and Primitive Art의 전 회장이자 뉴욕에서 고대 예술품 갤러리를 운영하던 아트 딜러 프레더릭 슐츠Frederick Schultz가 유죄 선고를 받기도 했다. 슐츠는 이집트와 아시아의 골동품들을 취급하는 아트 딜러였다. 그는 1970년 유네스코 협약에 반대하고, 외국

---

162 제75조.
163 제76조.
164 문화재보호법 제87조.
165 문화재보호법 제87조 단서 조항.
166 National Stolen Property Act 18 U.S.C. §§2314-15 (2000).
167 Jessica L. Darraby, *Art, Artifact, Architecture and Museum Law*, Thompson Reuters, 2010, 6:133.

의 매장문화재법을 인정하는 매클레인 법리 등을 비난해왔다.

1990년대 영국의 복원가인 조너선 토클리 패리Jonathan Tokeley Parry는 3,000여 점의 이집트 골동품을 밀반입했다. 싸구려 복제품으로 위장해 골동품을 들여온 뒤 다시 복원해 국제 예술 시장에 판매하는 방식이었다. 그는 슐츠에게도 아멘호테프 3세Amenhotep III 조각상과 6세기 석회석 조각상 등을 판매했다. 슐츠는 이집트 고대 유물을 운송하고 취득하기로 공모한 혐의로 2001년 연방도품법 위반으로 기소되었다.[168] 도품으로는 이집트 골동품이 포함되어 있는데 이집트는 1983년 이집트로부터 불법적으로 골동품을 이동시키는 것을 금지하는 골동품법을 제정했다. 이 법에 따르면 모든 미발견 골동품이나 유물들은 국가 소유로 규정되며, 따라서 허가받지 않은 매장 유물의 발굴 및 반출은 절도에 해당한다. 법원은 1970년, 매클레인 법리에 따라 연방도품법 위반이 맞다고 판시했다. 미국 연방도품법에 의하면, "사기에 의해 도난, 횡령 또는 취득된 물품인 것을 알면서 주 간 또는 국제적 상거래에서 최소 5,000달러 이상의 값어치가 있는 물품을 운송 및 소지"하는 경우에 이를 형사처분한다.[169] 연방도품법을 위반한 경우에 벌금 또는 금고에 처하거나 병과할 수 있다.[170] 위반이 성립되기 위해서는 ①해당 물품이 도난당한 물품이라는 사실을 알고 있어야 하며, ②그 물품이 주 간 또는 국제적 상거래에 의해 운송되었어야 하며, ③그 물품 가액이 5,000달러 이상이어야 한다.[171]

2013년 9월 '호조태환권'이 한국으로 환수되었는데 이는 한미 양국의 수사 공조를 통해 형사 절차를 밟아 해외 유출 문화재를 환수한 최초의 사례다.[172] 1951년 참전 미군이 덕수궁에 있던 호조태환권 인쇄 원판을 미국으로 유출한 것인데, 이 미군의 유족이 경매 회사를 통해 내다 판 것을 연방도품법에

---

168   333 F.3d 393.
169   18 U.S.C. §2314.
170   동법.
171   위의 글.
172   유석재·윤주현,「해외 유출 문화재, 국제 수사 공조 통해 첫 환수」,『조선일보』, 2013.08.28.

따라 환수하고, 낙찰자를 장물 유통 등의 혐의로 기소한 것이다.

한편, 미국에서는 문화 제국주의자들의 입장을 전적으로 옹호하는 법안도 검토되고 있다. 2012년 현재 미국 상원에서는 '외국 관련 문화(유산) 교류에서 사법권 면책에 관한 규정법Foreign Cultural Exchange Jurisdictional Immunity Clarification Act'을 검토 중이다. 민주당과 공화당이 제안해 지난 2월 하원에서 가결된 이 법률안은 국립박물관의 소장품을 외국에 빌려주거나 다른 박물관의 것을 수용할 때 영토 안은 물론 그 밖의 다른 나라에서도 국립박물관의 보호를 목표로 한다. 이는 소유권에 대해 이의를 제기하거나, 불법적이라고 평가되거나, 실제로 그렇다고 밝혀질 수 있는 예술품에 대한 모든 압류 또는 반환 요구를 금지한다. 단, 유대인 소유로 제2차 세계대전 중 독일 나치가 탈취한 것은 제외한다. 우연이든 필연이든 취득 과정이 부정한 예술품 환수를 위한 모든 법적 소송을 막는 것이다.[173]

많은 유럽 국가들은 1959년 로마협약이 체결될 당시, 이미 문화적 재산의 수출을 제한하는 국내법을 제정했다. 영국은 1939년 전시 수출 제한법을 제정했는데, 영국 내 매장되어 있는 특정 예술품의 수출 제한도 포함됐다. 전쟁이 끝난 후에는 국가의 예술적 유산과 유물에 대한 수출 허가제를 도입하고, 100년 이상 되거나 8,000파운드 이상의 문화재로서 영국에서 만들어졌거나 수출일 기준 50년 전에 수입된 것을 수출하려면 허가를 얻도록 하고 있다.[174]

영국의 문화재 보호 법제는 불법으로 유출된 문화재 거래 범죄 방지, 역사적 건조물 및 그 집합으로서의 보존 지구 보호, 유적·유구 등을 중심으로 하는 고대 기념물 보호로 나눌 수 있다. 문화재거래범죄법은 문화재로서 의심이 가는 물건을 취득하거나 처분하는 행위, 수입하거나 수출하는 행위, 타인의 취득, 처분, 수출, 수입에 동의 또는 주선하는 행위를 처벌 대상으로 한다.[175] 중요 문

---

173 Patrick Howlett-Martin, "Où ira le buste de Néfertiti?" *Le Monde diplomatique*, Jul. 31, 2012.

174 DuBoff and King, *Art Law in a Nutshell*, p.13.

175 서헌제·정병윤, 『캐나다와 영국의 문화정책 및 법제』, 한국법제연구원, 2006, 177쪽.

화재 또는 문화적 가치가 있는 물품 등을 국외로 반출하기 위해서는 영국 문화부의 수출 허가를 받아야 한다. 문화재 반출 기준은 국가적으로 중요한 가치를 가졌는지 여부를 심사한다. 어떤 물품이 영국 역사나 국민들의 삶에 밀접한 관련이 있어서 이를 반출할 때에는 국가적 손해가 될 수 있는가와 미학적 중요성을 따진다.

영국은 1970년 유네스코 문화재 불법거래 금지협약 이행을 위해 2003년 문화재거래법Dealing in Cultural Objects Offences Act을 제정했다. 이에 따라 영국에서는 2003년 12월 30일부터 훼손된 문화재라는 사실을 알거나 믿고서 부정하게 거래하는 것은 범죄로 처벌받는다. 위반할 경우 정식 기소된 때에는 7년 이하의 징역형과 무제한 벌금에 처해지고, 약식 기소된 경우에는 6월 이하의 징역과 5,000파운드 이하의 벌금에 처해진다.[176] 이 법에서 말하는 문화재는 역사적·건축학적·고고학적 가치를 가진 물건이며, 구조적, 건축적, 장식적인 측면에서 다양한 종류를 모두 섭렵할 수 있는 정의 규정이다.[177] 문화재의 '훼손'은 문화재를 불법적으로 발굴했거나, 역사적·고고학적·인종학적 가치를 지닌 빌딩이나 건축물의 일부분을 분리하거나, 기념비로부터 제거하는 것을 말한다.[178] 훼손 행위는 반드시 영국 내에서 발생할 필요는 없다.[179] 본법에 의해 처벌대상이 되는 행위는 부당 거래 문화재의 '거래'다. 거래란 ①취득·처분·수입·수출, ②①에 언급된 행위를 하기로 합의하거나 ③그러한 행위를 하도록 주선하는 행위 등이다.[180]

일본은 1970년 유네스코 문화재 불법거래 금지협약에 가입하고, 이를 시행하기 위한 국내 입법으로 '문화재의 불법적인 수출입 규제 등에 관한 법률'을

---

176 Dealing in Cultural Objects Offences Act, 1(3).

177 동법, 2(1).

178 동법, 2(2).

179 동법, 2(3).

180 동법, 3(1).

제정하고 '문화재보호법'의 일부를 개정했다.[181] 동 제정법은 특정 외국 문화재의 지정 절차(동법 제3조 제2항), 이에 대한 수입 규제, 도난당한 특정 외국 문화재에 대한 선의취득의 특칙으로 반환 청구 기간의 연장 등을 규정했다. 이 규정에 따르면 민법상의 시효인 2년을 넘어도 수입자가 지불한 대가 변상을 조건으로 10년 내에는 반환을 청구할 수 있다. 그러나 특정 외국 문화재가 일본에 유입된 후에 비로소 지정된 경우에는 선의취득에 관한 특칙이 적용되지 않는다. 또한 동법은 역으로 도난 신고된 국내 문화재의 외국에의 통지에 관해서도 규정하고 있다.

개인 자유와의 충돌

1945년 이래 전 세계 예술품과 골동품 시장은 급격히 성장했다. 각국은 문화유산 보호라는 대의하에 개인의 문화예술품 거래를 규제하기 시작했다. 그런데 이러한 국가적 규제는 재산권이나 거주 이전의 자유와 같이 개인에게 주어진 헌법적 권리와 때때로 충돌하기도 한다. 많은 국가들이 자국의 문화유산을 국가 소유로 선언하는 법을 만들었다. 해당 법이 적용되면 개인이 소유하고 있는 문화적 물품의 시장가치에도 크게 영향을 미칠 수밖에 없다. 단순히 특정 품목에 대한 수출 금지만으로도 물품의 가치는 크게 떨어진다. 문화적 사물은 국내 시장보다는 국제 시장에서 더욱 고가에 거래되기 때문에 수집가나 소장자들은 이를 강제 재산 몰수라며 불평한다. 문화유산 및 유물이 풍부한 이탈리아의 헌법재판소는 이러한 주장을 수차례에 걸쳐 일축했다. 반면 코스타리카 대법원은 1981년 제정된 고고학적 국가유산보존법에 대해 위헌 판결을 내렸다. 코스타리카 헌법이 요구하는 절차적 요건이나 정당한 보상 없이 사적 재산을 강제

---

181 이동기, 「문화재 환수 협약의 성립 경위와 현황 – 유네스코 협약과의 관계를 포함하여」, 『국제사법연구』 제15호, 2009, 183쪽.

몰수하는 것은 위헌이라는 것이다. 그러나 이 코스타리카 법원의 판결은 이례적인 것으로 대부분의 국가들은 개인 소유 국가적 문화 유물에 대한 국가 제한에 대해 합헌이라는 입장이다.

소유권 관련 쟁점은 정당한 보상을 받기를 원하는 개인들에 의해 끊임없이 각국의 헌법적 판단대에 올랐다. 유럽인권법원에 호소하기도 했다. 인권 및 기본권적 자유 보호를 위한 유럽 협약[182]은 "모든 자연인과 법인은 자신의 소유물을 평화롭게 향유할 자격이 있다. 개인의 소유물을 빼앗을 수 없다고 규정한다. 하지만 공익적 목적이나 법이 정하는 조건에 따라, 그리고 국제법의 일반 원칙에 따라 예외가 될 수 있다"고 단서 조항을 달고 있다. 1998년에는 반 고흐의 작품을 놓고 스위스의 한 아트 딜러가 이탈리아 정부를 유럽인권법원에 제소하는 일이 있었다. 이는 유럽인권법원이 미술품의 국제 거래를 다룬 처음이자 유일한 사건이다. 1954년 이탈리아 정부는 고흐가 프랑스에서 그린 〈젊은 농부의 초상Portrait of a Young Peasant〉(1889)을 1939년 법 No.1089에 따른 "역사적, 예술적 의미가 있는 작품"으로 선포하고, 이 명령을 로마에 거주하던 미술품 수집가이자 작품의 소유주인 베루시오Verusio에게 고지했다. 1977년 스위스 아트 딜러인 바이엘러Beyeler가 로마의 앤티크 딜러 피에란젤리Pierangeli를 통해 고흐의 작품을 구입했고, 원소유주인 베루시오는 작품 판매 사실을 정부에 신고했다. 중개상 역할을 한 아트 딜러 피에란젤리는 팔레르모 수출국에 해당 작품을 런던으로 보내기 위한 허가서를 요청했다. 이탈리아 정부는 국가 문화유산이 해외로 반출되는 것은 심각한 국가적 손해라며 수출 허가서 발급을 거부하며, 국가가 구입할 의사는 없다고 밝혔다.

이 사건에 대해 유럽인권법원은 "만일 법원이 협약이나 프로토콜 위반으로 결정하거나 체약 당사국high contracting party의 국내법이 부분적 반환만을 허락한다면, 법원은 피해를 입은 당사자에게 정당한 보상을 제공해야 한다"고 했

---

182 the First Protocol to the European Convention for the Protection of Human Rights and Fundamental Freedoms.

다. 그러면서 "(이 사건으로 인해, 특히 이탈리아 당국에 의해 범죄인처럼 취급당한 부분에 대해) 국제적 명성이 있는 수집가의 명예 실추에 대한 정당한 보상이 이루어져야 하며, 작품 압수 당시 작품의 가치에 해당하는 금액을 배상해야 한다"면서 6개월간 양측이 합의할 것을 명령했다.[183]

프랑스에서도 비슷한 논란이 있었다. 프랑스 법원은 해당 고흐의 작품을 국보로 지정한 프랑스 정부가 월터Walter에게 보상금(1억 4,500만 프랑)을 지급해야 한다고 판시했다.[184] 유명한 파리 아트 딜러의 증손자인 월터는 1955년 뉴욕에서 고흐의 〈오베르의 정원le Jardin à Auvers〉[185]을 150만 프랑에 구입해 프랑스로 들여왔다. 1981년 월터는 경제적 이유로 이 그림을 스위스 경매를 통해 매각하기로 결심했고, 600만 프랑의 가치로 산정하고 작품의 수출 허가서를 요청했다. 그러나 프랑스 문화부는 1941년 미술품수출법을 근거로 허가서 발급을 거절했다. 1941년 법에 따르면 정부는 수출 허가서를 거부하거나 미술품을 구매할 권리가 있으며 소유주에게 보상금을 지급할 의무는 없다. 월터는 1988년 다시 반출 허가를 요청했으나, 1989년 해당 그림은 '역사적 재산'으로 지정되어 아예 반출을 금지당했다. 미술품이 '역사적 재산'으로 지정되면 해외 반출이 금지되고, 매매도 신고해야 하며, 복원도 정부의 허가를 받아야 한다. 해외 반출이 금지되는 바람에 월터는 결국 1992년 프랑스 국내 경매 시장에서 헐값에 매각했다. 그는 파리 공공 경매 매각 금액 5,500만 프랑과의 차액 2억 5,000만 프랑을 배상하라며 프랑스 정부를 상대로 제소했다.

프랑스 법원은 "국보 지정에 따른 손해 금액을 원소유주에게 보상해야 하며, 보상은 분류 지정 공지 이후 6개월 이내에 이루어져야 한다. 보상 액수가 합의에 이르지 못할 경우, 관할법원에 의해 지정될 수 있다"고 판시했다. 법원은

---

183 Beyeler v. Italy [GC], no. 33202/96, ECHR 2000-1.

184 The Walter case, in Timothy P. Ramier, "Agent Judiciaire du Trésor v. Walter: Fait du Prince and a King's Ransom," *International Journal of Cultural Property*, Vol.6, No.2, 1997.

185 이 작품은 후에 지속적으로 진위 논란에 시달렸다.

1989년 국보 지정 당시 정부가 월터에게 국보 지정에 대해 적절한 고지를 하지 않았다며 절차적 문제를 지적했다. 따라서 시효가 지났다는 정부의 주장을 일축했다. 보상 액수와 관련해서 프랑스 정부가 국가적 핵심 문화유산이라고 생각하는 미술품을 보존하기 위해 국보를 지정하려면 원소유주에게 정당한 금액을 보상해야 하며, 액수는 공개 시장에서 팔 때의 금액과 수출을 금지해 국내 시장에서 팔 경우의 가격 차이에 해당한다고 했다. 그러나 이러한 결정에도 의문이 남는다. 정부가 자국의 문화 재산을 보호하기 위해 공공 자금으로 배상금을 지급하더라도 해당 작품은 여전히 개인 소유이고 공공은 이 작품에 접근할 수가 없기 때문이다.

소유권 쟁점은 거주 이전의 자유와도 관련되어 있다. 유럽인권협약은 "누구나 자신의 소유품과 함께 자유롭게 국가를 떠날 수 있다"고 규정한다.[186] 거주 이전의 자유는 대다수의 자유민주주의 국가 헌법에 규정된 기본권이다. 나치와 구소련 시대 유럽 국가들에서는 이전의 자유가 크게 제한되었다. 특히 나치당은 유대인이 독일, 오스트리아와 프랑스 등의 점령 국가를 떠날 때에는 귀중한 문화적 물품이나 미술품을 포함한 재산을 "기부"하도록 했다. 결과적으로 이전의 자유에는 개인 소유품을 갖고 떠날 자유를 의미한다는 주장이 설득력을 얻게 되었으며 많은 법원들이 그렇게 해석한다. 그렇다면 이전의 자유에 대해서는 어떤 제한도 가해서는 안 되는 것일까. 유엔인권협약은 특수한 경우에는 국가를 떠날 자유에 대한 통제를 허용하고 있다. 민주 사회에서 "필요한 경우", 즉 국가 안보나 공공의 안전을 위해, 공공의 질서를 유지하고, 범죄를 막고, 타인의 자유와 권리를 보호하기 위한 경우가 그렇다.[187] 이전의 자유라는 기본권과 국가의 제한은 여전히 많은 논란을 낳는다. 자신 소유의 미술품을 갖고 이민을 가려는 자는 미술품수출금지법 위반에 해당될까.

---

186 Art. 2 of the Fourth Protocol.
187 Art. 3 of the Fourth Protocol.

3 예술품의 위조와 감정

2010년 1월 영국의 빅토리아 앨버트 박물관은 가짜 예술품들을 모아 '경찰청의 위작·모방품 수사the Metropolitan Police Service's Investigation of Fakes and Forgeries'라는 전시회를 열었다.[188] 영국 런던 경찰청이 적발한 가짜 조각과 그림 100여 점을 모아 전시한 것인데, 이 작품들이 진품이었다면 약 400만 파운드(한화 약 75억 원) 상당으로 추산된다. 전시 작품의 대부분은 숀 그린할프Shaun Greenhalgh라는 전문 위조범의 것이었다. 그린할프는 1989년부터 2006년까지 17년간 중세 장신구, 10세기 은그릇, 고대 조각을 비롯해 근대 화가까지 심지어 그라피티 작가인 거리 예술가 뱅크시의 작품까지 셀 수 없이 많은 가짜 예술품들을 만들어 팔아왔다. 그가 예술품을 판매한 곳은 일반 수집가뿐 아니라 전 세계 미술관과 경매 회사 등이 포함되었다. 이 전시회를 통해 영국 경찰은 예술품 범죄를 적발하고 예방하는 데 사용되는 수사 기법을 소개하고, 예술품 관련 범죄에 대한 경각심을 환기시키고자 했다.

시중에서 이루어지는 예술품 거래의 약 10퍼센트가 위작이거나 가짜로 추

---

188 Owen Jarus, "Fakes and Forgeries go on display at the V&A Museum," *The Independent*, Jan. 19, 2010.

정된다.[189] 한국미술품감정평가원에 따르면, 감정 의뢰 작품 중 위작이 차지하는 비중은 약 27퍼센트다. 예술품의 가치를 평가하는 기준은 다양하지만 특히 예술품 자체가 가지는 미적 가치와 함께 작품의 유일성 또는 희소성은 매우 중요하다. 불가능하기도 하지만 아무리 뛰어난 작품이라 해도 똑같은 작품이 수천, 수만 점이 존재한다면 작품의 가치는 하락할 수밖에 없다. 따라서 유일성과 희소성이라는 예술품의 특성상 진위 여부를 판단하는 것 역시 매우 중요한 일이다. 영리하고 뛰어난 위조범들은 전문가들의 눈까지 속일 정도로 정교하게 가짜를 만들어내기 때문에 예술품을 사고팔 때는 신중을 기해야 한다. 위작이 진작으로 둔갑해 시장에 나올 경우 원작 예술품의 가치는 훼손될 수밖에 없다. 위조 예술품의 유통은 창작자와 구매자 또는 소장자 개인뿐만 아니라 사회 전반에 피해를 입힌다. 구매자는 지불한 만큼의 대가를 돌려받지 못함으로써 직접적인 피해를 입을 것이다. 위조된 예술품들은 미술 사학자들을 오도해 미술사 전체를 어지럽힐 수 있다. 또한 예술품을 담보로 돈을 빌려주는 금융기관이나 채권자도 피해자가 될 수 있다. 위조품을 매매한 경매 회사나 갤러리, 아트 딜러, 예술품 소장가 등의 신뢰를 떨어뜨려 예술품 시장 전체가 교란될 수도 있을 것이다.

전 세계 예술품 시장이 성장하면서 예술품을 위조하거나 가짜 예술품을 진짜로 속여 파는 사기 매매를 하는 경우도 크게 늘고 있다. 시장에서 금전적 가치가 큰 작품들의 경우 불법 복제가 증가하면서 예술품 구매자나 중개를 하는 아트 딜러들, 창작자에게도 골치 아픈 문제가 되었다. 이 장에서는 예술품 위조 방식과 유통 유형에 대해서 살펴보겠다.

189 DuBoff and King, *Art Law in a Nutshell*, p.57.

예술품 위조와 사기

영국의 존 마이엇John Myatt과 존 드루John Drew 콤비, 에릭 헵번Eric Hebborn, 헝가리의 엘미르 데 호리Elmyr de Hory, 독일의 복원가 출신 로타르 말스카트 Lothar Malskat, 네덜란드의 한 판 메이헤런Hans Van Meegeren, 미국의 데이비드 스타인David Stein과 아미엘 가족Amiel Family 등은 예술계에서 거장들이나 슈퍼스타급 예술가들만큼 유명한 이름들이다. 이들의 공통점은 뛰어난 모사 실력으로 위작들을 만들어 유통시킴으로써 예술계를 발칵 뒤집어 놓았다는 것이다. 이들이 만들어낸 가짜 작품들은 르네상스 이전부터 근현대에 이르기까지 시기와 종류, 사조까지 다양했다. 가짜라는 사실이 들통이 나기까지 상당한 시간이 흐르거나 자백하기 전까지는 밝혀지지 않은 경우도 있었다. 심지어 이들이 만들어낸 가짜 작품들의 상당수는 지금도 전 세계 어딘가에서 유통되고 있다.

영국의 에릭 헵번은 코로Corot, 반 다이크Van Dyck, 푸생, 루벤스Rubens 등 거장들의 그림을 그대로 베끼기보다는 화풍을 모사했다. 미술사가들은 그의 위작들을 보고 진품이 맞으며 스타일 면에서 뛰어난 작품이라고 평가했다. 그의 모작들은 경매 회사 등을 통해 고가에 팔려나갔다. 헵번은 회화, 드로잉, 조각 등 스타일을 모사하면서 자기만의 창작성을 가미했다. 1979년 워싱턴 D.C.의 내셔널 갤러리의 한 큐레이터는 런던의 유명한 각기 다른 아트 딜러로부터 구입한 두 점의 드로잉을 비교하다가 이 작품들이 같은 재질의 종이로 제작됐다는 것을 알고 진품성에 의심을 품기 시작했다. 그는 예술계의 동료들에게 이 사실을 알렸고, 뉴욕의 모건 라이브러리Morgan Library에 있는 작품도 가짜일 가능성이 드러났다. 그리고 이 작품들은 모두 헵번을 통해 구입했다는 사실도 알아냈다. 그렇지만 명예훼손 소송에 휘말릴 수 있으므로 일단 언론에는 알리지 않았다. 몇 년 후인 1984년 헵번은 자신이 작품을 위조해왔다고 자백했다. 그는 1991년 『드런 투 트러블*Drawn to Trouble*』이라는 자서전을 통해 예술계와 평론가, 아트 딜러들을 속이기가 얼마나 쉬웠는지 떠벌렸다. 그의 죽음 또한 미스터리였다. 예술품 위조 방법과 유럽 사회에서 어떻게 위작들을 유통시킬 수 있는가를 소개한 저서『예술품 위조자의 핸드북The Art Forger's Handbook』이라는 저서의 이탈리아판을 발간한 직후인 1996년 1월, 헵번은 로마의 길거리에서 둔기에 얻어 맞아 두개골이 부서진 채 발견되었고, 며칠 뒤 병원에서 사망했다.

화가 요하네스 페르메이르의 작품을 위조해온 한 판 메이헤런은 워낙에 모사 실력이 뛰어나서 본인 스스로 위조 사실을 털어놓기 전에는 어떤 전문가도 눈치 채지 못할 정도였다. 히틀러의 비밀 창고에서 발견된 〈간음한 여자와 그리스도Christ and the Woman taken into adultery〉에 얽힌 일화는 흥미롭다. 예술가로서의 성공을 꿈꾸던 메이헤런은 미술 평론가 아브라함 브레디위스Abraham Bredius가 자신의 작품들에 대해 혹평을 하자 좌절하면서 이 평론가에 대한 복수를 꿈꾸었다. 그가 택한 방법은 다른 작가의 작품을 모사해 브레디위스를 시험에 들게 하는 것이었다. 브레디위스는 히틀러의 비밀 창고에서 발견된 〈간음한 여자와 그리스도〉를 살펴본 후 17세기 네덜란드의 거장 페르메이르의 새 작품이라고 주장했다. 이때 메이헤런이 나서서 동 작품은 페르메이르의 것이 아니라 자신이 페르메이르풍으로 그린 그림이라고 주장했다. 사람들은 저명한 미술 평론가인 브레디위스의 주장을 믿고, 메이헤런이 거짓말을 한다고 생각했다. 그러던 중 〈간음한 여자와 그리스도〉의 입수 과정이 기록된 나치의 비밀 문서집이 발견되었는데, 나치의 2인자 헤르만 괴링이 메이헤런으로부터 산 그림이라고 적혀 있던 것이다. 그럼에도 불구하고 브레디위스를 비롯한 사람들은 여전히 메이헤런의 주장을 받아들이지 않았다. 오히려 메이헤런은 페르메이르의 작품을 나치에 넘겼다며 반역죄 혐의를 받게 되었다. 그는 혐의를 벗기 위해 3개월 간 경찰의 감시하에 직접 그림을 그려 동 작품이 자신의 것임을 입증했다. 메이헤런의 모작을 페르메이르의 작품이라 주장하던 브레디위스의 명성은 추락했고, 결국 미술 평론을 그만두어야 했다.

유명 예술가들의 서명까지 위조하던 데이비드 스타인은 모사 실력이 워낙 출중해서 체포되어 투옥되어 있는 동안에도 위작 활동을 계속했다. 스타인은 가짜 서명 대신 '스타인의 위작Forgeries by Stein'이라는 서명을 넣어 전시회까지 개최했다. 스타인은 자신의 이름을 넣는 대신 '~의 스타일, ~풍의in style of'라는 식으로 샤갈, 피카소, 마티스 등 거장의 작품을 흉내 내고 위작 혐의를 피해갔다. 그러자 당시 뉴욕 시 검찰총장은 누구든 쉽게 그림에서 스타인의 이름을 제거하고 그 자리에 원작자의 서명을 넣어 가짜를 유통시킬 수 있다면서, 이로 인해 예술품 시장이 교란되고 공공에 해악을 끼칠 것이라면서 이 전시회를 막기 위해 가처분 신청을 냈다. 그러나 법원은 가처분 신청을 기각했다. 불법행위가 개입될 가능성이 있다는 이유만으로는 개인의 자유로운 전시 활동을 막을 근거가 충분하지 않다는 게 이유였다.[190] 심지어 법원은 "스타인이 이 같은 작품들은 만든 동기가 무엇이든 간에, 그가 사전적 정의로나 실제로나 '예술가'라는 사실은 분명하다. 거장의 스타일을 완벽하게 살려낸 스타인의 작품들을 보면 '진정한 예술가들'에게 부여된 특별한 재능이 있는 것 같다"고 했다. 이 판결은 논란을 낳았지만, 스타인의 전시회는 성공적이었고 샤갈 풍의, 피카소 풍의, 마티스 풍의 스타인 작품들은 절반 이상 팔려 나갔다.

한국 미술계에서는 1970년대 말부터 위작을 둘러싼 문제가 부각되기 시작했다. 특히 이중섭의 작품을 둘러싼 진위 논쟁은 여러 차례 큰 관심을 끌었다. 1978년 11월 이중섭의 작품 중에서 당시까지 널리 알려지지 않았던 〈싸우는 소〉가 서울 문화화랑에서 열린 기획전에 출품되었다가 진위 논란에 휩싸였다. 작품의 오른쪽 아래에 있던 서명이 문제가 되었다. 이중섭은 자기 그림에 서명을 할 때에도 매우 엄격했고, 마음에 차지 않거나 완성되지 않았다 싶은 그림에는 서명을 넣지 않았다. 그러나 문화화랑의 대표가 이 작품에 이중섭의 서명이 들어 있지 않은 것을 꺼림칙하게 여겨 작품에 자신이 서명을 써 넣었던 것이다. 〈싸우는 소〉 위작 논란은 잠잠해지다가 2004년에는 가나화랑의 기획전 '천년의

---

190 State of New York v. Wright Hepburn Webster Gallery, Ltd., 314 N.Y.S.2d 661, aff'd 323 N.Y.S.2d 389 (App. Div. 1971).

색forever RED' 전에 이 작품이 모습을 드러내면서 다시 불거지기도 했다.[191]

2016년에는 이우환의 작품을 둘러싸고 '위작 논란'이 미술계를 뒤덮었다. 논란은 경찰 수사로 이어졌고, 그 결과 위작 조직 2곳이 적발됐다. 화랑업자와 골동품 판매상은 알고 지내던 한 작가에게 위작 판매 수익금의 절반을 대가로 이우환의 대표작이자 가장 고가에 거래되는 〈점으로부터〉〈선으로부터〉 등 4점을 베껴 그린 뒤 가짜 서명을 적게 했다. 이들은 위작 3점을 13억 2,500만 원 상당에 팔았다. 2017년 1월 사서명위조 등 혐의로 기소된 화랑업자는 징역 4년, 골동품 판매상은 징역 7년, 작가는 징역 3년에 집행유예 5년을 선고받았다.

1991년부터 23여 년간 지속된 천경자의 〈미인도〉를 둘러싼 위작 논쟁은 매우 흥미롭다. 당시 국립현대미술관이 천경자의 〈미인도〉를 전시하고 있었다. 그런데 천경자 화백이 직접 나서서 전시중인 그림이 자신이 그린 작품이 아니라고 주장한 것이다. 그는 자기가 그린 다른 작품을 흉내 낸 것이라면서 그 근거로 붓질이나 제작 연도를 표기하는 방식이 다르며, 자신이 한 번도 그려본 적 없는 흰 꽃이 등장한 점 등을 지적했다. 하지만 국립현대미술관 측은 그림에 대한 현미경 분석과 안료에 대한 화학적 실험, 당해 작품을 입수하게 된 경위 등을 들어 진품이라고 주장했다. 여기에 한국화랑협회 감정위원회가 진품이 맞다며 국립현대미술관의 손을 들어주었다. 그러다가 1998년 7월 이 그림을 자신이 그렸다는 위조범이 나타나면서 새로운 국면으로 접어들었다. 고서화 위조 사건으로 구속된 위조범이 화랑을 하는 친구에게서 돈을 조금 받고 달력 그림 몇 개를 섞어서 〈미인도〉의 위작을 만들었다고 한 것이다. 하지만 이미 공소시효 3년이 지난 후여서 결국 수사는 하지 못했다.[192] 그러던 중 2015년 천경자가 타계한 후 일부 유족은 2016년 4월 국립현대미술관 관계자 6명을 사자 명예훼손과 허위 공문서 작성 행사, 저작권법 위반 등의 혐의로 서울중앙지검에 고소하면서

191   송향선, 「이중섭 회화의 감정 사례 연구」, 명지대학교 문화예술대학원 석사학위논문, 2005.
192   김기리, 「한국 미술품 감정에 관한 연구−미술품 진위 시비 사례를 중심으로」, 홍익대학교 미술대학원 석사학위논문, 2005.

새로운 국면을 맞게 되었다. 국립현대미술관이 소장 중이던 〈미인도〉는 '진품이 아니다'라는 작가의 주장을 무시하고 허위 사실을 유포해 천 화백의 명예를 훼손했고, 국립현대미술관이 '위작'을 진품이라고 내세운 것은 저작권법 위반이라는 주장이었다. 이에 대해 검찰은 같은 해 12월 〈미인도〉가 진품이라고 결론을 내리고, 6명 가운데 미술평론가 1명만 사자 명예훼손 혐의로 재판에 넘기고 국립현대미술관 관계자 5명은 모두 무혐의 처분을 받았다. 유족은 즉각 수사 결과를 받아들일 수 없다며 서울고검에 항고했지만 기각됐고, 대법원에 낸 재정신청 역시 최종 기각됐다. 재정신청은 고소·고발인이 검찰의 불기소 처분에 불복해 법원에 공소 제기 여부를 결정해 달라고 요청하는 제도로 법원이 신청자의 주장을 받아들이면 검사는 법원 판단에 따라 기존에 불기소한 사건을 재판에 넘겨야 한다. 이로써 논란이 촉발된 지 25년 만에 최소한 '법적'으로는 〈미인도〉는 진품으로 결론이 났다.

위작이 특히 문제가 되기 시작한 것은 예술 작품이 공간적인 제약을 벗어나기 시작하면서다. 교회나 성당의 벽에 그려 넣거나 부착하는 종교예술과 달리 유화 같은 단품, 그리고 여러 장을 찍을 수 있는 판화, 조각 같은 형태의 예술품은 쉽게 이동이 가능하다. 레오나르도 다 빈치의 〈최후의 만찬〉이나 미켈란젤로의 시스티나 예배당의 천장화를 위작으로 만들기는 힘들 것이다. 또한 귀족이나 교회의 주문을 받아 제작하던 예술가들이 독립하여 개별적인 창작자로 활동하게 되면서 다른 예술가의 스타일과 명성을 훔칠 수 있게 됐다. 시민혁명과 산업혁명을 거치면서 시민계급이 사회의 주역이 되고 이들의 문화적 욕구가 높아지던 19세기 후반부터 유럽에서는 국제적인 미술 시장이 성립되었으며, 예술품의 매매가 활발해질수록 위작 또한 번성했다.[193]

최근 들어 예술품의 환급성이 높아지고, 예술품이 투자의 대상으로 떠오르면서 위작은 더욱 기승을 부리고 있다. 디지털, 3D 프린팅, 알리고즘 분석

---

193 이연식, 『위작과 도난의 미술사』, 한길아트, 2008, 26쪽.

을 통해 복제품을 얼마든지 생산할 수 있는 인공지능AI 등 과학기술이 발달하고 보편화되고 회화, 드로잉, 조각 같은 전통적 예술품을 제조하는 데 들어가는 비용 또한 낮아지면서 위조꾼이나 사기꾼들이 예술품 시장에 진입해 예술품 애호가들을 속이기는 훨씬 쉬워졌다. 더군다나 인터넷을 통한 상행위가 발달하면서 어디서든 누구든 손쉽게 직접 보지 않고도, 중개인의 도움 없이도 예술품을 손쉽게 살 수 있게 되면서 위조품은 빠른 속도로 시장에 유입해 전 세계로 퍼져나가고 있다. 물론 저작권자들이 위조품을 관리하고 감독하기는 더욱 어려워졌다.

예술품의 위조 방식과 유통

예술품 위조 방식에는 세 가지가 있다. 첫째 '가짜, 모작, 모조품fake'이다. 특정 작가의 작품으로 속여 판매할 목적으로 남의 작품을 그대로 본 따서 만들 뿐 아니라 작가의 이름, 작품 관련 서류 등 일체를 위조하는 것을 말한다. 작품에서 서명은 원작임을 보증하는 중요한 장치이지만 위작자가 원작을 위조할 때는 보통 서명까지 위조하는 경우가 많다. 따라서 서명이 있다고 해서 반드시 원작이라고 할 수는 없으며 역으로 단지 서명이 없다는 이유로 진품이 아니라고 단정할 수도 없다. 따라서 진위를 감정할 때 서명은 결정적인 증거가 되지 못하는 경우가 많다. 다만 위작으로 드러난 작품에 서명이 들어 있다면 위작을 만든 사람, 혹은 서명을 넣은 사람이 처음부터 이를 위작으로 유통시킬 의도가 있었다고 추정할 수 있다. 이 같은 유형에는 진품인 작품을 변경한 것과, 다른 작가에 의해 나중에 완성된 작품을 포함한다.

두 번째 유형인 '위작, 위조품forgery'은 진품을 복제한 것으로 남을 속이기 위해 일부러 복제한 경우도 있고, 그럴 의도는 없었지만 나중에 진작으로 둔갑하는 경우도 있다. 복제copying라 함은 기존의 작품을 그대로 복제하거나 특정 예술가의 스타일로 흉내 내는 것을 말하는데 만일 복제의 원본 작품이 공유작물이고, 자신의 작품이라고 남을 속일 의도가 없다면 복제 자체만으로는 불법이 아니다. 다른 사람을 속일 의도 없이 제자나 견습생 등이 복제품이나 모사품을 만들었으나 실수로 복제품 또는 모사품에 작가의 이름이 잘못 표기되거나 해당 작가가 속한 학파의 것으로 표기되어 훗날 해당 작가의 것으로 판매되기도 한다. 이런 경우는 사기의 의도 없이 위작으로 유통되는 것이다. 세 번째 유형은 작품의 '변경'이다. 작품이 변경되는 것은 과도한 복원에 의한 경우도 있다.[194] 작품 위에 덧칠 또는 치장을 하거나, 대형 작품을 작은 작품들로 분절하거나, 미완성 작품이 타인에 의해 완성되거나, 과도하게 복원하거나 해서 '변경'에 이르게 된 상태에서 유통되는 경우다.[195]

복제는 예술품의 위작을 만드는 가장 일반적인 방식이다. 그렇지만 유통되기 전까지는 범죄가 아니다. 즉, 위의 두 번째나 세 번째의 경우처럼 복제품을 만들거나 변경을 한 것 자체가 위조 또는 사기 범죄가 되지는 않는다. 모방에서 창조가 나오듯 미술품 복제는 미술의 역사와 함께 해왔으며 심지어 복제는 당연한 것으로 여겨졌다. 미술학교에서는 예나 지금이나 앞선 예술가들의 작품을 모사하는 훈련을 하며, 이를 통해 자신만의 스타일을 만들어간다. 루벤스는 르네상스 미술가들을 모사했고, 들라크루아는 루벤스를 모사했고, 세잔과 반 고흐는 들라크루아를 모사했다. 이러한 모사와 유통을 목적으로 한 원작의 복제는 다르다. 나중에 있을지 모를 혼란을 막기 위해 원작과 차이를 두곤 했는데, 예를 들어 루브르 박물관에서는 방문자들이 미술관에 걸린 작품들을 자유롭게 모사할 수 있도록 편의를 제공하되 원작과 똑같은 크기로 모사하는 것은 허용하지 않았다.[196]

1890년 6월, 프랑스 파리의 외곽 오베르 쉬르 우아즈에 머무는 동안 빈센트 반 고흐는 주치의였던 가셰 박사의 초상화를 그렸다. 가셰 박사는 반 고

---

194 Rhodes, *Art Law & Transactions*, p.77.
195 DuBoff and King, *Art Law in a Nutshell*, p.58.
196 이연식, 앞의 책, 26-30쪽.

흐가 그린 그림을 보고 같은 그림을 한 장 더 그려서 자기에게 달라고 부탁했다. 그래서 서로 닮은 두 점의 〈의사 가셰의 초상Portrait du Docteur Gachet〉이 남게 됐다. 첫 번째 〈의사 가셰의 초상〉은 1990년 뉴욕의 크리스티 경매장에 출품되어 당시 사상 최대 낙찰가를 기록하기도 했다. 두 번째 〈의사 가셰의 초상〉은 1949년 의사 가셰의 유족들이 프랑스 정부에 기증함으로써 현재 파리의 오르세 미술관에 걸려 있다. 그런데 이 두 번째 초상화는 반 고흐 자신이 직접 쓴 편지에 언급한 대목이 있음에도 불구하고 몇몇 전문가들에게 위작이라는 의혹을 받고 있다. 이처럼 위작 논란에 자주 등장하는 '레플리카replica'도 넓은 의미의 복제에 해당한다. 레플리카는 애초에 원작을 만들었던 예술가가 그 원작을 똑같이 새로 만들어낸 것을 말한다. 마르셀 뒤샹의 1917년작 〈샘〉의 원작은 오래전에 망실됐다. 현재 뒤샹의 〈샘〉으로 알려진 작품은 1964년 사진작가 스티글리츠가 남긴 사진을 바탕으로 제작된 레플리카이며 뒤샹에 의해 '공인된authorized' 것이다. 물론 위조 범죄와는 별도로 저작권이 있는 작품을 저작자의 허락 없이 복제하거나 변경하거나 2차적 저작물을 만들 경우 저작권법 위반에 해당한다.

위작의 방식에 따른 종류는 위작이 일정한 대상 작품을 두고 이를 그대로 모사하는 '완전 모작', 위조하려는 대상 작품을 모델로 하고 상당 부분을 모작하지만 부분적으로 자신의 창작 요소를 가미하는 방식인 '부분 모작', 위작 대상 작가의 여러 작품을 한곳에 적당히 배치하고 각 부분을 모사하는 방식인 '모자이크법', 위작 대상 작가의 평소 기법을 오랫동안 연습하고 익혀서 위작자가 스스로 창작적인 구도와 소재를 개발해 제작하는 방식인 '창작적 위작' 등으로 분류하기도 한다.

위작 유통에 대한 민형사상 책임

위조 사기 관련 범죄는 복제품이나 위조품을 유통하는 순간에 발생한다. 최근에는 발각되기 쉬운 복제품보다는 한 예술가의 여러 작품에서 추출한 요소를 재조립해서 새로운 작품으로 만든 뒤, 아직까지 알려지지 않던 작품이라고 내세우는 방식이 자주 사용된다. 예술가의 스타일을 흉내 내어 전혀 새로운 작품을 만들어 유통시키는 경우도 있다. 1980년 말, 반 고흐의 〈해바라기〉 연작 중 한 점이 위작 시비에 휘말렸다. 고흐 전기 연구에 따르면 〈해바라기〉 연작은 총 여섯 점인데 일곱 번째 〈해바라기〉 그림이 등장한 것이다. 고흐가 그린 오리지널 〈해바라기〉 네 점에는 각각 3, 4, 12, 14송이의 해바라기가 등장하고 있다. 이후 친구인 고갱의 부탁으로 고흐는 12송이와 14송이가 그려진 해바라기 그림 두 점을 스스로 복제했다고 한다. 영국의 미술 전문가 제럴딘 노먼Geraldine Norman의 연구 결과, 이 일곱 번째 해바라기는 클로드-에밀 쉬페네케르Claude-Emile Schuffenecker라는 프랑스인이 그린 위작으로 밝혀졌다.[197] 일곱 번째 해바라기가 가짜라는 게 사실이라면, 설사 그렇다 해도 위작을 만든 것으로 알려진 쉬페네케르가 개인적으로 작품을 위조해서 사적으로 보관하고 즐길 목적이었다면 그 자체로는 문제가 되지 않는다. 그러나 이 작품을 예술품 시장에 유통시킬 목적으로 내놓게 되면 이야기가 달라진다. 시장에 내놓을 때 자신이 고흐의 작품을 보고 그린 위작이라고 밝힌 후 자신의 서명을 넣거나 자신의 작품임을 알리는 증명서 등을 첨부해서 매매한다면 역시 문제가 되지 않는다. 하지만 이 작품을 고흐의 진작이라고 속여서 판매하게 되면 사기죄로 형사처분을 받을 수 있다.

이렇게 모작이나 위작을 진작으로 속여 팔면 형법상 사기죄가 성립된다. 사기죄란 사람을 기망하여 재물을 편취하거나 재산상의 불법한 이익을 취득하거나 타인으로 하여금 얻게 함으로써 성립하는 범죄를 말한다. 다시 말해 기망 행위로 상대방을 착오에 빠지게 하는 것이다. 여기서 '착오'란 관념과 현실이 일치하지 않는 것을 말하는데, 사실·가치·법률관계·법률효과에 관한 것

---

197 그렇지만 1987년 4,000만 달러에 이 작품을 구매한 일본인 수입가는 위작이란 주장에 반발하고, 크리스티 경매 회사 역시 진품을 주장하고 있다.

을 불문하며 반드시 중요부분의 착오일 필요는 없다. 사기죄의 보호법익은 재산이다.[198] 한국 형법은 사기로 재산상의 이익을 취득한 자는 10년 이하의 징역 또는 2,000만 원 이하의 벌금에 처한다.[199] 사기죄의 객관적 구성요건으로 기망 행위가 있고, 재물의 교부 또는 재산상 이익의 취득이 있어야 한다. 그러나 사기죄의 본질은 상대방의 하자 있는 의사에 의해 재물을 교부받거나 재산상의 이익을 취득했다는 데 있기 때문에 사기죄가 성립하기 위해서는 이 외에도 피기망자의 착오와 처분행위가 있고, 재산상의 손해가 발생했을 것을 요건으로 한다.[200]

사기죄의 요건으로서의 '기망'은 널리 재산상의 거래 관계에서 서로 지켜야 할 신의와 성실의 의무를 저버리는 행위로서 사람으로 하여금 착오를 일으키게 하는 것을 말한다.[201] 언어나 거동을 통해 적극적으로 허위의 사실을 날조하는 것뿐만 아니라 소극적으로 진실한 사실을 숨기는 것도 기망이 된다. 즉 작위에 의한 적극적 기망 행위뿐 아니라 부작위에 의한 기망 행위도 사기죄를 구성할 수 있다. 기망 행위의 대상은 사실뿐만 아니라 가치판단도 포함하며, 동기의 착오로도 족하다는 게 통설이다.[202] 기망 행위의 수단과 방법에는 제한이 없으며 일반에 착오를 일으킬 수 있는 모든 행위가 포함된다. 명시적 기망 행위는 언어에 의해 허위의 주장을 하는 경우를 말한다. 여기서 허위란 객관적 진실에 반하는 것을 말하는 것으로 위작을 진작이라고 허위의 사실을 말하는 것은 명시적 기망 행위인 것이다. 묵시적 기망 행위란 허위의 주장을 언어로 표현하지 않고 행동을 통해 설명한 경우를 말한다. 명시적 기망 행위와 함께 작위에 의한 기망 행위의 한 형태를 이룬다.

---

198 재산권 이외에도 거래의 진실성 또는 신의 성실도 사기죄의 보호법익이 된다는 견해가 있다. 이재상, 앞의 책, 325쪽.
199 형법 제347조.
200 이재상, 앞의 책, 329쪽.
201 대법원 1984.2.14. 선고, 83도2995 판결.
202 독일 형법은 기망 행위의 대상을 사실에 제한하고 있는 것과 구별한다.

부작위에 의한 기망 행위란 보증인 의무에 위배하여 착오의 발생을 저지하지 않거나 기존의 착오를 제거하지 않은 때에는 부작위에 의한 사기죄가 성립한다.[203] 부작위에 의한 기망 행위가 사기죄를 구성하기 위해서는 행위자가 상대방의 착오를 제거해야 할 보증인의 지위에 있을 뿐만 아니라 그 부작위는 작위에 의한 기망 행위와 같은 가치를 가져야 한다. 보증인 지위는 법이나 계약, 선행 행위는 물론 신의 성실의 원칙에 의해서도 발생할 수 있다. 그러나 계약에 의한 고지 의무는 일정한 사유가 발생한 경우에 상대방에게 고지하는 것이 계약의 내용이 된 경우에 한하며, 단순히 계약을 체결했다는 사실만으로 상대방의 재산을 보호할 보증인이 되는 것은 아니다. 또한 신의 성실의 원칙에 근거한 고지 의무도 특수한 신뢰 관계를 전제로 한다.[204] 따라서 계약의 당사자가 되었다는 것만으로 신의 성실의 원칙을 근거로 진실을 고지해야 할 의무가 있다고 할 수는 없다.[205]

상대방을 착오에 빠지게 해 행위자가 희망하는 재산적 처분행위를 하도록 하기 위한 판단의 기초가 되는 사실에 관한 것이면 충분하다고 보며, 묵비로 고지할 의무를 다하지 않을 경우 상대방을 기망한 것이 되어 사기죄를 구성한다.[206] 즉 모작이나 위작을 진작이라고 적극적으로 속이는 것뿐 아니라, 상대방이 어떤 사실에 대해 고지받았을 경우 거래가 성립이 안 될 수도 있음을 알면서, 즉 위작 또는 모작임을 알았더라면 매수하지 않았을 것을 알면서도 고지 의무를 하지 않는 것 또한 사기죄가 될 수 있다. 그렇지만 매도인이 자신이 진실로 진품이라고 믿고, 믿는 대로 의견을 표시했다면 사기라고 볼 수 없다. 단순

---

203 이재상, 앞의 책, 334쪽.
204 "첫째 재산권에 관한 거래 관계에 있어서 일방이 상대방에게 그 거래에 관련한 어떠한 사실에 대하여 고지하지 아니함으로써 장차 계약상의 목적물에 대한 권리를 확보하지 못할 위험이 생길 수 있음을 알고 있었고, 둘째 상대방은 그와 같은 사정에 관한 고지를 받았더라면 당해 거래 관계를 맺지 아니하였을 것임이 경험칙상 명백한 경우에 그 재물의 수취인은 신의 성실의 원칙상 상대방에게 그와 같은 사정에 대한 고지 의무가 있다는 전제." 대법원 1998.4.14. 선고, 98도231 판결.
205 이재상, 앞의 책, 336쪽.
206 대법원 1999.2.12. 선고, 98도3549 판결.

한 의견의 진술이나 희망의 표명은 기망이 되지 않는다. 보증의 존재 여부를 판가름하는 결정적 요소는 매도인이 진품보증서를 발행했는지 아니면 단지 자신이 믿고 있는 의견을 표시했는가다.

사기죄를 입증하기 위해서는 사기 행위에 대한 증거와 범의, 즉 범죄행위를 알면서도 그 행위를 하려는 의사를 요한다. 위조 당사자의 경우 이를 입증하기 어렵지 않지만, 문제가 되는 것은 중개상들이다. 중개상들은 작품의 출처가 의심스러워도 애써 무시할 수 있다. 이런 경우에는 사기의 혐의를 입증하기가 어렵다. 또한 나중에 시효가 지나면 위작이라는 사실이 밝혀져도 형사처분을 할 수가 없다. 사기죄처럼 장기 10년 미만의 징역 또는 금고에 해당하는 범죄의 시효는 7년이다.[207] 민사소송도 마찬가지다. 불법행위로 인한 손해배상의 청구권은 피해자나 그 법정대리인이 그 손해 및 가해자를 안 날로부터 3년이다.[208] 미국 통일상법전에 의하면 계약 위반의 경우 계약 위반이 발생한 날 부터 4년 이내 소송을 제기하도록 되어 있는데,[209] 다만 미국 법원은 예술품은 매수인이 그 제품을 다시 팔려고 할 때까지는 매도인의 약속이나 보증만을 믿으며 제품의 진품 여부를 알 수 없기 때문에 그 시점까지 시효가 진행하지 않는다고 판시한 바 있다.[210]

최근에는 위조를 통한 사기 행위에 대해 위작의 제작 및 유통과 관련한 범죄 외에 저작권법 위반으로도 처벌하는 추세다. 특히 자코메티 재단과 피카소 재단은 최근 자신들이 관리하고 있는 알베르토 자코메티와 파블로 피카소의 작품들의 가격이 급등하고, 동시에 이들 작가들의 작품을 불법 복제하거나 위조

---

207 형사소송법 제249조.

208 민법 766조.

209 §2-725, Statute of limitations in Contracts for Sale. (1) An action for breach of any contract for sale must be commenced within four years after the cause of action has accrued. By the original agreement the parties may reduce the period of limitation to not less than one year but may not extend it.

210 Balog v. Center Art Gallery-Hawaii, Inc., 745 F. Supp. 1566 at 1565-66 (D. Haw. 1990). with respect to artwork, this court views it as the type of thing about which questions as to authenticity normally arise only at some future time, usually the tie of resale.

품을 만들어 내다 파는 일이 증가하자 지적재산권 보호를 위해 대중의 경각심을 높이기 위한 노력을 하고 있다. 2009년 독일 경찰은 1,200점의 자코메티를 흉내 낸 조각들이 유통되는 것을 적발했다. 이 일당은 예술품 위조 및 문서위조죄 외에도 자코메티 재단의 요청에 따라 저작권 침해로 기소되었다.[211] 이 밖에 위작에 자신의 이름을 도용당한 예술가는 상표권 침해와 프라이버시권 침해 등으로 소를 제기할 수 있다.

위작을 진작으로 속여서 매매할 경우 형사처분 외에도 민사상 책임을 질 수 있다. 형법상 사기죄가 성립하지 않는 경우에도 피해자는 민법상 착오[212]나 매도인의 하자담보책임[213]에 의해 구제받을 수 있다. 민법 제750조에 의하면 위작의 매매는 고의 또는 과실로 인한 위법행위에 해당하므로 타인에게 손해를 가한 자, 즉 위작을 진작으로 속여서 판매한 자는 그 손해를 배상할 책임이 있다. 작품에 대한 매매 대금을 반환받고도 손해가 남을 경우, 이에 대해서도 배상을 받을 수 있다.

착오로 인한 의사표시의 경우, 법률행위 내용의 중요 부분에 착오가 있는 때에 계약을 취소할 수 있다.[214] 그렇지만 착오가 표의자의 중대한 과실에 기인하는 때에는 비록 법률행위 내용의 중요 부분에 착오가 있더라도 표의자는 그의 의사표시를 착오를 이유로 취소할 수 없다. 여기서 중과실이라 함은 표의자의 직업, 행위의 종류, 목적 등에 비추어 보통 베풀어야 할 주의를 현저하게 결여한 경우를 말한다. 그림의 '가치'에 대한 착오로 인한 위험은 착오의 당사자가 부담해야 한다. 착오를 한 당사자가 위험부담에 동의하지 않는다고 하더라도 계약 체결 당시 착오와 관련한 사실에 대해서 자신의 지식이 부족하다는 것을 스스로 알았을 수도 있다. 매수하려는 작품에 대한 지식이 부족하다는 것을

---

211 "Modern masters under threat," *Wipo Magazine*, Aug. 2011.
212 민법 제109조.
213 민법 제580조 이하.
214 민법 제109조.

알아차렸음에도 불구하고 계약을 체결했다면 이런 착오에 대한 위험은 구매자 스스로 부담해야 한다.[215]

그렇지만 매수인의 착오가 중대 과실이 아닌 경우에는 우리 법원은 매매계약의 취소를 허락하고 있다.[216] 예를 들어, 매수인이 자신의 골동품 식별 능력과 매매를 소개한 사람을 믿고 고가의 고려청자를 진품으로 생각하고 구매했는데 진품이 아닌 것으로 드러난다면 계약 취소가 가능할까. 이 매수인이 고려청자 소장자를 만나 출처를 물어 보지도 않았고 전문 감정인의 감정도 거치지 않았다면 어떨까. 신중하게 진품임을 알아볼 노력을 강구하지 않은 매수인의 과실이 영향을 미칠까. 법원은 매수인의 과실이 민법 제109조 제1항 단서에서 규정하고 있는 '중대한 과실'이 아니라고 보고 착오를 이유로 매수인이 계약을 취소할 수 있다고 판결했다.[217]

그렇다면 매도인과 매수인이 모두 진품으로 알고 거래를 한 경우, 즉 쌍방 착오의 경우에는 어떨까. 이 경우에도 매매계약의 무효를 주장할 수 있을까. 예술품을 구매할 때에 판매자가 진품으로 소개했으나 사실은 모조품으로 드러난 경우는 매매계약을 무효로 할 수 있다. 이런 경우를 매도인의 착오로 본다. 매도인이 진위 여부를 직접적으로 언급하지 않았어도, 당 작품이 카탈로그 레조네(전작 도록)에 나와 있다면서 간접적으로 진품임을 암시해도 진품이라고 표시했다고 본다. 매매 시 거래 금액도 고려 사항이 된다. 매매 대금이 해당 작품의 거래 추정가와 유사하다면 구매자가 진품으로 생각하고 구매했음을 의미할 것이다.

다음의 일본 사례를 보자. A와 B는 모두 미술공예품 수출입 판매 회사다.

---

215 Restatement of Contract; Estate of Nelson v. Rice, 12 P.3d. 238 (Ariz. Ct. App. 2000).

216 프랑스 민사법에 따르면, 매매계약 취소는 작품 자체의 실체에 대한 결함이 있을 때 적용되는데(제1110호), 작품의 자체의 실체는 작품의 물질적 구성뿐만 아니라 진품성과 원본의 실제적 특성을 포괄한다. 매수인이나 매도인이 매매계약을 취소하기 위해서는 첫째, 진품성 결여를 입증해야 하며, 둘째, 매매계약 당시 당사자에게서 진품성을 확인했으며 만일 확실성이 없었더라면 매매계약을 맺지 않았을 것임을 입증해야 한다.

217 대법원 1997.8.22. 선고, 96다26657 판결.

1997년 10월 A는 B로부터 19세기 프랑스 화가 귀스타브 모로Gustave Moreau의 〈가니메데스의 납치The Raising of Ganymede〉을 3억 원에 매수했다. B는 C로부터 2억 7,000만 원에 동 작품을 구매해 A에게 전매한 것이었다. 그런데 이 그림과 똑같은 작품이 런던 크리스티 경매에 출품되었다. 전문 감정사들이 화지, 기법, 서명 등을 비교해본 결과 A가 구매한 작품이 진품이 아님이 판명됐다. A는 착오의 법리에 따른 계약 무효를 주장했다.[218] 쟁점은 모조품을 진품이라고 믿고 산 것이 매매계약의 내용에서 중요한 부분에 관한 착오인가 하는 것과 3억 원이나 되는 작품을 구입하면서 이 분야 전문가의 감정을 거치지 않은 것은 중대한 과실이 아닌지 여부였다. 엄밀히 따지면 모작을 진작으로 알고 산 행위는 매매계약을 하게 된 '동기'는 될 수 있지만 매매계약 그 자체의 '내용'은 아니다.

한국의 다수설과 판례는 내심의 의사를 형성하는 과정에서 잘못된 판단을 해서 발생한 동기의 착오는 제109조의 착오는 아니지만 동기가 표시되어 상대방이 그 동기를 알고 있는 경우에는 그 동기가 의사표시의 내용이 되므로 그러한 경우에 동기의 착오는 고려되는 착오로 된다.[219] 예를 들어, 예술품 매매계약서에 모로의 진품을 매매한다는 표시가 되었다면 계약의 취소가 가능해지는 것이다.

그렇다면 진품 여부에 대한 명시적 표시가 없는 경우는 어떨까. 동 사건 판결에서 일본 법원은 매도인이 진품이라는 표시를 했다고 보는 것이 상당하며 매수인도 진품이라는 취지의 표시가 있었다는 것을 인식하고 있었다고 보는 것이 상당하다고 했다.[220] 이유는 이렇다. 첫째, 매수인은 진위 여부에 대해 어떠한 의문의 표시도 없이 본건의 그림을 구입했다. 둘째, 매도인이 보여주는 카탈로그 레조네와 감정서의 유무를 확인했다. 셋째, 매매계약서에 매매 대상 그림의 특정 방법으로 작가, 제명, 제작 연도 등 카탈로그 레조네와 동일한 표시가

218 일본 민법은 착오의 경우에도 무효로 된다.
219 대법원 1993.6.29. 선고, 92다38881 판결.
220 김민아, 「미술품 시장 및 거래에 관한 법적 고찰」, 한국외국어대학교 석사학위논문, 2010, 51-52쪽.

되어 있었다. 넷째, 3억 원의 매매가격은 크리스티 경매에서 낙찰된 진품의 가격 3억 7000만 원과 비교해 볼 때 매매 목적물이 진품이라는 것을 전제로 한 것이다. 본건 매매계약에서 진품이라는 사실은 중요 부분이며, 따라서 A는 '법률행위 내용의 중요 부분'에 관한 착오를 했다고 할 수 있는 것이다.

매도인이 일반인이고, 매수인이 전문 예술품 중개상인 경우는 어떨까. 예술품 거래 경험이 없는 일반인 피고가 어머니로부터 물려받은 마티스의 작품을 원고인 뉴욕의 유명한 갤러리에 매각했다. 쌍방 모두 마티스의 진품으로 믿고 있었다. 1년 후, 마티스의 진작이 아니라는 사실을 알게 된 원고 갤러리는 일반인인 피고에게 쌍방 착오에 의한 계약 취소를 요구했다. 일반인 피고는 전문가인 갤러리 원고가 진품 여부를 확인하지 않은 것은 '의식적 무지'에 해당하므로 쌍방 착오를 주장했다. 그러나 뉴욕지방법원은 계약 체결에 있어 착오가 상호적이며, 또 중대한 경우에는 계약의 필수 요건인 '의사의 합치'가 없는 것이며, 쌍방 착오의 예외 중 하나인 의식적 무지에 해당하지 않는다고 판시했다. 갤러리가 판매를 망설이는 일반인을 설득해 그가 소유하던 그림을 샀는데 나중에 위작으로 드러난 경우에도 갤러리는 쌍방 착오를 이유로 계약을 취소하고 매매 대금을 돌려받을 수 있다. 한편 뉴욕 예술 및 문화 관계법ACA은 예술품 전문 딜러들로부터 소비자를 보호하기 위한 방안으로 화상art merchant은 예술품 매매 또는 교환 시, 화상이 아닌 구매자에게 진품 증명서나 이에 상응하는 문서를 제공할 경우, ①이는 본 계약 체결의 근거(원인) 중 하나로 간주하며, ②매매 또는 교환 시점의 중요한 사실관계에 대한 명시적 보증을 한 것으로 간주한다고 규정하고 있다.221 프랑스 역시 상법 데크레DECRET를 통해 예술품 전문 딜러는 구매자가 요구하는 경우 인보이스, 카탈로그, 작품 상세 설명이 담긴 문서 등을 제공해야 하며, 판매자가 작품의 제목 다음에 구체적 시기나 연대 등을 명시한

221 N.Y. Arts & Cult. Aff. Law §13.01.

경우 구매자에게 이를 보증한 것으로 규정하고 있다.[222]

매수인이 매매 계약 시에 진작인 줄 알고 모작을 받은 경우에는 하자담보책임도 문제될 수 있다. 매매의 목적물에 하자가 있는 때에는 제575조 제1항의 규정에 따라, 매수인이 이를 알지 못한 때에는 이로 인하여 계약의 목적을 달성할 수 없는 경우에 한하여 매수인은 계약을 해제할 수 있다.[223] '하자'란 매매 목적물에 존재하는 객관적인 하자, 즉 물질적인 결점이 있는 상태로서 법률행위 당시에 예기한 상태가 성질이 결여되어 있는 것과 판매자가 보증한 수준에 이르지 못하는 하자, 즉 주관적 하자를 포함하는 것으로 이해할 수 있다. 즉 실제 상태와 원래 그렇게 하기로 한 상태의 불일치를 말한다. 프랑스 민사법은 감춰진 결함에 대한 보증[224]으로 구매자는 예술품을 반환하거나 차액을 환불받을 권리가 있다고 규정한다.[225] 감춰진 결함에 대한 보증에는 물질적인 결함뿐 아니라 질적 결함도 포함된다. 예술품을 구매할 때 진작으로 알고 구매했는데 알고 보니 모작인 경우에는 계약 적합성이 없는 물건으로 본다. 이 경우 해당 법률행위, 즉 매매계약 행위는 취소 또는 무효가 될 수 있다. 그러나 매수인이 하자 있는 것을 알았거나 과실로 인해 이를 알지 못한 때에는 매도인의 하자담보책임을 물을 수 없다.[226]

위조품 유통의 유형

위조된 예술품을 유통하는 것은 중죄로 형사처분을 받는다. 예술품 위조

---

222 데크레 제81-255호(1981년 3월 3일 제정)는 예술품 및 수집품에 대한 사기 방지를 위해 제정되었으며 전문 예술품 중개상의 보증 및 면책 정도를 규정하고 있다. 본 데크레는 한국에서는 '마르쿠스 시행령'으로도 알려져 있다. 데크레는 대통령 또는 총리가 발동하는 명령을 말함.

223 민법 580조 제1항.

224 Civ. Code. Art. 1643.

225 Civ. Code. Art. 1644.

226 민법 580조 제1항.

가 빈번히 발생하는 미국에서는 연방 부정부패범 및 조직범죄 방지법RICO에 따른 가중처벌을 받기도 한다.

한국 미술계에서 일어난 위작 유통 사건 중 가장 파장이 컸던 사건은 2005년 이중섭과 박수근의 유작을 둘러싼 논란이었다. 2005년은 이중섭 50주기가 되는 해였다. 이를 위해 한국고서연구회의 김용수 명예회장은 2004년 SBS 방송사 측에 이중섭의 미발표작 전시회를 제안했다. 그러고는 일본 도쿄에서 표구점을 운영하던 이중섭의 차남 이태성을 찾아가 자신이 소장하던 이중섭의 그림을 보여주었고, 이태성은 김용수 회장이 SBS에 내놓은 작품이 모두 진품이라고 증언해주었다. 그로부터 두 달 뒤인 2005년 3월, 이태성은 이중섭의 유작이라며 8점을 서울옥션 경매에 내놓았다. 한국미술품감정협회 측은 이들 그림이 위작이라고 주장했지만 서울옥션은 경매를 강행했다. 이태성은 유족이 50년 동안 간직해왔다는 이중섭의 미발표작 20점도 새로 공개했다. 그러나 이 가운데 4점이 김용수가 SBS에 보여주었던 작품 네 점과 동일한 작품으로 드러났다.

한국미술품감정협회는 이태성이 김용수로부터 위작을 넘겨받아 진작이라고 주장하는 것이라며 검찰 수사를 촉구했고, 이에 이태성은 감정협회를 명예훼손으로 고소했다. 감정협회가 이중섭의 〈물고기와 아이〉를 위작으로 감정한 근거는 세 가지였다.[227] 첫째, 이 그림이 원본이 있는 위품이라는 점인데, 〈물고기와 아이〉에 등장하는 두 팔로 물고기를 안고 있는 도상은 1952년 10월 『문화예술』 4호를 통해 공개된 바 있으며, 1955년 개최된 이중섭 개인전의 포스터와 전시 안내장에도 사용되었다. 그런데 이 포스터와 안내장의 그림들은 위작의 도상과 좌우가 바뀌어 있었다. 좌우가 바뀐 도상은 이중섭 작고 후 한국의 저명한 미술가들을 모아 낸 화집 『한국 현대미술 대표작가 100인 선집』과 일치했는데, 그 이유는 원작을 촬영할 때 제작진이 시간에 쫓겨 원화를 촬영한 도판의 필름을 뒤집어 인쇄하여 그림의 좌우가 바뀌었기 때문이다. 이 사실을 모른 채

227 한국미술품감정평가원, 『한국근현대미술감정 10년』, 사문난적, 2013, 90-96쪽.

좌우가 바뀐 그림을 그대로 모사한 것이다. 둘째, 선의 필치에서 이중섭 특유의 표현과 속도감이 나타나지 않는다는 점이다. 감정협회는 감정 목적물은 인체의 특징을 파악하지 못해 조악하게 복제되었다며 기준 자료인 〈물고기와 아이〉를 복사 방법으로 만들어낸 수준 이하의 위품이라고 했다. 〈물고기와 아이〉와 감정 목적물이 기계적 복제처럼 똑같다는 것은 둘 중 하나는 가짜라는 것을 의미한다. 셋째, 이중섭의 그림에는 펄 물감이 사용된 적이 없는데 위작은 펄 물감으로 채색되어 있었다. 서울옥션은 감정 결과에 불복하고 재감정을 요구했으며, 김용수는 1970년대 초에 인사동에서 대량으로 구입했다는 이중섭과 박수근의 그림을 추가로 공개했다. 이태성은 여전히 진작을 보증했다.

이중섭과 박수근 그림을 공개하면서 사건은 이중섭 사건에서 이중섭-박수근 사건으로 비화됐다. 박수근의 아들 박성남이 김용수가 소장한 박수근의 그림이 위작이라며 김용수를 고소한 것이다. 이에 김용수도 무고와 명예훼손으로 박성남과 감정협회를 맞고소했다. 검찰은 2005년 10월 표본 작품들을 감정했고, 56점이 위작으로 의심된다는 수사 결과를 발표했다. 검찰이 김용수의 집과 사무실을 압수수색한 결과, 이중섭과 박수근의 그림은 무려 3,000점에 달했다. 2007년 10월 전문가들의 감정 끝에 모두 위작이라는 최종 결론을 내렸다. 이태성은 한눈에 김용수가 소유한 그림들이 위작임을 알았던 사실도 드러났다. 검찰은 김용수를 사기미수, 서명 위조, 무고 혐의로 구속했고, 일본에 거주하는 이태성은 지명수배 상태다.

위작의 유통에는 몇 가지 유형이 있다. 진작과 위작을 섞어서 동시에 판매하기도 하고, 판화와 조각 같이 여러 장을 찍어낼 수 있는 예술품을 한정판 이외의 개수로 찍어내는 방식도 있다. 예술가가 사망한 후 기존의 미완성 작품을 완성해 내다 팔거나, 미완성 작품을 기반으로 새로운 작품을 만들거나 유사한 스타일로 창작해 유통하는 방식도 있으며, 비교 대상이 없는 예술품을 제작해 유통하기도 한다. 완전 범죄를 위해 소장 이력이나 카탈로그 레조네와 같은 관련 기록이나 문서를 위조하는 경우도 있다.

진작과 위작의 동시 판매 진작과 위작을 섞어 동시에 시장에 유통시키는 사례다. 미국의 한 예술품 위조업자가 원본 작품을 구입한 후 12명의 복제 작가들을 고용해 수백 여점의 복제품을 만든 후, 1985년부터 2003년까지 복제품은 한국, 일본, 대만 등 아시아 시장에 내다 팔고, 진품은 서구 시장에 내다 판 사건이 있었다. 판매 목적으로 복제된 작품에는 렘브란트, 모네, 클리, 모딜리아니, 모로 등의 개별 작품들이 포함됐다. 간헐적으로 위작들이 적발되긴 했지만 결정적으로 덜미가 잡힌 것은 2000년 크리스티와 소더비에 고갱의 〈화병Vase de Fleurs〉이라고 주장하는 두 작품이 동시에 나오면서다. 두 경매 회사가 작품을 감정한 결과 크리스티에 위탁한 작품이 가짜로 판명됐다. 2004년 FBI는 이 위조범을 사기, 공모, 우편법 및 통신법 위반 등 8개 혐의로 기소했다.[228]

　　지금까지 발각된 최대 규모의 예술품 위조 사건은 아미엘 가족 사건이다. 미국 뉴저지의 출판 및 유통업자인 리언 아미엘Leon Amiel은 호안 미로, 마르크 샤갈, 파블로 피카소, 살바도르 달리 같은 예술가들과 친구로 지내며 유명 작가들의 석판화를 판매하기도 했다. 아미엘 가족은 미로, 샤갈, 피카소, 달리 등의 위작을 인쇄해 미국 전역의 아트 딜러들에게 공급했다. 지나치게 많은 위작들이 미술품 시장에 넘쳐나자 미국 정부는 '보가트Bogart'라는 연방 합동 수사팀을 구성해 아미엘 가족의 회사를 급습했다. 아미엘의 회사에서 압수된 작품 7만 7,000점은 모두 위작으로 판명됐다. 1992년 민형사 소송 결과 400만 달러 상당의 재산을 압수하고, 이 사건과 관련된 자들은 각각 7년 형을 선고받았다.[229] 아미엘 가족이 위조한 석판화들을 납품받아 유통시킨 갤러리도 우편법 및 통신법, 절도품 운송 등의 혐의로 형사처분을 받았다.[230] 그러나 당시에 워낙 많은 위작들이 제작, 유통됨으로써 전 세계 미술품 시장에는 아직도 아미엘가에서 찍어낸 위작들이 거래되고 있다고 한다.

228　U.S. v. Sakhai, No. 04 CR 583 (S.D.N.Y. 2005).
229　U.S. v. Amiel, 813 F. Supp. 958 (E.D.N.Y. 1993).
230　U.S. v. Austin, No. 93 CR 169 (N.D. Ill. 1993).

판화와 조각의 복제 1970년대 중반 프랑스와 안도라 공화국의 국경에 살바도르 달리의 친필 서명이 들어 있는 4만 장의 백지가 실려 있는 차량이 적발됐다. 이미 서명이 되어 있는 백지 위에 판화를 찍어 판매한 것이다. 달리는 자신의 작품을 무분별하게 판화와 조각으로 재생산해서 유통시킨 것으로 유명하다. 1910년대부터 미술과 일상의 경계를 교란시킨 레디메이드 작품들을 선보인 뒤 샹 역시 노년에 자신의 레디메이드를 재제작해서 판매했다. 그는 1964년 한 화상에게 13개의 '레디메이드'들을 여러 점 한정판으로 판매했다. 여기에는 그 유명한 소변기로 만든 작품 〈샘〉도 포함되어 있었다. 이 작품은 그 후로도 여러 차례 재제작됐으며 현재는 레플리카로만 남아 있다.

판화와 조각물은 이들을 복제하는 기술이 발달하고, 상대적으로 위조하는데 비용이 적게 들어 위조범들에게 인기가 많다. 똑같은 작품을 무한대로 찍어낼 수 있는 판화나 조각물은 구매자들을 속이기도 쉽다. 작품을 위조하지 않더라도 한정 수량만 제작하기로 한 판화나 조각물을 저작권자 몰래 재생산한 뒤 서명을 위조해서 유통시키기도 한다. 미국의 일부 주들은 판화나 조각물을 판매할 때 송장이나 영수증, 또는 인증서 등에 관련 정보들을 표시하도록 하고 있다. 여기에는 예술가의 성명, 인쇄 또는 주조한 연도, 한정 수량인지 여부, 현재 판plate이나 주형mold의 상태, 하나 이상을 제작한 경우 당 이디션의 수량과 크기, 사후 제작 여부, 판이나 주형이 재제작된 것인지 여부, 판화를 찍거나 조각물을 재생산한 작업장이나 주조 공장foundry 이름 등의 정보가 포함된다.[231]

사후 제작 작가가 사망한 후에 미완성인 작품을 완성하거나, 기존의 미완성 작품을 기반으로 새로운 작품을 만들거나 아니면 아예 유사한 스타일로 창작하는 경우도 있다. 모빌 조각으로 유명한 알렉산더 콜더의 〈빨강과 파랑 위의 하얀 점들White Dots on Red and Blues〉이라는 작품은 1980년대 초반 콜더가

---

231 DuBoff and King, *Art Law in a Nutshell*, p.82.

이미 사망한 지 몇 해 후에 완성됐다. 이 작품은 1973년 콜더가 생전에 주조소로 이용하던 카르멘과 스티븐 세그르Segre 부자가 운영하는 공방에 〈두 개의 하얀 점들Two White Dots〉이라는 제목의 모빌을 위한 모형을 본 딴 것으로, 콜더가 사망한 후 6년 뒤인 1982년에 세그르가 이 모형을 실물 크기로 제작한 것이다. 세그르는 이 작품을 뉴욕의 한 아트 딜러에게 판매했다. 이 작품은 여러 사람을 거쳐 1990년 뉴욕의 안드레 에머리치 갤러리The André Emmerich Gallery를 통해 존 셜리Jon Shirley라는 수집가에게 100만 달러에 팔렸다. 갤러리 측은 작품이 콜더의 사후에 제작됐다는 사실을 알게 된 후, 계약을 취소하고 환불을 요청했다. 세그르는 이 작품이 콜더의 감독하에 제작된 것이라고 주장했다. 1995년, 고객의 항의를 받은 갤러리는 세그르와 세그르가 운영하는 공방을 상대로 뉴욕 법원에 민사소송을 제기했다. 피고 측이 파산 보호 신청을 내는 바람에 소송은 연기됐다. 다음 해 갤러리는 세그르의 아버지인 카르멘 세그르를 사기 및 공모 혐의로 고소했다.[232] 양측은 최종 판결이 나오기 전 법원의 중재 요청에 따라 비공개 합의를 했다.

한국을 대표하는 근대 화가인 이중섭이나 박수근의 작품은 위작 시비도 끊이지 않는다. 2007년 국내 그림 경매사상 최고가인 45억 2,000만 원에 낙찰된 〈빨래터〉의 위작 논란이 있었다. 2012년에는 박수근의 〈맷돌질 하는 여인〉과 〈나물 캐는 여인들〉이 가짜라는 주장이 다시 제기됐다.[233] 명지대 미술사학과 대학원에서 「박수근 회화의 표현 기법 연구」라는 박사학위 논문을 발표한 하수봉이 박수근의 1940년대 후반작으로 알려진 두 작품의 사용 재료와 표현 기법, 도상 비교 등을 감정한 결과 위작이라고 주장하고 있는 것이다.[234] 위작이라고 주장하는 근거는 다음과 같다. 첫째 두 그림 모두 화폭에 쓴 하드보드는 한국

232 Andre Emmerich Gallery, Inc. v. Segre, 96 Civ. 899 (CSH), 1997 U.S. Dist. LEXIS 16899 (S.D.N.Y. 1997).
233 노형석, 「박수근 〈맷돌질 하는 여인〉 등 또 위작 논란」, 『한겨레』, 2012.09.05.
234 하수봉, 「박수근 회화의 표현 기법 연구: 진위 문제, 편년 재조정 그리고 재현 작업을 중심으로」, 명지대학교 박사학위논문, 2012.

전쟁 당시 유엔군이 비상식량을 담았던 재료로 1960년대부터 국내 생산을 시작한 것으로 1940년대에는 국내에 존재하지 않았다. 둘째 사진으로만 전해지는 1940년 조선미술전람회 입선작 〈맷돌질 하는 여인〉과 1940년대 후반 작가가 이를 다시 그렸다고 알려진 동명 작품의 경우 필선, 운동감, 구도 등을 비교해볼 때 표현 기법이 서로 다르다. 두 작품에 나타난 화면 구성과 운동성을 비교해보면 구도적 안정감과 자연스러움에서 많은 차이를 느낄 수 있다는 것이다. 셋째 박수근은 초기부터 인체 및 풍경 묘사에 매우 충실한 화풍을 보인 반면, 이 두 작품에서는 그런 특징이 별로 드러나지 않는다. 이에 대해 『박수근 화백 유작전 도록』(2009)을 펴낸 바 있는 한국미술품감정협회는 두 작품의 연도 표기에 오류가 있을 수는 있어도 작품 자체를 위작으로 보는 것은 문제라고 입장을 밝혔다. 그러나 하수봉 측은 두 작품이 1985년에 유족 증언만 참고해 1940년대 작품이라고 여겨졌고, 박수근의 후원자인 마거릿 밀러의 소장품이기 때문에 당연히 박수근 작품으로 인정돼 도록에 실린 것으로 위작 의혹을 굽히지 않고 있다.

비교 대상이 없는 예술품 제작 역사상 가장 성공한 미술품 사기단으로 불리는 영국의 숀 그린할프 가족은 1989년부터 2006년까지 17년간 영국과 미국의 유명 박물관이 구입할 정도로 전문가들을 감쪽같이 속였다. 이들이 유통시킨 가짜는 시가 200억 원 이상, 120점 이상으로 추정되고 있다. 그린할프 가족은 중세 장신구, 10세기 은그릇, 고대 조각 등 시대와 장르를 넘나들며 작품을 위조했다. 특히 비교 대상이 없어 전문가들도 헷갈리는 작품들을 대상으로 삼았다. 예술품 위조자들은 대가들의 비전문 분야를 공략하곤 한다. 회화 전문 예술가의 경우 조각품을, 조각 전문인 경우 판화를 제작해 유통시키는 식이다. 그린할프 가족도 고갱이 조각에 약하다는 점을 이용해 조각물을 제작해 유통시켰다. 그린할프 가족은 이 작품을 1994년 11월 소더비 경매를 통해 런던의 아트 딜러 리비 하위Libby Howie에게 2만 700파운드에 팔았고, 하위는 3년 뒤 시카고 미술관에 18만 파운드(12만 5000 달러)에 팔았다. 시카고 미술관이 20년간 사들

이며 확보한 예술품 중 최고라고 호평하기도 했다.[235]

2007년 시카고 미술관이 소장하던 고갱의 가짜 도자기 조각 〈목신the Faun〉은 그린할프가 만든 가짜임이 들통 났다. 덜미가 잡힌 것은 기원전 600년 경의 병사와 말 등을 조각한 아시리아 돋을새김상을 팔기로 했는데, 마구 형태가 20세기 것인 데다 설형문자 중에 틀린 철자가 발견되면서 전문가들이 위조품으로 판정한 것이다. 이 작품을 제작하고 유통시킨 그린할프 가족은 결국 유죄판결을 받았다. 시카고 미술관은 하위에 책임을 물었고, 하위는 소더비에 책임을 물었다. 하위에 따르면, 소더비의 카탈로그 레조네에 〈목신〉은 권위 있는 감정기관인 윌당스텡 연구소가 준비 중인 고갱의 전작 도록에 실릴 예정이라고 되어 있었으며, 소장자가 아일랜드 화가이며 고갱의 친구로 고갱 작품들을 선물받거나 구매한 것으로 알려진 로더릭 오코너Roderick O'Conor로부터 물려받은 것이라는 확인되지 않은 정보를 수록했다고 주장했다. 실상은 숀 그린할프의 어머니인 올리브 그린할프의 중간 이름인 로스코Roscoe를 이용해 소장 이력을 위조한 것으로 자신이 로더릭 오코너의 후손이라고 거짓을 주장한 것이다. 소더비의 카탈로그 레조네에는 오코너가 이 작품을 1917년 전시회에서 직접 구입한 것이라고 쓰여 있었다. 그린할프는 오코너가 〈목신〉을 사고 받았다는 영수증까지 소더비에 제출했다. 그렇지만 소더비 약관 규정에 따르면, 진위에 대한 책임은 매매 발생 후 5년간만 지도록 되어 있었으며 가짜임이 판명된 것은 13년이 지난 후였다.

관련 기록이나 문서의 위조 소장 이력은 도품, 유실품, 약탈품의 원소유권자를 입증할 때, 그리고 예술품 매매 시 진품성과 합법성을 증명하는데 유용하다. 소장 이력 또는 프로브넌스provenance라는 용어는 프랑스어로 '기원하는'이라는 어원에서 파생됐다. 소장자의 역사적 기록으로 작품의 특징뿐만 아니라 위치,

---

235 Carol Vogel, "Work Believed a Gauguin Turns Out to Be a Forgery," *The New York Times*, Dec. 13, 2007.

가치, 출처, 소유 이력, 소장 이력, 소유권 이전 능력, 진품 여부, 진품 증명과 관련 서류 등을 포함한 법적 분류를 말한다. 소장 이력은 예술 작품의 소유권에 대한 역사적 기록으로 예술적 취향과 수집가의 선호도 변화 등을 관찰하고 분석할 수 있는 자료이기도 하다. 또한 예술 작품의 판매나 이전에 영향을 미치는 경제적 상황과 시장 여건의 지표이자 정치 사회적 동맹의 기록이기도 한다. 잘 관리된 소장 이력의 경우에는 소유권자의 성명과 소유 기간, 상속이나 증여받은 것인지 아니면 아트 딜러나 경매를 통해 매매한 것인지, 작품의 시기별 소재 등이 기록되어 있어 귀중한 자료적·사료적 가치가 있다. 물론 이렇게 잘 관리된 소장 이력이 흔치는 않다.

한국에는 아직 소장 이력 관리가 잘되지 않고 있지만 미국이나 유럽의 예술 시장이나 법정에서 소장 이력은 매우 중요한 역할을 한다. 소장 이력에 담긴 기록들은 다음과 같은 이유에서 매우 중요하다. 첫째 처음 작품을 만든 예술가로부터 현재의 소유자까지 소유권 변화 과정과 법적 권리를 담고 있다. 미술품이 특정 컬렉션이나 특정 장소, 특정 인물에 속해 있었음을 기록으로 보여주기 때문에 작품의 진품성을 주장하는 데 강력한 증거가 될 수 있다. 둘째 소유권을 연속적으로 기록함으로써 예술품의 가치를 높여주기도 한다. 예술 작품은 같은 작가의 같은 시기 작품이라 해도 소장자가 누구냐, 어떤 컬렉션에 속해 있었느냐에 따라 작품의 가치나 시장에서 판매되는 가격도 달라질 수 있다. 역으로 소장 이력이 없으면 법적 소유권뿐만 아니라 진품성에 대한 증거력도 낮아진다고 볼 수 있다.

셋째 잘 제작되고 관리된 소장 이력은 법적 소유권 분쟁이 있을 경우 소유권에 대한 강력한 증거가 될 수 있다. 거래 기록과 다른 판매나 소유권 이전의 증거는 문화재나 미술품 반환 주장에 대해서도 매매의 합법성을 입증할 수 있다. 역으로 소장 이력이 불분명하거나 의심스러운 경우 도품이나 분실품으로 의심받을 수도 있다. 따라서 시장에 나온 예술품을 구매할 때 소장 이력이 불분명하거나 소유권 사이에 틈이 크다면 특히 주의해야 한다. 특히 미술관이나 박물관에 있어 소장 이력은 매우 중요하다. 유니드로 협약은 도품이나 약탈품을 가지고 있는 현 소유자가 취득 과정의 선의 또는 무지를 입증하지 못할 경우 이를 적법한 소유자에게 반환해야 한다고 규정한다. 그런데 미술관이나 박물관은 상당한 주의 의무 또는 실사의 의무를 회피하기 위해 몰랐다는 무지의 항변이 용납되지 않는다. 현대 미술관이나 박물관은 소장 이력이 불분명하거나 소장 이력 사이에 틈이 발견될 경우 웹 사이트 등을 통해 이 사실을 고지하고 있다.

예술품 관련 서류들은 위조범들이 마음만 먹으면 쉽게 위조할 수 있다. 매매 영수증이나 아트 딜러의 기록, 납세 기록, 전시할 때의 레이블, 수집가의 서명 등을 위조하거나 날조하는 것은 어렵지 않다.[236] 심지어 소장 이력까지 위조하는 경우도 있다. 20세기 최대의 미술 사기라 불리는 2인조 사기 사건은 무명 예술가였던 존 마이엇과 물리학자 존 드루가 주인공이다. 마이엇은 복제품을 만들고 드루는 위작을 유통시켰는데, 이들의 수법은 갈수록 대담해져서 나중에는 급기야 소장 기록을 조작해 아예 기록상으로도 위작을 진작으로 둔갑시켰다.[237] 학자로 미술관과 신뢰 관계를 유지하던 드루는 런던 테이트 미술관의 기록 보관실에 들어가 기록들을 바꿔치기 하고, 그 안에 진짜 역사와 자신이 만든 가짜 역사를 교대로 실었다. 실제 수집가들과 가상의 수집가들 이름을 섞어 끼워 넣음으로써, 마이엇에게 의뢰해 제작한 가짜 작품들의 '재구성된' 연대기를 만든 것이다.[238] 10여 년간 자코메티, 피카소, 샤갈, 브라크 등 닥치는 대로 위작을 만들어 유통시키던 두 사람은 결국 안목이 뛰어난 한 미술 전문가에 의해 덜미를 잡히고, 1997년 법정에서 형사처분까지 받았다. 런던 경찰은 이들이 미술 사기로 적어도 200만 달러 이상을 벌어들였다고 추정했다. 전 세계를 속인 미술품 사기단의 범죄 행각은 끝났지만 마이엇이 만든 위작들은 드루가 위조하고 조작한 소장 이력과 함께 전 세계에 퍼져 있다. 뿐만 아니라 그림의 주인이 바뀔 때

---

236 Rhodes, *Art Law & Transactions*, p.81.

237 Kaufman, *Art Law Hand Book*, p.834.

238 래니 샐리스베리·앨리 수조, 이근애 옮김, 『미술품 위조 사건』, 소담출판사, 2012.

마다 소장 이력은 더욱 확고해져 위작이라는 것을 발견하기 어려울 것이다.[239]

소장 이력과 함께 카탈로그 레조네 또는 전작 도록도 예술품 위작 시비가 있을 때 중요한 단서가 된다. 카탈로그 레조네는 작가의 전작을 실은 도록 형태로 재료나 기법, 제작 시기 등 기본 정보는 물론 소장 이력, 전시 이력, 참고 자료 리스트, 작가 생애, 제작 당시의 개인사, 신체 조건, 정신 상태 등을 집대성한 '분석적 작품 총서'라고 할 수 있다. 카탈로그 레조네를 제작하는 데는 상당히 오랜 시간이 걸린다. 어떤 학자들은 한 작가의 카탈로그 레조네를 만드는 데 일생을 바치기도 한다. 진작 여부에 대한 논란이 있는 작품의 경우 카탈로그 레조네에 오르느냐 마느냐가 시비가 되기도 한다. 학술적 연구뿐 아니라 위작 유통 방지 등 한국에서도 카탈로그 레조네의 중요성이 부각되면서 2016년부터 정부 지원으로 박수근, 이중섭을 시작으로 한국 근대 예술가들에 대한 전작 도록 제작 사업이 시작되었다.

물론 존 드루 사건처럼 소장 기록과 마찬가지로 카탈로그 레조네도 위조 가능성은 있다. 그럼에도 법적으로 진품임을 추정하거나, 장물임을 알지 못한 채 선의취득했다는 증거로 사용될 수 있기 때문에 소장 이력과 카탈로그 레조네에 대한 구매 전 조사를 철저히 하는 것이 좋다. 타인의 인장, 서명, 기명 또는 기호를 위조하거나 부정 사용함으로써 소장 이력을 위조할 경우 형법 제239조에 따라 3년 이하의 징역형을 받게 된다. 서화에 사용된 낙관은 인장에 해당하므로 행사 목적으로 위조하거나 위조한 인장을 사용하는 경우는 인장에 관한 죄로 처벌된다.[240] 다만 형법 제225조에 따른 문서위조죄에는 도화가 포함되지만, 학자들은 문서위조죄의 문서에는 사람의 사상 내지 관념이 화체되어 있을 것을 요하므로 순전한 미술작품으로서의 회화는 여기의 도화에 포함되지 않는

<hr/>

239 Laney Salisbury and Aly Sujo, *Provenance: How a Con Man and Forger Rewrote the History of Modern Art*, Penguin Press HC, 2009.

240 형법 제238조.

다고 한다.[241]

각국 정부와 예술계에서는 위조 예술품 유통 피해를 막기 위한 다각적인 노력을 하고 있다. 가장 효과적인 방법은 데이터베이스를 잘 활용해 예술품 구매자들에게 정보를 제공하는 것이다. 예술품 등록부 같은 아카이브를 만들어 생존 작가들은 자신의 작품에 대한 진품 보증서와 작품 사진, 구매자의 이름을 제공하고, 구매자들이 쉽게 검색해 정보를 얻을 수 있도록 하는 것이다. 예술가들이 작품 서명이나 독특한 표장 밑에 특수 코드 번호를 넣거나 작품에 지문을 넣고 화학 처리를 통해 보존하는 방법도 있다. 물론 전작 도록이나 소장 이력 관리를 잘하는 것이 가장 기본이다.

개인 차원에서는 구매하려는 작품의 작가가 생존해 있다면 작품을 매도 또는 양도할 때 진품 인증서나 매도증서를 요구하는 것이 좋다. 작가가 아니라 화상이나 딜러를 통해 구입하는 경우에는 판매자인 화상이나 딜러를 통해 진품성을 보증받을 수 있다. 화상이나 딜러들이 진품 인증서를 주지 작가의 성명, 작품의 명칭, 완성 일시와 장소, 작품에 대한 설명, 사용된 재료나 용액, 그리고 가능하다면 작가에게 유보된 권리에 관한 설명, 작품이 진품이라는 작가의 보증서가 포함돼야 한다.[242] 예술계 스스로 도덕적 해이를 바로잡고, 자정 노력을 하며 위조품 유통에 공동으로 대응해나가는 노력을 하는 것도 중요하다.

예술품 감정 방법

예술품 매매에도 통상 '매수인 위험부담 원칙'이 적용되어 왔다. 시장이나 개인 간 거래에서 적용되던 보통법의 원칙이다. 구매할 때에는 잘 드러나지 않

---

241 이재상, 앞의 책, 568쪽.
242 DuBoff and King, *Art Law in a Nutshell*, p.60.

는 문제가 있을 수 있음을 경고하면서 구매 물품의 하자 유무에 대해 매수자가 확인할 책임이 있다는 원칙을 말한다. 그러나 이러한 기본 원칙은 점차 바뀌는 추세다. 현대에는 상업이 복잡하게 발달하면서 매수인이 불리한 위치에 놓이게 되고, 매도인 또는 제조자의 기술, 판단, 정직성에 의존할 수밖에 없게 되었다. 따라서 현대 상법은 매수인의 책임 원칙에 여러 예외 규정을 두고 있다. 이를테면 상품의 품질은 견본품과 일치하며, 매수인은 품질을 검사할 수 있는 정당한 기회를 가질 것 등의 계약 조건을 담고 있다.

특히 공산품이 아니라 희소성과 유일성, 진품성 등이 가격 결정의 핵심이 되는 고가의 예술품을 구입할 때에는 진품성과 보존 상태 등에 대해 철저하게 검증해야 한다. 이런 경우의 판단을 위해서 경험이 많은 예술 관련 전문가나 전문 감정인의 도움을 받는 것이 좋다. 예술품의 가치 평가는 예술품의 시장가치를 평가하고, 재산 평가에 반영되어 예술품의 세제 및 금융 혜택의 기준이 된다. 구매자의 진품 소유에 대한 욕망을 충족시킨다는 점에서도 예술품 감정은 중요하다. 아무리 미적으로 뛰어나더라도 역사적 의미를 담고 있지 못하는 위작과는 달리 진작은 귀중한 역사적 사료와 같다. 또한 예술품의 올바른 감정은 예술품 거래에 투명성과 신뢰성을 높일 수 있다. 이 장에서는 예술품의 진품성을 둘러싼 문제, 경제적 가치를 평가하는 문제, 그리고 감정인의 책임과 의무에 대해서 다뤄 보겠다.

예술품의 진위를 감정하는 것과 가치를 평가하는 것은 구분된다. 한국에서는 진위 감정authentication과 가치 평가apparisal를 혼용해 미술품 감정이라고 통칭하기도 하는데 이는 잘못된 관행이다. 진위 감정은 작가의 정체, 출처와 연대, 작품과 역사적 사건의 관계 등 작품에 관해 주장하는 내용의 진본성 여부를 판단하는 것이다. 작품의 진위를 판단하는 기능 이외에도 작품의 수정·복원 여부와 가필·복제에 관한 포괄적인 기능을 동시에 갖는다.[243] 대체로 과학

---

[243] 최병식, 앞의 책, 2005, 77쪽.

적 분석, 전문가의 안목 감정, 역사적 사실, 관련 자료 분석, 소장 이력 등을 살펴는데 크게 세 가지로 분류한다. 첫째 미술 작품의 진위 여부를 감정하는 방법은 자료를 분석하는 방법, 둘째 안목에 기초한 감정 또는 스타일 분석stylistic authentication, 그리고 과학적 분석scientific authentication에 기초한 감정이 있다.[244] 세 가지 분석 방법은 상호 보완적이다.

자료 분석을 할 때 소장 이력을 꼼꼼히 되짚어 보는 것은 가장 기본적이고 필수적이다. 소장 이력을 통해 최초로 창작한 작가로부터 현재 소유자에 이르기까지 예술품의 소유권이 어떻게 이전되어 왔는지를 살펴보는 것이다. 미술계는 소장 이력을 진품성을 뒷받침하는 '설득적 증거'로 본다. 소장 이력은 진품성을 뒷받침하므로 작품의 가치를 높여준다. 물론 소장 이력과 진품 감정서가 같은 의미는 아니다. 꼼꼼한 소장 이력이 존재한다고 해서 반드시 진품성을 증명하는 것도 아니다. 법원들은 종종 진품 감정서와 소장 이력을 혼용해 사용하기도 하고,[245] 소장 이력을 단지 진품성 증거 중의 하나에 불과하다고 보기도 한다.[246] 어쨌든 소장 이력은 진품성의 절대적인 증거라기보다는 유력한 증거 중의 하나로 보는 것이 합리적이다. 소장 이력이 위조되는 경우도 종종 있기 때문이다. 앞서 다루었던 소장 이력을 비롯한 관련 서류들까지 위조했던 존 드루 사건은 유명하다.

안목 감정은 미술 전문가의 지식, 경험, 직권에 기초해 진위를 결정한다. 프랑스어로 '잘 아는 사람'이라는 의미에서 파생된 미술 용어로 잘 훈련된 눈에 의한 안목 감정을 뜻하는 '카너서십Connoisseurship'이라고 부르기도 한다. 진품 여부를 결정하는 중요한 기준이지만 주관적인 평가이기 때문에 자칫 확정적으로 단정할 경우 법적 책임이 따를 수가 있다. 따라서 감정인들이나 미술사가들은 대개 이 작품은 여러 가지 자료로 볼 때, 어느 시대 누구의 작품일 가능성이

244 Bresler and Lerner, *Art Law: the Guide for Collectors, Investors, Dealers, & Artists*, p.262.
245 Jafari v. Wally Findlay Galleries, 741 F. Supp. 64, 65 (S.D.N.Y. 1990).
246 McCloud v. Lawrence Gallery, Ltd., 1991 U.S. Dist. LEXIS 9631 (S.D.N.Y.1991).

다른 어떤 가능성보다 높다 정도로 이야기한다.[247] 과학 분석은 과학자들에 의해 객관적인 절차를 거친다.

가치 평가 또는 시가 평가는 예술 작품의 가치에 대한 전문가적 의견이다. 진품 감정과는 달리 소장 이력이나 진품성을 확인해주는 것은 아니다. 다만 소장 이력은 가치를 평가하는 데 중요한 요소 중 하나일 뿐이다. 가치평가를 할 때에는 작품이 갖는 절대 가치와 예술품 시장의 여러 가지 상황을 종합적으로 고려한다. 또한 가치 평가를 의뢰하는 목적에 따라 가치 평가 방식도 달라진다. 해당 작품의 보존 상태와 재료, 작가의 시대별 분류, 크기, 수복 상태 등의 다양한 요소를 반영해 가치를 결정한다.

진위 감정과 가치 평가

진위 감정

2017년 11월 15일 뉴욕의 크리스티 경매에서 당분간 깨질 것 같지 않은 낙찰 기록을 세웠다. 1500년경에 그려진 것으로 추정되는 레오나르도 다 빈치의 회화 작품 〈살바토르 문디Salvator Mundi〉('구세주'를 뜻한다)가 4억 5,030만 달러(약 5,000억 원)에 팔린 것이다. 낙찰가는 물론이고 다빈치의 회화가 16점밖에 안 되는 데다 〈모나리자〉와 같은 시기에 그린 작품이라는 점, 뒤늦게 다빈치의 작품으로 확인됐다는 점에서 큰 화제를 모았다. 유럽의 궁정 벽을 장식하던 작품이 이후 여러 곳을 전전한 끝에 출처와 연원이 불분명한 채 1958년 크리스티 경매에서 단돈 60달러에 판매되었다. 작품에는 훼손과 덧칠의 흔적도 남아 있었다. 그러던 중 아트 딜러들과 학자들이 덧칠을 제거하고 복원하고 조사하는 과정에서 2011년 진품 가능성이 확인되고, 2017년 다시 경매 시장에 나와 추

247 DuBoff and King, *Art Law in a Nutshell*, p.63.

가 경매 사상 최고가를 기록하였다. 그런데 여전히 진본성에 대한 논란은 끝나지 않았다. 학자와 다빈치 전문가들 사이에 다빈치의 작품이 아니라 다빈치의 제자나 조수의 작품일 가능성이 끊임없이 제기되고 있다. 우선 소장 이력이 분명치 않고, 원작성이 사라질 만큼 훼손이 심한 상태로 다섯 조각으로 나뉘어 있었으며, 과학자이기도 했던 다빈치라면 쉽게 파손될 호도나무 위에 그렸을 리 없다는 점, 손가락 모양이나 구슬 또한 해부학자이자 과학자인 다빈치가 놓쳤을 리 없는 실수가 발견됐다는 점 등이다. 다빈치는 작품에 지문을 남겼는데 이 작품에선 발견되지 않는다는 점도 그렇다. 작품이 팔려나간 지 4년째가 되는 2021년에도 한 이탈리아 학자가 〈살바토르 문디〉의 밑 작업으로 추정되는 드로잉을 발견했는데 이 드로잉과 〈살바토르 문디〉는 차이가 있다고 주장했다. 다빈치의 희귀한 회화가 발견됐다는 환희는 다빈치가 몇 군데 손을 봐준 조수의 작품일 가능성이 높다는 회의로 바뀌었다. 그만큼 예술 작품의 진본성을 확인하는 일은 쉽지 않다. 특히 오래된 작품의 진본성을 확언하는 것은 불가능에 가깝다. 위법한 유통을 목적으로 제작한 위조품에 비해 작가의 손을 떠나 오랜 여행을 한 예술 작품의 경우 더욱 그렇다. 진위 감정의 세계는 차라리 학문적 연구와 의견의 영역이라 할 수 있다.

미술 작품의 진위 여부는 관련 자료에 대한 분석과 안목 감정, 과학적 증명 등을 통해 입증한다. 예술품의 진위를 감정한다는 것은 쉬운 일이 아니다. 특히 안목 감정에 의해 의견을 제시하는 예술 전문가들의 증언은 법정에서 활용하기에 애매한 경우가 많다. 판사들은 안목 감정을 하는 예술 전문가들이 자신의 감정 의견에 대해 근거를 명확하게 이야기하지 못하는 것에 대해 좌절하곤 한다. 안목 감정의 특성상 그렇다. 안목 감정 전문가는 직업을 의미하는 것이 아니라 미술사학자든 해당 작가나 작품을 오래 다룬 아트 딜러든 수년간 특정 작가나 작품, 또는 특정 시기의 작품들을 보고 연구하면서 내면화한, 그리고 축적된 지식들을 바탕으로 한눈에 판단하는 능력을 갖는 경우가 대부분이고, 이러한 예술적 뉘앙스에 대한 논리적 근거를 법정에서 일목요연하게 설명하기는

쉬운 일이 아니다.[248]

경매 회사의 경우 경매에 올리는 예술품의 진품성은 회사의 신뢰도와 연결되므로 한 사람의 전문가라도 이견이 있으면 경매에 올릴 수 없다. 대부분의 경매 회사는 작품의 진위에 문제가 있을 경우 구매자에게 보상을 해준다는 규정을 약관에 명시한다. 크리스티와 소더비는 구매자들에게 진품 보증기간(5년)을 명시하고 있으며, 위탁매매 계약 시 진품성 논란이 일 경우 위탁자와의 계약을 철회할 수 있다는 규정을 두고 있다. 고서화는 낙관이 없거나 후낙(나중에 다른 사람이 찍은 도장)인 경우가 있다. 이럴 때는 진품이라 단정하기가 어렵다. 따라서 이런 경우에는 '인정되는authorized' 대신 '추정되는attributed'이라는 표현을 사용한다. 예를 들어 단원 김홍도의 작품이지만 낙관이 없거나 후낙이어서 학자들 간에 의견이 갈린다면 '전(傳)단원'이라고 경매에 올린다.

예술품 감정은 정부 차원에서 혹은 사회적으로 공인된 감정 기구에서 하는 경우가 있고, 소더비와 크리스티 같이 신뢰성을 인정받은 경매 회사 등을 통해 하는 경우가 있으며, 감정사 자격 소지자가 하는 경우, 그리고 감정사 자격증은 없지만 경력이나 능력을 인정받은 학자나 미술 시장 관계자와 같은 전문가가 하는 경우가 있다. 다시 말해, 예술품을 감정하기 위해서는 다른 전문 직종과는 달리 별도의 자격증을 필요하지 않으며, 충족해야 할 최소 요건도 정해진 바 없다. 감정을 잘하는지, 좋은 감정인인지 여부는 순전히 지식, 경험, 연구와 노력, 그리고 타고난 재능에 달려 있다. 대체로 10년 이상 관련 업계에 종사하며 경력을 쌓은 사람들이 예술품 감정에 대한 권위를 갖는다. 그렇다고 아무나 감정인으로 나서지는 않는다. 감정인으로서 필요한 최소한의 지식이 부족한 경우에는 과실책임이 발생할 수 있기 때문이다.[249]

통상 예술품 감정인의 자격으로 미술사, 미술관학, 미술 과학 같은 전공

248 Malcolm Gladwell, *Blink: The Power of Thinking Without Thinking*, Back Bay Books, 2007.
249 Peter H. Karlen, "Fakes, Forgeries and Expert Opinions", *The Journal of Arts Management and Law*, Vol.16, No.3, 1986, p.9.

학위를 소지하거나, 아트 딜러나 미술관의 큐레이터, 갤러리스트, 경매사, 예술 관련 교수로 재직한 경험, 전문기관의 회원, 관련 분야에서 진위 감정 경험 등을 들 수 있다. 일반인도 특정한 경우에는 감정인 역할을 할 수 있다. 작가의 서명을 자주 보아온 지인은 작품에 표기된 달리 서명의 진위 여부에 대해 법정에서 자신의 의견을 말할 수 있다.[250] 예컨대 살바도르 달리의 오랜 친구로 달리의 서명을 봐온 사람은 문제가 된 작품의 서명이 진짜인지 가짜인지에 대해 증언할 수 있을 것이다.[251]

그러나 역시 법정 증인으로서 가장 신뢰할 만한 사람은 작품의 창작자인 예술가 본인과 그 예술가와 오랜 기간 관계를 맺어온 아트 딜러다. 오랜 기간 앤디 워홀의 독점적 에이전트로 활동해온 아트 딜러 아이반 카프Ivan C. Karp의 경우처럼 작가에 대해 잘 알고, 작품의 특징이나 질과 수준에 해박하며, 판매 기록이나 소장 이력과 같은 서류에 대한 접근성이 있는 아트 딜러나 에이전트는 매우 중요한 법정 증인이자 해당 작가의 작품에 대한 감정인이 될 수 있다. 그러나 예술가 본인이 증인으로 배제된 경우도 있었다. 발튀스(Balthus 또는 Balthasar Klossowski)는 발언이 일관되지 못하거나, 사적인 이유로 자신의 증언을 번복하는 등의 전력을 가지고 있어서 법정 증인에서 배척되기도 했다. 한국에서도 최근 천경자 본인이 자신의 작품이 아니라는 주장에도 불구하고 검찰 조사 결과 〈미인도〉가 진품으로 결론나기도 했으며 이우환이 본인의 작품이 맞다고 주장했으나 법원에서 위작으로 판단하기도 했다.

특정 예술가의 작품에 대한 감정을 하기 위해 감정위원회를 설치하는 경우도 있다. 이를테면 파블로 피카소의 작품만 감정하는 피카소 위원회Comite Picasso[252]라든가, 잭슨 폴록의 아내인 리 크레이스너Lee Krasner가 설립한 것으로 폴록의 작품만을 감정하는 폴록-크레이스너 감정위원회Pollock-Krasner

---

250 United States v. Wiseman, 1993 U.S. App. LEXIS 8787 (9th Cir. 1993).
251 Kaufman, *Art Law Handbook*, p.842.
252 1991 U.S. Dist. LEXIS 9631.

Authentication Board가 대표적이다.[253] 그러나 특정 작가의 작품에 대한 평가를 특정 감정인이나 위원회가 독점하는 것에 대한 이의 제기도 있었다. 잭슨 폴록 작품의 소유자가 작품을 내다 팔려고 하자, 갤러리들은 폴록-크레이스너 감정 위원회의 평가서 없이는 작품을 팔 수 없다고 했다. 원고인 소장자는 이는 불법 적인 거래 방해로 반독점법 위반이라면서 소송을 제기했다. 이 사건 법원은 이 주장에 동의하면서 근현대 미술품 시장에서 잭슨 폴록의 그림은 분명하고 독자 적인 서브마켓을 형성하고 있으며, 이 시장을 독점하는 것은 불법이라고 판시했 다.[254] 유사한 사례이지만 다른 결정이 난 경우도 있다. 원고가 두 거대 경매 회 사인 크리스티와 소더비를 통해 폴록의 작품을 팔려고 했을 때, 마찬가지로 폴 록-크레이스너 감정위원회 평가서를 요구하자 소송을 제기했다. 법원은 폴록의 작품은 경매 회사를 통해서가 아니라 다른 아트 딜러, 갤러리를 통해 또는 개인 적으로 판매가 가능하므로 반독점법 위반이라고 볼 수 없다고 판시했다.[255]

다음의 앤디 워홀 재단의 사례는 예술품 감정위원회를 상대로 소송해 이 기는 것이 얼마나 어려운지를 보여준다.

앤디 워홀 재단 사건[256] 앤디 워홀이 남긴 작품들을 관리하는 앤디 워홀 재 단Andy Warhol Foundation for the Visual Arts과 워홀 작품의 진품성을 감정하는 비 영리 회사인 앤디 워홀 진위위원회Andy Warhol Art Authentication Board는 반독점법 위반 공모 혐의로 고소를 당했다. 소를 제기한 원고 사이먼-웰런Simon-Whelan은 재단과 위원회가 공모하여 예술품 시장에서 진작의 판매 수량을 제한함으로써 시장을 통제하고, 이를 통해 이득을 취하고 있다고 주장했다. 원고 측 주장에 따르면, 워홀 재단은 워홀위원회를 워홀의 예술품 진위성을 판단하는 유일한

---

253 Kramer v. Pollock-Krasner Foundation, 890 F. Supp. 250 (S.D.N.Y. 1995).

254 Vitale v. Marlborough Gallery, 1994 U.S. Dist. LEXIS 9006 (S.D.N.Y. 1994).

255 890 F. Supp. 250.

256 Simon-Whelan v. The Andy Warhol Foundation for the Visual Arts, Inc., 2009 WL 1457177 (S.D.N.Y. 2009).

기관으로 두고 있고, 작품의 공식 도록에 대한 출판권 또한 독점함으로써 워홀의 진품성 감정을 완전히 장악하고 있다. 원고는 재단과 위원회가 자신들이 가지고 있는 작품의 가치를 높이고 시장 지배력을 장악하기 위해 감정을 의뢰한 작품들 중 일정 비율에 대해 진품성 보증을 거부하거나 가짜 판정을 내려왔다고 주장했다. 원고 사이먼-웰런은 자신의 소장품인 워홀의 〈자화상〉에 대해 앤디 워홀 재단으로부터 가짜 판정을 받았다.

원고가 1989년 19만 5,000달러를 주고 산 이 작품은 1965년 (다른 작품들처럼) 워홀의 감독하에 제작한 것이며, 당시 재단과 유족들도 진품성을 인정했다고 주장했다. 그런데 2001년 7월 원고가 작품을 팔기 위해 내놓자 피고 재단 측은 위원회에 먼저 그림을 제출하지 않으면 이전의 진품성은 유효하지 않을 것이라고 강요했다. 이에 원고는 같은 해 12월 작품을 위원회에 제출했는데, 위원회는 자신이 소장한 작품의 진품성이 의심스럽다고 판정하며 추가 입증 자료를 제출하라고 했다. 원고는 1년 넘게 준비해 작품의 출처와 이력 등을 담은 서류를 구비해 제출했다. 그렇지만 위원회는 다시 한 번 가짜 판정을 내렸다. 결국 원고는 헐값에 작품을 팔아야 했다.

원고의 주장은 이렇다. 위원회는 재단에 의해 완전히 장악되었으며, 재단은 시장을 독점할 목적으로 위원회를 이용해 일정 비율의 워홀 작품에 대해 진품성 인정을 거부해왔다. 위원회는 이전에 자신들이 구입을 시도했으나 실패한 작품들에 대한 진품성 인정을 거부했다. 다른 진품 감정위원회와 달리 워홀 위원회는 권위 있고 실력 있는 독립적인 전문가들로 구성되지 않고, 대부분 전문성이 결여되어 있다. 이에 대해 법원은 공모, 반독점 행위, 또는 사기나 불법행위를 했다는 원고의 주장을 입증할 만한 충분한 증거를 대지 못했다고 했다.[257] 2010년 10월, 원고 사이먼-웰런은 결국 소송을 포기하고, 워홀 재단과 합의를 했다. 원고는 법정에서 "진실을 밝힐 수 없다는 점이 슬프다, 하지만 이미 파산

257 Ibid.

상태인 데다 인신공격과 반소 등이 계속됨에 따라 더 이상 소송을 지속할 수 없게 되었다"고 했다.[258]

사건은 일단락되었지만 워홀 사건은 현대미술과 진품성 감정에 대한 중대한 문제점을 던져주었다. 원고 사이먼-웰런이 소장하던 워홀의 작품처럼, 워홀은 작품의 실제 제작에 참여하는 경우가 드물었다. 그는 전통적인 원작성과 저작자성의 개념에 대해 도전하는 작가였다. 팝아트라는 사조 자체가 그렇다. 워홀은 스스로 '공장'이라 이름 붙인 작업실에서 산업용 대량 자재와 산업 기술들을 이용해 작품을 제작했으며, 견습생이나 작업 보조를 고용해 작품 제작을 지시하고 관리·감독하곤 했다. 어디까지가 워홀의 작품이고, 어디까지가 워홀의 작품으로 둔갑한 견습생의 작품일까. 실제로 워홀의 주요 작업 보조 역할을 하던 제라드 맬랭거Gerard Malanga는 〈315 Johns〉라는 작품의 소유권과 저작권을 주장하기도 했다.[259] 워홀의 친구이자 동료 예술가인 존 체임벌린John Chamberlain의 얼굴을 실크스크린에 찍은 작품인데, 앤디 워홀 재단은 이 작품의 진품성을 보장했고, 체임벌린은 제삼자에게 이 작품을 매도했다.[260] 그러자 2004년 맬랭거는 이 작품이 자신이 워홀에 대한 오마주를 담아 제작한 작품이며 워홀은 존재 자체도 몰랐다며 반환 및 손해배상 청구 소송을 제기했고, 양측은 상호 합의해 소를 취하했다.

워홀 작품의 진품성을 입증하는 것은 워홀이 깨고자 하던 통념, 즉 저작자성과 원작성을 해치는 것일지도 모른다. 그렇다면 진품성에 대한 감정은 작가마다 방법을 달리해야 할까, 아니면 작품마다, 아니면 시기마다 달리해야 할까?

다음은 진위 감정할 때 고려하는 사항들이다.[261]

258 Linda Sandler, "Warhol Foundation's $7 Million Defense Beats Collector's 'Fakes' Lawsuit," *Bloomberg*, Nov. 17, 2010.
259 Malanga v. Chamberlain, 29 Misc.3d 1235(A), 2010 WL 5105416 (N.Y. Sup. Ct. 2010).
260 Judd Tully, "The Mysterious 315 Johns," *Blouin Artinfo*, Nov. 11, 2008.
261 Kaufman, *Art Law Handbook*, p.848.

• 스타일적 관점에서 작품을 검토한다. 예술적 품질, 스타일, 색채의 사용, 주제, 물감의 종류, 캔버스, 붓질 등을 면밀히 살핀다.

• 서명의 진위를 검증한다. 다만, 서명이 위조되었다고 해서 반드시 위조품은 아니다. 작품의 가치나 시가를 높이기 위해 서명이 없는 진품에 서명을 위조해 넣는 경우가 있기 때문이다.

• 카탈로그 레조네와 기타 출판 서적, 기사 등을 검토한다.

• 판매 기록, 전시회와 경매 도록, 작가의 아카이브와 여타 접근 가능한 기록들과 소장 이력 등을 검색한다.

• 작품의 상태로 보아 적절하다면, 엑스레이, 적외선, 자외선 감정, 염료 분석 등의 과학 분석을 실시한다.

• 작가, 작가의 가족, 아트 딜러, 이전 소유자 또는 작품에 대해 전문적으로 아는 증인의 증언을 듣는다.

• 위조의 가능성을 따져 본다. 즉, 작가의 작품이 위조된 것으로 추정되는 때에 위조할 만한 가치가 있었는지 등을 따져 본다.

• 복제 가능성을 따져 본다.

예술품 진위를 가려내는 과학적 기술들은 어떤 것이 있을까. 19세기 이탈리아 미술사학자 조반니 모렐리Giovanni Morelli는 육안으로 작품의 세세한 디테일을 직접 확인하고 원본과 대조해 차이가 있는지 살폈다. 이를 모렐리안 분석법Morellian analysis이라 한다. 이러한 분석법은 나중에 과학기술과 장비들을 이용한 과학적 분석 기법으로 대체되었다. 과학적 분석이 처음 사용된 것은 1932년 독일의 미술품 복원 전문가 쿠르트 벨테Kurt Wehlte가 X선 촬영을 통해 반 고흐와 그의 위작자 오토 바커Otto Wacker의 그림을 비교한 것이다. 과학적 분석 방법도 중요하지만 진위 판단에 정확도를 높이기 위해서는 철저한 인문학적 분석이 선행되어야 한다. 이를 통해 비교 대상과 범위를 선정한 후 과학적 분석을 실시해야 한다. 또한 과학적 분석을 거친 후에도 다양한 전문가들이 이를 엄밀히 분석하는 과정은 필수적이다.

- 방사성탄소연대측정법Radiocarbon Dating: 유기물을 통해 대략의 시기를 분석하는 방법이다. 물질에서 검출되는 특정 방사선의 양으로 유기체의 죽음 이후 얼마나 시간이 흘렀는지를 본다.
- 열발광 분석Thermoluminescent Analysis: 세라믹이나 점토에 적용 가능한 방법으로 물질의 온도나 빛을 통해 분석하는 방법이다. 조각이나 골동품에 사용된다.
- X선 투사: 유화에 X선을 비추면 안료에 따라 광선을 통과시키는 정도가 다르고, 특히 화가들이 그림의 밝기를 조절하는 수단으로 주로 사용하는 흰색 안료가 고스란히 드러난다. 흰색 안료가 칠해져 있는 모양과 두께 등을 보면 화가 특유의 필치를 알 수 있다. 유화의 물감층 아래 다른 그림이 있을 경우, 즉 화가가 다른 그림을 바탕으로 그 위를 덧칠할 경우 X선을 비추면 바탕이 된 그림이 떠오른다.
- 자외선과 적외선: 미술품에 자외선을 비추면 재질에 따라 자외선을 흡수하거나 반사하는 정도가 다르기 때문에 수정하거나 덧칠한 부분을 알 수 있으며, 페인팅 전의 밑그림을 볼 수 있다.
- 재료 분석: 재료를 화학적으로 분석해 해당 미술가가 그림을 그렸던 시대와 맞는지를 확인해보는 방법이다.
- 비교 분석: 전문가가 특징적 구성 패턴이 알려진 샘플과 비교하는 방법이다.

최근에는 100조 배까지 확대할 수 있는 초정밀 스캐닝으로 세세한 붓질이나 갈라진 금이나 틈까지도 확인할 수 있고 인공지능AI은 심층 순환 신경망을 이용해 개별 예술가 특유의 붓질을 식별할 수 있다. 뉴욕 예술 및 문화 관계법ACA와 프랑스의 상법 데크레 등은 위작 유통이나 사기를 방지하기 위해 관련 용어의 정의를 명확히 하고 보증 범위를 분명히 명시하도록 하고 있다. ACA는 위조counterfeit란 진품이 아님에도 불구하고 기망의 의도가 있었는지와 상관없이, 예술품 또는 멀티플을 제작, 변경, 복제해 진본성을 주장하는 것으로, 진품 증명서certificate of authenticity는 화상이 서면으로 예술품이나 진본성을 확인, 승인, 증명하는 것으로 규정하고 있다. 프랑스 데크레 제81-255호 역시 다음과 같이 용어를 정의해 화상의 보증 범위를 명확히 하도록 하고 있다.

- ~에 의한 작품oeuvre par, ~의 작품oeuvre de: 특정 작가의 성명과 함께 언급될 경우 해당 작가의 작품임을 보증함.
- ~사인됨signe, 낙인 찍힘estampille: 성명이 표시된 해장 작가의 작품임을 보증함.
- ~의 작품으로 추정되는attribue a: 해당 작품이 언급된 작가의 활동 시기에 창작된 것으로 해당 작가의 작품이라는 추정을 의미함.
- ~의 공방/작업실atelier de: 성명이 표시된 작가의 감독 하에 제작된 작품임.
- ~의 화파ecole of: 특정 작가의 견습생 또는 제자가 이 작가의 생존 및 사후 50년 이내에 이 작가의 영향을 받아 제작되었음.
- ~시대poque, 세기sicle: 언급된 기간에 작품이 제작되었음을 보증함.
- ~스타일의, 방식의, 유의, 장르의, ~의 영향을 받아: 진본성, 연대, 화파 등을 보증하지 않음.

한국은 1971년 설립된 고미술협회의 감정위원회와 1982년 설립된 한국화랑협회의 감정위원회를 두고 있다. 2002년에는 미술계 인사들이 모여 독자적이고 전문적인 미술품 감정의 수행을 목표로 한국미술품감정연구소를 설립하고, 2003년 사단법인 한국미술품감정협회, 2006년 사단법인 한국화랑협회와 업무 제휴를 시작했다. 이 밖에 국립중앙박물관에서 실시하는 고미술품 감정이 있으며, 경매 회사들이 자체적으로 실시하는 개별 감정이 있다. 1990년대 후반 들어 IMF 경제 위기로 인한 기업의 도산이 이어지고 기업이 소장하던 예술품들이 시장에 대거 나오면서 경매나 매매 목적의 감정이 늘어났다. 이후 국내 예술품 시장이 확대되고 유통이 활발해지면서 투자처로 인기를 끌자 위작도 늘어남에 따라 예술품에 대한 체계적인 감정의 필요성도 점차 커졌다.

가치(시가) 평가

가치 또는 시가 평가appraisal란 금전적 가치에 대한 의견이나 평가를 말한다. 예술품에 대해 가치 평가를 하는 경우는 매매 가격을 결정하기 위해, 납세나 보험금 산정을 위해, 예술품을 담보로 대출을 받기 위해, 소송 등 분쟁 발생 시 손해배상금액을 산정하기 위해, 이혼 시 재산 분할을 하기 위해, 그리고 소장자가 작품의 금전적 가치를 알아보기 위해서 등이다. 시장에서 환산되는 예술품의 금전적 가치를 산정하는 것은 쉬운 일이 아니다. 예술품의 가격 결정에는 작품 그 자체뿐만 아니라 감정적 요소와 외적 요소들도 개입하기 때문이다.

시가 평가의 방식에는 추정의 근거 자료가 적거나 뒷받침되지 않은 채 어림잡은 비공식적인 구두 의견이 있을 수 있고, 고도의 경험을 갖춘 전문 가치평가사appraiser가 충실한 자료 조사와 탄탄한 근거 자료들을 바탕으로 한 꼼꼼한 서면 의견이 있을 수 있다. 예술품에 대한 가치 평가서가 적절한 형식을 갖추기 위해서는 우선 가치평가사가 그 결과의 이해관계에 얽혀 있지 않고, 공정한 태도를 견지해야 하며, 가치 감정을 위해 필요한 훈련과 경험을 갖추어야 한다. 그리고 특정 예술 작품의 시장가치에 대한 의견 및 그 의견을 뒷받침해 주는 사실과 구체적인 분석 내용을 서면으로 기술해야 한다.[262] 이 서면 보고서에는 가치평가사의 서명이 있어야 한다. 경우에 따라 가치 평가와 시가 평가를 구분하

---

262 Kaufman, *Art Law Handbook*, p.853.

기도 하는데, 가치 평가는 순수하게 미술사적 가치와 작품 자체의 절대 가치를 기준으로 판단하거나 희귀성을 고려한 판단이 적용되며, 시가 평가는 진위 여부에 의해 가장 큰 부분이 결정되고, 당시의 경제 상황과 구매력, 작품의 대중 선호도와 시장 선호도, 희귀성, 작가의 인기도, 수정 복원 상태와 그 수준 등에 의해 최종 결정된다.[263]

가치 평가를 하는 방법에는 시장 비교, 비용 비교, 소득, 직관 등의 방식이 있다.[264] '시장 비교 접근 방식market comparison approach'은 가장 일반화된 시가 평가 방식이다. 평가 의뢰가 들어온 시기에서 크게 벗어나지 않는, 같은 작가의 유사한 다른 예술품이나 비슷한 평판과 명성을 가진 다른 작가의 유사한 작품 가격을 비교·분석하는 것이다. 유사한 예술품들을 선택할 때에는 예술품의 질이나 상태, 복원 정도, 도록의 수록 여부, 미술관 전시 여부, 소장 이력, 작품의 크기, 주제, 재료, 이전 소장자의 지위나 명성 등을 종합적으로 고려한다. 예술품들을 비교할 때는 판매 가격이 시장의 가치를 신실하게 반영했는지, 아니면 가족 관계, 납세 문제 등의 영향을 받았는지 등을 살펴야 한다. 예술품이 갤러리, 경매소, 개인 판매 등 어떤 장소에서 판매하는 것이 가장 적절한 판매 장소가 될지도 고려해야 한다.

다음으로 동일 예술품을 재생산 또는 재제작할 때 들어가는 비용에 기해 가치를 판단하는 '비용 접근 방식cost approach'이 있다. 주로 가격이 비싼 귀금속류나 보석 등으로 만드는 예술품이나 제작 단가가 높은 장식미술 등에서 사용하는 방식인데, 이런 경우는 제작 단가가 최종 가격 책정에 중요한 요소가 된다. '소득 접근 방식income approach'은 예술품이 소득을 창출하는데 이용되는 경우, 즉 예술품 대여 사업을 하거나, 이미지를 포스터나 티셔츠 제작과 같은 상업용 물품을 제작하는 데 이용하는 경우에 사용하는 방식으로 소득 내용을 평

---

263 최병식, 앞의 책, 2005, 77쪽.
264 Kaufman, *Art Law Handbook*, p.859-861.

가에 반영하는 것이다. '직관적 접근 방식intuitive approach'은 공식적으로 인정되는 방식은 아니지만, 미술계에서는 자주 이용되는 방식으로 일각에서는 시장 접근 방식의 극단적 경우에 해당한다고 주장한다.

전문가들 사이에 예술품 가치 평가가 다를 경우, 법원은 가치평가사의 경험, 법정 증언 내용, 유사한 예술품의 시장가격, 분석의 전반적인 타당성이나 설득력 등을 종합적으로 고려한다. 미국 국세청의 가이드라인은 예술품 가치 평가 의뢰를 위해서는 다음과 같은 사항을 제출해야 하도록 규정하고 있다: 크기, 주제, 재료, 작품명과 작가명, 창작 시기 등 예술품에 대한 완전한 설명, 구입 방법 및 비용과 날짜, 진품성을 포함한 대상물에 대한 이력, 대상물을 완전히 파악할 수 있기에 충분한 크기와 질의 사진.265

감정인의 책임

위조된 작품들이 시중에 유통되는 것을 사전에 방지하는 것이 가장 이상적이겠지만 이를 원천적으로 차단하는 일은 사실상 불가능하다. 따라서 예술품, 특히 고가의 유명 예술품을 구매하려 하거나, 이미 구매했지만 위작으로 의심된다면 예술품 전문가들의 자문을 구하는 것이 중요하다. 감정 결과가 법적 효력을 갖기 위해서는 전문 감정인에게 비용을 지불하고 정식으로 계약하는 것이 좋다. 최근에는 인터넷 웹사이트를 통해 온라인으로 감정을 하는 경우가 많다. 그렇지만 인터넷 감정은 실제 감정 대상물을 눈으로 직접 확인하지 않고 인터넷에 올라온 사진을 바탕으로 감정하기 때문에 정확성에 대한 신뢰도가 현저히 떨어질 수밖에 없다. 또한, 일부 사이트에서는 전문가들이 익명으로 감정을 하기 때문에 감정인의 전문성이나 권위, 자질, 자격에 대해 알기가 어려우며 감

---

265 Bresler and Lerner, *Art Law: the Guide for Collectors, Investors, Dealers, & Artists*, p.1512.

정 결과에 대해 책임 범위가 상당히 좁다. 따라서 특히 고가의 예술품이라면 온라인 감정은 참고 수준으로만 이용하는 것이 좋다.

진위 전문 감정인

예술품 감정인 중 진위 전문 감정인은 감정 방식에 따라 안목 감정 전문가Stylistic expert/Connoisseur와 과학 분석 전문가로 나눌 수 있다. 스타일 감정, 즉 안목 감정인이 자신의 지식, 직관, 경험을 바탕으로 주관적인 방식으로 감정을 한다면, 과학 분석 전문가는 과학적 검증 등을 통해 취합한 객관적인 정보를 바탕으로 감정을 한다. 감정 방법의 차이가 크다 보니 안목 감정과 과학 분석의 결과가 상충되는 경우도 간혹 발생한다. 안목 감정이든 과학 분석이든 완벽하게 진위성을 증명하는 데는 한계가 있다.

전직 트럭 운전사인 테리 호턴Teri Horton의 이야기를 담은 '대체 누가 잭슨 폴록이야Who the Fuck is Jackson Pollock'라는 제목의 다큐멘터리 필름은 과학 감정과 안목 감정 사이의 충돌을 보여준다. 당시 78세 노인이던 호턴은 우울해 하는 친구가 밝고 경쾌한 색을 보면 기분이 나아질지 모른다는 생각에 한 중고품 할인 판매점에 들러 단돈 5달러를 주고 그림을 하나 샀다. 그러나 이 그림은 친구의 거처인 트레일러에 걸기에는 너무 커서 그림을 팔기 위해 집 앞에 내놓았다. 우연히 이 집 앞을 지나가던 동네 미술 교사가 이 그림을 발견하고는 잭슨 폴록의 작품일지도 모른다고 했다. 들뜬 호턴은 정말 폴록의 진작인지 감정을 의뢰했다.

그림에는 폴록의 서명이 없었고, 폴록의 작품은 위작이 많았던 데다 중고품 판매점에서 발견됐다는 점에서 소장 이력도 불분명했다. 무엇보다 수집가들의 주장에 따르면 이 그림에서는 폴록의 '영혼'이 느껴지지가 않았다. 하지만 놀랍게도 과학 분석 결과는 폴록의 진작 가능성을 높여주었다. 우선 그림에 있는 지문이 진작에 묻어 있는 폴록의 지문과 일치했으며, 폴록의 작업실에 눌어

붙어 있는 안료와 그림에 사용된 것이 일치했다. 뿐만 아니라 폴록의 대표작으로 MoMA에 걸려 있는 〈No.5〉와 동일한 패턴으로 제작된 것으로 드러났다. 전문가들의 의견은 분열되었다. 일부는 가짜라고 단언하고, 일부는 확실치 않다고 의견을 보류했다. 특히 메트로폴리탄 미술관 디렉터였던 토머스 호빙Thomas Hoving은 다음과 같은 이유를 들어 폴록의 작품이 아니라고 주장했다.[266]

첫째 (폴록의 스타일과는 달리) 그림이 너무나 단정하고, 예쁘게 꾸미는 색깔을 사용했다. 둘째 액션 페인팅의 특징인 드리핑dripping으로는 불가능한 일직선들이 보인다. 셋째 폴록의 작품들은 사이즈가 정해져 있지 않으며 그림의 뒷면에서도 볼 수 있는데 비해 이 그림은 캔버스가 규격화되어 있다. 넷째 폴록이 사용하지 않던 아크릴 물감을 사용했다. 심지어 작품에 묻어 있던 지문들을 분석한 예술품 지문 감식 전문가forensic art expert 피터 폴 바이로Peter Paul Biro가 위작을 진작이라고 하기 위해 지문 분석 결과를 위조했을지도 모른다는 의혹이 『뉴요커』지에 의해 제기되었고, 바이로는 명예훼손으로 잡지사를 고소하기도 했다.[267]

안목 감정은 주관적이며 직관적인데 비해, 과학 분석은 말 그대로 과학적이고 객관적이기 때문에 과학 분석이 더 정확하리라는 것도 편견에 불과하다. 2008년 박수근의 〈빨래터〉 위작 논란 때, 서울옥션이 동 작품을 위작이라고 주장하는 미술 잡지 『아트트레이드』를 상대로 30억 원의 손해배상 청구 소송을 냈다. 진위 여부를 판단하기 위해 안목 감정과 과학 분석을 모두 의뢰했지만 속 시원한 결과는 나오지 않았다. 한국미술품감정협회가 진품으로 판정을 하고, 전 세계 예술 전문가들이 총동원돼 방사선탄소연대측정, 재료 분석 등을 했지만 진품으로 '추정'된다는 결론만 얻었을 뿐이다.

266　Thomas Hoving, "The Fate of the $5 Pollock," *Artnet*, Nov. 6, 2008.
267　Iulia Filip, "Art Analyst Sues the New Yorker," *Courthouse News Service*, Jul. 1, 2011. 그러나 2013년 8월 2일 뉴욕 법원은 『뉴요커』지의 미국법상 공인에 대한 명예훼손의 구성 요건인 실질적 악의를 입증하지 못했다며 원고 패소 판결했다.

안목 감정은 공정성이나 전문성에 의문을 제기할 수 있고, 과학 분석은 오차 범위가 크거나 분석 재료가 너무 방대하다. 특히 근대 미술의 역사가 100년에 불과하다는 점을 감안할 때 안목 감정을 불신하고, 과학 분석에 의존하는 것도 문제다. 예컨대 안료나 캔버스의 질료적 분석의 오차 범위가 10년이라고 한다면, 한국의 짧은 근대 미술 역사를 감안할 때 10년의 오차 범위란 엄청난 과오를 낼 수 있다.[268] 따라서 안목 감정과 과학 분석이 각기 절대적이라기보다는 상호 보충적이라고 보는 게 좋다. 미술사가와 같은 전문가들이 안목 감정을 통해 작품에 대한 의견을 X선 투사, 방사성탄소연대측정법, 재료 분석 등을 통해 의견을 보강할 수 있으며 그 반대일 수도 있다. 명지대학교 대학원 예술품감정학과의 이동천 교수는 전문적인 미술품 감정은 진작과 진작 간, 진작과 위작 간, 그리고 위작과 위작 간 비교라는 기본적 검증 과정을 통해 진위를 가려내는 체계적 훈련을 거쳐야 한다고 주장한다.

천경자 〈미인도〉 사건에서도 검찰은 대검찰청, 국립과학수사연구소, KAIST 등에 DNA, 필적 감정 분석, 감정 대조 작품에 대한 밑그림, 안료 등의 분석, 컴퓨터 영상 분석 등 과학 분석, 91년 위작 논란 당시 감정위원 등 미술계 관계자 조사 및 전문가의 증언, 작품의 소장 이력 확인, 안목 감정, 관련 자료 조사 등 동원 가능한 거의 모든 방식을 토대로 조사했으며 그 결과 〈미인도〉는 작가 특유의 제작 방식이 구현된 진품으로 판단했다.

검찰이 진작으로 판단한 근거는 이렇다. 첫째, 〈미인도〉를 진품 13점 등과 비교 분석한 결과 희귀한 석채(돌가루 안료)를 쓰고 두터운 덧칠 작업과 압인 선(날카로운 필기구 등으로 사물 외곽선을 그린 자국) 등이 다른 진품들과 공통으로 나타났다. 둘째, 1976년 고인이 작은딸을 모델로 그린 〈차녀 스케치〉와 세부 표현 방식이 고도로 유사해 이 작품을 바탕으로 〈미인도〉와 1981년 작 〈장미와 여인〉이 완성된 것으로 보인다고 추정된다. 셋째, 〈미인도〉의 그림 밑층에

268 한국미술품감정평가원, 앞의 책, 81쪽.

서 다른 형태 위치의 풀잎 선, 입술 모양, 생머리 밑층의 파마머리, 꽃 이미지 등 애초 그린 숨은 밑그림이 발견돼 거듭된 수정과 덧칠을 통해 밑그림을 변형하면서 현재의 〈미인도〉로 완성하는 과정을 보여주는데, 수정과 덧칠로 그림 완성도를 높이는 것은 작가 고유의 특징으로, 위작할 경우 원작을 베끼거나 약간 변형한 스케치 위에 단시간 채색하므로 다른 밑그림이 발견되기 어렵다. 넷째 소장 이력에 대해서도 〈미인도〉를 미술관이 입수해 소장한 경위도 1980년 2월 당시 계엄사령부가 박정희 전 대통령을 시해한 김재규 전 중앙정보부장의 집에서 헌납 형식으로 가져와 재무부, 문화공보부를 거쳐 미술관에 최종 이관한 사실을 관계자 증언과 문서로 확인됐다. 다섯째 교수 화가 평론가 등 감정위원 9명 한테서 받은 비공개 개별 감정 작업에서는 석채 사용, 두터운 덧칠, 붓 터치, 선 묘사, 밑그림 수정 흔적 등에서 진품들과 동일한 특징이 나타났다.

이처럼 예술 작품의 진품성을 판단하는 데는 과학적 분석, 예술 전문가들의 안목 감정 의견, 다른 진작과의 비교 분석, 관련인들의 진술 증언, 관련 문서, 소장 이력 등을 조사해야 한다. 그럼에도 불구하고 이 사건의 고소 고발인이었던 유족 측은 작고한 작가의 진술 등을 근거로 여전히 위작이라 주장하고 있다. 진위 감정에서 100% 확실하다는 단정이 어려운 이유다.

잭슨 폴록, 리 크레이스너 부부의 절친한 친구인 허버트 매터Herbert Matter의 유품에서 발견된 작품들은 예술품의 진위 여부를 둘러싼 학계와 예술품 전문 감정인들 간의 왕성한 토론과 논쟁, 학문적 연구를 촉발시켰다. 2002년, 잭슨 폴록의 작업실이 있던 뉴욕 롱아일랜드의 한 창고에서 폴록의 작품으로 보이는 그림이 32점 발견되었다. 허버트 매터의 유품을 정리하던 중에 그의 아들인 알렉스 매터가 '잭슨 폴록 1946~1949 습작'이라고 쓰여 있는 상자를 발견한 것이다. 정말 폴록의 작품들인지를 판정하기 위해 미술사 교수인 앨런 란도Ellen Landau가 중심이 되어 미술품 복원사, 탄도 물리학자, 화학자, 미술사학자 등이 참여해 매터의 유품들을 연구했다. 미술사학회에서도 '잭슨 이후After Jackson Pollock'라는 주제로 매터의 유품들이 진작인지 여부에 대해 논쟁을 벌였다. 보스턴 맥멀린 미술관McMullen Museum of Art은 란도 교수와 함께 '폴록-매터스Pollock-Matters'라는 전시회를 개최해 유품에 들어 있는 회화, 드로잉, 사진, 조각 등을 포함한 약 150여 점의 작품들을 전시했다.[269] 란도 교수의 저작 『폴록-매터스Pollock-Matters』[270]에 따르면, 폴록의 절친한 친구이자 유품의 주인인 매터의 기술적 혁신은 폴록의 에너지를 눈에 보이게 하는 예술적 개념으로 발전하도록 고무시켰다. 이 유품들이 전부 매터의 영향을 받은 폴록의 작품들인지, 폴록의 작품을 흉내 낸 매터의 습작들인지, 아니면 일부만 폴록의 작품인지 이에 대해서는 여전히 연구가 진행 중이다.

예술품 감정은 그 자체로도 어렵지만, 자칫 송사에 휘말릴 수 있기 때문에 전문가들도 예술품의 감정 의견을 말하는 것을 꺼려하는 경우도 많다. 소송에 걸리면 돈과 시간을 낭비하고 감정인으로서의 명성과 평판이 손상될 수도 있다. 이런 이유로 상당수의 미술관 큐레이터들은 외부인들에게 예술품에 대한 감정 의견을 말하는 것이 내규로 금지되어 있다.

시각예술 작품의 진품성과 관련해 감정인을 상대로 하는 소송의 원인에는 전문가의 과실, 즉 주의 의무를 다하지 못한 데 대한 책임, 계약 위반, 사기 또는 부주의한 허위 진술negligent misrepresentation, 명예훼손 등이 있다.

가치평가사

인정받는 가치평가사가 되기 위해서 갖추어야 할 몇 가지 요건이 있다. 전문성, 객관성, 사실에 기초한 분석 능력이다. 우선 특정 분야의 특화된 경험이 가장 중요한 자격 요건이라고 볼 수 있다. 가치평가사든, 아트 딜러나 경매사든, 큐레이터든 학자든 예술품에 대한 미적, 경제적 판단을 많이 해본 사람이어

269 Jane Whitehead, "For art's sake," *Boston College Magazine*, Summer 2007.
270 Ellen G. Landau, *Pollock Matters*, 5th ed., Mcmullen Museum of Art, 2007.

야 한다. 특정 분야, 특정 사조, 특정 작가 등과 같이 특화되고 전문화될수록 좋다. 또한 가치평가사는 감정 대상물이나 의뢰인과 금전적인 이해관계에 얽혀 있어서는 안 된다. 수수료는 예술품의 가치 산정 결과에 대한 고정 요율이어서는 안 된다.[271] 수수료율을 올리기 위해 평가 결과를 부풀릴 수 있기 때문이다.

두 번째로 객관성도 중요한 요건이다. 만일 의뢰인과 가치평가사가 절친한 관계라거나 오랜 사업 파트너라면 경험이 아무리 풍부하다 해도 평가 결과의 객관성 측면에서는 감점 요인이 될 수 있다. 미국의 한 법원에서는 납세 목적으로 예술품의 가치 평가를 하는데, 가치평가사가 납세자의 친한 친구라는 점을 들어 평가 결과에 대한 신뢰도가 상당 부분 하락했다고 보았다.[272] 물론 가까운 사이라는 이유만으로 무조건 증인 또는 증거물에서 배제되는 것은 아니며, 법원은 상황에 따라 똑같은 무게의 증거력을 인정하기도 한다. 어쨌든 가치평가사는 자신의 사적 감정이나 관계를 감정 평가에 연계시켜서는 안 된다. 법원이 19세기 흑인 예술과 예술가에 대한 지식이 풍부하며, 여러 대학에서 강의를 하고, 미술관의 자문위원으로 활동할 뿐 아니라 왕성한 저술 활동도 한 가치평가사의 의견을 배척한 적이 있다.[273] 그 이유는 19세기 흑인 예술가들이 처했던 상황을 감안해볼 때 그들의 작품 가치가 더 상향되어야 한다는 가치평가사의 개인적 의견이 반영되어 있었기 때문이다. 세 번째로 가치평가사가 내는 의견은 반드시 사실과 분석에 기초해야 한다. 그렇지 않으면 시가 평가로서 의미가 없다. 14년간 아트 딜러로 활동하며 같은 예술가에 대한 수많은 가치 평가를 해본 경험이 있는 가치평가사의 의견이 법원에 의해 거부당한 적이 있는데, 자신의 평가 결과에 대해 적절한 설명을 하는데 실패했기 때문이다.[274]

예술품에 대한 시가평가사를 선정하고자 할 때는 다음의 몇 가지 사항들

---

[271] Appraisers Association of America, By laws and code of ethics, 1999.

[272] Pickett v. American Ordnance Preservation Association, 1999 U.S.Dist. LEXIS 13726 (E.D.Pa. 1999).

[273] Frates v. Commissioner, 53 T.C.M. (CCH) 96 (1987).

[274] Reynolds v. Commissioner, 43 T.C.M. (CCH) 115 (1981).

을 반드시 확인하는 것이 좋다.[275]

- 시가평가사가 유사하거나 같은 가격대에 있는 예술품의 시가 평가에 상당한 경험을 가지고 있는가. 전문 영역의 특정 작가, 특정 예술품, 특정 사조 등으로 한정되어 있을수록 좋다.
- 시가평가사의 경험이 학문적 영역에 머물러 있는가, 상업적 감정 경험이 있는가. 예를 들어, 미술관의 큐레이터는 올드마스터의 드로잉에 대한 진위를 감정하기에는 적절할지 모르나 현재 시장의 가치를 판단할 만한 관련 지식은 부족할 것이다.
- 만일 소송을 대비하여 감정 평가를 하는 경우라면, 시가평가사가 지식이나 웅변력에 있어서 설득력 있는 증인이 될 수 있을지를 고민해 보아야 한다.
- 시가평가사는 어떤 종류의 정식 교육이나 훈련을 받았는가. 관련 출판 또는 강의 경력이 있는가. 언론에 관련 기사나 칼럼이 난 적이 있는가. 시가평가사가 윤리 규정의 대상이며 지속적 교육 과정을 이수해야 하는, 인정받는 시가평가기관 회원인가.
- 시가평가사가 독립적이며, 편파적이지 않으며, 금전적 이해관계에 있지 않는가. 수수료를 평가 대상물의 가격에 따른 퍼센티지로 요구하지는 않는가.
- 시가평가사가 참고 자료를 제공하는가.
- 시가평가사가 책임보험에 가입했는가.
- 시가평가사가 검토할 만한 견본 보고서를 가지고 있는가.

2012년 6월 그림을 담보로 미래저축은행에 비정상적인 투자를 했다는 의

---

275 Kaufman, *Art Law Handbook*, p.858.

혹을 샀던 하나캐피탈이 미술품 시가 평가가 잘못돼 손해를 입었다며 미술품 경매 회사인 서울옥션을 상대로 60억 원대의 민사소송을 제기했다. 서울옥션이 미술품을 실제 가치보다 높게 잘못 평가해 담보물을 팔았는데도 원금을 보전하지 못했다는 것이다. 하나캐피탈은 비리 혐의로 구속된 미래저축은행 회장이 소유한 그림 다섯 점을 담보로 이 은행에 145억 원을 투자했다. 그림의 총 가격이 155억~192억 원에 달한다는 평가를 받고 투자했는데 미래저축은행이 투자 조건을 충족하지 못해 담보로 잡은 그림을 올해 매각하자 실제 판매가가 90억 원 정도밖에 나오지 않은 것이다. 담보로 잡은 그림은 사이 트웜블리, 박수근, 김환기의 작품 들이다. 특히 문제가 된 작품은 미국 화가 사이 트웜블리의 1969년 작 〈볼세나Bolsena〉였다. 서울옥션은 1,200만~1,500만 달러(약 130억~160억 원)로 추정했지만, 실제 낙찰가는 약 70억을 넘지 못했다. 서울옥션 측은 톰블리가 비슷한 시기에 그린 훨씬 더 작은 작품이 전해 5월 소더비 경매에서 1,500만 달러(약 160억 원)에 낙찰된 적도 있다며 시가 산정 근거를 제시했다.

전문가의 과실 1996년 미국에서 할머니의 사망으로 손자가 유품을 처분하기 위해 시가평가사를 고용했다. 그중에는 두 점의 꽃 그림이 있었는데 60달러에 매각한 이 그림은 나중에 19세기 미국 화가 마틴 존슨 히드Martin Johnson Heade의 것으로 드러났다. 같은 해 12월 이 작품은 크리스티 경매에서 약 100만 달러에 낙찰되었다. 손자는 작품의 값어치를 제대로 평가하지 못한 시가평가사를 고소했고, 결국 비공개 합의로 해결되었다.[276]

시가평가사의 업무상 과실책임의 기준은 무엇이며 어떻게 입증할 수 있을까. 일단 자신의 경험과 능력 내에서 최선을 다했으나 진위를 밝혀내는 데 실패했다면 이에 대해서는 책임을 물을 수 없다. 미국 민법상 전문가의 과실 professional malpractice 책임 기준은 시가평가사에도 적용된다. 시가평가사는 동일

---

276 E. Kinsella, "Seller Beware: $60 Tag-Sale Paintings Bring $1.1 Million", *Wall Street Journal*, Dec. 11, 1998, at W16.

혹은 유사한 지역 내에 있는 다른 시가평가사가 기울였을 통상적인 주의 또는 기술의 사용 의무를 다하지 못해서 실수가 발생한 경우, 그리고 이러한 과실과 피해 간의 인과관계가 존재하고, 그 결과 실질적 손해가 발생하게 되면 과실 책임이 인정된다.[277] 이때 통상적인 주의 또는 기술의 사용에 대한 기준은 가치(시가) 평가 관련 기관의 기준을 참조할 수 있다.

1989년 영국에서 원고는 폭스하운드 종을 그린 두 점의 소형 회화 작품을 840파운드에 매각했다. 고용한 가치평가사가 작품들이 지저분하고dirty, 잘 그리지 못한ill-drawn 그림이며 가치가 낮다고 했기 때문이다. 그러나 5개월 뒤, 이 그림들은 소더비 경매에서 무려 8만 8,000파운드에 낙찰되었다. 이 작품들은 유명 동물 회화 작가인 조지 스터브스George Stubbs의 작품들이었던 것이다. 낙담한 원고는 잘못된 감정 평가를 내린 전문가를 업무상 과실로 고소했다. 이 사건 법원은 예술품 전문 시가평가사라면 이 작품들의 특징을 보고 좀 더 정밀 감정이 필요할 만한 가치가 있다는 사실을 놓치지 않을 것이라면서 원고 측의 손을 들어주었다.[278] 그렇지만 예술품의 감정 평가라는 것이 완벽하기란 힘들고, 완벽하지 못하다고 해서 반드시 책임을 져야 하는 것은 아니다. 예술품의 진위나 가치를 판단할 때 주의 의무를 다한다면 잘못된 감정 및 시가 평가로 인한 책임은 면할 수 있다. 앞의 조지 스터브스 그림 사건의 경우 법원은 시가평가사가 전문가의 주의 의무를 다하지 않았다고 판단한 것이다.

하나캐피탈-서울옥션 사건에서처럼 예술품의 평가 가격과 실제 낙찰가가 차이가 나는 요인은 여러 가지가 있기 때문에 큰 가격 차이만으로는 정확한 감정에 실패했다며 시가평가사에게 책임을 묻기는 어렵다. 트웜블리처럼 이전에 팔린 비슷한 작품의 가격을 반영했다 하더라도 작품의 소장자, 작품을 거래하는 갤러리, 경매 회사의 명성, 매각 절차의 보안 문제, 작품을 둘러싼 루머 등에

---

277 Steven Mark Levy, "Liability of the Art Expert for Professional Malpractice," *Wisconsin Law Review*, Vol.1991, Issue 4, 1991, p.597; Restatement (Second) of Torts §99A cmt. E (1965).

278 Luxmoore-May v. Messenger May Baverstock, 1 All ER 1067 (C.A.1990).

따라 가격이 상승 또는 하락할 수 있다. 책임을 묻기 위해서는 가치평가사가 주의 의무를 다하는 데 실패했다는 사실을 입증하거나 이익 수취를 목적으로 고의로 거짓 의견을 말했다는 사실을 입증해야 한다.

물론 가치 평가는 진위 감정 결과에 크게 영향받을 수밖에 없다. 진품성이 의심되는 예술품은 시중의 다른 유사 작가의 유사 작품에 비해 가치가 평가 절하될 수밖에 없다. 가치평가사는 가치 감정 평가에 이러한 요소를 반드시 반영해야 한다. 진품이 아니라는 사실을 알면서도 숨기거나, 진품성에 대한 다른 감정인 또는 전문가의 의견을 가치 평가에 반영하지 않을 경우, 중과실이 될 수 있다. 미국에서는 메리 카사트Mary Cassatt의 작품에 대해서 카사트 전문위원회 Cassatt Committee가 진품성에 대한 의혹을 제기하면서 사실상 값어치가 전혀 없음에도 불구하고 65만 달러로 평가한 사례에 대해 중과실Gross negligence에 해당한다고 판시한 적이 있다.[279] 도품도 마찬가지다. 시가 평가를 의뢰받은 가치평가사는 의뢰받은 작품이 도품으로 의심될 경우, 도난 예술품 등록부 같은 도품 데이터베이스를 통해 도품 또는 유실품인지 여부를 확인해야 한다. 만일 도품이나 유실품으로 드러나면 가치 평가를 거부하고 경찰 등 관련 기관에 신고해야 한다.[280]

계약 위반 예술품 전문가에게 감정 또는 가치 평가를 의뢰하는 것도 일종의 계약 관계를 맺는 것이다. 따라서 계약이 존재하며, 계약 당사자가 계약 의무를 이행하지 않았고, 이로 인해 손실이 발생할 경우 계약 파기로 소송을 할 수 있다. 그러나 예술품 감정 또는 가치 평가에 있어 계약 위반으로 소송이 걸리는 경우는 흔치 않다. 서면계약을 체결하더라도 감정 또는 평가 결과에 대한 완전한 책임을 보증하거나 약속하는 경우는 드물기 때문이다. 대체로 감정 또

---

279 Ibid. at 1236.
280 Appraisers Association of America Code of Ethitcs (1999).

는 평가 결과에 대한 전적인 책임에 대해서는 포기 또는 부인하는 조항disclaimer of liability을 넣어두기 마련이다.

만일 경매 회사가 진품성을 인정하면서도, 혹시 모를 위작 가능성을 의심하는 구매자의 요청에 따라 계약을 철회한다면 이는 경매 위탁자에 대한 대리인으로서의 의무를 지키지 못한 것일까. 경매 회사와 같은 위탁 대리인이 위탁자에게 갖는 신임 의무의 범위는 어디까지일까. 위탁 대리인으로서 위탁 물품을 구매하고자 하는 매수인에 대해서는 어떤 책임을 질까. 이러한 문제들을 다룬 사건이 있다.[281] 1948년 제인 코번Jane Koven은 조르주 브라크 전문 아트 딜러로부터 브라크의 파스텔화 〈물병과 기타가 있는 정물Still Life with Pitcher and Guitar〉을 구입했다. 1989년 코번은 동 작품을 매각하기 위해 크리스티 경매 회사의 담당자와 만나 위탁매매 계약을 체결했다. 크리스티 내부의 브라크 전문가는 작품과 소장 이력 등을 검토한 끝에 동 작품이 진작이라고 결론을 내리고, 1990년 5월 경매 카탈로그에 작품을 올렸다. 동 작품은 60만 달러에 매각됐다. 그러나 이를 구입한 바버라리 다이아몬스타인Barbara Lee Diamonstein은 구매 후, 작품의 진품성에 의심을 갖기 시작했다. 크리스티는 관련 기록 등을 보여주며 진품성을 보증해 다이아몬스타인을 안심시켰다. 그러나 다이아몬스타인은 브라크 전문 학자가 발급한 진품 보증서를 요구했다. 크리스티는 브라크의 저작인격권 droit moral 을 보유하고 있는 클로드 로렌스Claude Laurens에 진위 감정을 요청했다. 로렌스는 작품을 살펴본 뒤, 동 작품의 진품성을 보증할 수 없다고 했다. 크리스티 내부의 브라크 전문가들은 로렌스의 의견과 달리 여전히 진품이 맞다고 믿었다. 그럼에도 다이아몬스타인의 요청에 따라 매매계약을 취소하고 구매 대금을 돌려주었다. 그러나 코번은 크리스티에게 작품 매각 대금을 반환하기를 거절했다.

---

281 Greenwood v. Koven, 92 Civ. 2574 (CHS), 1993 U.S.Dist. LEXIS 18272 (S.D.N.Y. 1993); on reconsideration, 880 F. Supp. 186 (S.D.N.Y. 1995).

이에 크리스티는 코번을 상대로 반환금 청구 소송을 하고, 코번은 대리인인 크리스티가 고객인 자신에게 신임 의무를 다하지 않아 위탁매매 계약을 위반했다며 반소를 제기했다. 코번은 크리스티 측이 자신이 맡긴 브라크의 작품이 진품이라고 믿고 있음에도 불구하고 매매계약을 철회한 점, (자신이 보기에는) 브라크 전문가가 아닌 클로드 로렌스에게 진위 감정을 구한 점 등을 들어 크리스티가 자신에게 지고 있는 대리인으로서 충실 의무duty of loyalty를 지키지 않았다고 주장했다. 또한, 계약을 철회한 다이아몬스타인의 동기에 대해서도 의심을 품고 그에게도 소를 제기했다. 이러한 주장들에 대한 그린우드 대 코번 Greenwood v. Koven 사건 법원의 판단은 다음과 같다.

첫째 크리스티가 진품이라고 믿으면서도 구매 고객인 다이아몬스타인의 요청에 따라 작품의 진위 여부를 다시 자문한 것이 위탁자인 코번에 대한 신임 의무를 져버린 행위라고 볼 수 없다. 둘째 클로드 로렌스가 브라크 전문가가 아니라는 주장에 대해서는 위탁매매 계약에 따르면 크리스티는 외부의 전문가로부터 자문을 구하고 진위 여부를 파악할 수 있는 온전한 권한이 있으며, 브라크의 저작인격권 보유자로부터 진품성에 대한 자문을 구하는 것은 문제가 없다. 특히 크리스티가 코번에게 지고 있는 충실 의무는 이중적dual인 것으로 코번뿐만 아니라 구매 고객인 다이아몬스타인에게도 지게 되어 있다고 했다. 크리스티가 외부 전문가의 의견을 구하는 권한은 묵시적 신의 성실 또는 선의의 의무implied duty of good faith와 공정한 거래를 할 의무fair dealing에 따른 것이라면서, 크리스티가 나쁜 의도를 가지고 진품 감정을 의뢰하고 다이아몬스타인과의 계약을 철회했다고 보기 어려우며 따라서 코번과의 신임 의무를 져버림으로써 계약을 파기했다고 볼 수 없다. 셋째 위탁자인 코번이 위탁 작품의 구매자 다이아몬스타인이 나쁜 의도를 가지고 계약을 파기했다는 증거를 제출하는 데 실패했으므로 작품 대금을 지불할 의무가 없다.

사기 진위감정가 또는 시가평가사가 의뢰인을 속일 의도로, 중요한 사실에 대해 허위로 표시하고, 의뢰인은 이 허위 사실을 믿었으며, 그 결과 손실이 발생한 경우는 사기죄가 된다. 따라서 진위감정가 또는 시가평가사가 예술품의 진품성에 대해 상당한 의심이 있었거나 진품성 의혹이 있었음을 알 만한 위치에 있었음에도 불구하고 진품이라고 선언한다면 사기가 성립된다.[282] 중요한 것은 스스로를 '감정 전문가'라고 소개해야 한다는 점이다. 작품을 매각하는 일반인이 동 작품의 가치에 대해서 잘못된 언급을 한다고 해서 모두 사기죄가 되는 것은 아니다. 단순히 의견이 아니라 전문가가 전문적인 지식을 바탕으로 시장 가치에 대해 허위의 발언을 하는 경우여야 한다.[283]

직접적인 증거가 없는 '속일 의도'는 대개 정황 증거와 합리적 추론으로 입증한다. 이 같은 정황에는 감정 결과에 따른 시장가치가 다른 전문가들의 감정 결과보다 네 배 이상 높다거나, 딜러가 작품의 가격을 부풀리는 대가로 커미션을 받는다거나, 시가평가사라고 자처하고 있음에도 불구하고 합리적으로 판단해볼 때 예술품의 시장가치에 대해 잘 모르는 것 같아 보일 때 등이 있다.[284]

명예훼손과 비방[285]

진품성에 대한 사법 판단의 효력 예술 작품이 법원으로부터 진작 혹은 위작이라고 판결을 받는다는 것은 어디까지나 해당 재판의 승패 여부를 가리는 것으로 한정된다. 앞서 밝혔듯이 안목 감정이든 과학 분석이든 완벽한 예술품 감정은 사실상 어렵다. 따라서 법원의 판결이 법원 밖의 예술품 시장 전반이나 다음 세대의 평가까지 결정하는 것은 아니다. 법원에서의 진위 판결은 증거 우월 preponderance of evidence에 의해 판가름 난다. 다시 말해 증거 우월에 의한 판결

---

282 Foxley v. Sotheby's, 893 F. Supp. 1224, 1237 (S.D.N.Y. 1995).
283 Goldman v. Barnett, 793 F. Supp. 28, 31 (D. Mass. 1992).
284 Ibid.
285 제6장 '3.예술품의 유통'에서 상세히 다룬다.

은 절대적인 완결성을 갖지 않는다. 반대 측 의견보다 좀 더 설득적인 위치에 있다는 것을 의미할 뿐이다. 입증책임은 원고에게 있기 때문에 상대 측이 원고가 제시한 증거 수준의 증거를 내놓는다면 원고가 패소하게 된다. 또한 변호사의 법정 변론 스킬이나 호소력 등에 의해 좌우되기도 한다. 따라서 법원의 판결로 작품의 절대적 진위 여부를 확정 짓는 것은 위험한 일이다. 법원이 진품이라고 판결을 내려도 법정에서 전문가 의견이 엇갈리면서 시장가치가 하락하는 경우도 있다. 따라서 언론에 노출되는 법정 다툼보다는 비공개로 감정을 하고 협상을 하는 경우가 많다.

부록

판례자료

국내 판례

1. 헌법재판소

헌법재판소 1990.4.2. 선고, 89헌가113 결정.

헌법재판소 1993.5.13. 선고, 91헌바17 결정.

헌법재판소 1996.10.4. 선고, 93헌가13, 91헌바10(병합) 결정.

헌법재판소 1998.4.30. 선고, 95헌가16 결정.

헌법재판소 1999.6.24. 선고, 97헌마265 결정.

헌법재판소 2000.6.29. 선고, 98헌바67 결정.

헌법재판소 2001.8.30. 선고, 2000헌가9 결정.

헌법재판소 2002.6.27. 선고, 99헌마480 결정.

헌법재판소 2002.12.18. 선고, 2000헌마764 결정.

헌법재판소 2007.10.4. 선고, 2004헌바36 결정.

헌법재판소 2009.5.28. 선고, 2006헌바109 결정.

헌법재판소 2011.2.24. 선고, 2009헌바13 결정.

헌법재판소 2021.2.25. 선고, 2017헌마1113 결정.

2. 대법원

대법원 1969.10.29. 선고, 69다1340 판결.

대법원 1975.12.9.선고, 74도976 판결.

대법원 1977.6.7. 선고, 77도1069 판결.

대법원 1977.9.28. 선고, 76도4133 판결.

대법원 1982.2.9. 선고, 81도2281 판결.

대법원 1984.2.14. 선고, 83도2995 판결.

대법원 1987.12.22. 선고, 87도2331 판결.

대법원 1990.3.9. 선고, 88다카31866 판결.

대법원 1991.3.22. 선고, 91다770 판결.

대법원 1991.8.13. 선고, 91다1642 판결.

대법원 1992.3.31. 선고, 90도2033 전원합의체 판결.

대법원 1993.6.22. 선고, 92도3160 판결.

대법원 1993.6.29. 선고, 92다38881 판결.

대법원 1994.6.28. 선고, 93도696 판결.

대법원 1995.1.20. 선고, 94도1968 판결.

대법원 1995.2.10. 선고, 94도2266 판결.

대법원 1995.6.16. 선고, 94다35718 판결.

대법원 1995.6.16. 선고, 94도1758 판결.

대법원 1995.6.16. 선고, 94도2413 판결.

대법원 1995.6.29. 선고, 94누2558 판결.

대법원 1995.6.16. 선고, 94도1758 판결.

대법원 1995.6.16. 선고, 94도2413 판결.

대법원 1995.11.14. 선고, 94도2238 판결.

대법원 1996.2.23. 선고, 94도3266 판결.

대법원 1996.6.28. 선고, 94다42976 판결.

대법원 1996.6.28. 선고, 96도977 판결.

대법원 1996.8.23. 선고, 94누5632 판결.

대법원 1997.2.28. 선고, 96도1817 판결.

대법원 1997.6.13. 선고, 96도2606 판결.

대법원 1997.7.11. 선고, 96후2173 판결.

대법원 1997.8.22. 선고, 96다26657 판결.

대법원 1997.8.22. 선고, 97도937 판결.

대법원 1997.11.25. 선고, 97도2227 판결.

대법원 1998.2.13. 선고, 97후938 판결.

대법원 1998.3.13. 선고, 95도117 판결.

대법원 1998.4.14. 선고, 98도231 판결.

대법원 1998.5.8. 선고, 97다34563 판결.

대법원 1998.6.12. 선고, 98다6800 판결.

대법원 1999.2.9. 선고, 98다31356 판결.

대법원 1999.2.12. 선고, 98도3549 판결.

대법원 1999.11.26. 선고, 98다46259 판결.

대법원 2000.2.25. 선고, 98도2188 판결.

대법원 2000.4.21. 선고, 97후860 판결.

대법원 2000.4.21. 선고, 97후877 판결.

대법원 2000.4.21. 선고, 97후884 판결.

대법원 2000.6.13. 자, 99마7466 결정.

대법원 2001.3.23. 선고, 2000다40858 판결.

대법원 2001.5.8. 선고, 98다43366 판결.

대법원 2001.9.7. 선고, 2001다36801 판결.

대법원 2002.5.10. 선고, 2000다68306 판결.

대법원 2003.6.24. 선고, 2003도1868 판결.

대법원 2003.11.13. 선고, 2003도3606 판결.

대법원 2004.4.9. 선고, 2004도340 판결.

대법원 2004.6.24. 선고, 2002도995 판결.

대법원 2004.7.22. 선고, 2003도7572 판결.

대법원 2004.12.9. 선고, 2004도5904 판결.

대법원 2005.1.27. 선고, 2002도965 판결.

대법원 2005.4.29. 선고, 2003도6056 판결.

대법원 2005.10.4. 자, 2004마639 결정.

대법원 2006.2.9. 선고, 2005도7793 판결.

대법원 2006.4.28. 선고, 2003도4128 판결.

대법원 2006.9.11. 자, 2006마232 결정.

대법원 2006.10.13. 선고, 2004다16280 판결.

대법원 2006.10.13. 선고, 2004다21862 판결.

대법원 2006.12.8. 선고, 2005도3130 판결.

대법원 2007.5.31. 선고, 2004도254 판결.

대법원 2007.12.14. 선고, 2005도872 판결.

대법원 2008.1.24. 선고, 2005다58823 판결.

대법원 2008.3.13. 선고, 2006도3558 판결.

대법원 2008.10.9. 선고, 2008후1395 판결.

대법원 2010.3.11. 선고, 2009다5643 판결.

대법원 2010.3.11. 선고, 2009다80637 판결.

대법원 2010.7.15. 선고, 2007다3483 판결.

대법원 2010.7.22. 선고, 2010후456 판결.

대법원 2015.8.27. 선고, 2012다204587 판결.

대법원 2019.7.4. 선고, 2018도11988 판결.

대법원 2020.6.25. 선고, 2018도13696 판결.

3. 하급심 판례

서울고등법원 1992.3.11. 선고, 90나56665 판결.

서울고등법원 1994.9.27. 선고, 92나35846 판결.

서울고등법원 1995.5.19. 선고, 95나8746 판결.

서울고등법원 1996. 6.27. 선고, 95나30774 판결.

서울고등법원 2000. 1.25. 선고, 99나7796 판결.

서울고등법원 2002.4.16. 선고, 2000나42061 판결.

서울고등법원 2004.9.22. 선고, 2004라312 판결.

서울고등법원 2008.6.19. 선고, 2008노108 판결.

서울고등법원 2008.9.23. 선고, 2007나70720 판결.

서울고등법원 2010.10.13. 선고, 2010나35260 판결.

서울남부지방법원 2003.3.27. 선고, 2002가합84 판결.

서울동부지방법원 2004.9.30. 선고, 2004가합4292 판결.

서울동부지방법원 2006.7.7. 선고, 2005가합14302 판결.

서울동부지방법원 2006.12.21. 선고, 2006가합6780 판결.

서울북부지방법원 2008.12.30. 선고, 2007가합5940 판결.

서울서부지방법원 2007.6.22. 선고, 2006가합4724 판결.

서울서부지방법원 2010.4.21. 선고, 2010카합245 판결.

서울중앙지방법원 1995.6.23. 선고, 94카합9230 판결.

서울중앙지방법원 2001.12.7. 선고, 2000가합54067 판결.

서울중앙지방법원 2003.8.29. 선고, 2002가합76269 판결.

서울중앙지방법원 2003.11.19. 선고, 2003노7459 판결.

서울중앙지방법원 2007.7.19. 선고, 2005가합81835 판결.

서울중앙지방법원 2004.3.18. 고지, 2004카합344 결정.

서울중앙지방법원 2006.5.10. 선고, 2004가합67627 판결.

서울중앙지방법원 2006.6.30. 선고, 2005가단197078 판결.

서울중앙지방법원 2006.7.21. 선고, 2004가합76058 판결.

서울중앙지방법원 2006.11.29. 선고, 2006가합36290 판결.

서울중앙지방법원 2004.3.18. 고지, 2004카합344 결정.

서울중앙지방법원 2007.5.17. 선고, 2006가합104292 판결.

서울중앙지방법원 2007.6.21. 선고, 2006가합26606 판결.

서울중앙지방법원 2007.5.17. 선고, 2006가합104292 판결.

서울중앙지방법원 2007.7.13. 선고, 2006나16757 판결.

서울중앙지방법원 2007.9.12. 선고, 2006가단208142 판결.

서울중앙지방법원 2008.8.5. 자, 2008카합968 결정.

서울중앙지방법원 2008.10.17. 선고, 2008가합21261 판결.

서울중앙지방법원 2009.4.29. 선고, 2008가합44196 판결.

서울중앙지방법원 2011.5.13. 선고, 2011고단313 판결.

서울지방법원 1982.7.21. 선고, 82가19264 판결.

서울지방법원 1995.1.27. 선고, 93가합48477 판결.

서울지방법원 1998.6.19. 선고, 97가합19248 판결.

서울지방법원 1998.6.19. 선고, 97가합66589 판결.

서울지방법원 1997.9.5. 선고, 96가합36949 판결.

서울지방법원 1997.9.5. 선고, 97가합13608 판결.

서울지방법원 2000.1.21. 선고, 99가합52003 판결.

서울지방법원 2000.7.4. 선고, 99나83698 판결.

서울지방법원 2001.12.21. 선고, 2001가합31184 판결.

서울지방법원 2002.3.28. 결정, 2002카합370 판결.

서울형사지방법원 1994.11.16. 선고, 93노7620 판결.

광주고등법원 1996.5.16. 선고, 96나8135 판결.

특허법원 2007.6.7. 선고, 2007허579 판결.

외국 판례

ABKCO Music, Inc. v. Harrisongs Music, Ltd., 722 F.2d 988, 221 U.S.P.Q. 490 (2d Cir. 1983).

Abrams v. United States, 250 U.S. 616, 630 (1919).

AB Recur Finans v. Nordstern Insurance Co. of North America, 130 F. Supp. 2d 596 (S.D.N.Y. 2001).

Alberts v. California, 354 U.S. 476 (1957).

Alexander v. United States, 509 U.S. 544 (1993).

Alfred Bell & Co. v. Catalda Fine Arts, Inc., 191 F.2d 99 (2d Cir. 1951).

Altmann et. al. v. Austria, 317 F.3d 954 (9th Cir. 2002).

Altmann et. al. v. Austria, 335 F. Supp. 2d 1066 (C.D. Cal. 2004).

Alva Studios, Inc. v. Winninger, 177 F. Supp. 265, 123 U.S.P.Q. 487 (S.D.N.Y. 1959).

A&M Records, Inc. v. Napster, Inc., 239 F.3d 1004 (9th Cir. 2001).

American Library Association v. Reno, 33 F.3d 78 (D.C. Cir. 1994), cert. denied, 115 S. Ct. 2610 (1995).

American Bookesellers Assn., Inc. v. Hudnut, 771 F.2d 323 (7th Cir. 1985).

Andre Emmerich Gallery, Inc. v. Segre, 96 Civ. 899(CSH), 1997 U.S. Dist. LEXIS 16899 (S.D.N.Y. 1997).

Annie Leibovitz v. Paramount Pictures Corp., 948 F. Supp. 1214 (S.D.N.Y. 1996).

Arnstein v. Porter, 154 F.2d 464 (2d Cir. 1946).

Arrington v. New York Times, Co., 55 N.Y.2d 433 (1982) cert. denied, 459 U.S. 1146 (1983).

Ashcroft v. Free Speech Coalition, 121 S. Ct. 876 (2001).

Autocephalous Greek-Orthodox Church of Cyprus v. Goldberg and Feldman Fine Arts, Inc., 917 F.2d 278
        (7th Cir. 1990).

Balog v. Center Art Gallery-Hawaii, Inc., 745 F. Supp. 1556 (D. Haw. 1990).

Banco Nacional de Cuba v. Sabbatino, 376 U.S. 398 (1964).

Bantam Books, Inc. v. Sullivan, 372 U.S. 58 (1963).

Bella Lewitzky Dance Foundation v. Frohnmayer, 754 F. Supp. 774 (C.D. Cal. 1991).

Bernard-Rousseau c. Galeries Lafayette, Trib. gr. inst., Paris, 3e ch., 13 mars 1973, (unpublished).

Bery v. City of New York, 97 F.3d 689 (2d Cir. 1996), rev'g 906 F. Supp. 163 (S.D.N.Y. 1995), cert.
        denied, 520 U.S. 1251 (1997).

Bethel School District No. 403 v. Fraser, 478 U.S. 675 (1986).

Bexwell v. Christie, 98 Eng. Rep. 1150 (1776).

Beyeler v. Italy[GC], no. 33202/96, ECHR 2000-1.

Bill Graham Archives v. Dorling-Kindersley Ltd., 448 F.3d 605 (2d Cir. 2006).

Blanch v. Koons, 467 F.3d 244 (2d Cir. 2006).

Bleistein v. Donaldson Lithographing Co. 188 U.S. 239 (1903).

Bonito boats Inc. v. Thunder Craft Boats Inc., 489 U.S. 141, 9 U.S.P.Q. 2d 1847 (1989).

Botello v. Shell Oil Co., 229 Cal. App. 3d 1130, 280 Cal. Rptr. 535 (1991).

Brancusi v. United States, 54 Treas. Dec. 428 (Cust. Ct. 1928).

Brandenburg v. Ohio, 395 U.S. 444 (1969).

Brandir International Inc. v. Cascade Pacific Lumber Co., 834 F.2d 1142, 5 U.S.P.Q. 2d 1089 (2d Cir
    1987).

Brown v. Kelly Broadcasting Co., 48 Cal. 3d 711, 771 P.2d 406, 257 Cal. Rptr. 708 (1989).

Burrow-Giles Lithographic Co. v. Sarony, 111 U.S. 53 (1884).

Butler v. Michigan, 352 U.S. 380 (1957).

BVerfGE 30, 173.

BVerfGE 33, 52.

BVerfGE 75, 369.

BVerwGE 23, 104.

BVerwGE 39, 197.

BVerwGE 77, 75.

BVerwGE 23, 194.

Campbell v. Acuff-Rose Music, Inc., 510 U.S. 569 (1944).

Capitol Records v. ReDigi, Inc., No. 12 Civ. 95 (RJS) WL 1286134 (S.D.N.Y. 2013).

Carco c. Camoin, Paris, 6 mars 1931, D.P. 1931. II. 88.

Carol Barnhart Inc. v. Economy Cover Corp., 773 F.2d 411 (2d Cir. 1985).

Carter v. Helmsley-Spear, Inc., 861 F. Supp. 303 (S.D.N.Y. 1994), rev'd and vcated in part, aff'd in part, 71
    F.3d 77 (2d Cir. 1995).

Cass. civ. 1re, 7 janvier 1992, RIDA., n°152.

Castaway v. Endemol, Supreme Court, April 14, 2004, Case C02/284HR, [2004] AMI 172.

Chaplinsky v. New Hampshire, 315 U.S. 568 (1942).

Chute v. North River Insurance Co., 214 N.W. 473 (Minn. 1927).

Cincinnati v. Contemporary Arts Center, 57 Ohio Misc.2d 9, 566 N.E.2d 207 (1990).

Cinquin c. Lecocq, Cass. Civ., 25 juin 1902, D.P. 1903. I. 5.

City of Gotha v. Sotheby's, [1998] 1 WLR 114 (Q.B. 1998).

Claudio v. United States, 836 F. Supp. 1230 (E.D.N.C. 1993).

Close v. Lederle, 424 F.2d 988 (1st Cir. 1970), cert. denied, 400 U.S. 903 (1970).

Community for Creative Non-Violence v. Reid, 490 U.S. 730 (1989).

Cohen v. California, 403 U.S. 15 (1971).

Cohen v. Keizer, Inc., 246 App. Div. 277 (1st Dept., 1936).

Collac c. Etat Serbe-Croate-Slovene, IX Recueil des Decisions des Tribunaux Arbitraux Mixtes, 195 (Tribunal Arbitral Mixte Hungaro-Serbe-Croate-Slovene, 15 Mai 199).

Comedy III Productions Inc. v. Gary Saderup Inc., 21 P.3d 797 (Cal. 2001).

Crimi v. Rutgers Presbyterian Church, 194 Misc. 570, 89 N.Y.S.2d 813 (Sup. Ct. 1949).

Cristallina S.A. v. Christie, Manson & Woods Int'l, 117 A.D.2d 284 (N.Y. App. Div. 1986).

Daily Times Democrat v. Graham, 163 So.2d 471 (Ala. 1964).

David Tunick, Inc. v. Kornfeld, 838 F. Supp. 848 (S.D.N.Y. 1993).

De Balkany v. Christie Manson and Woods, Ltd., [1997] 16 Tr. L.R. 163 (Q.B. 1995).

Deitch v. Shamash, 56 Misc.2d 875, 290 N.Y.S.2d 137 (N.Y.C. Civ. Ct. 1968).

Designers Guild Ltd. v. Russell Williams Textiles Ltd., [2000] 1 WLR 2416.

Dr. Seuss Enters., L.P. v. Penguin Books USA, Inc., 109 F.3d 1394 (9th Cir. 1997).

Edward B. Marks Music Corp. v. Jerry Vogel Music Co., 140 F.2d 266 (2d Cir. 1944).

Emerson v. Davis, 8 F. Cas. 615, 619 (No. 4,436) (CCD Mass. 1845).

English v. BFC & R East 11th Street LLC, 1997 WL 746444 (S.D.N.Y. 1997).

Erznoznik v. City of Jackson ville, 422 U.S. 205 (1975).

Estate of Nelson v. Rice, 12 P.3d. 238 (Ariz. Ct. App. 2000).

Esquire, Inc. v. Ringer, 591 F.2d 796 (D.C. Cir. 1978).

Etat Serbe-Croate-Slovene [Yugoslavia], IX Recueil des Decisions des Tribunaux Arbitraux Mixtes 195.

Ets-Hokin v. Skyy Spirits, Inc., 323 F.3d 763 (9th Cir. 2003).

Express Newspapers plc v. Liverpool Daily Post & Echo plc, [1985] 1 WLR 1089.

FCC v. Pacifica Foundation, 438 U.S. 726 (1978).

Fisher v. Star Co., 231 N.Y. 414, cert. denied, 257 U.S. 654 (1921).

Firestone v. Time, Inc., 424 U.S. 448 (1976).

Fitzgerald v. Hopkins, 70 Wash. 2d 924, 425 P.2d 920 (1967).

Foster v. Svenson, No. 651825 (N.Y. Sup. Ct. 2013).

Foxley v. Sotheby's, 893 F. Supp. 1224 (S.D.N.Y. 1995).

Franklin Mint Corp. v. Nat'l Wildlife Art Exch., Inc., 575 F.2d 62 (3d Cir. 1978).

Frates v. Commissioner, 53 T.C.M. (CCH) 96 (1987).

Galella v. Onassis, 533 F. Supp. 1076 (S.D.N.Y. 1982).

Gaste v. Kaiserman, 863 F.2d 1061, 9 U.S.P.Q. 2d 1300 (2d Cir. 1988).

Gay Toys, Inc. v. Buddy L Corp, 703 F.2d 970, 218 U.S.P.Q. 13 (6th Cir. 1983).

Gershwin Publishing Corp. v. Columbia Artists Management, Inc., 443 F.2d 159 (2d Cir. 1971).

Gertz v. Robert Welch, 418 U.S. 323 (1974).

Gilliam v. American Broadcasting Cos., 538 F.2d 14 (2d Cir. 1976).

Ginsberg v. New York, 390 U.S. 629 (1968).

Goodman v. Searle Complaint, No. 96-6459 (N.D. III. 1996).

Goldman v. Barnett, 793 F. Supp. 28 (D. Mass. 1992).

Goldstein v. California, 412 U.S. 546 (1983).

Goto.com Inc. v. The Walt Disney Company, 2000 U.S. Dist. LEXIS 1608, 202 F.3d 1199 (9th Cir., 2000).

Government of India v. Taylor, [1955] AC 491.

Gracen v. Bradford Exchange, 698 F.2d 300 (7th Cir. 1983).

Greenwood v. Koven, 92 Civ. 2574 (CHS), 1993 U.S. Dist. LEXIS 18272 (S.D.N.Y. Dec.29, 1993), on
     reconsideration, 880 F. Supp. 186 (S.D.N.Y. 1995).

Greenberg v. National Geographic Society, 533 F.3d 1244 (11th Cir. 2008).

Grubb v. KMS Patriots, L.P., 88 F.3d 1 (1st Cir. 1996).

Guggenheim Found. v. Lubell, 153 A.D.2d 143 (N.Y. App. Div. 1990), aff'd, 77 N.Y.2d 311 (1991).

Haelan Laboratories v. Topps Chewing Gum, 202 F.2d 866 (2d Cir. 1953).

Hahn v. Duveen, 234 N.Y.S. 185 (N.Y. Sup. Ct. 1929).

Hamling v. United States, 418 U.S. 87 (1974).

Hanrahan v. Ramirez, 1998 WL 34369997 (C.D. Cal. 1998).

Harper & Row, Publishers, Inc., v. Nation Enterprises, 471 U.S. 539 (1985).

Hoehling v. Universal City Studios, Inc., 618 F.2d 972 (2d Cir. 1980).

Hughes v. Design Look, Inc., 693 F. Supp 1500 (S.D.N.Y. 1988).

Hustler Magazine v. Falwell, 485 U.S. 46 (1988).

In re Auction Houses Antitrust Litigation, 2001 WL 170792 (S.D.N.Y. 2001), aff'd, 2002 WL 1758897
     (2d Cir. 2002).

In re Wood, 217 USPQ 1345 (TTAB 1983).

Jacobellis v. Ohio, 378 U.S. 184 (1964).

Jafari v. Wally Findlay Galleries, 741 F. Supp. 64 (S.D.N.Y. 1990).

Jean-Michel Basquiat, In re Estate of Jean-Michel Basquiat, N.Y.L.J., Sept. 3, 1991, at 25 (Sur. Ct. N.Y.
     County 1991).

Jenkins v. Gerogia, 418 U.S. 153 (1974).

Jovani Fashion v. Cinderella Divine Inc., 10 Civ. 7085, 2011 WL 2671584 (S.D.N.Y. 2011).

Kelly v. Arriba Soft, 336 F.3d 811 (9th Cir. 2003).

Kelley v. Chicago Park District, no. 04 C 07715, 2008 WL 4449886 (N.D.III. 2008).

Kelley v. Chicago Park District, 635 F. 3d 290 (7th Cir. 2011).

Kerr v. New Yorker Magazine, Inc., 63 F. Supp. 2d 320 (S.D.N.Y. 1999).

Kieselstein-Cord v. Accessories by Pearl, Inc., 632 F.2d 989 (2d Cir. 1980).

King of Italy v. De Medici, 34 T.I.R. 623 (CH. 1918).

Kingsley International Pictures Corp. v. Regents, 360 U.S. 684 (1959).

Kirby v. Wildenstein, 784 F. Supp. 1112 (S.D.N.Y. 1992).

Knitwaves Inc. v. Lollytogs Ltd., 71 F.3d 996 (2d Cir. 1995).

Kramer v. Pollock-Krasner Foundation, 890 F. Supp. 250 (S.D.N.Y. 1995).

Kraut v. Morgan & Brother Manhattan Storage Co., 38 N.Y.2d 445, 381 N.Y.S.2d 25, 343 N.E.2d 744 (1976).

Kunstsammlungen zu Weimar v. Elicofon, 536 F. Supp. 813 (E.D.N.Y. 1978), 678 F.2d 1150 (2d Cir. 1982).

L.A. Gear, Inc. v. Thom McAn Shoe Co., 988 F.2d 1117 (Fed. Cir. 1993).

L.A. News Service v. CBS Broadcasting, Inc., 305 F.3d 924 (9th Cir. 2002).

Lazarevic v. Sindin Galleries, Inc., N.Y.L.J., Oct. 27, 1997.

L. Batlin & Son, Inc. v. Snyder, 536 F.2d 486 (2d Cir. 1976).

Lebron v. Washington Metropolitan Area Transit Authority, 749 F.2d 893 (D.C. Cir. 1984).

Lee v. A.R.T. Co., 125 F.3d 580 (7th Cir. 1997).

Leigh v. Warner Bros., 10 F. Supp. 2d 1371 (S.D. Ga. 1998).

Leicester v. Warner Bros., 232 F.3d 1212 (9th Cir. 2000).

Lindt v. Henshel, 306 N.Y.S.2d 436, 254 N.E.2d 746 (N.Y. 1969).

Louis Vuitton Malletier v. Dooney&Burke, Inc., 454 F.3d 108 (2d Cir. 2006).

Louis Vuitton Malletier v. Dooney&Burke, Inc., 561 F. Supp. 2d 368 (S.D.N.Y. 2008).

Luxmoore-May v. Messenger May Baverstock, 1 All ER 1067 (C.A. 1990).

Mai Systems Corp. v. Peak Computer, Inc., 991 F.2d 511 (9th Cir. 1993).

Malanga v. Chamberlain, 29 Misc.3d 1235(A), 2010 WL 5105416 (N.Y. Sup. Ct. 2010).

Malden Mills, Inc. v. Regency Mills, Inc., 626 F.2d 1112 (2d Cir. 1980).

Mazzoni c. Finanze dello Stato, LII II Fore Italiano 960 (Tribunale di Venezia, 1927).

Martin v. City of Indianapolis, 192 F.3d 608 (7th Cir. 1999).

Matalka v. Lagemann, 21 Ohio App. 3d 134, 486 N.E.2d 1220 (1985).

Mattel, Inc. v. Tom Forsythe et.al., 353 F.3d 792 (9th Cir. 2003).

Mazer v. Stein, 347 U.S. 201 (1954).

McClain I, 545 F.2d. 988 (5th Cir. 1977).

McClain II, 593 F.2d 658 (5th Cir. 1979).

McCloud v. Lawrence Gallery, Ltd., 1991 U.S. Dist. LEXIS 9631 (S.D.N.Y. 1991).

Menzel v. List, 49 Misc.2d 300, 267 N.Y.S.2d 804 (N.Y. Sup. Ct. 1966), rev'd, 298 N.Y.S.2d 979 (1969).

Merchants Fire Assurance Corp. v. Latimore, 263 F.2d 232 (9th Cir. 1959).

Metro-Goldwyn-Mayer Studios v. Grokster, Ltd., 545 U.S. 913 (2005).

Montres Rolex, S.A. v. Snyder, 718 F.2d 524 (2d Cir. 1983).

Morrissey v. Procter & Gamble Co., 379 F.2d 675 (1st Cir. 1967).

Miller v. California, 413 U.S. 15 (1973).

Miller v. Universal City Studios, Inc., 650 F.2d 1365 (5th Cir. 1981).

Millet, Trib. Civ. Seine, 20 Mai 1911, Amm. 1911.1.271.

Mirage Editions, Inc. v. Albuquerque A.R.T. Co., 856 F.2d 1341 (9th Cir. 1988).

Mura v. Columbia Broadcasting System, Inc., 245 F. Supp. 587 (S.D.N.Y. 1965).

Nebraska Press Ass'n. Co. v. Stuart, 427 U.S. 539 (1976).

Nelson v. Streeter, 16 F.3d 145 (7th Cir. 1994).

New York v. Ferber, 458 U.S. 747 (1982).

New York Magazine v. Metro. Transit Authority, 987 F. Supp. 254 (1997).

New York Times Co. v. Sullivan, 376 U.S. 254, 84 S. Ct. 710, 11 L. Ed. 2d 686 (1964).

New York Times Co. v. Tasini, 533 U.S. 483 (2001).

New York Times Co. v. United States, 403 U.S. 713 (1971).

Nichols v. Universal Pictures Corp., 45 F.2d 119 (2d Cir. 1930).

O'Keeffe v. Bry, 456 F. Supp. 822 (S.D.N.Y. 1978).

O'Keeffe v. Snyder, 405 A.2d 840 (N.J. Super. Ct. App. Div. 1979), rev'd, 416 A.2d 862 (N.J. 1980).
　　Settled in 1980.

Pasternack v. Esskay Art Galleries, Inc., 90 F. Supp. 849 (1950).

Peel & Co., Inc. v. The Rug Market, 238 F.3d 391 (5th Cir 2001).

Penthouse International, Ltd. v. KOCH, New York City Transit Authority, 599 F. Supp. 1338 (1984).

People v. John Fucile, N.Y.L.J., May 13, 2004.

Perfect 10 v. Amazon.com, 487 F.3d 701 (9th Cir. 2007).

Peter Pan Fabrics, Inc. v. Martin Weiner Corp., 274 F.2d 487, 124 U.S.P.Q. 154 (2d Cir. 1960).

Phillips v. Pembroke Real Estate, 459 F.3d 128 (2006).

Piarowski v. Prairie State College, 759 F.2d 625 (7th Cir. 1985).

Pickett v. American Ordnance Preservation Association, 1999 U.S. Dist. LEXIS 13726 (E.D. Pa. 1999).

Planter's Bank v. Union Bank, 16 Wall., 83 U.S. 483 (1872).

Plaza Equities Corp. v. Aetna Casualty and Surety Co., 372 F. Supp. 1325 (S.D.N.Y. 1974).

Polaroid Corp. v. Polarad Electronics Corp., 287 F.2d 492 (2d Cir. 1961).

Pollara v. Seymour, 344 F.3d 265 (2d Cir. 2003).

Pope v. Illinois, 481 U.S. 497 (1987).

Princess Paley Olga v. Weisz, [1929] 1 KB 718.

Procunier v. Martinez, 416 U.S. 396 (1974).

R.A.V. v. St. Paul, 482 U.S. 451 (1987).

Raymond Sudre c. Commune de Daixas, CE, 3 avril 1936, Dall.1936.III.56.

Regan v. Taxation with Representation, 461 U.S. 540 (1983).

Regina v. Hicklin, 1868, L.R.3Q.B. 360.

Religious Tech. v. Netcom Online Communication Servs., Inc., 907 F. Supp. 1361 (N.D. Cal. 1995).

Reno v. American Civil Liberties Union, 521 U.S. 844 (1997)

Repp v. Webber, 132 F.3d 882 (2d Cir. 1997).

Republic of Austria et al. v. Altmann, 541 U.S. 677 (2004).

Reynolds v. Commissioner, 43 T.C.M. (CCH) 115 (1981).

RGZ, 79, 397.

Rogath v. Siebenmann, 941 F. Supp. 416 (S.D.N.Y. 1996), vacated, remanded, 129 F.3d 261 (2d Cir. 1997).

Rogers v. Koons, 960 F.2d 301 (2d Cir. 1992).

Roth v. United States, 354 U.S. 476 (1957).

Rouault c. Vollard, Trib. Civ. Seine, 10 juillet 1946, 2 Gaz. Pal. 108.

Rowan v. U.S. Post Office Dept., 397 U.S. 728 (1970).

Sable Communications v. FCC, 492 U.S. 115 (1989).

Sandoval v. New Line Cinema Corp., 147 F.3d 215 (2d Cir. 1988).

Scott v. Dixon, 309 F. Supp. 2d 395 (E.D.N.Y. 2004).

Sega Enters. Ltd. v. Maphia, 857 F. Supp. 679 (N.D. Cal. 1994).

Selle v. Gibb, 741 F.2d 896 (7th Cir. 1984).

Serra v. United States General Services Administration, 847 F.2d 1045 (2d Cir. 1988), aff'g 667 F. Supp.
    1042 (S.D.N.Y. 1987).

Seshadri v. Kasraian, 130 F.3d 798 (7th Cir. 1997).

Shapiro, Bernstein & Co. v. H.L. Green Co., 316 F.2d 304 (2d Cir. 1964).

Shostakovich v. Twentieth Century-Fox Film Corp., 80 N.Y.S.2d 575 (N.Y. spec. term 1948), affid, 87
    N.Y.S.2d 430 (1949).

Silberman v. Georges, 91 A.D.2d 520, 456 N.Y.S.2d 395 (App. Div. 1982).

Silkin v. Beaverbrook Newspapers Ltd., [1958] 2 All ER 516.

Silvette v. Art Commission of the Commonwealth of Virginia, 413 F. Supp. 1342 (E.D. Va. 1976).

Simeonov v. Tiegs, 602 N.Y.S.2d 1014 (N.Y.City Civ. Ct. 1993).

Simon v. Birraporetti's Restaurants, Inc., 720 F. Supp. 85 (S.D. Tex. 1989).

Simon-Whelan v. The Andy Warhol Foundation for the Visual Arts, Inc., 2009 WL 1457177 (S.D.N.Y.
    2009).

Singer v. National Fire Insurance Co. of Hartford, 110 N.J. Super. 59, 264 A.2d 270 (1970).

Société Le Chant du Monde c. Société Fox Europe et Société Fox Américaine Twentieth Century, Paris, 13
    janvier 1953, D.A. 1954. 16,80.

Sonnabend Gallery, Inc. v. Peter Halley, Gagosian Gallery, and Larry Gagosian, N.Y.L.J., July 14, at.21,
    col.2 (Sup. Ct. N.Y.County 1992).

Sony Corp. of America v. Universal City Studios, Inc., 464 U.S. 417 (1984).

Southeastern Promotions, Ltd. V. Conrad, 420 U.S. 546 (1975).

State of New York v. Wright Hepburn Webster Gallery, Ltd., 314 N.Y.S.2d 661, aff'd 323 N.Y.S.2d 389 (App.
    Div. 1971).

Stato francese c. Ministero per I beni culturali ed ambientali e De Contessini, LXI Diritto di autore 2263
    (April-June 1990).

Stella v. Factor, No. C58832 (Sup. Ct. L.A.County, 1978).

Stella v. Mazoh, No. 07585-82 (N.Y. Sup. Ct. Apr. 1, 1982).

Streeter v. Rolfe, 491 F. Supp. 416, 209 U.S.P.Q. 918 (W.D. La. 1980).

Spence v. Washington, 418 U.S. 405 (1974).

Swanstrom v. Insurance Co. of North America, 100 F. Supp. 374 (S.D. Cal.1951).

Ted Arnold Ltd. v. Silvercraft Co., 259 F. Supp. 733 (S.D.N.Y. 1966).

Texas v. Johnson, 491 U.S. 397 (1989).

The Bridgeman Art Library, Ltd. v. Corel Corp., 36 F. Supp. 2d 191 (S.D.N.Y. 1999).

The Brooklyn Institute of Arts and Sciences v. The City of New York and Rudolph W. Giuliani, 64 F. Supp.
    2d 184 (E.D.N.Y. 1999).

Time Inc. v. Bernard Geis Associates, 293 F. Supp. 130 (S.D.N.Y. 1968).

Tiffany v. United States, 66 F. 736 (C.C.S.D.N.Y. 1985).

Tunick v. Safir, 209 F.3d 67 (2d Cir. 2000).

Twentieth Century Fox Film Corp. v. Marvel Enterprises, Inc., 155 F. Supp. 2d 1 (S.D.N.Y. 2001).

Twin Peaks Productions, Inc. v. Publications International, Ltd., 996 F.2d 1366 (2d Cir. 1993).

U.S. v. Amiel, 813 F. Supp. 958 (E.D.N.Y. 1993).

U.S. v. Austin, No. 93 CR 169 (N.D. Ill. 1993).

U.S. v. Cooperman, 177 F.3d 981 (11th Cir. 1999).

U.S. v. Crawford, 239 F.3d 1086, 56 Fed. R Evd. Serv. 388 (9th Cir. 2001).

U.S. v. Eichman, 496 U.S. 310 (1990).

U.S. v. Goering, 6 F.R.D. 69 (1946).

U.S. v. McClintic, 570 F.2d 685, 2 Fed. R. Evid. Serv. 903 (8th Cir. 1978).

U.S. v. O'Brien, 391 U.S. 367 (1968).

U.S. v. Perry, 146 U.S. 71 (1892).

U.S. v. Portrait of Wally, a Painting By Egon Schiele, 2002 WL 553532 (S.D.N.Y. 2002).

U.S. v. Sakhai, No. 04 CR 583 (S.D.N.Y. 2005).

U.S. v. Schultz, 333 F.3d 393 (2d Cir. 2003).

U.S. v. Turley, 352 U.S. 407, 77 S. Ct. 397, 56 A.L.R.2d 1300 (1957).

U.S. v. Ulysses, 72 F.2d 705 (1933).

U.S. v. Wiseman, 1993 U.S. App. LEXIS 8787 (9th Cir. 1993).

U.S. ex rel Radich v. Criminal Court of City of New York, 385 F. Supp. 165 (S.D.N.Y. 1974).

Vargas v. Esquire, Inc., 164 F.2d 522 (7th Cir. 1947).

Varon v. Santa Fe Reporter, Inc., 218 U.S.P.Q. 716 (D.N.M. 1982).

Veazie v. Williams, 49 U.S. 134 (1850).

Video-Cinema Films, Inc. v. Lloyd E. Rigler-Lawrence E. Deutsch Found., 2005 U.S. Dist. LEXIS 26302
    (S.D.N.Y. 2005).

Video Pipeline, Inc. v. Buena Vista Home 342 F.3d 191 (3d Cir. 2003).

Vineberg v. Bissonnette, 548 F.3d 50 (1st Cir. 2008).

Vitale v. Marborough Gallery, 1994 U.S. Dist. LEXIS 9006 (S.D.N.Y. 1994).

Walker v. D'Alesandro, 212 Md. 163, 129 A.2d 148 (1957).

Wal-Mart Stores, Inc. v. Samara Brothers, Inc., 529 U.S. 205 (2000), 165 F.3d 120, rev'd and remanded.

Warner Bros. v. American Broadcasting Cos., 720 F.2d 231 (2d Cir. 1983).

Weber v. Peck, 1999 WL 493383, 1999 U.S. Dist. LEXIS 10391 (S.D.N.Y. 1999).

Weisz v. Parke-Bernet Galleries, Inc., 67 Misc.2d 1077, 1971 N.Y. Misc. Lexis 1163 (N.Y.City Civ. Ct. 1971); rev'd, 77 Misc.2d 80, 1974 N.Y. Misc. Lexis 1088 (N.Y. App. Div. 1974).

Weller v. American Broadcasting Cos., 232 Cal. App. 3d 991, 283 Cal. Rptr. 644 (1991).

Whistler c. Eden, Trib. Civ. Seine, 20 mars 1895.

Whitney v. California, 274 U.S. 357 (1927).

Williams v. Broadus, 60 U.S.P.Q. 2d (BNA) 1051, 2001 WL 984714 (S.D.N.Y. 2001).

Williams v. Crichton, 84 F.3d 581 (2d Cir. 1996).

Winkworth v. Christie Manson and Woods Ltd., [1980] ALL ER 1121.

Wojnarowicz v. American Family Association, 1745 F. Supp. 130 (S.D.N.Y. 1990).

Yorkshire Railway Wagon Co. v. Inland Revenue Commissioners, 94 L.J.K.B. 134 (1924).

Yorty v. Chandler, 13 Cal. App. 3d 467, 91 Cal. Rptr. 709 (1970).

Youse v. Employers Fire Insurance Co., 238 P.2d 472 (Kan. 1951).

Zambito v. Paramount Pictures Corp., 613 F. Supp. 1107, 227 U.S.P.Q. 649 (E.D.N.Y.), aff'd, 788 F.2d 2 (2d Cir. 1985).

Zeran v. America Online, Inc., 129 F.3d 327 (1997).

참고문헌

국내 서적

곽윤직 엮음/민영일 집필, 『민법주해 제15권: 채권 8』, 박영사, 1997.

____, 『채권각론』, 박영사, 1998.

구문모 외, 『문화 산업의 발전 방안』, 을유문화사, 2000.

구본진, 『미술가의 저작인격권』, 경인문화사, 2010.

권영성, 『헌법학원론』, 법문사, 2006.

김문식·신병주, 『의궤』, 돌베개, 2005.

김민호, 『별난 법학자의 그림 이야기』, 예경, 2004.

김순응, 『돈이 되는 미술』, 학고재, 2006.

____, 『미술 시장의 봄여름가을겨울』, 아트북스, 2010.

김원석, 『알기 쉬운 음악저작권』, 은행나무, 2007.

김일수·서보학, 『형법각론』(제5판), 박영사, 2003.

김재준, 『그림과 그림값』, 자음과모음, 1997.

김철수, 『헌법학신론』, 박영사, 2001.

김형진, 『미술법』, 아트북스, 2010.

도널드 서순, 정영목 외 옮김, 『유럽문화사 2: 1830-1880』, 뿌리와이파리, 2012.

도널드 톰슨, 김민주·송희령 옮김, 『은밀한 갤러리』, 리더스북, 2008.

래니 샐리스베리·앨리 수조, 이근애 옮김, 『미술품 위조 사건』, 소담출판사, 2012.

로버트 베번, 나현영 옮김, 『집단 기억의 파괴』, 알마, 2012.

류종현·양재규, 『초상권 이야기』, 한국방송카메라기자협회, 2010.

리사 필립스 외, 송미숙 옮김, 『THE AMERICAN CENTURY』, 지안, 2011.

메리 앤 스타니스제프스키, 박이소 옮김, 『이것은 미술이 아니다』, 현실문화연구, 2011.

명순구·김기영, 『미술품의 거래법과 세금』, 고려대학교출판부, 2012.

명호인, 『한국저작권법』, 육법사, 2012.

미학대계간행회 엮음, 『현대의 예술과 미학』, 서울대학교출판부, 2007.

바실리 칸딘스키·프란츠 마르크 엮음, 배정희 옮김, 『청기사: 20세기 예술혁명의 선언』, 열화당, 2007.

박경신, 『사진으로 보는 저작권, 초상권, 상표권 기타 등등』, 고려대학교 법학연구원, 2008.

박용상, 『언론과 개인 법익』, 조선일보사, 1997.

박홍규, 『예술, 법을 만나다』, 이다미디어, 2010.

빅토리아 D. 알렉산더, 김은하 외 옮김, 『예술사회학』, 살림, 2010.

사이토 다카시, 홍성민 옮김, 『명화를 결정짓는 다섯 가지 힘』, 뜨인돌, 2010.

서달주, 『저작권법: 2009개정법까지』(제2판), 박문각, 2009.

서헌제·박찬호,『도난·불법반출 문화재에 관한 법리적 연구』, 한국법제연구원, 2007.

서헌제·정병윤,『캐나다와 영국의 문화정책 및 법제』, 한국법제연구원, 2006.

성낙인,『헌법학』(제12판), 법문사, 2012.

송영식·이상정,『저작권법개설』, 화산문화, 1997.

＿＿,『저작권법개설』(제5판), 세창출판사, 2009.

신평,『명예훼손법』, 청림출판, 2004.

심상용,『시장미술의 탄생』, 아트북스, 2010.

심은록,『세계에서 가장 비싼 작가 10』, 아트북스, 2013.

야마다 쇼지, 송태욱 옮김,『해적판 스캔들』, 사계절출판사, 2011.

양승규,『(판례교재)보험법·해상법』, 법문사, 1982.

양정무,『그림값의 비밀』, 매일경제신문사, 2013.

오승종,『저작권법』(제2판), 박영사, 2012.

오승종·이해완,『저작권법』(제3판), 박영사, 2004.

＿＿,『저작권법』(제4판), 박영사, 2005.

오타베 다네히사, 김일림 옮김,『예술의 역설』, 돌베개, 2011.

유화열,『라틴현대미술 저항을 그리다』, 한길사, 2011.

윤경,『저작권법』, 육법사, 2005.

이상정,『미술과 법』, 세창출판사, 2009.

＿＿,『산업디자인과 지적소유권법』, 세창출판사, 1995.

이연식,『위작과 도난의 미술사』, 한길아트, 2008.

이영준,『민법총칙』(개정증보판), 박영사, 2007.

이재상,『형법각론』(제8판), 박영사, 2012.

이주헌,『미술로 보는 20세기』, 학고재, 1999.

임원선,『실무자를 위한 저작권법』(제3판), 한국저작권위원회, 2012.

장민한,『앤디 워홀의 위대한 세계』, 동아일보사, 2009.

장영수,『헌법학』, 홍문사, 2006.

장주영,『미국 저작권 판례』, 육법사, 2003.

정동암,『미디어 아트』, 커뮤니케이션북스, 2013.

정상조 엮음,『저작권법 주해』, 박영사, 2007.

정윤아,『미술시장의 유혹』, 아트북, 2007.

정회철,『기본 강의 헌법』(개정7판), 여산, 2012.

존 버거, 최민 옮김,『다른 방식으로 보기』, 열화당, 2012.

진중권,『서양미술사』, 휴머니스트, 2013.

최병식,『미술 시장과 경영』, 동문선, 2005.

＿＿,『미술시장과 아트딜러』, 동문선, 2008.

＿＿,『박물관 경영과 전략』, 동문선, 2010.

최종고,『법과 미술』, 시공사, 1995.

최태만 엮음, 『한국 시각예술의 과제와 전망』, 다할미디어, 2009.

캐롤라인 랭·존 리브·비키 울러드, 임연철·주명진 옮김, 『뮤지엄 매니지먼트, 관람객에게 응답하는 박물관 경영 전략』, 커뮤니케이션북스, 2011.

트리스탕 자라·앙드레 브르통, 송재영 옮김, 『다다/쉬르레알리슴 선언』, 문학과지성사, 2000.

폴 골드스타인, 오연희 옮김, 『보이지 않는 힘, 지식재산』, 비즈니스맵, 2009.

필립 카곰, 정주연 옮김, 『나체의 역사』, 학고재, 2012.

하용득, 『저작권법』, 사단법인 법령편찬보급회, 1988.

한국미술품감정평가원, 『한국 근현대미술 감정 10년』, 사문난적, 2013.

한국정보법학회, 『인터넷, 그 길을 묻다』, 중앙북스, 2012.

할 포스터 외, 배수희 외 옮김, 『1900년 이후의 미술사』, 세미콜론, 2007.

허버트 리드, 임산 옮김, 『예술의 의미』, 에코리브르, 2006.

허영, 『한국헌법론』, 박영사, 2006.

외국 서적

Akinsha, Konstantin and Grigorii Kozlov, *Beautiful Loot: The Soviet Plunder of Europe's Art Treasures*, Random House, 1995.

Rhodes, Anne-Marie, *Art Law & Transactions*, Carolina Academic Press, 2011.

Arnason, H.H., *History of Modern Art: Painting, Sculpture, Architecture, Photography*, 3rd ed., Harry N. Abrams, 1986.

Ashton, Dore, *Picasso on Art*, Viking Press, 1972.

Appadurai, Arjun, *Introduction: Commodities and the Politics of Value*, Cambridge University Press, 1986.

Baudrillard, Jean, *For a Critique of the Political Economy of the Sing*, Telos Press, 1981.

Becker, Howard, *The Art Worlds*, University of California Press, 1982.

Berger, Fred, "Pornography, Sex and Censorship," *Pornography and Censorship*, ed. David Copp and Susan Wendell, Prometeus Book, 1983.

Bresler, Judith and Ralph Lerner, *Art Law: the Guide for Collectors, Investors, Dealers, & Artists*, 3rd ed., Practicing Law Institute, 2005.

Brettell, Richard R., *Modern Art 1851-1929: Capitalism and Representation*, Oxford University Press, 1999.

Brewer, John, *The American Leonardo: A Tale of Obsession, Art and Money*, Oxford University Press, 2009.

Carter, Barry E. and Allen S. Weiner, *International Law Selected Documents Supplement 2011-2012*, Aspen, 2011.

Chemerinsky, Erin, *Constitutional Law: Principles and Policies*, Aspen, 2011.

Chipp, Herschel B., *Theories of Modern Art*, University of California Press, 1968.

Conklin, John E., *Art Crime*, Praeger, 1994.

Crawford, Tad, *Legal Guide for the Visual Artist*, 5th ed., Allworth Press, 2010.

Crawford, Tad and Susan Mellon, *The Artist-Gallery Partnership*, Allworth Press, 1998.

Danto, Arthur C., *After the end of art: contemporary art and the pale of history*, Princeton University Press, 1997.

Darraby, Jessica L., *Art, Artifact, Architecture and Museum Law*, Thompson Reuters, 2010.

Davis, John A., *Italy in the Nineteenth Century:1796-1900*, Oxford University Press, 2001.

Desvallees, Andre and Francois Mairesse, eds., *Key Concepts of Museology*, Armand Colin, 2010.

DuBoff, Leonard D. and Christy O. King, *Art Law in a Nutshell*, 3rd ed., West Group, 2000.

Emerson, Thomas, *The System of Freedom of Expression*, Random House, 1970.

Findlay, Michael, *The Value of Art*, Prestel, 2012.

Fiske, John, *Reading the Popular*, Routledge, 1989.

Franzosi, Mario, *European Design Protection*, Kluwer Law International, 1996.

Friedman, Milton, *Price Theory*, Aldine, 1962.

Gamboni, Dario, *The Destruction of Art: Iconoclasm and Vandalism Since the French Revolution*, Yale University Press, 1997.

Gatley, Clement and Philip Lewis, *Gatley on Libel and Slander*, 8th ed., Sweet & Maxwell, 1981.

Gerstenblith, Patty, *Art, Cultural Heritage, and the Law*, Carolina Academic Press, 2004.

Gladwell, Malcolm, *Blink: The Power of Thinking Without Thinking*, Back Bay Books, 2007.

Goldstein, Paul, *Goldstein On Copyright*, 3rd ed., Aspen Publishers, 2005.

_____, *Copyright*, 2nd ed., Aspen Law & Business, 1998.

_____, *Copyright*, 2nd ed., Aspen Law & Business, 1999.

_____, *Copyright's highway*, Stanford Law and Politics, 2003.

Goldstein, Paul and R. Anthony Reese, *Copyright, Patent, Trademark and Related State Doctrines*, 6th ed., Foundation Press, 2008.

Goldstein, Paul and Bernt Hugenholtz, *International Copyright-Principles, Law, and Practice*, 3rd ed., Oxford University Press, 2013.

Grampp, William, *Pricing the Priceless*, Basic Book, 1989.

Greenfield, Jeanette, *The return of cultural treasure*, Cambridge University Press, 1989.

Harrison, Charles and Paul Wood, *Art in Theory 1900-2000: An Anthology of Changing Ideas*, 2nd ed., Blackwell Publishing, 2002.

Hills, Patricia, *Modern Art in the USA: Issues and Controversies of the 20th Century*, Pearson, 2001.

Hitchens, Christopher, *The Elgin Marbles: Should They be returned to Greece?* Chatto & Windus, 1987.

Hunter, Sam, *The Museum of Modern Art: the History and the Collection*, New York Press, 1984.

Impey, Oliver and Arthur MacGregor, T*he Origins of Museums: The Cabinet of Curiosities in Sixteenth-Seventheenth Century Europe*, 2nd ed., House of Stratus, 2001.

Janson, H.W., *History of Art*, Prentice Hall, 1969.

_____, *History of Art*, Harry N. Abrams, 1995.

Jimenez, Guillermo C. and Barbara Kolsun, *Fashion Law*, Fairchild Books, 2010.

Kaufman, Roy S., *Art Law Handbook*, Wolters Kluwer, 2000.

Ken, Perenyi, *Caveat Emptor: the Secret Life of an American Art Forger*, Pegasus Books, 2012.

Kleiner, Fred S. et al., *Gardner's Art Through the Ages*, 11th ed., Harcourt College Publishers, 2001.

Landau, Ellen G., *Pollock Matters*, 5th ed., Mcmullen Museum of Art, 2007.

Lange, David L and Powell H. Jefferson, *No Law-Intellectual Property in the Image of an Absolute First Amendment*, Stanford Law Books, 2009.

McCarthy, Kathleen D., *Women's Culture: American Philanthropy and Art, 1830-1930*, University of Chicago Press, 1991.

McCarthy, J. Thomas, *McCarthy on Trademarks and Unfair Competition*, Vol.1, 4th ed., West, 2012.

McLeod, Kembrew, *Freedom of Expression: Overzealous Copyright Bozos and Other Enemies of Creativity*, Doubleday, 2005.

Merryman, John Henry, *Thinking about the Elgin marbles: Critical essays on Cultural Property, Art, and Law*, Kluwer Law International, 2000.

_____, Albert E. Elsen, and Stephen K. Urice, *Law, Ethics and the Visual Art*, 5th ed., Kluwer Law International, 2007.

Miller, Arthur R., and Michael H. Davis, *Intellectual Property, Patent, Trademark and Copyright*, West group, 2000.

Nimmer, Melville B. and David, *Nimmer On Copyright*, Matthew Bender, 1997.

_____, *Nimmer On Copyright*, Matthew Bender, 2004.

O'Keefe, Patrick J., *Trade in Antiquities: Reducing Destruction and Theft*, Archetype, 1997.

Phifer, Jean Parker, *Public Art New York*, W. W. North & Company, 2009.

Pierredon-Fawcett, Liliane de, *The Droit de Suite in Literary and Artistic Property: A Comparative Law Study*, Center for Law and the Arts, Columbia University School of Law, 1991.

Salisbury, Laney and Aly Sujo, *Provenance: How a Con Man and Forger Rewrote the History of Modern Art*, Penguin Press HC, 2009.

Shapiro, B. A., *The Art Forger*, Large Print Press, 2013.

Smolla, Rodney and Melville B. Nimmer, *Smolla and Nimmer on Freedom of Speech*, Matthew Bender, 1994.

Spencer, Ronald D., ed., *The Expert versus the object: Judging Fakes and False Attributions in the Visual Art*, Oxford University Press, 2004.

Strossen, Nadine, *Defending Pornography*, New York University Press, 1995.

Trachtman, Michael G., *The Supremes' Greatest Hits: The 37 Supreme Court Cases That Most Directly Affect Your Life*, Sterling, 2009.

Velthuis, Olav, *Talking Prices: Symbolic Meanings of Prices on the Market for Contemporary Art*, 4th ed., Princeton University Press, 2007.

Wittenberg, Philip, *Dangerous Words, A Guide to the Law of libel*, Columbia University Press, 1947.

국내 논문 및 저널

김기리, 「한국 미술품 감정에 관한 연구-미술품 진위 시비 사례를 중심으로」, 홍익대학교 미술대학원 석사학위논문, 2005.

김문식·신병주, 「외규장각 의궤 조사 연구」, 외교통상부, 2002.

김문환, 「동일성유지권의 침해 여부: '롯티' 사건 판례 평석」, 『한국저작권판례평석집 I』, 저작권심의조정위원회, 1998.

김민아, 「미술품 시장 및 거래에 관한 법적 고찰」, 한국외국어대학교 석사학위논문, 2010.

김상호, 「학술·예술·정보 분야 종사자에 관한 노동법·저작권법적 고찰」, 『노동법학』 제10호, 2000.

김영현, 「예술인복지법 시행 관련 예술계 제언 '봇물'」, 『연합뉴스』, 2012.09.10.

김은지, 「세상에서 가장 '성性스러운' 법정」, 『시사인』, 2012.07.06.

김재형, 「언론의 사실보도로 인한 인격권 침해」, 『법학』 제39권 제1호, 서울대학교, 1999.

김정수, 「행정학적 관점에서 본 예술과 공공성의 관계」, 『문화예술경영: 이론과 실제』, 제2권 제2호, 2009.

김종목, 「예술인 복지, 어디까지 왔나. 예술가는 사업자? 최고은, '최고은법' 혜택 못 받는다」, 『경향신문』, 2013.10.16.

_____, 「예술인 복지, 어디까지 왔나. 예술인도 노동자다」, 『경향신문』, 2013.10.17.

김지원, 「전시장 문 꽁꽁…… 또 다른 집단 이기주의」, 『한국일보』, 2008.11.08.

김홍남, 「박물관 기부 문화의 현황과 과제」, 박물관 및 미술관 기부 문화 활성화를 위한 토론회 자료, 2007.

계승균, 「저작권과 소유권」, 『계간 저작권』 제65호(2004년 봄호), 한국저작권위원회, 2004.

곽아람, 「미술품 기증 불모지 대한민국」, 『조선일보』, 2013.09.02.

노형석, 「박수근 〈맷돌질 하는 여인〉 등 또 위작 논란」, 『한겨레』, 2012.09.05.

동아일보, 「가난한 화가들 작품 구입 화란의 예술 보호」, 『동아일보』, 1980.08.11.

동덕여자대학교 산학협력단, 「패션 문화 산업 지원을 위한 법제화 방안 연구」, 문화체육관광부, 2011.

류창석, 「구본주 소송으로 예술가의 법적 지위 논란」, 『연합뉴스』, 2005.07.10.

박대한, 「대법, 무늬배열 루이뷔통과 비슷하면 상표권 침해」, 『연합뉴스』, 2013.03.18.

박성호, 「저작물의 '변형적 이용' 이론에 관한 미국 판례의 동향」, 한국정보법학회, 『인터넷, 그 길을 묻다』, 중앙북스, 2012.

박소현, 「국립박물관 미술관 무료관람정책 개선 방안 연구」, 한국문화관광연구원, 2010.

박은정, 「예술 저작물의 추급권에 대한 비교법적 고찰」, 숙명여자대학교 석사학위논문, 2009.

박준석, 「온라인서비스제공자의 책임」, 한국정보법학회, 『인터넷, 그 길을 묻다』, 중앙북스, 2012.

반이정, 「2001년, 진압된 19금 예술」, 『월간미술』 9월호, 2012.

서정민, 「음악저작권 관리 독점 깨진다」, 『한겨레』, 2013.04.09.

손원익, 「문화예술 관련 조세 지원 제도」, 최태만 엮음, 『한국 시각예술의 과제와 전망』, 다할미디어, 2009.

송광섭, 「예술의 자유와 문학작품의 음란성에 관한 새로운 이념적 논의」, 『비교형사법연구』, 제3권 제2호(통권 제5호), 한국비교형사법학회, 2001.

송향선, 「이중섭 회화의 감정 사례 연구」, 명지대학교 문화예술대학원 석사학위논문, 2005.

안영배, 「진짜 같은 가짜 미술품 귀신도 깜박 속아」, 『주간동아』, 2012.09.10.

안창남, 「미술품 과세, 이번엔 가능할까」, 『아시아경제』, 2012.09.04.

양현미, 「예술에서 '퍼블릭public' 개념의 변화에 관한 고찰: 공공 미술을 중심으로」, 중앙대학교 문화·
미디어·엔터테인먼트법연구소, 2008.

양현미 외, 「한국형 미술품 경매제도 도입 방안 연구」, 한국문화정책개발원, 1999.

연합뉴스, 「바늘여인 세관서 찬밥 신세」, 『연합뉴스』, 2004.02.01.

오양렬, 「예술의 사회적 기여에 관한 국내외 실증사례 연구」, 한국문화예술위원회 예술정책 연구협력 연
구과제, 2005.

오진희, 「미술계, 내년 미술품 양도세 도입 폐지 호소…… 논란 재점화」, 『아시아경제』, 2012.09.05.

유석재·윤주현, 「해외 유출 문화재, 국제 수사 공조 통해 첫 환수」, 『조선일보』, 2013.08.28.

윤종수, 「UCC 저작권의 차별적 취급과 보상체제」, 『저스티스』 통권 제106호, 한국법학원, 2008.

윤홍우, 「'최고은법' 결실」, 『서울경제』, 2012.09.20.

이대희, 「예술인도 노동자, 예술인 노조 뜬다」, 『프레시안』, 2012.08.26.

이동기, 「문화재 환수 협약의 성립 경위와 현황 – 유네스코 협약과의 관계를 포함하여」, 『국제사법연구』제
15호, 2009.

이명구, 「예술의 자유에 대한 헌법적 보장과 한계」, 『헌법학 연구』 제6권 제2호, 2000.

이보아, 「한국, 북한, 일본 사이의 호혜적 대화를 통한 북관대첩비 반환」, 『문화재 반환 과거, 현재와 미
래』, 문화재청, 2008.

이상정, 「소유자의 작품 파괴와 저작인격권」, 『계간 저작권』 제97호(2012년 봄호), 한국저작권위원회,
2012.

이슬기, 「미술 시장에서 작품 거래 투명성이 확보되어야 한다」, 『월간미술』 4월호, 2012.

이주헌, 「엘긴 마블스와 미술품 약탈」, 『한겨레』, 2009.03.23.

이훈종·이세경, 「패러디와 저작권에 대한 연구」, 『한양법학』 제20권 제3집, 2009.

임광복·이보미, 「디지털 시대, 아날로그 음악저작권법 분쟁 키워」, 『파이낸셜뉴스』, 2013.03.24.

정경민, 「판매금지 미술품에 333억 원 세금 폭탄」, 『중앙일보』, 2012.07.24.

장규석, 「너만 봐……영화 〈건축학개론〉 파일 건네줬다가 결국」, 『노컷뉴스』, 2012.05.31.

장은석·신영효, 「이범현 한국미술인희망포럼 대표 인터뷰, '미술품 과세, 미술인에게 사형선고'」, 『조세일
보』, 2012.09.13.

장재옥·이인호, 「정보화와 예술의 자유: 예술 표현의 자유와 한계를 중심으로」, 『중앙법학』 제4권 2호,
2002.

정태호, 「예술가의 명칭의 상표법상 보호 동향에 대한 고찰」, 『법학 연구』 통권 제36집, 전북대학교,
2012.

조세일보, 「23년의 '침묵'…… 미술품 과세 제도 이번에는?」, 『조세일보』, 2012.09.05.

조채희, 「미술품 위작시비 카탈로그 레조네로 막자」, 『연합뉴스』, 2007.01.17.

조현정, 「골리앗 샤넬 이긴 파워 여성 CEO 프랑스 니트 대모 카르멘 콜」, 『패션비즈』, 2013.01.21.

채수명, 「미술품 양도세에 관한 소고」, 『월간 미술세계』 2012년 11월호, 2012.

최정수, 「문화산업(미술), 과거와 현재」, 『뉴디자인 대구경북』, 대구경북연구소, 2010.

최정환, 「미술품 대여 계약」, 『지적재산권법연구』 제6집, 한국지적재산권학회, 2002.

쿠키뉴스, 「순천 선암사 도난 佛畫 '팔상도' 서울 경매 시장서 찾았다」, 『쿠키뉴스』, 2006.04.13.

프롯, 린들, 「유네스코 문화재 반환 촉진 정부간위원회 기원. 발달. 성과 및 과제」, 『문화재 반환: 과거, 현재와 미래』, 문화재청, 2008.

하수봉, 「박수근 회화의 표현 기법 연구: 진위 문제. 편년 재조정 그리고 재현 작업을 중심으로」, 명지대학교 박사학위논문, 2012.

한동우, 「예술과 기부」, 예술경영지원센터, 2010.

허은영, 「문화 예술 분야 기부 활성화를 위한 정책적 방안 연구」, 한국문화관광연구원, 2009.

허희성, 「경매를 위한 미술저작물의 홈페이지 게시와 공중송신권 침해」, 『저작권 문화』, 2009.01.

＿＿＿, 「저작인격권의 이론과 효용에 관한 연구」, 국민대학교 박사학위논문, 1995.

외국 논문 및 저널

Adler, Amy M., "Post-Modern Art and the Death of Obscenity Law," *Yale Law Journal*, Vol.99, No.6, 1990.

Aspden, Peter, "Street Art Aquires Value," *The Financial Times*, Feb. 22, 2013.

Baker, C. Edwin, "Scope of the First Amendment Freedom of Speech," *UCLA Law Review*, Vol.25, No.5, 1978.

Baker, Alexi Shannon, "Selling the Past: United States v. Frederick Schultz," *Archaeology*, Apr. 22, 2002.

Ball, Deborah, "A Stash of Stolen Art," *Wall Street Journal*, Aug. 24, 2004.

Barron, James, "Art Dealer is charged with stealing $88 Million," *The New York Times*, Mar. 26, 2009.

Bator, Paul M., "An Essay on the International Trade in Art," *Stanford Law Review*, Vol.34, No.2, 1982.

Bazyler, Michale J., "Nuremberg in America; Litigating the Holocaust in United States Courts," *University of Richmond Law Review*, Vol.34, No.1, 2000.

Beebe, Barton, "An Empirical Study of U.S. Copyright Fair Use Opinions, 1979-2005," *University of Pennsylvania Law Review*, Vol.156, Issue 3, 2008.

Blumenthal, Ralph, "New efforts to recover Nazi plunder; but pessimism grows for recoveries," *The New York Times*, Feb. 27, 2003.

Brewer, John, "Art and Science: A Da Vinci Detective Story," *Engineering and Science*, Vol.68, No.1/2, 2005.

Childs, Elizabeth C., "Big Truoble: Daumier, Gargantua, and the Censorship of Political Caricature," *Art Journal*, Vol.51, No.1, 1992.

Chippindale, Christopher, et el., "Collecting the Classical World: First Steps in a Quantitative History," *International Journal of Cultural Property*, Vol.10, No.1, 2001.

Cohen, Patricia, "Ruling on Artistic Authenticity: The Market v. the Law," *The New York Times*, Aug. 5, 2012.

Coats, Willam S., "More to Fair Use than Fairey: The Effect of Recent Decisions on the Evaluation of the Four Fair Use Factors," *Intellectual Property Law Institute*, Practicing Law Institute, 2010.

Cole, David, "Playing by Pornography's Rules: The Regulation of sexual expression," *University of Pennsylvania Law Review*, Vol.143, No.1, 1994.

Coombe, Rosemary J., "The Properties of Culture and the Politics of Possessing Identity: Native Claims in the Cultural Appropriation Controversy," *Canadian Journal of Law and Jurisprudence*, Vol.6, No.2, 1993.

Cooper, Ruth Redmond, "Limitation Periods in Art Disputes," *Title and Time in Art and Antiquity Claims*, Institute of Art and Law, Nov. 13, 1995.

Dale, Maryclaire, "New FBI Task Force to Focus on Art Theft," *Associated Press*, Jan. 15, 2005.

Denninger, E., "Freiheit der Kunst," *Handbuch des Staatsrechts der Bundesrepublik Deutschland*, Bd. VI, 1989.

Ederer, Louis S., and Maxwell Preston, "The Innovative Design Protection and Piracy Prevention Act," *Arnold & Porter LLP*, Aug. 2010.

Edwards, Pamela, "What's the Score?: Does the Right of Publicity Protect Professional Sports Leagues," *Albany Law Review*, Vol.62, Issue 2, 1998.

Falconer, Kelly Ann, "When Honor Will Not Suffice: the Need for a Legally Binding International Agreement Regarding Ownership of Nazi-Looted Art," *University of Pennsylvania Journal of International Economic Law*, Vol.21, No.2, 2000.

Failing, Patricia, "Picking Up the Pieces: The Case of Dismembered Masterpieces," *ARTnews*, Sep. 1980.

Filip, Iulia, "Art Analyst Sues the New Yorker," *Courthouse News Service*, Jul. 1, 2011.

Foutty, Stephen L., "Autocephalous Greek-Orthodox Church of Cyprus v. Goldberg & Feldman Fine Art, Inc.: Retrenchment of the Due Diligence Requirement in Replevin Actions for Stolen Art," *Vanderbilt Law Review*, Vol.43, No.6, 1990.

Fiedler, Wilfried, "Legal Issues Bearing on the Restitution of German Cultural Property in Russia," *The Spoils of War: World War II and its Aftermath: The Loss, Reappearance and Recovery of Cultural Property*, ed. Elizabeth Simpson, Harry N. Abrams, 1997.

Foster, Shirley, "Prudent Provenance: Looking Your Gift Horse in the Mouth," *UCLA Entertainment Law Review*, Vol.8, Issue 2, 2001.

Fuerst Ittleman David & Joseph, PL, "Capital Records v. ReDigi, Inc.: New York District Court Determines that First Sale Doctrine does NOT apply to Digital Media. Did They Get it Right?" *JD Supra Law News*, Apr. 12, 2013.

Fuller, Lon, "Consideration and Form," *Columbia Law Review*, Vol.41, No.5, 1941.

Ghestin, Jacques, "Le Droit Interne Français de la vente d'Object d'Art et de Collection," International Sales of Works of Art, Geneva Workshop, Apr. 11, 1985.

Glueck, Grace, "Bank Cuts Up a Noguchi Sculpture and Stores It," *The New York Times*, Apr. 19, 1980.

_____, "In the Art World, As in Baseball, Free Agents Abound," *The New York Times*, Jan. 14, 1991.

Gordon, Wendy J., "Fair Use as Market Failure: A Structural Analysis of the Betamax Case and its Predecessors," *Columbia University Law Review*, Vol.82, No.8, 1982.

Graddy, Kathryn and Chanont Banternghansa, "The Impact of the Droit de Suite in the UK: An Empirical Analysis," *Journal of Cultural Economics*, Vol.35, No.2, 2011.

Haiman, Franklyn S., "Speech and Privacy: Is There a Right Not to be Spoken To?" *Northwestern University Law Review*, Vol.67, No.2, 1972.

Heins, Majorie and Tricia Beckles, "Will Fair Use Survive? Free Expression in the Age of Copyright Control," *A Public Policy Report*, 2005.

Higgins, Andrew, "Lawyers Hint at Possible Recovery of Stolen Art," *The New York Times*, Aug. 13, 2013.

Hoving, Thomas, "The Fate of the $5 Pollock," *Artnet*, Nov. 6, 2008.

Howlett-Martin, Patrick, "Où ira le buste de Néfertiti?" *Le Monde diplomatique*, Jul. 31, 2012.

Janis, Sidney, Interviewed by Paul Cummings, March 21-September 9, 1972, Archive of American Art: Friedman.

Jarus, Owen, "Fakes and Forgeries go on display at the V&A Museum," *The Independent*, Jan. 19, 2010.

Jeffri, Joan and Robert Greenblatt, "Between Extremities: The Artist Described," *Journal of Arts Management and Law*, Vol.19, No.1, 1989.

Jarvik, Laurence, "Ten Good Reasons to Eliminate Funding for the National Endowment for the Art," The Culture Policy Studies Project, *The Heritage Project Foundation Backgrounder*, 1997.

Kaikati, J.G., and R. LaGarce, "Beware of international Brand Piracy," *Harvard Business Review*, Vol.58, No.2, 1980.

Kastenberg, Joshua E., "The Legal Regime for Protecting Cultural Property During Armed Conflict," *Air Force Law Review*, Vol.42, 1997.

Karlen, Peter H., "Fakes, Forgeries and Expert Opinions," *The Journal of Arts Management and Law*, Vol.16, No.5, 1986.

Kaplan, Alexander, "The Need for Statutory Protection from Seizure for Art Exhibitions: The Egon Schiele Seizures and the Implications for Major Museum Exhibitions," *Journal of Law and Policy*, Vol.7, Issue 2, 1999.

Kaufman, Michael T., "'Guernica' Survives a Spray-Paint Attack by Vandal," *The New York Times*, Mar. 1, 1974.

Kinsella, E., "Seller Beware: $60 Tag-Sale Paintings Bring $1.1 Million," *The Wall Street Journal*, Dec. 11, 1998.

Kristol, Irving, "It's Obscene But Is It Art?" *The Wall Street Journal*, Aug. 7, 1990.

Lachmann, Richard, "Graffiti as Career and Ideology," *American Journal of Sociology*, Vol.94, No.2, 1988.

Leval, Pierre N., "Toward A Fair Use Standard," *Harvard Law Review*, Vol.103, No.5, 1990.

Levy, Steven Mark, "Liability of the Art Expert for Professional Malpractice," *Wisconsin Law Review*, Vol.1991, Issue 4, 1991.

LeWitt, Sol, "Sentences on Conceptual Art," First published in 0-9(New York), 1969, and Art-

Language(England), May 1969.

Lind, Robert C., "The Visual Artist and the Law of Defamation," *UCLA Entertainment Law Review*, Vol.2, No.1, 1995.

Luscombe, Richard, "Banksy Mural: I'm Being Scapegoated, says Miami Art Dealer," *The Guardian*, Feb. 22, 2013.

Lowe, Steven T., "Preemptive Strike," *Los Angeles Lawyer*, May 2003.

Lyall, Sarah, "Art World Nightmare: Made-to-Order Theft: Stolen Works Like Oxford's Cezanne Can Vanish for Decades," *The New York Times*, Feb. 3, 2000.

Mantell, Paul J., "NY Bill to Strengthen Statute Protecting Artist-Consignors," *JDSupra Law News*, Jul. 31, 2011.

Mason, Sir. Anthony, "Mediation and Art Disputes," *Art Antiquity and Law*, Vol.3, No.1, 1998.

Mayor, A. Hyatt., "The Gifts That Made the Museum," *The Metropolitan Museum of Art Bulletin*, Vol.16, No.3, 1957.

Menger, Pierre-Michel, "Artists as Workers: Theoretical and Methodological Challenges," *Poetics: Journals of Empirical Research on Culture, the Media and the Arts*, Vol.28, No.4, 2001.

_____, "Artistic labor markets and careers," *Annual Review of Sociology*, Vol.25, No.1, 1999.

Merryman, John Henry, "The Free International Movement of Cultural Property," *New York University Journal of International Law and Politics*, Vol.31, No.1, 1998.

_____, "The Refrigerator of Bernard Buffet," *Hastings Law Journal* 27 (1976): 1023

_____, "The Retention of Cultural Property," *U.C. Davis Law Review*, Vol.21, No.3, 1988.

_____, "Two Ways of Thinking About Cultural Property," *American Journal of International Law*, Vol.80, No.4, 1986.

Milner, Catherine, "Tate's tinned art leaves bad smell," *The Telegraph*, Jul. 1, 2002.

Morris, Gay, "When Artists Use Photographs," *ARTNews*, Jan. 1981.

Mucinskas, Kristina, "Moral Rights and Digital Art: Revitalizing the Visual Artists' Rights Act?" *University of Illinois Journal of Law*, Technology and Policy, Vol.2005, No.2, 2005.

Nahlik, Stanislaw E., "International Law and the Protection of Cultural Property in Armed Conflicts," *Hastings Law Journal*, Vol.27, No.5, 1976.

Netanel, Neil Weinstock, "Making Sense of Fair Use," *Lewis & Clark Law Review*, Vol.15, No.3, 2011.

Norman, Geraldine, "The Power of Borrowed Images," *Art & Antiques*, Mar. 1996.

Ogawa, Akiko, "The potential of adapting Droit de Suite in Japan-based on the interviews and researches held in France, Finland and U.K.," *Waseda Institute for Corporation Law and Society*, 2006.

Ossola, Charles, "Law for Art's Sake," *The Recorder*, Jan. 8, 1991.

Pearlstein, William G., "Claims for the Repatriation of Cultural Property: Prospects for a Managed Antiquities Market," *Law & Policy in International Business*, Vol.28, No.1, 1996.

Petruzzelli, Lori, "Copyright Problems in Post-Modern Art," *DePaul-LCA Journal of Art and Entertainment Law*, Vol.5, No.1, 1995.

Prosser, William L., "Privacy," *California Law Review*, Vol.48, No.3, 1960.

Quigley, Margaret, "The Mapplethorpe Censorship Controversy: chronology of events," *Political Research Associates*, May 1, 1991.

Ramier, Timothy P., "Agent Judiciaire du Trésor v. Walter: Fait au Prince and a King's Ransom," *International Journal of Cultural Property*, Vol.6, No.2, 1997.

Richards, David A.J., "Free Speech and Obscenity Law; Toward a Moral Theory of the First Amendment," *University of Pennsylvania Law Review*, Vol.123, No.1, 1974.

Riding, Alan, "Art Theft Is Booming, Bringing an Effort to Respond," *The New York Times*, Nov. 20, 1995.

Robinson, Christopher J. "'The Recognized Stature' standard in Visual Artists Rights Act," *Fordham Law Review*, Vol.68, Issue 5, 2000.

Robson, Deidre, "The Market for Abstract Expressionism: the Time Lag between Critical and Commercial Acceptance," *Archives of American Art Journal*, vol.25, No.3, 1985.

Robinson, Walter , "Art Careers Still Pay Poorly, Surveys Find," *Art in America*, Feb. 1990.

Rogers, William, D., "The Legal Response to the Illicit Movement of Cultural Property," *Law and Policy in International Business* 5 (1973): 932.

Rubenstein, Richard , "Abstraction in a Changing Environment," *Art in America*, Vol.82, No.10, 1994.

Sandler, Linda, "Warhol Foundation's $7 Million Defense Beats Collector's 'Fakes' Lawsuit," *Bloomberg*, Nov. 17, 2010.

Schauer, Frederick, "Speech and 'Speech'–Obscenity and 'Obscenity': An Exercise in the Interpretation of Constitutional Language," *Georgetown Law Journal* 67 (1979): 899.

Schilit, Lisa "A Look at the Copyright Revision Act through the Eye of the Art Collector," *Art and the Law*, Vol.6, No.2, 1981.

Swack, Cheryl, "Safeguarding Artistic Creation and The Cultural Heritage: A Comparison of Droit Moral between France and the United States," *Columbia Journal of Law & the Arts*, Vol.22, No.3, 1998.

Self III, Henry L., "Moral Rights and Musicians in the United States," *2003-2004 Entertainment, Publishing and the Arts Handbook* 165, 2003.

Shapiro, Jr., David, "Supreme's New Look," *New York Magazine*, Apr. 28, 2013.

Sullivan, Jeanne English, "Copyright for Visual Art in the Digital Age: A Modern Adventure in Wonderland," *Cardozo Arts & Entertainment Law Journal*, Vol.14, Issue 3, 1996.

Sultan, Jennifer, "Combating the Illicit Art Trade in the European Union: Europol's Role in Recovering Stolen Artwork," *Northwestern Journal of International Law & Business*, Vol.18, No.2, 1998.

Sundara Rajan, Mira T., "Moral Rights in Information Technology: A New kind of 'Personal Right'," *International Journal of Law and Information Technology*, Vol.12, Issue 1, 2004.

Surowiecki, James, "Cash for Canvas," *The New Yorker*, Nov. 17, 2005.

Sylvia Hochfeld, "The Moral Rights (and Wrongs) of Public Art," *ARTnews*, May 1988.

Tully, Judd, "The Mysterious 315 Johns," *Blouin Artinfo*, Nov. 11, 2008.

Tyler, Barbara J., "The Stolen Museum: Have United States Art Museums Become Inadvertent Fences for

Stolen Art Works Looted by the Nazis In World War II?" *Rutgers Law Journal*, Vol.30, No.2, 1999.

Vogel, Carol, "The Art Market," *The New York Times*, Jun. 11, 1993.

_____, "Work Believed a Gauguin Turns Out to Be a Forgery," *The New York Times*, Dec. 13, 2007.

Walker, David, "Royalty-Free Discs Create Model Release Meltdown," *PDN*, Jan. 1999.

Walterbach, Maurren, "International Illicit Convergence: The Growing Problem of Transnational Organized Crime Groups' Involvement in Intellectual Property Rights Violations," *Florida State University Law Review*, Vol.34, No.2, 2007.

Warren, Samuel D. and Louis Brandeis, "The Right to Privacy," *Harvard Law Review*, Vol.4, No.5, 1890.

Weber, John Paul, "Nazi Furor," *ARTnews*, May 1982.

Whitehead, Jane, "For art's sake," *Boston College Magazine*, Summer 2007.

Williams, Pete, "Artist Barbara Kruger Responds to the Supreme Lawsuit," *Highsnobiety*, May 2, 2013.

Wlotzke, Ottfried, "Neuerungen im gesetzlichen Arbeitsrecht," DB 1974, S. 2252-2259.

기타

「2007 저작권 침해 방지 연차보고서」, 저작권보호센터, 2007.

「2009 국립현대미술관 연보」, 국립현대미술관, 2010.

『2009 저작권 보호 연차보고서』, 한국저작권단체연합회 저작권보호센터, 2009.

「2010 문화예술정책백서」, 문화관광부, 2010.

「2011 저작권 백서」, 한국저작권위원회·문화체육관광부, 2012.

「2019년도 미술시장 실태 조사」, 예술경영지원센터, 2019.

「국가별 미술 및 감정 분야 정책·제도 연구」, 문화체육관광부, 2020.

「독일 예술인 사회보험제도 검토와 우리나라에의 시사점 도출을 위한 세미나」, 한국보건사회연구원, 2009.06.05.

「박물관 및 미술관 진흥법 일부 개정 법률안 보고서」, 국회 문화통신관광위원회, 의안번호 1810613.

「문화심의회저작권분과회 보고서」, 일본 문화심의회 저작권분과회, 2012.

「문화재 반환: 과거, 현재와 미래」, 문화재청, 2008.

「미술문화산업 육성을 위한 조세지원의 방안과 재정효과 분석」, 한국미술산업발전협의회, 2012.

「예술인 복지증진을 위한 정책연구」, 예술경영지원센터, 2007.

『조문별 상표법 해설』, 특허청, 2007.

「한미 FTA 이행을 위한 개정 저작권법 설명자료」, 한국저작권위원회·문화체육관광부, 2011.

AFP, "Fashion industry David slays Goliath Chanel in case," Sep. 14, 2012.

Annual Report on the Trustees of the Metropolitan Museum of Art, 1916, 1917, 1992, 1993.

Baltimore Sun, "It's Student vs. Hopkins in Dispute Over Disposal of Old Books and Manet Prints," Mar. 9, 1980.

BBC News, "Banksy Painting Fetches £288,000," Apr. 25, 2007.

BBC News, "Stolen Picasso and Monet art 'burned' in Romanian oven," Jul. 17, 2013.

Comments of the Association of the Bar of the City of New York, Committee on Art Law, On the Study on Resale Royalties for Works of Art, Mar. 6, 1992.

Hoffman, Martin P., "The Right of Publicity and Privacy," The Rights of Publicity and Privacy, Trademarks, Copyrights, and Unfair competition for the General Practitioner and the Corporate Counsel, American Law Institute/American Bar Association annual IP program, 1998.

H.R.Rep. 1476, 94th Cong., 1976.

Indictment in the Nuremberg Trials, 1 Trials of the Major War Criminals Before the International Military Tribunal 29, 55-56, 58-60 (Nuremberg, 1948).

Insurance Journal, "Axa Art Insurance Corp.'s Subrogation Lawsuit Seeks $1.5M From Christie's," Aug. 20, 2013.

Judgment in the Nuremberg Trials, 22 Trial of the Major War Criminals Before the international Military Tribunal 469-470, 484-86, 539-41, 588 (Nuremberg, 1948).

L'Express, "Chanel condamnépour contrefaçn," Sep. 14, 2012.

Projansky, Robert, "The Artist's Reserved Rights Transfer and Sale Agreement".

Report of the Commission on Obscenity and pornography 26-27, 1970.

The Cost of Movie Piracy, MPAA, 2005.

The Telegraph, "'Stolen' Banksy Jubilee Mural Pulled from Florida Auction After Council Pressure," Feb. 23, 2013.

Toche, Jean, Handbill, Ad Hoc Artists' Movement for Freedom, Feb. 23, 1974.

Wipo Magazine, "Modern masters under threat," Aug. 2011.

찾아보기

안목 감정 785, 787, 799~802, 811

앙테르미탕 53

앤드리, 칼 108

앤여왕법 154, 155

약탈 671, 674, 675 689, 691, 692, 698, 702, 703, 707, 710~720, 722, 723, 726, 731, 732, 735, 743

양도소득세 650

어문저작물 163, 167~169, 182, 198, 214

엄격 책임 587, 594

업무상 저작물 60, 71, 100, 111, 161, 171, 172, 177, 317

에민, 트레이시 474, 481

엘리코폰 681~687, 696

연극저작물 163, 167, 169, 213, 314, 338

연방도품법 612, 679, 680, 700, 741, 742, 746, 747

연방상표권법 67, 70, 125, 126, 134, 137, 359

연방 시각예술가권리법 VARA 70~72, 74, 81, 89, 90, 99~101, 103, 110, 118

영상저작물 163, 167, 169~171, 181, 186, 191, 307, 314, 337, 338, 343, 347

예술가의 지위에 관한 권고 44, 52

예술의 자유 14, 15, 32, 57, 94, 97, 188, 371~378, 382, 386, 390, 415, 418, 420, 438, 439, 442, 472, 491, 493, 504, 512

예술품 보험 634, 635, 640

예술품 시장 15, 42, 118, 119, 521, 522, 525~528, 530, 532, 570, 605, 606, 616, 623, 624, 629, 630, 672, 673, 964, 722, 725, 727, 755, 758, 761, 764, 786, 790, 796, 811

오브라이언 테스트 381

오키프, 조지아 246, 523, 524, 547, 582, 693, 694

오트 쿠튀르 30, 349, 362

오필리, 크리스 432, 433

온라인 서비스 제공자 157, 310, 311, 319~323, 325, 331~335

우드, 그랜트 428

워홀, 앤디 40, 134, 140, 227, 279, 284, 285, 302, 305, 309, 379, 380, 392, 471, 524,

631, 671, 789, 790~792

웹 스토리지 251, 331

위작 7, 39, 42, 83, 120, 221, 243, 298, 305, 313, 454~456, 460, 461, 556, 585, 611, 754~768, 771, 773~775, 777, 778, 781, 782, 784, 789, 793, 794, 796, 798~802, 809, 811

위조 14, 15, 77, 125, 315, 365~367, 554, 556, 560, 581, 612, 673, 754~757, 759, 761~764, 767, 768, 772, 774~776, 778, 779, 781~783, 785, 793, 795, 798, 800

위탁매매 530, 531, 533, 534, 540, 541, 578, 581, 582, 584, 586, 592, 600, 602, 603, 608, 611, 788, 809, 810

유네스코 협약 182, 709, 725, 726, 746, 750

유튜브 311, 332, 333, 510, 596, 597

유형문화재 745

음란성 490, 491, 493~499, 501, 504~506, 513, 515

음반 28, 58, 114, 157, 168, 169, 183~185, 190, 228, 229, 231, 235, 236, 245, 257, 267, 300, 303, 307, 326, 327, 329, 338~340, 342~347, 376, 377

음악저작물 72, 91, 107, 163, 167~169, 174, 181, 205, 337, 340, 341

응용미술저작물 39, 163, 169, 170, 182, 207, 208

이사무 노구치 67, 68

이익형량 429, 439, 440, 494

이중섭 113, 416, 455, 626, 758, 759, 773, 774, 777, 782

2차적 저작물 80, 145, 160, 165, 169, 186, 198, 217, 221~227, 248, 260, 265, 271, 279, 290, 294, 296, 317, 337, 763

2차적 저작물 작성권 60, 91, 160, 165, 215, 216, 222, 265, 315

인정된 지위 89, 98, 99

일시적 저장 157, 316

입증책임 247, 444, 449~451, 557, 812

예술법
문화 융합 시대에 예술계 종사자를 위한 가이드

ⓒ 캐슬린 김, 2013·2021

2013년 11월 25일   초판 1쇄 발행
2017년 1월 2일   초판 2쇄 발행
2021년 3월 17일 개정판 1쇄 발행

지은이   캐슬린 김
펴낸이   박해진
펴낸곳   도서출판 학고재

등 록   2013년 6월 18일 (제2013-000186호)
주 소   서울시 마포구 새창로 7 (도화동) SUN장학빌딩 17층
전 화   편집 02-745-1722 마케팅 070-7404-2810
팩 스   02-3210-2775
전자우편 hakgojae@gmail.com
페이스북 www.facebook.com/hakgojae

ISBN 978-89-5625-422-7 93360